NOUVELLE HISTOIRE

DE PARIS

ET DE SES ENVIRONS.

Tome Troisième.

PARIS. — IMPRIMERIE DE BOURGOGNE ET MARTINET,
rue Jacob, n° 30.

NOUVELLE

HISTOIRE DE PARIS

ET DE SES ENVIRONS,

PAR

M. J. DE GAULLE,

Ancien élève de l'École des Chartes et professeur d'histoire.

AVEC DES NOTES ET UNE INTRODUCTION

PAR M. CH. NODIER,

De l'Académie Française.

PARIS,

P. M. POURRAT FRÈRES, ÉDITEURS,

RUE DES PETITS-AUGUSTINS, 5.

M DCCC XXXIX.

NOUVELLE HISTOIRE DE PARIS
ET DE SES ENVIRONS.

SEPTIÈME ÉPOQUE.
(Suite.)

CHAPITRE DEUXIÈME.
CHARLES VI.
1380.-1422.

I. Faits généraux.

Le long et déplorable règne de Charles VI, l'un des plus malheureux de la monarchie, s'annonça tout d'abord sous de fâcheux auspices. Ce prince n'avait pas encore atteint l'âge de treize ans, lorsqu'il succéda, le 16 septembre 1380, à son père Charles V. Les ducs d'Anjou, de Bourgogne et de Berry, ses oncles paternels, et le duc de Bourbon, son oncle maternel, se disputèrent le pouvoir, et leur rivalité amena des désordres qui détruisirent tous les bons effets de la sage administration du feu roi. L'aîné des frères de Charles V, Louis duc d'Anjou, ambitieux et cupide, se croyait des droits exclusifs à la régence ; Jean duc de Berry joignait aux vices de son aîné une entière incapacité politique ; Philippe duc de Bourgogne, avec plus de talents et de courage que ses deux frères, montrait une ambition et une violence de caractère qui le rendaient le plus redoutable ennemi de la paix publique. Louis duc de Bourbon, prince estimé et vraiment attaché à la France, cherchait à concilier leurs prétentions rivales ; mais son influence ne suffisait que rarement à cette tâche difficile. Une guerre civile était imminente, lorsqu'un homme influent, Jean Desmarets, avocat du roi, proposa et fit agréer par les princes rivaux de s'en rapporter à des arbitres. On régla provisoirement que le roi mineur serait émancipé lors de son sacre, dont on rapprocherait l'époque ; qu'il prendrait alors l'administration du royaume, qui serait gouverné en son nom par ses oncles; que la régence serait provisoirement conférée au duc d'Anjou, et finirait le jour du couronnement. Le duc d'Anjou, qui s'était emparé des joyaux de Charles V, aussitôt après sa mort, accepta ce traité, à condition qu'on ne le troublerait pas dans la possession de ce qu'il avait pris. Quelques jours après, la sentence arbitrale fut confirmée dans un lit de justice tenu au Louvre.

L'exaspération du peuple, pillé par les gens d'armes, était grande, surtout à Paris; mais le régent en montrait peu de souci. Héritier adoptif de Jeanne, reine de Naples, il se préparait depuis long-temps à disputer le trône à Charles de Durazzo, neveu de Jeanne, et il amassait de l'argent par tous les moyens imaginables. Le dernier roi avait caché dans quelque endroit secret du château de Melun des sommes considérables en lingots et en barres d'or et d'argent; ce trésor montait, dit-on, à 17 millions. Tandis que la cour se rendait à Reims pour le sacre du jeune roi, le duc d'Anjou partit pour Melun avec Philippe de Savoisy, chambellan et *argentier* de Charles V. Arrivé au château, il lui ordonna de lui montrer le lieu du dépôt. Savoisy hésite, puis refuse en disant qu'il a juré à son défunt seigneur de ne révéler ce secret qu'à l'héritier du trône, lors de sa majorité. Le régent fait entrer le bourreau, et aussitôt Savoisy indique une muraille épaisse dans laquelle le trésor était caché. Lorsqu'il s'en fut emparé, le duc partit pour Reims. Le dernier acte de son administration avait été un vol. « Pendant le court espace de sa régence, dit le président Hénault, il avoit intitulé les lettres royaux de son nom; il a été le dernier régent qui ait eu un sceau. »

Le jeune roi avait douze ans et neuf mois lorsqu'il fut sacré à Reims, le 4 novembre 1380, par l'archevêque Richard Pique. « Puis il s'en vint à Paris sans passer par aucunes bonnes villes fermées où on l'attendoit, pour doute (par crainte) des requestes que on eust peu faire touchant les aides. La manière de ses prédécesseurs estoit qu'il devoit venir à Sainct-Denis faire des oraisons, et l'attendoit l'abbé. Mais empêché fut par mauvaises gens. Il entra à Paris vestu d'une robe bien riche, toute semée de fleurs-de-lys. Ceux de la ville de Paris allèrent au-devant de luy bien deux mille personnes, vestus tout un, c'est à sçavoir de robes mi-parties de vert et de blanc. Et estoient les rues tendues et parées bien et notablement, et y eut divers personnages et histoires. Et crioit-on *Noël*, et fut receu à très grande joie. Et tout droit vint à Nostre-Dame, si fut grandement receu par l'évesque, et s'en alla au palais et accepta les dons que la ville et autres luy faisoient, et par trois jours fit grands convis et joustes. Et furent les dames présentes, et y eut grande joie demenée (1). »

(1) Juvénal des Ursins, dans la *Collection des mémoires*, par MM. Michaud et Poujoulat, t. II, p. 342, 1re série.

Le couronnement du roi venait de mettre fin à la régence du duc d'Anjou, mais non aux funestes rivalités des princes du sang. Après des discussions assez vives, il fut arrêté que les quatre princes décideraient entre eux, et à la pluralité des voix, des affaires majeures; qu'ils nommeraient douze personnes pour composer le conseil du roi ; que les officiers de tous grades, surtout ceux des finances, seraient choisis par les princes, de l'avis du conseil ; que la garde de la personne du roi et de Louis, son frère, dit monseigneur de Valois, serait confiée aux ducs de Bourgogne et de Bourbon, qui nommeraient les personnes employées auprès d'eux, avec l'agrément des deux autres oncles; et qu'enfin inventaire serait fait *en secret*, par les quatre princes, des finances et joyaux du jeune monarque, qui ne pourrait en disposer qu'à sa majorité. Cette condescendance pour le duc d'Anjou était inutile. La voix publique l'accusait de nombreuses dilapidations, et lui reprochait amèrement son avarice et sa cupidité. Le peuple, accablé d'impôts, maltraité par les maltôtiers et les gens d'armes, se souleva et demanda justice. Déjà avant le sacre, des troubles avaient éclaté dans différentes villes, et entre autres à Paris. Le 8 octobre 1380, les bourgeois s'étaient réunis à l'Hôtel-de-Ville (1), et avaient forcé Jean Culdoé, prévôt des marchands, à se rendre avec eux au palais, près du duc d'Anjou. Ce magistrat demanda humblement la suppression des impôts. Le régent donna des espérances, mais ce fut tout. Les bourgeois se réunirent alors dans le *parloir*, situé près du Grand-Châtelet, pour examiner ce qu'on devait faire dans de pareilles circonstances. Le prévôt des marchands était de l'avis de la modération, et beaucoup voulaient qu'on attendît les événements, lorsqu'un savetier harangua la foule et appela le peuple aux armes (2). Trois cents bourgeois armés, ayant à leur tête Culdoé, se rendent aussitôt au Palais. Ils demandent à grands cris le duc d'Anjou. Ce prince paraît, accompagné du chancelier de France, Miles de Dormans, et monte, pour se faire mieux voir, sur la table de marbre. Le discours du prévôt des marchands fut bien accueilli ; on engagea le peuple à revenir le lendemain. Il n'y manqua pas, et les conseillers du roi, effrayés de cette audace et de la fermentation des esprits, firent annoncer par le chancelier que le prince ne voulait agir envers ses sujets qu'avec douceur et bonté : « C'est pour cela, ajouta-t-il, qu'il vous décharge présentement de tous impôts et subsides, en vous remettant libéralement tous droits de péage, d'entrée et de sortie, et vous laissant la liberté de vendre et d'acheter sans rien payer de redevance, sous quelque prétexte que ce soit. » Le lendemain, le vénérable Desmarets, homme fort aimé des bourgeois, lit à la foule l'édit royal qui abolissait tous les subsides imposés en France depuis Philippe-le-Bel.

(1) T. II, p. 497.—(2) *Id.*, p. 498.

Le peuple, satisfait, allait se disperser, après avoir enfoncé les bureaux et *rompu les boîtes des fermiers* des impôts abolis; mais certains seigneurs et gentilshommes, qui devaient de l'argent aux juifs et voulaient s'acquitter à peu de frais (1), avaient aposté leurs gens parmi la foule. La populace montra toujours, au moyen-âge, une haine féroce contre les juifs; il ne fut pas difficile de la soulever, et en quelques heures toute la *Juiverie* (quartier des Juifs) fut envahie, tandis que le conseil royal délibérait sur l'expulsion des juifs qui lui avait été demandée. Quarante maisons furent pillées et dévastées, tous les titres de créances des banquiers et usuriers furent saisis et déchirés. Plusieurs juifs furent impitoyablement massacrés, et les autres n'échappèrent à une mort certaine qu'en se réfugiant dans le Châtelet. On leur enleva même un grand nombre de leurs enfants que l'on porta à l'église pour les faire baptiser (17 novembre 1380). Le roi fit publier à son de trompes qu'il ordonnait la restitution des objets enlevés dans le quartier des Juifs; mais il ne fut guère obéi.

La situation du royaume était déplorable. Le Languedoc s'était soulevé contre le duc de Berry, et les habitants, organisés en compagnies, sous le nom de *Tuchins*, combattaient avec toute l'énergie du désespoir. Heureusement la Bretagne s'était soumise, et l'Angleterre livrée au désordre sous un roi mineur, ne pouvait attaquer sa rivale. Mais les esprits étaient agités, le gouvernement sans ressources; le peuple commandait. « Les princes et ducs, dit Juvénal des Ursins, cognoissant la pauvreté du domaine, et qu'il ne pouvoit suffire aux choses urgentes et nécessaires, assemblèrent une partie des plus notables de Paris; et furent assez contents qu'on mit douze deniers pour livre. Et fut ce à Paris et à Rouen crié, et à Amiens. Mais le peuple tout d'une volonté le contredirent, *et ne fut rien levé ni exigé.* » On convoqua alors à Paris les États-Généraux de la *Langue d'Oyl.* Loin de rien accorder, ils restreignirent les impositions aux seuls subsides qui existaient avant Philippe-le-Bel, et exigèrent de plus que les *franchises*, *libertés*, *immunités* et autres concessions faites depuis ce règne fussent confirmées. Or, ces privilèges étaient, entre autres, la commutation du service féodal en argent, la suppression des présents que faisaient les villes et les provinces, lors du mariage des rois et de leurs enfants, ou lorsqu'ils étaient armés chevaliers, l'abolition du droit onéreux connu sous le nom de *droit de gîte*. Mais si on anéantissait l'impôt qui était la représentation équivalente de ces servitudes, il convenait de rétablir les charges: c'est ce que les députés ne voulurent point entendre. Il arriva donc que

(1) Juvénal des Ursins dit : *Aucuns nobles et autres à ce les induisoient.* On lit dans l'Anonyme de Saint-Denis : *Quelques nobles qui estoient pressés et obérés des usures journalières des juifs, avoient trouvé moyen de confondre adroitement leur intérêt avec celui du peuple.*

ces états statuèrent tout le contraire de ce que le conseil s'en était promis. Convoqués sans intention de réforme, avec le but unique d'avoir de l'argent, ils ouvrirent, pour ainsi dire, la lice aux factions qui se combattirent pendant toute la durée de ce règne malheureux.

Tout était en désordre. Le schisme désolait depuis long-temps l'Église, et le duc d'Anjou, en soutenant le parti de Clément VII, le pape d'Avignon, s'attirait la haine de l'Université. J'ai déjà parlé (1) de cette contestation des clercs avec le conseil du roi, qui dura près de trois mois, et ne se termina qu'à l'apparente soumission du duc d'Anjou. Effrayé de l'exaspération du corps enseignant, il lui sacrifia, pour regagner ses bonnes grâces, le fameux prévôt de Paris, Hugues Aubriot. On sait que ce magistrat s'était attiré en maintes occasions la haine de l'Université, par sa sévérité et son amour de l'ordre (2). Elle profita des troubles pour attaquer un ennemi que la cour abandonnait à sa vengeance, et le traduisit devant la justice ecclésiastique. « Item, disent les chroniques, audit an 1380, messire Hugues Aubriot, chevalier, lors prévôt de Paris, fut cité par devant l'évêque de Paris et par devant un jacobin appellé Frère Jacques de Morey, alors inquisiteur des hérétiques, au lundi vingt et unième jour du mois de janvier; et comme ledit prévôt ne comparut point devant les juges au jour dit, il fut déclaré contumace et comme tel excommunié; ce qui fut annoncé et publié par toutes les églises de Paris, chaque jour, à la messe et aux vêpres. Le prévôt se décida alors à comparaître devant ledit évêque et inquisiteur, le premier jour de février. Il fut mis dans les prisons de l'évêque, tandis que l'on commençait son procès, et il fut absous de son excommunication, laquelle absolution fut publiée avec la même solennité. Le procureur de l'Université de Paris, qui se porta partie adverse, l'accusa d'avoir dit plusieurs paroles contre notre foi. Il cita le fait suivant : Un sergent ne s'étant point rendu avec diligence aux ordres du prévôt, celui-ci l'en réprimanda, et le sergent s'étant excusé, en disant qu'il étoit demeuré en l'église pour voir Dieu : « Ribauld, reprit Aubriot, ne sais-tu pas bien que j'ai plus grande puissance pour te nuire que Dieu pour te secourir? » Une fois, un homme l'avait engagé à assister à une messe que chantait un évêque de Coutances, appelé messire Sévestre de la Cervelle; le prévôt refusa, et dit que Dieu ne se laisserait point manier par un homme tel que ledit évêque. On lui reprocha en outre d'avoir fait sortir du Châtelet, de sa propre autorité, un prisonnier enfermé comme hérétique à la requête de l'inquisiteur, et d'avoir fait rendre aux Juifs les petits enfants qu'on leur avait enlevés pour les baptiser. On porta plusieurs autres choses contre ledit prévôt, auxquelles il repondit, et le procès se fit contre lui. Quoique étant toujours prévôt de Paris,

(1) T. II, p. 157. — (2) *Ib.*, p. 158.

il resta en prison fermée, en la cour de l'évêque, jusqu'au vendredi dix-septième jour de may 1381. En cette journée, il fut placé sur un échaffaut, près l'Hôtel-Dieu de Paris, devant le parvis Notre-Dame. L'évêque prêcha, puis on lut la condamnation devant beaucoup de peuple, et le prévôt fit amende honorable. Il fut alors condamné à une prison perpétuelle. » Il eut pour successeur dans la prévôté de Paris un chevalier, nommé Audouin Chauveron (1).

Les exactions du duc d'Anjou et de ses créatures amenèrent peu après une violente émeute. Rouen donna le signal; la populace s'y créa un roi, un marchand de draps, nommé le Gras. Mais les révoltés ne purent tenir contre les gens d'armes du jeune roi, qui entra par la brèche et étouffa la sédition par de sanglantes représailles. A Paris, le peuple ne voulait pas non plus entendre parler d'impôts. Le duc d'Anjou avait inutilement assemblé jusqu'à sept fois les notables de la ville, du clergé et de la noblesse, leur représentant les pressants besoins du roi et de l'État; il avait fait haranguer inutilement la multitude par Philippe de Villiers et Jean Desmarets. Les bourgeois, plus exaspérés et plus audacieux, prirent les armes, tendirent des chaînes et gardèrent les portes de la ville. Le duc d'Anjou dissimula, mais il ne renonça pas cependant à remettre les aides : le 28 février, il afferma à des *partisans* la perception d'un douzième denier sur toutes les *victuailles* vendues dans Paris. Les esprits étaient dans une telle fermentation que nul crieur n'osait aller publier cet édit. Un huissier s'offrit pour ce dangereux message. Il monte sur un excellent cheval, vient aux halles, assemble beaucoup de monde, crie qu'on a volé la vaisselle du roi, et promet une récompense à ceux qui découvriront les voleurs. Puis tout-à-coup il s'écrie : « Demain, premier jour de mars, commencera la perception du douzième denier des vivres ! » Et il s'enfuit à bride abattue.

Le lendemain matin, les gens des aides, soutenus par quelques soldats, se présentèrent aux halles; ils s'adressèrent d'abord à une vieille femme qui vendait du cresson, nommée Perrotte la Morelle. La marchande refusa de payer et appela au secours; on se jeta sur un *impositeur*, et on le tua sans pitié. « Aussitôt, par toute la ville, dit Juvénal des Ursins, le menu peuple s'émut; ils prirent armures, et, en grande commotion, couroient et recouroient, et s'assemblèrent plus de cinq cents. Quand les officiers et conseillers du roy, et l'évesque de Paris, virent et aperçurent la manière de faire, ils se partirent

---

(1) On trouve à la Bibl. royale, dans un mss. du Fonds latin, coté n° 4641-8, f° 150, une chanson fort curieuse, composée sans doute par un écolier *pour un prévost de Paris nommé Hugues Aubriot, lequel eut moult de fortunes en la fin de ses jours.* C'est l'une de ces chansons anciennes, dans lesquelles chaque couplet finit par un proverbe; elle est rapportée dans l'édition des *Chroniques de Saint-Denis* de M. P. Pâris, t. VI, p. 478.

secrettement de la ville, et emportèrent ce qu'ils purent de leurs biens meubles petit à petit. Et ceux qui ce faisoient estoient meschantes gens et viles personnes de pauvre et petit estat, et si l'un crioit, tous les autres y accouroient. Et pour ce qu'ils estoient mal armés et habillez, ils sceurent que en l'Hostel de la Ville il y avoit des *harnois*; ils y allèrent et rompirent les huis où estoient les choses pour la deffense de la ville, prirent les harnois et grande foison de maillets de plomb, et s'en allèrent par la ville, et tous ceux qu'ils trouvoient fermiers des aydes, ou qui en estoient soupçonnez, ils les tuoient et les mettoient à mort bien cruellement. Il y en eut un qui se mit en franchise dedans Saint-Jacques-de-la-Boucherie, et lui estant devant le grand autel, tenant la représentation de la Vierge Marie, le prirent et tuèrent dedans l'église. Ils s'en alloient aux maisons des morts, pilloient et roboient tout ce qu'ils trouvoient, et une partie jettoient par les fenêtres, deschiroient lettres, papiers et toutes telles choses, enfonçoient les tonneaux après que tout leur saoul avoient bu. A la fin, ils furent encore plus pires à exercer leur mauvaistié. Il vint donc à leur connoissance qu'il y avoit des imposteurs dedans l'abbaye de Saint-Germain-des-Prez; si saillirent hors de la ville, et là vinrent et s'efforcèrent d'entrer dedans, demandant ceux qui s'y étoient retirés. Mais ceux de dedans se défendirent vaillamment, tellement que point n'y entrèrent. De là se partirent et vinrent au Chastelet de Paris, où il y avoit encore deux cents prisonniers pour délits et dettes, et rompirent les prisons et les laissèrent aller franchement. Pareillement firent-ils aux prisonniers de l'évêque de Paris; ils rompirent tout et délivrèrent ceux qui y étoient, mesmement Hugues Aubriot, qui étoit condamné, comme dit est. Ils lui demandèrent qu'il fût leur capitaine, lequel le consentit; mais il s'en alla pendant la nuit (1). Toujours croissoit la multitude de peuple ainsi desvoyé. On le pensoit arrêter, rien ne faisoit, et ils passoient la nuit en gourmanderies et beuveries. Le lendemain ils vinrent à l'hostel de Hugues Aubriot; ils le pensoient trouver pour en faire leur capitaine. Et quand ils virent qu'il n'y étoit pas, ils furent comme enragés et desplaisants, et commencèrent à entrer en fureur, et ils vouloient aller abattre le pont de Charenton. Mais ils furent arrêtés par messire Jean Desmarets, et quelques uns commençoient déjà à se repentir et refroidir. »

Le roi marchait, en effet, à la tête d'une armée contre les *maillotins*, qui se livraient chaque jour à de nouveaux excès. Les bourgeois lui envoyèrent en députation à Vincennes l'évêque et les chefs de l'Université pour le supplier de pardonner aux Parisiens. Charles VI accueillit favorablement leur requête et fit publier une amnistie pour tous les

(1) Il se retira en Bourgogne, où il mourut l'année suivante.

rebelles, à l'exception de ceux qui avaient rompu les prisons du Châtelet. Jean Desmarets annonça lui-même cette heureuse nouvelle dans les rues où il se faisait porter en litière. Mais la cause exceptionnelle de l'amnistie prit une telle extension, le prévôt fit justice d'une si *grande foison de gens*, que le peuple reprit les armes, « disant que c'étoit chose trop étrange de faire mourir si grande multitude. » Les exécutions publiques cessèrent, mais, pendant la nuit, la Seine roulait souvent des cadavres. Le roi et les princes n'osaient pas rentrer dans Paris; ils assemblèrent les Etats-Généraux à Compiègne, et demandèrent de l'argent, suivant la coutume. Mais les bourgeois refusèrent, en disant que *mieux aimeroient mourir que laisser courir les aides*. Les troubles allaient recommencer, lorsque le roi consentit enfin à rentrer dans sa capitale, à condition que les habitants n'iraient pas au-devant de lui en armes. Les Parisiens ne voulaient pas payer l'impôt; mais ils faisaient présent au roi de 100,000 francs, taxe qui excita de nouvelles dissensions, « pour ce que, dit l'historien, les habitants vouloient que les gens d'église y contribuassent, ce qui estoit contre raison. »

Tandis que le duc d'Anjou amassait de l'argent par tous les expédients (1) pour tenter l'expédition d'Italie, le duc de Bourgogne réunissait la noblesse; il menait le roi combattre les Flamands révoltés contre leur comte, l'inhabile Louis de Male. Cette guerre ne dura pas long-temps. Les Gantois, commandés par le célèbre Philippe Artevelde, étaient au nombre de trente mille : ils attendirent les Français de pied ferme à Rosebecque; mais ils ne purent résister, et abandonnèrent le champ de bataille couvert de leurs morts : on reconnut parmi les cadavres celui d'Artevelde. Pendant ce temps, Paris s'était encore soulevé, et le peuple se serait porté aux plus violents excès, si l'un des chefs de la révolte, Nicolas le Flamand, qui avait joué un rôle à l'époque de Marcel, n'avait arrêté les mécontents : « Attendez, leur dit-il ; si ceux de Gand viennent à leur entente, ainsi qu'on l'espère bien, adonc sera-t-il heure de ce faire. Ne commençons pas chose dont nous nous puissions repentir. » Ce fait prouve qu'une grande conspiration était organisée. Reims, Rouen, Châlons, Orléans, Blois, Beauvais, attendaient le succès des Flamands pour massacrer la noblesse, et Gand, dit-on, communiquait avec Paris (2). Aussi lorsque Charles VI fit annoncer avec pompe la nouvelle de sa victoire, les Parisiens, disent les historiens, « aucun semblant de joie n'en démontrèrent. » En effet, Paris aussi bien que Gand fut vaincu à Rosebecque (3).

(1) Il priait les particuliers auxquels il soupçonnait des épargnes, de les lui prêter, promettant de payer fidèlement les intérêts. — (2) « Et à Courtray furent trouvées lettres que ceux de la ville de Paris avoient escrites aux Flamans, très mauvaises et séditieuses. Desquelles choses le roy fut bien desplaisant. » Juvénal des Ursins, *loco cit.*, p. 356.—(3) M. Michelet, *Précis d'hist. de France*, p. 128.

A l'approche de l'armée royale, une députation de notables bourgeois de Paris vint le prier d'entrer *à son plaisir et volonté* en la ville, et de remettre au peuple son offense. Le roi répondit seulement qu'il entrerait le lendemain. Vingt mille bourgeois, armés de pied en cap, sortirent au-devant de lui et se rangèrent en bataille dans la plaine Saint-Denis. On ne savait si c'était pour combattre ou faire seulement parade de leurs forces. « Voici l'orgueilleuse ribaudaille, disoient les seigneurs; s'ils fussent venus servir le roi au point où ils sont quand il alla en Flandre, ils eussent bien fait; mais ils n'en avoient pas la tête enflée, fors que de dire et prier à Dieu que jamais pied d'entre nous n'en retournât. » La noblesse craignit cependant d'en venir aux mains, et demanda des sauf-conduits pour conférer (3); mais les bourgeois protestèrent de leurs bonnes intentions. « De par le roi donc, s'écria le connétable, retournez paisiblement en vos logis et mettez vos armures bas, si vous voulez que le roi descende à Paris! »

« Le roi, dit Juvénal des Ursins, fit alors crier en son armée que tous fussent prêts et armés pour entrer en ladite ville de Paris. Le lendemain matin, les gens du roi s'approchèrent de la porte Saint-Denis, et abattirent et rompirent les barrières et la porte. Il y eut alors trois *batailles* (corps d'armée), toutes à pied. En la première étoient le connétable de Clisson et le maréchal de Sancerre; en la seconde étoit le roi grandement accompagné de ses parents, et ils étoient tous à pied, excepté le roi, quoique certains disent que ses oncles fussent aussi à cheval. Au-devant du roi vinrent à pied humblement le prévôt des marchands, et foison de ceux de la ville, pour lui faire révérence et *aucune briefve proposition*. Mais il les refusa, et ne voulut qu'ils fussent entendus, ni qu'ils fissent révérence, ni dissent parole, et passa outre; il vint à Notre-Dame, et, descendant de cheval, entra à l'église, où il fit son oraison et son offrande en bien grande dévotion, ainsi que ses oncles et autres seigneurs. Il s'en revint au portail de l'église, monta à cheval, et vint descendre au palais. Les gens d'armes étoient logés dans les différents quartiers en hôtelleries, et il fut crié à son de trompes qu'on ne dît aucunes paroles injurieuses, ni qu'on prît bien ou qu'on fît dommage à autrui. Il y en eut qui usèrent d'aucunes manières séditieuses et de mauvais langages; ils furent pris aussitôt et pendus à leurs fenêtres. Les ducs de Berry et de Bourgogne chevauchèrent par la ville, bien accompagnés, et firent prendre bien trois cents habitans, entre autres messire Guillaume de Sens, maître Jean Filleul, maître Martin Double. Il n'y avoit personne à Paris qui n'eût grande crainte et peur. Il y en eut, des principaux de la sédition, qui furent décapités aux halles, et la femme de l'un d'eux, qui étoit grosse d'enfant, se précipita, comme déses-

(1) Anquetil.

pérée, des fenêtres de son hôtel et se tua. Après ces choses, les gens allèrent par la ville pour ôter les chaînes des rues, lesquelles furent emportées au bois de Vincennes. Toutes les armures furent prises dans les maisons des habitans, une partie fut portée au Louvre et l'autre au palais; et on disoit qu'il y en avoit assez pour armer cent mille hommes. La duchesse d'Orléans et l'Université de Paris vinrent devers le roi le prier et requérir qu'on procédât seulement à punir ceux qui étoient principaux des séditions. L'un d'eux, Nicolas le Flamand, eut aux halles le col couppé.

» Et après ces choses ainsi faites, on remit les aides, c'est à sçavoir gabelles, impositions et le *quatrième*. L'échevinage fut ôté et il fut ordonné qu'il n'y auroit plus d'échevins ni de prévôt des marchands, et que tout le gouvernement se feroit par le prévôt de Paris (1). Messire Jean Desmarets, qui étoit un bien notable homme, conseiller et avocat du roi au parlement, lequel avoit été du temps du roi Charles cinquième en grande autorité, et de grand conseil auprès du roi, fut saisi et emprisonné. La commune renommée étoit que ce n'étoit pas pour avoir été consentant des séditions et commotions, car elles lui étoient fort déplaisantes, et il y eût mis volontiers remède. Mais dans les brouilles et différends qui avoient été avec le roi Louis de Sicile, messire Desmarets, croyant bien et loyalement faire, s'étoit attiré grande haine des ducs de Berry et de Bourgogne. On lui reprocha d'avoir été comme cause desdites séditions, et il fut mis au Châtelet. Il ne fallut guères de procès, et à peine sans examiner, ni dire les motifs, il fut déclaré qu'il auroit le col couppé. Et quoiqu'il demandât à être entendu en ses justifications et défenses, et quoiqu'il fût clerc et marié, il fut mené aux halles. Et en allant, il disoit ce psaume : *Judica me Deus et discerne causam meam de gente non sanctâ*. Il eut la tête couppée, à la grande desplaisance de plusieurs gens de bien et notables, tant parens du roi et nobles que du peuple. Avec ledit Desmarets il y en eut douze autres qui furent décapités, et c'étoit grand pitié de voir la perturbation qui étoit à Paris.

» Après plusieurs exécutions faites, le roi ordonna qu'on lui fît un siége royal sur les degrés du palais, devant la statue du beau roi Philippe, et aussitôt il fut grandement et notablement paré. Le roi s'assit, accompagné de ses oncles les ducs de Berry et de Bourgogne, et de quantité de gens du conseil. Et là fit-on venir le peuple de Paris, et c'étoit merveilleux de voir la quantité du peuple qui y étoit. Le roi commanda à messire Pierre d'Orgemont, son chancelier, de prononcer ce qu'il l'avoit chargé de dire. Lequel commença à raconter bien grandement et notablement le trépassement du roi Charles cinquième,

(1) Voy. t. II, p. 499.

le sacre et le couronnement du roi présent, le voyage de Flandre, la victoire, et, en l'absence du roi, les grands et mauvais et merveilleux cas de crimes et délits commis et perpétrés par presque tout le peuple de Paris, ce qui étoit digne de très grande punition. Et qu'on ne se devoit émerveiller des exécutions déjà faites, en montrant qu'il y avoit encore des prisonniers dignes de punition et d'autres à punir et à pendre, en déclarant les motifs suffisans de ce faire. Messire le chancelier parla assez longuement, et en finissant, il demanda au roi si ce n'étoit pas ce dont il l'avoit enchargé; il lui fut répondu que oui. Après ces choses, les oncles du roi se mirent à genoux à ses pieds, en le priant qu'il voulût avoir pitié de son peuple de Paris. Après vinrent les dames et damoiselles toutes échevelées, lesquelles, en pleurant, firent pareille requête. Et les gens et peuple à genoux, nu tête, baisans la terre, commencèrent à crier *miséricorde*. Le roi répondit alors qu'il vouloit bien que la peine criminelle fût convertie en civile. Tous les prisonniers furent délivrés, et la peine civile fut imposée à chacun des coupables, selon le crime qu'ils avoient commis. Mais il fallut qu'ils payassent et donnassent en meuble ou en valeur la moitié de ce qu'ils avoient. Il y eut une fort grande finance exigée et à peine croyable. » — L'historien ajoute que cet argent fut très mal employé, « et en bourses particulières, comme on dit, et non mie au bien de la chose publique. »

Le royaume était pacifié, et malgré l'épouvantable misère du peuple, la France semblait encore le premier état de l'Europe. Elle seule avait quelque ordre, quelque unité (1). La maison de France voyait chaque jour augmenter sa puissance. Le duc d'Anjou, il est vrai, alla mourir dans sa folle expédition contre Naples, mais le duc de Bourgogne s'empara de la Flandre, et devint le plus riche et le plus puissant vassal de la couronne. Enfin Charles VI soutint les armes à la main l'honneur du nom Français, et ses plus anciens ennemis, les Anglais, eussent été réduits à l'impuissance, si ses conseillers avaient eu plus de lumières et de patriotisme. Partout les Anglais furent poursuivis. Le duc de Bourbon, les comtes de la Marche et d'Armagnac les attaquèrent dans la Saintonge; l'amiral Jean de Vienne conduisit une flotte et des soldats en Écosse; le duc de Lancastre trouva en Castille des Français qui arrachèrent ce royaume à son ambition; enfin on fit, à deux reprises différentes, d'immenses préparatifs pour un débarquement en Angleterre, et ces menaces d'invasion frappèrent de terreur le conseil de Richard II; malheureusement une volonté ferme et prudente ne présida point à leur exécution; les préparatifs de l'expédition furent inutiles, ils n'avaient servi qu'à épuiser davantage les ressources du royaume.

(1) M. Michelet, *Précis*, p. 128.

Charles VI, pour se dédommager de n'avoir pu acquérir de la gloire, en portant la guerre au sein de l'Angleterre, se dirigea contre le duc de Gueldre qui était en guerre avec le duc de Bourgogne et qui ne cessait de le provoquer lui-même par ses défis. Mais à l'approche de l'armée française, le duc de Gueldre ne se sentit point le courage de soutenir la guerre qu'il avait appelée. Charles VI se contenta de ses réparations, et ramena en France une armée réduite de moitié par les fatigues d'une longue marche, la disette et les maladies. L'activité du jeune roi était grande, mais elle était imprudente et stérile.

Le roi de Navarre, Charles-le-Mauvais, qui justifia si bien ce titre par ses forfaits, mourut en 1387; quelque temps avant sa mort, il avait tenté de faire empoisonner le roi et toute sa famille. Son complice, Robert Wourdreton, valet d'un ménestrel, avait été arrêté à Paris et écartelé. Mais le roi de France trouvait un ennemi, sinon aussi perfide, du moins aussi dangereux, dans le duc de Bretagne, allié secret de l'Angleterre. Il paraît même qu'il contribua le plus à empêcher l'invasion de la Grande-Bretagne, en arrêtant dans un guet-apens le connétable de Clisson, qui était l'âme de cette entreprise. Ancien ennemi de la maison de Montfort, Clisson était détesté du duc. Celui-ci l'attira dans une forteresse, le fit charger de chaînes et ordonna au gouverneur de le jeter à la mer. Ce fidèle serviteur épargna heureusement un crime à son maître, mais le duc Jean ne voulut point perdre le fruit de sa perfidie, et mit à prix la liberté du connétable. L'indignation fut grande à la nouvelle de cet attentat, et le coupable fut mandé à la cour. Il fut protégé en cette occasion par les ducs de Berry et de Bourgogne qui, s'apercevant du crédit que prenait Clisson auprès du roi, voulaient que cette affaire fût mise en oubli, de peur que la vengeance qu'on en tirerait ne le rendît encore plus puissant; ils obtinrent du roi que le duc de Bretagne serait accueilli avec bonté. « Il entra à Paris, dit Félibien, le 23 juin, par la porte d'Enfer, et descendant par la rue de la Harpe, il passa le pont Saint-Michel et devant le palais, et se rendit au Louvre, accompagné d'un grand nombre de barons et de chevaliers, tant de la cour que de son pays. La curiosité de voir ce qui se passerait avait attiré une grande foule dans la salle où l'on avait déjà mis le couvert pour le dîner du roi. Le roi était devant la table, et derrière lui s'étaient placés les ducs de Berry, de Bourgogne et de Bourbon. Quand le duc de Bretagne entra dans la salle, tout le monde se rangea des deux côtés pour lui laisser le passage libre. Il mit d'abord un genou à terre, ensuite s'étant relevé, il avança dix ou douze pas, et fit une autre révérence pareille; enfin il salua le roi pour la troisième fois, à genoux et nu-tête, et lui dit: *Monseigneur, je suis venu vous voir; Dieu vous maintienne. Le roi lui répondit: Grand merci, beau cousin, vous estes le bien-venu; nous avions grand désir de vous voir. Si vous verrons tout à loisir et parlerons à vous.* Le roi le prit alors par la main et le fit relever. Le duc salua ensuite tous les princes l'un après l'autre, et puis s'arrêta en la présence du roi sans rien dire, et le roi le regarda fort attentivement. Les maîtres d'hôtel firent apporter à laver; le duc mit la main à la serviette et au bassin, et quand le roi fut assis, il prit congé de lui et des princes, et, accompagné de quelques seigneurs qui le conduisirent jusqu'à la cour, il remonta à cheval, et se retira à son hôtel de la rue de la Harpe, quoique le roi eût fait préparer un appartement au Louvre. Le connétable de Clisson avait tâché jusque là de faire passer son emprisonnement pour un attentat à la majesté royale, et le roi n'était point éloigné de ce sentiment; mais les ducs de Berry et de Bourgogne le pressèrent avec tant d'importunité, qu'ils lui persuadèrent de se contenter de la soumission dont le duc de Bretagne avait donné des marques. On tira parole de lui et du connétable qu'ils en passeraient par ce qui serait prononcé, le lendemain, au sujet de leurs différends, dans l'assemblée de tous les grands du royaume qui se devait tenir à l'hôtel de Saint-Paul. Il y fut résolu que l'affaire serait arrangée. Le roi ordonna aux deux parties d'oublier le passé et de mettre toute haine à part, et au duc de Bretagne de rendre au connétable les villes de la Roche-Derrien, de Josselin et de Montcontour, et de lui payer 100,000 fr. d'or pour son dédommagement. On expédia là-dessus des lettres sous le sceau du roi; il convia le duc et le connétable à dîner, et les obligea de nouveau de se promettre une amitié mutuelle; ils la jurèrent, mais le cœur avait peu de part à ces démonstrations extérieures (1). »

Les anciens historiens placent à cette époque un duel célèbre, dont je vais encore emprunter le récit à Félibien.

Rien de plus fréquent au moyen âge que le duel, ou combat singulier pour décider les différends, lorsqu'on manquait de preuves suffisantes. En 1386, « le roy en permit un entre deux gentilshommes normands, messire Jean de Carrouges et Jacques le Gris. Celui-ci étoit accusé par la femme de Carrouges de l'avoir violée. Le mari porta ses plaintes au roi, et en eut plusieurs audiences, où il demanda qu'il lui fût permis de laver son outrage dans le sang d'un traître qui avait abusé de la longue et étroite familiarité qui avait été entre eux, dès la jeunesse, pour le déshonorer. Le roi ne voulut permettre le combat qu'à condition que le parlement jugeât qu'il dût être accordé. Après que les avocats eurent plaidé la cause, sans pouvoir produire de témoins, il fut dit qu'il y avait lieu d'ordonner le duel. Le jour en fut assigné au 22 décembre, et le lieu indiqué derrière les murs de Saint-Martin-des-Champs. Le roi et toute la cour s'y trouvèrent, et tout ce qui res-

(1) Félibien, t. II, p. 703.

tait de place hors du champ fut rempli d'une infinité de peuple. Les deux champions, à l'ordinaire, firent le serment, l'un de la vérité de son accusation, et l'autre de son innocence, après quoi ils se retirèrent chacun d'eux à un des bouts de la lice, et, au signal donné par le juge, ils partirent l'un et l'autre au pas de leurs chevaux, et s'attaquèrent à coups d'épée. Jean de Carrouges fut le premier blessé d'un coup dans la cuisse, qui lui fit perdre tant de sang, que les assistants commencèrent à craindre pour lui. Mais ranimant son courage à la vue de son sang, il attaqua vivement Jacques le Gris, et ayant trouvé moyen de le joindre, il le saisit par le casque, et l'entraîna tout armé à terre, où le tenant sous lui et tâtant de l'épée le défaut de la cuirasse, il voulut le forcer par la crainte de la mort, à l'aveu de son crime. Le Gris persista à dire toujours qu'il était innocent; mais comme il avait été mené à outrance, il fut jugé convaincu par le succès du combat, et comme tel, suivant l'usage, il fut traîné et pendu au gibet. Cependant il était véritablement innocent, comme on l'apprit de la confession d'un malheureux, qui fut depuis exécuté à mort pour d'autres crimes, et qui s'accusa volontairement de celui qu'on avait imposé à Jacques le Gris. La dame de Carrouges, pour réparer le tort qu'elle avait fait à sa personne et à sa mémoire, se retira dans un couvent après la mort de son mari, et y passa le reste de ses jours dans la pénitence.

» L'année précédente il y avait eu, au même lieu, un autre duel dont l'issue n'avait pas été si funeste. La vanité et l'émulation en furent les motifs de la part de l'assaillant. Le roi d'Angleterre avait promis une grande récompense à quiconque aurait le courage de soutenir en France, en champ clos, contre le meilleur chevalier du royaume, que la nation anglaise surpassait la nation française en valeur et en chevalerie. Pierre de Courtenay, chevalier de distinction en Angleterre, employa toute sa faveur auprès de son roi pour être chargé de soutenir en cette rencontre l'honneur de la nation, en défiant au combat messire Gui de la Trémoille, et passa la mer dans ce dessein. Comme Gui de la Trémoille était favori du duc de Bourgogne, l'affaire fut balancée entre le scrupule de la religion et le point d'honneur, et l'on ne jugea pas que le combat dût être permis. Le roi et les grands tâchèrent de dissuader Courtenay de donner un spectacle inutile au public, en exposant pour un vain point d'honneur deux personnes aussi considérables. Mais l'Anglais se rendit si importun que la Trémoille eut peur qu'il ne tirât avantage de son refus, et prit jour pour le satisfaire. Les astrologues n'avaient alors que trop de crédit à la cour. Ils se chargèrent, avec l'assurance qui leur est ordinaire, de gouverner le succès du combat; ils firent travailler aux armes du champion français dans des heures et des moments qu'ils crurent favorables, et osèrent même assurer au roi et aux grands que le jour du combat serait clair et sans pluie, et que l'honneur de la victoire demeurerait à la France. Leurs prédictions furent aussi véritables qu'elles étaient sûres; il plut toute cette belle journée, et les combattants ayant baissé leurs lances pour courir l'un contre l'autre, furent séparés par ordre du roi et des princes ses oncles. On fit des présents à Pierre de Courtenay, ce qui ne l'empêcha pas, en s'en allant, de se vanter en Picardie de n'avoir trouvé aucun chevalier en France qui eût osé s'éprouver contre lui. Cependant, à la cour de la comtesse de Saint-Paul, sœur du roi d'Angleterre, où il avait souvent tenu ce discours, il se trouva le sire de Clari, qui, du consentement de la comtesse, défia l'Anglais, le vainquit et réprima son orgueil. Le duc de Bourgogne en fit un crime d'état au sire de Clari, et le poursuivit avec tant de vivacité, que la fuite seule l'empêcha d'expier dans son sang comme traître à la patrie, ce qu'il n'avait entrepris que pour en soutenir la gloire (1). »

Marie de Châtillon, duchesse d'Anjou, étant venue à Paris en même temps que le duc de Bretagne, son jeune fils, Louis II, qui avait pris, à la mort de son père, le titre de roi de Naples et de Sicile, entra dans la capitale en cette qualité. Il arriva, entouré d'un nombreux et brillant cortége, à la porte d'Enfer, descendit la rue Saint-Jacques, jusqu'à son hôtel, *en Grève* (2).

Le roi, dès le commencement de son règne, avait ordonné au prévôt de Paris de défendre aux propriétaires des rues Beaubourg, Geoffroyl'Angevin, des Ménétriers, de Simon-le-Franc, de la Fontaine-Maubué, et des environs de Saint-Denis de la Chartre, de les louer aux femmes de mauvaise vie. Ce règlement fut exécuté sévèrement par le successeur d'Hugues Aubriot, qui étendit cette défense à la rue de Baillehoe, proche Saint-Merry (3). Il en chassa toutes les filles publiques et fit murer les portes. Mais, sur la réclamation des bourgeois, elles furent conservées dans la rue de Baillehoe, malgré l'opposition du chefcier de Saint-Merry (4).

Le jeune prince aimait les plaisirs avec passion, et surtout les jeux qui, comme les tournois, demandaient de l'adresse et de la force. « On trouve, dit un ancien historien, une preuve de ce goût dans une charte par laquelle Pierre comte d'Alençon et du Perche, cède au roi son hôtel de Paris, appelé l'hôtel de Sicile, afin que par la clôture de cet hôtel, qui étoit près des anciens murs de Paris, il pût, lui et ceux qui voudroient être avec lui, entrer dans les rangs, quand il se feroit des joûtes dans la Culture-Sainte-Catherine, le lieu de Paris le plus convenable pour l'exécution de pareilles fêtes. Cette charte est datée d'Ar-

---

(1) Félibien, t. I, p. 700.—(2) *Id.*, p. 703.—(3) C'est l'ancien nom de la petite rue Taillepain, qui conduisait de la rue Brisemiche au cloître Saint-Merry, et dont l'entrée est aujourd'hui fermée d'une grille. Voy. Jaillot, t. II, q. Saint-Martin, p. 7 et 89.—(4) *Id.*, *ibid*, p. 704.

genton, le 26 mai 1390. Charles VI avait donné l'année précédente des fêtes magnifiques, entre autres celle qui eut lieu à Saint-Denis pour la *chevalerie* du roi de Sicile et du duc du Maine, son frère (1). Mais la fête la plus remarquable fut celle du couronnement et de l'entrée à Paris de la reine Isabelle de Bavière, que Charles VI avait épousée en 1384.

« Dans le dessein qu'avoit le roi de rendre cette dernière fête la plus célèbre de toutes, il la fit publier de tous côtés, non seulement dans le royaume, mais en Angleterre et en Allemagne, sans en exclure les criminels et les bannis, auxquels il accorda sauf-conduit pour quatre mois. Afin qu'on n'oubliât rien de ce qui s'étoit pratiqué de plus auguste à l'entrée des reines, il eut recours à la reine Blanche, veuve du roi Philippe de Valois, l'une des plus anciennes dames qui fût en France, et très habile dans les cérémonies, et la pria de consulter sa mémoire et donner tous les ordres nécessaires. Elle avoit beaucoup vu, mais ne s'en rapportant pas encore tout-à-fait à ce que l'expérience lui suggéroit, elle fit visiter les archives et chercher toutes les instructions qui pouvoient l'aider. Froissard, venu exprès à Paris pour être témoin de l'entrée de la reine, dit qu'elle se fit le dimanche 20 juin 1389 (1). La reine attendoit dans l'église de Saint-Denis, après dîner, que la marche commençât. Le chemin étoit bordé de douze cents bourgeois de Paris à cheval, tous habillés de robes d'une espèce de drap qu'on appeloit *baudequin*, rouge et vert. La reine Jeanne, veuve de Charles-le-Bel, entra la première dans une litière couverte, avec la duchesse d'Orléans sa fille, et un grand cortége de seigneurs. Elles passèrent par la grande rue de Saint-Denis, et se rendirent au palais où le roi les attendoit. La reine de France partit avec les autres dames qui l'accompagnoient. C'est à sçavoir les duchesses de Berry, de Bourgogne, de Touraine et de Bar, la comtesse de Nevers, la dame de Coucy et un grand nombre d'autres. Toutes étoient en de riches litières, excepté les duchesses de Touraine et de Berry qui voulurent aller à cheval. La litière de la reine étoit découverte, et marchoient à côté d'elle, à la tête, les ducs de Touraine et Bourbon, ensuite les ducs de Berry et de Bourgogne, et derrière eux Pierre de Navarre et le comte d'Ostrevant. Suivoit la duchesse de Touraine, conduite par les comtes de la Marche et de Nevers. Après elle, dans une litière découverte, étoient la duchesse de Bourgogne et Marguerite de Hainaut comtesse de Nevers, sa fille, conduites par Henri de Bar et le jeune comte de Namur. La duchesse de Berry, à cheval, étoit conduite par Jacques de Bourbon et Philippe d'Artois. Dans une litière découverte, venoient

---

(1) Voy. *Saint-Denis.* — (2) D'après un registre du parlement cité par Godefroy, cette solennité auroit eu lieu le dimanche 22 août.

ensuite la duchesse de Bar et sa fille, conduites par Charles d'Albret et le seigneur de Coucy. Les autres dames suivoient sur des chariots couverts ou à cheval. Les sergents d'armes et les officiers du roi avoient bien de la peine à faire faire place; la foule étoit si grande, qu'on eût dit que tout le royaume se fût assemblé pour voir cette cérémonie. Les princes et autres seigneurs qui conduisoient les dames, étoient à pied; et toutes les princesses avoient des couronnes d'or et de pierreries. On avoit préparé différents spectacles aux portes de la ville, aux fontaines, aux carrefours, aux églises, sur le passage de la reine, qui s'arrêtoit volontiers à voir toutes ces choses. Il y avoit entre autres devant la Trinité un combat préparé, et qui s'exécuta en présence de la reine, des François et des Anglois contre les Sarrazins. Toutes les rues étoient tendues de tapisseries, et celle de Saint-Denis étoit couverte de camelot et de draps de soie. On trouvoit en divers lieux des fontaines d'où couloient le vin, le lait et d'autres liqueurs délicieuses; et sur différents théâtres on avoit placé des chœurs de musique, des orgues, de jeunes enfants qui représentoient diverses histoires de l'Ancien-Testament. Il y avoit des machines au moyen desquelles des enfants, habillés comme on représente les anges, descendoient et posoient des couronnes sur la tête de la reine. A la porte du Grand-Châtelet, il y avoit un château de charpente, orné de plusieurs représentations, parmi lesquelles ceux qui les ont décrites, ont observé que l'écu des armes de France étoit d'azur à trois fleurs-de-lis d'or. C'étoit le roi Charles V qui avoit fixé les fleurs-de-lis à ce nombre, comme on le peut voir dans le compliment que lui en fait Raoul de Presles, à la tête de sa traduction commentée de la *Cité de Dieu* de saint Augustin. Le spectacle le plus surprenant qu'il y eut à l'entrée de la reine, fut l'action d'un homme qui, se laissant couler sur une corde tendue depuis le haut des tours de Notre-Dame jusqu'à l'un des ponts par où la reine passoit, entra par une fente ménagée dans la couverture de taffetas dont le pont étoit couvert, mit une couronne sur la tête de la reine, et ressortit par le même endroit, comme s'il s'en fût retourné au ciel. L'invention étoit d'un Génois, qui avoit tout préparé depuis long-temps pour ce vol extraordinaire; et ce qui contribua à le rendre encore plus remarquable, même loin de Paris, c'est qu'il étoit fort tard, et que l'homme qui faisoit ce personnage avoit à chaque main un flambeau allumé, pour se faire voir et admirer la beauté d'une action aussi hasardeuse que celle-là. Pendant que la reine passoit, le roi eut la curiosité de voir le succès des préparatifs que la ville avoit faits pour cette entrée, surtout le château de bois du Grand-Châtelet et ses machines; mais il ne convenoit pas qu'il y allât d'une manière qui pût le faire connoître. Il proposa de se déguiser, et de monter en croupe derrière Charles de Savoisy, seigneur de Seignelay, alors son chevalier d'honneur, et depuis grand-échanson. Savoisy employa vainement toutes sortes de raisons pour le détourner de ce dessein, le roi voulut être obéi. Savoisy et le roi se déguisèrent, et montant sur un bon et fort cheval, Savoisy en selle, le roi derrière lui, Savoisy promena le roi à travers la foule et lui fit voir ce qu'il y avoit de plus curieux. La plus grande difficulté fut auprès du Châtelet, à cause de la presse. Savoisy avançoit le plus qu'il lui étoit possible malgré la foule et l'embarras. Le château étoit gardé par des sergents, qui, pour empêcher l'irruption de la populace, déchargeoient de grands coups de baguettes de bouleau. Le roi, qu'on ne connoissoit point, en reçut un bon nombre sur les épaules, et Savoisy en eut aussi sa part. Le roi n'en fit que rire, et après la cérémonie il en fit le conte à la reine et aux dames pour les réjouir. Au parvis de Notre-Dame, la reine et les princesses mirent pied à terre, furent reçues par l'évêque et son clergé, et conduites à l'église devant le grand autel. La reine, après y avoir fait ses prières, fit présent à la trésorerie de quatre beaux draps d'or, et de la couronne que les anges lui avoient mise sur la tête à la porte de Paris. Jean de la Rivière et Jean le Mercier en présentèrent une autre plus riche, dont l'évêque de Paris et les ducs de Berry, de Bourgogne, de Touraine et de Bourbon, ornèrent la reine, qui remonta ensuite dans sa litière, et fut conduite avec les autres princesses au palais où le roi l'attendoit avec la reine Jeanne et la duchesse d'Orléans. Le lendemain, elle fut conduite à la Sainte-Chapelle par les quatre ducs, et y fut sacrée et couronnée par Jean de Vienne, archevêque de Rouen. La messe fut suivie du festin, qui fut servi dans la grande salle du Palais. A la haute table étoient, à commencer par un bout, l'évêque de Noyon, l'évêque de Langres, l'archevêque de Rouen, le roi avec une couronne d'or sur la tête, la reine aussi couronnée de la même façon, le roi d'Arménie, les duchesses de Berry, de Touraine et de Bourgogne, madame de Nevers, mademoiselle Bonne de Bar, la dame de Coucy, Marie de Harcourt, et la dame de Sully, femme de Gui de la Trémoille. Il y avoit à deux autres tables plus de cinq cents dames. On avoit disposé sur trois machines roulantes la représentation du siége de Troie ; mais la foule étoit si grande qu'on n'eut pas le plaisir de les voir réussir. On fut obligé de rompre les cloisons de bois pour donner de l'air à la reine et aux dames, qui s'en allèrent à l'hôtel royal de Saint-Paul avec le roi, escortées de plus de mille chevaux. Le roi se mit en bateau à la descente du Palais et se fit conduire à l'hôtel de Saint-Paul, dans la cour duquel il avoit fait élever une salle haute et spacieuse de charpente, couverte de toiles de Normandie et richement tapissée. Le roi y donna à souper aux dames, et l'on y passa toute la nuit à danser. La reine n'y parut point et soupa dans sa chambre. Le mardi sur le midi, les bourgeois de Paris, au nombre de quarante, choisis parmi les plus notables, et tous vêtus de la même façon, se rendirent à l'hôtel de Saint-Paul, avec les présents de la Ville portés par deux hommes sur un brancart surmonté d'un ciel, et environnés de rideaux de soie si déliés qu'on distinguoit bien à travers ce qui étoit sur le brancart. Ils furent conduits à la chambre du roi où on les attendoit, et qu'ils trouvèrent tout ouverte. Ils firent poser le brancart sur deux tréteaux, et s'étant mis à genoux, ils dirent au roi : « *Très cher sire et noble roi, vos bourgeois de la ville de Paris vous présentent, au joyeux avènement de votre règne, tous les joyaux qui sont sur cette litière.* » Ils appeloient *joyeux avènement* le gouvernement du royaume que le roi avoit pris en main. Le roi leur répondit : « *Grand merci, bonnes gens, ils sont beaux et riches* » Quand la Ville se fut retirée, le roi s'approcha pour considérer le présent. Il y avoit quatre pots, *six trempoirs* et six plats d'or, le tout du poids de 150 marcs. Une autre compagnie de bourgeois conduisit à la chambre de la reine un brancart porté par deux hommes, déguisés, l'un en ours, et l'autre en licorne ; et sur ce brancart il y avoit une nef, deux grands flacons, deux drageoirs, deux salières, six pots et six trempoirs d'or, douze lampes et deux bassins d'argent ; en tout 300 marcs d'or et d'argent. Le présent de la Ville à la duchesse de Touraine fut conduit par douze bourgeois et porté par deux hommes déguisés en Mores. Il y avoit une nef, un grand pot, deux drageoirs, deux grands plats et deux salières d'or, avec six pots, vingt-quatre petits plats ou saucières, et autant de tasses d'argent, le tout du poids de 200 marcs. Tous ces présents avoient coûté à la Ville plus de 60,000 couronnes d'or. On ne dîna point en public, parce qu'on vouloit être de bonne heure au tournoi qui se devoit faire dans la coulture Sainte-Catherine, où les lices étoient préparées avec des échafauds tout autour pour la reine, les princesses et les autres dames. Il y eut trois tournois, trois jours de suite, comme à Saint-Denis ; le premier pour les chevaliers, le second pour les écuyers, et le troisième fut général pour les uns et pour les autres. La devise du roi étoit un soleil d'or, et les tenants s'appeloient *les chevaliers du roi du soleil d'or*. Ils étoient au nombre de trente, et l'on y comptoit entre autres les ducs de Berry, de Bourgogne et de Bourbon, le comte de la Marche et son frère, Guillaume de Namur, et le connétable de Clisson. La joute commença à trois heures après midi, et le roi se mit du côté des assaillants. La poussière incommoda fort tant les combattants que les spectateurs. Le roi emporta le prix comme celui des forains ou des assaillants qui avoit le mieux jouté ; et parmi les tenants, le prix fut adjugé à un frère bâtard de la duchesse de Bourgogne. La reine fut reconduite à l'hôtel de Saint-Paul, où le souper fut suivi de danses et de divertissements jusqu'au lever du soleil. Le mercredi, l'on employa plus de deux cents porteurs d'eau pour arroser les lices.

La joie publique fut redoublée par l'arrivée du comte de Saint-Paul, qui apporta les nouvelles de la trêve avec l'Angleterre. Après dîner les écuyers, au nombre de trente tenants, combattirent, et la mêlée dura jusqu'à la nuit, de même que le tournoi général du jour suivant. Le vendredi, le roi donna à dîner aux dames. Sur la fin du repas, on vit entrer dans la salle deux chevaliers montés et armés de toutes pièces, la lance au poing; et c'étoient Renaud de Roye et le jeune Boucicaut. Ils joutèrent vigoureusement, et à eux se joignirent quelques autres chevaliers, qui donnèrent pendant deux heures au roi et aux dames le passe-temps du combat. Telle fut la fin de toutes ces fêtes. Les seigneurs et les dames qui vouloient s'en retourner prirent congé du roi et de la reine, qui, de leur côté, rendirent grâces à ceux qui étoient venus à cette solennité (1). »

Quelque temps avant le couronnement de la reine, le roi, qui avait atteint l'âge de vingt-un ans, et qui se lassait de la tutelle de ses oncles, avait pris les rênes du gouvernement. Dans une assemblée convoquée à Reims, le cardinal de Laon attaqua avec audace l'administration des oncles du roi, et conclut à ce que Charles VI régnât par lui-même. Les ducs furent donc remerciés; mais quelques jours après le cardinal mourut empoisonné, *ce dont*, dit la chronique, *le roi fut très déplaisant et courroucé*. Les ministres de Charles V furent rappelés; c'étaient des parvenus, des *marmousets*, comme les appelaient les grands seigneurs : Bureau de la Rivière, Le Bègue de Vilaines, Jean de Novian, Clisson, Jean de Montagu. Ils poursuivirent comme concussionnaire le prévôt de Paris, Audouin de Chanveron, qui n'avait commis d'autre crime que d'avoir rempli ses fonctions sous l'ancienne administration (2); mais ils firent oublier cette injustice par leurs sages réformes. Ils pourvurent par des règlements sévères à la sûreté et au nettoiement de Paris; ils réprimèrent l'usure des juifs, séquestrèrent les lépreux hors de la ville, et firent fermer les repaires, tels que la *Cour des miracles*, où se retiraient ces hommes de mauvaise mine, mendiants pendant le jour, voleurs pendant la nuit. Ils s'opposèrent enfin autant qu'ils purent aux prodigalités du jeune roi, qui « était large à distribuer et donner les finances; et là où feu son père donnait 100 écus, il en donnait 1,000 (3). » On révoqua les taxes vexatoires qui

(1) Félibien, t. II, p. 706 et suiv.
(2) On fut réduit à lui reprocher six francs offerts à sa femme, et à lui un quart de vin et quelques volailles, présents d'usage quand le prévôt installait des huissiers et des procureurs.
(3) « Ceux de la chambre des comptes, ajoute Juvénal des Ursins, en étoient très mal contents. Et tellement que quand les receveurs venoient en ladite chambre rendre leurs comptes ainsi qu'ils devoient faire, et qu'ils voyoient les dons excessifs, ils mettoient ou faisoient mettre en tête de l'article : *Nimis habuit, recuperetur*. Et fut lors advisé par le seigneur de Noujant, qui avoit la charge principale des finances, et

avaient été établies; et Charles promulgua deux ordonnances qui réformaient le parlement et rétablissaient la prévôté des marchands.

Le jeune roi visita ensuite les provinces du midi. Ce fut un voyage d'agrément. Cependant il accueillit les plaintes des députés des villes, et livra à la justice le sire de Bétigac, l'une des créatures du duc de Berry; il priva même ce dernier de son gouvernement. Enfin il apaisa les troubles qui s'étaient élevés en Bretagne entre Jean de Montfort et le connétable de Clisson; mais une catastrophe terrible, et dont les suites devaient être funestes au royaume, l'attendait à son retour. Le baron Pierre de Craon, infidèle dépositaire de l'argent que la duchesse d'Anjou envoyait à son mari, et qu'il avait dissipé à Venise en fêtes et en plaisirs, avait été condamné à 100,000 livres de restitution à la veuve et à ses enfants; il était cependant encore assez bien vu à la cour, et partageait les plaisirs du duc d'Orléans. S'il faut en croire la chronique scandaleuse de l'époque, le sire de Craon, confident des intrigues amoureuses du mari, les révéla à la duchesse d'Orléans. Le duc en fut instruit, et il fit chasser de la cour cet imprudent compagnon. Comme le connétable était tout-puissant, l'exilé s'en prit à lui de sa disgrâce, se promit de se venger, et se retira dans sa baronie de Craon, limitrophe de la Bretagne, où le duc Jean encouragea ses horribles desseins.

Pierre de Craon avait un très bel hôtel près du cimetière Saint-Jean (aujourd'hui le marché Saint-Jean). Il y envoya successivement de son château de Sablé quarante *bons compagnons*, et leur ordonna de s'y tenir cachés en leur promettant une bonne récompense. Il arriva lui-même le 2 juin, et resta caché pendant plus de dix jours; il attendait le moment favorable. Le 13 juin 1392, Olivier de Clisson sortait à une heure du matin de l'hôtel Saint-Paul, où le roi donnait une grande fête, lorsqu'à l'entrée de la rue Culture-Sainte-Catherine, il fut assailli avec ses huit valets par Craon et ses affidés. Clisson crut d'abord que c'était une plaisanterie du duc d'Orléans; mais Craon ne le laissa pas long-temps dans cette erreur, et lui cria d'une voix terrible : « A mort, à mort, Clisson; cy vous faut mourir. — Qui es-tu ? dit le connétable. — Je suis Pierre de Craon, votre ennemi, que vous avez tant de fois courroucé. Ici le vous faut payer. » Clisson avait été abandonné par ses gens; il se défendit pourtant avec son coutelas, jusqu'à ce qu'un coup d'épée sur la tête le précipita de son cheval et le fit tomber contre la porte d'un boulanger, qui était à moitié ouverte. Craon, le voyant sans connaissance et baigné dans son sang, le crut mort et partit aussitôt

autres du conseil du roi, qu'on ne gardât point d'or monnoyé, et que tout aussitôt fût amassé en gros lingots, comme le faisoit faire le roi Charles cinquième. Et ledit de Noujant advisa qu'il feroit un cerf d'or, pareil à la grandeur et corpulence de celui qui est au Palais entre deux piliers. Et fut commencé et en fut fait la tête et tout le col, et non plus. »

pour son château de Sablé. Les quatre principales portes de Paris étaient demeurées ouvertes et sans gardes, depuis que Clisson lui-même les avait fait arracher de leurs gonds au retour de Rosebecque. A la nouvelle de cet attentat, le roi arriva et jura de venger d'une manière solennelle le connétable de Clisson. Un des écuyers de Craon et l'un de ses pages furent arrêtés, décapités aux halles et pendus au gibet. Le concierge de l'hôtel de Craon eut la tête tranchée pour n'avoir pas dénoncé l'arrivée de son maître à Paris, et un chanoine de Chartres, chez qui Craon avait logé, fut privé de ses bénéfices et condamné à une prison perpétuelle. Tous les biens de Craon furent confisqués, son hôtel fut rasé, et l'emplacement donné à la paroisse Saint-Jean pour être converti en cimetière. La rue qui bordait l'hôtel et qui portait le nom de Craon, prit celui des *Mauvais-Garçons*, qu'elle retient encore aujourd'hui (1). Craon, ne se croyant pas en sûreté dans sa forteresse de Sablé, se retira auprès du duc de Bretagne, qui lui dit : « Vous êtes un chétif, quand vous n'avez pu occire un homme duquel vous étiez au-dessus. Vous avez fait deux fautes : la première de l'avoir attaqué, la seconde de l'avoir manqué. — C'est bien diabolique chose, repartit Craon ; je crois que tous les diables d'enfer, à qui il est, l'ont gardé et délivré des mains de moi et de mes gens, car il y eut sur lui lancé et jeté plus de soixante coups d'épées et de couteaux ; et quand il chut de son cheval, en bonne vérité je cuidois qu'il fût mort. » Charles VI envoya au duc de Bretagne l'ordre de faire saisir Pierre de Craon, traître envers la couronne de France, et de l'envoyer au roi. Le duc répondit que *rien ne savoit, ni ne savoir vouloit* du sire de Craon, et qu'il ne pouvait le livrer ne l'ayant point en sa puissance. Cette réponse ne put satisfaire le jeune monarque, qui voulait tirer une vengeance éclatante de l'attentat commis sur son connétable.

Deux mois à peine après le guet-apens de la rue Culture, le roi s'avançait vers la Bretagne, à la tête d'une armée ; il voulait à tout prix s'emparer du meurtrier. Mais ses oncles s'y opposaient, et ces contradictions perpétuelles ne faisaient qu'empirer l'état du monarque, en proie depuis quelque temps à une fièvre ardente et à une grande agitation d'esprit. Le 5 août, il partit du Mans, et l'on voyait avec effroi son déplorable état. « Il paroissoit par momens comme hébété, disoit des choses hors de sens, et faisoit gestes et contorsions fort messéans à la majesté royale. » C'était pendant un de ces jours de chaleur étouffante qu'on éprouve quelquefois au commencement de l'automne ; Charles traversait la forêt du Mans, peu accompagné, parce qu'on s'était écarté pour qu'il ne fût pas incommodé par la poussière, lorsque tout-à-coup un homme en chemise, la tête et les pieds nus, s'élance

---

(1) Voy. *Biogr. univ.*, art. *Pierre de Craon.*

d'entre deux arbres, saisit la bride de son cheval, et lui crie d'une voix rauque : « Roi, ne chevauche plus avant, mais retourne; car tu es trahi, et ici te doit-on bailler à tes ennemis! » A ces mots, l'esprit du roi frémit, suivant les expressions de l'historien, et tout son sang se troubla. En sortant de la forêt, on entra dans une plaine de sable, échauffée par un soleil ardent. Derrière le roi venaient deux pages, dont l'un portait la lance royale; ce jeune homme s'étant endormi, laissa tomber le fer sur le casque de son compagnon. A ce bruit, Charles VI se réveille comme en sursaut de la rêverie où il était plongé; il tire son épée, pousse son cheval et frappe tous ceux qu'il rencontre, en criant : *Avant, avant sur les traîtres.* Le duc d'Orléans, son frère, veut le retenir. Il se précipite sur lui. « Fuiez, beau neveu d'Orléans, s'écrie le duc de Bourgogne, monseigneur veut vous occir. Haro! le grand méchef, monseigneur est tout dévoié. Dieu! qu'on le prenne. » Personne n'osait l'approcher. Enfin, après avoir tué quatre hommes, le malheureux prince, épuisé, brisa son épée. L'un de ses chambellans nommé Guillaume Martel, sauta aussitôt sur la croupe de son cheval, et l'on garrotta le roi qui fut placé sur une charrette de bouvier et reconduit au Mans. « Le voyage est fait pour cette saison, » dirent les ducs.

Ce déplorable événement sauva la Bretagne; aussi les Bretons dirent-ils *que c'étoit monsieur saint Yves qui étoit apparu au roi en la forêt pour l'aviser de se détourner de ce voyage.* Mais il accrut les calamités dont la France était accablée. « Désormais, dit M. Michelet (1), tout dépendra du hasard qui mettra la personne du roi entre les mains de tel ou tel. Chacun va disposer à son tour de cette main royale, dont le seing est devenu depuis un siècle une arme si terrible. Quand il reviendra à lui, le roi déplorera, dans ces courts intervalles, son asservissement et les ordres qu'il aura signés, mais il retombera bientôt dans le même état de faiblesse et de dépendance. » Le pauvre malade fut aussitôt envoyé au château de Creil-sur-Oise, et livré aux *physiciens*, qui n'attribuaient la folie de Charles VI qu'à une influence diabolique. Pendant ce temps, le duc de Bourgogne Philippe-le-Hardi et le duc de Berry s'emparaient du pouvoir et exerçaient d'implacables vengeances contre les *marmousets* et le connétable de Clisson. Charles VI, ayant recouvré la raison par les soins d'un médecin de Laon, nommé Guillaume de Harceley, fut étonné des changements qu'il vit autour de lui; mais il s'y résigna, et l'infortuné prince régla le gouvernement pour les temps où son aliénation l'empêcherait de le diriger. Il déclara le duc d'Orléans régent du royaume, avec un conseil composé de ses trois oncles, de Louis de Bavière, frère

---

(1) *Précis*, p. 129.

de la reine, de trois prélats, de six nobles et de trois clercs. La tutelle de ses enfants fut accordée à la reine.

Vers le même temps, une catastrophe bizarre mit en danger les jours du roi. Pour distraire ce malheureux prince, on le mena passer l'hiver de 1393 à Paris, *où on lui donnoit le plus de plaisance et d'ébattement qu'on pouvoit.* Le 29 janvier, à l'occasion du mariage d'un jeune chevalier de Vermandois et d'une des demoiselles d'honneur de la reine, celle-ci donna une grande fête à *l'hôtel de la reine Blanche*, au faubourg Saint-Marcel. Au milieu du bal, le roi arriva habillé en sauvage, conduisant cinq jeunes seigneurs, déguisés comme lui et attachés ensemble par une chaîne de fer. Leur vêtement était fait de toile enduite de poix, sur laquelle on avait appliqué des étoupes. Personne ne connaissait les auteurs de cette mascarade. Le duc d'Orléans, pour éclaircir ses doutes, eut l'incroyable imprudence d'approcher une torche des danseurs. Le feu prit aussitôt aux costumes, et nul secours ne put sauver les malheureux, à l'exception du roi, que la duchesse de Berry couvrit de son manteau, et d'un des masques qui rompit la chaîne et eut le temps de se précipiter, à la bouteillerie, dans une cuve d'eau. On ordonna la destruction de *l'hôtel de la reine Blanche*, et, en expiation de son imprudence, le duc d'Orléans fit construire une chapelle dans l'église des Célestins (1).

Cet horrible accident causa au roi une frayeur qui dut contribuer à lui occasionner une rechute. Ce nouvel accès dura dix mois, à reprises inégales. Le peuple croyait que le prince était victime d'une sorcellerie, quoique le médecin de Laon eût déclaré que cette démence était occasionnée par l'épuisement et l'abus des plaisirs. Charles VI, qui était d'une constitution assez robuste, avait abusé de sa force physique. On connaît la gageure qu'il fit à Montpellier avec son frère d'Orléans. Ils mirent en jeu 5,000 livres à qui se rendrait le premier à Paris. Les deux frères prirent des chemins différents et allèrent jour et nuit, accompagnés d'un seul homme. Le roi arriva épuisé, il avait souvent été

---

(1) Voy. t. II, p. 584. Félibien nous donne les détails ci-après sur les suites de cette triste fête, connue dans l'histoire sous le nom de *ballet des masques :* « Celui qui échappa à la mort se nommoit le seigneur de Nantouillet. Le jeune comte de Joigny expira le même jour dans les plus cruelles douleurs; le bâtard de Foix et Aimeri de Poitiers périrent dans le second jour, et Huguet de Guisay, l'auteur de cette mascarade, mourut le jour suivant. Il fut le seul qu'on ne regretta point, et comme on emportoit son corps pour le conduire à Bourbon, le peuple crioit à son cadavre : *Aboye, chien!* qui étoient les mêmes termes dont ce jeune homme insolent et cruel se servoit ordinairement en parlant aux gens qu'il maltraitoit. Le bruit de cet accident jeta l'alarme dans Paris. Pour l'apaiser, le roi fut obligé de se montrer à plus de cinq cents bourgeois accourus aussitôt au faubourg Saint-Marceau. Dès le lendemain, les ducs de Berry, de Bourgogne et d'Orléans allèrent en procession, nuds pieds, depuis la porte Montmartre jusqu'en l'église de Notre-Dame, où le roi vint à cheval, et entendit avec eux la messe. »

obligé de se mettre sur un chariot pour prendre du repos. — L'abattement physique et moral du malade était extrême. Pour surcroît de malheur, le médecin de Laon mourut, et ses successeurs ne furent que de misérables empiriques, dont les prétendus remèdes accrurent la démence du roi. Je trouve dans un ancien écrivain, auteur d'une excellente histoire de Charles VI (1), les détails suivants : « On aura peine à croire, dit-il, que ce pauvre prince méconnaissait sa femme; mais ce qui est bien pis, il niait qu'il fût marié, ni qu'il eût des enfants; il se fachait de ce qu'on le traitait de roi, il soutenait avec colère qu'il ne s'appelait point Charles, et non seulement il désavouait les fleurs-de-lis, mais partout où il voyait ses armes et celles de la reine, il les effaçait jusques à les gratter avec furie sur la vaisselle d'or et d'argent. Il disait qu'il s'appelait *Georges* et que ses véritables armes étaient un lion traversé d'une épée. » Le pauvre prince s'apercevait quelquefois de son état. « Le samedi ensuivant (juillet 1397), dit le même historien, le roi se sentit lui-même extravaguer; il ordonna qu'on lui ôtât son couteau, il commanda au duc de Bourgogne qu'on en fît autant à tous ceux de la cour qui l'approcheraient, et il fut si tourmenté qu'il dit le lendemain au duc, la larme à l'œil, qu'il mourrait plus volontiers que de pâtir davantage. Cela l'attendrit fort et tous ceux de la maison qui s'y rencontrèrent, et ils furent encore plus vivement touchés quand ils entendirent ces paroles pleines de pitié : « Si quelques uns de la compagnie sont coupables de mes souffrances, je les conjure, au nom de Jésus-Christ, de ne me pas tourmenter davantage, que je ne languisse plus, et qu'ils achèvent bientôt de me faire mourir. » Lui aussi, cet infortuné prince, se croyait victime de *conjurations magiques*.

Deux moines augustins, nommés Pierre et Lancelot, réputés dans toute la Guienne pour habiles médecins, se présentèrent à l'hôtel Saint-Paul; ils promettaient de guérir le roi. On les logea au château de la Bastille, sous la garde d'un sergent, avec ordre de leur donner bonne chère et de leur fournir tout ce qui serait nécessaire à leurs opérations. S'il faut en croire les historiens du temps, ils se bornaient à distiller de l'eau, dans laquelle ils jetaient de la poudre de perles. Mais ce remède et les paroles magiques, dont ils vantaient l'effet merveilleux, étaient impuissants. Les deux charlatans, vivement pressés par quelques seigneurs qui se méfiaient d'eux, accusèrent Mellin, barbier du roi, et un concierge de l'hôtel du duc d'Orléans, de la maladie du prince. Ces deux hommes furent arrêtés et relâchés aussitôt après; les moines osèrent alors accuser le duc d'Orléans. Mais ils ne purent soutenir cette absurde allégation, et ces misérables furent condamnés à la peine ca-

---

(1) *L'Anonyme de Saint-Denis*, traduit par Le Laboureur.

pitale. Le 30 octobre 1398, au matin, ils furent tirés des prisons de l'évêché et conduits sur une charrette à la place de Grève : « Ils avaient les mains liées, des mitres de papier en tête avec leurs noms, et sur le dos un écriteau en parchemin où leurs crimes étaient énoncés. On avait dressé dans la place un échafaud tendu de draps de laine, pour l'évêque de Paris et dix autres évêques, accompagnés de plusieurs ecclésiastiques. Auprès de cet échafaud, il y en avait un autre pour les deux criminels. Ils n'y furent pas plus tôt montés, que Giles d'Apremont, docteur en théologie, les prêcha, après avoir reçu la bénédiction de l'évêque ; il leur reprocha dans son discours leur apostasie et leurs autres crimes. Le sermon fini, l'évêque se leva et leur dit : « Puisque vous avez profané par vos actions infâmes le plus glorieux caractère de notre religion, nous vous déclarons indignes de la communion des fidèles et de toute fonction ecclésiastique. » Les prêtres de la suite de l'évêque revêtirent aussitôt ces deux malheureux de tous les ornements sacerdotaux qu'ils portaient le jour de leur ordination. Les criminels à l'instant se mirent à genoux devant l'évêque, et lui firent l'aveu de leurs crimes, qui furent répétés tout haut. Il leur donna à chacun le calice à tenir, puis le retira aussitôt avec ces paroles : « Nous t'ôtons le calice dans lequel tu avais coutume de consacrer le sang du Seigneur. » Il fit la même chose à l'égard du livre des évangiles et des ornements qu'il leur ôta, soit par lui-même, soit par ses officiers. Il commanda aussi qu'on leur raclât les doigts et qu'on les lavât d'une liqueur préparée à cet effet. Les cérémonies de la dégradation achevée, l'évêque livra les deux coupables au sergent du prévôt de Paris, qui les promena ignominieusement par les rues, en s'arrêtant à chaque carrefour pour y faire lecture publique des crimes mentionnés au procès. On les ramena ensuite en Grève, où ils eurent la tête tranchée. Leurs têtes furent mises au bout de deux lances, leurs corps en quartiers qu'on attacha aux quatre principales portes de Paris, et le tronc fut porté au gibet (1). »

Tandis que Charles VI restait étendu sur son lit de douleur, tout s'agitait autour de lui. J'ai parlé longuement (2) de ce schisme célèbre qui désola l'Église à cette époque. Il faut joindre à ces causes de troubles l'agitation des esprits qu'excitaient encore les misères du temps. En 1399, une mortalité effroyable se répandit dans tous les quartiers de la capitale. On fut obligé de défendre les convois publics, pour ne point augmenter l'alarme. Charles VI, dans les intervalles de sa cruelle maladie, donnait tous ses soins à l'administration de son royaume. Le 17 septembre 1394, il avait rendu une ordonnance célèbre qui expulsait tous les Juifs de Paris et du royaume. Elle fut exécutée avec sévérité ; cependant cette expulsion fut entièrement différente de ce qu'elle avait

(1) Félibien, t. II, p. 720. — (2) Voy. t. II, *Université de Paris*.

été sous Philippe Auguste. Ni le fisc, ni les débiteurs des Juifs ne s'enrichirent de leurs dépouilles. Leurs biens furent inventoriés avec soin, et la confiscation n'atteignit que ceux qu'ils ne purent pas emporter; leurs débiteurs furent contraints de s'acquitter envers eux dans un délai fixé, enfin leurs personnes furent respectées (1). On arrêta seulement quelques uns de ces malheureux, accusés « d'avoir fait revenir à leur religion et d'avoir fait disparaître Denis de Machaut qui s'était converti à la religion chrétienne. » Le prévôt de Paris les condamna au feu, mais ils en appelèrent au parlement, et cette cour souveraine décida que la peine était trop rigoureuse. Elle les condamna à être conduits, nus et en charrette, pendant quatre dimanches consécutifs, dans tous les carrefours et sur toutes les places publiques de la ville, pour y être fouettés jusqu'au sang. La sentence ne fut exécutée que deux fois; les Juifs rachetèrent le reste du châtiment par une amende de 18,000 fr. d'or, qui furent consacrés à la reconstruction du Petit Pont de Paris (2).

Au moment où les rivalités des grands seigneurs allaient exciter dans Paris une horrible guerre civile, l'Angleterre, qui depuis long-temps était en révolution, se vit obligée de signer avec la France un traité de paix de vingt-huit ans. Charles VI avait deux filles, Isabelle et Michelle (3). Isabelle, qui n'avait que sept à huit ans, fut demandée en mariage par Richard II. Les fiançailles furent célébrées avec pompe : douze cents gentilshommes accompagnaient l'ambassade du roi d'Angleterre; ils furent logés et défrayés pendant trois mois, avec une magnificence toute royale (4). Les deux monarques eurent une entrevue entre Ardres et Calais, et Richard II obtint la grâce de Pierre de Craon, qui reparut à la cour. L'assassin de Clisson, en expiation de son crime, demanda que les condamnés à mort eussent désormais un confesseur. On accueillit favorablement cette requête, et le seigneur de Craon fit aussitôt élever une croix de pierre à ses armes, près du gibet de Paris; c'était au pied de cette croix que le confesseur donnait le sacrement de pénitence au condamné. Les cordeliers reçurent, en outre, une somme assez considérable, pour se charger à perpétuité de cette œuvre de miséricorde.

Deux ans après, le 3 juin 1400, l'empereur Manuel Paléologue entrait à Paris pour y solliciter de nouveaux secours contre ses ennemis. Il fut reçu au pont de Charenton par deux mille bourgeois *lestes et bien montés*. « L'empereur Manuel, dit un ancien historien, n'eut pas plus

(1) *Paris sous Philippe-le-Bel*, p. 552. — (2) Voy. *Topographie de Paris*, à la fin de cette période. — (3) « Il avait ainsi fait nommer la dernière par dévotion à saint Michel, dont il donna aussi le nom à une des portes de Paris, jusque là dite la porte d'Enfer. » Félibien, t. II, p. 716. — (4) On estima la dépense de chaque jour à plus de 400 livres tournois, sans les présents. *Id., ibid.*

tôt passé cette première haie de la milice de Paris, qu'il trouva le chancelier de France, puis le parlement en corps et ensuite trois cardinaux, dont il reçut les compliments. Peu après parut le roi, qui s'avança à la tête des ducs, des comtes et des barons, au son des trompettes, des clairons et de toutes sortes d'instruments. De si loin que les deux princes purent s'apercevoir, ils coururent s'embrasser l'un l'autre, avec mille témoignages réciproques d'estime, d'amitié et de joie. Après les premiers compliments, l'empereur monta sur un cheval blanc que le roi lui avait fait présenter. Il était vêtu de son habit impérial de soie blanche; et quoiqu'il fût d'une taille médiocre, la grâce de son visage, décoré d'une longue barbe, inspirait du respect et de la vénération. Le roi marchait à côté de lui, et après eux les princes et toute la cour. Ils allèrent ainsi jusqu'au palais, qui fut le lieu du festin, et de là au château du Louvre, où l'appartement de l'empereur était préparé. Pendant son séjour à Paris, on lui fit voir les églises et toutes les curiosités de la ville et des environs. On lui donna souvent le plaisir de la chasse et d'autres divertissements. Il assista avec le roi au mariage de Jean de Bourbon, comte de Clermont, fils de Louis duc de Bourbon, oncle maternel du roi, avec la comtesse douairière d'Eu, fille du duc de Berry, dont les noces furent célébrées dans le palais, le jour de Saint-Jean-Baptiste, avec toute la magnificence royale. »

Charles VI venait d'éprouver une violente rechute, lorsqu'éclata cette célèbre querelle des maisons d'Orléans et de Bourgogne, qui attira sur la France toutes les calamités de l'anarchie, de la guerre civile et de la guerre étrangère. Philippe-le-Hardi, duc de Bourgogne, s'était emparé, comme nous l'avons vu, de la puissance souveraine, et il éloignait le duc d'Orléans des affaires publiques. Le jeune prince, ambitieux et ennemi de toute contrainte, eut alors recours à la force, et au mois de décembre 1401, plus de six mille hommes de troupes étaient campés, par ses ordres, près de la porte Saint-Antoine. Le duc de Bourgogne, de son côté, fit venir de Flandre sept mille gens d'armes qu'il logea autour de son hôtel d'Artois. Le duc de Berry parvint à réconcilier les deux rivaux; ils dînèrent ensemble à l'hôtel de Nesle, s'embrassèrent et sortirent tous deux à cheval; ils se séparèrent auprès du Châtelet avec toutes les marques d'une parfaite intelligence. Mais la querelle ne tarda pas à recommencer, et la fermentation des esprits devint telle qu'on fut obligé de faire prêter le serment de fidélité au roi par les princes, bourgeois de bonnes villes et *autres gens d'état du royaume.* Sur ces entrefaites, Philippe-le-Hardi mourut, fort regretté du peuple parisien, parce qu'il s'était opposé à quelques nouveaux impôts ordonnés par son rival (1). Il eut pour successeur le fameux comte

(1) « On le tenoit vaillant, sage et prudent, dit Juvénal des Ursins; et étoit prince de grande louange, sinon que très envis (malgré lui) payoit-il ses debtes. »

de Nevers, qui avait mérité par son courage à la bataille de Nicopolis le surnom de *Jean-sans-Peur*. Le duc de Bourgogne, le plus riche prince de la chrétienté et le plus puissant des vassaux de la couronne de France, ne tarda pas à déclarer la guerre au duc d'Orléans, dont la présence inquiétait ses projets ambitieux. Son caractère d'ailleurs était en trop grande opposition avec celui du jeune prince pour qu'ils pussent vivre en bonne intelligence. Jean-sans-Peur était un véritable homme de guerre, brutal, grossier, cupide et prodigue tout à la fois; il était adoré par les gens du peuple, parce qu'il s'opposait sans cesse à la levée de nouveaux impôts. Son rival était un beau jeune homme, spirituel, galant, grand ami des dames, qui protégeait les arts et ne songeait qu'aux plaisirs et aux fêtes, ne reculant devant aucun obstacle pour avoir de l'argent, et se souciant fort peu des misères publiques; au demeurant, le meilleur fils du monde (1). Il s'était arrangé avec les faux monnayeurs et partageait avec eux; ses gens et ceux de la reine pillèrent en maintes occasions le mobilier de l'Hôtel-Dieu, en vertu du *droit de prise;* enfin, si l'on s'en rapporte à un bruit répandu alors, il lui arriva une fois de faire établir un impôt, et la nuit de forcer le trésor avec une bande de gens armés pour en enlever le produit (2).

Le peuple, plongé dans une misère effroyable, murmurait et disait hautement, suivant les expressions du chroniqueur, *que le gouvernement étoit pour lors bien petit.* Un moine Augustin, nommé Jacques-le-Grand, prêchant le jour de l'Ascension devant la reine, lui reprocha de faire régner à sa cour « la déesse de la Volupté, accompagnée de ses suivantes inséparables, la Gourmandise et la Crapule; il peignit à grands traits la dilapidation des finances, la misère publique et les déréglements d'un prince qu'il ne nomma point, mais que son portrait peu flatté fit reconnaître aussitôt. Le scandale fut grand. Quelques dames de la cour s'étonnèrent auprès du religieux lui-même de l'audace qu'il avait montrée en parlant publiquement des déréglements de la noblesse. « Et moi, reprit le prédicateur, je suis bien plus surpris que vous ayez l'effronterie de les commettre. » Le roi entendit parler de cet homme, et voulut qu'il prêchât le jour de la Pentecôte. Le moine parla en toute liberté, et exhorta le prince à imiter son père, de glorieuse

---

(1) Louis d'Orléans a plus d'un caractère de ressemblance avec le duc d'Orléans, régent pendant la minorité de Louis XV.

(2) « L'an 1404, on fit une bien grande taille, et disoit-on qu'elle montoit à dix-huit cent mille livres. Il avoit été délibéré que l'argent qui en seroit levé seroit mis en la tour du Louvre, afin qu'on s'en aidât en temps et lieu, principalement pour passer en Angleterre; mais elle ne porta oncques profit. Et tout fut pris par les seigneurs et dépensé très inutilement. Le duc de Bourgogne tâcha d'empêcher qu'elle ne fût levée, mais il ne fut pas cru. Et si disoit-on que le duc d'Orléans avoit été rompre les portes de l'endroit où étoit le trésor du roi, et qu'il prit tout ce qu'il y trouva. » Juvénal des Ursins.

mémoire, qui ne levait des impôts que pour le bien public. Charles fut frappé de ce discours et déclara qu'il profiterait des conseils du prédicateur, mais il retomba bientôt en frénésie, « et les choses allèrent au pire. »

Pendant un de ses intervalles de raison, le roi avait arrêté la forme du gouvernement. Un grand conseil, composé des ducs d'Orléans, de Berry, de Bourgogne, de Bourbon, et des autres princes du sang, du connétable Charles d'Albret, du chancelier et de quelques autres grands officiers de la couronne, était présidé par la reine Isabeau de Bavière. Les délibérations et les décisions du conseil étaient entre les mains du duc d'Orléans, qui pouvait convoquer les membres dans les circonstances où il prévoyait une majorité, et qui exerçait d'ailleurs une grande influence sur l'esprit de la reine. Les deux partis, sans cesse aux prises dans les séances du conseil, résolurent d'en appeler au sort des armes. Le roi revenu à la santé, voyant le désordre du gouvernement, l'abandon dans lequel on le laissait, lui et ses enfants, et les malheurs qui menaçaient la France, convoqua une assemblée générale à Paris, *pour remédier aux maux de l'Estat*. Le duc de Bourgogne s'y rendit à la tête de six mille hommes. La reine et le duc d'Orléans s'enfuirent à son approche; mais ils avaient donné l'ordre d'enlever secrètement le dauphin et ses frères. Jean-sans-Peur se mit aussitôt à leur poursuite, et rejoignit le dauphin qu'il ramena à Paris, au château du Louvre. Le lendemain, une assemblée générale fut convoquée; elle était présidée par le dauphin, à peine âgé de neuf ans. Le duc de Bourgogne fit exposer sa conduite par Jean de Nielle, *fameux orateur du pays d'Artois*; il voulait montrer qu'il n'avait agi *que comme vrai et loyal sujet du roi*. Le dauphin déclara qu'en effet le duc ne l'avait ramené à Paris que de son consentement; puis le duc de Berry fut nommé capitaine et gouverneur de la ville, et chargé de la garde des jeunes princes. Le duc de Bourgogne confia aussitôt le commandement du Louvre à Renaud d'Angennes, et celui de la Bastille au seigneur de Saint-Georges; il fortifia son hôtel de Nesle, fit fermer les portes de la ville, à l'exception de celles de Saint-Jacques et de Saint-Honoré, où il mit des corps de garde, et fit rendre aux bourgeois leurs armes et les chaînes des rues. De son côté, le duc de Berry plaça des postes d'arbalétriers à toutes les avenues de son hôtel d'Artois, et désigna cinq cents hommes pour faire le guet de jour, et autant pour le service de nuit.

Le duc d'Orléans, qui s'était retiré à Melun, réunissait des troupes et ne voulait entendre parler d'aucun accommodement. « *Celui qui a bon droit, si le garde*, » dit-il au duc de Berry, qui était venu lui proposer la paix. « Il comptait qu'il avait dans Paris bien des gens qui lui étaient dévoués, et ce furent apparemment quelques uns de son parti qui assiégèrent l'hôtel du duc de Berry en son absence. Mais les arbalétriers qui le gardaient firent si bien leur devoir qu'ils mirent en fuite les assaillants. Le peuple s'émut au bruit, et crut qu'on voulait enlever le roi de l'hôtel de Saint-Paul. Le duc de Bourgogne y accourut à la tête de cinq cents chevaux ; sa seule présence calma tout. Le lendemain, il fit tendre les chaînes à travers la rivière au-dessus de l'île de Notre-Dame, pour empêcher les bateaux de monter ou de descendre pendant la nuit. Il ordonna aussi de boucher les soupiraux des caves, de crainte qu'on ne mît le feu aux maisons (1). » Les deux partis réunirent des forces considérables, et le duc d'Orléans, donnant le signal de la guerre, s'empara du pont de Charenton, qui fut occupé par Jean de Gelles, gouverneur de l'Orléanais, à la tête de cinq à six cents hommes. Mais le prince était inférieur en forces au duc de Bourgogne, et son armée commençait à se plaindre de la disette. Il proposa la paix, qui, après de nombreuses difficultés, fut signée au château de Vincennes, le 16 octobre 1405. Les princes des deux partis jurèrent de travailler désormais de concert au bien public ; les ducs de Bourgogne et d'Orléans s'embrassèrent, et se rendirent le dimanche suivant, avec la reine et toute la cour, à l'église Notre-Dame pour remercier le ciel de cette nouvelle réconciliation.

L'infortuné Charles VI, confiné dans son hôtel de Saint-Paul, n'apprenait qu'au milieu de quelques éclairs de raison, les troubles qui désolaient la France. Mais il ne pouvait y porter remède, sa maladie augmentait de jour en jour. « C'étoit grande pitié de la maladie du roi, dit un historien contemporain, laquelle lui tenoit longuement, et quand il mangeoit c'était bien gloutonnement : et ne le pouvoit-on faire despouiller, et il étoit tout plein de poux, vermine et ordure ; et il avoit un petit *lopin* de fer, lequel il mit secrètement au plus près de sa chair. De laquelle chose on ne savoit rien, et cela lui avoit tout pourri la pauvre chair, et il n'y avoit personne qui osât approcher de lui pour y remédier. Toutefois, il avoit un physicien qui lui dit qu'il falloit y remédier ou qu'il étoit en danger, et que de la guérison de la maladie il n'y avoit remède, comme il lui sembloit ; et il avisa qu'on ordonnât quelques dix ou douze compagnons déguisés, qui fussent noircis, et bien garnis dessous leurs vêtements, pour crainte qu'il ne les blessât ; et ainsi fut fait, et entrèrent les compagnons, qui étoient bien terribles à voir, en sa chambre ; quand il les vit, il fut bien ébahi, et vinrent à lui : on lui avoit fait faire tous les habillements nouveaux, chemise, *gippon*, robe, chausses, bottes, qu'on portoit. Ils le prirent, luy cependant disoit plusieurs paroles, puis le dépouillèrent, et luy vestirent lesdites choses, qu'ils avoient apportées. C'étoit grand'pitié de le voir, car

(1) Félibien, p. 736.

son corps étoit tout mangé de poux et d'ordure. Si trouvèrent ladite pièce de fer ; et toutes les fois qu'on le vouloit nettoyer, il falloit que ce fût par ladite manière. C'étoit une chose dont aucunes gens s'esmerveilloient : car on le venoit voir aucunes fois, et lui regardoit fort les gens, et ne disoit mot quelconque. Mais quand messire Jean Juvénal des Ursins y venoit, lequel avoit eu le gouvernement de la ville de Paris long-temps, et étoit son avocat fiscal, il lui disoit : « Juvénal, regardez bien que nous ne perdions rien de notre temps. »

Le traité de Vincennes n'avait pu éteindre l'inimitié des ducs d'Orléans et de Bourgogne. Différentes causes contribuèrent à l'exciter avec plus de violence. Jean-sans-Peur voulait reprendre Calais sur les Anglais, belle expédition qui, plus tard, immortalisa le grand Guise. Le duc d'Orléans retint l'argent destiné aux frais de l'expédition ; elle manqua (1). Jean revint à Paris, la honte et la rage dans le cœur. Il y trouva son rival, qui, si on en croit une chronique un peu suspecte, se vantait d'avoir obtenu les bonnes grâces de la duchesse de Bourgogne. Alors il résolut sa mort. Le duc de Berry réconcilia encore une fois les deux ennemis qui communièrent et dînèrent ensemble ; mais toutes ces protestations d'amitié étaient feintes. Un gentilhomme normand, Raoul d'Octonville, ou d'Auquetonville, ancien général des finances, destitué de son office par le duc d'Orléans, s'était caché depuis plusieurs jours, avec environ dix-huit compagnons déterminés, dans un hôtel à l'enseigne de l'Image Notre-Dame, dans la Vieille rue du Temple, proche de la porte Barbette et non loin de l'hôtel de Montaigu, où la reine Isabeau était alors en couches. Le mercredi 23 novembre 1407, lendemain d'un grand dîner de réconciliation que le duc de Berry avait donné aux deux rivaux, un nommé Siaz de Courteheuse, valet de chambre du roi, et l'un des complices de Raoul, vint avertir le duc d'Orléans à l'hôtel de Montaigu, où il soupait avec la reine, que le roi le mandait sans délai. Le prince monta aussitôt sur sa mule, accompagné seulement de deux écuyers montés sur le même cheval, et de quelques valets de pied portant des torches (il était environ sept à huit heures du soir). Ils étaient arrivés près de la porte Barbette, vis-à-vis l'hôtel du maréchal de Rieux, lorsque les assassins se précipitèrent sur le duc en criant : *A mort! à mort!* Raoul d'Octonville le frappa en même temps d'une hache qui lui coupa le poignet gauche. — « Mais je suis le duc d'Orléans ! » s'écria le prince. — « C'est ce que nous demandons, répondirent les assassins. » Frappé de plusieurs coups mortels, le duc fut renversé de sa mule (2), et traîné auprès d'un tas de boue, ainsi que l'un de ses écuyers, un Allemand,

---

(1) M. Michelet, *Précis*, p. 130.
(2) On remarqua que le dernier coup lui fut porté par un homme qui était sorti inopinément d'une maison voisine, armé d'une massue, la tête enveloppée de son chaperon ; et le bruit courut que c'était le duc de Bourgogne.

nommé Jacob, qui avait tenté de le défendre. Les autres valets s'enfuirent à l'hôtel de la reine, en criant : *Au meurtre!* tandis que les meurtriers, qui avaient fait mettre le feu à l'hôtel de l'*Image Notre-Dame*, s'échappaient en criant : *Au feu !* et se réfugiaient à l'hôtel d'Artois, où était le duc de Bourgogne.

Les gens du duc d'Orléans accoururent avec le prévôt, à la nouvelle de ce guet-apens, et transportèrent le cadavre à l'hôtel du maréchal de Rieux, et de là en l'église des Blancs-Manteaux (1). « Là, le corps fut mis en un cercueil de plomb; et le veillèrent ceux de son hôtel et les religieux de ladite église, toute la nuit, en disant vigiles et psaumes; et le lendemain matin, le roi Loys de Sicile, le duc de Berry, le duc de Bourgogne, le duc de Bourbon, plusieurs autres princes, et beaucoup de gens d'église, de nobles et de menu peuple très grande multitude, vinrent tous ensemble à l'Église Saint-Guillaume; et quand approchèrent les princes, on dit que le sang du corps *se escreva* (2). Les principaux de la famille du duc d'Orléans emportèrent son corps avec le cercueil, à grand'foison de torches allumées, et, à chaque côté du corps, étoient par ordre, faisant pleurs et gémissements, le roi Loys, le duc de Berry, le duc de Bourgogne et le duc de Bourbon, chacun d'eux tenant la main au drap qui étoit sur le cercueil. Pendant toute la cérémonie, le duc de Bourgogne eut la contenance d'un homme profondément affligé : « Oncques mais, dit-il, on ne perpétra en ce royaume si mauvais ni si triste meurtre. » On porta le corps en icelle manière jusqu'à l'église des Célestins, où il fut enterré très honorablement. » Le corps de l'écuyer, tué en défendant son maître, fut enseveli à ses pieds. Louis d'Orléans n'avait que trente-six ans. Il avait ordonné par son testament, daté du 19 octobre 1403, qu'il serait dit pour le repos de son âme, à Paris et à Orléans, autant de cent messes qu'il aurait d'années à sa mort. Entre autres legs pieux, il accordait de plus à toutes les églises et paroisses de Paris un calice d'argent doré, pesant deux marcs et demi et revêtu de ses armes, sur lequel seraient gravés ces mots : *Priez Dieu pour monsieur Louis duc d'Orléans, qui a donné en cette église ce calice.*

La nouvelle de l'assassinat du frère du roi avait jeté dans Paris un trouble inexprimable. On ferma plusieurs portes de la ville, et l'on garda les autres avec soin, tandis que le prévôt fouillait les maisons. Ce magistrat, instruit qu'un homme soupçonné s'était réfugié dans l'hôtel d'Artois, demeure du duc de Bourgogne, se présenta au conseil à l'hôtel Saint-Paul, et demanda la permission de fouiller les hôtels des princes. A cette proposition, Jean pâlit, et prenant à part le duc de

(1) T. II, p. 103.
(2) C'est-à-dire jaillit hors des plaies. Suivant une superstition du moyen-âge, les blessures d'un homme assassiné se rouvraient et saignaient à l'approche du meurtrier.

Berry et le roi de Sicile, ses oncles, il leur avoua que, tenté et surpris par le diable, il avait fait tuer son ennemi. L'étonnement des princes fut grand, car on soupçonnait de ce crime un ancien chambellan de la maison d'Orléans, Robert de Canny ou de Cauny, dont le duc Louis avait séduit et enlevé la femme. — « J'ai perdu mes deux neveux! » s'écria le duc de Berry, les larmes aux yeux. Le lendemain, Jean-sans-Peur osa se présenter à l'hôtel de Nesle où le conseil royal était réuni; mais le duc de Berry lui fit fermer les portes. Jean, effrayé d'un tel accueil, bien qu'il ignorât que le duc de Bourbon avait déjà proposé son arrestation au conseil, s'enfuit aussitôt par la porte Saint-Denis, et se réfugia en Flandre, où Raoul d'Octonville et ses complices vinrent le rejoindre.

Ce crime paraît avoir inspiré plus de terreur à la cour que d'indignation aux Parisiens. La popularité que le duc de Bourgogne avait obtenue par son opposition aux vues de la reine et du duc d'Orléans, le protégea contre le ressentiment public (1); et, dans l'opinion de beaucoup de gens, ce lâche forfait, commis uniquement pour satisfaire une vengeance personnelle, passa pour un acte de patriotisme, pour une juste punition de la tyrannie.

Valentine de Milan, duchesse d'Orléans, se trouvait à Château-Thierry avec ses enfants, lorsqu'elle apprit la mort de son époux. Elle se hâta d'envoyer ses enfants à Blois, et se rendit à Paris, accompagnée d'une longue suite de femmes vêtues de deuil. Elle se jeta aux pieds du roi en lui demandant une éclatante vengeance. Charles VI la promit, mais la reine, qui désormais n'avait plus d'intérêts communs avec la duchesse d'Orléans, l'éloigna de la cour, et l'infortunée Valentine mourut l'année suivante, dans le plus affreux désespoir, en répétant la touchante devise qu'elle avait adoptée : *Rien ne m'est plus, plus ne m'est rien.* Pendant ce temps, le duc de Bourgogne se faisait pardonner son crime, tout en refusant d'en *crier au roi merci.* Malgré l'ordre de Charles VI, il entra à Paris à la tête de mille hommes armés de pied en cap, qui s'emparèrent des avenues de l'hôtel d'Artois; il y était en sûreté, car il avait fait fortifier cette demeure, et sa chambre à coucher était inabordable. Quelques jours après, il alla saluer le roi, aux acclamations de la multitude, qui l'escorta jusqu'à l'hôtel Saint-Paul. Le faible monarque lui permit de se justifier dans une assemblée publique. Le 8 mars 1408, maître Jean Petit, cordelier normand, avocat de Jean-sans-Peur, prononça, dans une des salles de l'hôtel Saint-Paul, cette fameuse apologie du tyrannicide, dans laquelle il conclut que son seigneur et maître avait rendu un service immense à la chose publique en assassi-

(1) Le peuple disait, par allusion aux devises avec lesquelles les deux ducs avaient paru dans les fêtes, *que le bâton noueux était enfin raboté.* Parmi les sculptures qui ornaient le tableau de Jean-sans-Peur, l'artiste avait placé un rabot.

nant le duc d'Orléans (1). Il n'est pas si facile, disait Papinien à Caracalla, de justifier un meurtre que de le commettre. Cependant la multitude accueillit favorablement l'affreux système de Jean Petit, et le duc de Bourgogne retourna en Flandre. Dès qu'il fut parti, l'abbé de Cerisy, avocat de la maison d'Orléans, réfuta l'apologie du cordelier normand, dans une assemblée solennelle tenue au Louvre, et Jean fut déclaré ennemi de l'État, *sans aucun égard aux lettres d'abolition qu'il avait obtenues du roi*. On assembla des troupes et Paris fut mis en état de défense. Mais les bourgeois refusèrent de payer un léger impôt, nécessité par les frais de la guerre, et les partisans de la maison de Bourgogne ameutèrent le peuple, en disant qu'on voulait enlever aux Parisiens les chaînes des rues. Le prévôt des marchands reçut même des billets si menaçants, qu'il ne parut plus dans la ville qu'avec une forte escorte. La reine, effrayée de cet esprit de révolte, se retira à Tours avec le roi et le dauphin. Quelques jours après, Jean-sans-Peur, vainqueur à Hasbain des Liégeois révoltés, rentrait à Paris à la tête d'une petite armée.

Il y avait donc alors dans le royaume deux partis distincts. La populace était pour le duc de Bourgogne, qui avait du reste dans son parti la reine Isabelle, le duc d'Anjou, les fils du duc de Bourbon et de Bar, le roi de Navarre, Enguerrand de Coucy et d'autres puissants seigneurs. De son côté, le jeune duc d'Orléans, Charles, épousa la fille de Bernard comte d'Armagnac, union qui lui donnait, sous un chef actif et hardi, un parti puissant dans la noblesse de Gascogne (2), et il s'allia les ducs de Bretagne, de Bourbon et de Berry, jaloux de la puissance de Jean-sans-Peur. Ces deux partis de Bourgogne et d'Armagnac ruinèrent et avilirent la France dans leur misérable querelle; tous deux courtisèrent à l'envi l'ennemi le plus terrible de la France, l'Angleterre. Le prévôt des marchands et les principaux bourgeois de Paris parvinrent à les réconcilier, et les deux factions signèrent un traité à Chartres, le 9 mars 1409. Pour cimenter cette union, on conclut le mariage du comte de Vertus, frère du duc d'Orléans, avec la fille du duc de Bourgogne; mais cette paix dura si peu de temps et fut signée avec tant d'hypocrisie, qu'on la surnomma la *paix fourrée*.

La reine se retira peu après à Melun avec le dauphin, et le duc

(1) Voy. t. II, p. 216. — On trouve une ample analyse du discours de Jean Petit et de la réponse de l'avocat de la maison d'Orléans, dans la *Collection des Mémoires* de MM. Michaud et Poujoulat, t. II, 1re série, p. 686 et suiv.

(2) « Le parti d'Orléans, recruté principalement dans le midi, fut soutenu par les vieilles haines de races qui subsistaient depuis le xiiie siècle. Les méridionaux prirent la revanche de la guerre des Albigeois. Les soldats gascons rançonnaient et torturaient les paysans des environs de Paris; ils leur coupaient le nez et les oreilles, et les renvoyaient avec dérision en leur disant : « Allez vous plaindre à votre fainéant de roi; allez chercher votre captif, votre idiot. » M. Michelet, *Précis*, p. 131.

Jean, maître de la ville, signala son autorité despotique par un meurtre juridique, qui fut le signal de nouveaux troubles. « Jean de Montagu, sorti d'une médiocre famille de Paris, s'était élevé de degré en degré jusqu'aux premiers emplois, par la faveur de Charles V et de Charles VI, qui l'admirent dans leurs conseils les plus secrets. Il était actuellement grand-maître de la maison du roi, surintendant des finances, son ministre et son favori; en un mot tout-puissant par ses richesses, par ses alliances et par son crédit auprès de la reine, qui avait la meilleure part au gouvernement. Cette haute fortune était d'autant plus exposée à l'envie, qu'elle se rencontrait dans un sujet d'un mérite peu imposant, d'une petite taille, d'une mine basse, bègue, et sans lettres. Son attachement pour le duc d'Orléans causa seul sa ruine. Il se rendit odieux par là au duc de Bourgogne, qui entraîna dans son parti le roi de Navarre. Ils conspirèrent sa perte, dans une conférence qu'ils eurent ensemble, avec ceux de leur faction, dans l'abbaye de Saint-Victor, au commencement du mois d'octobre. La résolution y fut prise de l'arrêter. Pierre des Essarts, prévôt de Paris, en ayant reçu l'ordre, l'exécuta en pleine rue, le 7 du même mois, avec une troupe d'archers qui se saisirent de Montagu et le conduisirent au Châtelet. On fit en même temps prisonniers Martin Gouge, évêque de Chartres, du conseil de la reine, Pierre de l'Esclat, conseiller du duc de Berry, et plusieurs autres. Ces emprisonnements firent grand bruit dans la ville, et peu s'en fallut qu'ils ne causassent une sédition. Pierre des Essarts fut obligé de monter à cheval avec sa milice, et d'aller par les rues pour calmer le peuple. Peu de jours après, on fit le procès à Montagu, qui avoua tout ce qu'on voulut, à la question. Sur cette confession forcée, on prononça l'arrêt de sa condamnation. Le 17 du mois il fut conduit aux halles, revêtu d'une robe mi-partie blanc et rouge, au son des trompettes qui marchaient devant lui, la bourgeoisie sous les armes. Il protesta que l'effort des tourments lui avait fait avouer des crimes dont il était innocent, excepté quelque malversation dans le maniement des finances. Quand il fut arrivé au lieu du supplice, l'exécuteur lui trancha la tête, qui fut mise au bout d'une lance, et alla pendre le corps au gibet commun des malfaiteurs. Ainsi finit un grand-maître de France, frère d'un évêque de Paris et d'un archevêque de Sens, qui avait pour gendre Charles d'Albret, connétable de France, allié aux princes du sang; en un mot, le ministre le plus puissant de son siècle. Le roi, de retour en santé, fut fort surpris et fort chagrin d'apprendre le traitement de son principal ministre et de son favori. Mais on eut soin de lui déguiser la chose, qui n'était plus en état d'être réparée. Trois ans après, sa famille obtint la permission de détacher du gibet le corps de Jean de Montagu; ce qui se fit avec beaucoup de solennité. Le prévôt de Paris eut ordre de s'y trouver, avec plusieurs prêtres et religieux célestins, et douze personnes portant des flambeaux, qui conduisirent le corps à l'hôtel de Montagu, près de Saint-Paul. La tête, qui était demeurée au bout d'une lance aux halles, fut apportée avec les mêmes cérémonies. On fit un service solennel pour l'âme du défunt en l'église paroissiale de Saint-Paul, où assista Charles de Montagu, son fils unique, chambellan du duc d'Aquitaine, avec un bon nombre de noblesse; et ensuite le corps fut porté à Marcoussy, où les Célestins, qu'il avait fondés, l'enterrèrent honorablement (1). »

Malgré les ordres réitérés du roi, les princes ne déposaient point les armes. Le duc de Bourgogne, craignant une surprise, s'empara des ponts, fit enfoncer les bacs et murer les portes de Paris, à l'exception de trois, et fit entrer dans la ville de nombreux corps de troupes que les bourgeois furent obligés de nourrir. « Le roi, dit un ancien historien, vint se loger au Palais, et la plupart des hôtels, tant de la ville que de la cité et clôture de Paris et de l'Université, furent marqués pour le logement des gendarmes; à peine en put-on dispenser les maisons des présidents et conseillers du parlement, et le Palais même en étoit plein; de sorte que le greffier, pour mettre ses registres à couvert, fut obligé de murer la tour où ils étoient déposés, de peur que les chambellans du roi ne la prissent pour y mettre des gens de guerre. » Les ducs de Berry et d'Orléans firent approcher leurs troupes, et il y eut quelques escarmouches dans les faubourgs Saint-Jacques et Saint-Marceau; mais l'incertitude du succès, le manque de fourrage, les approches de l'hiver, amenèrent les deux partis à signer un traité de paix à Bicêtre, le 8 novembre 1410. Un des articles de ce traité prononçait la destitution du prévôt de Paris, Pierre des Essarts, que le duc de Berry n'aimait pas. Bruneau ou Bureau de Saint-Clair fut mis à sa place. Les princes quittèrent Paris, en laissant au roi la liberté de se choisir un conseil parmi les gens des trois Etats. Mais Jean-sans-Peur, qui ne voulait point se dessaisir de l'autorité, excitait secrètement des troubles, et son rival, malgré la défense du conseil royal, restait à la tête de ses troupes. Les environs de Paris étaient dévastés, comme au temps de Charles V, par des bandes de brigands de différentes nations. Le comte de Saint-Paul, le maréchal Boucicaut et le prévôt de Paris reçurent l'ordre de marcher contre ces nouveaux ennemis. On en arrêta une centaine que l'on conduisit à Paris. Les deux principaux chefs, nommés Polifer et Rodrigo, furent pendus avec trente mauvais compagnons. On jeta les autres à la rivière, à l'exception de ceux qui étaient au-dessous de quinze ans, qu'on se contenta de faire fouetter dans les carrefours et de bannir ensuite du royaume. Le conseil du roi fit alors défendre aux ducs de Bourgogne et

(1) Félibien, *Hist. de la ville de Paris*, t. II, p. 746.

d'Orléans d'entrer dans Paris, et ordonna à ceux de leur parti d'en sortir sans armes, sous peine de la vie. Les bourgeois et les officiers du roi eurent seuls la permission de porter des armes, et l'on redoubla la surveillance de la ville; tous ceux qui entraient ou sortaient étaient scrupuleusement fouillés, et l'on tendit des chaînes au travers de la rivière. Enfin le corps municipal, cédant aux cris de la populace qui accusait de trahison le duc de Berry, gouverneur de Paris, confia ce poste important au comte de Saint-Paul, partisan du duc de Bourgogne.

C'était là le but de toutes les menées de Jean-sans-Peur. Le nouveau gouverneur s'appuya sur le petit peuple; il forma un corps de cinq cents hommes, composé de bouchers, d'écorcheurs, etc., gens brutaux, féroces et tous dévoués à la maison de Bourgogne. Cette troupe, qui reçut le nom de *milice royale* (1), et qui était à la solde de la ville, était sous les ordres des Legoix, des Sainctyon ou Saint-Yon et des Thibert, les plus riches bouchers de la capitale (2). Paris fut alors le théâtre des plus affreux excès; la populace exerça la souveraine puissance. « Il arrivoit souvent, dit un auteur contemporain (Pierre de Fenin, écuyer et panetier de Charles VI), il arrivoit souvent grands désordres dans la ville, car les habitants s'y accusoient presque tous les uns les autres; aucuns méchants du commun s'en mêloient, qui pilloient sous divers prétextes, sans mercy, ceux qu'ils disoient avoir tenu le parti du comte d'Armagnac, et lorsqu'on haïssoit à Paris aucun homme, il ne falloit que dire : *Il a été Armagnac*, et tout présentement et à l'heure même il étoit tué sur le carreau. » Pierre des Essarts, créature du duc de Bourgogne, fut rétabli dans sa charge de prévôt de Paris. Le prévôt des marchands, Charles Culdoé, et trois cents des principaux bourgeois, effrayés des désordres qu'ils ne pouvaient réprimer, sortirent de la ville. Culdoé fut remplacé par un homme d'un talent et d'une probité reconnue, Pierre Gentien. Le roi et le dauphin, le duc de Guienne, ne se crurent plus en sûreté à l'hôtel Saint-Paul, et se retirèrent au Louvre. Le conseil fit abattre les murailles de l'hôtel de Nesle du côté de la ville, et boucher la porte qui donnait sur la campagne. En même temps, il fit publier, à son de trompes, pour prévenir de nouveaux troubles, que tous les partisans des ducs de Berry et d'Orléans eussent à quitter la ville incessamment, sous peine de la vie et de la

---

(1) On les appelait aussi *Cabochiens*, du nom de Caboche, l'un de leurs chefs.

(2) « Ces maîtres bouchers, dit Félibien, formoient une espèce de société, composée de plusieurs familles qui étoient toutes ensemble propriétaires des boucheries de la porte de Paris et de celles du cimetière de Saint-Jean; et à mesure que l'une de ces familles s'éteignoit faute d'hoirs mâles, le profit tournoit à celles qui restoient, à l'exclusion des femmes et des bâtards. » Ces familles, qui ne s'éteignirent qu'au siècle dernier, étaient les plus anciennes de la ville.

confiscation de leurs biens. Sur ces entrefaites, le dauphin embrassa le parti du duc de Bourgogne, et écrivit à ce prince de le venir joindre avec ses troupes pour l'aider à chasser les rebelles du royaume.

Jean-sans-Peur fut tout-puissant. Ses partisans occupèrent les principaux emplois, tandis que les prêtres excommuniaient en chaire les Armagnacs et les déclaraient ennemis du roi et de l'État. La plus grande partie de la population parisienne prit alors le chaperon bleu, et porta sur l'épaule la croix bourguignonne (croix de Saint André, *brisée d'une fleur-de-lys en cœur*). Paris était assiégé depuis trois semaines par le duc d'Orléans ; de sanglants combats eurent lieu dans les environs. Le 11 octobre 1411, quatre cents hommes de la populace tombèrent en embuscade et furent taillés en pièces, ce qui excita une violente sédition. On accusait, et probablement avec raison, le comte de Saint-Paul et les principaux bourgeois d'avoir sacrifié une populace qu'ils ne pouvaient plus conduire. Le même jour les Orléanais brûlèrent la maison de plaisance que le prévôt de Paris avait à Bagnolet, et en revanche les Parisiens mirent le feu au château du duc de Berry, à Bicêtre ; perte irréparable pour les arts, car ce prince avait fait orner cette demeure avec une magnificence et un goût remarquables. Enfin le duc de Bourgogne vint délivrer la ville (30 octobre) avec des troupes anglaises (1); il fut reçu avec enthousiasme, et sa conduite habile augmenta sa popularité. Le boucher Legoix étant mort, Jean lui fit célébrer à Sainte-Geneviève des funérailles magnifiques, et assista lui-même à la cérémonie. Aussi la Ville paya-t-elle sans trop murmurer une nouvelle taxe, et de plus elle leva et entretint un corps de mille hommes d'armes et cinq cents arbalétriers. On joignit à ces troupes, qui étaient sous les ordres du prévôt, cinq cents pionniers, commandés par André Roussel, homme de talent et d'énergie. Le roi, en récompense, rétablit la prévôté des marchands ; les échevins nommés étaient des Bourguignons, Jean de Troye, Jean de l'Olive, Jean ou Denis de Saint-Yon et Robert de Belloy.

Après les fêtes de Pâques, Charles VI déclara les Armagnacs ennemis de l'État, déploya contre eux l'oriflamme, et marcha, avec le dauphin et une nombreuse armée, contre le duc de Berry qu'il assiégea dans Bourges. L'autorité du roi et les vœux du dauphin amenèrent les deux partis à suspendre les hostilités. Ils conclurent la paix qui fut jurée à Auxerre (juillet-août 1411), et qui ne fut pas mieux exécutée que ne l'avait été la paix de Chartres. Le roi, de retour à Paris, convoqua à l'hôtel Saint-Paul une assemblée de notables *pour travailler à la réformation de l'État* (30 janvier 1413). J'ai dit (2) avec quelle audace l'Université, gagnée par le duc de Bourgogne, s'exprima dans cette

---

(1) On accusa Jean-sans-Peur de n'avoir obtenu ce secours qu'en promettant au roi d'Angleterre la restitution de la Guienne et de la Normandie. — (2) T. II, p. 165.

assemblée sur le gouvernement. Mais le discours de son orateur, Eustache de Pavilly, ayant été vivement applaudi, le roi fut obligé de renvoyer la plupart de ses officiers, entre autres Pierre des Essarts, prévôt de la ville et gouverneur-général des finances. On réunit ensuite une commission chargée de réformer les abus dénoncés par les députés; mais à peine était-elle convoquée que de nouveaux troubles éclatèrent à Paris.

« Le 28 avril, Pierre des Essarts, soutenu de quelques chevaliers et écuyers en armes, se rendit maître de la Bastille au nom du dauphin, auprès duquel on croyait l'avoir disgracié. A cette nouvelle, la faction des bouchers Legoix excita un grand tumulte. Ils avaient à leur tête Simon Caboche, misérable écorcheur de bêtes, et un chirurgien accrédité, nommé Jean de Troyes, qui criaient partout qu'on voulait détruire la ville et enlever le roi et le dauphin. La populace prit l'alarme, s'attroupa et demanda la destitution de Pierre Gentien, prévôt des marchands, qui était aussi maître de la monnaie et accusé de l'avoir affaiblie. Les échevins furent contraints de lui substituer André d'Épernon. Toute la canaille accourut en tumulte dans la place de Grève, le força de donner l'étendart de la ville, et de délivrer un ordre pour faire assembler en armes les cinquanteniers et les dixeniers avec toute leur suite, ce qui aurait été exécuté sans un clerc ou greffier de l'Hôtel-de-Ville, qui refusa de signer l'ordre verbal du prévôt, alléguant que le prévôt, les échevins et le gouverneur de Paris avaient promis avec serment au dauphin de ne point faire prendre les armes aux habitants, sans l'en avertir deux jours auparavant. Le même jour (car tout ceci se passa le 28 avril), un grand nombre d'habitants en armes se tinrent assemblés, depuis les neuf heures du matin jusqu'au soir, depuis la Bastille jusqu'à Sainte-Catherine, en attendant réponse du dauphin, à qui ils demandaient qu'on leur livrât Pierre des Essarts. Mais tout ce qu'ils obtinrent alors, fut que des Essarts demeurerait à la Bastille comme prisonnier. Le lendemain 29 avril, les cinquanteniers s'assemblèrent à l'Hôtel-de-Ville, avec le prévôt des marchands et les échevins, pour tâcher d'apaiser la populace mutinée; mais toutes leurs remontrances ne servirent à rien : c'était parler à des sourds et à des furieux. Ils coururent au nombre de plus de trois mille investir la Bastille. Le duc de Bourgogne, qui animait sous main la populace, y envoya deux de ses confidents, Hélion de Jacqueville et Robert de Mailly, qu'il suivit bientôt. Le nombre des séditieux s'accrut jusqu'à plus de vingt mille, et leur insolence à proportion. Pendant que les uns investissaient la Bastille, les autres, ayant à leur tête Jean de Troyes, allèrent à l'hôtel du dauphin, dont ils fermèrent toutes les avenues. Ils plantèrent devant la porte l'étendart de la ville, et demandèrent avec clameur à lui parler. Le dauphin se montra aussitôt à la fenêtre, bien surpris du langage que lui tint le chef de la troupe ; car il lui dit qu'ils venaient pour arrêter quantité de gens de sa cour, auteurs ou complices de ses débauches. Le dauphin, quoique très irrité, fit bonne contenance, et tâcha de modérer la fureur de cette multitude émue, en les avertissant doucement de se tranquilliser et de retourner à leurs métiers. Le chancelier du dauphin voulut parler ensuite, pour demander qui étaient ceux qui corrompaient le dauphin. Jean de Troyes lui présenta une liste de plus de cinquante seigneurs, qu'il l'obligea de lire tout haut par deux fois, avec la confusion de se voir nommé le premier à la tête de tous les autres. Sans attendre sa réponse, ces furieux enfoncèrent les portes de l'hôtel, pénétrèrent jusque dans les appartements, et se saisirent du duc de Bar, cousin du roi, de Jean de Vailly, chancelier du dauphin, de Jean de la Rivière, frère du comte de Dammartin son chambellan, d'Enguerrand de Marcoignet, des enfants du seigneur de Boissay, du fils du sieur de Rambouillet, et plusieurs autres, qu'ils conduisirent à l'hôtel d'Artois, appartenant au duc de Bourgogne ; ce qui fit voir que ce prince, qui était présent à tout, agissait de concert avec eux, quoiqu'il fit mine du contraire. En chemin ils tuèrent un domestique du duc de Berry, le canonnier du dauphin, et l'un des domestiques de Philippe d'Orléans, comte de Vertus ; et le soir même ils jetèrent à la rivière un secrétaire du roi, nommé Raoul de Brissac ou Brissoul, qu'ils accusaient d'avoir révélé le secret des affaires du roi aux ennemis pendant la guerre des princes. Après ces beaux exploits, ils menèrent leurs prisonniers au Louvre, et toute cette canaille ayant passé la nuit en armes autour de la Bastille, somma le lendemain matin le duc de Bourgogne de leur livrer Pierre des Essarts, comme il le leur avait promis. C'était à quoi il était assez porté de lui-même, car il ne cherchait que l'occasion de le perdre, et n'ignorait pas sans doute qu'il avait dit au dauphin qu'il ne savait pas à quoi le duc de Bourgogne avait employé deux millions d'or qu'il lui avait donnés. Le duc étant venu devant la Bastille, représenta à Pierre des Essarts la nécessité où il était de se rendre, s'il ne voulait être mis en pièces par la populace toute prête à briser les portes du château. La peur qu'il en eut fit qu'il se rendit, sur la parole que le duc lui donna de le sauver des mains des séditieux. En effet, il le fit conduire sous bonne garde au Châtelet. Le sire de la Trémoille et un capitaine, nommé Enguerrand de Bournonville, entrèrent aussitôt dans la Bastille, et pillèrent tout ce que des Essarts y avait laissé d'argent, de meubles et de chevaux.

» Les bons bourgeois de Paris détestaient cette conduite du peuple, et il s'en trouva d'assez hardis pour le taxer de témérité, d'attentat et d'insolence, en pleine assemblée de ville. Mais les séditieux, qui étaient les maîtres, prétendaient avoir rendu service au roi et à la patrie. Ils résolurent d'en informer tous les princes dispersés dans les provinces, et tâchèrent de s'autoriser de l'Université, qui refusa de prendre part à leur entreprise. Ils n'en demeurèrent pas là. Au commencement de mai ils s'avisèrent de faire des chaperons blancs, qu'ils osèrent présenter au dauphin et aux ducs de Berry et de Bourgogne, en les priant de les porter comme la marque à laquelle on reconnaîtrait l'affection qu'ils avaient pour la ville de Paris. Le dauphin, maîtrisé par cette troupe de révoltés, eut encore le chagrin de se voir reprocher en face, à titre de remontrances, toutes les dissolutions de sa vie, ses excès de jeu, de vin et de femmes. Leur harangueur, Eustache de Pavilly, conclut sa réprimande par demander qu'on fît le procès aux financiers et aux prisonniers. Le dauphin dissimulant son ressentiment, accorda tout ce qu'on voulut, et nomma douze nouveaux commissaires, gens affectionnés à l'Etat, qui furent le sire d'Offemont, messire Hélie de Chenac, le Borgne de la Heuze et Jean de Monreuil; quatre conseillers du parlement, Robert-pied-de-Fer, Jean de Longueil, Hélie ou Félix du Bois, et Denis de Vasière; avec André Roussel, et Garnot de Saint-Yon, bourgeois de Paris, le greffier du Châtelet et un autre. Les ayant ainsi contentés, il les congédia en les priant d'avoir de la considération pour le duc de Bar son cousin, de rentrer en eux-mêmes, et de s'abstenir à l'avenir de pareilles émotions. Comme tout était à craindre de la part des séditieux, le comte de Vertus sortit secrètement de la ville en habit déguisé, et se retira à Orléans auprès de son frère. Le dauphin eût bien voulu en pouvoir faire autant; mais il était assiégé dans l'hôtel de Saint-Paul jour et nuit par la populace armée. Les députés de la ville de Gand se trouvèrent pour lors à Paris. Le prévôt des marchands et les échevins les régalèrent magnifiquement à l'Hôtel-de-Ville. La joie fut grande de part et d'autre; et après ce festin les députés prirent le chaperon blanc, en signe d'alliance avec les bourgeois de Paris. Ceux-ci, bien joyeux d'un engagement auquel ils ne s'attendaient pas, en écrivirent à toutes les villes du royaume, pour les inviter à entrer dans la même confédération. C'était le chaperon qui en était le signal. Jean de Troyes, chef des factieux, eut l'insolence de l'offrir au roi, lorsqu'il allait en dévotion à Notre-Dame remercier Dieu de sa convalescence, et le roi voulut bien le prendre; à son exemple, ceux de son conseil, les premiers du parlement, le recteur de l'Université, et les principaux bourgeois prirent aussi le chaperon blanc, *et n'en avoit pas qui vouloit*, dit Juvénal des Ursins. Ceux à qui on le refusait couraient risque d'être pillés et massacrés, comme soupçonnés d'être du parti des *Armagnacs*.

» L'orateur de la sédition, Eustache de Pavilly, entreprit dans ce même temps de justifier, par un discours devant le roi, tout ce qui s'était fait jusqu'alors. Les séditieux, animés par sa harangue, n'en devinrent que plus insolents. Jean de Troyes, suivi de dix mille hommes armés, alla à l'hôtel de Saint-Paul haranguer à son tour le dauphin, le 22 mai. Il eut la hardiesse de lui dire, qu'outre ses officiers prisonniers, il y avait encore d'autres personnes qui corrompaient sa jeunesse, et qu'il demandait qu'on fît leur procès. En même temps, Hélion de Jacqueville, que le peuple avait créé capitaine de Paris, entra, à la tête de seize déterminés, jusque dans les appartements, d'où il tira Louis de Bavière, beau-frère du roi, qui devait épouser le lendemain la sœur du comte d'Alençon, veuve de Pierre de Navarre. Ils l'emmenèrent au Louvre avec plusieurs autres seigneurs. A la Conciergerie du palais furent faits prisonniers Renaud d'Angennes, chambellan et gouverneur du dauphin, Charles de Villiers, maître-d'hôtel de la reine, Jean de Nielles, chancelier du dauphin et de la reine, Jean de Nantouillet et plusieurs autres, avec Bonne d'Armagnac, femme du seigneur de Montauban, la dame de Chasteaux, la dame de Romans, la dame de Quesnoy, la dame d'Anclus, Isabelle des Barres, toutes de la maison de la reine ou de la dauphine.

» Tous ceux qui avaient quelque sentiment d'honneur détestèrent ces violences; mais les rebelles, secrètement appuyés par le duc de Bourgogne, étaient en état de tout oser. Ils demandèrent que le roi fît vérifier au parlement les nouvelles ordonnances dressées pour la réformation de l'État, et insistèrent encore pour le retranchement de quantité de dépenses qu'ils appelaient superflues, dans la maison du roi. Le chancelier, choqué d'une témérité qui n'avait point de bornes, ne put s'empêcher de leur dire avec aigreur que ce n'était pas par le conseil de gens tels qu'ils étaient, que la maison du roi devait être réglée; et que ce soin n'appartenait qu'aux princes de son sang et aux grands du royaume. Ces paroles lui coûtèrent cher dans la suite; le peuple irrité chercha tous les moyens de le perdre. Le roi alla au parlement le 26 de mai, accompagné du dauphin, des ducs de Berry et de Bourgogne, du comte de Charolais, du comte de Saint-Paul, connétable de France; et là, en présence de l'archevêque de Bourges, des évêques de Tournay et d'Agde, d'un grand nombre de chevaliers, de l'Université de Paris, du prévôt des marchands, des échevins et autres bourgeois, il fit lire les ordonnances. La lecture en fut continuée le lendemain, et quand elle fut finie, l'Université requit qu'elles fussent confirmées par le roi et jurées par tous les seigneurs présents, et qu'on en envoyât des copies authentiques dans toutes les provinces du royaume. Le roi accorda tout, et les seigneurs et autres assistants firent le serment, après quoi toute la compagnie cria *Noël*, en signe de réjouissance. Le 24 du même mois, le roi, par des lettres patentes accordées au prévôt des marchands et aux échevins, approuva tout ce qui s'était passé pendant la dernière émotion, comme entrepris pour son service, et pour celui du dauphin et le bien de l'État. Mais ces ordonnances forcées ne furent pas long-temps en vigueur; elles furent révoquées le 5 de septembre de la même année, comme nous le verrons en son lieu. Le roi et les princes qui assistèrent au lit de justice du 26 et du 27 mai, avaient des chaperons blancs, par complaisance pour le peuple; car sur la fin de ce mois, tout Paris, hommes, femmes et enfants, portèrent ces sortes de chaperons (1). »

La réaction fut horrible. Les cabochiens firent condamner à mort Jacques de la Rivière et Jean Du Mesnil, deux gentilshommes de la cour du dauphin. Le cadavre du sire de la Rivière fut transporté aux halles dans la même charrette que Du Mesnil, et le bourreau lui coupa la tête. En même temps, les vainqueurs s'enrichissaient par des exactions inouïes. L'historien Juvénal des Ursins, ayant refusé de payer 2,000 écus d'une taxe illégale, fut conduit au Châtelet, d'où il ne sortit qu'après avoir souscrit à cette demande. Le célèbre Jean Gerson, chancelier de l'église de Paris, et curé de Saint-Jean-en-Grève, osa protester contre ces exactions; sa maison fut pillée, et il n'échappa à la mort qu'en se cachant pendant plusieurs jours dans les voûtes de l'église de Notre-Dame. Enfin le prévôt de Paris, Pierre des Essarts, fut sacrifié au ressentiment du duc de Bourgogne, qui l'avait regardé dabord comme son meilleur ami. On l'accusa de trahison et de concussion, mais son arrêt de condamnation fut signé en même temps. Le 1er juillet, à midi, on le fit sortir par la grosse tour du palais et il fut traîné sur une claie jusque devant l'hôtel de la Coquille, dans la rue Saint-Denis. Là on le fit monter dans la fatale charrette pour le conduire aux halles. Il montra à ses derniers moments un courage admirable. Sa tête fut mise au bout d'une lance et son corps porté au gibet.

Le 9 du même mois, Hélion de Jacqueville, capitaine gouverneur de Paris, passant avec le guet sur les onze heures du soir, près l'hôtel Saint-Paul, monta brusquement chez le dauphin. Il y avait bal à la cour. Le Bourguignon reprocha amèrement au jeune prince de mener une vie de dissolution et de plaisirs; puis apercevant Georges de la Trémoille, il l'accusa de corrompre le dauphin. La Trémoille lui répondit par un démenti. Alors Jacqueville, furieux, montre une telle insolence, que le prince tire sa dague et le frappe de trois coups qui eussent été mortels, sans une cotte de mailles que le capitaine portait sous ses vêtements. Les gens du guet prirent les armes aussitôt, et le sire de Trémoille était menacé de toutes parts, lorsque le duc de Bourgogne accourut au bruit et renvoya les soldats. Le dauphin, disent les historiens, fut tellement ému de cette scène, qu'il en cracha le sang pendant trois jours.

Ces actes de violence et de brutalité se répétaient chaque jour. Joi-

---

(1) Félibien, *Hist. de la ville de Paris*, t. II, p. 763.

gnez à ces désordres une misère excessive, des maladies contagieuses, des incendies (1), et vous aurez le tableau de la capitale à cette époque. Les excès des cabochiens rendirent enfin quelque vigueur à la bourgeoisie, qui appuya les propositions que faisait le roi aux princes pour obtenir la paix. Le corps municipal s'assembla à l'Hôtel-de-Ville, mais tandis qu'on délibérait sur les propositions du congrès de Pontoise, Hélion de Jacqueville, Denis de Chaumont et Simon le Coutelier, plus connu sous le nom de Caboche, arrivèrent à la tête de cent hommes armés, et obligèrent les bourgeois de se séparer. Mais ils se réunirent secrètement le même jour, et approuvèrent tous la paix, à l'exception de quatre chefs du quartier Saint-Eustache. Le duc de Berry, retiré au cloître Notre-Dame chez Simon Alègres, son médecin, s'aboucha avec l'avocat-général du roi, Juvénal des Ursins, et appuya les partisans de la paix. Le traité, signé à Pontoise, le 8 août 1413, défendit, sous peine de mort, l'usage des couleurs et des dénominations par lesquelles on distinguait les partis, et ordonna le licenciement de tous les gens de guerre. Mais avant de ratifier les clauses de la pacification, Charles VI en envoya une copie au parlement, à l'Université et à la ville, qui l'approuvèrent. L'un des échevins, Robert de Belloy, revenu à de meilleurs sentiments, déclara que ceux qui s'y opposeraient devaient passer pour des traîtres. A ces mots Henri de Troyes, fils de Jean de Troyes, se leva et interpella l'orateur avec insolence. « La paix de Pontoise, ajouta-t-il, est une paix fourrée de peau de renard. Du reste, il y en a ici qui ont trop de sang; ils ont besoin qu'on leur en tire; il en faudra venir aux couteaux. » Quelques Bourguignons proposèrent alors de remettre l'assemblée au samedi suivant. Mais la multitude demanda la délibération par quartiers. En vain deux partisans des Legoix et des Saint-Yon, qui étaient armés, voulurent s'y opposer; l'un des quarteniers, Guillaume Cirace, charpentier du cimetière Saint-Jean, leur répondit qu'il fallait s'en tenir à la pluralité des voix. — « Eh bien! répondirent les Bourguignons, la chose se décidera malgré vous en place de Grève. — Elle se décidera par quartiers, repartit Cirace, et si vous voulez y faire opposition, souvenez-vous qu'il y a à Paris autant de frappeurs de coignée que d'assommeurs de bœufs. » A l'instant la multitude s'écria : *Par les quartiers! par les quartiers!* et chassa les bouchers.

Ils ne désespérèrent pas cependant. Jean de Troyes, qui demeurait au palais, dont il était concierge, assembla le lendemain de bonne heure les quarteniers de la Cité au cloître Saint-Benoît. Il commençait à leur lire un Mémoire contre les Orléanistes, lorsque Juvénal des Ursins arriva et annonça au peuple que le roi voulait apaiser les troubles

(1) Dans le même temps le feu prit au collège de Saint-Denis, dont la plus grande partie fut brûlée; et les jours suivants, plusieurs autres maisons eurent le même sort. Félibien, t. II, p. 767.

et pardonner en même temps toutes les fautes et délits commis pendant la guerre civile. — *La paix! la paix!* s'écria la foule, qui se précipita sur Jean de Troyes et lui arracha son Mémoire. Les autres quartiers imitèrent cet exemple d'obéissance, à l'exception de ceux des halles et de l'hôtel d'Artois. Juvénal des Ursins se présenta aussitôt après chez le roi pour lui rendre compte de ces événements. Le dauphin promit de faire observer la paix; il permit aux bourgeois de s'assembler, le lendemain, dans la cour de l'hôtel Saint-Paul, pour l'accompagner par la ville; il fit demander sur le-champ au duc de Bourgogne les clefs de la Bastille qu'il donna à Renaud d'Angennes, et il ôta à Jean de Troyes celles de la Conciergerie. Les bourgeois allumèrent des feux dans les carrefours et restèrent en armes toute la nuit, mais ils ne purent empêcher les cabochiens de s'emparer, au nombre de quatre cents, de l'Hôtel-de-Ville. Dès le matin, le duc de Bourgogne, averti de ce qui se passait, monta à cheval et courut au quartier de Saint-Germain-l'Auxerrois, où les bourgeois avaient pris les premiers les armes, sous la conduite d'un nommé Pierre Augier, *homme de réputation*, disent les historiens. Il les exhorta à déposer les armes, mais voyant qu'ils ne l'écoutaient pas, il se rendit à l'Hôtel-de-Ville; les insurgés, cédant à ses prières, se retirèrent, à l'exception d'une centaine. Vers neuf heures du matin, au moment où le parlement et l'Université haranguaient le roi, les compagnies de la milice urbaine arrivèrent à l'hôtel Saint-Paul. Le dauphin monta aussitôt à cheval avec les ducs de Berry et de Bourgogne, et il parcourut la ville, escorté par les bourgeois qui marchaient en bon ordre au nombre de plus de trente mille. Il alla d'abord au Louvre, où il tira de prison Louis de Bavière son oncle, et le duc de Bar son cousin. Les dames d'honneur de la reine avaient été délivrées, avec d'autres prisonniers, quelques jours auparavant. Du Louvre, le dauphin se rendit à la Conciergerie d'où il fit sortir ceux qui avaient été faits prisonniers, et il ordonna à l'évêque de Paris de relâcher aussitôt les victimes des cabochiens, qui se trouvaient dans les prisons de l'évêché, puis il revint à l'hôtel Saint-Paul, où il y eut le soir grand festin et réjouissance. Le même jour, le roi donna la garde du Louvre à Louis de Bavière, celle de la Bastille au duc de Bar, le gouvernement de Paris au duc de Berry, et la prévôté à Tanneguy du Châtel, qui eut pendant quelque temps pour adjoint Bertrand de Montauban. Le prévôt des marchands, André d'Epernon, fut maintenu (1), mais on destitua deux échevins, de Troyes et Belloy.

La paix fut publiée à son de trompes dans tout Paris, et des processions solennelles célébrèrent cet heureux évènement. Mais, comme nous allons le voir, si les personnages changèrent, la scène, à quelques

(1) Il eut peu de temps après pour successeur l'ancien prévôt, Pierre Gentien.

horreurs près, resta la même. Le duc de Bourgogne, ayant tenté inutilement d'enlever le roi dans une partie de chasse à Vincennes, se retira en Flandre. Sa fuite ouvrit les portes de Paris au roi de Sicile, aux ducs d'Orléans et de Bourbon, et aux principaux soutiens de la faction des Armagnacs (30 août). Le duc de Berry alla au-devant d'eux avec un cortége magnifique, et leur fit jurer, à la porte Saint-Jacques, de respecter les priviléges et les intérêts des bourgeois; puis ils entrèrent dans la ville, au son des trompettes et au bruit des acclamations du peuple, entre une double haie de soldats de la milice urbaine. Les hérauts d'armes les précédaient et criaient *largesse*, en jetant à profusion des pièces de petite monnaie. Le roi et le dauphin les reçurent de la manière la plus affectueuse.

Aussitôt la réaction commença contre les Bourguignons. Des commissaires spéciaux fouillèrent tous les quartiers pour découvrir les cabochiens; mais les principaux avaient déjà pris la fuite (1). Cependant on pendit l'assassin de Courtebotte, violon du duc de Guienne, et deux frères, nommés Caille, tous deux bouchers; et l'on déclara criminels de lèse-majesté les Bourguignons dont les noms suivent: Hélion de Jacqueville, Robert de Mailly, Jacques de Raucourt, dit de Lens; Guillaume Barrault, ancien secrétaire du roi; Jean de Troyes et ses fils, Thomas Legoix et ses fils, Garnot de Saint-Yon, boucher; Simon le Coutelier, dit Caboche, *écorcheur de bêtes*; Baudes de Bordes, André Roussel, Denis de Chaumont, Eustache de Laistre, Pierre Cauchon, Dominique François, Nicolas de Saint-Ilier, Jean Bon, Pierre Barbo, Félix Dubois, Pierre Lombard, Nicolas du Quesnoy, Jean Guérin, Jean Pymorin, Jacques Lambau, Guillaume Gente, Jean Parent, Jacques de Saint-Laurent, Jacques de Rouen, Martin de Neauville, Martin de Colomiers, Toussaint Bayart, Jean Rapiout, Hugues de Verdun, Laurent Calot, Jean de Rouen, fils d'une fripière du parvis Notre-Dame; et Jean Malaert, dit Fripier (2). Les Orléanistes remplacèrent les Bourguignons, et personne n'y trouva de profit. Le peuple était onéré de nouvelles taxes et ruiné par le soldat; le gouvernement était dans un désordre inouï, et le dauphin traité avec mépris et insolence par les Armagnacs, qui ne pouvaient lui pardonner son alliance avec le duc de Bourgogne. Le jeune prince, irrité, écrivit, à ce qu'il paraît, à Jean-sans-Peur de venir à son aide. Le duc marcha aussitôt sur Paris, et ses avant-postes allèrent même jusqu'au marché aux Pourceaux. Mais le comte d'Armagnac était parvenu, à force de sévérité et de surveil-

(1) On trouva dans quelques maisons des listes de nobles et de bourgeois, dans lesquelles chaque nom était suivi d'un *T*, d'un *B* ou d'un *R* : *tué, banni, rançonné*.

(2) Félibien, p. 773. J'ai cru devoir donner cette liste complète; elle renferme des noms de famille qui ont eu quelque célébrité dans les fastes de la bourgeoisie parisienne.

lance, à contenir le peuple, qui se serait sans doute soulevé en faveur du duc de Bourgogne, et il refusa de livrer la bataille que lui offrait son ennemi. Jean fut forcé de battre en retraite; et tandis qu'on brûlait publiquement la thèse de Jean Petit (1), le roi, d'après les suggestions des Armagnacs, déclarait le meurtrier de son frère d'Orléans ennemi de l'État. Charles VI, paré de l'écharpe blanche du parti vainqueur, se mit ensuite à poursuivre les Bourguignons, et marqua sa route par de sanglants trophées. Il écouta enfin, sur les instantes prières du duc de Brabant et de la comtesse de Hainaut, les ouvertures de paix qui lui furent faites sous les murs d'Arras. Le duc de Bourgogne fit sa soumission. Elle fut acceptée par le roi (4 septembre 1414); on lui rendit les villes et les domaines qu'on lui avait enlevés; on lui fit remise d'une grande partie de ses dettes envers la couronne; de son côté, il s'engageait à permettre l'entrée de toutes les places à Charles VI, à rompre toute alliance avec le roi d'Angleterre, et à ne revenir à Paris qu'avec l'autorisation du dauphin ou celle de son père (2).

Le roi proclama en même temps une nouvelle amnistie en faveur des cabochiens; on n'en excepta que les chefs et quelques uns des misérables qui s'étaient le plus compromis. Mais l'esprit de parti animait encore les Parisiens, qui supportaient impatiemment le joug des Armagnacs. Les Bourguignons poursuivaient leurs intrigues, et affichaient, chaque nuit, des placards séditieux à la porte des églises. Un jeune homme, un artisan, arracha de la statue de Saint-Eustache, dans l'église de ce nom, l'écharpe blanche des Armagnacs qu'on lui avait mise. Il eut le poing coupé sur le *pont Saint-Alais*, et fut banni à perpétuité.

Sur ces entrefaites, le dauphin revint à Paris. Il avait précipité la paix d'Arras pour exécuter plus promptement un dessein hardi. Il projetait de se rendre maître de la ville, d'en expulser Bourguignons et Armagnacs, et tous ceux qui gênaient son autorité. Les mesures étaient bien prises. A une heure indiquée, la cloche de Saint-Eustache devait sonner, le quartier des halles se soulever, les conjurés aller au Louvre, mettre le dauphin à leur tête, se saisir des postes les plus importants, chasser les partisans du duc d'Orléans et massacrer ceux qui feraient résistance. Le complot fut découvert, la cloche ne sonna pas. Les ducs de Bourbon et d'Orléans, avertis à temps, s'emparèrent du Louvre, et y renfermèrent le dauphin lui-même. Il parvint à s'échapper; mais il céda bientôt aux instances de la reine et du duc de Berry qui le rappelaient, et promit de

---

(1) Voy. t. II, p. 166.
(2) Les Parisiens demandèrent au duc de Berry, leur gouverneur, que les articles du traité leur fussent communiqués. Il leur répondit : « Ce ne vous touche en rien, ni entremettre ne vous devez de notre sire le roi ni de nous, qui sommes de son sang et lignage; *car nous nous courrouçons l'un l'autre quand il nous plait*. La paix est faite et accordée. »

se rendre à Corbeil, où il les pria de se trouver. Mais tandis que la cour l'attendait au lieu désigné, le jeune prince entra dans Paris, fit fermer les portes, et envoya à ses oncles l'ordre de se retirer chacun dans leurs châteaux, excepté le duc de Berry, qui eut permission de revenir.

Malgré ses promesses et ses protestations, le dauphin, débauché, étourdi et sans talents réels, ne rendit pas le gouvernement meilleur. Le désordre était à son comble, lorsqu'on apprit que les Anglais venaient de débarquer, à l'embouchure de la Seine, entre Honfleur et Harfleur (14 août 1415). Henri V, qui venait de monter sur le trône, avait rompu son mariage avec la princesse Catherine, parce qu'on refusait de lui donner en dot une partie de la France. Tandis que son armée s'épuisait au siége d'Harfleur, on prit en toute hâte des mesures pour repousser l'invasion. Pour prévenir toute collision entre les princes, il leur fut défendu de se trouver à l'armée, mais ils envoyèrent leurs troupes. La noblesse de tous les partis accourut et se rangea sous les ordres du connétable d'Albret, l'un des chefs du parti Armagnac ; le duc de Bourgogne lui-même y laissa aller ses deux frères. Mais les grands seigneurs repoussèrent l'offre des Parisiens, qui voulaient équiper six mille hommes à leurs frais. Le dauphin chargea les présidents du parlement de gouverner Paris pendant son absence, « vu la nécessité urgente et sans préjudice des droits, priviléges et libertés du prévôt des marchands et échevins. » Puis l'armée se mit en marche avec l'oriflamme que le roi avait donnée à porter à Guillaume Martel, seigneur de Bacqueville (1). Henri V avait entrepris de passer d'Harfleur à Calais ; mais les Français lui ayant coupé le chemin à Azincourt, il se trouva aussi embarrassé qu'Edouard III à Crécy et le prince Noir à Poitiers. Il offrait de rendre Harfleur et de renoncer à toutes ses prétentions sur la France. Le *sage* connétable choisit pour développer une armée, dont la cavalerie faisait la force, une plaine étroite, un champ nouvellement labouré et profondément détrempé par la pluie ; les chevaux y restaient comme pris au piége, et ne pouvaient bouger. Les archers anglais n'eurent que la peine de bien viser ces masses immobiles ; ils les criblèrent à leur aise. Tous les grands seigneurs de France appelaient eux-mêmes les Anglais pour se rendre, et passaient derrière leurs rangs la tête nue. Au milieu de cette triste manœuvre, Henri vit arriver un nouveau corps français ; il s'effraya d'avoir tant de prisonniers derrière lui, et ordonna qu'on égorgeât ces hommes désarmés, à qui il avait promis la vie (2). Parmi ceux qui furent épargnés, se trouvaient le maréchal Boucicaut, le duc de Bourbon, et le jeune

---

(1) « Ce fut pour la dernière fois, dit Félibien ; car depuis ce temps-là il n'est plus fait mention de ce fameux étendard de l'abbaye de Saint-Denis dans nos historiens de France. » — (2) M. Michelet, *Précis*, p. 133.

duc d'Orléans, qui vieillit captif en Angleterre. Dans cette désastreuse journée (25 octobre 1415), les Français laissèrent sur le champ de bataille dix mille morts, parmi lesquels se trouvaient le duc de Brabant et le comte de Nevers, frères du duc de Bourgogne, le connétable d'Albret, le duc de Bar, ses deux frères et le duc d'Alençon, tous parents ou alliés de la famille royale.

L'Anglais, étonné de sa victoire, poursuivit quelque temps le cours de ses succès avec sa barbarie accoutumée; puis, voyant son armée s'épuiser, il abandonna le continent. Le peuple seul s'aperçut de sa présence, les princes oubliaient que le territoire national était envahi et recommençaient la guerre civile avec une nouvelle fureur. A la nouvelle de la défaite d'Azincourt, le duc de Bourgogne s'avança jusqu'à Lagny à la tête d'une armée, il demandait la permission de revenir à Paris. Tous ses partisans étaient prêts. On arrêta un pâtissier, nommé Robin Gopil, demeurant devant la Grande Boucherie, qui avait envoyé, par un enfant de dix à douze ans, des lettres où il avertissait le duc de Bourgogne de se hâter; il lui annonçait en même temps qu'il y avait dans la ville plus de cinq mille de ses partisans, qui se disposaient à lui ouvrir les portes de Montmartre ou de Saint-Honoré. Tandis que les princes, effrayés des événements qui s'annonçaient, délibéraient au sujet des propositions de Jean-sans-Peur, le dauphin mourut au Louvre, à l'âge de vingt-un ans, et fut enseveli à Notre-Dame quelques jours après. « Louis, disent les Registres du parlement, étoit bel de visage, suffisant, grand et gros, de corps pesant, tardif, peu agile, *volontaire* (1), moult curieux et magnifique d'habits et joyaulx, désirant grade d'honneur de par-dehors, et grand dépensier à ornements de sa chapelle privée; qui moult grand plaisir avoit à son d'orgues, lesquels, entre les autres obligations mondaines, hantoit diligemment. Si avoit-il musiciens de bouche et de voix, et pour ce avoit chapelle de grand nombre de jeunes gens; et si avoit bon entendement tant en latin qu'en françois, mais l'employoit peu; car sa condition étoit d'employer la nuit à veiller et à peu faire, et le jour à dormir, dînoit à trois ou quatre heures après midi, et soupoit à minuit, et alloit coucher au point du jour ou au soleil levant souvent, et pour ce, étoit d'aventure qu'il vécût longuement. »

Cette même année, l'empereur Sigismond, qui traversait la France pour se rendre en Angleterre, arriva à Paris, où il fut *grandement et honorablement reçu, et souvent festoyé*. J'ai raconté ailleurs (2) une anecdote dans laquelle ce prince jouait le principal rôle; je trouve dans la chronique de Juvénal des Ursins les détails suivants qui ne manquent point d'intérêt : « L'empereur eut la volonté de voir des dames

(1) C'est-à-dire *bienveillant*. — (2) T. II, p. 348.

et damoiselles de Paris, et des bourgeoises, et de les festoyer ; et de faict, il les fit inviter à venir dîner au Louvre, où il étoit logé. Elles vinrent jusqu'à environ six-vingts. Il avait fait faire bien grand appareil, selon la manière et coutume de son pays, qui est de manger des ragoûts (*brouets*) et des potages forts d'épices. On les fit asseoir à table et à chacune on bailla un de ces couteaux d'Allemagne qui valent un petit blanc, et le plus fort vin qu'on put trouver. Il y en eut peu qui mangeassent, à cause des épices ; mais elles furent servies de viandes grandement. Il y avoit largement de ménétriers, et après le dîner les dames dansèrent, et celles qui savoient chanter dirent aucune chanson, et ensuite elles prirent congé de l'empereur, qui leur donna à chacune un anneau ou verge d'or, de peu de valeur. »

Le comte d'Armagnac, resté seul des chefs de son parti, revint aussitôt à Paris, se fit donner l'épée de connétable et s'empara de la puissance souveraine. Les Bourguignons furent poursuivis avec une nouvelle rigueur, et Jean-sans-Peur, vivement pressé par les troupes royales, se vit obligé d'abandonner Lagny, d'où il ne remporta que le sobriquet populaire de *Jean de Lagny qui n'a pas hâte*. Mais sa lenteur, son inaction était feinte ; il avait ourdi secrètement des intrigues dans la capitale et rallié ses partisans. Les Parisiens étaient traités par les Armagnacs avec tant d'insolence et de dureté, qu'ils redevinrent Bourguignons ; le peuple, d'ailleurs, gardait rancune à ce parti qui avait si mal défendu l'honneur du pays (1). Une conspiration s'organisa. « Les auteurs du complot, dit un historien, avaient résolu d'enlever le roi et de tuer la reine, le duc de Berry, et le roi de Sicile, et devaient aussi assassiner le prévôt de Paris, s'il ne se rangeait de leur côté. C'était le jour de Pâques au soir qu'ils devaient faire leur coup ; mais le jour même, 19 avril 1416, la conspiration fut découverte par une femme qui en donna avis à Michel Laillier, changeur, et par un gentilhomme de la maison du duc de Berry, nommé de Montigny, qui, passant le soir par la rue aux Fèves, aperçut dans la maison (2) de Colin Dupont, riche bourgeois, trois hommes armés, au nombre desquels était Dupont lui-même. Montigny le fit savoir sur-le-champ à des Ursins, seigneur de Trainel, qui le renvoya porter cet avis au palais, au roi et aux princes. Le prévôt de Paris, dans le moment, monta à cheval à la tête de cinquante hommes bien armés, s'empara des halles, força quelques maisons de conjurés, et mena plusieurs coupables au Châtelet. Parmi ceux-là était Nicolas d'Orgemont, dit *le Boiteux*, diacre, fils de Pierre d'Orgemont, chancelier de France et frère de Pierre d'Orgemont, évêque de Paris, chanoine de Paris, doyen de Tours, archidiacre d'Amiens, chanoine de Saint-Germain-l'Auxerrois, de Champeaux en Brie, et de Péronne, et

---

(1) M. Michelet, p. 133. — (2) Juvénal des Ursins nous apprend que cette maison avait pour enseigne une croix d'or.

qui avait été conseiller au parlement, et puis maître des comptes. On prit en même temps Robert de Belloi, riche drapier, qui eut la tête coupée aux halles; mais le roi donna la confiscation de ses biens à sa femme et à ses enfants. Dans le même tombereau où fut amené de la Bastille Robert de Belloi, le 21 avril, furent aussi conduits Nicolas d'Orgemont et Renaud Maillet, prêtre, qui fut décapité avec Belloi. D'Orgemont, après avoir assisté à leur supplice, fut mené au Châtelet, et le soir livré à l'évêque de Paris, en présence du greffier du parlement. Ensuite il fut reconduit à la Bastille, comme en une prison empruntée, et son procès lui fut fait par les juges ecclésiastiques. Le conseil du roi l'avait déjà privé de tous offices royaux, et condamné à une amende de 80,000 écus. Par sentence du chapitre il fut privé de tous ses bénéfices et condamné à une prison perpétuelle au pain et à l'eau. Il fut tiré de la Bastille, rasé publiquement en état de diacre, coiffé d'une mitre de papier, et conduit au parvis de Notre-Dame, où il fut prêché sur un échafaud, en présence du chapitre et d'une multitude infinie de peuple, dont une partie était sous les armes. Après cela, pour plus grande sûreté, on le transféra à Mehun-sur-Loire, où il mourut en prison. » Les autres individus compromis dans la conspiration furent punis de mort ou d'exil. Des mesures extraordinaires furent prises pour prévenir le renouvellement des troubles. Le roi augmenta la garnison de Paris en y faisant venir le connétable avec trois cents hommes d'armes; le 7 mai on publia, dans la ville, une ordonnance contre les rassemblements. Il était défendu aux habitants de se réunir, même pour des noces, sans la permission du prévôt. Le lendemain on enleva les chaînes des rues; on les porta à la Bastille; et les deux jours suivants on obligea tous les bourgeois d'y porter les armes qu'ils pouvaient avoir chez eux.

Le 15 juin de la même année, mourut à Paris Jean, duc de Berry, oncle du roi, dans son hôtel de Nesle, âgé de soixante-seize ans. Cette mort laissait vacante la charge de capitaine ou gouverneur de Paris; le roi la donna à Charles, comte de Ponthieu, le second des fils qui lui restaient. Ce jeune prince devint, peu de temps après, dauphin et héritier de la couronne, par la mort de Jean, son frère aîné, décédé à Compiègne le 18 avril de l'année suivante.

Les Bourguignons sachant que le connétable était sorti de Paris pour aller à Harfleur contre les Anglais, se rassemblèrent, au mois d'août 1416, dans la Thiérache, dans la Picardie, et aux environs de Reims, et vinrent de nuit aux portes de Paris, pour tâcher d'y soulever encore le peuple en faveur du duc de Bourgogne; mais n'ayant pu pénétrer dans la ville, ils ravagèrent le plat pays depuis la porte de Saint-Denis jusqu'à Dammartin et Beaumont-sur-Oise. Ils se réunirent ensuite autour du château de Beaumont, l'emportèrent d'assaut, et après avoir massacré un grand nombre d'habitants, hommes et femmes, ils se retirèrent au-delà de l'Oise. Le 16 du même mois, l'Université proposa au parlement de faire valoir contre ses ennemis publics une bulle du pape Urbain V, publiée autrefois contre les grandes compagnies. Le 4 septembre il fut ordonné à tous les présidents, conseillers et autres officiers du parlement, et aux avocats et procureurs, de s'armer, pour être passés en revue à Saint-Martin-des-Champs. Les prêtres mêmes furent soumis à cette obligation. Le 16 septembre, le parlement délibéra sur la requête de l'Université qui lui avait déféré la justification du duc de Bourgogne par Jean-Petit; et par son arrêt défendit, « de par le roi, sous peine de corps et de biens, que nul, de quelque état ou condition qu'il fût, ne dît ou enseignât qu'il fût permis à aucun vassal ou autre, de tuer qui que ce fût, sans attendre sentence ou commandements de juges compétents; avec défense sous les mêmes peines, d'écrire, copier, ou retenir l'apologie, et ordre d'en rapporter tous les exemplaires aux juges royaux. »

Le nouveau dauphin n'avait alors que quinze ans. Il avait été élevé dans des sentiments d'affection pour la maison d'Orléans, et gouverné par le comte d'Armagnac, ennemi mortel du duc de Bourgogne, et maître absolu des affaires. Le duc de Bourgogne se voyant par là exclus de la cour plus rigoureusement que jamais, publia un manifeste pour soulever les villes du royaume en sa faveur, et y réussit, grâce surtout aux divisions qu'un événement mystérieux et lugubre venait de faire naître au sein de la famille royale. « Le roi revenant un jour de visiter la reine au château de Vincennes, rencontra un chevalier, nommé Louis de Bois-Bourdon, qui y alloit. Il le fit arrêter sur l'heure et conduire au Châtelet. On lui donna la question, et il avoua, dit-on, dans les tortures, des choses contraires à l'honneur de la reine. Ce qui fortifia le soupçon, c'est qu'on le jeta à la rivière, cousu dans un sac, et que peu de jours après la reine fut exilée à Tours, sous la conduite de trois personnes qui la gardoient à vue. En même temps le dauphin, et ceux qui avoient la conduite des affaires, se saisirent de tous les joyaux et de toute l'argenterie que la reine faisoit garder en divers endroits de Paris. Le duc de Bourgogne sut profiter de ces circonstances. La plupart des villes de Picardie se déclarèrent pour lui, et prirent la croix en sautoir, ou de Saint-André. C'était la livrée de Bourgogne, à la distinction de la croix droite, qui étoit la marque des Orléanais ou Armagnacs. »

Le dauphin, en revenant d'Angers où il avait assisté aux funérailles de son beau-père Louis d'Anjou, roi de Sicile, accourut à Rouen, qu'il sauva des mains des rebelles, puis revint aussitôt à Paris, sur la nouvelle que le duc de Bourgogne était venu camper à Vanvres et au Bourg-la-Reine, à la tête d'un corps considérable de troupes. Le duc resta trois semaines aux environs de Paris, toujours dans l'espérance que la ville lui allait ouvrir ses portes. « Pendant tout ce temps-là le comte d'Armagnac, le prévôt de Paris, et les autres seigneurs, à la tête de la garnison, firent sur lui de vigoureuses sorties. Il y avait tous les jours quelques escarmouches entre la noblesse des deux partis. Comme le plus grand effort était du côté de Mont-Rouge, de Meudon et de Vaugirard, on mit bonne garde aux portes de Saint Jacques et Bourdelles (1), du côté du faubourg Saint-Marceau ; les autres portes étaient fermées. Enfin, le duc de Bourgogne, harcelé de tous côtés, fut contraint de se retirer; mais il laissa partout, après lui, des vestiges de la licence de ses soldats. « On regrette surtout, disait Félibien, la maison de plaisance que Juvénal des Ursins, avocat du roi au parlement, avait à Ruel, dès lors recommandable par ses belles fontaines qui furent détruites, aussi bien que la maison et la chapelle, l'une et l'autre brûlées par les soldats de l'armée bourguignonne. »

Comme à toutes les époques d'anarchie, trahir la foi jurée était alors un jeu. L'autorité royale chercha en vain, dans une nouvelle formule de serment, un moyen de s'assurer la fidélité des grands corps de l'État et de tous les dépositaires du pouvoir. « Le 5 août 1417, on apporta au parlement, dit Félibien, une ordonnance adressée au connétable, au chancelier, au parlement, et à tous justiciers et officiers, en date du 4, par laquelle le roi vouloit que le serment porté par cette ordonnance fût fait par tous ceux de la qualité qui y étoit spécifiée. Les lettres furent lues en présence des présidents et conseillers, des notaires, huissiers, avocats et procureurs, qui firent tous le serment, comme il leur étoit ordonné. Quelques jours après, le roi, pour conserver la ville de Paris en plus grande paix et sûreté, jugea à propos d'en faire sortir quelques conseillers et autres officiers du parlement, comme suspects de liaison avec le duc de Bourgogne, quoiqu'ils eussent fait serment comme les autres. C'étoient Longueil, Petit-Saine, Seris, Beize, Celsoy, de Gy, Joffroy, Braulart, Des Portes, Perrière, Saint-Romain, de Moreuil et le Besgue, conseillers, Aguenin, procureur du roi, Huë et Millet, notaires, Du Bois, greffier criminel, et trois huissiers. Le parlement député quelques commissaires, le 29 août, pour aller trouver le roi et lui représenter l'innocence de ces personnes; mais tout ce qu'ils purent obtenir, fut que leur exil seroit coloré par des ordres qui leur seroient délivrés d'aller en diverses provinces, pour certaines affaires du roi (2). »

Quoique la reine Isabeau de Bavière fût sévèrement observée, elle trouva moyen d'entretenir des intelligences avec le duc de Bourgogne, qui alla exprès à Tours, la remit en liberté, et l'amena successivement dans les villes de Chartres et de Troyes, qui étaient de son parti. Mais le principal but du duc de Bourgogne était toujours de s'emparer de la

---

(1) La porte *Bourdelles*, *Bordelle* et *Bordet* était la même que la porte Saint-Marcel. (Voy. t. I, p. 615.) Elle devait ce nom à sa situation à l'extrémité de la rue Bourdelles ou Bordet, aujourd'hui rue Descartes. — (2) Félibien, t. II, p. 784.

capitale. Peu s'en fallut qu'il ne la surprît, à l'aide de quelques bourgeois, qui devaient lui livrer la porte Bourdelles. Ils lui avaient marqué le jour et l'heure, et lui-même doutait si peu du succès, qu'il s'approcha de Paris avec un corps de troupes sous le commandement d'un de ses meilleurs capitaines nommé Hector de Saveuse. « La veille du jour où la ville devait être livrée aux Bourguignons, un pelletier de la rue Saint-Jacques, qui étoit de la conspiration, pressé par les remords, vint trouver le prévôt Tanneguy Duchastel, à qui il découvrit tout ce qui se tramoit. Sur cet avis, le prévôt alla lui-même, vers les dix heures, à la maison où étoient les auteurs de la conspiration, qu'il prit tous et les mena au Châtelet; après quoi il fortifia la porte Bourdelles par un corps d'arbalétriers. Les troupes du duc de Bourgogne s'avancèrent à l'heure indiquée, mais dès qu'ils furent à la portée du trait, les arbalétriers firent voler sur eux une si affreuse grêle de flèches, qu'ils se retirèrent bien vite et avec perte. Leur chef Hector de Saveuse y fut dangereusement blessé. Le duc de Bourgogne, voyant qu'il avoit manqué son coup, alla retrouver la reine à Troyes. A l'égard des auteurs de la conspiration, plusieurs eurent la tête tranchée. Le pelletier, non seulement eut la vie sauve, mais reçut encore une bonne somme d'argent, et fut appelé par le peuple *le sauveur de la ville* (1). »

Le fait suivant donne à croire que le parti bourguignon voulut s'emparer des sceaux de la ville de Paris pour publier peut-être quelque manifeste en faveur de sa cause. « Le 10 décembre, Jean le Bugle, procureur de la ville de Paris, vient au parlement déclarer que le jour précédent les sceaux de la ville avaient été dérobés; il ajouta que, comme on en pourrait abuser, l'intention de la ville était d'en faire de nouveaux et tout différents, et qu'aucune foi ne fût ajoutée aux actes scellés des anciens sceaux (2). »

Il naissait tous les jours des différends au sujet de ceux qui étaient accusés ou soupçonnés d'être du parti du duc de Bourgogne. Ils avaient été l'objet de diverses ordonnances, tantôt d'exil, tantôt d'amnistie, et tantôt d'exception à l'amnistie; et l'application de ces différentes dispositions était devenue fort difficile. Pour se garantir de toute surprise, le roi, par ses lettres du 24 décembre, nomma quatre commissaires, Simon de Nanterre, président, et Philippe du Puy, conseiller au parlement, Girard Machet, docteur en théologie, et Guillaume Cirace, prévôt des marchands de Paris, auxquels il donna pouvoir d'examiner les requêtes de ceux qui voudraient jouir du bénéfice de l'amnistie, et de statuer au sujet de leur demeure à Paris, ou de leur éloignement, selon le plus ou le moins de garantie qu'offriraient les antécédents de chacun.

(1) Félibien, t. II, p. 784. — (2) *Id.*, *ibid.*

Les Armagnacs devenaient de plus en plus impopulaires. Le peuple, fatigué de la guerre, demandait la paix avec instances; elle fut signée à Montereau, le 17 mai 1418, entre le dauphin et Jean-sans-Peur. Mais le connétable d'Armagnac et quelques autres chefs du parti ne voulurent point l'accepter. Alors on eut recours à la violence. Un nommé Perrinet Leclerc, fils de Pierre Leclerc, marchand de fer sur le Petit-Pont, quartenier et gardien de la porte Saint-Germain, allant un jour *asseoir le guet*, fut maltraité par quelques gens de la cour; il en porta plainte au prévôt de Paris, sans pouvoir obtenir justice. Furieux, exaspéré, il lui échappa de dire qu'il saurait bien se venger. Ces paroles ne furent point perdues pour les partisans du duc de Bourgogne, qui le firent entrer dans un nouveau complot. Lorsque tout fut préparé, ils prévinrent Jean Villiers, seigneur de l'Isle-Adam, commandant de Pontoise pour Jean-sans-Peur, qui s'avança vers Paris avec les seigneurs de Chevreuse, de Mailly, de Vargines, de Bournonville, de Gouy, et deux braves capitaines, Claude de Beauvoir, seigneur de Chastelus, et Guy de Bar ou Le Veau, suivis de huit cents cavaliers. Dans la nuit du samedi au dimanche 29 mai, Leclerc vola sous le chevet du lit de son père, pendant le sommeil du vieillard, les clefs de la porte Saint-Germain, qu'il ouvrit aussitôt, comme il était convenu, au sire de l'Isle-Adam et à ses gens. Ils allèrent aussitôt au Châtelet, où quatre cents bourgeois armés les attendaient. De là ils se partagèrent en diverses bandes et allèrent les uns à l'hôtel Saint-Paul et les autres aux hôtels des chefs du parti d'Orléans, en criant : *La paix! la paix! Vive Bourgogne!* Les portes de l'hôtel de Saint-Paul furent enfoncées; le roi, encore endormi, fut obligé de monter à cheval et de suivre les Bourguignons, pour autoriser par sa présence les événements qui allaient se passer. Le connétable, poursuivi par les furieux, eut le temps de changer d'habit et de se cacher chez un maçon, mais il fut découvert le lendemain et mené aux prisons du palais, ainsi que le chancelier. Le prévôt de Paris, Tanneguy du Châtel, éveillé par le bruit, courut à l'hôtel du dauphin qu'il trouva encore au lit, enveloppa le jeune prince de sa robe et l'emporta à la Bastille, d'où ils purent gagner Melun. La populace se mit en mouvement et courut dans les rues en arborant la croix rouge de Saint-André, et en criant: *Vive le roi et le duc de Bourgogne!* Ce fut alors un hideux spectacle. Partout on voyait le meurtre et le pillage. Le collége de Navarre fut dévasté ainsi que plusieurs hôtels, et le peuple se porta ensuite à Saint-Denis, où il commit les plus grands excès. Les prisons du palais, du Châtelet, du Louvre, du Temple, de Saint-Éloi, de Saint-Magloire et de Saint-Martin-des-Champs regorgeaient de prisonniers; il fallut qu'on fît défense, à son de trompe, sous peine de la corde, d'emprisonner qui que ce fût sans autorité de justice. Outre le connétable et le chancelier, on remarquait parmi les prisonniers le vicomte de Narbonne, le sire de Peyre, le sire de Lopyat, Raimonet de Guerre, l'évêque de Coutances, fils du chancelier, les archevêques de Reims et de Tours, les évêques de Laon, de Lisieux et d'Évreux, l'abbé de Saint-Denis et plusieurs autres conseillers et officiers du roi.

Le lendemain, Charles VI destitua Tanneguy du Châtel et mit à sa place Gui de Bar. Ses lettres de nomination ne furent scellées que du petit sceau, le grand, dit Félibien, s'était perdu dans le tumulte. Le nouveau prévôt ordonna à tous les bourgeois de dénoncer, sous peine de la vie, les Armagnacs de leur connaissance. Ce fut l'occasion de nouveaux troubles, malgré les sages mesures prises par le parlement pour rétablir l'ordre. Le mercredi 1er juin, Tanneguy du Châtel, après avoir mis le dauphin en sûreté, se présenta à la porte Saint-Antoine avec le seigneur de Barbazan et le maréchal de Rieux, qui commandaient seize cents gendarmes. Ils forcèrent l'entrée et se dirigèrent vers l'hôtel Saint-Paul pour s'emparer du roi; mais cet infortuné prince avait été transféré, la veille, au Louvre. Les Armagnacs descendirent la rue Saint-Antoine jusqu'à la porte Baudet (Baudoyer), aux cris de *vive le roi, le dauphin et le comte d'Armagnac!* Aussitôt le prévôt et le sire de l'Isle-Adam réunirent des troupes et marchèrent contre les Armagnacs. Ceux-ci, assaillis de tous côtés par la populace, furent obligés de céder à la multitude et se jetèrent dans la Bastille, en laissant trois à quatre cents morts sur le champ de bataille. Ces cadavres furent jetés hors des murs de la ville par le bourreau. Les chefs armagnacs laissèrent des troupes à la Bastille et se replièrent sur Meaux, Corbeil et Melun. Le samedi suivant, les troupes de la Bastille se rendirent, et Cani-Varennes, que le connétable avait enfermé dans ce château, en fut nommé gouverneur.

Tandis que les vainqueurs réorganisaient le gouvernement, la populace, excitée par les bouchers et les autres bannis, qui rentraient dans la ville, prenaient goût au sang et au pillage. Le 12 juin, les Bourguignons, dirigés par un potier d'étain de la Cité, nommé Lambert, font courir le bruit que les Armagnacs marchent sur Paris pour délivrer les prisonniers; ils crient *aux armes!* s'emparent des portes de la ville et ameutent les gens du peuple. « Pendant ce mouvement, Lambert et ceux de sa suite allèrent tumultuairement à la conciergerie du palais, d'où ayant tiré par force le comte d'Armagnac, connétable de France, Henri le Corgne dit de Marle, chancelier, et l'évêque de Coutances, son fils, ils les massacrèrent impitoyablement dans la cour du palais; après quoi ils les dépouillèrent et abandonnèrent leurs cadavres à tous les outrages de la plus vile canaille (1). » « Ces cadavres furent trois

(1) Félibien.

jours dans la cour du palais, eux trois ensemble liés par les bras, tout nuds, et les voioit qui vouloit en cest estat. Et avoit le comte une jambe rompue, et estoit tranché d'un coutel parmi le corps depuis les espaules jusques en bas; et là les traînoient les petits enfants de Paris de place en place; et estoit chose bien estrange à voir tels seigneurs estre en tel estat (1). » « Ils coururent ensuite à la prison de Saint-Éloi, où ils fendirent la tête à tous les prisonniers, à l'exception de l'abbé de Saint-Denis, Philippe de Villette, qu'ils ne laissèrent point de frapper violemment, quoique revêtu des habits sacerdotaux et tenant l'Eucharistie en ses mains au pied de l'autel. Mais l'Isle-Adam étant survenu, le sauva et le mit en sûreté dans son château de l'Isle-Adam, où le bon abbé mourut le 27 du même mois. De Saint-Eloi, les furieux se transportèrent au Petit-Châtelet, où l'on avoit enfermé plusieurs personnes qualifiées et de savoir, entre autres Benoît Gentien, religieux de Saint-Denis, docteur en théologie de la Faculté de Paris. L'entrée leur fut refusée, et l'on se contenta de faire sortir les prisonniers l'un après l'autre. A mesure qu'ils passoient par le guichet, comme ils étoient obligés de baisser la tête, les uns étoient percés de coups d'épée, les autres assommés à coups de hache, et leurs corps traînés dans un tas de boue, de peur que ceux qui étoient dans la prison, s'apercevant du carnage, ne refusassent de sortir. Ces cruautés durèrent si long-temps que le sang ruisseloit de tous côtés avec abondance, en sorte qu'aux environs du Châtelet on en avoit jusqu'à la cheville du pied. Après cette affreuse boucherie, les misérables allèrent au Grand-Châtelet, dont ils forcèrent les prisons au bout de deux heures de combat. Ce fut là qu'ils redoublèrent leurs cruautés, en se ruant sur les prisonniers qu'ils jetoient par les fenêtres, sans épargner ceux qui n'y étoient enfermés que pour dettes. Ils coururent ensuite les prisons de Saint Martin-des-Champs, de Saint Magloire et du Temple, et firent main-basse sans trouver la moindre résistance. Ils avoient passé toute la nuit dans ce cruel carnage. Sur le point du jour, ils pénétrèrent jusque dans les plus profonds cachots, d'où ayant tiré tous ceux qui s'y étoient réfugiés, ils les hachèrent en pièces, sans distinction d'âge ni de sexe. L'évêque de Senlis, Raimonnet de Guerre, le comte de Grandpré et autres, au nombre de plus de huit cents personnes, périrent ainsi misérablement; et comme si toute la rage des Bourguignons n'eût pas encore été satisfaite, ils traînèrent dans les rues les corps de ces malheureuses victimes avec mille indignités, jusqu'à leur faire tracer avec une épée une bande en manière d'écharpe, qui étoit la marque de la faction d'Orléans; puis ils les jetoient à la voirie. Dans cette horrible confusion, plusieurs exercèrent leurs vengeances particulières contre ceux

---

(1) *Mém. de Pierre de Fénin.*

mêmes qui favorisoient le parti du duc de Bourgogne. Tel qui ambitionnoit un emploi ou un bénéfice n'avoit qu'à dire publiquement de celui qui en étoit pourvu : *Voilà un Armagnac*, le malheureux étoit aussitôt mis à mort sans autre formalité. Il y eut quantité de maisons pillées sous le même prétexte. La barbarie alla si loin, qu'on refusa non seulement la sépulture chrétienne aux personnes les plus respectables, comme au comte d'Armagnac, au chancelier et à Raimonnet de Guerre, qui furent mis en *terre profane* à la culture de Saint-Martin-des-Champs, mais on ne vouloit pas même souffrir qu'on baptisât les enfants dont étoient grosses les femmes qu'on massacroit. L'une d'elles ayant été tuée, il se trouva des gens assez inhumains pour dire, en voyant son fils qui palpitoit encore dans son sein : *Regardez ce petit chien qui se remue*. En un mot, on ne vit jamais de plus affreuses cruautés. Ceux mêmes qui présidoient au carnage en avoient horreur, mais n'osoient s'opposer à une populace en furie. Le massacre dura depuis quatre heures après midi jusqu'au lendemain dix heures du matin. Tels furent les fruits de la vengeance et de la trahison de Perrinet Leclerc (1). »

Le 14 juillet, la reine et le duc de Bourgogne firent une entrée triomphale à Paris. Jean se fit nommer gouverneur de la ville et donna les principaux emplois à ses créatures. Mais il ne put empêcher de nouvelles cruautés. Le 20 août, le peuple, irrité de la cherté des vivres, s'en prit aux Armagnacs, et courut aux armes vers dix heures du soir. En un instant les prisons du Petit et du Grand-Châtelet furent forcées, et les furieux allèrent assiéger la Bastille, de laquelle, disaient-ils, les prisonniers sortaient facilement en payant rançon. Le duc de Bourgogne, pour apaiser la multitude, lui permit de prendre à la Bastille et au château de Vincennes une vingtaine de prisonniers pour les remettre au Châtelet entre les mains de la justice. Mais les malheureux furent assaillis par une populace exaspérée, qui les mas-

(1) Félibien, t. II, p. 789. — Cet auteur ajoute : « Quelques historiens modernes ont écrit que tout Paris retentit des louanges de Perrinet Leclerc, et qu'on érigea une statue à sa gloire au coin de la rue Saint-André-des-Arcs et de la rue de la Vieille-Bouclerie, dont il ne reste plus que le tronc, qui sert de borne. Un auteur plus ancien (Dubreuil) avait dit au contraire que cette statue avait été dressée, en 1437, après la réduction de Paris à l'obéissance de Charles VII, en exécration de Perrinet Leclerc. Mais tous les auteurs contemporains, qui sont en assez grand nombre, ni ceux qui les ont suivis jusqu'à la fin du xvie siècle, n'ont point parlé de cette statue. Il y a plus : l'Hôtel-Dieu a fait acquisition de la maison qui fait le coin des deux rues, en 1501 ; et dans les contrats qui en ont été faits où tous les débornements sont spécifiés, il n'est fait aucune mention de statue. En 1701, la maison a été rebâtie ; et dans le procès-verbal de l'alignement donné par les trésoriers de France, il n'est parlé que d'une borne ordinaire placée à ce carrefour, telle qu'on la voit encore, et sur laquelle les tailleurs de pierre ont tracé grossièrement une espèce de visage, peut-être pour se conformer à l'erreur populaire, établie dès le temps de Dubreuil. »

sacra sans pitié. Parmi eux, on remarqua deux chevaliers, Enguerrand de Marcognet ou Matignet et Hector de Chartres, et un bourgeois de Paris, nommé Jean de Tarenne. Jacquelin Trousseau et Jacques de Montmor, chevaliers, eussent éprouvé le même sort, s'ils n'avaient été délivrés par leurs amis. En même temps, la justice secondait les vengeances populaires. On exécuta aux halles, comme prévenus de faire partie de la faction orléanaise, Guillaume d'Auxerre, drapier de la Cité, Pierre de Gode, célèbre avocat, et Philippe de Corbie, maître des requêtes.

Ces cruautés firent horreur au duc de Bourgogne lui-même. Pour se débarrasser de cette populace furieuse, Philippe l'envoya assiéger quelques châteaux voisins, notamment celui de Montlhéry, qui tenait pour les Armagnacs, lui ferma ensuite les portes de Paris, et fit trancher la tête au bourreau de Paris, Capeluche, le chef de ces brigands qui avaient surpassé les horreurs des Cabochiens (1).

Tous les genres de maux désolaient à la fois Paris. En trois mois de temps, de la Nativité de la Vierge à la Conception, une maladie contagieuse y enleva, suivant un contemporain, plus de cent mille personnes. Monstrelet réduit ce nombre à quatre-vingt mille, et Lefèvre de Saint-Remi à quarante mille.

En même temps le duc de Bourgogne, qui, pour se faire des partisans, avait partout aboli les aides, ne manqua pas de les rétablir sous prétexte des nécessités publiques, et leva de tous côtés des taxes décorées du nom d'emprunt. Il exigea des Parisiens, pour leur part, 100,000 francs, qu'ils lui prêtèrent à condition de prendre eux-mêmes sur chaque queue de vin vendue à Paris 12 deniers jusqu'à l'entier remboursement de cette somme.

Les plus intègres magistrats poursuivis par l'émeute s'étaient enfuis à Poitiers auprès du dauphin, qui venait de prendre la qualité de régent. Un des premiers actes de sa régence fut, comme je l'ai dit ailleurs (2), une ordonnance qui transférait à Poitiers le parlement de Paris. En même temps, une autre ordonnance du conseil d'Etat soumis à l'influence du duc de Bourgogne, cassa toutes les juridictions, et mit les offices ès-mains du roi. La reine et le duc éloignèrent de tous les emplois les partisans de la faction proscrite. Ils composèrent le parlement et les tribunaux de leurs créatures. Enfin le duc de Bourgogne gagna les Parisiens en leur rendant les chaînes des rues et leurs armes; il

---

(1) Capeluche traitait d'égal à égal avec le duc de Bourgogne. Il mourut avec le plus grand courage. Le valet du bourreau, devenant son successeur, s'apprêtait à lui trancher la tête; c'était son coup d'essai. Capeluche lui donna froidement une leçon sur les mesures qu'il devait prendre pour ne pas le manquer; *ce dont tout le monde étoit ébahi. Après ce, il cria mercy à Dieu, et fut décollé par son varlet.* (*Journal d'un bourgeois de Paris.*) — (2) T. II, p. 348.

combla particulièrement de largesses et de priviléges les bouchers, qui avaient été, comme on l'a vu, ses dignes auxiliaires (1).

Une affreuse disette, occasionnée par les pillages des soldats bourguignons campés aux environs, faisait chaque jour de nouveaux progrès à Paris. Le 15 octobre 1418, le parlement députa Jean Courtecuisse, docteur en théologie et aumônier du roi, pour aller porter à Charles VI les doléances de la Ville. Dans une assemblée qui y eut lieu peu de jours après, on décida qu'en l'absence du roi et du duc de Bourgogne, Gui de Bar, prévôt de Paris, demeurerait dans la ville avec deux cents hommes d'armes et deux cents arbalétriers pour protéger la distribution des vivres. Le roi, de concert avec le parlement, nomma des commissaires chargés de veiller à la répartition et à l'appréciation des denrées. La farine fut pesée avant et après la cuisson, et le prix du pain réglé à un taux que le parlement approuva et fixa par arrêt (2).

Ce n'était point assez de toutes ces misères où la guerre civile réduisait la malheureuse France, Henri V profita des dissensions qui la déchiraient pour s'emparer d'une partie de la Normandie, et vint assiéger Rouen. On put espérer un moment que le danger commun suspendrait la haine des partis, et qu'Armagnacs et Bourguignons se réuniraient pour sauver une des plus importantes villes du royaume. Le dauphin, à qui les Rouennais avaient envoyé demander du secours, tenta la voie des négociations. Le cardinal Orsini s'efforça d'amener Henri à un arrangement. « Ne voyez-vous pas, répondit le roi d'Angleterre, que Dieu m'a conduit ici comme par la main? La France est sans vie ; j'ai de justes prétentions sur ce royaume; tout est ici dans la confusion ; personne ne songe à me résister. Puis-je avoir une preuve plus sensible que celui qui dispose des empires veut placer la couronne de France sur ma tête ? » Cette confiance de Henri V était fondée sur un traité secret qu'il avait fait à Calais avec le duc de Bourgogne, et suivant lequel le duc devait lui rendre hommage-lige comme roi de France « lorsqu'il aurait terminé sa conquête *avec l'aide de Dieu et de Monsieur Saint-Georges.* » Néanmoins, l'ambitieux Henri feignit de vouloir se prêter à un accommodement. Peut-être aussi voulait-il se servir du dauphin pour détruire un allié douteux et dont la puissance l'inquiétait. C'est du moins ce que donnerait à penser le passage suivant d'une histoire contemporaine : « Le dauphin envoya au roi d'Angleterre une bien notable ambassade, et il y eut aucunes formes d'accord ouvertes et traitées ; mais sur toutes choses le roi d'Angleterre vouloit que ledit seigneur promît de lui aider à conquester la comté de Flandre (qui étoit au duc de Bourgogne), et puis la tenir sans hommage, ressort ni souveraineté. Auxquelles demandes, combien que le dauphin fût jeune d'âge, il ré-

(1) Voir Félibien, t. II, p. 792.
(2) Delamare, *Traité de la police*, t. II, p. 989. — Félibien, t. II, p. 794.

pondit que jamais ne se voudroit allier avec les anciens ennemis du royaume de France pour détruire son vassal, et qu'il avoit toujours espérance que le duc de Bourgogne se raviseroit. Ainsi il n'y eut rien de fait (1). »

En même temps, Jean-sans-Peur faisait faire à Charles VI de grandes démonstrations de résistance. « Le roi, dans le dessein où il étoit de partir bientôt pour aller au secours de Rouen, alla, le 12 novembre, entendre la messe à Notre-Dame pour recommander à Dieu le succès de ses armes et de son voyage. Le 15 il se tint une grande assemblée au parlement, pour délibérer sur ce qu'il y avoit à régler pour le bon ordre et la sûreté de la ville pendant l'absence du roi. L'arrêt fut déclaré aux lieutenants du prévôt de Paris afin qu'ils tinssent la main à l'exécution; et le prévôt des marchands et les échevins furent chargés de prêter secours aux officiers du prévôt de Paris, et d'avoir soin que la ville fût abondamment pourvue de vivres. L'assemblée se rendit ensuite à l'hôtel de Saint-Paul, où se tenoit le conseil du roi. Le roi notifia à tous le dessein où il étoit de partir incessamment; recommanda sa personne et ses affaires à la providence de Dieu et à leurs prières et bonnes œuvres; promit de se tenir toujours prêt à secourir la ville dans tous ses besoins; fit lire et publier des ordonnances que son conseil avoit dressées, par lesquelles, entre autres choses, l'observation de la dernière paix étoit étroitement commandée; de laquelle cependant étoient exclus Robert le Maçon, Jean Lormet, conseillers du dauphin, Raimond Raguier, et quelques autres infracteurs de la même paix; et toutes lieutenances générales autrefois accordées par le roi, soit au dauphin, soit à d'autres personnes, étoient révoquées. Enfin le roi fit faire de nouveau le serment de la même paix. Le roi et le duc de Bourgogne partirent le 24 de novembre avec la reine et leurs troupes; et le 25 le parlement suivit la Sainte-Chapelle à la procession qu'elle fit à Notre-Dame, avec la vraie croix et plusieurs autres reliques, pour demander à Dieu la conservation du roi et du royaume. Cette procession fut suivie de beaucoup d'autres dans le mois de décembre; et le 1er du même mois, le parlement nomma cinq commissaires pour aider de leurs conseils les prévôts de Paris et des marchands dans tout ce qui regardoit le bon ordre, l'union et la tranquillité de la ville. Le 8 de décembre, les processions générales de Paris s'assemblèrent à Notre-Dame, d'où elles allèrent à Saint-Jean-en-Grève prendre le Saint-Sacrement, qui fut apporté solennellement à l'église cathédrale, où la messe fut chantée pour le salut du roi et du royaume.

» Pendant que les troupes du duc de Bourgogne occupoient la ville de Paris, un soldat sortant d'un cabaret de la rue aux Ours, où il

---

(1) Juvénal des Ursins, *Hist. de Charles VI*.

avoit perdu son argent au jeu, le 3 juillet, s'emporta dans son dépit jusqu'à donner plusieurs coups de couteau à une image de la Vierge qui étoit au coin de cette rue, et dont on dit qu'il sortit du sang. Le malheureux fut arrêté et puni au même endroit. L'image fut transportée à Saint-Martin-des-Champs, où elle porte le nom de Notre-Dame-de-la-Carole; il s'y fait tous les ans un concours de dévotion le 3 juillet, et le soir on brûle un homme de paille devant une autre image de la Vierge, placée au même lieu où celle de la Carole étoit auparavant (1). »
L'homme de paille dont parle ici Félibien était appelé par les Parisiens *le Suisse de la rue aux Ours*. L'usage où était le peuple de le brûler solennellement chaque année, a duré jusqu'à la révolution.

« Cependant le roi et le duc de Bourgogne s'étaient transportés à Beauvais, où ils avaient publié leur mandement de guerre. Quatre gentilshommes et quatre bourgeois rouennais réussirent à s'échapper et à gagner Beauvais, pour signifier au roi et à son conseil le misérable état de leur ville; lesquels dirent comment, depuis l'entrée d'octobre, ils étaient contraints de manger chevaux, chiens, chats, souris et autres choses non convenables à créature humaine, et comment plusieurs milliers de gens étaient déjà morts de faim.... Le conseil royal répondit que la puissance du roi n'était pas encore assez grande pour faire lever le siége, mais que Rouen serait secouru en dedans le quatrième jour après Noël. On était alors à la mi-décembre : malgré les souffrances inouïes qu'ils éprouvaient depuis deux mois, les assiégés se résignèrent à attendre quinze jours encore; mais, ce terme expiré, au lieu d'une armée libératrice, ils ne virent arriver qu'un messager du duc de Bourgogne, qui les invitait *à traiter pour leur salvation, avec le roi d'Angleterre, du mieux qu'ils pourroient*. Jean-sans-Peur, indigne de ce surnom, avait trouvé l'armée insuffisante pour attaquer les Anglais, et venait de donner congé à ses gens d'armes (2). »

Une plus longue résistance étant devenue impossible, les habitants de Rouen se rendirent. Ils avaient été trahis, dit-on, par le gouverneur, que leur avait donné, avec intention, le duc de Bourgogne, et qui, après la reddition de la place, fut confirmé dans son poste par le roi d'Angleterre.

La prise de Rouen consterna Paris, d'autant plus que la cour en était sortie et s'était retirée à Troyes. Elle avait prétexté la crainte d'une épidémie; mais cette désertion paraissait plutôt causée par le danger extrême où se trouvait la capitale, bloquée en haut de la rivière par les troupes du dauphin qui tenaient Melun, et au bas par les Anglais qui s'avançaient jusqu'à Mantes. Les Parisiens demandèrent à grands cris le retour du roi, ne vînt-il que jusqu'à Saint-Denis, si la

---

(1) Félibien, t. II, p. 794. — (2) M. Martin, *Hist. de France*, t. VII, p. 419.

crainte de la peste l'empêchait d'aller plus loin. Le duc de Bourgogne répondit que le roi reviendrait « quand la ville serait suffisamment ravitaillée. » Lorsqu'on lui reprochait d'avoir laissé prendre Rouen, il disait : « On a publié l'arrière-ban auquel le peuple a petitement obéi. La plus grande partie des habitants du royaume ont délaissé à faire aide et secours au roi en cette besogne. »

Jean-sans-Peur était très embarrassé ; il n'osait se déclarer ouvertement contre le roi d'Angleterre, de peur que Henri ne rendît public l'infâme traité qu'il avait fait avec lui. Le dauphin, malgré les tentatives d'accommodement que la cour faisait auprès de lui, investi par les ennemis des Bourguignons, restait inflexible. Le duc et la reine, ne pouvant l'abattre, résolurent d'essayer si l'étranger ne serait pas plus traitable que lui. Ils convinrent d'une entrevue avec le roi d'Angleterre entre Meulan et Pontoise. Le dauphin y fut invité, et y envoya Tanneguy du Châtel et quelques autres des plus fervents du parti. Isabelle y conduisit Catherine, sa fille, déjà demandée en mariage par Henri. Ce prince parut d'abord très épris des charmes de la princesse ; mais, quand il s'aperçut que la surprise de la passion faisait espérer des conditions avantageuses, il fit voir, dit un historien, *qu'il aimoit en conquérant*. « Beau cousin, dit-il au duc de Bourgogne, nous voulons que vous sachiez qu'aurons la fille et ce qu'avons demandé avec elle, ou nous débouterons votre roi et vous aussi hors du royaume. » Le duc répondit avec un sourire amer : « Sire, vous dites votre plaisir ; mais devant qu'ayez débouté monseigneur et nous hors du royaume, vous serez bien lassé. » Cette bravade fit peut-être plus en faveur d'une réunion avec le dauphin, pour repousser l'ennemi commun, que les insinuations et les raisons dont on se servait pour amener le duc à se repentir de ses alliances criminelles, ou à l'empêcher d'en contracter de nouvelles.

On fait aussi honneur de cette résolution à un accord entre la dame de Giac, maîtresse du duc de Bourgogne, et Tanneguy du Châtel, confident du dauphin. Celui-ci soupçonnant que le duc, malgré la hauteur insultante du prince anglais, pourrait bien, par besoin, s'accommoder avec lui, détermina la dame, par argent ou autrement, à faire résoudre le duc de rompre la conférence. Cependant, avant de partir, le duc de Bourgogne eut un entretien secret avec le monarque anglais. On croit qu'il y conclut un traité de neutralité pour sa Flandre, et qu'il tâcha, à ce qu'a rapporté depuis le scrupuleux Henri, d'obtenir de lui « certaines conditions qu'il n'auroit pu accorder sans offenser Dieu. » Ces confidences mystérieuses donnent lieu de révoquer en doute la sincérité de la résipiscence du duc (1).

(1) Anquetil.

Quoi qu'il en soit, il est certain que, dans le but apparent de prendre des mesures contre l'ennemi commun, le dauphin et le duc de Bourgogne se donnèrent rendez-vous à Pouilly-le-Fort, château entre Melun et Corbeil. Là ils s'entretiennent avec tous les dehors d'une parfaite réconciliation, la consacrent par un serment solennel sur les livres sacrés, et s'embrassent affectueusement. En se quittant, le duc conduit le prince jusqu'à son escorte, sans crainte ni défiance. Leur traité, porté au parlement de Paris, est ratifié; les Parisiens en marquent leur joie par des feux, des fêtes et des actions de grâces à Dieu. Ce traité portait, entre autres clauses, amnistie générale, promesse de gouverner ensemble, et engagement de réunir leurs forces pour chasser les Anglais.

Après cette réconciliation, le duc se retira à Troyes, où étaient le roi, la reine et toute la cour. Il fit de là plusieurs voyages vers le roi d'Angleterre. On ne sait ce qui se passa dans leurs entrevues; mais Jean-sans-Peur ne se hâtait pas d'accomplir le dernier article du traité de Pouilly, qui était de se joindre au dauphin pour attaquer Henri ; au contraire, il avait fait avec lui une trève qui liait les mains au dauphin. Celui-ci insistait fortement pour commencer les hostilités. En effet, les deux partis réunis et actuellement sous les armes auraient pu donner beaucoup d'embarras à l'ennemi. Pour lever les difficultés, le dauphin demanda une nouvelle entrevue à Montereau.

Cette entrevue, si tristement mémorable, est ainsi racontée par un des meilleurs historiens contemporains, Juvénal des Ursins : « Or, fut journée prise au 26ᵉ jour d'août d'être à Montereau ; et ordonna monseigneur le dauphin que le château dudit lieu fût baillé et délivré au duc de Bourgogne et à ses gens ; et fut ledit seigneur et régent précisément audit jour à Montereau, mais non le duc de Bourgogne, lequel avoit fait partir le roi, la reine, et madame Catherine, et aller à Troyes où ils étoient. Ensuite, il vint audit château de Montereau le dixième jour de septembre, d'où il fit savoir sa venue à monseigneur le dauphin. Après quoi, chacun d'eux s'en vint, accompagné de dix seigneurs, au lieu où la convention se devoit faire. Monseigneur le dauphin avoit avec lui messire Tanneguy du Châtel, les seigneurs de Barbazan et de Couvillon, le vicomte de Narbonne, Bataille, et autres, jusqu'au dit nombre. Pareillement le duc de Bourgogne avoit avec lui le seigneur de Saint-George, Thoulongeon, le seigneur de Montagu, de Noüailles (Navailles), frère du Captal de Buch, qu'on tenoit Anglois-Gascon, et autres, jusques audit nombre. Ils furent d'un côté et d'autre visités, et n'avoient pas plus l'un que l'autre de harnois ou armures, c'est à savoir seulement haubergeons et épées : quand ils furent entrés, ils mirent chacun de leurs gens en garde aux deux portes, monseigneur le dauphin à celle du côté de la ville, et le duc de Bourgogne à celle du côté du château. Puis, quand tous furent entrés, on dit et raconte diversement ce qui arriva. Ceux qui étoient attachés au parti du duc de Bourgogne disent que quand il vit le dauphin, il s'agenouilla et lui fit la révérence et l'honneur qui lui appartenoit, en disant : « Monseigneur, je suis venu à votre mandement. Vous savez la désolation de ce royaume et de votre domaine à venir, pourvoyez à sa réparation. Quant à moi, je suis préparé à y exposer mon corps et mes biens, et ceux de mes vassaux, sujets et alliés. » Et alors monseigneur le dauphin ôta son chapeau, le remercia et lui dit qu'il se levât; et en se levant il fit un signe à ceux qui étoient avec lui; alors messire Tanneguy du Châtel vint près du duc et le poussa par les épaules, en disant : *Passez outre*, et le frappa d'un coup de hache sur la tête, qui le tua. Il y en eut un autre, nommé le seigneur de Noüailles, qui fut aussi frappé à mort, tellement qu'au bout de trois jours il alla de vie à trépassement. Mais d'autres disent bien autrement, c'est à savoir que quand ils furent arrivés, le dauphin parla le premier au duc et lui dit : Beau cousin, vous savez qu'au traité de la paix naguère faite à Melun entre nous, nous fûmes d'accord que dans un mois nous nous assemblerions en quelque lieu, pour traiter des affaires de ce royaume et pour trouver manière de résister aux Anglois, ce que vous jurâtes et promîtes faire : et fut choisi ce lieu où sommes venus diligemment et vous avons attendu quinze jours entiers, pendant lequel temps nos gens et les vôtres font beaucoup de mal au peuple, et nos ennemis conquestent le pays : si vous prie que nous avisions ce qu'on pourra faire. Je tiens la paix de par nous déjà toute faite, ainsi que nous l'avons juré et promis; c'est pourquoi trouvons moyen de résister aux Anglois. » Le duc répondit qu'on ne pourrait rien aviser hors de la présence du roi, et qu'il falloit que le roi vînt. Sur quoi le dauphin très doucement lui dit qu'il iroit par devers monseigneur son père quand bon lui sembleroit, et non à la volonté du duc de Bourgogne : et qu'on savoit bien que le roi seroit content de ce qu'ils feroient eux deux. » Il y eut d'autres paroles ensuite, puis ledit de Noüailles s'approcha du dauphin, qui rougissait, et lui dit : « Monseigneur, vous viendrez à présent vers votre père, » et s'avança pour le saisir en tirant à demi son épée. Alors messire Tanneguy enleva le dauphin entre ses bras et le mit hors de la porte de l'entrée du parc. Puis il y en eut qui frappèrent sur le duc de Bourgogne et sur ledit seigneur de Noüailles, qui allèrent tous deux de vie à trépassement. Ceux du château qui étoient auprès de la porte du Parc ne s'en émurent pas, pensant « que ce fût monseigneur le dauphin qu'on eût tué. » On dit aussi que ledit seigneur n'avoit jamais songé à faire ce meurtre, et que messire Tanneguy du Châtel n'y mit point la main, ne tâchant qu'à sauver son maître, et qu'au contraire le dauphin et plusieurs gens de son parti, avoient été très déplaisants de cette mort soudaine. Toutefois ceux qui étoient extrêmes et passionnés pour le parti d'Orléans disoient « que c'étoit punition divine, » et plusieurs autres choses qui guère ne valoient, et qu'il ne faut point répéter. Les autres donnoient blâme aux gens du duc de Bourgogne, car aucun d'eux ne se mit en peine de défendre son maître, sinon ledit seigneur de Noüailles, qui y fut tellement blessé qu'il en mourut. Ils étoient dix de son côté, et ceux qui demeurèrent des gens de monseigneur le dauphin n'étoient que quatre : car les autres se retirèrent et allèrent après leur maître et messire Tanneguy qui l'emportoit. Or, il courut un bruit en la ville et au château même que c'étoit le dauphin qui étoit mort. Pour cette cause il monta à cheval et se montra à ses gens. Les seigneurs de Saint-Georges, Thoulongeon et autres furent pris; ceux qui étoient au château s'en allèrent. Toutefois un nommé Philippe Jossequin, qui étoit des plus proches au duc de Bourgogne, s'en vint avec monseigneur le dauphin et raconta plusieurs choses des desseins qu'avoit le duc. »

Le dauphin s'empressa d'écrire à la ville de Paris, pour se disculper de cet horrible assassinat, mais les Parisiens n'eurent aucun égard à ses lettres, et tinrent, le lundi 11 septembre, une assemblée où le chancelier de France, les prévôts de Paris et des marchands, les conseillers et officiers du roi, et les plus notables de la ville promirent tous obéissance au comte de Saint-Paul, gouverneur de Paris et neveu du duc de Bourgogne (1), en jurant de l'aider à venger son oncle. L'exaspération du peuple était telle qu'il aurait massacré à son tour tous ceux qui étaient dévoués au parti du dauphin, si les plus modérés ne s'étaient présentés aussitôt en armes dans les places publiques pour arrêter la fureur des exaltés, en faisant défendre par ordre du roi, de faire aucune violence à personne, sous peine de la vie, sans l'autorité de la justice; et par un second édit du roi, tous furent obligés de porter sur leurs habits la croix de Saint-André qui était le symbole de la faction bourguignonne. Le même édit défendit aussi à tous ceux qui avaient été jusque là au service du duc de Bourgogne de passer à celui du duc d'Orléans; et cinq arbalétriers espagnols ayant transgressé cette loi, furent pris à Saint-Denis, et mis à mort le 14 octobre. La ville en deuil témoigna sa douleur de la mort du duc de Bourgogne par un service solennel qu'elle fit célébrer à Notre-Dame. « Toute l'église étoit tendue de serge noire : il y avait un luminaire de » trois mille livres de cire; l'oraison funèbre fut prononcée par Jean » Larcher, recteur de l'Université (2). » Les autres paroisses et les confréries suivirent l'exemple de la cathédrale.

Aux déchirements des partis venaient se joindre, pour la malheureuse ville de Paris, les souffrances de la disette. « Dès le mois de

---

(1) Il était fils d'Antoine, duc de Brabant, frère de Jean-sans-Peur.
(2) *Journal d'un bourgeois de Paris.*

mars, dit Félibien, le blé était monté à un prix excessif; le setier de froment y valut jusqu'à 11 et 12 francs d'or : le peuple fut obligé de manger du pain de noix. Pour remédier aux vols des meuniers, il fut réglé qu'ils recevraient le blé au poids, et rendraient la farine de même. A la cherté du blé se joignit la disette du bois, et il fallut brûler les arbres fruitiers et jusqu'aux solives des maisons. Il y eut ordre de couper le bois de Vincennes. La viande de boucherie était d'un prix d'autant plus élevé qu'on ne pouvait faire entrer de bestiaux dans la ville que la nuit et avec main forte. » Les Anglais, maîtres de Pontoise, tenaient Paris dans des alarmes continuelles. Logés à Argenteuil et à Saint-Ouen, ils venaient, sous la conduite du duc de Clarence, faire des courses jusqu'aux portes de Paris, et enlevaient tout ce qu'ils rencontraient.

Gilles de Clamecy, qui avait accepté malgré lui la charge de prévôt, s'effraya de l'opposition qu'il rencontrait chez un certain nombre de bourgeois, et demanda avec instance à être déchargé de son office. Pour procéder à une nouvelle élection, une assemblée nombreuse fut convoquée au parlement le 6 octobre; elle était présidée par le comte de Saint-Paul, les officiers royaux et les bourgeois notables. Gilles de Clamecy y fut élu de nouveau et confirmé dans sa charge, malgré tout ce qu'il put alléguer pour s'en dispenser.

Le roi était alors à Troyes, où il attendait le résultat des négociations que Philippe, ci-devant comte de Charolais, et alors duc de Bourgogne, avait commencées avec le roi d'Angleterre. Ce fut de là qu'il écrivit aux habitants de Paris, le 17 janvier, des lettres dictées par la colère contre le dauphin son fils. Il y peint sous des couleurs odieuses la conduite de ce prince depuis sa séparation d'avec lui, et le déclarant indigne de succéder à la couronne, il engage les Parisiens à le poursuivre ainsi que ses partisans. Sur ces entrefaites, le duc de Bourgogne, résolu de venger la mort de son père à quelque prix que ce fût, s'allia avec les Anglais, et fit entrer dans cette ligue contre le dauphin le roi et la reine, qui donnèrent Catherine, leur fille, en mariage à Henri V. Par un traité impie qui fut depuis ratifié à Troyes le 20 mai, le roi d'Angleterre fut déclaré régent et héritier de la couronne de France à l'exclusion du dauphin. Cette monstrueuse illégalité fut approuvée dans une assemblée générale tenue au parlement.

Le traité de Troyes séparait la France en deux parties, l'une occupée par les Bourguignons et les Anglais, et l'autre par les fidèles royalistes qui suivaient la fortune du dauphin. Pendant seize années entières, Paris, dont l'énergie s'était comme épuisée dans les guerres civiles, devait rester patient et paisible sous la domination de l'étranger.

Après la prise de Melun sur le dauphin, les deux rois se rendirent à Paris où ils firent une entrée solennelle. Les rues étaient richement décorées depuis la porte Saint-Denis jusqu'à Notre-Dame ; on y voyait des jeux et des mystères, et de temps en temps des fontaines de vin venaient mettre le peuple en réjouissance et redoubler ses *Noël*. Les deux rois étaient à cheval l'un à côté de l'autre ; Charles VI avait la droite. Ensuite venaient les ducs de Clarence et de Bedford, frères du roi d'Angleterre, et sur la même ligne, à main gauche, le duc de Bourgogne en habit de deuil. Le cortége s'arrêtait à chaque église devant laquelle il passait, et le clergé présentait aux deux rois les saintes reliques. Ils arrivèrent enfin à Notre-Dame, y prièrent quelques instants devant le grand autel, puis se séparèrent, le roi de France pour aller à l'hôtel de Saint-Paul, le roi d'Angleterre avec ses deux frères pour aller au Louvre. Le lendemain, les deux reines firent leur entrée par la porte Saint-Antoine. Le duc de Bourgogne et la plupart des seigneurs d'Angleterre allèrent au-devant d'elles. Les réjouissances publiques terminées, le peuple dut les payer. Les Etats du royaume furent assemblés à l'hôtel Saint-Paul et se virent obligés d'accorder une nouvelle taxe, imposée sur toutes les classes, sans distinction de droits et de priviléges. Quelques jours après, le parlement rendit cet arrêt célèbre qui condamnait le dauphin au bannissement (1).

Henri V partit ensuite pour l'Angleterre. Il laissa à Paris le duc d'Exeter, son oncle, avec ordre de garder avec soin le roi de France. Il avait pris la précaution de s'assurer la ville par une forte garnison ; aussi pendant son absence n'y eut-il aucun mouvement populaire, si ce n'est au sujet de l'arrestation du seigneur de l'Isle-Adam, maréchal de France, que le roi d'Angleterre détestait. Comme il était fort aimé du peuple, il se forma un rassemblement de mille hommes pour enlever le prisonnier des mains du duc d'Exeter, qui le conduisait à la Bastille. Mais les archers anglais chargèrent les bourgeois, qui reçurent l'ordre de se retirer chez eux. L'émeute s'apaisa aussitôt, et le maréchal fut conduit à la Bastille, où il resta prisonnier pendant la vie du roi d'Angleterre, qui l'eût fait mettre à mort sans l'intervention du duc de Bourgogne (février 1421).

La misère du peuple était inouïe, incroyable. Parcourez les chroniques du temps, vous y verrez à chaque page une histoire atroce. « La famine, dit Jean Lefévre de Saint-Remi, étoit si grande ès pays entre Seine et Loyre, Champagne et Brie, et mêmement dedans Paris, qu'il fut trouvé une femme morte de faim, son enfant vif tenant encore la mamelle de sa mère, y pensant trouver substance. D'autres pauvres étaient si oppressés de faim que quand aucun leur donnoit quelque peu à manger, ils disoient : Donnez à un autre, car je n'en mangeray jamais. » — « Et tout jour et toute nuyt, dit le *Journal d'un bourgeois de Paris*,

(1) Voy. T. II, p. 349.

il y avoit parmy Paris, pour la cherté des vivres, longues plaintes, lamentations, douleurs et cris si pitoyables, que oncques, je croy, Jérémie le prophète n'en fit de plus douloureux, quand la cité de Jérusalem fut toute détruite, et que les enfants d'Israël furent menés en Babylone en captivité; car jour et nuyt crioient hommes, femmes, petiz enfants : *Hélas! je meurs de froid; d'autres, de faim.* » Les chroniques nous apprennent que la pinte de vin, qui se vendait ordinairement 2 deniers parisis, en coûtait alors jusqu'à 16, et que le pain y devint encore plus cher à proportion. Enfin ce qui coûtait auparavant 18 sous se donnait à peine pour 48. Quelques personnes pieuses fondèrent de petits hôpitaux provisoires pour les enfants; mais c'était un faible remède pour de si grandes calamités. »

Henri V ne revint en France que pour continuer la guerre contre le dauphin. La ville de Meaux fut investie par vingt mille hommes et se rendit après six mois de siége. Une conspiration s'était organisée pour livrer Paris au dauphin; une femme qui portait des lettres fort compromettantes fut arrêtée. Elle avoua son crime et fut jetée à la rivière avec ses complices. Le roi d'Angleterre se décida alors à aller frapper son ennemi au-delà de la Loire, au sein même de ses conquêtes; mais à peine s'était-il mis en marche, qu'il fut obligé de revenir à Vincennes, où il mourut le 31 août 1422.

« Le 21 octobre de la même année, Charles VI mourut à l'hôtel Saint-Paul, où il était né, dans la quarante-troisième année de son règne et la cinquante-quatrième de son âge. Le 9 novembre, l'évêque de Paris, accompagné de tout le clergé de la ville, alla prendre le corps du roi pour le conduire à Notre-Dame. En tête du convoi marchaient dix-huit crieurs, suivis de deux cent cinquante pauvres vêtus de noir et portant des torches de cinq à six livres chacune. Ensuite venaient de chaque côté les membres du clergé et de l'Université. Le corps était porté sur une litière couverte d'un drap d'or, sur laquelle était l'effigie du roi couchée, la couronne d'or en tête et le sceptre à la main. Au-dessus du lit était un riche dais soutenu par quatre lances que portaient les échevins de Paris, et les coins du drap mortuaire étaient tenus par les présidents du parlement. Devant le cercueil marchaient d'un côté les écuyers du roi et de l'autre les prévôts de Paris et des marchands, séparés par les sergents d'armes. Derrière venaient les pages, qui précédaient le duc de Bedford, vêtu d'un manteau noir, avec un chaperon à courte cornette, suivi du chancelier, des maîtres des requêtes, de la chambre des comptes, du Châtelet et du corps de Ville. Le convoi se rendit en cet ordre à la cathédrale, qui était tendue de noir, avec des écussons aux armes de France, et éclairée d'un luminaire de douze mille livres de cire. On y chanta les vigiles des morts, et le lendemain l'évêque de Paris dit une messe solennelle. L'après-dînée, le corps fut conduit à Saint-Denis, et le jour suivant, le même prélat y célébra les obsèques avec le cérémonial accoutumé, du consentement exprès de l'abbé et des religieux. Après l'enterrement, un héraut d'armes recommanda aux prières de l'assemblée l'âme du défunt, et cria ensuite : *Vive Henri de Lancastre, roi de France et d'Angleterre.* Aussitôt les officiers royaux de tous grades baissèrent vers la terre leurs masses ou leurs épées, pour montrer qu'ils perdaient leurs charges. On compta qu'il était allé ce jour-là de Paris à Saint-Denis plus de dix-huit mille pauvres; ils reçurent chacun en aumône huit doubles qui valaient deux deniers tournois pièce (1). »

Au retour de Saint-Denis, le duc de Bedford fit porter devant lui l'épée royale, comme régent du royaume, prétention qui excita les murmures du peuple, déjà mécontent de ce qu'aucun prince du sang de France n'avait assisté aux funérailles d'un roi qui avait reçu le nom de *bien-aimé*, malgré les effroyables calamités de son règne.

La manie des duels, qui décima si long-temps la noblesse française, fit sous le règne de Charles VI de nouveaux progrès. J'ai déjà raconté le duel de Jean de Carrouge et de Jacques Le Gris, et celui de Pierre de Courtenay et de Gui de la Trémoille (2); les annales de Paris nous fournissent encore à cette époque des exemples de ce déplorable aveuglement qui faisait périr tant de nobles et braves champions.

« Charles VI voulut assister, en 1409, à un duel qui eut lieu derrière Saint-Martin, entre deux chevaliers, l'un breton, l'autre anglais, nommés Guillaume Bataille et Haymon, *pour cause de foi mentie l'un à l'autre.* Les ducs de Berry, de Bourgogne et de Bourbon se rendirent sur le terrain avec plusieurs seigneurs. Le roi d'armes, Montjoie, fit les cris et les défenses accoutumées, puis ordonna aux combattants *qu'ils fissent leur devoir.* Le Breton, qui avait fait l'appel, s'avança fièrement contre son adversaire, qui le reçut avec un égal courage. Mais ils ne se touchèrent point. Jetant alors leurs lances, ils mirent l'épée à la main, et Bataille fit à l'Anglais une légère blessure. Comme ils voulaient poursuivre, le roi fit cesser le combat, et d'après ses ordres, ils furent emmenés des lices et reconduits chez eux avec honneur.

» En 1414, également en présence de Charles VI, un autre duel eut lieu à Paris entre Jean de Mets, Portugais attaché au parti du duc de Bourgogne, et Guillaume de La Haye, écuyer breton, de la maison du duc de Berry. La noblesse de France et d'Angleterre assistait à ce spectacle. Les deux combattants étaient vêtus avec richesse et bien armés (l'Anglais avait une armure rouge). Ils entrèrent dans le champ clos au son des instruments, et s'assirent sur des bancs qui leur étaient préparés. Le héraut n'eut pas plus tôt crié : *Faites votre devoir*, qu'ils se levèrent

(1) Félibien. — (2) Voy. p. 13 et 14.

et s'avancèrent l'un contre l'autre, la lance à la main, et portant l'épée, la dague et la hache d'armes. Quand ils furent près l'un de l'autre, ils jetèrent leurs lances, sans en faire usage, et le Portugais, prenant la hache, courut sur son ennemi. Mais le Breton, excellent lutteur comme tous les gens de son pays, sachant que Jean de Mets avait l'haleine très courte, ne songea qu'à parer ses coups jusqu'à ce qu'il fût épuisé. Les spectateurs ne comprenaient rien à cette nouvelle manière de combattre. Le Portugais ne pouvant point respirer, haussait de temps en temps sa visière et faisait signe à La Haye de l'imiter. Impatienté de ce manége, le Breton voyant son adversaire lever sa visière, lui lança sa hache au visage, et si Jean de Mets ne s'était reculé, tandis que les cris des spectateurs arrêtaient le combat, *il couroit fortune d'être frappé et bien battu* (1).

C'est aussi sous ce règne qu'eut lieu à Paris, si l'on en croit la tradition, le duel bizarre du chevalier Macaire avec le célèbre *chien de Montargis* (2). « Un jeune gentilhomme, nommé Aubri de Montdidier, fut assassiné dans la forêt de Bondi, et enterré au pied d'un arbre. Son chien resta plusieurs jours sur sa fosse, et ne la quitta que pressé par la faim. Il se rendit à Paris chez un ami d'Aubri, et fit tous ses efforts pour lui apprendre la mort de son maître. Il hurla, courut vers la porte, et revint vers le gentilhomme le saisir par l'habit avec tant de persévérance, que l'on commença à avoir quelques soupçons. On suivit le chien, qui, arrivé au pied de l'arbre, redoubla ses cris et gratta la terre ; on creusa aussitôt et l'on trouva le cadavre de son maître. Quelque temps après, il aperçoit l'assassin que tous les historiens nomment le *chevalier Macaire* ; il lui saute à la gorge, et l'on a peine à lui faire lâcher prise. Chaque fois qu'il le rencontre, il l'attaque et le poursuit avec la même fureur. L'acharnement de ce chien, qui n'en voulait qu'à cet homme, parut extraordinaire ; on se rappela l'affection qu'il portait à son maître, et en même temps plusieurs occasions où ce Macaire avait donné des preuves de sa haine contre Aubri de Montdidier. Quelques autres circonstances augmentèrent les soupçons. Le roi voulut voir ce chien dont on parlait tant. L'intelligent animal parut à la cour, et resta paisible jusqu'au moment où, apercevant Macaire au milieu d'un groupe de courtisans, il aboie avec violence et cherche à se jeter sur l'assassin de son maître. Le roi déclara aussitôt qu'il *échéait gage de bataille*, c'est-à-dire qu'il ordonna le duel entre le chevalier et le chien. Le champ-clos fut placé dans l'île Notre-Dame, qui n'était alors qu'un vaste terrain inhabité. Macaire était armé d'un gros bâton ; le chien avait un tonneau percé pour sa retraite. On le lâche ; aussitôt il court, tourne autour de son adversaire, évite ses

---

(1) Sauval, t. II, p. 666 et 667. — (2) La tradition qui place au règne de Charles VI la date de cet événement populaire, est loin d'être sûre.

coups, le menace tantôt d'un côté, tantôt d'un autre, le fatigue, et enfin s'élance, le saisit à la gorge, le renverse, et l'oblige de faire l'aveu de son crime, en présence du roi et de toute la cour. Ce mémorable combat était peint sur une des cheminées de la grand'salle du château de Montargis (1). »

II. Monuments. — Institutions.

Les confrères de la Passion. — Origine du théâtre à Paris. — Les commencements de l'art scénique ont été les mêmes chez les peuples anciens et chez les modernes; des parades burlesques ou obscènes, des compositions grossières et ridicules, telle fut l'origine du théâtre grec et romain comme celle du théâtre français. J'ai dit, dans le premier volume de cet ouvrage (2), que les Romains avaient élevé à Paris des cirques, qui furent réparés par le roi Chilpéric, et dans lesquels on donnait des spectacles au peuple. Plus tard, les farceurs, les bouffons, les danseurs, les bateleurs, tous ces artistes de bas étage que l'on désignait au moyen-âge sous le nom d'*histrions*, devinrent assez nombreux pour que la législation naissante dût s'en occuper. Dans un capitulaire de l'an 789, Charlemagne les met au nombre des personnes infâmes dont le témoignage n'est pas admis en justice, et joignant le blâme du législateur aux censures du clergé, il parle avec mépris des jeux des histrions, qui disparurent peu à peu.

Ils reparurent vers le milieu du XIIe siècle. On sait qu'à cette époque, les poëtes connus sous le nom de *trouvères* dans le Nord et de *troubadours* dans le midi, allaient de ville en ville, de châteaux en châteaux, composant des chansons, des *tensons*, des nouvelles, des contes, et quelquefois même des pièces de comédie qu'ils répétaient eux-mêmes. Comme ils ne pouvaient se transporter dans tous les lieux où on les demandait en même temps, ils prirent le parti de faire réciter leurs ouvrages par des gens qui en firent leur métier. Ainsi parurent les *chanteurs*, ensuite les *jongleurs*, puis vinrent les *joueurs*, et enfin les *bateleurs*. Philippe-Auguste n'imita point l'exemple de ses riches vassaux, qui accueillaient ces artistes avec munificence. « Donner aux histrions, disoit-il, c'est faire sacrifice au diable. » Saint Louis montra le même éloignement pour ces amusements profanes; cependant, malgré les excommunications des évêques et les ordonnances sévères des prévôts de Paris, les *jongleurs* se multiplièrent dans la capitale, et nous avons vu (3) qu'ils se réunirent en confrérie dès l'an 1331.

Il n'y avait point encore de comédiens proprement dits. Les *histrions* récitaient dans les rues et sur les places publiques des pièces de vers, peut-être dialoguées, dont le sujet était ordinairement tiré de l'An-

(1) Saint-Foix. *Essais sur Paris.*—(2) T. I, art. *Arènes*, p. 50.—(3) T. II, p. 461.

cien ou du Nouveau Testament. Ils étaient sous la surveillance du prévôt, qui leur avait défendu *de rien dire, représenter ou chanter qui pût causer quelque scandale, à peine de deux mois de prison, au pain et à l'eau* (1). On perfectionna ces jeux, et en 1398, une troupe d'acteurs s'établit bourg de Saint-Maur-des-Fossés (2), et transformant les mystères chantés en actions mimiques, ils représentèrent *la Passion de Notre-Seigneur*. Tels furent les premiers comédiens français (3). Boileau, et son opinion a été adoptée sans critique par la plupart des historiens, a dit dans son *Art poétique* que les chants sacrés des pèlerins avaient été l'origine des spectacles en France.

> Chez nos dévots ayeux le théâtre abhorré
> Fut long-temps dans la France un plaisir ignoré.
> De pèlerins, dit-on, une troupe grossière,
> En public, à Paris, y monta la première ;
> Et sottement zélée en sa simplicité,
> Joua les saints, la Vierge et Dieu par piété.

Mais, comme l'ont fait observer avec raison les auteurs de l'*Histoire littéraire de la France* (4), le poëte a confondu deux époques, la fin du XIIIe siècle et celle du XIVe. En effet, les troupes de pèlerins dont il parle se dispersaient en parvenant aux termes de leurs voyages, et n'avaient aucun théâtre fixe, ni à Paris ni ailleurs.

Le prévôt de Paris crut devoir s'opposer énergiquement à cette innovation, et rendit une ordonnance, le 3 juin 1398, par laquelle il défendait aux habitants de Paris, à ceux de Saint-Maur et des autres lieux de sa juridiction, « de représenter aucuns jeux de personnages, sans le congé du roi, à peine d'encourir son indignation et de forfaire envers lui. » Les acteurs adressèrent aussitôt une requête à Charles VI qui, ayant assisté à leurs représentations, autorisa quelque temps après la *Confrérie de la Passion et Résurrection de notre Seigneur*, et leur accorda de nouveaux priviléges le 4 décembre 1402. « Il paraît même, dit Félibien, qu'il voulut être de leur confrérie et exciter les autres à y entrer puisqu'au commencement de ces lettres il les appelle *ses frères*. Il est énoncé dans les lettres-patentes, que la confrérie avait fait de grands frais pour représenter dernièrement la Passion devant le roi, comme ils avaient déjà fait auparavant, et que ces avances avaient été inutiles, parce que le roi n'avait pu assister au spectacle. Pour se dédommager et éviter à l'avenir de pareilles pertes, ils sollicitèrent l'auto-

---

(1) Cette ordonnance est du 13 septembre 1395. Voy. t. II, p. 461.

(2) Ce fut peut-être dans l'une des salles du monastère célèbre qui avait donné son nom au village. Hurtaut, t. III, p. 515.

(3) Cependant les représentations théâtrales, les pantomimes, par exemple, étaient déjà connues. Nous avons vu que, sous Charles V, on joua au Palais la *Prise de Jérusalem*. T. II, p. 560. — (4) T. XVI, p. 245.

risation de donner des représentations publiques. Le roi, pour accroître les revenus de la confrérie, à qui il avoit déjà donné de grands priviléges et des faveurs considérables, et pour exciter un chacun à s'y associer, lui permit pour toujours de faire représenter et jouer quelque mystère que ce fût, tant de la *Passion et Résurrection*, que tous autres même de saints et de saintes, soit en présence du roi, soit en public, en quelque lieu que les confrères pourroient trouver, soit à Paris, ou dans la prévôté, à condition qu'il assisteroit à leurs représentations quelque officier du roi, au choix des confrères. Du reste, permis à eux d'aller et de venir paisiblement par la ville, habillés selon le personnage qu'ils devront faire dans le mystère qu'ils auront entrepris, sans qu'on leur puisse apporter aucun empêchement; et pour les mettre à couvert de toute insulte, le roi les prend sous sa protection durant le cours de leurs jeux (1). »

J'ai dit ailleurs (2) que les confrères de la Passion s'établirent à l'hôpital de la Trinité, rue Grenetat, où ils louèrent deux salles; la plus grande, dans laquelle ils montèrent leur théâtre, avait vingt et une toises de longueur sur dix de largeur; elle était située au rez-de-chaussée et soutenue par des arcades (3). Les confrères, dirigés par des maîtres ou gouverneurs, dont les principaux, en 1402, étaient Jean Aubery, Jean Dupin, et Pierre ou Guillaume d'Oisemont, donnèrent à la Trinité un grand nombre de mystères dont les principaux sont le *Mystère du Vieil-Testament, celui de la Vengeance de la mort de Notre-Seigneur, et la Destruction de Jérusalem, la Conception, Nativité et Mariage de la glorieuse vierge Marie;* cette dernière pièce était de Jean Michel, le plus célèbre auteur dramatique du xve siècle. Ces ouvrages se ressentaient de la grossièreté de l'époque; c'était un mélange confus de tous les genres, du dramatique et du trivial, du sérieux et du burlesque, c'était la biographie en action d'un saint ou d'un martyr, divisée en plusieurs journées et interrompue de temps en temps par des épisodes d'une obscène bouffonnerie. Voici en quelques mots le texte du célèbre *Mystère des Actes des Apôtres*, qui fit pendant si longtemps les délices de nos pères; il est impossible d'analyser d'une manière complète une pièce divisée en neuf *journées* ou tableaux, et contenant plus de quatre-vingt mille vers (4). La vierge Marie (ce rôle était joué par un homme), et les apôtres implorent l'assistance de Dieu, au moment de choisir un apôtre, en remplacement du traître Judas. Ils tirent à la courte-paille, et Mathias est nommé : *Loué soit Dieu*. L'enfer se déchaîne contre eux; mais Jésus-Christ implore la grâce de son divin Père, *et icy descend le Saint-Esprit en une nuée sur les apôtres en*

---

(1) Félibien, t. II, p. 725. — (2) T. I de cette histoire, p. 572. — (3) *Hist. du Théâtre-Français*, par les frères Parfaict, t. I, p. 50. — (4) Lorsqu'on la joua entièrement à Bourges, il fallut quarante représentations.

langues de feu, et se fait un tonnerre résonnant en paradis. Les disciples de Notre-Seigneur, après avoir composé le *Symbole*, sur la proposition de saint Pierre, leur chef, prennent congé de la vierge Marie, et se répandent par toute la terre, pour prêcher la religion chrétienne, et détruire le paganisme. Leurs miracles, leurs persécutions, le triomphe du vrai culte, voilà toute l'intrigue du mystère, le tout entremêlé de chants et de scènes épisodiques assez triviales. Cette pièce est d'ailleurs écrite avec assez de talent, et devait nécessairement frapper ces imaginations ardentes et naïves du moyen âge. Enfin l'Église triomphe, et l'empereur Néron, persécuteur des apôtres, se tue en disant :

> « Diables ! puisqu'il faut que je meure,
> Accourez, ne faites demeure,
> A vous suis, à vous je me donne,
> Et le corps et l'âme abandonne,
> A jamais, pour votre présent. »

Satan emporte son âme, et les anges chantent le *Te Deum* pour célébrer leur triomphe. La plupart des mystères se terminaient ainsi. Le dernier acteur qui restait en scène entonnait le *Te Deum*, au son des orgues, et les spectateurs l'achevaient pieusement.

Le théâtre et *la mise en scène* n'étaient pas moins bizarres. L'avant-scène était disposée à peu près comme de nos jours, mais le fond était occupé par des estrades, nommées *établis*, dont l'usage était désigné par de grands écriteaux. Le plus élevé était le *Paradis*, sur lequel se tenait assis le Père éternel, entouré des saints et des anges ; celui qui se trouvait au-dessous, c'était l'endroit le plus éloigné du lieu où la scène se passait ; le troisième, en descendant, représentait la *maison de Pilate*, etc., suivant la pièce que l'on représentait. Souvent la décoration était plus compliquée. Dans le mystère de l'*Incarnation et nativité de Notre Seigneur,* il y avait, dit une chronique, six *établis* « qui étoient hors des autres, en diverses places et parties. » C'étaient les places de six prophètes : Balaam, David, Isaïe, Jérémie, Ezéchiel et Daniel. » On voyait aussi : « Le limbe des Pères faict en manière de chartre (prison), et n'estoient veus sinon au-dessous du faux du corps. » Dans ce limbe étaient : « Adam, Eve, Abraham, Jacob et Hély père de Joseph, mari de Notre-Dame. » L'*enfer* était une énorme gueule de dragon, placée sur le bord du théâtre, d'où sortaient le diable et ses suppôts, personnages qui produisaient toujours sur les spectateurs une vive impression. Sur l'un des côtés était une niche avec des rideaux, formant une petite chambre. Partout des trappes et des machines, ce qui suppose une certaine perfection dans cette partie de l'art théâtral. Enfin on voyait sur les deux côtés de la scène d'immenses gradins sur lesquels les acteurs se tenaient assis, lorsqu'ils ne *paraissaient pas*. Ils se levaient et montaient sur les estrades lors de leur *réplique ;* dès qu'un des personnages revenait s'asseoir sur les gradins, il était censé absent. Il faut convenir que le public se prêtait alors volontiers à l'illusion. Pendant les changements de machines ou les jeux de théâtre, on exécutait des chœurs où l'orgue jouait des symphonies.

Les confrères de la Passion n'étaient point des comédiens proprement dits; ce ne fut que plus tard que l'art dramatique devint une profession. Voici comment les choses se passaient à cette époque. Les Mystères exigeaient un grand nombre de personnages (*les Actes des apôtres* en ont 486), on faisait un *cry et proclamation*, cérémonie solennelle qui remplaçait alors assez avantageusement nos affiches de spectacles. Ce cortége se composait d'abord du trompette ordinaire de la ville et du crieur-juré, suivis de six trompettes aux armes du roi, des sergents et archers du prévôt de Paris, vêtus de leurs *hoquetons paillez d'argent et armoriés*, des officiers de ville, à robes de couleurs, avec le navire d'argent brodé sur leurs habits; puis, montés sur deux beaux chevaux, s'avançaient les deux hommes qui devaient faire le *cry et proclamation;* ils avaient une robe de velours noir avec des manches tricolores (jaune, gris et bleu). Venaient ensuite les deux directeurs du mystère, *vestus honnestement et bien montés selon leur estat*, et les quatre entrepreneurs à pourpoint de velours noir, suivis de quatre commissaires du Châtelet et d'un grand nombre de bourgeois, *tous bien montés, suivant leur état et capacité*. Le cortège s'arrêtait à chaque carrefour. Les trompettes sonnaient trois fanfares, le crieur réclamait le silence au nom du roi et du prévôt, et l'on faisait au peuple l'annonce du spectacle :

>On fait sçavoir à son et crys publiques
>Que dans Paris un mystère s'apprête,
>Représentant *actes apostoliques.*
>Notre bon roi, que Dieu garde puissant,
>Bien le consent. . . . .
>Venez, cité, ville, université,
>Tout est cité; venez, gens héroïques,
>Graves censeurs, magistrats, politiques,
>Exercez-vous au jeu de vérité,
>Représentant *actes apostoliques* (1).

On avertissait ensuite les assistants que ceux qui voudraient jouer dans la pièce devaient se rendre au jour et au lieu indiqués, pour être choisis par les directeurs et les entrepreneurs, qui distribuaient les rôles. Les confrères de la Passion étaient donc de bons bourgeois de Paris, des artisans, des marchands (2), et quelquefois même des no-

---

(1) Ces détails sont extraits du *Cry du mystère des actes des apôtres* (décembre 1540), petit livret qui se vendait à Paris *en la rue Neuve-Notre-Dame, à l'enseigne de Saint-Jean-Baptiste, en la boutique de Denis Janot le libraire.*

(2) Dans le *Cry* que je viens de citer, deux des entrepreneurs étaient *Léonard Chobelet, boucher*, et *Jehan Louvet, grainetier-fleuriste.* — Voy. aussi Parfaict, t. I, p. 56.

bles, des magistrats, des ecclésiastiques (1). L'Eglise protégeait ces saintes représentations, et pour ne point y porter entraves, elle avançait tout exprès le service divin (2).

Cependant les *mystères* ne se jouaient pas toujours à l'hôpital de la Trinité. Dans les grandes circonstances on construisait des théâtres en plein air, et l'on y donnait des représentations. Le *Journal d'un bourgeois de Paris* (3) dit à l'occasion de l'entrée de Charles VI et de Henri V en 1420 : « Fut fait en la rue de la Kalende, devant le Palais, un moult piteux mystère de la Passion de Notre-Seigneur au vif, selon que elle est figurée autour du cueur (chœur) de Notre-Dame de Paris ; et duroient les eschaffaux environ cent pas de long, venant de la rue de la Kalende jusques aux murs du Palais, et n'étoit homme qui vît le mystère à qui le cœur ne s'apitoyât. » Le même journal rapporte que le duc de Bedford étant entré à Paris, en 1424, « devant le Châtelet, il y avoit un moult bel mystère du vieil Testament et du nouvel que les *enfants de Paris* firent ; et fut fait sans parler ne sans signer, comme si ce fussent images élevées contre un mur. » Il me serait facile de multiplier ces exemples ; mais j'aurai occasion de parler ailleurs de plusieurs mystères, représentés à l'entrée des rois et des reines. Les confrères de la Passion allaient jouer aussi chez de grands seigneurs. Nous voyons du moins qu'en 1422 la reine et le roi d'Angleterre firent représenter à l'hôtel de Nesle le *Mystère de la Passion de Saint-Georges*.

L'ordonnance de 1402 fut confirmée par lettres-patentes de François Ier, du mois de janvier 1518. Vingt-deux ans plus tard, en 1540, les confrères, forcés de quitter l'hôpital de la Trinité, rendu à sa première destination par un arrêt du parlement, en date du 14 janvier 1536 (4), vinrent s'établir dans l'hôtel de Flandre, situé entre les rues Plâtrière, Coq-Héron, des Vieux-Augustins et Coquillère. Parmi les auteurs qui travaillaient pour ce théâtre, les plus célèbres étaient *Jean-Michel*, dont j'ai déjà parlé, médecin, d'autres disent évêque d'Angers ; *Jean d'Abundance*, notaire au Pont-Saint-Esprit ; *Simon* et *Arnould Greban*, de Compiègne (5), auteur du célèbre *Mystère des apô-*

(1) On voit dans ce même *cry* que l'un des directeurs du *mystère* était un prêtre.

(2) « Or, comme ces représentations se faisaient à la fin du jour, qui étoit le temps de l'office canonial de vêpres, on anticipa dans Paris l'heure de cet office ; et on le dit, ainsi qu'il se pratique encore aujourd'hui, après l'office de none, qui ne se disait qu'à trois heures après midi, suivant ce qu'il est marqué dans l'ancien règlement de l'église de Paris. » Sauval, t. II, p. 679. — (3) Collect. de MM. Michaud et Poujoulat, *ibid.*

(4) T. I, p. 573. — « L'office de la confrérie était célébré dans la chapelle de l'hôpital. Quand ils eurent quitté la Trinité, ils établirent leur office aux Jacobins de la rue Saint-Jacques, où ils sont encore à présent, après quelque interruption de temps, pendant lequel ils ont fait leur service divin à Saint-Julien-le-Pauvre, à Saint-Yves et aux deux maisons des Prémontrés. » Sauval, t. II, p. 679.

(5) Arnould fut chanoine du Mans, et Simon secrétaire du comte du Maine. *Anecdotes dramatiques*, t. III, p. 216.

tres, qui ne fut représenté à l'hôtel de Flandre qu'après avoir fait pendant quatre-vingts ans les délices des provinces ; *Louis Choquet*, auteur du *Mystère de l'Apocalypse*, qui contenait environ neuf mille vers, etc. Citons enfin un auteur dramatique, devenu populaire depuis la publication de *Notre-Dame de Paris*, *Pierre Gringoire* ou *Gringore*. Né en Lorraine et probablement dans la terre de Ferrières, diocèse de Toul, il parcourut long-temps la France, s'arrêtant dans les villes et dans les châteaux, et composant de petites pièces bouffonnes et satiriques, dans lesquelles il faisait le principal personnage. Il arriva à Paris avant l'an 1500, et non en 1510, comme on l'a prétendu (1), et fit un grand nombre de pièces que je citerai tout-à-l'heure en parlant de la confrérie des *Enfants-Sans-Souci*, dont il était le chef. De retour dans sa patrie, Gringore fut fait héraut-d'armes du duc de Lorraine, et ajouta à son nom celui de *Vaudemont*, d'un fief qu'il acheta dans le voisinage du lieu de sa naissance. Il vivait encore en 1544, et il était alors âgé de plus de soixante ans. Les auteurs de l'*Histoire du théâtre français* ont dit, mais sans preuves, qu'il mourut à Paris et fut inhumé dans l'église Notre-Dame. C'est l'un des noms les plus connus de nos annales dramatiques.

En 1542, les confrères jouèrent, à l'hôtel de Flandre, le *Mystère de l'Ancien-Testament*. Le parlement crut devoir en défendre les représentations ; mais les confrères s'étant adressés au roi, en obtinrent des lettres-patentes qui les autorisaient à jouer ce Mystère. Le parlement consentit, mais il prescrivit dans son arrêt plusieurs mesures de police. Voici ce que nous lisons dans les registres manuscrits du parlement, sous la date du 27 janvier 1541 (1542) : « Sur lettres-patentes portant permission à Charles Le Royer et consorts, maistres et entrepreneurs du jeu et Mystère de l'Ancien-Testament, faire jouer et représenter en l'année prochaine ledit jeu et Mystère, suivant lesdites lettres leur a été permis par la cour, à la charge d'en user bien et duement, sans y user d'aucunes fraudes, n'y interpoler choses profanes,

---

(1) On trouve dans les *Comptes et ordinaires de la prévôté de Paris*, à l'an 1502, les détails suivants, qui ne manquent point d'intérêt : « Payé à Jehan Marchant et Pierre Gringoire, compositeurs et charpentiers, qui ont fait et composé le Mystère fait au Chastelet de Paris à l'entrée de M. le légat, ordonné des personnages, iceux revestus et habillés ainsi que audit mystère étoit requis, et pareillement d'avoir fait les échafaults qui étoient à ce nécessaires, et pour ce faire, fourni le bois, 100 livres. — A Jehan Marchant, charpentier de la grand'coignée, et Pierre Gringoire, compositeur, 100 livres, pour avoir fait et composé le Mystère fait au Chastelet à l'entrée de M. l'archiduc. — A eux la somme de 50 livres parisis pour accomplir le Mystère qui se doit faire à l'entrée de la reine de France....., ainsi que lesdits Marchant et Gringoire se sont obligés par devant deux notaires. — Mes Jehan Marchant et Pierre Gringoire 100 livres, pour avoir fait les eschafauts et fait faire le Mystère sur la porte dudit Chastelet de Paris à l'entrée de madame la reine, quis (cherché) et livré par eux les habillements et autres choses nécessaires appartenantes pour ledit Mystère. »

lascives ou ridicules; que pour l'entrée des théâtres ils ne prendront que deux sous de chacune personne, et pour le louage de chaque loge durant ledict Mystère, que 30 écus : n'y sera procédé qu'à jour de fêtes non solennelles; commenceront à une heure après-midy, finiront à cinq, et feront en sorte qu'il n'en suive scandale ni tumulte; et à cause que le peuple sera distraict du service divin, et que cela diminuera les aumônes, ils bailleront aux pauvres la somme de 1,000 livres, sauf à ordonner une plus grande somme. » Telle fut l'origine du *droit des pauvres*. Nous trouvons dans les mêmes registres une preuve de la célébrité de ce Mystère. Antoine de Vendôme, qui devint roi de Navarre, et fut père de Henri IV, passant à Paris, voulut assister à ce spectacle, mais comme on ne jouait pas ce jour-là, il fut obligé de solliciter l'autorisation du parlement pour qu'une représentation extraordinaire eût lieu : « Ce jourd'hui 13 juin 1542, le duc de Vendôme est venu en la cour lui faire la révérence, et s'est offert à lui faire tous les services à luy possibles, et a esté remercié (*et hic nota* qu'il est entré sans épée); et sur ce qu'il a requis qu'il fût permis aux maistres entrepreneurs du mystère du Vieil-Testament de jouer ce jourd'hui après dîner, parce qu'il avoit désir voir le jeu, et qu'il étoit pressé de se retirer où il étoit envoyé par le roy, ladicte cour a non seulement permis, mais a ordonné en faveur dudict sieur duc, auxdits maistres entrepreneurs, de faire jouer cette après-dînée, et a été enjoint à l'huissier Delaunay de le faire savoir auxdicts maistres entrepreneurs. »

François Iᵉʳ ayant ordonné, par lettres-patentes du 20 septembre 1543, la démolition de l'hôtel de Flandre, les confrères de la Passion furent obligés de placer ailleurs leur théâtre. Il paraît qu'ils furent quelques années sans local fixe, jusqu'à ce que le 18 juillet 1548, ils acquirent de Jean Rouvet, bourgeois de Paris, une partie de l'hôtel de Bourgogne, situé rue Mauconseil. « C'étoit une masure de dix-sept toises de long sur seize de large, tenant d'une part à la rue neuve de Saint-François, qui avoit issue dans la rue Mauconseil, et d'autre part aux maisons des veuves et héritiers de Matthieu et Fiacre Rouvet, situées dans cette rue de Mauconseil. Cette portion fut acquise de Jean Rouvet par les confrères, à condition d'en payer au roi 16 livres de cens et rente par an, dont elle étoit chargée, et 225 livres tournois de rente annuelle et perpétuelle à Jean Rouvet et à ses hoirs. Il fut aussi stipulé que Rouvet auroit une des loges qui seroient faites dans la salle de l'hôtel de Bourgogne, pour lui, ses enfants et amis, leur vie durant, sans en rien payer (1). » Les confrères, ayant fait construire un nouveau théâtre, adressèrent alors une requête au parlement pour en obtenir la permission d'y continuer leurs jeux, avec la confirmation de leurs priviléges.

(1) Félibien, t. II, p. 1023.

Voici l'arrêt de la cour en date du 17 novembre 1548 : « Vû par la cour la requête présentée de la part des doyen, maîtres et confrères de la confrairie de la Passion et résurrection de notre sauveur Jésus-Christ, fondée en l'église de la Trinité, grande rue Saint-Denis, par laquelle, attendu que par temps immémorial et par priviléges à eux octroyés et confirmés par les roys de France, il leur étoit loisible de faire jouer et représenter par personnages plusieurs beaux mystères à l'édification et joie du commun populaire, sans offense générale ou particulière ; ils requéraient, d'autant plus que depuis trois ans la salle de ladite confrairie, appelée la *Salle de la Passion*, avoit été, par ordonnance de ladite cour, prise, occupée et employée en l'hébergement des pauvres, et que depuis les suppliants avoient recouvert autre salle (1) pour y continuer, suivant lesdits priviléges, la représentation desdits mystères, du profit desquels étoit entretenu le service divin en la chapelle de ladite confrairie, qu'il leur fut permis de faire jouer en la salle nouvelle, tant ainsi qu'ils avoient coutume de faire en celle de la Passion, et que défenses fussent faites à tous de jouer dorénavant tant en la ville que faubourgs et banlieue de cette ville, sinon que ce soit sous le titre de ladite confrairie et au profit d'icelle. Sur ce, ouy le procureur-général du roi, ce consentant, la cour a inhibé et défendu, inhibe et défend aux sieurs suppliants de jouer les mystères de la passion de notre Sauveur, ni autres mystères sacrés, sous peine d'amende arbitraire, leur permettant néanmoins de pouvoir jouer autres mystères profanes, honnêtes et licites, sans offenser ni injurier aucunes personnes, et défend ladite cour à tous autres de jouer ou représenter dorénavant aucuns jeux ou mystères, tant en la ville, faubourg que banlieue de Paris, sinon que sous le nom de ladite confrairie et au profit d'icelle. »

Les confrères de la Passion se virent ainsi enlever, par cette décision inattendue, le plus important de leurs priviléges. Ils furent alors obligés de donner des pièces sur des sujets profanes, et ils s'associèrent les *Enfants sans souci* ou *principauté de la sottise*, dont le chef était connu sous le nom de *Prince des sots*.

Cette confrérie, qui paraît avoir été formée par des comédiens de profession, et sur laquelle nous n'avons du reste que peu de renseignements, n'avait été précédée par les *confrères de la Passion* que de quelques années. C'était une troupe nomade, qui se rendait de temps en temps à Paris et qui s'était associée plusieurs fois aux confrères ; on dit même qu'ils jouèrent à l'hôpital de la Trinité (2). Le mardi gras de l'an-

---

(1) Les bâtiments construits par les confrères subsistèrent long-temps. On voyait encore en 1733, au-dessus de la porte, un écusson qui représentait les instruments de la Passion. *Biblioth. des théâtres*, 1733, in-8°, p. 210.

(2) Hurtaut, t. II, p. 503.

T. III.   6

née 1511, ils représentèrent aux halles le *Prince des sots et la Mère sotte*, pièce allégorique dirigée contre le pape Jules II. L'auteur, Pierre Gringore, y joua le rôle de *mère sotte*, dont il conserva le nom (1). Ces pièces, intitulées *soties*, variaient un peu le répertoire sacré des confrères; la plus célèbre est *la farce de maître Patelin* que Paquiers comparait, dans son admiration, *aux meilleures comédies grecques, latines, et italiennes* (2). D'autres farces, connues sous le nom de *jeux des pois piles*, excitaient le gros rire du peuple.

La plupart des historiens du théâtre ont prétendu qu'après leur association avec les *Enfants sans souci* les confrères de la Passion ne montèrent plus sur la scène et qu'ils leur cédèrent leur privilége, se réservant néanmoins deux loges pour eux et leurs amis, sous le nom de *loges des maîtres*. Mais rien ne prouve cette assertion. Comment leur aurait-on si long-temps encore maintenu un privilége qu'ils n'auraient pas exploité par eux-mêmes, et qu'ils se sont cependant montrés si jaloux de conserver? Les confrères et les *Enfants sans souci* se confondirent donc ensemble, et ne formèrent qu'une seule troupe à l'hôtel de Bourgogne jusqu'à l'époque où ils sous-louèrent leur salle à des comédiens français et italiens, qui étaient obligés de se servir de ce théâtre sans pouvoir jouer ailleurs. Telle est l'origine du théâtre français, auquel je consacrerai un article spécial.

La première pièce profane jouée par les confrères de la Passion était intitulée : *Huon de Bordeaux;* elle était montée avec luxe. Le parlement, par arrêt du 14 décembre 1557, leur permit de jouer cet ouvrage, « hormis les heures durant lesquelles se célèbre le divin service par les églises et paroisses de cette ville, et le lendemain de la fête de la Nativité de Notre-Seigneur, et sans scandale. » Le prévôt avait arrêté les représentations, on ne sait sous quel prétexte; les confrères remontrèrent que si on ne leur permettait pas le *parachevement* de ce jeu, ils seraient dans l'impuissance de payer des créanciers qui les poursuivaient, et de subvenir aux contributions extraordinaires dont ils étaient imposés pour les fortifications de la ville. Le prévôt fut débouté de sa plainte. Parmi les acteurs célèbres de ce théâtre, on remarque Jean de Pont-Alais, auteur, acteur, puis entrepreneur de mystères. Ce célèbre comédien, dont j'ai déjà parlé à l'occasion de son curieux démêlé avec le curé de Saint-Eustache (3), était recherché, même à la cour, pour sa gaieté et ses plaisanteries. C'est lui qui, rencon-

---

(1) Cette pièce est suffisamment connue par les extraits qu'en ont donnés divers auteurs, entre autres l'auteur des *Recherches sur les théâtres*, Saint-Foix, et plus récemment M. Dulaure.

(2) Elle avait été composée par Pierre Blanchet, de Poitiers; rajeunie par l'abbé Brueys, elle obtient encore au Théâtre-Français un succès légitime.

(3) T. II, p. 89.

trant un cardinal aussi bossu que lui, le heurta en disant : « Monseigneur, nous voici en état de prouver que deux montagnes, aussi bien que deux hommes, peuvent se rencontrer, en dépit du proverbe. » Le barbier de Pontalais se plaignait de ce qu'il ne lui donnait que de petits rôles dans ses pièces. Pont-Alais lui donna le personnage du *roi de l'Inde majeure*, le fit asseoir sur un trône élevé, et se plaçant malicieusement derrière lui, dit ces vers :

>Je suis des moindres le mineur,
>Et n'ai pas vaillant un teston ;
>Mais le roi d'Inde le majeur
>M'a souvent rasé le menton.

La colère du barbier donna lieu à une scène improvisée, qui fit beaucoup rire le public.

Jean Serre, l'un des plus anciens acteurs dans les farces, jouissait aussi d'une grande réputation. Clément Marot composa son épitaphe :

>Ci dessous gît et loge en serre
>Ce très gentil fallot Jean Serre
>Qui tout plaisir alloit suivant,
>Et grand joueur en son vivant,
>Non pas joueur de dez, ne quilles,
>Mais de belles farces gentilles.
>. . . . .
>. . . Quand il entroit en salle
>Avec sa chemise sale,
>Le front, la joue et la narine
>Toute couverte de farine,
>Et coiffé d'un béguin d'enfant
>Et d'un haut bonnet triomphant,
>Garni de plumes de chappons.
>Avec tout cela je répons
>Qu'en voyant sa grâce niaise
>On n'étoit pas moins gay ni aise
>Qu'on est aux Champs-Élyséens.

Les confrères de la Passion jouissaient d'une telle vogue qu'ils ne tardèrent pas à avoir des rivaux ; mais le parlement protégeait leurs droits et priviléges. En 1571, il arrête les représentations de « certaines gens qui ont, depuis peu de jours, joué farces et jeux publics sans permission, et exigé de chacunes personnes 3, 4, 6, 7 et 11 sols, sommes excessives et non accoutumées. » La même année, il suspend les représentations d'une troupe italienne, dirigée par un nommé Albert Ganasse, qui avait obtenu des lettres-patentes du roi (1). Enfin, en 1574, il prend la défense des confrères contre le célèbre curé de Saint-Eustache, René Benoît, qui leur avait fait défendre par des commissaires

(1) Voy. *Comédie italienne*.

du Châtelet d'ouvrir leur théâtre avant que les vêpres fussent achevées. *Les doyens et maîtres de la Passion de notre Sauveur* firent humblement observer à la cour « qu'il seroit impossible, étant les jours courts, vaquer à leurs jeux, pour les préparatifs desquels ils auroient fait une infinité de frais, outre la somme de 100 écus de rente qu'ils payent à la recette du roi pour le logis, et 300 livres tournois de rente qu'ils baillent aux Enfants de la Trinité, tant pour le service divin que autres nécessités des pauvres. Ils requièrent donc leur être permis d'ouvrir les portes de leurs jeux pour les allants et venants en la manière accoutumée, à la charge toutefois qu'ils ne commenceront leurs dits jeux que à trois heures sonnées, à laquelle heure les vespres ont accoutumé être dites. » Le parlement leur accorda leur demande, *à la charge qu'ils répondront des scandales qui pourraient advenir.*

Des comédiens italiens vinrent encore à Paris en 1576, et s'efforcèrent de combattre le monopole des confrères de la Passion. Un arrêt du parlement du 5 décembre de cette année leur défendit de donner comédies ni autres jeux au préjudice des confrères. Cependant les comédiens italiens, connus sous le nom de *gli Gelosi*, forts de la protection du roi Henri III, qui les avait fait venir de Venise pour jouer aux Etats de Blois, donnèrent des représentations publiques à Paris. En vain les confrères de la Passion obtinrent, le 20 septembre 1577, un nouvel arrêt du parlement qui maintenait leur privilége; il paraît que les protégés du roi l'emportèrent. On lit en effet dans le *Journal de l'Estoile* : « Le dimanche 19 may, les comédiens italiens, surnommés *gli Gelosi*, commencèrent à jouer leurs comédies en la salle de l'hostel de Bourbon à Paris. Ils prenoient de salaire 4 sols par teste de tous les François qui les vouloient aller voir jouer, où il y avoit tel concours et affluence de peuple, que les quatre meilleurs prédicateurs de Paris n'en avoient point ensemble autant quand ils preschoient. »

« Le samedy 27e juillet, *gli Gelosi*, comédiens d'Italie, après avoir présenté à la cour du parlement les lettres patentes par eux obtenues du roy, afin qu'il leur fust permis de jouer comédies, nonobstant les deffences de la cour, furent renvoyés par fin de non-recevoir, et deffences à eux faites de plus obtenir et présenter à ladite cour telles lettres, sur peine de 10,000 livres d'amende applicables à la boette des pauvres; nonobstant esquelles, au commencement de septembre ensuivant, ils recommencèrent à jouer leurs comédies en l'hostel de Bourbon comme auparavant, par la permission et jussion expresse du roy. La corruption du temps étant telle, que les farceurs, bouffons..... et mignons avoient tout le credit auprès du roy (1). »

« Non seulement, dit M. Taillandier (2), les confrères de la Passion

(1) *Journal de l'Etoile*. — (2) *Notice sur les confrères de la Passion*, d'après les registres manuscrits du parlement de Paris, et d'autres documents également inédits ou

avaient à lutter contre l'attrait qu'offraient naturellement au public parisien des acteurs nouveaux, mais ils avaient à combattre aussi contre la nature des pièces que ces acteurs représentaient. Effectivement, la licence dont parle l'Estoile doit nous porter à croire que les mystères des confrères devaient être bien fades auprès des farces et autres joyeusetés représentées par les comédiens qui tentaient de supplanter la vieille confrérie. Il suffit de citer les titres de quelques unes des pièces que représentaient ces comédiens, pour montrer combien elles devaient aiguillonner la curiosité publique : *La farce nouvelle des femmes qui aiment mieux suivre et croire fol conduit, et vivre à leur plaisir, que d'apprendre aucune bonne science. — Farce joyeuse et récréative d'une femme qui demande les arrérages à son mari. — Farce nouvelle du débat d'un jeune moine et d'un vieil gendarme, par devant le dieu Cupidon, pour une fille.* »

Le parlement faisait tous ses efforts pour arrêter ce débordement de licence, et pour circonscrire les plaisirs des Parisiens dans la représentation des mystères des confrères de la Passion. Voici ce que nous lisons dans les registres manuscrits, à la date du 6 octobre 1584 :

« Sur remontrances du procureur-général, arresté que présentement tous les huissiers de la cour se transporteront au logis des comédiens et du concierge de l'hostel de Cluny près les Mathurins, faire deffences ausdicts comédiens de jouer en cette ville ny faulxbourg, et audict concierge de les recepvoir audict logis. »

Quatre années plus tard, les mêmes ordres sont renouvelés en ces termes, sous la date du 10 décembre 1588 :

« Sur remontrances du procureur-général, deffences à tous comédiens et aultres joueurs de tours et subtilités, de jouer, quelque permission qu'ils en puissent avoir obtenue cy-devant. »

On voit que le parlement luttait, autant qu'il était en lui, contre le bon vouloir de Henri III pour les farceurs et les bouffons. L'auteur d'un pamphlet du temps (1) se récrie vivement contre les spectacles, et surtout contre le théâtre de l'hôtel de Bourgogne, « *cloaque* et *maison de Satan*, dont les acteurs se disent abusivement *confrères de la Passion de J.-C.* En ce lieu, continue-t-il, se donnent mille assignations scandaleuses, au préjudice de l'honnêteté et pudicité des femmes, et à la ruine des familles des pauvres artisans, desquels la salle basse (le parterre) est toute pleine, et lesquels, plus de deux heures avant le jeu, passent leur temps en devis (paroles) impudiques, jeux de cartes et

---

peu connus. (Extrait de la *Revue rétrospective*.) — Ce travail curieux m'a fourni une grande partie des renseignements que je donne ici sur les confrères de la Passion.

(1) « Remonstrances très humbles au roi de France et de Pologne, Henri, troisième de ce nom, par un sien officier et subject, sur les désordres et misères du royaume, 1588. »

de dés, en gourmandises et ivrognerie, tout publiquement, d'où viennent plusieurs querelles et batteries....... Sur le théâtre, l'on y dresse des autels chargés de croix et ornements ecclésiastiques ; l'on y représente des prêtres revêtus de surplis, même aux farces impudiques, pour faire mariages de risées. L'on y lit le texte de l'Evangile et chants ecclésiastiques pour, par occasion, y rencontrer un mot à plaisir qui sert au jeu; et au surplus, il n'y a farce qui ne soit orde, sale et vilaine, au scandale de la jeunesse qui y assiste.... Telle impiété est entretenue des deniers d'une confrérie, qui devraient être employés à la nourriture des pauvres. » Ces protestations de catholiques zélés et les réclamations du clergé firent fermer l'hôtel de Bourgogne ; mais un an après il fut rouvert.

Les défenses du parlement allaient même jusqu'à interdire quelquefois de jouer la tragédie dans les colléges ; on lit en en effet dans les registres de cette cour, à la date du 23 août 1594 : « Sur ce que, au collége des Cappettes (Montaigu) a esté affiché par la ville de debvoir jouer demain une comédie intitulée : *La Tragédie du roy Chilpéric deuxième*, le principal du collége mandé, et amené Louis Léger, régent, qui a représenté le Prologue et advoué ledict Léger estre l'auteur, arresté que ledict Léger sera présentement mené à la Conciergerie, et faict deffences de jouer ladicte tragédie. » Il est assez probable que l'on savait que la tragédie de Chilpéric II contenait des allusions aux circonstances du temps, et c'est ce qui motiva sans doute cette mesure de rigueur.

Les confrères de la Passion trouvèrent encore des rivaux dans les théâtres forains qui s'élevaient en plusieurs endroits, notamment à la foire Saint-Germain. Ils portèrent plaintes devant le lieutenant civil contre les acteurs provinciaux qui étaient venus ainsi s'établir auprès d'eux. Le peuple prit fait et cause pour les nouveaux venus; il se fit des attroupements devant l'hôtel de Bourgogne, et il y eut du tumulte aux jours ordinaires de comédie. L'affaire fut jugée par sentence du 5 février 1596. Le lieutenant civil n'estima pas que le privilége exclusif accordé aux propriétaires de l'hôtel de Bourgogne fût plus fort que les statuts des six corps des marchands et des arts et métiers de Paris, dont l'effet était suspendu en faveur des forains pendant la foire : il permit en conséquence aux comédiens forains de jouer pendant la foire Saint-Germain seulement, « à la charge de ne représenter que des sujets licites et honnêtes qui n'offensassent personne ; comme aussi à condition de payer chaque année qu'ils joueroient deux écus aux administrateurs de la Confrérie de la Passion, maistres de l'hôtel de Bourgogne. » De plus, il fit défense à toutes personnes de faire aucune insolence en l'hôtel de Bourgogne lorsqu'on y représenterait quelque jeu, d'y jeter des pierres, de la poudre ou autres choses qui pussent émouvoir le peuple à sédition, etc.

Quelques années plus tard, les accroissements de Paris portèrent les confrères à se séparer en deux troupes : l'une continua à jouer en l'hôtel de Bourgogne ; l'autre éleva un nouveau théâtre à l'hôtel d'Argent, au Marais.

Henri IV confirma, par des lettres-patentes du mois d'avril 1597, les priviléges des maîtres-gouverneurs des Confrères de la Passion, mais il est évident que ces priviléges étaient attaqués déjà de toutes parts ; les Confrères se voyaient même obligés de plaider contre les *Enfants sans souci*, ou *Principauté de la Sottise*, qui les avaient remplacés de leur consentement à l'hôtel de Bourgogne, et qui, jusque là étaient restés à leur égard dans une sorte de dépendance ; mais alors Nicolas Joubert, *seigneur d'Angoulevent* et *chef de la sottise*, ou *prince des sots*, se souleva contre la Confrérie de la Passion, et de là un procès célèbre qui fut jugé d'abord par le prévôt de Paris, puis par le parlement.

Les détails de ce procès, fort peu connus, doivent trouver place ici, puisqu'ils se rattachent essentiellement à l'histoire des Confrères de la Passion.

Ce Jobert ou Joubert d'Angoulevent, dont nous parlons, a été compris à tort, par Dreux de Radier, au nombre des fous en titre d'office, c'est-à-dire de ceux qui exercèrent auprès des rois les fonctions *de fou de la cour*, comme d'autres remplissaient celle d'aumôniers ou de ministres. Suivant cet auteur, Joubert d'Angoulevent aurait rempli cet office auprès d'Henri IV. M. Leber prouve fort bien, suivant nous, que d'Angoulevent était tout simplement prince des sots, et l'un des principaux acteurs de Bourgogne, y jouant les rôles de farceur.

Ce fut en sa qualité de prince des sots qu'il eut à soutenir un procès contre les Confrères de la Passion. Il paraît en effet qu'il s'était engagé envers ces derniers à faire, chaque année, une entrée triomphale à Paris, avec cette condition, qu'en cessant de faire cette cérémonie il perdrait son titre de *prince des sots*, et les prérogatives qui s'y trouvaient attachées. Il négligea de remplir cet engagement, et les maîtres de la Confrérie, qui étaient alors Valérien, Lecomte et Jacques Resneau, le poursuivirent en justice.

L'affaire fut d'abord portée devant le prévôt de Paris. La sentence que rendit ce magistrat est ignorée presque généralement ; en voici les principaux passages :

« A tous ceux qui ces présentes lettres verront, Jacques d'Aumont… garde de la prévôté de Paris…, savoir faisons qu'aujourd'hui, sur la requeste faite… par maistre Esprit Le Marquant, procureur de Maclou Poulet, seigneur et guidon de la sottie…, demandeur…, à l'encontre de maistre Pierre le Meneau, procureur de *noble homme, Nicolas Jobert, sieur d'Angoulevent, valet-de-chambre du roi, prince des sots et premier chef de la sottie en l'Isle de France et hostel de Bourgogne*, présent en personne, défendeur d'autre part; et requis jugement... qui ordonne que ledit défendeur sera tenu promptement pour faire *entrée sotte* en cette ville de Paris,... y despendre les largesses et faire les cérémonies accoutumées,... et ouy ledist Meneau,... faisant droit sur la requeste desdicts demandeurs et gens du roy, avons ledict Angoulevent condamné et condamnons de faire son entrée, en habit décent, dans le premier jour du mois de may prochain, venant par les lieux, portes et places ordinaires, avec ses officiers, suppots et sujets... Lesquels lui rendront les honneurs qu'ils sont tenus, sur peine de descheoir de sa grâce, privation de leurs chapperons et radiations de leurs gaiges. Avons enjoinct et enjoignons aux maistres des cérémonies des places et lieux les plus éminents, les marquis, comtes, barons et gentilshommes de sa suite, tenir fidelle registre des présents, pour sur icelui, décréter contre les absents... et pour fournir aux frais de l'entrée, nous avons à iceluy Angoulevent, prince des sots, permis et permettons d'engager et vendre tous et un chacun ses biens présents et advenir, tant meubles qu'immeubles, mesme sa seigneurie d'Angoulevent,... sans chercher autre émologation de sa sottie;... et à faute de satisfaire par ledict Angoulevent et faire son entrée dans ledict premier jour de may, faute de droits non payés, et déboursés non faicts suivant l'ordonnance de la sottie, avons dès à présent comme dés lors, et dès lors comme à présent..., déclaré et déclarons ladicte principauté des sots tombée en commise et icelle vacante et impétrable par personnes plus capables que ledict Angoulevent; lequel, en ce faisant, sera rayé du registre et matricule authentique des Sots, privé des honneurs, droits et priviléges imaginaires par lui prétendus; deffenses à toutes personnes de le recognoistre et luy porter aucun honneur, respect ny révérence en ladicte qualité, en laquelle les portes de l'hostel de Bourgogne luy seront fermées, sa loge donnée à son successeur plus capable, ses armes abbattues d'icelles, ses chanceliers, advocats et conseil rayés sur l'estat de ses gaiges, et deffenses à eux de se qualifier à l'advenir ses officiers, ny se servir de marottes et chapperons qui leur ont esté par luy baillez... Ce fut faict et donné en jugement par François Miron;... prévost des marchands,... le samedy dix-neuvième jour de mars 1605. »

La procédure dura encore long-temps à ce qu'il paraît, car ce fut seulement le 19 juillet 1708 qu'intervint l'arrêt du parlement portant que : « Nicolas Joubert est maintenu et gardé dans la possession et jouissance de sa *principauté des sots* et des droits appartenants à icelle, même du droit d'entrer par la grande porte dudit hôtel de Bourgogne, et préséance aux assemblées qui s'y feront et ailleurs, par lesdits maîtres et administrateurs, et en jouissance et disposition de sa loge...; décharge ledit Joubert de faire son entrée en cette ville de Paris, jusque, par la cour, autrement en ait été ordonné, etc. »

Ce fut Julien Peleus, célèbre jurisconsulte de ce temps, qui défendit Joubert d'Angoulevent. Dans son plaidoyer, il disait que son client était né au pays *des grosses bêtes*, que c'est *une tête creuse, une citrouille éventée, vide de sens comme une cane, un cerveau démonté, qui n'a ni ressort ni roue entière dans la tête.* »

Le parlement, qui protégeait toujours les confrères de la Passion, quoiqu'il leur eût fait perdre leur procès contre Joubert d'Angoulevent, reconnut de nouveau, le 18 janvier 1613, leurs priviléges « de jouer ou faire jouer ou représenter tous mystères, jeux honnestes et récréatifs, sans offenser personne, en la salle de la Passion, dicte l'hostel de Bourgogne, et en tous autres lieux. »

Mais, malgré ces actes d'une reconnaissance officielle, la confrérie de la Passion subissait le sort de toutes les institutions humaines; elle languissait de jour en jour et devait finir par tomber devant d'autres troupes de comédiens qui avaient eu le talent de s'acquérir la bienveillance publique.

Le 7 novembre 1629, un arrêt du conseil enjoignit aux confrères de la Passion de remettre aux mains d'un député à ce commis les lettres et pièces justificatives du droit de propriété qu'ils prétendaient avoir sur l'hôtel de Bourgogne. Cet arrêt du conseil était rendu à la requête de Robert Guérin dit *La Fleur*, de Hugues Guérin dit *Fléchelles*, d'Henry Legrand dit *Belleville*, de Pierre Le Messier dit *Bellerose* et de leurs associés, comédiens ordinaires de sa majesté Louis XIII. Les pauvres confrères de la Passion étaient bien déchus alors de leur ancienne puissance; on leur contestait jusqu'à leur titre et on les traitait de : « quelques particuliers se disant maîtres de la confrérie de la Passion et Résurrection de nostre Sauveur et Rédempteur Jésus-Christ, et qui soubz cette qualité et autres titres spécieux, se sont emparés de la maison sise à Paris, vulgairement appelée *l'hôtel de Bourgogne*. »

Les confrères de la Passion n'en continuèrent pas moins à invoquer leurs anciens priviléges, mais l'art théâtral faisait d'immenses progrès; Corneille et Molière avait anobli la scène; aussi ne faut-il pas s'étonner si, au mois de décembre 1676, Louis XIV rendit un édit pour supprimer la confrérie de la Passion, en ordonnant que les revenus de cette confrérie appartiendraient dorénavant à l'hôpital-général, pour être employés à la nourriture et à l'entretien des enfants trouvés (1).

Arbalétriers, archers et arquebusiers de Paris. — La *confrérie des arbalétriers* est fort ancienne, disent les historiens; elle faisait ses exercices dans l'île Notre-Dame, et en 1371 on y fit élever deux buttes et réparer deux autres qui existaient depuis long-temps, dépense de 40 sols parisis qui fut payée par le roi. « En 1379 et auparavant, les

---

(1) *Notice sur les confrères de la Passion*, par M. Taillandier.

arbalétriers s'exerçoient aussi hors de la ville, dans un vaste espace nommé le *Champ des Arbalétriers*, où conduisoit une ruelle qu'on appeloit *l'Allée des Arbalétriers*, et ce champ étoit situé le long des murailles de Paris, entre la vieille rue du Temple et la culture Sainte-Catherine, au lieu même où est aujourd'hui la rue des Francs-Bourgeois. Depuis, en 1390, le roi leur bailla à héritage pour 12 deniers parisis de cens et 10 sols parisis de rente une place de deux cent quatre-vingt-huit toises de surface, qui tenoit encore aux murailles de la ville, où conduisoit pareillement une rue nommée la *rue des Arbalétriers*, et qui étoit assise entre la rue Saint-Denis et celle de Montorgueil, à l'endroit même où sont bâties les rues Pavée, du Lion et Tireboudin. En 1410, c'est-à-dire vingt ans après, le roi leur donna une tour des anciens murs tout joignant la même place, et cela du consentement du prévôt des marchands et échevins; et moyennant 4 sols parisis de rente, payables tous les ans à la recette du Parloir aux Bourgeois, ils l'agrandirent de plusieurs toises, et cet emplacement s'appeloit, en 1413, le *Jardin des Arbalétriers* et *Jardin du trait des Arbalétriers*, en 1416 (1). » Enfin ils occupaient, au commencement du XVIIe siècle, un terrain entre la porte du Temple et celle de Saint-Antoine.

Cette confrérie avait depuis long-temps un *roi* et un *connétable* lorsque Charles VI, par lettres-patentes du 11 août 1410, régularisa cette association (2). Par ces lettres, il est ordonné qu'il sera fait un choix des plus habiles *maîtres*, qu'ils s'habilleront et s'armeront à leurs frais, qu'ils jouiront de plusieurs priviléges, seront exempts de payer *le quatrième du vin*, les impositions et *aides mises pour la guerre*, les *tailles, subsides, gabelles, guet et arrière-guet*, à l'exception des taxes pour les réparations et fortifications de la ville, pour l'arrière-ban et pour la rançon du roi. Ils seront présentés aux deux prévôts, celui de Paris et le prévôt des marchands, et leur prêteront serment d'obéissance et de fidélité. Ils marcheront aux frais de la ville, mais après avoir obtenu la permission des deux prévôts. Le capitaine, élu tous les ans, aura cinq sous par jour, et chaque arbalétrier trois sous, sans compter la dépense de bouche pour l'homme et le cheval (3). Les confrères eurent soin de faire confirmer leurs priviléges par différents rois, entre autres par Louis XIII (4).

(1) Sauval, t. II, p. 693. — Jaillot, t. II, q. Saint-Denis, p. 67.

(2) S'il faut en croire quelques historiens, les arbalétriers et archers étaient si nombreux et si redoutables sous Charles VI, « que les princes ni toute la noblesse ne leur auraient pas tenu tête, ce qui obligea le roi d'en limiter le nombre et de casser le reste. »

(3) Félibien, t. II, p. 750. — Ils avaient eu probablement des règlements antérieurs. Des *Lettres* de janvier 1390 montrent qu'il était défendu aux arbalétriers de jouer de l'argent au jeu de l'arbalète; mais qu'ils pouvaient jouer du vin, pourvu que le perdant en fût quitte pour une pinte le matin et une l'après-dînée.

(4) Félibien, t. II, p. 1376.

Le chef des soixante arbalétriers de Paris avait renoncé à son titre de *roi* pour prendre celui de *grand-maître*. Aux XVe et XVIe siècles, il habitait un hôtel situé rue de Grenelle, à peu près en face de l'*hôtel des Fermes*.

L'usage plus fréquent des armes à feu rendit bientôt inutiles les arbalétriers, qui se maintinrent cependant en association jusque sous Louis XIV.

La *confrérie des Archers* était aussi ancienne que celle des arbalétriers; elle avait également un *roi* et un *connétable*, et faisait ses exercices dans l'île Notre-Dame. Elle posséda ensuite, près de la porte Bussy, un emplacement qui fut nommé *le Jardin des Archers de la ville* (1). En 1411, Charles VI approuva leur confrérie, qui fut mise sous l'invocation de Saint-Sébastien et composée de cent vingt hommes d'élite, choisis par le prévôt, les échevins, les conseillers et l'avocat du roi au Châtelet, plusieurs marchands et autres notables. Le roi leur accorda les mêmes priviléges et exemptions qu'aux arbalétriers, mais seulement au lieu d'avoir trois sous par jour pour solde de campagne, ils n'eurent que deux sous.

Les *Arquebusiers* remontent au règne de Louis-le-Gros. Saint Louis fixa le nombre des chevaliers de l'arquebuse à cent quatre-vingts; par lettres-patentes d'avril 1359, ce nombre fut porté à deux cents. Charles VI, en 1390, établit cette association sur le même pied que celle des arbalétriers et des archers; il paraît cependant que le nombre des soldats de cette confrérie était diminué, car je lis dans Sauval que François Ier, ne trouvant point la garde de la ville suffisante, créa, en 1523, une compagnie de cent arquebusiers, avec un chef qui serait élu pour trois ans. Dans l'origine, les arquebusiers se réunissaient rue des Francs-Bourgeois, au Marais. On les transféra, en 1390, entre les rues Saint-Denis et Mauconseil. En 1531, la ville leur donna un emplacement situé derrière les Célestins, à la charge de payer tous les ans à la recette du domaine 16 sols parisis. De crainte d'accident, relativement à la tour de Billy, qui servait d'arsenal, et afin que le bruit ne troublât point le service divin aux Célestins, on obligea les arquebusiers de placer leur but du côté de la Bastille. Enfin, en vertu des lettres-patentes de mars 1671, ils furent transférés rue de la Roquette, n° 90, où ils eurent une maison et un jardin pour leur réunion et leur exercice. Sur la porte on lisait encore, au temps de Louis XVI, *Hôtel de la compagnie royale des chevaliers de l'arbalète et de l'arquebuse de Paris* (2).

Henri II avait créé, en 1550, un capitaine-général des trois compa-

---

(1) Sauval, t. II, p. 694. — (2) Cet hôtel est devenu une propriété particulière.

gnies d'arbalétriers, d'archers et d'arquebusiers (1). Au mois de février 1566, Charles IX, d'accord avec le prévôt et les échevins, ordonna que ces compagnies se composeraient chacune de cent hommes, et que les soldats, garde de la municipalité (2), porteraient à l'avenir des arquebuses et des pistolets, au lieu d'arcs et d'arbalètes (3). En 1594, Henri IV réunit les trois compagnies en une seule, dont il donna le commandement à Marchand, capitaine des cent arquebusiers, le même qui fit construire le Pont-Marchand. Ses successeurs se sont fait appeler colonels, qualité, dit Sauval, que le prévôt des marchands ni les échevins ne leur refusent pas. Leurs soldats prirent le titre d'*archers*. Louis XIV créa pour cette milice des charges qui coûtaient 2,000 livres avec l'uniforme (4).

Les confréries d'archers, d'arbalétriers et d'arquebusiers n'ont cessé d'exister qu'à la révolution ; il y avait à la porte Saint-Antoine un jardin qu'on nommait le *Jeu des arquebusiers*. Ces jeux, si fort en honneur au moyen âge, et dont on ne trouve plus guère de traces que dans quelques provinces, faisaient encore sous Louis XVI les délices des bourgeois de Paris. Je lis dans Hurtaut : « On tiroit anciennement sur la butte Montmartre, près des moulins, un *patigot* (5) tous les ans, le second dimanche de carême. Cette fête a été transférée au premier dimanche de mai et se fait dans la cour de l'abbaye. Celui qui a l'adresse d'enlever l'oiseau reçoit pour prix une écuelle d'argent que l'abbesse de Montmartre lui fait donner comme seigneur. Il y a un second prix d'un gobelet d'argent pour celui qui enlève quelque parcelle de cet oiseau, et que l'abbesse est pareillement obligée de donner. »

Hôpital du Roule. — En rappelant, après Félibien, qu'un arrêt du parlement de l'an 1392 fait mention d'un hôpital situé au Roule, M. Dulaure consacre à cet établissement quelques lignes pleines d'inexactitudes. Voici le peu de faits certains que j'ai pu recueillir relativement à cet hôpital, beaucoup plus ancien que ne le croit M. Dulaure, et autour duquel s'est formé peu à peu le village, aujourd'hui faubourg du Roule. Au commencement du XIII° siècle, il existait déjà, au lieu nommé en latin *Rollum, Rotulum*, une léproserie à laquelle on annexa une chapelle en 1217, comme le prouve une charte de Pierre de Nemours, évêque de Paris (6). Cette chapelle, qui était sous la dépendance du curé de Villiers-la-Garenne, paraît avoir été l'origine de l'église de Saint-Philippe-du-Roule (7). Quant à la léproserie ou maladrerie, elle

---

(1) Félibien, t. II, p. 1036. — (2) T. II de cet ouvrage, p. 511. — (4) Félibien, p. 1105. — (4) Félibien, V, *Preuves*, p. 237. — Hurtaut, t. I, p. 283. — (5) Ou plutôt *Papegaut*, et mieux encore *Papegai*. C'est un oiseau empaillé ou de bois, planté au haut d'une perche. Ce nom désignait aussi autrefois un perroquet. — (6) *Hist. eccl. Paris*, t. II, p. 262. — (7) Voy. *Saint-Philippe-du-Roule*.

avait été fondée par les ouvriers de la monnaie du serment de France. Deux titres de 1343 et 1351 font mention des droits que les ouvriers de la Monnaie réclamaient contre l'évêque de Paris dans la léproserie du Roule (1), et ces droits sont mieux spécifiés encore par un arrêt du parlement de Paris, du 4 juillet 1392. Ce titre prouve que la maladrerie du Roule recevait huit ouvriers de la Monnaie que l'âge ou les infirmités mettaient hors d'état de travailler. Quatre de ces ouvriers étaient placés par l'évêque de Paris, et quatre par les monnayeurs, qui avaient exclusivement le droit de destitution. On les appelait les *Frères de l'Hôtel du Roule*, et non *du Louvre*, comme le prétend M. Dulaure. A leur entrée dans la maison, ils recevaient de la charité des ouvriers fondateurs, une somme de douze deniers (2). Au XVIe siècle, l'hôpital du Roule était encore au rang des maladreries du royaume; un arrêt du 29 août 1545 réforma certains abus qui s'y étaient glissés, et enjoignit *aux maîtres et frères du Bas-Roulle-lès-Paris*, de recevoir deux ladres. On accordait même, en 1598, des places dans cette léproserie. Lorsqu'en 1699 le Roule cessa d'être dépendant de la cure de Villiers, et fut érigé en paroisse, on dota la nouvelle église paroissiale de la moitié du revenu de la léproserie, et l'autre moitié demeura, selon Sauval, aux soins des ouvriers de la Monnaie de Paris qui l'appliquèrent au soulagement de leurs confrères malades (3).

Collége de Thou Rou du Tou, rue des Sept-Voies. — Les comptes de la prévôté de Paris, publiés par Sauval, font mention, en 1421, 1423 et 1427 d'un collége de Thou ou du Tou, en latin de *Tulleio* et de *Tullo*, situé près de Saint-Hilaire, dans une rue qui n'est point nommée, mais que Jaillot croit être la rue des Sept-Voies. La désignation, telle qu'elle se trouve dans les titres, ne peut, en effet, s'appliquer qu'à la rue des Sept-Voies, ou peut-être à la petite rue Chartière qui en est voisine (4). Suivant Lebeuf, ce petit collége existait dès 1393, et avait été fondé pour des Bas-Bretons. « D'autant, ajoute-t-il, qu'un docteur breton le joignit, vers ce temps-là, aux colléges de Tréguier et de Cornouailles dans la distribution de ses aumônes (5). » C'est là tout ce qu'on sait sur ce modeste établissement, dont l'existence ne paraît pas avoir été de longue durée (6).

Collége de Fortet, rue des Sept-Voies, n° 27. — Pierre Fortet, d'Aurillac, chanoine de l'église de Paris, avait ordonné, par son testament

---

(1) *Reg. visit.*, f. 100; *Chart. min. Episc.*, f. 25. — (2) Félibien, t. III, *Preuves*, p. 545. — (3) Voy. Lebeuf, *Hist. de la ville et du dioc. de Paris*, t. III, p. 91-95. — (4) Voy. Sauval, t. III, p. 296, 316, 579. — Jaillot, t. IV, *Quartier Saint-Benoît*, p. 40. — Du Boullay, *Hist. univ. par.*, t. V, p. 351. — (5) *Hist. de la ville et du dioc. de Paris*, t. I, p. 208. — (6) M. Dulaure ne fait point mention du collége de Thou.

du 12 août 1391, la fondation d'un collége où il y aurait un principal et huit boursiers : quatre devaient être d'Aurillac, sa patrie, ou du diocèse de Saint-Flour; et quatre de la ville de Paris. Il avait destiné pour l'emplacement de cette institution une maison appelée *les Caves*, située au bout de la rue des Cordiers; mais il ne voulut point que ce projet fût réalisé de son vivant, et il mourut en 1394, laissant ce soin à ses exécuteurs testamentaires.

Ceux-ci offrirent au chapitre de Notre-Dame la mission de remplir la volonté du testateur : le chapitre l'accepta, et ne trouvant pas la maison léguée propre à établir un collége, il acquit, en 1397, de M. de Listenoy, seigneur de Montaigu, une maison qu'il possédait rue des Sept-Voies, et la fit disposer telle qu'elle devait être pour une semblable institution. On nomma le principal, les boursiers, et on leur donna des statuts le 10 avril de la même année.

Aux bourses fondées originairement dans ce collége plusieurs particuliers en ajoutèrent successivement onze nouvelles. Trois de ces bourses furent fondées en 1556 par Jean Beauchesne, grand-vicaire de Paris, en faveur des habitants du village de Courcelles, et deux autres, en 1578, par Nicolas Varin, principal de ce collége, et depuis abbé de Brenne. Dès l'an 1560 les bâtiments du collége de Fortet avaient été reconstruits : on l'augmenta encore depuis, en y joignant l'hôtel des évêques de Nevers et celui de Marli le Châtel. C'est dans le collége de Fortet que furent tenues les premières assemblées de la Ligue.

La chapelle était sous l'invocation de Saint-Géraud, d'Aurillac. Les bâtiments de ce collége forment maintenant plusieurs maisons particulières.

Chapelle et hôpital de Saint-Éloi ou des Orfévres, rue des Orfévres n°s 4 et 6. — Les orfévres de Paris payaient autrefois une somme considérable à l'Hôtel-Dieu pour y entretenir les pauvres de leur corporation. Vers la fin du XIVe siècle ils résolurent de se charger eux-mêmes de ce soin pieux, et, à cet effet, ils achetèrent, en 1399, de Roger de la Poterne, un de leurs confrères, et de Jeanne sa femme, une grande maison dans la rue des Deux-Portes (aujourd'hui rue des Orfévres), appelée l'*hôtel des Trois Degrés*, parce qu'on y montait par autant de marches. Cette maison occupait un espace carré compris entre les rues des Deux-Portes, Jean-Lantier et des Lavandières-Sainte-Opportune. On démolit les anciens bâtiments, on construisit sur leur emplacement une grande salle où l'on mit des lits; on ménagea des chambres au-dessus, et, au fond de la cour, on bâtit une petite chapelle où la messe fut célébrée, pour la première fois, le 12 novembre 1403, en vertu d'une permission de Pierre d'Orgemont, évêque de Paris. L'*hôtel des Trois Degrés*, ainsi converti en hôpital, reçut les pauvres orfévres âgés ou infirmes et leurs veuves. Sous le règne de Henri II, les bâtiments, qui n'étaient que de bois, menaçant ruine, le corps des orfévres résolut de les reconstruire en pierre, ainsi que la chapelle, en les agrandissant au moyen de l'acquisition de huit maisons voisines. Les nouveaux bâtiments furent terminés en 1566. Philibert de Lorme en fut l'architecte.

La chapelle Saint-Éloi était desservie par un chapelain, choisi, autant que possible, parmi les fils d'orfévres, et qui ne pouvait être destitué que par délibération de la compagnie. Ce chapelain, ainsi que le diacre, le sous-diacre et les chantres qui l'assistaient, était aux gages du corps des orfévres. Les bâtiments de l'hôpital étant devenus, par la suite, insuffisants pour leur destination, la corporation avait loué plusieurs maisons voisines où un grand nombre de pauvres orfévres recevaient des secours (1).

On voyait, dans la chapelle Saint-Éloi, plusieurs sculptures estimées de Germain Pilon, entre autres les statues de Moïse, d'Aaron et des apôtres.

Cette chapelle et les bâtiments qui en dépendaient furent démolis en 1786. Des maisons particulières ont été construites sur leur emplacement.

Collége de Reims, rue des Sept-Voies, n° 18. — Ce collége doit son origine à Guy de Roye, archevêque de Reims, qui en ordonna la fondation par un codicille de l'an 1399 (2). L'intention de ce prélat était d'y mettre, par préférence, des sujets nés dans les terres affectées à la mense archiépiscopale de Reims, dans sa terre de Roye ou dans celle de Murel. Cette disposition testamentaire, contestée d'abord par ses héritiers, fut maintenue par une transaction qu'ils passèrent avec les écoliers de Reims, au bénéfice desquels la fondation avait été faite. Ces écoliers, alors étudiants à Paris, firent en conséquence l'acquisition de l'*hôtel de Bourgogne*, au mont Saint-Hilaire, qui leur fut vendu le 12 mai 1412 par Philippe, comte de Nevers et de Rhétel. En 1414, on institua un maître particulier, un chapelain et un procureur dans le nouveau collége ; mais les troubles qui agitèrent Paris quelques années après pensèrent l'anéantir. En 1418 il fut pillé par les Anglais de la faction bourguignonne, et presque détruit. Ses bâtiments demeurèrent

---

(1) Voy. Jaillot, t. I, *Quartier Sainte-Opportune*, p. 44.

(2) M. Dulaure répète après Félibien et d'autres historiens, que Guy de Roye fonda le collége de Reims en 1412, et acheta la même année l'hôtel de Bourgogne. Jaillot a remarqué que ces dispositions de Jean de Roye n'ont pu être exécutées qu'après sa mort, puisqu'il est certain que ce prélat fut tué à Voltri, en allant au concile de Pise, le 8 juin 1409.—Sur la date du codicille de Guy de Roye, voir son article dans la *Biogr. univ.*, t. XXXIX, p. 199.

déserts jusqu'en 1443, époque où Charles VII le rétablit, et y annexa le collége de Rhétel qui tombait en ruines.

Ce collége de Rhétel n'était ni voisin de celui de Reims, ni contigu, comme l'ont dit plusieurs auteurs : il était situé dans la rue des Poirées. Gaultier de Launoi l'avait créé pour les écoliers du Rhételois, et Jeanne de Bresle y avait fondé depuis quatre bourses pour des écoliers de Porcien. Lors de l'union, presque tout le revenu de ce collége était dissipé; alors il n'y avait même plus de boursiers.

Cette réunion soutint pendant quelque temps le collége de Reims, dont l'administration supérieure passa entre les mains de l'archevêque. Toutefois il tomba successivement dans un état si misérable, qu'en 1699 il était déjà sans boursiers, et qu'en 1720 il n'y restait que deux officiers. M. le cardinal de Mailli, archevêque de Reims, entreprit de le rétablir, et chargea de ce soin M. Legendre, chanoine de Notre-Dame, qui dressa des statuts, établit dans ce collége un principal, un chapelain, et trouva le moyen d'y réunir huit boursiers pris dans les lieux désignés par les fondateurs. En 1745 on en reconstruisit la façade, et en 1763 il fut réuni à celui de l'Université. Les bâtiments du collége de Reims sont aujourd'hui occupés par des particuliers.

Collége Coquerel ou *Coqueret*, rue des Sept-Voies. — L'origine du collége de Coqueret est fort obscure, et l'on ne sait pas même si ce petit établissement a jamais eu droit à la qualification de collége. Dubreuil, copié par Piganiol et autres, nous apprend seulement que Nicole Cocquerel (ou plutôt Coqueret), né à Montreuil-sur-Mer, et mort chanoine d'Amiens, avait tenu de petites écoles dans la cour de l'hôtel de Bourgogne; et que, de locataire qu'il était, s'étant rendu frauduleusement propriétaire du bâtiment où il enseignait, il le vendit à Simon Dugast, et que celui-ci eut pour successeur dans la principalité du collége Robert Dugast, son neveu, fondateur du collége de Sainte-Barbe. Ce récit, qui souffre lui-même beaucoup de difficultés (1), n'est pas suffisant sans doute pour éclaircir l'histoire d'un établissement dans lequel on ne voit, pendant plusieurs siècles, ni principal, ni boursiers. Dès 1571 la maison avait été saisie : elle fut depuis judiciairement vendue une seconde fois, et n'a point cessé d'appartenir à des particuliers. A la fin du siècle dernier, il n'en restait plus qu'un petit bâtiment rue Chartière, dans lequel s'était établie une manufacture de carton.

Collége de la Marche, rue de la Montagne-Sainte-Geneviève, n° 37. — Ce collége reconnaît deux fondateurs : Guillaume de la Marche et Beuve de Winville. J'ai dit ailleurs (2) que Jean de la Marche, ainsi

(1) Voir Jaillot, quartier Saint-Benoît, p. 38. — (2) Voy. *Collége de Constantinople* ou *Collége Grec*, t. I, p. 574.

appelé d'un village du diocèse de Bar où il était né, avait pris à location, en 1362, l'ancien collége de Constantinople, situé cul-de-sac d'Amboise, et où il n'y avait plus alors qu'un seul boursier. Cette maison prit dès ce moment le nom de *la Petite Marche*. L'Université, qui avait donné son consentement à cette location, consentit ensuite à céder à Guillaume de la Marche la propriété entière de ce collége, moyennant une redevance annuelle de 20 livres, dont 14 pour les cens et rentes dont il était chargé, et les 6 livres restantes pour les besoins des pauvres écoliers. Guillaume affectionna tellement cet établissement, qu'à sa mort, arrivée en 1420, il laissa la plus grande partie de ses biens pour l'entretien d'un principal, d'un procureur et de six boursiers. C'est alors qu'on voit paraître Beuve de Winville, nommé par lui son exécuteur testamentaire, et qui, joignant ses libéralités au don du premier bienfaiteur, acheta, la même année, les maisons que les religieux de Senlis avaient à la montagne Sainte-Geneviève, et y fit construire le collége de la Marche. Il y fonda également un chapelain et six boursiers; et les associant à ceux de la Petite Marche, il les réunit tous dans cette nouvelle demeure Les actes par lesquels tous ces arrangements furent approuvés sont datés de 1422 ou 1423, et nous apprennent que parmi les six boursiers fondés par Guillaume, il devait y en avoir quatre du village de la Marche, son pays natal, et deux de Rosières-aux-Salines en Lorraine. Les boursiers de la fondation de Beuve de Winville devaient être de Winville ou Voinville, Buxière et Buxerulle au bailliage de Saint-Mihiel. Les deux fondations réunies firent donner à ce collége le nom de la Marche-Winville.

D'autres fondations portèrent le nombre total des bourses à vingt-une. Elles étaient toutes à la collation de l'archevêque, qui était en même temps proviseur de cette maison. Le collége de la Marche était un des plus estimés de l'ancienne université de Paris.

Sur l'autel de la chapelle était une *Présentation au temple*, excellent tableau d'un peintre inconnu.

Les bâtiments de ce collége sont maintenant occupés par une pension.

Hôtel des Tournelles, rue Saint-Antoine. — Cette habitation royale, située en face de l'hôtel Saint Paul, occupait avec ses vastes dépendances tout l'espace compris entre les rues des Tournelles, Neuve Saint-Gilles, Saint Louis, de l'Égout et Saint-Antoine. Ce palais, ainsi nommé à cause des petites tours ou *tournelles* qui l'environnaient, était dans l'origine un simple hôtel que Pierre d'Orgemont, seigneur de Chantilly, chancelier de France et de Dauphiné, avait fait rebâtir et orner vers 1390. Après la mort du chancelier, son hôtel passa à Pierre d'Orgemont, son fils, évêque de Paris, qui le vendit au duc de Berry, le 16 mai 1402, pour la somme de 14,000 écus d'or. Ce prince, deux ans après, le céda au duc d'Orléans en échange de l'hôtel de Giac. Cet hôtel appartint ensuite au roi ; il est qualifié, en 1417, *maison royale des Tournelles* (1).

Charles VI l'habita pendant quelque temps, et le duc de Bedford, régent de France pour le roi d'Angleterre, l'occupa pendant presque tout le temps de l'invasion anglaise. Ce fut là qu'il reçut, en 1434, le serment de Louis de Luxembourg, évêque de Thirouenne, nommé chancelier de France. Le duc de Bedford ne se contenta pas de restaurer et d'embellir l'hôtel des Tournelles, il l'augmenta considérablement en y joignant huit arpents et demi de terre, qu'il acheta, en 1429, des religieux de Sainte-Catherine, et qui faisaient partie de leur *culture*, au prix de 200 livres 16 sols de cens. Mais comme cette vente n'avait pas été librement consentie de la part des religieux, elle fut annulée douze ans après, et les frères de Sainte-Catherine rentrèrent en possession de ce terrain en vertu de lettres-patentes de Charles VII. Lorsque les Anglais eurent été expulsés de Paris en 1436, Charles VII s'établit à l'hôtel des Tournelles, abandonnant, comme on l'a vu, l'hôtel Saint-Paul. Ses successeurs l'imitèrent, et le palais des Tournelles devint le séjour le plus ordinaire de nos rois jusqu'à Charles IX. Louis XII y mourut le 1er janvier 1515 ; et Henri II, blessé par Montgommery dans le fameux tournoi qui se donna près de là, y expira le 15 juillet 1559.

Avant de devenir demeure royale, l'hôtel des Tournelles était déjà fort remarquable. Lorsqu'il appartenait au chancelier d'Orgemont, il avait été occupé par l'infortuné Léon de Lusignan, dernier roi d'Arménie, qui, expulsé de son royaume par les Turcs, était venu chercher asile en France auprès de Charles VI (2). Plus tard, le duc d'Orléans en avait somptueusement décoré les appartements. Les tapisseries dont il les avait ornés étaient nombreuses et d'un grand prix (3). Enfin les travaux entrepris aux Tournelles par le duc de Bedford en avaient fait un séjour vraiment royal. Depuis Charles VII, des cérémonies imposantes, des fêtes splendides eurent lieu à diverses époques dans ce palais. On voyait encore au siècle dernier un vestige de la dernière et de la plus célèbre de ces fêtes, qui se termina d'une manière si tragique. Dans une maison de la rue du Haha (impasse Guéménée), on montrait une salle qu'on prétendait être un reste de celle où furent célébrées les noces d'Elisabeth de France et de Philippe II, et celles de la duchesse de Savoie. C'était dans cette salle, disait-on, que Henri II avait rendu le dernier soupir.

---

(1) *Domus regia Tornellarum.* — Jaillot, quartier Saint-Antoine, p. 133.

(2) Ce prince mourut aux Tournelles en 1393, et fut enterré aux Célestins. (Voy. art. *Célestins.*)

(3) Voy. la *Prisée des tapisseries veues et aulnées en l'hostel des Tournelles le 26 juin 1408.* Catal. des Archives Joursanvault, t. I, p. 190.

L'hôtel des Tournelles n'était ni moins riche ni moins vaste que l'hôtel Saint-Paul. On y comptait plusieurs corps de bâtiments avec chapelles, douze galeries, deux parcs, sept jardins. La distribution des pièces était à peu près la même que dans les autres maisons royales; la *chambre du Conseil* était au bout de la *galerie des Courges*, ainsi nommée des courges vertes qui étaient peintes sur les murs; on y remarquait aussi la *salle des Écossais*, la *salle de Brique* et la *salle Pavée* qui tirait son nom de ses carreaux verts et jaunes. La *galerie des Courges* avait été construite par l'ordre du duc de Bedford en 1432; elle était terminée par un comble couvert de tuiles, sur lequel étaient dessinées les armes du duc, et ses devises environnées de six bannières avec ses armoiries et celles de sa femme. Cette galerie, comme toutes celles de ce temps-là, était supportée par des colonnes ou plutôt par des piliers de pierre ornés de bases et de chapiteaux; ses murs étaient blanchis de craie détrempée avec de la colle; Sauval, qui aime les détails minutieux, nous apprend que pour les peindre, en 1486, on n'usa que quatre livres d'ocre, deux livres de colle et un demi-setier d'huile, qui coûtèrent 3 sols 8 deniers parisis (1). Le 23 août 1451, Guillemin Girost et ses compagnons, jouèrent la danse macabre aux Tournelles, devant le duc Charles d'Orléans, qui leur fit donner une gratification de 4 livres 2 sols 6 deniers tournois (2).

Le principal bâtiment compris dans l'enceinte du palais des Tournelles portait le nom d'*Hôtel du Roi*. En 1464, Louis XI fit construire une galerie qui, de l'Hôtel du Roi, traversait la rue Saint-Antoine et aboutissait à l'hôtel de madame d'Etampes, dit hôtel Neuf, ancienne dépendance de l'hôtel Saint-Paul. La même année le roi fit peindre de fin or et azur, par Jean de Boulogne, dit de Paris, un écusson aux armes de France, qu'il fit mettre et asseoir au-dessus de la porte d'entrée de l'Hôtel du Roi (3). L'ancien hôtel des comtes d'Angoulême faisait aussi partie du palais des Tournelles.

Les deux parcs et les sept jardins de l'hôtel des Tournelles étaient immenses; le passage suivant de Sauval donne une idée de leur disposition et du genre de culture qu'on y avait adopté. « En 1431, le duc de Bedford fit labourer, à la charrue, le grand jardin de l'hôtel des Tournelles qui contenoit vingt arpents, ou environ, où l'année suivante il planta une infinité de rosiers blancs, de romarins, de figuiers; de plus quatre antes de poiriers et de pommiers; trente et un houx, trente-six cormiers, trente-huit merisiers, guigniers et coigniers, soixante et

---

(1) Sauval, t. II, p. 281. — (2) Lettres du duc d'Orléans, du 7 avril 1453.

(3) Sauval, t. III, p. 373. — M. Dulaure, en citant ce fait, parle des embellissements faits à l'hôtel de la Reine, comme si cet hôtel eût fait partie du palais des Tournelles. L'hôtel de la reine était situé au-delà de la rue Saint-Antoine, et dépendait de l'hôtel Saint-Paul.

quinze cerisiers et néfliers, avec deux cents épines; outre cela, il fit ouvrir mille nonante neuf toises de tranchées de deux pieds de large, sur autant de profondeur, pour y planter cinq mille neuf cent treize ormes, qu'on amena par eau au Port-de-l'École avec la racine, et qui coûtaient quatre livres parisis le cent : si bien que pour ce nouveau plan il fallut arracher les haies d'un labyrinthe, appelé alors *la maison de Dédalus*, dont on fit cinq cent et un quarteron de coterets. En 1433, il fit vendanger deux carreaux de vignes, dont le vin ne fut pas trouvé moins bon que le raisin (1). » Un autre clos de neuf arpents était labouré à la charrue.

On sait que Louis XI aimait à s'entourer d'astrologues et de *physiciens*; on connaît l'influence extraordinaire qu'exerça sur lui le fameux Coytier, son premier médecin. Les registres de la chambre des comptes nous apprennent qu'en 1467 il donna à ce Jacques Coytier, *astrologien*, son médecin, la conciergerie des jardins de l'hôtel des Tournelles, et les profits, pour en jouir sa vie durant.

En 1549, à l'occasion de l'entrée de Henri II, on construisit dans le parc des Tournelles une salle fort élégante, dont les ornements furent peints par Guillaume Rondel et Baptiste Pellerin, sous la direction du célèbre Philibert Delorme (2). — Une galerie de quarante-huit toises de longueur fut bâtie en même temps, dans le parc, pour les joutes (3). Ce n'était pas la première fois que ce vaste emplacement servait aux tournois. En 1487, des lices avaient été établies dans le *jardin aux pommiers*, et en 1529 dans une autre partie du parc (4).

Dans les basses-cours, le duc de Bedford faisait nourrir des paons, des coqs, des pigeons, des chapons de Flandre, des gélines, etc. Il fit faire, en 1432, dans le colombier des Tournelles, une volière éclairée de neuf miroirs enchâssés en bois et grands d'un demi-pied carré, qui coûtèrent 75 sols parisis (5).

Comme à l'hôtel Saint-Paul, il y avait aux Tournelles des chambres pour les tourterelles et pour les chiens de la reine, des maisons pour les lions, un jardin pour les sangliers (6).

La mort funeste de Henri II détermina Catherine de Médicis à quitter le palais des Tournelles, et par un édit du 28 janvier 1563 Charles IX en ordonna la démolition. Le prétexte dont on se servit fut le mauvais état des bâtiments qui auraient trop coûté à reconstruire. On ajouta que la situation de ce palais était malsaine à cause du voisinage des égouts, et dangereuse à cause du voisinage de l'Arsenal. Néanmoins le parlement ne se détermina qu'avec peine à enregistrer l'édit de Charles IX. Il fallut que le roi donnât des lettres de jussion et déclarât que

---

(1) Sauval, t. II, p. 283. — (2) Voy. Catal. des Archives Joursanvault, t. I, p. 193. — (3) Sauval, t. II, p. 282. — (4) *Ibid*. — (5) *Ibid*. — (6) Sauval, t. II, p. 282.

son intention était d'employer le prix à provenir des matériaux de l'hôtel des Tournelles à construire un nouveau palais dans un lieu plus sain et plus sûr. Ce fut pour remplir cet engagement que Catherine de Médicis fit bâtir le château des Tuileries.

La démolition de l'hôtel des Tournelles, ordonnée en 1563, s'opéra lentement; des lettres-patentes de 1565 et 1569 la prescrivirent de nouveau Dans la cour intérieure, on établit un marché aux chevaux qui fut, en 1578, le théâtre du fameux duel de Quélus et de Maugiron. Sur l'emplacement du palais et des jardins, dont j'ai indiqué les limites au commencement de cet article, on perça successivement les rues qui s'y trouvent aujourd'hui comprises (1), et l'on bâtit, en 1604, la place Royale.

CHAPITRE TROISIÈME.

CHARLES VII.
1422-1461.

I. Faits généraux.

La mort du roi d'Angleterre, Henri V, ne rendit point le trône au fils de Charles VI. Tandis que le jeune prince combattait au-delà de la Loire avec quelques soldats, le duc de Bedford, en politique habile, redoublait de soins pour maintenir Paris dans la faction bourguignonne. Le 19 novembre, il fit assembler au parlement les présidents et conseillers de la cour, l'évêque de Paris, les maîtres des requêtes de l'hôtel, les maîtres des comptes, le recteur et les députés de l'Université, les chefs et députés des chapitres, monastères et collèges, les deux prévôts, les échevins, les avocats et procureurs du parlement et du Châtelet, les quarteniers, cinquanteniers, dixainiers et autres bourgeois, et leur fit jurer l'observation du traité de Troyes. Au mois de février suivant, il exigea des classes ouvrières, de la bourgeoisie et même du clergé un nouveau serment de fidélité. Les Anglais s'emparaient en même temps de Meulan et de quelques autres villes ou châteaux qui tenaient pour le dauphin dans les

---

(1) Une des rues ouvertes en 1568 sur l'emplacement de l'hôtel des Tournelles portait le nom de *rue de la Reine*, suivant un titre de cette année (*Catal. des archives Joursanvault*, t. 1, p. 194). Je vois aussi dans ce titre qu'il fallut, pour l'ouverture de cette rue, démolir une maison située rue Saint-Antoine, et ayant pour enseigne la *Coupe d'or*. Jaillot, qui avait trouvé cette rue de la Reine mentionnée dans les *Antiquités de Paris* de Corrozet, conjecturait que ce pouvait être un passage conduisant de l'église Saint-Paul aux Charniers (voy. Jaillot, t. III, *Quartier Saint-Antoine*, p. 35); mais le titre dont je viens de parler détruit cette conjecture.

environs de Paris. Les prisonniers furent conduits dans la capitale, *accouplés l'un à l'autre comme chiens.*

Le duc de Bedford régnait sous le nom d'Henri VI enfant; c'était un véritable roi de France. Le 8 septembre 1424, il fit une entrée solennelle à Paris avec la sœur du duc de Bourgogne qu'il venait d'épouser. La municipalité et le clergé des églises se rendirent au-devant d'eux jusqu'à la chapelle Saint-Denis, *vêtus de vermeil*, et chantant le *Te Deum*. Toutes les rues étaient ornées et décorées, et l'on y représenta des mystères et des jeux. Le duc se rendit ensuite à Notre-Dame, *où il fut reçu comme si c'eût été Dieu*. « Bref, ajoute le *Journal d'un bourgeois de Paris*, on ne fit oncques plus d'honneur faire quand les Romains faisaient leur triomphe, qu'on lui fit en cette journée et à sa femme, qui allait toujours avec lui, quelque part qu'il allât (1). » La même année, le 21 avril, jour du vendredi saint, il était venu loger au Palais (2), et avait montré, suivant l'usage, la sainte croix au peuple, prérogative qui n'appartenait qu'au roi de France.

Le duc de Bedford promulgua, la même année, au nom du jeune roi, plusieurs ordonnances au sujet de divers intérêts locaux, et réunit à la chambre des comptes de Paris celle qu'Henri V avait établie à Caen. Il s'occupait avec zèle et activité du gouvernement, et cherchait à gagner les Parisiens par des fêtes et des jeux. On représenta, pendant plusieurs mois, au cimetière des Innocents, le singulier spectacle connu sous le nom de *Danse macabre* (3). Quelque temps après, le dernier dimanche d'août 1425, dans l'hôtel d'Armagnac, situé rue Saint-Honoré et sur une partie de l'emplacement des bâtiments du Palais-Royal, on enferma, en champ clos, quatre aveugles couverts chacun d'une armure et munis de gros bâton; *un fort pourcel*, renfermé avec eux, devait être le prix de celui d'entre eux qui parviendrait à tuer cet animal. Les aveugles frappaient au hasard, et le plus souvent, au lieu d'assommer le *pourcel*, se blessaient assez grièvement, à la grande joie de la populace. « S'ils eussent été armés pour vrai, ils se fussent tués l'un l'autre. » La veille de cette *bataille si estrange*, les aveugles avaient été conduits dans les rues de Paris, couverts de leurs armures et précédés d'un homme qui jouait du *bedon* (tambour). Le 1er septembre de la même année, dans la rue aux Ours, en face de la rue Quincampoix, on planta un mât qui avait trente-six pieds de haut. A la cime était placé un panier contenant une oie grasse et six blancs de monnaie (deux sous six deniers). On oi-

(1) *Journal d'un bourgeois de Paris sous Charles VII*. Collect. de MM. Michaud et Poujoulat, 1re série, t. III, p. 243.

(2) Lorsque le duc de Bedford n'habitait pas l'hôtel des Tournelles, sa résidence ordinaire, il logeait à l'hôtel de la Rivière, ainsi nommé de Bureau de la Rivière, qui possédait deux maisons, rue de Paradis et rue du Chaume; l'une était appelée l'*hôtel de la Grande-Rivière*, et l'autre l'*hôtel de la Petite-Rivière*. Félibien, t. II, p. 806. — (3) Voy. t. II de cette histoire, p. 580 et 593.

gnit le mât et on promit à celui qui monterait jusqu'au haut le mât, le panier et ce qu'il contenait. Pendant le cours de la journée, on essaya, à diverses reprises, de grimper jusqu'au bout du mât; mais nul ne put y atteindre. Les directeurs de ce *nouvel esbattement* donnèrent seulement l'oie à un jeune *varlet* qui était monté le plus haut (1).

Le peuple cependant murmurait ; il était écrasé d'impôts, ruiné par la fréquente altération des monnaies, et les brigandages des bandes de malfaiteurs qui infestaient la banlieue mettaient aux abois les pauvres laboureurs. « Pour surcroît d'infortune, la Seine crut tellement au mois de juin 1427, que l'île de Notre-Dame fut inondée ; l'eau montait aux environs de l'église Saint-Paul jusqu'au premier étage des maisons, et quelques jours après elle couvrit tout entière la croix de la Grève. On fit une procession solennelle à Saint-Germain l'Auxerrois. L'année suivante, nouvelle inondation et nouvelle procession. L'eau, qui était plus haute de deux pieds que l'année précédente, envahit jusqu'à la rue de la Vannerie. Quelques jours après, le 11 juin, les habitants de Villejuif et de quelques autres villages des environs se rendirent en procession à Notre-Dame, pour implorer du ciel la fin de tous leurs maux (2). »

Ce fut à cette époque que parurent pour la première fois à Paris ces gens sans aveu, ces charlatans que l'on nommait au moyen âge *Bohémiens* ou *Egyptiens*. Le dimanche 17 août 1427, douze Bohémiens, au nombre desquels étaient un *duc* et un *comte*, arrivèrent à cheval à Paris. Le reste de la troupe, composée d'environ cent ou cent vingt individus, hommes, femmes et enfants, n'arriva que douze jours après ; mais on leur interdit l'entrée de la ville et ils demeurèrent à la Chapelle-Saint-Denis. Ils étaient originaires, disaient-ils, de la Basse-Egypte. Convertis d'abord au christianisme, puis retombés dans leurs erreurs, ils avaient obtenu cependant leur pardon du pape, qui leur avait ordonné, comme pénitence, de parcourir le monde *sans coucher en lit*. Ils voyageaient depuis cinq ans et ils avaient perdu plus de mille de leurs compagnons. « Les enfants, dit la chronique, étoient tant habillés, fils et filles, que nuls plus, et presque tous avoient les deux oreilles percées et à chacune oreille un anneau ou deux, et disoient que c'étoit gentillesse en leur pays. Les hommes étoient très noirs, les cheveux crépus; les femmes, les plus laides que l'on pût voir et les plus noires. Pour toute robe, elles portoient une vieille *flaussoie* très grosse attachée sur l'épaule, et dessous ung pauvre *roquet* ou chemise. » La foule se porta pendant plusieurs jours à Saint-Denis pour voir ces étrangers, qui disaient la bonne aventure, et la chronique ajoute que ce fut le sujet de violentes dissensions dans les ménages, car les *sorcières* disaient au mari : **Ta**

(1) *Journal d'un bourgeois*, etc. p. 245. — (2) Félibien, t. II, p. 808.

femme t'a fait coux (1), et à la femme : *Ton mari t'a fait cousse*. L'évêque de Paris, instruit de ce désordre, se rendit à La Chapelle avec un frère mineur, nommé le *Petit Jacobin*, qui sur son ordre prêcha la multitude et excommunia ceux qui s'étaient laissé dire la bonne aventure par les bohémiens. Quelques jours après, ceux-ci quittèrent le pays.

Le duc et la duchesse de Bedford faisaient à Paris leur résidence ordinaire. Pour s'attacher les Parisiens, ils leur donnèrent, le 21 juin 1428, une fête magnifique. Le festin, auquel assistaient le parlement, l'Université, la municipalité et les autres corps de l'État, eut lieu au palais. Les convives étaient au nombre de plus de huit mille, et les écrivains contemporains ont calculé qu'il se but en cette occasion quarante muids de vin. Mais la misère du peuple n'était point soulagée par ces fêtes splendides. Cette même année, la cherté du vin obligea les habitants de Paris et de Saint-Denis à brasser de la bière. Il s'en débita une si grande quantité, que le droit du *quatrième* monta jusqu'à six mille sept cents francs, le double de l'impôt sur le vin.

« Les malheurs du temps avaient nécessairement corrompu les mœurs et altéré la discipline ecclésiastique. Pour y porter remède, Jean de Nanton, archevêque de Sens, convoqua à Paris un concile des évêques de sa province. Cette assemblée, à laquelle assistèrent un grand nombre de membres de l'Université, se tint au collége Saint-Bernard, depuis le 1er mars jusqu'au 23 avril. Parmi leurs règlements de discipline, je remarque le suivant : « Défense de s'occuper d'aucune œuvre servile les dimanches et fêtes, et nommément aux maréchaux et aux barbiers d'exercer leur métier. » Tandis que les prélats voulaient rétablir la réforme dans le clergé, un cordelier, nommé *frère Richard*, qui arrivait, disait-il, de Jérusalem, venait la prêcher au peuple. Il se fit construire dans l'église des Innocents un échafaud de huit à neuf pieds de haut, du haut duquel il prêcha tous les jours, pendant le mois d'avril, depuis cinq heures du matin jusqu'après dix heures. Son auditoire se composait toujours de cinq à six mille personnes. Au retour d'un sermon qu'il prononça à Notre-Dame de Boulogne, il s'alluma dans Paris plus de cent feux, dans lesquels les hommes jetèrent les dez, les cartes, les boules et autres jeux ; les femmes, animées du même zèle, brûlèrent les ornements de leurs coiffures que l'on nommait *bourreaux* et *truffes*, et les pièces de cuir ou de baleine qu'elles portaient à leurs chaperons. Elles quittèrent leurs cornes (*hennins*, en Flandre), raccourcirent les queues de leurs robes, et renoncèrent pour quelque temps aux vains ornements de la toilette. Le prédicateur réussit également à faire brûler plusieurs *mandagaires*, *mandragores* ou *mains de gloire* que certaines gens conservaient précieusement dans des linges ou des

---

(1) C'est un abrégé du mot *cuculus*, coucou ; et c'est ainsi que tous les romans du xiiie et du xive siècles traduisent ce mot latin.

sachets de soie, et qui, suivant l'opinion populaire, empêchaient leurs possesseurs de tomber dans la détresse. Frère Richard devait prononcer son dernier sermon, un dimanche, à Montmartre. Dès le samedi soir, une multitude immense se dirigea vers l'endroit désigné et coucha dans les champs en attendant le célèbre prédicateur; mais celui-ci ne put venir, et il sortit de Paris, prêchant dans les villes et villages en faveur de son souverain légitime. Dès qu'il fut parti, les Parisiens oublièrent ses conseils et leur propre enthousiasme ; les femmes reprirent les *bourreaux* et les *truffes*, les longues queues, les cornes; on jeta les médailles d'étain sur lesquelles était gravé le nom de Jésus, et l'on y substitua la croix de saint André (1). »

Après la glorieuse délivrance d'Orléans, dont le récit n'est point de mon sujet, Charles VII, conduit par l'héroïque Jeanne d'Arc, avait été se faire sacrer à Reims, le 17 juillet 1429. La cérémonie du sacre se liait, dans les idées de la nation, à la légitimité du pouvoir; aussi beaucoup de villes s'empressèrent-elles de se soumettre à l'autorité de Charles. Laon, Soissons, Château-Thierry, Provins, Coulommiers, Crécy, et plusieurs autres places de l'Ile-de-France et de la Brie, arborèrent les couleurs françaises à la première sommation ou même avant l'approche des troupes royales. L'arrivée du roi dans le Valois détermina Compiègne à suivre cet exemple; Beauvais, aux cris de *vive le roi Charles*, chassa son évêque, Pierre Cauchon, si célèbre bientôt après par son odieuse conduite dans le procès de Jeanne d'Arc.

« Pendant ce temps, le duc de Bedford étoit tantôt à Paris, tantôt aux champs, avec son armée, à peu près égale en force à celle de France; il avoit en même temps à protéger Paris et à couvrir la Normandie, contre laquelle il craignoit que les François ne dirigeassent leurs efforts. Deux fois les armées furent en présence, d'abord à Mitry, non loin de Dammartin, puis à l'abbaye de la Victoire, près de Senlis; mais il n'y eut point de bataille rangée, le duc de Bedford ayant refusé de quitter les fortes positions qu'il occupoit, pour se mesurer en rase campagne avec l'armée royale. Bedford revint à Paris, y laissa une garnison de deux mille Anglois, et s'en alla en Normandie, où le parti françois relevoit la tête, et sur les frontières de laquelle s'avançoit le connétable de Richemont. Le roi se rendit à Senlis, qui lui ouvrit ses portes, et de là à Compiègne, pour recevoir les ambassadeurs qu'il avoit dépêchés au duc de Bourgogne vers la fin du mois précédent, et qui ramenoient des députés bourguignons. Les envoyés signèrent, le 28 août, une trève pour tous les pays au nord de la Seine, depuis Nogent (en Champagne) jusqu'à Honfleur ; Paris et les autres villes situées sur la Seine n'y étoient pas comprises; les Anglois pouvoient, selon

---

(1) Félibien, *Hist. de Paris*, t. II, p. 811.

leur volonté, adhérer à cette suspension d'armes locale. Les ambassadeurs de France et de Bourgogne avoient en outre arrêté les bases sur lesquelles s'entameroient les négociations pour la paix définitive entre leurs souverains. Les principales conditions préliminaires étoient le désaveu solennel du crime de Montereau, le bannissement perpétuel des auteurs et complices du meurtre du duc Jean, et la dispense pour le duc Philippe du serment de féauté envers son suzerain le roi Charles. Le roi, suivi des députés bourguignons et de ceux du duc de Savoie, médiateur entre les deux partis, se dirigea vers Paris : les capitaines espéroient s'emparer de la capitale pendant l'absence de Bedford. Creil, Chantilly, Luzarches, Choisy, Lagny, Montmorency envoyèrent leur soumission. Le roi entra à Saint-Denis, le 29 août, et l'avant-garde, où étoit *la Pucelle*, vint loger au village de La Chapelle (1). »

Il s'en fallait bien que les dispositions de Paris fussent aussi favorables à Charles que celles de tant d'autres villes. « Les corps constitués, le parlement, l'Université, l'échevinage, les quarteniers étoient presque entièrement dévoués, sinon au régent, du moins au duc de Bourgogne ; dans ces différens corps on avoit expulsé à diverses reprises tout ce qui étoit suspect de sentimens indépendants et nationaux, pour n'y conserver guère que des gens plus ou moins compromis dans la faction bourguignonne. Tous ces clercs et ces magistrats, effrayés de retomber entre les mains du roi Charles, persuadèrent au peuple que les Armagnacs pilleroient et saccageroient Paris s'ils y étoient reçus ; aussi, lorsque le jour (lisez : la veille) de la Nativité de la Vierge, la Pucelle et les seigneurs de l'avant-garde vinrent se mettre en bataille dans le Marché-aux-Pourceaux, au pied de la butte des Moulins, les bourgeois, loin de s'émouvoir en faveur des François, s'enfermèrent chez eux ou même se joignirent aux Anglo-Bourguignons de Ratcliff et de l'Ile-Adam, et à la milice du prévôt Morhier (2). »

Ces sentimens hostiles percent à chaque mot dans un récit de ce siége, écrit par un bourgeois de Paris contemporain. Ce morceau curieux, que je vais extraire du *Journal d'un bourgeois de Paris sous Charles VI et Charles VII*, est empreint au plus haut degré du fanatisme bourguignon.

« La veille de la Nativité Notre-Dame, vinrent les Armagnacs assaillir les murs de Paris qu'ils croyoient prendre d'assaut ; mais ils n'y réussirent guère, et ce ne fut pour eux que douleur, honte et *meschef* (malheur), car plusieurs d'entre eux furent navrés (blessés) pour toute leur vie ; fols qu'ils étoient d'avoir créance en une *créature en forme de femme* qui étoit avec eux et qu'on nommoit *la Pucelle*. Ce qu'elle étoit, Dieu le sait ! Le lendemain, jour de la Nativité Notre-Dame, ils convinrent

(1) *Hist. de France* de M. H. Martin, t. VII, p. 80. — (2) *Hist. de France* de M. H. Martin, t. VII, p. 82.

de donner un nouvel assaut. Ils s'assemblèrent donc, au nombre de douze mille, ou plus, et vinrent, à l'heure de la grand'messe environ, leur Pucelle avec eux, et très grant foison de chariots, charrettes et chevaux tout chargés et bourrés à trois hars pour emplir les fossés. Ils commencèrent à attaquer entre la porte Saint-Honoré et la porte Saint-Denis ; l'assaut fut cruel, et en assaillant ils disoient moult de vilaines paroles à ceux de Paris. Et là étoit leur Pucelle avec son étendart sur les revers des fossés, qui disoit aux Parisiens : *Rendez-vous à nous, de par Jésus; car si vous ne vous rendez avant la nuit, nous entrerons par force, que vous le vouliez ou non, et vous serez mis à mort sans merci.* » « Voire, *paillarde ribaude*, » répondit un soldat, et en même temps il tire de son arbalète droit à elle, et lui perce la jambe tout outre, et elle de s'enfuir. A côté d'elle, un autre soldat perce le pied à celui qui portoit son étendart ; le blessé lève sa visière pour ôter le vireton de son pied ; mais un autre le saigne droit entre les deux yeux et le navre à mort. La Pucelle et le duc d'Alençon jurèrent depuis qu'ils auraient mieux aimé avoir perdu quarante des meilleurs hommes d'armes de leur compagnie.

» Cependant l'assaut continuoit avec un grand carnage de part et d'autre, et jusqu'à quatre heures après midi, on ne savoit de quel côté seroit l'avantage ; mais un peu après quatre heures, ceux de Paris *prirent cœur en eux*, et tellement maltraitèrent les assiégeants de canons et d'autres traits, qu'il leur fallut reculer et se sauver au plus vite, car les Parisiens avoient de grands canons qui tiroient de la porte Saint-Denis jusque par-delà Saint-Lazare largement. Les assaillants épouvantés furent ainsi mis en déroute ; mais personne ne sortit de Paris pour les poursuivre, de peur de leurs embûches. En s'en allant, ils mirent le feu à la Grange-des-Mathurins, près des Porcherons, et, comme faisaient jadis les païens, ils jetèrent dans ce feu moult de leurs gens qui étoient morts à l'assaut et qu'ils avoient emportés sur leurs chevaux. Et ils maudissoient leur Pucelle qui leur avoit promis que sans nulle faute ils prendroient Paris par force, qu'elle y coucheroit cette nuit ainsi qu'eux tous, et qu'ils passeroient à l'épée ou brûleroient dans leurs maisons tous ceux qui feroient résistance. Mais Dieu qui mena la grande entreprise d'Olopherne par une femme nommée Judith, ordonna, dans sa miséricorde, autrement qu'ils ne pensoient. Le lendemain, ils vinrent, par sauf-conduit, chercher leurs morts, et le héraut qui vint avec eux affirma par serment au capitaine de Paris qu'ils avoient eu au moins quinze cents hommes hors de combat, dont cinq cents tués ou blessés à mort... Il ne pouvoit, en effet, leur advenir que malheur, d'avoir voulu faire une telle occision le jour de la sainte Nativité-Notre-Dame (1). »

(1) *Journal d'un bourgeois de Paris.*

Malgré l'évidente partialité du chroniqueur parisien, j'ai voulu reproduire son récit parce qu'il est le plus complet et le plus détaillé que nous ayons sur cette attaque de Paris. D'autres écrivains, également contemporains, la racontent fort brièvement, mais avec des circonstances où ressortent vivement le noble courage de Jeanne d'Arc et en même temps la mystérieuse mélancolie qui commençait à s'emparer d'elle. Suivant leur version, le boulevard extérieur près de la porte Saint-Honoré (1) fut d'abord emporté par les troupes que commandaient notre héroïne et le duc d'Alençon. Jeanne voulut passer outre et assaillir le rempart ; mais *elle n'estoit pas informée de la grande eaue qui estoit ès fossés : et il y en avoit aucuns qui le sçavoient et qui eussent bien voulu par envie qu'il lui arrivast malheur.* Jeanne faillit se noyer dans les fossés ; une lance à la main, elle monta sur la contrescarpe pour sonder l'eau ; ce fut alors qu'un trait d'arbalète lui perça la jambe et qu'elle vit tuer à côté d'elle son porte-étendard. « Ce nonobstant elle ne vouloit partir de ce lieu, et, couchée sur le bord du fossé, elle continuoit d'exciter l'ardeur des assaillants, et faisoit toute diligence de faire apporter et jeter des fagots et du bois dans le fossé, espérant pouvoir passer jusqu'au mur ; mais la chose n'estoit pas possible, vu la grande eaue qui y estoit. » Elle resta là jusqu'au soir, et lorsque Richard de Thiembronne et d'autres vinrent pour l'emmener, elle parut lasse de la vie et ne voulut pas quitter la place : il fallut que le duc d'Alençon vînt lui-même la chercher (2). Il y a dans cette obstination de Jeanne à vouloir mourir sous les murs de Paris, quelque chose qui révèle une amère tristesse et une sorte de pressentiment de sa fin. Comme complément des témoignages contemporains sur cet événement, citons un passage de la chronique rimée de Martial d'Auvergne, qui en reproduit les principales circonstances :

> D'un côté et d'autre, canons
> Et colleuvrines si ruoient,
> Et ne voyoit-on qu'empanons
> De flèches qui en l'air tiroient.
> Adonc Jehanne la pucelle
> Se mist dans l'arrière-fossé,
> Où fist de besogner merveille
> D'un courage en ardeur dressé.
> Un vireton que l'on tira
> La vint en la jambe assener,
> Et si point ne désempara
> Ne s'en voult oncques tourner.
> Bois, huis, fagots, faisoit getter
> Et ce qu'estoit possible au monde,

(1) Cette porte était alors située à l'endroit où la rue Traversière se joint à la rue Saint-Honoré. — (2) Voy. les *Mémoires sur la Pucelle d'Orléans*, publiés par Godefroy.

Pour cuider sur les murs monter ;
Mais l'eaue estoit par trop parfonde.
   Les seigneurs et gens de façon
Lui mandèrent s'en revenir,
Et y fut le duc d'Alençon
Pour la contraindre à s'en venir (1).

Après cet échec, le premier qu'elle eût éprouvé, Jeanne d'Arc se rendit à la basilique de Saint-Denis, où elle suspendit son armure et son épée, et se prosterna devant la châsse vénérée de l'apôtre de la France. Sa mission lui paraissant accomplie, elle manifesta le désir de rentrer sous le toit de son père ; mais les instances du roi et des principaux capitaines parvinrent à triompher de sa résolution. Le roi Charles, n'ayant pas assez de ressources pécuniaires pour continuer la guerre autour de Paris, repassa la Loire avec son armée, après avoir muni de bonnes garnisons les places de l'Ile-de-France et de la Brie, sous le commandement du comte de Clermont.

Quatre jours après la tentative de Jeanne d'Arc sur Paris, le régent rentra dans la capitale et s'empara aussitôt de Saint-Denis dont les habitants furent condamnés à de fortes amendes pour n'avoir point su se défendre. Le dernier jour de septembre, le duc de Bourgogne revint à Paris avec une si grande suite qu'on eut peine à loger tous ses gens ; on en mit une grande partie dans les maisons abandonnées qui étaient nombreuses à cette malheureuse époque. Il fut accueilli avec solennité, et il alla faire ses dévotions à Sainte-Avoie, et de là à Saint-Paul, précédé de dix hérauts revêtus de leurs cotes d'armes et d'un pareil nombre de trompettes. Quelques jours après, le cardinal d'Exeter vint le rejoindre, et le conseil agita plusieurs questions importantes. On signa une trève avec Charles VII, et l'on déclara qu'à la requête du parlement, de l'Université et de la bourgeoisie, le duc de Bedford serait gouverneur de Normandie, et le duc de Bourgogne régent du royaume et lieutenant-général, disposition nouvelle qui mécontenta gravement les Anglais ; mais ils n'étaient déjà plus les maîtres, et l'on conspirait sourdement à Paris en faveur du *roi de Bourges*. Un complot fut organisé pour livrer la ville aux troupes du roi, mais un carme, nommé Pierre Ballée, porteur des lettres des conjurés, fut saisi, et il avoua à la question tout ce qu'on voulut. On arrêta plus de cent cinquante individus, dont six eurent la tête coupée, aux halles, le 8 avril : c'étaient Jean de Lachapelle, clerc des comptes, Renaud Savin et Pierre Morant, procureurs au Châtelet, Jean Le François dit Baudran, et Guillaume Perdriau, conseillers, et Jean Le Bigneux, boulanger. Lachapelle et Baudran furent écartelés après avoir eu la tête tranchée. Il y en eut quelques uns qui moururent à la torture ; d'autres enfin trouvèrent

(1) *Les vigiles de Charles VII*, par Martial d'Auvergne ; 1re partie, p. 113, 114.

moyen de se racheter. Le 10 janvier de la même année, il y avait eu aux halles une exécution de dix voleurs, et les historiens rapportent à ce sujet le fait suivant : Le onzième voleur, jeune homme de bonne mine et âgé d'environ vingt-quatre ans, était déjà déshabillé, et le bourreau s'emparait de lui, lorsqu'une jeune fille des halles, qui le trouvait fort à son gré, vint le demander pour mari. Elle fit tant par ses importunités qu'on le ramena au Châtelet, et ils se marièrent.

Les chefs de la conspiration n'étaient plus ; mais l'esprit public n'en était pas moins défavorable aux Anglais. Le duc de Bedford résolut alors de faire venir Henri VI en France, et il ne négligea rien pour rendre magnifique l'entrée du jeune roi dans la capitale. Le 28 avril, à la nouvelle de son arrivée à Calais, le chancelier et les gens du conseil allèrent à Notre-Dame faire chanter un *Te Deum*. Le soir il y eut des feux de joie, et le lendemain des processions. Le parlement décida qu'il irait en robes d'écarlate au-devant du roi, que les conseillers clercs prendraient des robes violettes, et que, vu l'absence de plusieurs officiers de la cour, le cortége serait augmenté des avocats en longues robes et en chaperons, et des procureurs en robe, qui auraient des chevaux.

Pendant ce temps l'Université, gagnée ou intimidée par les Anglais, déclarait Jeanne d'Arc *magicienne* et *hérétique* (1), et Henri VI ratifiait à Rouen la sentence qui condamnait au feu cette héroïque jeune fille.

Le roi d'Angleterre fit son entrée à Paris le 2 décembre de l'an 1431. Guillaume Sanguin, prévôt des marchands, et les échevins en habits de cérémonie lui présentèrent, à la porte Saint-Denis, un dais semé de fleurs-de-lis d'or sur un fond d'azur. Henri VI était précédé du cardinal de Vinchester et d'autres seigneurs anglais, d'un grand cortége de nobles et d'ecclésiastiques, et des principaux officiers des compagnies de la ville. En tête marchaient vingt-cinq hérauts et vingt-cinq trompettes. Des échafauds avaient été dressés sur le passage du prince, et l'on y représentait divers *mystères*. Le premier échafaud se voyait rue Saint-Denis, au-delà de Saint-Sauveur jusqu'à la rue Grenétat, où se trouvait la fontaine de la Reine ; les autres étaient placés devant les Innocents, le Châtelet et en d'autres endroits. Lorsque les échevins eurent porté le dais quelque temps, les chefs des principaux corps des métiers leur succédèrent ; d'abord les drapiers, ensuite les épiciers, puis les changeurs, les orfévres, les merciers, les pelletiers, et enfin les bouchers. Le roi d'Angleterre alla au palais et à la Sainte-Chapelle où il baisa les reliques ; de là il fut conduit à l'hôtel des Tournelles qui lui était destiné. En passant devant l'hôtel Saint-Paul, il aperçut à la fenêtre son aïeule maternelle, la reine Isabeau de Bavière ; il la salua en baissant son chaperon. Elle,

---

(1) Voy. t. II, p. 167.

de son côté, lui fit une profonde inclination, mais elle ne put retenir ses larmes, en songeant que c'était elle qui avait chassé son propre fils de son légitime héritage pour y appeler un étranger. Le prince alla visiter la reine-mère après son dîner, et le lendemain il partit pour Vincennes. Il revint au palais le 15 décembre, et deux jours après il fut sacré et couronné roi de France dans l'église Notre-Dame. Le cardinal de Winchester officia, au grand mécontentement de l'évêque de Paris. A l'offertoire, le roi présenta le pain et le vin selon la coutume; le vin était dans un grand vase d'argent doré, que les officiers du roi enlevèrent d'abord, mais qu'ils furent obligés de rapporter aux chanoines. Il ne se trouva à cette solennité que deux pairs de France, l'évêque de Paris, Pierre Cauchon, et Jean de Mailly, évêque de Noyon, et le cérémonial fut plutôt réglé d'après les usages anglais que d'après ceux du royaume. Après le couronnement, Henri VI retourna au palais, et dîna, ce jour-là, qui était un dimanche, dans la grand'salle, sur la table de marbre, avec les prélats et seigneurs qui avaient assisté à son sacre. « Mais l'ordre, dit un historien, fut si mal donné, que la populace vint se placer aux tables destinées pour le parlement, la ville et l'Université, si bien qu'il leur fallut manger avec des savetiers, des manœuvres et autres canailles, et, quoi qu'on pût faire, on n'en chassa qu'une petite partie. D'ailleurs on fit si mauvaise chère, que les viandes qui furent servies étaient cuites il y avait trois jours, ou guère moins, aussi chacun s'en plaignit, jusqu'aux malades de l'Hôtel-Dieu, qui disaient qu'*oncques si pauvre ne si nud relief de tout bien ils ne virent* (1). » Le lendemain il y eut un tournoi à l'hôtel Saint-Paul; le comte d'Arondel remporta le prix.

Le 21 décembre, le nouveau roi vint au Parlement avec un nombreux cortége. Outre les serments habituels, on en fit un spécial dont voici la forme : « Vous jurez et promettez que à nostre souverain seigneur Henri, par la grâce de Dieu roy de France et d'Angleterre, ci-présent, vous obéirez diligemment et loyalement. et serez des loyaux officiers et vrais sujets et de ses hoirs perpétuellement, comme vray roy de France, et que jamais à nul autre pour roy de France n'obéirez ou favoriserez. *Item*, que vous ne serez en aide, conseil ou consentement que nostredit souverain seigneur, ne ses hoirs roys de France et d'Angleterre, perdent la vie ou membre, ou soient pris de mauvaise prise, ou qu'ils souffrent dommage ou diminution en leurs personnes, de leurs estats, seigneuries ou biens quelconques; mais si vous saviez ou connoissiez aucune chose être faite, pourpensée ou machinée qui leur pust porter dommage ou préjudice, ou à leurs adversaires profit, aide ou confort, ne faveur, comment que ce soit, vous l'empêcherez en tant que vous

(1) Sauval, t. II, p. 645.

pourrez et saurez, et par vous-mesmes, par messages ou lettres le ferez savoir auxdits roys ou à leurs principaux officiers, ou autres leurs gens et bienveillants auxquels pourrez avoir accès, tout le plus tôt qu'il vous sera possible, sans dissimulation aucune; et entendrez et vous employerez de tous vos pouvoirs, à la garde, tuition et défense de sa bonne ville de Paris (1). »

Le lendemain de Noël, Henri VI partit pour Rouen. Paris s'étonnait que le nouveau roi n'eût point délivré les prisonniers, aboli quelque impôt, ou distribué des aumônes aux pauvres de l'Hôtel-Dieu, comme ses prédécesseurs ne manquaient jamais de le faire en pareille occasion. Mais pour se concilier les Parisiens, et comme présent de *joyeux avénement*, il leur accorda d'importants priviléges, par lettres-patentes, en date du 27 décembre 1431. « Ces priviléges sont accordés au prévôt des marchands, échevins, bourgeois, manants et habitants de la ville de Paris, qui y avoient maisons, ou qui y auroient demeuré un an et un jour, et auroient pris des lettres de bourgeoisie. Premièrement ils seront payés préférablement de toutes rentes qui leur seront dues par personnes dont les biens auront été ou seront confisqués en France, pourvu que ce ne soit pas pour crime de lèse-majesté. Le même cas de lèse-majesté excepté, quand les biens d'un homme marié seront confisqués pour le roi, la moitié des meubles et acquests communs entre l'homme et la femme demeureront à la femme. Il leur est permis de procéder par voie d'arrêt sur les biens de leurs débiteurs forains et des débiteurs de leurs débiteurs, et même d'arrêter les personnes de leurs principaux débiteurs. Ils peuvent acquérir et tenir fiefs nobles, arrière-fiefs et francs-alleux par tout le royaume; ils seront tenus et réputés pour nobles, et jouiront, quant à ce, de tous priviléges et prérogatives de noblesse, à l'exception du bail de leurs parents mineurs en ligne collatérale qu'ils ne pourront avoir. Mais ils auront la garde de leurs enfants et descendants mineurs en ligne directe, feront inventaire de leurs meubles, jouiront des fruits de leurs héritages, et auront soin de nourrir et entretenir leurs mineurs, jusqu'à ce qu'ils aient vingt ans ou qu'ils soient mariés; auquel cas ils seront réputés majeurs. Il ne sera fait aucune prise sur les denrées et marchandises qui seront amenées à Paris ou dans la banlieue, tant par eau que par terre, depuis le lieu où on aura pris et chargé les marchandises; et le roi prend en sa protection et sauve-garde tous les marchands et les voituriers. Il y prend de même tous les marchands et leurs valets qui amèneront à Paris du bétail *à pied-fourché* pour y être vendu, sans qu'il puisse être pris par qui que ce soit, pourvu que ceux qui l'amènent déclarent qu'ils le conduisent à Paris; et s'ils le vendent ailleurs, il sera confisqué

---

(1) Félibien, t. II, p. 816.

pour le roi; et les procès qui surviendront à l'occasion de la prise de ce bétail seront jugés par le prévôt de Paris. Au même prévôt appartiendra la connoissance de tous les débats qui naîtront à cause ou par le moyen des lettres scellées du sceau du Châtelet. Par privilége, le prévôt des marchands et les échevins useront du sceau de la prévôté des marchands, lequel aura cours dans le royaume, suivant l'ancienne coutume. Tous ceux à qui les bourgeois de Paris, marchands, hôteliers et autres, auront prêté ou prêteront de bonne foi leurs denrées, marchandises ou autres biens, et auront donné leurs cédules, seront tenus de venir répondre dans la ville de Paris à leurs créanciers bourgeois de cette ville, par devant le prévôt de Paris, nonobstant tous priviléges contraires obtenus ou à obtenir. Enfin tous les autres priviléges anciens, dont la ville a joui, lui sont confirmés pour continuer d'en jouir, en général et en particulier (1). »

Le pape et le concile de Bâle travaillaient en même temps à rétablir la paix dans le royaume. Le légat cardinal de Sainte-Croix vint tout exprès à Paris (2), et soutenu par l'Université et les principaux bourgeois, il intercéda en faveur du pauvre peuple. Les deux rois de France et le duc de Bourgogne envoyèrent des ambassadeurs à Auxerre dès le mois d'octobre, et au mois de mars suivant à Corbeil; mais ces négociations échouèrent, et les deux partis reprirent les armes. On conspirait sans cesse en faveur de Charles VII, et le 3 septembre 1432, l'abbesse de Saint-Antoine et quelques unes de ses religieuses furent arrêtées et menées au Châtelet; elles étaient accusées de former un complot pour livrer la ville aux troupes du roi. Deux mois après, la duchesse de Bedford, Anne de Bourgogne, mourut à l'hôtel de Bourbon. Le régent épousa, après l'expiration du deuil, la nièce de Louis de Luxembourg, évêque de Thérouenne et chancelier de France. Bedford aimait le luxe et les fêtes; il voulut faire une entrée solennelle à Paris avec sa nouvelle épouse. Cette entrée, non moins magnifique que celle d'un souverain, eut lieu le 18 décembre 1434, et le duc fut reçu à Saint-Lazare par le parlement et les autres corps de l'État.

La misère du peuple était inouïe. Aux malheurs de la guerre se joignaient les fléaux les plus épouvantables. D'abord une contagion affreuse, la plus meurtrière que l'on eût vue depuis 1348, puis un hiver tel que les vieillards ne s'en rappelaient pas d'aussi rigoureux. La gelée dura trois mois, et après un ouragan qui renversa un grand nombre de maisons et dévasta les environs de Paris, il neigea près de quarante jours consécutifs. Les bourgeois reçurent l'ordre d'enlever la neige des rues et de la porter sur la place de Grève; mais ils ne pouvaient y suffire.

(1) Félibien, t. II, p. 817. — (2) Il logea rue Saint-Antoine, à l'hôtel de Martin de Neauville.

Le concours de tous ces maux fit songer les Parisiens à la paix. Le 14 avril 1435, le duc de Bourgogne entra à Paris avec toute sa famille, dans trois voitures magnifiques couvertes de drap d'or et dans une litière, que suivaient plus de deux cents chariots chargés de provisions de bouche, d'armes et de munition de cour. Le duc accueillit avec bonté les députations de l'Université et de la bourgeoisie qui demandaient la paix ; il leur promit de faire tous ses efforts pour rendre au pays le calme et la prospérité. En effet il se rendit à Arras, où se négociait le traité, et se montra favorable aux propositions de Charles VII. L'un des oncles d'Henri VI, Glocester, s'était aljéné le duc de Bourgogne en épousant l'héritière de Hainaut et de Hollande, et en lui disputant cette succession. Les Anglais, persuadés que le duc leur était désormais inutile, montrèrent une grande insolence ; ils allèrent jusqu'à dire » qu'on enverrait le Bourguignon boire de la bière en Angleterre. » Ce fut lui qui les y renvoya (1). Indigné de la mauvaise volonté des Anglais, il se réconcilia avec Charles VII qui lui accorda tout ce qu'il voulut, certain désormais, par cette nouvelle alliance, de reconquérir tout son royaume. La paix entre le roi Charles et Philippe-le-Bon fut signée à Arras le 22 septembre 1435, « dans la plus auguste assemblée qu'on eût vue depuis long-temps, et en présence des ambassadeurs de tous les princes de la chrétienté. »

Quoique les conditions de la paix d'Arras fussent humiliantes pour le roi de France, on a dit avec raison que jamais souverain n'en signa de plus utile. « Par une singulière coïncidence, dit un historien, le mois où fut anéanti le traité de Troyes vit disparaître son principal soutien, le duc de Bedford, et l'un de ses auteurs, la reine Isabeau de Bavière. Bedford était mort (à Rouen) le 14 septembre : Isabeau mourut le 30 (2), à l'hôtel Saint-Paul à Paris, chargée de la haine publique, et bien punie de ses odieuses intrigues par l'ingratitude et les dédains des Anglais. Selon les uns, elle pleura de dépit à la nouvelle de la paix d'Arras, et ne put survivre aux succès d'un fils qu'elle haïssait ; » selon d'autres, « elle eut, avant de mourir, la consolation de voir finir la grande division et guerre mortelle qui avait été, par un si long espace de temps, entre son fils et le duc de Bourgogne. » Quoi qu'il en soit, elle mourut chrétiennement, dit la chronique, et fut enterrée à très petit appareil, ce qui fut une grande honte et déshonneur aux Anglais. » Son corps fut porté le 13 octobre à Notre Dame, et, le lendemain, après le service auquel assistèrent les présidents et conseillers du parlement, il fut embarqué au port Saint-Landri, et conduit par eau à Saint-Denis ; « car on ne l'osa mener par terre à cause des Armagnacs dont les champs

(1) M. Michelet, *Précis*, p. 136.
(2) *Histoire de France*, par M. H. Martin, t. VII, p. 131. — Isabeau de Bavière mourut le 24 septembre, si l'on en croit l'auteur du *Journal d'un Bourgeois de Paris*.

étaient toujours pleins. » L'inhumation se fit sans pompe dans l'abbaye ; mais plus tard on éleva à cette princesse un tombeau de marbre où elle est représentée avec le roi Charles VI (1).

Saint-Denis était dans une déplorable situation au moment où y furent célébrées les funérailles d'Isabeau. Les capitaines anglais avaient réuni la meilleure partie de leurs forces contre cette ville, défendue par près de deux mille hommes d'élite. Cette nombreuse garnison, vaillamment secondée par les bourgeois, par les laboureurs réfugiés de tous les environs, et même par les femmes et les enfants, repoussa maints assauts, *et tua très grande foison d'Anglois, voire des plus gros chevaliers;* cependant, faute de vivres, *ceux du dedans* furent obligés de capituler, et le bâtard d'Orléans, qui assemblait des gens d'armes dans la ville de Meulan, récemment conquise par les Français, ne put se présenter à temps pour faire lever le siége. La garnison sortit donc, mais avec armes et bagages ; et, *se moquant des Anglois,* les défenseurs de Saint-Denis prièrent l'ennemi *de les recommander aux rois enterrés en l'abbaye* (4 octobre). Les Anglais pillèrent la ville, en rasèrent les murailles, et ne conservèrent de postes fortifiés que l'abbaye et un donjon, dit *la Tour du Venin,* dont ils confièrent le commandement à un gentilhomme nommé Brichanteau, neveu de Simon Morhier, prévôt de Paris (2).

Les Parisiens, lassés de la domination étrangère, ne cherchaient que l'occasion de secouer le joug. Le temps de la délivrance semblait être venu. Depuis la réconciliation du duc de Bourgogne avec le roi, le parti anglais devenait chaque jour moins populaire dans la capitale. Corbeil, Lagny, Pontoise, Meulan, Poissy, venaient de tomber au pouvoir des troupes françaises. Saint-Denis même ne tarda pas à rentrer sous l'obéissance du roi Charles, qui venait encore de s'emparer de Saint-Germain, de Vincennes, du château de Beauté, et de maintes autres forteresses voisines, en sorte que « nul bien ne pouvoit plus venir en la ville, et que toutes choses étoient d'une excessive cherté. » Lord Willoughby, gouverneur de Paris, avait avec lui quinze cents hommes de troupes anglaises, sans compter les soldats de l'ancien parti bourguignon, commandés par le prévôt de Paris, et dont la bonne volonté était entretenue par les exhortations des évêques de Beauvais et de Thérouenne. A mesure que le mécontentement populaire augmentait, le gouverneur redoublait de mesures oppressives, « nul ne pouvait sortir sans passeport, ni se montrer sur les murailles sans courir risque de la corde. Depuis le 7 janvier 1436, il se tint plusieurs assemblées au

(1) Le testament d'Isabeau de Bavière, publié par Félibien, est daté du 2 septembre 1431. Il contient un grand nombre de legs pieux en faveur des principales églises et maisons religieuses de Paris.
(2) M. H. Martin, *Histoire de France*, t. VII, p. 132. — Félibien, t. II, p. 820.

Palais au sujet des divers mouvements qu'on y découvrait de jour à autre. L'alarme des partisans des Anglais fut grande le 11 janvier, quand on apprit que les gens de Ferrières, capitaine de Corbeil, avec le fils de Jean de Blaisy, avaient surpris le pont de Charenton et chassé la garnison qu'y tenait le roi d'Angleterre. En présence du capitaine Willoughby, de l'évêque de Paris, du prévôt de Paris, et de Hugues Lecoq, prévôt des marchands, on délibéra au parlement sur le remède qu'il fallait apporter à la révolution dont on était menacé. Le lendemain il y eut grande assemblée au Palais, où présida Robert Piedefer, et s'y trouvèrent l'évêque de Paris, l'abbé de Saint-Germain-des-Prés, et celui de Saint-Maur, le capitaine Willoughby, les prévôts de Paris et des marchands, les maîtres des requêtes, Froillon, de Ruilly, Hugues Rapiout et Jean de Sainctyon, les conseillers du parlement, les officiers de la chambre des comptes, et plusieurs bourgeois. Il fut résolu qu'on écrirait en diligence au roi d'Angleterre et au chancelier pour les prier de mettre ordre incessamment aux affaires présentes, et au duc de Bourgogne, pour lui recommander le salut et la tranquillité de la ville; et afin que les lettres qu'on écrirait au duc de Bourgogne ne donnassent point de jalousie, le porteur qui en était chargé eut ordre de les faire voir au chancelier, et de le prier d'y en joindre d'autres de sa part, et même d'écrire semblablement à l'évêque de Noyon, à Jean de Luxembourg et Jean de Pressy chevaliers, et à Guillaume Sanguin, qui aimaient le bien de la ville et des habitants. Enfin il fut réglé que tous les jours il s'assemblerait à l'Hôtel-de-Ville avec le prévôt des marchands et les échevins, deux personnes du grand conseil du roi, deux conseillers du parlement, deux officiers de la chambre des comptes, deux du Châtelet, ou plus s'il en était besoin, qui communiqueraient à leurs corps tout ce qu'ils apprendraient, et aviseraient à tout ce qui serait nécessaire pour la sûreté de la ville. On découvrit, le 11 de février, que le petit peuple avait résolu d'aller à la Conciergerie pour en tirer Guillaume de La Haye, chevalier, qui y avait été mis dès le 13 d'avril précédent, à la requête de Guillaume Bouqueton, chevalier anglais, et que le dessein du peuple était d'en faire son chef et capitaine. Gilles de Clamecy, chevalier, et Guillaume le Muet, changeur du trésor, munis de procuration de Bouqueton, vinrent au parlement demander que Jean de La Haye leur fût délivré pour être transporté au grand Châtelet, où il serait plus sûrement gardé qu'à la Conciergerie, où tout le monde lui parlait. Quand les sergents du prévôt voulurent aller saisir La Haye, il leur dit qu'il leur défendait sa personne, et qu'il appelait d'eux et de leur puissance aussi bien que du prévôt de Paris. Les sergents n'osèrent passer outre sans un ordre du parlement, qui fut si vivement poursuivi par Clamecy et le Muet, que le sieur de La Haye leur fut enfin livré pour être mené au Châtelet. Le 18 février, Robillart, chevalier du roi d'Angleterre, apporta à Paris les réponses du duc de Bourgogne, de l'évêque de Noyon, de Jean de Pressy et de Guillaume Sanguin, à celles qui leur avaient été écrites, et l'on en fit distribuer des copies à tous les corps de la ville, pour les voir et délibérer dessus, en attendant la venue du chancelier, qui devait arriver dans peu. Le parti que prit le chancelier lorsqu'il fut à Paris, fut d'ordonner que le traité de Troyes serait de nouveau juré par tous les habitants, ce qui fut exécuté le 15 de mars, avec permission à ceux qui ne voudraient pas prêter le serment, de se retirer de Paris avec leurs femmes et leurs enfants. Les évêques de Lisieux, de Paris et de Meaux firent le serment, de même que les abbés de Saint-Denis, de Saint-Germain-des-Prés, de Saint-Victor, de Saint-Maur et de Sainte-Geneviève, et le prieur de Saint-Martin-des-Champs; aussi bien que les maîtres des requêtes, les officiers du parlement et de la chambre des comptes, les avocats et procureurs du parlement, les notaires de la chancellerie, les prévôts des marchands et échevins, et plusieurs autres. Le chancelier exigea le serment des prêtres mêmes et des religieux, et obligea tout le monde, sans distinction, à prendre la croix rouge; et personne n'osait paraître en public sans cette marque. Mais il s'en fallait beaucoup que le parti des Anglais fût supérieur à celui de Charles VII dans la ville.

« On avait déjà traité secrètement avec lui, et l'on s'était assuré d'une amnistie générale de tout le passé; cette amnistie avait été signée à Poitiers dès le 27 février.

» Les noms des bourgeois qui entreprirent, au péril de leur vie, de remettre la ville sous l'obéissance de son légitime souverain ont mérité de passer à la postérité. Ce furent Michel de Lallier, Jean de la Fontaine, Pierre de Lancras, Thomas Bicache, Nicolas de Louviers et Jacques de Bergières, quoique les deux premiers, pour se mieux cacher, eussent fait le serment du traité de Troyes, le 15 de mars. Ils convinrent secrètement avec Arthur de Bretagne, comte de Richemont, connétable de France, des moyens de l'introduire dans Paris, pourvu qu'il leur promît de nouveau, de la part du roi, une amnistie générale et la conservation de leurs priviléges; à quoi il s'engagea. Au jour marqué, qui fut un vendredi après Pâques, 13 avril 1436, le connétable et le comte de Dunois s'étant avancés toute la nuit, vinrent de grand matin avec une partie de leur armée, tant de pied que de cheval, derrière les Chartreux. Le connétable dépêcha vers la porte Saint-Michel quelques uns des siens, auxquels il fut répondu par un homme qui étoit dessus, d'aller à la porte Saint-Jacques. Henri de Ville-Blanche, gentilhomme breton, qui portoit la bannière du roi, y courut aussitôt; et lorsque le connétable se fut présenté lui-même pour assurer de nouveau les habitants d'une abolition générale, on lui livra l'entrée de la poterne, par où il fit filer quelques soldats. En même temps les serrures du pont-levis furent brisées, et l'on abattit le pont, de sorte que le connétable, accompagné du comte de Dunois, de Philippe, seigneur de Ternaut, de Simon de Lallain, chevalier, et d'environ deux mille hommes, tant chevaliers qu'écuyers, entra dans la ville avec toute sa cavalerie sans trouver de résistance. Alors le maréchal de l'Ile-Adam, monté sur la muraille, arbora la bannière de France, en criant: *Ville gagnée!* Le connétable avec toute sa suite passa la rue Saint-Jacques, marcha droit au pont Notre Dame, puis à la Grève, ensuite aux halles, et enfin revenant sur ses pas, il alla à l'église cathédrale, où il entendit la messe tout armé. Les chanoines lui présentèrent les épices et à boire; mais il ne prit rien de plus à cause que c'étoit vendredi, et qu'il jeûnoit ce jour-là. L'alarme répandue dans toute la ville fit courir les Anglois aux armes. Willoughby marcha du côté de la rue Saint-Antoine, l'évêque de Thérouenne vers celle de Saint-Denis, le prévôt Morhier courut aux halles, et Larcher, son lieutenant, dans la rue Saint-Martin. Jean de Saint-Yon, maître des bouchers de la grande boucherie, et grainetier de Paris, et Jacques de Raye, épicier de la porte Baudoyer, animoient ceux de leur parti à la défense; et chacun de ces chefs crioit: *Saint Georges, saint Georges, traîtres François, vous êtes tous morts!* Le peuple, excité par les capitaines des quartiers qui avoient eu avis de l'intelligence, s'attroupa de tous côtés en armes, avec la croix blanche, qui étoit le symbole des royalistes françois; et comme leur nombre grossissoit de moment en moment, ils devinrent bientôt les plus forts. Ils se saisirent de quatre à cinq pièces de canon de la porte Saint-Denis, et en laschèrent quelques volées qui obligèrent les Anglois à se retirer du côté de la rue Saint-Antoine. Les autres, qui furent repoussés de mesme, s'y réfugièrent. On tendit les chaisnes des rues, et la populace en émeute employoit contre les Anglois qu'elle rencontroit, pierres, bûches, tables, et tout ce qui lui venoit en main pour les assommer. Willoughby, retiré vers la porte Baudoyer, avec tout ce qu'il avoit pu ramasser des siens, vit bien qu'il ne pouvoit tenir contre tant de monde. C'est ce qui lui fit prendre le parti de se jeter dans la Bastille avec Morhier, Larcher, Saint-Yon et de Raye le chancelier, et environ mille ou douze cents hommes qu'il avoit de reste. Le connétable, de son côté, après s'être assuré de tous les quartiers et y avoir mis des corps-de-garde, fit faire défense, à son de trompe, aux soldats, sous peine de la vie, d'entrer dans la maison d'aucun bourgeois et de leur faire insulte ni la moindre violence. Par ce moyen, la tranquillité et la sûreté publique furent si complétement rétablies dans la ville, que dès le lendemain on ouvrit le vieux marché devant la Madeleine, qui avoit été fermé depuis plus de vingt ans; et l'abondance y fut telle, que le bled, qui le mercredi précédent s'étoit vendu 50 sols, s'y donna pour 20. Le même jour furent publiées dans Notre-Dame, en présence du connétable, du bâtard d'Orléans, du seigneur de l'Ile-Adam, et de quantité d'autres, les lettres d'abolition du roi Charles VII, par lesquelles il pardonnoit aux habitants de Paris tout ce qui s'étoit passé et les maintenoit dans leurs priviléges. Les mêmes lettres furent publiées par les carrefours et à l'Hôtel-de-Ville. Le seigneur de Ternaut fut établi prévôt de Paris, et Michel de Lallier fut fait prévôt des marchands à la place de Hugues Lecoq; et au lieu de Louis Galet, Luguin du Plez, Jean de Dampierre et Thomas Leblanc, échevins, on mit Jean du Belloy, Pierre de Landes, Jean de Grandrue et Nicolas de Neufville. Il ne restoit après cela qu'à chasser les Anglois de leur dernier retranchement. Le connétable ayant mandé une partie des troupes qui gardoient les places des environs de Paris, se mit en devoir d'assiéger la Bastille. Déjà l'on avoit commencé les approches, lorsqu'on vint lui dire, le dimanche, que les Anglois demandoient à capituler. Il assembla un grand conseil, et il y fut conclu, qu'on leur permettroit de se retirer à Rouen avec leurs bagages. Ils acceptèrent la condition et livrèrent le château de la Bastille au seigneur de Ternaut. On les conduisit par dehors la ville jusqu'à la rivière derrière le Louvre. Comme ils passoient devant la porte Saint-Denis, la populace les chargea d'injures, surtout l'évêque de Thérouenne, chancelier de France pour les Anglois, après lequel elle crioit : *Au renard, au renard !* Il dit depuis qu'il avoit bien payé son écot au sortir de la Bastille, puisqu'il perdit en cette occasion sa chapelle et ses joyaux, qui restèrent au connétable.

» Philippe de Morvilliers, premier président du parlement, assembla dès le lundi, au palais, ce qui se trouvoit alors de la compagnie, au nombre de vingt personnes, pour délibérer sur ce qu'ils avoient à faire dans cette occurrence. Il fut résolu de députer, après dîner, vers le connétable, le premier président avec Robert Piedefer, Guillaume Cotin et Simon de Plumetot, pour le saluer et lui dire que les gens qui avoient tenu le parlement étoient prêts à faire la volonté du roy et de s'employer à son service comme ses bons et fidèles sujets; mais qu'ils ne s'assembleroient point jusqu'à ce qu'ils eussent seu la volonté du connétable et reçu ses ordres. Le mercredi, les députés racontèrent à la compagnie que le connétable les avoit remerciés de l'affection qu'ils témoignoient au service du roy, et leur avoit dit qu'il lui sembloit que la compagnie devoit écrire au roy au sujet de la réduction de la ville à son obéissance et sur l'état présent de la justice, ajoutant qu'il écriroit lui-même dans les mêmes termes pour supplier le roy d'accorder ses bonnes grâces au parlement.

» Il fut ordonné qu'on escriroit au roy des lettres de créance dont on chargeroit le premier président, le trésorier de la Sainte-Chapelle et

Guillaume Cotin. Et comme le connestable n'avoit point donné de réponse positive au sujet du cours ordinaire de la justice et de l'expédition des affaires, on renvoya vers lui le premier président et Philippe de Nanterre, pour lui représenter qu'il n'étoit pas expédient que les causes pendantes au parlement demeurassent en surséance. Ils rencontrèrent le connestable qui alloit à Saint-Germain-des-Prés, et lui firent la remontrance dont ils étoient chargés. Le connétable leur répondit que sa volonté étoit que le parlement reprît ses séances ordinaires et s'appliquât à l'expédition des affaires au nom du roy, en attendant que le roy en eust autrement ordonné. Sur cette réponse rapportée au parlement, la plaidoirie recommença. Le lendemain, 19 avril, les officiers de la chambre des comptes, de leur costé, s'assemblèrent aussi le lundi en la basse chapelle du palais, pour délibérer s'ils continueroient à travailler sans aller trouver le connétable, ou s'ils iroient recevoir ses ordres. Le connétable et son conseil avoient déjà créé de nouveaux officiers, comme le prévôt de Paris, des trésoriers de France et des généraux maîtres des monnoies, et ces officiers devoient prendre expédition et certification de leurs gages à la chambre, y faire serment et donner caution ; ce qui demandoit célérité. Ils avisèrent enfin que l'un d'eux, qui étoit Michel de Lallier, nouvellement créé prévôt des marchands, avoit beaucoup d'accès auprès du connétable, et résolurent de le députer vers lui pour savoir sa volonté. Le 17 avril, le prévôt des marchands leur fit savoir par Jean Fromont, qu'il avoit parlé au connétable, et qu'il lui avoit déclaré que sa volonté étoit que la chambre continuast ses fonctions à l'ordinaire, jusqu'à ce que le roy en eust autrement ordonné. Outre cette déclaration verbale, le connétable leur fit expédier ses lettres-patentes, le 23 avril, par lesquelles il nomma un certain nombre de maistres et de clercs des comptes, un greffier et un huissier, en attendant que le roy donnast une forme nouvelle à la chambre. Le roy, par ses lettres-patentes du 15 may, données à Bourges, ordonna à Jean Fudart, maistre des requestes de l'hostel, Philippe de Ruilly, Guillaume Cotin et Michel de Lallier, prévôt des marchands, de se transporter au palais, d'y faire fermer les chambres du parlement, de mesme que le trésor des chartes, les chambres des comptes et celles du trésor des monnoies, d'en prendre les clefs et d'apposer le scellé sur les serrures, jusqu'à ce qu'autrement en fust ordonné.

» Huit jours après la réduction de Paris sous l'obéissance du roy, l'Université, comme je l'ai dit ailleurs, rendit à Dieu ses actions de grâces, par une procession solennelle à Sainte-Catherine du Val-des-Écoliers (1). Le dimanche suivant, il y eut une procession générale, où les châsses de saint Marcel et de sainte Geneviève furent portées. Pour

(1) Voy. *Université*, t. II, p. 169.

achever de délivrer les environs de Paris de la domination angloise, on assiégea Creil-sur-Oise; on chassa de l'abbaye de Saint-Denis et de Charenton les partisans anglois, et l'on gagna par argent le capitaine de leur nation, qui gardoit Saint-Germain-en-Laye. Comme ceux qui commandoient dans Paris pour le roy vinrent à manquer d'argent, ils taxèrent d'abord ceux qui avoient paru le plus affectionnés aux Anglois; mais cette levée de deniers ne fut pas suffisante pour les besoins de l'État; on fut bientôt obligé de l'étendre sur tous les habitants, ecclésiastiques, nobles, bourgeois ou artisans, sans aucune exception; et quoique les taxes parussent au-dessus des forces de chacun, il fallust encore avoir recours aux joyaux et à l'argenterie des églises, tant les finances royales étoient épuisées (1). »

Malgré le rétablissement de la tranquillité dans Paris, le roi ne se pressa pas de se rendre au désir des bourgeois qui demandaient avec instance son retour; mais il accorda gracieusement le renouvellement des priviléges de l'Université et répondit favorablement à diverses requêtes que l'évêque et le prévôt des marchands lui présentèrent. Par exemple, il octroya aux bourgeois un tiers des impôts perçus sur le sel et sur le vin, pour les aider à réparer une partie des murailles qui avaient été endommagées par les troupes royales. Enfin il prit une mesure plus importante et plus essentielle à l'affermissement de l'ordre, en rétablissant à Paris le parlement et la chambre des comptes qui avaient résidé si long-temps l'un à Poitiers, l'autre à Bourges. Le jour de saint Eloi, 1er décembre 1436, les deux cours furent réinstallées au palais. Le parlement royal de Poitiers, par égard pour le duc de Bourgogne, s'était adjoint une partie des membres les moins compromis du parlement anglo-bourguignon de Paris (2). L'Université se réorganisa par une semblable fusion (3).

Tous les actes des dépositaires du pouvoir royal à Paris furent empreints d'un caractère de modération remarquable. On publia une amnistie en faveur des bourgeois du parti anglais qui avaient été bannis, « et leur fut tout pardonné, très doucement, sans reproche et sans mal mettre eux ni leurs biens (4). » Le parlement se contenta de soumettre les amnistiés à prêter un nouveau serment de fidélité au roi. « Garnier de Saint-Yon et quelques autres firent ce serment à huis clos, renonçant à tous serments par eux faits à autres; mais on ne leur demanda point caution, et il ne leur fut point enjoint de demeurer dans leurs maisons (5). »

Cependant, les Anglais possédaient encore beaucoup de places sur l'Oise, sur la Marne, et jusqu'en Gâtinais, et Paris avait beaucoup à

---

(1) Félibien, t. II, p. 821. — (2) Voy. pour plus de détails l'article *Parlement de Paris*, t. II, p. 350. — (3) *Histoire de France* de M. H. Martin, t. VII, p. 155. — (4) *Journal d'un Bourgeois de Paris*. — (5) Félibien, t. II, p. 828.

souffrir des dévastations que les troupes ennemies commettaient dans ses environs. Le peuple murmurait « pour ce qu'on n'entendoit non plus parler du roi que s'il fût à Rome ou à Jérusalem. Les pauvres gens croyoient que leurs maux prendroient fin si le roi revenoit à Paris. » Le roi donc résolut de céder aux vœux des fidèles Parisiens; mais il voulut auparavant dégager les bords de la capitale. La possession de Montereau permettant aux Anglais d'intercepter le transit par eau entre la Bourgogne et Paris, Charles se mit à la tête d'une armée et vint faire le siége de cette ville. Comme l'entreprise était principalement dans l'intérêt des Parisiens, on leur imposa « la plus estrange taille qui onques eût été faite, car nul en tout Paris n'en fut excepté, de quelque état qu'il fût, évêque, abbé, prieur, moine, nonnain, chanoine, prêtre, sergent, ménétrier, ne clerc de paroisse. Et payoient les uns quatre mille francs, les autres trois mille, nul moins de dix francs. Après cette *douloureuse* taille, on en fit une autre très déshonnête : les gouverneurs prirent dans les églises tous joyaux d'argent, encensoirs, plats, burettes, chandeliers, et la meilleure partie de l'argent monnoyé qui estoit au trésor des confréries (1). » Charles fit voir au siége de Montereau une intrépidité qu'on ne lui avait pas encore connue. Il marcha à l'assaut, à travers le fossé, dans l'eau jusqu'à la ceinture, monta des premiers sur la brèche, et se voyant maître de la place, « il défendit sous peine de la hart, que homme ne pillât l'église ni les gens de la ville. » Les Français du parti ennemi furent « pendus par la gorge ou envoyés en longs pèlerinages la corde au cou ; » quant aux Anglais, ils obtinrent merci, mais les Parisiens se montrèrent fort mécontents de cette clémence. A la nouvelle de la prise de Montereau, ils avaient mis en branle les cloches de toutes les églises; toute la nuit ils avaient fait éclater leur joie par des feux et des danses; mais ces démonstrations cessèrent tout-à-coup lorsqu'ils apprirent qu'on avait délivré les Anglais, « qui étoient trois cents, tous meurtriers et larrons. » La plupart de ces Anglais descendaient la Seine « pour pouvoir emporter de plus gros bagages, » et quand ils passèrent devant Paris, on publia « que nul ne fut si hardi de leur dire pis que leur nom; de quoy le peuple fut très mal content; mais il leur fallut souffrir cela pour cette fois, car de rien ils n'osoient parler qui touchât le bien public. Ils avoient plus d'oppression, de taille, de cherté de pain et de vivres, qu'on n'en avoit vu depuis cent ans; mais l'espérance de la venue du roi les reconfortoit (2). »

Le 12 novembre 1437, Charles VII fit enfin son entrée à Paris, dix-neuf ans après qu'il en eut été enlevé par Tanneguy Duchâtel, dans une nuit de sanglante mémoire. « On lui fit aussi grand fête comme on

(1) *Journal d'un Bourgeois de Paris.* — (2) *Ibid.*

pouvoit faire à Dieu. » Il trouva à La Chapelle Saint-Denis le prévôt de Paris, celui des marchands et les échevins, tous richement habillés, qui lui présentèrent les clefs de la ville. Les principaux corps de l'État vinrent également au-devant de lui. Les rues étaient tapissées, et on y représentait des jeux et des mystères comme à l'entrée d'Henri VI. A la tête du cortége étaient huit cents archers, précédés du héraut d'armes et du grand-écuyer qui portait au haut d'une lance le casque du roi. Le roi d'armes, qui venait ensuite, portait la cotte d'armes, et un autre écuyer l'épée royale. Charles VII, armé de toutes pièces, mais nu-tête, était monté sur un très beau cheval caparaçonné de velours bleu fleurdelysé. Il avait à sa droite le connétable, à sa gauche le comte de Vendôme. Après lui venait le dauphin, armé comme son père, quoiqu'il n'eût que dix ans. Un cortége magnifique entourait les princes, et la marche était fermée par huit cents hommes d'armes, commandés par le comte de Dunois. A la porte Saint-Denis, les échevins présentèrent au roi un dais magnifique sous lequel il s'avança. « Et quand il fut devant l'Hôtel-Dieu ou environ, on ferma les portes de l'église Notre-Dame, et vint l'évêque de Paris, lequel apporta un livre sur lequel le roy jura *qu'il tiendroit loyalement et bonnement tout ce que bon roy faire devoit*. Après furent les portes ouvertes, et le roi entra dedans l'église et se vint loger au palais pour cette nuyt, et fit-on moult grande joie cette nuyt, comme de bassiner, de faire feux dans les rues, danser, manger et boire, et de sonner plusieurs instruments (1). » Le lendemain le roi entendit la messe à la Sainte-Chapelle, et de là monta à cheval pour aller par la rue Saint-Antoine à l'hôtel Saint-Paul, où il reçut les corps de la ville. Le 25 novembre, toute la cour assista à un service solennel que les comtes de Perdriac et de La Marche firent célébrer à Saint-Martin-des-Champs pour l'âme de Bernard d'Armagnac, leur père, assassiné en 1418, par les Bourguignons. Le roi dîna ensuite au monastère.

Le peuple avait en vain prodigué au roi des démonstrations de joie. Les Parisiens ne furent guère satisfaits de Charles VII, qui « se départit le troisième jour de décembre 1438, sans que nul bien eût fait à la ville de Paris; et il sembloit qu'il ne fut venu seulement que pour voir la ville; et vrayment sa prise de Montereau et sa venue coûta plus de 60,000 livres à la ville de Paris (2). » Le roi ne revint plus dans sa capitale que dans quelques voyages qu'il y fit comme en passant. La misère et la dépopulation étaient extrêmes à Paris; les brigands qui infestaient la France, protégés par certains seigneurs, pillaient et tuaient sans crainte au milieu de la journée, et ils disaient en raillant à leurs victimes : « Où est vostre roy? il est mucé (caché). » Enfin la peste et la famine

---

(1) *Ibid.* — (2) *Ibid.*

désolèrent Paris pendant l'été et l'automne de 1438. Il y mourut près de cinquante mille personnes, et le connétable sortit de la ville avec la plupart des grands dignitaires; de sorte qu'il était à craindre que Paris ne retombât encore au pouvoir des Anglais. Car ils étaient maîtres des environs et ils venaient de s'emparer du château de Saint-Germain-en-Laye (1). Mais Adam de Cambrai, premier président du parlement, Simon Charles, président à la cour des comptes, Ambroise de Loré et Michel Lallier, prévôts de Paris et des marchands, demeurèrent pour ranimer le courage de leurs concitoyens et garantir Paris des entreprises des Anglais. La disette et la cherté des vivres (2) causèrent en même temps une famine horrible, et Paris devint si désert et si désolé que les loups y pénétrèrent; ils étranglèrent, dit la chronique, et dévorèrent en pleine rue plusieurs personnes.

Le peuple fut long-temps persuadé que Jeanne d'Arc n'était point morte. Aussi vit-on paraître plusieurs aventurières qui, exploitant la crédulité publique, se firent passer pour l'héroïne de Vaucouleurs. « En 1439, dit le *Journal d'un Bourgeois*, les gens d'armes en amenèrent une qui fut reçue très honorablement à Orléans, et la grande erreur recommença de croire fermement que c'était la Pucelle. Alors l'Université et le Parlement la firent venir à Paris bon gré mal gré, et la firent montrer au peuple sur la table de marbre du palais. Elle fut prêchée, puis elle avoua toute sa vie. Elle dit qu'elle n'étoit pas pucelle et qu'elle avoit été mariée à un chevalier dont elle avait eu deux fils, qu'elle avoit commis plusieurs actions dont elle devait aller demander pardon au Saint-Père, comme d'avoir porté la main sur son père et sa mère, sur prêtre ou clerc; car pour garder son honneur elle avoit frappé sa mère par mésaventure, croyant que c'était une autre. Elle partit donc pour Rome, vêtue en homme, et fut soldat en la guerre du Saint-Père Eugène, et y commit deux fois un homicide. Quand elle revint à Paris, elle retourna encore en guerre et fut en garnison, et puis s'en alla. »

Au mois de septembre 1439, Charles VII vint Paris; il n'y resta que quelques jours, et logea à l'*hôtel neuf vis-à-vis les Tournelles* (3), où il fit une réception magnifique au connétable de Richemont, qui venait de s'emparer de Meaux sur les Anglais. La prise de cette ville excita une grande joie dans le peuple, mais le brigandage des troupes indisciplinées connues alors sous le nom d'*écorcheurs*, devint plus intolérable que jamais, et pour surcroît de malheurs, les seigneurs complotèrent contre l'autorité royale, avant même que le territoire fût délivré. C'est en 1440 que commence cette ligue de la *Praguerie*, formée contre Charles VII, et dont le chef était son propre fils. Le peuple vit augmen-

---

(1) *Journal d'un Bourgeois*, p. 284. — (2) Le setier de blé valut alors jusqu'à 9 fr. — (3) Félibien, t. II, p. 830.

ter ses souffrances, au milieu des horreurs de la guerre étrangère et des dissensions civiles. Les Anglais cependant n'avaient plus guère l'espérance de rentrer dans Paris. Une de leurs bandes s'approcha du côté de la porte Saint-Jacques, au mois de février 1441. Le connétable envoya aussitôt contre eux Gilles de Saint-Simon, Jean de Malestroit et Geoffroi de Couvran, à la tête de quatre à cinq cents cavaliers. Ceux-ci passèrent la Seine au pont de Saint-Cloud, tombèrent à l'improviste sur les Anglais et les défirent entièrement. Le roi résolut alors de frapper un coup décisif et de chasser les Anglais de son royaume; il marcha d'abord contre Creil, Conflans et Pontoise. Mais il n'avait point d'argent, il fallut, suivant l'énergique expression d'un vieil historien, *prendre encore une beschée sur la pauvre ville*. A la fin de mai, « le dauphin vint à Paris et fut logé en l'hôtel des Tournelles, et n'y demeura qu'une nuiyt et ne se montra point, ni son père le roy n'y vint point, pour ce qu'on leva la plus grande taille à Paris, selon la grande pauvreté d'argent et de gain, qui pour lors étoit, qu'on eut veu depuis cinquante ans; car on faisoit d'abord très grands emprunts à tous ceux du parlement, du Châtelet et de toutes les cours, sous peine de perdre leurs biens, et il falloit payer ou être mis en prison, et avoir sergents en son hôtel en garnison, qui tout gâtoient aussitôt qu'ils y étoient; car ils faisoient très outrageuse dépense et autres mauvaises besognes plus que on ne leur commandoit. Après cellui prêt furent assis à très grosses tailles, et pensoit le peuple que on ne leur demandât rien, mais après commença la grant douleur au peuple d'icelle taille, car nul ne nulle n'en échappa, et très grèvement furent assis; car qui n'avoit payé devant que 20 sols, il païoit 4 livres, celuy de 40 sols étoit imposé à 10 francs, celuy de 10 francs à 40 francs, et il n'y avoit point de mercy; car qui étoit refusant, ses biens étoient vendus dans la rue et son corps en prison. Fut mis le siége devant Pontoyse, le mardy des fêtes de Pentecôtes, qui fut le quatrième jour de juin 1441. Et le samedi ensuivant vint le roy à Paris comme un homme étranger, et son fils, et se logea près du chastel Saint-Antoine luy et son fils, comme s'ils eussent peur qu'on leur fît aucun grief, dont on n'avoit talent ne volonté, et le jour de la Trinité manda l'Université environ cinq heures après dîner, et leur demanda aide d'argent pour payer ses gens. Après parla aux bourgeois, qu'il avoit si très grevement taillés n'avoit pas encore un mois, et leur dit qu'il falloit que ce fût à force ou autrement qu'ils lui fissent bientôt finance de 20,000 écus d'or. » Les bourgeois ne pouvant plus payer, le prince s'empara de l'argent de la plupart des confréries, au grand mécontentement du peuple et du clergé.

Trois mois après, Charles VII entrait à Paris vainqueur des Anglais; il amenait à sa suite un grand nombre de ces malheureux, enchaînés deux à deux et à peine vêtus. Ceux qui ne purent payer leur rançon furent conduits à la Grève, vers le port au Foin ; et là, en présence du peuple, ils furent jetés dans la rivière. Au mois de novembre, le roi partit pour les provinces du Midi, et ses succès donnèrent bientôt quelques espérances de la paix. Le même jour qu'une trêve fut signée à Tours, entre la France et l'Angleterre, 15 mai 1444, on fit à Paris « une des piteuses et la plus dévote procession que on eût onques veue ; car l'évêque de Paris et celui de Beauvais et deux abbés portèrent le corps de notre seigneur de Saint-Jean-en-Grève, et de là allèrent aux Billettes querre (prendre) à grande révérence le canivet (canif) de quoy le faulx juif avoit depicqué la chair de Notre-Seigneur (1), et de là furent portés avec la sainte Croix et autres reliques sans nombre à Sainte-Catherine du Val-des Escoliers, et y avoit devant plus de cinq cents torches allumées, et de peuple bien neuf ou dix mille personnes, sans ceux de l'église, et il y avoit après ces saintes reliques tout le *mystère du juif*, qui étoit lié en une charrette, où il avoit épines, comme se on le mena ardoir (brûler), et après venoit la justice, sa femme et ses enfants, et parmy les rues avoit deux eschaffaulx de très piteux mystères, et furent les rues parées comme à la Saint-Sauveur (2). »

La trêve de 1444 se prolongea d'année en année jusqu'en 1449. Le calme se rétablit alors peu à peu, et les souffrances du peuple diminuèrent, malgré les exactions des grands seigneurs et de leurs gens d'armes. La foire de Landit fut rétablie ; les reliques de saint Cloud, gardées depuis seize ans dans l'église de Saint-Symphorien de la Cité, furent reportées le 12 juillet dans sa collégiale ; les prévôts remirent en vigueur les anciens règlements de police (3) ; enfin l'Université reprit le cours de ses études (4). Je lis à ce sujet dans le curieux journal que j'ai déjà cité : « En celluy an 1446, vint ung jeune homme qui n'avoit que vingt ans ou environ (5), qui savoit tous les sept arts libéraux, au témoignage de tous les clercs de l'Université de Paris ; et si savoit jouer de tous instruments, chanter *et deschanter* mieux que nul autre, et peindre et enluminer mieux que onques on sût à Paris ni ailleurs. En fait de guerre nul plus appert, et jouoit d'une épée à deux mains si merveilleusement que nul ne s'y comparoit ; car quand il voyoit son ennemy, il ne failloit point à saillir sur luy vingt ou vingt-quatre pas en un saut. Il est maître ès-arts, maître en médecine,

---

(1) T. II de cet ouvrage, p. 319 et suiv. — (2) *Journal d'un Bourgeois*, etc., p. 293.

(3) « Il fut crié parmy Paris que les ribaudes ne porteroient plus ni ceintures d'argent, ni collets renversés, ni pennes de gris ou de même vair en leurs robes, et qu'elles allassent demeurer ès bordeaux ordonnés comme ils étoient au temps passé. » *Journal d'un Bourgeois*, p. 297.

(4) Voyez l'histoire de l'Université à cette époque, t. II, p. 170 et suiv. — (5) C'était un jeune seigneur espagnol, nommé Ferdinand de Cordoue. — *Félibien*, p. 834.

docteur en décret, docteur en théologie, et vrayment il a disputé avec nous au collége de Navarre qui étions plus de cinquante des plus parfaits clercs de l'Université de Paris, et plus de trois mille autres clercs, et a si hautement bien répondu à toutes les questions qu'on lui a faites, que c'est une droite merveille à croire que ne l'auroit vû. Il parle latin trop (très) subtil, grec, hébreu, chaldaïque, arabique, et tous autres langages. Il est chevalier en armes, et vrayment si ung homme pouvoit vivre cent ans sans boire, sans manger et sans dormir, il n'auroit pas apprises les sciences qu'il sait toutes par cœur, et pour certain il nous fit très grande frayeur; car il sait plus que peut savoir nature humaine, car il reprend tous les quatre docteurs de la sainte Eglise. Bref, sa sapience est nompareille chose au monde. »

La trève conclue avec les Anglais fut rompue en 1449, et la reprise des hostilités ne fut pas heureuse pour leurs armes. Charles VII, qui avait parfaitement organisé ses milices, remporta des victoires, par lui-même ou par ses lieutenants, sur tous les points de la France. Le vieux Talbot voulut défendre la Guienne, mais il fut battu et tué près de Castillan, en 1453, et dès ce moment les Anglais furent chassés de la France où il ne gardèrent que Calais. Le roi ne songea point à la leur enlever, parce qu'elle appartenait au duc de Bourgogne, cet adversaire et ce rival de la couronne royale.

En effet, les seigneurs féodaux, qui venaient d'aider Charles VII à chasser les Anglais, étaient rois sur leurs terres, et ne reconnaissaient aucune loi divine ni humaine. Le système féodal, qui au dixième siècle, avait été le salut de l'Europe, en était devenu le fléau. Ce système semblait reprendre son ancienne force depuis les guerres des Anglais(1). Charles VII commença alors cette lutte terrible contre les grands vassaux, qui ne devait se terminer que sous Richelieu.

Jean, duc d'Alençon, était violement soupçonné d'entretenir des intelligences secrètes avec les Anglais. Dunois reçut l'ordre de l'arrêter. Le duc s'étant rendu à Paris, au mois de mai 1456, Dunois prévint aussitôt le prévôt et quelques autres officiers du roi, et après avoir fait toutes ses dispositions, il alla vers quatre heures après-midi à l'hôtel d'Alençon, dans le quartier Saint-Antoine. Jean, qui ne se doutait de rien, le reçut d'une manière affable, et ils causèrent amicalement ensemble jusqu'à ce que Dunois, prévenu de l'arrivée de ses gens, dit au duc d'Alençon : « Monseigneur, pardonnez-moi; le roi m'a envoyé par devers vous et m'a baillé charge de vous faire son prisonnier. Je ne sais proprement les causes pourquoi. » Puis lui mettant la main sur l'épaule : « Et pour lui obéir, je vous fais prisonnier. » Aussitôt les gens du comte envahissent la chambre, tandis que les archers du prévôt s'emparaient des portes de

---

(1) M. Michelet, *Précis*, p. 138.

l'hôtel et tenaient les domestiques du duc en respect. Toute résistance était impossible ; Jean remit son épée. On fit seller promptement des chevaux de son écurie pour lui et pour quelques uns de ses domestiques à son choix, et Dunois le conduisit hors de la ville où il le remit au bailli de Vermandois qui le conduisit à Melun sous bonne escorte. On sait que le duc d'Alençon condamné à mort, puis gracié, encourut de nouveau, sous Louis XI, la vengeance royale, et mourut en prison vers 1476.

Au mois de janvier 1458, la ville reçut un ordre exprès du roi pour faire une réception honorable aux ambassadeurs de Ladislas V, roi de Hongrie et de Bohême, qui étaient venus demander en mariage Madeleine de France, négociations qui venaient d'être rompues tout-à-coup à la nouvelle de la mort subite du prince étranger. Cette ambassade était composée d'un archevêque, d'un évêque et d'un comte, avec une suite de six à sept cents seigneurs et officiers. Un assez grand nombre de bourgeois, les comtes d'Eu et d'Armagnac, le seigneur de Gaucourt, grand-maître d'hôtel du roi, et plusieurs autres dignitaires, vinrent au-devant d'eux et leur firent les honneurs de la ville. On leur montra les reliques de la Sainte-Chapelle, et le lundi 10 janvier on célébra à Notre-Dame un service solennel pour le défunt roi de Hongrie.

Les troubles qui agitaient la France depuis si long-temps avaient encouragé l'audace d'une multitude de vagabonds et de malfaiteurs qui, suivant l'usage, se donnaient tous rendez-vous à Paris. Mais le roi, de concert avec la prévôté, s'occupait depuis long-temps à délivrer la capitale de ces hôtes dangereux. « En 1460, dit un ancien chroniqueur, fut faite justice et grande exécution audit lieu de Paris de plusieurs pauvres et indigentes créatures, comme de larrons, sacriléges, *pipeurs* et *crocheteurs*. Et pour lesdits cas plusieurs furent battus au cul de la charrette pour leur jeune âge et premiers meffaicts ; les autres pour leur mauvaise coutume et persévérance, furent pendus et étranglés au gibet de Paris, nommé Montigny, nouvellement créé et établi pour la grande vieillesse, ruine et décadence du précédent et ancien gibet, nommé Montfaucon (1). » Le prévôt, Robert d'Estouteville, condamna en même temps une nommée Perrette Mauger *à souffrir mort et estre enfouie toute vive devant le gibet ;* elle était convaincue de vol et de recel. Perrette en appela au Parlement, qui confirma la sentence du prévôt ; alors, pour reculer le moment du supplice, elle déclara qu'elle était enceinte. Le prévôt la fit examiner par des *ventrières* (sages-femmes) et des *matrones*, qui vérifièrent le contraire, et la malheureuse fut aussitôt livrée à Henri Cousin, exécuteur de la haute justice de Paris.

Le bâtard de Bourgogne, Antoine, étant venu passer incognito une

---

(1) *Collection des mémoires*, etc. Jean de Troyes, p. 245, t. IV, 1re série.

nuit et un jour à Paris, le roi eut quelques soupçons et crut que les habitants voulaient le trahir. Il envoya aussitôt auprès d'eux le maréchal de Loheac et Jean Bureau, trésorier de France. Les Parisiens députèrent au roi les principaux bourgeois, qui n'eurent point de peine à se disculper.

Charles VII n'aimait point Paris, comme je l'ai dit, et peut-être faut-il attribuer en partie cette aversion à la haine que portait à cette ville la belle Agnès Sorel. En effet, dans un voyage qu'elle y avait fait, en 1448, elle avait été reçue avec plus de curiosité que de respect par ces *villains* parisiens (1). Aussi le roi ne mourut-il point dans sa *bonne ville*. C'est au château de Meung-sur-Yèvre, dans le Berry, que Charles, attristé des intrigues et des révoltes du Dauphin, termina ses jours, le 22 juillet 1461, dans la cinquante-huitième année de son âge. Suivant une tradition fort répandue, il se serait laissé mourir de faim. Ses sujets le regrettèrent, car, disent les chroniques, c'était *un moult sage et vaillant seigneur*.

Le corps de Charles VII fut apporté à Paris le 5 août au soir, et déposé dans l'église du prieuré de Notre-Dame-des-Champs sous un dais éclairé par deux cent soixante torches. Le lendemain matin, le duc d'Orléans, accompagné de plusieurs seigneurs, assista au service célébré par les religieux. L'après-midi, il retourna à l'église avec les comtes d'Eu, d'Angoulême, de Dunois et autres seigneurs; puis arrivèrent le prévôt et les sergents, le Parlement en robes rouges, la Chambre des Comptes, le Châtelet, le corps de ville, le clergé et les religieux, les pauvres de l'Hôtel-Dieu et ceux des Quinze-Vingts. A cinq heures du soir, le cortége se rendit à Notre-Dame-des-Champs pour se rendre à l'église cathédrale. Le clergé et les ordres religieux ouvraient la marche; ils étaient suivis par les principaux corps et les hauts dignitaires de l'État. Devant la litière, sur laquelle était le cercueil et que portaient les *hénouars* (officiers de gabelles), marchaient les crieurs de la ville et deux cents pauvres vêtus de deuil et des torches en main; derrière étaient à cheval les quatre princes qui conduisaient le deuil, le duc d'Orléans, les comtes d'Angoulême, d'Eu et de Dunois, accompagnés de Juvénal des Ursins, chancelier de France, et du grand-écuyer. Ils étaient suivis de tous les officiers de la maison du roi. L'église Notre-Dame était magnifiquement ornée; la nef était tendue d'une toile bleue fleurdelysée, et le chœur d'un satin ou velours noir à franges de même

(1) « Et pour ce que le peuple de Paris ne lui fit une telle révérence comme son grand orgueil demandoit, elle dit au départir que ce *n'estoient que villains*, et que si elle eût cuidé que on ne lui eût fait plus grand honneur qu'on ne lui fit, elle n'y eût jamais entré ni mis le pié ; ce qui eût été dommage, mais il eût été petit. Ainsi s'en alla la belle Agnès, le dixième jour de mai, à son péché comme devant. Hélas ! quelle pitié, quand le chef du royaume donne si male exemple à son peuple. « *Journal d'un Bourgeois de Paris*.

couleur. Au milieu du chœur était la chapelle ardente. Ce soir-là, on entendit les vigiles des morts, et le lendemain le patriarche d'Antioche célébra le service divin. Jean de Châteaufort prononça l'oraison funèbre. A deux heures après-midi, le cortége, passant par la rue de la Calende, le Pont au Change et la rue Saint-Denis, se mit en marche et conduisit le corps du prince à la *Croix aux fieux ou penchée*, sur la route de Saint-Denis. Les religieux y reçurent les restes mortels de Charles VII, qui fut enseveli le lendemain (1).

II. Monuments. — Institutions.

Collége de Séez, rue de la Harpe, n° 85. — Ce collége fut fondé le 24 février 1428, par Jean Langlois, exécuteur testamentaire de Grégoire Langlois son oncle, évêque de Séez, pour huit boursiers, y compris le principal et le chapelain, dont quatre devaient être du diocèse de Séez et quatre de celui du Mans. La nomination de ces bourses se partageait entre l'évêque de Séez et l'archidiacre de Passais. Jean Aubert, principal du collége de Laon, et commissaire député de l'évêque de Séez, y joignit depuis deux bourses nouvelles qui furent prises sur les sommes économisées par le principal du collége.

En 1737, le prélat qui tenait alors le siége de cette ville donna par contrat une somme de 40,000 livres de rente à ce collége, sous la condition que la moitié du revenu serait mise en réserve et accumulée jusqu'à ce qu'elle formât 10,000 livres pour chacune des trois bourses à la fondation desquelles cette somme était réservée. Il paraît que la première somme avait été fournie par le diocèse de Séez, et par conséquent que la rente lui appartenait.

Les bâtiments de ce collége, qui a été réuni à celui de l'Université, avaient été reconstruits en grande partie en 1730, ainsi que le témoignait une inscription placée au-dessus de la porte. On prétend que ces constructions nouvelles, dues aux libéralités de Charles-Alexandre Lallemand, évêque de Séez, avaient coûté près de 100,000 livres (2). Les bâtiments de ce collége sont maintenant convertis en une maison garnie qui porte le nom d'*hôtel de Nassau*.

Hôpital des pauvres veuves, rue Saint-Sauveur. — Jean Chenart, garde de la monnaie de Paris, fonda en 1425, dans la rue Saint-Sauveur, un hôpital ou hospice pour huit pauvres femmes veuves de la paroisse Saint-Sauveur. Le fondateur laissa à ses héritiers la disposition de ces places, et c'est en cette qualité qu'une famille du nom de Bazin en jouissait en 1779 (3). Cet hospice est probablement le même que celui dont il est fait mention dans le censier de l'évêché de Paris de 1489,

---

(1) Félibien, t II, p. 847. — (2) V. Jaillot, t V; *quartier Saint-André*; p. 75. — (3) Voy. Hurtaut, t. III, p. 232.

LA TOUR DE NESLE ET LE VIEUX LOUVRE. (1650.)

Histoire de Paris.

sous le nom de *l'Hôtel-Dieu de Jean Chenart*, *épicier* (1). Le pieux établissement de Jean Chenart n'existe plus depuis long-temps.

M. Dulaure a confondu à tort cet hospice avec un autre du même genre, situé rue de Grenelle-Saint-Honoré, et fondé en 1497 par Catherine Du Homme (2).

Hôtel de Nesle. — Ce vaste édifice occupait, avec ses dépendances, tout le terrain compris entre la rue Dauphine et la rue Mazarine, où sont aujourd'hui le palais de l'Institut, l'hôtel de la Monnaie, le quai Conti et les rues Guénégaud, de Nevers et d'Anjou-Dauphine.

Dans l'enceinte de Philippe-Auguste, dont les limites méridionales n'avaient pas été changées par Étienne Marcel, s'ouvrait, sur l'emplacement où est actuellement le pavillon de la bibliothèque Mazarine, une porte flanquée de deux tours rondes; on arrivait à cette entrée de la ville par un pont de quatre arches qui traversait le fossé, fort large en cet endroit. Cette espèce de bastille existait encore au temps de Louis XIII. Au nord et à quatre ou cinq mètres de cette porte, se trouvait, comme je l'ai dit (3), la *tour de Philippe-Hamelin*, accouplée à une seconde tour, plus élevée encore, moins forte en diamètre, et qui contenait un escalier à vis.

A l'ouest de cette porte et de cette tour, dans l'espace compris entre la Seine et le mur d'enceinte qui suivait la direction de la rue Mazarine, puis traversait la rue Dauphine à la hauteur de la rue Contrescarpe, s'élevèrent, à une époque inconnue, mais probablement dans les dernières années du XIIIe siècle, les bâtiments de l'hôtel de Nesle; et bientôt la porte et la tour Philippe-Hamelin perdirent leur nom pour prendre celui de l'hôtel qu'elles avoisinaient: on ne les connaît plus guère dans l'histoire, à compter de cette époque, que sous la désignation de *tour de Nesle*, *porte de Nesle* (4).

Le premier possesseur connu, et peut-être le fondateur de l'hôtel de Nesle, est Amaury de Nesle, prévôt de l'Isle, qui le vendit, le 29 novembre 1308, au roi Philippe-le-Bel, moyennant 5,000 *bons petits parisis*, s'obligeant à faire ratifier l'acte de vente par les enfants de Guy de Clermont, dit de Nesle, son frère, mort maréchal de France. Cet hôtel existait, depuis assez long-temps déjà, puisque, dans le rôle de la taille de Paris de 1292, *le concierge de Nesle* est mentionné parmi les contribuables (5).

(1) Jaillot, t. II, quartier Saint-Denis, p. 88. — (2) Voy. Jaillot, t. III, quartier Saint-Eustache, p. 25, et ci-après les *monuments et institutions* du règne de Charles VIII. — (3) T. I, p. 616.

(4) Cependant un titre de l'an 1485, cité par M. Géraud, donne encore à la tour de Nesle son ancienne dénomination de *tour Philippe-Hamelin*. Voir *Paris sous Philippe-le-Bel*, p. 458. — (5) *Paris sous Philippe-le-Bel*, ibid.

En 1319, Philippe V, dit le Long, en fit don à Jeanne de Bourgogne, sa femme. Philippe mourut le 3 août 1322; Jeanne continua son séjour à l'hôtel de Nesle jusqu'au 21 janvier 1329, époque de sa mort. Cette reine, par ses dispositions testamentaires, ordonna que son hôtel serait vendu, et, comme je l'ai dit ailleurs, elle exprima la volonté que le prix de la vente de cette propriété fût employé à la fondation d'un collège pour les pauvres écoliers du comté de Bourgogne (1).

Philippe de Valois l'acheta, en 1330, des exécuteurs testamentaires de cette princesse, et le donna, en 1332, à sa femme, une autre Jeanne de Bourgogne, que M. Dulaure eut le tort de confondre avec la femme de Philippe-le-Long.

En 1350, le roi Jean y faisait sa demeure. C'est là qu'il fit trancher la tête à Raoul, comte d'Eu, connétable de France (2).

En 1357, le dauphin Charles, qui fut Charles V, régent pendant l'absence de Jean, son père, prisonnier des Anglais, donna cet hôtel à Charles-le-Mauvais, roi de Navarre, et à sa sœur Jeanne, femme de ce roi.

En 1380, le duc de Berry, oncle de Charles VI, le reçut de ce dernier prince, et l'habita jusqu'à sa mort, en 1416. Le duc de Berry, s'y trouvant trop à l'étroit, malgré son étendue, acheta, le 13 janvier 1385, sept arpents de terre au-delà des fossés de Nesle, à l'extrémité du chemin ou rue *des Buttes*, à l'angle actuel de la rue de Seine et du quai Malaquais, et y fit construire le *petit séjour de Nesle*, où il plaça ses écuries. On jeta un pont sur le fossé, afin de faciliter les communications, là où est l'angle de retour de la rue Mazarine; en face de ce pont était la porte de l'hôtel de Nesle. Le *Petit Séjour de Nesle* fut ravagé et presque détruit pendant la guerre civile des Bourguignons et des Orléanais ou Armagnacs; il passa ensuite à des particuliers qui le rasèrent. C'est sur ce fonds qu'on bâtit les maisons qui, en 1663, furent acquises pour le collège Mazarin, et que l'on construisit une partie des rues de Seine, de Bussy, Mazarine, Dauphine et Saint-André-des-Arts, puisque les jardins de ce *Petit Séjour* s'étendaient jusqu'à la porte Bussy qui, comme on sait, était située rue Saint-André-des-Arts, en face de la rue Contrescarpe.

« Le duc de Berry agrandit le jardin de l'hôtel de Nesle en achetant des terrains vagues, deux tuileries et une partie du collège Saint-Denis et du jardin des Arbalétriers. Il fit faire un jeu de paume, une bibliothèque, des chapelles, des galeries, tant du côté des Augustins que le long des murailles, avec de grands appartements; et afin de rendre ce séjour encore plus magnifique, Charles VI lui fit don de 4,000 francs d'or en 1391, et de 12,000 en 1393 (3). »

(1) Voy. *Collège de Bourgogne*, t. II, p. 467. — (2) Voy. t. II, p. 474. — (3) Sauval, t. II, p. 117.

L'échansonnerie du duc de Berry à l'hôtel de Nesle était renommée par sa magnificence. On y voyait un *cabinet* où était rangée, sur des tablettes scellées dans le mur, une quantité prodigieuse de vaisselle d'or et d'argent (1).

« L'histoire, dit Sauval, est si pleine de faits mémorables arrivés dans ce palais, que je me contenterai d'en citer quelques uns. Après que le duc de Berry eut réconcilié et vu communier aux Augustins les ducs d'Orléans et de Bourgogne, il les mena, au sortir de là, dîner chez lui à l'hôtel de Nesle. Lorsque le duc de Bourgogne eut fait massacrer le duc d'Orléans, tous les princes et les grands du royaume s'assemblèrent plusieurs fois à l'hôtel de Nesle, chez le duc de Berry. C'est dans ce logis que Louis d'Evreux, comte d'Étampes, mourut à table, d'apoplexie, en 1400, et le duc de Berry en 1416, après y avoir reçu la visite du roi et de tous les grands (2). »

Après la mort du duc de Berry, Charles VI donna à sa femme Isabelle de Bavière, en 1416, l'hôtel de Nesle et le Petit Séjour, pour en jouir sa vie durant. Cette princesse y demeura moins ordinairement qu'à l'hôtel Saint-Paul où elle mourut en 1435.

En 1446, Charles VII en fit donation à François Ier, comte de Richemond, duc de Bretagne, pour le récompenser des services qu'il lui avait rendus pendant ses guerres contre les Anglais.

Le duc de Bretagne étant mort sans enfants mâles, l'hôtel de Nesle retourna encore à la couronne; en 1461, Louis XI en fit don à Charles-le-Téméraire, petit-fils de Jean-sans-Peur, comte de Charolais et dernier duc de Bourgogne, qui y demeura; mais il le réunit au domaine après la mort de ce prince, tué au siége de Nancy, le 5 janvier 1477.

Le roi François Ier avait eu le dessein d'établir dans cet hôtel un collége pour les lettres grecques, et d'y fonder quatre chapelains, mais ce projet resta sans exécution.

Lorsque ce même prince créa, en 1523, un *bailli de Paris* pour le jugement des causes dont le prévôt connaissait auparavant comme conservateur des priviléges de l'Université, le siége du nouveau bailliage fut établi à l'hôtel de Nesle; mais, comme nous le verrons ailleurs, la charge de bailli fut supprimée en 1526, et il paraît que l'hôtel resta depuis inhabité.

En 1552, Henri II ordonna la vente du grand hôtel de Nesle et des terrains qui en dépendaient. « Voulons et ordonnons, disent les lettres, que la maison, place, pourpris et tenue du Grand-Nesle, ainsi qu'ils se poursuivent et comportent, soient et demeurent disjoints, désunis et mis hors de notre domaine... que lesdits lieux soient vendus à la charge de cens et rentes portant lods et ventes au profit du roi. » Cette vente n'eut pourtant

---

(1) Sauval, t. II, p. 280. — (2) Sauval, t. II, p. 117.

pas lieu à cette époque, puisqu'en 1570 des lettres-patentes de Charles IX ordonnèrent de nouveau l'aliénation du grand et du petit hôtel de Nesle, pour employer les deniers qui en proviendraient à payer et renvoyer les Reistres, Suisses, et autres troupes étrangères (1).

En 1572, selon Sauval (2), le duc et la duchesse de Nevers firent l'acquisition des deux hôtels de Nesle, et en 1586, ils demandèrent à l'abbé de Saint-Germain d'ériger cette vaste possession en fief, sous la condition de foi et hommage, et d'une redevance annuelle de 50 sols parisis.

Sur une partie de l'emplacement de l'hôtel de Nesle, et avec ses débris, le duc de Nevers fit construire, au lieu où est à présent la Monnaie, une habitation magnifique connue sous le nom d'*hôtel de Nevers*, qui subsista seulement jusqu'en 1641. A cette époque, la princesse Marie de Gonzague de Clèves, veuve du duc de Nevers, en fit vendre le terrain et les matériaux. L'hôtel Guénégaud, et depuis l'hôtel Conti, se sont successivement élevés sur cet emplacement qui est aujourd'hui occupé par l'hôtel des Monnaies.

La partie occidentale de l'ancien hôtel de Nesle, la porte et la tour de ce nom, ne furent démolies qu'en 1663, lorsque l'on commença la construction du collége Mazarin.

« En 1538, dit Saint-Foix, en fouillant la terre proche de la tour de Nesle, on trouva onze caveaux, et dans un de ces caveaux le corps d'un homme armé de toutes pièces. Ces sépultures étaient-elles du temps des païens? Il est certain qu'il n'y avait jamais eu ni cimetière ni église en cet endroit. » Saint-Foix cite Guillaume Marcel comme l'auteur où il a puisé ce fait, mais on ne trouve dans l'ouvrage de Guillaume Marcel (3) aucun passage qui s'y rapporte (4).

Il faut bien citer ici, après tant d'autres, la prétendue histoire de cette reine « qui se tenoit à l'hôtel de Nesle à Paris, laquelle faisoit le guet aux passants, et ceux qui lui revenoient et agréoient le plus, de quelque sorte de gens que ce fussent, les faisoit appeler et venir à soy; et, après en avoir tiré ce qu'elle en vouloit, les faisoit précipiter du haut de la tour en bas, en l'eau, et les faisoit noyer (5). « Jeanne de Navarre, femme de Philippe-le-Bel, Marguerite de Bourgogne, femme de Louis Hutin, Jeanne, comtesse de Bourgogne, femme de Philippe-le-Long, et d'autres encore, ont été successivement accusées de ces sanglantes orgies; mais j'ai déjà eu occasion de remarquer que cette imputation n'est appuyée d'aucun témoignage historique sérieux.

Si l'on en croit les *Mémoires de Nevers* cités par Saint-Foix, « ce fut

(1) Voir Félibien, t. II, p. 1128, et t. IV, p. 832. — Piganiol, t. VIII, p. 191. — (2) T. II, p. 120. — (3) *Histoire de l'origine et des progrès de la monarchie française.* Paris, 1686; 4 vol. in-12. — (4) Voir *Paris pittoresque*, t. I, p. 362. — (5) *Brantôme.* Ed. de 1822, t. VII, p. 217, 218.

(1) Voyez Saint-Foix; éd. de 1776, t. I, p. 183, et *Paris pittoresque*, t. I, p. 359.

à ce même hôtel de Nesle que Henriette de Clèves, femme de Louis de Gonzague, duc de Nevers, apporta la tête de Coconas, son amant, qu'on avait exposée sur un poteau dans la place de Grève (le 30 avril 1574); elle alla elle-même l'enlever de nuit, elle la fit embaumer, et la garda long-temps dans l'armoire d'un cabinet, derrière son lit. Ce même cabinet fut arrosé des larmes de sa petite-fille, Marie-Louise de Gonzague de Clèves, dont l'amant eut la même destinée que Coconas (1). »

CHAPITRE QUATRIÈME.

LOUIS XI.

1461-1483.

I. Faits généraux.

Louis XI, retiré dans le Brabant depuis quelques années, s'empressa de se rendre à Reims, dès qu'il eut appris la mort de son père. Il y fut sacré le 15 août, par l'archevêque Juvénal des Ursins, et quelques jours après il était à Saint-Denis. Son entrée solennelle à Paris eut lieu le lundi 31 août 1461. Le prince logeait alors dans un hôtel du faubourg de la porte Saint-Honoré, nommé les Porcherons, qui appartenait à messire Jean Bureau. Tous les corps de l'État et les principaux bourgeois sortirent de la ville et vinrent à sa rencontre; le prévôt des marchands, Henri de Livres, lui présenta les clefs de la porte Saint-Denis, Mais avant d'entrer, le roi s'arrêta un instant pour faire des chevaliers. Louis avait un brillant cortège; il était vêtu d'une robe de satin blanc et violet, sans manches; il était *affublé d'un petit chaperon loqueté*, et montait un cheval blanc richement enharnaché. Il était sous un dais que portèrent les échevins et les corps des métiers. Le duc de Bourgogne venait ensuite, ayant à droite le duc de Bourbon, et le comte de Charolais, son fils, à gauche. Le cortège fut arrêté auprès de l'église Saint-Lazare par un héraut aux armes de la ville, nommé *Loyal Cœur*, qui présenta au roi cinq dames, *richement aournées* et montées sur des chevaux de prix; chacune d'elles représentait une des cinq lettres du mot *Paris*. Elles récitèrent des vers au prince. Au haut de la porte Saint-Denis étoit *une moult belle nef* (vaisseau), *en figure d'argent*, « et

(1) Voyez Saint-Foix; éd. de 1776, t. I, p. 183, et *Paris pittoresque*, t. I, p. 359.

à la hune du mât était un roy, habillé en habit royal, que deux anges conduisoient. » A l'avant et à l'arrière se voyaient deux personnages, *Justice* et *Équité*, qui récitèrent également des vers. De ce navire descendirent deux petits anges, qui posèrent une couronne sur la tête du roi.

« A la fontaine du Ponceau, dit un écrivain contemporain, étoient hommes et femmes sauvages qui se combattoient et faisoient plusieurs contenances, et il y avoit encore trois bien belles filles, faisant personnages de sirènes, toutes nues, et leur voyoit-on le beau tétin droit séparé, rond et dur, qui étoit chose bien plaisante, et disoient de petits motets et bergerettes. Près d'elles jouoient plusieurs bas instruments qui rendoient de grandes mélodies; et pour bien rafraîchir les entrants en ladite ville, il y avoit divers conduits en ladite fontaine jettans lait, vin et ypocras, dont chacun buvoit qui vouloit. Un peu en dessous du Ponceau, à l'endroit de la Trinité, étoit une *Passion*, par personnages et sans parler, représentant Dieu étendu en la croix, et les deux larrons à droite et à gauche; et plus avant, à la porte aux Peintres, il y avoit d'autres personnages moult richement habillés. A la fontaine Saint-Innocent étoient des chasseurs poursuivant une biche, qui faisoient moult grand bruit de chiens et de trompes de chasse. A la Boucherie de Paris, des échafauds représentoient la bastille de Dieppe; et quand le roy passa, il se livra là merveilleux assaut de gens du roy à l'encontre des Anglois de la bastille, qui furent vaincus et pris, et eurent tous les gorges coupées (1). Contre la porte du Châtelet étoient de moult beaux personnages, et sur le pont au Change il y en avoit d'autres. A l'heure que le roi passa, on laissa voler parmi ledit pont plus de deux cents douzaines d'oiseaux de diverses sortes, que les oiseleurs de Paris lâchèrent, comme ils sont tenus de le faire parce qu'ils ont, sur ce pont, les jours de fêtes, lieu et place pour vendre lesdits oiseaux. » Toutes les rues étaient tapissées, suivant la coutume, depuis la porte Saint-Denis jusqu'à Notre-Dame. Louis fit à l'église cathédrale les prières et les serments d'usage, et alla souper dans la grand'salle du Palais. Le lendemain il se rendit à l'Hôtel-Neuf des Tournelles, dont son père lui avait fait présent.

Pendant un mois ce ne furent à Paris que fêtes et jeux, et les chroniqueurs s'émerveillent sur les joutes qui se faisaient *dans cette belle rue des Tournelles* (2).

Aux funérailles de Charles VII, Dunois avait dit à toute la noblesse assemblée : « Le roi notre maître est mort; que chacun songe à se pourvoir. » Louis XI, en effet, devait être le plus terrible ennemi des

(1) Ce jeu théâtral était une allusion à l'un des faits d'armes de Louis XI, qui, n'étant encore que dauphin, en 1443, avait pris sur les Anglais la bastille de Dieppe.
(2) Olivier de la Marche, chap. 34. *Collection des mémoires*, etc., t. III, 1re série.

grands vassaux de la couronne. Oubliant les loyaux services de Philippe-le-Bon, il songea d'abord à le renvoyer dans sa province, car la présence du vieux duc le gênait, et il était inquiet de l'enthousiasme populaire qui accueillait *monsieur de Bourgogne*. Lorsque le bon duc sortait de son hôtel d'Artois, les Parisiens entonnaient la vieille chanson des guerres civiles : « Duc de Bourgogne, Dieu te maintienne en joie! » Mais avant le départ de Philippe, le roi avait déjà opéré de nombreuses mutations dans le gouvernement. Animé par la vengeance, il détruisait tout ce qu'avait fait son père, et destituait ses anciens serviteurs. Aussi on rapporte que le duc de Bourgogne dit à son cousin Jean de Bourbon : « Cet homme ne régnera pas longuement sans avoir un merveilleusement grand trouble. »

Au commencement de l'année suivante, le roi se rendant à Bayonne, où il devait avoir une entrevue avec le roi de Castille, confia la garde de Paris à Bertrand de Beauvau, seigneur de Précigny et président des comptes, et à Charles de Melun, seigneur des Landes, bailli de Sens, et les commit pour *estre, demeurer et eux tenir en ladite ville de Paris*. En récompense de ses bons services, Louis XI, par lettres du 16 août 1463, accorda à Charles de Melun et à ses descendants l'hôtel de la Reine, dit de *la Pissotte*, situé rue Saint-Antoine; et le 8 mars de l'année suivante, il nomma ce même seigneur gouverneur et lieutenant-général de Paris et de l'île de France (1). A cette époque, le roi n'était revenu qu'une seule fois à Paris ; c'était au mois de mai précédent. Il arrivait de Nogent-le-Roi, où la reine venait d'accoucher de Jeanne de France, et il ne resta que peu de jours dans sa bonne ville (2).

C'est que les événements qui se préparaient ne l'engageaient pas au repos. La politique sombre et intéressée de Louis XI avait aliéné de lui toutes les classes; il avait irrité les grands et les petits seigneurs par ses réformes et par de graves atteintes à leurs priviléges; il les avait tous mécontentés en ne tenant nul compte de leurs droits de chasse, l'offense la plus sensible peut-être pour un gentilhomme de ce temps (3). Le peuple n'était pas plus heureux que la haute et la basse aristocratie. Comme droit de *joyeux avénement*, le nouveau roi avait augmenté plusieurs impôts, surtout ceux sur les vins, et avait porté la taille d'un million sept cent mille livres à trois millions. Cette surcharge illégale excita à Reims, à Angers, à Alençon, et dans d'autres lieux, des émeutes qui furent réprimées par d'affreux supplices. Enfin les souverains étrangers, joués et abusés par le cauteleux prince, auraient tous encouragé la révolte plutôt que de secourir le roi de France.

(1) Félibien, t. II, p. 849. — (2) Le jour de son arrivée, dit *Jean de Troyes*, le roi soupa en l'hôtel de maître Charles d'Orgemont, seigneur de Méry. — (3) M. Michelet, *Précis*, p. 141.

Les grands seigneurs, résolus de se venger, organisèrent un complot contre leur odieux suzerain. Mais il n'éclatèrent cependant que lorsque l'affaiblissement de Philippe-le-Bon eut mis toute l'autorité entre les mains du comte de Charolais, depuis si célèbre sous le nom de Charles-le-Téméraire. Alors Charles de France, duc de Berry, frère du roi, le duc Jean de Calabre, le duc de Bourbon, le duc de Nemours, le comte d'Armagnac, le comte de Dunois et plus de cinq cents autres seigneurs se liguèrent *pour le bien public* avec le duc de Bretagne et le comte de Charolais. Ils s'entendirent, par leurs envoyés dans l'église Notre-Dame de Paris; ceux-ci, pour se reconnaître, avaient à la ceinture une aiguillette de soie (1). Lorsque la conspiration fut organisée (mars 1465), les seigneurs prirent les armes, et la ligue du *bien public* commença par la guerre civile. A cette coalition presque universelle de la noblesse, le roi essaya d'opposer les villes, et surtout Paris (2). Le 15 mars, Charles de Melun, Jean Balue ou de la Balue, évêque d'Évreux, et Jean Leprévôt, notaire et secrétaire du roi, se rendirent à l'Hôtel-de-Ville, et y lurent, en présence des bourgeois, les ordres de Louis XI, relatifs à la défense de la ville. Les provinces étaient en feu, mais la capitale restait inactive. Les Parisiens étaient-ils maintenus dans l'obéissance par les officiers du roi, ou bien attendaient-ils les événements? On ne sait. Mais ils eurent le bon sens de ne point s'inquiéter de cette querelle, qui aurait dû se terminer devant les États-Généraux. On chantait dans les rues une ballade qui finissait ainsi :

> « Qui peut donner bon conseil maintenant?
> Qui? Vraiment qui? Les trois états de France! »

Le roi, satisfait de la conduite des gens de sa bonne ville, leur envoya quatre de ses principaux officiers pour les remercier « de leurs bons vouloirs et loyautez, en les priant et exhortant de bien en mieux continuer; et leur mandoit qu'il envoyroit la reine pour accoucher à Paris, *comme à la ville du monde que plus il aimoit* (3). « Le dimanche 11 juin, on fit une procession solennelle pour demander à Dieu la paix; le prévôt ordonna ensuite que les portes Saint-Martin, Montmartre, du Temple, de Saint-Germain-des-Prés, Saint-Victor et Saint-Michel fussent murées, et que l'on fît le guet sur les remparts. Le 25 du même mois, nouvelles précautions. On ordonna d'attacher des chaînes aux coins des rues, et les bourgeois furent priés de se fournir d'armes. Cinq jours après, Joachim Rouhaut, seigneur de Gamache, maréchal de France, entra dans Paris à la tête de cent hommes d'armes. Les bourgeois établirent un nouveau guet de nuit à cheval, commandé par l'un des principaux capitaines de la ville. L'évêque d'Évreux, par zèle ou

---

(1) Olivier de la Marche, chap. 35. — (2) M. Michelet, *ibid.* — (3) Jean de Troyes, p. 252.

par vanité, fit lui-même le guet, dans la nuit du lundi 2 juillet, à la tête de la compagnie du maréchal de Gamache (1). »

Comme il y avait peu d'ensemble dans l'attaque des confédérés, Louis XI eut le temps de soumettre le Berry, d'accabler le duc de Bourbon et de séparer de la ligue quelques uns des principaux chefs. Il écrivit aussitôt, 4 juillet, aux bourgeois de Paris, qu'il serait au milieu d'eux, au plus tard dans quinze jours. Mais le comte de Charolais, qui s'avançait de l'Artois à la tête d'une armée victorieuse, prenant les villes sur son passage, abolissant aides et gabelles, brûlant les registres des impôts, afin de mettre le peuple dans son parti, arriva devant Paris, le lendemain de la réception des lettres du roi. L'un de ses généraux, nommé Hautbourdin, fut d'avis de monter sur-le-champ à l'assaut ; mais le comte de Charolais, établi à Saint-Denis, rejeta cet avis, et se contenta de faire quelques escarmouches, de *voulster* (voltiger), suivant les expressions de la chronique. Les Bourguignons, repoussés avec perte, tentèrent une surprise. Le 8 juillet, quatre hérauts d'armes se présentèrent à la porte Saint-Denis, et demandèrent, au nom du comte, des vivres pour l'armée à un prix modéré, et le passage à travers la ville, avec les plus grandes menaces si on rejetait cette proposition. Pierre l'Orfévre, seigneur d'Ermenonville, et Jean de Popaincourt, seigneur de Sarcelles, avaient ce jour-là la garde de la porte. Tandis qu'ils discutaient avec les hérauts, un corps de troupes ennemies s'avança jusqu'à Saint-Lazare et tenta de forcer l'entrée de la ville. Mais la garde bourgeoise se défendit avec courage et tint l'ennemi en échec jusqu'à ce que l'arrivée du maréchal de Gamache vînt décider la victoire (2). Les Bourguignons abandonnèrent alors Saint-Denis et attaquèrent le pont de Saint-Cloud, qui devait livrer passage aux troupes du duc de Bretagne. Jacques Le Maire, bourgeois de Paris, en avait la garde et l'avait défendu quelques jours avant avec un rare courage. Il soutint avec la même énergie cette seconde attaque, et ne capitula qu'au troisième assaut.

Deux jours après, le vendredi 12 juillet, il y eut une assemblée générale à l'Hôtel-de-Ville pour délibérer sur la demande du comte de Charolais, qui voulait expliquer par ambassadeurs les motifs de sa prise d'armes On décida qu'on lui députerait quelques bourgeois, mais cette négociation n'eut point lieu. Les deux hérauts qui se présentèrent à la

---

(1) Félibien, t. II.
(2) *Jean de Troyes*, p. 255. « Durant ladite escarmouche, il y eut un paillard, sergent à verge du Châtelet de Paris, nommé Casin Chollet, qui, en courant fort échauffé par plusieurs des rues de Paris, crioit à haute voix ces mots : *Boutez-vous tous en vos maisons et fermez vos huis, car les Bourguignons sont entrés dedans Paris*. Et à cause de l'effroy qu'il fit, il y eut plusieurs femmes grosses qui en accouchèrent avant terme, et d'autres en moururent ou perdirent leur entendement. » Chollet fut condamné plus tard à être battu de verges.

porte Saint-Honoré pour recevoir la réponse des Parisiens, n'ayant pu obtenir quelques merceries qu'ils voulaient acheter, se retirèrent mécontents, et le lundi suivant les Bourguignons se mirent en marche pour rejoindre le duc de Bretagne qui s'avançait à grandes journées.

Le roi, voulant empêcher cette réunion, se dirigea avec toutes ses troupes sur la vallée de Montlhéry. Le seigneur de la Borde et Guillaume Cousinot vinrent avertir le prévôt des marchands de préparer pour ses soldats les vivres et les logements, et le mardi 16 juillet, les deux armées se rencontrèrent à Montlhéry. L'aile gauche des gens d'armes du roi fut culbutée et mise en désordre dès l'abord par le comte de Charolais, qui s'avança avec une telle impétuosité, à la tête d'une compagnie de cent lances, qu'il perça jusqu'à l'arrière-garde. Soit trahison, soit terreur panique (car le bruit se répandit en cet instant que le roi était tué), le comte du Maine, l'amiral Montauban et toute l'arrière-garde, forte de sept à huit cents lances, prirent la fuite devant cette poignée d'assaillants, qui les poursuivirent pendant une demi-lieue. Mais le comte regagna avec peine le champ de bataille; il fut assailli de toutes parts, perdit plusieurs de ses gens, et reçut lui-même un coup d'épée dans la gorge et un coup d'épieu dans la poitrine. Lorsqu'il rejoignit ses troupes, la bataille était loin d'être décidée; l'aile gauche bourguignonne, commandée par le comte de Saint-Paul, avait été battue, mise en déroute, et elle avait entraîné avec elle une partie de la réserve. Quelques gens d'armes français pénétrèrent même jusqu'aux bagages, qu'ils eussent pillés sans la résistance des gardes et conducteurs qui les repoussèrent courageusement à coups de maillets de plomb. Il en résultait que les deux armées étaient dispersées et combattaient sans ensemble. Le roi, qui avait agi en homme de cœur, se retira au château de Montlhéry pour se rafraîchir et regarder, du haut de la tour, ce que devenaient ses gens; mais ni lui ni le comte ne purent rallier avant la nuit assez de monde pour recommencer un combat régulier. Les Bourguignons passèrent la nuit sur le champ de bataille dans une grande anxiété, ils apprirent le lendemain matin que les troupes royales s'étaient repliées sur Corbeil, et ils crièrent *victoire!* mais la bataille n'en était pas moins indécise, et la déroute avait été complète dans les deux armées. « Du côté du roi fut un homme *d'état*, dit Comines, qui s'enfuit jusques à Lusignan (dans le Poitou); et du côté du comte un autre homme de bien jusques au Quesnoy-le-Comte, dans le Hainaut (1). » On évalue les pertes de cette journée à deux mille hommes, et, selon d'autres, à trois mille cinq cents de part et d'autre. Mais les fuyards bourguignons eurent beaucoup plus à souffrir que les fuyards de l'armée royaliste; ils furent presque tous

(1) Voy. Comines, chap. 3 et 4.

faits prisonniers et dépouillés par les paysans de l'Ile-de-France, tandis que les Parisiens, commandés par le maréchal de Gamache, reprenaient Saint-Cloud et poursuivaient les débris de la garnison.

Le jour suivant, Louis XI entra à Paris, et soupa ce même jour chez son lieutenant-général, Charles de Melun. Il admit à sa table, pour se rendre populaire, des bourgeois et les dames et demoiselles de la ville, auxquels il raconta ce qui s'était passé à Montlhéry. Ensuite, pour s'attacher de plus en plus les Parisiens, il confirma leurs priviléges, abolit la plus grande partie des impôts, et, sur la proposition de l'évêque de Paris, Guillaume Chartier, il établit un conseil, composé de six conseillers du parlement, de six bourgeois et de six membres de l'Université, pour délibérer avec les gens du conseil ordinaire du roi. Toutefois, il ne réprimait pas les brigandages de ses gens d'armes campés dans la banlieue; il ne pouvait les payer, et il trouva difficilement de l'argent à Paris. Quelques membres du parlement et de la chambre des comptes qui refusèrent d'en prêter, furent aussitôt privés de leurs offices. Le roi faisait poursuivre en même temps les partisans de la ligue du *bien public*. Un gentilhomme nommé Laurent de Mory, enfermé à la Bastille pour avoir favorisé les Bourguignons, fut déclaré coupable de haute-trahison et condamné à être écartelé aux halles. Le parlement diminua la rigueur du supplice et le condamna à être pendu. Huit jours après, Jean de Bourges, clerc de Jean Bérard, conseiller au parlement, fut noyé dans la Seine, par sentence du prévôt des maréchaux, avec François Mériodeau; et le mardi suivant, 30 juillet, Gatien Mériodeau, frère de François, notaire au Châtelet, expia sa trahison par le même supplice. On noya le même jour un pauvre *aide à maçon* qui avait porté des lettres à Eudes de Bucy, attaché au service du comte de Saint-Paul. Toutes ces exécutions se firent devant la tour de Billy.

Le roi partit le 10 août pour Rouen. Il laissa à Paris quelques compagnies de francs-archers de Normandie (1), et environ quatre cents lances, sous les ordres de Charles de Melun, qui remplit les fonctions de gouverneur de Paris jusqu'à l'arrivée du comte d'Eu. Quelques jours après, deux cents archers à cheval, commandés par le capitaine Mignon, entrèrent dans la ville. Ces renforts n'étaient pas inutiles : l'armée des princes, qui voulaient profiter de l'absence de Louis XI, enveloppait Paris; le comte de Charolais campait à Conflans, les ducs de Berry et

---

(1) Ces troupes étaient levées dans les baillages de Caen et d'Alençon. « Ceux de Caen, qui avoient jacquettes où étoit écrit sur la broderie *Caën*, furent mis et logés dedans l'hôtel du Temple, et les autres dudit bailliage d'Alençon, qui avoient jacquettes sur lesquelles étoit écrit en broderie *audi partem*, furent logés au quartier du Temple, partout où ils purent, au-delà de l'ancienne porte dudit Temple. » *Jean de Troyes*, p 259.

de Bretagne à Saint-Maur et au château de Beauté. Saint-Denis et Vincennes furent occupés par leurs troupes. Les Parisiens étaient sur leurs gardes; ils repoussèrent toutes les attaques (1). Alors le duc de Berry envoya ses hérauts, porteurs de quatre lettres, pour le clergé, le parlement, la ville et l'Université; il déclarait que lui et ses alliés n'avaient pris les armes que pour le bien public, et demandait une entrevue avec des députés. Le même jour, 22 août, une assemblée générale eut lieu à l'Hôtel-de-Ville; on choisit les notables qui devaient se rendre à l'invitation du prince. Pour le clergé, ce furent l'évêque de Paris, Thomas de Courcelles, doyen de Notre-Dame, Jean de l'Olive, docteur en théologie, et Eustache Luillier; pour le parlement, Jean le Boulanger, Jean Sellier, archidiacre de Brie, et Jacques Fournier; pour la ville, Jean Chouart, lieutenant civil au Châtelet, François Hallé, ou Hasle, avocat au parlement, et Arnaud Luillier, changeur de Paris; pour l'Université, Jacques Ming, de la Faculté des arts, Jean Luillier, curé de Saint-Germain-l'Auxerrois, de la Faculté de théologie, Jean de Montigny, de celle de droit, et Enguerrand de Parenty pour la Faculté de médecine. Cette députation se rendit à Saint-Maur, près Vincennes, et revint à l'Hôtel-de-Ville rendre compte de sa mission. Les princes demandaient la convocation des États-Généraux, et en attendant ils priaient qu'on les laissât entrer avec quelques gens de leur suite pour délibérer avec les Parisiens sur *l'affaire commune*, et qu'on laissât passer leurs troupes par la ville. L'assemblée accéda assez volontiers à ces propositions; mais le roi, prévenu de ces dangereuses négociations, arriva en toute hâte à la tête d'un grand nombre de troupes. Il craignait même d'arriver trop tard, car s'il eût trouvé Paris révolté, *le meilleur qui lui pouvoit venir, c'étoit fuir hors du royaume.* Il dit plusieurs fois depuis à Philippe de Comines que dans ce cas il se serait retiré en Suisse, ou vers François Sforce, duc de Milan (2). Louis fut accueilli par les cris de *Noel! Noël!* Néanmoins il était mécontent, et ses gens d'armes occupèrent toute la ville, dont il commençait à se méfier. Il priva de leurs charges quelques uns des

(1) On lit dans la *Chronique scandaleuse* l'anecdote suivante : « Il y eut un Breton, archer du corps de monseigneur de Berry, habillé d'une *brigandine* couverte de velours noir à cloux dorés, et en sa tête un bicoquet garni de bouillons d'argent doré, qui vint frapper un cheval sur lequel étoit monté un homme d'armes de l'ordonnance du roy, par les flancs et la cuisse, tellement que ledit homme d'armes en s'en retournant à Paris, ledit cheval tomba sous lui tout mort dessous les galeries des Tournelles. Aussitôt que ledit Breton eut blessé ledit cheval, vint à lui un archer de la compagnie de monsieur d'Eu qui lui traversa le corps tout outre d'une demi-lance, et fut son cheval et habillement pris pour apporter à Paris, et le corps laissé mort en chemise. Et bientôt après vint un héraut à la porte Saint-Antoine qui requit avoir ledit corps mort, ce qui lui fut octroyé, et le fit porter à Saint-Antoine-des-Champs hors Paris, où il fut inhumé et son service fait. » — (2) Comines, chap. 8.

députés, et en exila cinq, les trois frères Luillier, Jean Chouart et l'avocat Halié.

Le siége de Paris fut poussé avec plus d'ardeur, mais les assaillants étaient sans cesse repoussés. Tout se bornait d'ailleurs à des escarmouches. Les deux partis commencèrent à parler de trêve et de paix, et le 1er septembre le comte de Sommerset vint à Paris avec un sauf-conduit au nom des confédérés. « Il parla assez longuement, dit la chronique, au roy qui étoit en la bastille Saint-Antoine, et puis lui fut donné à boire et prit congé du roy, qui, au partir, pour ce qu'il pleuvoit, luy donna sa cappe de velours noir; et le lundy ensuivant, monseigneur du Maine qui étoit logé à Paris devant l'hôtel du roy, envoya à monseigneur le duc de Berry deux muids de vin vermeil, quatre demies queues de vin de Beaune et un cheval chargé de pommes, de choux et de raves. » Le lendemain les députés des deux partis s'assemblèrent à la Grange-aux-Merciers (l'emplacement actuel de Bercy). C'étaient pour le roi, le comte du Maine, le seigneur de Précigny, président de la chambre des comptes, et Jean Dauvet, président du parlement de Toulouse; pour les princes, le comte de Saint-Paul, le duc de Calabre et le comte de Dunois. Le dimanche suivant, Louis XI sortit de son hôtel des Tournelles pour aller à Notre-Dame, et il s'arrêta en passant à l'église de la Madeleine, où il se fit inscrire dans la grande confrérie des bourgeois de Paris, avec l'évêque d'Évreux et plusieurs autres seigneurs de sa suite.

Une trêve de quelques jours avait été conclue à la Grange-aux-Merciers. Cependant les troupes des princes n'hésitèrent pas à dévaster et fourrager les vignes des terroirs de Clignancourt, de Montmartre et de la Courtille. Les Parisiens furent obligés de vendanger aussitôt pour sauver le reste de leur récolte, quoique le raisin ne fût mûr qu'à demi. Aussi le vin fut si mauvais qu'on l'appela le *vin de l'année des Bourguignons* (1). L'armée du roi s'augmentait chaque jour; quelques compagnies de nobles arrivèrent encore de Normandie. Elles furent logées au faubourg Saint-Marceau. Mais quelques uns de ces nouveaux-venus ayant pillé et volé leurs hôtes, les bourgeois leur reprochèrent leur conduite, et empêchèrent deux d'entre eux de pénétrer dans la ville. Les deux Normands insultèrent aussitôt, dans leur fureur, tous les Parisiens, en les appelant *traîtres Bourguignons*. Sur la plainte des bourgeois, information fut faite, et le plus coupable de ces gentilshommes normands fut condamné à faire amende honorable devant l'Hôtel-de-Ville, et en présence du procureur du roi attaché à la municipalité, tête nue, sans ceinture, et une torche au poing, en disant que *faussement et mauvaisement il avoit menti en proférant lesdites paroles et*

---

(1) *Jean de Troyes*, p. 264.

requérant icelles lui être pardonnées; après quoi il eut la langue percée et fut banni du royaume.

La trêve se prolongeait, mais les soldats de l'armée des princes dévastaient néanmoins les environs de Paris. Le roi ayant dit un jour qu'il ne craignait point les Bourguignons : « Ung procureur du Chastellet, nommé Pierre Béron, luy répondit : « Voire, sire, mais ils vendangent nos vignes et mangent nos raisins, sans que nous y sachions remédier. » Et le roi répliqua « qu'il valloit mieux qu'ils vendangeassent lesdites vignes et mangeassent lesdits raisins qu'ils vinssent dedans Paris prendre leurs tasses et leur avoir qu'ils avaient mis et mussés (cachés) dans leurs caves et celiers (1). » Enfin, le 18 septembre la trêve fut rompue. Le même jour le roi fit retirer ses troupes de devant Charenton et le Port à l'Anglais, et logea six cents cavaliers aux Chartreux, ce qui obligea les religieux à quitter leur maison. Les hostilités recommencèrent dès le lendemain. Les troupes des princes passèrent la Seine et vinrent attaquer l'armée royale au faubourg Saint-Marceau, à Saint-Victor et aux Chartreux. Ces différentes escarmouches (2) coûtèrent encore du monde à chacun des deux partis. Quoique la capitale fût assiégée depuis quatre mois, on n'avait nullement à craindre la disette, et les ennemis ne faisaient aucun progrès; mais la situation des affaires ne laissait pas d'inquiéter Louis XI. Les confédérés avaient en secret de nombreux partisans. Louis Sorbier ou Forbier, lieutenant du maréchal de Gamache, leur livra la ville de Pontoise; les bourgeois murmuraient des excès des gens de guerre, et enfin la porte de la Bastille, du côté de la campagne, fut ouverte pendant une nuit, et on y trouva plusieurs canons encloués. Alors le roi renoua les conférences et parvint à signer la paix. Les traités de Conflans et de Saint-Maur (5 et 21 octobre 1465) amenèrent la dissolution des confédérés. Louis leur accorda toutes leurs demandes, sauf à revenir plus tard sur ses promesses; à son frère, la Normandie, province qui faisait à elle seule le tiers des revenus du roi; au comte de Charolais les villes de la Somme; à tous les autres des places fortes, des seigneuries et des pensions. Pour que le *bien public* ne parût pas entièrement oublié, on stipula, pour la forme, qu'une assemblée de notables y aviserait (3).

Le roi soupa à l'Hôtel-de-Ville quelques jours après (4), et abolit les impôts qu'avaient nécessités les frais de la guerre. Il rétablit le même jour Robert d'Estouteville dans sa charge de prévôt qu'il lui avait ôtée pour la donner à Jacques Villiers de l'Ile-Adam, et réintégra égale-

---

(1) *Id., ibid.* — (2) Comines, chap. 11, dit en propres termes : « Je ne vis jamais une seule journée qu'il n'y eut escarmouche, quelque petite que ce fut. » Voy. au même endroit l'amusante anecdote des Bourguignons prenant des chardons pour *toutes les batailles du roy et tout le peuple de Paris.* — (3) M. Michelet, *Précis*, p. 141. — (4) J'ai rapporté ce fait d'après *Jean de Troyes*, à l'article *Hôtel-de-Ville*, t. II, p. 500.

ment Juvénal des Ursins dans ses fonctions de chancelier. Il alla ensuite rendre grâce à Dieu, dans l'église de Saint-Denis, de la dissolution de la ligue, et y fit un présent de 100 écus d'or, qu'il porta lui-même sur l'autel. Quelque temps après il partit pour la Normandie, emmenant avec lui deux bourgeois de Paris, Arnaud Luillier, changeur, et Jean Longuejoe, le jeune.

La même année, il accorda de grands priviléges à sa bonne ville de Paris. « En vertu d'anciennes ordonnances, il était permis aux marchands qui achetaient dans la ville, prévôté et vicomté de Paris, ou qui y passaient pour conduire leurs marchandises hors des frontières ou dans des lieux dans lesquels les aides du roi n'avaient point cours, de s'exempter de la *traite foraine* de 12 deniers pour livre qu'ils étaient obligés de donner à la frontière, en payant seulement 6 deniers pour livre à Paris. La cour des aides les contraignit ensuite à payer à Paris les 6 deniers pour livre et à donner caution de rapporter un certificat constatant que les marchandises avaient été vendues dans des lieux non soumis aux aides. Par lettres du 7 février, le roi abolit cette obligation. Comme les bourgeois avaient hébergé plusieurs fois des gens de guerre, malgré leur exemption, une seconde ordonnance confirma leur privilége, au mois d'octobre suivant. Par autres lettres du 20 du même mois, le roi déclara exempts de tous subsides et impôts quelconques, présents et futurs, le prévôt des marchands, les échevins, greffier, le receveur et le procureur du roi à l'Hôtel-de-Ville. Par autres lettres-patentes du 9 novembre, qui confirmaient d'anciens priviléges, il ordonna que les Parisiens ne pourraient être tirés hors des murs de la ville, ni tenus de plaider ailleurs que dans la ville, *s'il ne leur plaisoit;* et que les nobles et bourgeois ayant fiefs nobles et arrière-fiefs ne pourraient être contraints d'aller au ban et arrière-ban, pourvu toutefois qu'ils fussent prêts à défendre Paris. En enregistrant cette ordonnance, le parlement fit cette restriction aux mots *s'il ne leur plaisoit*, que les Parisiens, comme défendeurs, ne pourraient plaider ailleurs qu'à Paris même. Les dix sergents de la ville, divisés en *sergents du Parloir aux bourgeois* et *sergents de la marchandise*, profitant des circonstances et des services qu'ils avaient rendus pendant la guerre du bien public, remontrèrent au roi la modicité de leurs gages, qui n'étaient pour les premiers que d'un denier tournois par jour et de six pour les autres avec une robe à chacun. Louis leur accorda les mêmes avantages qu'aux archers et arbalétriers de la ville (1). »

L'année suivante, le roi établit un tribunal de vingt-un commissaires, présidés par le comte de Dunois, pour réformer les abus qui s'étaient glissés dans l'administration de la justice. Cette commission ou-

---

(1) Félibien, t. II, p. 856.

vrit ses travaux le mardi 16 juillet, après la messe du Saint-Esprit, qui fut célébrée à la Sainte-Chapelle par l'archevêque de Reims, Juvénal des Ursins. Nous n'avons point d'autres renseignements à ce sujet. Paris fut désolé bientôt après par une mortalité inouïe qu'on attribua aux chaleurs d'août et de septembre. On évalue le nombre des morts dans la ville et la grande banlieue à plus de quarante mille. Le cimetière des Innocents n'étant point assez spacieux, on se servit en même temps du cimetière de la Trinité, qui appartenait à l'Hôtel-de-Ville. Pendant cette mortalité, qui dura plus de trois mois, le roi ne vint pas à Paris. L'année suivante, pour réparer les ravages causés par la guerre et les maladies, il rendit cette importante ordonnance qui permettait à tout étranger, de quelque nation qu'il fût, de s'établir dans la ville et les faubourgs de Paris. Les nouveaux venus obtenaient tous les droits de bourgeoisie, et de plus l'abolition de leurs crimes, à l'exception de celui de lèse-majesté.

Le 1er septembre 1467, la reine se rendit à Paris en bateau. Les principaux officiers de la ville et un grand nombre de bourgeois allèrent au-devant d'elle dans des barques ornées avec élégance, dont quelques unes étaient remplies de musiciens, et de ces rafraîchissements qu'on désignait alors sous le nom d'*épices* (1). Ils conduisirent la princesse jusqu'au *terrain*, derrière Notre-Dame, où l'attendaient l'évêque et le parlement. Lorsqu'elle eut fait ses prières, elle remonta en bateau et alla descendre près des Célestins. Là, elle et les dames de sa suite montèrent des haquenées et se rendirent aux Tournelles. Toute la nuit se passa en réjouissances. On alluma des feux de joie, et l'on dressa dans les rues des tables où l'on donnait à boire à tout venant. Trois jours après, le roi et la reine assistèrent aux noces de Nicolle La Balue, frère de l'évêque d'Évreux, qui épousa la fille de Jean Bureau, seigneur de Monglat. La fête, *qui fut moult belle et honnête*, eut lieu à l'hôtel de Bourbon. Un autre jour, la reine, sa sœur, Bonne de Savoie, et plusieurs dames de la cour, allèrent souper chez Jean Dauvet, premier président du parlement. « Illec, dit la *Chronique scandaleuse*, elles furent reçues et festoyées moult noblement et à grande largesse. Il y avoit quatre bains, moult beaux et richement ornés, car on croyoit que la reine s'y dût baigner, dont elle ne fit rien, pour ce qu'elle se sentit un peu mal disposée, et aussi que le temps étoit dangereux ; mais en l'un desdits bains se baignèrent madame de Bourbon et mademoiselle Bonne de Savoye ; et à côté, en l'autre bain, se baignèrent madame de Monglat et Perrette de Châlon, bourgeoise de Paris (2), et là firent bonne chère. »

(1) On lui présenta, dit la chronique, *ung beau cerf fait de confiture, qui avoit les armes d'icelle noble reine pendues au col.* — (2) Cette Perrette dont il est souvent question dans la Chronique, était maîtresse de Louis XI.

Le lundi suivant, soit pour flatter la bourgeoisie, soit pour intimider les mécontents, il réitéra l'ordre qu'il avait déjà donné quelque temps auparavant à tous les citoyens de Paris, depuis l'âge de seize ans jusqu'à soixante, de se tenir prêts à passer en revue devant lui. Ils devaient se diviser en compagnies, et porter, sinon des armes, du moins *un bâton deffensable, sous peine de la hart.* Le recteur de l'Université, Guillaume Fichet, pour avoir fait difficulté de laisser armer les écoliers, encourut la disgrâce du roi. Le jeudi 14 septembre, ces soldats citoyens sortirent de la ville au nombre de soixante à quatre-vingt mille; dont la moitié avait des armes. Ils furent rangés en bataille dans la campagne aux environs de Saint-Antoine-des-Champs et jusqu'à Conflans. On compta dans cette armée jusqu'à soixante-sept bannières des seuls corps des métiers, sans compter les étendards et guidons du parlement, de la chambre des comptes, du trésor, des généraux des aides, des monnaies, du Châtelet et de l'Hôtel-de-Ville. Comme il était resté dans la ville un plus grand nombre de vieillards, de femmes et d'enfants, sans compter les gens d'église et autres citoyens exemptés de cette charge, on peut évaluer à trois cent mille le nombre des habitants de Paris à cette époque.

Le 22 septembre, Louis, accompagné de l'évêque d'Évreux et de quelques seigneurs, alla en pèlerinage à pied à Saint-Denis. Il trouva sur son chemin « trois ribauds qui luy vinrent requérir grâce et rémission de ce que tout leur temps ils avoient été larrons, meurtriers et *espieurs* de chemins, laquelle chose le roy leur accorda bénignement. » Il ne revint de Saint-Denis que le lendemain, et alla souper chez Denis Hesselin, « son pannetier et esleu (*élu*) de Paris, qui nouvellement étoit devenu compère du roy, à cause d'une sienne fille dont la femme étoit accouchée, que le roy fit tenir pour luy par maître Jean La Baluc, évêque d'Évreux; et pour commères y étoient madame de Bueil (1) et madame de Monglat. Et audit hôtel le roy fit grande chère et y trouva trois beaux bains honnêtement et richement préparés, car on pensoit qu'il dût y prendre son plaisir et se baigner, ce qu'il ne fit point pour aucunes causes; c'est assavoir tant pour ce qu'il étoit enrhumé que aussi pour ce que le temps étoit moult dangereux et maladif. »

J'ai parlé, dans l'histoire du Parlement (2), des démarches tentées par Louis XI pour faire abolir la pragmatique-sanction; je n'y reviendrai pas. On sait que Jean La Balue (3) fut nommé cardinal par le pape;

(1) Jeanne, fille naturelle de Louis XI, femme d'Antoine de Bueil, comte de Sancerre. — (2) T. II, p. 35.

(3) On trouve dans les auteurs contemporains de nombreux détails sur la vie de ce célèbre cardinal, fils d'un tailleur ou d'un meunier, qui fut laquais, et dont la destinée fut si curieuse. J'extrais du journal de Jean de Troyes le passage suivant, qui est en

en récompense de son zèle en cette affaire. Le nouveau prélat passa plusieurs fois la revue de la milice parisienne et des troupes royales.

Le 15 mai 1468, il y eut devant l'hôtel des Tournelles une joute remarquable. Quatre gentilshommes de la compagnie du grand-sénéchal de Normandie avaient préparé cette passe d'armes et avaient invité les braves à venir rompre trois lances avec chacun d'eux. Jean Ragnier, trésorier des guerres, accourut aussitôt de Rouen, amenant avec lui plusieurs gentilshommes, vêtus de hoquetons brochés d'or. Il se présenta dans le champ, bien monté, avec quatre valets de pied à ses côtés pour tenir ses lances, et joûta avec tant d'adresse, qu'il rompit jusqu'à cinq lances. Après Jean Ragnier vinrent Marc Cenamy, élu de Paris, et deux fils de messire Jean Sanguin; enfin parut Charles de Louviers, échanson du roi, qui rompit un si grand nombre de lances et se comporta si vaillamment qu'on n'hésita pas à lui décerner le prix. Des quatre gentilshommes qui tenaient le tournoi, trois étaient blessés; en sorte, dit la chronique, que l'honneur du jeu *fut et demeura aux enfants de Paris.*

De grands événements se passaient alors. Le comte de Charolais, devenu duc de Bourgogne, n'avait pu vivre long-temps en bonne intelligence avec Louis XI. Celui-ci avait fait annuler par les États assemblés à Tours les principaux articles du traité de Conflans, et irritait sans cesse son ennemi par de nouvelles intrigues. Le duc prit les armes. Louis XI, qui espérait encore l'apaiser à force d'adresse, alla lui-même le trouver à Péronne. Mais il y était à peine qu'on apprit la révolte des Liégeois soulevés contre le duc par les agents du roi de France. La fureur de Charles fut telle que le roi craignit un instant pour sa vie. Le duc se contenta de lui faire signer un nouveau traité beaucoup plus onéreux que celui de Conflans (14 octobre 1468), et de l'emmener devant Liége pour voir ruiner cette ville. Le roi, échappé heureusement à la vengeance du Bourguignon, se rendit aux environs de Paris pour

---

même temps spécial à l'Histoire de Paris: « Cedit jour au soir (1465), environ deux heures de nuit, monseigneur l'évêque d'Evreux, Balue, fut guetté et assailli par aucuns ses ennemis dans la rue de la Barre du Bec, à l'environ de la porte de derrière de feu maistre Bureau Boucher, lesquels chargèrent sur luy. D'abord ils vinrent ôter et souffler deux torches qu'on portoit devant luy, et après vinrent audit Balue qui étoit monté sur une bonne mule, qui le sauva en fuyant; car tous ses gens saisis d'effroy l'abandonnèrent pour peur des horions, et emporta ladite mule sondit maistre Balue jusques au cloître Notre-Dame en son hôtel, d'où elle étoit partie. Et avant ladite fuite, il eut deux coups d'épée, l'un en haut au milieu de sa couronne, et l'autre en l'un de ses doigts. Et sesdits gens qui ainsi s'en alloient, courant dans la rue, crioient à l'arme et au meurtre, afin que le peuple sortit pour donner secours à leur maistre. Et dudit cas le roy fut courroucé et ordonna qu'on en fit information et que la chose fut sceue; mais tout en demeura ainsi sans savoir autre chose, quoique aucuns disoient depuis que ce avoit fait faire monseigneur de Villiers le Boscaige, pour l'amour de Jehanne du Bois, dont il estoit moult grandement amoureux. »

faire enregistrer le traité de Péronne par le parlement, mais il n'entra point dans la ville. On publia ce traité à son de trompe, et on ordonna que « personne ne fût si osé ou hardy d'en rien dire à l'opprobre du seigneur de Bourgogne, soit de bouche, par écrit, signes, peintures, rondeaux, ballades, virelais, libelles diffamatoires, chansons, gestes, ni autrement; et que ceux qui seroient trouvés avoir fait ou été au contraire fussent grièvement punis. » Le même jour, 19 novembre 1468, un *jeune fils de Paris*, nommé Henri Perdriel, s'empara, dans la ville, par ordre de Louis XI, « de toutes les pies, geais et chouettes, étant en cages ou autrement, et étant privées, pour toutes les porter devers le roy, et étoit écrit et enregistré le lieu où avoient été pris lesdits oiseaux, et aussi tout ce qu'ils savoient dire, comme *larron, paillard, fils de p..., va hors, va; Perrette, donne-moy à boire* (1), et plusieurs autres beaux mots qu'iceux oiseaux savoient bien dire et qu'on leur avoit appris. »

L'année même de la naissance du dauphin, qui fut roi sous le nom de Charles VIII (1470), l'imprimerie fut établie à Paris (2). Je consacrerai plus loin un article spécial à l'introduction de cette grande découverte dans la capitale.

Louis XI ne restait jamais long-temps à Paris; il n'y venait passer que quelques jours. En 1471, il alluma sur la place de Grève le feu de la Saint-Jean. Le 1ᵉʳ mai de l'année suivante, on fit une *moult belle et notable* procession pour la paix, et un docteur en théologie, nommé Jean Borète, prêchant à Notre-Dame, déclara que le roi priait *son bon populaire*, manants et habitants de sa cité de Paris et des autres villes du royaume, que dorénavant, à l'heure de midi, lorsque sonnerait la grosse cloche, chacun fléchît un genou en terre en disant *Ave Maria*, pour obtenir bonne paix au pays de France. Telle fut l'origine de l'*Angelus*, usage adopté et perpétué dans tous les pays catholiques. — Le même jour Guillaume Chartier, évêque de Paris, tomba malade et mourut; il fut vivement regretté. Mais le roi écrivit au prévôt des marchands que, mécontent de la conduite du saint homme, qui avait paru attaché au parti des princes, il ordonnait de lui faire une épitaphe où l'on exprimerait sa trahison envers son suzerain (3). Louis ne pardonnait aucune injure.

S'il faut en croire l'auteur de la *Chronique scandaleuse*, le duc de Bourgogne voulut faire empoisonner le roi, par l'entremise d'un mar-

---

(1) Suivant Le Duchat, Louis XI était choqué de ce que ces oiseaux répétaient le nom de Perrette, sa maîtresse. L'abbé Legrand pense que c'était le mot *Péronne* qu'on avait appris à ces oiseaux, ce qui rappelait au roi de fâcheux souvenirs. — (2) T. II de cette histoire, p. 175. — (3) « Au lieu de cette épitaphe si injurieuse, dit Félibien, on en lisait, il y a quelques années, dans le chœur de la cathédrale, une autre fort honorable.» Elle est rapportée dans le *Gallia Christiana*, t. II, p. 866.

chand nommé Ytier. Quoi qu'il en soit, cet homme chargea son valet, Jean Hardi, de gagner deux *queux* de la cuisine du roi, qui avaient été avec lui au service du duc de Guienne. Malgré la promesse de vingt mille écus, les deux valets eurent horreur de ce crime et dénoncèrent Jean Hardi, qui fut envoyé à Paris, et mis sous la garde du prévôt des marchands et des échevins. Le 30 mars 1474, le parlement condamna le coupable à être traîné sur une claie depuis la porte de la Conciergerie jusqu'à celle du Palais, et de là conduit dans un tombereau en place de Grève pour y être écartelé le même jour. Sa tête fut placée au bout d'une lance devant l'Hôtel-de-Ville, ses quatre membres envoyés à quatre villes des frontières du royaume, et le tronc brûlé sur le lieu même du supplice.

Quoique ne demeurant pas à Paris, Louis XI aimait les Parisiens et les visitait souvent. Le 20 avril 1474, il fit la revue hors la porte de Saint-Antoine de la milice bourgeoise, qui se composait alors de quatre-vingt mille hommes armés, tous vêtus de hocquetons rouges à croix blanche. La capitale lui avait fourni plusieurs fois des gens de guerre. Aussi, en récompense de ces bons et loyaux services, il fit revivre l'ancien privilége par lequel toutes marchandises chargées pour être amenées par terre ou par eau à Paris ne pouvaient être arrêtées sous aucun prétexte (1).

L'astucieuse politique de Louis XI portait ses fruits. Les grands étaient humiliés et abattus, les ennemis extérieurs repoussés, le royaume tranquille et prospère. Louis se vengea alors cruellement de quelques hommes dont il redoutait l'esprit inquiet et les talents. Le plus célèbre de ces ennemis est Louis de Luxembourg, connétable de France, qui, voulant jouer le rôle de médiateur entre deux puissants princes, tomba victime de son ambition. Charles-le-Téméraire, oubliant les services que lui avait rendus le connétable, le livra au bâtard de Bourbon, amiral de France, qui le conduisit à la Bastille. Une commission formée par des membres du parlement et présidée par le chancelier Pierre Doriole, procéda aussitôt à son interrogatoire. Le 4 décembre 1475, on exposa aux chambres assemblées qu'il était d'usage qu'on reçût au criminel sa confession en présence de toute la cour; qu'il n'y avait si grand seigneur dans le royaume, à l'exception du roi et du dauphin, qui ne fût obligé de comparaître au parlement quand il l'ordonnait, mais qu'on n'osait y faire venir le connétable, parce que le gouverneur de la Bastille ne répondait pas de l'y reconduire en sûreté, et que d'ailleurs le connétable ne voulait pas se donner en spectacle au peuple. Il fut donc décidé que le parlement se transporterait à la Bastille pour y faire lire en sa pré-

(1) Félibien, t. II, p. 868.

sence la confession de Louis de Luxembourg. Quelques jours après, on fit monter à cheval le connétable, et le prévôt de Paris le conduisit, sous bonne escorte, au Palais. Le chancelier l'attendait dans la tour criminelle ; il lui demanda le collier de l'ordre de Saint-Michel et l'épée de connétable. Un moment après arriva Jean de Popincourt, président du parlement, qui lui déclara que la cour l'avait condamné à mort, comme criminel de lèse-majesté. On lui envoya aussitôt quatre confesseurs, un cordelier, un augustin, le pénitencier de Notre-Dame et le curé de Saint-André-des-Arcs, mais on lui refusa la communion. Il entendit seulement une messe et reçut le pain bénit. A une heure après midi (c'était un mardi 19 décembre), il monta à cheval et fut conduit à l'Hôtel-de-Ville où il passa près de deux heures à parler, soit avec ses confesseurs, soit avec Denis Hesselin, maître d'hôtel du roi, qui écrivit son testament. Enfin il fut mené sur l'échafaud par une galerie de bois qui avait été construite tout exprès : il montra beaucoup de courage, se mit à genoux, tourné vers l'église Notre-Dame, dit au chancelier de demander pardon au roi, se recommanda aux prières du peuple, et reçut le coup fatal. Il avait détaché de son cou une pierre précieuse à laquelle il attribuait une vertu efficace contre le poison, et l'avait destinée à son fils. Cette dernière volonté ne fut pas exécutée : Louis XI se réserva cette partie de son héritage. Ainsi que je l'ai dit dans le tome premier de cet ouvrage (1), le connétable de Saint-Paul fut enseveli aux Cordeliers.

Vers la même époque, la ville de Paris tout entière fut animée par la visite d'une illustration étrangère. Le roi de Portugal, Alphonse V, avait passé en France dans l'espoir d'obtenir des princes du Nord les secours nécessaires pour soutenir ses hautes prétentions. Il aspirait au sceptre de toute la Péninsule Ibérique, et d'abord revendiquait le royaume de Castille qui se trouvait dans les puissantes mains de Ferdinand et d'Isabelle. Louis XI le reçut à Tours très convenablement, mais sans lui rien promettre. Le roi de Portugal poursuivit son voyage, et arriva dans Paris le 28 novembre 1476, un samedi. Il fut reçu avec un éclat, une courtoisie, une pompe extraordinaires ; les Parisiens n'auraient pas pu déployer plus d'appareil en recevant un fils de saint Louis. Toutes les compagnies de la ville, la municipalité, le parlement, la noblesse, les prélats, et en tête le chancelier de France sortirent des remparts pour aller au-devant de lui. Lorsqu'il fut arrivé à la porte Saint-Jacques, le prévôt des marchands et les échevins lui présentèrent le dais sous lequel il continua sa marche. Devant l'église Saint-Etienne-des-Grez, il trouva l'illustre corps de l'Université précédé de son recteur, qui lui fit une belle harangue de bienvenue. Une réception ana-

---

(1) Voy. *Couvent des Cordeliers*, t. I, p. 603.

logue et non moins flatteuse lui fut faite par l'évêque devant la cathédrale. Il entra dans Notre-Dame pour faire sa prière, et fut de là conduit rue des Prouvaires, où son logement était préparé dans l'hôtel d'un riche marchand nommé Laurent Herbelot. Les jours suivants, il reçut des diverses corporations de la ville une foule de riches présents, et visita toutes les curiosités de Paris et des environs, conduit partout par le sire de Gaucourt, lieutenant du roi dans la capitale. Il entendit, à la grand'chambre, plaider une cause sur la régale par deux fameux avocats, François Hallé, archidiacre de Paris, et Pierre de Breban, curé de Saint-Eustache. Une autre fois on lui fit voir dans la grande salle de l'évêché la cérémonie de réception d'un docteur. Enfin, dit Félibien, il voulut bien faire l'honneur au seigneur de Gaucourt, de prendre chez lui un souper magnique où furent admises quantité de dames et de demoiselles de la ville. Le dimanche suivant, 1er décembre et veille de son départ, on ordonna comme un beau spectacle une procession de l'Université qui passa sous ses fenêtres. Après cette entrée triomphale et ces brillants jours de fête, le roi de Portugal quitta Paris d'une triste façon. Il alla implorer le duc de Bourgogne à Nancy, comme il avait sollicité le roi de France à Tours; mais c'était folie de rien demander à Charles-le-Téméraire entre le désastre de Morat et le désastre de Nancy: il fut éconduit. Ainsi repoussé partout, il tombe dans une sombre mélancolie, et sur le bruit des démarches de Louis XI pour détacher la Castille de l'alliance des Autrichiens, il tremble que ce roi perfide ne soit tenté de le livrer à ses ennemis. Tout-à-coup on apprend qu'Alphonse V a disparu. Grande rumeur; on le cherche de tous côtés, enfin il est reconnu et arrêté par un gentilhomme normand. Le malheureux roi de Portugal était déguisé et se rendait à Rome, où il avait le projet de se jeter dans un monastère et de passer dans l'obscurité le reste de ses jours. Louis XI se plaignit beaucoup de cette méfiance, et pour faire voir à tout le monde combien les soupçons d'Alphonse étaient injustes, il fit équiper magnifiquement plusieurs vaisseaux qui le ramenèrent heureusement en Portugal.

Une partie de l'année 1477 fut employée au procès de Jacques d'Armagnac, duc de Nemours, comte de la Marche et de Castres, emprisonné à la Bastille pour avoir entretenu des intelligences avec l'Angleterre, et menacé de la peine capitale comme coupable de haute trahison. Le prisonnier confessait son crime en implorant la clémence royale. La justice de Louis XI fut inflexible, et le parlement, docile à ses volontés, confirma la condamnation. Le lundi 4 août, un an juste après son incarcération, Jacques d'Armagnac entendit prononcer sa sentence de mort. Le premier président, Jean le Boulanger, accompagné du greffier criminel, de Denis Hesselin, maître-d'hôtel du roi, et de plusieurs autres officiers, se rendit auprès du condamné, lui déclara qu'il avait été jugé criminel de lèse-majesté, et qu'il en subirait la peine le même jour. En effet, le même jour, vers trois heures après midi, le duc de Nemours fut décapité aux halles de Paris, sur un grand échafaud tendu de draperies noires. Son corps fut donné aux Cordeliers qui l'inhumèrent dans leur église (1).

Quelques mois après, Louis XI étant à Paris, apprit qu'un certain Antoine Fradin, simple cordelier, faisait grand bruit dans la capitale par ses prédications et par la hardiesse avec laquelle il osait parler du gouvernement du roi. Louis XI trouva fort mauvais les propos du cordelier, et quoiqu'il ne fît alors que passer dans la ville, il eut le temps d'envoyer Olivier le Dain lui faire de sa part la défense de prêcher. Le peuple, au contraire, goûtait beaucoup la libre parole d'Antoine Fradin; il fut très irrité de cette défense, et n'en fit que désirer bien plus d'entendre le prédicateur. Soupçonnant qu'on voulait enlever leur idole, une foule d'hommes et de femmes s'attroupèrent autour du couvent des Cordeliers, armés de bâtons, d'outils et d'instruments grossiers. Ils restèrent là jour et nuit, prêts à tout événement. Mais une sévère ordonnance de police suffit pour les dissiper (26 mai 1478). Quelques jours après, le premier président alla en personne signifier au cordelier trop populaire qu'il était banni du royaume, et qu'il eût à se retirer sans aucun délai. Le condamné obéit dès le lendemain; mais on ne put empêcher qu'à sa sortie de la ville il ne fût accompagné d'une foule de gens, surtout de femmes, qui le conduisirent jusque dans la campagne, tout éplorées de la perte d'un tel évangéliste.

La fortune de Louis XI avait dépassé ses vœux : son royaume, riche et paisible, s'était agrandi de magnifiques héritages; le redoutable Charles-le-Téméraire avait péri misérablement, et Louis avait mis la main sur une partie des provinces de son ancien rival. A son retour de Flandre, à la fin de l'année 1478, il passa près de Paris, mais il ne voulut point y entrer, à cause des maladies qui le ravageaient à cette époque, et il alla visiter diverses églises auxquelles il laissa de grands présents en reconnaissance de la protection divine, entre autres à Saint-Martin de Tours, où il dépensa près de 200,000 francs. Il fit construire une balustrade d'argent autour de la châsse du saint, et pour avoir la matière première, qui montait à plus de seize mille marcs, il fit prendre, en payant, la plus grande partie de la vaisselle d'argent des maisons de Paris, « en sorte, ajoute le chroniqueur, que l'on fut quelque temps sans voir, aux noces et aux festins, autre chose que des vases de cristal et de verre. »

Louis XI, retiré au Plessis-lès-Tours jusqu'à sa mort, ne vint plus à Paris. Ses intrigues avaient réussi, il augmentait peu à peu son royaume,

---

(1) Voy. art. *Bastille*, t. II, p. 610.

et les dernières guerres qu'il eut à soutenir se terminèrent à son avantage. En 1479, il conclut la paix avec le roi d'Espagne, dont les ambassadeurs furent reçus à Paris d'une manière solennelle, le samedi 3 juillet; et le 4 septembre de l'année suivante, le cardinal Jean de la Royère, légat du pape, entra dans la capitale; il venait en qualité de médiateur entre le roi de France et Maximilien d'Autriche; négociations qui aboutirent à la conquête de la Bourgogne, de la Franche-Comté et de l'Artois. (Traité d'Arras, 1482.)

L'hiver de l'année 1481 fut, au dire des écrivains contemporains, l'un des plus rigoureux que l'on ait jamais vus en France. « La Seine fut si bien prise que les voitures y passaient comme sur la terre ferme; aussi le dégel causa-t-il de grands dégâts. Les vignes furent gelées, et le vin, qui se vendait quelque temps auparavant 4 deniers tournois la pinte, fut porté à 2 sous parisis. Les marchands se virent obligés, pour fournir Paris, d'aller acheter du vin en Espagne. La disette et les maladies mirent le comble à l'horreur de cette situation. Un grand nombre de personnages distingués périrent alors, entre autres Jean le Boulanger, premier président, Charles de Gaucourt, lieutenant-général du roi à Paris, et le célèbre avocat Bataille (1). »

Après le traité d'Arras, les ambassadeurs de Maximilien passèrent à Paris, se rendant en Touraine auprès du roi. L'évêque de Marseille alla au-devant d'eux avec la municipalité, et ils furent harangués par un docteur. Le lendemain, dimanche 4 janvier 1483, ils entendirent la messe et le *Te Deum* à Notre-Dame et ils dînèrent à l'Hôtel-de-Ville. Le soir on fit des feux de joie, et des tables furent dressées dans les rues. Le 2 juin, la dauphine, Marguerite de Bourgogne, entra à Paris. Le parlement la reçut à cinq heures du soir, auprès *du moulin à vent* de la porte Saint-Denis. Les rues, depuis Saint-Denis jusqu'à Notre-Dame, étaient tapissées, et des *jeux*, ou représentations théâtrales, disposés de distance en distance. Au sortir de l'église, la dauphine entra dans une barque et fut conduite à l'hôtel des Tournelles. En commémoration de cette solennité, tous les prisonniers furent délivrés, et l'on créa un grand nombre de maîtres de métiers.

Les fatigues et les soucis avaient épuisé et vieilli Louis XI. Depuis long-temps il se sentait mourir, et des soins assidus ne pouvaient le rappeler à la vie. Il eut alors recours à la protection du ciel, et il ordonna des processions dans tout le royaume. Il y en eut plusieurs fort solennelles à Saint-Denis. Mais ces processions furent aussi inutiles que les reliques de la Sainte Chapelle et la Sainte-Ampoule de Reims qu'il se fit apporter au Plessis-lès-Tours; il mourut le 29 août 1483, dans la soixante-unième année de son âge et la vingt-troisième année

---

(1) Félibien, t. II, p. 878.

de son règne. On l'inhuma dans l'église de Notre-Dame de Cléry, qu'il avait choisie pour sa sépulture (1).

II. Monuments. — Institutions.

L'imprimerie à Paris. — En 1470, trente ans environ après l'invention de l'imprimerie par Jean Guttemberg, de Mayence (2), cet art admirable fut introduit en France. Paris est la première ville du royaume qui ait eu la gloire de posséder une imprimerie. Comme je l'ai dit ailleurs (3), Guillaume Fichet, recteur de l'Université, et son ami Jean Heynlin, dit Lapierre, prieur de Sorbonne, attirèrent à Paris trois imprimeurs allemands, Ulric Gering, de Constance, Martin Krantz et Michel Friburger, de Colmar. Par un hasard assez singulier, l'un des inventeurs de l'art typographique, ou du moins l'un de ceux qui le perfectionnèrent, Pierre Schœffer, avait passé sa jeunesse à Paris; il était écolier de la *très glorieuse Université* (4), et exerçait, en 1449, dans la capitale, la profession de copiste.

Les imprimeurs allemands établirent leurs presses à la Sorbonne, et donnèrent successivement au public les *Lettres* de Gasparin Barzizius de Pergame, un ouvrage de théologie de Barthélemi de Pise, la *Rhétorique latine* et les *Lettres* de Fichet, des éditions de Florus, de Salluste, et quelques autres livres. Les caractères étaient de forme ronde, fort beaux et fort nets; ce ne fut que vers 1480 que le gothique prévalut.

On a prétendu (5) que Faust, ou plutôt Jean Fust, associé de Guttemberg et de Shœffer, persuadé qu'il vendrait en France un grand nombre de Bibles, se rendit à Paris, où il fut bientôt poursuivi en justice et accusé de magie par les copistes (6), et les théologiens. Le parlement, ajoute-t-on, le fit emprisonner et saisit ses livres, mais Louis XI le prit sous sa sauve-garde, et lui paya les volumes qu'on avait confisqués chez lui. Cette anecdote n'est point authentique; on sait seulement que Fust vint à Paris en 1466, et l'on croit qu'il y mourut d'une maladie contagieuse (7). Voici ce qui a pu donner lieu à cette tradition : Schœffer et

---

(1) Il n'y a que trois de nos rois de la 3e race qui n'aient pas été enterrés à Saint-Denis : Philippe Ier, Louis le jeune et Louis XI. — *Hénault.*

(2) Quoique ce ne soit pas ici le lieu de discuter l'origine si controversée de l'imprimerie, je ne puis m'empêcher de faire remarquer que M. Dulaure s'est éloigné de l'opinion admise par les meilleurs critiques, en refusant à Guttemberg la gloire d'avoir inventé cet art merveilleux. Adoptant l'opinion de M. Meermann, l'auteur des *Origines typographicæ*, il l'attribue à Laurent Coster, de Harlem. Les plus savants bibliographes ont démontré depuis long-temps que cette prétention est insoutenable. (Voy. l'*Origine de l'imprimerie*, par Lambinet; Paris, 1810, 2 vol. in-8º; et la *Biogr. univ.*, art. Laurent Coster). — (3) T. II, p. 175. — (4) *Ibid.* — (5) *Ib.* p. 218.

(6) La découverte de l'imprimerie ôtait toute son importance à la profession de copiste, qui faisait subsister plus de dix mille individus dans les seules villes de Paris et d'Orléans. — Hurtaut, t. III, p. 349. — (7) *Biogr. univ.*, t. XVI, p. 204.

son associé, Conrad Hanequis, envoyèrent à Paris, vers 1472, un nommé Herman de Stathoen, chargé de vendre plusieurs ouvrages. Cet agent mourut quelque temps après son arrivée. Alors les officiers du roi, en vertu du droit d'*aubaine*, s'emparèrent des livres et de l'argent qu'avait laissés le défunt. Mais Schœffer et son associé protestèrent, et envoyèrent à Louis XI une requête avec des lettres de l'empereur d'Allemagne et de l'archevêque de Mayence. Le roi accueillit favorablement leur demande et leur donna des lettres-patentes, en date du 21 avril 1475 : « Ayant considération, y est-il dit, de la peine et labeur que lesdits exposants ont pris pour ledit art et industrie de l'impression, et du profit et utilité qui en vient et peut en venir à toute la chose publique, tant pour l'augmentation de la science que autrement; et combien que toute la valeur et estimation desdits livres et autres biens, qui sont venus à notre cognoissance, ne montent pas de grand'chose, ladite somme de deux mille quatre cent vingt-cinq écus et trois sous tournois, à quoi lesdits exposants les ont estimés; néantmoins, pour les considérations susdites et autres à ce nous mouvant, nous sommes libéralement condescendu à faire restituer audit Conrad Hanequis ladite somme de deux mille quatre cent vingt-cinq écus et trois sous tournois, etc. » Schœffer et son associé reçurent, chaque année, la somme de 800 liv. jusqu'à l'entier paiement de la somme fixée dans les lettres-patentes (1).

En 1473, on vit paraître de nouveaux ouvrages sortis d'une seconde imprimerie, établie à Paris, par *Pierre Césaris*, maître ès-arts, et *Jean Stoll*, tous deux Allemands, associés de Gering et de ses compagnons; entre autres le *Manipulus Curatorum* de Jean de Montrocher, le roman de l'*Amant devenu cordelier*, etc. On ne sait où était située cette imprimerie. La même année, Gering, Krantz et Friburger quittèrent la Sorbonne, et établirent leurs presses dans une maison de la rue Saint-Jacques, au Soleil d'Or; l'un des ouvrages les plus remarquables qu'ils y imprimèrent fut le *Jacobi magni Sophologium*. Krantz et Friburger se retirèrent en 1477, et Gering, qui resta à Paris, continua seul de diriger l'établissement. En 1483 il le transporta de la rue Saint-Jacques dans la rue de Sorbonne, où il exerça son art jusqu'en 1508, en société avec Berthold Rembold, de Strasbourg. « Il demeuroit, dit Félibien, dans une maison où pendoit l'enseigne du Buis, et qui étoit où se voit présentement la porte qui sépare la rue de Sorbonne d'avec la place (2). » Gering fut libéral envers la Sorbonne, qui lui

---

(1) *Mém. de l'Ac. des inscr.*, t. XIV, p. 243.
(2) Félibien, t. II, p. 862. Cet historien s'est servi de l'*Origine de l'imprimerie de Paris*, in-4º, 1694, excellent travail d'André Chevillier, de Pontoise, bibliothécaire de la Sorbonne. C'est à ce dernier qu'est due la conservation du *Speculum humanæ salvationis*, qui se trouve aujourd'hui à la Bibliothèque royale. Ce rare volume avait été exposé en

donna, en récompense, un logement à vie; il y mourut, le 13 août 1510, sans avoir été marié, et partageant ses biens entre les colléges de Sorbonne et de Montaigu (1). L'enseigne de Gering était *le Soleil d'Or*. Trois ans après la mort de cet homme célèbre, Rembold loua des docteurs de la Sorbonne, pour sa vie et celle de Charlotte Guillard, sa femme, une maison de la rue Saint-Jacques où pendaient pour enseigne un coq et une pie, vis-à-vis la petite rue Fromentel. Rembold y mit l'enseigne du Soleil d'Or, et imprima sous son nom seul, à partir de 1509. Après sa mort, arrivée en 1518, sa veuve épousa *Claude Chevallon*, imprimeur sur la place Cambrai, qui transporta ses presses dans la maison du Soleil, et y publia ces belles éditions des saints Pères qui ont fait sa réputation. Chevallon mourut en 1542; sa veuve continua l'entreprise, aidée par sa sœur Michelle, femme de Guillaume des Bois. Cette maison du Soleil d'Or, dit Félibien, a toujours été occupée par des imprimeurs de réputation.

L'art typographique ne tarda pas à se perfectionner, et les imprimeurs parisiens acquirent, par leurs travaux et leur intelligence, une réputation méritée. Les détails qu'on va lire à ce sujet, et qui ont été extraits en partie de l'ouvrage d'André Chevillier sur l'imprimerie à Paris, ne manquent point d'intérêt.

Jusqu'en 1494, Gering avait résisté à l'entraînement de l'exemple, en n'employant point la lettre gothique dont l'usage avait commencé en Allemagne en 1471, et s'était répandu de tous côtés. Mais enfin lui et Rembold firent comme les autres, et le gothique continua d'être en vogue jusque vers la fin du XVIe siècle. On attribue faussement à Josse Bade d'Asc (*Badius Ascensius*, 1505-32), venu de Lyon à Paris, la gloire d'y avoir fait revivre la lettre ronde ou lettre romaine. Gering et ses associés l'avaient employée avant lui, et l'on trouve des livres imprimés par Josse en caractères gothiques. L'honneur du rétablissement de la lettre ronde n'appartient qu'à Simon de Colmes, Robert Étienne, Michel Vascosan (1536-1583), Jean de Roigny et quelques autres de leur temps.

La lettre italique ou couchée fut inventée par le célèbre Alde Manuce, Romain, imprimeur de Venise, qui obtint des priviléges de trois papes: Alexandre VI, en 1502, Jules II, en 1513, et Léon X, dans la même année, pour l'emploi exclusif de ces caractères. Dans la suite cette innovation fut adoptée à Paris, comme ailleurs; mais comme les caractères italiques fatiguent la vue, on ne les a conservés dans l'usage que pour les passages, les sommaires, les épîtres et les citations de peu d'étendue.

vente avec quelques livres de rebut, et Chevillier le sauva d'une destruction inévitable en l'achetant pour quelques pièces de monnaie. *Biog. univ.*, t. VIII, p. 364.
(1) Voy. t. II, p. 175.

« Quant à l'impression grecque, dit encore Félibien, il faut observer que les premiers inventeurs de l'art n'employèrent point les caractères de cette langue. Ce fut en Italie qu'on s'avisa de donner des livres grecs avec leurs propres caractères. Depuis 1481, on imprima plusieurs livres de cette sorte à Florence, à Vicence, à Milan. Mais en 1494, Alde Manuce commença à mettre l'impression grecque dans sa perfection, à Venise. Cette sorte d'imprimerie fut établie à Paris par François Tissard d'Ambroise, homme habile dans les belles-lettres, et qui pour exciter l'Université de Paris à l'étude du grec, dont l'ignorance lui était justement reprochée par les Italiens, commença à mettre au jour, en 1507, plusieurs livres grecs, dont l'impression fut entreprise par *Gilles Gourmond* ou *Gormont*, qui demeurait alors (1507-30) vis-à-vis du collége de Cambrai (1). A Tissard succéda, dans le zèle d'avancer les études grecques, Jerôme Alexandre, savant en hébreu, en grec et en latin, que Louis XII fit venir d'Italie pour professer ces langues à Paris, et qui y fut principal du collége des Lombards et recteur de l'Université. Après Gilles Gourmond, plusieurs libraires de Paris se piquèrent d'honneur, et enrichirent leurs imprimeries de caractères grecs. De ce nombre furent Josse Bade, Pierre Vidove (1530), Simon de Colines, Gérard Morrhy, Michel Vascosan, Claude Chevallon, Jean-Louis Fileton, Chrétien Wechel, Guillaume Roullaud, Jérôme Gourmond, Charlotte Guillard, Adrien Turnebe, Jacques du Puis, Guillaume Morel (1580), et Charles Perrier. Mais la gloire de tous les autres fut pour ainsi dire absorbée par les Estienne, Robert et Henri, qui n'ont rien épargné pour la richesse et la beauté des caractères, pour la bonne manufacture du papier et l'exacte correction de tous les ouvrages qui sont sortis de leur imprimerie. »

« L'usage des caractères hébreux à Paris ne date que de l'an 1508. Gilles Gourmond, sous la conduite de Tissard, en donna les premiers essais. Après la mort de Tissard, le roi François Ier fit venir d'Italie Justiniani, noble génois, dominicain, évêque de Nibbio dans l'île de Corse, qui établit une école d'hébreu et d'arabe au collége de Reims, et se servit de Gourmond pour tailler les poinçons, frapper des matrices et fondre les caractères nécessaires pour les éditions qu'il préparait. On conserve encore deux de ses ouvrages imprimés en 1520. D'autres imprimeurs imitèrent Gourmond, comme Gérard Morrhy, qui avait son imprimerie hébraïque en Sorbonne, au même lieu qu'avaient occupé Gering, François Gryphe, Claude Chevallon et Chrétien Wechel, qui donnèrent plusieurs ouvrages en hébreu, depuis l'an 1531 jusqu'en 1535.

---

(1) Il y eut aussi en 1540 à Paris, un imprimeur du nom de Nicolas Gourmond. — La devise ordinaire de Gilles était :
> Tôt ou tard, près ou loing,
> A le fort du foible besoin.

Ainsi c'est à tort qu'on fait honneur à Guillaume Postel d'avoir été le premier qui ait fait voir à Paris les caractères orientaux, puisque son *Introduction des langues*, avec les douze alphabets différents, ne fut imprimée par Pierre Vidove qu'en 1538. Encore ces alphabets orientaux de Postel ne sont-ils tirés que sur des planches gravées. Ce ne fut qu'en 1539 ou 1540 que, voulant faire imprimer sa *Grammaire arabe*, il s'avisa de faire fondre des caractères. Robert Estienne acheva en 1544 l'édition de la Bible hébraïque *in-4°*, qu'il avait commencée en 1539, et qui est d'une beauté incomparable. Il en finit une autre *in-16* en 1545, commencée en 1544. On est redevable de la beauté de ces caractères à la libéralité et au goût excellent du roi François Ier, qui les fit fabriquer à ses frais. Charlotte Guillard, Charles Estienne, frère de Robert, Martin le jeune et Guillaume Morel imprimèrent aussi plusieurs ouvrages en hébreu. Mais personne n'a marché plus glorieusement sur les traces de Robert Estienne, que le célèbre Antoine Vitré, qui a donné en neuf volumes *in-folio* la Bible en plusieurs langues, aux dépens du président le Gay, ouvrage qui n'a point encore eu son pareil pour la beauté des caractères et du papier. Les caractères arabes, syriaques et persans dont il s'est servi, venaient des poinçons taillés et des matrices frappées et vérifiées à Constantinople par les soins de François Savary, seigneur de Brèves, ambassadeur du roi au Levant ; et Vitré eut ordre de faire faire des poinçons et des matrices des caractères arméniens et éthiopiens ; ce qui fut exécuté par Jacques de Saulecque pour les premiers. On assure que Vitré, chagrin du mauvais succès d'un procès de longue discussion qui lui avait été suscité par les créanciers de M. de Brèves, fit un jour détruire et fondre en sa présence tous les poinçons, les matrices et les caractères qu'il avait de toutes ces langues ; perte irréparable, si le fait est vrai (1). »

Aux noms d'imprimeurs parisiens que j'ai cités, il faut ajouter les suivants pour la fin du xve siècle : *Pierre Caron* (2) ou *Le Caron* (1474). Ce fut lui qui imprima l'*Aiguillon de l'amour divin*, que Maittaire croit être le premier livre imprimé en français. — *Pascal Bonhomme* (1476), à qui l'on doit une édition estimée des Chroniques de Saint-Denis. Un *Jehan Bonhomme* imprimait aussi à Paris de 1486 à 1489. — Le célèbre *Antoine Vérard* (1480-1517). Quelques auteurs prétendent cependant que c'était un libraire seulement. — *Jean Belin* (1481-93). — *Jean Maurand*, qui demeurait rue Saint-Victor (1493). — *François Renault*, (1481-1539). — *Denys Janot*, l'un des plus féconds imprimeurs de l'époque (1484-1539). — *Wolfgand Hopyl* (1489-98). — *Philippe Pigouchet* 1484-1512). — *Godefroy de Marnef* (1491-98). Ce nom, célèbre dans les fastes de l'art typographique, a été porté par plusieurs individus de la

---

(1) Félibien, t. II, p. 861 et suiv. — (2) On voit un *Guillaume Caron*, sans doute de la même famille, figurer, de 1481 à 1491, parmi les imprimeurs de Paris.

même famille. On voit un *Enguerrand de Marnef* imprimeur en 1517 ; un *Jean de Marnef* en 1524, et une *Jeanne de Marnef* en 1546, rue neuve Notre-Dame, à l'enseigne de Saint-Jean Baptiste. — *Jean Trepperel* (1494-98). — *Jean Petit* (1498-1539). — *Simon Vostre* (1500). — *Guidon Mercator* (1502).

Nous arrivons alors à *Henri Estienne Ier*, ce patriarche de l'imprimerie française, ce chef d'une des plus illustres familles parisiennes. Né à Paris en 1470, il y imprimait dès l'an 1503 et y mourut vers 1520. Ses trois fils, François, Robert et Charles, furent tous imprimeurs avec ou après lui. François, que nous désignerons sous le nom de *François Ier*, ne marqua guère, non plus que *Charles*, qui mourut en 1564. Quant à *Robert*, premier du nom, ce fut un homme supérieur. Né en 1503, il débuta dans la carrière en 1527, puis fit paraître son *Thesaurus latinæ linguæ*, tant de fois réimprimé et autant de fois enrichi, devint imprimeur du roi son protecteur, en 1539, et mourut à Genève en 1559, ayant été exilé de France pour la hardiesse de ses opinions. Robert Ier eut, ainsi que son père, Henri Ier, trois fils, savoir : 1° *Henri II*, homme de génie, de haut savoir et d'un courage téméraire, qui, né en 1528, alla mourir, en 1598, à l'hôpital de Lyon, laissant un fils, *Paul Estienne*, qui mourut en 1627, imprimeur à Genève, avec postérité. On doit à Henri II des ouvrages qui ne mourront pas, tels que l'inestimable *Thesaurus linguæ græcæ*, l'*Apologie pour Hérodote*, et divers traités précieux sur la langue française. 2° *Robert II*, né en 1530, mort en 1571, père de *Robert III*, imprimeur mort sans enfant en 1629, et de *Henri III*, lequel eut un fils, *Henri IV*, imprimeur jusqu'en 1640. 3° *François II*, dont on sait peu de choses. Le dernier des Estienne fut le fils de Paul, nommé *Antoine*, qui fut imprimeur, et mourut à l'Hôtel-Dieu, en 1674, à l'âge de quatre-vingts ans (1). J'aurai occasion de parler avec plus de détails de cette célèbre famille, sur laquelle je devais donner cependant ici quelques détails (2).

Citons, après les Estienne, la famille des *Dupré*, dont le plus célèbre fut *Galyot Dupré*, celle des *Angeliers* (1535-88), *Mamert Patisson*, imprimeur du roi (1569-99), *Sébastien Cramoisy*, directeur de l'imprimerie royale, *Rigaut*, qui remplit les mêmes fonctions avec le même talent (3), *Coustellier et Barbou*, célèbres par leurs charmantes éditions ; enfin l'illustre famille des *Didot*, qui depuis 1743 jusqu'à nos jours a rappelé à tant de titres celle des Estienne.

Je ne puis parler ici des Crapelet, des Panckoucke, des Michaud, des Rignoux, et tant d'autres typographes de mérite, qui ont illustré l'imprimerie parisienne. La nomenclature complète des imprimeurs de Paris exigerait des développements que cette notice ne comporte pas.

(1) Voy. *Biog. univ.*, t. XIII. — (2) Voy. à la fin de la période suivante. — (3) Voy. *Imprimerie royale* sous François Ier.

Dans l'histoire de l'Université, de la Sorbonne et du Parlement, j'ai eu occasion de parler des persécutions qu'eut à subir l'imprimerie au XVIe siècle. Le 13 janvier 1535, François Ier ordonna la suppression entière des imprimeries de son royaume, et prohiba, *sous peine de la hart*, l'impression de toute espèce de livres. Le 23 février suivant, une nouvelle ordonnance modifia la première. Le roi commanda au parlement de lui présenter vingt-quatre personnes, dont il choisirait douze comme imprimeurs. Mais on ne pouvait éditer que des ouvrages approuvés par le gouvernement et le clergé, et *non des compositions nouvelles*. Telle fut l'origine de la censure. Ces mesures tyranniques, renouvelées par Henri II en décembre 1549, furent la source des plus grands troubles; mais peu à peu les préjugés disparurent, et la liberté de la presse fut enfin reconnue.

Avant la révolution, le nombre des imprimeurs, à Paris, était fixé à trente-six. Par édit de Louis XIV, du mois d'août 1686, les imprimeurs furent réunis aux libraires. Tous deux faisaient partie de l'Université (1), et jouissaient des mêmes droits et des mêmes priviléges que les six corps marchands. Les imprimeurs devaient passer un examen sévère; l'apprentissage était de quatre ans, et le *compagnonnage* avait la même durée. La maîtrise d'imprimeur coûtait 1,500 livres (2). Cette profession s'exerçait librement depuis la révolution. Napoléon la soumit à une censure sévère et l'érigea en corporation privilégiée. Les imprimeurs ne peuvent exercer sans être munis d'un brevet. Ils sont maintenant au nombre de quatre-vingts.

Poste aux lettres. — Nous avons vu l'Université organiser, au moyen de ses *messagers*, le premier service public de dépêches qu'il y ait eu en France (3). L'esprit pénétrant de Louis XI jugea l'importance de cette institution, et jeta sur de plus larges bases les premiers fondements de l'administration des postes. Ce fut le 19 juin 1464 qu'il ordonna l'établissement de certains coureurs et porteurs de dépêches en tous les lieux de son royaume « pour la commodité de ses affaires et diligence de son service. » Ces premiers courriers furent dispersés dans le royaume au nombre de deux cent trente, et pour subvenir aux premiers frais on leva un impôt de trois millions. On voit que Louis XI n'établit d'abord ses messagers royaux que pour le service de son gouvernement. Son ordonnance, qui règle longuement tous les détails de ce nouvel établissement, ne s'occupe des particuliers que dans un seul article et comme cas subsidiaire. Mais peu à peu, les citoyens, qui avaient un si grand besoin de cette administration, s'en approprièrent tous les avantages.

(1) Ils prêtaient serment entre les mains du recteur. — (2) Hurtaut, t. III, p. 405. — (3) Voy. l'art. *Université*, t. II.

Il ne faut pas croire que l'ordonnance de 1464 ait improvisé les postes telles qu'elles existent aujourd'hui; elles ne sont arrivées à ce point de perfection que par un progrès insensible et constant. On commença par joindre aux paquets appartenant au gouvernement les lettres que l'on voulait faire parvenir dans les lieux où se rendaient les courriers royaux; mais c'était un service extrêmement irrégulier, car ces courriers ne voyageaient pas à époques fixes.

Les choses restèrent dans cet état depuis Louis XI jusqu'à Louis XIII. C'est alors qu'on aperçoit une forme plus régulière dans l'organisation des postes. En 1630, on voit des contrôleurs-généraux des postes et relais nommés par le gouvernement en titre d'office. Jusqu'à la mention des surintendants des postes, les émoluments de ces places se composèrent de tout le produit des ports de lettres. Au mois de mai 1630, on créa des maîtres, des courriers aussi en titre d'offices héréditaires, et la vente de ces nouvelles charges fut le premier et le seul produit de ce domaine royal pendant quarante-deux ans. En avril 1676, le ministre Louvois fit rembourser ces offices et réunit en une seule administration les divers départements qui percevaient les ports de lettres à leur profit. Ce remboursement fut fait par un nommé Lazare Patin, auquel Louis XIV donna la ferme des postes moyennant douze cent vingt mille francs. Le bail s'éleva successivement; à la révolution il rapportait au gouvernement douze millions (1).

Depuis l'origine de l'établissement des postes ordonné par Louis XI, il y avait des commissaires royaux chargés d'examiner le contenu des lettres pour s'assurer qu'elles ne renfermaient rien de préjudiciable au gouvernement. Cette mesure avait été prise pour empêcher les princes voisins de se servir contre la France de cette institution nouvelle encore en Europe; et à une époque où l'on n'écrivait de lettres que pour affaires urgentes, elle n'avait rien de blessant. D'après les termes de l'ordonnance de 1464, on délivrait aux courriers royaux un passeport ainsi conçu : « Maîtres tenant les chevaux courants du roy depuis tel lieu jusqu'à tel lieu, montez et laissez passer ce présent nommé tel, qui s'en va en tel lieu, avec sa guide et malle, en laquelle sont tant de paquets de lettres cachetées du cachet de notre grand-maître des coureurs de France, *lesquelles ont été par moy vues et n'y ai rien trouvé qui préjudicie au roy notre sire*; au moyen de quoy ne lui donnez aucun empêchement, etc. »

Les gouvernements qui suivirent se gardèrent d'oublier cette précieuse mesure, et dans les beaux jours de la cour de Louis XIV, le fameux *Bureau du secret* ou *Cabinet noir* fut un grand objet de scandale. Ce fut Louvois qui régularisa cette partie de l'établisse-

(1) Voy. sur les postes, l'*Essai historique sur l'établissement des postes en France*, par M. *Gouin*, administrateur des postes.

ment dans sa réorganisation des postes. Les employés du Cabinet noir avaient porté à sa perfection l'art de décacheter les lettres. On ouvrait chaque jour toutes celles qui faisaient soupçonner sur la vue de l'adresse qu'elles contenaient l'exposé de quelques intrigues politiques ou galantes. On en faisait des extraits, et après les avoir recachetées, on les envoyait. L'intendant des postes venait tous les dimanches faire son rapport au roi, et lui communiquer le résultat de ses recherches (1). Madame du Hausset donne, à ce sujet, dans son *Journal*, quelques lignes caractéristiques. « Le roi, dit-elle, avait fait communiquer à M. de Choiseul le secret de la poste, c'est-à-dire l'extrait des lettres qu'on ouvrait, ce que n'avait pas eu M. d'Argenton, malgré toute sa faveur. J'ai entendu dire que M. de Choiseul en abusait, et racontait à ses amis les histoires plaisantes, les intrigues amoureuses que contenaient souvent les lettres qu'on décachetait... L'intendant des postes apportait les extraits au roi le dimanche. On le voyait entrer et passer comme un ministre pour ce redoutable travail. Le docteur Quesnoy, plusieurs fois, devant moi, s'est mis en fureur sur cet infâme ministère, comme il l'appelait : « Je ne dînerois pas plus volontiers, disait-il, avec l'intendant des postes qu'avec le bourreau. »

Sous Louis XV, l'administration des postes et messageries royales était dirigée par trois intendants-généraux. Il y avait après eux trois contrôleurs-généraux, un secrétaire, un trésorier général, un visiteur et inspecteur-général à la suite de la cour, trois autres visiteurs-généraux, quatorze administrateurs-généraux, un caissier-général de la Ferme, deux secrétaires-généraux de la Ferme, un distributeur des passeports pour courre la poste, un caissier des envois d'argent et un avocat ès-conseils. Ces charges se conservèrent telles jusqu'à la révolution.

En 1792, l'administration des postes eut le titre de directoire, et fut composée de cinq administrateurs. Quelques années ensuite, le président de ce directoire fut remplacé par un commissaire du gouvernement. — Il y avait autrefois un conseil particulier des relais composé de trois inspecteurs-généraux présidés par l'intendant. Depuis 1819, il n'y a plus qu'une seule et même administration pour les relais et pour la poste aux lettres.

Les maîtres de postes avaient obtenu, dès leur création, de grands priviléges qu'ils conservèrent jusqu'à la révolution. Ils pouvaient posséder et faire valoir cent arpents de terre exempts d'impôts; ils étaient exemptés des charges de tutelle et de curatelle, du logement des gens de guerre et du service de la milice pour l'aîné de leurs enfants et le premier de leurs postillons. Ils étaient en outre commensaux de la

---

(1) Voy. M. Dulaure, t. VI, p. 271.

maison royale, recevaient des gages attachés à leurs titres et étaient porteurs de brevets signés par le roi. L'Assemblée constituante supprima tous ces privilèges et leur substitua des gages payés à chaque maître de poste à raison du nombre de chevaux qu'il entretient. Le salaire des courriers et le taux des ports de lettres ont beaucoup varié suivant les époques. Sous Louis XI, le relais (qui était toujours de quatre lieues) se payait pour le cheval du courrier et celui du postillon, tout compris : dix sols. En 1791, on supprima toutes les entreprises de malles particulières, et on établit le tarif qui existe aujourd'hui. Quant aux lettres, tant que la poste fut affermée à ses administrateurs, ce furent ceux-ci qui réglaient la taxe dont ils percevaient les profits. Les lettres ne commencèrent à être taxées régulièrement que dans les premières années du XVIIIe siècle. Divers tarifs furent suivis jusqu'à celui de 1806 que l'on suit encore maintenant.

Écoles de médecine, rue de la Bûcherie, n° 15. — Dès le commencement de la monarchie, il y eut à Paris des médecins, nommés *mires* ou *physiciens* (1), qui préparaient eux-mêmes les remèdes qu'ils ordonnaient. Duboullay a cru à tort qu'ils formaient, sous Charlemagne, un corps dépendant de l'Université (2); ce prince prescrivit, du reste, dans l'un de ses capitulaires, daté de Thionville, en 805, d'apprendre la médecine aux enfants (*infantes mittantur discere medicinam*). D'un autre côté, quelques écrivains disent que cette science ne fut introduite en France que sous Louis VII. Ces deux opinions sont également exagérées. La médecine était cultivée en France depuis les temps les plus anciens (3); tous ceux qui l'exerçaient étaient *clercs* et obligés de garder le célibat (4). Bientôt cependant cet art tomba en discrédit; on ne le mit point au nombre des sciences libérales, et l'Église le frappa de ses redoutables censures. Le concile de Reims, tenu en 1131, défendit aux moines d'étudier la médecine, et dans celui de Tours, en 1163, le pape Alexandre III déclara qu'il fallait regarder comme excommuniés les religieux qui sortaient de leurs cloîtres pour prendre des leçons de droit ou de médecine. Les praticiens furent alors des clercs, dont les poëtes satiriques, comme Jean de Meung, ne vantent ni l'habileté ni le désintéressement.

L'historien Rigord, médecin de Philippe-Auguste, atteste qu'à cette époque cette faculté faisait partie de l'Université. Mais il n'y avait point

(1) Accurunt medici, mox Hippocratica texta;
Hic fundit venas, herbas hic miscet in allà,
Hic coquit pultes, alter sed pocula præfert.
ALCUIN.

(2) *Hist. de l'Univ.*, t. II, p. 572. — (3) On connaît l'histoire de Gontran, roi de Bourgogne, sous la première race, qui faisait mourir ses médecins lorsqu'ils ne le guérissaient pas assez vite. — (4) En 1451, le cardinal d'Estouteville leur permit le mariage.

alors un lieu affecté aux écoles de médecine. « On voit par différents actes que les leçons se donnoient dans la maison des professeurs; le nombre des écoliers s'étant augmenté, on loua des maisons particulières pour les y rassembler. J'ai peine à croire qu'on ait enseigné la médecine dans les écoles de la cathédrale, encore moins à l'entrée de l'église. On a pu s'assembler et prendre des décisions *près le bénitier*, sans qu'il faille en conclure qu'on y donnoit des leçons. Il en est de même de l'église de Sainte-Geneviève-des-Ardents, de Saint-Eloi, de Saint-Julien-le-Pauvre, des Bernardins, des Mathurins, de Saint-Yves, etc. Tous ces endroits ne me paroissent point devoir être considérés comme des écoles, mais comme des lieux d'assemblée de la Faculté, pour traiter des affaires de son corps ou pour des actes de religion. Jusqu'au milieu du XIIIe siècle, toutes les facultés qui composoient l'Université ne formoient qu'un corps. Ce fut alors qu'elles se formèrent en compagnies distinctes, et qu'elles eurent des écoles spécialement affectées. Comme aucun acte ne nous indique où la Faculté de médecine eut les siennes, on peut conjecturer qu'étant comprise dans celle des arts, elle eut aussi des écoles dans la rue du Fouarre (1). »

Les médecins croissaient chaque jour en nombre et en crédit; ils résolurent d'avoir des écoles spéciales, vers le milieu du XVe siècle. La première délibération à ce sujet eut lieu le 26 novembre 1454, dans une assemblée tenue à Notre-Dame, auprès *des bénitiers*. Mais l'exécution de ce projet fut différée. Enfin, dans une seconde assemblée du 20 mars 1469, les docteurs décidèrent que pour avoir un local propre à l'enseignement de la médecine, on achèterait aux Chartreux une vieille maison, sise rue de la Bûcherie, et voisine d'une autre qui appartenait déjà à la Faculté. Cette acquisition se fit moyennant 10 livres tournois de rente que l'Université devait payer aux Chartreux. Les bâtiments, commencés en 1472, ne furent achevés qu'en 1477. On y ouvrit les exercices en 1481; mais les salles qu'on avait fait construire ne servaient encore que pour les assemblées; ce ne fut qu'en 1505 qu'on y tint les écoles. On fit aussi bâtir une chapelle, qui, construite de 1499 à 1502, démolie en 1529, fut remplacée par une autre qu'on transféra dans un autre endroit, en l'année 1695. Plusieurs acquisitions successives procurèrent à la Faculté les moyens d'avoir tous les logements convenables, et un jardin de plantes médicinales. Enfin le doyen, Nicolas Jabot, autorisé, en 1608, par lettres-patentes de Henri IV, acheta une maison qui avait pour enseigne l'image de sainte Catherine et qui formait le coin de la rue du Fouarre et de celle de la Bûcherie; on y con-

---

(1) Jaillot, t. IV, q. Saint-Benoît, p. 21. — Il a eu recours à l'*Eloge historique de la Faculté de médecine*, par le docteur Hazon, 1773. Voy. aussi le traité de G. Naudé, sur *l'antiquité et la dignité de l'escole de médecine de Paris*.

struisit, en 1617, un amphithéâtre d'anatomie plus solide et plus spacieux que le premier, bâti en 1604 (1).

J'ai dit ailleurs que la première opération de la pierre avait été faite dans le cimetière de Saint-Severin (2). Au mois de janvier 1474, les médecins et chirurgiens de Paris représentèrent à Louis XI que plusieurs personnes « étoient travaillées de la pierre, colique, passion et mal de côté; qu'il seroit très utile d'examiner l'endroit où s'engendroient ces maladies; qu'on ne pouvoit mieux s'éclaircir qu'en opérant sur un homme vivant; et qu'ainsi ils demandoient qu'on leur livrât un franc-archer de Meudon, qui venoit d'être condamné à être pendu pour vol, et qui avoit été souvent fort molesté desdits maux. Après qu'on eut examiné et travaillé, ajoute la *Chronique scandaleuse*, on remit les entrailles dedans le corps dudit franc-archer, qui fut recousu, et par l'ordonnance du roi très bien pansé; tellement qu'en quinze jours il fut guéri, et eut rémission de ses crimes sans dépens, et il lui fut même donné de l'argent. »

Il n'entre point dans mon sujet de faire l'histoire de la médecine à Paris; je crois cependant devoir rapporter le texte suivant, extrait par M. Dulaure des *Recherches sur l'origine de la chirurgie* par Girodot. C'est un article d'un règlement de Henri II contre les médecins. Il y est dit : « que sur les plaintes des héritiers des personnes décédées par la faute des médecins, il en sera informé et rendu justice comme de tous autres homicides : et *seront (les médecins mercenaires) tenus de goûter les excréments de leurs patients*, et leur impartir toute autre sollicitude; autrement seront réputés avoir été cause de leur mort et décès. »

On trouve dans le dictionnaire de Hurtaut et Magny des renseignements en assez grand nombre sur l'organisation de l'ancienne école de médecine. Nous y lisons entre autres « qu'à la fin de la licence, les bacheliers, accompagnés des appariteurs, vont inviter, par des discours latins, à l'acte public des *paranymphes* (3), toutes les chambres du parlement, la chambre des comptes, la cour des aides, le Châtelet et le bureau de la ville. Dès qu'ils se présentent, l'audience cesse, et le président, après avoir aussi répondu par un discours latin, prononce en français, que *la cour ou la chambre y assistera en la manière accoutumée* (4). »

En 1678, la plus grande partie des bâtiments des écoles de médecine de la rue de la Bûcherie furent reconstruits aux frais de M. Le Masle des Rochers, chantre et chanoine de Notre-Dame, comme l'indique l'inscription placée sur la porte d'un établissement de bains qui occupe maintenant une partie de la chapelle et des autres constructions. En

---

(1) Jaillot, *loco cit*, p. 22. — (2) T. I, p. 311. — (3) On appelait ainsi le discours qui terminait l'examen de licence. — (4) Hurtaut, t. III, p. 522.

1744, on éleva un nouvel amphithéâtre, recevant le jour par les fenêtres d'un dôme, et décoré extérieurement de statues allégoriques. Cet amphithéâtre subsiste encore et sert à une fabrique de vermicelle; on voit, au-dessus de la porte donnant sur une petite cour, l'inscription suivante, en partie masquée par des bâtiments récemment élevés : *Amphitheatrum.... collapsum, œre suo restituerunt medici parisienses....* 1774. *M. Eliacol de Villars, decano* (doyen). L'ancienne porte d'entrée de l'école existe encore dans sa construction primitive ; elle a le caractère du XVe siècle. On lit au-dessus en lettres gothiques : *Scholœ medicorum*.

Les bâtiments de l'école de la rue de la Bûcherie menaçant ruine, en 1776 ou 1778, la Faculté fit la plupart de ses cours et transféra sa bibliothèque dans l'ancienne école de droit, rue Saint-Jean de Beauvais. Les professeurs et les élèves d'anatomie et d'accouchement continuèrent cependant à fréquenter l'ancien amphithéâtre. Je m'occuperai plus tard de la Faculté actuelle de médecine et de son organisation.

Cour des aides. — Le 3 juin 1464, une ordonnance de Louis XI rétablit la cour des aides qui avait été supprimée au commencement de son règne.

On appelait aides les impositions extraordinaires votées par les États-Généraux, et dont l'usage remonte aux règnes de Charles V et de Jean. La cour des aides fut instituée, peu après cette époque, pour connaître en dernier ressort de toutes les contestations de fiscalité qui s'élevaient dans le royaume sur la perception des impôts. Ces contestations avaient nécessité dans chaque province l'établissement d'un tribunal qui fut le tribunal de l'*Élection*; à la cour des aides était la chambre souveraine d'où ressortissaient toutes les élections provinciales.

La cour des aides éprouva de fréquentes mutations. Son organisation paraît avoir été fondée par Charles VI. Ce prince, en 1390, réduisit et fixa au nombre de huit les officiers des aides, savoir : un président, quatre généraux et trois conseillers. Les désastres du XVe siècle firent transférer cette cour à Poitiers en 1425 ; elle ne revint à Paris qu'en 1436, après la défaite du parti anglais. Louis XI, en montant sur le trône, attribua toute connaissance des aides aux maîtres des requêtes de l'hôtel. Mais il révoqua promptement cette ordonnance, et à la fin de l'année 1464, la cour des aides se trouvait dans le même état qu'au temps de Charles VI. Le nombre de ses officiers fut augmenté en 1543 par deux édits de François Ier.

En 1551, la cour des aides n'était encore composée que d'une seule chambre, lorsque Henri II en créa une seconde, dont le principal attribut fut le jugement et la punition des officiers des aides accusés d'avoir malversé dans leurs emplois. Louis XIII établit, en 1635, une troisième chambre de la cour des aides, et Louis XIV l'augmenta encore par la création de plusieurs nouveaux officiers. Enfin, jusqu'à la révolution, ces chambres furent composées d'un premier président, de huit autres présidents, de quarante-huit conseillers, de trois avocats-généraux, d'un procureur-général, de quatre substituts, de quatre greffiers en chef et de quatre secrétaires. Tous les officiers de la cour des aides étaient, dans l'origine, élus par les trois ordres des États-Généraux. Le roi n'intervenait que pour approuver cette élection ; mais, en peu de temps, la couronne s'empara du droit exclusif de nommer à ces charges. Au mois d'avril 1771, Louis XV supprima la cour des aides, et fit remettre à tous ses membres des lettres de cachet qui les exilaient à dix lieues de Paris; mais, en 1774, elle fut pleinement réintégrée par Louis XVI. Elle ne fut abolie définitivement qu'en 1790, et ses attributions furent alors partagées entre le conseil d'État, les tribunaux et la cour des comptes.

La cour des aides était un des premiers corps de la hiérarchie judiciaire. Elle prenait rang dans toutes les cérémonies immédiatement derrière le parlement et la chambre des comptes, et ne leur cédait le pas qu'à cause de sa création moins ancienne. Elle conférait de droit à tous ses officiers, jusqu'aux greffiers en chef, d'importants priviléges, tels que la noblesse au premier degré, l'exemption des impositions royales, la jouissance du franc-salé, le titre de commensaux de la maison du roi auquel étaient attachés différents avantages pécuniaires et honorifiques, enfin le droit important de n'être jugés que par leurs pairs, même en matière criminelle. L'habit de cérémonie de ces officiers était la robe de velours noir pour les présidents, et la robe d'écarlate pour les conseillers, gens du roi et greffiers en chef. Ses assemblées se tenaient au Palais-de-Justice, dans la salle occupée aujourd'hui par la cour royale.

Les premiers grands officiers des aides que l'on connaisse sont les trois conseillers-généraux, Jean de Rueil, Jean le Mercier et Philippe le Galois, qui exerçaient leur charge en 1373. A la fin du XIVe siècle, on trouve des *généraux réformateurs des aydes*, commissaires spéciaux choisis par le roi parmi les personnes les plus éminentes de l'État, pour corriger les malversations des percepteurs de tout rang. Au mois de novembre 1373, Charles V donna cette commission à l'évêque de Bayeux, à Étienne de La Grange, président au parlement, à Jean Pastourel, maître des comptes, et à François Chanteprime, receveur général des aides. La même commission fut confiée en 1401 au sire d'Albret, et en 1402, au propre frère du roi, Louis, duc d'Orléans. Anciennement, l'usage voulait que le premier président de la cour des aides fût un évêque. Le 31 octobre 1467, Louis XI abolit cet usage par la collation qu'il fit de cette dignité à son premier chambellan, Bertrand de Beauvais de Pressigny. Le dernier de ses successeurs (1789) fut le président Barentin.

Prévôté de l'hôtel. — Cette juridiction appartint, dans l'origine, au *Roi des ribauds.* Selon plusieurs historiens, on appelait *ribauds*, sous Philippe-Auguste, « des soldats dont le libertinage égalait la valeur, et qu'on exposait les premiers dans les assauts et dans toutes les entreprises dangereuses. Les débauches excessives auxquelles ils s'abandonnèrent les firent licencier ; mais leur nom, couvert d'infamie, fut appliqué dans la suite à tous ceux qui se livraient au libertinage. » Suivant une autre opinion, qui a aujourd'hui plus de faveur, les *ribauds* ne différaient pas *des sergents d'armes*, institués par Philippe-Auguste en 1191, et que l'on considère comme la plus ancienne garde de nos rois. Leurs fonctions consistaient principalement à veiller jour et nuit près de la personne du prince, et ils allaient à la guerre lorsque le roi s'y trouvait ; on a vu ailleurs qu'ils gardèrent vaillamment le pont de Bouvines, et qu'en souvenir de cette victoire ils fondèrent à Paris l'église de Sainte-Catherine-du-Val-des-Ecoliers (1). Quoi qu'il en soit de l'identité des sergents d'armes avec les ribauds, l'histoire nous montre le chef ou *Roi des ribauds* chargé d'emplois bizarres et jouissant de singulières prérogatives. Il connaissait de tous les jeux de dés, de brelan et autres qui se jouaient pendant les voyages de la cour. Il levait deux sous par semaine sur tout ce qu'on appelait alors *logis de bourdeaul et des femmes bourdelières* (2). Chaque femme adultère lui devait cinq sols. Suivant le Père Daniel (3), la charge de *roi des ribauds* était considérable ; il avait juridiction pour certains points de police dans la maison du roi et dans tout le royaume. Le nom de cet étrange officier fut supprimé sous Charles VII ; mais la charge demeura, et sous Louis XI, ce qu'on appelait *roi des ribauds* fut nommé *grand-prévôt de l'hôtel* (4). La création de la prévôté de l'hôtel, sous Louis XI, date de l'année 1475. Cette charge acquit une plus grande importance lorsque l'office de prévôt de la connétablie, qui se qualifiait *grand-prévôt de*

---

(1) Voy. t. II, p. 65 et suiv. — (2) Les femmes publiques qui suivaient la cour, disent du Tillet et Pasquier, étaient tenues, tant que le mois de mai durait, de faire le lit du roi des Ribauds. — (3) *Hist. de France*, in-4°, t. I.

(4) Voyez sur la charge de Roi des ribauds : *Le Glossaire de Ducange* ; du Tillet, Pasquier, et un ouvrage spécial publié par Gouye de Longuemare, sous le titre d'*Eclaircissement sur la charge du Roi des Ribauds.* L'auteur soutient, contre la plupart des historiens, que cet officier n'avait pas les mêmes fonctions que le prévôt de l'hôtel, et qu'ils existaient dans le même temps. L'abbé Lebeuf, et un savant qui s'est caché sous le nom de Bonnevie, appuyèrent son sentiment par des lettres insérées au journal de Verdun, novembre 1751, et avril 1752. Malgré l'autorité des noms de Lebeuf et de Longuemare, j'ai cru pouvoir me ranger à l'opinion la plus commune.

France, y fut réuni par Henri III, l'an 1578, en faveur de François du Plessis, seigneur de Richelieu. « Il résulte des divers règlements faits pour l'établissement de la prévôté de l'hôtel, que la juridiction de cet officier était ambulatoire; que ses principales fonctions consistaient à purger la suite de la cour de gens de mauvaise vie; que c'était à lui d'envoyer de ses lieutenants avant le départ du roi, pour régler avec les officiers de police des lieux le taux des vivres et des autres provisions nécessaires; de tenir la main à ce que ceux qui suivent la cour paient leurs hôtes, et que les trains et les équipages soient réglés et fixés; d'empêcher les querelles, les blasphèmes, les débauches, et les jeux défendus. Nos rois, depuis Louis XII, ayant aussi établi un grand nombre de marchands et d'artisans privilégiés pour servir à la suite de la cour, les mirent sous la garde du prévôt de l'hôtel, auquel ils donnèrent pouvoir de les instituer et destituer. Le nombre de ces marchands, artisans et pourvoyeurs suivant la cour, qui était fixé à quatre-vingt-treize par l'édit de Louis XII, fut augmenté en 1543 jusqu'à cent soixante par François Ier, et depuis encore par Henri IV, en 1606, jusqu'au nombre de trois cent vingt. Mais il arriva que plusieurs de ceux qui avaient été pourvus de ces commissions se contentèrent de jouir paisiblement de leurs priviléges et exemptions dans Paris, sans se mettre en peine de suivre la cour; ce qui apporta un préjudice notable aux corps des marchands, et troubla la police des arts et métiers de la ville; de sorte que le conseil du roi fut obligé de rendre dans la suite divers arrêts pour régler les différends qui survinrent souvent entre les marchands et artisans privilégiés, et les jurés des communautés, comme aussi entre les officiers du Châtelet et ceux du prévôt de l'hôtel, à l'égard de la police et du conflit de leurs juridictions (1). »

Le prévôt de l'hôtel connaissait également des causes civiles et criminelles, de celles-ci sans appel, et des autres sauf l'appel au grand conseil, auquel elles ressortissaient. Le prévôt avait sous lui, pour l'exercice de la justice, deux lieutenants de robe longue, et quatre de robe courte. « Dans les cérémonies publiques il marchait précédé de ses officiers; les huissiers allaient en casaques bleues, avec des baguettes azurées et terminées par une fleur de lis d'or; le greffier, en robe de palais de satin, et le bonnet carré; le lieutenant-général de robe longue et le procureur du roi, de même. Enfin il était suivi de ses archers en hocquetons d'orfévrerie, armés de pertuisanes. Cet officier du roi, qui était toujours une personne d'une qualité distinguée, était plus connu par le peuple sous le nom de *grand-prévôt*, que sous celui de *prévôt de l'hôtel*, ou *de France*. L'historien de Thou dit que c'est à Nicolas de Baufremont, successeur d'Innocent Tripier de Montreuil,

---

(1) Félibien, t. II, p. 890.

que cette charge doit ses plus belles prérogatives, et surtout l'agrandissement de sa juridiction, parce que le roi Charles IX voulut honorer en sa personne un savoir qui se trouve si rarement joint à la noblesse du sang (1). » Les derniers grands-prévôts de l'hôtel ont été le marquis de Sourches, et après lui son fils, le marquis de Tourzel, conseiller d'État, qui exerça cette charge jusqu'à l'époque de sa suppression. Les audiences du prévôt de l'hôtel se tenaient tantôt au Louvre, tantôt à Versailles, où était le siége de la juridiction.

CHAPITRE CINQUIÈME.
CHARLES VIII.
1483-1498.

I. Faits généraux.

A la mort de Louis XI, le dauphin, qui prit le nom de Charles VIII, n'avait que treize ans. Sa sœur, Anne, dame de Beaujeu, fut chargée seule du gouvernement de la personne du jeune prince, comme l'avait ordonné le roi mourant, et Louis II, duc d'Orléans, fut déclaré gouverneur de Paris et lieutenant-général de l'Ile-de-France; mais le duc, qui ne s'était distingué jusque là que par un goût effréné pour les plaisirs, devint ambitieux, et se ligua avec le duc de Bourbon contre madame de Beaujeu. Par une subtilité assez singulière, ils prétendaient que la garde et la tutelle du roi n'étaient pas la régence ni le gouvernement du royaume. La sœur de Charles VIII, attaquée de toute part, remit la décision de cette grande affaire à l'assemblée des États Généraux, et profita avec habileté du temps qui devait s'écouler jusqu'à leur convocation, pour augmenter le nombre de ses créatures, et pour assurer au duc de Bourbon des avantages de nature à séparer sa cause de celle du duc d'Orléans. En même temps elle s'efforçait de gagner le peuple en tirant de prison et d'exil les citoyens frappés pour une cause politique, en remettant le quart des impôts de l'année courante, et en livrant au supplice le fameux Olivier le Dain et Jean Doyac, favoris de Louis XI, que réclamait la vengeance publique. Olivier fut pendu au gibet commun de Paris; son digne collègue, fustigé par les carrefours, eut une oreille coupée et la langue percée d'un fer chaud aux Halles ; il fut ensuite conduit à Montferrand en Auvergne, lieu de sa naissance, où il eut l'autre oreille coupée et reçut de nouveau le fouet.

Les États-Généraux s'assemblèrent à Tours, au commencement de l'année 1484. La ville, prévôté et vicomté de Paris, y envoya, comme

(1) Félibien, t. II, *ibid.*

députés du clergé, l'abbé de Saint-Denis, Jean de La Groslaie de Villiers, évêque de Lombez, qui fut depuis cardinal ; Henri, chantre de Notre-Dame ; Jean de Rely, docteur en théologie et chanoine de la même église ; pour la noblesse, le baron de Montmorency, et pour le tiers-état, Louis Sanguin, Nicolas Potier et Gaucher Hébert. L'un de ces députés, Jean de Rely, prononça les discours d'ouverture et de clôture. Les États de Tours, sur lesquels l'un des membres nous a laissé de curieux renseignements (1), reconnurent la majorité de Charles VIII, et le droit que les princes du sang avaient d'entrer au conseil, mais ils laissèrent le soin de l'éducation du roi à madame de Beaujeu.

Le 30 mai suivant, le jeune prince fut sacré à Reims, puis il vint prendre, suivant la coutume, la couronne à Saint-Denis, et fit son entrée à Paris, le 5 juillet. Il fut reçu avec tous les honneurs habituels, et soupa dans la grand'salle du palais. Charles s'assit seul au milieu de la table ; sur des chaises près de lui étaient, à droite les ducs d'Orléans et d'Alençon avec le seigneur de Beaujeu et le dauphin d'Auvergne ; à gauche, Charles, cardinal de Bourbon, archevêque de Lyon, le duc de Bourbon, et Philippe, seigneur de Brescia, depuis duc de Savoie, oncle maternel du roi (2).

La décision des États, comme toutes les demi-mesures, n'avait pu satisfaire personne. La duchesse de Beaujeu continua d'exercer l'autorité, d'une manière habile, mais avec son caractère de dureté et de violence accoutumé ; et le duc d'Orléans eut d'autant plus lieu de s'en plaindre, que cette princesse avait, dit-on, à se venger à son égard d'une passion dédaignée. Il se mit à la tête des mécontents, et essaya tour à tour, mais inutilement, d'enlever le roi à Vincennes, d'entraîner les bourgeois de Paris, le Parlement (3), l'Université dans une révolte Il eut alors recours à la force des armes, mais il ne réussit pas mieux. Ses ligues avec les ennemis de la royauté et ceux de la France furent impuissantes contre l'autorité de madame de Beaujeu. Le peuple avait pris le parti du roi, et Maximilien d'Autriche ayant écrit aux bourgeois de Paris pour les engager à se joindre à lui, sous prétexte de réformer le gouvernement, ils lui répondirent de manière à ne lui laisser aucune espérance (septembre 1486).

Cette *guerre folle*, comme on l'appela, se termina par la bataille de Saint-Aubin, en Bretagne (26 juillet 1488). Le duc d'Orléans, qui avait été cité inutilement à la table de marbre, fut fait prisonnier, et subit pendant trois ans une dure captivité dans le château de Lusignan et dans la grosse tour de Bourges. Vers le même temps, on découvrit à la cour quelques intrigues qui furent aussitôt déjouées par l'arrestation

(1) *Journal des États-Généraux de 1484*, par Jehan Masselin, publié et traduit du latin par M. Adhelm Bernier, in-4º 1835. — (2) Félibien, t. II, p. 880. — (3) Voy. t. II, p. 352.

des chefs, entre autres de l'historien Comines, qui fut enfermé pendant huit mois dans une de ces cages de fer que l'on appelait les filets de Louis XI, et dont il a fait lui-même une si terrible description (1). Le parlement le condamna à dix ans d'exil et à la confiscation du quart de ses biens (2).

Madame de Beaujeu avait continué l'œuvre de son père ; les grands étaient vaincus et humiliés, et Charles VIII reçut des mains de sa sœur un royaume puissant et pacifié. Quelque temps après sa majorité, le roi se rendit à Bourges, sous prétexte d'une partie de chasse, et délivra son cousin, Louis d'Orléans, qu'il réconcilia avec M. et madame de Beaujeu. Le duc montra bientôt qu'il était digne de la confiance qu'on lui accordait. Il ne restait plus d'ennemis en armes que les Bretons, d'autant plus dangereux que Maximilien d'Autriche venait d'épouser par procureur leur duchesse ; déjà possesseur des Pays-Bas, le prince étranger pouvait par ce mariage offrir aux Anglais de nouveaux moyens d'attaquer la France. Charles VIII, de son côté, était fiancé depuis long-temps à la fille de Maximilien. Le duc d'Orléans, sacrifiant au bien de l'État son amour pour la duchesse de Bretagne, s'employa avec tant de zèle à vaincre les obstacles, que Charles VIII, renvoyant à son père la princesse autrichienne, épousa, le 13 décembre 1491, à Langeais, en Touraine, l'héritière de Bretagne, et termina ainsi la guerre. La jeune reine fut couronnée à Saint-Denis, le 8 février, et fit son entrée le lendemain à Paris.

Charles VIII, d'un caractère ardent et chevaleresque, méditait depuis long-temps une brillante expédition. Héritier des droits de la maison d'Anjou sur le royaume de Naples, il se rendit avec empressement aux prières du duc de Milan, Louis le More, menacé par le roi de Naples ; pour ne point laisser d'ennemis derrière lui, il restitua le Roussillon à Ferdinand d'Espagne, à Maximilien l'Artois et la Franche-Comté, acheta la paix au roi d'Angleterre, et entra en Italie en septembre 1494. Les bourgeois de Paris s'étaient réunis à ses plus sages conseillers pour le détourner de cette folle entreprise ; ils lui avaient même refusé un emprunt de 100,000 écus (3), mais tout fut inutile. On connaît la brillante et merveilleuse conquête du royaume de Naples ; ce fut un voyage triomphal par toute l'Italie. Mais au bout de trois mois les Napolitains étaient las des Français, les Français étaient las de Naples. En même temps le pape, les Vénitiens, les Milanais, soutenus par les grandes puissances ennemies de la France, formèrent une ligue contre Charles VIII, et tentèrent de l'enfermer dans le royaume qu'il venait de conquérir. En redescendant les Apennins, il rencontra à Fornovo l'armée des confédérés, forte de quarante mille

(1) Livre VI, chap. 12. — (2) « Je suis venu à la grande mer, dit le célèbre historien, et la tempête m'a noyé. » — (3) Félibien, t. II, p. 891.

hommes; les Français n'étaient que neuf mille. Après avoir demandé inutilement le passage, ils le forcèrent, et l'armée ennemie, qui essaya de les arrêter, fut mise en fuite par quelques charges de cavalerie (dimanche 5 juillet 1495). Ainsi le roi rentra glorieusement en France, ayant justifié toutes ses imprudences par une victoire (1).

Si les conquêtes de Charles VIII s'étaient faites sans difficulté, elles furent perdues en aussi peu de temps. Il songeait cependant à renouveler son entreprise sur Naples; il avait fait même demander à la ville de Paris un vaisseau de guerre, et les bourgeois avaient prêté 100,000 écus pour cette expédition, lorsque le roi mourut, âgé de 28 ans, au château d'Amboise, le 7 avril 1498, des suites d'un coup qu'il s'était donné à la tête en visitant ce château, qu'il faisait reconstruire dans le goût italien. Il fut enseveli à Saint-Denis.

« Charles VIII, dit Comines, ne fut jamais que petit homme de corps et peu entendu; mais il étoit si bon, qu'il n'est pas possible de voir meilleure créature. » Tout le monde le regretta sincèrement, même Anne de Bretagne, qui l'avait épousé avec répugnance, et à laquelle il ne gardait pas la foi conjugale. Deux de ses domestiques moururent de douleur en apprenant sa mort. Les réformes apportées par ce jeune prince dans diverses parties de l'administration, et celles qu'il méditait, prouvent, du reste, qu'outre sa bonté, il ne manquait ni de lumières ni de volonté pour travailler à la prospérité de la France.

L'histoire de Paris présente peu d'événements remarquables sous ce règne. J'ai dit que la population fut atteinte gravement de cette effroyable maladie, connue alors sous le nom de *mal de Naples* (2). — En janvier 1497, la Seine déborda et inonda Paris et la banlieue. A la Grève, elle allait jusqu'au Saint-Esprit; à la place Maubert elle approchait de la croix des Carmes, et au pont Saint-Michel, elle envahissait la rue Saint-André-des-Arcs. Suivant l'usage, il y eut à cete occasion de nombreuses et solennelles processions (3). En commémoration de cet événement, on éleva au coin de la vallée de Misère une statue de la Vierge, au-dessous de laquelle on grava ces vers :

> Mil quatre cens quatre-vingt-seize,
> Le septième de janvier,
> Seyne fut ici à son aise,
> Battant le siége du pilier.

II. Monuments.—Institutions.

Grand-Conseil. — Le chancelier de France était président-né, et les maîtres des requêtes de l'hôtel, conseillers de ce tribunal, qui jugeait les affaires intéressant l'État. Le grand-conseil connaissait des évocations

(1) M. Michelet, *Précis*, p. 140. — (2) Voy. t. II, p. 353 et 354. — (3) Félibien, t. II, p. 892.

et règlements des juges, des nullités et contrariétés d'arrêts, de la conservation des juridictions des présidiaux et prévôtés des maréchaux, des bénéfices consistoriaux, archevêchés, évêchés, abbayes, etc., et de tous les autres bénéfices qui étaient à la nomination, présentation et collation du roi, à la réserve de la régale, dont la connaissance appartenait à la grand'chambre du parlement. Il connaissait aussi des droits de *joyeux avènement* à la couronne, du serment de fidélité des archevêques et des évêques, des indults des cardinaux, de celui du parlement de Paris, de la contravention aux priviléges des secrétaires du roi, des appellations de la prévôté de l'hôtel, etc.

Suivant quelques auteurs, cette cour fut dans son origine le conseil du roi. Charles VIII l'établit en juridiction ordinaire et contentieuse, et ses successeurs modifièrent et augmentèrent son organisation.

Avant l'édit de 1738, dont je parlerai tout-à-l'heure, le grand-conseil était composé d'un premier président (1), de huit présidents, de cinquante-quatre conseillers, de deux avocats-généraux, d'un procureur-général, de douze substituts, qui furent créés par édit du mois de mai 1586, pour être du corps du grand-conseil ; d'un greffier en chef, de quatre secrétaires de la cour, qui ont été créés en 1635 ; de deux greffiers principaux, l'un pour les audiences et l'autre pour la chambre du conseil ; d'un greffier *garde-sacs*, d'un greffier des présentations, d'un premier huissier, de vingt autres huissiers et de vingt-trois procureurs.

Le roi, par édit du mois d'août 1717, ordonna « que le premier président, les conseillers, les avocats et procureurs-généraux, le greffier en chef et le premier huissier alors pourvus, et qui le seroient ci-après, lesquels ne seroient pas issus de race noble, ensemble leurs veuves qui demeureroient en viduité, et leurs enfants et descendants, tant mâles que femelles, nés et à naître en légitime mariage, seroient réputés nobles, pourvu que lesdits officiers aient servi vingt ans, ou qu'ils décèdent revêtus de leursdits offices. »

Comme dans cet édit il n'est point fait mention des substituts, le roi, par sa déclaration du 22 mai 1719, accorda la noblesse au doyen des substituts du procureur-général du grand-conseil, et aux doyens successeurs audit office, aux mêmes conditions qu'aux autres officiers du grand-conseil.

Avant 1690, les offices de présidents n'étaient que des commissions attribuées à des charges des maîtres des requêtes, et le plus ancien était le premier président ; mais cette année-là, ils furent érigés en titres d'offices. Le roi créa une charge de premier-président et huit présidents, par édit du mois de février.

---

(1) Du moins depuis 1690. Le premier président à cette époque fut Thierry Bignon.

Les présidents, les conseillers et les avocats-généraux servaient par semestre ; mais le premier président et le procureur-général servaient toute l'année. Les semestres des présidents et des avocats-généraux commençaient en janvier et en juillet ; et ceux des conseillers en octobre et en avril.

Les habits de cérémonie du grand-conseil étaient la robe noire pour les présidents, et celle de satin noir pour les conseillers, les avocats et procureurs-généraux, les greffiers et les secrétaires de la cour.

Le premier président du grand-conseil en titre d'office, Michel de Verthamont, étant mort le 2 janvier 1738, le roi, par édit donné dans le même mois, supprima cette charge, et celle des huit présidents au grand-conseil, et en fit rembourser le prix. Il fut décidé que, suivant l'ordre anciennement établi dans le grand-conseil, la fonction de président y serait exercée à l'avenir par les maîtres des requêtes ordinaires de l'hôtel. En conséquence, le roi fit expédier, sans aucune finance, des commissions à huit maîtres des requêtes à son choix, pour exercer par semestre la fonction ordinaire de président, et il attribua au plus ancien le droit de présider dans chaque semestre. Outre ces huit présidents, le roi se réserva de commettre un des conseillers en son conseil-d'Etat, pour présider en chef au grand-conseil, ce qui ne devait avoir lieu qu'autant qu'il le croirait nécessaire, et sous la condition de ne donner ces commissions que pour une année seulement. A l'égard de ce qui pouvait concerner le bon ordre, la discipline et la dignité du grand-conseil, le roi ordonna qu'il en serait rendu compte au chancelier de France, comme étant par sa dignité le seul chef de cette compagnie.

Le grand-conseil a tenu long-temps ses séances à l'hôtel d'Aligre, rue Saint-Honoré ; il fut ensuite transféré au Louvre. Cette compagnie n'assistait point aux cérémonies publiques, à cause de ses prétentions de préséance à l'égard du parlement. Les ducs et pairs avaient droit d'entrée et de séance au grand-conseil.

Ce tribunal fut supprimé en 1768, et les causes qui y étaient portées furent renvoyées au parlement de Paris, auquel le roi en attribua la connaissance. Il fut rétabli, puis aboli de nouveau en février 1771, lors de la grande révolution survenue dans presque tous les tribunaux du royaume, et enfin reconstitué à l'époque du rappel des parlements. Le premier président du grand-conseil, en 1789, était Duval de Montmillan.

On lit dans les *Essais historiques* de Saint-Foix (1), qu'à la fin de la dernière audience, avant les jours gras, celui qui présidait se levait, allait à la table du greffier, y trouvait un cornet et des dés, commençait

---

(1) T. II, p. 268 ; éd. de 1778.

le jeu, et le cornet passait ensuite successivement aux conseillers, aux avocats, aux procureurs, aux huissiers, et même aux laquais, qui continuaient de jouer jusqu'à la nuit. Saint-Foix donne l'origine suivante à cet usage : « Nos rois, dit-il, avoient des fous en titre d'office, et qui, étant couchés sur l'état de leur maison, avoient leurs causes commises à la prévôté de l'hôtel, et, par appel, au grand-conseil. Ces fous, pour se divertir, pour divertir les autres, ou autrement, se faisoient des procès dont le grand-conseil renvoyoit apparemment la plaidoierie aux jours de carnaval, de même que l'on plaidoit ce que l'on plaide encore, je crois, ces jours-là, une *cause grasse* au Châtelet et au parlement. Le président du grand-conseil, après avoir ouï les avocats, demandoit un cornet et des dés pour décider des affaires ordinairement ridicules. » Cette conjecture, l'auteur l'avoue lui-même, n'est appuyée sur aucunes preuves.

Filles pénitentes ou *repenties*, nommées aussi *religieuses de Saint-Magloire*, rue Saint-Denis, n° 166, au coin de la rue Saint-Magloire. — Un cordelier, nommé Jean Tisserand, convertit en 1492 un grand nombre de femmes qui vivaient dans la débauche; il en réunit plus de deux cents qui prirent la résolution de faire pénitence de leurs déréglements passés et de s'enfermer pour le reste de leur vie. Cet établissement ne fut toutefois autorisé que quatre ans après par lettres-patentes de Charles VIII, en date du 14 septembre 1496, et Alexandre VI approuva et confirma, l'année suivante, cet institut, sous l'ordre et la règle de Saint-Augustin. Quoique Charles VIII eût pris dans ses lettres-patentes le titre de fondateur, les religieuses de cette communauté ne regardaient comme le véritable que Louis II d'Orléans, qui fut roi depuis sous le nom de Louis XII. Dès 1493 ou 1494, ce prince avait donné aux Filles pénitentes la moitié de l'hôtel de *Behaigne* (Bohême) ou d'Orléans (1), nommé depuis *hôtel de Soissons*, et sur lequel on a construit la Halle aux Blés (2). L'autre moitié appartenait à Pierre Lebrun, valet de chambre de Louis XII, et à Robert de Franzelles, son chambellan (3); ce dernier la vendit, le 6 avril 1499, aux Filles pénitentes, pour la somme de deux mille écus d'or couronnés.

L'évêque de Paris, Jean Simon de Champigny, donna à ces religieuses de singuliers statuts. Pour être admises dans le couvent, les filles ou les femmes étaient tenues de donner des preuves suffisantes de leur libertinage, et d'affirmer par serment sur les saints évangiles, en présence du confesseur et de cinq ou six personnes, qu'elles avaient mené une vie dissolue. Il arrivait souvent que des filles se prostituaient exprès

---

(1) Jaillot, t. I, *quartier Saint-Jacques de la Boucherie*, p. 29. — (2) Voy. ci-après *hôtel de Soissons*. — (3) Franzelles l'avait, dit-on, gagnée au jeu à son maître. Félibien, t. II, p. 886.

pour avoir droit d'entrer dans cette communauté. Lorsque ce fait était reconnu, elles étaient renvoyées aussitôt (1). On lit enfin dans un article du règlement : « Vous savez qu'aucunes sont venues à vous qui étoient vierges et bonnes pucelles, et telles ont été par vous trouvées, combien qu'à la suggestion de leurs pères et mères, qui ne demandoient qu'à s'en défaire, elles eussent affirmé être corrompues (2). » Cette ruse singulière exigea une scrupuleuse surveillance, lors de l'admission de nouvelles religieuses (3). Ce règlement, du reste, fut abrogé dans la suite, et l'on reçut dans ce couvent des femmes pieuses et d'une conduite exemplaire. Dans l'origine, les Filles-Pénitentes, ou comme l'on disait alors, les *Filles de Paris*, quêtaient dans la ville; mais quand elles furent devenues plus riches, on leur fit observer une clôture rigoureuse (1550).

En 1580, ainsi que je l'ai dit précédemment (4), Catherine de Médicis, faisant rebâtir l'hôtel d'Orléans, fit transférer ces religieuses rue Saint-Denis, au monastère de Saint-Magloire dont elles prirent le nom. Les désordres de la Ligue, qui produisirent un grand relâchement dans les cloîtres, exercèrent une fâcheuse influence sur les filles de Saint-Magloire. On choisit la mère Marie Alvequin et sept autres religieuses de Montmartre pour remettre en vigueur la règle de cette maison. Elles y entrèrent le 2 juillet 1616, et rétablirent en peu de temps le bon ordre, après avoir modifié la rigidité des anciens règlements.

Le couvent des Filles-Pénitentes était gouverné par une supérieure élue tous les trois ans, mais qui pouvait être continuée jusqu'à quatre ou cinq fois. L'évêque Simon avait ordonné qu'il y aurait dans cette maison des religieux du même ordre, qui auraient prononcé leurs vœux entre les mains de la supérieure. Rien ne prouve que ce règlement ait été observé, quoique le père Héliot ait décrit l'habit de ces moines dans son *Histoire des ordres religieux*.

Le monastère des Filles-Pénitentes servait souvent de maison de correction aux femmes de mauvaise vie. Elles y étaient enfermées pendant un certain temps, et n'y faisaient point profession (5). — Cette communauté a été supprimée en 1790.

Hospice de veuves de la rue de Grenelle Saint-Honoré.—En 1497, Catherine du Homme, veuve d'un maître des requêtes, nommé Guillaume Barthélemy, légua un jardin qu'elle possédait près de la rue des Deux-écus, pour y faire construire un hospice. Cet établissement, qui fut élevé par les neveux de Catherine, était réservé, comme celui de la rue Saint-

---

(1) Piganiol, t. II, p. 134. — (2) *Hist. des ordres monastiques*, t. IV, p. 239. — (3) Elles étaient visitées par des matrones nommées exprès. Piganiol, *loco cit.*— (4) T. I, p. 363. — (5) Piganiol, p. 138.

Sauveur (1), à huit pauvres veuves ou filles âgées de quarante à cinquante ans, de la paroisse Saint-Eustache (2). S'il faut en croire une tradition rapportée par Félibien, deux familles de Paris, les Bobusse et les Le Pilleur avaient contribué à la fondation de cet hospice ; quoi qu'il en soit, ces derniers nommaient aux huit places de la maison, en qualité de descendants de Catherine du Homme (3). Il y avait autrefois sur la porte les figures du fondateur et de la fondatrice ; du temps de Félibien il ne restait plus que celle-ci ; mais dans l'intérieur de la maison, on avait conservé un buste de pierre assez beau, qui représentait, disait-on, le fondateur (4). C'était sans doute le buste de Guillaume Barthélemy.

Cet hôpital n'existait plus en 1779 (5).

La foire Saint-Germain. Cette foire, si célèbre dans nos annales dramatiques, se tenait entre les rues du Four-Saint-Germain, du Petit-Lion-Saint-Sulpice, des Boucheries et de Seine, c'est-à-dire à peu près sur l'emplacement occupé par le marché actuel ; mais ses dépendances s'étendaient jusqu'au Luxembourg. Entre les rues Garencière et de Tournon se trouvait le lieu destiné à la vente des bestiaux, et nommé le *Champ crotté* ou *Champ de foire.* Il y avait anciennement une foire dans le faubourg Saint-Germain ; mais les historiens ne nous ont point donné à ce sujet de renseignements précis. Tout ce qu'on sait, c'est que vers l'an 1175 le roi Louis-le-Jeune demanda à Hugues, abbé de Saint-Germain-des-Prés, et à ses religieux, la moitié de cette foire, qui commençait tous les ans, quinze jours après Pâques, et durait trois semaines. Il promit de n'en jamais rien aliéner, et permit à la communauté de rentrer dans cette propriété aussitôt qu'il n'en jouirait plus. Ce prince indemnisa sans doute l'abbaye en lui permettant de tenir une autre foire, puisque Dom Bouillart affirme qu'en 1200 Philippe-Auguste confirma ce droit accordé par Louis VII. Peut-être cette foire se tenait-elle près de la rue d'Enfer (6). — J'ai dit que Philippe-le-Hardi, pour venger le meurtre de deux écoliers tués par les domestiques de l'abbaye, avait condamné les religieux à fonder deux chapellenies de 20 livres parisis de rente (7). En 1284, pour racheter cette rente de 40 livres, ils cédèrent au roi l'autre moitié de la foire du faubourg Saint-Germain. Mais comme le roi n'avait eu d'autre but, en acquérant cette foire, que de concentrer le commerce aux halles, il la supprima bientôt, et il se passa près de deux cents ans sans qu'elle fût rétablie.

Geoffroy Floreau, abbé de Saint-Germain, voyant les revenus de

(1) J'ai dit que M. Dulaure avait confondu ces deux fondations. — (2) Sauval, t. I, p. 509. — Jaillot, t. II, q. Saint-Eustache, p. 25. — (3) Piganiol, t. III, p. 253. — (4) Félibien, t. II, p. 807. — (5) Voy. Jaillot, *ibid.* — (6) Jaillot, t. V, *quartier du Luxembourg*, p. 12. — (7) T. I, p. 193.

l'abbaye diminués par les pertes qu'elle avait faites pendant l'invasion des Anglais, présenta requête à Louis XI, en 1481, pour lui demander la permission d'établir une foire franche dont il pût toucher les revenus et les profits (1). Le roi lui accorda sa demande, et, par des lettres du mois de mars 1482, ordonna qu'il se tiendrait tous les ans, dans le faubourg Saint-Germain, une foire franche pendant huit jours, à commencer du 1er octobre. Les religieux de Saint-Denis y formèrent opposition, alléguant que cette foire préjudicierait à celle qui se tenait à Saint-Denis, le 9 du même mois et jours suivants; le parlement rejeta donc au 3 février de chaque année la foire Saint-Germain.

Les moines de Saint-Germain-des-Prés retirèrent alors des mains d'un sieur Benoise les jardins d'un des hôtels du roi de Navarre, qui leur avaient été cédés, en 1399, par Jean duc de Berry, et qu'ils lui avaient donnés, sa vie durant, à titre de cens, et y firent construire trois cent quarante loges ou boutiques, qui furent louées à plusieurs marchands, au profit de l'abbaye. Cette foire se tint, pour la première fois, le 3 février 1486. Charles VIII, par lettres du mois de février de l'année suivante, Louis XII, en 1499, et Louis XIV, en 1711, confirmèrent la permission de Louis XI. Guillaume Briçonnet, abbé de Saint-Germain, fit rebâtir, en 1512, les halles de la foire et les murs de l'enclos. Cette foire fut vendue, en 1624, à plusieurs marchands, pour la somme de 30,000 livres, par Louise-Marguerite de Lorraine, princesse de Conti, qui jouissait des revenus de l'abbaye, sous l'administration de l'abbé Buisson (2). En 1690, cette aliénation donna lieu à un procès entre les marchands en faveur desquels elle avait été faite, et l'abbé cardinal de Furstemberg.

Les halles dans lesquelles se tenait la foire, et qui avaient été construites par ordre de l'abbé Briçonnet, passaient pour « l'un des plus hardis morceaux de charpente qu'il fût possible de voir. » Ce bâtiment était divisé en deux halles différentes, qui cependant ne composaient qu'une seule et même enceinte, et étaient contiguës. Elles avaient cent trente pas de longueur sur cent de largeur. Neuf rues tirées au cordeau, et qui se coupaient à angles droits, les partageaient en vingt-quatre parties. Les *loges*, qui formaient et bornaient ces rues, étaient composées d'une boutique au rez-de-chaussée, et d'une chambre ou petit magasin au-dessus. Derrière quelques unes, on avait ménagé des cours avec puits, pour éteindre le feu, en cas d'accident. Au bout d'une des halles était une chapelle, où l'on disait tous les jours la messe pendant la durée de la foire. Les rues étaient distinguées par le nom des différents marchands qui y étalaient; ainsi il y avait la

---

(1) Voy. t. I, p. 194. — (2) François de Bourbon, prince de Conti, son mari, en avait auparavant joui sous l'administration de l'abbé Porcheron. *Piganiot*, t. VII, p. 195.

rue aux *Orfèvres*, la rue aux *Merciers*, la rue aux *Drapiers*, la rue aux *Peintres*, la rue aux *Tabletiers*, la rue aux *Faïenciers*, la rue aux *Lingères*, etc. (1).

Ces importantes constructions furent, en 1762, la proie d'un horrible incendie, qui jeta l'alarme dans tout le quartier. J'en emprunte le récit à un journal du temps : « La nuit du 16 au 17 de ce mois (mars), le feu prit en cette capitale, à la foire Saint-Germain. Un vent du nord, qui souffloit avec une extrême violence, fit faire en peu de temps un si grand progrès aux flammes, qu'en moins de cinq heures, toutes les boutiques et les loges de la foire, qui n'étoient construites que de bois, furent totalement consumées. Les maisons voisines, opposées à la direction du vent, auraient couru un grand risque, si l'activité des gardes-françaises ne les eût garanties. Cependant l'église de Saint-Sulpice a été un peu endommagée : le feu avoit gagné deux poutres de la chapelle de la Vierge, et quelques plombs de la couverture ont été fondus. Un seul charpentier a eu le malheur de périr dans les flammes. Il y a eu trois autres ouvriers blessés, et deux ne l'ont été que légèrement. Le premier président, le lieutenant-général de police et plusieurs principaux magistrats se sont transportés au lieu de l'incendie ; par leurs soins et la sagesse des ordres qu'ils ont donnés, on n'a perdu au plus que la dixième partie des marchandises qui, sans les précautions dont on a usé, auroient pu être exposées au pillage (2). »

Au mois d'octobre de la même année, les propriétaires du terrain de la foire demandèrent son rétablissement. Une ordonnance du lieutenant-général de police accorda la permission de construire cent loges pour les marchands, et on détermina l'étendue et le prix de location. L'ouverture de la nouvelle foire eut lieu le 3 février 1763. « Mais il s'en faut bien, dit un auteur contemporain, que la nouvelle foire soit aussi complète que l'ancienne ; la magnifique charpente qui couvroit celle-ci soutenoit un toit qui mettoit à couvert les différentes rues ; aujourd'hui elles sont à découvert, ce qui ne peut être que très incommode, surtout dans les mois de février et de mars. »

Le *préau* de la foire Saint-Germain était très vaste ; outre la halle *aux draps*, la halle *à la filasse*, et le *marché fermé*, construit par le cardinal de Bissy, il y avait des places assez commodes pour les carrosses. Le *marché fermé*, bâti en 1726, au lieu même où étaient des loges de charpente pour les danseurs de corde et autres petits spectacles, était fermé de quatre portes, dont la plus grande se trouvait en face de la rue de Bussy. Cette porte, d'ordre dorique, dessinée par un architecte nommé Boscri, était assez remarquable ; on voyait dans le couronnement les armes du cardinal de Bissy et celles de l'abbaye de Saint-Ger-

(1) *Piganiol*, t. VII, p. 196. — (2) *Gazette de France*, mars 1762.

main-des-Prés (1), avec deux inscriptions latines assez médiocres. Au-dessus de la porte, du côté de la rue de Tournon, étaient gravés ces deux vers de La Monnoye :

> Hic ubi se ludis pascebat inanibus olim,
> Sorte capit solidas urbs meliore dapes.

Les constructions de 1763 embrassaient une surface de six cents toises ; elles contenaient quatre cents échoppes ou petites loges, avec toutes les rues et les passages nécessaires.

La foire Saint-Germain durait jusqu'à la veille du dimanche des Rameaux (2). L'ouverture en était faite par le lieutenant-général de police, assisté des officiers du Châtelet (3).

Les bâtiments de la foire formaient un carré assez régulier, dont toutes les allées étaient garnies de boutiques occupées par des marchands et des cafés. On y vendait toute espèce de marchandises, excepté des livres et des armes. Comme cette foire était *franche*, il était permis de s'y établir, non seulement aux marchands étrangers, mais même à ceux qui n'avaient point obtenu leur maîtrise, sans crainte d'être inquiétés par les jurés de la capitale. Ce curieux spectacle attirait une multitude inouïe, et surtout un grand nombre d'étrangers. Mais ce qui a donné à la foire Saint-Germain ainsi qu'à la foire Saint-Laurent, dont je m'occuperai plus tard, une réputation européenne, ce sont les petits théâtres qui s'y établirent.

S'il faut en croire quelques annalistes dramatiques, le fameux Brioché y montra ses marionnettes, les premières que l'on ait vues à Paris (4) ; puis vinrent les danseurs de corde, les ménageries, les *phénomènes*, les animaux savants, enfin tous les théâtres et tous les jeux compris dans nos foires de province sous le nom de *curiosités*. On voyait à la foire Saint-Germain des rats danser en cadence sur la corde au son des instruments, se tenant debout sur leurs pattes de derrière et portant de petits contre-poids comme de véritables danseurs de corde. Il y avait une autre troupe de huit rats qui dansaient un ballet pantomime sur une grande table, au son des violons, et avec autant de justesse que des danseurs de profession. Mais ce qui émerveillait surtout le public, c'était un rat blanc de Laponie, qui exécutait une sarabande avec une précision inouïe (5). Le célèbre singe Fagotin, dont *de Loret* nous a raconté la mort dans sa pitoyable gazette en vers, dansait sur la corde d'une manière merveilleuse.

Ce fut à peu près vers l'année 1595 que l'on commença à voir des

(1) Les armes de l'Abbaye étaient d'azur à trois fleurs-de-lis d'or, et sur le tout, de sable à trois besans d'argent. — (2) Hurtaut, t. III, p. 44. — « Nos rois accordent la prolongation de cette foire en faveur de leurs valets de pied, à qui les marchands font quelques gratifications. » Piganiol, *ibid.*, p. 196. — (3) Hurtaut, *ibid.* — (4) Scarron en parle dans sa description burlesque de la foire Saint-Germain. — (5) Bonnet, *hist. de la Danse.*

acteurs forains. Les confrères de la Passion voulurent les chasser, mais une sentence du lieutenant civil, en date du 5 avril 1595, maintint le nouveau théâtre, à la charge de payer à la confrérie *deux écus par an*. On obligea ensuite les acteurs à finir leurs jeux, en hiver, à quatre heures et demie du soir, à ne pas recevoir plus de 5 sous au parterre et 12 sous aux premières ; et de plus, à n'y rien jouer et n'y rien chanter sans l'autorisation et le *visa* de l'autorité (1). Il est assez difficile d'avoir des renseignements précis sur le théâtre de la foire avant l'année 1675 ; mais les registres de la police attestent, pour l'époque antérieure, l'accroissement successif des jeux et des spectacles (2). Dans l'origine, les pièces dans lesquelles on chantait des couplets étaient jouées par des marionnettes ; puis les théâtres reprirent quelques unes des farces de l'ancien répertoire des Italiens, tandis que les danseurs de corde composaient des canevas où ils intercalaient leurs tours de force et leurs danses. La plus curieuse de ces pièces, dont je donnerais un extrait si je ne craignais de multiplier les détails de ce genre (3), est intitulée : *Les forces de l'Amour et de la Magie. Ce divertissement comique en trois intermèdes* fut joué en 1678, à la foire Saint-Germain, par une troupe de vingt-quatre *sauteurs*, dirigée par Maurice et Alard, fameux acrobates, et qui *travaillaient* au *jeu de paume* d'Orléans, au coin de la rue des Quatre-Vents. Les troupes de sauteurs se multiplièrent. Alexandre Bertrand, maître doreur à Paris, et l'un des plus célèbres fabricants de marionnettes, ouvrit une loge de funambules (4) ; Maurice Vondrebeck donna au public des combats de taureaux et des danses de cordes, etc.

Au mois de février 1699, les comédiens français protestèrent contre les empiétements des artistes forains, et M. d'Argenson, lieutenant de police, fit défense « à tous particuliers de représenter aucune comédie ni farce, et pour y avoir contrevenu, condamnation de 1,500 livres de dommages et intérêts envers les comédiens du roi. » Les *forains*, comme on disait alors, en appelèrent au parlement et ne se découragèrent pas. En 1701, Bertrand donna une grande pièce de Fuselier, l'un des auteurs les plus féconds de cette époque, et fort peu connu aujourd'hui, et ses confrères imitèrent son audace. Mais à la requête des comédiens français, le lieutenant de police condamna les forains à 300 livres de

(1) *Chroniques des petits théâtres de Paris*, par N. Brazier, t. II, p. 55.

(2) En 1646, d'Aubray, lieutenant civil, accorde une permission à des danseurs de corde et à des joueurs de marionnettes ; en 1659, le même magistrat donne une permission à Dutelin, entrepreneur de funambules ; enfin de La Reynie, lieutenant de police, signe, le 31 janvier 1668, la *carte* d'Archambault, de Jérôme Artus et de Nicolas Férou, acrobates et joueurs de marionnettes.

(3) Voy. un ouvrage peu connu et fort curieux, intitulé : *Mémoires pour servir à l'histoire des spectacles de la Foire, par un auteur forain* (Les frères Parfaict). Paris, 1743, 2 vol. in-12. — (4) Bertrand donnait vingt sols par jour à chacun de ses artistes et la soupe les jours de représentation.

dommages-intérêts envers les comédiens, et 20 livres d'amende. Le cardinal d'Estrées, abbé de Saint-Germain, défendit les libertés et franchises de la foire, et soutenus par lui, les artistes persécutés en appelèrent; mais le parlement défendit, en 1706 et 1707, à ces « farceurs de représenter sur leurs théâtres aucuns spectacles où il y ait des dialogues, ni faire aucune représentation qui soit contraire aux règles de la bienséance et de la pudeur. » Alors les forains eurent recours au monologue. Un seul acteur parlait en scène et les autres mimaient. L'entrepreneur Dolet fit jouer ainsi avec succès *Arlequin écolier ignorant*, et *Scaramouche pédant scrupuleux*. Les comédiens français poursuivirent encore leurs rivaux, et le lieutenant de police fit surveiller les représentations de la foire. Voici le procès-verbal du commissaire Cailly, en date du 30 août 1707; il peut donner une idée de ces représentations : « Ayant pris place dans une loge, nous avons observé qu'après que les marionnettes ont été jouées sur le théâtre, il a paru un Scaramouche et plusieurs acteurs au nombre de sept, qui ont représenté une comédie en trois actes, ayant pour titre : *Scaramouche pédant scrupuleux*; qu'à presque toutes les scènes, l'acteur qui avoit parlé se retiroit dans la coulisse et revenoit dans l'instant sur le théâtre, où l'acteur qui étoit resté parloit à son tour, et formoient ainsi une espèce de dialogue; que les mêmes acteurs se parloient et répondoient dans les coulisses, et que d'autres fois l'acteur répétoit tout haut ce que son camarade lui avoit dit tout bas; que la pièce a fini par trois danses différentes et une chanson chantée par un acteur. Après quoi l'un des mêmes acteurs a annoncé pour le lendemain la pièce intitulée la *Fille savante*, ou *Isabelle fille capitaine*. » — Le théâtre de Dolet fut abattu et l'entrepreneur condamné à une amende de 500 livres. Les forains firent appel et publièrent un mémoire contre les comédiens francais. Ceux-ci répondirent : « C'est une chose triste et même criante pour les comédiens français, d'être obligés de plaider deux fois régulièrement par année contre des particuliers gens sans aveu, sans établissement, qui ne sont connus que par leur désobéissance continuelle, que l'on pourroit même nommer une révolte, contre les arrêts de la cour qu'ils interprètent à leur manière. »

Alors commença une lutte acharnée entre les forains et la comédie française. Chaque jour nouveau procès-verbal, nouvel arrêt. Enfin les amendes ne suffisant point, on eut recours à la force; la police y mit la main. Le samedi 20 février 1709, la loge d'un des pauvres entrepreneurs de la foire Saint-Germain fut entourée de plusieurs escouades du guet à pied et à cheval, et de quarante archers de la robe courte, commandés par deux exempts, précédés de deux huissiers du parlement. Le menuisier de la comédie française, après la signification de l'arrêt, donna ordre à ses aides de détruire le théâtre en partie; mais le lendemain à dix heures la loge était reconstruite, et d'énormes affiches annonçaient cette nouvelle dans tout Paris. Le public s'y porta en foule. Le lundi, un huissier du parlement se rendit à la foire avec une forte escorte et fit détruire de nouveau la loge. Douze archers y stationnèrent pendant plusieurs jours et se chauffèrent avec les débris des banquettes et des décors. Heureusement, le grand-conseil, dont les comédiens français avaient décliné la juridiction, prit le parti des forains, condamna leurs ennemis à 6000 livres de dommages-intérêts, et fit reconstruire le théâtre détruit.

En 1710, le parlement défendit aux forains de jouer « aucune comédie par dialogue, ni même par monologue. » Mais ces pauvres artistes ne se décourageaient pas; ils bravaient la jalousie de la Comédie-Française et les poursuites de la police. Le public courait en foule à leurs spectacles, qui étaient fort amusants. Les auteurs les plus spirituels travaillèrent pour eux : Fuselier, Dorneval, Panard, Gallet, Legrand, Autereau, Piron, Laujon, Favart, Vadé, etc., et enfin l'immortel auteur de Gil-Blas, René Lesage, donna sa première pièce, en 1713, chez madame Baron, directrice à la foire Saint-Germain. Cette pièce était intitulée : *Arlequin, roi de Serendib*. Lesage donna, depuis cette époque jusqu'en 1739, c'est-à-dire dans l'espace de vingt-six ans, cent et un ouvrages dramatiques, appelés alors *Opéras-Comiques mêlés de vaudevilles*. Rien de plus curieux que l'ingénieuse ténacité avec laquelle les forains éludaient chaque arrêt de l'autorité. Réduits à ne jouer que des pantomimes, ils voulurent les rendre aussi intéressantes que possible, et s'imaginèrent alors de se servir de cartons, sur lesquels on imprimait en gros caractères et en peu de mots tous les passages nécessaires à l'intelligence de la pièce. Ces écriteaux étaient roulés; chaque acteur en portait, dans la poche droite, le nombre marqué pour son rôle; à mesure qu'il en avait besoin, il les tirait, les faisait lire aux spectateurs, et les mettait dans sa poche gauche. Ensuite on employa les écriteaux d'une autre manière : dans *Arlequin roi de Serendib*, Arlequin paraît seul, il a fait naufrage sur la côte et s'avance dans l'île. Il tient une bourse, se montre consolé de sa disgrâce, et s'exprime par un écriteau qui descend du cintre, porté par deux amours, et déroulé par eux devant les spectateurs. Dès que l'écriteau était déroulé, l'orchestre jouait d'abord l'air du couplet, des gens gagés, placés dans la salle, le chantaient, et le public faisait chorus, tandis que l'acteur qui était sur le théâtre en mimait l'intention. On voit que de peines on avait pour faire comprendre une pièce tout entière, car s'il y avait cinquante couplets, il fallait cinquante écriteaux. Eh bien! le public se portait en foule à ces spectacles, tant il est vrai que l'opposition a toujours intéressé en France (1)!

(1) *Chroniques des petits théâtres*, p. 69.

En 1714, madame Baron acheta de l'académie royale de musique la permission de jouer de petites pièces en vaudeville, mêlées de danse, à condition qu'aucune parole n'y serait prononcée qu'en chantant. Elle eut en même temps le droit d'intituler son théâtre : *Opéra-Comique*. Mais son entreprise ne réussit pas, comme nous le verrons plus tard quand nous nous occuperons spécialement de l'*Opéra-Comique*.

En 1718, les spectacles forains furent supprimés ; quelques uns cependant reparurent deux ans après : puis survint une nouvelle défense. Les danseurs de corde revinrent alors, et une troupe de sauteurs anglais attira la foule à la foire Saint-Germain pendant quelques années. L'opéra-comique, après mille phases de malheur et de prospérité, acquit enfin une telle réputation qu'il fut réuni aux Italiens en 1762. Les *Variétés*, l'*Ambigu*, le théâtre des *Grands danseurs*, celui des *Associés*, jouèrent tous à la foire Saint-Germain ou à celle de Saint-Laurent (1), mais ils étaient entravés continuellement par la Comédie-Française et l'Opéra, et cessèrent enfin de se rendre à la foire, qui n'était plus suivie avec empressement, ils préférèrent rester aux boulevards. Les cafés, le *Vauxhall d'hiver* (2), construit en 1769 près la rue Guisarde, et toutes les *curiosités* de la foire Saint-Germain, n'attirant plus une grande foule, elle fut supprimée en 1786. L'établissement des galeries du Palais-Royal nuisait beaucoup, d'ailleurs, à la prospérité des foires, et depuis long-temps celle de Saint-Germain avait cessé d'offrir ce tableau animé et pittoresque dont les écrivains du XVIe et du XVIIe siècle nous ont transmis le souvenir (3).

Couvent des Bons-Hommes ou Minimes de Chaillot. — Saint François de Paule avait fondé, vers 1436, dans la Calabre, un ordre de religieux auxquels il fit porter, par humilité, le nom de *Minimes* et de *Frères hermites de Saint-François d'Assise*. François de Paule envoya bientôt à Paris quelques uns de ses religieux pour obtenir un établissement dans cette ville ; mais ceux-ci rencontrèrent les plus vives oppositions, qui furent suscitées surtout par Michel Standonc, et Jean Quentin, pénitencier de l'Église de Paris. Le fondateur vint alors en personne à Paris, alla trouver Standonc et Quentin, et par ses discours aplanit si bien les difficultés, que Jean Quentin se chargea de trouver un établissement à Paris pour les Minimes, et accepta la qualité de procureur du nouvel ordre. Il reçut chez lui six religieux, les logea dans sa maison et les nourrit pendant seize mois, au bout desquels ils obtinrent enfin une donation importante. Jean de Morhier, seigneur de Villers le Morhier, chambellan de Charles VIII, leur céda

---

(1) Voy. les articles consacrés à ces différents théâtres. — (2) Voy. l'article de cet établissement sous le règne de Louis XV. — (3) Voy. le *Journal de l'Estoile* et le *Saint-Evremoniana*.

la vieille tour, appelée château de *Nigeon* (26 août 1493). Au mois suivant, la donation fut confirmée par le roi, et les Minimes furent mis en possession du lieu par Jacques d'Estouteville, prévôt de Paris, dans la personne de Jean Quentin leur procureur. Trois ans après, la reine Anne de Bretagne acheta, pour 674 livres, la maison de son contrôleur Jean de Cerisy, avec les dépendances contenant une tour carrée, nommée aussi Nigeon, et six ou sept arpents de terrain. Elle en transporta aussitôt la propriété aux Minimes, y joignit une autre pièce de terre de sept arpents contiguë et située dans la paroisse de Chaillot; enfin elle exempta le couvent de toute redevance et de tous devoirs féodaux. La reine Anne mit une seule condition à ses libéralités qui ne s'arrêtèrent même pas là; ce fut la construction du monastère déjà commencé sous le titre de *Notre-Dame-de-toutes-Grâces*, du nom d'une ancienne chapelle qui existait en ce lieu. Anne de Bretagne posa la première pierre de l'église qui ne fut achevée que sous François Ier, et dédiée plus tard encore, le 12 juillet 1578, par Henri le Meignen, évêque de Digne.

Cette église, placée, comme le couvent, sous l'invocation de Notre-Dame-de-toutes-Grâces, était grande, belle, et contenait quelques monuments tumulaires assez remarquables.

D'abord, à l'entrée, au haut du grand portail, était placée une statue de la Vierge, au pied de laquelle on avait gravé quatre vers latins à son honneur. Plus bas étaient sculptées les armes de France et de Bretagne avec les deux lettres K L (1), et quatre autres vers latins.

Jean Quentin déclara par son testament qu'il voulait que son cœur fût inhumé dans l'église; on le plaça, selon ses vœux, dans la chapelle Sainte-Anne, dans laquelle on lut pendant long-temps sur le mur les vers suivants :

        Cy gist au bas de ce pilier
        Le cœur du bon pénitencier
        Maistre Jean Quentin sans errer,
        Qui de ce couvent bienfaiteur
        Fut, et de l'ordre amateur.

La plus remarquable sépulture de cette église était celle de *Françoise de Veyni d'Arbouse*, femme du célèbre Antoine Duprat. Françoise de Veyni mourut en 1517, âgée seulement de trente ans, lorsque son mari n'était encore qu'avocat du roi au parlement de Toulouse. C'était son fils Guillaume Duprat, évêque de Clermont, qui lui avait fait élever ce riche tombeau sur lequel elle était représentée à genoux dans son costume ordinaire, et qui était orné d'une pompeuse épitaphe commençant par ce distique :

(1) Voyez Piganiol de la Force, t. II, p. 396. Le même auteur cite au long les inscriptions de l'église Notre-Dame-de-toutes-Grâces. Voy. aussi Dubreuil.

Suis dedit hæc, si quis quærat, mihi grata secundi
Munera sunt nati qui tegit ossa lapis.

Diverses chapelles latérales contenaient les sépultures de plusieurs personnages distingués. Là avaient été inhumés : — *Jean Dalesso de Blois*, petit-neveu de saint François de Paule, mort en 1572; son épouse *Marie de la Saussaye*, et leur fille *Magdelaine Dalesso*, femme de Pierre Chaillou, secrétaire de la chambre du roi. — *Olivier Lefebvre d'Ormesson*, et *Anne Dalesso* son épouse. Lefebvre d'Ormesson, né en 1525, mort le 26 mai de l'an 1600, fut la tige de la famille d'Ormesson qui se rendit si recommandable depuis dans la magistrature. Il fut appelé par le chancelier de l'Hôpital au conseil de Charles IX, et fut plus tard nommé intendant et contrôleur-général des finances. En 1577, il quitta l'administration des finances pour une charge de président à la cour des comptes, et après la mort de Henri III, il déclara devant sa compagnie assemblée qu'il ne reconnaissait pour héritier du trône que Henri de Bourbon; manifestation courageuse dont Henri IV, devenu roi, le récompensa par des marques éclatantes d'estime et d'affection. L'alliance de cette famille à celle des Dalesso, petits-neveux de saint François de Paule, fut une garantie de prospérité pour les Minimes dont les d'Ormesson furent toujours les protecteurs. — *Josias, comte de Rantzau*, maréchal de France. Rantzau était un gentilhomme du Holstein, qui s'était distingué très jeune au service des Suédois. Il suivit le chancelier Oxenstiern, dans son ambassade en France (1635), et plut si fort au roi par son esprit et son courage, que Louis XIII se l'attacha et le nomma maréchal-de-camp. Jusqu'à la fin de sa carrière, il prit part avec honneur à toutes les guerres de Richelieu et de Mazarin, et mourut le 4 septembre 1650. Ses restes furent déposés dans l'église des Minimes de Chaillot, dont il était l'un des bienfaiteurs. Il avait été tellement mutilé dans ses campagnes qu'il ne lui restait plus qu'un œil, une oreille, une main et une jambe; ce qui donna lieu à la composition de l'épitaphe suivante :

> Du corps du grand Rantzau tu n'as qu'une des parts :
> L'autre moitié resta dans les plaines de Mars.
> Il dispersa pourtant ses membres et sa gloire ;
> Tout abattu qu'il fut, il demeura vainqueur :
> Son sang fut en cent lieux le prix de sa victoire,
> Et Mars ne lui laissa rien d'entier que le cœur.

Il ne s'est passé aucun fait historique remarquable dans le couvent des Minimes de Chaillot.

Ces religieux possédaient une belle bibliothèque qui fut consumée par le feu du ciel en 1590.

En 1790, la maison fut supprimée. Une partie de ses bâtiments est occupée aujourd'hui par une filature de coton et une raffinerie de sucre ; le reste a été abattu ; on voit cependant encore les murs en amphithéâtre de l'ancien jardin des moines.

CHAPITRE SIXIÈME.

LOUIS XII, LE PÈRE DU PEUPLE.

1498-1515.

I. Faits généraux.

Quelques semaines après avoir été couronné à Reims, le 1er juillet 1498, le nouveau roi de France, Louis d'Orléans, fit son entrée solennelle à Saint-Denis, et le lendemain il arriva dans la capitale. Ce prince débonnaire signala son avénement par des actes de clémence et par ces paroles magnanimes : « Il ne convient pas qu'un roi de France venge les querelles d'un duc d'Orléans. »

Peu s'en fallut néanmoins que dès le commencement, ses bonnes et pacifiques dispositions ne fussent troublées par la turbulence des écoliers de Paris (1). La tranquillité publique ne fut maintenue que par de sages mesures de rigueur. Ce fut la seule fois que Louis XII eut à lutter contre une émotion populaire, et qu'il entra dans Paris « accompagné d'une grande foule de seigneurs et d'un bon nombre de gens armés, qui avoient leurs arcs bandés pour tenir la ville en respect (2). »

La mort de Charles VIII avait séparé de la France la belle Anne de Bretagne et *sa riche duché*, et Louis XII convoitait l'une autant que l'autre. Ses premiers soins furent de chercher à rompre son mariage avec la fille de Louis XI, la triste et difforme Jeanne de France, résignée d'avance au sort qu'elle prévoyait. Le pape, gagné par les belles promesses du roi, prononça le divorce, et, le 7 janvier 1499, Louis XII épousa à Nantes la veuve de son prédécesseur. La féconde imagination des chroniqueurs du XVIe siècle a long-temps embelli d'un parfum poétique les chastes amours de Louis et d'Anne de Bretagne ; leurs intrigues amoureuses, suivant la tradition, eussent pris naissance au temps de la bataille de Saint-Aubin du Cormier, où Louis fut pris et mené en Bretagne ; mais la tradition, il faut le dire, est peu d'accord avec l'histoire.

Louis XII, heureux de ce côté, songea à l'amélioration de son gou-

(1) Voy. *Université*, t. II, p. 179. — (2) Félibien, t. II, p. 896.

vernement, et entre autres institutions nouvelles, publia une sage ordonnance pour la réforme de la justice; bien plus heureux encore si son ambition n'eût pas été plus loin. L'Italie était l'écueil où s'était abîmée la puissance des empereurs d'Allemagne, c'était là qu'au XIIIe siècle s'était brisée la redoutable maison de Charles d'Anjou; Charles VIII venait d'y échouer; Louis XII voulut s'y perdre à son tour.

Louis XII passa presque tout son règne les armes à la main; toujours en haleine sur les affaires d'Italie; dans de continuelles alternatives de victoires et de défaites, perdant un jour ce qu'il avait gagné la veille, et en résultat il mourut sans avoir obtenu d'avantage positif et durable. Aussi ne fut-il pas maître de s'occuper de l'intérieur de son royaume autant qu'il l'eût souhaité, et les affaires lointaines le retinrent, la plupart du temps, hors de la capitale. Il se passa donc à Paris peu d'événements pendant ce règne. Ce qui anima le plus sa physionomie, ce furent des révoltes de moines (1), des violences d'écoliers (2) et des fêtes populaires dont le goût fut plus vif qu'à toute autre époque, depuis la renaissance des arts jusqu'à la Ligue.

Plusieurs personnages de distinction vinrent successivement à Paris au commencement du XVIe siècle, et ce furent autant de motifs de fêtes somptueuses. Au mois de novembre 1501, arrivèrent des ambassadeurs de l'empereur d'Allemagne. Tous les Parisiens, prévôt, échevins, quarteniers et bourgeois, sortirent de la ville en corps, accompagnés des troupes de la garnison, et allèrent recevoir les Allemands jusqu'au-delà de Notre-Dame-des-Champs. De là ils les amenèrent loger rue de la Huchette, à l'hôtel de l'Ange, et le lendemain fut consacré à de grandes cérémonies où, entre autres honneurs que reçurent les étrangers, ils furent harangués en latin par maître Louis Pinel, docteur en théologie, grand-maître du collége de Navarre.—Quelques mois après, vint à Paris le célèbre ministre de Louis XII, le cardinal Georges d'Amboise, archevêque de Rouen, qui fut accueilli par les Parisiens avec autant de pompe qu'un roi. A la porte Saint-Denis et à la porte aux Peintres, on dressa des arcs de triomphe et des théâtres où se déploya le talent des clercs de la Bazoche; les officiers de la ville allèrent recevoir leur hôte illustre avec un dais magnifique sous lequel il parcourait les rues qu'on avait tendues de tapisseries.

A la fin de cette année (1502), Paris fut tellement désolé par la peste, que le parlement ordonna aux plaideurs de se contenter de déposer leurs requêtes sur une table dans la salle des huissiers, de peur de la contagion; et il y avait un si grand nombre de malades, qu'il défendit à toutes voitures ferrées de circuler dans la ville et dans les faubourgs,

---

(1) Voy. t. I, p. 529 et 600. — (2) Voy. *Université*, t. II.

sous peine de confiscation. L'évêque fut du nombre de ceux qu'emporta le fléau. La réception de son successeur, Étienne Poncher, conseiller au parlement, chancelier de Milan et de l'ordre de Saint-Michel, et garde des sceaux de France, fut l'occasion d'une nouvelle solennité. Ce prélat se présenta dans son église avec le cérémonial accoutumé, le 23 mai 1503. Le prévôt des marchands et ses échevins, qui avaient été prévenus deux jours d'avance, allèrent à sa rencontre à Saint-Victor avec les principaux bourgeois de la ville. L'abbé de Saint-Victor les reçut à l'entrée de son église et leur dit en montrant l'évêque : « Messieurs, voici monsieur Étienne Poncher, lequel a été élu évêque de Paris. Son élection a été confirmée par monsieur l'archevêque de Sens, et par le roi au serment de fidélité. Je vous le présente à ce que vous le conduisiez à l'église de madame Sainte-Geneviève, et de là en son église. » Le prévôt des marchands, adressant la parole à l'évêque, répondit : « Monsieur, nous vous recevons en notre ville, et sommes très joyeux de votre promotion en votre évêché, et très volontiers vous conduirons où il appartiendra. « Après cela, dit Félibien, ils conduisirent le prélat à l'église Sainte-Geneviève, où l'abbé, qui les attendait à la porte, présenta à l'évêque de l'eau bénite, et le mena ensuite dans le chœur et au grand autel. Là il dit sur lui quelques oraisons, et lui fit baiser les saintes reliques. L'évêque fit alors son présent, qui était un drap de damas bleu, et de là se retira dans la sacristie, pour se revêtir de ses habits pontificaux. L'abbé lui fit faire au même lieu le serment accoutumé de garder les priviléges de l'abbaye; après quoi il le ramena dans le chœur, où le prélat s'assit dans une chaise, tenant en main le livre des évangiles ; et quatre chanoines réguliers de la maison le portèrent jusque hors leur église. Devant le portail se trouva le procureur de l'évêque avec son bailli et les autres officiers de sa justice. Là furent appelés par le procureur MM. de Chevreuse, de Montmorency à cause de sa terre d'Écouen, de Maci, de Mont-Joy, de La Queue en Brie, de Conflans et de Luzarches, tous vassaux de l'évêque, par lesquels il fut porté dans sa chaise jusque devant Sainte-Geneviève-des-Ardents, où l'attendait le doyen avec tout le chapitre de la Cathédrale. De là, l'évêque fut conduit processionnellement jusque devant le grand portail, où le doyen lui fit faire le serment accoutumé, et le souscrire de sa main. Après cela les portes de Notre-Dame, qui étaient fermées, s'ouvrirent, et l'évêque entra dans l'église, au milieu du doyen et du chantre. Quand il fut entré dans le chœur, le doyen dit sur lui une oraison. L'évêque alla ensuite baiser l'autel, et de là fut conduit par le doyen et le chantre au siége épiscopal. Il célébra ensuite la messe solennelle, après quoi on le mena à son palais, où se trouvèrent plusieurs évêques et abbés, avec quantité de personnes du parlement, de la chambre des comptes, de l'Université, du Châtelet et de la ville. Toute cette grande compagnie fut régalée magnifiquement à six tables différentes dressées dans les salles de l'évêché (1). »

Anne de Bretagne, aussitôt après son mariage avec Louis XII, fut couronnée de nouveau à Saint-Denis, par le cardinal d'Amboise (18 novembre 1504), et deux jours après elle entra à Paris. Le soir elle soupa au palais.

Le vendredi 21 février de l'année suivante, à la demande du roi, la ville célébra avec pompe les obsèques de Charles d'Orléans, père de Louis XII, mort à Blois en 1465, et dont le corps était transféré aux Célestins. Le comte de Dunois, grand-chambellan de France, fut chargé de diriger ce transport, dont les frais montèrent à 2,961 livres 14 sous. La municipalité, les maîtres et gouverneurs des six corps des marchands, un assez grand nombre de bourgeois, tous à cheval, en robes et chaperons de deuil, précédés des archers et des sergents de ville, allèrent dans la matinée au prieuré de Notre-Dame-des-Champs, où le corps du prince était déposé, et revinrent à la porte Saint-Jacques attendre le convoi. Le cortége funèbre parut à deux heures de l'après-midi. En tête étaient les quatre ordres mendiants, suivis des paroisses de la ville, de l'évêque et du clergé. Ensuite venaient seize *crieurs des trépassés*, en robes noires et en chaperons de deuil aux armes du feu duc d'Orléans; les archers et autres officiers de la ville portant cent vingt torches aux armes de Paris, vingt-quatre aux armes de la ville de Blois, et soixante-seize à celles de la maison d'Orléans; plusieurs hérauts d'armes et gentilshommes, richement équipés, portant les *pièces d'honneur*, le casque, l'épée, la cotte d'armes, l'écu, le guidon et la bannière. Le char funèbre, couvert de drap d'or, était traîné par quatre magnifiques chevaux. Des seigneurs de distinction tenaient le poêle, et le brillant cortége qui venait ensuite était composé de l'élite de la noblesse et des principaux corps de l'État. A la porte Saint-Jacques, le prévôt des marchands, trois échevins, le greffier et le receveur de la ville portèrent le dais jusqu'au pont Saint-Michel; ils furent remplacés par six gentilshommes archers de la garde du roi. Le lendemain, le parlement assista au service solennel qui fut célébré à l'église des Célestins (2).

Louis XII tomba malade l'année suivante; la consternation fut générale dans le royaume. Il reçut bientôt aux états-généraux de Tours (mai 1506), des marques évidentes de l'affection de ses sujets. Il avait convoqué cette assemblée pour annuler le fameux traité de Blois (septembre 1504), qui donnait à Charles de Luxembourg, depuis Charles-Quint, Claude, fille du roi, avec la Bretagne, la Bourgogne et le duché

---

(1) Félibien, t. II, p. 902. — (2) Félibien, t. II, p. 904.

de Milan pour dot. Les États représentèrent que la loi fondamentale de l'État défendait toute aliénation du domaine de la couronne, supplièrent le roi de rompre le traité de Blois, et d'accorder Claude à François d'Angoulême, alors présomptif héritier de la couronne. Louis XII se rendit facilement à des réclamations qu'il avait provoquées; et par les fiançailles de sa fille avec le comte d'Angoulême, il assura l'intégrité du territoire et l'indépendance de la France. Les États déclarèrent ensuite au roi « que pour avoir donné la paix à ses sujets, remis le quart des tailles, et nommé bons juges partout, il devoit être appelé le roi Louis XII, *père du peuple.* » Une députation de la ville de Paris avait supplié Louis de consentir à un mariage que réclamait l'intérêt du pays, et le prévôt des marchands et les autres députés de Paris prêtèrent le serment solennel d'aider à cette union de madame Claude et de M. de Valois; ils jurèrent ensuite qu'ils tiendraient François pour leur roi, si Louis mourait sans hoirs mâles.

La révolte de Gênes contre la France obligea Louis XII de retourner l'année suivante en Italie. Il fit rentrer la ville dans son obéissance, et s'assura ainsi une importante communication avec le Milanais; mais en même temps, songeant à mettre la France à l'abri des insultes de l'ennemi, il voulut que les citoyens s'exerçassent aux armes, et que ceux de la capitale donnassent l'exemple. Le premier président, Jean de Gannay, vint, le 16 novembre 1507, à l'Hôtel-de-Ville, annoncer que le roi désirait que les habitants s'exerçassent, eux, leurs enfants et leurs domestiques, pendant les jours de fête, *au jeu de l'arc*, *arbaleste et coulevrine*. On distribua des armes aux bourgeois, et on assigna aux différents corps de métiers des lieux d'exercice hors de la ville (1). — *Pour rétablir ses forces sur mer qui estoient fort diminuées*, le roi demanda ensuite à la ville un vaisseau de quatre cents tonneaux; la bourgeoisie le fit prier de se contenter d'un navire de deux cents tonneaux seulement.

La brillante expédition de Louis XII contre les Vénitiens qu'on voulait réduire *à ne plus s'occuper de la pêche*, causa une grande joie dans le royaume. Le prince envoya à Paris deux drapeaux vénitiens, pris à la bataille d'Agnadel, qui furent exposés à la porte du chœur de Notre-Dame, le 1er juin 1509, et portés le lendemain à Saint-Denis par le corps de ville. Le roi ne revint à Paris que le 16 mars de l'année

---

(1) *Registres du Parlement.* « Les drapiers et merciers remontrèrent qu'ils ne pouvaient appliquer leurs serviteurs audit exercice, étant la plupart du dehors de la ville, desquels par conséquent on ne pouvait faire estat, parce qu'après avoir servi quelques années ils se retiroient; les épiciers pareillement dirent qu'étant la plupart apothicaires, comme les barbiers, ils étaient obligés d'employer leurs serviteurs, les dimanches comme les autres jours; même les barbiers ajoutèrent que dans les jours de fêtes ils font leçons ordinaires à leurs apprentis. »

suivante. Il entra avec une brillante escorte par la porte Saint-Jacques, mais il ne voulut pas qu'on lui fît de réception. *Messieurs de la ville* allèrent seuls à sa rencontre, précédés du prévôt de Paris, de ses sergents et de la milice municipale; nouveauté, disent les anciens historiens, qui ne fut tolérée qu'en considération de l'absence du prévôt des marchands, et des ordres précis qu'avait reçus du roi le prévôt de Paris.

La guerre recommença bientôt avec le plus implacable ennemi de Louis XII, le pape Jules II. Après avoir hésité long-temps à combattre le saint Père, le roi assembla un concile à Pise pour le faire déposer. Cinq docteurs de l'Université de Paris y assistèrent : Geoffroy Boussard, chancelier de l'église et de l'Université de Paris, Guillaume du Chesne, Martial Gallicer, archidiacre de Meaux, Simon Jaquet et Antoine Seurre. Pendant ce temps, Gaston de Foix, neveu de Louis XII, s'illustrait en Italie par sa bravoure et ses talents militaires.

« En 1512, à l'occasion des grands préparatifs de guerre que faisaient les Anglais, Louis XII engagea les villes à fondre de l'artillerie. Le premier président se rendit à l'Hôtel-de-Ville de Paris, le 22 avril, et dit que le roi demandait, outre l'artillerie que la ville faisait fondre, que chaque confrérie et communauté en fournît quelques pièces, où elles mettraient leurs devises, et que pour les frais de cette fonte on employât les deniers des confréries et même ceux des repas qui se donnaient aux réceptions. Le roi ordonnait en outre qu'on réparât les murailles, et qu'on vît s'il ne serait point nécessaire de faire de nouveaux boulevards; enfin il voulait qu'on prît information des Parisiens qui possédaient des fiefs, afin qu'ils vinssent défendre la ville, et qu'on fît la recherche des armes qui étaient dans Paris et des gens habiles à s'en servir.

» On obéit aux volontés du roi, et il fut ordonné que les communautés et confréries s'assembleraient pour délibérer sur la demande relative à l'artillerie. Mais quant à la recherche des fiefs et à cette espèce d'arrière-ban, comme cela intéressait les bourgeois, il fut résolu d'en écrire au chancelier. Le roi écrivit, le 3 mai, aux prévôts des marchands et échevins de faire une revue générale des habitants de Paris. Pour obéir à cet ordre, il fut fait une assemblée générale en la chambre du conseil au palais, le 10 du même mois. Les officiers du parlement et de la chambre des comptes, les lieutenants civil et criminel du prévôt de Paris, le prévôt des marchands, les échevins, les conseillers et quarteniers de la ville y assistaient. Il fut arrêté que les commissaires du Châtelet feraient l'inspection des soixante bannières des gens de métiers; que les lieutenants civil et criminel prendraient le même soin pour les officiers et suppôts du Châtelet; que le prévôt des marchands et les échevins passeraient en revue les quarteniers, cinquanteniers, dixainiers, archers, arbalétriers, officiers de la ville, francs-bourgeois et marchands qui ne tenaient pas boutique; enfin que le parlement et la chambre des comptes inspecteraient les officiers et suppôts de leurs cours. On reconnut dans cette revue que la ville était peu riche en armes, et il fut arrêté qu'on en enverrait acheter à Milan. Dans une seconde assemblée, les députés de l'Université et du chapitre de Notre-Dame furent engagés à suivre l'exemple général. Le chapitre fit quelques remontrances et promit d'en délibérer. Le prévôt des marchands et les échevins furent chargés d'avertir les abbés, prieurs, couvents et églises collégiales d'envoyer des gens à la revue. L'inspection de cent vingt archers de la ville et soixante arbalétriers fut faite au clos des Célestins, le 28 mai, et les jours suivants on procéda, dans la salle de l'Hôtel-de-Ville, à la revue des autres officiers de la ville (1). »

Les Parisiens avaient été alarmés des ordres qu'avait donnés le roi à tous ceux qui tenaient fiefs de lui, privilégiés ou non privilégiés, de se tenir prêts à servir dans ses armées, ou à donner la moitié des revenus de leurs biens féodaux à ceux qui seraient nommés pour le service à leur place. On vient de voir que la ville en avait écrit au chancelier, pour être maintenue dans ses droits et priviléges à cet égard. Le roi, par ses lettres données à Blois, le 12 juin de la même année, déclara que les prévôts des marchands, échevins, bourgeois et habitants de Paris, en vertu de leurs droits, priviléges et libertés, étaient exempts d'aller et envoyer aux guerres et armées du roi, de comparaître aux revues du ban et de l'arrière-ban, et de payer aucun droit de leurs revenus féodaux, à cette occasion. Enfin, que dans les ordres généraux donnés ou à donner aux exempts et non exempts, privilégiés et non privilégiés, son intention n'était point de comprendre les habitants de Paris (2).

Louis XII fit revoir et rédiger, en 1511, les *Coutumes de la prévôté et vicomté de Paris*, par une commission de gens des trois états, présidée par Thibaut Baillet, président au parlement, et Royer Barme, avocat du roi à la même cour. Ce travail de révision eut lieu dans l'une des salles du Châtelet. Deux ans après, les greffiers du Châtelet obtinrent la permission de mettre en vente pendant deux ans la *Coutume de Paris*, après le visa et l'examen de deux commissaires du parlement, Nicole Brachet et Germain Chartelier (3).

Le dimanche 12 février 1514, le corps de la reine Anne, qui venait de mourir à Blois, fut apporté à l'église de Notre-Dame-des-Champs, et un service solennel fut célébré, le mardi suivant à l'église Notre-Dame. Jean Petit ou *Parvi*, jacobin, confesseur de Louis XII, y prononça l'éloge de la princesse défunte. Le même religieux fit le lende-

---

(1) Félibien, t. II, p. 999. — (2) Id. p. 910. — (3) En 1580, la même coutume fut de nouveau *réformée, expliquée et corrigée*. Félibien, p. 914.

main *très belle prédication* dans l'église Saint-Denis; les obsèques de la reine eurent lieu avec une grande magnificence; mais il s'éleva ensuite des contestations entre l'abbaye de Saint-Denis, les religieuses de la Saussaye de Villejuif, le seigneur de Montmort, grand-écuyer de la reine, les rois d'armes et hérauts, et enfin les chapelains du cardinal de Luxembourg, qui avait officié. Ils se disputèrent les offrandes, les ornements de la cérémonie, et même le linge, les joyaux et les chevaux de la feue reine. Le parlement assigna à huit jours les parties pour examiner leurs titres (1). On ignore le résultat de cette affaire.

La même année, le parlement, comme je l'ai dit (2), permit à Jean Gourmont d'imprimer un ouvrage de *Jehan Le Fèvre*, composé à la louange de Paris (*Cleopolis, de celeberrimæ Parisiorum urbis laudibus*). — A la même époque, on composa pour le blason de la ville l'acrostiche suivant :

P aisible domaine,
A moureux vergier,
R epos sans dangier,
I ustice certaine,
S cience haultaine,
C'est Paris entier.

Louis XII ne resta pas long-temps dans le veuvage. Las de la guerre qui lui avait si peu réussi, il conclut une trêve (mars 1514) avec tous ses ennemis : les Suisses, les Allemands, les Espagnols, les Anglais; il se soumit même aux volontés du souverain pontife, renonça au concile de Pise et fit espérer à Léon X l'abolition de la pragmatique sanction. Puis, il n'eut pas de repos jusqu'à ce qu'une paix définitive fût établie avec l'Angleterre, et pour faciliter les négociations, il pria Henri VIII de lui accorder la main de sa sœur Marie.

Le roi d'Angleterre accepta volontiers cette offre, et le traité fut conclu à Londres. La nouvelle en fut publiée à Paris le 16 août, et elle répandit l'allégresse par toute la ville. On célébra sur-le-champ une procession générale en actions de grâces, et le *Te Deum* fut entonné dans la cathédrale. Le 12 septembre arrivèrent les ambassadeurs de Henry VIII : le grand-chambellan d'Angleterre, le commandeur de Londres et le doyen de l'église de Londres. Ils furent reçus en grande pompe et logés en l'hôtel du sieur Le Coq, rue Saint-Antoine, près les Tournelles. Le lendemain on leur offrit, suivant l'usage, force présents en vin, en hypocras, en torches de cire, en épices et en dragées. Bientôt la princesse Marie elle-même débarqua dans ses nouveaux domaines. Le roi se rendit au-devant d'elle jusqu'à Abbeville, où fut célébrée la cérémonie nuptiale, le 9 octobre 1514. Louis XII mena de là son épouse à Saint-Denis, où il la fit couronner, et le 6 novembre, la

(1) Voyez un extrait des *registres du Parlement*, dans Félibien, t. IV, p. 627 et suiv.
(2) T. II, p. 356.

reine Marie fit en grande pompe son entrée dans la capitale. Voici comment le *Cérémonial français* raconte les détails de cette journée. Les Parisiens déployèrent en cette occasion toute la magnificence mise en œuvre jusque là aux entrées des souveraines de France. Le parlement, les autres cours et corps de la ville allèrent au-devant de la reine jusqu'à La Chapelle-Saint-Denis. Le premier président, Antoine Duprat, la harangua, et l'évêque de Paris répondit pour elle. La reine fit son entrée dans une litière découverte, enrichie de pierreries, au-dessus de laquelle on portait un dais en drap d'or. Auprès de la litière se tenait la seconde personne de France, le duc de Valois (François Ier), qui venait d'épouser la princesse Claude, fille de Louis XII. Devant marchaient le duc d'Alençon, le duc de Suffolk, le grand-chambellan d'Angleterre, le duc de Bourbon, lord de l'Isle, et nombre d'autres grands seigneurs de France et d'Angleterre. Puis, derrière la litière, venaient sur des haquenées madame Claude de France, la comtesse d'Angoulême mère de François Ier (1), la duchesse d'Alençon et plusieurs autres nobles dames. Sur la route de ce cortége on avait dressé dans la ville plusieurs échafauds où se jouèrent divers spectacles au moment où passait la reine. On alla faire ses prières à Notre-Dame; puis on vint souper au palais. Là plusieurs tables étaient dressées pour un beau repas auquel assistèrent les deux cours et les officiers de la ville. Par intervalles les services étaient suspendus par des représentations scéniques nommées *entre-mets*. Le premier fut un phénix qui se battait de ses ailes et allumait du feu pour se brûler; le second un saint Georges à cheval, qui conduisait la jeune fille, dont la fable lui attribue la délivrance; le troisième un porc-épic et un léopard soutenant l'écu de France : symboles l'un du roi, l'autre de la reine. Un mouton vint après; puis un coq et un lièvre qui combattaient ensemble dans une lice. La reine fit présent aux hérauts d'armes et aux trompettes d'un navire d'argent, et coucha au palais. — Pendant un mois entier, on ne vit dans Paris que festins, tournois et fêtes.

Louis XII n'avait pas obtenu ce résultat sans peine, ni surtout sans concessions. Il s'était engagé à payer à son beau-frère 100,000 écus par an pendant dix années. Et cependant il paraît que, précisément à la même époque, il était, comme dit Félibien, dans une très grande nécessité d'argent. Il venait d'aliéner pour 600,000 livres de ses domaines, aides et gabelles, et de vendre pour 200,000 livres de sa vaisselle d'or et d'argent; aussi dut-il demander à sa bonne ville de Paris un secours de 20,000 livres; celle-ci fournit promptement la somme, et obtint un nouvel octroi pour le remboursement (avril 1514).

La jeune épouse coûtait donc à Louis XII de grands sacrifices. Mais

---

(1) Le comté d'Angoulême ne fut érigé en duché-pairie que l'année suivante.

ce n'était rien au prix de ce qu'elle devait lui coûter encore. A peine était-il marié depuis quelques semaines qu'il tomba dangereusement malade. Marie était, dit-on, la plus belle princesse d'Europe, et Louis, âgé de cinquante-trois ans, et d'une santé fort délicate, oublia auprès d'elle son âge et sa faiblesse. « Le bon roi, à cause de sa femme, avoit changé en tout sa manière de vivre; car où il avoit coutume de dîner à huit heures, il convenoit qu'il dînât à midi; où il avoit coutume se coucher à dix heures du soir, souvent se couchoit à minuit (1). » Il mourut au bout de deux mois et demi de mariage, au palais des Tournelles, le 1er janvier 1515.

Louis XII est l'un des rois de France dont la mémoire a le plus été bénie. Sous aucun règne, disait Saint-Gelais, on ne connut si bon temps que durant le sien. Sa politique extérieure ne produisit pour la France ni beaucoup de gloire ni de bien solides avantages; mais il fit de son mieux pour améliorer l'organisation intérieure, et diminua les impôts. Il aimait son peuple, et son plus grand désir était de le rendre heureux.

Lorsque, selon la coutume, on transporta son corps à Notre-Dame, les crieurs, sonnant leurs clochettes, criaient le long des rues : Le bon roi Loys, *père du peuple*, est mort.

II. Monuments. — Institutions.

Hôtel de Cluny, rue des Mathurins Saint-Jacques, n° 10.— Cet hôtel, un des plus précieux monuments qui nous restent de l'architecture civile du moyen-âge, a été si souvent décrit qu'il serait difficile de rien ajouter à ce qui a été publié sur ce sujet. Je me contenterai de résumer ce qu'en ont dit nos principaux historiens, en avertissant que la plupart des détails qui suivent sont empruntés à une notice qui a paru récemment, et dont l'exactitude ne laisse rien à désirer (2).

Vers le milieu du XIVe siècle, Pierre de Chaslus, abbé de l'ordre célèbre de Cluny, acheta une partie du palais des Thermes, à laquelle il donna le nom de *maison* ou *hôtel de Cluny* (3). Cet hôtel devint la résidence des abbés de Cluny, lorsque leurs affaires les appelaient à Paris.

Plus tard, Jean de Bourbon, abbé du même ordre, évêque du Puy, et fils naturel de Jean Ier, duc de Bourbon, entreprit de faire rebâtir cet édifice; mais il mourut avant d'avoir accompli son dessein. Ce ne fut qu'en 1490, ou, selon quelques historiens, en 1505, que Jacques d'Amboise mit à exécution le projet de son prédécesseur (4).

« Tout ce qui reste entier de *remarquable* dans cet hôtel, c'est la chapelle qui est au premier étage sur le jardin. Le gothique de l'architecture et de la sculpture est très bien travaillé, *quoique sans aucun*

---

(1) *Hist. de Bayard*. — (2) *Le palais des Thermes et l'hôtel de Cluny*, notice. Paris, Belin-Leprieur, 1836, in-12. — (3) Item acquisivit domum quæ dicitur Palatium de Terminis, seu de Thermis Parisiis. *Chron. Cluniac.* — (4) Piganiol, t. VI, p. 306.

Nouvelle Histoire de Paris

Publié par Journal P. a Paris

goût pour le dessin (1). Un pilier rond, élevé dans le milieu, en soutient toute la voûte, très chargée de sculpture, et c'est de ce pilier que naissent toutes les arêtes. Contre les murs sont placées en groupes, en formes de mausolées, les figures de toute la famille de Jacques d'Amboise, entre autres du cardinal. La plupart sont à genoux, avec les habillements de leur siècle, très singuliers et très bien sculptés. L'autel est placé contre le mur sur le jardin, qui est ouvert dans le milieu par une demi-tourelle en saillie, fermée par de grands vitraux, *dont les vitres, assez bien peints, répandent beaucoup d'obscurité.* Au dedans de cette tourelle, devant l'autel, on voit un groupe de quatre figures de grandeur naturelle, où la sainte Vierge est représentée, tenant le corps de Jésus-Christ détaché de la croix et couché sur ses genoux. Ces figures sont d'une bonne main et très bien dessinées *pour le temps* (2). » Les deux autres figures représentaient saint Jean et Joseph d'Arimathie.

On lit dans les *Mélanges historiques* de Pierre de Saint-Julien : « J'ai » appris de bonne part, que frère Jacques, ou don Jacques d'Amboise, » évêque de Clermont et abbé de Cluny, par un compte de trois années, » reçut de son receveur cinquante mille angelots des dépouilles d'An- » gleterre, lesquels il employa à la réparation du collége de Cluny, si- » tué entre les Jacobins et la place Saint-Michel, à Paris, à l'édification » et bâtiment du fond en cime de la superbe et magnifique *maison de* » *Cluny*, audit lieu appelé le *palais des Thermes*, assise entre la rue de » La Harpe et la rue Saint-Jacques, près celle des Mathurins (3). »

Les nouveaux bâtiments s'élevèrent sur l'emplacement et avec une partie des matériaux des anciennes constructions; aussi trouve-t-on en plusieurs endroits de l'hôtel de Cluny la gracieuse architecture du moyen-âge, implantée sur des murs de maçonnerie romaine. Cette singularité n'est pas la seule digne de fixer l'attention de l'artiste et de l'antiquaire. Ce bel édifice, bâti à une époque de révolution architecturale, est, en quelque sorte, un résumé des dernières inspirations du style vulgairement appelé gothique, et des prémices de la renaissance.

La plupart des ornements extérieurs de cet hôtel se font remarquer par la légèreté et la coquetterie des sculptures si en vogue à l'époque de sa construction. Les fenêtres des mansardes, décorées chacune d'après des dessins différents, sont surtout d'un travail précieux. La tourelle, qui se détache en avant du principal corps-de-logis, est d'un aspect élégant et pittoresque. On regrette que des dégradations nombreuses aient forcé les anciens propriétaires (dans un temps sans doute

(1) Comme le fait fort bien observer M. du Sommerard dans sa notice, cette remarque de Piganiol porte avec elle sa date (1765). — (2) Piganiol, t. VI, p. 306 et suiv. — (3) *Mélanges historiques* et recueil de diverses matières pour la plupart paradoxales, néanmoins vraies, etc., p. 98.

où l'on respectait moins qu'aujourd'hui les monuments de l'art), à boucher les gracieux évidements de la galerie, autrefois sculptée à jour, qui orne la façade du bâtiment au-dessus du premier étage. Quelques parties de moulures, échappées à cette *restauration*, témoignent encore de l'élégance et de la richesse de cette galerie.

Mais rien n'égale la beauté de la chapelle située sur le jardin; c'est un chef-d'œuvre du genre gothique, pour la délicatesse du travail et la perfection des sculptures; quoique dépouillée de ses beaux vitraux de couleur et des statues de saints qui décoraient les douze niches dentelées de son pourtour, elle n'en est pas moins un des monuments les plus complets et les plus précieux de son époque.

Si l'on veut avoir une idée de ce qu'elle était au moyen-âge, il faut lire sa description par Piganiol; de son temps elle était encore dans un parfait état de conservation (1).

Les armes de Jacques d'Amboise, ainsi que les attributs de son patron représentés par des coquilles et des bourdons de pèlerins, se remarquent en plusieurs endroits de l'hôtel de Cluny, et notamment sur l'extérieur de la tourelle située dans la cour d'entrée.

Il y avait peu d'années que cet hôtel était bâti, lorsqu'il devint pendant quelque temps la demeure de la veuve de Louis XII (2). Le séjour qu'y fit cette reine fut signalé par des circonstances trop curieuses pour ne pas être rappelées avec quelque détail :

Louis XII mourut, comme on l'a vu, trois mois environ après s'être marié en troisièmes noces à Marie d'Angleterre. La couronne revenait, à défaut d'héritier direct, au duc de Valois (François Ier). Mais la jeune Marie, *à qui*, selon Brantôme, *il ne tint pas d'avoir des enfants*, simula une grossesse dans l'espoir d'être nommée régente de France. *Elle vouloit* sans doute *pratiquer et esprouver le proverbe et refrain espagnol qui dit* : Nunca muger aguda muriosin herederos (jamais femme habile ne mourut sans héritiers) (3). En effet, le duc de Valois lui-même, qui lui faisait une cour assidue, jouait auprès d'elle à se donner un maître, de sorte que le mensonge de Marie serait peut-être devenu une réalité, sans les remontrances et les conseils qui vinrent éclairer ce prince. On lui fit observer « qu'il avoit le plus grand de tous les
» intérêts humains à prendre garde que la reine vécût chastement,
» bien loin de la solliciter d'incontinence; puisque, si elle avoit un fils,
» quand même ce seroit de lui, ce fils l'empêcheroit de parvenir à la
» couronne, et le réduiroit à se contenter de la Bretagne, que sa femme
» lui avoit apportée (4); encore faudroit-il, contre l'ordre de la nature,
» qu'il en fît hommage à son bâtard (5). » Cet avis parut ralentir les

(1) Piganiol, t. VI, p. 306 et suiv. — (2) Sœur de Henri VIII. — (3) Dames galantes de Brantôme, t. II, p. 117. — (4) La princesse Claude, fille de Louis XII. — (5) Varillas, *Hist. de Franç. Ier*, t. I, p 17.

poursuites du duc de Valois ; mais ce qui dut éteindre à jamais sa passion, ce fut la découverte de l'intrigue amoureuse que Charles Brandon, duc de Suffolk, entretenait avec la reine. Ce seigneur, qui l'avait aimée avant qu'elle devînt l'épouse de Louis, et qui l'avait suivie en France en qualité d'ambassadeur d'Angleterre, sentit, à la mort du roi, se rallumer sa première flamme, et il allait souvent porter ses consolations à la jeune veuve, retirée à l'hôtel de Cluny. Mais ses visites ne purent demeurer long-temps assez secrètes pour échapper à la vigilance de son rival, qui finit par surprendre les amants en tête à tête. Il fallut capituler, et le couple anglais fut contraint d'accepter les conditions que lui imposa le duc de Valois. Marie et Suffolk furent mariés à l'instant dans la chapelle de l'hôtel, et reprirent ensuite le chemin de l'Angleterre (1).

Tel fut le dénouement de cette curieuse aventure, qui fit perdre à François Ier une maîtresse, en lui faisant gagner un trône.

Cinquante ans après, l'hôtel de Cluny servit de refuge au célèbre cardinal Charles de Lorraine, à la suite de sa ridicule échauffourée de la rue Saint-Denis. Le 8 janvier 1565, ce prélat, revenant du concile de Trente, voulut faire son entrée triomphale à Paris, entouré de ses abbés, de ses gentilshommes et de ses hommes d'armes. Le maréchal de Montmorency, gouverneur de Paris, résolut de profiter de cette occasion pour satisfaire son inimitié contre le cardinal en humiliant son orgueil. Sous le prétexte que le roi Charles IX avait défendu tout port d'armes dans la capitale, et quoique Charles de Lorraine fût affranchi de cette prohibition, le maréchal alla à sa rencontre, suivi d'une troupe nombreuse, pour disperser le cortège de son ennemi. Lorsque les deux partis furent en présence, le cardinal voulut passer outre, et l'on en vint aux mains. Après quelques minutes de combat, l'escorte du prélat se débanda, et Charles lui-même fut obligé de prendre la fuite, et de se cacher sous le lit d'une servante dans l'arrière-boutique d'un marchand de la rue Trousse-Vache. Le soir, à la faveur des ténèbres, il put gagner l'hôtel de Cluny, où il demeurait. Durant quelques jours, les soldats du maréchal passèrent devant sa porte en proférant des injures et des menaces, de sorte que, ne se croyant pas encore en sûreté, le cardinal se retira à Meudon (2). Les huguenots firent long-temps de cette anecdote un sujet de raillerie contre Charles de Lorraine.

Sous le règne de Henri III, des comédiens s'établirent à l'hôtel de Cluny. C'était, comme on l'a vu, une de ces troupes récemment arri-

---

(1) Voyez sur cette anecdote, le *Dictionnaire historique* de Bayle, art. François Ier, remarque B, où se trouvent les récits de Brantôme, de Mézerai, de Varillas.

(2) Voyez Mézerai, *Abrégé chron.*, t. V, p. 86. — De Thou, liv. 36, p. 743. — Le Laboureur, *Additions aux Mémoires de Castelnau*, t. II, p. 377. — Saint-Foix, t. I, p. 325.

vées d'Italie, et dont les représentations attiraient cette prodigieuse affluence dont parle *l'Étoile* (1).

On est réduit à des conjectures, pour expliquer comment il put se faire que le séjour des abbés de Cluny servit de théâtre à des comédiens. Il faut croire qu'à cette époque l'abbé de l'ordre n'y résidait pas, et que le gardien de l'hôtel, en son absence, laissa ces comédiens s'y établir, en se faisant payer sans doute sa complaisance. Cette supposition n'est pas invraisemblable. J'ai dit ailleurs qu'Henri III avait fait venir des histrions de Venise; qu'il avait laissé jouer leurs farces dans la salle même des États de Blois, et qu'il leur permit ensuite de se fixer à l'hôtel de Bourbon, près du Louvre (2). L'exemple donné par ce monarque a donc pu faire tolérer temporairement l'érection d'un théâtre à l'hôtel de Cluny.

Quoi qu'il en soit, cette troupe fut bientôt contrainte de suspendre le cours de ses représentations, en vertu de l'arrêt du parlement, du 6 octobre 1384, rapporté plus haut (3); et il est permis de penser que l'inconvenance d'un pareil établissement dans une demeure ecclésiastique fut un des motifs qui provoquèrent cet arrêt.

Piganiol nous assure (4) que les nonces du pape ont souvent habité l'hôtel de Cluny, surtout depuis l'an 1601. Cette demeure devait en effet leur convenir, à cause du voisinage de la Sorbonne, où se tenaient les assemblées de la Faculté de théologie.

Enfin, le 28 mai 1625, l'abbesse de Port-Royal, Marie-Angélique Arnaud, vint s'établir dans cet hôtel avec ses religieuses (5). Elles y restèrent jusqu'à ce qu'on leur eût construit un monastère rue de la Bourbe. Dans la suite, une partie des religieuses retournèrent à l'ancien couvent situé près de Chevreuse, qui prit alors le nom de Port-Royal-des-Champs, pour le distinguer de la maison de Paris.

Tels sont les événements les plus importants dont l'histoire se rattache à celle de l'hôtel de Cluny. Leur diversité avait fait croire à plusieurs historiens que cette maison n'avait pas toujours appartenu à l'abbaye de Cluny; la preuve du contraire est aujourd'hui incontestable. Jusqu'à la révolution, les abbés de cet ordre n'ont pas cessé d'en être propriétaires (6).

---

(1) Voyez ci-dessus *Confrères de la Passion*, p. 84 et 85. — (2) Journal de Henri III, (1577). — (3) *Ibid.* — (4) T. VI, p. 311.

(5) M. Dulaure dit que cette abbesse acheta l'hôtel; c'est une erreur : elle ne fit sans doute que le louer, car il demeura la propriété des abbés de Cluny jusqu'à la révolution, comme on va le voir par ce qui suit.

(6) Voici à cet égard un document positif, ce sont des lettres-patentes signées de Louis XVI, et datées du 25 juillet 1789 :

« Louis, par la grâce de Dieu, roi de France et de Navarre, à nos amis et féaux con-
» seillers, les gens tenant notre cour de Parlement à Paris, salut : Notre cher et bien
» aimé cousin, le cardinal de la Rochefoucault, archevêque de Rouen, *abbé de Cluny*,

Lors de la confiscation des biens du clergé, le cardinal de La Rochefoucault fut exproprié de l'hôtel de Cluny, qui devint *propriété nationale*. Plus tard, les membres composant l'administration du département de la Seine aliénèrent cette maison, qui passa successivement en la possession de M. Baudot, médecin, *ex-législateur*, et enfin de M. Leprieur, l'un des patriarches de la librairie moderne.

Je ne puis terminer cette courte notice sans rappeler que les trois astronomes Delisle, Lalande et Messier ont long-temps habité l'hôtel de Cluny. Le premier de ces savants avait fait construire, en 1747, sur la tour située au milieu de la première cour, un observatoire qui subsista jusqu'à la mort de Messier, en 1817.

Depuis la mort de Messier, cet hôtel servit à des magasins de commerçants. En 1832, M. du Sommerard y plaça sa magnifique collection d'objets d'art, espèce de musée d'antiquités amassées à grands frais depuis près de quarante ans. Parmi ces curiosités, on distingue les lits de François Ier et de Henri IV, et plusieurs meubles parfaitement conservés. Il ne reste plus des vieilles constructions que la tour octogone du centre, six croisées à droite et trois à gauche de la tour ; on aperçoit aussi une balustrade à demi ruinée, et du côté du jardin cinq croisées semblables à celles que nous venons de citer. Une partie de la chapelle conserve encore, grâce aux soins du savant qui habite l'hôtel de Cluny, une apparence de son ancienne beauté (1).

» nous a fait exposer qu'*en cette dernière qualité, il possède à Paris une maison appelée*
» *l'hôtel de Cluny, située rue des Mathurins-Saint-Jacques;* que les abbés de Cluny ne
» font pas dans ladite ville un séjour assez long pour veiller par eux-mêmes aux répa-
» rations de cette maison, qu'en conséquence il s'est déterminé à céder ledit hôtel à
» titre de bail emphytéotique, pour quatre-vingt-dix-neuf années, aux sieur et
» dame Moulard, par acte du sept mars dernier, moyennant une redevance annuelle
» de quatre mille cinq cents livres, et en outre aux autres conditions portées audit
» acte; mais comme il ne peut avoir d'exécutions sans notre autorisation ; notredit
» cousin nous a supplié de lui accorder nos lettres de patente sur ce nécessaires. A ces
» causes, de l'avis de notre conseil, qui a vu ledit acte de bail emphytéotique, le-
» quel est cy-attaché, sous le contre-scel de notre chancellerie, nous avons confirmé,
» et par ces présentes signées de notre main, confirmons ledit acte, voulons qu'il soit
» exécuté suivant sa forme et sa teneur, aux charges, clauses et conditions y contenues;
» si vous mandons que ces présentes vous ayez à enregistrer, et du contenu en icelles,
» faire jouir et user notre dit cousin et ses successeurs en ladite abbaye, car tel est
» notre plaisir. » *Donné à Versailles*, etc. Ces lettres-patentes font partie des titres de propriété de l'hôtel de Cluny.

(1) Voy. *Paris pittor.*, t. II, p. 298. — M. du Sommerard a publié en 1834 *une notice sur l'hôtel de Cluny et sur le palais des Thermes, avec des notes sur la culture des arts, principalement dans les* XVe *et* XVIe *siècles*, in-8. On y trouvera une description très étendue de l'architecture de l'hôtel de Cluny, et des antiquités qui composent la riche collection que l'auteur de cette notice y a rassemblée.

CHAPITRE SEPTIÈME.

TOPOGRAPHIE DE PARIS DE CHARLES V A FRANÇOIS Ier.

Nous avons vu que Paris s'était considérablement augmenté pendant la période précédente. Mais pendant celle que nous venons de parcourir, les fondations d'églises, d'hôtels, de couvents, de colléges, devinrent moins fréquentes. Paris s'améliora, pour ainsi dire, sans prendre de grands accroissements, et la plupart des travaux qui s'exécutèrent alors n'eurent pour objet que son embellissement et sa salubrité.

Travaux de l'enceinte. — Fortifications. A peine cinq années s'étaient écoulées depuis l'achèvement de l'enceinte d'Etienne Marcel (1), lorsque Charles V ordonna de nouveaux travaux, dont la direction fut confiée au célèbre prévôt de Paris, Hugues Aubriot. Le roi ne changea rien au plan général de Marcel; mais comme les anciennes constructions avaient été exécutées avec trop de précipitation, il fit rehausser les murailles, les fit garnir de hautes tours, et continua les fossés du côté du midi (2). Il surveillait, du reste, les travaux « avec un tel soin, que lui-même souvent se transportoit sur les lieux, afin de presser les ouvriers : entre autres libéralités, la dernière fois, en 1367, accompagné des magistrats de la ville, il leur fit donner 50 francs d'or (3). »

---

(1) T. II, p. 532 et suiv.

(2) « A Robert de Pierre-Fons, pionnier, pour faire vuider et porter hors les terres des douves des fossés, qui sont derrière la maison de la ville qui est derrière les Jacobins, et étoient fondues et chues esdits fossés par deux fois depuis qu'ils avoient été faits et parfaits, pour cause des ravines d'eaux et de pluies qui descendirent au mois d'août et de septembre l'an 1365, qui les firent fondre et cheoir, et pour iceux *reallaisier* et quérir les vives terres sans *renfourmer* le moins que l'on put, et ce faisant lors furent trouvés une grande partie des forts murs anciennement faits par *les Sarrasins* qui donnèrent grande peine à rompre et dépecer, le 18 septembre 1365. — Arrière-fossés faits entre l'écluse des Barrés et l'écluse des Tuilleries, contenant 2,506 toises et demie, 30 pieds d'ouverture et 15 de profond, chacune toise au prix de 4 livres, vallent 10,026 parisis; les grands fossés furent alors approfondis, réparés et élargis. — Les arrière-fossés d'entre la porte Saint-Victor et la Seine, de 36 pieds d'ouverture et de 16 de profondeur, commencés le 9 mai 1368, par ordre de Hugues Aubriot, vallent 64 sols parisis la toise; ils étoient revêtus de pieux, de claies, foin, fagots et autres choses gazonnées par-dessus pour les soutenir. » Extrait des *comptes de Simon Gaucher, payeur des œuvres de la ville*, dans Sauval, t. III, p. 126.

(3) Sauval, t. I, p. 41.

Enfin Charles V ordonna la reconstruction, sur un plan plus vaste, de la *bastille du chastel Saint-Antoine* (1), et la reconstruction en pierre du Petit-Châtelet (2).

Quoique la nouvelle enceinte fût beaucoup plus grande que celle de Philippe-Auguste, elle eut moins de portes, puisque dans le quartier nord de Paris on ne conserva que six portes sur quinze : ce furent celles de *Saint-Antoine* (porte Baudoyer), du *Temple* (anciennement de Sainte-Avoye), de *Saint-Martin*, de *Saint-Honoré*, de *Saint-Denis* (porte aux Peintres), de *Saint-Eustache* ou de *Montmartre*. Les portes du Louvre, Coquillière, d'Artois, de Bourg-l'Abbé, Beaubourg, du Chaume, Barbette, des Béguines et Barbelle furent abattues, et leur emplacement fut réuni au domaine de la ville ou donné par le roi à des particuliers (3). Les portes et les murs du quartier de l'Université furent en même temps réparés ou rebâtis (4), et les *maîtres des œuvres* fortifièrent avec soin les entrées de la ville. « Chacune de ces portes, dit un ancien historien, fut bordée de corps-de-garde et terminée de deux porteaux (portails) ; le vide qui se rencontroit entre deux, se nommoit *basse-cour*, y compris le corps-de-garde des deux côtés, qui étaient bordés de siéges de plâtre : tout le reste étoit de pierre de taille ; les porteaux, voûtés chacun de six arcs doubles, portoient de larges terrasses pavées qui régnoient au-dessus des corps-de-garde et rouloient autour des porteaux et de la basse-cour ; quatre tours rondes, couvertes d'un comble d'ardoise, deux du côté de la ville et autant du côté des faubourgs, en défendoient les approches de toutes parts ; et de plus, par dehors, on n'y pouvoit entrer que sur un pont dormant et un pont-levis (5). »

Ces travaux, commencés en 1365, ne furent achevés qu'au commencement du règne de Charles VI (6). Mais au retour de la bataille de Rosebecque, le connétable de Clisson fit abattre les *portes et barrières*, pour punir les Parisiens révoltés. « Si bien que Paris, durant quelques années, fut semblable à un hameau et à quelque méchant village, où l'on peut entrer et sortir librement à toute heure, autant de nuit que de jour. » Les malheurs du temps, l'invasion des Anglais, le siége de Paris par la Pucelle, obligèrent les habitants à réparer les

---

(1) Voy. ci-dessus, t. II, p. 607. — (2) Voy. t. I, p. 442.

(3) En 1384, Charles VI fit don à Nicolas Braque, chevalier, des anciens murs, tours et places vagues qui étaient entre la porte du Chaume et la porte du Temple, avec permission d'y bâtir et d'en disposer comme de son propre fonds, lui et ses héritiers, en payant au roi tous les ans 12 deniers parisis de cens. *Félibien*, t. I, p. 674.

(4) Sauval, t. III, p. 126. — (5) Sauval, t. I, p. 42.

(6) Je dois faire remarquer ici que depuis Philippe-Auguste les murailles et les fortifications se firent aux dépens des Parisiens. « Les successeurs de ce prince, dit Sauval, les ont données au prévôt des marchands et échevins ; ils leur en ont confié la garde, la visite, la conduite et le soin de les réparer, rétablir et changer. »

fortifications. Enfin les registres de la chambre des comptes nous apprennent que Louis XI fit construire, en 1474, un boulevard proche de la tour de Billy, et un mur neuf auprès de la porte Montmartre, et j'ai dit que Louis XII pourvut en 1512 à la défense de la ville (1). Une assemblée eut lieu au palais, le 14 juin. « Il fut arrêté que les voiries qui régnoient par dehors le long des murs seroient aplanies, comme étant devenues assez grosses et assez hautes pour commander dans la ville; et qu'en attendant qu'on eût pourvu à d'autres lieux, il seroit permis aux bourgeois de faire charrier leurs gravois et leurs ordures le long des remparts; car les murailles et les fortifications seroient mieux soutenues (2). »

Nous verrons dans la période suivante de nouveaux travaux exécutés à l'enceinte de Paris.

Ponts de bois de l'île Notre-Dame et de Saint-Bernard aux Barrés. — D'après les comptes du payeur de la ville, Simon Gaucher, dont Sauval a donné un extrait, il paraît qu'il existait, en 1370, un pont de bois entre le quai de la Tournelle et l'île Notre-Dame, aujourd'hui Saint-Louis. Ce pont se nommait *pont de fust* (de bois) *de l'isle Notre-Dame* ou *d'entre l'isle Notre-Dame et Saint-Bernard*. Au mois de septembre 1370, on le planchéia et on fortifia sa porte, du côté des Bernardins, *d'une petite tour carrée couverte d'ardoises*. Cette porte fut bouchée l'année suivante.

Sauval ajoute que « dans ce temps-là même, entre les Célestins et les Bernardins, il y avoit un autre pont, nommé dans le même compte, le *pont d'emprès Saint-Bernard-aux-Barrés* et le *pont de fust derrière Saint-Bernard-aux-Barrés* (3). » Ces deux ponts furent bientôt détruits et l'on n'en trouve aucune trace sur le plan de Dheulland, postérieur au règne de François Ier (4). Ils ont été remplacés par les ponts *Marie* et *de la Tournelle* (5).

Pont Saint-Michel. Il aboutit d'un côté à la place qui en a pris le nom, et de l'autre à la rue de la Barillerie, en la Cité. D'abord nommé *Petit-Pont*, ensuite *Petit-Pont-Neuf*, *Pont-Neuf* et *Pont-Neuf-Saint-Michel*, la dénomination qu'il a conservée date de 1424. Elle provient plutôt de la chapelle de ce nom, dans l'enclos du palais, que de la porte Saint-Michel, qui était à l'extrémité de la rue de la Harpe. Quelques auteurs ont prétendu que ce pont était le reste du pont de Charles-le-

---

(1) Voy. ci-dessus. — (2) Sauval, t. I, p. 42.

(3) M. Dulaure, t. III, p. 97, ne parle que d'un seul pont, qu'il nomme *Pont Saint-Bernard aux Barrés*, et qu'il divise en deux parties. Cet historien ne cite aucun document à l'appui de son opinion. — (4) Jaillot, t. I, quart. de la Cité, p. 175 et 201. — (5) Voy. les articles relatifs à ces ponts.

Chauve. Cette opinion n'est pas plus fondée que celle de M. Dulaure, qui fait remonter la construction du pont Saint-Michel vers le milieu du XIII° siècle. L'opinion la plus commune, c'est qu'il fut bâti pour la première fois en 1378.

L'Elû de Sens et Ferry de Metz, conseillers au parlement, furent nommés présidents d'une commission qui s'assembla au palais et qui était composée de deux présidents, de soixante-sept conseillers du parlement, du doyen, du chantre, du pénitencier, de quatre chanoines de Notre-Dame et de cinq bourgeois (1). La commission décida que le pont Saint-Michel serait bâti en pierre (2), et le prévôt Aubriot employa aussitôt à ce travail, suivant l'usage, les *vagabonds*, *les joueurs et les fainéants*. Il ne fut cependant achevé que sous Charles VI. En 1387, le côté de la maîtresse arche, vers le couvent des Augustins, et deux *échines* furent mises en vente, à la charge d'y faire des maisons. On les adjugea pour 50 sous de rente à perpétuité à Pierre Michel ou Michu, et à Collette, sa femme, comme plus offrants et derniers enchérisseurs. Mais les religieux de Saint-Germain-des-Prés vinrent bientôt faire opposition à cette vente, en déclarant que ce pont, les maisons qu'on bâtissait dessus, la rivière, son fond, ses rives, ainsi que leurs revenus, leur appartenaient, en vertu de la donation que leur avait faite le roi Childebert (3). On ignore comment se termina ce conflit d'intérêts, qui durait encore en 1393.

Le 31 janvier 1407, dans la matinée, une terrible débâcle renversa le pont Saint-Michel, alors occupé, dit Sauval, « par des teinturiers, écrivains, barbiers, éperonniers, fourbisseurs, tripiers, chasubliers, tapissiers, faiseurs de harpes, libraires, chaussetiers et autres marchands ou artisans que le voisinage du Palais y avait attirés. » Comme l'argent manquait, la reconstruction se fit avec de grandes difficultés; mais enfin on le rétablit en bois, et Charles VI le donna en bail à quelques particuliers, qui offrirent d'y faire des boutiques et de les tenir en bon état, pourvu que le roi entretînt le pont. « Le côté qui regarde les Augustins fut adjugé à Bureau de Dampmartin, et depuis confisqué en 1418 pour crime de lèse-majesté, suivant les registres de la chambre des comptes. Ensuite il passa à Jean Tarenne (ou Taranne), changeur et bourgeois de Paris, sa vie durant, ainsi qu'à ses deux fils, Louis et Pierre, moyennant 500 livres qui servirent à achever le pont, et une autre livre parisis de rente (4), à la recette du domaine. Conformément à un devis fourni par le *maître des œuvres*, il y fit seize loges (boutiques), et après sa mort et celle de Louis Tarenne, son fils, en 1467, Louis XI en continua le bail à Jean Tarenne, secrétaire du roi, neveu

(1) Sauval, t. I, p. 225. — (2) Et non en bois, comme le disent Piganiol, Hurtaut, et leurs copistes. — (3) Félibien, t. II, p. 683. — (4) Les *comptes et ordinaires de la prévôté de Paris* portent cette redevance annuelle à 16 livres parisis. Sauval, t. III, p. 721.

de Louis et petit-fils de Jean, sa vie durant, encore à la charge de la même rente. Pour ce qui est de l'autre côté du pont (1), Charles VI l'abandonna, en 1408, à Michel Lallier (ou de Laillier) et à Jeanne sa fille, encore aux mêmes conditions qu'à Jean Tarenne, changeur, leur vie durant. Après leur mort, Louis XI en fit bail à Pierre le Fèvre, maître des comptes, et à Geoffrine Baillet, sa femme, à la charge seulement d'une rente, mais elle était de 18 livres parisis (2). »

Dans la nuit du 9 au 10 décembre 1547, ce pont fut encore emporté par les eaux. Le 13 du même mois, le parlement ordonna que des informations seraient faites pour connaître la cause de ce malheur. Il fut alors reconstruit en bois, mais il fallut fréquemment le réparer, notamment en 1592. Enfin le 30 janvier 1616, la Seine déborda, dans un dégel, avec tant de violence, qu'elle emporta la partie du pont Saint-Michel du côté d'amont, détruisit les maisons dont il était chargé, et causa une perte considérable à ceux qui les habitaient. Ce qui restait du pont tomba au mois de juillet suivant (3).

On s'occupa aussitôt du soin de le rebâtir; plusieurs particuliers offrirent de le faire reconstruire en pierre à leurs dépens, et d'élever sur sa superficie trente-deux maisons d'égale structure, ce qui leur fut accordé par arrêt du conseil du 4 août 1616, pour en jouir pendant soixante années, à la charge d'en payer un écu d'or de redevance annuelle pendant ledit temps, lequel passé, la propriété en demeurerait au roi. Ces lettres furent vérifiées au parlement le 9 décembre de la même année, et à la chambre des comptes le 29 juin de l'année suivante : l'adjudication au rabais s'en fit le 12 août de ladite année 1616. On prolongea, par lettres-patentes, données à Ruel, le 5 avril 1657, enregistrées le 4 septembre suivant, jusqu'à quatre-vingt-dix-neuf ans, la jouissance accordée par l'arrêt du 4 août; mais par arrêt du conseil du 12 juillet 1672, et par le contrat passé en conséquence le 26 août suivant, le roi en délaissa la propriété à perpétuité moyennant une finance de 200,000 livres, 12 deniers de cens, et 20 sols de rente par chacune des trente-deux maisons.

Le danger de bâtir des maisons sur les ponts étant devenu manifeste par des accidents multipliés, Louis XVI, par un édit de septembre 1786, ordonna la démolition de toutes celles qui restaient encore debout sur les ponts de Paris. Cependant cette sage mesure ne reçut son exécution, à l'égard du pont Saint-Michel qu'en 1808 et 1809. On abattit également les maisons qui formaient aux deux extrémités de ce pont les petites rues de Hurepoix et de Saint-Louis; ces travaux élargirent les quais et rendirent l'abord du pont beaucoup plus facile.

Le pont Saint-Michel, solidement bâti en pierres, se compose de

(1) La limite de ces deux parties était la maison de *Tassin-Caillart*, teinturier. *Id. ibid.* — (2) *Id.*, t. II, p. 226. — (3) Félibien, t. II, p. 1394.

quatre arches à plein cintre. Sa longueur est de cent quatre-vingts pieds environ, et sa largeur de soixante-dix.

Petit-Pont. J'ai déjà parlé avec détail du *Petit-Pont* (1). Renversé par l'inondation de 1325, il éprouva le même sort en 1393, et fut reconstruit l'année suivante avec partie de l'amende de 18,000 francs d'or, à laquelle les Juifs furent condamnés (2). L'arrêt porte que ce pont de pierre « se commencerait à une tour qui est à Petit-Pont et s'adresserait devant l'huis (la porte) de derrière l'Hôtel-Dieu. » Une croix de pierre devait rappeler aussi cette particularité (3) : suivant l'arrêt, on n'employa à cette reconstruction que 9,500 livres. Mais il paraît que cette somme ne suffit pas; car un compte de Jean de la Chapelle, *payeur des œuvres de la ville*, dit que ce pont coûta près de 22,000 livres parisis, et que pour fournir à cette dépense, il fallut prendre les deniers des aides, réservés pour les travaux des fortifications. Pierre Lesclat, Robert Maugier et Simon de Nanterre furent nommés commissaires du roi; Juvénal des Ursins, garde de la prévôté des marchands, fut chargé de la partie financière, et Raymond du Temple, sergent d'armes, ou archer de la garde, et maçon du roi, eut la conduite des travaux. Ce nouveau pont fut commencé au mois de juin, et Charles VI en posa la première pierre; il ne fut achevé qu'onze ans et demi après, en 1406. Sauval ajoute les détails suivants, qui ne manquent point d'intérêt. « Les pionniers, les hotteurs et les manœuvres gagnoient les uns 5 sols parisis, les autres 4, les autres 2. Des pieux, longs de quatre toises, coûtoient 5 sols 4 deniers tournois; ceux de trois et demi 4 sols 8 deniers; et ceux de deux et demi 2 sols 8 deniers. La toise de la taille des grands quartiers de *haut liais* revenait à 12 sols parisis; celle des grands quartiers de bas liais à 8 sols, et ainsi du reste. Ce pont contenait trois arches. Pour le bâtir, il fallut enlever toutes les pierres, les gravois et les ruines de l'ancien pont, qui embarrassaient le lit de la rivière. La maçonnerie des anciennes piles qu'on rencontra donna bien de la peine à démolir, tant pour en détacher les grands quartiers de pierre, que pour en arracher les agrafes de fer jetées à plomb entre leurs joints qui les tenaient liées les unes aux autres. » Cette découverte peut faire penser que le Petit-Pont avait été construit en pierre dans les XIIIe et XIVe siècles (4).

Ce pont ne dura qu'un an, et fut emporté par les eaux pour la septième fois. Le roi et la ville se cotisèrent pour le faire rétablir; mais il ne fut achevé que le 10 septembre 1409.

Charles VI en donna la propriété à la ville, ainsi que le revenu des maisons dont il était bordé (5). Plusieurs historiens, entre autres M. Du-

(1) T. II, p. 268 et 539. — (2) Voy. ci-dessus, p. 27. — (3) Félibien, t. II, p. 715. — (4) *Antiquités de Paris*, t. I, p. 217. — (5) Félibien, p. 747.

T. III. 14

laure, ont prétendu que ce pont avait été détruit avant l'an 1499, et reconstruit par le célèbre architecte Fra Giovanni Giocondo (Joconde), à qui l'on doit la construction du pont Notre-Dame. Cette erreur a été établie ou confirmée par le distique de Sannazar :

> Jocundus geminum imposuit tibi, Sequana, pontem ;
> Jure tuum potes hunc dicere pontificem.

Elle a été complétement réfutée par Jean Mariette, dans deux lettres adressées à l'architecte Thomas Temanza, en date du 9 août 1771 et du 14 mars 1772. Peut-être Giocondo aura-t-il dessiné un plan pour quelque autre pont sur la Seine, et ce projet aura trompé le poëte ou plutôt motivé sa pensée (1).

Les maisons qui étaient sur le Petit-Pont, du côté de l'Hôtel-Dieu, furent rebâties en 1552 et en 1603. Ce pont fut presque ruiné par les inondations de la Seine en 1649, 1651 et 1658 ; l'inscription, qui en perpétuait le souvenir marquait en même temps que le Petit-Pont avait été rétabli à grands frais, en 1659, sous la prévôté de M. de Sève. Il fut enfin brûlé dans la soirée du 27 avril 1718. Deux bateaux de foin enflammé vinrent s'arrêter sous ses arches. Les flammes, excitées par un vent violent, l'embrasèrent en un instant, et quatre heures après tout était consumé. Les historiens du temps prétendent que cet accident fut produit par la superstition d'une vieille femme, et voici ce qu'ils rapportent à ce sujet : Une mère, dont le fils s'était noyé dans la Seine, crut, pour retrouver le corps de son enfant, qu'il fallait abandonner au cours de la rivière un vase de bois dans lequel serait placée, avec un pain de saint Nicolas de Tolentin, une chandelle allumée, et que saint Antoine de Padoue ferait arrêter cette chandelle flottante à l'endroit même où se trouverait le corps. La chandelle joignit les deux bateaux à foin, qui se trouvaient au quai de la Tournelle, et y mit le feu (2). L'incendie fut terrible, et l'on craignit un instant pour l'Hôtel-Dieu et le petit Châtelet. Le parlement ordonna aussitôt, en faveur des incendiés, une quête générale qui monta à 111,898 livres. Du reste, cet événement fut profitable aux habitants de ce quartier malsain, en ce qu'on reconstruisit le Petit-Pont sans maisons et d'une manière plus solide. Il consiste en trois arches irrégulières ; il a plus de cent pieds en longueur et cinquante-deux en largeur.

Pont-au-Change. Ce pont, qui joint le quai de l'Horloge et le marché aux fleurs, aux quais de Gèvres et de la Mégisserie, est connu, dès les premiers temps de l'histoire de Paris, sous le nom de *Grand-Pont.* Sa dénomination actuelle, qu'il prit vers le milieu du XIIe siècle, est due

---

(1) Voy. *Biogr. univ.*, art. Giocondo. — (2) Félibien, t. II, p. 1529. — Hurtaut, t. IV, p. 106.

aux changeurs qui y avaient élu domicile. Le Pont-au-Change fut plusieurs fois abattu par les eaux (1). Après la grande inondation de 1325, il fut reconstruit et renversé de nouveau en 1374; Hugues Aubriot le fit rétablir aussitôt (2). Mais il fut détruit ou endommagé fréquemment, parce que les réparations étaient faites avec la plus grande négligence. Dans l'inondation du mois de janvier 1616, il reçut une telle secousse que plusieurs maisons en furent renversées. Quelques années après, dans la nuit du 22 au 23 octobre 1621, le pont Marchand (3), qui n'en était séparé que par quatre à cinq toises, prit feu, et l'incendie se communiqua au Pont-au-Change; en moins de trois heures, tout était détruit. On accusa les Huguenots d'avoir mis le feu au pont, et le parlement ordonna des recherches qui n'eurent point de résultats (4). Averti par des accidents si multipliés, le gouvernement fit reconstruire le Pont-au-Change en pierre; les travaux, commencés en 1639, ne furent achevés qu'en 1647. Il avait alors, du côté du nord, deux entrées formées par une masse triangulaire; l'une communiquait à la rue et au quai de Gèvres, l'autre au grand Châtelet. La façade qui correspondait au niveau du pont était ornée d'un bas-relief représentant Louis XIII, Anne d'Autriche et leur fils, Louis XIV, âgé de dix ans, couronné par la Victoire. Au-dessous de cet ouvrage, dû au ciseau de Simon Guillain, étaient deux inscriptions qui rappelaient, avec les dates de la construction, que le pont avait été bâti aux dépens des propriétaires des maisons qui le bordaient (5). En 1738, le prévôt des marchands, Turgot, fit améliorer les avenues du Pont-au-Change, et en 1788, Louis XVI, par son édit d'emprunt de 30 millions, affecta à l'achat et à la démolition des maisons bâties sur ce pont, 1,200,000 livres. Elles furent démolies cette même année. Le Pont-au-Change se compose de sept arches à plein cintre; il a entre les culées cent vingt-trois mètres soixante-quinze centimètres de longueur, et trente-deux mètres soixante-deux centimètres de largeur. C'est le pont le plus large de Paris.

Pont-Notre-Dame. — Ce pont communique de la rue de la Cité à la rue des Arcis; il fut construit en bois vers l'année 1413, et le roi Charles VI y enfonça le premier pieu. Mais sa construction, qui avait été confiée aux soins du prévôt des marchands et des échevins, présentait si peu de solidité, qu'il s'écroula, en 1499, avec les soixante maisons qu'il supportait. Comme ce terrible accident ne pouvait être imputé qu'à l'avarice de ces fonctionnaires qui ne faisaient aucune dépense pour l'entretien de ce pont, malgré la somme assez considérable que la ville leur accordait dans ce but, et qu'en outre les

---

(1) Voy. t. II, p. 266 et 539. — (2) Félibien, t. II, *init.* — (3) Voy. l'article du *Pont-Marchand.* — (4) Félibien, p. 1318. — (5) Hurtaut, t. IV, p. 92.

architectes les avaient prévenus que les réparations devenaient chaque jour plus urgentes, le parlement les fit emprisonner, après les avoir destitués et déclarés incapables de posséder à l'avenir aucune fonction; il les condamna également à de fortes amendes, dont une partie fut employée à la reconstruction du Pont-Notre-Dame, nom qui lui avait été primitivement donné(1). Les détails que rapportent les historiens sur la chute de ce pont font frémir. Plusieurs malheureux habitants de ces maisons, que l'épouvante avait sans doute saisis en entendant le craquement du pont et autres signes précurseurs de cette horrible catastrophe, n'eurent pas la force de chercher leur salut dans la fuite et périrent dans les flots. Le cours de la rivière fut obstrué par cette masse de débris; et les eaux, en rejaillissant sur les quais, entraînèrent les femmes qui lavaient sur les bords. Assez cruellement avertis par ce désastre, les magistrats chargèrent Joconde de le reconstruire en pierre. Ce religieux s'acquitta fort habilement de la mission qu'on lui avait confiée, et, grâce aux divers octrois accordés par la ville, il l'acheva entièrement, en 1512. Aussi ce fut le premier pont solidement construit à Paris et avec des précautions qui n'avaient point été mises en usage jusqu'alors, car les arches reçurent une élévation calculée d'après celle des plus grands débordements de la Seine. Quoiqu'il soit le plus ancien pont de Paris, il est remarquable par l'élégance de son architecture. En 1590, le Pont-Notre-Dame servit de théâtre à un événement qui ne fut heureusement que ridicule. Le légat du pape y passa en revue l'armée ecclésiastique de la Ligue. Rose, évêque de Senlis, défila devant lui à la tête des cordeliers, capucins, carmes, etc., le casque en tête et dans tout l'attirail des combats. Les curés de Saint-Côme et de Saint-Jacques-la-Boucherie étaient les lieutenants de ces troupes d'une nouvelle espèce. Cette bizarre cérémonie pensa coûter la vie au légat, car plusieurs de ces miliciens, ne se doutant même pas que leurs fusils étaient chargés à balle, voulurent saluer le légat par une décharge, et tuèrent à ses côtés un de ses aumôniers. Justement effrayée d'un honneur si dangereux, son éminence s'empressa de bénir cette armée fanatique et de se retirer. En 1786, d'après une mesure générale, les maisons qui couvraient ce pont furent démolies; on y établit de larges trottoirs, et les quartiers voisins y gagnèrent de la lumière et de la salubrité. Le Pont-Notre-Dame est formé de sept arches en plein cintre; sa longueur est de trois cent soixante pieds, et sa largeur de cinquante-deux. A son côté oriental, l'on remarque une pompe élevant soixante-dix pouces d'eau de la Seine (2).

Pont aux Colombes ou aux Meuniers, plus tard *Pont Marchand*. J'ai

---

(1) Voy. t. II, p. 501. — (2) *Paris pittor.*, t. II, p. 185.

déjà discuté l'opinion de Jaillot, qui regarde ce pont comme un reste des constructions du pont de Charles-le-Chauve (1). Quoi qu'il en soit, ce pont, qui aboutissait d'un côté au quai de l'Horloge et de l'autre au quai de la Mégisserie, presque en face de la rue de la Saunerie, existait au XIIIe siècle. On l'appela d'abord le pont à *Colombes* ou à *Coulons*, parce qu'on y exposait en vente des pigeons. Il reçut ensuite le nom de pont aux *Meuniers*, parce qu'il fut reconstruit pour le service des moulins qui étaient attachés au-dessous. « Il étoit tout en bois, dit un ancien auteur, et les maisons qui étoient dessus, et qui le couvroient presque tout entier, n'étoient bonnes que pour loger des meuniers (2) ou servir de magasins aux marchands du voisinage. » Ce pont, du reste, n'était point public, à proprement parler ; les voitures n'y avaient point accès, et il n'y avait qu'un petit passage pour les piétons.

Le 22 décembre 1596, vers dix heures du soir, le pont aux Meuniers fut entraîné par les eaux. Le désastre fut terrible ; près de cent soixante personnes y périrent, et malgré le zèle de l'autorité on ne put sauver que sept à huit personnes, entre autres la fille d'un marchand de fer et de toile, âgée de cinq ans, qu'un batelier, attiré par ses cris, vint prendre auprès de la Porte-Neuve, sur une poutre de la maison de son père, qui l'avait portée jusque là (3).

En janvier 1598, Charles Marchand, dit le *capitaine Marchand*, colonel des archers et arquebusiers de Paris, obtint des lettres-patentes qui l'autorisaient à rétablir à ses dépens le pont aux Meuniers. Il fut achevé au mois de décembre 1609. Les lettres-patentes avaient spécifié que le nouveau pont porterait le nom de son constructeur. Marchand fit placer à chaque extrémité une table de marbre, sur laquelle étaient gravées les lettres-patentes, avec ce distique :

Pons olim submersus aquis, nunc mole resurgo :
Mercator fecit, nomen et ipse dedit.
1609.

Ce pont, qui était public, avait une rue ou passage de dix-huit pieds. Toutes ses maisons étaient uniformes (à deux étages), peintes à l'huile (4), et chacune était distinguée par une enseigne représentant un oiseau, ce qui le fit nommer par le peuple le *pont aux Oiseaux*. Au milieu du pont étaient les statues de Henri IV et de la reine, en marbre blanc, et proba-

(1) T. II, p. 267.
(2) « En 1432, les bourgeois qui faisaient moudre leur blé à ces moulins, s'étant plaints au prévôt de Paris que ces meuniers les voloient, de l'avis des avocats, du procureur et du conseil du roi au Châtelet, on fit une loge couverte de tuiles près Saint-Leufroi, pour y peser les grains avant que de les porter moudre, et pour y repeser la farine. » *Sauval*, t. I, p. 222. — (3) Sauval, *ibid.*, p. 223. — (4) Des tirants semblables à ceux qu'on voit dans les églises couvertes de charpentes passaient à travers la rue, d'un logis à ̠tre afin de les rendre plus solides. » Lauval *ibid.* d. 223.

blement en bas-relief (1). Dans la nuit du 23 au 24 octobre 1621, le pont Marchand, qui était en bois, fut brûlé, comme je l'ai dit plus haut, en même temps que le pont au Change. S'il faut en croire Hurtaut, le feu fut mis par un jeune homme nommé l'Empereur, qui jeta une fusée sur le premier pont. Mais on n'a jamais pu connaître d'une manière certaine la cause de ce désastre.

Sur l'emplacement de ce pont, on plaça provisoirement un *pont de bois*, bordé d'échoppes, tandis qu'on reconstruisait le pont au Change; mais ce pont provisoire fut bientôt après démoli, et le pont Marchand, qui était fort inutile, ne fut point rétabli.

Ports. — Nous avons vu qu'au commencement du XIIIe siècle le commerce parisien possédait quatre ports: celui de la *Grève* (Saint-Gervais), du quai de l'*Ecole*, de *Saint-Landri* et du *Petit-Pont* (2). Pendant la période que nous venons de parcourir, le nombre des ports s'augmenta. — Sur la rive droite de la Seine, près de la tour de Billy, était le *Port au plâtre*, qui s'étendit plus tard jusqu'à la barrière de la Râpée, faubourg Saint-Antoine. « Ce port, dit Hurtaut, a pris le nom qu'il porte de ce qu'on y amène de Charonne et de Montreuil des pierres brutes de plâtre, pour les charger sur des bateaux, et de là les transporter par la Seine. C'est aussi en ce port que se déchargent tous les trains, soit de bois à brûler, soit de charpente, qui sont ensuite transportés par voitures dans les chantiers des marchands de bois de ce faubourg (3). » On le nomme aujourd'hui *Port de la Râpée* (4), et ses principaux arrivages consistent en vins, bois, plâtre, etc. — Sur la même rive de la Seine, on trouvait le *Port des Barrés*, depuis nommé *Port Saint-Paul*, au quai des Célestins; c'était un lieu d'arrivages pour les vins, fers, épiceries, plâtres, etc. Au moyen-âge, il était occupé en partie par le marché de poissons d'eau douce (5). On voyait sur la même rive le *Port au foin* (6), en face de la rue des Barrés; le *Port Saint-Gervais*, depuis nommé *Port au blé*, près de la Grève, et qui était, il y a six cents ans, comme aujourd'hui, l'un des principaux points d'arrivage pour les céréales de toutes sortes; sur le même quai de la Grève, le *Port de Bourgogne*, où débarquaient les bateaux de vins de Bourgogne.

En face de la rue des Barrés, étaient le *Port français* et les *moulins du Temple*, où arrivaient les bateaux chargés de vins dits de France, par opposition à ceux de Bourgogne et des bords de la Loire (7).

(1) Dubreuil, p. 142. — (2) Voy. t. I, p. 458. — (3) Hurtaut, t. IV, p. 114. — (4) Ce nom provient d'une maison que fit bâtir sur le quai un M. de La Râpée, commissaire-général des troupes. — (5) Hurtaut, t. IV, p. 68. — (6) Il fut pavé en 1370. — Jaillot dit que ce port était près du Pont-Neuf, au lieu où est aujourd'hui la place des Trois-Maries. — (7) Sauval, t. I, p. 242.

Le *Port du Louvre* était près du palais de ce nom ; il est aujourd'hui nommé *Port Saint-Nicolas* (1). C'est un des plus beaux de Paris, sous le rapport de la disposition et de la situation. C'est le lieu de débarquement des marchandises qui viennent de l'Ouest. Les bateaux à vapeur et les bateaux plats de la Normandie y apportent les produits de cette province et les produits exotiques introduits en France par le port du Havre (2). Le port Saint-Nicolas tire son nom, suivant Sauval, de l'église Saint-Nicolas-du-Louvre. On y trouvait toujours des barques qui passaient les gens à pied au quai Malaquais (3). On raconte même à ce sujet une charmante anecdote, dont un de ces bateliers est le héros. « Peu de temps après la paix de Vervins, dit Saint-Foix, Henri IV, revenant de la chasse, vêtu simplement, et n'ayant avec lui que deux ou trois gentilshommes, passa la rivière au quai Malaquais, à l'endroit où on la passe encore aujourd'hui. Voyant que le batelier ne le connoissoit pas, il lui demanda ce qu'on disoit de la paix. « Ma foi ! je ne sais pas ce que c'est que cette belle paix, répondit le batelier ; il y a des impôts sur tout, et jusque sur ce misérable bateau, avec lequel j'ai bien de la peine à vivre. — Eh ! le roi, continua Henri IV, ne compte-t-il pas mettre ordre à tous ces impôts-là ? — Le roi est un assez bon homme, répliqua le rustre ; mais il a une maîtresse à qui il faut tant de belles robes et tant d'affiquets ! Et c'est nous qui payons tout cela. Passe encore si elle n'étoit qu'à lui ; mais on dit qu'elle se fait caresser par bien d'autres. » Henri IV, que cette conversation avoit beaucoup amusé, envoya chercher le lendemain ce batelier, et lui fit répéter, devant la duchesse de Beaufort, tout ce qu'il avoit dit la veille. La duchesse, fort irritée, vouloit le faire pendre. « Vous êtes folle, dit Henri IV ; c'est un pauvre diable que la misère met de mauvaise humeur : je ne veux plus qu'il paye rien pour son bateau, et je suis sûr qu'il chantera tous les jours : *Vive Henri, vive Gabrielle* (4) ! »

Les ports de *Grève*, de l'*Ecole* (5) et de la *Bûcherie du Petit-Pont* étaient destinés en partie à l'arrivage du bois.

Dans l'île de la Cité, au bout de la rue d'Enfer, était le port *Notre-Dame*, ensuite nommé *Saint-Landri* (6), où débarquaient les vivres et les marchandises. Le *Port-Lévêque* était de l'autre côté de la rivière.

On trouvait le port *Saint-Bernard* à la porte du même nom. Il commençait à la rue de Bièvre. En 1380, il n'y avait point encore de mai-

---

(1) Il longe la galerie du Louvre. — (2) *Dict. hist.* de Roquefort, p. 488. —(3) Hurtaut, t. IV, p. 114. — (4) *Essai hist.*, t. 1, p. 265. — (5) Le *port de l'Ecole*, contigu au quai de ce nom, existe encore aujourd'hui. On y vend du charbon, etc.

(6) Jaillot, t. I, q. de *la Cité*, p. 65. — M. Dulaure, t. III, p. 187, s'est trompé en admettant l'existence de deux ports. — A propos de l'église Saint-Symphorien-de-la-Châtre, on voit cité dans les anciens historiens le port de Glatigny, qui probablement n'est autre que le port Saint-Landri.

sons bâties en cet endroit, et à l'angle où elles se terminaient autrefois, cet endroit se nommait le *port aux Mulets*. Ce fut vers le milieu du XVII° siècle qu'on substitua au nom de port Saint-Bernard celui de *quai et port de la Tournelle*. Il vient de la tournelle qui défendait en cet endroit la porte de l'enceinte de Philippe-Auguste. — Au-delà de la porte Saint-Bernard, la grève qui s'appelait anciennement le *vieux chemin d'Ivri*, prit plus tard le nom de *quai et port Saint-Bernard*, qu'il conserve encore aujourd'hui. En 1662, Louis XIV permit au maréchal de Bellefond et à M. de Pertuis de faire construire deux ports, pour y décharger et vendre des grains, du bois, etc., et dont l'un, nommé le *port de Bellefond*, serait placé entre le pont de la Tournelle et la porte Saint-Bernard; et l'autre, appelé *de Pertuis*, entre ladite porte et l'arche sous laquelle passait la rivière des Gobelins (1). Aujourd'hui le port *Saint-Bernard*, sur le quai du même nom, ne reçoit que des vins exclusivement. Quant au port de la Tournelle, sur le quai de ce nom, il se nomme le *Port aux tuiles et aux ardoises*.

Sur une partie de l'emplacement actuel du quai aux Fleurs était le *Port aux œufs*, l'un des plus anciens de Paris (2).

Je n'ai pu trouver aucun renseignement précis sur les ports de *la Saunerie* (3), *Saint-Jacques* et *de Nesle* (4), cités par M. Dulaure, ni sur le port *des Augustins*, ni sur celui de *la place Maubert*, qui sont désignés tous les deux dans les comptes de Simon Gaucher, payeur des œuvres de la ville, aux années 1366 et 1368. Ces ports en général avaient peu d'importance. Ainsi le peuple donnait, en 1366, le nom de *Port des bouticles* (boutiques) à la jetée de la rivière, parce qu'on y voyait des boutiques ou bateaux à poisson. Ce prétendu port est occupé aujourd'hui par la rue des Trois-Chandeliers.

Quais. J'ai dit que Philippe-le-Bel fit construire, en 1313, le premier quai de la ville de Paris, désigné aujourd'hui sous le nom de *quai des Augustins* (5). Charles V fit construire, en 1369, par Hugues Aubriot, un autre quai qui longeait la rue de la Mortellerie, et qui fut nommé *quai derrière la Mortellerie*; on le pava l'année suivante et on le planta d'ormes (6). A la même époque, on construisit le quai de *la Saunerie* (aujourd'hui de la Mégisserie ou de la Ferraille). Il avait pris ce nom du grenier à sel qui en était proche. La partie qui s'étend de la place du Châtelet à l'arche Pépin était anciennement la *Vallée de misère* ou *la Poulaillerie*, parce que l'on y avait établi le *marché à la volaille*.

(1) Jaillot, t. IV, q. de la place Maubert, p. 133. — (2) Jaillot, t. I, q. de la Cité, p. 203. — (3) Situé sans doute à l'extrémité méridionale de la rue du même nom. — (4) Ce dernier est probablement le port des Quatre-Nations, destiné à l'arrivage des charbons et situé le long du quai Conti. — (5) T. II, p. 540. — (6) Voy. Sauval, t. III, p. 124 et 125.

L'autre partie étant occupée, dès la fin du XIIIe siècle, par des mégissiers, on l'appelait la *Mégisserie* ou *Mesgueiscerie*. Enfin Sauval nous apprend que Charles V et Charles VI firent planter d'ormes le port des Barrés, aujourd'hui quai des Célestins. Le *quai de l'École*, qu'on nommait au XIVe siècle, par abréviation, *l'Escole*, tirait son nom de l'école Saint-Germain (1). Le quai *Saint-Bernard* (de la Tournelle) existait également à la même époque, mais la plupart étaient mal pavés, et un quai n'était souvent qu'un terrain en pente et que les boues rendaient presque toujours impraticable. Aussi avons-nous vu que les inondations causèrent de grands désastres pendant cette période. Mais je m'occuperai de nouveau de ces différents quais à l'époque de leur construction définitive.

Fontaines. — J'ai donné la liste des anciennes fontaines de Paris, en ajoutant qu'elles sont d'une époque si reculée que l'on ignore l'année de leur établissement et le nom de leurs fondateurs (2). La concession imprudente que les rois faisaient aux grandes familles et aux communautés religieuses d'user gratuitement de l'eau des aqueducs, rendait souvent inutiles les fontaines, en les tarissant. Une ordonnance de Charles VI, en 1392, révoqua toutes ces concessions, excepté celles dont jouissaient le château du Louvre et les hôtels des princes du sang. Mais elles ne furent complètement abrogées, ainsi que je l'ai déjà dit, qu'en 1598.

En 1457, le prévôt des marchands fit réparer l'*aqueduc de Belleville* (3). Ces travaux sont attestés par une inscription en vers, gravée sur l'une des faces de cet aqueduc, et rapportée par M. Dulaure :

> Entre les mois (bien me remembre)
> De mai et celui de novembre,
> Cinquante-sept mil quatre cents ;
> Qu'estoit lors prévost des marchands
> De Paris, honorable homme,
> Maistre Mathieu, qui en somme
> Estoit surnommé *de Nanterre*,
> Et que Galie, maistre Pierre,
> Sire Philippe aussi Lallemant,
> Le bien public fort aimant,
> Sire Michel qu'en surnom
> Avoit d'une granche le nom,
> Et sire Jacques de Hacqueville,
> Le bien désirant de la ville,
> Estoient d'icelle échevins ;
> Firent trop plus de quatre-vingts

---

(1) T. 1, p. 242. — (2) T. I, p. 595. — Il faut y joindre les fontaines de *Saint-Lazare* et des *Récollets*, bâties toutes les deux en 1265, et qui reçoivent de l'eau de l'aqueduc du pré Saint Gervais. — Voy. aussi Sauval, t. I, p. 212 et suiv. — (3) Hurtaut, t. I, p. 281. — T. I de cette histoire, p. 596.

> Et seize toises de ceste œuvre.
> Se faire en brief temps et heure ;
> Car si brièvement on ne l'eust fait,
> La fontaine tarie estoit.

Je lis enfin dans les *Comptes de Simon Gaucher* qu'on répara, au commencement du règne de Charles V, les fontaines du domaine de la ville. En décembre 1370, on termina la *nouvelle fontaine, dite Saint-Nicolas, au-dessus du Mesnil-Mau-Temps*, et l'on travailla aux fontaines qui étaient près de la porte du Chaume, en l'*hôtel de monseigneur d'Orléans* (1).

Sous Louis XII, il y avait à Paris seize fontaines publiques. Celles des *Filles-Dieu*, des *Cultures*, de *Saint-Martin* et *du Temple* avaient été comprises dans l'intérieur de l'enceinte de Charles V.

Canal et rivière de Bièvre. — La petite rivière de Bièvre, dite des *Gobelins*, prend sa source à quatre lieues de Paris, et à une lieue un quart environ au sud-ouest de Versailles, entre Bouviers et Guyancourt. Après un cours d'environ huit lieues de développement, elle tourne le village de Bièvre, passe sous l'aqueduc d'Arcueil, traverse les anciens faubourgs Saint-Marcel et Saint-Victor, et se jette dans la Seine au quai de l'Hôpital, un peu au-dessus du Jardin-des-Plantes. Son cours, dans les anciens temps, n'était pas différent de ce qu'il est encore aujourd'hui (2). Mais vers le milieu du XIIe siècle, la Bièvre prit une autre direction et fut introduite dans la partie méridionale de Paris, où son nom, qui sert toujours à désigner une des rues du quartier, atteste encore le passage de ses eaux (3).

Vers 1148 ou 1150, les religieux de Saint-Victor obtinrent d'Odon, abbé de Sainte-Geneviève, et par l'entremise de saint Bernard, l'autorisation de détourner l'eau de la Bièvre, qui coulait à travers le fief du Chardonnet, dans la censive de Sainte-Geneviève, de la faire passer dans leur enclos, et d'y construire un moulin. Il leur imposa pour condition de ne porter aucun préjudice au *Moulin des Copeaux* (4), et de payer à l'abbaye de Sainte-Geneviève un cens annuel de deux sous. En vertu de cette autorisation, les moines de Saint-Victor firent creuser, à cent quarante toises du moulin des Copeaux, un canal de neuf pieds de large, qui traversait l'emplacement actuel du Jardin-des-Plantes,

---

(1) Sauval, t. III, p. 124. — (2) Voy. un mémoire sur le cours de la rivière de Bièvre, par Bonamy, dans les *Mémoires de l'Académie des inscriptions*. — (3) « Autrefois, dit Sauval, on la fit passer par le collège des Bons-Enfants et du cardinal Lemoine, par Saint-Nicolas du Chardonnet, et par *la rue de Bièvre*. » T. I, p. 209.

(4) Ce moulin, détruit depuis 15 années environ, existait encore du temps de Jaillot, rue du Jardin du Roi, presque vis-à-vis la rue Censier. En 1636, on le nommait le *moulin Bourgault*. Il ne faut pas le confondre avec un moulin à vent qui était sur la butte même des Copeaux (aujourd'hui la butte du Labyrinthe, au Jardin des Plantes).

de l'est à l'ouest, et entrait ensuite dans l'enclos des religieux de Saint-Victor, qu'il parcourait d'un bout à l'autre dans la même direction. Deux ponts donnaient passage aux eaux au-dessous des chemins qui sont devenus depuis la rue de Seine (aujourd'hui rue *Cuvier*) et la rue des Fossés-Saint-Bernard, à l'est et à l'ouest de l'enclos Saint-Victor. La Bièvre traversait ensuite le territoire du séminaire des Bons-Enfants et côtoyait de très près la rue Saint-Victor, jusqu'à l'endroit où fut bâtie depuis l'église de Saint-Nicolas-du-Chardonnet (1). Parvenues à ce point, les eaux formaient un coude vers le nord, longeaient, à l'est, la rue de Bièvre, passaient sous un pont de pierre nommé *poncel de Bièvre*, bâti vers l'extrémité septentrionale de cette rue, et allaient se jeter dans la Seine, un peu à l'ouest du lieu qu'on nomme les *Grands-Degrés*, presque vis-à-vis la rue Perdue (2).

L'enceinte de Philippe-Auguste ne changea rien au nouveau cours de la Bièvre. On pratiqua dans les murs une arche pour donner passage aux eaux de cette rivière, qui suivit toujours la même direction jusqu'à l'époque des constructions de Marcel et de Charles V. Les fossés et arrière-fossés, qui entourèrent les murs de Paris depuis la Tournelle jusqu'à la porte Saint-Victor ne permirent plus de faire venir les eaux de la Bièvre dans la ville. Il fallut donner à cette petite rivière une nouvelle direction. On creusa donc entre la rue d'Alez, aujourd'hui détruite (3), et celle des Fossés-Saint-Bernard, un nouveau canal qui recevait les eaux à leur sortie de l'enclos Saint-Victor, et les conduisait à la Seine, près de la Tournelle, en traversant l'emplacement actuel de la halle aux Vins. Le prévôt de Paris et l'abbé de Sainte-Geneviève formèrent opposition à ces travaux ; mais Charles V ordonna que cette nouvelle branche de canal serait continuée, à la charge par les religieux de Saint-Victor de faire construire un pont sur le bord de la Seine, à l'endroit où les eaux du canal se verseraient dans cette rivière. En même temps, pour les indemniser des démolitions et autres travaux qui leur avaient porté un notable préjudice, il leur accorda, par lettres-patentes du 6 février 1411, le privilége exclusif de la pêche dans les fossés qu'on avait creusés sur leur territoire.

La partie abandonnée du canal qui se trouvait dans l'intérieur de l'enceinte, privée des eaux de la Bièvre, servit d'égout aux eaux de la rue Saint-Victor et des autres rues du quartier. Le défaut d'entretien fit bientôt de cet égout un endroit infect qui produisit des maladies contagieuses. Le parlement, par arrêt du 23 septembre 1473, ordonna expressément qu'on nettoyât cet égout. Mais ces ordres ne furent point suivis. Alors, pour obvier à ce mal, on couvrit ce conduit d'une belle voûte en pierres de taille (4), et les eaux continuèrent à s'y dégorger

---

(1) T. II, p. 58 et suiv. — (2) *Paris sous Philippe-le-Bel*, p. 434. — (3) Il y avait là un moulin nommé *moulin d'Alez*. — (4) Sauval, t. I, p. 116.

par une ouverture pratiquée dans la rue Saint-Victor, à l'extrémité méridionale de la rue des Bernardins, et qu'on nomma le *Trou punais*. Ce conduit finit par se combler peu à peu, et je ne crois pas qu'il en existe aujourd'hui aucune trace.

Le 19 janvier 1511, Louis XII manda au prévôt des marchands et aux échevins de faire passer la Bièvre dans la ville (1). Cet ordre ne fut pas exécuté, et le canal subsista jusqu'en 1674, époque à laquelle un arrêt du conseil en ordonna la suppression. La Bièvre reprit alors la direction qu'elle avait toujours suivie jusque vers le milieu du xiie siècle, et qu'elle conserve encore.

La Bièvre n'est aujourd'hui qu'un petit courant d'eaux bourbeuses et malsaines, qui n'en sont pas moins précieuses aux fabriques de toute espèce, situées dans le voisinage, et entre autres à l'admirable manufacture des *Gobelins* (2). Mais autrefois c'était une petite rivière, et lorsque l'aqueduc romain de la vallée d'Arcueil fut abandonné, toutes les eaux qui l'alimentaient durent s'écouler dans la Bièvre. Elle avait encore une certaine importance à la fin du xviie siècle, puisqu'on proposa, dit-on, de la faire passer à Versailles, pour embellir la ville favorite de Louis XIV. Les anciens historiens ont même enregistré dans leurs annales quelques inondations de la Bièvre. En 1524 ou 1526, elle inonda le faubourg Saint-Marceau jusqu'au second étage. « La nuit du mercredi 1er avril (ou mieux 8 avril 1579), la rivière de Saint-Marceau, au moyen des pluies des jours précédents, crût à la hauteur de quatorze à quinze pieds, abattit plusieurs murailles, moulins et maisons, noya plusieurs personnes de tous sexes et âges, surpris dans leurs maisons et dans leurs lits, ravagea grand quantité de bestail et fit un mal infini. Le peuple de Paris, à milliers, le lendemain et jours ensuivants, courut voir ce désastre avec grand frayeur et espouvantement. L'eau fut si haute qu'elle se répandit par l'église et jusques au grand-autel des Cordeliers-Saint-Marceau, ravageant par forme de torrent en grande furie, laquelle néanmoins ne dura que trente heures ou un peu plus (3). » Le peuple appela cette inondation le *déluge de Saint-Marcel*. Enfin, en 1626, pendant la nuit de la Pentecôte, un troisième débordement vint renouveler ces désastres, mais heureusement les eaux rentrèrent dans leur lit au bout de deux heures (4).

Un assez grand nombre de ponts étaient jetés sur la Bièvre. J'ai parlé des deux ponts qui traversaient les rues de Seine (Cuvier) et des Fossés-Saint-Bernard, et du *poncel* qui était à l'extrémité de la rue de Bièvre. Il y avait encore un pont près de la Tournelle, à l'endroit où la Bièvre se jeta dans la Seine lorsqu'on en changea la direction; M. Dulaure, j'i-

---

(1) Jaillot, t. IV, quartier de la place Maubert, p. 17. — (2) Voy. l'article *Gobelins*. — On attribuait autrefois aux eaux de la Bièvre des propriétés merveilleuses pour la teinture. — (3) L'Estoile, *Journal de Henri III*. — (4) Sauval, t. I, p. 210.

gnore sur quelle autorité, le désigne sous le nom de *pont aux Marchands*. Il existe encore aujourd'hui le petit *pont de la Bièvre* au quai de l'Hôpital, et celui connu sous les noms de *pont aux Tripes, des Tripiers ou aux Biches-Saint-Marcel*, au bout de la rue Mouffetard, près des rues Censier et du Fer-à-Moulin (1).

Ruisseau de Ménilmontant. — Il existait dans la partie septentrionale de Paris un ruisseau qui prenait sa source à Ménilmontant, traversait les faubourgs Saint-Martin, Saint-Denis, passait derrière la Grange-Batelière, par la Ville-l'Évêque et au bas du Roule, et allait se jeter dans la Seine sur le quai de Billy, au bas de Chaillot. M. Dulaure pense avec vraisemblance que ce ruisseau est le même qui, dans un diplôme de Childebert 1er, est nommé *Savara* (2). Il recevait l'écoulement des eaux pluviales et devint ensuite le *grand égout de la ville*. Une partie de son lit existe encore, mais ses eaux ne coulent plus.

M. Dulaure (1) cite un autre ruisseau venant des coteaux de Bagnolet et de Montreuil, et qui a creusé ce qu'on appelle la *vallée de Fécamp*, dont une partie de la rue de Charenton (depuis la rue Mongallet jusqu'à la barrière) a long-temps porté le nom. Les eaux de ce ruisseau, détournées en partie pour alimenter l'étang situé à l'ouest de Vincennes, ne coulent plus dans son ancien lit; elles se jetaient anciennement dans la Seine, près du Petit-Bercy.

Egouts. — Le religieux anonyme de Saint-Denis dit que Hugues Aubriot entreprit des égouts en plusieurs endroits, et fit couler les eaux hors de la ville par des voûtes et des conduits souterrains. Il ne restait, au siècle dernier, que deux ou trois égouts qu'on pût lui attribuer, tous les autres ont été faits dans le XVIIe siècle. Dans la Cité, il n'y en avait aucun. Les eaux de ce quartier ne s'écoulaient dans la rivière que par les ruisseaux des rues, par des éviers dispersés le long des quais de l'île du palais, et par des décharges ou *gargouilles* couvertes de voûtes courtes et étroites; encore ces gargouilles ne se rencontraient-elles qu'au Marché-Neuf, près de la fontaine du palais, près du logis du premier président, à côté de Saint-Barthélemi, au bout de la rue de la Barillerie, et en quelques autres endroits.

(1) Il fut anciennement nommé *Pont Saint-Médard*, puis *pont Richebourg*, parce qu'au milieu du XIIIe siècle on disait, en parlant des maisons ou des jardins de ce canton, qu'ils étaient en *Richebourg, in divite Burgo*. Jaillot, t. IV, quartier de la place Maubert, p. 38.

(2) Ce roi céda à l'église Saint-Vincent toutes les *pêcheries* qui sont sur la Seine, depuis le pont de la Cité jusqu'au point où le ruisseau appelé *Savara* se jette dans cette rivière. « Cum piscatoriis omnibus in ipso alveo Sequanæ sument que initium à ponte civitatis, et sortiuntur finem ubi alveolus veniens *Savara* præcipitat se in flumine. » *Diplomata, chartæ* de Bréquigny, t. I, p. 54. — (3) *Hist. de Paris*, t. I, p. 23.

Les eaux de l'île Notre-Dame tombaient dans la rivière par des éviers, épars çà et là, tout à l'entour et au travers de ses quais.

Le *grand égout* construit par Aubriot (1) environnait presque entièrement la ville, et recevait aussi par des éviers les égouts de la vieille rue du Temple, de la rue du Temple, et des rues Montmartre et Gaillon. Cet égout était le plus ancien de la ville. En 1412 il était partagé en deux, l'un appelé le *Pont-Perrin*, l'autre *les égouts de la Courtille Barbette*. Ces égouts étaient derrière la rue Barbette et celle des trois Pavillons, aux environs de la rue du Parc-Royal, et tombaient dans le Pont-Perrin, tout près d'un *logis* nommé alors la *Maison d'ardoise*, et situé entre la porte du Temple et celle de Saint-Antoine, vers un bastion appelé depuis le *Bastion d'ardoise*. L'égout du Pont-Perrin passait sous la porte Saint-Antoine. Toutes les eaux et les ordures des rues Saint-Antoine et Saint-Paul, de la place Baudoyer et des rues voisines y descendaient. Il avait cinq cent vingt-cinq toises de longueur, revêtues de maçonnerie; mais comme il regorgeait quelquefois et incommodait fort le roi, logé à l'hôtel Saint-Paul, ainsi que l'hôtel de Louis de France, duc de Guyenne, qu'on nommait l'*hôtel du Pont-Perrin*, Charles VI donna ordre à la ville de le détourner par la Coulture Sainte-Catherine, de lui ouvrir un passage de seize pieds pour aller à la *Maison d'ardoise*, et d'y employer le tiers des deniers venant des aides; ce qui fut exécuté en 1412 et en 1427. On donna aux religieux de Sainte Catherine, pour les dédommager de la perte qu'ils avaient faite dans ce passage, la somme de 100 livres parisis argent comptant. Cet égout prit ensuite le nom de *grand égout*. Lorsque les rois logèrent à l'hôtel des Tournelles, ils proposèrent de le détourner encore, pour n'en être pas incommodés. Cependant on n'en fit rien; et sur les ordres donnés à la ville par Louis XII et François Ier de détourner cet égout par la rue Saint-Paul ou ailleurs, « le prévôt des marchands se contenta d'y faire faire une visite d'experts, et depuis on n'en a plus parlé (2). » Sous Henri II, pareils ordres furent donnés de détourner cet égout et de le faire tomber ailleurs qu'à Chaillot. La ville ne lui obéit pas plus qu'à Louis XII et François Ier.

En 1625, Thériot, maître maçon, refit cet égout des deniers de l'épargne, et les ruisseaux de la place Baudoyer et des rues circonvoisines n'y tombèrent plus, ils allaient à la rivière par la rue des Barres; mais on n'a pu découvrir quand on les y a détournés. En 1605, la ville loua la *rue des Égouts* pour dix-huit ans à Charles Marchand, maître des œuvres, à la charge d'y laisser couler les immondices à l'ordinaire, d'en entretenir le pavé, et de la remettre entre ses mains toutes les fois que besoin en serait, sans prétendre de dédommagements; avec permission

---

(1) Voy. ci-dessus *ruisseau de Ménilmontant.* — (2) Félibien, t. II, p. 691.

de la fermer, s'il voulait, de deux portes ou de deux herses. Le grand égout commençait par la rue des Égouts, s'avançait par la rue Saint-Louis et par le Calvaire; de là, près des fossés, il s'en venait à la porte du Temple, aux fausses portes Saint-Martin et Saint-Denis, au faubourg Montmartre, passait sous les ponts des *Porcherons* et *Hersan*, et enfin gagnait le Roule et la Savonnerie, d'où il tombait dans la Seine, à un quart de lieue de Paris. Dans la ville il était voûté et pavé, et portait trois cents toises de long, six pieds de large, et cinq à six de hauteur; ses murs avaient deux pieds d'épaisseur. Hors de la ville, depuis la rue Saint-Louis ou la rue des Filles-du-Calvaire, jusqu'à l'éperon du bastion du Temple, il était découvert et revêtu des deux côtés de murs hauts de six pieds, aussi épais que dans la ville, sur deux cents toises de longueur. Mais depuis le bastion du Temple jusqu'à la rivière, il n'était que de terre, large au fond de quatre à cinq pieds, et de sept à huit par le haut, il avait trois mille cinq cents toises depuis là jusqu'à la rue de l'Egout.

L'*égout de la vieille rue du Temple*, le premier des cinq petits égouts qui entraient dans le grand, était voûté, pavé et couvert. Il s'étendait depuis la vieille rue du Temple jusqu'au Calvaire, et avait six à sept pieds de haut, sept de large, et cent cinquante toises de longueur. Le second, qui était celui de la *rue du Temple*, en avait plus de quarante-cinq, et n'était couvert qu'en partie. On le trouvait à la rue du Pont-aux-Biches, près du rempart. Son ouverture était large de trois pieds et haute de deux. Depuis là jusqu'au pont de pierre de la porte du Temple, il était couvert de pierre, la longueur de vingt toises; et de la porte du Temple jusqu'au grand égout, il était découvert de la longueur d'environ vingt-cinq toises.

L'*égout du Ponceau*, qui était le troisième, commençait à la rue Saint-Denis, près de la fontaine du Ponceau, où il était découvert jusqu'à la rue Neuve-Saint-Eustache; passant par une voûte longue de trente toises, large et haute de six pieds, il s'en allait gagner le grand égout, entre les jardins et les marais des faubourgs de Saint-Martin et de Saint-Denis, toujours découvert, mais pavé, long de deux cents toises, et fermé presque partout, tantôt de haies, tantôt d'une clôture de maçonnerie. En 1568, la ville le trouvant trop étroit, voulut lui donner seize pieds de largeur. Vingt ans après il fut pavé aux dépens de l'évêque, de la ville et du prieur de Saint-Martin. En 1618, Prévôt, maître maçon, fit des rigoles dans les fossés; il ouvrit le rempart entre la porte Saint-Denis et celle de Saint-Martin. En 1635, il adoucit la pente du pavé de la rue Saint-Denis, depuis l'hôtel Saint-Chaumont jusqu'au Ponceau, afin d'y attirer une partie des eaux de la décharge qui était auprès de la porte Saint-Denis, et élargit la tranchée de l'égout du faubourg Saint-Denis, le tout aux dépens de la ville.

« Quant aux deux autres égouts des rues *Montmartre* et *Gaillon*, le premier, dit Félibien, commence depuis la rue de la Jussienne, est voûté jusqu'à quinze toises au-delà de la porte Montmartre, et est ensuite découvert jusqu'au grand égout. Sa longueur est de deux cent vingt toises sur huit à neuf pieds de large hors de la ville, six dans l'intérieur de Paris, et six à sept de hauteur. L'autre, long de cinq cents toises, qui commence à la rue de Gaillon, est couvert d'une voûte jusqu'à cent toises au-delà de la porte Saint-Roch; en tout il a cinq cents toises de longueur (1). »

« Outre ces grands égouts, il y en avait autrefois, et même il y en a encore, ajoute Félibien, qu'on appelle maintenant *esviers*, *décharges*, *gargouilles*, mais qu'on nommait autrefois *trous Punais*, *trous Gaillard* et *trous Bernard*. En 1506, il y avait un *trou Bernard* près de Saint-Germain-l'Auxerrois. La décharge de la rue des Célestins, ou plutôt un autre tout proche, se nommait, en 1546, *trou Gaillard*. Il s'en trouvait deux autres aux environs, à qui on donnait, en 1549, 1552 et 1554, le nom de *trous Punais*. Anciennement il s'en trouvait un dans la rue des Bernardins ou dans celle de Saint-Nicolas. Il y en avait trois plus anciens, deux autour de Saint-Leufroy, le troisième à la rue Planche-Mibray, d'où il fut ôté pour bâtir le pont Notre-Dame. En 1614, il y avait une *gargouille* au bout de la rue des Nonaindières. Il y en avait encore deux dans la rue Neuve-Sainte-Catherine, une autre au bout de la rue du Parc-Royal, une au bout de la rue Saint-Gilles, et une troisième au bout de la rue Saint-François, qui toutes aboutissaient au grand égout, et avoisinaient la rue Saint-Louis. Dans l'égout de la rue Montmartre se déchargeaient quatre *gargouilles*. Les trois premières se rencontraient, l'une à l'extrémité de la rue du Bout-du-Monde, l'autre à la rue des Jeûneurs, et la troisième dans celle des Petits-Pères. Quant à la quatrième, qui avait quatre faces, elle était assise dans la rue Montmartre, entre celle du Mail et la rue de Cléry.

« Il s'en trouvait encore d'autres : une à la porte Saint-Honoré, une autre près de la porte Saint-Antoine, et elles avaient toutes deux leur décharge dans les fossés de la ville. En 1662, par arrêt du conseil, en date du 8 août, le prévôt des marchands et les échevins eurent ordre de détourner la dernière de dedans les fossés de la Bastille. Dans l'Université l'on voyait quatre égouts qui étaient pavés et couverts d'une voûte. Le plus ancien, dont j'ai déjà parlé, était à la rue de Bièvre (1). Les trois autres ont été faits dans le XVIIe siècle, ou sur la fin du XVIe. Il y en avait un dans la rue de Seine, qui ne portait que cent toises de longueur; le second en portait trois cents sur sept pieds de hauteur et au-

---

(1) Félibien, t. II. — (2) Voy. ci-dessus *canal de Bièvre*.

tant de largeur en certains endroits, mais ailleurs il n'avait que quatre pieds de large et huit ou neuf pieds de haut. Celui-ci allait du côté de la rue Saint Germain, gagnait la porte Saint-Germain, les fossés, la porte de Bussy, la porte Dauphine, le collége des Quatre-Nations et la rivière. En 1637, on y fit une rigole entre la porte Saint-Germain et la porte de Bussy; depuis il fut voûté et pavé à deux reprises en cet endroit par un bourgeois nommé Le Blanc, à qui le roi et la ville permirent en récompense d'établir des jeux de boule et de billard (1). Le troisième égout venait de la rue de l'Égout du faubourg Saint-Germain, passait à travers la rue Taranne et celle du Colombier, sous la rue Saint-Benoît, et la rue des Petits-Augustins. Jusqu'en 1615 ou 1616, il consistait en une tranchée découverte entre la rue de l'Égout et celle des Petits-Augustins, le long de la rue Saint-Benoît; mais les religieux de Saint-Germain, en vendant les maisons bâties sur les bords, obligèrent les acquéreurs de la faire couvrir à leurs dépens. « Depuis là jusqu'à la rivière, dit Félibien, il n'est pas possible de savoir quand cet égout a été couvert; quoiqu'il y ait apparence que ce fut au temps que la reine Marguerite vint loger en cet endroit-là (2). »

Le nombre des égouts s'est considérablement augmenté à Paris depuis la fin du siècle dernier; j'aurai occasion de parler plus loin de ceux qui ont été construits dans ces derniers temps.

Voiries. — J'ai dit tout-à-l'heure que le prévôt des marchands avait ordonné, en 1512, la démolition de toutes les voiries qui environnaient la ville et la dominaient. Cet ordre fut réitéré plusieurs fois, et ne fut exécuté que peu à peu. Ces amas d'immondices et de gravois, nommés *buttes, voiries, monceaux, mottes,* placés d'abord à l'extérieur des murs, se trouvèrent ensuite dans l'intérieur de la ville, et, comme on l'a fait observer avec raison, cela explique jusqu'à un certain point l'inégalité du sol dans les anciens quartiers de Paris. Dans la partie septentrionale on voyait le *Monceau Saint-Gervais,* la *butte de Bonne-Nouvelle ou de Villeneuve-de-Gravois,* la *butte Saint-Roch;* dans l'île de la Cité, le *terrain* ou la *Motte-aux-Papelards,* probablement parce qu'elle appartenait au chapitre Notre-Dame (3). Dans la partie méridionale de Paris s'élevaient plusieurs de ces monticules; on en voyait sur l'emplacement actuel de la rue Mazarine, et cette rue reçut pour cette raison le nom de rue des *Buttes.* Il en existait une fort considérable en face de l'hôpital de la Charité, sur l'emplacement qu'entoure en partie la rue Saint-Guillaume, qui prit alors le nom de *rue de la Butte.* Cette butte avait un moulin qui existait en 1368, et qui fut

---

(1) Félibien, t. II, p. 693. — (2) *Id., ibid.* — Voy. Aussi Sauval, t. I, p. 248 et suiv. — (3) Son emplacement était occupé par une grande partie du jardin de l'archevêché, aujourd'hui détruit.

reconstruit en 1509. Enfin la *butte des Copeaux*, qui forme aujourd'hui le charmant labyrinthe du Jardin-des-Plantes, ainsi que le plateau qu'on voit au-dessous et à l'est de ce monticule, avaient la même origine; c'étaient d'anciennes voiries. Quelques unes de ces petites montagnes factices existaient encore sous le règne de Louis XV.

Près de la *butte des Copeaux* étaient deux autres voiries, « l'une nommée la *voirie ancienne*, enceinte de murailles sous Henri II ; l'autre appelée la *voirie Sainte-Geneviève*, parce qu'elle faisoit partie du territoire de Sainte-Geneviève, tenoit aux terres de l'aumônerie de cette abbaye et aux Gobelins, et se rencontroit entre Saint-Victor et *Coupeaux*; deux arpents de terre en faisoient toute l'étendue. Les religieux de Sainte-Geneviève la louèrent en 1549 à Jean de Cambrai, pour en tirer de la pierre, à condition qu'il leur en fourniroit la quatrième partie. » Le voisinage de ces voiries, surtout de celle des Copeaux, qui servait à la boucherie de Sainte-Geneviève, infecta long-temps le faubourg. Enfin Henri II étant allé à l'abbaye de Saint-Victor, en 1557, fit fermer de murailles la voirie Sainte Geneviève (1). Sauval indique quelques autres voiries, et nous lisons dans les *Comptes de la prévôté* que les fermiers de la voirie de Paris, en 1413, étaient Robin Queurel et Perrin Guérin.

Au commencement du xviie siècle, on appelait *haute-voirie* l'espace occupé maintenant par les rues d'Argenteuil, des Moineaux et des Orties, dans le quartier du Palais-Royal ; et *basse-voirie* l'espace qu'occupe la rue Clos-Georgeau, près celle Sainte-Anne, dans le même quartier. J'aurai occasion de désigner d'autres endroits qui avaient jadis la même destination.

Les fonctions du *grand-voyer* et des quatre commissaires-généraux de la voirie sont aujourd'hui du ressort d'une administration nommée *grande-voirie*, dont le siège est à l'Hôtel-de-Ville (2).

Rues. — En 1507, le parlement ordonna que la rue qui, du Petit-Pont, conduit au pont Notre-Dame, serait élevée de dix pieds (3). Toutes les rues aboutissantes durent éprouver le même exhaussement. Pendant cette période, comme nous le verrons ailleurs, un grand nombre d'anciennes rues furent élargies, et de nouvelles facilitèrent les communications (4). En même temps, le parlement, veillant à la salubrité de la ville, ordonna, le 23 août 1496, au prévôt et à ses officiers, de faire nettoyer les rues, « avec pouvoir de contraindre à contribuer aux frais tous priviléfiez et non priviléfiez, de quelque estat et condition qu'ils fussent, et défense à tous huissiers et sergents d'assigner ailleurs que

---

(1) Sauval, t. II, p. 369, et *preuves*, t. III, p. 70.
(2) Voy. t. II, p. 538. — (3) Sauval, t. I, p. 97. — (4) Voy., t. IV de cet ouvrage, le *Dictionnaire des rues de Paris*.

devant le prévôt et son lieutenant ceux qui seroient à contraindre pour le paiement de la taxe (1). »

Halles et marchés. — *Boucheries.* — J'ai parlé dans le premier volume de cette histoire, des *halles*, du *marché Palu*, de la *halle de la Madeleine* et de quelques autres anciens marchés de la ville de Paris (2). Il me reste à compléter ces renseignements par l'indication des autres marchés établis à Paris jusqu'à la fin de la période dont je m'occupe, c'est-à-dire jusqu'en 1515.

Halle des Mathurins ou *au parchemin*. — Elle reçut le premier de ces noms de ce qu'elle s'établit en 1291 dans un des bâtiments du couvent des Mathurins. « De temps immémorial, ceux qui amenoient du parchemin à Paris et aux environs étoient tenus de le faire porter et descendre dans cette halle, à peine de confiscation et d'amende arbitraire, et de plus n'osoient l'en tirer que les parcheminiers de l'Université ne l'eussent visité, que le prix n'en fût fait et marqué, et n'eût été payé au recteur le droit de marque, savoir 16 deniers parisis, ce qui s'appeloit et s'appelle encore *rectorier* (3). Quoique la halle des Mathurins, ajoute Sauval, ne serve plus depuis fort long-temps, et que le parchemin se soit vendu en plusieurs endroits, elle a conservé son ancien nom. »

Halle aux veaux. — Ce marché était situé, au XIVe siècle, rue Planche-Mibray, au bout de la rue de la Vieille-place-aux-Veaux ; il était désigné alors sous le nom de la *Place aux Sainctyons*, du nom de ces célèbres bouchers. En 1646, il fut transféré au quai des Ormes, et y resta jusqu'en 1774. Mais comme il était fort mal situé, le roi ordonna, par lettres-patentes du mois d'août 1772, que la halle aux veaux serait reconstruite sur l'emplacement du jardin des Bernardins, entre les rues de Poissy et de Pontoise. On en fit l'ouverture le 28 mars 1774. Le plan de cet édifice, dessiné par l'architecte Lenoir, est un parallélogramme à pans coupés, au milieu duquel est un espace découvert. Aux quatre coins s'élèvent quatre pavillons où logent les préposés à la garde de cette halle. Les autres parties couvertes servent de greniers pour le fourrage. Le vendredi et le samedi sont destinés à la vente des veaux, et le mercredi à celle du suif.

L'Étape (halle aux vins). On appelle ainsi, dit Sauval, une place destinée pour y décharger et mettre en vente les vins amenés à Paris par terre. Elle était autrefois aux halles. Charles VI, par des lettres-patentes du mois d'octobre 1413, transféra cet entrepôt à la place de Grève (4).

Boucheries. — Nous avons vu que dans l'origine il n'y avait que

(1) Félibien, t. II, p. 870. — (2) Voy. t. I, p. 555 et suiv. — (3) Voy. t. II, p. 144. et Sauval, t. I, p. 657 — (4) Sauval, t. I, p. 655.

deux boucheries à Paris; celle de la *Cité* et celle de la *Porte de Paris*, connue sous le nom de la *Grande-Boucherie* (1). Les maîtres bouchers devinrent en peu de temps redoutables; ils formèrent une corporation puissante au milieu de ces quartiers populeux, et l'autorité royale fut obligée de céder plusieurs fois devant leur brutale opposition. Charles VI ayant voulu diminuer l'étendue de leur boucherie à cause de l'obstacle qu'ils mettaient à la circulation publique, ne put l'obtenir qu'en leur permettant de se bâtir une chapelle et d'y établir une confrérie de la Nativité de Notre-Seigneur; la fête de cette confrérie tombait le dimanche après Noël (lettres-patentes du 30 septembre 1406).

On sait quelle part les Caboche, les Sainctyon et autres maîtres bouchers prirent aux excès des Armagnacs et des Bourguignons. Charles VI, comme je l'ai dit, pour en tirer une vengeance éclatante, ferma la boucherie du parvis, fit raser celle du Grand-Châtelet; et au mois d'août 1416, il fut créé, aux dépens du roi, quatre nouvelles boucheries nommées Boucheries du Roi, savoir :

1° *La boucherie de la halle de Beauvais*, rue Saint-Honoré, près de Sainte Opportune, contenant 16 étaux. Elle s'accrut ensuite de douze étaux appartenant à des particuliers.

2° *La boucherie du Châtelet*, devant Saint-Leuffroy, 16 étaux.

3° *La boucherie de Gloriette* ou *du Vieux-Petit-Pont*, près du Petit Châtelet, rue Saint-Jacques, 10 étaux, dont l'un à Saint-Séverin et le reste à des particuliers.

4° *La boucherie du cimetière Saint-Gervais*, 4 étaux; elle fut transférée en 1461 au marché Saint-Jean.

Les bouchers de la grande boucherie ne se considérèrent pas comme vaincus par cet arrêt, pas plus que par les lettres du 3 septembre 1416, qui maintenaient l'édit et les déboutaient de leur appel. Ils continuèrent à protester, si bien qu'au mois d'août 1418 ils rentrèrent dans leurs priviléges, et furent autorisés à rebâtir la grande boucherie, à la condition de la diminuer de dix toises carrées. Cette clause qui réduisait leur établissement à 243 toises de superficie, donna lieu à de nouvelles réclamations; mais l'autorité ayant persisté, elle fut exécutée le 22 août 1419. Louis XI jugea encore à propos, en 1461, de désobstruer les abords de cette boucherie, en y supprimant trois étaux; cette fois, les propriétaires obtinrent en échange le même nombre d'étaux au marché Saint-Jean.

Tant que cette grande boucherie se conserva debout, elle exerça une sorte de surveillance et d'autorité sur toutes les autres, et les força à lui payer patente. Aussi désignerons-nous sous le nom de boucheries du second ordre celles que nous allons énumérer.

Je dois rappeler ici que la *boucherie Saint-Germain-des-Prés* fut

(1) Voy. t. I, p. 565.

fondée par les abbés et les religieux de cette communauté qui établirent d'ancienneté, dit l'inventaire de cette maison, trois étaux dans le chemin qui conduit de cette abbaye au couvent des Cordeliers ou frères mineurs; c'est, comme on l'a vu, en 1274 que saint Louis leur accorda la faculté de porter à seize le nombre de leurs étaux. Cette autorisation avait été sollicitée par les habitants du quartier et par Gérard, prieur de Saint-Germain-des-Prés, qui en fit profiter les bouchers nés ou mariés dans l'étendue du bourg Saint-Germain, à la charge d'une redevance de 20 livres tournois, dont une moitié lui revenait, et l'autre appartenait au prévôt de l'abbaye. Charles V ayant, en octobre 1374, concédé divers étaux à plusieurs particuliers, cette boucherie se trouva composée de 22 étaux qui disparurent dans ces derniers temps; elle a laissé son nom à la rue des Boucheries-Saint-Germain (1).

La boucherie de la Montagne Sainte-Geneviève existait déjà en 1245, et la croix qui s'élevait sur la place des Carmes portait alors le nom de Croix des Bouchers. En 1360, le roi Jean autorisa les religieux de cette abbaye à élever le nombre de leurs étaux jusqu'à 14; on eut bientôt à s'en repentir. Ces bouchers indisciplinés n'écoutaient pas plus les défenses de leurs propriétaires que les ordonnances de la police. Ils débitaient de la viande de porc, vendaient le samedi, tuaient jour et nuit, laissant couler le sang dans les rues, et infectaient le quartier par la fonte du suif. Enfin les Carmes et les principaux du collège ayant plusieurs fois porté plainte, le parlement fit, en 1366, combler les fosses et les éviers de ces bouchers, et transporter la tuerie sur les bords de la Seine, avec défense d'y tuer des porcs. Les bouchers n'en furent pas plus dociles; ils établirent leur voirie dans les terrains compris entre le canal de Bièvre et l'emplacement actuel du Jardin des Plantes; aussi, sur la demande des religieux de Saint-Victor, qui ne pouvaient plus supporter l'infection de ce voisinage, Henri II supprima-t-il définitivement cette boucherie, par lettres-patentes du 12 mai 1570.

La boucherie du Temple était située rue de Braque, près du monastère des Templiers, et ne comptait que trois étaux; ces chevaliers avaient obtenu le droit d'établissement en 1282, de Philippe-le-Hardi, ainsi que des propriétaires de la grande boucherie qui avaient obtempéré à la volonté royale, moyennant la concession de la vente du poisson. Grâce à cette transaction, cet établissement continua d'exister jusqu'en 1559, époque où ce quartier devint si populeux que la salubrité publique en exigea la fermeture. Le grand-prieur de France, qui y possédait deux étaux, obtint de les transférer rue de la Corderie.

La boucherie Saint-Paul ou de la Mortellerie fut construite par le prieur de Saint-Eloi en 1354. Elle n'avait que quatre étaux, dont deux appartenaient à la fabrique de l'église Saint-Paul.

(1) Voy. *Boucherie de Saint-Germain-des-Prés*, t. II, p. 265.

La boucherie de la rue Saint-Jacques contenait, au XIIe siècle, cinq étaux, depuis la fontaine Saint-Séverin, et la rue de la Parcheminerie, jusqu'à Saint-Étienne-des-Grés. Ils étaient la propriété du chapitre de Saint-Benoît, du chapitre de Saint-Étienne-des-Grés, du couvent des Jacobins et de deux particuliers.

La boucherie de la Croix-Rouge consistait en cinq étaux dont le roi avait doté un sieur Vallet; elle date de la même époque que la précédente.

La boucherie du cimetière Saint-Jean, qui était couverte, fut créée en exécution des lettres-patentes du 27 août 1461 ; par ces lettres, Louis XI concédait aux maîtres bouchers de l'Apport-Paris expulsés du Châtelet pour cause d'agrandissement des rues voisines, trois étaux, moyennant une redevance annuelle de 20 livres parisis qu'ils payaient encore au siècle dernier. Les quatre maîtres bouchers du cimetière Saint-Gervais y transportèrent aussi leurs étaux, puis cinq particuliers vinrent s'y adjoindre ; ce qui porta à douze le nombre des étaux de cette place.

La boucherie du quartier Saint-Martin date du XVe siècle ; située au coin de la rue Aumaire, vers l'église Saint-Nicolas-des-Champs, elle appartenait aux religieux de Saint-Martin, et était désignée sous le nom de *Bonne Boucherie*. En 1586 et 1598 la fabrique de Saint-Nicolas-des-Champs fut autorisée à y créer deux étaux à son profit. La veuve Leguay, et Anne Garain, nourrice de Philippe-d'Orléans, frère de Louis XIV, obtinrent la même faveur en 1633 et 1650 ; trois autres étaux furent également créés près de la rue Montmorency, au bénéfice de divers particuliers ; un autre près de la porte Saint-Martin, trois dans le faubourg et d'autres vers l'église Saint-Merry, pour la veuve Chastelas ; ceux-ci prirent le nom de *boucherie Saint-Merry*. Enfin on compta bientôt dans ce quartier vingt-deux étaux.

Je m'occuperai, dans les périodes suivantes, des boucheries dont l'origine est plus moderne.

Principaux hôtels. — J'ai consacré des articles spéciaux aux grands hôtels de Saint-Paul, des Tournelles, de Nesle, de Cluny ; nous allons nous occuper ici des hôtels et des *séjours* qui n'ont pas eu une assez grande importance pour mériter une place distincte parmi les monuments élevés dans chaque période.

Hôtel Barbette. — Il contenait tout l'emplacement de la rue qui porte aujourd'hui ce nom. Cet hôtel, fort vaste et accompagné d'une *culture* (1), appartenait à la famille Barbette, fort connue dès le milieu du XIIIe siècle. Etienne Barbette, prévôt de Paris et maître de la mon-

---

(1) J'ai parlé de cette *culture*, t. 1, p. 486.

naie sous le règne de Philippe-le-Bel, l'habitait en 1306 lorsque le peuple ameuté vint le piller (1). Jean de Montaigu, grand-maître d'hôtel du roi, qui en était devenu propriétaire, le vendit, en 1403, à Isabeau de Bavière. Elle l'agrandit considérablement et en fit son *petit séjour*. Elle y accoucha, en 1407, d'un enfant mort, et nous avons vu que le duc d'Orléans sortait de cet hôtel lorsqu'il fut assassiné. « L'appartement qu'Isabeau de Bavière avait à l'hôtel de Barbette consistait par en bas en deux salles, l'une grande et l'autre petite; au-dessus se trouvait une autre grande salle, une chambre attachée à un grand *retrait* et un petit ; outre cela une chambre, une autre aux eaux-roses, une de parade, une chambre blanche, deux chapelles, l'une grande et l'autre petite, un comptoir, des bains et des étuves (2). » Cette propriété passa ensuite dans la maison de Brézé, et ce fut à titre de femme de Louis de Brézé, comte de Maulevrier, grand sénéchal de Normandie, que la célèbre Diane de Poitiers, duchesse de Valentinois, en eut la possession. Ses filles, les duchesses d'Aumale et de Bouillon, le vendirent en 1561 à des particuliers. L'hôtel Barbette fut alors détruit, et en 1563 on perça deux rues sur son emplacement.

Hôtels des ducs de Bourgogne. — Les ducs de Bourgogne de la seconde race avaient leur hôtel rue des Sept-Voies, au lieu même où furent fondés depuis les colléges de Reims et de Cocquerel, le long de la rue de Reims, nommée alors la rue de Bourgogne (3). La seconde branche de Bourgogne s'étant éteinte, le duché fut réuni à la couronne, sous le règne du roi Jean, qui en investit, comme on le sait, Philippe-le-Hardi son fils. Mais l'hôtel de Bourgogne ne fut point compris dans cette investiture ; il ne fut donné à Philippe que par le roi Charles V, son frère, en 1364. On doute que le duc y ait logé, car en 1354 il était occupé par les religieuses de Poissy que la guerre avait obligées de chercher un asile à Paris. Il paraît cependant qu'il l'agrandit (4), et il le donna en 1402 à son troisième fils Philippe, comte de Nevers et de Rhétel, qui le vendit quelques années après aux écoliers de Reims. Ce prince se retira alors rue Mauconseil, à *l'hôtel d'Artois*, que son fils, Jean-sans-Peur, choisit également pour sa résidence habituelle.

Jean-sans-Peur ajouta à cet hôtel d'Artois un vaste corps-de-logis, qui subsistait encore en partie du temps de Sauval. « Il étoit, dit cet écrivain, couronné de grands frontons gothiques de pierre, rehaussés des armes de Bourgogne, et accompagné d'un petit pavillon que Monstrelet et les registres de la chambre des comptes nomment *donjon*, avec une chambre toute de pierres de taille que Jean lui-même fit bâtir exprès pour sa sûreté. » L'hôtel d'Artois, qui prit alors le nom d'*hôtel de Bourgogne*, fut réuni à la couronne, en 1477, après la mort de Charles-le-

(1) T. II, p. 309. — (2) Sauval, t. II, p. 274. — (3) Jaillot, t. IV, *quartier Saint-Benoît*, p. 230. — (4) Voy. ci-dessus p. 34.

Téméraire. Il fut alors successivement occupé par divers particuliers, qui y prirent des logements par ordre du roi; mais il était si mal entretenu qu'il tomba bientôt en ruines, et il servait de retraite aux voleurs de profession, lorsque François Ier, par édit du 20 septembre 1543, ordonna la démolition de cet hôtel, dont la plus grande partie fut achetée par les *confrères de la Passion* (1). Les comédiens français et italiens occupèrent dans la suite l'ancienne salle des confrères, qui avait hérité du nom d'*hôtel de Bourgogne*, et qui fut détruite en 1784. La halle aux cuirs a été construite sur son emplacement.

Hôtel de la Trémoille, rue des Bourdonnais, n° 11. — « En 1413, dit Sauval, Pierre de la Trémoille avoit, à la rue Plâtrière, une grande maison qui étoit auparavant au comte de Joigny, et qu'on appeloit l'*hôtel* ou *chastel de* Calais; d'un côté cet hôtel tenoit au *séjour du roi*, et de l'autre à l'hôtel de Guillaume de la Trémoille. Il consistoit en trois corps-de-logis, une cour, un jardin, avec un jeu de paume au coin de la rue. Mais le plus célèbre hôtel des seigneurs de cette maison est celui de la rue des Bourdonnois, nommé à présent l'hôtel de Bellièvre. De fait, c'est la maison seigneuriale et le fief de la Trémoille, dont relèvent quantité de maisons, tant de la rue des Bourdonnois que de celle de Béthisi (2). » Cet hôtel, dont les restes très remarquables attestent l'ancienne splendeur, occupait tout l'espace compris entre les rues des Bourdonnais et Tirechape. Les créneaux qui surmontaient ses murailles l'avaient fait surnommer la *maison des Carneaux* ou *Créneaux*; outre ce surnom, cet hôtel a dû à ses propriétaires successifs les noms d'hôtel d'Orléans, hôtel de la Trémoille, hôtel de Bellièvre, et il a pris dans les derniers temps le nom de *maison de la Couronne-d'Or*, de l'enseigne d'un marchand qui occupait le rez-de-chaussée. Suivant une tradition populaire, Philippe-le-Bel habitait cet hôtel en 1280; mais il y a long-temps que la critique historique a démontré le peu de fondement de cette opinion (3). Le plus ancien propriétaire connu du manoir de la rue

---

(1) Voy. ci-dessus, p. 80 et 81. — (2) Sauval, t. II, p. 125.

(3) Dans un rapport adressé dernièrement au ministre de l'instruction publique sur l'hôtel de la Trémoille, M. Didron parle d'une autre tradition suivant laquelle Philippe-Auguste et la reine Blanche auraient habité cet hôtel. Cette tradition, si elle a existé, ce que je ne vois nulle part, n'a du moins jamais été recueillie par l'histoire. Peut-être M. Didron a-t-il confondu les souvenirs de Philippe-Auguste avec ceux de Philippe-le-Bel. Cet ingénieux critique prétend que l'histoire est *menteuse* à l'égard de l'hôtel de la Trémoille; que les différents noms qu'elle lui donne, pour les époques antérieures au xve siècle, sont *des baptêmes apocryphes*, puis il appelle à son secours l'archéologie pour l'aider à se reconnaître au milieu de « *ces faits nébuleux qui se heurtent et se brisent au plus léger contact de l'examen.* » Si M. Didron, moins pressé d'arriver à la description architecturale de l'hôtel de la Trémoille, eût examiné avec quelque attention le peu de faits qui se rattachent à son histoire, il les eût trouvés sans doute arides, insignifiants, incomplets surtout, mais très peu *nébuleux* et nullement contradictoires. J'expose ici, après bien d'autres, ces faits dans toute leur sécheresse. L'acquisition de l'hôtel par

ANCIEN HOTEL DE LA TRÉMOUILLE.

des Bourdonnais est Philippe, duc de Touraine, et depuis duc d'Orléans, frère du roi Jean, qui l'acquit par contrat du 1er octobre 1363, au prix de 2,000 francs d'or, en même temps qu'une autre maison voisine (1). Ce prince le vendit en 1398 à Guy de la Trémoille, brave guerrier qui eut l'honneur de recevoir l'oriflamme des mains de Charles VI, en 1393, et qui se fit remarquer par son dévouement à Jean-sans-Peur. Quand l'évêque de Liége vint, en 1409, à main armée, comme auxiliaire des Bourguignons, ce fut dans cet hôtel qu'il descendit, « après avoir fait serment à la porte Saint-Denys, entre les mains du prévôt de la ville, qu'il ne tourneroit point ses armes contre le roi, ni contre ses habitants. »

Dans cet hôtel se trouvaient une galerie, un pré et un jardin. En 1398, la ville fit don à Guy de la Trémoille de quelques pouces d'eau qu'on prit sur le gros tuyau des fontaines qui allaient au Louvre, aux hôtels des ducs de Berry, de Bourgogne et de Bourbon (2).

Il résulte d'un *compte de la prévôté de Paris* que l'hôtel de la rue des Bourdonnais avait été vendu à Jeannette Alexandre, mais qu'il avait été réclamé, et qu'il était occupé, en 1421, par messire Jean de la Trémoille, seigneur de Jonvelle (3). Il a passé depuis à différentes personnes; Antoine Dubourg, chancelier de France, y demeura; et, au siècle suivant, il appartenait, non pas au chancelier de Bellièvre, comme l'a cru M. Didron, mais au premier président de Bellièvre, mort en 1657.

Devenu propriété nationale, en 1790, l'hôtel de la Trémoille fut acheté par des négociants en soierie qui l'habitaient depuis longues années, et dont les successeurs l'occupent encore aujourd'hui.

Ainsi que nous venons de le voir, la construction première de cet hôtel remonte au moins au XIVe siècle; mais, comme le fait remarquer M. Didron dans son rapport au ministre de l'instruction publique, l'édifice actuel a été bâti durant le troisième tiers du XVe siècle et les premières années du XVIe. Cette seconde construction est due sans doute aux successeurs de Guy et de Jean de la Trémoille.

Philippe, duc d'Orléans, en 1363, la vente de 1398 qui le fit passer dans les mains de Guy de la Trémoille et de ses descendants; le nom d'hôtel de la Trémoille donné dès lors à cette maison, tout cela est attesté par des actes contemporains contre lesquels on ne saurait invoquer la date, évidemment postérieure, des constructions qu'on voit aujourd'hui. Il faut donc, non pas s'inscrire en faux, comme le fait M. Didron, contre des faits irrécusables, mais penser que l'un des descendants de Guy, et peut-être le célèbre Louis de la Trémoille, mort à Pavie, aura fait reconstruire l'habitation de ses pères avec cette magnificence que nous admirons encore et que M. Didron décrit avec tant d'enthousiasme. On doit pourtant noter que Louis de la Trémoille a fort peu habité Paris, et que, suivant le témoignage exprès de son historien Jean Bouchet, *il n'éleva aucuns édifices, fors la structure de son église Notre-Dame* de Thouars. (*Panégyr. du chev. sans reproche*, *Louis de la Trémoille*. Poitiers, 1527, in-4°.)

(1) Jaillot, t. I, *quartier Sainte-Opportune*, p. 14. — (2) Sauval, *ibid*. — (3) *Id.*, t. III, p. 287. — L'hôtel est ainsi désigné : *Grande maison et jardin derrière*.

Le rapport dont je viens de parler contient une description technique et très ample de l'architecture de l'hôtel de la Trémoille, un des plus précieux débris que le moyen âge nous ait laissés. Je dois renvoyer le lecteur à cette description, à laquelle j'emprunterai seulement les détails nécessaires pour faire connaître le plan général des constructions de l'hôtel.

Le mur que l'on aperçoit en arrivant du quai par la rue des Bourdonnais, est un beau mur à deux étages; les fenêtres carrées du second sont bouchées aujourd'hui, à l'exception d'une seule; à peu près au milieu est une grande porte à cintre surbaissé, sur laquelle on remarque encore quelques ornements de bon goût. A côté est une petite porte dont la construction semble beaucoup plus moderne. On entre alors dans une cour, bornée par quatre corps de logis. Celui du sud est moderne ; le côté oriental est percé d'une porte à arcades gothiques, richement historiée. Le côté du nord n'a rien de remarquable, et la curiosité de l'antiquaire se porte vers le principal corps de logis, qui a six travées en largeur et trois étages en hauteur. A droite est une cage d'escalier, à gauche une tourelle à deux étages, qui servait d'oratoire ; derrière ce corps de logis est une petite cour dans laquelle se trouve un puits. Ces différentes constructions portent l'empreinte de ce luxe et de cette profusion qui distinguent le style de la dernière époque du moyen âge. Mais une grande partie a déjà été dégradée par les commerçants, successeurs des la Trémoille, des Dubourg et des Bellièvre.

On a dit que l'hôtel de la Trémoille allait être détruit. Tous les hommes qui professent encore quelque respect pour nos antiquités nationales aiment à croire qu'il n'en sera pas ainsi. On propose, depuis 1827, la translation de la mairie du quatrième arrondissement dans cet hôtel ; espérons que ce projet sera exécuté. Je m'associe avec empressement au vœu qu'exprime à cet égard M. Didron.

Je dois parler ici de l'*hôtel des vicomtes de Thouars*, depuis créés ducs de la Trémoille. Il était situé rue de la Huchette, au coin de la rue des Trois-Chandeliers, et prit ensuite, comme le manoir de la rue des Bourdonnais, et pour le même motif, le nom de *maison des Carneaux* (1). « Et parce qu'en 1379, dit un ancien historien, il tomboit en ruines, que son jardin, qui regardoit sur la rivière, était en friche, ils aimèrent mieux l'abandonner à la fabrique de Saint-Germain-le-Vieux pour plusieurs années de rente foncière qu'ils lui devoient, à cause de ce logis, que de le réparer ou le rebâtir. Car il faut savoir que les maisons de Paris alors n'étoient pas simplement chargées de cens et rentes comme à présent, mais de grosses rentes foncières, si bien que lorsque ceux à qui ces logis appartenoient devoient plusieurs années, aussitôt

---

(1) Jaillot, t. V, *quartier Saint-André-des-Arcs*, p. 94.

enlevant meubles, portes et fenêtres, ils les laissoient ruiner, sans se soucier qu'on les adjugeât au seigneur ni aux créanciers. Ce qui se pratiquoit si souvent sous Charles V, Charles VI et Charles VII, que les registres du Châtelet de ce temps-là sont pleins de telles adjudications (1). »

Hôtel de Sens. — Il a existé successivement à Paris deux hôtels appartenant aux archevêques de Sens (2). La plupart des historiens les ont confondus ensemble. Le plus ancien, construit par les ordres de l'évêque Etienne Requart, sur le quai des Célestins, fut vendu à Charles V, en 1365, par Guillaume de Melun. Le roi, comme je l'ai dit, réunit cette maison à l'hôtel Saint-Paul (3), et donna au prélat la maison de Jean de Hestoménil, située à quelque distance de l'ancien hôtel.

Au commencement du XVIe siècle, l'archevêque de Sens, Tristan de Salazar, fit bâtir l'hôtel que nous voyons encore aujourd'hui, sur l'emplacement de la maison de Hestoménil, c'est-à-dire sur le côté ouest du carrefour que forme la rencontre des rues de l'Hôtel-de-Ville (précédemment de la Mortellerie), de l'Etoile, des Barres, du Fauconnier et du Figuier (4). Le père de l'archevêque Salazar était un Espagnol, excellent homme de guerre, qui avait amené un secours considérable de troupes à Charles VII, dans la guerre des Anglais ; et en reconnaissance de ce service, Louis XI donna l'archevêché de Sens au quatrième de ses fils, en 1474. Tristan était un vertueux prélat qui se distinguait également par sa bravoure et qui suivit Louis XII dans ses expéditions d'Italie. L'historien Jean d'Auton dit que cet évêque allait à la suite du roi, armé de toutes pièces, et remplissant tous les devoirs d'un excellent soldat. Il mourut le 11 février 1518 (5).

A la mort de Tristan de Salazar, l'hôtel de Sens n'était pas entièrement achevé. Il le fut par les soins du fameux cardinal Antoine Duprat, mort en 1535.

La reine Marguerite, première femme de Henri IV, y demeura à son retour d'Auvergne. Le cardinal Pellevé, archevêque de Sens, ennemi impitoyable des protestants, et ligueur forcené, y mourut en 1594, de

(1) Sauval, t. I, p. 125.
(2) Sens étant autrefois la métropole de Paris ; les prélats qui jouissaient de ce siége possédaient un hôtel dans la capitale.
(3) T. II, p. 595.
(4) L'hôtel de Sens commence la série des numéros impairs de la rue du Figuier.
(5) Brice, t. II, p. 323. — Piganiol, t. IV, p. 296. On lisait jadis, dans un coin de l'hôtel, les vers suivants :

   Disruptas senio villi pressasque ruinâ,
    In novâ TRISTANDUS condidit arte domos,
   Quem si fata diu linquant deducere vitam
    Posteritas celebrem dicet ubique virum.

la frayeur que lui causa l'entrée de Henri IV dans Paris. On fit sur lui l'épigramme suivante :

>Une fois il fit bien, ce fut à son trépas ;
>Le bon Dieu lui pardoint! car il n'y pensoit pas.
>Estant *solliciteur* (1), il eut tant de pratique,
>Qu'il en fut conseiller, puis évêque hérétique.
>Il devint tost après archevêque de Sens ;
>Enfin fait cardinal, il a perdu le sens.

Jusqu'en 1622, époque de l'érection de l'église de Paris en archevêché, les métropolitains de Sens habitèrent cet hôtel. Plus tard, ils en firent, pour leur métropole, un revenu assez considérable de location. La diligence de Lyon et les *carrosses d'Auvergne* y furent établis long-temps (2).

L'hôtel de Sens, qui appartient aujourd'hui à des particuliers (3), est vaste et bien construit. On remarque deux tourelles, l'une à l'angle de la rue de l'Hôtel-de-Ville et l'autre dans la rue du Figuier. La voûte d'entrée, construite en forme de porche, est décorée de nervures. Au fond de la cour, à gauche, est une tour carrée, en partie de construction moderne. On voyait du temps de Corrozet, dans le *champ* de la baie d'entrée, les armoiries archiépiscopales, et au-dessous on lisait : *Tristan Etienne, archevêque de Sens*. — Cet hôtel est assez bien conservé, et le style de son architecture fixe depuis long-temps l'attention des personnes qni s'occupent de l'histoire de l'art au moyen âge.

Hôtels ou séjours d'Orléans. — La famille d'Orléans possédait dans la rue Saint-André-des-Arcs un hôtel et un jardin qui s'étendaient depuis la rue de l'Éperon jusqu'à la porte de Bussy. Il appartint d'abord à Philippe-d'Orléans, cinquième fils de Philippe-de-Valois. Après la mort de ce prince, il passa à Louis de France, duc d'Orléans, et frère de Charles VI. Ce dernier roi l'acheta en 1401, au prix de 22,500 livres d'or, et le donna à Amé VII, comte de Savoie, ensuite au duc de Berry. Le duc d'Orléans rentra cependant en possession de cette demeure, car Valentine de Milan, sa femme, y logea lorsqu'elle vint, en 1407, demander justice de la mort de son époux. Les Anglais, qui confisquèrent les biens des Armagnacs, le louèrent neuf livres (4). En 1484, le duc d'Orléans, qui fut roi sous le nom de Louis XII, le vendit pour 60 livres de rente à un conseiller au Parlement, à un correcteur des comptes et à un avocat. Louis XI en donna une partie à son médecin Jacques Coytier, qui y fit construire une maison.

S'il faut en croire Sauval, les ducs d'Orléans avaient dans la même rue, vis-à-vis cet hôtel, une maison nommée le *Séjour d'Orléans*, et

---

(1) Il avait été *solliciteur* des affaires du cardinal de Lorraine. — (2) Piganiol, t. IV, p. 296. —(3) Une partie est occupée par un roulage. — (4) Félibien, t. I, p. 661.

Félibien ajoute qu'en 1411 le dauphin y logeait, et que pour cette raison on l'appelait le *séjour de monsieur le duc de Guienne.* « Il consistoit, dit-il, en une chapelle, un manége, un jeu de paume et un pont-levis pour aller au faubourg Saint-Germain. » Mais il est assez probable que ces deux écrivains ont commis une erreur, et que d'un seul hôtel ils en ont fait deux.

Louis d'Orléans reçut de son frère le roi Charles VI, en 1388, l'hôtel de *Behaigne ou Bohême*, alors nommé *hôtel de Nesle*, et situé sur l'emplacement actuel de la Halle aux Blés (1). Le duc y fit exécuter de grands travaux ; les tableaux et les tapisseries qui l'ornaient le rendaient l'un des plus riches et des plus élégants hôtels de Paris (2). « En 1392, le 26 janvier, jour de dimanche, Charles VI y fit faire les noces du seigneur de Béthencourt (3), avec tant de solennité que plusieurs jours se passèrent en festins, en danses et en joutes. Afin de jouir mieux des divertissements qu'on avoit là préparés, le roi, la reine et tous les princes du sang abandonnèrent leur palais pour y venir loger, où ils ne se trouvèrent guère moins commodément logés que chez eux; aussi le roi y avoit-il fait de grands préparatifs, et qui montoient à des sommes très considérables. Charles VI le trouva si agréable que depuis il venoit souvent y prendre l'air, et s'y divertissoit aussi bien dans les jardins que dans le parc, à la joute et aux autres plaisirs de ce temps-là (4) ; en quoi il fut imité par quelques uns de ses successeurs, tant le palais étoit bien placé pour cela ; car il étoit bâti près des murs de la ville et comme environné de trois maisons royales. Et de fait, le Louvre où nos rois logeoient le plus souvent en étoit assez voisin ; l'hôtel de l'écurie du roi, situé à la rue de Grenelle, n'en pouvoit pas être plus proche qu'il n'étoit ; et enfin le *séjour du roi*, construit à l'endroit même où est la rue du Jour, près Saint-Eustache, n'en était séparé que par la rue Coquillière. Charles VI, Charles VII et Charles VIII, qui tous trois

---

(1) Voy. *hôtel de Soissons*.

(2) Les *archives de Joursanvault* contiennent des renseignements curieux sur l'hôtel de Bohême. — N° 794. Etat détaillé de toutes les tapisseries qui se trouvaient dans les diverses résidences du duc d'Orléans et notamment dans l'hôtel de *Behaigne*, à Paris. Guillaume Ligier était gardien de cet hôtel.— N° 1079. « Inventaire fait en l'hostel de Behaigne des tapis, chambres et autres choses en la garde de G. Ligier, concierge dudit hostel. — N° 1074. Tableaux peints pour le duc d'Orléans dans son hôtel de Bohême par Jean de Saint-Eloi, peintre à Paris, etc.

(3) Quittance d'un marchand qui a vendu un drap de damas vert, broché d'or, *pour faire un poelle à mettre sur le sire de Bethencourt et sa fame, à la messe de leurs espousailles. Ibid,* n° 712.

(4) Jean Poitevin, *roi des ménestriers du royaume de France*, et ses compagnons, reçoivent le prix des *esbastemens* qu'ils firent en l'hôtel du duc d'Orléans devant le roi et les ducs de Berry et de Bourgogne (1392). — Gubozo, *bombarde*, et Triboux, cornemuse, jouent devant le roi en l'hôtel du duc d'Orléans (1394). — *Arch. de Joursanvault*, n°ˢ 818 et 819.

vivoient en bons bourgeois, sortoient souvent du Louvre exprès, pour y venir rendre visite aux ducs d'Orléans (1). »

Sauval ajoute les détails suivants, qui sont d'un grand intérêt puisqu'il ne reste aucun débris de l'hôtel de Bohême. « Lorsqu'il passa, dit-il, aux ducs d'Anjou, de Touraine et d'Orléans, on y joignit le logis du maître des Arbalétriers, avec quantité d'autres maisons particulières; on l'étendit au-delà des murs de la ville pour y faire des cours, des galeries, des jardins, et de nouveaux appartements. Je ne m'amuserai point à parler ici ni des celiers, ni de l'échançonnerie, de la panneterie, fruiterie, salserie, pelleterie, conciergerie, épicerie, ni même de la maréchaussée, de la fourrière, de la bouteillerie, du charbonnier, de la cuisine, des lieux où l'on faisait l'hypocras, etc.; je dirai seulement qu'entre plusieurs grands appartements et commodes que l'on comptoit, deux entre autres pouvoient entrer en comparaison avec ceux du Louvre, du Palais et de l'hôtel royal de Saint-Pol; tous deux occupoient les deux premiers étages du principal corps de logis; le premier étoit relevé de quelques marches de plus que le rez-de-chaussée de la cour; Valentine de Milan y demeuroit, Louis II du nom, duc d'Orléans, son mari, occupoit ordinairement le second, qui régnoit au-dessus. Ces appartements regardoient sur le jardin et la cour; chacun consistoit en une grande salle, une chambre de parade, une grande chambre, une garde-robe, des cabinets et une chapelle; les salles recevoient le jour par des croisées hautes de treize pieds et demi et larges de quatre et demi; les chambres de parade portoient huit toises deux pieds et demi de longueur; les chambres tant du duc que de la duchesse avoient six toises de long et trois de large; les autres, sept et demi en carré. Le tout éclairé de croisées longues, étroites, et fermées de fil d'archal, avec un treillis de fer percé.

» Pour ce qui est des deux chapelles, la plus grande étoit en bas et contiguë à l'appartement de la duchesse; la plus petite au-dessus terminoit celui du prince. On y entroit par un portique accompagné d'arcades et de colonnes. Chacune avoit son oratoire; toutes les voûtes étoient peintes et chargées d'armoiries. Le jardin, qui servoit de vue à ces deux appartements, avoit de longueur quarante-cinq toises, et régnoit depuis la rue de Nesle, ou d'Orléans, jusqu'à la Croix-Neuve, proche Saint-Eustache; dans le milieu étoit un grand bassin, avec une fontaine jaillissante, ayant à côté une place où le roi et les princes venoient assez souvent jouter. Outre ce grand jardin, il y en avoit encore d'autres plus petits, mais que j'omets aussi bien que quantité de cours et d'appartements qui n'ajoutoient pas peu à la magnificence et à la commodité de cet hôtel. »

(1) Sauval, t. II, p. 214.

En 1392, la reine Isabeau de Bavière donna au duc d'Orléans, son beau-frère, en échange de l'*hôtel du Val de la Reine*, situé près de Pouilly, la propriété d'une maison de plaisance qu'elle avait dans le faubourg Saint-Marceau, dans la rue nommée aujourd'hui d'Orléans-Saint-Marcel. Cet hôtel avait appartenu à Milles de Dormans, évêque de Beauvais; c'était, au milieu du XIIIe siècle, la maison de Jean de Mauconseil ; on l'appelait alors, comme beaucoup d'autres habitations du même genre, l'*hôtel des Carneaux*. Milles de Dormans le vendit 15,000 francs d'or, en 1386, à Jean, duc de Berry, qui le céda l'année suivante à Isabeau de Bavière. Lorsqu'il passa entre les mains de Louis d'Orléans, celui-ci l'augmenta par diverses acquisitions, et entre autres par celle d'un hôtel voisin, qui avait appartenu au comte d'Armagnac et à l'archevêque de Reims, et que lui vendit, en 1388, Jeanne de Dormans, veuve de Philbert Paillard, président au Parlement de Paris (1). Cette propriété, qui reçut le nom de *Fief d'Orléans* et de *Petit séjour d'Orléans*, occupait une espace assez vaste. « Elle s'étendoit, dit Jaillot, jusqu'au cimetière Saint-Médard, de là elle remontoit en droite ligne jusqu'à la rue Censier ; elle se prolongeoit ensuite jusqu'à la Bièvre, et le long de cette rivière jusqu'à la rue Mouffetard, remontoit à la rue du Fer-à-Moulin, dont elle occupoit le côté gauche, jusqu'à l'hôtel dit depuis de Clamart, qui en faisoit alors partie et qu'on en a séparé depuis ; enfin elle redescendoit à la Bièvre qu'elle côtoyoit jusqu'à la rue du Jardin du Roi, et le long de cette rue jusqu'à celle d'Orléans. » La maison d'Isabeau de Bavière était accompagnée de *saulsayes* et d'un jardin « rempli de cerisiers, de lavande, de romarin, de pois, fèves, treilles, haies, choux, porées pour les lapins et chènevis pour les oiseaux. »

Le *séjour d'Orléans* passa ensuite dans la maison d'Anjou-Sicile. Louis II, roi de Sicile, le possédait au commencement du XVe siècle. On voit dans les registres de la Chambre des Comptes, que le 8 mai 1424 il fut donné, par provision, à Jean Le Clerc, chancelier de France ; il revint ensuite à ses anciens maîtres, puisque Marguerite d'Anjou, femme d'Henri IV, roi d'Angleterre, s'y retira peu après la mort de ce prince. Il fut réuni à la couronne après la mort de Charles IV d'Anjou, neveu et successeur du roi Réné, qui avait institué, en 1482, Louis XI son héritier universel. Louis XI donna le *séjour d'Orléans*, au mois de juin 1483, à Jacques Louet, trésorier des chartes, pour en jouir sa vie durant. En 1540, Jean-Jacques de Mesme, lieutenant civil, en était

---

(1) En 1423, cette maison s'appelait l'*hôtel de Coupeaux*; on la laissa tomber en ruine, et en 1540 il n'en restait plus qu'un pressoir, des masures, et les jardins qui faisaient partie des dépendances de l'hôtel d'Orléans. En 1646, il s'appelait *hôtel de Clamart*, du nom de son propriétaire, M. de Clamart. Le nom du cimetière voisin a la même étymologie. — Jaillot, t. IV, *quartier de la place Maubert*, p. 105.

propriétaire. En 1663, la veuve de Nicolas Couverchel, bourgeois de Paris, vendit ce fief à l'abbaye de Sainte-Geneviève. — Le couvent des Filles de la Croix faisait partie du *petit séjour d'Orléans*.

Mais comme tous ces hôtels étaient trop éloignés de l'hôtel royal de Saint-Paul, le duc d'Orléans acheta successivement trois séjours dans le quartier Saint-Antoine. Le premier dans les rues Percée et de Jouy (1); il avait appartenu au prévôt Hugues Aubriot, qui l'avait reçu de Charles V; il passa en 1383, à Pierre de Giac, chancelier de France, et en 1395, au duc d'Orléans; il se nommait alors *maison des Marmouzets*. Le duc de Berry donna cet hôtel, en 1404, à l'infortuné Jean de Montaigu (2). Enfin après la mort du grand-maître, Charles VI en fit présent à Guillaume, duc de Bavière, puis à Jean de Bourgogne, duc de Brabant. Au commencement du XVIe siècle cette maison fut divisée, donnée ou vendue à différents particuliers, et acquise enfin, en 1629, par la compagnie de Jésus (3). En échange de la *maison des Marmouzets* ou *hôtel de Giac*, le duc d'Orléans reçut de son oncle, le duc de Berry, l'hôtel des Tournelles (4).

Le troisième hôtel d'Orléans était entre la Seine et la Bastille. « C'était une grande place vague terminée d'une grosse tour ronde, élevée sur le bord de la rivière, au coin des murs de la ville, derrière le couvent des Célestins, que le roi lui donna, en 1396, avec cent toises de ces murs, et tout autant de terres qu'il voudrait prendre depuis là jusqu'à un chemin qui conduisait de l'hôtel Saint-Paul à la Bastille; et afin qu'il le pût étendre au-delà des fossés dans la campagne ou dans le Champ au Plâtre, on lui permit de faire deux ponts-levis sur les fossés, pour passer dans les jardins qu'il voulait planter, et même de prendre dans la rivière autant d'eau qu'il en faudrait pour avoir un vivier (5). »

Je trouve encore dans les *archives de Joursanvault* la désignation de plusieurs hôtels achetés par le duc d'Orléans; mais il ne paraît pas qu'il y ait logé. On parle aussi de grands travaux exécutés à l'hôtel d'Orléans, *rue de la Poterne*, près Saint-Paul, que l'on bâtissait au mois d'avril 1389. Les anciens historiens ne font point mention de cet hôtel, l'un des séjours de prédilection du frère de Charles VI (6). Je crois que

---

(1) Le nom de la rue de Jouy est dû à l'hôtel que l'abbé et les religieux de Jouy y avaient dans le XIIIe siècle. Jaillot, t. III, q. Saint-Paul, p. 19. — (2) Il se nommait alors *maison du Porc-Epic*. — (3) Jaillot, *ibid.*, p. 20. — (4) Voy. ci-dessus, p. 98.

(5) Sauval, t. I, p. 116. — C'est peut-être cet hôtel qui passa en la possession du duc de Guyenne, dauphin. On lit dans les *archives de Joursanvault*, n° 1090 : « Le roi Charles VII, à la prière de Marguerite d'Orléans, comtesse d'Etampes, ordonne de rechercher si l'achat fait par le duc de Guyenne au duc d'Orléans de son hôtel, *près la bastide Saint-Antoine*, a été payé par le duc de Guyenne. »

(6) Remon du Temple, sergent d'armes, maçon du roi, dirigeait les travaux. *Arch. de Jours.*, n° 1063. Travaux faits pour le même hôtel, par Claux le Loup, *verrier* à Paris, N° 1078. Six étaux à boucher achetés par le duc pour la cuisine et le garde-

cet hôtel est le même que l'hôtel de Giac ; la rue de Jouy, où était situé celui-ci, ayant autrefois porté le nom de *rue de la Fausse-Poterne-Saint-Paul* (1).

Hôtel de Savoisy, rue Pavée-au-Marais, n° 3. — En 1404, ainsi que nous l'avons déjà vu (2), l'Université, outragée par Charles de Savoisy, chambellan du roi, et ses gens, tira une vengeance éclatante de cette insulte et fit abattre l'hôtel Savoisy, malgré toutes les démarches et les soumissions de ce seigneur. La démolition se fit avec une solennité toute nouvelle, au son des trompettes, le jour marqué par l'arrêt (26 août 1404). Le religieux anonyme de Saint-Denis dit qu'on proposa de céder cet hôtel au roi de Navarre, qui le paierait comptant ; mais « qu'il fut impossible d'y réduire l'Université ; si bien que le roi n'en put sauver que les galeries qui étaient bâties sur les murailles de la ville, et qui furent conservées, en les payant selon l'estimation, pour la merveille de l'ouvrage, pour la rareté et pour la diversité des peintures (3). »

Le 15 septembre 1406, Savoisy obtint du roi la permission de faire rebâtir son hôtel, mais l'Université s'y opposa. Elle ne donna enfin son consentement que cent douze ans après, en 1517, encore fut-ce à condition qu'on mettrait au-dessus de la porte du nouvel hôtel une pierre qui rappellerait le crime et le châtiment (4). « Cette pierre qui a deux pieds en carré, dit Piganiol, fut ôtée quand on bâtit l'hôtel de Lorraine, et a été trouvée depuis dans quelques démolitions et donnée à M. Foucault, conseiller d'État, qui la fit encastrer dans un mur de son jardin de Paris. On y lit ce qui suit : « Cette maison de Savoisy, en l'an 1404, fut démolie et abattue par arrêt, pour certains forfaits et excès commis par messire Charles de Savoisy, chevalier, pour lors seigneur et propriétaire d'icelle maison, et ses serviteurs, à aucuns écoliers et suppôts de l'Université de Paris, en faisant la procession de ladite Université à Sainte-Catherine-du-Val-des-Écoliers, près dudit lieu, avec autres réparations, fondations de chapelles et charges déclarées audit arrêt, et a demeuré démolie et abattue l'espace de cent douze ans, et jusqu'à ce que ladite Université, de grâce spéciale, et pour certaines causes, a permis la réédification d'icelle, aux charges contenues et déclarées ès lettres sur ce faites et passées à ladite université, en l'an 1517. »

manger de son hôtel de la rue de la Poterne. Pierres amenées des carrières de Charenton pour les travaux de cet hôtel, n° 1077, etc.

(1) Suivant Jaillot, q. Saint-Paul, t. III, p. 21. — (2) T. II, p. 70 et 163. — (3) Traduct. de le Laboureur, liv. 24, chap. 8.

(4) Quelques auteurs ont prétendu que l'hôtel Savoisy n'avait pas été entièrement démoli. Sauval a vu dans les registres du Temple qu'en 1422 *Jean-Maximilien Sforce acheta l'hôtel de Savoisy, et en paya les lods et ventes au grand-prieur de France*. Mais il est probable qu'il y avait alors à Paris un second hôtel de Savoisy.

Ce fut le trésorier Morlet qui fit rebâtir cet hôtel et qui l'occupa le premier. Il passa ensuite, du moins en partie, à la famille des Savary, dont il prit le nom; il le portait en 1533. Ce fut là que le duc de Norfolk, ambassadeur d'Angleterre, logea pendant le séjour qu'il fit à Paris en cette année. Dix ans après, Philippe de Chabot, amiral de France, y mourut. François Ier donna l'hôtel à sa veuve, Françoise de Longuy, qui le vendit en 1545, au sieur de Bellassise, trésorier de l'extraordinaire des guerres, et ensuite au duc de Lorraine (1). Nicole, duchesse de Lorraine, étant venue à Paris en 1634, y fit exécuter de grands travaux et y fixa sa demeure. Elle y mourut en 1657, après avoir été abandonnée de Charles III, duc de Lorraine, son mari, qui la dépouilla du duché qu'elle lui avait apporté en dot.

L'hôtel de Lorraine passa ensuite dans les familles Desmarets et d'Herbouville; il prit le nom de cette dernière, qu'il portait encore il y a quelques années.

Séjour du roi. — Le *séjour du roi*, construit par Charles V, occupait l'emplacement des rues Montmartre, du Jour et Plâtrière; il s'étendait le long des anciens murs de la ville, et tenait à la porte Montmartre, où était sa principale entrée. Il consistait en une chapelle, une grange, un jardin, trois cours et six corps de logis. « C'était là qu'on mettait les *chevaux de séjour du roi*, comme on parlait alors; le jardin servait à exercer les *grands chevaux de séjour*, c'est-à-dire peut-être les chevaux de manége. Dans l'une des cours se trouvait le *plaidoyer de la justice de l'écurie*, ou tribunal du grand écuyer; aussi demeurait-il dans cet hôtel dont il louait quelques dépendances à des particuliers. En 1473, un portefaix occupait pour 24 sols parisis le seul corps de logis qui ne fût pas encore tombé (2). » Louis XI vendit, en 1474, le *séjour du roi* à Pierre Morin, conseiller au Parlement. Il fut détruit bientôt après, et l'on n'en voyait plus aucunes traces à la fin du XVIe siècle.

Guillaume Briçonnet, archevêque de Reims, habitait, rue des Deux-Portes-Saint-Jean, un *grand logis* qui avait appartenu au comte d'Auxerre, au chancelier de Corbie, à Tanneguy du Chastel; puis, en 1461, à Juvénal des Ursins.

Olivier de Clisson possédait, rue de Paradis-au-Marais, un hôtel qui fut plus tard enclavé dans l'hôtel de Soubise, et dont on voyait encore des restes du temps de Sauval. « Auparavant c'étoit une grande maison, nommée le *grand chantier du Temple*, dont les Parisiens lui firent présent, à ce que prétend la tradition, lorsqu'ils se virent réduits par son moyen à venir crier miséricorde au roi dans la cour du palais. On l'appela quelquefois l'*hôtel de Clisson*, mais plus ordinairement par moquerie l'*hôtel de la Miséricorde;* car il ne faut pas s'imagi-

---

(1) Jaillot, t. III, q. *Saint-Antoine*, p. 97. — (2) Sauval, t. II, p. 187. — Jaillot, t. II, q. *Saint-Eustache*, p. 26.

ner, comme font quelques uns, que ce nom-là lui vient de certains couteaux longs et grêles à quatre tranchants, que les Allemands, aussi bien que les Anglois et les Flamands, commencèrent à mettre en usage en 1215, à la bataille de Bouvines; et de fait ces M d'or couronnés, qui signifient miséricorde, et que pour insulter davantage aux Parisiens, on peignit alors dans cette maison où ils se voient encore sur les combles et sur les murailles, font bien connoître que c'étoit bien autant par raison que par raillerie qu'on le nommoit ainsi (1). »

L'hôtel du célèbre connétable Bernard d'Armagnac était rue Saint-Honoré, sur l'emplacement même du Palais-Royal. Il y fut attaqué en 1418 et mis en pièces par la populace. Cette maison prit ensuite le nom d'hôtel de Charolais, et appartint au prévôt Simon Morhier.

Les comtes de Dammartin avaient au moyen âge, au bout de la rue aux Ours, un hôtel qu'on nommait la *Salle du Comte* ou *au Comte*, et qui donna son nom à la rue dans laquelle il était situé. « Regnauld de Trie, voulant, en 1312, agrandir cet hôtel, acheta un logis de l'autre côté de la rue, qu'il attacha au sien par une galerie portée sur des poutres, sans demander la permission, ni même payer les lods et ventes aux religieux de Saint-Magloire, qui étoient seigneurs de la rue. Tandis qu'on travailloit à cette traverse, Eudes, prévôt et procureur du monastère, se transporte sur le lieu, fait deffenses aux ouvriers de passer outre, et jetant trois pierres à trois diverses reprises sur les poutres qu'on dressoit, il demanda acte à deux notaires en présence de plusieurs témoins. Le comte, en colère, armé d'une grande masse et accompagné de ses gens, accourt, entre dans le couvent, frappe et blesse tout ce qui se rencontre devant lui, fait achever la galerie, et la pose si bas, que les chariots chargés des provisions du prieuré ne pouvaient plus passer par là, ni entrer par la porte de derrière, qui étoit au fond de la rue. Mais cet homme violent étant mort quelque temps après, Philippe, sa veuve, fit réparation publique aux religieux, dans leur église, avec promesse d'abattre la galerie et de l'élever si haut qu'elle ne fermeroit plus le passage (2). »

Le célèbre maréchal de France, Jean Le Maingre, dit Bouciquaut, logeait rue de Béthisy, dans une maison appelée la *cave* ou la *cour de Ponthieu*, que lui avait donnée à vie, en 1359, le régent Charles. Son fils Jean, aussi maréchal de France, connétable de Constantinople et gouverneur de Gênes, avait une maison de plaisance, *embellie de galeries, de viviers, d'isles et d'aulnoies*, sur le bord de la rivière des Gobelins, dans la rue de Lourcine. Deux marchands génois, créanciers du maréchal pour 400 livres, firent saisir cette propriété et la vendirent 1,500 livres à Montagu, grand-maître de l'hôtel du roi.

(1) *Antiquités de Paris*, t. II, p. 145. Je parlerai ailleurs de l'*hôtel Soubise*. —
(2) Sauval, t. II, p. 155.

Etienne Chevalier, secrétaire des commandements de Charles VII et de Louis XI, contrôleur des finances et trésorier de France, demeurait rue de la Verrerie, dans un hôtel situé entre la rue du Regard et la rue Barre-du-Bec (1). Il fut l'un des exécuteurs testamentaires d'Agnès Sorel, qui l'aimait beaucoup. « Aussi n'oublia-t-il rien toute sa vie pour lui témoigner sa reconnaissance, et même, afin qu'elle éclatât davantage, et pour en laisser des marques à la postérité, il fit sculpter sur le cintre de la porte d'une petite cour qui mène au jardin de la maison, des lettres gothiques et cubitales, entrelacées de feuilles d'or, composant, en l'honneur de sa bienfaitrice, l'anagramme suivant :

Rien sur L n'a regard (2).

Le célèbre argentier Jacques Cœur, qui fut aussi l'un des exécuteurs testamentaires de la belle Agnès, habita, rue de l'Homme-Armé, une maison qui appartint ensuite au cardinal de La Balue (3). Sauval ajoute que Jacques Cœur posséda également un hôtel, rue Saint-Honoré, sur l'emplacement actuel du Palais-Royal ; c'est probablement l'hôtel d'Armagnac, dont j'ai parlé plus haut.

Jean Juvénal des Ursins, prévôt de Paris sous Charles VI, avait un hôtel derrière le prieuré de Saint-Denis-de-la-Chartre ; on croit que la ville lui en avait fait présent.

Hôtel du Petit-Bourbon. — Au commencement du XIVe siècle, on nommait *Ostriche*, puis *Autriche*, une rue qui passait devant le Louvre, et qui s'appelle aujourd'hui *place du Louvre*. C'est dans cette rue, en face de la grande porte du château, qu'était le palais dit le *Petit-Bourbon*, parce qu'il était la résidence des ducs de Bourbon (4).

Il paraît que cet hôtel fut construit peu de temps après que Philippe-Auguste eut fait augmenter le Louvre. Sauval a prétendu que la date de cette fondation ne remontait qu'à Charles V, mais Jaillot prouve, à mon avis, que le Petit-Bourbon ne fut qu'augmenté et réparé sous les règnes de Charles V et Charles VI. On voyait encore du

---

(1) Le conseiller Denis de Sallo, le créateur des journaux littéraires en France, fut l'un des derniers propriétaires de cette habitation.

(2) Sauval, t. II, p. 236.

(3) Le président Barillon l'habita au XVIIe siècle. Sauval, qui visita cette maison, y vit les armoiries de Jacques Cœur sur les vitres, et en quelques autres endroits. « C'est un vieux logis au reste, dit-il, fait, au premier étage, de pierres de taille bien liées et bien cimentées, et aux autres de briques éclatantes et plombées, comme disent les artisans, mais dont le temps a mangé et emporté l'éclat en plusieurs endroits. »

(4) Il ne faut point confondre cet hôtel du Petit-Bourbon, avec un autre du même nom, appelé aussi *séjour* ou *fief de Valois*, et sur l'emplacement duquel s'est élevé le *Val-de-Grâce*. — La rue d'Autriche prit dans la suite le nom de Petit-Bourbon, qu'elle a porté jusqu'en 1792.

temps de Sauval les lettres *c* et *v*, sculptées sur la fenêtre qui était au-dessus du portail de la chapelle, et les armes de Charles VI étaient placées en plusieurs endroits de la même chapelle.

Le connétable de Bourbon ayant été déclaré criminel de lèse majesté (1), l'hôtel du Petit-Bourbon fut détruit en partie, en 1527, et l'on sema du sel sur cet emplacement. Du temps de Sauval, on y voyait « des armoiries brisées et effacées; une tour dans un coin, à demi rasée, qui regarde sur la rivière; la couverture et les moulures de la principale porte barbouillées de ce jaune dont le bourreau brosse les maisons des criminels de lèse-majesté, jaune de si bonne trempe que plus d'un siècle n'a pu encore lui faire perdre sa couleur.

« Ce palais, au reste, continue Sauval, étoit un des plus vastes et des plus superbes du royaume, témoin la galerie, la chapelle et la salle qui se voyent encore. La galerie, outre sa situation et sa longueur, étoit dorée et enrichie de peintures; aussi l'appeloit-on la *galerie dorée;* et de fait, alors il n'y en avoit point en France qui l'égalât, ni en grandeur, ni en assiette. Quant à la salle, sans contredit, c'est la plus large, la plus haute et la plus longue qui soit dans tout le royaume. Sa largeur est de dix-huit pas communs sur trente-cinq toises de longueur, et la couverture si rehaussée que le comble paroît aussi élevé que ceux des églises de Saint-Germain et de Saint-Eustache. A l'égard du portail de ce palais, il y a grande apparence qu'il étoit fort riche, et de fait les deux battans qui le fermoient sont encore ferrés et semés de gros clous de cuivre doré, que portoient les chevaliers de l'ordre du Chardon, et même on y lit encore, en lettres capitales et dorées, le mot *espérance.* Cette porte, que l'histoire nomme la *porte dorée,* devait être rehaussée de quantité d'autres ornements, mais qui ont été ruinés en haine du connétable. Quelques écrivains tiennent que la couverture étoit dorée; de plus, que le duc Louis de Bourbon y avoit fait peindre ses armes avec les deux ordres dont il étoit l'instituteur, et qu'enfin on ne lui avoit donné le nom de dorée que parce qu'elle étoit toute rehaussée d'or. Ces deux ordres, de *l'Ecu d'or et du Chardon,* étoient partout répétés, mais il n'y a point d'endroit où le collier de celui du Chardon soit plus en vue qu'au balustre de ce corps-de-logis, qui regarde sur la rivière; ce balustre, qui est de pierre de taille, est composé de fleurs-de-lis et de lettres capitales antiques, épargnées dans la pierre, qui forment ensemble le mot *espérance.*

« Louis II, prince dévot et libéral, prit un soin tout particulier du bâtiment de la chapelle, aussi bien que de ses ornements, car à la grandeur il voulut joindre la magnificence; et de fait, sa voûte rehaussée d'or, les enrichissements dont elle est couverte, les croisées qui l'en-

---

(1) Voy. les *faits généraux* du règne de François Ier.

vironnent, coupées si délicatement, les vitres chargées de couleurs si vives, enfin les fleurs-de-lis de pierre qui terminent chacune de ses croisées, témoignent assez qu'il ne plaignoit pas la dépense: Il y éleva, ainsi que dans tous les autres endroits de son hôtel, les armes de Bourbon avec le collier du Chardon et la ceinture de l'Écu d'or; de plus, il fit faire, au côté gauche de l'autel, un oratoire de menuiserie à claire-voie, où il arbora quatre grands écussons; dans le premier étoient gravées les armes de Charles VI; celles de Charles, dauphin, remplissoient le second; dans le troisième étoient les siennes, et dans le dernier celles d'Anne, dauphine d'Auvergne, sa femme (1). »

Ce fut dans la galerie de cet hôtel que se tint l'assemblée des États du royaume, en 1614 et 1615. Elle servit aussi de salle de spectacle en différentes occasions; on y avait dressé un théâtre où la cour donnait des fêtes, des ballets, et sur lequel les princes, et Louis XIV lui-même, dans sa jeunesse, venaient danser publiquement. Ce théâtre fut accordé, en 1658, à la troupe de Molière, qui arrivait de province; mais deux ans après, les comédiens abandonnèrent ce local, qui fut détruit. On plaça dans les autres corps-de-logis les écuries de la reine et les meubles de la couronne, ce qui fit donner à cet hôtel le nom de *Garde-Meuble*. On le démolit entièrement en 1758, pour agrandir les alentours du Louvre.

« C'était des fenêtres de cette maison, dit Saint-Foix, que Charles IX, pendant le massacre de la Saint-Barthélemy, tirait avec une longue arquebuse sur les Huguenots qui passaient l'eau pour se sauver au faubourg Saint-Germain (2). » Suivant Brantôme, cette fenêtre était, comme je l'ai dit, une de celles du vieux Louvre; mais je dois répéter ici que l'action atroce reprochée à Charles IX passe aujourd'hui pour une fable (3).

Hôtel d'Alençon, puis *de Longueville*, rues du Petit-Bourbon et des Poulies. « Edmond de Poulie possédait en cet endroit une grande maison et un jardin qu'il vendit au comte de Poitiers, Alphonse, frère de saint Louis. Ce prince fit construire sur leur emplacement, vers 1250, un hôtel qui prit le nom d'Autriche (*Ostriche*), de celui de la rue où il était situé. Il l'agrandit considérablement, au moyen de l'acquisition de dix maisons voisines, et, après sa mort, Archambault, comte de Périgord, en vendit la moitié, en 1281, à Pierre de France, comte d'Alençon et de Blois, cinquième fils de saint Louis. Cet hôtel prit alors le nom d'Alençon. Enguerrand de Marigny en devint propriétaire et l'accrut de plusieurs maisons et jardins, situés du côté de la rue des Poulies, qui appartenaient au chapitre Saint-Germain-l'Auxerrois. Après sa mort, cet hôtel passa au roi; et quoique l'arrêt qui avait pro-

---

(1) Sauval, t. I, p. 209 et suiv. — (2) *Essai hist.*, t. I, p. 65. — (3) Voy. t. I, p. 544 et 545.

noncé la condamnation de Marigny eût ordonné que son hôtel serait démoli, il ne paraît pas qu'il ait été abattu. Il fut occupé par Charles de Valois, et Marie d'Espagne, sa veuve, y demeurait en 1347 ; dès-lors on distinguait les deux parties de cet hôtel sous les noms de *Grand hôtel d'Alençon*, rue d'Autriche, et de *Petit hôtel d'Alençon*, rue des Poulies. En 1421, cette demeure était *vuide, ruinée et inhabitable* (1). René, duc d'Alençon, la vendit en 1470, et une partie du *petit hôtel* fut réunie à l'hôtel Bourbon. M. de Villeroy, qui le possédait en 1552, le vendit le 15 mai 1568 à Henri III, alors duc d'Anjou : Ce fut sans doute en 1573, lorsqu'il fut appelé au trône de Pologne, qu'il le laissa à la reine, qui en fit don à Castelan, son premier médecin. Albert de Gondi, duc de Retz et maréchal de France, l'acheta des enfants de ce dernier, en 1578, et lui donna son nom, qu'il portait encore plusieurs années après ; ce fut dans cet *hôtel de Retz* que fut conduit Ravaillac, aussitôt après son exécrable attentat. Comme cet hôtel était fort vaste, malgré les démembrements qui en avaient été précédemment faits, Marie de Bourbon, duchesse de Longueville, en acheta en 1581, au prix de 1,400 écus d'or, une partie, sur laquelle on construisit l'hôtel qui a porté son nom. En 1665, Henri de Longueville le céda à Louis XIV, qui résolut de le faire démolir aussitôt pour agrandir la place du Louvre. Mais ce projet ne fut exécuté qu'en partie, et le bâtiment qui resta debout fut réparé en 1709, pour y loger le duc d'Antin, surintendant des bâtiments, arts et manufactures de France. « On a orné les appartements, dit un écrivain contemporain, de quelques tableaux du cabinet du roi. Chavannes a été employé pour des paysages placés sur les portes des cabinets, qui sont d'une grande beauté et font un heureux effet ainsi que les ouvrages de Desportes, pour les animaux, et de Royer pour les architectures en perspective (2). » Cet hôtel fut alors nommé *la Surintendance*. En 1730, on en reconstruisit une partie qu'on disposa pour le bureau général des postes, l'autre partie était prise sur l'hôtel de Retz. Louise de Lorraine, seconde femme du prince de Conti, acheta la moitié de cet hôtel ; et sur l'emplacement elle en fit bâtir un, qui porta son nom et dont une partie fut vendue au roi par le duc de Guise ; l'autre fut acquise par M. de Villequier, et a porté le nom d'*hôtel d'Aumont*. Ces hôtels furent rebâtis et occupés par MM. Rouillé et de Roissy ; enfin ils ont été abattus pour former la place du Louvre.

Jaillot ajoute à ces détails : « A côté des maisons qui couvrent les anciens emplacements des hôtels de Retz et de Longueville, est l'*hôtel de Créquy*, qui perce de la rue des Poulies dans le cul-de-sac des Pères de l'Oratoire et qui fut bâti pour Charles de Créquy, maréchal de

---

(1) Sauval, t. III, p. 294. — (2) Brice, t. I, p. 138.

France, en 1622 ; il avait appartenu à Marie-Anne de Bourbon, légitimée de France. Enfin une portion considérable de l'hôtel d'Alençon, du côté du Louvre, a formé, au milieu du siècle passé, l'hôtel de la Force et les jardins de l'hôtel de Longueville ; elle est aujourd'hui représentée par la maison qui fait face à celle des Pères de l'Oratoire, et par celle qu'on appelle la *capitainerie du Louvre* (1). »

Population. — Ainsi que je l'ai dit en traitant de la topographie de Paris pendant la précédente période (2), la population de Paris, en 1328, était d'environ deux cent soixante-quinze mille âmes. Sous Louis XI, elle s'élevait à *trois cent mille âmes* (3). Cet accroissement est faible ; cela s'explique par les guerres et tous les désastres qui désolèrent la France au XIVe siècle. M. Dulaure estime, par approximation, la population parisienne à cent cinquante mille âmes ; mais nous avons déjà vu le peu de fondement des calculs de cet historien. D'ailleurs les faits viennent à l'appui de mon évaluation, qui est aussi celle de Félibien. Lorsque Charles VI eut contraint les Parisiens, en 1382, à porter leurs armes au palais et au Louvre, il s'en trouva assez, suivant le religieux anonyme de Saint-Denis, pour armer *huit cent mille hommes* (4). Le recteur de l'Université offrit d'amener au convoi de Charles VII plus de vingt-cinq mille étudiants. Enfin j'ai parlé de deux revues des Parisiens par Louis XI, en 1467 et 1474 ; le nombre des bourgeois armés alla de *soixante à quatre-vingt mille hommes* (5), et l'on ne compte pas, dans ce dénombrement, les vieillards, les gens d'église et autres citoyens exemptés de cette charge.

J'ajouterai à ces renseignements les détails suivants puisés dans un écrivain de la fin du XVe siècle, l'auteur des *Rues de Paris* : « Il faut, dit-il, dans Paris, en chapeaux de fleurs, bouquets et *mais* verts, tant pour noces que confréries, baptêmes, images des églises, audiences de parlement, chambre des comptes, chancellerie, généraux des aides, requête du palais, le trésor, le Châtelet, et autres juridictions qui sont dans l'enclos du palais, et aussi pour les fêtes et banquets qui se font en l'Université, en faisant les gradués et autrement, chacun an pour *quinze mille écus et plus*. Il y a dans Paris *cinq* ou *six mille belles filles* (filles publiques). »

(1) Jaillot, t. I, quartier du Louvre, p. 55. — (2) T. II, p. 540. — (3) Voy. ci-dessus, p. 147, et Félibien, t. II, p. 858. — (4) Sauval, t. I, p. 27. — (5) Voyez ci-dessus p. 147 et 150.

CHAPITRE HUITIÈME.

ETAT DES LETTRES, DES SCIENCES, DES ARTS, DU COMMERCE, DE L'INDUSTRIE A PARIS, DE CHARLES V A FRANÇOIS Ier.

§ I. Lettres. — Sciences.

Le mouvement intellectuel, que n'avaient pas arrêté les terribles désastres du roi Jean, se poursuivit avec ardeur sous le règne du sage roi Charles V, et ne s'arrêta plus. On serait tenté de croire que les désastres de la guerre sont toujours et partout le fléau de la littérature et des arts, que les sanglantes collisions de la France avec l'Angleterre durent anéantir les progrès que l'esprit avait faits au siècle de saint Louis. Le contraire eut lieu pourtant; c'est aux Anglais que nous devons Bertrand Duguesclin, Jeanne d'Arc, puis Froissard, Christine de Pisan, Louis d'Orléans, Comines et tout le brillant parnasse du xve siècle. Aux cris de haine qu'excite l'étranger, partout éclot le génie français; l'intelligence et l'esprit parlent, s'animent, se colorent; l'imprimerie vient les soutenir, et alors leur voix puissante domine en souveraine. Le xve siècle est l'un des plus remarquables de notre histoire littéraire; c'est l'époque de transition entre l'art du moyen-âge et l'art moderne; et pour cette période comme pour les autres, on peut suivre dans l'enceinte de Paris les progrès de la France entière.

D'abord on voit l'Université de Paris, la vieille Babylone de la science, la source tarie de la lumière d'autrefois, la mère protectrice des doctrines usées, on la voit chanceler sur son piédestal. Elle est encore assez imposante, assez forte pour être de quelque poids dans la balance politique, et même Aristote et Galien sont encore tout-puissants; ce n'est qu'au siècle suivant qu'on verra naître Calvin, Ramus, Dolet et Paracelse; mais déjà les esprits inquiets s'agitent, le libre arbitre lève la tête; ce sont les propres enfants de l'Université, ses plus chers nourrissons, et, ce qui devait être, ses plus éminents disciples, qui s'écartent les premiers des voies de la routine, qui abandonnent les ergoteries surannées de la scolastique. Les moines, jadis seuls dépositaires des trésors de la science, sont éclipsés par la foule brillante des penseurs de tout état, des philosophes, des économistes, des savants, des médecins, des chroniqueurs, des poëtes. Ellies Dupin,

Casimir Oudin nous ont conservé le souvenir de quelques savants clercs qui furent alors envoyés à Paris.

Hugolin Malbranche, professeur en théologie, et prévôt-général de l'ordre des Ermites de Saint-Augustin, élu en 1370 évêque de Rimini, s'illustra par son éloquence et laissa quelques écrits théologiques. — *Gilles Charlier* naquit à Cambrai, mais il fit ses études au collège de Navarre, et se fit remarquer dans la capitale de la France, pendant une très longue carrière, par son zèle et son talent pour enseigner et défendre la théologie orthodoxe. Reçu docteur en 1431, il devint doyen de la faculté de théologie, assista avec honneur au concile de Bâle et composa un grand nombre d'écrits; il mourut en 1472. — *Martin des Maîtres*, théologien célèbre à Paris en 1460. Il avait aussi fait ses études au collège de Navarre et composé divers livres de théologie. Il se retira sur la fin de sa vie au collège de Sainte-Barbe, où il s'acquit une telle réputation dans l'enseignement de la philosophie morale, que Louis XI, quelque temps avant sa mort, le fit appeler pour qu'il le confessât et qu'il reçût de l'argent afin de le distribuer de sa part en aumônes. — *Guillaume Houppelande*, docteur en médecine à Paris, et curé de Saint-Séverin, puis chanoine de Notre-Dame et archidiacre de Brie, mourut doyen de la Faculté de théologie, en 1292, laissant un livre sur l'*Immortalité de l'âme*, qui fut imprimé en 1499. — *Gilles de Roye*, professeur en théologie à Paris et abbé de Royaumont; il vint en Flandre en 1460 et continua les *Annales de Belgique* de Brandon, jusqu'à l'année 1478, qui paraît être celle de sa mort. — *Guillaume Romain*, religieux Célestin, né à Paris, qui se distingua sous le règne de Louis XI, dont il fut confesseur et prédicateur (1). — *Jean Quentin*, docteur en théologie et grand-pénitencier de l'église de Paris, que nous avons vu jouer un grand rôle à la fin du xve siècle dans l'établissement, à Paris, des Minimes de Saint-François-de-Paule, était un homme éminent parmi ses contemporains, par son savoir autant que par sa piété. Il laissa un recueil de vingt-six sermons qui paraissent n'avoir jamais été imprimés. — Enfin *Philippe de Maizières*, chancelier du roi de Chypre, qui vint terminer à Paris une carrière brillante et chevaleresque, devint conseiller de Charles V et gouverneur du dauphin, se retira en 1379 au couvent des Célestins, où il composa divers écrits de théologie mystique, et y termina sa vie le 26 mai 1405 (2). Le plus célèbre des ouvrages de Philippe de Maizières est le *Songe du viel Pèlerin*, composé en 1388, et dont une copie, faite en 1471, existait au couvent des Célestins de Paris, comme je l'ai dit ailleurs (3).

(1) Voy. t. II, p. 592. — (2) Voy. t. II, p. 591.
(3) T. II, p. 591. — Le *Songe du viel pèlerin* est un ouvrage allégorique où l'auteur s'est proposé pour but de donner son avis sur la réformation des états chrétiens et de la France en particulier. Le *blanc Faucon*, à qui l'ouvrage est adressé, désigne Char-

Jean Charlier de Gerson, né en Champagne, le 14 décembre 1363, devint, dans sa charge de chancelier de l'Université de Paris, l'un des plus grands hommes de son siècle. Il avait fait ses études au collége de Navarre, sous la direction d'un maître illustre, le chancelier Pierre d'Ailly, auquel il succéda. Nous avons vu dans le récit du règne de Charles VI, son intégrité, son courage pour la défense des libertés de l'église gallicane, et la part immense qu'il prit aux grands événements du monde politique et religieux de son temps. Dans ses luttes continuelles avec ses ennemis, il publia souvent des opuscules remarquables, des livres de théologie ou de morale que la célébrité de son nom répandait partout. Le plus important de tous ses ouvrages serait l'immortelle *Imitation de Jésus-Christ* ; mais il n'est pas certain qu'il en soit l'auteur. Après avoir fui en Allemagne pour échapper à ses persécu-

les VI, qui est aussi quelquefois nommé le Cerf-volant. Le vieux pèlerin s'étant endormi, est transporté en songe dans une chapelle dédiée à la Vierge. Il y voit une dame vénérable, qui est *Providence divine*, appuyée sur *amoureuse Pitié* et *invincible Équité*, ses deux suivantes. Elle annonce au pèlerin que *Charité* et sa sœur *Sapience* ont abandonné le monde, depuis que de faux alchimistes ont fabriqué des bezans de mauvais aloi, qu'ils ont eu le secret de faire préférer aux bons bezans ; et que, puisqu'il est dans l'intention de présenter un bon bezan au jeune Faucon, il doit se faire accompagner dans son pèlerinage par les trois reines de la vraie alchimie. Tel est en substance le prologue de l'ouvrage, qui est divisé en trois livres. Dans le premier, le pèlerin, qui a pris le nom d'Ardent Désir, s'en va accompagné de sa sœur germaine Douce-Espérance, dans les déserts de l'Égypte, trouver l'ermite Arsène, qui lui indique la montagne où demeurent les trois reines, Charité, Vérité, Sapience. Le pèlerin les supplie de revenir au monde ; et Charité, vaincue par ses prières, consent que Vérité sa sœur y retourne avec dame Aventure, accompagnées chacune de deux chambrières. Cette illustre compagnie visite les trois parties de la terre connues au temps de l'auteur. Les descriptions qu'il en donne sont assez intéressantes ; mais c'est surtout de Rome qu'il parle avec le plus de détails. Les sentiments qu'il exprime sur l'autorité du pape, le scandale de sa cour, l'abus qu'on y fait des choses saintes, sont conformes à l'opinion, alors généralement établie en France, et dans les pays de l'obédience du pape d'Avignon. Dans le second livre, Vérité arrive à Paris, et va siéger au parlement en présence des États du royaume, dont ses suivantes découvrent les vices ; Vérité présente à chacun des ordres un miroir pour y voir ses défauts. Le troisième livre concerne le roi seul. Vérité l'ayant mandé au parquet des reines, le fait asseoir entre Humilité et Patience, et lui donne de sages instructions sur ses devoirs, elle le place ensuite au milieu des quatre vertus cardinales, de chacune desquelles l'auteur en fait dériver quinze ; ce qui fait soixante-quatre, nombre égal à celui des cases de l'échiquier, dont Vérité donne l'explication au jeune roi. Ce que l'auteur dit, dans ce dernier livre, de la juridiction ecclésiastique, paraît être copié de la dispute qu'avaient eue, quelque temps auparavant, Pierre de Cugnières et le cardinal Bertrand, évêque d'Autun. On trouve dans cet ouvrage d'autres particularités qui ne sont pas moins curieuses : l'auteur parle (liv. I, chap. 19), de la pêche du hareng qu'il avait vue dans la mer Baltique. On a vu que le cardinal Duperron faisait, dit-on, tant de cas de ce livre, qu'il allait le relire chaque année dans la bibliothèque des Célestins. Voy. l'article *Maizières*, par M. Weiss, dans la *Biogr. univ.*, et l'analyse du *Songe du viel pélerin*, par Brunet, dans les *Libertés de l'église gallicane prouvées et commentées*, etc., par Durand-Maillane. Lyon, 1771, t. III, p. 512 et suiv.

teurs, Gerson mourut à Lyon, âgé de soixante-dix ans, et simple maître d'école ou catéchiste des enfants qu'il enseignait tous les jours dans l'église de Saint-Paul, sans leur demander d'autre salaire que d'adresser cette prière à Dieu : Seigneur, ayez pitié de votre pauvre serviteur Gerson !

Gerson fut suppléé pendant quelque temps dans ses fonctions de chancelier de l'Université de Paris par un docteur fort distingué, du nom de *Gérard Machet*. Gérard Machet avait fait ses études à Paris au collége de Navarre, d'où il sortit pour prendre le bonnet de docteur en théologie, en 1411. Il fut nommé peu après chanoine de l'église de Paris, puis confesseur de Charles VII, et enfin évêque de Castres. Pendant qu'il tenait la place de Gerson, il fut choisi en qualité de vice-chancelier pour haranguer l'empereur Sigismond, à son passage à Paris. On a de lui quelques lettres intéressantes (non imprimées) sur les affaires de son temps.

Jean Bonnet, de Paris, prêtre et docteur en théologie, n'est connu que par un ouvrage de philosophie mystique intitulé : *Des secrets naturiens compilés selon les plus grands philosophes*. Cet auteur n'a été cité par aucun critique, et son ouvrage cependant est loin d'être à dédaigner, dit M. Paris dans son catalogue des manuscrits de la Bibliothèque royale (1).

Après ces théologiens, notre période littéraire s'ouvre d'une manière moins austère et plus nouvelle. C'est une femme, *Christine de Pisan*, qui se présente la première, une femme née à Venise, il est vrai, mais dont la vie tout entière appartient à Paris. Son père, Thomas de Pisan, était un mathématicien fort instruit et conseiller de la république vénitienne. Charles V l'appela à sa cour en qualité d'astronome ; il lui accorda aussi le titre de conseiller et lui fournit les moyens d'amener sa famille à Paris ; car le savant astronome n'était pas riche. Christine suivit donc son père ; elle avait cinq ans lorsqu'elle arriva, en 1368. Douée des facultés les plus heureuses et élevée avec beaucoup de soin, elle devint de bonne heure une femme de mérite, et épousa, à peine âgée de quinze ans, un gentilhomme de Picardie, nommé Étienne du Castel. Son mari fut bientôt après pourvu de la charge de notaire. Mais Charles V mourut, et son astronome perdit non seulement le crédit dont il jouissait, mais encore une partie des gages qui lui étaient dus. Le chagrin abrégea ses jours. Peu d'années après, son gendre lui-même mourut aussi, à l'âge de trente-quatre ans. Christine, qui n'en avait que vingt-cinq, resta chargée de trois enfants et dans un état voisin de l'indigence. Elle chercha dans les livres que lui avaient laissés son père et son mari, la consolation de ses malheurs, et son goût l'entraîna bientôt à en com-

---

(1) Voy. *Les mss. françois de la Bibl. du roi*, par M. P. Paris, t. II, p. 208.

poser elle-même. Ses premiers écrits furent ce qu'elle appelle ses *petits Dictiez* (1), c'est-à-dire de petites pièces de poésies, des ballades, des lais, des virelais, des rondeaux. Elle s'acquit en peu de temps une grande réputation, et dès lors elle consacra sa vie aux lettres. Plusieurs princes de l'Europe, le roi d'Angleterre, le duc de Milan et le duc de Bourgogne, mirent tout en œuvre pour attirer Christine chez eux; mais jamais elle ne voulut quitter Paris, où la cour de France l'entourait de son estime et de son affection. Elle a composé une quantité d'ouvrages en vers et en prose, dont le plus important et le plus connu est la *Vie de Charles V*, qui lui fut commandée par le duc de Bourgogne.

Quelques années plus tard, une autre dame de Paris s'acquit de même une grande réputation littéraire; ce fut madame d'*Entragues*, qui brillait à la cour de Louis XII par son talent à composer les rondeaux et les ballades.

Guillaume de Tignonville, chevalier, conseiller et chambellan de Charles VI, prévôt de Paris de 1401 à 1414 (2), était un homme distingué dans les lettres. On a de lui un ouvrage imprimé à Paris en 1531, et intitulé *les Dits moraux des philosophes, ensemble les Dits des sages et le Secret des secrets d'Aristote*. Ce livre fut réimprimé, l'année suivante, sous le titre de *la Description des grands et sages philosophes du temps passé*. Dans le *Catalogue des archives Joursanvault* on trouve à son sujet quelques détails qui confirment ses titres à une mention littéraire. En 1396 il vendit deux manuscrits au duc d'Orléans : le *Livre des Prophètes* et les *Fables d'Isopet*. Il écrivit un mémoire important intitulé : « Instructions sur ce qui doit être remontré au roi et à M. de Guyenne, dans l'assemblée qui se tiendra à Paris, le 25 janvier. » Ces instructions, qui se rapportent au règne de Charles VI, renferment des considérations d'un haut intérêt sur les affaires du temps. On y trouve de vives instances en faveur du peuple contre le projet d'établir de nouveaux impôts, et des représentations sur la nécessité d'accepter la paix que l'Angleterre était disposée à demander (3).

Girard de Montagu, secrétaire et trésorier des chartes, archiviste de Charles V. Il s'était distingué à la cour du roi Jean, lorsqu'en 1371 Charles V ayant visité le trésor des chartes et voyant la confusion qui y régnait, chargea Girard de Montagu de le mettre en ordre, et lui en confia la garde. Montagu dressa un inventaire général des titres et registres par lesquels on apprend qu'il trouva au trésor des chartes cent neuf registres et trois cent dix layettes de chartes. Il fut nommé maître des comptes en 1384, et mourut le 13 juillet 1391. Il eut trois fils dont

---

(1) *Biogr. univ.* — (2) Voy. l'épisode dramatique dont il fut, pendant sa prévôté, l'un des principaux acteurs. — (3) Voy. le *Catalogue analytique des archives de M. le baron de Joursanvault*, n°s 80 et 838.

le premier, nommé *Jean*, fut grand-maître de France; le second, nommé *Girard* comme son père, fut, comme lui, garde des archives et maître des comptes, puis devint successivement évêque de Poitiers et de Paris; le troisième, nommé aussi *Jean*, fut archevêque de Sens et chancelier de France.

Le célèbre chancelier *Jean de Dormans* était fils d'un procureur au Parlement de Paris, qui avait pris le nom de Dormans d'un village de Champagne où il était né. Jean, d'abord avocat au Parlement de Paris sous le roi Jean, s'éleva bientôt par son mérite aux premières dignités; il devint chancelier du dauphin, évêque de Beauvais, puis chancelier et garde des sceaux de France lorsque Charles V monta sur le trône; enfin il fut nommé cardinal en 1368. Ce fut lui qui baptisa Charles VI dans l'église de Saint-Paul et qui sur la fin de sa carrière fut chargé par le pape de négocier la paix entre Charles V et l'Angleterre. Il mourut le 7 novembre 1373. Jean de Dormans fut l'un des plus zélés protecteurs des lettres de son siècle. Le 16 mai 1370, il fonda à Paris le collège de Beauvais, qu'on a nommé aussi collège de Dormans (1), et il avait déjà créé un établissement du même genre dans la patrie de son père; il avait placé une école à Dormans pour y former les jeunes gens du pays et leur fournir les moyens de venir achever leurs études à Paris.

Alain Chartier, né en Normandie en 1386, appartient à Paris par la gloire qu'il y acquit. Il fit ses études dans l'Université de cette ville, et quelques petites pièces littéraires qu'il composa dès sa jeunesse le firent connaître et lui valurent une telle réputation, qu'on lui prodiguait les titres de noble poëte, excellent orateur et très renommé rhétoricien. Il fut introduit à la cour de Charles VI qui le nomma clerc, notaire et secrétaire de sa maison. Il conserva cette dignité sous Charles VII et mourut vers 1449. Alain Chartier a été souvent appelé le père de l'éloquence française, et il est en effet certain que c'est un des écrivains à qui la langue doit sa formation; c'est lui qui créa la brillante école du XVI° siècle. Aussi faisait-il l'admiration de ses contemporains. Un jour Marguerite d'Ecosse, la jeune épouse du dauphin qui fut depuis Louis XI, trouvant Chartier endormi sur une chaise, se pencha vers lui et lui donna un baiser sur la bouche. Or, ajoute Etienne Pasquier, de qui nous tenons cette anecdote, Alain était fort laid, et les dames de la suite de la dauphine ne purent s'empêcher d'exprimer leur étonnement. Ce n'est point la personne que je baise, leur dit Marguerite, mais la bouche d'où sont sortis tant de beaux discours. — Ses principaux ouvrages sont de petits poëmes: *Le Débat du Réveille-Matin, la Belle Dame sans mercy, le Bréviaire des Nobles, le livre des Quatre Dames,*

---

(1) Voyez ci-dessus, t. II, p. 602, *Collége de Dormans-Beauvais*.

ou des moralités dialoguées en prose française ou latine, telles que *l'Espérance ou consolation des trois vertus Foi, Espérance et Charité*, *le Courtisan*, *le Quadrilogue invectif*, le *Dialogus familiaris super deploratione gallicæ calamitatis*; enfin une chronique importante, *l'Histoire de Charles VII*, a été publiée sous son nom; mais on lui en a contesté l'honneur.

Jean Chartier. — Alain Chartier avait un frère appelé Jean, qui était religieux de l'abbaye de Saint-Denis. Il le présenta au roi Charles VII et lui obtint la faveur de ce prince. Jean fut nommé historiographe de France et chargé de mettre en ordre et de continuer les grandes Chroniques de Saint-Denis, le plus vénérable monument de notre histoire nationale. Il mourut peu après l'année 1461.

A la même époque, Paris fut encore illustré par un troisième personnage du nom et de la famille des deux précédents; ce fut *Guillaume Chartier*, qui fut évêque de Paris depuis 1447 jusqu'à sa mort, arrivée en 1472, et qui prit une part assez active aux événements politiques de son temps.

Après Chartier vient se placer naturellement un jeune poëte dont on ne connaît qu'un seul ouvrage, mais un ouvrage assez remarquable pour avoir beaucoup occupé les bibliophiles. C'est *Jacques Milet*, l'auteur du drame intitulé : *La Destruction de Troye-la-Grande*, composé en 1450. Jacques Milet prend dans son livre le titre d'étudiant en lois à l'Université d'Orléans, et Lacroix du Maine nous apprend qu'il était de Paris. Après cela, tout ce qui nous reste sur ce poëte ce sont quelques vers touchants qu'Octavien de Saint-Gelais consacre à son souvenir dans son *Séjour d'honneur*.

. . . .
Près de lui (*Alain Chartier*) vis maître Jaques Milet
Qui mist en vers l'histoire Dardanide,
Cil à Paris orc enseveli est,
À mort n'y a ressource ne remède.
Savoir n'y peut, armes n'y font aïde;
A tous vivans convient passer le pas.
Hélas! mon Dieu! je ne pensasse pas
Que gens si clers, au moins en si jeune âge,
Fussent vaincus par mort, dont c'est dommage.

Martial d'Auvergne, procureur au Parlement de Paris et notaire apostolique au Châtelet, naquit, vers 1440, à Paris, suivant les meilleurs critiques, d'une famille originaire d'Auvergne. C'était l'homme de son siècle qui écrivait le mieux et avec le plus d'esprit. Les circonstances de sa vie sont, pour la plupart, ignorées; celle-ci est à peu près la seule qui ait été recueillie par les historiens. « Au mois de juin 1466, dit la chronique de Louis XI, un jeune homme nommé maître Martial d'Auvergne, après qu'il eut été marié trois semaines, perdit son entendement en telle manière, que le jour de monseigneur saint Jean-Baptiste, environ neuf heures du matin, une telle frénésie le prit qu'il se jeta par la fenêtre de sa chambre en la rue, se rompit une cuisse, se froissa tout le corps et fut en grand danger de mourir. » On a prétendu à tort que Martial d'Auvergne se noya dans la Seine. Son épitaphe, rapportée dans les *Offices de France* de Loiseau, prouve qu'il mourut paisiblement dans son lit, le 13 mai 1508. On a de lui, entre autres ouvrages, les *Arrêts d'Amour*, qu'un grave jurisconsulte a voulu commenter sérieusement, mais qui ne sont qu'un badinage spirituel où l'auteur feint d'avoir recueilli les arrêts de ces fameuses cours d'amour où se décidaient les questions de galanterie que les *tensons* des troubadours avaient fait naître. Une œuvre d'un genre plus grave a beaucoup ajouté à la célébrité de Martial d'Auvergne; ce sont les *Vigilles de la mort du roi Charles VII, à neuf psaumes et neuf leçons, contenant la chronique et les faits advenus durant la vie dudit roi.* Cette espèce de poëme historique contient six à sept mille vers de mesures différentes; on y trouve de l'invention, mais la versification en est très incorrecte. Martial décrit année par année les principaux faits de la vie de Charles VII; à la place des psaumes, on trouve le récit des événements, et au lieu des leçons, ce sont des complaintes sur la mort du roi. Selon l'usage des poëtes de ce temps, il a mis en scène des personnages allégoriques, et personnifié la Paix, la Justice, la France, l'Eglise, etc. Les autres écrits de Martial d'Auvergne sont : *L'Amant rendu cordelier à l'observance d'amour*, et une Histoire en vers de la Sainte-Vierge, où l'auteur déclare se repentir d'avoir, en écrivant des vers licencieux, fait un mauvais usage des talents que Dieu lui avait donnés.

Jean de La Pierre et *Guillaume Fichet*, quoiqu'ils fussent étrangers l'un et l'autre, méritent ici une honorable mention; c'est à eux qu'on doit l'établissement de l'imprimerie à Paris. Jean de La Pierre, qui eut la plus grande part à cette œuvre, retourna, lorsqu'elle fut achevée, dans sa patrie, en Allemagne, où il mourut au commencement du XVIe siècle. Guillaume Fichet, qui avait été élevé au collége de Sorbonne, resta beaucoup plus long-temps à Paris. Il devint recteur de l'Université en 1467, et, dans cette place éminente se distingua par son zèle pour le maintien des priviléges de sa compagnie. Il fit aussi de louables efforts pour établir à Paris une chaire de rhétorique. Il fit pendant long-temps à la Sorbonne un cours de rhétorique ce qui était alors une chose toute nouvelle, car on n'avait guère osé y enseigner auparavant que la théologie. Fichet publia même un ouvrage sur la rhétorique (imprimé en 1471), et son cours, suivi par un grand nombre d'écoliers, ne fut pas de peu d'influence sur le progrès des lettres.

Parmi ses élèves se trouva *Robert Gaguin* qui, oublié de nos jours, fut cependant l'un des hommes les plus admirés de ce temps-là. Robert

Gaguin naquit en Artois, et vint terminer ses études aux Mathurins de Paris, où il s'adonna principalement à l'étude des lettres et du droit canonique. Il suivit assidûment les leçons de rhétorique de Fichet dont il devint l'ami dévoué. En 1463, quand Fichet quitta Paris, son fidèle disciple le remplaça dans sa chaire. Le mérite et la réputation de Gaguin l'élevèrent aux premières dignités de son ordre; il fut élu, en 1473, général des Mathurins. Sous les trois rois Louis XI, Charles VIII et Louis XII, il fut employé à d'importantes négociations politiques et chargé de grands travaux littéraires. On dit que Charles VIII et son successeur lui confièrent la garde de la Bibliothèque royale. On avait une telle considération pour lui que, quoique étranger à l'administration, il fut appelé, en 1482, par le gouverneur de Paris à un conseil extraordinaire convoqué pour aviser aux moyens de soulager la misère de la ville et de secourir le peuple qui souffrait cette année des calamités excessives. Gaguin était lié d'amitié avec les hommes les plus célèbres de son temps, entre autres avec Erasme qui fait le plus bel éloge de l'ordre, de la fidélité et du style de son *Histoire de France*. Robert Gaguin mourut à Paris le 22 mai 1501, laissant un grand nombre d'ouvrages de tout genre. Le mérite littéraire de ce savant religieux a été l'objet de vives discussions; si les uns l'ont exalté, d'autres l'ont fortement attaqué; mais quoi qu'on ait pu dire, il est impossible de refuser sa reconnaissance à l'un des hommes qui ont les premiers contribué par leurs saines doctrines à l'anéantissement de la scolastique et à la renaissance des lettres.

Guillaume Crétin, l'un des plus brillants esprits de France pendant les trois règnes successifs de Charles VIII, Louis XII et François Ier, naquit, au dire de quelques uns, dans la ville de Lyon; mais suivant l'opinion la plus suivie, il était Parisien, et son véritable nom était Dubois; celui de Crétin ou Crestin était un sobriquet qui lui fut donné par ses amis sans qu'on sache pourquoi. Guillaume Crétin était trésorier de la sainte chapelle de Vincennes vers 1500, et devint ensuite chantre de celle de Paris. Il versifiait avec talent et se fit remarquer de bonne heure par ses poésies et ses petits traités historiques. Il excitait l'admiration de ses contemporains au point que l'un d'eux n'hésite pas à le placer au-dessus d'Homère, de Virgile et du Dante; mais Rabelais, qui connaissait beaucoup mieux les hommes et les choses, décocha contre lui les traits de sa mordante satire; il appelle notre poëte *Rominagrobis* et le raille avec autant de raison que d'esprit sur son goût pour les pointes et les jeux de mots. L'ouvrage le plus considérable de Crétin est l'histoire de France en vers, qu'il écrivit par les ordres de François Ier. Ce livre qu'il fait commencer à la prise de Troie, et qu'il a continué jusqu'à la fin de la seconde race, est moins connu et mérite moins de l'être que ses poésies. Guillaume Crétin mourut vers l'an 1525.

Olivier Maillard, né vers le milieu du xv⁰ siècle, docteur de Sorbonne, professeur de théologie dans l'ordre des Cordeliers, remua tout Paris, sous le règne de Louis XI, par la fougue étonnante de ses prédications. Son style, dont j'ai eu l'occasion déjà de donner une idée (1), était, la plupart du temps, d'une liberté cynique à faire fuir son auditoire. Il n'épargnait personne dans ses sermons qui attiraient toujours un peuple immense à Saint-Jean en Grève où il prêchait ordinairement. Il osa même ne pas ménager le terrible Louis XI. Le monarque lui envoya dire qu'il le ferait jeter dans la rivière. — Dites au roi qu'il est le maître, répondit le prédicateur; mais que je serai plus tôt en paradis par eau qu'il n'y arrivera avec ses chevaux de poste, voulant faire allusion à l'établissement des postes nouvellement créé par le roi (2). Le cordelier finit par prêcher tout ce qu'il voulut, et tant qu'il voulut. On a souvent imprimé divers recueils des sermons d'Olivier Maillard; l'un de ces livres, imprimé en 1500, offre une singularité aussi rare que curieuse : on y trouve indiqués en marge par des *hem! hem!* les endroits du sermon où il était de convenance et même d'obligation pour l'orateur de s'arrêter afin de tousser; c'était un usage du temps. Maillard s'occupait aussi quelque peu de vers; on a conservé de lui une ballade et une complainte qu'il fit pour chanter dans un sermon à Toulouse, peu avant sa mort. Il a encore composé sa *confession générale* et un livre intitulé : *Conformité des saints mystères de la messe à la Passion de N. S. J.-C.*

En même temps qu'Olivier Maillard, brillaient à Paris deux autres prédicateurs presque aussi célèbres: *Menot* et *Barlette*. Quelque curieux que soient les sermons de Maillard et de Barlette, ceux de Michel Menot l'emportent sur tous les autres; ils sont plus originaux, beaucoup plus cyniques et infiniment plus bouffons. Menot jouissait d'une si grande réputation que son auditoire populaire ne l'appelait que la *langue d'or*. Il a laissé quelques opuscules de morale, en latin, et quelques sermons prêchés et imprimés au commencement du xvi⁰ siècle. Mais en général les sermons que nous avons de lui ont été recueillis et publiés par ses auditeurs; en sorte qu'on ne peut pas avoir une parfaite confiance dans ces éditions, qui cependant suffisent pour faire apprécier l'éloquence sacrée de cette époque. Le sermon de Menot sur l'Enfant prodigue se distingue entre tous les autres par les mauvaises plaisanteries et les allusions indécentes dont il abonde (3).

---

(1) Voy. t. II, p. 178.
(2) Voy. ci-dessus l'article *Poste*. sous le règne de Louis XI.
(3) On en peut juger par l'extrait suivant qui donnera en même temps une idée du style macaronique qu'affectionna Menot. « Quand ce fol enfant et mal conseillé, dit le prédicateur, *quando ille stultus puer et male consultus habuit suam partem de hereditate, non erat questio de portando eam secum, ideò statim*, il en fait de la chiquaille, il la fait priser, il la vend, *et ponit la vente in suâ bursâ. Quando vidit tot pecias argenti simul, valdè gavisus est, et dixit ad se:* Oho! *Non manebitis sic semper! Incipit se re-*

La carrière de Menot fut assez longue ; il vécut sous Louis XI, Charles VIII, Louis XII et François Ier. On ignore l'époque et le lieu de sa naissance ; mais il appartient à la capitale par la profession qu'il y exerça constamment et par la réputation dont il y jouit. Il entra chez les Cordeliers de cette ville, professa long-temps la théologie chez eux, et mourut dans leur couvent en 1518.

Le XVe siècle produisit encore à Paris trois autres prédicateurs moins connus que les précédents, mais dont on a cependant conservé des sermons qui ne manquent pas de mérite. Ce sont : *Jean Raulin*, *Jacques de Lenda*, franciscain, et *Robert Messier* récollet, dont les sermons approchent pour le style et la bizarrerie de ceux de Menot. Ceux de Jean Raulin, qui entra dans l'ordre de Cluny en 1479 sont plus décents et plus graves. On y trouve rarement les jeux de mots et le grotesque amalgame du latin et du français. Dans l'un d'eux il raconte cette anecdote : « Lorsque les Anglais maîtres de Paris usaient sans modération de leur autorité, une inquiétude mal déguisée les portait à s'informer du sentiment des habitants du pays. Plusieurs d'entre eux tourmentaient un jour un Parisien sur ses opinions : Es-tu Anglais, es-tu Français, ou quoi ? — Je suis *coi*, leur répondit-il, ennuyé de leurs interpellations (1).

Benoît Gentien, de Paris, docteur en théologie et religieux de Saint-Denis, avait été jusqu'à présent considéré comme l'auteur de l'*Histoire de Charles VI, par un moine de Saint-Denis*. Un écrivain moderne (2) vient de lui enlever, dans une savante dissertation, ce titre littéraire.

Jean de Troyes passe pour l'auteur de l'*Histoire du roi Louis XI*, si connu sous le nom de *Chronique scandaleuse*. On ne sait aucune particularité sur sa vie, si ce n'est qu'il était greffier de l'Hôtel-de-Ville de Paris au XVe siècle.

On ignore malheureusement le nom des auteurs d'une chronique parisienne, l'une des plus précieuses et des mieux écrites de cette époque, le *Journal d'un bourgeois de Paris*. Je dis *les auteurs*, parce qu'il est constant que deux écrivains l'ont rédigée, l'un depuis 1409 jusqu'en 1431, l'autre de 1431 à 1449. On remarque aisément la supériorité de la première partie sur la seconde. Le premier auteur du

---

spicere : et quomodo ? Vos estis de tam bonâ domo et estis habillé comme un bélître ? *Super hoc habebitur puisio. Mittit ad quærendum* les drapiers, les grossiers et marchands de soie, et se fait accoutrer de pied en cap ; il n'y avoit que redire au service. *Pannarios, grossarios, mercatores setarios, et facit se indui de pede ad capum. Nihil erat quod deesset servitio. Quando vidit, emit sibi pulchras caligas* d'écarlate, bien tirées, la belle chemise froncée sur le collet, le pourpoint fringant de velours, la toque de Florence à cheveux peignés. (*Enfant prodigue*, folio 120, édition de 1525.)

(1) On demandait à ce Parisien : *An esset Anglicus, aut Gallicus, aut quoi ? Subito dixit : sum coi (quietus)*. — Essai sur les fabulistes qui ont précédé Lafontaine, par M. Robert ; p. 108. — (2) M. Adhelm Bernier.

journal, qui paraît être un docteur en théologie, curé dans la ville, est, comme on a eu occasion de le voir plus haut (1), un zélé partisan de la faction sanguinaire des bouchers; il traite avec une extrême acrimonie tous les gens du pouvoir, et se déchaîne surtout contre le parti du duc d'Orléans, ou, comme il l'appelle, le parti des *Arminaz*. Son continuateur est plus modéré; il dit indifféremment le roy Henry et le roy Charles; mais il est loin d'avoir le même talent; lui-même cependant apprend à ses lecteurs qu'il était membre du corps de l'université de Paris, et même *un des plus parfaits clercs de l'Université*.

Nicole Gilles, chroniqueur du xve siècle. Il n'est connu que par son ouvrage intitulé : *les Annales et Chroniques de France jusqu'au roi Charles VIII*. Il n'a pas un grand mérite littéraire; pour les temps qui précèdent Louis XI, il s'est borné à copier ses devanciers, et du moment où il marche seul, il se montre si crédule et si peu judicieux, qu'on n'oserait pas aujourd'hui le citer comme autorité. Il exerça les charges honorables de notaire et secrétaire du roi Louis XII, et de secrétaire du trésor jusqu'en 1496; à cette époque il donna sa démission, et mourut à Paris en 1503.

Pendant le xve siècle, la cour, jadis si féodale, si chevaleresque, et en même temps si profondément ignorante, ne se contente pas de suivre le mouvement des lettres, elle se pose tout d'abord à la place qui lui convient, c'est-à-dire à la tête du progrès. Charles V, le fondateur de la Bibliothèque royale, fut l'un des plus ardents protecteurs que la science ait eus de son temps. Charles VI et Charles VII, ses successeurs, l'imitèrent autant que le leur permirent les troubles de leurs règnes. Mais ce fut surtout le second fils de Charles V, le duc d'Orléans, dont la maison s'illustra par son amour pour la littérature et les arts.

Louis de France, *duc d'Orléans*, qui périt assassiné par le duc de Bourgogne, en 1407, aimait les savants et les lettres, et protégea surtout la belle Christine de Pisan, qui lui dédia le roman d'*Otheo*. Lui-même parlait avec grâce et facilité, et composait des vers; enfin, il fut le père de l'un des plus illustres poëtes français du xve siècle, Charles d'Orléans.

Charles, fils aîné de Louis de France et de Valentine de Milan, naquit à Paris en 1391, peu avant la déplorable maladie de son oncle Charles VI. Il n'avait que seize ans lors de la catastrophe qui coûta la vie à son père, et il se fit remarquer en cette occasion par la fermeté avec laquelle il refusa long-temps de céder aux sollicitations du roi et de toute la cour de pardonner au meurtrier. Charles passa une jeunesse agitée au milieu des désordres qui déchiraient la France; enfin, en 1415, il prit une glorieuse part à la funeste bataille d'Azincourt. Griè-

---

(1) Page 106.

vement blessé, il fut retrouvé après le combat parmi les morts. Henri V le fit conduire à Calais avec les autres prisonniers, et l'emmena en Angleterre. C'était une capture trop précieuse pour que les Anglais ne l'entourassent pas de leurs soins, mais en même temps ils ne voulurent lui rendre la liberté à aucune condition, et Henri V, en mourant, recommanda même de ne pas songer à la délivrance de Charles d'Orléans avant la majorité de l'héritier de son trône. Le malheureux prince languit vingt-cinq ans dans un dur exil. Ce fut pendant ce temps si long qu'il composa les charmantes poésies qu'il nous a laissées. Dans sa jeunesse il avait cultivé avec goût les lettres latines et françaises, la poésie et l'éloquence; dans l'amertume de sa captivité, ce fut le seul plaisir qu'il goûta. L'abbé Sallier est le premier qui ait fait connaître les poésies de Charles d'Orléans (1). Ses vers, remplis de fraîcheur et d'élégance, sont presque toujours consacrés à célébrer l'amour et la beauté; quelquefois il pleure sur les désastres de la France, mais plus souvent encore il gémit sur lui-même, et sollicite l'attendrissement pour ses propres infortunes. Sa muse revêt toujours de préférence les allures de la galanterie; mais partout son imagination est douce et tranquille, son style naïf, pur et gracieux. Ses poésies, qui ont été imprimées à Grenoble, en 1803, mais par un éditeur inhabile, furent traduites en vers latins de beaucoup inférieurs, par son secrétaire, *Antoine Astesan*. — Charles d'Orléans revint en France en 1440 et mourut en 1465, âgé de soixante-quatorze ans. Dans un livre auquel nous avons souvent recours pour les détails peu connus de l'histoire, on trouve, en parcourant quelques articles, combien la maison d'Orléans, si lettrée, si brillante, si somptueuse, dépensait de soins et d'argent pour l'honneur et la prospérité des lettres et des arts (2). Ainsi l'on voit ces princes récompenser par des dons magnifiques des ménestrels qu'ils appelaient pour jouer devant eux, et que nous aurons occasion de nommer bientôt. En 1397, Louis établit dans son hôtel rue de *la Poterne* (3) une *librairie*, c'est-à-dire une bibliothèque pour laquelle il fit de grandes dépenses et acheta à grands frais de nombreux manuscrits. — Henri Maritorch, libraire à Paris, vend au duc d'Orléans les *Heures de Notre-Dame* (1376). Jean Froissart reçoit 20 francs d'or pour un livre appelé le *Dit royal*, que le duc a acheté et eu de lui (1393)(4). — Livre de chant acheté 20 livres par le duc. *J. Colin*, écrivain à Paris, écrit pour le duc les *Homélies de saint Grégoire* (1394). La même année, le duc achète les *Epîtres de saint*

---

(1) Dans un mémoire qui se trouve dans le recueil de l'Académie des inscriptions, t. XIII. — (2) Voy. le *Catalogue des archives de Joursanvault* aux articles *Hist. littéraire*, *Beaux-arts, dépenses de la maison d'Orléans*. — (3) Voy. ci-dessus la topographie de cette période.

(4) Ce fait est d'autant plus digne d'attention que *le Dit royal*, dont il est question dans cette quittance, n'est pas au nombre des ouvrages connus de Froissart. Serait-ce une œuvre perdue du célèbre historien?

Paul, les *Histoires scholastiques en françois*, le *Rationnel des divins offices*, la *Consolation de Boëce* et beaucoup d'autres livres qui lui sont fournis par les libraires parisiens, *Estienne Hugenin, Henri du Trenon* et *Olivier de l'Empire*. En 1395 il fait faire le *Miroir historial* en quatre volumes; il achète les *Chroniques de France historiées et toutes complètes*, et commande divers autres ouvrages à *Guillaume Deschamps*, libraire et relieur. En 1396, nous avons vu le prévôt de Paris, Guillaume de Tignonville, lui vendre le *Livre des Prophètes*, et les fables d'Isopet; le duc commande encore divers travaux à *Thévenin Angevin*, achète ou fait copier et enluminer une quantité de livres en tout genre : deux *légendes dorées*, le *roman de Lancelot*, les *Chroniques de Josephus*, un lot de livres venus de Saint-Quentin : la *Cité de Dieu*, les *Ethiques et la Politique d'Aristote*, le *Livre du Ciel et du Monde*, le *Secret des Secrets*, le *livre d'Etrille Fauveau*, le *roman de la Rose*, le *Livre des Echecs*, etc., etc.— En 1397 et 1398, *Guillaume Vivian, Jehan de Chambly, Simon Dumont, Etienne de Chaumont, Jean Nicolas, J. de Sigueville, Henri Chicos*, docteurs en théologie, reçoivent du duc d'Orléans *leur salaire* pour travailler à la traduction d'une Bible en français, laquelle avait fait commencer le roi Jehan. — Etoffes d'or et de soie pour couvrir le Breviaire et les Heures du duc d'Orléans. — Gages de traducteurs, d'écrivains, d'enlumineurs, de relieurs entretenus par le duc. — Travaux de *Huguet Foubert*, libraire, pour Jean et Philippe d'Orléans (Jean comte d'Angoulême et Philippe comte de Vertus, frères puînés de Charles d'Orléans). Qu'on juge quelle impulsion devaient recevoir la science et la littérature lorsqu'elles excitaient à si haut point la sollicitude et la générosité d'une cour brillante, où les princes eux-mêmes cultivaient les arts et les lettres. Le poëte Charles d'Orléans poursuivit avec zèle, au fond même de son lointain exil, les goûts paisibles de son père. De sa prison de Londres il s'occupait encore de sa bibliothèque, et il avait conservé un bibliothécaire, comme le témoigne la pièce suivante des archives Joursanvault (1) : « Livres de monseigneur le duc d'Orléans, par messire de Thuillières, devers lequel ils ont été en garde, délivrés le dernier jour de mai 1427, à messire Jehan de Rochechouart, chevalier, seigneur de Mortemar, et à maître Pierre Sauvage, commis par le duc à iceux livres retraire et rassembler. »

Malgré ses profondes préoccupations politiques, l'illustre neveu de Louis d'Orléans, le roi Louis XI, ne fut point étranger au mouvement littéraire de son règne. On a raconté que Louis XI disait, en parlant de son fils : « Je ne veux pas qu'il apprenne autre chose que cette maxime, celui qui ne sait pas dissimuler ne sait pas régner; » mais on sait quel cas il faut faire des anecdotes apocryphes. Louis XI aimait les

(1) Voy. le catalogue, n° 850.

lettres, et bien plus, les cultivait lui-même. Comines nous apprend que son éducation avait été plus soignée que ne l'était en général celle des seigneurs du royaume. Il est généralement regardé comme l'auteur de deux ouvrages dont le dernier a été composé en 1470. Ce sont les *Cent Nouvelles nouvelles*, recueil de contes à l'imitation du Décameron de Boccace, et le *Rosier des guerres*. Les *Cent nouvelles nouvelles* n'étaient pas sans mérite, puisqu'elles ont été imprimées plusieurs fois; le *Rosier des guerres* est une sorte d'enseignement chevaleresque et moral destiné par le roi à l'éducation de son fils.

Dans les périodes précédentes, nous avons vu l'histoire des sciences occuper si peu de place, qu'à peine y pouvait-on distinguer quelques hommes livrés à cette branche importante des travaux de l'esprit. La scolastique et la théologie étaient seules en faveur; les mathématiques pures étaient dédaignées; les sciences d'application ne paraissaient guère mériter l'attention publique, puisque les chroniques ne nous ont presque jamais conservé le souvenir des hommes, souvent fort habiles, qui les pratiquaient. La médecine, encore enveloppée de ténèbres épaisses, était exercée, la plupart du temps, par des alchimistes ou des barbiers.

De l'avènement de Charles V à la mort de Louis XII, on saisit aisément le progrès des sciences; mais on s'aperçoit que ce progrès n'est pas encore très sensible; il n'est point à la hauteur du progrès littéraire, à Paris du moins. La chaire de mathématiques établie dans l'Université ne produit pas d'élèves remarquables; la médecine, fidèle admiratrice des anciens et des rabbins arabes, n'ose point s'écarter des préceptes de Galien et de Rhasès; nous verrons les chimères de l'alchimie persister jusqu'au XVIIe siècle; enfin, dans ce long espace de temps, nous ne trouvons qu'un fort petit nombre de personnages qui aient illustré Paris par leurs succès dans les sciences, et encore de la plupart d'entre eux ne connaît-on que les noms. Ainsi le nom est tout ce que l'on trouve à citer de : *Thomas de Pisan*, père de Christine, astrologue de Charles V; *Valescus de Tarente*, médecin, ou, comme on disait alors, *physicien* de Charles VI; *Regnault Fréron*, premier médecin du roi en 1391; *Guillaume de la Chambes*, médecin de la reine, 1398; *Robert Poitevin*, médecin du roi, 1427; *Jean de Joudoigne*, chirurgien du roi (1), 1451. Le catalogue des archives Joursanvault fournit quelques détails qui ne manquent pas d'intérêt sur les rapports des médecins avec la cour au XVe siècle : « Dépenses faites pour monter, habiller et amener vers le roi et la reine certains juifs, médecins et chirur-

---

(1) A l'article *Confrérie des Chirurgiens*, t. II, p. 546, j'ai raconté en détail les débats qui eurent lieu vers l'époque dont nous nous occupons, entre les barbiers qui voulaient exercer la chirurgie et les maîtres chirurgiens qui s'y opposaient.

giens, demeurans au pays de Provence, 1427. — *Guillaume Le Pelletier*, médecin du roi, va de Paris à Orléans visiter le duc dans sa maladie, 1450. — *Simon de Roicle*, médecin du duc de Bourgogne, vient de Flandre à Orléans pour visiter la duchesse malade, 1450. — *Jean des Loups*, docteur en décret et en médecine, et astrologue, reçoit du duc 27 livres tournois pour certains écrits *touchant la disposition du temps.*— Le duc d'Orléans nomme *Cervay de Godo*, son médecin, aux gages de 80 livres par an, 1461, etc. »

Le plus célèbre, sans contredit, des médecins de cette époque, est *Jacques Coytier*, le favori de Louis XI. Il était de Poligny en Franche-Comté. Après avoir fait ses études à l'Université de Paris, il s'acquit une si brillante réputation dans l'exercice de son art, que Louis XI le nomma son premier médecin et son *astrologien*. Si Coytier fut médecin habile, il fut plus habile encore à tirer parti de sa position, à s'emparer de l'esprit superstitieux du roi pour amasser d'immenses richesses et pour élever sa famille. Louis XI fit une maladie qui dura huit mois, il est vrai, mais huit mois pendant lesquels les soins de son premier médecin coûtèrent au trésor la somme énorme de 98,000 écus. Aussi Coytier avait-il nombre d'envieux et d'ennemis qui cherchèrent souvent à le perdre; mais la faiblesse de Louis XI, sa crédule appréhension de la mort, le sauvèrent. On rapporte qu'il lui disait quelquefois:« Je sais bien que vous ferez de moi comme de bien d'autres; mais, par Dieu, vous ne vivrez pas huit jours après. » Et à ces paroles, le roi de trembler, de s'excuser auprès de son médecin et de le combler de nouveaux bienfaits. Coytier obtint de cette manière la charge de premier président de la cour des comptes et la seigneurie de Poligny, sa patrie. Sur la fin du règne de Louis XI, il se retira de la cour et vint habiter un superbe hôtel qu'il avait fait construire rue Saint-André-des-Arcs, et sur la porte duquel il avait fait sculpter un abricotier avec cette inscription: *A l'abri-Coitier*. Lorsque son protecteur fut mort, Coytier fut accusé de dilapidation; des poursuites juridiques furent même commencées contre lui, mais il sut habilement conjurer l'orage, en offrant à Charles VIII 50,000 écus pour la guerre d'Italie. On ignore la date de sa mort comme celle de sa naissance; seulement on sait qu'il vivait encore en 1500.

Un autre médecin de la cour, moins connu que Coytier, mais célèbre aussi, est *Adam Fumée*, tige d'une famille qui brilla dans divers genres à Paris, jusqu'à la fin du xviiie siècle. Adam Fumée naquit en Touraine, vers 1430, étudia la médecine à Montpellier, et devint premier médecin de Charles VII. Il demeura attaché au service de Louis XI, qui paraît l'avoir employé plutôt à ses affaires qu'au soin de sa personne. Fumée obtint une place de maître des requêtes; il fut chargé de par le roi de plusieurs missions importantes, et fut enfin nommé garde-des-sceaux. Il mourut à Lyon en 1494.

Pendant le XVᵉ siècle, les alchimistes, qui étaient très nombreux alors, ont fait de grands travaux ; mais ces œuvres, comme on le sait, n'ont point laissé de trace, et l'on a perdu jusqu'aux noms de leurs auteurs. L'un des plus fameux adeptes de la science occulte exerça son art à Paris, où son nom, loin de s'être perdu si vite, agita les esprits et suscita des discussions sur la magie jusque vers la fin du dernier siècle ; c'est Nicolas Famel, l'écrivain de la rue Marivaux (1).

Telle est la liste restreinte à laquelle se réduisent les documents qui nous sont parvenus sur l'éclat des sciences à Paris pendant le XVᵉ siècle. Il ne reste qu'à citer un personnage qui florissait vers 1423, et composa vers cette époque un traité d'une science tellement spéciale qu'on est obligé de lui donner une place à part : je veux parler de Taillevant, *grand-queux* (cuisinier) de Charles VII, auteur du *Livre de l'Art et Science d'apprêter toutes sortes de viandes.*

II. Beaux-Arts.

La période que nous venons de parcourir fut une époque de transition pour les beaux-arts, qui sortaient, pour ainsi dire, de l'enfance. Mais les progrès de l'art sont sensibles ; on sent les approches de la Renaissance. Les peintres français copient Cimabué, le Giotto et tous les grands maîtres de l'école italienne ; ils étudient sur ces illustres modèles la pureté du dessin et la richesse du coloris. Les expéditions de Charles VIII et de Louis XII en Italie eurent donc sur les arts de la France une immense influence. Comment nos rois n'auraient-ils pas encouragé les artistes, lorsqu'ils voyaient le pape Jules II s'incliner humblement devant Raphaël, et conférer la charge lucrative de notaire apostolique à celui qui découvrait le groupe antique du Laocoon ? D'ailleurs le luxe, comme nous l'avons vu, faisait de grands progrès ; les palais des rois, les hôtels des grands seigneurs étaient décorés avec luxe et enrichis avec goût ; les églises rivalisaient entre elles de magnificence. Malheureusement nous n'avons sur les peintres de cette époque que fort peu de renseignements, et toutes mes recherches n'ont abouti qu'à me procurer une liste, peut-être fort incomplète, des principaux artistes qui donnèrent à Paris, pendant cette période, des preuves de leur habileté.

Le duc d'Orléans, qui encourageait les arts en prince généreux et en homme de goût, utilisa souvent les talents de *Colart de Laon*, qui composa plusieurs tableaux pour la chapelle de la famille d'Orléans, dans l'église des Célestins (2), ainsi que le peintre *Guillaume Loyseau*. Un enlumineur, nommé *Perreniet*, travailla, en 1396, à la même chapelle. J'ai cité également *Jean de Saint-Éloi*, peintre, qui orna l'hôtel de Bohême (3). La duchesse d'Orléans avait pour peintre, en 1471, un

---

(1) J'ai donné sa biographie à l'article *Saint-Jacques-la-Boucherie*, t. I. — (2) Voy. t. II, p. 585. — (3) Voy. ci-dessus p 237.

nommé *Pierre André* (1). Le duc fit faire, entre autres tableaux, à des artistes dont nous ignorons le nom, une *image de Charlemagne*, une *image de saint Jean-Baptiste* et un tableau d'or à *deux ailes* (dyptique), qu'il donna au duc de Bourgogne, aux étrennes de l'an 1399 (2). L'un des peintres habituels de la maison d'Orléans se nommait J. *Biterne.*

François d'Orléans, le plus célèbre des peintres sous Charles V, exécuta quelques travaux à l'hôtel Saint-Paul (3). En 1368, *Jean de Blois* peint à l'Hôtel-de-Ville. *Guillaume Josse* et *Philippe de Foncières* peignent au Louvre sous Charles VII.

« Nous possédons dans notre Muséum, dit M. Lenoir (4), les portraits d'Isabelle de Bavière, de Charles VII, de la Pucelle d'Orléans, du chevalier Bayard et de Louis XI, tous peints d'après nature; mais nous ignorons les noms des auteurs de ces ouvrages, et nous n'osons pas même affirmer qu'ils sont peints à l'huile, quoiqu'un manuscrit de Théophile le Prêtre, écrit plus tard au XIe siècle, nous fournisse un passage qui prouve que la peinture à l'huile était connue plus de quatre cents ans avant la prétendue découverte qu'en fit Van-Eyck. Nous possédons aussi deux tableaux français, peints sur bois, que nous attribuons à des peintres de l'*Académie de Saint-Luc*, dont nous parlerons plus loin. Le premier représente la nombreuse famille des Ursins. Ce tableau, d'une couleur plate et d'un dessin médiocre, pourrait être de *Jacquemin Gringonneur*. (Ce tableau est aujourd'hui au Musée historique de Versailles.) Le second tableau, ajoute M. Lenoir, est dessiné d'une manière barbare, sans connaissance aucune de l'ostéologie et de l'anatomie; cependant la couleur est forte et fraîche, et les expressions belles et vraies. Ce tableau représente Jésus-Christ détaché de la croix, lequel est accompagné de l'abbé Guillaume et de sa famille, qui y est également représentée. Ce qu'il y a de plus remarquable dans cet ouvrage, c'est une vue du Louvre que l'on voit dans le fond, tel qu'il existait alors: on croit qu'il a été peint en 1390 environ. »

On doit regretter un bien grand nombre de tableaux qui ont été enlevés par les Anglais ou détruits au milieu des guerres civiles. Une perte irréparable en ce genre, est celle de la célèbre collection du duc de Berry à son château de Bicêtre, brûlé en 1411. On y voyait entre autres les portraits des plus célèbres personnages du temps.

La peinture sur verre fit pendant cette période de sensibles progrès; le dessin devint plus exact et les couleurs plus riches. « Ce fut à cette époque, dit encore M. Lenoir (5), qu'on commença à introduire l'art du

---

(1) *Archiv. de Joursanvault*, n° 824. — (2) *Ibid.*, n°s 820 et 822.

(3) Voy. t. II, p. 598. On cite aussi parmi les artistes du règne de Charles V, *Jean de Launay*, *Jean de Liège* et *Gui de Dammartin*, sur lesquels nous n'avons aucuns renseignements. — (4) *Musée impérial des monuments françois*, 1810, p. 77 et 78. — (5) *Ibid.*, p. 298.

clair-obscur dans les peintures sur verre. » J'ai parlé de *Claux le Loup, verrier parisien*, qui travailla à l'hôtel de la rue Jouy, appartenant au duc d'Orléans (1). Quelques vitraux du Louvre et de l'hôtel Saint-Paul furent historiés et décorés d'après les dessins de *Jean de Saint-Romain*. En 1436, *Henri Mellin*, peintre verrier, auquel les rois Charles V et Charles VI accordèrent plusieurs priviléges, peignit pour l'hôtel Saint-Paul une magnifique verrière (2). M. Lenoir attribue au même artiste les portraits du roi Jean et de Charles V, représentés à genoux devant un prie-dieu (3). Malheureusement on a perdu un beau portrait en pied de la Pucelle d'Orléans, dessiné par Henri Mellin sur les vitres de l'église Saint-Paul, vers 1436, et qui produisit une si grande sensation que Charles VII accorda à l'artiste l'exemption entière de toutes taxes et impôts.

La peinture en émail, qui s'employait en France, dès les premières années de la monarchie, à l'embellissement des meubles, des armures ou des vêtements, se perfectionna dans les XIVe et XVe siècles. On trouva le moyen d'amalgamer l'or avec la peinture pour enrichir les vêtements de broderies (4). Quant aux artistes en mosaïque, nous n'en trouvons point de traces en France à cette époque. Nous savons seulement qu'un président au parlement de Paris, nommé David, fit fabriquer à Florence, sous ses yeux et à ses frais, vers l'an 1500, une mosaïque qu'il rapporta dans la capitale, et qui représentait la Vierge et l'enfant Jésus (5).

Les *maîtres des œuvres* et les sculpteurs devaient être nombreux dans le XVe siècle; mais ils nous sont tous à peu près inconnus. On n'a conservé que les noms de *Raimond ou Ramon du Temple*, dont j'ai déjà parlé (6); de *Jean Gausel*, *maçon tailleur de pierres*, qui rebâtit une partie de Saint-Germain-l'Auxerrois (7), de 1435 à 1439, et fit les six statues du portail (8); de *Pierre Thuri*, qui éleva le mausolée de Charles VI et d'Isabeau de Bavière. Le plus célèbre des architectes de cette époque fut *Fra Giovanni Giocondo*, plus connu sous le nom de *Joconde*, à qui nous devons la construction du pont Notre-Dame. Cet habile artiste éleva aussi, suivant Brice, le palais de la chambre des comptes, qui a été incendié, comme je l'ai dit, en 1737, et rebâtit la grand'chambre du parlement, dite la *chambre dorée*.

Citons aussi parmi les œuvres d'art de cette période la *statue de saint Christophe*, érigée à l'entrée de Notre-Dame (9); une petite statue de

(1) Voy. ci-dessus, p. 240. — (2) Voy. t. II, p. 599.
(3) *Musée des monuments français*, p. 299. L'auteur donne la description de quelques autres verrières de l'époque, dont les auteurs sont inconnus. — Il cite avec éloge celles de Saint-Severin et de Saint-Louis de Poissy. — (4) M. Lenoir, p. 112. — (5) Voy. ci-dessus, p. — (6) T. I, p. 227. — (7) Il reçut 960 livres tournois pour prix de son travail. — (8) Voy. ci-dessus, p. 210 et 212. — (9) Elle disparut en 1785, voy. t. I, p. 112.

sainte Geneviève, exécutée en albâtre par Pierre de Luxembourg, fait cardinal en 1386, et un grand nombre d'autres figures placées dans différentes églises, mais dont les auteurs sont inconnus. On en peut voir la description dans l'ouvrage de M. Lenoir.

Je dois mettre au nombre des gloires de cette époque ces admirables artistes qui copiaient et enluminaient les manuscrits. Parmi les calligraphes je citerai *Gilles Richard*, *Raoul Taingui*, et *Mathias de Rivau*, Poitevin, qui demeurait à Paris, rue Neuve-Notre-Dame. Le plus célèbre des artistes en miniature était le *bon paintre et enlumineur du roy Loys XI*ᵉ, *Jehan Foucquet*, natif de Tours. Le chef-d'œuvre de cet admirable peintre est une traduction des *Antiquités des Juifs*, qui se trouve à la Bibliothèque royale (1). L'art d'enluminer, encouragé par Charles V, le duc de Berri, les ducs de Bourgogne, et surtout par Philippe-le-Bon, disparut peu à peu, lorsque l'imprimerie eut remplacé la calligraphie. Alors on remplaça les ornements faits à la main par des vignettes gravées sur bois et quelquefois enluminées. Parmi les plus célèbres graveurs de vignettes, appelés alors *tailleurs d'histoires et de figures*, on doit citer, vers la fin du XVᵉ siècle, *Jollat*, et parmi ses œuvres une *Vie de Joseph* et une *Passion du Christ*.

C'est sous le règne de Charles VI que nous trouvons les premières traces des *cartes à jouer* en France. On sait qu'aucun point de critique n'a été sujet à plus de controverse; je ne discuterai pas de nouveau l'origine de ce jeu, qui, suivant l'opinion la plus vraisemblable, a été inventé en Italie et n'a été introduit en France qu'entre 1369 et 1397 (2).

Le plus ancien jeu de cartes que nous connaissions fut dessiné et colorié en 1392, pour distraire et amuser Charles VI, par Gringonneur, qui demeurait rue de la Verrerie. Voici un extrait du compte de l'*argentier* Poupard : « Donné à Jacquemin Gringonneur, peintre, pour trois jeux de cartes à or et à diverses couleurs, ornés de plusieurs devises, pour porter devers le seigneur roi, pour son esbattement, 56 sols parisis. » Dix-sept cartes de ce jeu furent recueillies par un savant antiquaire, M. de Gaignières, gouverneur des petits-fils de Louis XIV, et passèrent ensuite à la Bibliothèque royale, où elles sont précieusement conservées. « La grandeur de ces cartes varie de quatre lignes sur la hauteur et de trois sur la largeur. Elles ont été peintes avec grand soin, même avec talent, sur un fond doré rempli d'ornements formés par de petites lignes, en points légèrement enfoncés dans la pâte sur laquelle l'or est appliqué; elles sont entourées d'une bordure en argent, où se

---

(1) Nᵒ 6891, *mss. franç.*—Voy. *Les manuscrits de la Bibliothèque du roi*, par M. Paulin. Paris, t. II, p. 261 et suiv.

(2) Voyez un excellent travail de M. Duchesne aîné, intitulé : *Observations sur les cartes à jouer*, dans l'*Annuaire* de la Société de l'histoire de France, pour l'année 1837.

voit aussi un ornement également en points, le même répété sur toutes les cartes, et figurant un ruban ou une bande de papier étroite, roulée autour d'une baguette. Quelques parties de broderie sur les vêtements sont rehaussées d'or, tandis que les armes et armures sont couvertes d'argent, en grande partie oxidé par le temps, comme celui de la bordure. Aucune inscription, aucune lettre, aucun numéro, n'indiquent la manière d'arranger les cartes; mais le sujet des figures qui nous sont parvenues donne lieu de penser que, comme l'ancien jeu de *taroc italien*, il devait être composé de cinquante figures sans aucun point. » Voici la note des dix-sept cartes que possède la Bibliothèque royale : *le Fou*, *l'Écuyer*, *l'Empereur*, *le Pape*, *les Amoureux* (cette carte représente des groupes de jeunes gens et de jeunes filles se promenant ensemble sur la terre, tandis que, du ciel, deux divinités leur lancent des flèches); *la Fortune* (cette figure, debout sur un cercle représentant le monde, tient une sphère d'une main et de l'autre une baguette divinatoire); *la Tempérance*, *la Force*, *la Justice*, *la Lune*, *le Soleil*, *le Char* (c'est un guerrier armé de toutes pièces, la main appuyée sur une hallebarde, se tenant debout sur un char traîné par deux chevaux blancs); *l'Ermite* avec un sablier; *le Pendu* ou *la Prudence* (1), figure d'un homme suspendu par un seul pied; *la Mort*, *la Maison-Dieu*, *le Jugement dernier*.

Les figures de ces cartes varient peu à peu, ainsi que l'a remarqué M. Duchesne aîné, qui a donné la description d'un jeu de cartes exécuté dans le deuxième quart du XVe siècle. Mais nous ignorons la date précise de nos cartes actuelles, dont les personnages ont le costume du temps de Charles VII. S'il faut en croire la tradition, ce fut vers la fin du règne de Charles VII que ces figures reçurent une forme et un nom déterminés. La dame de trèfle, Argine, dont l'anagramme est *Regina*, était, dit-on, Marie d'Anjou, femme de Charles VII. La belle Rachel, dame de carreau, c'était Agnès Sorel. La Pucelle d'Orléans était représentée par la chaste et guerrière Pallas, dame de pique; et Isabeau de Bavière par la dame de cœur, Judith (l'impératrice Judith, épouse dissolue de Louis-le-Débonnaire, qui causa de grands troubles dans le royaume, et dont la vie par conséquent a plus d'un rapport avec celle d'Isabeau). Des quatre valets, Ogier et Lancelot sont les noms de deux fameux guerriers de la chevalerie romanesque; et Lahire et Hector (de Galard), ceux de deux braves défenseurs de Charles VII. Les noms d'Alexandre, de César et de Charlemagne n'ont pas besoin d'expli-

(1) Court de Gébelin prétend que cette figure a été mal interprétée par le cartier, qui l'a considérée en la regardant de bas en haut. Elle représente, selon lui, la Prudence, parce qu'en la retournant sens dessus-dessous, on y verra comme emblème l'homme se tenant sur un seul pied, jusqu'à ce qu'il soit assuré du lieu où il pourra placer l'autre avec sécurité.

cation; quant à David, le roi de pique, on désignait ainsi Charles VII, dont les malheurs avaient rappelé ceux du roi des Juifs.

Les graveurs de cartes furent d'abord désignés sous le nom de *tailleurs en bois* ou *dominotiers*, parce qu'ils employaient le bois. Les fabricants de cartes formèrent dans la suite une corporation, sous le nom de *papetiers-cartiers*. Leurs statuts fort anciens, renouvelés en 1581, par édit d'Henri III, furent confirmés et homologués, en 1594, sous Henri IV.

Académie de Saint-Luc. — Ce qui aida puissamment à encourager les arts, ce fut la création de l'*Académie de Saint-Luc* par Charles V. Cette confrérie d'artistes ne fut organisée que sous le règne suivant (1). « Le 12 août 1391, le prévôt de Paris fit assembler les peintres de Paris, et sur leur avis et leur consentement, il fit dresser des règlements et des statuts comme dans les corps de métiers, y établissant des *jurés* et *gardes* pour faire la visite et examiner les matières desdits ouvrages, leur donnant pouvoir d'empêcher de travailler tous ceux qui ne seroient point de leur communauté. Dans ces statuts on rappela huit articles, qui composoient tous leurs premiers règlements, et la naïveté du style fait connaître qu'ils sont au moins du commencement de la troisième race de nos rois (2). » Charles VII étant à Chinon, le 3 janvier 1430, ajouta plusieurs priviléges à ceux que son père avait accordés à l'*Académie de Saint-Luc*, et qui consistaient dans l'exemption de *toutes tailles, subsides, guet, gardes*, etc. Henri III les confirma dans tous ces priviléges par ses lettres-patentes du 5 janvier 1583. La communauté des sculpteurs fut unie à celle des peintres au commencement du XVIIe siècle. Mais bientôt un grand nombre d'artistes, à la tête desquels était le célèbre Lebrun, secouèrent le joug de la maîtrise, et réclamant pour l'art l'abolition du privilége et des entraves, établirent l'*Académie royale de peinture et de sculpture*, autorisée par le conseil privé en 1648 (3).

L'Académie de Saint-Luc obtint, en 1705, la permission d'ouvrir une école publique de dessin. Elle distribuait tous les ans, le jour de Saint-Luc, deux médailles d'argent aux deux meilleurs élèves. La confrérie fit deux expositions des productions de ses membres, sous le règne de Louis XV; la première eut lieu en 1762, à l'hôtel d'Aligre; et la seconde, le 23 août 1774, à l'hôtel Jabach, rue Neuve-Saint-Merri.

J'ai dit que la chapelle de Saint-Symphorien de la Chartre avait été cédée à la communauté des peintres et sculpteurs, qui la décorèrent, et lui firent donner le nom de Saint-Luc, leur patron (4); cette conces-

---

(1) *J. Gringonneur* était, dit-on, *maître peintre* de cette académie. M. Lenoir, *Musée des mon. franç.* p. 210. — (2) Piganiol, t. I, p. 205. — (3) Voy. les institutions sous le règne de Louis XIV. — (4) T. I, p. 291. — Les maîtres peintres avaient autrefois leur chapelle dans l'église des Filles-Pénitentes de la rue Saint-Denis. Brice, t. IV, p. 275.

sion eut lieu en 1704. Cette chapelle était assez bien décorée ; elle était ornée de tableaux et de sculptures, dus aux artistes de cette Académie. Aux deux côtés de l'autel étaient deux figures de prophètes, grandes comme nature; Jérémie, par *Le Pautre*, et Isaïe, par *Voiriau*. On remarquait dans la salle d'assemblée, un grand tableau de *Lebrun*, représentant saint Jean l'Évangéliste, prêt à être plongé dans une chaudière d'huile bouillante; saint Paul guérissant un possédé, par *Lesueur*; un sujet allégorique, par *Poerson*; saint Jean dans l'île de Pathmos, de *Blanchard*; un tableau d'architecture, de *Lemaire*; un sujet de chasse, par *Van-Falens*, et enfin le portrait de *Mignard*, peint par lui-même (1). En joignant à ces grands noms ceux non moins célèbres de *Porbus*, de *Simon Vouet*, de *Sarrazin*, de *Champagne*, qui l'illustrèrent, on voit que l'Académie de Saint-Luc avait une importance réelle.

Cette ancienne confrérie, composée de peintres, de sculpteurs, de graveurs et d'enlumineurs, fut entièrement supprimée par ordre du roi, en 1776, à la sollicitation de J.-B. Marie *Pierre*, premier peintre du roi. Les élèves de l'école de Saint-Luc se réunirent alors à ceux de l'Académie royale.

Musique. — Pendant le xve siècle, la musique fit des progrès rapides. Cet art avait été remis en honneur en France dès les premiers temps du moyen âge par les troubadours, et les trouvères, qui mirent en musique leurs poésies et leurs chansons. *Le roi Robert*, grand amateur de musique religieuse, composait des hymnes et répons; le grand *Abailard* écrivit les paroles et la musique des chants destinés à l'office de l'église du Paraclet (2). Ce fut le siècle du roi Robert qui vit renaître l'art de la musique. En 1022, l'Italien Guido d'Arezzo inventa la gamme, et *Franco* de Paris fixa le premier le rhythme musical. Au xiiie siècle il se forma, au sein des riches communes de la Flandre, une brillante école qui produisit pour la musique une ère nouvelle, et qui remplit d'artistes de talents les chapelles et les cours de la plupart des souverains d'Europe. Vers la même époque, l'introduction des représentations dramatiques étendit le domaine et multiplia les applications de la musique, et sous le règne de Charles V, l'amour des seigneurs pour le luxe et les plaisirs acheva de répandre cet art et de le perfectionner.

Les musiciens les plus célèbres qui vécurent durant notre période à la cour du roi de France, sont *Guillaume de Machault*, qui composa une messe à quatre voix pour le sacre de Charles V, et qui réunissait le talent de la poésie à la science de la musique. *Ockeghem*, Flamand, maître de chapelle de Louis XI; *Antoine Broncel* son élève, *Josquin des*

---

(1) Hurtaut, t. I, p. 210.
(2) Il avait composé dans sa jeunesse des chansons d'amour qui étaient devenues populaires à Paris.

Prés, Flamand aussi, maître de chapelle de Louis XII, mort vers 1520, et *Gombert* son élève.

Le *Catalogue des archives Joursanvault* nous fournit encore à ce sujet quelques noms d'artistes inconnus et quelques détails de mœurs : Le duc d'Orléans donne 42 sous 6 deniers à plusieurs *tabourins*, *menestrez* et joueurs de farces, qui avaient joué devant lui, 1384. — *Colinet le Bourg*, *Johannin* son frère et *Colin Maquedante*, étaient ménestrels du duc, en 1389. — *Jean Portevin*, *roi des menestriers du royaume de France*, et ses compagnons, reçoivent le prix des *esbatements* qu'ils firent, en l'hôtel du duc d'Orléans, devant le roi et les ducs de Berry et de Bourgogne, 1392. — *Guboxo*, bombarde, et *Triboux*, cornemuse, jouent devant le roi en l'hôtel du duc d'Orléans, 1394. — *George*, *Colinet*, *Albelin*, ménestrels du duc. — Ménestrels des ducs de Savoye et de Bavière, de M. de Trazegnies, du comte de Nevers, du comte de La Marche, de Dunois Clairons et trompettes qui jouèrent devant les enfants d'Orléans un jour de l'an 1469. *Gentil-Garçon*, tabourin, et son compagnon, joueur de rebec, jouent devant la duchesse à Blois, 1483. — Fille jouant du *manicordion*. — Ménestrel de l'ambassade du roi de Naples, 1484. »

Je ne puis mieux terminer cet article qu'en donnant un extrait d'un poëme de Guillaume de Machault, dans lequel cet auteur énumère un assez grand nombre d'instruments de musique, en usage au XVe siècle (1) :

> Là avoit de tous instrumens ;
> Et s'aucuns me disoit : Tu mens,
> Je vous dirai les propres noms
> Qu'ils avoient et les surnoms,
> Au moins ceuls dont j'ai connoissance,
> Se faire le puis sans ventance ;
> Et de tous instruments le roy
> Dirai le premier, si comme je crois :
> Orgues (2), vielles (3), micamon,
> Rubèbes (4), et psaltérion (5),
> Leus (6), moraches et guiternes (7),
> Dont on joue par ces tavernes ;
> Cimbales, cuitolles (8), nacquaires (9),
> Et de flaios (10) plus deux paires,
> C'est-à-dire de xx manières,

---

(1) Voy. un travail de M. Bottée de Toulmon sur les instruments de musique au moyen âge, dans l'*Annuaire historique*, pour l'année 1839, publié par la *Société de l'histoire de France*.

(2) On se servait au moyen âge de petites orgues portatives. — (3) *Vielle* ou *viole* ; c'était le violon actuel. — (4) Violon à deux cordes. — (5) Instrument à cordes de métal. — (6) Luth. — (7) Guitares. — (8) Espèce de lyre ou cythare. — (9) Timbales. — (10) Notre flageolet actuel.

Tant des fortes comme des légières ;
Cors sarrazinois (1) et *doussaines* (2),
Tabours (3) *flaustes traversaines* (4),
Demi-doussaines (5) et *flaustes*,
Dont druit joues quand tu flaustes (6) ;
Trompes, *buisines* et *trompettes* (7),
Gingues, *rotes* (8), *harpes*, *chevrettes*,
Cornemuses (9) et *chalemelles* (10),
Muses d'Aussay riches et belles,
Eles, *frétiaux* (11) et *monocorde*,
Qui à tous instrumens s'accorde ;
Muse de blef qu'on prent en terre,
Trépie, *l'eschaqueil d'Angleterre*,
Chiphonie (12), *flaios de saus* (13) ;
Et si avoit plusieurs *corsaus*
D'armes, d'amour et de sa gent,
Qui estoient courtois et gent.
Mais toutes les cloches sonnoient,
Qui si très grand noise menoient
Que c'estoit un grand merveille.
Le roi de ce moult se merveille,
Et dist qu'oncques mais en sa vie
Ne vist si très grant mélodie.

Pendant la période que nous venons de parcourir, de Charles V à François Ier, le luxe fit à Paris d'immenses progrès. Aussi les ciseleurs, les bijoutiers, les orfévres, tous les commerçants qui spéculent sur les fantaisies des riches, devinrent-ils très nombreux en peu de temps. Je trouve à ce sujet, dans les *Archives de Joursanvault*, des détails fort intéressants ; on y verra une nouvelle preuve de la magnificence et du bon goût de Louis d'Orléans. — En 1370, le duc d'Orléans achète pour 140 f. à un orfévre un *fermeillet* et un *diamant*, pour donner l'un à Pierre de Craon et l'autre au roi. — En 1393, mandement du duc à son trésorier de payer 120 livres à P. *Luillier*, changeur à Paris, « pour six gobelez d'argent vermeulx (en vermeil) dorez, poinsonnez, achetez de lui au prix de 10 francs d'or le marc, pour donner à ceulx qui lui ont apporté les estraines de M. le roy, de madame la reyne, de beaux oncles de Berry, de Bourgogne et de Bourbon, et de sa très chière et très amée compaigne la duchesse. — Cent deux perles achetées par le duc de Touraine (depuis duc d'Orléans) pour 255 francs d'or. — Collier et *fretelet* d'or, donné par le duc à sa femme, aux étrennes de 1388. — *Go-*

---

(1) Cornets dont le son devait être fort aigu. — (2) Hautbois. — (3) Tambours. — (4) La *flûte traversière*, celle qu'on emploie de nos jours. — (5) Hautbois qui était à l'octave de l'autre. — (6) *Flûte droite*. — (7) Tous instruments de guerre en cuivre. — (8) Instruments à archet. — (9) *Chevrettes* et *cornemuses* ; notre musette. — (10) Hautbois grossier en forme de chalumeau. — (11) Galoubet. — (12) Il est difficile de donner une explication précise de ces instruments. — (13) *Flûte de saule*, sifflet grossier.

defroy Le Fèvre était, en 1393, *apothicaire* et garde des joyaux du duc. — En 1394, Louis d'Orléans « fait rappareiller et ressouder une de ses nefs, en laquelle et sur chacun des bords une cagette d'argent, et y fait asseoir les émaulx aux armes de la duchesse et de la ville de Paris. » — Deux autres nefs dorées, dont l'une a sur les bords deux loups d'argent doré, un collier au cou auquel est un petit dandin, qui sont assis sur une autre terrasse émaillée; l'autre a un serpent sur chacun des bords, assis sur une autre terrasse; cette dernière nef, donnée par la duchesse à la reine Isabeau de Bavière. — *Hance Crest* ou *Craist* était, en 1397, orfévre et valet de chambre de *monseigneur d'Orléans*, qui lui fit la *nef du Porquepy d'or*. Cet ouvrage fut pesé en présence des auditeurs des comptes du duc, et se trouva du poids de *quarante-deux marcs quatre onces onze estellins d'or.* — En 1395, le même prince fait acheter « un chandelier et un encrier d'argent vérés, pour mettre en son estude. » — Valentine de Milan donne à la reine, en 1396, *un tableau d'or à une image de saint Jehan, garni de neuf balais, un saphir et vingt-une perles*, et à mademoiselle de Luxembourg *un autre petit tableau d'or à un Dieu de pitié, garni de perles autour.* — Son mari fait présent en même temps aux ducs de Bourgogne et de Berry de deux *ymages d'or garnies de perles, de saphirs, etc., l'un de saint Jehan Baptiste et l'autre de saint Jehan l'Évangéliste, sur deux entablements d'argent doré.* — Ces exemples, que je pourrais multiplier presque à l'infini à l'aide des documents contemporains (3), attestent l'impulsion rapide que le luxe, les arts, particulièrement les arts du dessin et les industries qui en dépendent, avaient reçue à Paris au XVe siècle, sous l'influence d'une civilisation toujours croissante, et, il faut le dire aussi pour être juste, sous la protection de ces princes, noblement prodigues, que le philosophisme moderne a beaucoup trop sévèrement jugés.

(1) Après avoir si fréquemment cité les titres de la *Collection Joursanvault*, on ne peut s'empêcher de déplorer ici que ces archives, riches de près de cent mille pièces originales, la plupart d'une véritable importance pour les annales de nos provinces et de nos villes, ou pour l'étude de nos institutions et de nos mœurs, n'aient pu être acquises par l'État lorsqu'elles ont été dernièrement mises en vente par M. Techener, libraire. L'auteur de cette histoire a employé près de deux années à classer, à analyser et à cataloguer cette immense collection, avec l'aide de MM. Drumont et Bordier, qui l'ont puissamment secondé dans plusieurs parties de cette longue tâche, et il croit pouvoir, affirmer, en toute connaissance de cause, que si ces richesses historiques eussent été réunies dans un de nos dépôts publics, elles auraient pu être explorées avec beaucoup de fruit, soit pour les travaux particuliers de nos savants, soit pour les collections de documents entreprises par le ministre de l'instruction publique. En exprimant le regret qu'il n'en ait pas été ainsi, on aurait voulu pouvoir ajouter que l'administration municipale a fait acheter les titres spécialement relatifs à la ville de Paris. Cette sollicitude lui eût mérité certainement la reconnaissance de toutes les personnes qui aiment l'histoire et qui veulent l'étudier à ses véritables sources.

III. Industrie. — Commerce.

Les mêmes causes développèrent, durant la même période, l'industrie et le commerce de Paris ; à la vérité, pendant près d'un siècle, les désordres des règnes de Charles V, de Charles VI et de Charles VII retardèrent cette progression, mais l'administration paternelle de Louis XII et la sagesse de ses règlements, en assurant le bien-être des masses, et en garantissant la sécurité des transactions, donnèrent au commerce intérieur et extérieur une impulsion qui ne devait plus s'arrêter. « On ne bâtit plus maison sur rue qui n'eût boutique pour marchandise ou pour art mécanique... Pour un gros marchand qu'on trouvoit à Paris du temps de Louis XI, on en trouva cinquante sous Louis XII, et ils faisoient moins de difficulté d'aller à Rome, à Naples, à Londres et ailleurs, au-delà de la mer, qu'ils n'en faisoient autrefois d'aller à Lyon et à Gênes. » La quantité des produits naturels du sol avait doublé par la protection accordée aux agriculteurs ; cependant les denrées se maintinrent constamment à un prix élevé, parce que le commerce avoit, de son côté, prodigieusement augmenté la quantité du numéraire. Le revenu des propriétés s'éleva dans toutes les provinces, et, dans quelques localités, le produit d'une seule année égala le prix auquel la propriété aurait été vendue sous les règnes précédents (1). »

Au tableau que j'ai tracé de l'industrie parisienne au moyen âge (2), j'aurai peu de chose à ajouter pour donner une idée de ce qu'elle était dans les derniers temps de la période que nous venons de parcourir. Le changement le plus saillant que j'aie à remarquer, c'est l'importance toute nouvelle que les corporations avaient acquises par l'accroissement du commerce et par l'émancipation des classes bourgeoises. Ce sera l'occasion de parler ici des *six corps de marchands* qui résumaient en quelque sorte tout le commerce parisien, et qui occupent une place si considérable dans nos annales.

Les six corps des marchands. — A l'époque où la presque totalité du commerce de Paris était entre les mains de la *hanse* ou communauté des *marchands de l'eau*, dont les membres furent peu à peu considérés comme les prévôts de tout le commerce parisien et comme les chefs même de la bourgeoisie (3), il n'existait peut-être encore à Paris aucune corporation, c'est-à-dire aucune communauté de droits et de devoirs entre les personnes qui se livraient au même genre de commerce ou d'industrie. Le peu de trafic que la hanse n'absorbait pas se faisait librement et par des particuliers isolés. En effet, Grégoire de Tours, qui parle souvent des marchands ou négociants de Paris sous la première

---

(1) Voy. *Précis de l'histoire de France*, par MM. Cayx et Poirson. — (2) Voy. t. II, p. 283 et suiv. — (3) Voy. *Hanse parisienne*, t. I, p. 451, et *Prévôté des marchands*, t. II, p. 244.

race, ne les désigne jamais sous le nom des marchandises qu'ils vendaient, à l'exception des orfévres et des changeurs. Il n'en faudrait point conclure que les autres genres de commerce n'étaient pas exercés à Paris, mais seulement que les individus qui les exerçaient ne formaient point agrégation.

Les historiens ne font remonter qu'au règne de Philippe-Auguste l'origine des plus anciennes corporations de marchands. L'agrandissement de la ville et l'accroissement de la population rendirent nécessaire, dit Félibien, une police plus exacte dans le commerce. Pour éviter la confusion et établir un meilleur ordre dans le débit, on commença à distinguer, de l'unité de l'ancienne compagnie, les marchands en particulier par le nom des marchandises qui leur étaient assignées pour objet de leur commerce; il est hors de doute que vers la fin de ce même règne le corps des orfévres et ceux des drapiers, des pelletiers, des épiciers étaient établis à Paris (1). Mais, quoique ces professions formassent dès lors des compagnies distinctes, il ne paraît pas cependant qu'elles fussent disciplinées par des règlements écrits pour chacune d'elles. La corruption qui s'était introduite, comme nous l'avons dit, dans la juridiction prévôtale dont elles dépendaient, fut sans doute la cause des imperfections de leur organisation première : on a vu que la prévôté de Paris, s'affermant au plus offrant, ne fut occupée pendant long-temps que par d'indignes magistrats (2); mais lorsque saint Louis eut réformé ces abus scandaleux et confié le poste important de prévôt de Paris à l'habile et intègre Étienne Boileau, le premier soin du nouveau prévôt fut de régulariser l'établissement des corporations déjà existantes, en rassemblant, en rédigeant, dans son *Livre des métiers* que j'ai souvent cité (9) les usages et les règlements suivis par chacune des communautés d'artisans ou de commerçants. A partir de cette époque la constitution des marchands parisiens en corporation peut donc être considérée comme régulière et définitive, quoique la législation particulière à chacune de ces corporations, leur nombre et le rang qu'elles occupaient entre elles, aient souvent varié depuis.

Pendant la période comprise entre les règnes de Charles V et de Louis XII, six principales professions se partageaient déjà pour ainsi dire tout le haut commerce parisien, c'étaient : les *drapiers*, les *épiciers* et *apothicaires*, les *merciers*, les *pelletiers*, les *changeurs*, remplacés bientôt par les *bonnetiers*, et enfin les *orfévres*, et jusqu'au siècle dernier, l'organisation des *six corps de marchands* ne fut pas modifiée d'une manière sensible.

De tous les historiens de Paris, Félibien est celui qui nous fait le mieux connaître la constitution et les prérogatives des six corps mar-

---

(1) Félibien, t. II, p. 924. — (2) Voy. t. II, p. 24. — (3) Voy. surtout t. II, p. 25 et 26.

chands. « Chacun d'eux, dit-il, est gouverné par six maîtres et gardes choisis par le corps parmi ceux qui sont le plus intelligents et dont la réputation est sans reproche. Leur administration dure ordinairement deux ans, et ils sont chargés de faire observer les statuts, d'entretenir la discipline, et de veiller à la conservation des priviléges. Dans les cérémonies publiques, et dans l'exercice de leurs principales fonctions, ils ont le droit de porter la robe de drap noir à collet et manches pendantes, parementée et bordée de velours de même couleur. Celle qu'ils portent aux entrées des rois est de même forme, mais de velours et de couleurs différentes pour chaque corps. C'est proprement la robe consulaire, c'est-à-dire celle dont usent les juges et consuls séants en leur siége. Comme il n'y a aucun corps dans la bourgeoisie plus propre à représenter la ville, après l'hôtel même de la Ville, que ces six corps, aussi leur a-t-on fait toujours l'honneur de les choisir pour succéder aux échevins dans la fonction distinguée de porter le dais sur les rois et les reines aux cérémonies de leurs entrées. Ils en ont aussi un autre d'une grande distinction : c'est d'être admis à complimenter nos rois dans les événements les plus considérables, de même que les plus célèbres compagnies, et après l'Hôtel-de-Ville. Leurs registres font foi qu'ils ont toujours été maintenus dans cette prérogative; et dans ces derniers temps ils ont eu l'honneur de complimenter le roi Louis XV, dans le palais des Tuileries, au sujet de sa majorité. C'est à l'occasion de quoi ils ont fait frapper une médaille qui représente le buste du roi, et au revers on lit cette inscription : *Les six corps des marchands ont complimenté le roi sur sa majorité; étant présentés par le duc de Gesvres, gouverneur de Paris, le XXIII de février. M. DCCXXIII.* On les doit regarder comme les canaux par où passe tout le commerce de Paris. Ce sont eux qui y maintiennent l'abondance de tout ce qui peut contribuer à l'utilité, à la commodité, à la magnificence des citoyens. L'étendue de leur commerce et le nombre infini de gens qu'ils emploient ou qui dépendent d'eux, leur attirent naturellement la considération où nous les voyons parmi le peuple. Après cela il n'est point surprenant que tous les honneurs destinés à la bonne bourgeoisie leur soient comme particulièrement réservés. Sans parler des places de marguilliers et de commissaires des pauvres qu'ils remplissent dans toutes les paroisses de Paris, il sont admis à celles d'administrateurs des hôpitaux, conjointement avec les personnes les plus distinguées dans l'église et dans la magistrature. Ils administrent la justice consulaire, et ce sont eux qui disposent des places de cette juridiction. L'échevinage semble leur être propre dès son origine, et c'est peut-être par cette raison que le chef des échevins conserve encore le titre de *prévôt des marchands.* On en a même vu quelques uns monter à cette première charge de la magistrature municipale, dans des temps où, depuis plus d'un siècle, elle n'était plus donnée qu'à des personnes qualifiées. Tel fut Claude Marcel, marchand du corps de l'orfévrerie, demeurant sur le Pont-aux-Changeurs, qui fut fait prévôt des marchands en 1570, après avoir successivement passé par les charges dont on vient de parler (1). »

Les six corps de marchands formaient entre eux une étroite confédération en vertu de laquelle ils étaient unis pour le bien du commerce en général et pour la conservation des priviléges qui leur étaient communs, aussi bien que des droits propres à chaque corps en particulier. Leur devise exprimait heureusement cette union. Elle avait pour *corps* un Hercule assis s'efforçant en vain de rompre un faisceau, et pour *âme* ces mots : *Vincit concordia fratrum.* Leurs trente-six gardes s'assemblaient toutes les fois que le bien des affaires communes le demandait. Le grand-garde de la draperie convoquait les assemblées, et y présidait comme étant à la tête du premier corps. Les résolutions passaient à la pluralité des voix, et le résultat en était consigné sur le registre des délibérations qui se conservait avec les titres communs dans les archives du bureau. Chaque corps de marchands avait en outre sa maison commune et son bureau spécial, où se tenaient ses assemblées et où étaient gardés ses titres.

Je vais maintenant m'occuper de ce qui est relatif à chacun des corps en particulier, en suivant l'ordre hiérarchique établi entre eux.

Les *drapiers*, le premier des six corps marchands, étaient célèbres à Paris dès les plus anciens temps, par leurs richesses et par l'importance de leur commerce (2). En 1183, Philippe-Auguste leur donna, à la charge de 100 livres parisis de cens, vingt-quatre maisons confisquées sur les juifs. On croit que ces maisons étaient situées rue de la Vieille-Draperie. Quoi qu'il en soit, il est certain que les drapiers logeaient encore dans cette rue en 1315, époque où ils achetèrent les débris de l'ancien monastère de Saint-Barthélemy, pour agrandir leurs logements et leurs boutiques. Philippe-Auguste, en donnant aux drapiers ces vingt-quatre maisons, exempta ces maisons de la taille que les rois et la ville levaient en certaines occasions. Il leur donna encore la halle aux draps, dont ils conservèrent le droit de nommer le garde, comme ils nommaient aussi les vingt-quatre courtiers et auneurs de drap de Paris.

Le corps de la draperie comprenait deux communautés, l'une des drapiers, proprement dits, l'autre des drapiers-chaussetiers. L'intérêt, et souvent aussi la vanité, firent naître de longues querelles entre ces deux corporations, qui furent enfin réconciliées en 1633. En 1648, les

(1) Félibien, t. II, p. 925 et 926.
(2) Voir ce que j'ai dit des *drapiers* et des *foulons*, t. II, p. 293 et 294.

drapiers et chaussetiers placèrent dans une seule église leurs deux confréries, qui jusqu'alors avaient été séparées. Au xve siècle, les chaussetiers, qui avaient choisi la Vierge pour patrone, tenaient leur confrérie au maître-autel de Saint-Pierre-des-Arcis, où ils avaient érigé une figure de Notre-Dame, qu'ils emportèrent en 1473, du consentement des marguilliers. En 1491 ils transférèrent l'image et la confrérie à Saint-Denis-de-la-Chartre, et ensuite à Sainte-Marie-l'Égyptienne. La confrérie des drapiers, proprement dits, dont saint Nicolas était le patron, remontait à l'an 1188. Elle avait été établie dans l'église des Innocents; depuis 1648, elle était réunie à celle des chaussetiers à Sainte-Marie-l'Égyptienne.

Le bureau de la draperie était à la rue des Déchargeurs, dans une maison appelée *les Carneaux*. « En 1527 c'était un vieux logis qui appartenait à Jean Le Bossu, archidiacre de Josas, et que les drapiers lui achetèrent pour le prix de 1,800 livres, en échange d'une autre maison dont ils étoient propriétaires, située vers le Chevalier du guet (1). »

La draperie avait pour armoiries, suivant la concession de Christophle Sanguin, prévôt des marchands, et des échevins, en date du 27 juin 1629, un navire d'argent à la bannière de France, en champ d'azur, un œil en chef, avec cette légende, qui n'est pas spécifiée dans la concession : *Ut cæteros dirigat*, pour donner à entendre que ce corps était le premier des six et avait le pas sur les autres. Quelques auteurs décrivent ainsi le blason des drapiers : d'argent, au vaisseau d'or, à voiles et pavillon d'azur, voguant sur une mer de sinople.

Pour être admis dans le corps des drapiers, il fallait avoir fait un apprentissage de trois ans et avoir servi chez les maîtres pendant deux autres années comme garçon. Le brevet coûtait 300 livres, la maîtrise 2,500 livres.

Le second corps des marchands était celui des *épiciers* et *apothicaires*. Dans les actes antérieurs au xve siècle, les épiciers sont désignés seuls, et le plus ancien qui fasse mention des apothicaires est de l'an 1484 (2).

---

(1) Sauval, t. II, p. 472.
(2) Je veux parler seulement ici des apothicaires considérés comme corporation. Ce nom, en effet, était connu bien plus anciennement, et s'appliquait déjà dans un sens équivalent à celui d'épicier. Les princes avaient autrefois des valets de chambre épiciers ou apothicaires. Godefroy Lefèvre, dont j'ai déjà parlé, est désigné dans différents titres de la fin du xive siècle comme épicier valet de chambre, et dans d'autres comme apothicaire valet de chambre du duc Louis d'Orléans, frère de Charles VI. J'ai sous les yeux un de ces titres qui peut passer pour l'un des plus vieux et des plus curieux *mémoires d'apothicaire* que l'on connaisse. En voici la copie : « Ce sont les espices de chambre despensées, au mois de février, pour monseigneur le duc d'Orléans, livrées par Godefroy Lefèvre, espicier et valet dudit seigneur. 1398. Anis confit, 40 livres, à 9 sols; noix confites, 37 liv., à 7 sols; sucre rosat, 14 liv., à 10 sols; *manuchristi*, 13 liv.,

Tous les titres postérieurs les confondent avec les épiciers; et il est certain qu'à partir de cette époque ils ne formèrent qu'une corporation, ce qui n'empêcha point les épiciers et les apothicaires d'être perpétuellement en guerre les uns contre les autres. Tantôt, comme en 1514, les apothicaires obtenaient des lettres-patentes qui leur conféraient le droit de nommer des gardes sans y appeler les épiciers; tantôt, au contraire, comme en 1553, les épiciers faisaient déclarer, par lettres du roi, les apothicaires exclus du commerce de l'épicerie. Les différends ne s'arrêtèrent pas là; au mois de mars de la même année 1553, le prévôt des marchands, à la sollicitation des apothicaires, rendit un arrêté qui défendait aux épiciers de se prévaloir des lettres que le roi venait de leur accorder. Enfin, en 1634, après un siècle de débats, il fut déclaré, par forme de transaction, que les gardes et droits honorifiques seraient partagés et alternatifs; mais cette décision ne fit que suspendre les prétentions respectives des deux industries, et l'on vit les apothicaires se qualifier, au grand mécontentement de leurs rivaux, *gardes de la marchandise d'apothicairerie et d'épicerie*, tandis que les épiciers prenaient le titre de *gardes de la marchandise d'épicerie, de grosserie et de mercerie* (1). Les épiciers faisaient *chef-d'œuvre* devant les gardes épiciers et apothicaires; mais les apothicaires ne le faisaient que devant les maîtres apothicaires confrères et deux médecins de la Faculté de Paris. Jusqu'en 1622, les apothicaires allaient seuls faire visite chez leurs confrères; mais un arrêt du 14 octobre de cette année les obligea de se faire assister dans cette visite par des docteurs en médecine, professeurs en pharmacie, députés par la Faculté.

La corporation des apothicaires administrait gratuitement, depuis 1624, l'hôpital de la Charité chrétienne, fondé au faubourg Saint-Marceau, sous Henri III, par leur bienfaisant confrère Nicolas Houel, et tant que cette pieuse fondation subsista, ils fournirent généreusement aux malades et aux blessés reçus dans la maison, tous les médicaments nécessaires. Après la suppression de cet hôpital, ils allèrent exercer leur charitable office aux Petites-Maisons; mais ils conservèrent le jardin annexé à la maison de Nicolas Houel, et qui continua de porter le nom de jardin des apothicaires. Nous verrons ailleurs que ce jardin fut l'origine du Jardin-des-Plantes (2).

On ne pouvait être reçu maître apothicaire qu'après un apprentissage de quatre ans et après avoir été dix ans garçon. Le brevet coûtait 88 livres et la maîtrise 6,000. Aujourd'hui les apothicaires ont pris la

---

à 10 sols; *pignolat*, 39 liv. et demie, à 7 sols; *paste de roy*, 33 liv. un quart, à 9 sols; *madien*, 7 liv., à 12 sols; dragée ordonnée pour ledit seigneur, au dit mois, 6 liv., à 14 sols; somme des livres d'espices, 189 trois quarts; argent, 81 liv. 11 sols 9 deniers parisis. Par monseigneur le duc, à la relation des chambellans. Buno. »

(1) Sauval, t II, p. 474. — (2) Sauval, t. II, p. 473 et 474.

dénomination de *pharmacien*, et c'est ainsi qu'ils sont appelés dans les actes de l'administration qui concernent l'exercice de leur profession. En changeant de nom ils ont beaucoup modifié leurs attributions, et, comme on l'a souvent remarqué, rien ne ressemble moins à un apothicaire du temps de Molière qu'un pharmacien de nos jours (1).

L'industrie des *sauciers* et *moutardiers* était autrefois annexée à celle des apothicaires et des pharmaciens. Le bon Sauval énumère curieusement les sauces dont on faisait usage à Paris dans le moyen âge. « Les unes, dit-il, étoient faites de poivre blanc, nommé alors *jaulnet*, et s'appeloient sauces chaudes; les autres, faites de poivre noir, sauces à compotes; d'autres, les sauces à la moutarde, étoient composées de galantine, dont l'usage est perdu, aussi bien que le nom du simple dont elles étoient faites. Outre ces sortes de ragoûts il y avoit la sauce râpée, faite de verjus, de grain, ou de graine de groseille; la sauce verte, qui étoit composée de gingembre et de verjus, et qu'on *vernissoit* avec du persil tout frais et du bled vert, et où l'on mettoit du pain blanc; la camelaine, aussi inconnue que la galantine; dans celle-ci entroient du cynamome, du gingembre, du clou de girofle, de la graine de moutarde, avec du vin, du verjus, du pain et du vinaigre (2). » Comme les sauciers et moutardiers commettaient certains abus dans l'apprêt et dans la composition de leurs sauces, on fut obligé, en 1394, de leur donner des gardes qui prenaient le nom des gardes-épiciers et sauciers, mais qui étaient placés sous la surveillance des gardes de l'épicerie.

Les *chandeliers* firent aussi partie de la corporation des épiciers jusqu'au milieu du XVe siècle. « En 1450, il leur fut défendu de vendre aucune épicerie, mais seulement du suif, de l'huile, du vieux-oing, etc. Comme aux sauciers et moutardiers, on leur donna des gardes, appelés tantôt jurés et gardes du métier de chandelier et suif, tantôt jurés et gardes-épiciers et chandeliers de suif. Depuis, en 1459 (3), le roi, par d'autres lettres, défendit aux épiciers de vendre les mêmes choses qu'eux.

Le corps de l'épicerie avait une prérogative qui lui était particulière. Les gardes avaient droit de visiter les poids et les balances dans les maisons, boutiques et magasins de tous les marchands et artisans de Paris qui vendaient leurs marchandises et denrées au poids; même chez les maîtres des coches et carrosses, à l'exception cependant des marchands des autres cinq corps, chez lesquels ils n'avaient pas droit de faire visite. Cette prérogative était fondée sur ce que de temps immémorial les marchands épiciers de Paris avaient eu la garde de l'étalon royal des poids, avec obligation cependant de les faire vérifier de six ans en six ans sur les matrices originales qui étaient conservées sous

(1) Voir *Diction. hist. de Paris*, par Béraud et Dufey; t. I, p. 31. — (2) Antiq. de Paris, t. II, p. 473. — (3) *Ibid.*

quatre clefs en la cour des monnaies, et que l'on croit avoir été fabriquées du temps de Charlemagne.

Les armoiries données à l'épicerie de Paris, en 1629, sont : coupé d'azur et d'or ; sur l'azur, la main d'argent tenant des balances d'or ; et sur l'or, deux nefs de gueules flottantes, aux bannières de France, accompagnées de deux étoiles de gueules, avec ces mots au haut : *Lances et pondera servant*, qui marquent le dépôt des poids et des balances confié à cette corporation.

Je viens de parler des conditions exigées de ceux qui se présentaient dans le corps de l'épicerie pour être reçus apothicaires. Quant aux autres parties de l'épicerie, il suffisait d'un apprentissage de trois années. Le brevet était de 100 livres et la maîtrise de 850 livres.

La confrérie des épiciers et apothicaires, après avoir été établie en 1513 à l'hôpital Sainte-Catherine, en 1546 à Saint-Magloire, se tenait, depuis 1589, au maître-autel des Grands-Augustins ; ils avaient, comme les drapiers, saint Nicolas pour patron. Le bureau de l'épicerie était au Cloître-Sainte-Opportune.

Merciers. — Le nom de *mercier* avait autrefois une acception beaucoup plus étendue qu'aujourd'hui. On sait que dans sa signification primitive il est synonyme de *marchand*, et qu'il est tiré du mot latin *merx*, qui désigne toute marchandise, toute denrée dont on peut faire commerce. Aussi le corps de la mercerie, qui occupait le troisième rang parmi les six corps marchands, était-il le plus considérable de tous. Deux mille cinq cents familles du temps de Félibien, en 1725, exerçaient cette profession ; mais il faut dire qu'on la subdivisait en vingt classes qui forment aujourd'hui autant d'industries séparées (1).

(1) Il ne m'a pas paru sans intérêt de reproduire ici la nomenclature de ces industries si diverses. On en concevra mieux quelle était autrefois l'importance des merciers de Paris. « Cette corporation, dit l'auteur d'un *état de la ville de Paris* en 1765, comprend : 1° Les marchands *grossiers* qui vendent en gros, en balle et sous corde, tout ce que les autres corps peuvent vendre en détail, à l'exception des draperies de laine qu'ils prétendent aussi pouvoir détailler ; 2° les marchands de drap et d'étoffes d'or, d'argent et de soie ; 3° les marchands de *dorures* qui ne vendent que des *galons* de toute espèce, etc. ; 4° ceux qui font négoce de camelots, étamines, serges à doubler, etc. ; 5° les *joailliers* qui font commerce de pierres précieuses, perles, bijoux d'or et d'argent, etc. ; 6° les marchands de *toiles*, linge de table ouvré et non ouvré, menue lingerie, etc. ; 7° les marchands de *points* et *dentelles* de fil, de baptiste, de linon, de mousselines, de toiles de Hollande, demi-Hollande, etc. ; 8° ceux qui ne vendent que des *soies en bottes* ; 9° ceux qui font commerce de *peausseries*, comme maroquins, chamois, etc. ; 10° les marchands de *tapisseries*, tant de Bergame qu'autres, qui vendent aussi des courtes-pointes, de tapis, des couvertures et toutes sortes de beaux meubles ; 11° les marchands de *fer* qui vendent du fer en barres, en verges, en plaques, en tôle, en fil, en clous, etc., même de l'acier, de l'étain, du plomb et du cuivre non ouvré ; 12° les quincailliers qui ne font négoce que de marchandises de quincaille, ce qui comprend les armes, la coutellerie, la taillanderie, la serrurerie, les instru-

LOUIS XII.

Les merciers abondaient à Paris au moyen âge, et j'ai rapporté plus haut, d'après le curieux ouvrage de M. Depping, des détails nombreux sur les marchandises si variées qu'on trouvait alors chez eux (1). Ici je m'occuperai seulement de l'histoire des merciers depuis leur réunion en communauté, c'est-à-dire depuis le XVe siècle.

Charles VI fut le fondateur de cette corporation, et lui donna, en 1407 et 1412, des statuts qui furent ensuite confirmés et augmentés sous Henri II en 1547, 1557 et 1558, par Charles IX en 1569 et 1570, par Henri IV en 1601, par Louis XIII en 1613, et enfin par Louis XIV en 1645. A la tête du corps de la mercerie étaient sept maîtres et gardes préposés pour la conservation de ses priviléges et de sa police. Les gardes merciers en charge avaient le droit de porter la robe consulaire dans toutes les cérémonies publiques où ils étaient appelés.

Les armoiries accordées aux *marchands merciers et grossiers*, en 1629, étaient un champ d'argent chargé de trois vaisseaux, dont deux en chef et un en pointe. Ces vaisseaux étaient construits et mâtés d'or sur une mer de sinople; le tout surmonté d'un soleil d'or avec cette devise : *Te toto orbe sequemur*, nous te suivrons par toute la terre. Plus anciennement les merciers avaient pour armoiries *l'image de saint Louis* en champ d'azur, tenant une main de justice semée de fleurs de lis d'or; et il paraît qu'ils conservèrent ces premières armoiries malgré la concession nouvelle de 1629.

Pour être reçu marchand dans ce corps, il fallait être né Français, avoir fait apprentissage pendant trois ans et servi les maîtres pendant trois autres années en qualité de garçon. La maîtrise coûtait 1,000 livres. Le bureau était situé rue Quincampoix. Le patron des merciers était le roi saint Louis. Ils avaient établi leur confrérie dans l'église du Saint-Sépulcre.

La corporation des merciers était, comme je l'ai dit (2), si nombreuse

---

ments, les outils pour toutes sortes d'ouvriers ou d'artisans, et autres menues marchandises d'acier, de fer et de cuivre, etc.; plusieurs mettent au rang de la quincaillerie les ouvrages d'arquebuserie, etc. ; 13° ceux qui vendent des *tableaux*, des estampes, des bras, des girandoles, des figures de bronze, de marbre, de bois et d'autres matières, et autres marchandises et curiosités propres à l'ornement des appartements; 14° les marchands de *miroirs* et de glaces pour les carrosses, les toilettes et les appartements, etc.; 15° les marchands de *modes*, qui font négoce de *rubans* d'or, d'argent et de soie, de tabliers, d'écharpes et toutes sortes *d'agréments*; 16° les marchands *papetiers* qui vendent les papiers, l'encre, les écritoires, les plumes, etc.; 17° ceux qui font négoce de chaudronnerie, etc.; 18° les marchands de toiles cirées en gros et en détail, qui vendent aussi des parapluies, des guêtres, des porte-manteaux, etc.; 19° les marchands de *menues merceries* qui vendent de la boutonnerie, des lacets, des aiguilles, des épingles, des dés à coudre, etc.; 20° enfin les *petits merciers* qui vendent de la *patenôtrerie* ou chapelets, des peignes, des damiers, des jeux d'échecs, et de toutes sortes de colifichets de cartes et de bois pour les enfants, qui se nomme de la *bimbeloterie.* » — (1) Voy. t. II, p. 295 et 296. — (2) T. II, p. 296.

et si riche au xvi⁰ siècle, qu'en 1557 Henri II ayant fait faire une revue générale des gens de pied de Paris, y trouva sous les armes plus de trois mille merciers, en bon équipage, qu'il fit passer en revue par le prince de la Roche-sur-Yon. En 1567, Charles IX ayant besoin d'un prompt secours d'hommes et d'argent, s'adressa aux merciers de Paris qui, en deux jours, lui fournirent des armes pour les régiments d'infanterie de Brissac et de Strozzi (1).

Un siècle après, et lorsque Louis XIV porta la guerre en Franche-Comté : « Le corps de la mercerie, dit Piganiol, prêta à S. M. une somme considérable, qui fut rendue, peu après, avec une autre somme en présent. Le ministre chargé de notifier au corps de la mercerie les volontés du prince, marqua dans sa lettre que l'intention du roi étoit que ce présent fût employé à la décoration de leur chapelle et à des prières pour S. M. On résolut en conséquence de consacrer une partie de cet argent à un tableau que l'on placeroit sur le maître-autel de l'église du Sépulcre, où le corps de la mercerie fait faire son office. Le fameux Le Brun remplit parfaitement les désirs de cette compagnie, et en peignant J.-C. sortant du tombeau, il représenta Colbert, le protecteur du commerce et des arts, tenant un des coins du linceul (2). La nouvelle de la rapide conquête de la Franche-Comté faite par Louis XIV en personne, étant arrivée sur ces entrefaites, l'autre partie du présent de S. M. fut employée à faire faire des actions de grâces les plus solennelles. L'illustre Santeuil composa sur ce sujet une pièce latine dans laquelle ce grand poëte, en célébrant la gloire du conquérant, fit une mention honorable de la générosité du monarque envers le corps de la mercerie, et de la reconnoissance de cette compagnie (3). » Suivant le même auteur, cette pièce, traduite en français par le grand Corneille, était conservée précieusement avec la traduction dans les registres du bureau de la mercerie (4).

Les merciers se vantaient d'avoir autrefois suivi les rois, et affirmaient qu'ils avaient alors à la cour un quartier séparé. La *galerie des Merciers*, au Palais-de-Justice, était le lieu où le roi leur permettait d'étaler leurs marchandises lorsqu'ils logeaient au Palais. « A la Grange-aux-Merciers (au bout de la rue de Bercy) ils exposoient leurs marchandises quand la cour venait au bois de Vincennes prendre l'air (5). » Il y avait encore, au dernier siècle, vingt-six marchands merciers privilégiés suivant la cour.

« Mais tous ces honneurs, dit Sauval, sont trop peu de chose pour les merciers; leur ambition va bien plus loin. Ils prétendent avoir eu un

---

(1) Sauval, t. II, p, 475. — (2) Voy. *Église du Saint-Sépulcre*, t. II, p. — (3) *Descr. de Paris*, t. II, p. 146, 147. — (4) Cette pièce, qui n'a pas été imprimée avec les autres ouvrages de Santeuil, se trouve dans les OEuvres diverses de Pierre Corneille. — (5) Sauval, t. II, p. 475.

roi autrefois, nommé *le roi des merciers*, qui, outre ses officiers, lieutenants et une infinité de sujets, étendoit son pouvoir si loin, que ce pouvoir n'avoit pour bornes que celles de la France. Aucun mercier n'étoit reçu qu'en vertu de ses lettres. Il visitoit leurs poids, leurs mesures, leurs marchandises. Le grand-chambellan lui donnoit l'investiture de la royauté, et au rapport de Fauchet, on lui permettoit de lever quelques droits sur les merciers, à raison de ce qu'il était tenu de fournir certaine quantité de cire au sacre du roi. Avec le temps, ce souverain eut d'autres rois pour compagnons; mais ils vinrent à abuser de leur autorité, à tel point que pour un écu, à ce que disent les ennemis des merciers, ils donnoient des lettres de mercerie aux premiers venus, quoique peu à peu on réprimât ce désordre; néanmoins à la fin du XVIe siècle, dans les villes et les autres lieux où il n'y avait ni gardes, ni jurés, l'argent auprès de ces rois faisoit tout. Ce que Henri IV ayant appris, en 1597, aussitôt il les supprima eux et leurs officiers, et non content de leur ôter tout ce pouvoir qu'ils avaient, il voulut encore que tous ceux qui avoient obtenu des lettres d'eux fussent obligés dans la huitaine de renouveler leur serment et maîtrise (1). »

Les historiens de Paris accusent les merciers d'un esprit d'envahissement qui les faisait empiéter souvent sur les autres industries. « Aussi bien que les drapiers, les merciers, dit un de ces historiens, vendent des bas et des chausses de drap et de laine, avec des drogues comme les épiciers et les apothicaires. Chez eux on achète gants fourrés, manchons et autres fourrures, ce qui est le fait des pelletiers, et tout de même au préjudice des orfévres et bonnetiers, bonnets, bas, camisoles, caleçons de laine et de soie, et tous ces bijoux et galanteries dont l'orfévrerie se pare. Ajoutez à cela que dans leurs boutiques on trouve encore des gants, de la poudre, des heures et mille autres gentillesses qui font le négoce des libraires, des parfumeurs, des gantiers et autres artisans; si bien qu'on ne doit pas s'étonner que ce corps soit si nombreux et plus riche tout seul que les cinq autres corps des marchands, et qu'on lève sur lui autant que sur les autres ensemble quand il s'agit de faire des levées sur les six corps (2). »

La plupart des marchandises dont se composait l'ancienne mercerie de Paris étaient jadis importées de l'étranger. De nos jours, la France n'a plus recours qu'à ses fabriques indigènes, et elle fournit à l'étranger la plus grande partie des objets de cette industrie qu'elle en recevait autrefois (3).

Les pelletiers, ou marchands de fourrures, formaient le quatrième des six corps des marchands. Dans toutes les cérémonies publiques ils

---

(1) *Antiq. de Paris*, t. II, p. 476. — (2) Sauval, *Antiq. de Paris*, t. II, p. 475. — (3) Voy. *Dict. hist. de Paris*, par Béraud et Dufey, t. I, p. 460.

disputaient le troisième rang à celui de la mercerie qui se maintint néanmoins dans la possession de cette prérogative. Les pelletiers étaient un des plus anciens (1), mais le moins nombreux et le moins riche des six corps; ils se soutenaient cependant, dit Félibien, avec tout l'éclat possible (2). En 1586, sous le règne de Henri III, la communauté des fourreurs fut réunie à celle des pelletiers (3), et la compagnie reçut alors ses premiers statuts où elle est qualifiée de corps des maîtres et marchands pelletiers, haubanpiers, fourreurs. Ces statuts furent augmentés et confirmés par Louis XIII et Louis XIV.

Les pelletiers ont eu sucessivement leur confrérie aux Saints-Innocents, aux Grands-Augustins, et, au siècle dernier, dans l'église des Carmes-Billettes; leur fête était celle du Saint-Sacrement. Leurs armoiries étaient un agneau pascal d'argent en champ d'azur, à la bannière de France, de gueules, ornée d'une croix d'or, pour supports leurs hermines, et sur l'écu une couronne ducale. L'origine de ces armoiries était ancienne. Les pelletiers en attribuaient la concession, du moins celle de la couronne ducale, au duc de Bourbon, comte de Clermont, grand chambellan de France, qui vivait en 1368, et qui était protecteur de leur corps.

Pour être admis dans la corporation des pelletiers, il fallait avoir fait un apprentissage de quatre années, et quatre années de compagnonnage. Le brevet coûtait 60 livres, et la maîtrise 600 livres (4). Leur bureau était situé rue Bertin-Poirée.

Bonnetiers. — La communauté des bonnetiers, qui avait le cinquième rang parmi les corps marchands, était la moins ancienne des six. Elle ne fut établie que dans le XVIe siècle. C'étaient originairement des ouvriers qui faisaient et vendaient des aumusses, des mitaines, des chapeaux, quoiqu'il y eût aussi une corporation particulière de chapeliers. Dans les ordonnances des métiers de Paris, dressées en 1390, ils sont appelés: *Aulmussiers, bonnetiers, mitainiers et chapeliers de Paris.* Lorsque la fabrication de ce que nous appelons aujourd'hui bonneterie eut été inventée, cette communauté prit une telle importance, qu'en 1514, à l'occasion du mariage de Louis XII avec Marie d'Angleterre, lorsque

(1) On a vu qu'en 1183 Philippe-Auguste, après l'expulsion des Juifs, donna dix-huit de leurs maisons aux pelletiers de Paris. Les maisons étaient situées dans une rue de la Cité qui prit alors le nom de rue de la Pelleterie. Il y avait aussi dans le moyen âge beaucoup de pelletiers sur le Petit-Pont. (Voir t. II, p. 295.)

(2) Selon Sauval, les pelletiers prétendaient qu'ils avaient obtenu autrefois la prééminence sur les autres marchands, parce que c'étaient eux qui faisaient la robe du roi.

(3) Le nom de ces nouveaux associés déplaisait fort aux pelletiers. « Il ne tient pas à eux, dit Sauval, que la rue des Fourreurs, où ils demeurent presque tous, ne s'appelle rue des Pelletiers. »

(4) Voy. Sauval, t. II, p. 477; Félibien, t. II, p. 929; Hurtaut, t. IV, p. 4.

les *changeurs*, appauvris, refusèrent de porter le dais, on offrit cet honneur aux bonnetiers comme à la plus riche confrérie des métiers. Ils s'empressèrent d'accepter l'insigne privilége que leur abandonnaient les changeurs, et portèrent le dais sur la reine avant les orfèvres. « Par ce moyen, de simples *artisans* qu'ils avaient toujours été, ils devinrent *marchands*, et le cinquième des six corps de la ville (1). »

Les bonnetiers avaient choisi pour patron saint Fiacre, parce qu'il était, disaient-ils, fils d'un roi d'Écosse, et que c'est de ce pays que sont venus les premiers ouvrages de bonneterie faits au tricot (2).

Pour être reçu dans le corps de la bonneterie, il fallait être âgé de vingt-cinq ans, et avoir servi chez les maîtres cinq ans comme apprenti, puis cinq autres années comme garçon. Le brevet coûtait 75 livres; la maîtrise 1,700 livres.

Le bureau de la bonneterie était au cloître Saint-Jacques-la-Boucherie; leur confrérie était établie dans l'église du même nom. Là chapelle qu'ils avaient choisie était la mieux située de l'église. Sur la frise du lambris qui l'entourait, ils avaient fait sculpter des bonnets de différentes formes (3); et sur les verrières on avait peint « *des ciseaux ouverts avec quatre chardons au-dessus*. C'étaient là, en effet, les premières armoiries de la corporation. Elle les abandonna en 1629 pour prendre celles-ci, que le prévôt des marchands lui désigna : D'azur à cinq navires d'argent, à la bannière de France, et en chef une étoile d'or. Encore, suivant Félibien, les bonnetiers changèrent-ils depuis ces armes, et ôtèrent l'étoile pour mettre en abîme une toison d'argent accompagnée de trois navires en chef et deux en pointe (4). » On ne songeait plus guère, je crois, à reprocher aux bonnetiers parisiens cette inconstance en matière d'armoiries, lorsque tout-à-coup, en 1838, un de leurs confrères de la rue Richelieu est venu les rappeler inopinément au respect des traditions, en faisant peindre sur sa porte les ciseaux et les chardons primitifs, avec cette inscription, encore plus naïve qu'elle ne croit l'être : *C'est li blazon des chauciers de Paris*.

Orfèvres (5). — Quoique les orfèvres n'eussent que le dernier rang parmi les six corps marchands, ils pouvaient être considérés, à certains égards, comme le plus distingués, soit par leur ancienneté, soit par la nature de leur profession. L'orfèvrerie, en effet, renferme un art excellent indépendamment du point de vue spéculatif. Sous ce rapport elle ne pouvait donc pas être confondue avec les autres professions mercantiles. « D'ailleurs, dit Félibien, l'ordre public demandoit, pour la sûreté des particuliers, que la fabrication et le commerce des matières d'or et

(1) Sauval, t. II, p. 469 et 478; Félibien, t. II, p. 924 et 929. — (2) Félibien, t. II, p. 929. — (3) Sauval, t. II, p. 478. — (4) Félibien, t. II, 929. — (5) On sait que cette dénomination dérive des mots latins *auri faber*, artisan en or.

d'argent, et le trafic des pierreries et des perles ne fussent pas abandonnés arbitrairement à des particuliers sans discipline et sans connaissance. En effet, dès le temps de nos premiers rois, il y avoit des citoyens à Paris qui étoient uniquement appliqués à l'orfévrerie, sans confondre cet état avec un autre négoce ou profession. Tels furent saint Éloi, qui étoit orfévre des rois Clotaire II et Dagobert I. Saint Théau, son disciple, et tant d'autres qu'il avoit formés. Or, comme on ne peut pas dire que saint Éloi soit le premier qui ait exercé l'orfévrerie à Paris, on ne peut pas dire non plus qu'elle ne se soit pas perpétuée depuis sans interruption dans cette ville. On doit supposer au contraire, qu'elle y étoit exercée, même avec quelque sorte de police, particulièrement sous la seconde race. L'édit donné sur le fait des monnaies et du titre des matières d'or et d'argent, dans l'assemblée de Pistes, sous Charles-le-Chauve, en 864, en est une preuve. Cette ordonnance générale contient plusieurs dispositions particulières qui regardent spécialement les orfévres et qui règlent leurs devoirs; ce qui fait connoître que le corps des orfévres étoit regardé comme un corps subsistant et autorisé par les lois du royaume (1). » Une ordonnance de Philippe-de-Valois, de 1330, confirme d'anciens statuts des orfévres, qu'on n'a pas conservés, mais qui sans doute leur avaient été donnés par Etienne Boileau (2).

Le même prince leur avait donné les armoiries qu'ils portaient : « de gueules à croix d'or dentelée, accompagné au premier et quatrième quartier d'une coupe d'or, et au deuxième et troisième d'une couronne de même, au chef d'azur semé de fleurs-de-lis sans nombre, avec cette légende : *In sacra inque coronas*, pour faire entendre que l'orfévrerie étoit principalement consacrée à la pompe du culte divin et à l'ornement de la majesté royale. » D'après la tradition conservée chez les orfévres, ces armoiries étaient une récompense de leur probité à garder les meubles précieux et les joyaux de la couronne, que Philippe-de-Valois leur confiait. La bannière de France qu'on voyait dans ces armes indiquait en effet une concession royale; et ce qui démontrait d'ailleurs leur antiquité, selon les historiens, c'est qu'on les voyait sculptées, en style gothique, sur le pignon d'une maison appartenant aux orfévres, rue Jean Lantier, au coin de la rue des Deux-Portes (3), à côté de la chapelle fondée par la communauté.

J'ai parlé ailleurs de la *chapelle des orfévres* (4) et de l'hôpital entretenu aux frais de cette bienfaisante corporation. Près de là, et dans la même rue, était le bureau où les orfévres tenaient leurs assemblées. « C'est dans ce bureau, dit l'historien déjà cité, que le poinçon de Paris est déposé sous plusieurs clefs et confié à la surveillance des gardes en charge. Tous les ouvrages d'or et d'argent fabriqués à Paris et dans

---

(1) Félibien, t. II, p. 923, 925. — (2) *Ibid.*, p. 929. — (3) Cette rue des Deux-Portes est celle qu'on a appelée depuis *rue des Orfévres*. — (4) Voy. ci-dessus, p. 94.

l'étendue de la prévôté, doivent y être apportés pour être marqués, après avoir été essayés à la *coupelle* et à l'eau-forte, avec cette exactitude qui garantit la sûreté publique et qui donne tant de réputation aux ouvrages d'orfévrerie de cette ville (1). »

Le commerce des diamants, des perles et des pierres fines avait été réuni à la fabrication et à la vente des ouvrages d'or et d'argent, de sorte que les commerçants qui faisaient partie du corps de l'orfévrerie portaient officiellement le titre de : *orfèvre-joaillier-metteur en œuvre*.

Le nombre des maîtres orfévres était fixé à trois cents. L'apprentissage était de huit ans; mais la durée du compagnonnage n'était point déterminée. Le brevet était de 130 livres, la maîtrise de 1,200. Les orfévres avaient, comme on sait, saint Éloi pour patron.

Les orfévres étaient en même temps changeurs et monnayeurs sous les deux premières races; mais au commencement de la troisième, les *changeurs* se séparèrent du corps des orfévres, et constituèrent une communauté distincte qui occupait le cinquième rang dans les six corps marchands; et qui était célèbre par ses richesses et son influence. La multiplicité des monnaies était telle, à certaines époques du moyen-âge, qu'il aurait été impossible de faire le commerce sans les changeurs. Le crédit dont ils jouissaient était fort étendu, et souvent, au lieu de donner des espèces en échange des monnaies qu'ils recevaient, ils donnaient des cédules ou billets payables par le changeur d'une autre ville. De là, sans doute, l'origine de nos *lettres de change*. On a vu qu'à Paris les changeurs habitaient autrefois le Grand-Pont, qui prit d'eux le nom de Pont-aux-Changeurs ou Pont-au-Change. « Pendant plusieurs siècles, dit Sauval, ce pont a été le seul endroit de la ville où le commerce des changeurs se faisoit et se devoit faire à peine de confiscation; et cela est si vrai, ajoute-t-il, qu'en 1332, des gens s'y étant établis, le prévôt les en chassa, et même il en fut loué du parlement. » Félibien, et après lui M. Dulaure, ont fort mal interprété ce passage de Sauval, en prétendant que les changeurs furent eux-mêmes chassés du Pont-au-Change en 1331. Ils continuèrent au contraire d'y demeurer. Les orfévres en occupaient un côté et les changeurs l'autre; ce qui s'est pratiqué, dit Jaillot, jusqu'au siècle passé. Long-temps les changeurs de Paris se firent remarquer par leur opulence, et nous voyons qu'en 1380 ce fut un changeur, Oudart de Maucreux, qui rebâtit et dota la chapelle de l'Hôtel-Dieu. Mais, selon Sauval et Félibien, la pragmatique sanction, qui interrompit le commerce d'argent avec la cour de Rome, affaiblit tellement le corps des changeurs, qu'en moins de soixante ans ils se trouvèrent réduits à un très petit nombre, et hors d'état de soutenir leur rang dans le corps de ville. Au ma-

(1) Félibien, t. II, p. 930.

riage de Louis XII avec Marie d'Angleterre, en 1514, c'était au tour des changeurs à porter le dais sur la tête de la reine; mais « ils représentèrent que leur nombre étoit si fort diminué qu'à peine restoit-il parmi eux cinq ou six chefs de famille, trop pauvres pour supporter les frais des habillements de soie dont ils devoient être parés. » Ils prièrent la ville de chercher une autre confrérie qui voulût bien accepter à leur place cet onéreux privilége. Les bonnetiers s'offrirent; ils occupèrent ce jour-là, et gardèrent depuis, le rang abandonné par les changeurs, qui cessèrent alors de faire partie des communautés marchandes.

L'organisation des six corps marchands, à part quelques modifications peu importantes, resta la même jusqu'en 1776. A cette époque, un édit de Louis XVI supprima les jurandes et les communautés de commerce, d'arts et de métiers; mais, peu de temps après, sur les représentations du parlement, les six corps marchands furent rétablis et constitués sur de nouvelles bases. J'aurai occasion de m'occuper plus tard des dispositions de cet édit.

Voy. Félibien, t. II, p. 933.

HUITIÈME ÉPOQUE.

Paris depuis François Ier jusqu'à Louis XIII.
1515-1610.

CHAPITRE PREMIER.

FRANÇOIS Ier, LE PÈRE DES LETTRES.
1515-1547.

I. Faits généraux.

Louis XII était mort le 1er janvier 1515; les jours qui suivirent furent consacrés à de somptueuses cérémonies funéraires. Le nouveau roi, François, duc d'Angoulême, après s'être fait sacrer à Reims, le 25 janvier, vint prendre la couronne à Saint-Denis, et fit son entrée à Paris le 15 février.

Les Parisiens, suivant l'usage, furent en fête pendant toute la semaine. Le parlement vint recevoir le roi aux portes de la ville, précédé de son premier président, Mondot de la Martonie. Les sceaux de l'Etat étaient portés sur un cheval caparaçonné de velours noir semé de fleurs-de-lis d'or. François traversa la ville au milieu des jeux, des spectacles et des acclamations populaires (1). Le lendemain et les jours suivants, la cour se livra à son divertissement favori, celui des tournois. On établit dans la rue Saint-Antoine des lices où le jeune roi surtout se distingua par son courage et son adresse. Ce prince, né à Cognac, le 12 septembre 1494, était alors dans sa vingt-unième année. Il était bien fait, robuste et beau de visage, malgré les proportions un peu fortes d'un grand nez aquilin qui donnait à sa physionomie un caractère original. A ces qualités extérieures il joignait une intelligence vive et prompte, et grâce aux soins de son savant gouverneur, Arthur Gouffier de Boissy, il possédait les lumières d'un esprit cultivé qui lui

---

(1) Dans les chroniques on lit qu'en ces sortes de cérémonies le chemin ordinaire du roi pour se rendre à Notre-Dame était de passer sur le Pont-au-Change, « mais François voulut passer par celui de Notre-Dame, parce que l'autre n'était pas trop sûr. » Voy. Félibien, t. II, p. 933.

inspira de bonne heure le goût des arts et des lettres, auquel il dut tout le lustre de son règne. Au milieu des grands désordres dans lesquels il tomba plus tard, au milieu des malheurs qui l'assaillirent, il n'oublia jamais son titre de protecteur des lettres, et la reconnaissance des savants a seule adouci le jugement sévère, à d'autres égards, que la postérité devait prononcer sur lui.

Le dimanche 11 mars, le prévôt des marchands de Paris et les échevins vinrent offrir au roi son présent de joyeux avènement. C'était un riche morceau d'orfévrerie représentant une figure de saint François tout en or et haute d'environ deux pieds et demi, y compris le socle sur lequel elle était fixée. Sur ce socle était ciselée la devise de François Ier, une salamandre, avec ces mots : *Nutriscor et extinguo* (1). Peu de temps après, les Parisiens firent aussi présent à la reine mère du roi, Louise de Savoie, de 2,500 livres en vaisselle d'argent, « pour mériter sa bienveillance. »

Au mois d'août de la même année, le roi confirma solennellement les priviléges et immunités de la ville de Paris.

Avec l'ardeur de son âge et de son caractère, la première pensée de François Ier fut de recouvrer le Milanais. Il fit pour l'expédition qu'il avait résolu de tenter en Italie d'immenses préparatifs de guerre et de diplomatie, passa les Alpes vers la fin de l'été, et arrivé dans les plaines de Lombardie, ne trouva à combattre qu'une armée suisse inférieure en nombre d'environ moitié aux forces dont il disposait. La bataille s'engagea près de Marignan et dura deux jours, pendant lesquels les montagnards de l'Helvétie et les nobles gens d'armes Français se battirent avec une rage extraordinaire. Enfin les Suisses furent vaincus; mais ils se retirèrent en bon ordre et sans qu'on inquiétât leur retraite (13 et 14 septembre 1515). Le vieux maréchal de Trivulce, qui avait assisté à dix-huit batailles, disait que ce n'était qu'un jeu d'enfants, mais que la journée de Marignan était un combat de géants. Le duc de Milan, Maximilien Sforce, resté sans défense, capitula dans son château de Milan, abandonna tous ses droits et s'engagea à vivre en France dans une condition privée, moyennant une rente de 30,000 écus. Un mois avait suffi à la nouvelle conquête du Milanais.

François profita sagement de ses succès; il conclut d'abord avec les Suisses, dont il avait besoin, le traité qui reçut le nom de *paix perpétuelle*. Pour obtenir l'alliance du pape et l'alliance des Florentins, il sacrifia la pragmatique-sanction et le duché d'Urbin. La pragmatique fut remplacée par le concordat, qui donnait au roi le droit de nommer aux évêchés et aux abbayes du royaume, et au souverain pontife celui de prendre une partie des revenus ecclésiastiques de France. Le roi

---

(1) Le tout était d'or, pesant 43 marcs 4 onces 5 gros, touché et prisé par le maître de la monnaie, et fait d'écus à 23 carats. Félibien, t. II, p. 934.

conclut aussi à Noyon (1516) un traité avantageux avec Charles de Luxembourg, qui venait de succéder à son père Ferdinand-le-Catholique, roi d'Espagne. L'empereur Maximilien accéda au traité de Noyon, abandonna Vérone et fit sa paix avec François. Enfin, en 1518, la France obtint du roi d'Angleterre, moyennant 400,000 écus, la restitution de Tournay (1).

Le 12 mai 1517, la reine Claude avait fait son entrée solennelle à Paris, suivant le cérémonial adopté en cette occasion. « Entre les divertissements que l'on donna les jours suivants, il y eut un tournoi célèbre composé de deux bandes, l'une blanche, l'autre noire. Le roi menoit la bande blanche, et le comte de Saint-Paul la noire. On compte qu'il fut rompu jusqu'à six cents lances dans ce tournoi, qui finit par un combat de piques et d'épées à la barrière (2). »

En trois années, le jeune monarque avait donné à la France une position magnifique, et ses qualités personnelles faisaient de lui le prince le plus accompli, le plus influent et le plus redoutable de l'Europe. Mais tout le prestige de cette gloire et de cette puissance devait disparaître devant les vices de l'administration intérieure, les folies et les prodigalités de François, les mesquines cabales de la cour et les basses intrigues de l'ambitieuse mère du roi. François Ier viola souvent les lois pour satisfaire ses caprices, et dès son avènement au trône, il remplaça la monarchie mixte de ses trois prédécesseurs par la monarchie absolue. Une ordonnance de 1516, digne des temps les plus barbares du moyen-âge, prononçait, selon la gravité des cas, l'amende, le bannissement, les galères et la mort, contre ceux qui attentaient au droit de chasse du roi et des seigneurs sur leurs terres. Le parlement, usant de son droit de remontrances, refusa d'enregistrer ces atroces mesures; il y fut contraint en 1519, par des *lettres de jussion*. On dut s'attendre dès lors à toutes les violences d'un pouvoir sans frein et sans limites. Nous avons vu, dans les articles consacrés à l'Université et au Parlement (3), l'opposition de ces deux principaux corps de l'État à l'établissement du condordat; elle dura jusqu'en 1527. A cette époque le roi mit fin à la résistance du parlement, en lui ôtant, et attribuant au grand-conseil, tous les différends concernant les bénéfices de nomination royale. Ainsi, comme l'a fait remarquer avec raison un historien moderne, périssaient deux des dernières garanties des libertés publiques, la résistance du parlement et le respect de la royauté pour la législation antérieure.

On connaît l'accident arrivé à François Ier dans un combat de boules de neige à Romorantin. Dans la vivacité de l'action, il reçut une bles-

---

(1) En réjouissance de la paix conclue avec l'Angleterre, il y eut un tournoi devant l'hôtel des Tournelles. Sauval, t. II, p. 686. — (2) Félibien, t. II, p. 936. — (3) T. II, p. 181 et 356.

sure assez grave à la tête (1). Dès qu'il fut guéri, il envoya au parlement et à la chambre des comptes son confesseur, Guillaume Petit, évêque de Troyes. Ce prélat avertit les magistrats que le roi désirait qu'on rendît grâces à Dieu de sa guérison devant la sainte couronne d'épines ; il y portait grande dévotion, et il espérait présenter bientôt lui-même en hommage à la Sainte-Chapelle une couronne d'argent ; mais en attendant, il voulait que le clergé de cette église fît, à l'entrée de la Cité, en portant le bois de la vraie croix, une procession solennelle, à laquelle les deux cours assistassent (1521).

En 1519, à la mort de Maximilien Ier, trois princes se disputaient la couronne impériale : c'étaient les rois de France, d'Espagne et d'Angleterre. Le second, Charles-Quint, l'emporta sur ses rivaux, et ce fut l'origine de la sanglante rivalité de François Ier et de l'empereur. Tout réussit à celui-ci, qui triompha en Italie et en Espagne par les armes et l'intrigue. François Ier avait levé quatre armées ; néanmoins ces forces considérables avaient été inutiles, car la guerre était fort mal menée, et chaque plan était discuté de mille manières par la duchesse d'Angoulême, les courtisans, les maîtresses du roi, qui avaient tous voix délibérative, et qui tous ne cédaient qu'aux inspirations de leur intérêt et de leur ambition. Pour subvenir à la guerre, les Parisiens fournirent mille hommes et payèrent pendant un an l'aide sur le *pied fourché* et sur le vin. Les différents corps des marchands en furent exemptés, mais ils s'engagèrent à payer le premier jour de chaque mois, pendant le même espace de temps, les redevances suivantes : les drapiers 12,000 livres, les merciers autant, les épiciers et apothicaires 3,500 livres, les pelletiers 500 livres, les bonnetiers 800, les teinturiers 600, les tanneurs 100, les baudoyers 200, les corroyeurs 100, les marchands de *merrain* (bois), 200, les orfévres et affineurs 400, les changeurs 150, les chapeliers et plumassiers 100, les armuriers et fourbisseurs 100, les potiers d'étain 50, et les marchands de laine 500 (2). Cet argent ne suffisant pas, le roi vendit à Nicolas de Neuville, seigneur de Villeroi, à rachat perpétuel pour lui et ses successeurs, les greffes de la prévôté de Paris, moyennant la somme de 50,000 livres. François Ier recourut en même temps à divers expédients. De 1517 à 1523, il créa et vendit à diverses reprises des charges nouvelles d'administration et de judicature dans les provinces et à Paris ; la plus connue de ces mesures fiscales est l'établissement, en 1522, d'une quatrième chambre tout entière au parlement de Paris, pour se procurer 1,200,000 francs. Il aliéna diverses parties du domaine, créa, en 1522, les premières rentes perpétuelles sur l'Hôtel-de-Ville, pour un capital

(1) Il fut obligé de se faire raser la tête, et porta dès lors les cheveux courts et la barbe longue. Cette mode ne tarda pas à se répandre en France.
(2) Félibien, t. II, p. 942.

de 200,000 francs, avec intérêts annuels de 16,666 francs, accordant ainsi aux prêteurs un intérêt de huit pour cent par an (1), et enfin contracta des emprunts à l'égard du chapitre de Paris et des diverses chambres du parlement.

En 1522, la peste désola Paris et les environs, et ses ravages furent terribles. Le roi vint, au commencement du mois d'octobre, se loger à l'hôtel des Tournelles, sans doute pour rassurer les habitants. Le 30 du même mois, Le Cirier, de Ruel, Braithon et de Gomois, médecins, interrogés juridiquement, déclarèrent que jamais maladie n'avait été plus dangereuse, et qu'il n'y avait dans Paris ni paroisse ni rue qui n'en fussent affligées. Les curés de Saint-Germain-l'Auxerrois, de Saint-Étienne-du-Mont, de Saint-Séverin et de Saint-Eustache signèrent la même déclaration. Le 7 novembre, le parlement, effrayé des progrès de la peste, se réunit au palais en assemblée générale, à laquelle furent appelés les lieutenants civil et criminel du prévôt, le doyen et le chantre de Notre-Dame, la cour des comptes, le prévôt des marchands, les échevins et les médecins de la ville. Le lendemain, une ordonnance du parlement défendit à tous hôteliers, taverniers, rôtisseurs, pâtissiers, charcutiers, poissonniers, fruitiers, enfin à tous marchands ou logeurs, qui avaient hébergé des pestiférés, ou qui avaient vendu dans les maisons, dont les habitants étaient malades, de ne loger aucuns passants et de ne vendre ou distribuer aucuns vivres. Il fut également défendu à tous fripiers, *regrattiers*, revendeurs, d'acheter ou de vendre des meubles, lits ou habits, qui provinssent du mobilier des pestiférés ; et des peines sévères étaient prononcées contre ceux qui jetteraient des immondices dans les rues ou qui nourriraient dans la ville des pourceaux et autre bétail pour le vendre. Il fut ordonné de plus que toutes les maisons des individus frappés de la peste seraient marquées d'une croix blanche (2).

La même année, Pierre Filhori, archevêque d'Aix, fut nommé par le roi gouverneur et lieutenant-général de Paris et de l'Ile de France, pendant les absences du comte de Saint-Paul. L'année suivante, le roi séparant de la juridiction du prévôt et du Châtelet de Paris, toutes les causes dont ces deux tribunaux étaient investis, établit pour le jugement de ces causes un bailliage nouveau, dont le siége fut établi à l'hôtel de Nesle (3). Le chef de cette juridiction reçut le nom de *bailli de Paris* ; il avait sous ses ordres un lieutenant, un avocat, un procureur du roi, douze conseillers, un audiencier, un sous-audiencier et douze sergents. Les tribunaux et juridictions, dont les pouvoirs étaient lésés par ce nouveau bailliage, protestèrent, et l'édit royal ne fut enregistré que sur l'*exprès commandement* de François Ier. Le dernier

---

(1) Félibien, t. II, p. 942 et suiv. — (2) *Ibid.*, p. 945. — (3) Voy. ci-dessus p. 133.

jour d'avril, dit Félibien, Jean de La Barre, chevalier, parut au palais avec la qualité de bailli de Paris. Mais quatre ans après ce tribunal fut supprimé, et sa juridiction réunie au Châtelet et à la prévôté de Paris.

Le 30 juin de la même année, François Ier se rendit au palais pour y tenir un lit de justice, au sujet de graves désordres qui avaient eu lieu quelques jours auparavant au palais, sous les yeux mêmes du roi. Quelques personnes avaient été tuées, et le bailli de la localité ayant fait élever des potences, l'une d'elles avait été enlevée par des hommes armés, dont la présence à Paris était signalée depuis long-temps. Le roi engagea le parlement à sévir contre les auteurs de ces désordres; la cour lui promit d'agir en cette occasion avec tout le zèle dont elle était capable. Le premier président remercia ensuite le roi de n'avoir point créé un parlement à Poitiers, comme on le lui avait conseillé. François Ier répondit qu'on lui avait offert 150,000 écus pour cette création, et qu'il refuserait encore, même pour le double de cette somme, tant il portait d'intérêt à la principale cour de son royaume.

Le sort des armes n'était point favorable aux Français. Tous les résultats de la victoire de Marignan étaient perdus, et en 1522, Lautrec, général du roi en Italie, fut chassé du Milanais. Les Suisses, mal payés, demandèrent *congé ou bataille*, et se firent battre à la Bicoque. L'argent destiné aux troupes avait été détourné par la reine-mère, en haine de Lautrec, qui avait *parlé trop librement de son impudicité*, et pour ruiner le crédit de sa sœur, madame de Chateaubriand. Lautrec, fort mal accueilli par le roi, répondit fièrement que les malheurs de la guerre ne dépendaient pas de lui; que la gendarmerie et les Suisses l'avaient trahi, faute d'argent. — J'ai envoyé 400,000 écus sur votre demande, répliqua François. — Je n'ai jamais vu la somme, mais seulement les lettres d'envoi de votre Majesté. — Le surintendant des finances, Jacques de Beaune, seigneur de Semblançay, avoua en avoir eu le commandement du roi, « mais qu'étant la somme prête à envoyer, madame d'Angoulême, mère de sa majesté, avoit pris ladite somme, et qu'il en feroit foi sur-le-champ. » La reine-mère démentit le surintendant, et déclara que l'argent dont Semblançay montrait la quittance, *étoit deniers que ledit Semblançay lui avoit long-temps gardés, procédant de son épargne à elle*, mais qu'elle n'avait point touché à l'argent du roi (1). Le malheureux Semblançay, vieillard vénérable que François Ier nommait *son père*, fut jugé par une commission; ce procès inique, l'un des actes qui entachent la gloire de ce règne, dura cinq ans, et ne se termina que le 9 août 1527; Jacques de Beaune, condamné à la perte du *corps et des biens*, fut pendu à Montfaucon (2).

<hr />

(1) Quelques historiens assurent que Louise de Savoie, pour anéantir les traces de sa frauduleuse soustraction, fit voler les quittances des 400,000 écus par un secrétaire du surintendant. — (2) M. H. Martin, t. IX, p. 454.

Les passions de Louise de Savoie ne tardèrent pas à attirer sur le royaume de grands malheurs. Le connétable Charles de Bourbon avait par lui-même des droits incontestables à l'immense succession de Bourbon, se composant du Bourbonnais, de l'Auvergne, de la Marche, du Forez, du Beaujolais et de la principauté de Dombes; il tirait d'autres droits de la donation et du testament de sa femme, Suzanne de Bourbon. A la mort de celle-ci, la duchesse d'Angoulême, qui avait voulu l'épouser, et qui en avait éprouvé un refus, voulut du moins le ruiner. Elle lui disputa cette riche succession, et un arrêt du mois d'août 1522, prononçant le séquestre provisoire des biens, renvoya les parties devant le conseil. C'était une injustice criante, et de plus un acte impolitique, car Bourbon était un excellent général et avait plus que tout autre contribué au gain de la bataille de Marignan. Bourbon, désespéré, prit la résolution de passer à l'empereur (1523). Un demi-siècle auparavant, la révolte n'emportait aucune idée de déloyauté. Les chevaliers les plus accomplis de la France, Dunois et Jean de Calabre, étaient entrés dans la *ligue du bien public*. Récemment encore, on avait vu en Espagne don Pedro de Giron, mécontent de Charles-Quint, lui déclarer en face qu'il renonçait à son obéissance, et prendre le commandement des *Communeros*. Mais ici il ne s'agissait point d'une révolte contre le roi; en France, elle était impossible à cette époque. C'était une conspiration contre l'existence même de la France que Bourbon tramait avec les étrangers. Il avait promis à Charles-Quint d'attaquer la Bourgogne dès que François Ier aurait passé les Alpes, de soulever cinq provinces où il se croyait le maître; le royaume de Provence devait être rétabli en faveur du connétable, et la France, partagée entre l'Espagne et l'Angleterre, eût cessé d'exister comme nation. Bourbon put jouir bientôt des malheurs de sa patrie. Devenu général des armées de l'empereur, il vit fuir le Français devant lui à la Biagrasse (1524); il vit le chevalier Bayard frappé d'un coup mortel et couché au pied d'un arbre, « le visage devers l'ennemi, et dit audit Bayard qu'il avoit grand'pitié de lui, le voyant en cest estat, pour avoir esté si vertueux chevalier. Le capitaine Bayard lui fit réponse: Monsieur, il n'y a point de pitié en moy, car je meurs en homme de bien; mais j'ai pitié de vous, de vous voir servir contre vostre prince et vostre patrie et vostre serment (1). »

Tandis que le courtisan Bonnivet se faisait battre en Italie, les coalisés attaquaient les frontières dégarnies de la France, et pénétraient dans l'intérieur du royaume. Les Allemands envahirent la Champagne; les Anglais et les Flamands, commandés par le comte de Suffolk, traversèrent toute la Picardie, arrivèrent jusqu'aux bords de l'Oise, à sept lieues de Paris, et y jetèrent l'épouvante. François Ier qui était alors à

---

(1) M. Michelet, *Précis*, p. 161.

Lyon, envoya aussitôt le sire de Brion et son lieutenant-général, le duc de Vendôme, relever le courage des Parisiens et les exciter à faire bonne résistance. M. de Brion se rendit au parlement et à l'Hôtel-de-Ville, et exposa les mesures prises par le roi pour la défense de la ville. Il ajouta « que le roi avoit tant de considération pour la ville de Paris, qu'il se perdroit plutôt lui-même que de la laisser perdre; qu'il vouloit exposer sa vie pour sa défense et vivre et mourir avec ceux de cette ville; que s'il n'y pouvoit venir en personne, il y enverroit femme, enfants et mère, et tout ce qu'il avoit, persuadé que quand il auroit perdu le reste du royaume, il viendroit bien à bout de recouvrer ses pertes, s'il pouvoit conserver Paris seul. Le sire de Brion dit encore que le roi avoit été informé de l'affection et de l'attachement qu'avoient à son service le parlement et la ville; qu'il les en remercioit et les prioit de continuer dans une fidélité qui lui étoit si agréable et si utile. Thibault Baillet, président, parla fort avantageusement de la fidélité des Parisiens pour leurs princes légitimes, et en donna des preuves dans le récit qu'il fit de la minorité de saint Louis et du règne de Louis XI. » Aussitôt le duc de Vendôme fit exécuter quelques travaux aux fortifications. On commença de nouvelles tranchées entre la porte Saint-Honoré et celle de Saint-Martin ; mais elles ne furent pas continuées, on éleva à la place de petits bastions. Les Parisiens levèrent à leurs frais, pour un mois, deux mille hommes de guerre, qui furent soldés au moyen d'une taxe de 16,000 livres par quartier.

Les ennemis furent repoussés sur tous les points; Bourbon échoua sur Marseille, dont il croyait s'emparer après trois coups de canon, et fut obligé de battre en retraite. En même temps François Ier surveillait les complices du connétable. Deux évêques (ceux d'Autun et du Puy), plusieurs capitaines de compagnies d'ordonnance et beaucoup d'autres personnes de tous états furent arrêtés et impliqués dans l'acte d'accusation déféré au parlement de Paris. Les magistrats montrèrent une grande modération, quoiqu'on eût essayé d'exagérer le crime (1); il n'y eût qu'une seule condamnation capitale : elle fut prononcée contre Jean de Poitiers, comte de Saint-Vallier, capitaine de cent gentilshommes de la maison du roi. Dans la nuit qui suivit son jugement, ses cheveux devinrent tout blancs, en sorte qu'on eut peine à le reconnaître, lorsqu'on le tira de la Conciergerie le lendemain matin (17 février 1524). On lui ôta les insignes de ses dignités, et vers trois heures de l'après-midi, il fut conduit à la table de marbre du palais et déclaré publiquement traître à son roi. On le fit monter ensuite, tête nue, sur un cheval dont le bourreau tenait la bride; à ses côtés étaient le confesseur

---

(1) Chabot de Brion, depuis amiral de France, envoyé par le roi au Parlement pour lui apprendre la découverte du complot, prétendit qu'on devait *faire des pâtés* avec les enfants de France, le dauphin François et son frère Henri. M. H. Martin, t. X, p. 14.

Incelin, chanoine de Notre-Dame, et le lieutenant-criminel, ayant en croupe derrière lui un archer de la ville. La sentence allait être exécutée, lorsqu'un courrier arriva et montra les lettres de grâce que le roi accordait au criminel, en faveur, disait-il, de la recommandation du grand-sénéchal de Normandie. Les lettres apportées du parlement à la Grève par le greffier criminel, furent lues sur l'échafaud, et le comte de Saint-Vallier fut seulement condamné à une prison perpétuelle. Quelques écrivains ont prétendu que cette grâce fut obtenue au prix de l'honneur de la fille du comte, la célèbre Diane de Poitiers, qui aurait été ainsi la maîtresse de François Ier avant de devenir celle de son fils, Henri II. C'est une anecdote populaire dont l'historien ne peut garantir l'authenticité.

Le parlement exerçait dans Paris une rigoureuse surveillance, car les esprits n'étaient point tranquilles. Un incendie détruisit une partie de la ville de Meaux (24 mai 1524), et ce crime, qui se renouvela sur plusieurs points, fut attribué aux partisans du connétable de Bourbon ; on arrêta plusieurs incendiaires parmi lesquels il se trouva des enfants de huit ans (1). Les Parisiens effrayés se tinrent sur leurs gardes. On doubla le guet, on fit allumer des lanternes pendant toute la nuit à toutes les fenêtres ; les habitants reçurent l'ordre d'avoir toujours chez eux une grande provision d'eau, et l'on boucha les soupiraux des caves. Le parlement fit en même temps publier que si quelque conspirateur voulait dénoncer ses complices, il aurait la vie sauve et 16 livres parisis de récompense. A ces craintes incessantes vint se joindre une disette qui affama tout Paris ; l'hiver avait été si rigoureux qu'on avait été contraint de labourer et d'ensemencer une seconde fois les terres.

La nouvelle de la prise de Milan par François Ier avait rassuré les esprits, lorsqu'on apprit tout-à-coup la perte de la bataille de Pavie (24 février 1525) et la captivité du roi. François, qui ne connaissait nullement l'art de la guerre, s'était battu vaillamment (2), mais avait compromis le succès de la journée. *Tout étoit perdu, fors l'honneur.* La reine-mère écrivit aussitôt au parlement pour l'avertir de cette nouvelle catastrophe et le prier de prendre toutes les mesures réclamées par les circonstances.

« Aussitôt le parlement ayant fait venir l'archevêque d'Aix, le prévôt des marchands, les échevins et le lieutenant criminel, ordonna que pour la sûreté de la ville on en fermerait toutes les portes, que tous

---

(1) On amena à Paris une femme et un jeune garçon de 15 ans qui furent brûlés vifs à la place Maubert, le 2 juillet. On avait condamné un vieillard à Troyes au même supplice ; le Parlement l'envoya chercher pour l'interroger, et le fit brûler vif à la Grève le 25 octobre. Félibien, t. II, p. 951.

(2) Son armure, que nous avons encore, est toute faussée de coups de feu et de coups de pique. Voy. *Musée d'artillerie.*

les ponts seraient levés, et les clefs portées à l'Hôtel-de-Ville, excepté celles des portes Saint-Antoine, Saint-Denis, Saint-Honoré, Saint-Jacques et Saint-Victor, qui demeureraient ouvertes. Mais afin qu'il n'y pût entrer aucunes personnes suspectes, il fut réglé que la garde y serait faite tour à tour par les présidents et conseillers du parlement, par les officiers de la chambre des comptes, les généraux de la justice, et les plus notables bourgeois, qui seraient accompagnés d'un grand nombre d'archers, d'arbalétriers et arquebusiers de la ville. Il fut commandé de plus que l'on tendît les chaînes de la rivière, tant au-dessus qu'au-dessous de la ville; que l'on tînt prêtes les chaînes des rues, pour les tendre en cas d'alarme; que le guet bourgeois fût continué et renforcé; que les lanternes ci-devant ordonnées fussent remises à chaque maison; que les portes de la ville fussent ouvertes à six heures du matin et fermées à huit heures du soir; que les quarteniers en gardassent les clefs, que le chevalier du guet menât régulièrement le guet à cheval toutes les nuits, enfin que les pêcheurs et les bateliers ne passassent personne de nuit par la rivière, et tinssent leurs bateaux enchaînés et cadenassés. Le prévôt des marchands et les échevins eurent ordre d'aller loger à l'Hôtel-de-Ville, et d'y tenir auprès d'eux un bon nombre de gens armés pour mettre ordre à tout selon les occurrences. Pour exciter les autres à faire leur devoir, Jean de Selve, premier président, et Antoine le Viste, président, s'offrirent à monter la garde aux portes les premiers dès le lendemain. Il fut enjoint au prévôt des marchands et au lieutenant criminel d'envoyer défendre à tous ceux qui tenaient hôtelleries, d'y loger qui que ce fût, sans en avertir la cour, l'archevêque d'Aix, ou le prévôt des marchands, et d'ordonner aux quarteniers de savoir, chacun en son quartier, combien il y avait de gens en chaque maison, et qui ils étaient, d'en faire leur rapport chaque jour au prévôt des marchands et aux échevins. Il fut aussi réglé que chacun des commissaires serait accompagné de six sergents, pour empêcher qu'il n'y eût aucune émeute dans la ville; et que le prévôt et les échevins feraient mettre en état l'artillerie de la ville. L'état présent demandait que l'on établît un conseil pour veiller sur les affaires publiques. Le parlement députa pour se trouver à l'assemblée qui devait se tenir à ce sujet le même jour après dîner au palais, les présidents, un maître des requêtes et dix conseillers, et ordonna qu'on y mandât l'évêque de Paris, ou ses vicaires, le chapitre de Notre-Dame, les gens des comptes, le prévôt des marchands et les échevins, les quarteniers avec une douzaine des plus notables bourgeois, et les généraux de la justice. Enfin il fut avisé que Nicolas d'Origny, l'un des conseillers de la cour, irait aux couvents des Carmes, des Jacobins, des Augustins et des Cordeliers, et aux collèges de l'Université, pour *faire rôle* des religieux et écoliers étrangers qui y étaient, et faire défense aux premiers de ces couvents et aux principaux des colléges, de laisser partir de la ville, ou de recevoir aucuns étrangers, sans en avertir la cour, l'archevêque d'Aix, ou le prévôt des marchands. Dans l'assemblée qui se tint le même jour après dîner, on confirma ce qui avait été réglé le matin. Jean Morin, prévôt des marchands, ajouta qu'il avait été résolu à l'Hôtel-de-Ville de mettre à chacune des portes qui demeureraient ouvertes, une douzaine d'archers, arbalétriers ou arquebusiers, avec quatre bourgeois, et un ou deux présidents ou conseillers de la cour, ou officiers de la chambre des comptes, et trente ou quarante hommes, qui feraient le tour des murailles pendant la nuit, pour la sûreté de la ville. Il fut réglé que l'évêque de Paris ou son vicaire ordonneraient des prières publiques et des processions pour la délivrance du roi et des autres prisonniers, et pour la conservation du royaume; et que, du parlement, de la chambre des comptes et de la ville, on choisirait vingt personnes, qui, à commencer dès le lendemain, s'assembleraient au Palais, à la chambre du conseil, pour aviser à ce qui serait le plus convenable pour le bien public; et qu'on leur mettrait d'abord entre les mains les ordonnances qui avaient été faites à l'occasion de la dernière descente des Anglais, afin qu'ils y ajoutassent et qu'ils en retranchassent ce qu'ils jugeraient à propos. On fut d'avis, outre cela, d'envoyer vers le seigneur de Montmorency, pour le prier de venir à Paris et d'y amener quinze ou vingt gentilshommes capables de donner conseil, et avec cela gens d'exécution. Enfin, le parlement se chargea d'écrire au duc de Vendôme, au comte de Guise, et au grand-sénéchal de Normandie, qui étaient sur les frontières de Picardie, Normandie, Champagne et Bourgogne, pour les avertir de toutes les mesures qu'on avait prises, et les prier de faire savoir à la ville, de leur côté, ce qui se passerait en leurs quartiers. Le 8 mars, en exécution de la délibération du jour précédent, le premier président, Jean de Selve, alla garder la porte de Saint-Victor, et Antoine le Viste se rendit à celle de Saint-Antoine. On délibéra le même jour si on ne mettrait point dehors de la ville les religieux et les écoliers étrangers. L'assemblée fut d'avis qu'on les y souffrirait, mais que défense serait faite aux supérieurs des couvents et aux principaux des colléges, de laisser sortir les étrangers, ou de leur permettre d'écrire hors du royaume sans en avertir la cour ou le prévôt des marchands. Quant aux étrangers qui se présenteraient de nouveau, ordonné que, sans être reçus dans la ville, ils seraient renvoyés d'où ils venaient (1). »

La police de la capitale fut alors sous les ordres d'un conseil composé de quatre présidents à mortier du parlement, de quatre conseillers de la grand'chambre et trois des enquêtes, de trois officiers de la chambre

---

(1) Félibien, t. II, p. 952 et suiv.

des comptes, six du corps de ville, de l'évêque de Paris avec un chanoine de Notre-Dame pour le chapitre, d'un abbé et de deux docteurs de l'Université. L'activité de ce conseil et du parlement fut extraordinaire; les magistrats subvenaient à tout. Quelques courriers de la régente ayant été arrêtés à Paris, au milieu du tumulte, s'en plaignirent à cette princesse, qui ordonna au parlement d'y mettre ordre. Il fut décidé aussitôt que les courriers pourraient entrer dans la ville à toute heure du jour et de la nuit (11 mars). Les écoliers suisses, qui étudiaient dans l'Université de Paris, se plaignirent le même jour au receveur-général Ruzé des mauvais traitements que leur faisaient subir les autres écoliers (1); ils demandaient en même temps si on continuerait de leur payer les pensions accordées par le roi à ceux de leur nation. Le parlement fit aussitôt publier à son de trompe une ordonnance qui mettait les écoliers suisses sous sa protection. Il défendit « à tous habitants de la ville de les offenser de faits ou de paroles, non plus qu'aucun autre étranger; et aux écoliers de faire aucunes assemblées ni insolences sur peine de la hart. »

Le parlement prit encore une sage mesure dont l'observation était bien plus importante : il veilla à ce que les prédicateurs, dont l'influence était extrême sur l'esprit du peuple, ne s'en servissent point, comme il arrivait souvent, pour fomenter le désordre. Le premier président chargé de leur en parler, les engagea à user directement de l'autorité de la chaire pour prêcher la concorde, et à s'abstenir de parler dans leurs discours des personnes qui touchaient à l'administration des affaires publiques. Les prédicateurs se conformèrent à ces exhortations, mais le Parlement ne put sévir contre les mécontents qui agissaient sans se montrer. On trouvait répandues dans la ville, dans les églises surtout, des proclamations séditieuses dont on ne pouvait découvrir les auteurs. Félibien nous a conservé l'un de ces *billets* dont voici la teneur : « *Peuple françois*, si vous voulez avoir, de brief, bonne et ferme paix, il vous faut premièrement ôter l'empêchement d'icelle; et si le voulez sçavoir, c'est madame Ambition avec son chancelier, remplie de toute hérésie *ou corde* (dans son cœur), et de toute infection; car par leur obstinée et dampnée vindication, ils sont cause que votre chief et aucun de ses principaux membres sont en ceste grande désolation; et qui pis est, ils ont mis ce noble royaume en la balance de toute destruction; et pour tout ledit chancelier est digne de grande pugnition; laquelle, si de brief n'est mise à exécution, vous aurez des maux encore un million ; et afin qu'il ne vous semble que je mente, je suis dame Vérité qui parle aux amateurs de justice. »

On pourvut en même temps à mettre Paris à l'abri d'une entreprise

(1) On accusait les Suisses de s'être mal comportés à la bataille de Pavie. C'était sans doute la cause des mauvais traitements dont se plaignaient les écoliers de cette nation.

à main armée. Un jour la frayeur se répandit parmi les habitants. Guillaume de Montmorency était à l'Hôtel-de-Ville, travaillant avec diverses personnes à la défense de la place, quand accoururent quelques paysans terrifiés qui rapportèrent qu'un corps d'environ deux mille hommes ravageait Athis, Vitry et les alentours. C'étaient des soldats du comte de Guise qui voulaient, disaient-ils, tirer vengeance d'insultes qu'ils avaient reçues des paysans de ces villages. Cet incident n'eut pas de suites, mais il contribua à fixer l'attention des esprits sur la nécessité d'accroître la sûreté de la ville. Les grandes murailles dont on l'avait entourée à si grands frais étaient solides et bien fortifiées, mais elles manquaient de défenseurs. Toute la garnison se composait de quelques compagnies mal armées, des archers de la ville, de ceux du prévôt et du guet ordinaire des bourgeois. Paris était loin de renfermer à cette époque une population aussi considérable qu'il l'eût fallu pour sa vaste enceinte ; sur les représentations du prévôt des marchands, il fut ordonné de fermer ou de faire habiter plusieurs grands hôtels, tels que l'hôtel de la Reine, la maison de Rouen et l'hôtel de Nevers qui, ayant été abandonnés, tombaient en ruine et devenaient autant de repaires de malfaiteurs. On ordonna la fonte d'une nouvelle artillerie, et quelques personnes proposèrent d'enlever pour cela les cloches des églises, car on manquait de métal ; avis qui fut unanimement rejeté de peur de mécontenter le peuple. On rétablit les ponts de Charenton, de Saint-Maur et de Saint-Cloud qui avaient été abattus dans les guerres précédentes, et les autres ponts furent soigneusement visités par l'archevêque d'Aix. Jean Briçonnet, président à la chambre des comptes, demanda la démolition des diverses voiries voisines de la ville, plusieurs de ces voiries pouvant servir de retranchement aux ennemis. L'archevêque d'Aix soutint cette proposition en rappelant dans un long discours qu'elle avait été adoptée depuis longtemps. « Il récita là-dessus que dans la dernière alarme causée par les Anglois, la même délibération avoit eu lieu ; qu'on avoit visité les voiries et trouvé que c'étoient autant de châteaux et de forteresses contre la ville ; que depuis, le duc de Vendôme et le sire de Brion, ayant été d'avis qu'elles pouvoient servir de fortifications, avoient résolu d'y faire des fossés et de petits bastions pour y placer de l'artillerie ; que ce travail étoit déjà commencé lorsque les sires de la Trémoille et de Saint-André étant venus à Paris avec quelques autres capitaines, il les avoit priés de dire ce qu'ils pensoient de ces ouvrages ; à quoi le sire de la Trémoille avoit répondu que ce qu'on faisoit étoit autant de forteresses pour battre la ville ; que si Paris étoit beaucoup moins grand, ces petits ouvrages pourroient être de quelque utilité ; mais que, vu l'étendue des murailles, ils serviroient plus aux ennemis qu'à la ville. Sur quoi la démolition des voiries avoit été résolue. Jean

Teste, maître des comptes, ajouta que, se trouvant, vers la même époque, avec le sire de Bayard qui alloit à Saint-Denis, il lui entendit dire qu'il falloit absolument raser ces voiries, et qu'il ne savoit à quoi pensoient les François de ne pas fortifier Saint-Denis, qui, situé dans un lieu marécageux et facile à défendre, mettoit Paris à couvert depuis la porte Saint-Honoré jusqu'à la porte Saint-Antoine. Nicolas Hennequin dit encore qu'à la dernière descente des Anglois, comme la démolition des voiries avoit été résolue, on avoit proposé d'y employer les gens oisifs, mais que l'on y avoit renoncé en songeant que cette réunion de travailleurs de mauvaise volonté pouvoit dégénérer en une assemblée de mutins. »

Il fut décidé que les voiries seraient rasées. D'un autre côté, l'inquiétude et la douleur publiques allèrent presque jusqu'à introduire des lois somptuaires. La régente fit dire au parlement par Jean Ragueneau, maître des requêtes, que le malheur de l'État réclamait une ordonnance qui proscrivît toute espèce de luxe. Le parlement eut la sagesse de ne pas adopter cet avis, et pour parvenir au même but, de préférer l'autorité de l'exemple à celle de la loi. Il se contenta de proposer un règlement somptuaire à ses propres membres, et de ne contraindre le public que par l'influence du bon exemple. Ce règlement interdisait les étoffes de soie et les superfluités de la table. Il établissait que les conseillers de la cour eussent à se contenter de trois chevaux, les maîtres des requêtes de quatre, les présidents de cinq; que les femmes renonçassent aux litières et se contentassent de haquenées; que les prélats et les chapitres donnassent au peuple dans leurs vêtements l'exemple de la simplicité. Il fut en outre arrêté que les présidents, maîtres des requêtes et conseillers ne porteraient plus de draps de soie; que chacun restreindrait les dépenses de sa maison, et les frais de toilette de sa femme; que la cour avertirait les avocats, procureurs et solliciteurs de faire de même, ainsi que les gens des comptes, les généraux de la justice et des monnaies, le prévôt de Paris, les officiers du Châtelet, le prévôt des marchands et les échevins.

C'est ainsi que le Parlement veillait à tout, par son zèle, ses lumières et son dévouement, et conservait au royaume la plus digne attitude qu'on pût espérer après de si grands revers. La régente était à Lyon, et ne faisait rien que par son conseil. « Il étoit l'âme de l'État, comme Guillaume de Montmorency en étoit le bras droit (1). »

Malgré le soin qu'on avait eu d'organiser la milice bourgeoise de Paris, elle était si faible qu'elle ne pouvait même pas avoir raison de quelques bandes de pillards qui s'étaient cantonnées dans les environs et portaient la terreur jusque dans ses murs. La crainte était si grande

---

(1) Félibien, t. II.

alors que la moindre nouveauté paraissait extraordinaire. Un homme armé d'un bâton, un étranger déguisé par sa barbe, étaient des personnes suspectes ; un arrêt du parlement renouvelant les ordonnances précédentes, proscrivit rigoureusement les bâtons et les longues barbes.

Au reste, la ville n'avait pas tort d'avoir peur des mauvais desseins et des gens de mauvaise mine. Une bande de brigands, connus sous le nom de *mauvais garçons*, avait établi son quartier général dans la forêt de Bondy, près du Bourget ; sous la conduite de trois chefs intrépides, Esclairau, Barbiton et Jean de Metz, ils pénétraient jusqu'au sein de Paris. Les archers les redoutaient tellement qu'ils étaient devenus leurs complices et les avertissaient du moment favorable. Dans la nuit du 7 juin, les *mauvais garçons* s'emparèrent des bateaux chargés de sel, qui étaient auprès des Célestins. Le prévôt des marchands se mit à la tête du guet et marcha contre eux, mais il fut repoussé à coups d'arquebuse jusqu'au port de Saint-Landri ; l'affaire fut assez chaude, et le prévôt faillit être tué. Quelques jours après, les brigands répandirent encore l'alarme dans toute la ville, en criant : *Vive Bourgogne! à sac! à sac!* Louis de Harlay, seigneur de Beaumont, marcha contre eux avec les deux guets, et leur livra un combat acharné. Quatre hommes restèrent sur la place, vingt-cinq ou trente furent blessés. Parmi les brigands qui furent tués, on signala un nommé Guillaume Ogier. Cinq autres furent arrêtés par le guet, parmi eux étaient Barbiton, l'un des chefs, Jean Charrot, clerc de Pierre Févriez, procureur au parlement, et Jean Labbe, tailleur de pierre.

Des aventuriers et des soldats déserteurs envahissaient en même temps la ville, et ces nouveaux hôtes donnaient de vives inquiétudes. Jean Bazinier, quartenier, avertit le parlement que quatre-vingts individus sans aveu se réunissaient depuis environ quinze jours à *la Coquille*, près de la rue Saint-Martin ; qu'il y avait encore un grand nombre de ces gens au faubourg Saint-Denis, qui faisaient des excursions dans la campagne, et que de nouveaux troubles étaient à craindre. On prit aussitôt des mesures en conséquence. Les aventuriers effrayés se réunirent aux bandes italiennes et corses, commandées par le comte de Beljoieso, et se livrèrent à tous les excès. La régente avait permis aux Italiens et aux Corses, en attendant leur paiement, de vivre aux dépens du peuple avec le plus de modération possible. Mais ils devinrent si dangereux pour les populations, qu'Ambroise de Ville, leur prévôt, fut obligé d'en faire pendre *et brûler* plusieurs.

Ces mesures répressives n'intimidèrent point les autres Italiens, qui, se voyant soutenus par les bandits et les aventuriers français, firent une guerre ouverte à tous les habitants des environs de Paris. Ils étaient au nombre de quatre mille, tous bien armés, et les archers de la ville n'osaient leur résister ; ils avaient saccagé Saint-Cloud, Sèvres,

Montreuil, ils avaient rançonné les religieuses de Longchamp, et ils se préparaient à saccager la foire du Lendit. Edme de Sarrebruck, comte de Braine, arriva aussitôt à Paris, en qualité de lieutenant du comte de Saint-Paul. Il ordonna sur-le-champ aux aventuriers français de se séparer des bandes italiennes dans les vingt-quatre heures, sous peine de la hart; ils obéirent (1) et abandonnèrent les Italiens, qui étaient au nombre de soixante hommes d'armes, avec six cents arquebusiers à cheval et six cents à pied; ils étaient suivis de plus de trois cents femmes et d'un immense bagage. Le comte de Braine, à la tête de quarante lances, et des troupes que lui fournit le prévôt des marchands, marcha contre les Italiens, qui traversèrent en ordre de bataille Saint-Cloud, Villepreux, Sanci-aux-Bœufs, Versailles et Guyencourt. Lorsque le comte arriva à ce dernier village, les brigands l'avaient déjà quitté; on n'y trouva qu'un marchand mercier qui leur servait d'espion, leur vivandier et quelques traînards, qui furent pendus à Saint-Cyr et à Saint-Cloud. Le reste des Italiens, fuyant devant M. de Braine, qu'il croyaient à la tête de sept à huit mille hommes, vinrent auprès de Pontoise, qu'ils menacèrent de saccager; mais craignant d'être enveloppés, ils passèrent outre.

Les habitants de la campagne ne se plaignaient pas seulement des soldats étrangers; les gendarmes du comte de Saint-Paul lui-même, ne recevant point leur solde, volaient et pillaient sans scrupule. Jean Grollier, trésorier des guerres, trouva de l'argent pour payer ces soldats qu'on réunit à Senlis; mais on ne put en faire autant pour ceux du comte de Brion, qui ravagèrent toute la Brie.

Le seigneur d'Alègre, envoyé par la régente avec quelques troupes pour commander dans Paris à la place du comte de Saint-Paul, qui remplissait d'autres fonctions, s'était arrêté en chemin, et ne s'avançait qu'à petites journées. Le comte de Saint-Paul, à la requête des Parisiens, leur avait envoyé, comme on vient de le voir, le comte de Braine, qui, plus diligent que d'Alègre, avait délivré en quelque temps les environs de Paris des brigands qui les infestaient. L'arrivée du second donna lieu à d'assez vives querelles On refusa de loger ses troupes dans la prévôté de Paris, qu'occupaient déjà les gendarmes du comte de Saint-Paul et de Braine. Elles furent placées à Brie-Comte-Robert, Lagny, Pontoise et Melun. En même temps, le comte de Braine, excité par Jean Morin, prévôt des marchands, ennemi déclaré de l'archevêque d'Aix, voulut supplanter le prélat, et demanda qu'il fût seul reconnu pour lieutenant de Paris, puisqu'il en exerçait seul les fonctions. Cette querelle n'eut point de suites, grâce à l'intervention du parlement, qui déclara que le comte de Braine n'avait été

(1) En se retirant au pont de Saint-Cloud, ils mirent de nouveau à contribution le couvent de Longchamp.

envoyé que pour aider l'archevêque d'Aix, en s'occupant de l'administration militaire.

Le capitaine des lansquenets, de Villiers, et quelques autres chefs de ces soldats étrangers, se rendirent à Paris vers la fin du mois de juillet, pour demander le paiement de leurs troupes, qui menaçaient de venir le chercher jusque dans la ville, si on le leur faisait attendre plus long-temps. Le comte de Saint-Paul arriva le même jour, et le premier président du parlement, Charles Guillard, l'instruisit aussitôt de la demande et des menaces des lansquenets. Le comte promit de les écarter de la capitale et de les engager à passer la Marne. Mais il ne put y réussir, et leurs troupes indisciplinées, dévastant la campagne, s'avancèrent jusqu'à Chelles. Déjà trois mille d'entre eux s'étaient jetés dans Paris, lorsqu'on trouva moyen de satisfaire ces dangereux voisins.

Au milieu de ces alarmes, les Parisiens apprirent que François Ier était tombé malade dans sa prison. Cette nouvelle excita de nouveaux troubles. J'ai déjà parlé d'un incident scandaleux qui eut lieu à ce sujet dans la cour de la Sainte-Chapelle (1); des hommes portant des chaperons verts insultèrent la régente et son fils. « L'exemple fut contagieux, dit Félibien ; à l'imitation de ceux-là, beaucoup d'autres dans la suite se donnèrent la liberté de parler avec peu de respect du roi et de la régente, et des affaires publiques avec une espèce de fureur. Les uns soutenoient encore que le roi étoit mort; d'autres disoient qu'il n'étoit plus capable d'avoir l'administration du royaume, qu'on l'en empêcheroit bien, et qu'on feroit couper la tête à plus de cinquante des grands-officiers et des plus notables bourgeois de Paris. Le prévôt des marchands fit à ce sujet ses plaintes et ses remontrances au parlement, le 4 novembre, et la cour ordonna d'informer contre les auteurs de ces discours séditieux (2). »

Enfin Charles-Quint se décida à rendre à la liberté son royal prisonnier en lui faisant signer le traité de Madrid (14 janvier 1526). François Ier renonçait à ses prétentions sur le Milanais et le royaume de Naples; cédait à l'empereur la souveraineté de l'Artois, de la Flandre et du duché de Bourgogne; promettait de faire droit aux prétentions de Bourbon, d'épouser Eléonore, sœur de Charles-Quint, et de donner deux de ses fils en otage. Paris était depuis long-temps dans l'affliction et la tristesse ; le parlement avait défendu toutes sortes de comédies et de divertissements publics, même les jours de fête. La joie fut grande à la nouvelle de la délivrance du roi; on chanta un *Te Deum* à la Sainte-Chapelle, et l'on fit une procession générale à laquelle le parlement assista. Cependant les esprits n'étaient point calmes, et d'un autre côté les bourgeois étaient sans cesse inquiétés par les *tireurs* et les *cou-*

---

(1) T. II, p. 52. — (2) Félibien, p. 973.

reurs de nuit, qui pullulaient dans la ville. Sur la proposition de Germain de Marle, prévôt des marchands, le parlement ordonna que le guet bourgeois fût rétabli, et que chaque habitant allumât pendant la nuit une lanterne à sa fenêtre.

Le samedi 13 avril, François Ier se rendit à Saint-Denis et assista à la messe et à la procession avec les principaux corps de l'Etat. On remit dans leurs châsses les reliques de saint Eleuthère, de saint Rustique et de saint Denis, qui étaient restées exposées à la vénération des fidèles depuis le départ du roi pour l'Italie. La reine-mère fit prévenir ensuite le parlement que son fils entrerait à Paris le lendemain, dimanche des Rameaux. La cour régla aussitôt les préparatifs de cette solennité, qui fut précédée de processions générales; « entre autres choses, il fut ordonné au prévôt des marchands, aux échevins et maîtres d'école de faire tenir aux barrières du boulevard de la porte Saint-Denis, devant les églises de la Trinité, du Sépulcre, des Innocents, de l'hôpital de Sainte-Catherine, de Saint-Barthélemi, de l'Hôtel-Dieu, au parvis de Notre-Dame, devant l'hôpital de Saint-Gervais, Saint-Antoine de Paris et Sainte-Catherine du Val-des-Écoliers, des troupes de petits enfants, chacune de quatre-vingts ou cent, qui crieroient à haute voix *vive le roy*, lorsqu'il passeroit. Le roi dîna ce jour-là, 14 avril, à La Chapelle. Les religieux mendiants, les églises et les paroisses de la ville allèrent à pied jusqu'à Saint-Lazare. Le recteur et l'Université se rendirent à la fausse porte Saint-Martin, où s'arrêtèrent aussi le chapitre de la cathédrale et ses *filles* (1). Après vint le sieur de la Barre, prévôt de Paris et lieutenant du roi en cette ville (2); et ensuite marchèrent le prévôt des marchands, les échevins, conseillers et autres officiers de la ville, suivis d'un grand nombre de bourgeois et précédés de leurs archers. Les deux prévôts s'avancèrent jusqu'à La Chapelle, où ils firent la révérence au roi. Après eux marchèrent les officiers du Châtelet, l'élection, le trésor, les généraux des monnoies, la justice des aides, la chambre des comptes, qui rencontrèrent tous François Ier entre La Chapelle et le Moulin-à-Vent. Alors le parlement, qui attendoit auprès de la porte Saint-Denis, monta à cheval et alla présenter ses respects au roi, qui étoit accompagné du roi de Navarre, du cardinal de Lorraine, du duc de Vendôme, des comtes de Saint-Paul, de Guise, de Vaudemont, et des autres seigneurs et princes de son sang. On ne porta point le dais en cette occasion. Le cortége alla le long de la rue Saint-Denis jusqu'au Châtelet, et de là détournant par la rue de la Coutellerie et la porte Baudoyer, il se rendit aux Tournelles. Dans le même temps, le parlement fut averti que la duchesse d'Angoulême venoit après le roi, accompagnée de la reine de Navarre, sœur de Fran-

---

(1) Voy. pour l'explication de ce mot, t. I, p. 151.
(2) Il avait été nommé prévôt lors de la suppression de la charge de bailli de Paris.

çois Ier, de Renée de France, d'Isabeau de Navarre, la duchesse de Vendôme et d'autres princesses et dames. Le parlement alla jusqu'à La Chapelle au-devant de la mère du roi, et lorsque Jean de Selve, premier président, lui eut fait sa harangue, elle lui dit qu'elle feroit en sorte que le roi, avant que de partir de Paris, allât au parlement. Elle ajouta que le roi vouloit que le lendemain on fît des processions générales, et qu'il avoit dessein d'y assister en personne. Quoiqu'on attendît jusqu'au mardi à les faire, François Ier, qui se trouvoit indisposé, ne put y assister (1). »

Le 8 juin de la même année, des ambassadeurs d'Angleterre, de Portugal et de Venise arrivèrent à Paris; le roi les reçut au palais. Le lendemain, jour de la Pentecôte, il alla entendre la messe avec eux à Notre-Dame, et le mardi suivant il les invita à un festin magnifique, qui eut lieu dans la grande salle du Palais.

A Madrid même, François Ier avait protesté secrètement contre le traité que lui imposait Charles-Quint; rendu à la liberté, il ne lui fut pas difficile de l'éluder. Au mois de novembre 1527, il réunit à Paris les princes, les prélats, les cours souveraines, le corps de la ville, et, pour représenter le tiers-état, deux bourgeois par quartier. Il leur exposa qu'ayant été obligé de promettre le duché de Bourgogne à l'empereur pour obtenir sa liberté, il se trouvait dans la triste nécessité ou de perdre ses deux fils qu'il avait donnés en otage, ou d'abandonner, contre l'avis de son conseil, une des plus belles provinces de son royaume; que le duc d'Angoulême, son fils, pouvait subvenir aux besoins de l'État; mais que son cœur de père voulait cependant, à quelque prix que ce fût, retirer ses deux autres enfants d'une cour où leur vie n'était point en sûreté; qu'il n'y avait pour cela que deux moyens, de les racheter, ou d'aller lui-même reprendre ses fers à Madrid. L'assemblée répondit que ses serments étaient nuls parce qu'ils avaient été arrachés par la force, que d'ailleurs, quoique roi, il ne pouvait céder ses sujets à un monarque étranger; mais qu'il pouvait offrir deux millions pour la rançon de ses fils, et que le clergé, la noblesse et le tiers-état donneraient cette somme, soit que l'empereur l'acceptât, soit que la France fût dans la nécessité de lui déclarer une nouvelle guerre.

Dans un lit de justice, tenu le 20 du même mois, le cardinal de Bourbon proposa pour le compte de l'église la somme de 1,300,000 fr.; le duc de Vendôme offrit au roi l'épée et la fortune de tous les gentilshommes du royaume; Jean de Selve prit ensuite la parole au sujet du traité de Madrid qu'il déclara nul. Enfin le prévôt des marchands et les échevins se mirent à genoux et dirent au roi que s'il se décidait jamais

(1) Félibien, t. II, p. 979.

à retourner en Espagne, les Parisiens s'y opposeraient; qu'il leur appartenait, lui et ses enfants, et qu'ils donneraient volontiers corps et biens pour leur prompte délivrance. Quelques jours après, on mit à l'épreuve les bonnes dispositions de la ville, et le roi lui fit demander cent mille écus, qui furent accordés aussitôt; le prince, sur la demande des contribuables, leur fit seulement remise d'un quart de la somme, « mais à condition que la grâce qu'il faisait demeurerait secrète, pour la conséquence des autres villes (1). » François Ier chargea Lannoy, envoyé de l'empereur, de rendre compte à son maître de ce dont il venait d'être témoin, et en échange de la Bourgogne, offrit à Charles V deux millions d'écus d'or pour la rançon de ses fils; condition qui fut enfin acceptée au traité de Cambrai, en 1529.

Il n'entre point dans mon sujet de développer les causes et les progrès du protestantisme. Nous avons vu ailleurs avec quelle rapidité les nouvelles doctrines religieuses se répandirent dans la capitale (2). Dès 1517 et 1521, la Faculté de théologie avait condamné Luther. En 1525, le Parlement, dont le premier président était le fameux Pierre Lizet, défendit toute traduction en français des livres de l'Ecriture Sainte. Mais ces entraves étaient impuissantes; chaque jour les sectaires croissaient en nombre et en puissance. Les doctrines de la réforme se répandaient même dans le clergé et l'Université. Guillaume Briçonnet, évêque de Meaux, avait réuni autour de lui des novateurs qu'il protégeait, à l'exemple de Marguerite de Valois, sœur de François Ier. Beaucoup d'autres hommes, illustres par leur naissance ou leurs talents, avaient embrassé le parti des Luthériens. Alors le Parlement résolut d'employer la violence. En 1525, Jean Leclerc, accusé d'avoir déchiré à Meaux une bulle relative à la vente des *indulgences*, fut fouetté lui et ses complices, pendant trois jours, à Paris; ils furent ensuite fustigés de nouveau à Meaux et marqués au front avec un fer rougi au feu. Jacques de Pavanes, dit Jacobé, fut brûlé vif sur la place de Grève, le 29 mars de la même année; et quelque temps après un nommé Lhermite subit le même supplice au Parvis Notre-Dame. Tous deux étaient accusés d'avoir embrassé les doctrines nouvelles.

Ces supplices exaspéraient les esprits, quoique le Parlement fît en sorte de ne point donner lieu à de nouveaux troubles. En 1526, les enfants de chœur de Notre-Dame, se rendant en procession à Notre-Dame-des-Champs, se réunirent à une mascarade où figurait à cheval

---

(1) On remarqua dans les délibérations du corps de ville au sujet de cette taxe, que le tiers du louage des maisons de Paris montait à 104,000 livres, c'est-à-dire que le total des loyers s'élevait à 312,000 livres. Aujourd'hui l'on en tire près de vingt millions, dit Félibien, t. II, p. 981.

(2) Voy. dans le t. II de cet ouvrage les articles consacrés à l'*Université*, à la *Sorbonne* et au *Parlement*.

une femme, traînée par des diables; autour d'elle étaient quelques hommes déguisés en docteurs, qui portaient devant et derrière une inscription contenant le nom de Luther. Cette femme représentait la Religion, tourmentée par des diables et des docteurs luthériens. Sur les plaintes du roi, le parlement défendit cette mascarade (1).

Le 31 mai 1528, quelques réformateurs fanatiques mutilèrent une statue en pierre de la Vierge, située au coin de la rue des Rosiers et de celle des Juifs. Le roi ordonna aussitôt qu'on se mît à la recherche des coupables, avec promesse de mille écus pour celui qui les découvrirait, et fit fondre aussitôt une statue d'argent semblable à celle qui avait été profanée (2). Des processions et des messes d'expiation se célébrèrent aussitôt dans tous les quartiers et dans toutes les églises. Le 11 juin, jour de la Fête-Dieu, le roi se rendit avec tous les corps de l'État à Sainte-Catherine du Val-des-Ecoliers; après le service, qui fut magnifique, la cour se rendit avec solennité à la rue des Rosiers par la grande rue de Saint-Antoine. « Le roi avait fait faire un pilier de pierre avec une niche grillée destinée à recevoir l'image d'argent. Il y avait contre le pilier une estrade avec quelques degrés, le tout couvert de tapis de Turquie, et à côté une espèce d'autel, sur lequel l'évêque de Lisieux posa l'image. Aussitôt le roi se mit à genoux avec tout son cortège; les musiciens de sa chapelle chantèrent l'antienne *Ave regina cœlorum*, et l'évêque de Lisieux dit une oraison. Ensuite le roi monta les degrés et ôta l'ancienne image, prit la nouvelle, la baisa et la plaça dans la niche dont il ferma la grille. Il se remit ensuite à genoux pour faire sa prière, et laissa son cierge qui fut placé devant l'image (3).

Cette année, la veille de la fête de saint Jean-Baptiste, le roi vint allumer le feu de la Grève avec une torche de cire blanche garnie de velours cramoisi à la poignée. Il était accompagné du cardinal de Lorraine, du duc d'Angoulême, fils du roi, âgé de sept à huit ans, et du duc de Ferrare, dont le fils épousa quelques jours après madame Renée de France, sœur de Claude, première femme de François Ier. Les princes avaient des torches pareilles à celle du roi. La duchesse d'Angoulême, placée aux fenêtres de l'Hôtel-de-Ville, assista, avec toute la cour, à cette fête, dont douze pièces de canon donnèrent le signal.

(1) Félibien, t. II, p. 978.
(2) On apprit en même temps que dans un village à quatre ou cinq lieues de Paris on avait pris deux hommes qui brisaient une autre image de la Vierge, à la sollicitation d'un berger; ils confessèrent qu'ils en avaient ainsi mis en pièces plusieurs autres, et que pour chaque image qu'ils détruisaient on leur donnait cent sous *Ibid.*, p. 982.
(3) *Ibid.*, p. 983. Cette statue d'argent, nommée la *Belle-Dame*, fut volée en 1545. On la remplaça par une figure en bois, qui fut brisée en 1551. L'évêque de Paris en fit remettre une de marbre, qui fut encore détruite. M. Dulaure accompagne ces faits de la réflexion suivante, qui est passablement burlesque : « Ces images n'ont jamais eu la vertu de se défendre elles-mêmes. »

La profanation de l'image de la Vierge de la rue des Rosiers fut fatale au parti huguenot; elle causa la perte d'un de ses plus nobles soutiens, Louis Berquin, qui se trouvait alors emprisonné pour la troisième fois sous prévention d'hérésie. Berquin était un gentilhomme artésien, conseiller du roi, l'un des plus savants personnages de son temps. Condamné plusieurs fois déjà par la Faculté de théologie et le parlement, il avait échappé, grâce à la protection que François Ier accordait aux gens de lettres. Enfin arrêté de nouveau, condamné à faire abjuration de ses erreurs, à avoir la langue percée, à subir la peine du pilori et à passer le reste de sa vie en prison, il refusa de se rétracter pour sauver sa vie; il fut livré au bûcher par sentence du parlement. François Ier aurait voulu le sauver encore; mais, irrité par les entreprises continuelles des Huguenots, il laissa suivre le cours de la justice, et Berquin fut brûlé en place de Grève le 17 avril 1529.

Ce fut en 1529 que François Ier commença le château de Madrid au bois de Boulogne. — En 1530, il s'occupa de la fondation bien plus importante du Collége de France.

Une nouvelle profanation d'images saintes eut lieu dans la nuit du 21 mai 1530. On défigura le visage d'une statue peinte placée au coin de la rue Aubry-le-Boucher et représentant la Vierge entre saint Fiacre et saint Roch. Comme à l'ordinaire, ce scandale fut aussitôt suivi de rigoureuses mesures de police, et de processions. La sainte chapelle suivie du parlement vint processionnellement sur le lieu du scandale; elle apporta la vraie croix sous un dais, et chanta une antienne de la Vierge sur un autel qu'on avait dressé exprès au coin de la rue Aubry-le-Boucher. L'image profanée conserva le nom de *Notre-Dame-de-Patience*.

Vers la même époque, il y eut successivement à Paris plusieurs grandes cérémonies, tantôt de réjouissance, tantôt de deuil. D'abord ce furent les obsèques de Maximilien Sforce, duc de Milan, qui furent faites avec magnificence. Au mois de juillet 1530, les Parisiens célébrèrent l'heureux retour des fils du roi, le dauphin et le duc d'Orléans, depuis long-temps retenus en otages à la cour d'Espagne. Puis, au commencement de l'année 1531, eut lieu à Saint-Denis le couronnement de la reine Éléonore, la nouvelle épouse de François Ier, et, quelques jours après, son entrée solennelle dans la capitale. Louise de Savoie, la reine-mère, mourut le 22 septembre et fut inhumée à Saint-Denis. Enfin le 17 décembre de la même année, Antoine Duprat, récemment promu à la dignité de légat du Saint-Siége, fit son entrée à Paris en cette qualité avec une pompe toute royale.

François Ier passa l'année 1532 loin de Paris, occupé d'affaires extérieures, de négociations avec Henri VIII et le pape Clément VII, et surtout de la réunion de la Bretagne à la France, qui fut consommée au mois d'août 1532.

Le 15 juillet 1533 fut posée la première pierre du nouvel Hôtel-de-Ville, sous l'administration de Pierre Viole, prévôt des marchands.

La même année fut fatale à Paris par l'intensité d'une maladie contagieuse qui porta le ravage dans la ville et le deuil dans les familles. Malgré les soins du gouvernement pour apporter remède à ce fléau, il périt un si grand nombre de personnes, que la ville fut obligée d'acheter six arpents de terre dans la plaine de Grenelle, pour faire ensevelir les morts.

Un autre fléau, qui paraît avoir été terrible sous François Ier, tenait toujours en haleine les bourgeois de Paris : c'étaient les invasions des brigands dans la ville et les environs. En 1533, l'audace d'une troupe de bandits faillit avoir les plus grandes conséquences. L'hôtel de Graville, où logeait le sire de Travers, passait pour renfermer de grandes richesses. Quoiqu'il fût situé dans l'un des quartiers les plus populeux de Paris, près du palais des Tournelles, une troupe de quarante ou cinquante bandits bien armés vint lui donner l'assaut et déjà essayait de briser les portes. Le sire de Travers et ses gens, aidés par quelques Anglais de la suite du duc de Norfolk, ambassadeur du roi d'Angleterre, se défendirent vigoureusement et repoussèrent les assaillants ; mais, dans la mêlée, plusieurs Anglais furent blessés, et l'un d'eux resta sur la place. L'ambassadeur effrayé crut que c'était à lui qu'on en voulait, et, dans son indignation, il se préparait à quitter Paris ; il fallut beaucoup de peine pour le faire revenir de son erreur. On lui apprit la cause de ce désordre, et, pour le rassurer entièrement, on mit des gardes à sa porte et l'on alluma des feux pendant la nuit pour éclairer la rue du Roi de Sicile, où il logeait.

La grande querelle de la nouvelle religion continuait à ensanglanter la capitale. Le recteur de l'Université, Lafitte, eut l'audace de prêcher dans l'église des Cordeliers, le jour de la Toussaint (1533), des doctrines luthériennes. Le parlement cita l'imprudent prédicateur à son tribunal, et Lafitte s'y rendit : heureusement pour lui, un conseiller de ses amis l'avertit à temps de l'extrême danger qu'il courait, et le détermina à prendre la fuite. Quelques jours après, un autre huguenot, moins heureux, subit la peine du bûcher. C'était un jacobin apostat, nommé Laurent Canu, de Rouen. Il était accusé de bigamie, et connu pour dogmatiser dans le monde contre les principes de la religion orthodoxe. Son procès fut promptement terminé, et il fut condamné à être brûlé vif. Il obtint la permission de haranguer le peuple avant de mourir ; il commença donc du haut de son bûcher un long discours sur le Saint-Sacrement ; mais peu à peu l'on s'aperçut que ses paroles prenaient un caractère de plus en plus fallacieux et fort dangereux pour la multitude qui l'écoutait. On se hâta de l'interrompre en étouffant sa voix dans les flammes.

Ces cruelles exécutions se répétaient souvent, et, comme il arrive d'ordinaire, ne produisaient d'autre effet que l'exaspération des persécutés. Loin d'être découragés par les nombreux exemples de la rigueur des répressions qu'on exerçait contre eux, ils cherchaient des prosélytes avec ardeur et placardaient la ville d'affiches impies et séditieuses. Leur nombre et leur audace augmentant d'une manière inquiétante, le roi, qui se trouvait alors à Blois, revint promptement à Paris, comptant sur l'effet de sa présence pour imposer aux hérétiques. Il était d'autant plus irrité, que plusieurs hérétiques arrêtés avaient avoué, dit Félibien, qu'ils avaient formé une conjuration pour assassiner tous les catholiques dans les églises pendant le service divin. On afficha même au Louvre, sous les fenêtres du roi, des pamphlets séditieux et des libelles contre les mystères de l'église catholique.

François Ier, en réparation de cet outrage, ordonna une procession générale qui eut lieu le 21 janvier. Ce fut une cérémonie (1) mémorable à plus d'un titre, et dont l'historien Félibien nous a laissé une description intéressante.

« Le jeudi, toutes les paroisses partirent à sept heures du matin avec leurs bannières, reliquaires, et les plus belles chapes, pour se rendre à Notre-Dame, où étoit la châsse de sainte Geneviève, portée par seize hommes mis en chemise et en aube, et la châsse de saint Marcel, qui furent apportées toutes deux à Saint-Germain-l'Auxerrois, où le roi s'étoit rendu. On disoit alors que de mémoire d'homme vivant on n'avoit jamais vu ces deux châsses passer les ponts de Paris au-delà de Notre-Dame. La procession partit sur les neuf heures, et prit son chemin par les rues Saint-Honoré et Saint-Denis et le pont Notre-Dame. La reine étoit à la tête, vêtue d'une robe de velours noir, fourrée de loup-cervier, montée sur une haquenée blanche houssée de drap d'or frisé. Les filles du roi l'accompagnoient, vêtues de satin cramoisi brodé d'or, et avec elles marchoient plusieurs dames et princesses, escortées d'un grand nombre de gentilshommes, écuyers, maîtres d'hôtel, à cheval, pages et laquais à pied, et suisses de la garde. Ensuite venoient les religieux mendiants avec leurs reliquaires, ayant tous un cierge à la main; les Cordeliers les premiers, et après eux les Jacobins, les Augustins et les Carmes. Suivoient leurs paroisses, puis les églises collégiales, les Mathurins et les religieux de Saint-Magloire, portant la châsse du saint évêque leur patron. Après cela marchoient, côte à côte, les religieux de Saint-Germain-des-Prés et ceux de Saint-

---

(1) Les principales rues avaient été nettoyées et ornées de tapisseries, et chaque *chef d'hôtel* avait reçu l'ordre de tenir à sa porte une torche ardente. Les écoliers avaient été consignés dans leurs colléges, pendant la procession, afin d'éviter la confusion et le tumulte. Dès le matin, le prévôt fit placer au bout des rues qui aboutissaient à celles où devait passer la procession des barrières gardées par deux dizainiers et deux archers. Félibien, p. 997.

Martin-des-Champs. Les premiers portoient la châsse de saint Germain, que de mémoire d'homme on n'avoit pas vu porter hors de leur territoire, et les autres portoient la châsse de saint Paxent, martyr. Suivoient les religieux de Saint-Éloi, avec la châsse de leur saint patron portée par les serruriers couronnés de fleurs. Ensuite saint Benoît et plusieurs autres châsses et reliques, suivies d'un grand tableau d'or enrichi de pierreries, où étoient plusieurs ossements de saints avec le chef de saint Philippe. Venoient ensuite les deux châsses de sainte Geneviève et de saint Marcel, portées à côté l'une de l'autre; celle-ci par les orfèvres et celle-là par dix-huit hommes et quatre religieux en chemises cousues, et qui avoient reçu auparavant la sainte communion, comme c'étoit la coutume. Les deux châsses étoient suivies des religieux de Sainte-Geneviève et de Saint-Victor, nu-pieds. Le chapitre de Saint-Germain-l'Auxerrois marchoit ensuite avec sa musique, et après eux, les uns à côté des autres, le chapitre de Notre-Dame et l'Université. Venoient ensuite les suisses de la garde du roi, armés de hallebardes, précédés de leurs tambours et fifres. Les trompettes, clairons, cornets et hautbois du roi marchoient après, et faisoient retentir de tous côtés le son de l'hymne *Pange lingua*. Venoit ensuite le sieur de Savigny, l'un des capitaines des gardes du roi, qui avoit l'œil à tout, pour éviter qu'il y eût de la confusion. Il étoit suivi des hérauts d'armes, et après eux marchoit la Sainte-Chapelle avec sa musique et toutes ses reliques les plus précieuses portées par des évêques; c'est à savoir le chef de saint Louis, la couronne d'épines qui n'avoit jamais été portée en procession, la vraie croix, la verge d'Aaron, la grande couronne de saint Louis, le fer de sa sainte lance, l'un des clous de la passion, les tables de Moïse, le sang de Jésus-Christ, sa robe de pourpre et le lait de la sainte Vierge. Après les reliques marchoient les cardinaux de Givri, de Tournon, le Vénéur et de Chatillon, et quelques évêques, suivis des gentilshommes avec leurs haches d'armes. Ensuite venoit le Saint-Sacrement porté en une croix par l'évêque de Paris, sous un dais de velours violet semé de fleurs-de-lis d'or, dont le bâton de devant, à droite, étoit porté par le duc d'Angoulême, troisième fils du roi, celui du côté gauche par le duc de Vendôme, qui avoit le collier de l'ordre; des deux bâtons de derrière, celui du côté droit étoit porté par le dauphin, qui avoit aussi le collier de l'ordre, et celui du côté gauche par le duc d'Orléans son frère. Le roi suivoit, nu-tête, en robe de velours noir fourrée de genettes noires, avec une ceinture de taffetas, et auprès de lui alloit le cardinal de Lorraine, à qui le roi donnoit sa torche blanche à tenir quand on étoit aux reposoirs; car alors il joignoit les mains et prioit avec des mouvements de dévotion très touchants. Il étoit suivi du comte de Saint-Paul et du grand-maître, de l'amiral et de plusieurs autres seigneurs; après lesquels marchoient les présidents du parlement, suivis des gentilshommes de la chambre et des archers de la garde; et ensuite venoient le parlement à droite, et la chambre des comptes à gauche. D'autres marquent différemment cette disposition; c'est-à dire aux deux côtés du roi les vingt-quatre archers de sa garde avec leurs hocquetons argentés, puis, par le milieu de la rue, les princes et chevaliers de l'ordre, et à côté d'eux, à droite, le parlement, c'est-à-dire le présidents, les maîtres des requêtes, les conseillers, les gens du roi avec le greffier en chef, puis les autres greffiers et quatre notaires de la cour; et à gauche, la chambre des comptes et les généraux de la justice et des monnoies; en sorte que les présidents des comptes marchoient vis-à-vis des maîtres des requêtes, au-dessous des présidents du parlement. Par le milieu de la rue, après les princes et chevaliers de l'ordre, entre les officiers des cours souveraines, marchoient les gentilshommes de la chambre du roi; après eux ses maîtres-d'hôtel et gentilshommes servants. Et ensuite marchoient, à droite, le prévôt de Paris, ses lieutenants et le Châtelet, et à gauche le prévôt des marchands, les échevins et autres officiers de la ville. L'évêque de Paris dit la messe solennelle à Notre-Dame, après laquelle le roi alla dîner à l'évêché.

» Ensuite le roi manda le parlement, l'Université et la ville, et leur fit un discours sur les matières présentes. Il témoigna un si grand zèle pour la religion catholique, qu'il protesta que si l'un de ses membres étoit infecté de l'hérésie, il ne feroit point difficulté de le faire couper, et qu'il immoleroit ses propres enfants s'ils se laissoient entraîner hors des sentiers de la véritable religion. Il chargea bien expressément ceux de l'Université de bien prendre garde à leurs colléges, et leur ordonna, quand ils trouveroient des *mal-versants*, d'en avertir la cour séculière. L'église et le parlement eurent aussi leur avis; il recommanda à la ville d'apporter toute son attention à empêcher les progrès de l'hérésie, et finit en l'exhortant à prendre soin de la nourriture des pauvres. L'évêque de Paris prenant la parole pour le clergé, rendit grâces au roi, et de ses remontrances et de ses exemples salutaires. Et voyant Jean Tronson, prévôt des marchands, conseiller au parlement, qui étoit à genoux, il lui dit que c'étoit à lui, comme chef de la ville, à répondre à ce que le roi avoit bien voulu représenter à la ville. Tronson parla, et assura le roi du zèle et de l'obéissance des habitants. Le roi et la reine demeurèrent à Notre-Dame jusqu'à ce que Audebert Valleton, receveur de Nantes, Jean l'Enfant, fruitier, maître l'Huillier, clerc au greffe du Châtelet, et trois autres hérétiques eussent fait amende honorable devant l'église cathédrale; après quoi trois d'entre eux furent brûlés à la Croix du Tiroir et trois autres aux halles. On les punit comme auteurs ou complices des libelles séditieux et impies semés dans Paris (1). »

(1) Félibien, t. II, p. 997, 999.

L'histoire nous a conservé les noms de ces malheureux; c'étaient *Barthélemi Milon*; *Audebert* ou *Nicolas Valeton*, *Jean Dubourg*, marchand drapier, demeurant rue Saint-Denis, à l'enseigne du Cheval Noir; *Étienne de La Forge*, de la ville de Tournai, riche marchand à Paris; *La Catelle*, maîtresse d'école; *Antoine Poile*, maçon. Pour rendre leur supplice plus douloureux, on avait inventé une machine appelée *Estrapade*. On élevait les patients à une grande hauteur, puis on les laissait tomber dans les flammes; on les élevait de nouveau, au moyen d'une corde, pour les y replonger encore.

Les entraves mises à la presse, les persécutions contre les savants (1), les supplices des protestants, redoublèrent à la création d'une *chambre ardente* dans le parlement et d'un tribunal d'inquisition, présidé par le fameux Antoine de Mouchi, docteur de Sorbonne. Ces magistrats, *délégués par le pape*, condamnèrent au feu le malheureux et savant Étienne Dolet, imprimeur-libraire, qui fut brûlé vif sur la place Maubert, le 2 août 1546. Deux mois après, jour pour jour, la chambre ardente condamnait à divers supplices cinquante habitants de Meaux, convaincus d'hérésie. Les lois promulguées contre ces infortunés étaient cruelles. François Ier déclare dans une ordonnance : « Tous ceux et celles qui *ont recélé ou recèleroient* par ci-après, sciemment, les sectateurs de Luther, pour empêcher qu'ils ne fussent pris ou appréhendés par justice, seront punis de telles et semblables peines que lesdits sectateurs. » Ces atrocités ne firent qu'inspirer de la compassion et de l'intérêt pour les protestants, et accélérèrent en France les progrès de la réforme. On sait, du reste, que François Ier avant de mourir eut horreur, et se repentit sincèrement des cruautés qui avaient été commises au nom de la religion et de la royauté.

François Ier, qui depuis long-temps négociait avec Charles-Quint, se vit attaqué à l'improviste par son puissant rival. L'empereur annonça dans Rome, en présence des envoyés de toute la chrétienté, qu'il comptait sur la victoire, et que, « s'il n'avoit pas plus de ressources que son rival, il iroit à l'instant, les bras liés, la corde au cou, se jeter à ses pieds et implorer sa pitié (5 avril 1536). » Avant d'entrer en campagne, il partagea à ses officiers les domaines et les grandes charges de la couronne de France. Trois armées envahirent aussitôt le Languedoc, la Provence et la Picardie. Cette dernière s'empara de Guise sans coup-férir, et mit le siége devant Péronne. Cette nouvelle répandit l'alarme dans la capitale. Le conseil de ville accorda au duc de Vendôme, gouverneur de Picardie, la somme de 40,000 livres qu'il demandait pour lever des troupes; on songea aussi à réparer les fortifications de Paris, et l'on y employa seize mille pionniers, aux dépens des habitants. Dans

---

(1) Voy. ci-dessus t. II, p. 185 et 358.

la crainte que le peuple ne se soulevât, on défendit, sous peine de la vie, aux roturiers qui n'étaient point militaires de porter des armes offensives et défensives. La ville accorda en outre 100,000 francs que le roi lui demanda; mais le prince lui en assigna la rente, au denier douze, sur les fermes, jusqu'à l'entier remboursement. Un des quarteniers s'engagea à faire remettre cette somme au roi, qui était à Lyon, dans l'espace de quarante heures, et d'en faire rapporter la réponse en pareil temps, moyennant une récompense de 60 écus; ce fait est signalé dans les registres du Parlement. Les Parisiens, croyant l'ennemi à leurs portes, offrirent de lever et de solder six mille hommes pendant un mois; le parlement en donna cinq cents, et les autres corps de l'État fournirent à proportion; ce qui forma en tout une armée d'environ dix mille hommes. Le cardinal du Bellai, gouverneur de Paris, eut soin en même temps de mettre la ville en état de résister; mais on apprit bientôt que les troupes impériales avaient été obligées de repasser les frontières, après des pertes considérables.

Jacques V, roi d'Écosse, qui de son propre mouvement était venu au secours de François Ier, arriva à Paris le 31 décembre 1536. Le roi voulut qu'on rendît à ce prince les mêmes honneurs qu'à lui-même. Le parlement, malgré ses remontrances, parut pour la première fois en robes rouges à la réception d'un monarque étranger. François avait une fille, Madeleine de France, demandée en même temps par les rois d'Angleterre et d'Écosse; il l'accorda à ce dernier. La célébration du mariage se fit à Notre-Dame; les festins eurent lieu dans la grand'salle de l'archevêché, au Palais et au Louvre. Quelques jours après, le roi d'Écosse assista au lit de justice tenu par François Ier au parlement; *Charles d'Autriche, empereur*, y fut déclaré félon, en sa qualité de comte de Flandre, qui le rendait vassal des rois de France.

La guerre recommença bientôt avec plus de violence; la mort du dauphin François, empoisonné, disait-on, par les ordres de Charles-Quint, redoublait la fureur des deux partis; mais tous deux étaient épuisés, et ils signèrent, en 1538, la trêve de Nice, dont la durée fut fixée à dix ans. Une procession générale fut ordonnée à Paris pour célébrer ce grand événement. Peu de temps après, disent les anciens historiens, le tonnerre tomba sur la tour de Billy, qui servait d'arsenal; l'explosion fut telle que la tour se ruina de fond en comble, et les vitres des églises de Saint-Paul, des Célestins (1) et de Saint-Victor furent presque toutes brisées.

François Ier employa les loisirs de la paix à l'embellissement de sa capitale. Il ordonna de continuer les travaux publics, auxquels on destina par année 34,000 livres, quoique l'on y eût déjà employé plus

---

(1) Voy. t. II, p. 585.

de cent mille livres, sans compter les frais de construction à l'Hôtel-de-Ville. Le roi s'occupa également de l'assainissement de Paris. Une ordonnance du mois de novembre 1539 enjoignit à la municipalité de faire paver et nettoyer les rues. Ces règlements de police fort longs et fort minutieux (1), ne furent pas exécutés long-temps.

« L'année suivante, l'empereur fit demander à François Ier le libre passage par son royaume, pour aller châtier les Gantois révoltés. Non seulement le roi y consentit volontiers, mais il lui offrit même toutes les sûretés qu'il eût pu désirer s'il eût moins compté sur sa bonne foi et sur sa sincérité. L'empereur ne voulut point d'otages, comme on en avait autrefois donné à l'archiduc, et marqua même qu'il ne voulait avoir d'autres cuisiniers et officiers pour sa bouche que ceux que le roi voudrait lui donner. Dès le mois de novembre 1539, on disposa toutes choses pour l'entrée de l'empereur. Dans le dessein de quelques théâtres on avait marqué des salamandres; le roi voulut qu'on les ôtât, parce que c'était son emblème, et qu'on mît des aigles à la place; et quant aux récits qu'on devait faire au passage de l'empereur, le roi défendit qu'on s'amusât à ces récits qui sentaient *la farce*, et ordonna qu'on mît par écrit les vers qu'on aurait dû réciter, afin que l'empereur se les fît lire s'il le jugeait à propos. La ville avait dessein de lui présenter un buffet couronné de quatre aigles. Le roi dit là-dessus que cela ne convenait point; que l'empereur donnerait le buffet au premier ambassadeur qui viendrait vers lui, et d'ailleurs il lui avait souvent ouï dire qu'il détestait les tapisseries de son pays de Flandre, parce qu'il n'y avait que des banquets représentés, et que toutes ces *mangeries* lui déplaisaient. Il ajouta qu'il était d'avis qu'on lui fît un présent qui fût si propre à sa personne, qu'il fût en quelque sorte obligé de le garder, en mémoire de la ville; et qu'on ne pouvait lui donner rien de plus convenable qu'un Hercule plantant de force deux colonnes en terre, avec ces mots qui étaient la devise de l'empereur : *Plus ultra;* sur l'écharpe de l'Hercule on graverait cette autre devise : *Altera alterius robur.* Le roi fit faire le dessin par Rousse, son peintre, qui était à Fontainebleau, et indiqua pour jeter la figure en moule un fondeur d'Orléans nommé Chevrier qui demeurait à Paris. Le roi avait d'abord dessein de faire faire les joutes à la rue Saint-Antoine, et la fit dépaver exprès; mais ayant depuis changé d'avis, et voulu que les joutes se fissent au Louvre, il fallut repaver la rue Saint-Antoine. L'empereur fit son entrée à Paris le jeudi 1er janvier 1540. Le clergé et l'Université marchèrent les premiers, ensuite la ville, et puis le parlement.

(1) « Défense de mettre aux fenêtres sur rue aucuns draps sur perches à peine de 10 livres d'amende. Défense pareillement à qui que ce soit, dans la ville et les faubourgs, de nourrir pourceaux, truies, oisons, pigeons ou lapins, soit pour vendre, soit pour s'en nourrir. »

La ville y parut avec toute la pompe convenable. Deux sergents de la ville marchaient à la tête avec leurs robes de livrée et le navire d'orfévrerie sur le bras, suivis de six crieurs de corps et de vins, douze vendeurs de vin, autant de courtiers de vins, quatre jaugeurs, et douze déchargeurs, douze mesureurs, quatre courtiers, quatre briseurs et douze hanouars porteurs de sel, six mesureurs et six porteurs de charbon, six mouleurs de bois, vingt mesureurs et vingt porteurs de blé, tous en robes mi-partie de bleu et de rouge, et à pied. Suivaient à cheval les cent arquebusiers de la ville avec leurs boquetons de livrée, leurs arquebuses, et trompettes, clairons et tambours, et enseignes déployées; les vingt-six archers de la ville, avec leurs javelines, leurs tambours et enseignes; les soixante arbalétriers en pourpoint de satin blanc, armés de javelines, leurs chevaux bardés de rouge, et devant eux leurs trompetttes; après eux les nobles enfants de la ville, au nombre de quatre-vingt-quatre, tous superbement vêtus de casaques de velours noir enrichies de broderies et de passements d'or, avec la manche coupée de drap d'or frisé, et par-dessous le pourpoint de satin jaune, et des bonnets si garnis de pierreries, que quatre furent estimés cinquante mille écus d'or. Leurs chevaux étaient houssés et ornés à proportion des maîtres. Germain Boursier, capitaine de cette compagnie, se plaignait de n'avoir pas été averti deux jours avant, car il se faisait fort de la faire de cinq cents, au lieu qu'elle n'était que de quatre-vingt-quatre. Venaient ensuite les huit autres sergents de la ville, suivis du prévôt des marchands, des échevins et du greffier, vêtus de robes mi-partie de velours cramoisi et tannés; celle du prévôt fourrée de martre zibeline, et les autres doublées de velours noir. Le procureur de la ville était vêtu d'une longue robe de velours cramoisi doublée de velours noir, et le receveur avait une robe de satin fourrée de martre. Les conseillers marchaient en habits de soie fourrés de riche panne. Les seize quarteniers étaient vêtus de robes de satin tanné. Ceux qui devaient porter le dais étaient quatre élus de la draperie, vêtus de robes de velours tanné; quatre de l'épicerie, en robes de velours noir; quatre de la mercerie, en velours pers; quatre de la pelleterie, de velours violet fourré de *lubernes*; quatre de la bonneterie en velours gris; et quatre de l'orfévrerie, en velours rouge. Le prévôt des marchands, de Thon, accompagné des échevins et autres officiers de la ville, mit pied à terre à Saint-Antoine-des-Champs où était l'empereur *dans une maison de charpente toute vitrée*, lui fit sa harangue, et lui présenta les clefs de la ville. L'empereur répondit par la bouche du connétable, prit les clefs, et les donna à un archer qui les rendit aux échevins. L'empereur était en noir à cause de la mort de l'impératrice, et sans autre ornement que le petit collier de la toison. Il avait autour de lui le dauphin et le duc d'Orléans, enfants du roi, les ducs de Vendôme, de Guise, de Nevers, d'Albe, le connétable et le chancelier de France, et plusieurs autres grands seigneurs, tant de sa suite, que de la maison du roi. Après que tous les corps eurent rendu leurs respects à l'empereur, le parlement se présenta, c'est-à-dire les présidents, les plus anciens conseillers, le premier huissier et le greffier en chef. Le reste demeura dehors à cheval. Quoique l'empereur eût avec lui Granvelle, son garde-des-sceaux et le chancelier de France, il répondit de sa propre bouche à la harangue du premier président. Aussitôt l'empereur se mit en marche. Le seigneur de Nançai, l'un des capitaines des gardes, marchait devant, pour faire écarter la foule, suivi du grand-prévôt de la connétablie avec ses archers, d'une grande multitude de seigneurs français, du prévôt de l'hôtel et de ses archers. Ensuite venaient les secrétaires du roi, vêtus de robes de damas, puis les conseillers du grand-conseil en robes de satin, et les maîtres de requêtes en robes de velours noir. Après cela les deux cents gentilshommes de la maison du roi, menés par leur capitaine; Louis, monsieur de Nevers et le sieur de Canaples, suivis des gentilshommes de la maison de l'empereur, vêtus de drap noir à cause du deuil. Les Suisses de la garde du roi marchaient à pied, enseignes déployées, conduits par le seigneur de Sedan leur capitaine; et après eux les trompettes du roi et des autres princes, et les rois et hérauts d'armes. Ensuite venaient les audienciers et contrôleurs de l'audience, en manteaux d'écarlate fourrés de *lotice*, et nu-tête, suivis d'une haquenée blanche couverte de drap d'or portant le coffre où étaient les sceaux de France, le coffre couvert d'un voile transparent. La haquenée était conduite par deux laquais vêtus de pourpoints de velours cramoisi et la tête nue. Les quatre chauffe-cire de la chancellerie, aussi têtes nues, marchaient des deux côtés de la haquenée, à pied, et vêtus de velours cramoisi; suivait le chancelier Guillaume Poyet, vêtu d'une robe de velours cramoisi figuré et d'un manteau d'écarlate fourré d'hermine, monté sur une mule enharnachée et houssée de velours cramoisi. Après lui venait le grand-écuyer du roi, vêtu d'un manteau de drap d'or frisé, monté sur un cheval de parade caparaçonné de velours violet semé de fleurs de lys d'or. A sa droite était le grand-écuyer de l'empereur, vêtu de drap noir, avec le petit collier de la toison. Au-dessus de lui, à droite, était le duc de Guise, comme grand-chambellan de France, décoré du grand collier de l'ordre du roi. Suivaient les cardinaux de Bourbon, de Tournon, de Givry, Gâdi, Lenoncourt, Mâcon et Châtillon, dans leurs chapes cardinales. Après eux le seigneur de Montmorency, connétable et grand-maître de France, portant l'épée nue devant l'empereur. Ensuite venait l'empereur, monté sur un cheval noir caparaçonné de noir, accompagné du dauphin à sa droite et du duc d'Orléans à sa gauche: suivis des ducs de Vendôme, de Lorraine, de Nevers et d'Albe, du comte d'Egmont et de plusieurs autres grands seigneurs. Les chevaliers de l'ordre marchaient ensuite, décorés du grand collier; et après eux une grande multitude de gentilshommes et d'officiers; la marche était fermée par les quatre compagnies des gardes du roi. L'empereur, étant arrivé à la porte Saint-Antoine, refusa d'abord d'entrer sous le dais; mais à l'instante prière des échevins il accepta enfin cet honneur. On avait alors de la peine à le voir à cause de la fumée du canon de la Bastille, dont il fut tiré près de huit cents coups. L'empereur s'arrêta plusieurs fois pour la représentation de divers mystères qu'il trouva sur son chemin, devant les Tournelles, à la porte Baudoyer, et ailleurs. Toutes les rues étaient magnifiquement parées, mais surtout le pont Notre-Dame était tout décoré de feuilles de lierre, d'écussons aux armes de l'empereur, de candelabres ou girandoles, et de quantité d'autres ornements. L'empereur descendit d'abord à Notre-Dame pour y faire sa prière. On y chanta le *Te Deum*; après quoi l'empereur se rendit au palais, où l'attendait le festin royal, qui fut servi par les plus grands seigneurs. Le lendemain il alla loger au Louvre, et y fut régalé magnifiquement. La ville lui offrit un présent, l'Hercule d'argent de six pieds de haut, dont le roi lui avait donné le dessin. Pendant sept ou huit jours que l'empereur resta à Paris, moins occupé d'affaires que de divertissements, on donna en son nom la liberté à tous les prisonniers qui se trouvèrent enfermés dans la Conciergerie et dans les autres prisons de la ville. Au sortir de Paris, le roi le conduisit lui-même à Chantilly, d'où l'empereur prit sa route vers la Flandre, accompagné du dauphin et du duc d'Orléans jusqu'à Valenciennes, première ville de son obéissance. Lorsqu'il se vit hors des mains du roi, il ne répondit à tant d'honneurs qu'il avait reçus que par un manque de parole, et ne voulut jamais accomplir la promesse qu'il avait faite de lui donner, ou à l'un de ses fils, l'investiture du duché de Milan; ce qui fit que l'Europe blâma tout à la fois ces deux princes, François Ier de trop de crédulité, et Charles-Quint de sa mauvaise foi. Le roi voulant en faire retomber la faute sur ses ministres, s'en prit au connétable de Montmorency, qui ne put jamais recouvrer ses bonnes grâces (1). »

Quelques circonstances assez légères en elles-mêmes n'avaient pas peu contribué à inspirer de la défiance à Charles-Quint pendant son séjour en France. « Le duc d'Orléans, jeune prince étourdi et folâtre, s'avisa un jour de sauter sur la croupe du cheval de l'empereur, qu'il saisit dans ses bras en criant : Votre majesté impériale est mon prisonnier! Cette saillie enfantine inquiéta Charles, qui la crut sans doute suggérée au jeune prince par les propos de la cour. Les conseils hostiles ne manquaient pas d'ailleurs à François Ier; ils lui venaient, dit-on,

---

(1) Félibien, t. II, p. 1007, 1010.

de partout, de ses ministres et de ses courtisans, de sa maîtresse et de son fou. Triboulet (ou, suivant d'autres écrivains, Brusquet), bouffon du roi, avait des tablettes qu'il appelait le calendrier des fous et où il enregistrait les noms et les titres de tous les individus qu'il estimait dignes d'être ses confrères; il montra à François Ier le nom de l'empereur inscrit sur son calendrier pour la folie que Charles commettait en traversant la France. — Mais si je le laisse passer sans encombre? dit le roi. — Alors, repartit Triboulet, j'effacerai son nom et je mettrai le vôtre. Une autre fois François lui-même, montrant à l'empereur la duchesse d'Étampes : Voyez, mon frère, cette belle dame, lui dit-il, elle est d'avis que je ne vous laisse point sortir de Paris, que vous n'ayez révoqué le traité de Madrid. — Si l'avis est bon, il faut le suivre, répliqua Charles sans se déconcerter. Mais il était, au fond, moins rassuré qu'il ne voulait le paraître, et ses inquiétudes ne furent complétement dissipées que quand il se vit hors des frontières.

Moins d'un an après le voyage de Charles-Quint en France, le marquis du Guast, général des armées impériales en Italie, fit assassiner César Frégose et Antoine Rinçon, agents de François Ier; cette abominable violation du droit des gens fut le signal de la guerre. Le roi leva trois armées et eut recours à ses bons Parisiens qui lui prêtèrent deux cent mille écus. Lorsque le roi d'Angleterre se ligua avec l'empereur, en 1543, ils lui prêtèrent encore cinquante mille écus, et, quelques mois après, fournirent 180,000 livres pour l'entretien de sept mille cinq cents fantassins qu'ils s'étaient chargés de soudoyer. Outre ces dépenses, les Parisiens furent obligés de faire travailler aux fortifications de leur ville, dont l'empereur voulait, à quelque prix que ce fût, se rendre maître. Les ennemis s'étaient avancés jusqu'à Épernay et Château-Thierry; ils n'étaient plus qu'à deux journées de marche de Paris. L'effroi fut grand dans cette ville, et tous les habitants des campagnes voisines s'y réfugièrent. Les religieux de Saint-Denis envoyèrent leur trésor dans le collége qu'ils avaient derrière le couvent des Augustins (1).

À la nouvelle de la prise de Château-Thierry, l'alarme fut encore plus vive, car l'avant-garde impériale venait aux portes de Meaux. » Vous eussiez vu, dit le chroniqueur Paradin, riches, pauvres, grands et menus gens de tous états et âges, s'enfuir et traîner leurs biens par terre, par eau, par charroi, les uns tirer leurs enfants après eux, les autres porter les vieilles gens sur leurs épaules, les mettre dans les bateaux, desquels il y avoit si grand nombre que l'on ne pouvoit voir l'eau de la rivière. » Plusieurs bateaux, trop chargés de *meubles et de gens*, coulèrent à fond. Le désordre ne fut pas moins grand aux champs qu'en la ville : les routes étaient encombrées d'hommes, de

---

(1) Voy. t. II, p. 243.

femmes, d'enfants, de chevaux, de charrettes, de bétail de toute espèce, *faisant tel bruit et effroi*, qu'il semblait que *nature voulût retomber dans le chaos.* — « Mon Dieu, s'écria François Ier, que tu me vends cher mon royaume! » Il monta aussitôt à cheval et parcourut les rues de Paris, accompagné du duc de Guise, rassurant les bourgeois et déclarant que, *s'il ne pouvoit les garder d'avoir peur, il les garderoit bien d'avoir mal.* Il passa ensuite une revue des corps des métiers et *autres gens* jusqu'au nombre de 40,000 hommes bien armés (1).

Le dauphin avait entouré Paris de troupes, et toutes les dispositions étaient prises pour repousser l'ennemi, lorsqu'on apprit que Charles-Quint, sans argent, sans vivres, sans ressources, venait de signer la paix à Crépy en Valois, pour échapper à une ruine complète (septembre 1555). Henri VIII, allié de l'empereur, continua la guerre (2), mais sans aucuns résultats, et il signa le traité d'Ardres, le 7 juin 1546.

Depuis le mois de septembre 1544 jusqu'au mois de juillet de l'année suivante, la peste désola Paris. Le Parlement publia à ce sujet plusieurs règlements, et entre autres défendit tous spectacles publics. On se plaignit à lui que les curés et leurs vicaires refusaient d'inhumer ceux qui étaient morts de la peste, s'ils n'avaient point fait de testament, et qu'ils n'allaient qu'avec répugnance et presque par force administrer aux mourants les derniers sacrements. La cour manda aussitôt le doyen de Paris, vicaire de l'évêque, et lui enjoignit de faire cesser un pareil scandale.

Henri VIII, roi d'Angleterre, mourut le 28 janvier 1547, François Ier fit célébrer une messe solennelle à Notre-Dame pour le repos de son âme. La nouvelle de cette mort lui avait donné de tristes pressentiments, et deux mois après, le 31 mars, François mourut à Rambouillet, à l'âge de cinquante-trois ans.

Ses obsèques furent magnifiques. Le légat du pape y assista avec plus de quarante cardinaux, archevêques et évêques. Dans les rues de Paris où passa le convoi, il y avait devant chaque maison une torche aux armes de la ville (3).

Je parlerai dans l'article relatif à la topographie de Paris pendant cette période, des embellissements et des changements qui furent exécutés dans cette ville sous le règne de François Ier. Nous examinerons également les progrès de la littérature, des arts et des sciences, qui valurent à ce prince le titre de *Père des lettres.*

II. Monuments. — Institutions.

Bureau des pauvres, situé place de Grève, à côté de l'hôpital du

---

(1) M. H. Martin, t. X, p. 227. — Sauval porte ce nombre à 70,000 hommes, t. II, p. 678. — (2) Les frais de cette nouvelle guerre exigèrent une imposition de 800,000 livres; la ville de Paris seule fut taxée à 80,000 livres. — (3) Félibien, p. 1020.

Saint-Esprit. — En 1544, la sollicitude du gouvernement pour les nombreux pauvres de la ville de Paris se manifesta par des ordonnances dont quelques parties sont fort remarquables. Jusque là l'administration des établissements de charité avait été dans les attributions du Parlement. Le 7 novembre 1544, le roi accorda au prévôt des marchands et aux échevins le soin d'entretenir les pauvres de la ville. Le prévôt et ses échevins, est-il déclaré dans cette ordonnance, éliront, comme ils ont coutume de le faire pour l'Hôtel-Dieu, un certain nombre de bourgeois, tous les ans ou tous les deux ans, pour administrer les aumônes publiques. Ces bourgeois seront présentés au Parlement et feront serment d'exercer leur charge avec intégrité ; ils seront assistés dans leurs fonctions par plusieurs conseillers du parlement et de la municipalité. Leurs décisions devront être exécutoires nonobstant toutes oppositions ou appellations.

Les treize premiers bourgeois élus par le prévôt et ses échevins pour faire partie du bureau des pauvres furent : Robert Dauver, président de la Cour des Comptes ; Louis de Montmirel, curé de Saint-Barthélemy ; Jean Lecoq, curé de Saint Eustache ; Jacques de Gorrières, curé de Saint-Nicolas-des-Champs ; Pierre Chevalier, greffier des Comptes ; Jean Barillon, secrétaire du roi ; Germain Rebours, avocat au Parlement ; Jean Courtin, auditeur des Comptes ; Claude Lelièvre, Germain Lelièvre, Joachim Rossaud, Eustache de Builois, qui fut nommé trésorier du bureau, et Jean Chopin, marchand, qui fut choisi pour contrôleur. L'ordonnance fut enregistrée le 13 novembre par les soins de Jean Morin, lieutenant civil et prévôt des marchands, et le 19 du même mois les treize membres du Bureau des pauvres prêtèrent serment au Parlement. On leur adjoignit quatre conseillers du Parlement, Jean Hennequin, Jean Tronson, Jean Maigret et Louis Gayant.

Le 24 novembre, il fut ordonné au prévôt des marchands de céder une chambre de l'Hôtel-de-Ville au Bureau des pauvres, pour y tenir ses assemblées. Le dernier jour de décembre, ces règlements furent publiés *à cri public* par les carrefours de la ville.

Un arrêt du 2 janvier 1545, décida « que l'aumône générale commencerait à être distribuée le second dimanche de ce même mois aux pauvres mendiants invalides, selon les rôles dressés par les marguilliers des paroisses. Défenses à tous pauvres, après le 10 de ce mois, de plus mendier par les rues, aux portes des maisons ou dans les églises, sur peine du fouet, ou même de prison perpétuelle contre ceux que le fouet n'aura point corrigés. Il est enjoint aux commissaires examinateurs du Châtelet, quarteniers, cinquanteniers, dizeniers, marguilliers des paroisses et autres bourgeois, de faire saisir et emprisonner tous les mendiants par les sergents tant à cheval qu'à verge, et sergents des hauts-justiciers, archers, arbalétriers et arquebusiers de la ville. Défense à qui que ce soit d'empêcher ces emprisonnements; ordre à tous geôliers des prisons royales et de celles des hauts-justiciers, d'y recevoir ces prisonniers et de les nourrir pour la somme de dix deniers tournois par jour seulement, jusqu'à ce qu'il en ait été autrement ordonné par les commissaires des pauvres. On aura soin de les avertir de ces emprisonnements dans les vingt-quatre heures, afin qu'ils pourvoient à l'entretien des prisonniers. Et quant à ceux que les malheurs de la guerre ont chassés de leur pays, et qui sont venus se réfugier en cette ville, ils se retireront, le lendemain des Rois, à l'heure de midi, à la place de Grève, par-devant les commissaires du bureau des pauvres, qui apporteront le remède convenable à leur misère. Par un autre arrêt du 10 janvier, il fut ordonné aux maîtres des confréries, tant des sergents à verge que de la *douzaine* du Châtelet, de fournir à tour de rôle, chaque semaine, quatre sergents pour arrêter les pauvres qu'ils trouveront mendier par les rues, aux portes des maisons et dans les églises; les pauvres valides seront enfermés la nuit à l'Hôtel-de-Ville, et enchaînés le jour pour être appliqués aux ouvrages publics, et les invalides seront menés aux prisons les plus proches des lieux où ils auront été pris. Pareille injonction aux capitaines des archers, arbalétriers et arquebusiers de la ville, de députer aussi, à tour de rôle, de chacune des trois compagnies, deux archers, deux arquebusiers et un arbalétrier, par chaque semaine, en chacun des quartiers de Paris, pour faire les emprisonnements et se tenir prêts à exécuter ce qui leur sera commandé par les commissaires de chaque quartier. Les hauts justiciers de la ville et des faubourgs reçurent les mêmes ordres, chacun dans les limites de sa juridiction (1). »

Henri II, par une ordonnance du 9 juillet 1547, signifia au prévôt des marchands qu'il voulait faire employer aux travaux publics tous les mendiants valides. Il renouvela en même temps les défenses de mendier, « sous peine, aux femmes, du fouet et du bannissement, et aux hommes d'être condamnés à tirer la rame aux galères. » Les pauvres infirmes qui n'avaient point de logement devaient être reçus dans les hôpitaux, et ceux qui avaient des chambres, nourris et entretenus par des quêtes dans chaque paroisse. « Enfin, dit l'ordonnance royale, les abbayes, prieurés, colléges et autres maisons, qui par leur fondation étoient dans l'obligation de faire des aumônes, ne les feront plus, parce que c'étoit une occasion d'attirer les fainéants et de les détourner du travail, mais fourniront, en deniers, à la paroisse où sont situées ces maisons, la valeur de l'aumône publique. »

J'ai dit que le parlement avait enjoint, en 1544, aux officiers municipaux de donner, dans l'Hôtel-de-Ville, une salle où les directeurs

(1) Félibien, t. II, p. 1017.

pussent tenir leurs assemblées. Les bâtiments de cet hôtel n'étant pas achevés, la ville acheta une maison sur la place de Grève, près de l'hôpital du Saint-Esprit (1). Ce bureau prit dans la suite le titre de *grand bureau des pauvres*, et obtint l'administration des hôpitaux de Paris, à l'exception de ceux de l'Hôtel-Dieu, des Petites-Maisons et de la Trinité, régis pendant fort long-temps par des administrateurs particuliers. Le *grand bureau des pauvres* avait le droit de lever tous les ans à Paris une taxe d'aumône, dont les pauvres seuls étaient exemptés. Le procureur-général était chef unique de cette administration, à laquelle étaient attachés en outre le greffier et un receveur-général (2).

Dans les premières années de la révolution, le *grand bureau* fut remplacé par des administrateurs, puis par des bureaux de charité, mais non plus avec les mêmes attributions fiscales. Je parlerai plus tard de l'*Administration générale des hospices*, qui remplace aujourd'hui cet établissement.

Collège de Boissy. — Le 25 octobre 1528, l'évêque de Mégare bénit la chapelle du collège de Boissy, qui avait été élevée par les soins du principal, Michel Chartier. L'origine de ce collège remontait au XIVe siècle.

Geoffroy Vidé, chanoine de l'église de Chartres, avait ordonné en mourant (le 20 août 1354), qu'une partie de ses biens fût distribuée aux pauvres de Paris et à ceux du village de Boissy-le-Sec, où il avait reçu le jour. Les exécuteurs testamentaires, et entre autres le neveu du défunt, Étienne Vidé, chanoine de Laon et de Saint-Germain-l'Auxerrois, jugèrent plus utile d'employer à la fondation d'un collège cet argent destiné à des aumônes. Ils disposèrent pour cet effet une maison nommée le *Château Gaillard*, que Geoffroy Vidé avait occupée dans les rues Saint-André-des-Arcs et des Deux-Portes; au Château Gaillard ils joignirent plusieurs autres maisons contiguës, et posèrent les bases d'un établissement qui reçut le nom de collège de Boissy. On créa dans ce collège six places pour six écoliers, dont le plus ancien devait porter le nom de *maître*, et de plus une place de chapelain. Étienne Vidé ordonna que les écoliers et le chapelain seraient pris parmi les membres de sa famille; à leur défaut, parmi les pauvres du village de Boissy-le-Sec; et enfin, au défaut de ceux-ci, qu'ils seraient choisis dans la paroisse de Saint-André-des-Arcs, par le chancelier de l'église et de l'Université de Paris, et par le prieur des Chartreux. Cette institution offre cette particularité remarquable, que le fondateur déclare expressément qu'il veut que les boursiers de son collège soient « d'une naissance

---

(1) Jaillot, t. III, *quartier de la Grève*, p. 23. — (2) Hurtaut, t. I, p. 706.

obscure et pauvre, comme il a été lui-même ainsi que ses ancêtres(1). »

En 1358, le collége de Boissy était pleinement organisé et ses places étaient remplies. L'année suivante, l'Université ratifia la fondation. Il était dans les intentions d'Etienne Vidé de porter à douze le nombre de ces places; mais il paraît que ce projet ne s'accomplit point. Aussi le collége de Boissy était-il assez pauvre, lorsqu'en 1503, Michel Chartier, qui en était principal, y fit d'amples améliorations. En 1519, il rétablit tous les bâtiments et commença la chapelle dont nous avons parlé en commençant, et qui fut dédiée en 1528 sous le titre de la Vierge, de saint Michel et de saint Jérôme. Long-temps après, vers 1693, un autre principal du collége de Boissy, Guillaume Hodeï, fit plus encore pour la prospérité de cet établissement. Il augmenta ses revenus, et aux six bourses qu'il comptait en joignit une septième. Il dépensa plus de 50,000 livres à la reconstruction de l'édifice. Il mourut en 1717, à l'âge de quatre-vingts ans, laissant une histoire manuscrite de ce collége.

On cite comme l'homme le plus remarquable qu'ait produit le collége de Boissy, *Claude de Saintes*, fameux ligueur. Il en fut nommé principal en 1561; devenu évêque d'Évreux, après s'être acquis une grande réputation par son animosité contre les calvinistes, il soutint dans son diocèse le poids des armes d'Henri IV. Il fut pris à Louviers et condamné à mort. Le roi commua sa peine et le fit seulement renfermer au château de Crèvecœur. *De Saintes* y mourut au bout de deux ans, en 1595.

Le principal du collége de Boissy, en 1765, était M. de Chevillard. C'est le dernier dont le nom nous soit parvenu.

On ne connaît aucun autre détail sur ce collége, dont il est resté de si faibles traces que M. Dulaure a complétement omis d'en parler.

Collége de la Merci ou de la Petite-Merci, rue des Sept-Voies, n° 9. — Nicolas Barrière, bachelier en théologie et procureur-général de l'ordre de la Merci ou de Notre-Dame de la rédemption des captifs, voulant procurer aux religieux de son ordre la facilité d'étudier à Paris, acheta d'Alain d'Albret, comte de Dreux, une place et des masures situées près de l'église de Saint-Hilaire et faisant partie de l'hôtel d'Albret. Il y fit construire, en 1515, un collége et une chapelle. Dubreuil nous dit qu'en 1611 il n'y avait plus qu'un seul religieux, et que la chapelle était entièrement découverte. En 1750, le collége de la Merci servit d'hospice aux religieux de l'ordre. Aujourd'hui c'est une propriété particulière.

Collége du Mans. — Le cardinal Philippe de Luxembourg, légat du

(1) *Non sint nobiles, sed de humili plebe et pauperes, sicut nos et prœdecessores nostri fuimus.* Jaillot, t. V.

pape, évêque du Mans et de Thérouanne, laissa par son testament du 26 mai 1519, 10,000 livres pour l'entretien, le logement, la nourriture et l'instruction de dix boursiers du diocèse du Mans, qui seraient nommés par l'évêque de cette ville. Les exécuteurs testamentaires achetèrent de François Ier, moyennant 8,000 livres, les émoluments du sceau de la prévôté de Paris, qui produisait alors 550 livres; et sur l'emplacement de l'ancien hôtel des évêques du Mans, rue de Reims, ils construisirent un collége vaste et commode. On dressa en 1526 les statuts de cet établissement; l'un des articles du règlement prescrivait l'usage exclusif de la langue latine, même dans les conversations particulières (1). Les revenus du collége du Mans étant insuffisants, les classes furent fermées en 1613. Les jésuites du collége de Clermont achetèrent ses bâtiments en 1682, au prix de 35,156 livres, et les firent reconstruire. Mais ils durent acquérir une autre maison pour le rétablissement du collége du Mans, qui fut transféré rue d'Enfer, no 2, à l'hôtel Marillac. En 1764, cet établissement fut réuni à l'Université. Aujourd'hui ses bâtiments servent d'hôtel garni.

Hôpital des Enfants-Rouges. — Cet hôpital, situé rue Porte-Foin (2) au Marais, fut fondé par Marguerite de Valois, reine de Navarre, et son frère, François Ier. La maison fut achetée en 1534, des deniers du roi, à maîtres Simon Machault et Denis Picot, tous deux auditeurs de la chambre des comptes; et deux ans après, François Ier donna des lettres-patentes dans lesquelles il se déclara fondateur de cet établissement; il ordonnait en outre qu'on y reçût tous les enfants trouvés à l'Hôtel-Dieu, à l'exception de ceux qui étant nés et baptisés à Paris, qui devaient être transférés à l'hôpital du Saint-Esprit (3), et les bâtards qui étaient élevés par le chapitre de Notre-Dame. Ces orphelins reçurent le nom d'*Enfants-Dieu*; mais comme ils étaient habillés de drap rouge, en signe de charité, le peuple les appela *Enfants-Rouges*, surnom qui leur resta.

A peine cet établissement était-il formé, que François Ier ordonna la réunion des Enfants-Rouges à l'hôpital du Saint-Esprit. L'arrêt du 23 janvier 1539, qui constate cette volonté du roi, n'en apprend point les motifs. Ce changement n'eut pas lieu ou fut de peu de durée; car, le 20 mai 1542, des lettres-patentes du roi organisèrent l'administration de l'*hôpital des Enfants-Dieu orphelins, près le Temple.* Dans la suite, par édit du mois d'octobre 1576, on choisit cette maison pour y établir l'*Hôpital de la Charité chrétienne* de Nicolas Houel, transféré depuis au faubourg Saint-Marcel (4).

(1) Félibien, t. II, p. 975. — (2) Cette rue a été autrefois nommée *rue des Enfants-Rouges*, mais elle a repris son ancien nom; et celui des Enfants-Rouges a été donné à une rue voisine. — (3) T. II; p. 522. — (4) Jaillot, t. III, *quartier du Temple*, p. 28.

A l'époque où Dubreuil écrivait son *Théâtre des antiquités*, on voyait encore les bâtiments élevés sous le règne de François Ier; mais cet hôpital fut reconstruit des *aumônes des gens de bien*. Les vitres de la chapelle étaient ornés de différentes peintures : « *le Sacrifice d'Abraham; le roi et la reine introduisant les enfants; les Innocents; les trois enfants en la fournaise; l'entrée de Notre-Seigneur en Jérusalem; Jésus montrant un enfant aux apôtres pour exemple de simplicité; les femmes offrant leurs enfants à Notre-Seigneur* : toutes lesquelles histoires ont été ainsi disposées par un homme docte et adaptées aux pauvres Enfants-Rouges (1). » On voyait dans la chapelle la sépulture de *Jean Megret*, président à mortier au parlement sous François Ier (2), et celle de *Nicolas de Beauclerc*, conseiller du roi et trésorier général des finances à Paris, mort en 1602. Dubreuil rapporte aussi l'épitaphe latine d'*Antoine Briçonnet*, mort en 1605, et qui avait rempli plusieurs fonctions importantes.

Cet hôpital fut supprimé par lettres-patentes du mois de mai 1772, enregistrées au parlement le 5 juin suivant. Les orphelins furent transférés à l'hôpital des Enfants-Trouvés, auquel on réunit les biens de celui des Enfants-Rouges.

Collége royal de France, place Cambrai. — L'institution de ce collége célèbre, consacré au haut enseignement, suffirait seule pour mériter à François Ier le titre de père des lettres. Ce prince avait conçu l'idée de ce grand établissement dès le commencement de son règne; son dessein était de le placer à l'hôtel de Nesle et d'y faire bâtir une chapelle, qui devait être desservie par quatre chanoines et quatre chapelains (3). Guillaume Parvi ou Petit, confesseur du roi, Guillaume Budé, Jean de Bellay et quelques autres savants l'encouragèrent dans ce projet, et en 1517 François Ier fit proposer au célèbre Erasme de venir enseigner à Paris; il lui offrait *mille francs de gages*. Erasme refusa, mais il présenta à sa place un professeur de Basle, nommé Henri Glarean, dont il fit le plus grand éloge. La guerre d'Italie et les malheurs qui la suivirent arrêtèrent l'exécution de ce projet, dont le roi ne s'occupa plus qu'après le traité de Cambrai.

Les historiens ne sont point d'accord sur la date précise de la fondation du collége de France. Dubreuil et Duboulay la placent en 1529; le professeur Gilbert Génébrard et Félibien en 1530; enfin Belleforêt et le président Hénault la reculent d'un an. On pourrait concilier ces dates, en disant que François Ier manifesta son dessein et sa volonté par ses lettres-patentes du 24 mars 1529, et qu'il fixa, en 1530, le nombre et les honoraires des professeurs qu'il nomma et institua l'année sui-

---

(1) Dubreuil, p. 625. — (2) Brice, t. II, p. 98. — (3) Raimond Lulle avait donné à Philippe-le-Bel le plan d'un semblable établissement.

vante (1). Cet établissement, comme l'avait conçu François Ier, devait être magnifique. « Ce grand roi, dit Belleforêt, avoit entrepris, si la mort ne l'eût sitôt assailli, de dresser un collége où toutes les sciences et les langues eussent été gratuitement enseignées, et auquel il eût donné 50,000 écus de revenu annuel pour la nourriture de six cents écoliers, et l'entretien des professeurs lisant ordinairement dans ce collége, choisis entre les plus doctes hommes qu'on eût su trouver en la chrétienté (2). »

Pierre Duchâtel, grand-aumônier de France, fit aussi mention de ce projet dans l'oraison funèbre de François Ier; mais il ne porta la fondation qu'à 100,000 livres. Il paraît, du reste, que François Ier avait donné à ce projet un commencement d'exécution; car il fit expédier, le 19 décembre 1539, la commission suivante pour le paiement des sommes nécessaires à la construction du collége royal : « Voulant, dit-il, donner toutes les commodités nécessaires aux lecteurs et aux professeurs pour vaquer à leurs lectures, avons résolu de leur construire en notre logis et place de Nesle à Paris et autres places qui sont à l'entour, un beau et grand collége des trois langues, accompagné d'une belle et somptueuse église, avec autres édifices dont les dessins ont été faits. Avons commis *Audebert Catin* pour tenir le compte et faire les paiements de la dépense nécessaire pour les susdits bâtiments, voulant que lesdits paiements soient passés et alloués par nos amés et féaux les gens tenant nos comptes. » Duprat, d'autres disent le chancelier Poyet, fit avorter en partie ce grand dessein, et les professeurs royaux créés par François Ier furent long-temps obligés d'enseigner dans les salles du collége de Cambrai et dans d'autres colléges.

Les professeurs royaux institués par François Ier étaient au nombre de douze. Voici leurs noms : Pour la langue grecque, *Pierre Danes*, né à Paris en 1497, d'une famille distinguée, et élevé au collége de Navarre. On lui doit d'excellentes éditions d'auteurs anciens. J'ai donné ailleurs sa biographie (3). — *Jacques Toussain* (Tussanus), né à Troyes. Ses contemporains louent à l'envi la méthode qu'il avait adoptée et ses succès dans l'enseignement. Il suffit de citer, parmi ses élèves, Frédéric Morel, Turnèbe et Henri Estienne, pour donner une idée des services qu'il rendit à la littérature grecque. *Toussain* mourut en 1547.

Pour la littérature hébraïque: *Paul Paradis*, dit *le Canosse*, né à Venise ; il n'occupait plus sa chaire en 1538. — *Agathio Guidacerio*, né à Rocca-Corragio, dans la Calabre, auteur d'une grammaire hébraïque et d'un commentaire sur plusieurs livres de l'Écriture-Sainte. — *François Vatable* ou *Vateblé*, né à Gamache, village du diocèse d'Amiens.

(1) Jaillot, t. IV, *quartier Saint-Benoît*, p. 182. — (2) Belleforêt, *Hist. de France*, liv. VI, chap. 65. — (3) T. I, p. 207.

Ce fut le restaurateur de l'étude de la langue hébraïque en France. Il mourut le 16 mars 1547.

Pour les mathématiques, l'Espagnol *Martin Problation* et le célèbre *Oronce Finé* (1).

Pour l'éloquence, *Barthélemy Masson*, Allemand, qui eut quelques années après pour adjoint ou pour successeur, *Léger Duchesne*, de Rouen.

Enfin, pour la médecine, le Florentin *Vidus* ou *Vidius*, auquel succéda le célèbre praticien *Jacques Dubois*, d'Amiens (Del Boë ou Sylvius).

Les successeurs de François Ier accrurent le Collége-Royal. Henri II créa une chaire de philosophie qu'il donna à l'Italien *François Vicomercat*, prédécesseur du célèbre et malheureux Ramus, dont j'ai donné ailleurs l'intéressante biographie (2). Charles IX fonda une chaire de chirurgie; Henri III, en 1587, en créa une pour la langue arabe, qui fut remplie par *Arnauld de Lisle* ou *de Lisse*, Allemand, et après lui par *Étienne Hubert*, d'Orléans. Henri IV institua un professeur d'anatomie et de botanique; Louis XIII créa une deuxième chaire pour la langue arabe et une pour le droit canon; Louis XIV une de la langue syriaque, une deuxième pour le droit canon, et une de droit français. Son successeur apporta dans l'enseignement de ce collége de grandes modifications. Il ordonna, par arrêt du conseil, en date du 20 juin 1773, que les fonds de la chaire de langue syriaque seraient appliqués à l'établissement d'une chaire de mécanique; ceux de la chaire de philosophie grecque et latine aux frais d'une chaire de littérature française; que la deuxième chaire de langue arabe serait convertie en une chaire des langues turque et persane; l'une des deux chaires de médecine-pratique, en chaire d'histoire naturelle, et l'une des deux chaires de droit canon, en chaire de droit de la nature et des gens. Il y eut donc, outre l'inspecteur du collége, emploi créé par Louis XIV, dix-huit chaires de fondation royale.

Il y avait en outre une chaire de mathématiques, fondée en 1568 par Ramus. « Celle-ci, dit un auteur du dernier siècle, ne rapporte que 500 livres par an à celui qui en est pourvu : elle se donne au concours par le premier président, par le plus ancien des avocats-généraux du parlement et par le prévôt des marchands. »

Les hommes les plus illustres dans les sciences et dans les arts ont professé au Collége de France. Il serait inutile de donner ici la liste complète de tous les professeurs et lecteurs royaux; mais, aux grands noms que je viens de citer, il convient d'ajouter ceux de *Pierre Galand*, d'*Adrien Turnèbe*, de *Louis Le Roy* (Regius), le meilleur huma-

---

(1) Voy. t. II, p. 119. — (2) T. II, p. 189 et suiv.

niste du XVIe siècle, de *Nicolas Bourbon*, de *Gilbert Génébrard*, de l'historien *Palma Gayet*, de *Guillaume Postel*, qui, de 1539 à 1544, professa à la fois les mathématiques et les langues orientales, autres que l'hébreu. Citons aussi le mathématicien *Duhamel, Jean Passerat* le poëte, le satirique *Guy Patin*, le bon *Rollin*, *Roberval*, *Gassendi*, etc. Enfin, dans des temps plus modernes, le célèbre astronome *Lalande*, *Corvisart*, médecin de Napoléon, *Daubenton*, *Caussin de Perceval*, *Silvestre de Sacy*, *Delille*, l'helléniste *Gail*, *Andrieux*, *Cuvier*, *Daunou*, *Abel Rémusat*, etc. ; et aujourd'hui MM. *Tissot*, *Michelet*, *J.-J. Ampère*, *Thénard*, *Étienne Quatremère*, *Stanislas Jullien*, etc.

L'organisation du collége royal a subi, depuis sa fondation jusqu'à nos jours, de grands changements. François Ier donna aux professeurs 200 écus d'or par an, traitement qui s'augmenta dans la suite (1); il leur accorda, par ses lettres-patentes du mois de mars 1545, la qualité de conseillers du roi, le droit de *committimus*, et les fit mettre sur l'état comme commensaux de sa maison. C'est à ce titre qu'ils prêtaient serment entre les mains du grand-aumônier. La direction du collége fut donnée au célèbre Jacques Amyot, grand-aumônier, et à ses successeurs ; mais à la mort du cardinal Barberini, qui remplissait cet emploi en 1731, le roi le donna au secrétaire d'État de sa maison (2).

En 1566, le conseil du roi, sur la proposition de Ramus, déclara que les chaires du collége de France seraient désormais données au concours. « Mais Guy-Patin, auteur très croyable dans cette occasion, assure que jusqu'en 1669 cet arrêt n'avait jamais été observé, mais qu'il le fut cette année-là. Une chaire de philosophie et une de médecine ayant vaqué, Louis XIV ne voulut point les conférer, et ordonna qu'elles fussent mises au concours. On commença par celle de philosophie. L'abbé de Bouzéis en fut nommé le juge avec six hommes savants et six professeurs du roi. Sur le compte que ces treize juges rendirent au roi, sa majesté donna la chaire à celui qu'ils avaient jugé le plus capable de la bien remplir. Aujourd'hui, ajoute Piganiol, c'est le roi qui nomme à ces chaires sur la présentation du seigneur à qui sa majesté a donné la direction de ce collége; mais les candidats n'essuient aucune dispute, et il n'y a de concours que pour la brigue et la protection (3). »

J'ai dit que les *professeurs et lecteurs royaux* faisaient partie, dans l'origine, de l'Université (4); ils en furent ensuite séparés. En 1626, le recteur obtint un arrêt du parlement qui enjoignait aux professeurs du collége de France de rentrer dans le sein de l'Université. Le grand-au-

---

(1) Dubreuil, p. 262. — (2) Le surintendant des bâtiments du roi eut cette place pendant quelque temps, sous la régence du duc d'Orléans. — (3) Piganiol, t. V, p. 383 et 384. — (4) Voy. t. II, p. 184.

mônier, cardinal de La Rochefoucauld, fit casser cet arrêt par le conseil du roi, et aucune tentative de ce genre n'eut lieu à l'avenir.

Sous Louis XVI, on comptait au collége de France vingt et un professeurs. Il y a aujourd'hui vingt-quatre cours, d'astronomie, de mathématiques, de physique générale et mathématique, de physique expérimentale, de médecine, d'anatomie, de chimie, d'histoire naturelle, du droit de la nature et des gens, d'histoire et de philosophie morale, de langues hébraïque, chaldaïque et syriaque, de langue arabe, de langue turque, de langue persane, de langue et de littérature chinoises et tartare-mantchou, de langue et de littérature sanscrites, de langue et de littérature grecques, de langue et de philosophie grecques, d'éloquence latine, de poésie latine et de littérature française, d'économie politique, d'archéologie, d'histoire des législations comparées et de droit constitutionnel.

Le directeur actuel du collége de France est M. le baron Thénard. Les professeurs sont nommés par le roi sur la présentation du ministre de l'instruction publique. Leur traitement inamovible est de six mille francs.

L'admirable projet de François Ier, quant à la construction d'un édifice digne du Collége Royal, n'ayant pu être exécuté ni par lui, ni par ses successeurs, les *professeurs royaux* enseignèrent longtemps dans les classes de différents colléges; par exemple, Vatable professait au collége du cardinal Lemoine. Henri II ordonna qu'ils feraient successivement leurs leçons dans les salles du collége de Tréguier et de Cambrai. Enfin ce ne fut qu'en 1609, à la sollicitation du cardinal du Perron, du duc de Sully et du président de Thou, qu'Henri IV résolut de faire abattre le collége de Tréguier, qui menaçait ruine, et d'y faire construire un bâtiment de 30 toises de long sur 20 de large. On y devait établir quatre grandes salles pour les cours publics, des logements pour les professeurs, et l'étage supérieur eût été occupé par la Bibliothèque du roi, qui était alors au château de Fontainebleau. Henri IV ne put exécuter ce projet, mais Marie de Médicis, sa veuve, fit acheter, au nom du roi, le collége de Tréguier, le 28 juin 1610, et Louis XIII, alors âgé de neuf ans, posa la première pierre du collége de France le 28 août de la même année. Mais on n'éleva qu'une des ailes de cet édifice, et les travaux ne furent sérieusement poursuivis qu'en 1774. Le 22 mars de cette année, le duc de la Vrillière posa la première pierre du nouveau bâtiment, qui fut construit sur l'emplacement des colléges de Tréguier, de Léon et de Cambrai ou des Trois-Evêques, et d'après les dessins de l'architecte Chalgrin.

Le collége de France, auquel on a fait depuis quelques années d'immenses améliorations, d'après les plans et sous la direction de M. Letarouilly, s'ouvre sur la place Cambrai par une belle grille. Dans l'aile à gauche, au rez-de-chaussée, se trouve un amphithéâtre de chimie avec ses laboratoires, et à l'extrémité du même bâtiment, un autre amphithéâtre assez vaste. Au premier étage, on voit une galerie destinée aux collections de produits chimiques ; puis une salle de bibliothèque, qui doit également servir de salle d'assemblée ; aux étages supérieurs sont des logements pour les professeurs. Dans l'aile droite, il y a, au rez-de-chaussée, un vestibule, une petite salle pour l'enseignement des langues, de la physique générale et des mathématiques, et sur la rue un amphithéâtre de géologie. Au premier étage se trouve une galerie de physique ; au deuxième, une galerie de minéralogie et de géologie. Dans le bâtiment central, au fond de la cour, sont d'abord des vestibules, puis une petite salle de cours, et à droite un amphithéâtre pour les cours de littérature et de droit des gens. Le rez-de-chaussée communique avec un jardin de botanique, situé derrière le principal corps de logis. Au premier étage sont des laboratoires de physique et un vaste amphithéâtre. Le deuxième étage est occupé par des logements de professeurs et par un cabinet d'anatomie ; au-dessus s'élève l'observatoire qui est fort beau.

Il reste à construire, du côté de la rue Saint-Jacques, des bâtiments qui contiendront un amphithéâtre pour les cours de droit public, un amphithéâtre d'anatomie, des salles de dissection, etc. Lorsque ces travaux seront terminés, le collége de France sera l'un des plus beaux monuments de Paris.

CHAPITRE DEUXIÈME.

HENRI II.

1547-1549.

I. Faits généraux.

Henri II avait vingt-huit ans lorsqu'il monta sur le trône (mars 1545). C'était un prince de *belle prestance et honnête accueil* ; mais les qualités physiques semblaient chez lui prédominer sur les facultés intellectuelles : Henri II était loin de posséder la vive intelligence et la brillante faconde de son père. Heureusement François Ier avait eu le soin de l'initier de bonne heure aux secrets de la politique de l'Europe, et Henri n'eut qu'à continuer le système et l'œuvre de son prédécesseur, qui consistaient surtout à combattre sans relâche la puissance espagnole, à préserver la France de ses invasions, et à empêcher que Charles-Quint ne détruisît les libertés de l'Allemagne et ne convertît en une immense souveraineté monarchique la simple magistrature que lui attribuait le titre d'empereur. On a trop affecté de ne voir que l'amant de Diane de Poitiers dans le prince qui conduisit ces sages desseins avec tant de persévérance et de fermeté.

Nous voyons sous ce règne l'importance de Paris devenir de plus en plus considérable. La tendance à la centralisation devint même tellement évidente qu'elle inspira de véritables alarmes et qu'on prit des mesures pour l'arrêter. De nombreux emplacements vides renfermés dans la vaste enceinte de Paris avaient été abandonnés par le roi à ceux qui voudraient les remplir par des constructions. On représenta au roi les dangers de cette libéralité, et bientôt fut publiée une ordonnance qui interdisait les constructions nouvelles dans les faubourgs de la ville (janvier 1548). « Nous avons vu, dit le roi dans cet acte, le grand nombre des maisons qui se sont bâties depuis vingt ans dans les faubourgs et se bâtissent chaque jour, ce qui attire des autres villes et des villages de notre royaume une infinité de gens à la grande diminution desdites villes et villages, et à la surcharge des contribuables qui y restent. Et comme ceux qui viennent dans les faubourgs ont liberté d'ouvrir boutique sans faire preuve et apprentissage et sans être sujets aux visites, la plupart des maîtres des métiers de la ville ne peuvent retenir leurs gens et serviteurs, car dès que les apprentis ont appris quelque chose, ils vont ouvrir boutiques aux faubourgs; en sorte que d'abord leurs denrées ne sont bonnes et loyales, puis celles qui se font dans la ville sont d'une grande cherté par suite du manque d'ouvriers. Et qui pis est, plusieurs maisons desdits faubourgs ne sont que retraites de gens mal vivants, taverniers, jeux et bourdeaux, et la ruine de grand nombre de jeunes gens qui consument là profusément leur jeunesse, et procédant de mal en pis, prennent hardiesse de commettre meurtres, voleries, larcins et autres délits. Et outre cela, telle multitude de gens consomment si grande quantité de vivres, bois de chauffage et autres choses, qu'il est bien malaisé qu'avec le temps les choses ainsi confuses et mal policées ne réduisent ladite ville en une si grande profusion qu'il s'en ensuive une ruine grande et irréparable. Pour à quoi pourvoir avons ordonné que d'ores en avant, il ne sera plus édifié ni bâti de neuf ès faubourgs de Paris (1). »

Dès la fin du règne de François Ier, une proposition très importante pour le commerce national avait été faite à la ville de Paris. Des banquiers lombards avaient proposé au roi l'établissement d'une banque

---

(1) Edit de 1548, imprimé dans les preuves de Félibien, t. III, p. 642.

dans la capitale. Le gouvernement demanda sur ce sujet l'avis du conseil de la ville dont la réponse fut publiée le 16 février 1547. Les délibérations qui eurent lieu amenèrent le rejet de la proposition. Sur cette question si grave, la ville avait d'abord consulté les théologiens; aussi le premier des motifs sur lesquels elle fonde son rejet est « que ladite banque seroit contre la loi de Dieu, autorisant l'usure que le roi avoit voulu réprimer. La ville ajoute que la facilité donnée à un chacun par cette banque d'emprunter de l'argent seroit une occasion de ruine pour la noblesse; et que les marchands qui, dans leur trafic, ne gagnent d'ordinaire que quatre ou cinq pour cent, et à grande peine, quitteroient leur commerce pour mettre leurs capitaux dans cette banque. »

Les commencements du règne de Henri II furent signalés à Paris par des événements malheureux. D'abord ce furent les sanglants désordres suscités par les querelles des étudiants avec leurs voisins, les religieux de Saint-Germain-des-Prés (1). A peu près en même temps, le 10 décembre 1547, le pont Saint-Michel s'écroula; le parlement ordonna au prévôt de Paris de faire une enquête pour savoir de quelle faute provenait cet accident, afin d'en punir l'auteur. Quelques semaines après, la peste se déclara parmi les prisonniers de la Conciergerie, et devint si violente parmi les habitants du Palais, que le parlement dut transporter ses assemblées au couvent des Augustins (août 1548).

A ses derniers moments, François Ier avait vivement recommandé à son héritier de se défier de l'ambition du connétable de Montmorency et de celle des Guises, dont l'illustre maison avait pris depuis peu un prodigieux accroissement: prudents avis dont Henri ne tint aucun compte. Claude de Guise avait épousé Antoinette de Bourbon Vendôme, en 1548; François, duc de Guise, grand-maître, grand-chambellan et grand-veneur de France, se rapprocha bien plus encore de la maison royale par son union avec Anne d'Est, fille de Renée de France, qui, elle-même, était fille de Louis XII. Ce mariage se célébra à Paris où la maison des Guises était déjà populaire (décembre 1548). La ville fit une magnifique réception aux deux époux, et leur vieux père, le duc de Guise, était si enchanté, que, ne pouvant contenir sa joie, il embrassa à plusieurs reprises le prévôt des marchands, Claude Guyot, qui était venu les haranguer près de la Bastille. « Monseigneur, lui dit le prévôt, les Parisiens ne sauraient jamais assez faire pour vous qui leur avez été protecteur et sûr rempart à la venue de l'empereur, ce dont ils vous demeureront perpétuellement obligés. »

Ce fut plus de six mois après cette entrée des Guises à Paris, qu'à son tour le roi fit la sienne. Il fut reçu avec toute la pompe accoutumée en

---

(1) J'ai donné de longs détails à ce sujet dans l'article *Université*. Voy. t. II.

pareille occasion. La ville fit des dépenses extraordinaires; elle lui offrit, ainsi qu'à la reine, des présents magnifiques (1). Elle fit préparer dans la grande rue Saint-Antoine des tournois qui durèrent un mois entier. Dans l'île Louviers, elle fit construire une forteresse, un pont et une espèce de havre, pour donner au roi le plaisir de voir un siége maritime et un combat naval; un pont de bateaux avait été établi exprès de l'île Louviers à l'île de Notre-Dame pour le passage des troupes qui devaient exécuter cette petite guerre. Enfin pendant plusieurs jours ce furent des réjouissances splendides, des bals et festins que le couple royal animait souvent de sa présence. On remarqua entre autres un bal à l'Hôtel-de-Ville où ils allèrent voir danser les dames de la ville, et une autre fête du même genre donnée dans la grand'salle de l'évêché, et dans laquelle le roi voulut que les enfants de la ville fissent danser les dames de la cour, ce dont ils s'acquittèrent de bonne grâce, dit la chronique.

Après les tournois et les fêtes, la cour se souvint qu'il y avait à la Conciergerie plusieurs hérétiques condamnés à mort. Le roi ordonna aussitôt une procession solennelle du Saint-Sacrement, qui fut suivie d'un festin au palais épiscopal. Le cardinal de Guise harangua le roi au nom du clergé, et le premier président au nom de la magistrature; le

(1) Félibien nous a laissé une description minutieuse du présent que la ville fit au roi. Je crois devoir la reproduire ici parce qu'elle offre des détails utiles à recueillir pour l'histoire de nos usages et de nos arts. « Le jour de la Fête-Dieu, le prévôt et les échevins avec le greffier et les principaux officiers de la ville allèrent aux Tournelles faire leur présent au roi. C'étoit une pièce de fin or de ducat jeté en moule, burinée et ciselée, qu'on estimoit un des plus beaux ouvrages qui fût alors en Europe, sur un plan triangulaire enrichi de moulures, et sur la plate-bande duquel on lisoit cette inscription : *Henrico II principi P. F. princeps civitas Lutecia D. D.* Sur le plan s'élevoit une base de même forme, faite en terrasse par dessus, du milieu de laquelle sortoit un palmier fait à l'imitation du naturel, enrichi de ses grappes de dattes. Autour du tronc de l'arbre étoient trois figures de rois, dont deux étoient couronnées de piquants, et la troisième d'une couronne à fleurons. Le premier représentoit Louis XII, le second, François Ier, et le troisième, le roi régnant. Les deux premières figures montroient d'une main un tableau carré pendu à l'une des branches de la touffe, où étoient gravés ces mots : *Magnum magna decent.* A l'un des angles, sous le roi Louis XII, étoit assise une figure de Janus, tenant de la main gauche un tableau, et de la droite un style ou burin. A l'autre angle sous le roi François Ier étoit une figure de la justice, ayant une épée à la main, et sous les pieds une bourse. Enfin sous la figure du roi Henri II étoit celle de Mars, qui avoit la main droite sur la poignée de son épée, et le bras gauche couvert d'une targe ornée d'un mufle de lion, pour marquer la noblesse françoise toujours prête à attaquer et à se défendre. Toutes ces figures des angles avoient les pieds sur le dos des harpies, comme pour exprimer la victoire des vertus sur les vices. A chaque face de la base étoient les armes de France enrichies du collier de l'ordre et ornées de couronnes impériales. Sous la base étoit une rosace d'un ouvrage délicat, où l'on voyoit les armes de la ville avec un rouleau sur lequel étoient ces mots : *Tumidis velis aquilone secundo.* Le prévôt des marchands accompagna le présent d'une harangue qui lui servoit d'explication. » (Félibien, t. II, p. 1031.)

prévôt des marchands parla pour les bourgeois de la ville de Paris : « Il dit qu'elle avoit toujours eu pour devise : *Un Dieu, un roy, une foy, une loy*, et que son zèle ardent pour la religion de ses pères la porteroit toujours à s'opposer vigoureusement aux nouveautés pernicieuses qu'y voudroient introduire de mauvais et faux chrétiens que l'hérésie avoit séduits, et qui étoient tous étrangers, ou du moins regardés comme tels par les habitants de la capitale du royaume. » — *Après le dîner,* ajoute tranquillement Félibien, *on brûla les hérétiques condamnés.* Des bûchers avaient été dressés au parvis Notre-Dame, devant Sainte-Catherine du Val-des-Écoliers, à la place Maubert, au cimetière Saint-Jean, et enfin dans la rue Saint-Antoine, vis-à-vis l'hôtel du sieur de la Roche-Pot (l'un des fils du connétable), aux fenêtres duquel étaient le roi et la cour. »

Parmi les malheureux brûlés devant Henri II, figurait un certain *couturier* (tailleur), qui précédemment avait travaillé au palais : le roi et Diane de Poitiers s'étant avisés de l'interroger sur sa croyance, sans doute par manière de passe-temps, ce pauvre homme avait confessé hardiment sa foi, « et chanté une merveilleuse leçon à la duchesse de Valentinois, jusques à lui dire qu'elle devoit bien se contenter d'avoir infecté la France, sans mêler son venin et ordure parmi une chose tant sainte et sacrée, comme est la vraie religion et la vérité du Fils de Dieu. » — Quand le *couturier,* qui était déjà sur l'échafaud, eut aperçu le roi, « il se prit à le regarder si fort, que rien ne l'en pouvoit détourner : même le feu étant allumé, il avoit la vue tellement fichée sur le roi, que Henri fut contraint de quitter la fenêtre et se retirer, tant ému qu'il confessa que l'ombre de ce personnage le suivoit ; et, par l'espace de quelques nuits après, ce spectacle se représentoit à ses yeux, de sorte qu'il fit serment que jamais il ne verroit ni n'écouteroit telles gens. »

Animé du même zèle que son père contre les hérétiques, Henri II, par un édit du mois de décembre 1549, défendit « d'imprimer ou de vendre aucuns livres qu'ils n'eussent été approuvés par la Faculté de théologie de Paris, à peine de punition corporelle et de confiscation de biens. » Il renouvela de plus toutes les dipositions prises sous le règne précédent contre ces malheureux, qui furent persécutés avec une nouvelle rigueur. Ceux-ci cependant, dont le nombre s'augmentait de jour en jour, commencèrent à tenir des assemblées secrètes, même à Paris. On en découvrit dans la petite rue des Marais Saint-Germain, dans la rue Saint-Jacques, près le collége du Plessis, et enfin à la place Maubert, chez un avocat nommé Boulard. Quelque temps après, ils se réunirent dans une maison du Pré-aux-Clercs, qui appartenait à Laferrière, gentilhomme du pays du Maine, et y choisirent pour ministre un jeune homme d'Angers, nommé La Rivière. Mais les protestants ne devinrent redoutables que sous les successeurs de Henri II.

Le 13 avril 1550, le roi ordonna au prévôt des marchands de faire ouvrir les portes de Bussy et de Nesle, qui avaient été condamnées l'une et l'autre depuis quelques années; mais on ne devait y laisser passer que les piétons et les gens à cheval. La lettre du roi dit : « que le faubourg Saint-Germain, presque entièrement ruiné par les guerres et réduit en terres labourables, avoit commencé à se rebâtir sous François Iᵉʳ, en sorte qu'il passoit déjà pour l'un des plus beaux faubourgs des villes de France (1). » Ses habitants, et ceux des faubourgs de Saint-Jacques et Saint-Marcel, eurent recours au crédit du cardinal de Lorraine et du connétable de Montmorency, et demandèrent qu'on entourât leur quartier de murailles. On dressa le plan de ces travaux, ainsi que d'un pont de communication entre le faubourg Saint-Germain et la ville. Mais les frais excessifs qu'entraînaient toutes ces constructions obligèrent d'abandonner ce projet; en attendant qu'on pût bâtir le pont, on établit un bac vis-à-vis le Louvre.

« On projeta aussi peu après, dit Félibien, de faire couler l'eau de la rivière par les rues de la ville pour la nettoyer, et de faire porter bateau dans les fossés depuis la Bastille jusqu'au Louvre. Gilles des Froissés, maître des forges, fut celui qui en fit la proposition, et qui trouva le premier l'invention de faire venir le bois flotté à Paris (2). »

La guerre était inévitable entre Henri II et Charles-Quint. Ce dernier devenait chaque jour plus redoutable, et songeait à une monarchie universelle. Le roi de France, effrayé des progrès de son ennemi, lui déclara qu'il s'opposerait à ses empiétements, et il se mit à la tête d'une forte et brillante armée. Le 12 février, il tint au parlement un lit de justice, et après avoir notifié sa déclaration de guerre contre l'empereur, il ajouta que, « s'il lui falloit sortir hors du royaume pour la sûreté et défense d'icelui, il commandoit et enjoignoit à ceux de ladite cour expressément trois choses : la première, qu'ils fussent bien soigneux de ce qui appartenoit à la foi, et d'empêcher et ôter les erreurs par punition exemplaire des dévoyés (égarés), afin de purger et nettoyer le royaume d'une telle malheureuse secte; la seconde, qu'ils fussent diligents à faire bonne et briève justice à ses sujets; la troisième, qu'ils obéissent à la reine sa femme, laquelle il laisseroit régente, comme à sa propre personne. » Le roi ne fut que trop bien obéi, quant à la première de ses recommandations. Il songea, en même temps, à subvenir aux frais de cette nouvelle guerre et fit argent de tout. Il demanda aux villes murées du royaume 1,200,000 livres, dont la prévôté de Paris fut obligée de payer pour sa part 180,000. Il leva 4 décimes sur tous les bénéfices, mit un impôt de 20 livres sur chaque clocher, et ne respecta ni l'argenterie ni les joyaux des fabriques des églises. Le

---

(1) M. H. Martin, t. X, p. 317. — (2) Félibien, p. 1035.

peuple et le clergé de Paris protestèrent avec tant de force contre ces impôts, que la reine, qui était à Châlons, en fut avertie. Elle écrivit aussitôt (21 avril) au cardinal de Bourbon, lieutenant-général du roi dans Paris, pour lui donner ordre d'arrêter quelques prédicateurs qui avaient déclamé en pleine chaire contre les actes du roi. Elle désignait entre autres un cordelier et un jacobin, qui avaient prêché à Notre-Dame et à l'église Saint-Paul. Le premier fut obligé de se rétracter publiquement, et le second fut jeté en prison.

En 1551 mourut à Paris le célèbre César de Ville, le meilleur praticien du temps pour l'opération de la pierre. Il fut vivement regretté, et le parlement, voulant réparer autant que possible cette perte, ordonna, le 7 janvier de la même année, que les docteurs de la Faculté de médecine et les maîtres-chirurgiens s'assemblassent pour faire choix du successeur de César de Ville. Cette honorable distinction se porta sur Laurent Thelot, chirurgien, demeurant à Traînel, près de Nogent-sur-Seine (1).

La victoire suivit l'armée française; Henri II s'empara des Trois-Evêchés (Verdun, Toul et Metz), envahit l'Alsace, et se disposait, par l'occupation de cette province, à donner le Rhin pour limite à la France, lorsqu'il se vit arrêté par une circonstance imprévue. Les princes allemands, qui s'étaient ligués avec lui, l'abandonnèrent, et les armées impériales envahirent aussitôt la France. L'intrépide défense du duc de Guise dans Metz arrêta Charles-Quint de ce côté; mais le comte de Roeux, lieutenant de l'empereur, qui avait envahi la Picardie, saccagea quatre villes et incendia trois cents villages. La terreur fut grande dans Paris; on décida qu'on dirigerait sur Compiègne cinq cents hommes, que pour les frais de cette expédition on ferait un emprunt de 25 livres sur cinquante citoyens des plus riches dans les différents quartiers de la ville, et qu'enfin les jurés des métiers dresseraient un état des hommes de chaque profession, avec l'indication des armes et des munitions qu'ils pouvaient avoir à leur disposition.

L'un des échevins, Thomas Le Lorrain, avait été envoyé à Compiègne. Il revint le 25 octobre et annonça à ses concitoyens effrayés que les ennemis avaient brûlé Noyon. La consternation fut alors si grande dans la capitale, que le roi fut obligé d'écrire à ses *bons Parisiens* pour les rassurer. Cette lettre ne suffit pas, comme on pense, pour ranimer leur courage; ils songèrent à augmenter les fortifications, surtout du côté des portes Saint-Denis et Saint-Martin; Thomas Le Lorrain fut aussi chargé de faire construire un bastion entre le lieu où était autrefois la tour de Billy, et le boulevard bordant la Seine, au-dessus de l'île Louviers. La ville confia la direction de ces constructions à *Baptiste*, son in-

(1) Félibien, p. 1037.

génieur, et le roi, de son côté, envoya pour le même objet le sieur de l'Ile-Mairvaux, lieutenant de l'amiral Coligny, gouverneur de Paris. Une seule chose manquait pour ces grands travaux : l'argent. Le bureau de la ville, c'est-à-dire la municipalité, délibéra longuement sur les moyens de s'en procurer, et comme dans les moments d'effroi chacun se rapproche, le procureur du roi et de la ville se transporta, de la part de l'assemblée, chez les principaux personnages et chez les communautés religieuses, pour les prier de prendre part à leurs séances. Nombre d'avis furent présentés sur le moyen d'avoir de l'argent. On proposa d'imposer les maisons de la ville chacune à 100 sous, ce qui, en comptant douze mille maisons, eût fait une somme de 60,000 livres; de s'aider de l'*argent des boues* et de faire travailler les mendiants valides; de mettre une capitation ou une levée quelconque sur les particuliers, sur le sel, sur les draps, sur toutes sortes de marchandises. Dans une assemblée où se trouvaient deux bourgeois de chaque quartier, il fut résolu de demander au roi la permission d'établir un impôt de 20 livres sur le grenier à sel de Paris, un autre sur les draps de soie et de laine, et si cela ne suffisait pas, de prendre le surplus sur les propriétaires et locataires des maisons comprises dans l'enceinte des fortifications. Le roi ne voulut pas qu'on fît peser aucun impôt sur les denrées; il ordonna que la contribution se fît sur les maisons, et que personne, à commencer par lui-même, n'en fût exempt, sauf l'Hôtel-Dieu, l'Ave-Maria, les Filles-Pénitentes, les Enfants-Rouges, la Trinité et les quatre ordres mendiants (13 février 1553).

Vers le même temps, il y eut dans la ville un grand scandale causé par le pape lui-même. Le souverain pontife, Jules III, avait envoyé à Paris une bulle qui permettait à chacun de manger du beurre, du fromage et des œufs durant le carême présent. Les dévots furent indignés; on regarda cette permission comme un scandaleux relâchement, et le garde-des-sceaux donna l'ordre au lieutenant-criminel de faire publier par les carrefours défense à tous libraires et imprimeurs de vendre cette bulle. La prohibition fut publiée le 7 février, et l'on ne s'en tint pas là, car, à la requête des gens du roi, la bulle fut ensuite brûlée par ordre du parlement.

Au milieu de l'été (1553), la ville fut affligée de nouveau par la peste. Elle fut assez violente pour que le parlement dût ordonner, le 29 août, que le prévôt des marchands tînt aux gages de la ville quatre médecins et six barbiers pour soigner les pestiférés. Le salaire fut fixé pour chaque médecin à 400 livres par an, et pour chaque barbier à 120; et afin que le public pût facilement avoir recours à eux, on décida que leurs noms, surnoms et demeures seraient affichés dans les carrefours de la ville.

La guerre continuait toujours contre Charles-Quint avec des alternatives de succès et de revers, mais sans affaire décisive. Les deux partis en étaient sans cesse aux expédients pour couvrir les frais énormes de ces longues hostilités. Henri II eut recours aux moyens les plus étranges pour remplir son trésor. Le gouvernement ayant fort peu de crédit, une ordonnance du 19 janvier 1553 avait défendu aux notaires de passer aucun contrat de prêt entre particuliers jusqu'à ce que le roi eût trouvé à emprunter le capital de 490,000 livres de rentes sur l'État. Puis, le 3 mai, dans chaque bailliage ou sénéchaussée fut établi un *greffier des insinuations*, chargé d'insérer dans ses registres la mention de tout contrat portant hypothèque. Ce fut l'origine de l'institution si utile des *conservateurs des hypothèques*. Un grand nombre de villes de province furent obligées de prêter au roi des sommes considérables. A Paris le roi fit prendre aux habitants ce qu'ils avaient en argenterie (ce qui fut estimé à la somme de 350,000 livres), pour le convertir en monnaie ; et en échange il convint de leur payer l'intérêt de cette somme à douze pour cent. Les charges judiciaires furent augmentées jusqu'au double. Le nombre des membres du parlement fut porté de cent environ à deux cents ; de telle sorte qu'il était divisé en deux parties siégeant chacune pendant un semestre. Il faut remarquer ici que le roi se chargea en cette occasion d'augmenter leurs gages, à condition qu'ils ne prendraient rien des plaideurs et rendraient la justice gratuitement. Néanmoins cette organisation du parlement était tellement vicieuse qu'elle ne put durer que trois ans. On porta aussi à deux cents le nombre des secrétaires du roi, qui n'était auparavant que de cent vingt. La même année, plusieurs officiers des finances furent livrés à la sévérité des lois, comme coupables de malversation (1).

Les sourdes menaces de rébellion qui avaient si souvent effrayé François 1er s'étaient renouvelées en 1553 ; du moins on le soupçonnait d'après quelques placards menaçants qui s'étaient trouvés affichés dans Paris, et qui avaient si fort inquiété les autorités, que le parlement et le roi avaient pris les mesures et donné les ordres les plus sévères. On regarda comme une nouvelle tentative des séditieux la profanation qui eut lieu au cimetière de Saint-Nicolas-des-Champs, dans la nuit du 8 au 9 septembre, d'une image de Notre-Dame-de-Pitié. Cet événement causa une si vive indignation, que l'évêque et le parlement lui-même, en grand costume, en robes rouges et chaperons à bourlet, allèrent en procession solennelle remplacer l'image profanée.

Le 5 février 1556, une trêve de cinq ans fut conclue entre le roi de France, l'empereur, l'Espagne et l'Angleterre. Elle fut confirmée par l'ambassadeur des puissances étrangères, le comte de Lalain, gouverneur et grand-bailli du Hainaut, qui logea à Paris chez M. de Villeroy. Le prévôt des marchands et les échevins, escortés des trois compagnies d'ar-

---

(1) Voy. ci-après *Cour des monnaies*.

chers, d'arbalétriers et d'arquebusiers, allèrent le saluer et lui offrirent des présents au nom de la ville.

J'ai parlé ailleurs des troubles de l'Université dans les dernières années de ce règne (1); des scènes de violence et de scandale désolèrent Paris. Les mœurs, très corrompues, étaient en même temps grossières. Au convoi du cardinal Louis de Bourbon, abbé de Saint-Denis, le 21 mars 1557, l'éternelle question de la préséance occasionna du tumulte parmi les membres du clergé. Moreau, chantre de Paris, avec ses bedeaux, décida l'affaire à coups de poings, et obligea le chapitre de Saint-Germain-l'Auxerrois à précéder celui de la cathédrale.

La guerre n'avait point tardé à éclater entre Henri II et Philippe II, fils et successeur de Charles-Quint. Le premier, cédant aux suggestions imprudentes de ses conseillers, rompit la trève, et, malgré les représentations du vieux Montmorency, prit les armes au moment où la France était sans alliés, avec des finances en désordre, et une force militaire mal organisée et insuffisante. L'épouvantable défaite de Saint-Quentin (août 1557), qui coûta à la France une belle et brave armée, vint bientôt dessiller les yeux du roi et de la cour. On craignit que l'ennemi ne levât le siége de Saint-Quentin et ne marchât droit sur Paris; le roi, qui était à Compiégne, n'avait aucun moyen de repousser une attaque soudaine que tout le monde jugeait inévitable. On dit que la nouvelle de la bataille et de la position respective des deux partis étant arrivée jusqu'à Charles-Quint, au fond du couvent de Saint-Just, ses premières paroles furent : — *Mon fils est-il à Paris?* Mais Philippe II n'osa point exécuter le plan hardi que lui conseillaient ses capitaines, et au milieu de ces indécisions, Henri réunit des troupes et prit toutes les mesures réclamées par les circonstances. A la nouvelle de la défaite de Saint-Quentin, la reine Catherine de Médicis se rendit à l'Hôtel-de-Ville, accompagnée de la princesse Marguerite, sœur du roi, du garde-des-sceaux, et d'un nombreux cortége de dames et de demoiselles vêtues de noir; là, prenant elle-même la parole, et peignant les dangers où le royaume et la capitale allaient être exposés, si le roi ne trouvait des ressources dans le zèle et l'amour de ses sujets, elle demanda de sa part à sa bonne ville de Paris la solde de dix mille hommes, évaluée à cent mille écus, ce qui fut accordé sur-le-champ. Le roi vint ensuite lui-même à Paris, pour rassurer, dit le chroniqueur, « cette grande et très opulente ville, alors si troublée que chacun ne pensoit qu'à fuir et à se sauver aux extrémités du royaume. « Les pauvres habitants de Saint-Quentin et ceux des frontières de la Picardie s'étoient réfugiés à Paris. Cet accroissement de population et les malheurs du temps occasionnèrent une excessive cherté de vivres.

---

(1) T. II, p. 192 et suiv.

« Les oignons coûtoient un liard la pièce, les œufs dix deniers, la botte de raves, de quatre racines seulement, se vendoit un sou, et le reste des vivres à proportion (1). »

Ces tristes circonstances déterminèrent Henri II à convoquer à Paris une assemblée que les historiens appellent improprement *États-Généraux*; car ils ne furent ni convoqués ni tenus selon la forme usitée. Cette fois les magistrats furent séparés du tiers-état et formèrent un quatrième ordre, sous le nom d'*État de la justice*, qui eut rang immédiatement après la noblesse. Les séances de cette assemblée commencèrent le 6 janvier 1558, dans la chambre de saint Louis, au Palais. Le roi y fit de grandes promesses en faveur du peuple, et insinua que pour soutenir la guerre il avait besoin de trois millions d'écus d'or au moins. Le cardinal de Lorraine, au nom du clergé, le duc de Nevers pour la noblesse, le président Jean de Saint-André pour la magistrature, et André Guillart pour le peuple, protestèrent de leur dévouement, et offrirent avec empressement ce nouvel impôt, caché sous le nom d'emprunt. Jamais, du reste, argent ne fut offert à la royauté avec plus de plaisir que dans cette assemblée. On était dans l'ivresse de la joie à cause de la prise de Calais sur les Anglais par le duc de Guise. Le roi nomma pour commissaires dans la répartition de cette taxe, à Paris, Jean Luillier, seigneur de Boulencourt, président des comptes; Nicolas du Pré, seigneur de Passy, maître des requêtes; Jean Grollier, seigneur d'Arguisi, trésorier de France; Claude Guyon, seigneur de Charmeau; Jean de Baillon, trésorier de l'épargne; Jean Prévôt, avocat du roi à la chambre des comptes, et l'orfévre Claude Marcel, qui fut depuis prévôt des marchands (2). Les fêtes et les réjouissances commencèrent ensuite. Le roi et la cour dînèrent à l'Hôtel-de-Ville, le jeudi gras (3).

Le 24 avril de la même année, on célébra le mariage de la jeune reine d'Écosse, Marie Stuart, avec le dauphin François. Celui-ci reçut alors le titre de *roi-dauphin*, et ce fut en cette qualité qu'il parut, le 4 janvier suivant, dans un carrousel qui eut lieu à la place de la rue Saint-Antoine, depuis l'hôtel d'Évreux jusqu'au bout de la rue Saint-Paul. Sauval nous donne sur ce divertissement, dont nous ne connaissons pas exactement l'origine, des détails curieux; « En 1558, dit-il, à la rue Saint-Antoine, entre la rue des Ballets et celle de Saint-Paul, le 20 janvier, de nuit, à la clarté de quarante-huit flambeaux, le roi, le dauphin, et avec lui plusieurs princes et autres grands seigneurs, furent d'un carrousel; les uns armés à la turque, les autres à la moresque, et tous montés sur de petits chevaux, sortirent de l'hôtel des Tournelles et de celui du connétable de Montmorency, situé rue Saint-Antoine. Les Turcs, parmi lesquels étoit

---

(1) Félibien, p. 1059. — (2) Félibien, p. 1062; j'ai donné quelques détails sur Claude Marcel, t. II, p. 502. — (3) Voy. t. II, p. 501.

Henri II, accompagné du dauphin et de quelques princes du sang, avoient sur l'épaule gauche un carquois plein de flèches et des habits de soie blanche faits comme ceux des Levantins. D'une main ils tenoient un bouclier, et de l'autre une boule de terre cuite creuse. A leur tête marchoient à cheval les trompettes du roi; après, douze hommes habillés de blanc à la façon des Turcs, montés sur des ânes et des mulets, ayant chacun devant eux deux tambours et deux timbales. A peine furent-ils dans le champ de bataille, que les Maures arrivent, et tous pour lors se mettent à courir les uns contre les autres; tantôt s'entre-ruant leurs boules, et tantôt se tirant des flèches, d'abord deux à deux, puis huit à huit, douze à douze; après tous ensemble, toujours au son des timbales, des tambours et des trompettes qui faisoient une musique estrange à la vérité, mais assez bien concertée. A la fin, ils se rallièrent, puis se rangeant en rond deux à deux et au son des mêmes instruments, ils se mirent à faire danser leurs chevaux en cadence avec des cris et des huées épouvantables. »

La paix entre la France et l'Espagne fut enfin conclue, le 3 avril 1559, à la grande joie du peuple. Aussitôt après la signature du traité de Cateau-Cambrésis, Henri II mit à exécution les desseins qu'il méditait contre les protestants. Effrayé de leurs progrès, il résolut d'imiter Philippe d'Espagne et d'écraser la nouvelle religion. Des *églises*, réformées selon le rite génevois, s'élevaient de toutes parts, et les opinions protestantes n'étaient plus embrassées seulement par quelques savants ou quelques bourgeois. La noblesse, soit réveil de l'esprit d'indépendance féodale, soit, chez un grand nombre, aversion du clergé et désir de s'enrichir de ses dépouilles, entrait en foule dans le parti calviniste; à la tête des religionnaires, figuraient les trois neveux du connétable, Coligny, d'Andelot et même le cardinal Odet de Châtillon, leur frère; la reine de Navarre, Jeanne d'Albret, et son beau-frère, le prince de Condé; enfin les Bourbon et les Châtillon, les rivaux et les adversaires de la maison de Lorraine (1).

J'ai dit plus haut que les protestants s'assemblaient secrètement à Paris en plusieurs endroits. Le 4 septembre 1557, un grand nombre d'entre eux se rendirent le soir pour *faire la cène*, dans une maison située rue Saint-Jacques, vis-à-vis le collège du Plessis. Le peuple eut des soupçons, s'ameuta, et en un instant la maison fut assaillie par une multitude furieuse, qui proférait des cris de mort contre les protestants. Dans ce péril extrême, les plus déterminés entre ceux-ci se précipitent l'épée à la main et s'ouvrent un passage, à l'exception d'un seul qui fut tué sur la place. Mais il restait encore à peu près cent vingt malheureux exposés à la fureur de la populace; le lieutenant criminel,

---

(1) M. H. Martin, t. X, p. 422.

Jean Martiny, vint les arracher à une mort affreuse et inévitable en les traînant en prison. On les renferma au Châtelet, et là on reconnut avec étonnement, parmi ces prisonniers, des dames du Palais, des filles d'honneur de la reine, et plusieurs autres personnes d'une haute distinction. Le procès s'instruisit au parlement, et d'abord on y déploya la plus grande rigueur. Cinq de ces malheureux furent brûlés, le 13 septembre, sur la place de Grève; mais la plupart furent mis en liberté, à la demande des cantons protestants et de l'électeur Palatin, alors alliés du roi.

Quelque temps après, les calvinistes s'avisèrent de se rendre vers le soir en procession au Pré-aux-Clercs, en chantant les psaumes de David, mis en vers par Clément Marot. Leur nombre s'augmenta chaque jour, et l'on remarqua, parmi les sectaires, Antoine de Bourbon, roi de Navarre, et Jeanne d'Albret sa femme. Une affluence considérable de spectateurs servait de cortége à cette singulière procession. Le prévôt fit aussitôt fermer les portes de la ville, qui communiquaient avec le quartier de l'Université et le faubourg Saint-Germain, et l'évêque de Paris envoya en toute hâte au roi un récit détaillé de cet événement. Henri défendit, sous peine de mort, de s'assembler au Pré-aux-Clercs pour y continuer ces chants. Ne trouvant pas que la loi fût assez sévère contre les hérétiques, il organisa contre eux un système complet et régulier de persécution; l'édit d'Écouen condamna à mort les religionnaires, avec défense aux juges de diminuer la peine, et d'autres ordonnances prescrivirent aux tribunaux de faire arrêter comme coupables d'hérésie tous ceux qui sollicitaient en faveur des hérétiques.

J'ai raconté ailleurs le grand coup d'État exécuté par Henri II contre plusieurs membres du parlement, coupables de faire entendre quelques paroles de tolérance et d'humanité (1). Tandis que cet événement, présage de nouvelles persécutions, jetait le trouble et la consternation dans la magistrature et la bourgeoisie, des fêtes avaient lieu à la cour, à l'occasion du mariage de la fille aînée du roi, Élisabeth, avec Philippe II. Une lice splendide avait été établie dans la rue Saint-Antoine, devant l'hôtel des Tournelles, et pendant trois jours, les princes et les seigneurs y joutèrent en présence des dames et de toute la cour. Le 29 juin eut lieu un grand tournoi, dont les ducs de Guise (2) et de Nemours, Alphonse d'Est, prince de Ferrare, et le roi en personne, furent les *tenants*; comme le pas d'armes finissait, le roi, qui avait fourni quelques courses *en roide et adroit cavalier*, voulut rompre encore une lance avant de se retirer, ainsi que l'en priait la reine, et ordonna au comte de Montgommery, l'un des capitaines de ses gardes, de courir contre lui. *Tous deux*, dit la chronique, coururent *fort valeureusement et*

(1) Voy. t. II, p. 360 et suiv. — (2) Le duc de Guise avait également ouvert un tournoi devant son hôtel. Sauval, t. II, p. 688.

rompirent leurs lances d'une grande dextérité; mais Montgommery n'ayant point, selon la coutume, jeté le tronçon demeuré dans sa main, en frappa par mégarde la tête du roi, lui releva la visière du choc, et lui fit entrer le bois *dedans l'œil, si avant que le cerveau en fut fêlé.* Le roi tomba contre la barrière, sans pourtant perdre les arçons, et il fut transporté à l'hôtel des Tournelles; mais tous les secours de l'art furent inutiles (1). Henri II languit onze jours, et expira le 10 juillet, après avoir, la veille de sa mort, fait célébrer dans sa chambre le mariage de sa sœur Marguerite avec le duc de Savoie. Ce prince, peu regretté et peu regrettable, était âgé de quarante ans et quelques mois; il avait régné douze ans.

II. Monuments. — Institutions.

Notre-Dame-de-Bonne-Nouvelle, église paroissiale située rue Notre-Dame-de-Bonne-Nouvelle, n° 2, et rue Beauregard, n° 21. — Cette église est placée dans un quartier qu'on appelait autrefois la *Villeneuve*, et qui ne commença à devenir populeux que vers le milieu du XVIe siècle. A cette époque, la paroisse Saint-Laurent n'étant pas assez grande pour contenir tous les fidèles, les habitants de la Villeneuve obtinrent la permission de bâtir une chapelle qui ne devait pas avoir plus de quatre toises de large, treize de long et quatre de haut jusqu'au comble. Le 20 août 1551, les marguilliers de Saint-Laurent posèrent, à l'endroit appelé *la montagne du Moulin*, les quatre premières pierres de cette chapelle, qui fut dédiée sous l'invocation de saint Louis et sainte Barbe. En 1593, pendant les guerres de la Ligue, on rasa tout le quartier pour faire des fortifications, et la chapelle fut enveloppée dans cette destruction. La paix revint, et avec elle les habitants. En 1624, la chapelle fut relevée sous l'invocation de Notre-Dame-de-Bonne-Nouvelle, qu'elle reçut en mémoire de l'Annonciation de la Vierge. Une sentence de l'archevêque de Paris l'érigea en cure, le 22 juillet 1673. Tout récemment cette église a été reconstruite sur les dessins de M. Godde. Le portail, d'ordre dorique, est décoré de pilastres et de deux colonnes; l'intérieur est divisé en trois nefs non voûtées, séparées par des colonnes ioniques. C'est un monument d'un bon style, mais qui n'offre rien de remarquable.

Collége et communauté de Sainte-Barbe, rue de Reims, n° 7. — La première origine de cette maison remonte au commencement du

(1) « Quelques uns, par une observation ridicule, remarquèrent qu'alors il étoit monté sur un cheval turc, nommé le *Malheureux*. D'autres, pleins de superstition, ajoutent que cet accident arriva dans la paroisse de Saint-Paul, le jour de sa fête, qu'on ne solennisa pas exprès à cause de ce tournoi. Les huguenots aussi bien que le peuple en parlèrent à leur mode. » Sauval, t. II, p. 689.

xvᵉ siècle. Le 31 mai 1430, Jean Hubert, docteur et professeur en droit-canon, acheta aux religieux de Sainte-Geneviève un terrain planté de vignes joignant la chapelle de Saint-Symphorien, et sur lequel il voulut fonder ce collége. Il y fit en effet bâtir un édifice composé de quatre corps-de logis dans lesquels furent placés un principal, des régents et des classes.

Mais le véritable fondateur du collége Sainte-Barbe fut Robert de Guast, docteur-régent de la Faculté de droit-canon et ancien curé de Saint-Hilaire, qui y établit, en 1556, quatre bourses et trois places pour un principal, un procureur et un chapelain, à la nomination du plus ancien des conseillers clercs au parlement, du chancelier de l'Université en l'église de Paris, et du plus ancien des professeurs de droit Dans la suite, deux autres bourses furent fondées à Sainte-Barbe, l'une de 250 livres, par Simon Ménossier, docteur en théologie, sous-pénitencier, chapelain de l'église de Paris et procureur de ce collége, pour les étudiants de sa famille; et l'autre, de 120 livres, fut donnée, aussi pour les étudiants de sa famille, par un sieur Seurat. Robert de Guast nomma pour premier principal de son établissement Robert Certain, curé de Saint-Hilaire, auquel la rue du *Puits-Certain* doit son nom.

Malgré plusieurs procès qu'il eut à soutenir pendant plus d'un siècle, malgré une interruption qui eut lieu dans ses leçons publiques vers la fin du règne de Henri III, le collége de Sainte-Barbe devint florissant et célèbre. On y compta jusqu'à quatorze régents à la fois : neuf d'humanités, un de grec et quatre de philosophie. En 1679, le roi ayant rétabli à Paris les cours de la Faculté de droit civil, cette faculté demanda au grand-conseil la suppression du collége de Bourgogne ou de celui de Sainte-Barbe, afin d'établir des écoles de droit plus spacieuses et plus utiles pour le public. Un arrêt qui fut rendu après quelques délibérations ordonna que Sainte-Barbe serait vendu, et qu'avec les deniers de la vente on construirait des écoles de droit. Les administrateurs de ce collége ne désespérèrent point ; ils sollicitèrent et obtinrent un an après un nouvel arrêt qui révoquait le premier. Lorsqu'on voulut reprendre les leçons publiques qui avaient été interrompues sous Henri III, l'Université, qui était intéressée à ne point partager ses revenus entre un trop grand nombre de régents, s'y opposa. Aussi le collége de Sainte-Barbe était sur le point de tomber, lorsque l'Université entra en arrangement avec lui, et, moyennant diverses concessions de terrain, lui donna, en 1683, une somme considérable pour réparer ses bâtiments et fonder une chapelle, qui ne fut construite qu'en 1694. En 1779, Sainte-Barbe ne comptait plus que deux bourses, et depuis le contrat dont je viens de parler, des trois corps de bâtiments qui le composaient, c'était le plus petit qu'habitaient le principal, le chapelain, le procureur et les boursiers ; les deux autres étaient passés dans le domaine de l'Université et servaient de retraite aux *Gilotins* qui s'y trouvaient au nombre d'environ deux cents. On appelait gilotins de pauvres écoliers qu'un docteur en Sorbonne, appelé Germain Gillot, avait réunis dans ce lieu pour les nourrir et les instruire. Cette œuvre de charité fut continuée avec succès, après la mort de Gillot, par Thomas Durieux, docteur en Sorbonne et principal du collége du Plessis.

La révolution de 1789 ne changea point la destination de cet établissement, mais elle réforma complétement son organisation primitive. Le collége de Sainte-Barbe devint une maison particulière d'éducation, sous la direction de M. *Delanneau*, docteur ès-lettres. Un établissement rival établi plus tard, rue des Postes, par des professeurs de l'ancien Sainte-Barbe, prit aussi le titre du collége Sainte-Barbe, auquel lui fut officiellement substitué celui de collége Rollin, par une ordonnance, rendue au mois de novembre 1830, par le conseil de l'Université. Vers la même époque, M. Delanneau mourut et fut remplacé par son fils, aujourd'hui maire du 12e arrondissement de Paris, et dans les mains duquel l'ancienne maison de Sainte-Barbe a continué d'être l'une des pensions les plus recommandables de Paris.

Parmi les personnages remarquables qui ont illustré jadis le collége de Sainte-Barbe, on cite : *Martin Magistri*, confesseur de Louis XI et archevêque de Tours; *Jacques Goveau*, savant Portugais ; *saint Ignace*, alors nommé *Inigo*, et qui étudiait sous *Goveau*, principal, qui lui fit un jour infliger la *sale*, c'est-à-dire le fouet, parce qu'il détournait ses condisciples de l'étude ; *Henry et Jean Berthon*, principaux vers le milieu du XVIIe siècle. *Jean Fernel* (1), le célèbre médecin de Henri II, y fut professeur, et *Edmond Pourchot* y enseigna la langue hébraïque.

Hôpital des Petites-Maisons, aujourd'hui *hospice des Ménages*, rue de la Chaise, n° 28. — Cet hôpital a été bâti sur l'emplacement qu'occupait, dès le XIe siècle, celui de Saint-Germain, connu sous le nom de la *maladrerie Saint-Germain*, et réservé aux lépreux. Presque tous les historiens, et je citerai en dernier lieu M. Dulaure, ont prétendu que cette maladrerie fut affectée, dans le milieu du XVe siècle, aux malheureux atteints du *mal de Naples*. Jaillot a prouvé d'une manière évidente combien cette opinion était erronée (2). En 1544, le parlement nomma quatre commissaires pour inspecter les hôpitaux. Ceux-ci ayant déclaré que la maladrerie de Saint-Germain n'avait plus de revenus, quoiqu'elle fût remplie de lépreux qui se répandaient dans la ville, la cour ordonna que cette maladrerie serait détruite, et que ses matériaux seraient employés à en construire une autre dans un lieu plus éloigné, ou vendus au profit des pauvres. Le cardinal de Tournon,

---

(1) Voyez la notice que j'ai donnée ailleurs sur ce médecin. — (2) Jaillot, t. V, *quartier du Luxembourg*, p. 85 et 86.

abbé de Saint-Germain-des-Prés, revendiqua ses droits et vendit à son profit les matériaux et l'emplacement ; l'acquéreur fut un nommé Gellinard, secrétaire du duc d'Orléans.

En 1557, l'Hôtel-de-Ville racheta ces matériaux et cet emplacement, et fit bâtir l'hôpital que nous voyons aujourd'hui, et qui fut destiné à renfermer les mendiants incorrigibles, les indigents vieux et infirmes, les femmes sujettes au mal caduc, les teigneux (1) et les fous. Cette dernière destination donna lieu à des locutions proverbiales encore en usage : *c'est un échappé des Petites-Maisons; il faut le mettre aux Petites-Maisons*, etc. Jean Luillier de Boulencourt, président de la chambre des comptes, fut un de ceux qui, par leurs libéralités, contribuèrent à ce pieux et charitable établissement. Il donna des rentes et des meubles, et fit élever plusieurs bâtiments. La forme de leur construction les fit nommer les *Petites-Maisons*, parce que ces édifices étaient petits et séparés les uns des autres. La chapelle fut rebâtie en 1615.

Au siècle dernier, l'hôpital des *Petites-Maisons*, qui ne formait qu'un seul et même établissement avec le grand bureau des pauvres, était occupé par quatre cents personnes vieilles et infirmes, des deux sexes, par des fous, et par les débauchés atteints de maladies honteuses. On y admit ensuite des époux infirmes qui, moyennant une somme une fois payée, recevaient le logement et la nourriture pendant le reste de leur vie.

Le 10 octobre 1801, une ordonnance porta que cet hospice serait désormais spécial aux *ménages;* il quitta alors le nom de *Petites-Maisons* pour prendre celui qu'il a conservé, et l'année suivante, on transféra dans d'autres maisons les malades et les fous. Aujourd'hui l'un des époux doit avoir au moins soixante ans, et l'autre soixante-dix, comme dans l'ancienne organisation : les veufs et les veuves doivent être âgés de soixante ans. On leur donne, outre une certaine quantité de pain et de viande crue, 3 francs en argent tous les dix jours, une voie de bois et deux voies de charbon par an. Ils doivent pourvoir à leur habillement.

Un arrêté du 11 avril 1804 fixa ainsi qu'il suit la population de cet hospice : cent soixante grandes chambres pour des ménages, contenant trois cent vingt personnes; cent petites chambres pour des veufs et des veuves, et deux cent cinquante lits dans les chambres des dortoirs, ce qui porte le nombre des personnes admises dans cet hôpital à six cent soixante-dix.

Cour des monnaies. — Depuis les temps les plus reculés, il y a toujours eu à Paris une fabrique de monnaies, présidée par des gens du roi, sous la direction du grand trésorier. Ces *officiers*, dans l'origine, étaient

---

(1) Ces malades habitaient un petit hospice séparé, dont je m'occuperai ailleurs.

tout à la fois monnayeurs et orfévres, comme Abbon, saint Eloy, saint Thille, qui vivaient à Paris sous les règnes de Clotaire II et de Dagobert son fils. Il est fait mention, dans quelques ordonnances, des droits de *seigneuriage* et de *brassage* pour la fabrication des monnaies. Le premier de ces droits, appelé en latin *monetagium*, était dû au roi, aux villes, aux églises ou aux seigneurs qui battaient monnaie. Le droit de *brassage* n'était autre que le prix de fabrication, payé par ceux qui voulaient faire convertir des lingots en espèces. Les officiers qui levaient ces droits se nommaient alors *custodes monetarii*; ils furent appelés dans la suite *juges-gardes des monnaies*. Au-dessus de ces officiers étaient trois *généraux-maîtres des monnaies*, institués, dit-on, par Philippe-Auguste, qui, par un édit du mois de juillet 1214, régularisa cette juridiction. Quoique ces officiers supérieurs, dit Félibien, aient toujours fait corps avec les généraux des comptes et les trésoriers des finances, ils avaient néanmoins une chambre particulière, qui remonte probablement au règne de Philippe-le-Bel (1).

Charles-le-Bel, par son mandement de 1322, nomma quatre généraux des monnaies. Philippe VI, par son ordonnance du 10 mars 1340, en nomma sept et un clerc; le roi Jean ordonne, le 27 janvier 1359, « qu'en l'office des monnoies seront de présent et doresnavant huit généraux maîtres des monnoies tant seulement, et un clerc, pour tout l'office des monnoies. » Charles V les réduisit à six généraux en 1378, et Charles VI à quatre, par son ordonnance du 7 janvier 1400. Ce nombre varia encore sous les règnes suivants, mais chaque prince créait une charge nouvelle, en sorte qu'en 1522 la chambre des monnaies se trouva composée d'un président, de dix conseillers-généraux des monnaies, et de quelques autres officiers.

Henri II, par l'édit du mois de janvier 1551, créa un président et trois généraux de robe longue; et cette chambre fut alors érigée en cour souveraine. Mais quelques uns de ces magistrats se montrèrent indignes de cette faveur. Nous lisons dans Félibien : « Par sentence des commissaires nommés par le conseil, prononcée le 20 septembre 1554, Louis Vachot, premier président en la cour des monnoies, fut condamné à être pendu et étranglé en la cour du palais, avec Chantier et Jacques Pinatol, généraux des monnoies, pour crime de fausse monnoie, abus, malversations, faussetés, larcins, concussions et péculats; ce qui fut exécuté en effigie le même jour. Alexandre de la Lorette, second président, et plusieurs autres officiers de la même cour, furent enveloppés dans ce procès. Quelques uns, comme la Lorrette, furent déclarés innocents; mais la plupart furent condamnés, les uns à être pendus, les autres aux galères, d'autres à diverses amendes. Il n'y eut que Jacques

---

(1) Félibien, t. II, p. 492. — En 1345, les généraux des monnaies avaient leur bureau dans l'hôtel de la Vieille-Monnaie, rue Thibault-aux-Dez.

HENRI II.

Pinatol qui fut effectivement pendu et brûlé à Blois, le 19 décembre 1559 (ou 1556). Les autres avaient pris la fuite et ne purent être pris; du moins n'en est-il fait aucune mention depuis (1). »

En 1789, la cour des monnaies de Paris était l'unique pour toute la France, et les appels de tous les siéges de monnaies s'y relevaient. Cette cour était composée d'un premier président, de huit autres présidents, trente-six conseillers, deux avocats-généraux et un procureur-général, substituts, greffiers, huissiers, etc.; il y avait aussi un *prévôt général des Monnaies*, créé en 1635, pour faire exécuter les arrêts. La juridiction s'étendait dans tout le royaume, elle connaissait en toute souveraineté du travail des monnaies, des fautes, malversations et abus commis par les maîtres, gardes, tailleurs, essayeurs-monnayeurs, ajusteurs, batteurs, tireurs d'or et d'argent, orfèvres, joailliers, graveurs, horlogers, etc. Elle prononçait en dernier ressort, tant au criminel qu'au civil, et pouvait condamner à toutes peines afflictives, même à mort. Les jugements étaient exécutés au bout de la rue de l'Arbre-Sec, à la Croix du trahoir (2). Les particuliers, qui voulaient établir des laboratoires pour la fusion des métaux, devaient en obtenir la permission de la cour des monnaies. Cette cour avait le dépôt de tous les poids originaux de la France, sur lesquels ceux des autres villes étaient étalonnés. Un conseiller, délégué à cet effet, faisait marquer chaque année, du poinçon du roi, tous les poids publics (3).

Un édit du mois de mars 1719 avait accordé la noblesse, au premier chef, aux officiers de la cour des monnaies, qui, dans les cérémonies publiques, avaient rang immédiatement après la cour des aides. Les présidents y portaient la robe de velours noir; celle des conseillers, des gens du roi et des greffiers en chef était de satin.

Un grand nombre d'hommes célèbres par leurs talents et leurs lumières sont sortis de la cour des monnaies, et occupèrent des emplois importants. Sous Henri II, *Guillaume de Marillac*, général des monnaies, fut élevé aux fonctions de surintendant des finances. D'autres laissèrent un nom dans les lettres; je citerai seulement le président *Claude Fauchet*, connu par ses travaux sur nos antiquités nationales, et le savant et modeste *Louis Cousin*, qui fut également président à la cour des monnaies.

Cette juridiction a été supprimée à la révolution; le dernier président fut M. Thevenin de Tanlay (4).

---

(1) Félibien, t. II, p. 1046. — (2) Guéroult, *Dict. abrégé de la France monarchique*, p. 333. — (3) Piganiol, t. I, p. 135. — (4) Voy. *Hôtel des monnaies*.

CHAPITRE TROISIÈME.

FRANÇOIS II.

1559-1560.

I. Faits généraux.

Le fils aîné de Henri II succéda à son père sous le nom de François II ; c'était un enfant de seize ans, d'un esprit faible et d'une mauvaise santé, qui ne devait être que l'instrument de la faction la plus puissante. Quatre partis se disputaient alors le pouvoir ; les Guises, Catherine de Médicis, mère du roi ; les princes du sang, Antoine de Bourbon et le prince de Condé, son frère ; enfin le connétable de Montmorency. François II, cédant aux prières de Marie Stuart, se décida pour les Guises, oncles de sa femme, et leur confia le gouvernement. Ce coup d'État devait attirer sur le royaume d'effroyables malheurs.

Le cardinal de Lorraine, frère du duc de Guise, commença par porter au plus haut point l'exaspération des réformés, en les poursuivant partout de la manière la plus cruelle. Il fit répandre contre eux les imputations les plus exagérées ; tantôt on les accusait de vouloir mettre le feu dans Paris et forcer les prisons, afin d'exciter une révolte, à l'aide des criminels qui y étaient renfermés ; tantôt on leur reprochait de s'abandonner dans leurs réunions nocturnes aux plus infâmes débauches. Quelques misérables dénoncèrent leurs frères en religion, et sur le plus faible indice on investissait les maisons des calvinistes. « On saisit, dit Félibien, tous ceux que l'on put y attraper, hommes et femmes, que l'on jeta en prison ; après avoir cité trois fois les fugitifs à comparoître, on confisqua leurs biens et leurs maisons, et leurs meubles furent vendus à l'encan. Il n'étoit resté dans ces maisons que de petits enfants, qui, n'ayant pu suivre leurs parents dans leur fuite, remplirent de cris les rues et les places publiques ; ce qui excitoit la compassion de tout le monde. Après cette perquisition des religionnaires dans la ville, on vint au faubourg Saint-Germain qu'on appeloit la *petite Genève*, surtout la rue des Marais, où un nommé *Le Vicomte* louoit plusieurs appartements pour servir d'asile assuré aux sectaires qui venoient de Genève ou d'Allemagne à Paris. Thomas de Bragelogne, lieutenant criminel, à la tête d'une troupe d'archers, en surprit seize à table. Au premier bruit des archers, la plupart n'étant pas assez hardis pour se mettre en défense prirent la fuite. Il n'y eut que deux gentilshommes angevins, frères, officiers de la maison du roi de Navarre, qui mirent l'épée à la main, blessèrent plusieurs des archers, et firent fuir les autres. Le lieutenant criminel courut grand risque de sa vie qu'il ne sauva que par l'aide de l'hôte qui, craignant pour lui-même et pour sa famille, crut par là se rendre le magistrat favorable. Mais il n'y gagna rien. Comme on trouva qu'il avoit fait servir de la viande ce jour-là, qui étoit un vendredi, il fut arrêté avec sa femme et ses enfants, conduit prisonnier, un chapon lardé porté devant lui pour servir de spectacle au peuple, et confiné dans un cachot où il périt de misère (1). »

A Paris, comme dans la plupart des villes de province, le peuple avait érigé au coin des rues des images des saints, et principalement des statues de la Vierge; il les parait d'habits et de fleurs, brûlait des cierges devant elles, et chantait des cantiques en leur honneur. Les habitants du quartier, amassés autour de ces images, obligeaient les passants à contribuer à l'entretien des cierges; et si quelqu'un refusait, ou passait sans s'arrêter devant l'image et sans la saluer, il était frappé, jeté dans la boue, foulé aux pieds et traîné en prison comme suspect d'hérésie; trop heureux encore de n'être pas assommé sur la place. Ces actes de violence qui se répétaient chaque jour, l'autorisation ouverte que le gouvernement leur prêtait, la persécution exécutée de son aveu dans toutes les provinces par les populations fanatiques et les inquisiteurs, enfin le supplice d'Anne Dubourg, conseiller au parlement, qui fut pendu et brûlé en place de Grève pour la religion (2), portèrent au comble l'exaspération des protestants.

Au désespoir des sectaires se joignit le mécontentement de la noblesse que les Guises s'étaient aliénée par leur dur absolutisme et leur hauteur. L'ambition des grands de l'État, irrités de voir la toute-puissance absorbée par les princes lorrains, combla la mesure du mécontentement général. Une formidable conspiration s'ourdit sous les auspices du prince de Condé et des trois frères de la maison de Châtillon, l'amiral de Coligny, d'Andelot et le cardinal de Châtillon, évêque de Beauvais. Le chef apparent était *La Renaudie*, gentilhomme périgourdin, homme de tête et de main, qui, en peu de temps, conduisit si bien ses hardis projets que leur exécution paraissait devoir être couronnée de succès. Les Guises avec le roi et la cour étaient à Amboise; les conjurés devaient se rendre de tous côtés vers cette ville, et se trouver en armes devant ses murs, le 16 mars (1560). Là, un coup de main aurait fait tomber l'omnipotence des tuteurs du jeune roi; les huguenots auraient conquis la liberté de conscience, Condé et les siens se seraient partagé l'auto-

---

(1) Félibien, t. II, p. 1069. — (2) Voy. t. II, 361.

rité royale, et un procès en forme les eût délivrés des Guises. Mais à la veille de l'exécution, les Guises apprirent tout, et les conjurés vulgaires, La Renaudie le premier, furent exterminés les armes à la main, ou mis à mort dans les tortures. Les grands coupables seuls échappèrent.

Dès le 17 mars, le duc de Guise se fit décerner par le roi le titre de lieutenant-général du royaume, c'est-à-dire qu'il fut élevé à la puissance des anciens maires du Palais, sous la première race. La perte des calvinistes était jurée; les Guises voulaient établir l'inquisition avec l'extension terrible qu'elle avait en Espagne. Heureusement Michel de l'Hospital fut nommé chancelier de France, grâce à Catherine de Médicis, et vint augmenter avec quelques hommes intègres, tels que Marillac et Montluc, évêque de Valence, le parti modéré qui voulait accorder aux calvinistes la liberté de conscience, conserver à la royauté l'autorité nécessaire pour le maintien de l'ordre, convoquer les États-Généraux pour rendre à la nation ses droits politiques, réformer la législation, améliorer le sort du peuple, et abaisser factieux et ambitieux, catholiques et calvinistes, Guises et Bourbons. Mais ce parti était trop en avant des idées communes; il avait trop d'obstacles à vaincre pour réussir. Toute la sagesse, toute la fermeté du chancelier ne purent obtenir que l'édit de Romorantin (mai 1560), qui traitait l'hérésie comme simple délit; et la suspension de toutes poursuites contre les réformés jusqu'à la décision des États-Généraux qui furent enfin convoqués. Les ambitieux n'épargnèrent aucune mesure pour traverser les desseins de l'Hospital : les chefs des huguenots essayèrent de nouveau la révolte ouverte; les Guises corrompirent les électeurs, et s'assurèrent d'avance, aux États-Généraux, une majorité dévouée à leurs intérêts. Puis ils attirèrent à Orléans, où les Etats se rassemblaient, le roi de Navarre et le prince de Condé, en leur donnant la parole du roi pour sauf-conduit. Aussitôt arrivés, les deux princes furent arrêtés. Le roi de Navarre devait être assassiné dans les appartements de François II; mais le cœur faillit au jeune roi pour ce crime, et à la grande indignation du cardinal de Lorraine, il ne voulut pas donner, comme c'était convenu, le signal du meurtre. Le prince de Condé, qui était plus coupable, fut jugé, malgré ses réclamations, par une commission spéciale où siégeait son ennemi mortel le duc de Guise, et fut condamné à mort. Il ne manquait plus que trois signatures : entre autres, celle de l'Hospital, président de la commission, qui refusa de signer, préférant, dit-il, la mort au déshonneur; mais les États-Généraux étaient prêts à donner leur sanction à l'arrêt et à faire triompher les Guises auxquels ils étaient dévoués, lorsqu'un événement imprévu vint tout changer. La mort frappa François II le 5 décembre 1560.

II. Monuments. — Institutions.

Hôpital de Lourcine ou *de la Charité chrétienne*, rue de Lourcine, faubourg Saint-Marcel, aujourd'hui *Ecole de pharmacie* et *jardin des apothicaires*. — S'il faut en croire Dubreuil, la reine Marguerite de Provence, veuve de saint Louis, fonda un *hôpital de Saint-Marcel*, anciennement nommé *l'hôpôtal de Lourcine* (1). Il est certain qu'au siècle suivant cet hôpital appartenait à Guillaume de Chanac, évêque de Paris et patriarche d'Alexandrie, ce qui lui avait fait donner le nom d'*Hôtel-Dieu du Patriarche*; il fut alors dédié à saint Martial et à sainte Valère (2). Cet hôpital fut sans doute abandonné dans le siècle suivant ou destiné à d'autres usages ; car on voit dans les registres du parlement qu'il avait été *naguère* occupé par Pierre Galland ou Galand, lorsque la cour ordonna, par son arrêt du 25 septembre 1559, qu'il serait saisi et mis en la main du roi; et que les malades affligés du mal vénérien y seraient logés, nourris et pansés (3).

Ce nouvel hôpital, qui fut appelé *hôpital de Lourcine*, ne tarda pas à être ruiné par une mauvaise administration.

En 1576, l'un des Parisiens les plus recommandables de son siècle, Nicolas Houel (4), marchand apothicaire, se proposa « de nourrir certain nombre d'enfants orphelins, nés de loyal mariage, pour y être instruits tant à servir et honorer Dieu que ès bonnes lettres ; et aussi pour y apprendre l'art d'apothicairerie. Dans la maison et par le ministère de ces orphelins, devoient être fournies et administrées gratuitement toutes sortes de médecines et remèdes convenables aux pauvres honteux de la ville et faubourgs de Paris. » Nicolas Houel demanda à cet effet au roi qu'on lui abandonnât ce qui restait à vendre de l'hôtel des Tournelles. Henri III approuva ce projet, le 22 octobre de la même année, et sur le rapport d'une commission spéciale, lui accorda la maison des Enfants-Rouges. L'hospice de Nicolas Houel s'y établit et y resta jusqu'en 1578. Mais pour des motifs qu'on ignore, il fut ordonné, par arrêt du 2 janvier 1578, que ce nouvel hôpital serait transféré dans celui de *Lourcine, désert et abandonné par mauvaise conduite, tout ruiné, les pauvres non logés, et le service divin non dit ni célébré*. Houel s'y installa le 12 avril suivant.

La *maison de la Charité chrétienne* (ainsi se nomma cet établissement), protégée par Henri III, la jeune reine Louise de Lorraine, le parlement et une dame de Dampierre, qui sans doute lui faisaient des dons considérables, se trouva bientôt composée : 1° d'une chapelle; 2° d'une école de jeunes orphelins, destinés non seulement à distribuer

---

(1) Dubreuil, p. 494. — (2) Jaillot, t. IV, *quartier de la place Maubert*, p. 84 et 85. — (3) Félibien, t. II, p. 1071. — (4) Nicolas Houel ne fut pas seulement un homme bienfaisant; nous aurons occasion de parler de lui parmi les écrivains de cette période.

des remèdes, mais « à traiter et médicamenter en leurs maladies les pauvres honteux de la ville et des faubourgs, sans que ceux-ci soient forcés de sortir de leurs maisons pour aller à l'Hôtel-Dieu ; » 3° d'une pharmacie complète ; 4° d'un enclos appelé le *jardin des simples*, « lequel devoit estre rempli de plusieurs beaux arbres fruitiers et plantes odoriférantes rares et exquises de diverses espèces... qui apportera un grand plaisir et une grande décoration pour la ville de Paris (1) ; » 5° d'un hôpital contigu à la maison de charité, « auquel, par chacun jour, sont logés les pauvres honteux passant leur chemin ; lesquels après avoir pris leur réfection rendent grâces à Dieu. Puis avant que de se coucher, la cloche dudict hôpital sonne l'espace d'un demi-quart d'heure, et tous les pauvres, se mettant à genoux et en grande dévotion, chantent le psaume *Miserere mei, Deus*, et une antiphone à la Vierge Marie, priant Dieu le créateur pour tous ceux et celles qui font aumône de leurs biens à ladite *maison de la Charité chrétienne* (2). »

Après la mort de Nicolas Houel, cet établissement changea de destination. Par ses édits de 1597, 1600 et 1604, Henri IV ordonna que « les pauvres gentilshommes, officiers et soldats estropiés, vieux ou caducs, seroient mis en possession de la maison de la charité chrétienne, et qu'ils y seroient reçus, nourris, logés et médicamentés. » Telle fut la première origine de l'un des plus beaux établissements du règne de Louis XIV. Louis XIII ayant transféré ces invalides au château de Bicêtre, la maison de la charité chrétienne fut successivement occupée par plusieurs petites communautés de filles qui ne purent s'y maintenir. Unie à l'ordre de Saint-Lazare, elle lui fut bientôt retirée et cédée à l'archevêque de Paris, qui la donna à l'Hôtel-Dieu.

Ainsi que je l'ai dit ailleurs (3), les apothicaires administrèrent gratuitement, depuis l'année 1624, l'hôpital de la Charité chrétienne ; après la suppression de cette maison, ils allèrent exercer leur charitable ministère à l'hôpital des Petites Maisons ; mais ils conservèrent le *jardin des simples*, fondé par Houel, et qu'ils agrandirent par l'acquisition de maisons et de jardins voisins (2). La propriété du jardin leur fut adjugée par un arrêt du conseil, du 7 septembre 1624.

L'*Ecole de pharmacie*, dont je m'occuperai plus tard, remplace aujourd'hui l'hôpital de Nicolas Houel. Quant au *Jardin des Simples*, il existe toujours sous le nom de *Jardin des apothicaires*.

Cet utile établissement, dont l'entrée est située rue de l'Arbalète, n° 3, a reçu de grandes améliorations ; les plantes y sont classées sui-

(1) On peut croire que ce jardin, le premier de ce genre qui ait été créé en France, donna l'idée de la fondation du *jardin des plantes* sollicitée par M. Hérouard, médecin de Louis XIII, en 1626. Voy. *Jardin des Plantes*.
(2) *Les manuscrits français de la Bibl. du roi*, par M. P. Pâris, t. II, p. 373 et 374.
(3) Voy. ci-dessus, p. 280.

vant la méthode de Tournefort. Il est ouvert tous les jours, à l'exception du dimanche.

CHAPITRE QUATRIÈME.

CHARLES IX.

1560-1574.

I. Faits généraux.

Charles IX n'étant âgé que de dix ans et quelques mois, il était nécessaire de constituer un gouvernement durant sa minorité. La reine-mère, Catherine de Médicis, sans s'adresser ni aux États-Généraux, qui s'assemblaient alors à Orléans, ni au parlement, se fit donner, par des lettres de son fils encore mineur, et par conséquent sans pouvoir comme sans volonté, *l'administration du royaume, avec sage conseil et avis du roi de Navarre et des notables et grands personnages du conseil du feu roi.* En même temps, elle essayait de s'attacher tous les partis en rendant la liberté au prince de Condé, en donnant la lieutenance-générale du royaume au roi de Navarre, en rappelant les disgraciés, entre autres Montmorency, et en donnant aux Guises une place importante dans le conseil et à la cour.

Le vénérable chancelier de l'Hospital travaillait sans cesse à rétablir l'ordre et la prospérité dans ce malheureux royaume. Il demanda aux États-Généraux, ouverts à Orléans le 13 décembre 1560, d'établir, par une loi sage et positive, les droits des deux cultes catholique et calviniste, de payer la dette publique, s'élevant à 42 millions, et de remettre l'ordre dans les finances; il présenta le jeune prince comme « l'orphelin le plus engagé, le plus endetté, le plus empêché qu'on pût trouver dans tout état ou condition, » et supplia l'assemblée de le tirer, lui et son gouvernement, de cette déplorable situation (1). Mais les États-généraux n'agissant que sous l'influence des Guises, on fut obligé de les proroger à quelques mois, et il fut statué qu'en attendant leur réunion les assemblées particulières de chaque province agiteraient les questions sur lesquelles on devait délibérer dans les États. L'assemblée de Paris proposa de faire restituer par le maréchal de Saint-André, les Guises, Diane de Poitiers et la foule des courtisans, les sommes énormes

---

(1) *Précis de l'hist. de France*, par MM. Cayx et Poirson, p. 172.

qu'ils avaient illégalement amassées sous les deux derniers règnes. Cette proposition effraya le duc de Guise, qui s'unit à Saint-André et à Montmorency, et ce *triumvirat*, exploitant le fanatisme religieux, se disposa à défendre, au nom du catholicisme chancelant, ses richesses et son crédit.

Le parlement seconda la fureur des triumvirs par deux arrêts rendus en février et en mars 1561 ; il défendit à tous bouchers, rôtisseurs, *vivandiers* et autres, à l'exception du boucher de l'Hôtel-Dieu, de vendre durant le carême aucune viande, *sous peine de la hart*; le boucher de l'Hôtel-Dieu eut ordre de tenir registre des permissions, de la quantité de viande prise pour les malades, du nom et du domicile de ceux qui en auraient demandé, et d'en rendre compte tous les huit jours à la cour (1).

Le chancelier de l'Hospital prévoyant les malheurs qu'attireraient sur la France les persécutions contre les réformés, voulut réprimer par des mesures énergiques et décisives l'audace des uns et l'intolérance des autres. Malheureusement l'*édit de juillet*, donné à Saint-Germain (31 juillet 1561), sous l'influence des Guises, ne fit qu'exaspérer davantage les huguenots. L'Hospital s'empressa de faire assembler le colloque de Poissy, où la nouvelle religion fut admise à une libre et solennelle exposition de ses principes, et qui fut suivi de l'*édit de janvier* 1562. Les réformés obtenaient la permission de s'assembler sans armes hors des villes, pour l'exercice de leur religion, et il était enjoint aux magistrats de veiller à ce qu'ils ne fussent ni troublés ni injuriés.

Cet acte de tolérance excita dans le parti catholique une extrême indignation. Les prédicateurs les plus violents déclamèrent, non seulement contre l'édit, mais même contre la reine-mère et les princes du parti protestant. On lit dans les registres du Parlement : « Le 10 avril 1561, plaintes contre les prédicateurs séditieux, notamment contre M⁰ Fournier, prêchant à Saint-Severin, dimanche dernier ; il dit de la reine : *Ce n'est l'estat d'une femme de conférer les eveschés et bénéfices*, et allègue un passage de la Sainte Ecriture, assez mal à propos, disant : *Peuple, regarde si cette bonne reine, mère de J.-C., en l'élection de saint Mathias au lieu de Judas, s'en voulut mêler, encore que présente*. En ce sermon, qui était sur l'entrée de Jésus à Jérusalem, il y a : Ainsi que Jésus dit à deux de ses disciples : *Allez en ce château qui est contre nous. Et peuple, sais tu qui est ce château qui est contre nous? C'est ce château qui vous jettera hors de vos maisons. Au latin il y a* CASTELLUM ; *mais il n'est pas entier château. Comment le nommerons-nous?* CASTELLUM *est diminutif de castrum; il le faut nommer en français* CHASTELET ; *Chastelet n'est pas propre, il faut donc* CHASTILLON. *C'est ce* CHASTIL-

---

(1) Félibien, t. II, p. 1073.

LON *qui est contre vous et qui vous ruinera si vous n'y prenez garde.* »
Le prêtre voulait désigner par ce ridicule jeu de mots Châtillon de Coligny, amiral de France, chef du parti protestant. La reine donna ordre au parlement de prévenir un pareil scandale ; mais le zèle de l'autorité était impuissant contre le fanatisme. Dans la nuit du 10 décembre de la même année, le prince de la Roche-sur-Yon fit enlever un frère minime, qui prêchait dans l'église de Saint-Barthélemy avec une violence inouïe, et le fit conduire dans les prisons de Saint-Germain. Le lendemain, il jugea à propos d'en donner avis au parlement, en lui comuniquant l'ordre qu'il avait reçu du roi. A peine cette nouvelle se fut-elle répandue que les cours du palais se remplirent de bourgeois qui protestèrent contre cette arrestation ; et les principaux, entre autres les nommés Nicolas Bourgeois et Claude Mariette, se rendirent à Saint-Germain pour réclamer le prisonnier ; on fut obligé de le leur rendre, et ils le ramenèrent en triomphe dans l'église de Saint-Barthélemy (1).

Les déclamations furibondes des prédicateurs excitèrent le peuple, et Paris fut troublé chaque jour par de nouveaux excès. Le 24 avril 1561, les protestants s'étaient assemblés dans une maison du Pré-aux-Clercs, nommée la *maison de Pavanier*, qui appartenait au seigneur de Longjumeau, lorsqu'ils furent assaillis par le peuple et une troupe d'écoliers. Pendant quatre jours consécutifs, la maison fut assiégée, sans que l'autorité y mît ordre. Les protestants firent une vigoureuse résistance et tuèrent quatre ou cinq des assiégeants. Enfin le parlement fit secourir le seigneur de Longjumeau, qui abandonna sa maison presque entièrement dévastée. Le recteur de l'Université reçut l'ordre d'empêcher les écoliers d'aller en armes au Pré-aux-Clercs, et il fut prescrit aux sergents des barrières du pont Saint-Michel et du Petit-Pont *de se tenir en garde à la descente de l'Université*. Le seigneur de Longjumeau fut obligé, par arrêt du parlement, de sortir de Paris avec sa famille, sous peine d'être déclaré rebelle au roi et à la loi (2).

Les huguenots se réunirent ensuite dans une maison et un jardin, appelés *La Cerisaie*, et situés hors la porte du Temple. Le peuple ameuté par les catholiques vint les y assaillir ; plusieurs personnes

---

(1) Tableau de Paris, par de Saint-Victor ; t. III, première partie, p. 79. — Félibien, p. 1077.

(2) « Il ne méritoit peut-être pas d'être traité si favorablement, s'il est permis de juger de ses dispositions par les pièces d'artillerie qu'on trouva enterrées dans sa maison de Chailly, au mois de février 1563, dont les unes étaient réclamées par les habitants de Montlhéry, à qui elles avoient été enlevées, et les autres avoient été prises dans la maison de Saint-Cheol, appartenant à Gilles Lemaistre, premier président. Le parlement ordonna la restitution de celles-ci à ses héritiers, et, déclarant les autres acquises au roi, permit aux habitants de Paris de s'en servir pour la défense de leur ville. » Félibien, p. 1075.

furent tuées et blessées dans le tumulte. Ces scènes de violence effrayèrent le roi, qui résolut de désarmer Paris. Une ordonnance du 21 octobre 1561 prescrit à tous les habitants de porter à l'Hôtel-de-Ville toutes leurs armes à feu, aux armuriers de déclarer chaque semaine le nombre de leurs armes en magasin, et le nom de ceux à qui ils en auront vendu. « Permis cependant aux habitants, ajoute cet édit, pour la sûreté de leurs personnes et de leurs maisons, de garder des corselets, des jacques de maille, des javelines et autres longs bois, des dagues et épées, à condition que les chefs d'hôtels tiendront ces sortes d'armes sous bonne et sûre garde, avec défense à leurs locataires et domestiques et à eux-mêmes de les porter. Les épées et les dagues sont permises aux seuls gentilshommes et gens des ordonnances du roi ; pour tous autres, la peine de la hart est décernée contre ceux qui porteront des armes de long bois, et celle du fouet contre ceux qu'on trouvera avec des dagues et des épées ; les maîtres seront condamnés à 500 écus d'amende. Défense à tous ouvriers et serviteurs de vaguer par la ville et les faubourgs les jours de semaine, et s'ils se promènent les jours de fête, ordre à eux de se contenir modestement, sans injurier ou offenser personne ; ordre aussi à tous vagabonds et gens sans aveu et sans profession, de vider la ville et les faubourgs dans les vingt-quatre heures après la publication de l'ordonnance, sous peine du fouet et du bannissement pour la première fois ; et en cas de récidive, d'être pendus et étranglés sans autres formes de procès, à condition cependant qu'où il écherroit peine de mort, ils n'y seroient condamnés que par juges en nombre compétent. — La déclaration fut portée à la chambre des vacations par le prince de la Roche-sur-Yon, lieutenant-général du roi à Paris ; elle fut enregistrée le 25 octobre, avec cette addition en faveur des présidents et conseillers de la cour que, partant le matin de leurs maisons pour l'exercice de leurs charges, *ou marchant le soir pour conduire leurs femmes*, ou pour autres affaires, ils pourroient faire porter des épées à leurs serviteurs, à condition cependant qu'ils ne marcheroient point sans lumières (1). »

Ces petites mesures, comme les grands essais de conciliation générale que tenta le parti des amis de la modération pour éteindre les haines religieuses, n'amenèrent aucun bon résultat. Le 27 décembre 1561, les protestants s'étaient assemblés, au nombre de près de deux mille, dans la *maison du patriarche* (2), rue Mouffetard, près l'église Saint-Médard. La foule était venue pour entendre prêcher Jean Malo, ancien prêtre

(1) Félibien, p. 1075.
(2) Ainsi nommé parce qu'elle avait appartenu à Bertrand de Chnac, patriarche de Jérusalem. Ce nom est resté à un emplacement nommé *Cour du Patriarche*, qui a servi de marché pour les légumes, et où est aujourd'hui un passage (rue Mouffetard, n° 135).

de Saint-André-des-Arts, devenu ministre de la religion réformée. Au milieu de son discours, il se trouva interrompu par les cloches de Saint-Médard, qui sonnaient d'*un tel branle*, qu'elles couvraient sa voix; c'était l'heure de vêpres. Malo envoya deux de ses auditeurs prier le curé et le sacristain de la paroisse de faire cesser la sonnerie. Deux individus coururent s'acquitter de la commission; mais ils furent si mal reçus avec des injures et des coups, que l'un d'eux resta mort sur la place. Aussitôt les catholiques ferment la porte de leur église et continuent de sonner de plus belle. Le prédicateur étant troublé de nouveau, un des gens de Rouge-oreille, lieutenant du prévôt des maréchaux qui assistait au prêche de la part du gouverneur de Paris fut dépêché pour faire cesser le bruit. A sa grande surprise, il trouva les portes de Saint-Médard fermées, et entendit pleuvoir à ses oreilles une grêle de pierres qu'on lui jetait du haut du clocher. En vain cria-t-il qu'il était officier du roi, force lui fut de se retirer au plus vite. Dès qu'il se fut éloigné, les protestants environnèrent l'église, et une foule de bandits poussant au désordre, Saint-Médard est assiégé, ses portes sont enfoncées, l'enceinte sacrée est envahie, et livrée à la fureur des assaillants qui tombent sur tout ce qu'ils rencontrent, hommes, femmes, prêtres, images et autels. Au plus fort du combat survint Gabaston, chevalier du guet qui entra à cheval dans l'église, et loin d'apaiser le tumulte, l'augmenta. Les catholiques retranchés dans le clocher continuaient toujours de sonner les cloches, et ne cessèrent que lorsqu'on les eut menacés de mettre le feu au clocher. On compta dans ce triste accident environ cinquante personnes grièvement blessées.

Quatorze prisonniers saisis par les protestants furent remis au chevalier du guet, qui les conduisit au Châtelet au milieu de deux cent cinquante de ses soldats suivis des archers du prévôt des marchands; le spectacle de cette partialité indigna les Parisiens, ceux mêmes qui n'étaient pas hostiles aux calvinistes. Le lendemain matin les protestants retournèrent à leur prêche du faubourg Saint-Marcel, et eurent soin de s'y rendre en armes. Quelques heures après, la populace, armée aussi, courut au même lieu; mais ils n'y trouvèrent personne: le prêche fini, les réformés s'étaient sans bruit retirés chez eux. La maison du patriarche fut dévastée, tout ce qui s'y trouvait fut brisé, et l'on y mit le feu qui se communiqua aux maisons voisines. La force publique put à peine arrêter les progrès de l'incendie et réprimer le désordre.

Le jugement de cette affaire fut déféré au parlement, qui résolut de faire un exemple sur les principaux fauteurs de ces violences. Le chevalier du guet et un des archers du prévôt des maréchaux, surnommé *nez-d'argent*, furent condamnés à être pendus. Le peuple était tellement irrité contre eux, qu'il alla enlever leurs cadavres des mains du bourreau, les traîna ignominieusement dans les rues au bruit de chansons féroces, et les jeta dans la rivière. Cette exécution ne rassura pas les autres églises de Paris qui avaient pris l'alarme. Les paroissiens de Notre-Dame réclamèrent main-forte, et ceux de Saint-Paul demandèrent de l'artillerie pour se mettre en défense contre des événements semblables.

Cependant le parti réformé grossissait. Après de grands débats, fut promulgué, le 17 janvier 1562, un nouvel édit qui permettait aux religionnaires de s'assembler *hors des villes* pour prier Dieu, et leur enjoignait d'évacuer les églises et les couvents dont ils s'étaient emparés en une infinité de lieux. Cet édit, qui ne satisfaisait pas complétement les réformés et indignait les catholiques, fut d'abord vivement repoussé par le parlement, qui ne consentit à l'enregistrer que sur un ordre trois fois répété, et sous toutes sortes de réserves. La ville de Paris paraît avoir partagé la répugnance du parlement pour cet édit de tolérance. Déjà dans une assemblée tenue le 8 janvier, elle avait chargé le prévôt des marchands « d'aller supplier le roi de la maintenir dans la profession de son ancienne religion. Il est vrai que dans une autre assemblée tenue le 5 février, le conseil de la ville prit la résolution de représenter au roi que l'opposition formée contre l'édit étoit seulement l'œuvre de plusieurs marchands, et que ces marchands n'ayant point fourni de mémoires pour appuyer leur demande, le prévôt et ses échevins se désistoient de leur opposition. »

Quoique l'édit de janvier ne satisfît pas entièrement les calvinistes, il leur accordait beaucoup. Il tendait à les intéresser à la paix publique, à les détacher de la cause des princes du sang. Les grands redoublèrent d'efforts pour traverser le progrès de l'ordre. Le duc de Guise, le connétable de Montmorency et le maréchal de Saint-André, qui formaient le triumvirat, s'unirent plus étroitement, et attirèrent à eux, par de belles promesses, le premier chef des huguenots, Antoine, roi de Navarre. Ils choisirent Paris pour se concerter.

Le duc de Guise arriva dans la ville le 15 mars, et y fit son entrée avec une pompe royale au milieu des acclamations populaires. Il affecta d'entrer par la porte Saint-Denis comme les rois de France ; le prévôt des marchands vint au-devant de lui et le harangua ; le peuple, disent les mémoires du temps, « l'accueillit comme envoyé de Dieu, criant par
» les rues : Vive Guise, comme on crie vive le roi ! quand le roi vient. »
— Les Parisiens étaient d'autant plus joyeux de l'arrivée du duc, qu'ils avaient grand'peur du prince de Condé qui s'était porté dans le voisinage pour tenter de se rendre maître de la ville, et qui protégeait à main armée les *prêches* de Popincourt et du faubourg Saint-Marceau. Guillaume de Marle, prévôt des marchands, et Claude Marcel, l'un des échevins, allèrent trouver la reine-mère à Melun et la supplièrent de ramener le roi à Paris, et de permettre qu'on rendît aux bourgeois

leurs armes. Catherine leur fit espérer l'accomplissement de leur première requête et leur accorda la seconde.

En même temps, les triumvirs agissaient; « ils tenaient conseil tous les jours, auquel ils faisaient venir les présidents, conseillers, gens du roi et officiers de la ville, soutenant que c'était le vrai conseil du roi. » Condé vit bientôt qu'il lui était impossible de disputer la capitale aux catholiques; ceux-ci étaient tellement supérieurs que de l'aveu du protestant Lanoue, *les novices des couvents et les chambrières des prêtres, avec des bâtons de cottrets, auraient suffi pour bouter dehors les huguenots.* Le cardinal de Bourbon, gouverneur provisoire de Paris, s'entremit entre les deux rivaux, qui durent quitter Paris en même temps. Le prince de Comdé partit avec deux à trois mille cavaliers; mais le duc de Guise resta dans la ville, et après l'avoir fortifiée, il se rendit à Fontainebleau où était la cour, à la tête de quinze cents hommes.

Catherine de Médicis n'ayant aucun moyen de résister, fut obligée de suivre les chefs du parti catholique; le petit roi effrayé *pleurait comme si on l'eût mené en prison.* Le 3 avril la cour rentra à Paris. Montmorency avait devancé le roi, à la tête de troupes considérables; il avait aussitôt arrêté un avocat, nommé Ruzé, accusé de s'exprimer trop librement à l'égard de certains grands seigneurs; de là il avait été saccager et incendier le prêche de Popincourt et une autre maison occupée par les huguenots, appelée le *Temple de Jérusalem*, située rue de l'Egout, faubourg Saint-Jacques. Le peuple applaudit cette nouvelle expédition du capitaine *brûle-bancs*, et les persécutions redoublèrent contre les protestants. Deux édits, en date des 25 et 26 mai, obligèrent tous les partisans de la réforme de sortir de Paris; la reine confirma l'édit de janvier, qui permettait l'érection des prêches hors des villes, mais elle en excepta la prévôté et vicomté de Paris.

Catherine avait permis aux bourgeois de la capitale de reprendre leurs armes; au moment de l'exécution de cette promesse, on en excepta les armes à feu qui durent être portées à l'Hôtel-de-Ville; on fit en même temps signer aux bourgeois un écrit dans lequel ils s'engageraient à n'employer leurs autres armes qu'au service du roi. Deux ans après, le 16 juillet 1564, toutes les armes à feu furent portées de l'Hôtel-de-Ville à la Bastille. En compensation de cette rigueur, le conseil royal permit aux bourgeois d'élire par quartier des officiers qui conduiraient la milice citoyenne sous les ordres du corps municipal et du lieutenant-général (1). Enfin on ordonna que tous les huguenots qui demeuraient encore dans la ville fussent désarmés, « mais sans tumulte et sans insulte, et leurs armes mises en lieu sûr, pour leur être restituées en temps opportun. »

(1) Félibien, p. 1081 et 1082.

Les calvinistes s'étaient emparés d'Orléans; ils y publièrent un manifeste contre les Guises, et entrant aussitôt en campagne, ils se rendirent maîtres en peu de mois de presque toute la Normandie, du Dauphiné, d'un grand nombre de villes de la Loire, de la Saintonge et de l'Angoumois. Chacun des deux partis adopta des signes distinctifs : les protestants portaient la casaque et l'écharpe blanches; les catholiques, la casaque et l'écharpe rouges et l'ancienne croix blanche de France. Alors commença une guerre terrible. Le catholique Montluc, gouverneur de Guienne, parcourait sa province avec les bourreaux : *On pouvait cognoistre*, dit-il lui-même, *par où il était passé, car par les arbres, sur les chemins, on en trouvoit les enseignes.* Dans le Dauphiné c'était un protestant, le baron des Adrets, qui précipitait ses prisonniers du haut d'une tour sur la pointe des piques. Les deux partis trahissaient les plus chers intérêts de la France pour assurer leur triomphe. Guise s'unit à Philippe II, roi d'Espagne; Condé acheta la protection de l'Angleterre par la honteuse cession du Havre, et les secours des protestants d'Allemagne par la dévastation des campagnes dont il leur abandonna le pillage au lieu de solde.

Les religieuses de Vendôme, fuyant devant les calvinistes, se réfugièrent à Paris dans la maison abbatiale de Saint-Germain-des-Prés. L'armée catholique venait de quitter la capitale, mais le maréchal de Brissac, lieutenant-général du roi, prit toutes les mesures réclamées par les circonstances. Il ordonna, le 14 juin 1562, une procession générale en expiation du sacrilége commis à Saint-Médard (1); il fit signer au parlement et à l'université une profession de foi (2); il ordonna *à ceux de la nouvelle religion* de sortir de Paris dans les vingt-quatre heures sous peine de la hart; ceux qui étaient seulement soupçonnés d'hérésie devaient comparaître à l'évêché pour y faire leur profession de foi; enfin le maréchal, qui était l'un des plus grands hommes de guerre de son temps, mit Paris à l'abri d'un coup de main. « Distribuant cette capitale en quartiers à peu près égaux, laissant aux bourgeois le choix de leurs colonels et de leurs capitaines, assignant à chaque quartier son département et ses heures de service, il remplit parfaitement, dit un historien, l'idée qu'on s'était formée de ses talents, mais rendit un mauvais service à la monarchie, en donnant une constitution trop vigoureuse à une multitude difficile à gouverner. Il est certain, ajoute-t-il, que depuis cet établissement, les Parisiens, à portée de calculer leurs forces, se montrèrent moins respectueux et moins dociles qu'auparavant, et qu'on peut dater de cette époque le principe d'une effervescence qui a duré avec plus ou moins d'éclat pendant près de deux siècles. » Dans la première revue que fit le maréchal de ces milices

---

(1) Un docteur de l'ordre de Saint-Dominique, nommé Lehongre, prêcha dans le *Temple du Patriarche.* Félibien, p. 1084. — (2) Voy. t. II, p. 364.

bourgeoises, il y compta vingt-quatre mille hommes bien armés et dont la plupart auraient pu figurer parmi des troupes de ligne (1).

Maîtres de Rouen, les calvinistes se dirigèrent sur Paris et s'emparèrent d'Étampes, de Dourdan et de Montlhéry. Ils ne comptaient point sans doute prendre d'assaut la capitale ; mais ils voulaient, en ravageant l'Île de France, décourager les Parisiens, qui avaient déjà fait de grands sacrifices pour la cause catholique (2), et les contraindre à imposer eux-mêmes la paix aux triumvirs. Le 23 novembre, le prince de Condé arriva à Ville-Juif, d'où il alla camper le lendemain à la Saussaye, monastère de filles qu'il trouva abandonné ; son armée était composée de huit mille hommes de pied et de six mille cavaliers. A cette nouvelle, les bourgeois s'empressèrent de fortifier les remparts de la ville du côté de l'Université. Trois jours après l'amiral attaqua le faubourg Saint-Victor : l'alarme fut grande dans Paris, lorsqu'on apprit qu'il avait culbuté six cents cavaliers ; le premier président, Gilles le Maître, l'un des plus cruels persécuteurs des réformés, mourut de frayeur en entendant le bruit de l'assaut. Les assiégeants firent une nouvelle tentative sur l'artillerie placée aux Chartreux et à l'extrémité du faubourg Saint-Jacques, mais ils furent repoussés. Le prince de Condé, surveillé par l'armée royale qui le laissait s'épuiser sans combattre, et n'ayant que des troupes inférieures en nombre, ne pouvait pas agir ; il voulut cependant tenir Paris en échec et campa dans les vallées de Gentilly, d'Arcueil, de Cachan et de Vaugirard. Mais ses bravades et ses escarmouches n'effrayèrent nullement les Parisiens ; pendant les trois semaines du siége, le parlement n'interrompit pas un seul jour l'exercice de ses fonctions, l'Université continua ses leçons, et les boutiques restèrent ouvertes.

Lorsque les chefs du parti protestant voulurent négocier avec les catholiques sous les murs de Paris, ils virent qu'on avait voulu les *amuser*, et craignant d'être enveloppés, ils se retirèrent sur la Normandie. Mais avant de lever le siége, Condé voulut faire une dernière tentative sur les faubourgs. Cette attaque, qui devait être exécutée la nuit, n'ayant pas mieux réussi que les autres, par suite de la défection d'un de ses principaux officiers (3), il donna le signal du départ. On connaît les grands événements qui terminèrent la *première guerre civile*. Guise fut vainqueur à Dreux, et fit prisonnier le prince de Condé (19 décembre) ; il assiégea ensuite Orléans, et la place principale des religionnaires ne fut sauvée que par l'assassinat du duc de Guise, tué d'un coup de pistolet par le calviniste Poltrot de Méré (février 1563). L'indignation de la multitude fut d'autant plus grande à Paris, que l'Arsenal venait de sauter, et qu'on soupçonnait les protestants d'avoir mis le feu aux

---

(1) Saint-Victor, p. 102. — (2) Les Parisiens avaient donné 500,000 francs, sans les secours d'hommes, de munitions, etc. — (3) Saint-Victor, p. 108.

poudres. « On eut beaucoup de peine, dit Félibien, à retenir le peuple, qui voulait se jeter sur eux et les rendre responsables de ce qui était arrivé. » Poltrot de Méré subit, le 18 mars, sur la place de Grève, le supplice réservé aux régicides ; il fut tenaillé avec des tenailles ardentes, puis écartelé ; son corps fut jeté au feu, et sa tête exposée au bout d'une pique. Le même jour, on apporta à Paris le corps du duc de Guise, et on lui rendit les derniers honneurs avec magnificence. Le jacobin Jacques Le Hongre prononça l'oraison funèbre du défunt à l'église Notre-Dame (1).

La reine-mère, délivrée d'un maître, ne voulut point se livrer aux protestants, que la mort du duc de Guise rendait tout-puissants ; elle eut l'adresse de faire signer au prince de Condé, captif, le traité d'Amboise. Par ce traité les calvinistes obtenaient avec restriction la liberté de conscience et s'engageaient à poser les armes (mars 1563). Catherine s'empara ensuite de la ville du Havre, livrée aux Anglais par les religionnaires, et pour ôter aux chefs de parti le droit de s'immiscer dans le gouvernement, elle fit déclarer par le parlement de Rouen la majorité de Charles IX. J'ai parlé ailleurs des prétentions du parlement de Paris, qui refusa d'enregistrer l'acte de majorité, et prétendit *que la ville de Paris devoit être toujours armée, parce qu'elle étoit la capitale et la forteresse du royaume* (2). Le roi obligea les magistrats à enregistrer l'édit, et sur leur refus d'en exécuter une des principales clauses, le désarmement des Parisiens, il vint s'établir au château de *Madrid* (3) avec un corps de troupes, dont quelques compagnies furent même logées dans les faubourgs. On jugea prudent de prévenir les effets de sa colère, et le même jour les bourgeois allèrent déposer leurs armes, les uns à l'Arsenal, les autres à l'Hôtel-de-Ville (4).

Charles IX prit d'autres mesures pour assurer la tranquillité du royaume. Ayant appris que la populace avait massacré à Paris vingt religionnaires que l'on conduisait en prison, il écrivit sévèrement à ce sujet au prévôt des marchands, et ordonna qu'on protégeât avec soin les huguenots contre les attaques du peuple. Le conseil de ville demanda au parlement la permission de faire dresser, sur les principales places, des potences avec cet écriteau : *Pour les séditieux*. On décida en outre qu'on choisirait douze bourgeois avec un capitaine pour la garde du prévôt et des échevins ; ces soldats citoyens reçurent une solde et prêtèrent serment au corps municipal. Par lettres-patentes du 21 novembre, le roi ordonna « que tous gentilshommes, capitaines et autres officiers de guerre, qui se rendroient à Paris de jour à autre, eussent à en sortir dans les vingt-quatre heures,

---

(1) Félibien, p. 1087. — (2) Voy. t. II, p. 364 et 365. — (3) Maison de plaisance bâtie sous François Ier, aux portes de Paris, dans le bois de Boulogne. — (4) Saint-Victor, *loco cit*, p. 118.

excepté les gentilshommes et officiers de sa maison, actuellement en quartier, et les officiers et gentilshommes des princes et seigneurs et leurs domestiques, dans le même cas. Enjoint aux autres de se retirer, les gentilshommes en leurs maisons, les gendarmes et archers aux lieux de leurs garnisons, et les soldats sous leurs enseignes. Et quant aux vagabonds et gens sans maistres et sans aveu, la retraite leur est commandée sous peine de la vie. Au reste, les gentilshommes, capitaines et autres, qui pourroient être venus à la suite de leurs affaires, en feront déclaration au prévôt de l'hôtel, lequel, après s'être informé de la vérité, leur pourra permettre de demeurer dans la ville. » Ces précautions étaient nécessaires, car le peuple de Paris, dans sa haine contre les huguenots, ne cherchait que des occasions de désordre ; il allait quelquefois jusqu'à déterrer les morts (1).

Cependant à peine l'édit d'Amboise avait-il été signé que le gouvernement enleva peu à peu aux huguenots tous les avantages qu'il leur avait accordés. « On leur ôta plus, dit Pasquier, par des édits pendant la paix que par la force pendant la guerre. » Ils devinrent plus méfiants. Les Guises avaient obtenu du roi de poursuivre au parlement les instigateurs de l'assassinat commis par Poltrot. Coligny, que concernait particulièrement cette requête, récusa le parlement et se rendit le 22 janvier à Paris pour faire évoquer la cause à un autre tribunal ; mais, sous prétexte de sûreté, il se fit accompagner par cinq ou six cents gentilshommes. Il protesta devant le parlement et les principaux bourgeois qu'il était innocent de l'assassinat du duc de Guise, « et il fit la relation de tout ce qui s'étoit passé pendant qu'il étoit gouverneur de la ville, et en particulier des ouvrages de la porte Saint-Antoine, dont il avoit de son temps fortifié et embelli Paris. » Il se rendit ensuite à Vincennes pour visiter le duc d'Alençon, puis revint à Paris et sortit le lendemain, 30 janvier. La tempête grondait toujours. Le vieux connétable de Montmorency, dans sa haine contre les calvinistes, autorisa, dit-on, de son nom le projet d'un soulèvement dans la capitale. Des gens apostés devaient ameuter la populace, l'engager à se jeter sur les calvinistes, à les massacrer et à piller leurs maisons ; plus de trois cents étaient proscrits, et, ce qu'il est difficile de croire, leur arrêt de mort signé de la main du connétable. La reine, avertie à propos, amena le roi à Paris ; sa présence arrêta cet affreux complot. Montmorency confus se retira à Chantilly. Quelques uns des complices les plus furieux, abandonnés du chef, furent pendus la nuit, sans forme de procès, aux fenêtres de leurs maisons, et les autres se dissipèrent (2) ; mais ce complot redoubla les méfiances.

A la nouvelle de la mort du duc de Guise, Anne d'Est, sa veuve, et

---

(1) Félibien, p. 1091. — (2) Anquetil, *hist. de France*.

Antoinette de Bourbon, sa mère, avaient commencé par implorer le secours des lois. On les avait vues en longs habits de deuil, suivies de leurs femmes, couvertes de grands crêpes, déployant, suivant l'expression d'un poëte, « toute la majesté de la douleur, » traverser Paris d'un pas grave et dans un morne silence, qui n'était interrompu que par des soupirs et des sanglots; autour d'elles étaient les amis et les partisans des Guises, mandés à cet effet. La troupe funèbre s'avança vers le Louvre et se prosterna aux pieds du roi, en demandant justice. Charles reçut les suppliants avec bonté; mais pour éviter des querelles, il évoqua l'affaire au grand conseil, et imposa silence aux deux parties pour trois ans.

Le terme expirait cette année même (1566); une nouvelle querelle survenue l'année précédente entre le maréchal de Montmorency et le cardinal de Lorraine, dont j'ai donné ailleurs le curieux récit (1), compliquait encore la situation. On profita de l'assemblée de Moulins pour obtenir entre les chefs des deux partis une réconciliation apparente, mais tous les actes du gouvernement décelaient sa haine contre les huguenots, et ceux-ci se tenaient sur la défensive. Enfin, après mille persécutions, la cour résolut d'écraser d'un seul coup le calvinisme, et toutes les mesures étaient prises, lorsque les religionnaires, avertis du complot, voulurent prévenir leurs ennemis. Condé, les Châtillons et les principaux chefs des huguenots étaient assemblés en ce moment au château de Châtillon-sur-Loing, pour délibérer sur les circonstances présentes. Ils décidèrent qu'il fallait appeler aux armes leurs co-religionnaires, attaquer à l'improviste six mille Suisses introduits en France par la cour, et s'emparer du roi, de ses frères et de sa mère pour gouverner sous le nom de Charles IX (2).

Le complot fut ourdi avec mystère et célérité. De tous les côtés arrivaient à Rosay-en-Brie des détachements de calvinistes qui devaient se porter sur le château de Monceaux, où était la cour. Catherine de Médicis reçut avis de ces mouvements de troupes, mais elle n'y ajouta aucune confiance, et elle ne sortit de son imprudente sécurité que lorsque la troupe des conjurés, conduite par Condé et Coligny, était déjà à Lagny et sur le point d'investir le château royal. Le connétable expédia à l'instant même un courrier pour donner ordre aux Suisses, cantonnés à Château-Thierry, de se rendre à Meaux à marches forcées; et la cour, partant précipitamment de Monceaux, vint se réfugier dans cette ville. Le maréchal de Montmorency, envoyé pour parlementer avec les conjurés, retarda leur marche, et lorsqu'ils approchèrent de Meaux, les Suisses venaient d'arriver; toutefois le péril était

---

(1) Voy. ci-dessus, p. 201.
(2) Il est avéré que l'ambition du prince de Condé allait plus loin. Il existe des médailles représentant ce prince avec cette légende : *Louis XIII, roi des fidèles.*

grand encore. On tint conseil, et il fut question de décider si « à l'aide de ce renfort, le roi se retireroit à Paris, ou s'il resteroit à Meaux, au hasard d'y être assiégé par ses sujets. Le sentiment du plus grand nombre étoit qu'il ne seroit pas prudent d'exposer le roi en rase campagne avec de l'artillerie seule, contre un corps de cavalerie dont on ignoroit les forces, qu'il valoit mieux demeurer à Meaux et en faire sortir quelques seigneurs pour lever des troupes, et venir dégager les troupes en cas d'attaque. On ajoutoit que risquer une bataille, *perte ou gain*, ce seroit toujours rendre le roi irréconciliable, forcer les calvinistes à ne jamais remettre l'épée dans le fourreau quand ils l'auroient une fois tirée contre la personne de leur souverain. » Mais le cardinal de Lorraine et ses partisans firent décider l'avis contraire, soutenu par le brave Pfiffer, commandant des Suisses. « Allez faire reposer vos soldats, dit enfin la reine à ce dernier, et demain, dès le matin, je confie à leur valeur le salut du roi et de son royaume. »

A minuit les tambours battirent dans le quartier des Suisses; à ce bruit, ministres, ambassadeurs, le roi, la reine, ses enfants, ses femmes, se mettent en mouvement. Les Suisses forment un bataillon carré, reçoivent Charles et sa suite au milieu, comme dans un fort, et partent, précédés du duc de Nemours, qui commandait les chevau-légers soutenus par un gros de courtisans, sans autres armes que leurs épées. Ils n'avaient fait que quatre lieues, lorsque l'escadron du prince de Condé se présenta, la lance en arrêt, prêts à charger; les Suisses baissant la pique, se montrèrent disposés à soutenir l'attaque; cette fière contenance en imposa au prince, qui n'osa donner sur le front; d'Andelot et La Rochefoucauld tentèrent aussi inutilement d'entamer les côtés et l'arrière-garde. Dans cette occasion, le jeune monarque, outré de colère, voulut charger lui-même, et il aurait peut-être engagé l'action, si le connétable, plus prudent, ne l'eût arrêté. Les Suisses firent face partout, continuant toujours leur marche, quoique harcelés sans relâche par la cavalerie qui voltigeait sur les ailes. L'impossibilité d'obtenir un succès complet détourna les confédérés de tenter une attaque sérieuse, dans laquelle, au détriment de leur cause, le roi ou la reine auraient pu être atteints. La journée se passa en escarmouches peu considérables; sur le soir, le roi, la reine et les principaux de la cour, escortés par quelques détachements sortis de Paris sur la nouvelle du danger du monarque, prirent les devants et gagnèrent la capitale avec une petite escorte; le bataillon n'y arriva que bien avant dans la nuit. « *Sans M. de Nemours*, disait depuis Charles IX, *et mes bons compères les Suisses, ma vie ou ma liberté étoient en très grand branle.* »

Le peu de succès de ce complot ne découragea pas les protestants, qui bloquèrent Paris. Pour se rendre maîtres du cours de la Marne et de la Seine, ils occupèrent le pont de Charenton, à la jonction de ces deux rivières, et envoyèrent garnison à Montereau, au confluent de la Seine et de l'Yonne; puis ils brûlèrent en une nuit tous les moulins qui alimentaient la partie septentrionale de Paris, depuis la porte du Temple jusqu'à la porte Saint-Honoré, et s'établirent le lendemain (2 octobre 1567) à Saint-Denis, dont ils respectèrent la riche abbaye (1). Les Parisiens, zélés catholiques pour la plupart, et indignés de se voir menacés de la famine par une poignée d'ennemis, demandaient à marcher contre les troupes calvinistes, et disaient que c'était *grande honte de laisser une mouche assiéger un éléphant*. La cour entamait des négociations avec Condé, mais elles ne pouvaient avoir aucun résultat et elles furent bientôt rompues. Les bourgeois de Paris avaient repris leurs armes ; ils avaient fourni un corps de quatre mille quatre cents hommes, sous la conduite de seize capitaines élus par le prévôt des marchands et les échevins. Enfin, dit Félibien, « le roi, *pour obvier aux assassinats fréquents et autres violences qui se commettoient dans Paris*, avoit permis au prévôt des marchands et aux échevins de lever en chaque quartier de la ville cent hommes, qui seroient munis d'armes offensives et défensives, et qui devroient donner main-forte à la justice, et lui aider à faire la capture des coupables. » Les Parisiens donnèrent en outre 400,000 livres à la reine pour soutenir la guerre.

L'armée calviniste s'augmentait de jour en jour, et elle cernait complétement la capitale, lorsque le 10 novembre, à 4 heures du soir, Montmorency se décida à attaquer le principal corps des assiégeants, qui occupait la plaine Saint-Denis. La supériorité de ses forces était immense : il avait sous ses étendards six mille Suisses, dix mille fantassins français, tant de la milice parisiennne que de troupes régulières, trois mille chevaux presque tous appartenant aux compagnies d'ordonnance, et dix-huit pièces de canon. Condé et Coligny, séparés de d'Andelot et de la plupart de leurs gens, n'avaient que quinze cents cavaliers, douze cents arquebusiers à pied, et point d'artillerie ; malgré cette effrayante disproportion, les généraux protestants entreprirent de défendre, non seulement Saint-Denis, mais les villages de Saint-Ouen et d'Aubervilliers qu'ils occupaient en avant de cette ville. Ils appuyèrent leur droite à Saint-Ouen, sous Coligny, leur centre à Saint-Denis, sous Condé, et leur gauche à Aubervilliers, sous le seigneur de Genlis, étendant la gendarmerie en haie et jetant tous les arquebusiers en *enfants perdus*, pour dissimuler leur petit nombre. Le connétable, pour percer cette longue et faible ligne, n'aurait eu qu'à lancer contre elle quelques colonnes serrées, dont le poids seul l'eût rompue : Montmorency n'y songea même pas ; il disposa aussi ses gens en haie,

---

(1) Ils pillèrent cependant quelques ornements d'église, quelques châsses, et une riche bibliothèque, remplie d'anciens manuscrits. Félibien, p. 1107.

et dirigea sa principale attaque contre Aubervilliers; l'artillerie catholique mal servie, causa peu de dommage aux protestants, éparpillés d'ailleurs sur un trop grand espace de terrain pour souffrir beaucoup du canon. Tandis que Genlis, protégé par un fossé et un moulin fortitifié, soutenait courageusement le choc de l'aile droite des catholiques, Coligny, sortant tout-à-coup de Saint-Ouen avec impétuosité, renversa la cavalerie de l'aile gauche sur le régiment parisien, fort de six mille hommes, qui, se trouvant en plaine pour la première fois, se troubla aisément et se mit en désordre; au même instant Condé, accompagné du cardinal de Châtillon et du vidame de Chartres, chargea le connétable, qui commandait le corps de bataille de l'armée royale. Les gens d'armes de Montmorency furent enfoncés par cette charge; l'intrépide vieillard ne voulant pas suivre la fuite honteuse des siens, fut environné, blessé et sommé de se rendre; il répondit par un coup de pommeau d'épée qui brisa deux ou trois dents à l'écossais Robert Stuart, qui le serrait de près; Stuart *ou quelque autre* (le fait est incertain) lui lâcha aussitôt une *pistolade* dans les reins, et il tomba mortellement blessé. Pendant ce temps, les maréchaux de Montmorency et de Cossé, les ducs d'Aumale et de Danville, avaient rétabli le combat et repris l'avantage sur d'autres points; les huguenots, épuisés par leurs succès mêmes, eussent fini par faiblir; mais la nuit vint à propos pour eux : ils avaient au reste compté sur la brièveté des jours d'automne, en acceptant une lutte aussi inégale. Ils évacuèrent donc le champ de bataille à la faveur des ténèbres, et se replièrent sur Saint-Denis sans être poursuivis : les catholiques rentrèrent dans Paris quelques heures après emportant leur général mourant (1).

La bataille de Saint-Denis n'eut aucun résultat, si ce n'est pour les Guises, qui virent périr le chef d'une maison rivale. Le lendemain, les huguenots revinrent occuper le champ de bataille, brûler le village de la Chapelle, et insulter les barrières de Paris. Mais après cette bravade, ils gagnèrent à grandes journées les frontières de la Lorraine, où ils devaient retrouver onze mille Allemands, commandés par le prince Jean-Casimir, fils de l'Électeur Palatin. L'armée royale, commandée nominativement, sinon réellement, par le duc d'Anjou, enfant de seize ans, qui fut nommé lieutenant-général du royaume, poursuivit les troupes de Condé. Le roi et sa mère restèrent à Paris et prirent toutes les mesures nécessaires pour la sûreté de la capitale. Il fut ordonné « que tous ceux qui se présenteroient pour y entrer seroient interrogés d'où ils venoient, où ils vouloient aller loger, ce qu'ils venoient faire, et combien de temps ils prétendoient demeurer dans la ville; qu'on ne toucheroit point aux paquets adressés au roi, à la reine, aux maré-

(1) J'ai emprunté le récit très circonstancié de la bataille de Saint-Denis à l'*hist. de France* de M H. Martin, t. XI, p. 170 et suiv.

chaux de France et aux gouverneurs des provinces; et quant aux autres, qu'ils seroient visités par les capitaines des portes; que toutes armes qui seroient trouvées cachées, à l'entrée ou à la sortie des portes, seroient confisquées, que personne ne pourroit sortir de la ville sans passeport du roi ou du gouverneur; que tous courriers arrivant à Paris seroient conduits au roi, à son lieutenant-général, ou aux officiers de l'hôtel-de-ville; que tous gentilshommes et soldats qui voudroient entrer, seroient avertis de se retirer au camp du roi, si mieux n'aimoient laisser leurs armes à la porte; que tous chariots, charrettes, chevaux et charges de marchandises, qui entreroient sans certificats ou passeport, seroient conduits au logis, où rien ne seroit ouvert ou déchargé sans être visité; qu'on s'informeroit de ceux de la nouvelle religion qui étoient entrés dans la ville depuis le jour de la bataille, ou qui en étoient sortis pendant les troubles, pour en chasser ceux qui se trouveroient dans l'un ou dans l'autre cas ; permis aux autres de demeurer paisiblement dans la ville ; le prévôt des marchauds et les échevins furent chargés d'en donner la liste au roi. »

Les protestants s'étaient réunis au nombre de vingt mille, malgré les efforts de Catherine et de ses généraux ; ils mirent le siége devant Chartres, avec dessein d'affamer Paris, qui tirait ses principaux approvisionnnements de la Beauce. Mais la plupart des gentilshommes huguenots étaient fatigués de la guerre ; la reine-mère reculait devant une bataille décisive ; elle entama des négociations qui finirent par être acceptées. Une dernière conférence eut lieu à Longjumeau. Les plénipotentiaires furent, d'un côté, Gontaut de Biron, maréchal de camp, et de Mesmes, seigneur de Malassise, maître des requêtes; de l'autre, le cardinal de Châtillon et son conseil. On y admit pour médiateurs un envoyé d'Angleterre et un envoyé de Florence. On arrêta que les huguenots rendraient les places dont ils s'étaient saisis; que les troupes étrangères, levées de part et d'autre, seraient congédiées ; que le roi ferait l'avance de la solde de celles des confédérés, mais qu'il en serait remboursé; qu'enfin il pardonnait tout, qu'il renouvelait, ratifiait, et promettait de faire exécuter, selon sa forme et teneur, l'édit de pacification de 1563 (mars 1568). Par allusion au baron de Biron, qui était boiteux, et au seigneur de Malassise, cette *paix de Chartres* ou *de Longjumeau*, qui mécontenta tous les partis, fut appelée la *Paix boiteuse, la paix malassise* et la *petite paix*. « Ceux qui ne s'y fièrent pas, dit le Laboureur, furent les plus habiles. »

Six mois après, avertis que la reine cherche à se saisir de leurs personnes, Condé et Coligny se sauvèrent à la Rochelle, où la reine de Navarre, menacée par Philippe II, vint les joindre avec son fils Henri, prince de Béarn, alors âgé de quinze ans. Elle amenait avec elle ses trésors et quatre mille hommes ; à ce noyau d'armée, l'amiral et Condé joignirent les secours de l'Allemagne et de l'Angleterre, et aussitôt après l'édit du 25 septembre, qui proscrivit la religion réformée et ordonna à ses ministres de quitter la France, la guerre se ralluma pour la troisième fois. Les protestants envahissent les provinces de l'Ouest, mais ils sont vaincus à Jarnac par le duc d'Anjou et le maréchal de Tavannes (mars 1569). Condé, fait prisonnier, est tué de sang-froid par le capitaine des gardes du duc d'Anjou. Mais Coligny opère sa retraite en bon ordre, après Jarnac comme après Dreux, et le courage des huguenots est relevé par la présence du jeune prince de Béarn et du fils de Condé, que Jeanne d'Albret leur amène. Le prince de Béarn est proclamé généralissime sous la direction de Coligny, et douze mille Allemands viennent grossir leur armée, pendant que les troupes royales, affaiblies par les dissensions des généraux, sont successivement repoussées aux siéges de Jarnac, de Cognac, d'Angoulême, de Saint-Jean d'Angely, et vaincues à la Roche-Abeille en Limousin. Puis les calvinistes sont défaits à leur tour. Ils perdent deux mille hommes au siége de Poitiers et sont vaincus à la bataille de Moncontour (octobre 1569). Mais Coligny ranime ses soldats; plutôt vaincu par l'indiscipline de ses Allemands que par la valeur des catholiques, il taille en pièces, en se dirigeant vers le Languedoc, les ennemis qui le poursuivent avec négligence, traverse en les dévastant plusieurs provinces, parvient en Bourgogne et de là menace de nouveau la capitale. Cossé, qui cherche à s'échapper de son poste d'Arnay-le-Duc, laisse dans cette expédition une partie de ses troupes. Lanoue maintient la supériorité des protestants dans la Saintonge, et tout le fruit de la glorieuse bataille de Moncontour se borne pour le parti royal à la prise onéreuse de Niort et de Saint-Jean d'Angely. Il fallait renoncer à l'espoir d'accabler les huguenots les armes à la main, et se résigner à leur donner la paix. Un traité fut conclu à Saint-Germain, par lequel on leur accordait une amnistie générale, l'accès aux charges et dignités de l'État, la liberté de conscience, l'exercice de leur culte dans deux villes de chaque province et de plus dans toutes celles où il était établi, la permission de récuser un certain nombre de juges dans leurs procès avec les catholiques, la faculté de décliner la juridiction du parlement de Toulouse qui s'était montré le plus hostile à leur égard, et, pour garantie de l'exécution de ce traité, les quatre villes de la Rochelle, Montauban, Cognac et la Charité, qu'ils s'engagèrent à rendre au bout de deux ans.

Au milieu de ces déplorables guerres, la cour brillante et spirituelle du jeune roi de France ne quittait pas ses habits de fête. Le 26 novembre 1570, Charles IX épousa, à Mézières, Élisabeth d'Autriche, fille de Maximilien II, et les réjouissances nuptiales durèrent tout l'hiver. « Les poëtes et les musiciens contribuèrent, dit Félibien, à l'éclat de ces plaisirs à la grande satisfaction du roi qui la leur témoigna, ce qui leur fit naître l'idée, principalement à Antoine de Baïx et Thibaud Corneille, de lui proposer l'érection d'une Académie de poésie et de musique. Le roy accorda volontiers des lettres-patentes à ce sujet; Baïx et Corneille y joignirent des statuts et présentèrent le tout au parlement, le 4 et le 15 décembre, avec une requeste où ils supplioient la cour de députer quelques présidents et conseillers, lesquels avec le procureur-général ou l'un des avocats du roy, prendroient la qualité de réformateurs de l'Académie et auroient l'œil à ce qu'il ne s'y fist rien contre les intentions du roy déclarées dans ses lettres-patentes. Les avocats du roy, Guy du Faur et Augustin de Thore, après avoir examiné ces lettres et ces statuts, consentirent à la vérification, à condition que dans cette académie il ne seroit rien composé ni chanté contre l'honneur de Dieu, le roy et le bien public. Le parlement cependant ne se pressa pas d'ordonner l'enregistrement, et voulut, avant d'en délibérer, que l'Université examinât les lettres et statuts et en donnât son avis (1). »

Le 6 mars 1571, le roi vint à Paris où il fut reçu avec magnificence. Il y amena la reine qui fit son entrée solennelle le 29 du même mois, quelques jours après avoir été couronnée à Saint-Denis par les mains du cardinal de Lorraine. Puis le roi quitta la capitale pour conduire son épouse à Anet et dans ses autres splendides maisons de plaisance.

Pendant qu'il était à Amboise, un grave tumulte éclata dans Paris. Voici le fait tel qu'il se trouve rapporté dans l'historien de Thou et dans les registres du parlement.

Depuis deux ans, un bourgeois de Paris nommé Philippe Gastine, riche marchand, avait été condamné à être pendu, comme ayant, contre les édits du roi, prêté sa maison pour servir aux prédications des réformateurs. Son frère et un nommé Croquet son beau-frère, atteints par le même jugement, avaient déjà subi leur peine. Le parlement avait en outre ordonné que la maison de Gastine, située dans la rue Saint-Denis près de Sainte-Opportune, serait rasée, et qu'au milieu de la cour on élèverait une croix avec une plaque de cuivre où serait gravée au long la sentence portée contre les coupables. L'édit de pacification ayant, depuis, accordé la liberté de conscience, et révoqué toutes les ordonnances de ce genre, le roi fut vivement sollicité de faire abattre la croix Gastine, et il consentit à en donner l'ordre. Mais on lui représenta, d'un autre côté, qu'exécuter une détermination semblable pour complaire aux huguenots, ce serait scandaliser les catholiques; c'est pourquoi, croyant contenter les deux partis, il ordonna que l'inscription infamante fût enlevée et que la croix elle-même serait, non pas abattue, mais transportée au cimetière des Innocents. Le prévôt des marchands,

---

(1) Félibien, t. II, p. 1111.

Claude Marcel, fut chargé d'exécuter cet ordre pendant la nuit; mais malgré ses précautions, le bruit s'en répandit la nuit même dans tout Paris. Aussitôt la populace de crier aux armes et de courir par les rues; les plus acharnés assaillirent quelques maisons huguenotes du voisinage, et les pillèrent (9 et 10 décembre). Le roi irrité écrivit au parlement une lettre ainsi conçue : « J'ay entendu vos remontrances, que j'ay
» accoutumé de trouver bonnes, comme mes prédécesseurs ont toujours
» fait et que je veux aussi faire quand je verrai que vous me porterez
» l'obéissance que me devez. Mais voyant comme vous en avez usé de-
» puis mon avènement à la couronne, et que ne laissez, encore que je
» sois homme, de continuer à mépriser mes commandements, je vous
» ai voulu faire cet honneur non accoustumé de vous escrire de ma
» main et commander d'ores en avant obéir à mes commandements, ou
» je vous ferai connoistre que n'eustes jamais roy qui se soit mieux fait
» obéir que je le ferai. CHARLES. » Les remontrances du parlement aux-quelles le roi fait allusion dans cette lettre sévère, lui avaient été appor-tées à Amboise par le chevalier du guet, auquel il avait exprimé sa colère des longueurs que le parlement apportait à l'exécution de ses ordres, en disant que si la populace de Paris se mutinait, il fallait pendre sur-le-champ ceux qu'on saisirait. Peu de jours après, le parlement envoya des députés au roi pour l'assurer de sa parfaite soumission. Pendant la nuit du 19 au 20, la croix fut abattue; en manière de représailles, le peuple mit le feu à ce qui restait de la maison de Gastine. Le lendemain matin, le parlement nomma deux commissaires, le maître des requêtes Masparault et le conseiller Fortia, pour apaiser le tumulte, et le prévôt des marchands ordonna aux capitaines des quartiers de leur prêter main-forte. Le roi, la reine et le duc d'Anjou écrivirent, en grand émoi, au parlement, dès le 21, et envoyèrent à Paris le duc de Montmorency et le sieur de Lansac pour réprimer cette émeute qui devenait sérieuse. Quelques uns des révoltés furent tués, les autres prirent la fuite, et la sédition fut enfin dissipée lorsqu'on eut fait un exemple sur un vendeur de fruits qui fut pendu à l'une des fenêtres d'une maison qu'il venait de piller. — La croix Gastine fut plantée à l'entrée du cimetière des Innocents, où on la voyait encore au XVIII siècle.

Le traité de Saint-Germain avait terminé la guerre; mais Catherine de Médicis avait pu comprendre combien étaient périlleuses les chances de la lutte avec les huguenots. Une victoire eût pu les rendre maîtres de la France, et Catherine ne voyait de repos pour le pays et de sûreté pour sa famille que dans l'anéantissement de ce parti. Mais comme il était devenu trop puissant pour qu'elle pût l'écraser par la force, elle eut recours aux armes italiennes, la ruse, la perfidie, la trahison sanglante. Peut-être n'avait-elle pas, dès l'époque du traité de Saint-Germain, ces sinistres desseins. On a dit qu'elle projetait d'attirer à la cour l'amiral et les autres chefs protestants, seulement pour les y retenir par de bons traitements, et les y rendre assez satisfaits de leur sort pour leur ôter la pensée de troubler l'État, et, tout en affectant de leur accorder une confiance sans réserve, les surveiller d'assez près pour déconcerter leurs complots et les en punir par un châtiment juridique (1). — En quelque temps qu'ils aient été conçus, les noirs artifices de la reine-mère n'en produisirent pas moins les scènes affreuses de la Saint-Barthélemy.

Il fallait à tout prix attirer les chefs calvinistes à Paris; on vainquit leurs méfiances par des promesses. On offrit à Jeanne d'Albret, pour son fils Henri de Béarn, la main de Marguerite de Valois, la propre sœur de Charles IX. La reine de Navarre, éblouie, accourut aussitôt à la cour. Coligny avait proposé au roi un projet habile pour faire tourner au profit de la France les révolutions des Pays-Bas et diminuer l'influence de la maison d'Espagne. Le roi parut accepter avec chaleur les idées de l'amiral, et fit entendre que pour en assurer le succès il fallait qu'elles fussent exécutés par le grand capitaine qui les avait conçues. Entraîné par ces paroles adroites, par les avances flatteuses, les promesses dont elles étaient accompagnées, et par son désir de mener à fin cette guerre de Flandre, Coligny finit par venir à la cour. La manière dont il fut reçu acheva de dissiper ce qui pouvait lui rester de soupçons. Lui et tous les seigneurs protestants de sa suite furent comblés de faveurs, d'éloges, de prévenances, de marques d'estime et d'amitié.

Charles IX en agissant ainsi, suivait avec exactitude la leçon que sa mère lui avait faite, et il paraît qu'il subissait son influence sans prévoir le véritable but de ces intrigues. La première impression de ses rapports avec les calvinistes fut loin d'être favorable à ceux-ci; fiers des avances qu'on leur faisait, ils parlaient tout haut de leurs prétentions avec la plus grande arrogance. Coligny cependant, soit qu'il fût plus adroit, soit que les caresses du jeune monarque eussent adouci la rudesse de son caractère, prit avec Charles le langage de la flatterie et de la persuasion. Une sorte d'intimité s'établit entre le roi et l'amiral, et il en arriva ce que Catherine n'avait pas prévu. Le roi avec son caractère vif et passionné, déjà impatient du joug que sa mère lui imposait, et jaloux de la gloire militaire de son frère le duc d'Anjou, séduit par les protestations de dévouement que lui prodiguait Coligny, ému des discours de ce guerrier, le plus renommé de son temps, le prit réellement en amitié. Il était sans cesse avec lui, s'entourait presque toujours des seigneurs du parti réformé, et prenait plaisir à s'entretenir avec eux.

Il y avait cependant un bon nombre de calvinistes qui se méfiaient grandement de la révolution si extraordinaire et si prompte qui venait

---

(1) Saint-Victor, t. III, 1re partie, p. 157.

de s'opérer dans les dispositions du gouvernement à leur égard. Tout-à-coup la reine de Navarre mourut. Le bruit courut aussitôt qu'elle avait été empoisonnée, et l'alarme se répandit parmi les protestants. Cette imputation pourtant semble fausse, et, d'après des témoignages authentiques, elle mourut d'un abcès dans la poitrine. Coligny, malgré les avertissements que ses amis lui donnèrent, revint à Paris, et le prince de Béarn lui-même jugea la mort de sa mère si naturelle qu'il n'hésita pas à se rendre à la cour à l'époque indiquée pour son mariage.

La mort de Jeanne d'Albert n'avait apporté aucun changement au projet de mariage arrêté entre son fils et Marguerite de Valois. Henri, devenu roi de Navarre, était en chemin pour se rendre à Paris lorsqu'il apprit cette triste nouvelle; la conclusion du mariage en fut seulement différée de trois mois, et, le 17 août, les fiançailles furent faites au Louvre par le cardinal de Bourbon. « Après le souper, l'épouse fut conduite par le roi, par les deux reines et par quantité de seigneurs et dames, à l'évêché, où elle coucha cette nuit-là. Le lendemain, le roi de Navarre l'alla trouver, et les deux époux furent conduits en grande pompe, par une galerie dressée exprès, jusqu'au-devant du grand portail de l'église Notre-Dame, où l'on avoit préparé un haut dais pour la cérémonie. Le cardinal de Bourbon les maria, puis le roi de Navarre conduisit sa nouvelle épouse au chœur, où elle entendit la messe, *pendant laquelle il se promena avec le prince de Condé dans la cour de l'évêché* (1). La messe finie, le roi de Navarre retourna prendre la reine son épouse, qu'il mena dîner dans la grande salle de l'évêché. Toute la compagnie alla le soir au palais, où l'on avait préparé un magnifique souper, tant pour eux que pour toutes les cours souveraines, selon la coutume. Ce jour-là, qui étoit un lundi, et les deux suivants, se passèrent en festins, bals, en mascarades et tournois et en toutes sortes de divertissements auxquels tous les seigneurs de la cour, soit catholiques, soit huguenots, prirent également part et parurent d'aussi bon accord que s'ils eussent entièrement oublié toutes leurs haines précédentes (2). »

Toutefois, au milieu de ces réjouissances mêmes, tout indiquait la haine profonde des deux partis, et les sombres préoccupations de la reine-mère. La dernière de ces journées de plaisir fut terminée par une fête splendide que Catherine donna dans son nouveau palais des Tuileries, et dont les historiens n'ont pas manqué de recueillir les détails caractéristiques. « Il y eut à la cour, dit Mézeray, un ballet où l'on ne put s'empêcher de préfigurer le malheur qui étoit près d'accabler les

---

(1) Pendant la cérémonie, le maréchal de Danville ayant vu, suspendus aux voûtes de l'église, les drapeaux pris à Moncontour sur les protestants, les fit remarquer à l'amiral de Coligny, qui lui répondit vivement : *On en aura bientôt d'autres plus séans à loger en cette place*, voulant parler de ceux qu'il espérait gagner sur les Espagnols.

(2) Félibien, t. II, p. 1116.

huguenots, le roi et son frère y défendant le Paradis contre le roi de Navarre et les siens qui étoient repoussés et relégués en enfer. »

J'emprunterai à des mémoires du temps la curieuse description de ce ballet. « Premièrement, en ladite salle, à main droite, il y avoit le Paradis, l'entrée duquel étoit défendue par trois cavaliers armés de toutes pièces, qui étoient Charles IX et ses frères. A main gauche étoit l'Enfer, dans lequel il y avoit un grand nombre de diables et de petits diabloteaux, faisant infinies singeries et tintamarres avec une grande roue tournant dans ledit enfer, tout environnée de clochettes. Le Paradis et l'Enfer étoient séparés par une barque conduite par Caron, nautonnier d'enfer. A l'un des bouts de la salle, et derrière le Paradis, étoient les Champs-Élysées, à savoir, un jardin embelli de verdure et de toutes sortes de fleurs, et le Ciel empyrée, qui étoit une grande roue avec les douze signes du Zodiaque, les sept planètes et une infinité de petites étoiles faites à jour, rendant une grande lueur et clarté, par le moyen de lampes et flambeaux qui étoient artistement accommodés par-derrière. Cette roue étoit dans un continuel mouvement, faisant aussi tourner ce jardin, dans lequel étoient douze nymphes fort richement parées. Dans la salle se présentèrent plusieurs troupes de chevaliers errants (c'étoient des seigneurs de la religion qu'on avoit choisis exprès); ils étoient armés de toutes pièces, vêtus de diverses livrées, et conduits par leurs princes (le roi de Navarre et le prince de Condé); tous lesquels tâchant de gagner le Paradis, pour aller ensuite quérir ces nymphes au jardin, en étoient empêchés par les trois chevaliers qui en avoient la garde, lesquels, l'un après l'autre, se présentoient à la lice, et ayant rompu la pique contre lesdits assaillants, et donné le coup de coutelas, les renvoyoient vers l'Enfer, où ils étoient traînés par les diables et diabloteaux. Cette forme de combat dura jusqu'à ce que les chevaliers errants eussent été combattus et traînés un à un dans l'Enfer, lequel fut ensuite clos et fermé. A l'instant descendirent du ciel Mercure et Cupidon, portés sur un coq. Le Mercure étoit cet Etienne Le Roi, chantre tant renommé, lequel étant à terre, se vint présenter aux trois chevaliers, et après un chant mélodieux leur fit une harangue, et remonta ensuite au ciel sur son coq, toujours chantant. Alors les trois chevaliers se levèrent de leurs siéges, traversèrent le Paradis, allèrent aux Champs-Élysées quérir les douze nymphes et les amenèrent au milieu de la salle, où elles se mirent à danser un ballet fort diversifié, et qui dura une grosse heure. Le ballet achevé, les chevaliers qui étoient dans l'Enfer furent délivrés et se mirent à combattre en foule et à rompre des piques. Le combat fini, on mit le feu à des traînées de poudre qui étoient autour d'une fontaine dressée presque au milieu de la salle, d'où s'éleva un bruit et une fumée qui firent retirer chacun. Tel fut le divertissement de ce jour; d'où l'on peut conjecturer quelles étoient, parmi telles feintes, les pensées du roi et du conseil secret (1). »

Coligny, loin de s'effrayer des prédictions sinistres de ses amis à l'occasion de la mort de Jeanne d'Albret, était revenu à la cour et s'insinuait de plus en plus dans les bonnes grâces du roi. Il influençait avec une singulière adresse cet esprit impressionnable, et l'aigrissait de tout son pouvoir contre sa mère et son frère le duc d'Anjou. Ceux-ci résolurent de se défaire de leurs ennemis, et avant de frapper un coup décisif, ils tentèrent de faire assassiner l'amiral. Madame de Nemours, veuve du duc de Guise, fut mise dans la confidence, et elle prêta, pour l'exécution de ce dessein la maison de Vilaine, *l'un des siens* (2), située dans le cloître Saint-Germain-l'Auxerrois (3) L'assassin fut un certain Louviers de Maurevel ou Maurevert, espèce de spadassin que l'on nommait le *tueur du roi*, parce qu'il était accusé d'avoir tué plusieurs ennemis de la cour. Il s'embusqua dans la maison de Vilaine, devant laquelle Coligny passait chaque jour lorsqu'il retournait du Louvre en son hôtel de la rue Béthisy. Le vendredi 22 août, l'amiral, après avoir assisté au conseil, sortait du Louvre, lorsqu'il rencontra le roi qui venait d'entendre la messe. Charles l'emmena dans un jeu de paume voisin, où le duc de Guise jouait avec Téligny. La partie étant finie, Coligny se retira, accompagné de douze gentilshommes; il marchait lentement, parce qu'il lisait une requête qu'on venait de lui présenter. Lorsqu'il passa devant la maison où était caché Maurevert, il reçut un coup de feu qui lui brisa l'index de la main droite et lui logea une balle dans le bras gauche. L'amiral, sans témoigner aucune émotion, désigna la maison d'où le coup était parti. Les portes en furent sur-le-champ enfoncées par les gens de sa suite; mais l'assassin était déjà sorti par une porte de derrière, et, s'élançant sur un cheval, il s'était sauvé à toute bride.

Coligny transporté en son hôtel, « pria les capitaines Piles et Moneins d'aller dire au roi ce qui lui étoit avenu; qu'il jugeât quelle belle fidélité c'étoit, l'entendant de l'accord fait entre lui et le duc de Guise. » Le roi jouait encore à la paume; aux premiers mots des envoyés protestants, il jeta violemment sa raquette contre terre, et s'écria en jurant, suivant sa coutume : *Mordieu! n'aurai-je donc jamais de repos? Quoi! toujours de nouveaux troubles!* Puis il se retira dans sa chambre, *le visage triste et abattu.* Sa colère fut terrible, et il est très présumable qu'il n'était point complice de ce nouveau crime. Il fit fermer les portes de Paris, à l'exception de deux, qui furent gardées par les bourgeois, *disant qu'il n'entendoit pas que ceux qui avoient commis un tel excès se sauvassent;* il engagea la plupart des gentilshommes protestants à se

---

(1) *Mémoires de l'état de la France sous Charles IX*, t. I, p. 362.

(2) Quelques historiens disent que cette maison appartenait à Villemur, ancien précepteur du duc de Guise; d'autres à un maitre-d'hôtel du duc d'Aumale.

(3) Aujourd'hui rue des Fossés-Saint-Germain-l'Auxerrois.

grouper autour du quartier et du logis de l'amiral, afin qu'ils fussent sous la protection de la garde du Louvre; puis, sur les deux heures de l'après-midi, il alla visiter en personne l'illustre blessé, qui avait envoyé son gendre Téligny solliciter cette faveur. La reine-mère, les ducs d'Anjou et d'Alençon et une suite brillante accompagnèrent Charles IX. L'amiral venait de subir une opération douloureuse et difficile : le célèbre Ambroise Paré, chirurgien du roi, avait extrait la balle et en outre coupé l'index fracassé. Coligny supporta ces souffrances avec résignation et s'entretint pendant plus d'une heure avec le roi, qui protestait de son amitié et de son dévouement. — « Ne vous émouvez tant, monsieur l'amiral, dit Charles IX ; si vous êtes blessé, moi je sens la douleur de votre plaie ; mais, par la mordieu, je vengerai cet outrage si roidement qu'il en sera parlé à jamais. — Sire, reprit l'amiral, il ne faut chercher fort loin celui qui m'a procuré ce bien-ci ; qu'on demande à M. de Guise, il dira qui m'a prêté une telle charité. »

Le roi avait promis à l'amiral de *faire bonne justice*, et il voulait tenir sa parole. Le samedi 23 août, au matin, dit un historien contemporain, les ducs de Guise et d'Aumale se rendirent au Louvre et annoncèrent l'intention de quitter la cour, « parce qu'il leur sembloit que sa majesté n'avoit plus leur service à gré. Le roi, avec un mauvais visage et des paroles pires, répondit qu'ils s'en allassent où ils voudroient, et qu'il les auroit toujours bien, s'il se trouvoit qu'ils fussent coupables de ce qui avoit été fait à l'amiral. » Les Guises se retirèrent du Louvre, mais ils ne sortirent point de Paris. La ville était dans un trouble et une consternation inexprimables. Les protestants et les catholiques se trouvaient en présence et n'attendaient qu'un signal pour en venir aux mains. Les principaux chefs du parti calviniste s'étaient réunis plusieurs fois chez l'amiral ; Jean de Ferrières, vidame de Chartres, y avait donné l'éveil sur les projets sinistres de la cour, et avait engagé ses coreligionnaires à abandonner Paris aussitôt, pour échapper à une mort inévitable. Mais Téligny, le roi de Navarre et le prince de Condé, avec toute la confiance de la jeunesse, repoussèrent cette proposition. Pendant ce temps, la cour conspirait sans relâche contre les protestants. Le samedi 23 août, dans l'après-dînée, la reine-mère, le duc d'Anjou, le chancelier Birague, Tavannes, Gondi, le duc de Nevers, se réunirent autour de Charles IX, dans le jardin des Tuileries, suivant quelques historiens, ou plutôt dans le cabinet du roi, au Louvre. Il s'agissait de décider le monarque, qui n'était rien moins que résolu à autoriser le massacre des huguenots. « Ceux après lesquels nous avons couru si long-temps, dit Catherine, sont maintenant dans le filet. L'amiral est au lit et ne peut agir, le roi de Navarre et le prince de Condé sont logés au Louvre, bien gardés, et ne sauroient nous échapper. Quand nous nous serons défaits des chefs, nous n'avons plus rien à craindre du reste. Pour dix huguenots, nous avons mille catholiques à leur opposer. Les Parisiens sont armés; ils peuvent fournir soixante mille hommes bien équipés; et il ne leur faut pas plus d'une petite heure pour exterminer toute la race huguenote. Si l'on perd une si belle occasion, la France sera bientôt embrasée d'une quatrième guerre civile. » Cet avis fut soutenu avec tant d'opiniâtreté et avec telle conviction, que le roi s'écria tout-à-coup avec fureur, et comme un homme qui veut s'étourdir dans une circonstance critique : « Par la mordieu! puisque vous trouvez bon qu'on tue l'amiral, je le veux, mais aussi tous les huguenots de France, afin qu'il n'en demeure pas un qui me le puisse reprocher. Par la mordieu! donnez-y ordre promptement. » On envoya aussitôt chercher le duc de Guise, et on arrêta toutes les dispositions du drame sanglant qui devait avoir lieu le lendemain dimanche, 24 août, fête de saint Barthélemy, au point du jour. Il fut décidé dans cette assemblée qu'on épargnerait le roi de Navarre, le prince de Condé, son jeune frère, le marquis de Conti et les fils du connétable de Montmorency.

Dans la soirée de ce jour, douze cents arquebusiers, mandés récemment à Paris, afin, avait dit le roi à l'amiral, de contenir au besoin MM. de Guise, étaient distribués dans le Louvre et aux environs. Ils eurent ordre de se tenir prêts, ainsi que les compagnies françaises et suisses de la garde du roi. Ces mouvements de troupes n'échappèrent point à la vigilance des protestants, mais on calma leurs inquiétudes. On leur répondit que les armes apportées au Louvre étaient destinées à un divertissement qui devait se donner dans le château; et, sous prétexte de défendre l'amiral, si les Guises soulevaient le peuple, on envoya à sa porte cinquante arquebusiers, commandés par le capitaine Cosseins. Le prévôt des marchands, Jean Charron, et son prédécesseur Marcel furent ensuite mandés, et l'ordre leur fut donné devant le roi, par le maréchal de Tavannes, d'armer les compagnies bourgeoises et de les tenir prêtes à minuit à l'Hôtel-de-Ville. L'horrible secret leur ayant été révélé, ces deux magistrats, dit l'historien Brantôme, furent terrifiés, et ils n'osaient accepter une telle mission, lorsqu'ils furent menacés par le roi et le maréchal. « Les pauvres diables ne pouvant pas faire autre chose, répondirent alors : Eh! le prenez-vous là, Sire, et vous, Monsieur? nous vous jurons que vous en aurez nouvelle, car nous y mènerons si bien les mains, à tort et à travers, qu'il en sera mémoire à jamais. Voilà, ajoute Brantôme, comment une résolution prise par force a plus de violence qu'une autre, *et comme il ne fait pas bon acharner un peuple; car il est assez prêt plus qu'on ne veut.* » Charron et Marcel reçurent ensuite les instructions suivantes, savoir : que le signal serait donné par la cloche de l'horloge du palais; qu'on mettrait des flambeaux aux fenêtres; que les chaînes seraient tendues;

que les bourgeois établiraient des corps-de-garde dans toutes les places et carrefours, et que, pour se reconnaître, ils porteraient une écharpe blanche au bras gauche et une croix de même couleur au chapeau (1).

Charles IX, plongé dans un morne abattement, attendait avec une secrète horreur le signal du massacre. La reine et ses conseillers, craignant qu'il ne revînt sur ses pas, l'encouragèrent dans sa première résolution et arrachèrent enfin au malheureux prince l'ordre fatal. Dans son impatience, Catherine n'attendit même pas le signal qui devait être donné par la cloche du palais. Avant le jour, elle fit sonner le tocsin à Saint-Germain-l'Auxerrois. « Le roi, la reine ma mère et moi, dit le duc d'Anjou dans la relation qu'il a laissée de ce grand évènement, allâmes au portail du Louvre, joignant le jeu de paume, en une chambre qui regarde sur la place de la basse-cour, pour voir le commencement de l'exécution. » Un coup de pistolet se fit entendre. « Ne saurois dire en quel endroit, ajoute le prince, ni s'il offensa quelqu'un ; bien sais-je que le son nous blessa tous trois si avant dans l'esprit, qu'il offensa nos sens et notre jugement, épris de terreur et d'appréhension des grands désordres qui s'alloient commettre. » Ils envoyèrent alors un gentilhomme dire au duc de Guise de respecter les jours de l'amiral, ce qui eût tout arrêté ; mais il n'était plus temps. « Nous retournâmes à notre première délibération, dit le prince, et peu à peu nous laissâmes suivre le cours et le fil de l'entreprise et de l'exécution. »

Au signal donné par la cloche de Saint-Germain-l'Auxerrois, le duc de Guise, accompagné du duc d'Aumale, du comte d'Angoulême et de trois cents hommes *d'élite*, se transporta vers le logis de l'amiral (1). Dès que Cosseins les aperçut, il frappa à la première porte qui donnait sur la rue. Un des gentilshommes de Coligny, Labonne, entendant qu'on demandait à parler à son maître de la part du roi, ouvre la porte et est poignardé aussitôt. Les soldats envahissent la maison et font main-basse sur les huguenots. L'amiral se dispose alors à mourir ; il se met en prières avec le ministre Merlin, et engage ceux qui l'entourent à échapper par la fuite à leurs assassins. En ce moment, Charles Dianowitz, dit *Besme*, parce qu'il était né en Bohême, domestique du duc de Guise, le capitaine Attin, Cosseins, Achille Petrucci, Sarlaboux, et quelques autres, se précipitèrent dans la chambre de Coligny. Les circonstances de ce fatal événement sont racontées diversement par les historiens. Voici la tradition : Besme s'avança vers l'amiral, l'épée à la main, et lui cria : « N'es-tu pas l'amiral ? — C'est moi-même, » répondit Coligny d'un air intrépide ; puis regardant l'assassin : « Jeune homme, dit-il, tu devrais avoir égard à ma vieillesse

(1) Voy. aussi t. II, p. 502 et 503. — (2) Son hôtel était situé au n° 20 de la rue Béthisy. Voy. au *Dictionnaire des rues*, à la fin de l'ouvrage, la rue *Béthisy*.

et à mes infirmités; mais quoi que tu fasses, tu ne m'abrégeras la vie que de fort peu. Besme, pour toute réponse, lui porta un coup dans la poitrine, et d'un second sur la tête le renversa par terre ; *chacun des autres lui donna aussi son coup.* — « Besme! cria le duc de Guise, qui était resté dans la cour, Besme, as-tu achevé? — C'est fait, dit l'autre. — M. d'Angoulême ne le croira que lorsqu'il le verra de ses propres yeux, jette son cadavre par la fenêtre. » Alors Besme et Sarlaboux levèrent le corps sur la fenêtre et le firent tomber dans la cour. Le bâtard d'Angoulême (d'autres disent le duc de Guise) essuya de son mouchoir la face sanglante du vieux guerrier, pour le mieux reconnaître : « Ma foi! c'est bien lui! » dit-il, et il lui lança un coup de pied au visage. Le cadavre fut traîné dans la rue, et Guise remontant à cheval, s'écria : « Soldats, nous avons heureusement commencé; allons aux autres, c'est la volonté du roi. »

Aussitôt après, la cloche du palais répondit à celle de Saint-Germain-l'Auxerrois, et le massacre devint général. Le Louvre lui-même fut ensanglanté. Une douzaine de gentilshommes de la suite du roi de Navarre et du prince de Condé furent désarmés, ainsi que leurs domestiques, et conduits hors la porte du Louvre par Nancy, capitaine des gardes du roi, qui les fit massacrer par les Suisses sous les yeux de Charles IX. Ce prince, dit un historien impartial, criait d'une fenêtre qu'on n'en laissât échapper aucun (1). Parmi ces malheureux se trouvaient Ségur, baron de Pardaillan, et le brave capitaine Pilles. La fureur des assassins ne respecta rien; ils poursuivirent les huguenots jusque dans les appartements des princes et des princesses. La reine Marguerite avait quitté sa mère assez tard, et quelques paroles que lui avait dites sa sœur, la duchesse de Lorraine, l'avaient jetée dans d'affreux pressentiments. « Soudain je fus en mon cabinet, dit-elle, je me mis à prier Dieu qu'il lui plût de me prendre en sa protection, et qu'il me gardât, sans savoir de quoi ni de qui. Sur cela, le roi mon mari, qui s'étoit mis au lit, me manda que je m'en allasse coucher, ce que je fis, et trouvai son lit entouré de trente à quarante huguenots que je ne connoissois pas encore, car il y avoit fort peu de temps que j'étois ma-

(1) Félibien, t. II, p. 1119. — C'est peut-être de ce fait qu'est née la version acceptée par la plupart des écrivains et suivant laquelle Charles IX, placé à une fenêtre du Louvre que l'on désigne encore aujourd'hui, aurait tiré des coups d'arquebuse sur les huguenots. J'ai déjà dit que ce fait atroce n'est appuyé sur aucun fondement réel ; il n'a pour autorité que le témoignage suspect de Brantôme, qui encore le raconte comme un simple oui-dire. C'est aussi d'après Brantôme qu'on a représenté Charles IX se rendant en grande pompe à Montfaucon pour y contempler le cadavre de Coligny pendu au gibet, et disant, pour railler, à quelques personnes de sa suite qui témoignaient leur dégoût de l'odeur infecte qui s'exhalait : *Le corps d'un ennemi mort sent toujours bon.* On sait que cet horrible mot est de Vitellius, et l'application, comme on l'a remarqué, en a été évidemment faite à Charles IX par les calvinistes.

riée. Toute la nuit ils ne firent que parler de l'accident qui étoit advenu à M. l'amiral, et se résolvant, dès qu'il seroit jour, de demander justice au roi de M. Guise, et que si on ne la leur faisoit, *ils se la feroient eux-mêmes...* La nuit se passa de cette façon sans fermer l'œil. Au point du jour, le roi mon mari dit qu'il vouloit aller jouer à la paume, attendant que le roi Charles fût éveillé, se résolvant soudain de lui demander justice. Il sort de ma chambre et tous ces gentilshommes aussi. Moi, voyant qu'il étoit jour, vaincue du sommeil, je dis à ma nourrice qu'elle fermât la porte pour pouvoir dormir à mon aise. Une heure après, comme j'étois le plus endormie, voici un homme frappant des pieds et des mains à ma porte, et criant : Navarre ! Navarre ! Ma nourrice pensant que ce fût le roi mon mari, court vitement à la porte. Ce fut un gentilhomme nommé M. de Téjan, qui avoit un coup d'épée dans le coude et un coup de hallebarde dans le bras, et étoit encore poursuivi de quatre archers qui entrèrent tous après lui dans ma chambre. Lui, se voulant garantir, se jeta dans mon lit. Moi, sentant ces hommes qui me tenoient, je me jette à la ruelle, et lui après moi, me tenant toujours à travers du corps. Je ne connoissois point cet homme et ne savois s'il venoit là pour m'offenser, ou si les archers en vouloient à lui ou à moi. Nous criions tous deux et étions aussi effrayés l'un que l'autre. Enfin Dieu voulut que M. de Nançay, capitaine des gardes, y vînt, qui, me trouvant en cet état-là, encore qu'il y eût de la compassion, ne put se tenir de rire, et se courrouça fort aux archers de cette indiscrétion, les fit sortir, et me donna la vie de ce pauvre homme qui me tenoit, lequel je fis coucher et panser dans mon cabinet, jusques à tant qu'il fût du tout guéri. En changeant de chemise, parce qu'il m'avoit toute couverte de sang, M. de Nançay me conta ce qui se passoit, et m'assura que le roi mon mari étoit dans la chambre du roi et qu'il n'auroit nul mal ; et me faisant jeter un manteau de nuit sur moi, il m'emmena dans la chambre de ma sœur, madame de Lorraine, où j'arrivai plus morte que vive, et entrant dans l'antichambre, de laquelle les portes étoient toutes ouvertes, un gentilhomme nommé Bourse, se sauvant des archers qui le poursuivoient, fut percé d'un coup de hallebarde à trois pas de moi. Je tombai de l'autre côté presque évanouie entre les bras de M. de Nançay, et je pensois que ce coup nous eût percés tous deux. Et étant un peu remise, j'entrai en la petite chambre où couchoit ma sœur. Comme j'étois là, M. de Miossans, premier gentilhomme du roi mon mari, et Armagnac, son premier valet de chambre, m'y vinrent trouver pour me prier de leur sauver la vie. Je m'allai jeter à genoux devant le roi et la reine ma mère pour les leur demander ; ce qu'enfin ils m'accordèrent (1). »

(1) Mémoires de la reine de Navarre.

Grammont, Gamaches, Duras et quelques autres gentilshommes protestants furent épargnés, parce qu'ils promirent d'abjurer leurs opinions religieuses. Le roi de Navarre et le prince de Condé furent également obligés de céder à la force, et promirent de faire tout ce qu'on exigerait d'eux. Condé ayant voulu d'abord résister au roi, celui-ci, furieux, l'appela rebelle, séditieux, fils de rebelle, et le menaça de lui faire trancher la tête, s'il n'obéissait dans l'espace de trois jours (1).

Pendant ce temps, le duc de Guise, le bâtard d'Angoulême, le duc de Nevers, le comte de Tavannes, Albert de Gondi, comte de Retz, parcouraient les rues, disant qu'on venait de découvrir une conspiration de huguenots contre la famille royale. Alors commença une affreuse boucherie « au grand regret des conseillers, dit Tavannes, n'ayant été résolu que la mort des chefs et des factieux. » Le peuple, qui avait manifesté si souvent sa haine contre les huguenots, se voyant encouragé dans ses projets de vengeance, se montra féroce; il n'épargna personne, il n'eut égard ni au sexe ni à l'âge. Le cadavre de l'amiral fut mutilé; on lui trancha la tête qu'on porta à la reine, et qui fut ensuite, dit-on, embaumée et envoyée à Rome au cardinal de Lorraine. Enfin, après mille outrages de toute espèce, le corps de Coligny fut pendu par les pieds au gibet de Montfaucon, où il resta jusqu'à ce que François de Montmorency l'eut fait enlever secrètement pendant la nuit. Les malheureux protestants qu'on représentait aux Parisiens comme conspirateurs, furent presque tous surpris à demi-nus et tués, les uns dans leurs lits, les autres sur les toits des maisons et *autres lieux cachés, selon qu'on savoit les trouver*. Le comte de La Rochefoucauld, avec qui Charles IX avait ri et badiné jusqu'à onze heures du soir; Téligny, gendre de l'amiral, Guerchy, lieutenant de sa compagnie de gendarmes, le marquis de Resnel, Soubise, Caumont de la Force, Crussol, Lévis, et bien d'autres gentilshommes illustres par leur naissance et leurs talents, tombèrent sous le fer des meurtriers. L'un d'entre eux, Charles de Lavardin, percé de plusieurs coups de poignard, fut précipité du pont aux Meuniers dans la rivière. Brion, vieillard octogénaire, gouverneur du prince de Conti, frère du jeune prince de Condé, prit entre ses bras son jeune élève comme une sauve-garde; mais il n'en fut pas moins poignardé, malgré les efforts du prince, « qui mettoit ses petites mains au devant des coups. » Le vidame de Chartres, le comte de Montgommery et les autres protestants qui avaient eu la prudence de se loger au faubourg Saint-Germain, échappèrent presque seuls au massacre universel. Les soldats et les compagnies bourgeoises chargés de les surprendre s'étant amusés à piller en route, le duc de Guise se mit en marche avec le chevalier d'Angoulême et un détachement de

(1) Voy. t. I, p, 545.

gendarmes. Mais ils furent retenus long-temps à la porte de Bussy, par la méprise du portier, qui prit une clef pour l'autre, et ce retard sauva les huguenots, qui gagnèrent les champs. Guise les poursuivit inutilement jusqu'à Montfort; il ne put arrêter que François Briquemaut et Arnold Cavagne, qui, comme on le verra plus bas, furent exécutés deux mois après.

« Le roi, vers le soir du dimanche, dit un historien contemporain, fit faire défense à son de trompe que ceux de la garde et des officiers de la ville ne prissent les armes sous peine de la vie; mais qu'ils missent tous prisonniers ès-mains de la justice, et se retirassent en leurs maisons closes, ce qui devoit apaiser la fureur du peuple, et donner loisir à plusieurs (protestants) de se retirer hors de là. » Mais le carnage ne cessa point, et l'on posa des corps-de-garde aux portes de la ville, dont le roi se fit apporter les clefs, afin qu'aucun huguenot ne pût échapper. Les assassinats recommencèrent pendant deux jours. Le fanatisme du peuple fut porté à son comble par un évènement fort ordinaire : un reste de sève fit fleurir en une nuit une aubépine blanche au cimetière des Innocents. Le sang d'illustres victimes inonda de nouveau le pavé de la capitale. On cite parmi elles Jean de Loménie, secrétaire-d'État; Anne de Ferrières, célèbre avocat, âgé de quatre-vingts ans; Pierre de la Place, président de la cour des aides, protestant modéré et auteur d'un ouvrage estimé sur l'histoire de son temps; il fut tué rue de la Verrerie, en face de la rue du Coq; le célèbre Pierre Ramus (1), etc.

Le massacre des huguenots servit de prétexte à des crimes et à des brigandages inouïs; c'était une dérision odieuse de toutes les lois divines et humaines. Beaucoup se servirent de cette horrible occasion pour assouvir leurs vengeances particulières ou leur avidité; et des catholiques, désignés comme huguenots à la fureur du peuple, furent enveloppés dans le massacre. « C'étoit être huguenot, dit Mézeray, que d'avoir de l'argent ou des charges enviées, ou des héritiers affamés. » Plusieurs hommes distingués par leurs lumières et leur tolérance, et désignés alors sous le nom de *politiques*, furent tués par quelques misérables. On cite parmi eux Pierre Lalsède, Espagnol, Guillaume de Bertrandi, conseiller au parlement et chanoine de Notre-Dame. Celui-ci resta caché quelques jours chez un prêtre de ses amis; mais il fut découvert par la servante du logis et tué par un homme qui acquit à cette époque une triste célébrité; c'était un orfévre nommé Thomas Crucé. « Je me souviens, dit de Thou, d'avoir vu plusieurs fois ce Crucé, et m'en souviens toujours avec horreur. Cet homme, d'une physionomie vraiment patibulaire, disoit, en se vantant et montrant son bras nu, que ce bras avoit, le jour de la Saint-Barthélemy, égorgé plus de quatre cents hommes. »

(1) Voy. t. II, p. 196.

Un très petit nombre de ces malheureux opposèrent de la résistance ; ils étaient attaqués à l'improviste ou succombaient sous le nombre de leurs ennemis. Biron, grand-maître de l'artillerie, craignant que le duc de Guise ne profitât des troubles pour se venger de lui, se retira à l'Arsenal et fit pointer des couleuvrines sur les bandes des égorgeurs, qui prirent la fuite. Il se sauva ainsi avec quelques amis (1). Taverny, lieutenant de la maréchaussée à la table de marbre du palais, s'accula devant sa maison avec son domestique et se défendit contre les assassins pendant huit ou neuf heures consécutives. Lorsqu'il eut épuisé toutes ses munitions de guerre, il lança sur eux de la poix fondue. Enfin il tomba sous les coups de ses ennemis, dont le nombre s'augmentait à chaque instant (2).

M. de Caumont, couché avec ses deux fils dans son logis près du Louvre, fut tué ainsi qu'un de ses enfants ; l'autre, à peine âgé de douze ans, échappa par hasard à la fureur inattentive des meurtriers. Caché sous les cadavres de son père et de son frère et baigné dans leur sang, il resta pendant la journée tout entière immobile dans cette position affreuse. On le croyait mort ; vers le soir, quelques personnes entrèrent dans la chambre, et à la vue du spectacle qui s'offrit à leurs yeux, déplorant le malheur de cette famille égorgée, ne purent s'empêcher de dire que Dieu ne laisserait pas impunis de pareils crimes. A ces paroles rassurantes, l'enfant fait un mouvement et lève un peu la tête. On s'empresse aussitôt, on lui demande son nom, qu'il a la prudence de ne pas prononcer. Je suis, dit-il, le fils de l'un de ces morts et le frère de l'autre, et je ne dirai mon nom que quand je serai en sûreté. Conduisez-moi à l'Arsenal, je connais le grand-maître de l'artillerie, et je vous promets que vous serez récompensés du service que vous me rendrez. On le conduisit à l'Arsenal avec toutes les précautions nécessaires, et il fut sauvé.

Entre tous les actes de barbarie qui signalèrent ces tristes scènes, il est consolant d'avoir à citer un trait de générosité. « Un gentilhomme du Quercy, nommé Vezins, était depuis long-temps brouillé avec un de ses voisins, nommé Régnier, calviniste, dont il avait plus d'une fois juré la mort. Tous deux se trouvaient à Paris pendant la Saint-Barthélemy. Régnier tremblait dans l'attente certaine du funeste effet des menaces de son ennemi. Comme il était dans ces alarmes, la porte de son logis est enfoncée, et Vezins paraît accompagné de deux soldats. Il s'approche et dit durement à Régnier : Suis-moi. Celui-ci se résigne à la mort et obéit. Vezins le fait monter à cheval, sort de la ville en toute hâte, et sans s'arrêter, sans dire un seul mot, le mène jusques en Quercy, dans son château. Vous voilà en sûreté, dit-il, j'aurais pu pro-

---

(1) Félibien, p. 1121. — (2) *Lettres de Pasquier*, liv. V ; lettre à M. Loysel, avocat.

fiter de l'occasion pour me venger; mais entre gens de cœur le péril doit être égal : c'est pour cela que je vous ai sauvé. Quand vous voudrez, vous me trouverez prêt à vider notre querelle comme il convient à des gentilshommes. — Régnier ne lui répondit que par des protestations de reconnaissance et en lui demandant son amitié. — Je vous laisse libre de m'aimer ou de me haïr, répond Vezins, et sans attendre la repartie, il pique des deux et s'éloigne. »

L'irrésolution, l'incertitude, les aveux faits et rétractés, les ordres contradictoires, tout dénote le trouble qui agitait l'esprit des auteurs de la Saint-Barthélemy pendant et après le massacre. Le premier jour, Charles IX écrivit aux gouverneurs des provinces qu'il n'avait eu aucune part à ces désordres, nés seulement de l'animosité des deux maisons de Chatillon et de Guise, qu'ils eussent soin en conséquence de veiller à ce que rien ne fût changé aux édits de pacification; mais dès le lendemain, à toutes les grandes villes catholiques furent envoyés des messages verbaux donnant des ordres tout contraires. Le troisième jour, le roi se rendit au parlement, où il tint son lit de justice, et déclara qu'après nombre d'attentats mille fois pardonnés, l'amiral Coligny avait comblé ses crimes par la résolution qu'il avait prise d'exterminer le roi, la reine, les ducs d'Anjou et d'Alençon, et même le roi de Navarre, afin de mettre sur le trône le prince de Condé, dont il se serait défait ensuite pour y monter lui-même. Il fallut bien que le parlement se contentât de cette déclaration, et les jours suivants l'on vit se renouveler dans les provinces les scènes lamentables qui avaient ensanglanté la capitale.

Le gouvernement imagina tout ce qu'il put pour donner le change à l'opinion publique sur ce qui venait de se passer. D'abord il voulut obtenir les conversions éclatantes du prince de Condé, du roi de Navarre et de leurs familles. Le roi les fit venir dans son appartement et leur dit seulement d'une voix menaçante ces trois mots : *mort*, *messe* ou *Bastille*. Les princes cédèrent. Puis on instruisit le procès de deux calvinistes de renom, Cavagne et le capitaine Briquemaut, afin de les condamner dans toutes les formes comme conspirateurs, et de couvrir ainsi les massacres passés d'un semblant de justice. Ils furent pendus et traînés sur la claie.

« On traîna avec eux l'effigie de l'amiral, faite de paille. Tout ce qu'on peut imaginer pour flétrir un homme éternellement, fut accumulé dans l'arrêt porté contre sa mémoire. Il étoit dit que son effigie, portée de la Grève à Montfaucon, resteroit dans l'endroit le plus élevé; que ses armes seroient traînées à la queue des chevaux par l'exécuteur de la haute justice, dans les principales villes du royaume; injonction de lacérer et briser ses portraits et ses statues partout où ils se trouveroient; de raser son château de Châtillon-sur-Loing, sans qu'il pût jamais être rétabli, de couper les arbres à quatre pieds de haut, de semer du sel sur la terre et d'élever au milieu des ruines une colonne où l'arrêt seroit gravé. Enfin tous ses biens furent confisqués, ses enfants déclarés roturiers et inhabiles à jamais posséder aucune charge. Le même arrêt ordonnoit une procession solennelle tous les ans le jour de la Saint-Barthélemy, pour remercier Dieu d'avoir en ce jour préservé le royaume des mauvais desseins des hérétiques. Ce fut le dernier coup porté contre Coligny et comme la dernière scène de cette sanglante tragédie (1). »

Les protestants, revenus de leur première épouvante, cherchèrent en quelques endroits à se venger par la force des armes. De nouveaux troubles éclatèrent dans les provinces, et le royaume ne rentra dans l'ordre que plusieurs mois après.

Ce fut alors que l'habileté de Catherine de Médicis obtint pour son second fils, le duc d'Anjou, le suffrage des électeurs au trône de Pologne. « Le 19 août 1573, les ambassadeurs polonais, à la tête desquels étoit l'évêque de Posnanie, entrèrent dans Paris, accompagnés de deux cent cinquante jeunes gentilshommes de leur nation et suivis de cinquante chariots de bagages. François de Bourbon, fils du prince de Montpensier, les ducs de Guise et d'Aumale, les marquis de Mayenne et d'Elbeuf, accompagnés d'une grande suite de noblesse, allèrent avec le corps de ville au-devant d'eux jusque hors la porte Saint-Martin, où se firent les premiers compliments. Mais les Polonais, qui pour la plupart parloient latin ou italien, furent fort surpris de ne trouver presque personne dans toute la noblesse françoise capable de leur répondre en aucune de ces langues, tant l'ignorance étoit grande alors parmi la noblesse du royaume. Le roi avoit fait venir exprès à la cour Antoine d'Aligre, baron de Milau, très versé dans la langue latine, pour lui servir d'interprète en cette occasion. Sur le rempart de la porte Saint-Martin on avoit posé plusieurs pièces de canon avec mille ou douze cents arquebusiers, qui firent leur décharge à l'entrée des ambassadeurs. Le jour même, le prévôt des marchands et les échevins les visitèrent dans leurs hôtels et leur firent les présents ordinaires de la ville. Ils se reposèrent tout le jour suivant. Le 21, ils furent admis au Louvre à l'audience du roi, à qui ils baisèrent la main, et saluèrent ensuite la reine-mère et la reine Élisabeth, épouse de Charles IX. Le lendemain, après avoir dîné, ils montèrent à cheval. Les ambassadeurs étoient vêtus de leurs longues robes de drap d'or; les harnois de leurs chevaux brilloient de l'éclat de l'or, de l'argent et des pierreries; devant chaque ambassadeur marchoit la troupe de ses gens revêtus d'habits de soie, avec leurs cimeterres au côté, tous avec une pompe et une magnificence plus grande

---

(1) Anquetil, *Hist. de France*.

que la journée précédente. Ils furent conduits dans cet appareil, par les seigneurs de la cour, au duc d'Anjou leur nouveau roi, qui les reçut très favorablement, leur donna sa main à baiser et les entretint en particulier jusqu'au soir. Entre les autres divertissements dont il les régala, il les admit à sa table, à l'hôtel d'Anjou, le 9 septembre. Le lendemain il se trouva à l'église cathédrale avec le roi son frère, les deux reines, le duc d'Alençon, le roi de Navarre, les ambassadeurs polonais et ceux d'Espagne, d'Ecosse, de Venise et des autres princes étrangers; les cardinaux de Bourbon, de Lorraine et de Guise, plusieurs évêques, les cours souveraines, les officiers de l'Hôtel-de-Ville, quantité de courtisans et une multitude prodigieuse de toutes sortes de personnes. Après avoir entendu la messe, les deux rois s'approchèrent du grand-autel, en présence de Pierre de Gondi, évêque de Paris. Le roi de Pologne jura sur les saints Évangiles de garder inviolablement les droits et les priviléges de la Pologne et de la Lithuanie. Il jura aussi les articles particuliers dont l'évêque de Valence, Montluc, Gilles de Noailles et Gui de Saint-Gelais, ses envoyés, étoient convenus à la diète où s'étoit faite son élection. Le roi de France renouvela en même temps l'alliance entre les deux couronnes. Après cela les deux rois allèrent dîner avec les ambassadeurs à l'évêché.

» La lecture publique du décret de l'élection du roi de Pologne se fit avec beaucoup de solennité, le 13 du même mois, dans la grande salle du palais. Le roi de France, celui de Pologne, les reines, le duc d'Alençon et le roi de Navarre furent assis sur le haut dais qu'on y avoit élevé près de la table de marbre. Ils avoient pour les accompagner, d'un côté les princes du sang, Henri de Bourbon, prince de Condé, Louis duc de Montpensier et François Dauphin, son fils; et de l'autre quatre cardinaux, au-dessous desquels étoient les évêques, les ambassadeurs, les conseillers-d'État; et dans les siéges plus bas, le parlement en robes rouges; derrière étoient le recteur de l'Université et les chefs de plusieurs autres compagnies. Quand tout le monde fut placé, arrivèrent, au son des trompettes, les ambassadeurs de Pologne, que le duc de Guise avoit été recevoir au pied des degrés. L'évêque de Posnanie s'adressant au roi de France, lui dit l'élection du duc d'Anjou, son frère, pour roi de Pologne, et le pria de l'agréer, ce qu'il fit aussitôt par lui-même et par son chancelier. Puis l'évêque polonais adressa la parole au nouveau roi, qu'il supplia de venir prendre au plus tôt possession de ses états; et lui présenta le décret, qui fut lu par un des ambassadeurs, pendant que les deux autres tenoient les deux bouts de l'acte, scellé de plus de deux cents sceaux. On chanta ensuite le *Te Deum*, pendant lequel le roi de France, et les princes du sang après lui, allèrent embrasser le nouveau roi. Les ambassadeurs polonais furent aussi tous lui rendre leurs hommages et lui baiser la main.

La cérémonie achevée, le décret d'élection fut remis dans la cassette de vermeil dorée, dans laquelle il avoit été apporté; et aussitôt deux des ambassadeurs la chargèrent sur leurs épaules et la portèrent jusqu'à la Sainte-Chapelle, où, ayant été délivrée à Hurault de Chiverny, chancelier du nouveau roi, elle fut mise sur une haquenée blanche, et portée comme en triomphe, du palais jusqu'à l'hôtel d'Anjou. En même temps toute la ville retentit du bruit de l'artillerie de l'Arsenal, pour marque de la réjouissance publique. Le soir il y eut un festin magnifique au Louvre pour les ambassadeurs de Pologne, et les divertissements durèrent toute la nuit.

» Le jour suivant, le roi de Pologne fit son entrée solennelle dans Paris, avec la même pompe et les mêmes cérémonies que le roi de France son frère avait fait la sienne en 1571. Après avoir dîné à l'abbaye de Saint-Antoine-des-Champs, et reçu les compliments de l'Université, du prévôt des marchands et des autres compagnies, il monta à cheval et traversa, au bruit des acclamations, toute la ville, décorée d'arcs de triomphe, de statues, de peintures et d'inscriptions à sa louange. Le lendemain, la ville lui fit présent d'un char de vermeil doré rempli de figures qui représentoient ses vertus. Outre ce présent elle se cotisa pour réunir 50,000 livres qu'elle lui donna pour les frais de son voyage. Vers le même temps de l'arrivée des seigneurs polonais, vint aussi le féliciter sur son avénement à la couronne de Pologne, Olivier Séraphin, envoyé du pape Grégoire XIII. Après les compliments, il lui présenta de la part du pape une rose d'or, avec des lettres de Stanislas Hosius, évêque de Warmie ou Ermeland, cardinal, prélat fort distingué par sa science et par son amour singulier pour sa patrie. Le roi reçut le présent et la lettre avec beaucoup de joie.

» Quand tous les préparatifs pour le voyage de Pologne furent faits, le roi Henri partit de Paris la veille de saint Michel, accompagné du roi son frère, de la reine-mère, du duc d'Alençon, du roi de Navarre et d'un nombreux cortége de seigneurs et d'officiers, tant d'épée que de robe. Il prit sa route par la Lorraine et par l'Allemagne, et comme il alloit à petites journées, il n'arriva que le 25 janvier en Pologne. Le roi de France n'avoit pu l'accompagner plus loin que Vitry, où il fut retenu par la maladie qui devoit bientôt le conduire au tombeau (1). »

Le curieux journal de *l'Estoile* place à cette époque la relation d'un événement assez important, dont les détails ne manquent pas d'intérêt: « En cest an (1574) fut faite à Paris une signalée justice de deux fameux seigneurs et gentilshommes, à sçavoir de Boniface de La Mole, gentilhomme provençal, et du comte de Coconnas, gentilhomme piedmontais, tous deux exécutés en la place de Saint-Jean-en-Grève, à

---

(1) Félibien, t. II, p. 1125, 1126.

Paris, où ils eurent les testes tranchées, le dernier avril, à cause d'une prétendue conspiration contre l'Estat, et d'avoir voulu emmener M. le duc en Flandres, pour faire la guerre à l'Espagnol et y brouiller son Estat. Le premier qui fut exécuté fut La Mole, qu'on appeloit le baladin de la cour, fort aimé des dames et de M. le duc son maistre, qui luy portoit une amitié et une faveur extraordinaires; au contraire estoit hay et mal voulu du roy, pour quelques particularitez fondées plus sur l'amour que sur la guerre, estant ce gentilhomme meilleur champion de Vénus que de Mars; au reste grand superstitieux, grand messier et grand putier (comme disoient les huguenots), comme à la vérité il ne se contentoit d'une messe tous les jours, ains en oyoit trois ou quatre, et quelquefois cinq et six, mesme au milieu des armées, chose rare à ceux de sa profession : et luy a-t-on ouï dire, que s'il y eust failly un jour, il eust pensé estre damné. Le reste du jour et de la nuit le plus souvent il l'employoit à l'amour, ayant ceste persuasion que la messe ouïe dévotement expioit tous les péchés et paillardises qu'on eust sceu commettre, de quoy le feu roy, bien averty, a dit souvent en riant que qui vouloit tenir registre des débauches de La Mole, il ne falloit que conter ses messes. Ses dernières paroles sur l'échafaud furent : « Dieu ait merci de mon âme et la benoiste Vierge ! Recommandez-moi bien aux bonnes grâces de la roine de Navarre et des dames ! » Portant cependant au supplice un visage effrayé, jusques à ne luy pouvoir faire tenir ni baiser la croix, tant il trembloit fort. On luy trouva, quand il fut exécuté, une chemise de Notre-Dame-de-Chartres, qu'il portoit ordinairement sur luy.

Mollis vita fuit, mollior interitus.

« » Incontinent après lui, fut exécuté le comte de Coconnas, gentilhomme piedmontais, et de grande maison, miroir de la justice de Dieu pour la cruauté qu'il commist à l'endroit de ceux de la religion, à la Saint-Barthélemy. Cet homme, tout au contraire de La Mole, estant fort superstitieux comme n'ayant point de religion, se montra assuré au supplice, comme un meurtrier qu'il estoit, disant tout haut qu'il falloit que les grands capitaines, capables de hautes entreprises, mourussent de ceste façon pour le service des grandz, lesquelz sauroyent bien avec le temps en avoir la raison. Le roy ayant entendu sa mort, rendit tout haut à sa mémoire, en présence de plusieurs seigneurs et gentilshommes, un témoignage signalé, qui sert pour monstrer que les rois, encore que souvent ils fassent faire le mal, toutesfois ilz le haïssent, et que Dieu se sert ordinairement d'eux-mesmes pour en punir les exécuteurs. Il dit donc ces mots: « Coconnas estoit gentilhomme, vaillant homme et brave capitaine, mais meschant, voire un des plus meschants que je croy qui fust dans tout mon royaume. Il me souvient luy avoir ouy dire entre autres choses, se vantant de la Saint-Barthélemy, qu'il avoit racheté des mains du peuple jusques à trente huguenotz pour le moins, pour avoir le contentement de les faire mourir à son plaisir, qui estoit de leur faire renier leur religion, sous sa foy et promesse de leur sauver la vie ; ce qu'ayant fait, il les poignardoit et faisoit mourir à petits coups très cruellement. Depuis, disoit le roy, je n'ay jamais aimé Coconnas, et encore que je n'aimasse guère les huguenots, je l'ay tousjours tenu pour un meschant homme et digne de la fin qu'il a eue. »

Charles IX ne faisait que languir depuis long-temps ; il mourut enfin au château de Vincennes, le dimanche 30 mai 1574, la vingt-cinquième année de son âge et la quatorzième de son règne, « le plus malheureux, dit Félibien, que l'on eust vû en France depuis Charles VI. » — Nous empruntons à un auteur contemporain la relation des derniers moments de cet infortuné prince : « Le roy Charles mourut le dimanche sur les deux heures après midy. Deux jours avant sa mort, le vendredy, ayant fait appeler Marzille, son premier médecin, et s'estant plaind à luy des grandes douleurs qu'il souffroit, il luy demanda s'il estoit point possible que luy et tant d'autres grandz médecins qu'il y avoit en son royaume, luy pussent donner quelque allégement en son mal : « Car je suis, dit-il, horriblement et cruellement tourmenté. » A quoy ledit Marzille respondit fort sagement et vertueusement, que tout ce qui dépendoit de leur art, ils l'avoyent fait et n'y avoyent rien oublié, et que mesme le jour de devant, tous ceux de leur faculté s'estoyent assemblés pour y donner remède, ce qu'ilz espéroyent de la bonté de Dieu, mais que pour en parler à la vérité, Dieu estoit le grand et souverain médecin en telles maladies, auquel on devoit recourir, et que c'estoit sa main étendue qu'il falloit recognoistre pour s'humilier soubz icelle et en attendre la grâce et la guérison qu'il octroye ordinairement à ceux qui le prient et invoquent de bon cœur. « Je croy, dit le roy, que ce que vous dites est vray, et n'y savez autre chose. Tirez-moi ma custode, que j'essaye de reposer. » Et à l'instant Marzille sortit, et fit sortir tous ceux qui estoyent dans la chambre, hormis trois, assavoir La Tour, Saint-Bris, et sa nourrice, que Sa Majesté aimoit fort, encore qu'elle fust de la religion. Comme elle se fut mise sur un coffre et commença à sommeiller, ayant entendu le roy se plaindre, pleurer et souspirer, elle s'approche tout doucement du lit ; et tirant la custode, le roy commence à luy dire, jettant un grand souspir, et larmoyant si fort que les sanglots luy interrompoyent la parole : « Ah ! ma nourrice, ma mie, ma nourrice, que de sang et que de meurtres ! Ah ! que j'ay eu un meschant conseil ! O mon Dieu, pardonne-les moy et me fay miséricorde s'il te plaist ! Je ne sçais où je suis, tant ils me rendent perplex et agité. Que deviendra tout cecy? Que deviendroi-je, moy à qui Dieu le recommande? Que feroy-je? Je suis perdu, je le sens bien. » Alors sa nourrice luy dit: « Sire, les meurtres et le sang soyent sur la teste de ceux qui vous les ont fait faire et sur vostre meschant conseil! Mais de vous, Sire, vous n'en pouvez mais, et puisque vous n'y prestez point de consentement et que vous y avez regret, comme venez le protester tout présentement, croyez que Dieu ne vous les imputera jamais, et qu'en luy demandant pardon de bon cœur, comme vous le faites, il vous le donnera et les couvrira du manteau de la justice de son fils, auquel seul faut qu'ayez votre recours. Mais, pour l'amour de Dieu, que Votre Majesté cesse de larmoyer et se fascher, de peur que cela ne rengrave vostre mal, qui est le plus grand malheur qui sçauroit advenir à vostre peuple et à nous tous. » Et sur cela, luy ayant esté quérir un mouchoir, pour ce que le sien estoit tout mouillé et trempé de larmes; après que Sa Majesté l'eust pris de sa main, lui fist signe qu'elle s'en allast et le laissast reposer (1). »

Bientôt après il expira.

II. Monuments. — Institutions.

Palais et jardin des Tuileries. — On sait que le palais des Tuileries a été ainsi nommé parce qu'il est situé sur un terrain occupé autrefois par des fabriques de tuiles. Il est prouvé par d'anciens titres que la tuile qu'on employait à Paris se fabriquait d'abord exclusivement au bourg Saint-Germain-des-Prés, dans l'emplacement qui a conservé jusqu'à nos jours le nom de rue des Vieilles-Tuileries. Dans la suite, on établit d'autres fabriques de tuiles de l'autre côté de la Seine, dans un lieu appelé au XIVe siècle *la Sablonnière*, et qui est représenté aujourd'hui par le jardin des Tuileries. En 1372, il y avait là trois tuileries, et peu d'années après un bien plus grand nombre (2). Près de ces fabriques, et dans le voisinage des Quinze-Vingts, Pierre des Essarts et sa femme occupaient, en 1342, une maison appelée l'*Hôtel des Tuileries*, qu'ils donnèrent à cet hôpital, avec quarante-deux arpents de terres labourables environnées de murs, qui en dépendaient. En 1416, Charles VI ordonne que toutes les *tueries* et *escorcheries* de Paris seront transférées hors des murs de la ville « près ou environ des *Tuileries Saint-Honoré*, qui sont sur ladite rivière de Seine, outre les fossés du château du Louvre (3). »

Au commencement du XVIe siècle, Nicolas Neuville, sieur de Villeroi, secrétaire des finances et audiencier de France, avait, sur le même terrain, une vaste habitation avec cours et jardins clos de murs, appelée aussi les *Tuileries*. Louise de Savoie, mère de François Ier, se trouvant

---

(1) L'Estoile. — (2) Jaillot, *quartier du Palais-Royal*, p. 91, t. I. — (3) *Ordonnances du Louvre*, t. X, p. 374.

incommodée du séjour de son palais des Tournelles, voulut changer d'air, et vint habiter quelque temps la maison de M. de Neuville. Elle en fut si contente qu'elle engagea le roi à l'acheter. Par lettres du 12 février 1519, François Ier fit l'acquisition de cette propriété, et donna en échange à M. de Neuville la terre de Chanteloup près Montlhéry. Mais il paraît que Louise de Savoie ne se plut pas long-temps dans sa nouvelle maison des Tuileries. Six ans après, en 1525, elle en fit don à Jean Tiercelin, maître d'hôtel du Dauphin, et à Julie du Trot, sa femme, pour en jouir leur vie durant.

Cependant l'hôtel des Tournelles, reconnu malsain, ne pouvait plus servir d'habitation à la famille royale. D'ailleurs, Catherine de Médicis n'y logeait plus qu'avec répugnance depuis la mort funeste de Henri II. La démolition de cet hôtel fut ordonnée en 1563 (1), et l'on résolut de construire une autre résidence plus vaste et plus commode, dans un lieu mieux situé. Catherine de Médicis, jetant les yeux sur l'ancienne maison des Tuileries, décida que le nouveau palais s'élèverait sur son emplacement, qu'elle agrandit encore en achetant plusieurs bâtiments et terres qui l'avoisinaient, et au mois de mai 1564, on jeta les fondements de l'édifice. Les jardins furent environnés d'un mur à l'extrémité duquel on fit commencer les fortifications, du côté de la rivière, par un bastion dont le roi posa la première pierre le 11 juillet 1566 (2). Le célèbre Philibert Delorme, abbé de Saint-Serge et de Saint-Éloi, et Jean Bullant, les deux meilleurs architectes de ce temps, dirigèrent les travaux. Ils avaient d'abord présenté le plan d'un bâtiment beaucoup plus vaste que celui qu'ils élevèrent, mais on dit que des raisons d'économie obligèrent la reine à restreindre les proportions de ce plan.

Le palais des Tuileries (3) ne se composa d'abord que du pavillon du milieu, des deux corps-de-logis ou galeries qui l'accompagnent, et des deux pavillons qui venaient immédiatement après, et qui occupent aujourd'hui le milieu de chaque aile.

Le pavillon du milieu était alors de forme carrée et moins élevé qu'il n'est à présent. Du côté de la cour, il était orné de colonnes de marbre des trois ordres ionique, corinthien et composite, avec un attique au-dessus. Les colonnes du premier ordre étaient à bandes de marbre avec des ornements symboliques sur les bandes. Du côté du jardin, ces mêmes ordres se trouvaient seulement en pierre, mais à peu près dans la même disposition.

Les deux corps-de-logis latéraux du pavillon central offraient primi-

---

(1) Voy. ci-dessus, p. 97, 101. — (2) Le récit de la cérémonie qui eut lieu à cette occasion se trouve dans Félibien, t. II, p. 1104.

(3) La plupart des détails de description matérielle que je donne ici sur le palais et le jardin des Tuileries sont empruntés à un travail très complet sous ce rapport, inséré dans le *Paris pittoresque*, t. I, p. 137 et 161.

tivement, du côté du jardin, deux galeries découvertes, supportées chacune par douze arcades, à l'extrémité desquelles se trouvaient deux autres pavillons carrés, moins élevés que celui du centre. Du côté de la cour le palais ne présentait qu'un triple étage de croisées.

Les rez-de-chaussée des deux façades du palais primitif sont encore aujourd'hui ornées de colonnes et de pilastres d'ordre ionique en bossage de marbre incrustés. Les ornements de sculpture y sont traités avec plus de profusion que de goût.

Néanmoins les cinq pièces qui formaient la façade entière, avaient de la régularité et de bonnes proportions; et, en les considérant encore détachées du reste, on trouve qu'elles pouvaient former un ensemble d'une très heureuse disposition. Seulement on critiquait les énormes toitures empruntées à l'architecture des châteaux forts de la féodalité, lesquelles formaient une contradiction avec l'ordonnance grecque et romaine, que Delorme fut le premier à donner à l'architecture française, après l'avoir dépouillée de la forme et des ornements gothiques.

Tel était le château des Tuileries : Catherine de Médicis en fit son habitation; le roi se tenait au Louvre. A cette époque, un astrologue ayant prédit à cette princesse qu'elle mourrait près de Saint-Germain, on la vit fuir avec soin, dit Mézeray, tous les lieux et toutes les églises qui portaient ce nom. Elle n'alla plus à Saint-Germain-en-Laye; et même, à cause que son palais des Tuileries se trouvait sur la paroisse de Saint-Germain-l'Auxerrois, elle en fit bâtir un autre (l'hôtel de Soissons) près de Saint-Eustache (1).

Les troubles dont le royaume fut agité sous le malheureux règne de Henri III ne permirent pas de continuer le palais des Tuileries; ce ne fut qu'au moment où Henri IV devint paisible possesseur du trône qu'on lui avait disputé si long-temps, que ce roi crut sa gloire intéressée à faire terminer un monument qui avait déjà coûté tant d'argent.

On se mit donc à construire, de chaque côté des bâtisses achevées par Delorme et dans le même alignement, deux autres corps-de-logis avec deux grands pavillons. Par cette augmentation, la façade du palais, qui, du temps de Charles IX, n'avait que quatre-vingts toises de développement sur dix-sept à vingt de largeur, eut cent soixante-huit toises et trois pieds dans sa nouvelle façade. Enfin, l'on commença, en 1600, la superbe galerie qui joint les Tuileries au Louvre du côté de la rivière.

Mais les deux nouveaux corps-de-logis et les deux grands pavillons ne furent entièrement achevés que sous Louis XIII, sur les dessins de Ducerceau, qui, dit-on, changea l'ordonnance et la décoration des premiers architectes. On lui attribue les deux corps de bâtiment, d'or-

(1) Voy. ci-après *Hôtel de Soissons*.

donnance corinthienne ou composite, qui suivent les deux pavillons du milieu, ainsi que les deux grands pavillons d'angle qui terminent chaque côté de cette longue ligne de façade.

On conçoit déjà que de cette multiplicité de parties, de styles divers, dont se trouvent composées les deux façades opposées, devait nécessairement résulter ce défaut d'ensemble et de proportions, qui frappe les regards. En effet, le pavillon du milieu, fort bien en rapport avec la façade primitive, paraît aujourd'hui trop petit pour la façade actuelle, et est écrasé par les grands pavillons des extrémités, sous lesquels s'affaissent trop les deux pavillons intermédiaires, et plus encore les deux premiers corps de bâtiment ou galeries. « Aujourd'hui qu'on nous a habitués à des monuments grandioses dans toutes leurs proportions, nous ne concevons pas le goût de nos ancêtres quand ils édifiaient des palais formés de parties diverses et composés de plus de pavillons que de corps de bâtiment. »

Cette bizarrerie nous frapperait bien davantage encore si nous avions pu voir le palais des Tuileries tel qu'il était à l'époque du règne de Louis XIV, lorsque l'on comptait cinq espèces de dispositions et de décorations, et cinq sortes de combles, sans presque aucun rapport extérieur entre ces parties, ni dans la distribution, ni dans le style, ni dans la conception.

Louis XIV fut, dit-on, choqué de ces disparates, et essaya de faire mettre de l'accord entre ces cinq parties. L'architecte Levau fut chargé de ce raccordement. Il commença par supprimer l'escalier bâti par Philibert Delorme, chef-d'œuvre de construction, lequel occupait la place du vestibule actuel. Ensuite il changea la forme et la disposition du pavillon du milieu, qui, dans le principe, était une coupole circulaire : il ne conserva de l'ancienne ordonnance que le premier ordre à tambour de marbre : deux ordonnances, l'une corinthienne, l'autre composite, surmontées d'un fronton et d'un attique, remplacèrent la décoration de Delorme, et une sorte de dôme quadrangulaire prit la place de la coupole.

Les restaurateurs des Tuileries (car dans cet ouvrage Levau fut le dessinateur et d'Orbay l'exécuteur) conservèrent en leur entier les deux galeries collatérales du pavillon du milieu avec les terrasses qui les surmontaient ; mais ils jugèrent convenable de changer la devanture du corps de bâtiment qui s'élève en retraite des terrasses. Cette partie était la moins heureuse de la façade de Delorme. Aux mansardes et aux cartels, qui s'y suivaient alternativement, ils substituèrent le rang de croisées et de trumeaux ornés de gaînes qui subsiste encore aujourd'hui avec un attique.

Les pavillons de chaque côté de ces deux galeries, qui sont à deux ordres de colonnes, ont été conservés en leur entier. Ces pavillons, dont on attribue l'architecture à Bullant, ne subirent, dans leur forme, d'autre changement que celui de l'attique actuel substitué aux mansardes : leur décoration resta aussi la même, à l'exception de la sculpture qui orne le fût des colonnes.

C'est aux deux corps de bâtiment à grands pilastres corinthiens, qui, de chaque côté, suivent immédiatement les pavillons qu'on vient de décrire, que commence l'architecture de Ducerceau, ou plutôt de Dupérac. Ici les restaurateurs n'auraient pu réparer que par une construction totale la dissonance qui frappe dans l'emploi d'un ordre colossal à côté de deux ordres délicats et légers. Il paraît que cela leur fut interdit ; et, en conservant l'ordonnance de ces façades, ils se contentèrent de supprimer des lanternes d'escalier pratiquées en dehors, des ressauts dans l'entablement, des frontons qui anticipaient sur sa frise, et les mansardes du comble.

Les deux grands pavillons d'angle qui terminent la façade furent encore plus respectés dans la restauration, qui semble n'avoir fait qu'en élaguer de légers détails. La hauteur de leur premier étage, qui ne se trouve que quatre pieds et demi plus élevé que celui du reste de la façade, donne lieu de penser que, lorsqu'ils furent construits, on avait déjà le projet de réunir, du côté du sud, les deux palais du Louvre et des Tuileries par une galerie couverte. C'est probablement à cette différence des deux niveaux qu'il faut attribuer ces croisées montant, à travers l'architrave et la frise, jusque sous la corniche, et qui produisent un effet si désagréable.

Les architectes qui ont travaillé à cette restauration d'un palais dont ils ne pouvaient changer les constructions premières, ont eu à exécuter un travail ingrat, qui sort du domaine de la critique ; car il leur était impossible, dans les conditions où ils se trouvaient, de faire disparaître des façades toutes les disparates d'ensemble et de détail qui s'y trouvaient. Ils ont donc dû se borner à ramener, autant que possible, toutes les masses discordantes de ces bâtiments à une ligne d'entablement à peu près uniforme, seul moyen qui leur restait de donner une apparence d'unité à des parties détachées et sans accord. Ils y parvinrent en assujettissant les croisées et les trumeaux, les pleins et les vides de la façade à une disposition à peu près régulière.

Ce que nous venons de dire de la façade qui règne sur le jardin s'applique au goût et à l'effet de la façade de la cour, dont toutes les parties, à quelques légères différences près, sont correspondantes.

Malgré tous les travaux que Louis XIV fit faire à ce palais, il reste encore démontré que cette restauration n'a pas atteint le but que l'on se proposait. La partie du milieu seulement a pu être heureusement remaniée. Il y règne un accord de lignes bien entendu, et la variété des masses, des retraites et des saillies qu'on y observe, semble y être moins l'effet d'un raccommodement fait après coup que celui d'une combinaison originale.

Malgré la disproportion que nous lui reprochions tout-à-l'heure, le pavillon du milieu, soit considéré de la cour, soit considéré du jardin, est le morceau le plus riche de toute la longue façade du palais des Tuileries : ce qu'on a laissé subsister de Philibert Delorme, c'est-à-dire l'ordonnance des colonnes à bandes de marbre, serait tout ce qu'on peut faire de plus riche en architecture, si le goût pouvait, dans cet art, admettre les superfluités au nombre des richesses. Pour répondre à ce luxe, on a, du côté du Carrousel, employé des colonnes de marbre dans les ordonnances supérieures, genre de magnificence qu'il est rare de trouver en France en dehors des édifices.

Le palais et le jardin des Tuileries étaient primitivement séparés entre eux par une rue d'une grande largeur, bornée du côté du jardin par un mur de peu d'élévation, qui formait une espèce de cour. Du côté opposé, la cour proprement dite a subi diverses modifications. Elle était une quand le palais ne se composait que de trois pavillons et de deux galeries; elle fut ensuite divisée en trois parties au moyen de deux murs qui les séparaient, à partir des deux premiers pavillons latéraux exclusivement; de sorte que la cour du milieu ne comportait d'autre largeur que celle du pavillon du milieu et des deux galeries adjacentes, et chacune des deux autres comprenait l'emplacement que forme le pavillon qui est au bout de cette galerie, le corps de logis qui le suit et le grand pavillon d'angle. Du côté de la place du Carrousel, ces trois cours étaient bornées par une ligne de construction, dont les deux extrémités ne pouvaient être considérées que comme un mur épais; le centre de cette ligne présentait deux pavillons situés aux angles de la séparation des cours, et deux guérites, au milieu desquelles était la grande porte d'entrée, en face du vestibule du château; ces pavillons étaient joints aux guérites par une galerie en bois, couverte et appuyée sur un mur crénelé.

Lors de la révolution du 10 août 1792, les pavillons furent incendiés et ne se relevèrent jamais. Quelque temps après, les murs qui divisaient les cours, et qui les séparaient de la place du Carrousel, disparurent; les limites de la cour unique furent reculées de manière à la rendre assez spacieuse pour y faire manœuvrer plusieurs régiments de cavalerie et d'infanterie, et une belle grille de fer, à piques dorées, posée sur un mur à hauteur d'appui et parfaitement semblable à celle de la terrasse du jardin des Tuileries, remplaça, sous le Directoire, les constructions qui obstruaient la vue de la façade du palais. Cette grille s'ouvre par trois portes, dont la principale, qui se trouve au milieu, est ornée de quatre faisceaux d'armes, primitivement surmontés d'un coq dont les ailes étaient déployées; au-dessous était un carré long entouré d'une couronne de chêne et de lauriers, portant les lettres réunies R F (république française); tous ces ornements étaient dorés. Ils ont disparu pour faire place successivement aux emblèmes de l'empire et à ceux de la restauration.

La décoration intérieure du palais des Tuileries a éprouvé tant de changements et de vicissitudes, depuis la révolution surtout, qu'il serait difficile d'arrêter les regards de nos lecteurs sur toutes ces transformations. Nous nous bornerons donc à faire une simple description des pièces principales qui se trouvent dans ce palais, sans nous occuper de tous les détails des décorations et de l'ameublement, si sujets à varier.

Nous avons dit que le grand escalier, chef-d'œuvre de Delorme, se trouvait, du temps de Catherine de Médicis, dans le vestibule du pavillon du milieu, qu'il occupait presque tout entier, de manière à intercepter totalement la vue, qui, de l'entrée principale de la cour, s'étend aujourd'hui jusqu'à l'arc de triomphe de l'Étoile. Cet escalier fut déplacé sous Louis XIV : Levau et d'Orbay y substituèrent celui qui était naguère à droite en entrant dans le vestibule, dont le plafond un peu bas est soutenu par des colonnes ioniques. On y remarque trois statues : Minerve, Narcisse et un guerrier. Jusqu'au règne de Louis-Philippe, ce vestibule fut comme partagé en deux dans la largeur du bâtiment, et cette division était formée par quelques marches qu'il fallait descendre pour arriver à la partie du côté du jardin. Aujourd'hui ces marches ont été posées à l'entrée en venant du jardin, et tout le vestibule se trouve ramené à un même niveau, ce qui est d'un meilleur effet.

A l'escalier qui était à droite en entrant dans le vestibule, et dont la belle rampe en pierre portait des ornements allégoriques à la devise de Louis XIV, l'architecte du roi, M. Fontaine, en a substitué un autre, construit il y a quelques années dans la partie du vestibule parallèle à l'ancien escalier; ce dernier est droit et va aboutir directement à la porte de la chapelle actuelle, en traversant toute la galerie nouvellement couverte; puis, par une révolution du palier d'en haut, on rentre dans l'intérieur du pavillon du milieu, et de là dans la galerie de gauche qui communique aux appartements.

A la place du premier escalier, on a pratiqué aujourd'hui une salle des gardes, de laquelle on aboutit à celle dite des *Cent-Suisses*, où était anciennement une chapelle qui ne fut jamais complétement achevée. Cette salle est décorée, dans le fond, de quatre colonnes doriques, avec deux statues assises, en avant, qui représentent le Silence, et deux autres debout, dans le fond, représentant les chanceliers d'Aguesseau et l'Hospital. On montait de cette salle, par une révolution d'escalier entre les colonnes du milieu, au salon de la chapelle, qui, avec la petite pièce en avant, a servi pendant long-temps au conseil d'État. Cette salle forme tribune pour la chapelle du côté de la cour. Elle est décorée de pilastres et de colonnes en stuc avec un plafond à voussures, peint par Gérard. Le principal sujet représente l'entrée de Henri IV dans Paris, avec différents ornements allégoriques et des figures en grisaille qui caractérisent les diverses sections du conseil d'État, telles que la législation, les finances, la marine, la guerre et les arts.

La chapelle et la salle dont il vient d'être parlé ont été construites sur une portion de l'emplacement de la grande salle des machines, ouvrage exécuté par Vigarani, sous le règne de Louis XV. La chapelle est ornée de deux colonnes doriques en pierres et en stuc, formant des tribunes sur trois faces, au premier étage. La tribune du roi, opposée à l'autel, au-dessus duquel se trouve l'orchestre, est décorée d'un pavé en compartiments de marbre et de mosaïque. La décoration de cette chapelle, qui est trop étroite pour sa hauteur, et que l'on a cherché à rendre plus grande au moyen des tribunes, est fort simple. Le plafond est peint à compartiments dorés, sur des fonds de grisaille.

La salle de spectacle d'aujourd'hui, construite sous le règne de Napoléon, avec toute la magnificence de l'empire, occupe, à peu de chose près, le même espace que celle qui avait été construite sur une partie de l'ancienne salle des machines, et dans laquelle l'Opéra s'établit après le premier incendie de son théâtre, au Palais-Royal, en 1761. Cette salle servit depuis aux comédiens français jusqu'à l'époque où ils furent transférés au faubourg Saint-Germain. En 1788, les bouffons italiens y donnèrent encore quelques représentations. Enfin elle fut détruite en 1792, ainsi que toutes les autres distributions faites dans ce même local, lorsqu'on y établit la salle de la Convention.

La nouvelle salle de spectacle est décorée d'un rang de colonnes ioniques, supportant quatre arcs-doubleaux, sur lesquels s'appuie une voûte en calotte, avec un cul-de-four dans la partie opposée à la scène. La loge du roi, construite pour l'empereur, occupe le milieu avec deux amphithéâtres en forme de corbeille, pour les femmes, à droite et à gauche. Le parterre, la galerie de plain-pied, et le premier étage étaient réservés pour les personnes de la cour ; il y a un rang de loges grillées au rez-de-chaussée et deux autres au-dessus de la galerie pour les invités de la ville. On répète, pour les bals et les festins, la décoration de la salle, en constructions mobiles, sur l'espace occupé par le théâtre.

Le grand pavillon du côté du nord, appelé pavillon de *Marsan*, a été disposé, sous la restauration, pour loger le frère du roi, depuis Charles X, avec tout son service. Il contient deux grands appartements, l'un au rez-de-chaussée et l'autre au premier, indépendamment de plusieurs autres étages supérieurs destinés au reste de sa maison.

La disposition primitive du château ne donnant, dans la partie centrale, qu'un simple logis avec deux galeries et terrasses découvertes au-dessus, et la reconstruction du grand escalier ayant interrompu la communication de plain-pied entre les appartements du roi et la chapelle, il a fallu élever sur la terrasse de droite une galerie vitrée, de construction légère et figurant une tente que l'on se proposait de répéter sur la terrasse du côté gauche, vers l'appartement du roi. Par le moyen de cette galerie vitrée on pouvait aller à couvert de la salle des Maréchaux à la chapelle. Depuis la révolution de 1830, cette galerie vitrée a fait place à une galerie couverte, au moyen d'une construction nouvelle, due à M. Fontaine. Il est probable qu'on couvrira de même la galerie du côté opposé, afin de compléter la symétrie de la façade du jardin.

Retournant au grand escalier, on entre à gauche dans les grands appartements, et d'abord dans la salle dite des *Maréchaux*, qui occupe la totalité du pavillon du milieu. Cette salle a un balcon sur la cour et un autre sur le jardin. Quatre figures cariatides, copiées sur celles que Jean Goujon a faites au Louvre, forment, sur la façade du couchant, une tribune qui s'accorde avec un balcon soutenu par des consoles au pourtour de la pièce. Elle renferme une suite de portraits en pied des maréchaux de France, et plusieurs bustes des généraux français morts sur le champ de bataille. La voûte est décorée de caissons et de compartiments d'ornements peints en grisaille.

A la suite de la salle des maréchaux est le salon dit *des nobles* ou *des gardes*. Il occupe six croisées de face; son plafond, en voussures, est décoré de bas-reliefs en grisaille, rehaussés d'or, représentant des troupes, des marches, des batailles et des triomphes antiques, le tout entouré d'ornements avec des figures allégoriques, rappelant les vertus guerrières.

Le salon *de la Paix*, autrefois l'antichambre du cabinet du roi, est maintenant ainsi nommé à cause de la riche statue de la Paix, en argent, que l'on voit en face de la cheminée; le modèle de cet ouvrage est de M. Chaudet. Le plafond, peint en 1668, par Nicolas Loir, est d'une grande richesse et d'une composition agréable : c'est le soleil à son lever, répandant sa lumière sur la terre. On sait que le soleil était l'emblème de Louis XIV.

La *salle du trône*, autrefois la chambre du roi, est éclairée de trois croisées sur la cour. L'irrégularité de la disposition de ses fenêtres la rend beaucoup moins agréable que les trois pièces précédentes, dans lesquelles on a la jouissance de la double vue sur la cour et sur le jardin. Le trône est élevé sur un gradin de trois marches. La pièce est décorée par des tentures et tapisseries de la manufacture des Gobelins.

Le cabinet du roi, après la salle du trône, est de forme carrée; son plafond est décoré de peintures, de sculptures et de dorures d'une grande magnificence. Deux figures de bas-relief en marbre blanc y représentent, l'une l'Histoire, et l'autre la Renommée. Différents ornements et trophées de guerre, en bronze doré, servent d'accessoire au sujet principal. Errard, premier directeur de l'académie de peinture à Rome, y fit exécuter, par les jeunes peintres ses élèves, les copies de la galerie Farnèse, du célèbre Annibal Carrache. C'est à ces jeunes peintres qu'appartiennent aussi les autres tableaux qui décorent les plafonds de la galerie de Diane, à l'extrémité des grands appartements. Cette galerie servait autrefois à la réception des ambassadeurs; elle fut remise à neuf sous le règne de Napoléon.

L'appartement de service est situé immédiatement derrière la galerie de Diane et les salles qui terminent le grand appartement. Il a vue sur le jardin, et l'on y entre par le grand escalier, près du pavillon de l'extrême gauche, appelé le pavillon *de Flore*. Une antichambre servant de salle des gardes, deux salons, le cabinet particulier du roi, un second cabinet, la chambre à coucher, et un cabinet de toilette avec ses dépendances, composent l'habitation particulière du roi. Ces pièces, dont la décoration primitive remonte à la régence, sont beaucoup moins riches que celles du grand appartement de la cour. Les tableaux des plafonds appartiennent, dit-on, à l'école de Mignard : ils représentent des scènes à la gloire de Louis XIV encore enfant. Napoléon a fait repeindre à neuf la salle dite *des Gardes*; on y voit aujourd'hui, sur un fond bleu, au milieu de compartiments formés de trophées d'armes et de figures allégoriques en grisaille, Mars parcourant sur un char la circonférence du globe, et signalant par une victoire chacun des mois de l'année. La chambre à coucher ancienne a aussi été changée : elle se trouve agrandie et disposée de manière à s'accorder convenablement avec les pièces qui la précèdent.

L'appartement de la reine et des princesses est aujourd'hui au rez-de-chaussée : il est moins magnifique et d'une proportion moins élevée que celui du roi, qui est au-dessus. Ayant été refait et décoré à neuf lors du mariage de Napoléon avec Marie-Louise, on y remarque une sévérité de style et une légèreté d'ornements qui contrastent avec le goût pompeux du siècle de Louis XIV. On trouve dans cet appartement la salle à manger, la salle des concerts, dans laquelle on dresse un petit théâtre mobile pour les représentations de société; le salon *des Grâces*, ainsi nommé à cause d'un tableau de Blondel représentant les trois Grâces, et la salle de billard. Ces appartements, ornés avec un art exquis, offrent une variété de détails d'un effet fort agréable. Cette variété serait sans doute un grand défaut si l'on pouvait embrasser toutes ces pièces d'un seul coup d'œil; mais ici, où chaque partie forme un tout détaché de la masse, elle s'accorde parfaitement avec le bon goût.

Les principales vues du palais des Tuileries donnant sur le jardin, il est difficile de trouver une perspective plus majestueuse et plus magnifique que celle qui se présente de ce côté. Depuis que le roi Louis-Philippe a disposé la grande terrasse du château en jardin privé, on a construit un escalier léger à rampes, par lequel on descend des appartements du rez-de-chaussée dans ce nouveau jardin.

Le jardin des Tuileries n'a pas subi moins de changements que le palais même, et l'on ne peut lire aujourd'hui sans quelque surprise la description de ce qu'il était avant les grands travaux de Lenôtre. « Quoique son étendue ne fût pas, à beaucoup près, aussi considérable qu'aujourd'hui, on y trouvoit un étang, un bois, une volière, une orangerie, des allées, des parterres, un écho, un théâtre, un labyrinthe. La volière, située vers le milieu du quai des Tuileries, consistoit en plusieurs bâtiments. L'écho étoit au bout de la grande allée, c'est-à-dire à l'extrémité du jardin. La muraille qui l'entouroit avoit deux toises de hauteur et vingt-quatre pieds de diamètre ; sa forme étoit celle d'un demi-cercle, et elle étoit cachée par des palissades. C'étoit là où les galants de l'époque se rendoient pour donner des sérénades à leurs maîtresses. A peu de distance de cet écho, du côté de la porte Saint-Honoré, étoit placée l'Orangerie, et tout auprès s'élevoit une espèce de ménagerie renfermant des bêtes féroces. Dans le bastion qui tenoit à la porte de la Conférence, on avoit ménagé un grand terrain qui servoit de garenne, et à l'extrémité de ce terrain, entre la porte et la volière, étoit un chenil que Louis XIII donna, en 1630, au valet de chambre Renard, à la condition de défricher le terrain qui l'entouroit et de le remplir de fleurs rares. Renard fit de cet enclos un superbe jardin au milieu duquel il bâtit un joli pavillon, qui fut long-temps fameux par les parties fines que les seigneurs y alloient faire (1).

(1) Il est souvent parlé du jardin de Renard dans les Mémoires de la minorité de Louis XIV. « Cet homme, qui avait été valet de chambre du commandeur de Souvré, avait de l'esprit, était souple, obligeant, et se connaissait fort bien en meubles et surtout en tapisseries. Il en faisait apporter chez lui des plus belles et en vendait aux personnes de qualité, même au cardinal Mazarin, qui se plaisait quelquefois à converser avec lui sur ce sujet. Dès que Louis XIII lui eut donné ce terrain, il en fit un jardin extrêmement propre, qui, par sa situation et par les manières commodes du maître, devint le rendez-vous ordinaire des seigneurs de la cour et de tout ce qu'il y avait de galant en ce temps-là. Quoique les frondeurs ne voulussent pas laisser entrer le roi dans Paris, les courtisans ne laissaient pas d'aller aux Tuileries et de là au jardin de Renard. Un jour que le duc de Candale, Jarzay, Bouteville, S.-Mégrin et quelques autres avaient fait partie d'y souper, les frondeurs l'ayant su et craignant que si le peuple voyait souvent les seigneurs du parti de la cour il ne s'accoutumât insensiblement à voir le roi, ils y envoyèrent le duc de Beaufort suivi de beaucoup de gens. Ce prince chassa les violons, renversa les tables, et fit un désordre dont il est parlé dans les Mémoires du temps. » (Piganiol, t. II, p. 377.)

« Il y avoit aussi, au milieu du jardin, des bâtiments qui servoient à loger les artistes que le roi honoroit de sa protection. On trouve dans les lettres de Nicolas Poussin, peintre célèbre, le passage suivant, qu'un écrivain moderne a récemment cité (1), et que nous croyons devoir reproduire. Poussin annonce à un de ses protecteurs son arrivée à Paris, et ajoute : « Je fus conduit le soir, par ordre du roi, dans l'appartement qui m'avoit été destiné. C'est un petit palais, car il faut l'appeler ainsi. Il est situé au milieu du jardin des Tuileries. Il est composé de neuf pièces en trois étages, sans les appartements d'en bas qui sont séparés : ils consistent en une cuisine, la loge du portier, une écurie, une serre pour l'hiver et plusieurs autres petits endroits où l'on peut placer mille choses nécessaires; il y a en outre un beau et grand jardin rempli d'arbres à fruits, avec une quantité de fleurs, d'herbes et de légumes; trois petites fontaines, un puits, une belle cour dans laquelle il y a d'autres arbres fruitiers. J'ai des points de vue de tous côtés, et je crois que c'est un paradis pendant l'été. » En entrant dans ce lieu, je trouvai le premier étage rangé et meublé noblement avec toutes les provisions dont on a besoin, même jusqu'à du bois et un tonneau de bon vieux vin de deux ans; j'ai été fort bien traité pendant trois jours avec mes amis, aux dépens du roi, etc. »

Tel était le jardin des Tuileries avant que Lenôtre l'eût régénéré; et cette description ne présente rien à l'imagination qui ne soit incohérent et désagréable. Cependant les contemporains de Louis XIII s'extasiaient en admirant la disposition du labyrinthe et les merveilles de l'écho, toutes choses assez mesquines et dignes du temps où les seigneurs et les dames se déguisaient en bergers et en bergères pour aller, suivant l'expression usitée alors, faire leurs prouesses dans le jardin des Tuileries, qui servait de promenade publique.

En 1664, Colbert, surintendant des bâtiments, s'occupa de la restauration du palais des Tuileries. On commença par y joindre le jardin, qui en était encore séparé par une rue traversant à peu près l'emplacement où était établie la première terrasse devant le château, emplacement que le roi Louis-Philippe vient de destiner à un parterre entouré de fossés. Ce fut par les ordres de Colbert que cet habile décorateur entreprit, sous Louis XIV, l'exécution du magnifique plan dont il avait tracé le dessin.

On abattit aussitôt le logement de mademoiselle de Guise, la volière et les autres bâtiments qui s'étendaient du côté de la rivière jusqu'à la barrière de la Conférence; le jardin de Renard fut enfermé dans un nouvel enclos; et sur tout ce terrain, qui contenait alors soixante-sept arpents, Lenôtre exerça son génie créateur.

(1) M. Th. Muret, *Hist. de Paris*, Paris, 1837, in-12, p. 210.

Son plan, dont on admire l'unité et la variété dans les détails, est aussi simple que grand, aussi imposant qu'agréable à l'œil; la plus exacte symétrie n'y produit rien qui ressemble à cette ennuyeuse monotonie que les Anglais reprochaient jadis à nos jardins et à nos promenades; chaque objet se trouve placé de manière à produire l'effet le plus magique. Mais ce ne fut pas sans difficultés que Lenôtre parvint à obtenir cette unité et cette symétrie; le terrain, considéré dans sa largeur, qui est de cent quarante-sept toises, offrait une pente de cinq pieds quatre pouces, et cette inégalité semblait un obstacle insurmontable à la régularité du plan. Lenôtre surmonta cette difficulté au moyen d'un talus imperceptible et de deux terrasses latérales, qui non seulement firent disparaître cette irrégularité, mais encore ajoutèrent à l'élégance de cette grande composition.

Considérant ensuite la vaste étendue de la façade des Tuileries, Lenôtre sentit qu'une aussi longue ligne de bâtiments avait besoin d'une esplanade qui lui fût proportionnée et qui en développât complétement toutes les parties. Il eut donc l'heureuse idée de ne commencer le couvert de ce jardin qu'à cent vingt-deux toises de la façade, et cette distance semble dans une proportion si parfaite avec le palais, qu'on n'imagine dans tout cet espace aucun autre point où cette masse d'arbres pût être placée plus favorablement.

Tout le sol de la partie découverte fut enrichi de parterres à compartiments entremêlés de massifs de gazon, dont les dessins nobles et élégants ont été conservés jusqu'à nos jours. Ces parterres sont disposés de manière qu'on a pu y placer trois bassins circulaires, qui offrent une agréable variété. Ces trois bassins forment un triangle terminé par le plus grand d'entre eux, qui se trouve ainsi au milieu de la grande avenue.

Au pied du palais est pratiquée une terrasse qui sert *d'empâtement* à l'édifice, et qui, avec les deux autres latérales, semble contenir le jardin entier dans ce qu'on appelait autrefois un boulingrin. Chacune de ces terrasses est accompagnée d'escaliers en pierre d'un beau dessin. On y arrive par des pentes douces, dont les murs de revêtement sont remarquables par leur belle exécution, principalement ceux qui sont placés à l'extrémité du jardin, de chaque côté du fer-à-cheval qui terminent ces terrasses. Des charmilles couvrent agréablement tous ces murs de soutènement.

En face des parterres, et dans l'alignement du milieu du grand avant-corps, est plantée une belle allée de marronniers de l'Inde, de cent quarante toises de longueur et de cent quatorze pieds de largeur (1).

(1) Dans le principe, cette allée n'avait que quarante-huit pieds de largeur; elle était bordée de deux contre-allées qui la rétrécissaient trop. C'était là le seul défaut qu'on pût raisonnablement reprocher au plan de Lenôtre. Du temps de la révolu-

Aux deux côtés de cette allée étaient disposées autrefois des pièces de verdure entourées d'arbres à hautes tiges, de bois plantés régulièrement en quinconces, de bosquets, etc.

Ces dispositions intérieures ont éprouvé de grands changements, et ne ressemblent plus aux dessins de Lenôtre; mais la masse entière du couvert est toujours restée la même, et conserve l'aspect majestueux que lui donnent la beauté des arbres ainsi que les belles proportions qu'a tracées ce grand décorateur.

Admirable du côté des Tuileries, ce bois offre peut-être un coup d'œil plus ravissant encore dans la partie opposée. Le jardin s'y termine également par une partie découverte entourée par le fer-à-cheval que forment les terrasses, et au milieu duquel est placé un vaste bassin de trente toises de diamètre, dont la forme octogone se trouve en rapport avec les parterres qui l'environnent. Du milieu de ce bassin jaillit une colonne d'eau, s'élevant jusqu'à la hauteur des plus grands marronniers.

A l'extrémité du fer-à-cheval qui termine le jardin, du côté des Champs-Élysées, on construisit, en 1716, un pont tournant d'un dessin ingénieux, qui établissait la communication directe des Tuileries à la place Louis XV.

En considérant, du haut du fer-à-cheval, l'ensemble de toutes ces parties, on remarque une telle variété dans les dessins, dans la disposition des plans, dans l'architecture des terrasses, des palissades, etc.; le palais des Tuileries d'un côté, la place Louis XV et la verdure des Champs-Élysées de l'autre, y présentent de si magnifiques perspectives, qu'il est difficile que l'art et la nature réunis puissent jamais produire des effets plus riches et plus imposants.

Du côté de la terrasse qui borde le quai des Tuileries, le coup d'œil, sans être aussi beau, n'est pas moins pittoresque; la vue s'y promène avec complaisance sur le cours de la Seine, le pont Louis XVI et le pont Royal, sur les façades du palais des députés, du nouvel hôtel du ministère de l'Intérieur, de celui de la Légion-d'Honneur et d'autres hôtels du quai d'Orsay. Toutefois le défaut d'ombrage rend cette terrasse peu fréquentée en été; tandis que celle qui longe la belle rue de Rivoli, désignée sous le nom de terrasse des Feuillants (1) ou de Rivoli, est depuis long-temps un des passages les plus fréquentés de la capitale. Quoique d'un côté de cette terrasse la vue soit bornée par les belles maisons qui bordent la rue, on jouit cependant d'un superbe coup d'œil,

---

tion on le fit disparaître en ne faisant qu'une seule allée de l'allée principale et des deux contre-allées, et en taillant les arbres en palissade. Par ce moyen on a mis le palais des Tuileries dans un rapport plus intime avec l'avenue des Champs-Elysées.

(1) Cette terrasse a pris son nom du couvent des Feuillants qui se trouvait où est aujourd'hui la rue Castiglione. Voy. ci-après *Couvent des Feuillants*.

de la grille qui est en face la rue Castiglione, d'où l'on a en perspective la place Vendôme, la colonne Napoléon, la belle rue de la Paix, et les boulevards.

La terrasse dite des Feuillants étant beaucoup plus basse que celle du bord de l'eau, on avait imaginé de pratiquer, dans l'espace qui est au-dessous et qui la sépare du couvert, de grands tapis de verdure entourés de plates-bandes de fleurs. Cette agréable variété ne nuisait en rien à la symétrie, parce que la largeur du jardin était si considérable que les parties dissemblables ne pouvaient être embrassées du même coup d'œil. Ces plates-bandes furent détruites en 1793, par suite du décret ridicule qui ordonnait que l'on sèmerait des légumes, des pommes de terre et du blé dans tous les grands terrains affectés aux jardins de luxe et d'agrément. Depuis lors ces gazons n'ont plus été rétablis, et l'espace qui leur était consacré forme aujourd'hui l'allée la plus grande et la plus fréquentée de tout le jardin; elle est désignée sous le nom d'allée des Orangers, à cause du double rang de ces arbres en caisse qu'on y place dans la belle saison. Cette grande allée, égayée par les jeux de l'enfance, est le rendez-vous des promeneurs pendant l'hiver.

Il me serait impossible d'entreprendre ici la description de toutes les statues, de tous les chefs-d'œuvre de sculpture qui décorent le jardin des Tuileries. Ces riches produits de l'art du statuaire ont été décrits dans des ouvrages spéciaux, où l'on trouvera sur ce sujet des détails que le plan de cette histoire ne saurait comporter.

A l'extrémité de la terrasse du bord de l'eau, on voyait un joli kiosque que Napoléon avait fait construire lors de la naissance de son fils, et qui depuis avait servi de laiterie et de café. Ce kiosque a été détruit il y a quelques années. Dans l'allée des Orangers est encore un café adossé contre le mur de soutènement de la terrasse des Feuillants, où les promeneurs vont se rafraîchir. Il y a dans les allées du couvert à droite, trois cabinets de lecture de journaux. Enfin on voit dans l'allée des Orangers quelques boutiques ambulantes où l'on vend des jouets d'enfants et des gâteaux.

Dans l'enclos que forme le fer-à-cheval des terrasses, est une promenade appelée la *Petite-Provence*, lieu de réunion, en hiver, des jeunes bonnes d'enfants. Au milieu de ces jeunes filles, on voit une foule d'invalides et de vieillards qui vont raconter leurs campagnes en se réchauffant au soleil.

Jusqu'à l'époque de la révolution, le château des Tuileries ne fut le théâtre d'aucun événement remarquable, si l'on en excepte la fête que Catherine de Médicis y donna quatre jours avant la Saint-Barthélemy (1). Le palais venait d'être achevé lorsque Louis XIV l'abandonna pour aller

(1) Voy. ci-dessus p. 384.

résider à Saint-Germain, puis à Versailles, demeures royales qui furent également occupées par ses successeurs. On donnait des fêtes publiques dans le jardin des Tuileries. L'une d'elles, le 1er février 1783, fut attristée par un événement malheureux. Les physiciens Charles et Robert s'y élevèrent dans un ballon; mais le second périt victime de son audace; il tomba, et son corps se brisa dans le jardin même.

Louis XVI était à Versailles, lorsque le peuple ameuté alla l'y chercher; la famille royale fit son entrée aux Tuileries dans la soirée du 6 octobre 1789 (1). Au mois de février 1790, le jardin fut envahi par la multitude, dans une émeute dont le départ des tantes du roi fut le prétexte. Au mois d'avril suivant, un autre rassemblement inonda ce même jardin, pour empêcher le roi d'aller à Saint-Cloud.

Le 20 juin 1791, la famille royale fut ramenée de Varennes, au milieu de plus de dix mille gardes nationaux et d'un immense concours de peuple. Elle rentra aux Tuileries par le Pont-Tournant; les grilles du jardin furent aussitôt fermées et l'entrée en fut interdite au public jusqu'au 25 juillet, jour où la Constitution fut présentée au roi. Cependant, dans l'intervalle, l'assemblée déclara que la terrasse des Feuillants était nécessaire à ses communications et se la réserva. Il y eut alors deux parties distinctes dans le jardin des Tuileries: la terrasse qu'on appela la *terre nationale*, le reste du jardin à l'usage du roi et de sa famille, que les exaltés désignèrent sous le nom de *terre de Coblentz*. Un ruban tricolore séparait ces deux *terres*. Le jour où le cordon fut placé, le fameux D'Espremenil, ancien conseiller au parlement, fut reconnu sur cette terrasse par la multitude, qui le maltraita; ses jours étaient en danger, lorsque quelques députés accoururent à son secours. A cette époque, la terrasse des Feuillants était le rendez-vous des orateurs démagogues, qui excitaient par leurs déclamations furibondes les passions populaires. Le jour où la Constitution fut présentée à l'acceptation de Louis XVI, les portes du jardin furent ouvertes, et quelques jours après il y eut une grande fête, pour laquelle ce jardin fut illuminé avec des bougies.

Le 20 juin 1792, le peuple envahit les Tuileries, sous prétexte de présenter lui-même des pétitions au roi; cette désastreuse journée, qu'on nomma une *promenade civique*, servit de prélude à la sanglante révolution du 10 août, qui amena la chute de l'antique monarchie. Le peuple envahit de nouveau le palais, mais cette fois ce fut le fer et le feu à la main. Les vainqueurs ne cessèrent point de tuer et de piller pendant toute la journée, et le château, dont deux ailes étaient déjà en

(2) Je ne puis me dispenser de rappeler ici en peu de mots les principaux événements politiques dont le palais et le jardin des Tuileries ont été le théâtre depuis le commencement de la révolution; mais je renvoie à l'histoire générale de Paris pendant cette période pour le développement de ces faits.

feu, eût été entièrement incendié, sans les prompts secours donnés par ordre de l'assemblée.

Sous la république, les Tuileries prirent le nom de *palais national*, et l'on y construisit sur l'emplacement qu'occupait la salle de spectacle, dite *des machines*, la salle de la Convention. Cette salle, dans laquelle on entrait directement par un perron qui donnait sur la terrasse des Feuillants, était, suivant les descriptions qui nous restent, un mélange de grandeur, d'audace et de défauts de principes en architecture. Les amphithéâtres du peuple, aux extrémités de la salle, sur lesquels des milliers de citoyens venaient s'entasser tous les jours, n'avaient d'autre appui qu'un faible poteau de trente pieds de portée et d'un seul morceau, retenu seulement par deux brides de fer. Presque toute la charpente était aussi frêle. Les soutiens des deux tribunes publiques avaient cédé à partir du côté droit du bureau du président; ces soutiens étaient cassés, et l'on ne pouvait pas concevoir comment toute cette partie de la salle ne s'était pas écroulée sous le poids de cette population toujours agitée et toujours turbulente (1). Ce fut dans cette salle que fut prononcée, le 20 janvier 1793, la sentence de la Convention qui condamnait à mort l'infortuné Louis XVI.

De grands événements se passèrent alors aux Tuileries; chaque parti, attaqué ou soutenu par la multitude, y combattit avec une terrible énergie (2). Les insurrections du 31 mai et du 2 juin, celle de prairial, eurent lieu aux Tuileries, qui furent assiégées par les sectionnaires révoltés, le 13 vendémiaire an IV.

Les bureaux de différents comités, et le trop célèbre comité de salut public siégèrent aux Tuileries. Mais, à l'exception de fonctionnaires subalternes, aucun député, aucun membre des comités ne demeurèrent au château. Dans la première séance de la Convention, le girondin Manuel ayant demandé que le président eût son appartement au palais national, cette motion excita un violent tumulte. L'ex-capucin Chabot dit que lorsqu'on voudrait parler au président, on irait le chercher à un quatrième ou à un cinquième étage, *domicile ordinaire*, ajouta-t-il, *des talents et de la vertu*. Ce paradoxe assez bouffon fut vivement applaudi.

Le Conseil des Anciens remplaça la Convention aux Tuileries, tandis que celui des Cinq-Cents alla s'installer dans la *salle du Manége*, jusqu'à l'époque du 18 fructidor, où le gouvernement l'appela près de lui au Luxembourg.

Napoléon, consul et empereur, habita les Tuileries. La famille des Bourbons y demeura également pendant toute la durée de la restauration.

(1) Paris pittoresque, t. I, p. 182.
(2) La fameuse fête de l'Etre suprême eut lieu dans le jardin des Tuileries, le 9 juin 1794.

Le 29 juillet 1830, vers midi, le peuple assaillit les Tuileries. Après un combat assez vif, qui dura une heure et demie, les troupes se virent forcées de se retirer par la grille du Pont-Tournant et la place Louis XV. La famille régnante occupe, depuis 1831, le palais des Tuileries.

Collége Louis-le-Grand, jadis *de Clermont*, rue Saint-Jacques, n° 123. — Cette maison fut le premier établissement que les jésuites eurent à Paris. Leur fondateur, Ignace de Loyola, avait étudié, au commencement du seizième siècle, au collége de Sainte-Barbe. Quelques auteurs prétendent qu'aussitôt après la publication de la bulle qui autorisait la fondation de leur ordre, en 1540, les religieux de la compagnie de Jésus vinrent s'établir à Paris et se logèrent au collége des Trésoriers, puis, en 1542, au collége des Lombards, et en 1550, dans l'hôtel de Clermont, rue de la Harpe, près du collége de Justice, qui leur aurait été donné avec une grande somme d'argent par Guillaume Duprat, évêque de Clermont. C'est seulement en l'an 1562 que le savant Jaillot place l'époque de leur première apparition officielle dans la capitale.

Le cardinal Duprat mit tout son zèle à servir ces nouveaux religieux; il les accueillit chez lui, dans son hôtel de Clermont, leur concilia la protection des Guises, et leur obtint, en 1551, des lettres-patentes par lesquelles Henri II permettait leur établissement, mais seulement dans Paris. Tout d'abord, l'évêque, le parlement et l'Université s'y opposèrent et firent suspendre l'exécution de cette faveur royale. Cependant, soutenus par la maison de Lorraine qui gouvernait complétement Catherine de Médicis et son fils François II, les jésuites se voyaient sur le point de renverser ces premiers obstacles, lorsque la mort du jeune monarque les jeta dans des embarras nouveaux. L'affaire se débattait devant le parlement auquel le roi Charles IX avait envoyé déjà plusieurs lettres de jussion favorables aux jésuites, lorsque les juges profitèrent d'une occasion propice pour décliner la responsabilité d'une tâche épineuse; ils décidèrent qu'ils fallait d'abord renvoyer les jésuites devant l'assemblée générale du clergé tenue à Poissy (1561). Le colloque de Poissy, présidé par le cardinal de Lorraine, approuva l'institution des jésuites et les admit en France à titre de Société religieuse et de collége. Ce ne fut qu'en 1562 que le Parlement consentit à l'enregistrement de cette décision, en sorte que cette date est celle qu'on doit regarder comme l'époque de l'établissement légal des jésuites à Paris.

Le cardinal Duprat avait toujours désiré qu'ils eussent un collége à Paris; mais il mourut en 1560 avant d'avoir vu ses vœux accomplis. Aussi leur laissa-t-il, indépendamment des donations qu'il leur avait déjà faites, plusieurs legs considérables que la Société de Jésus songea aussitôt à mettre à profit. Elle chercha un emplacement convenable, et acheta, en 1563, un grand hôtel de la rue Saint-Jacques qui avait appartenu à l'évêque de Langres, Bernard de La Tour, et s'appelait à cause de cela *la cour de Langres*.

À la tête de l'Université se trouvait alors un recteur facile, qui, malgré les sentiments d'opposition qu'avait manifestés le corps universitaire, accorda aux jésuites la permission d'enseigner. Ceux-ci ouvrirent donc leurs cours et appelèrent leur maison : *Collège de Clermont de la Société de Jésus*. Mais vint un recteur nouveau qui leur retira la permission et leur ordonna de fermer leurs classes. Un long procès s'ensuivit, dans lequel les jésuites l'emportèrent. Du moins ils furent autorisés à continuer leurs leçons publiques. L'éminente habileté et la réputation des professeurs qu'ils employaient attirèrent bientôt dans leur collège un si grand nombre d'écoliers, externes et pensionnaires, qu'il fallut augmenter les bâtiments. Ils firent à cet effet, en 1578 et 1582, l'acquisition de plusieurs maisons voisines. Pendant l'année 1582, ils élevèrent une chapelle dont la première pierre fut posée par Henri III.

Les jésuites prirent une part active aux fureurs de la ligue, et déployèrent tout leur zèle pour la cause catholique. Il paraît cependant qu'ils prenaient soin de ne pas s'exposer plus que de raison. Le 25 juin 1590 on avait tenu au palais une assemblée où l'on avait arrêté que les communautés religieuses seraient chargées de nourrir les pauvres et qu'il serait fait en conséquence une visite dans tous les couvents pour constater la quantité de denrées dont ils étaient approvisionnés. C'était une visite que les jésuites redoutaient grandement. Tyrius, recteur du collège de Clermont, vint, accompagné du P. Bellarmin, supplier le légat d'en exempter leur maison. Le prévôt des marchands, qui se trouvait là, s'indigna de cette demande, et dit tout haut : « Monsieur le recteur, votre requête n'est civile ni chrétienne : n'a-t-il pas fallu que tous ceux qui avaient du blé l'exposassent en vente pour subvenir à la nécessité publique? Pourquoi seriez-vous exempt de cette visite? Votre vie est-elle de plus grand prix que la nôtre? » — C'est que le recteur avait de puissants motifs pour s'opposer à ce qu'on visitât sa maison ; elle était remplie de subsistances. « On y trouva, dit l'Estoile, quantité de blé et de biscuit pour les nourrir pendant plus d'un an ; quantité de chair salée, de légumes, de foin et autres vivres, et en plus grande quantité qu'aux quatre meilleures maisons de la ville (1). »

Trois mois après, le 10 septembre, les jésuites se conduisirent plus honorablement dans une attaque nocturne dirigée contre la porte Saint-Jacques par les troupes qui assiégeaient Paris. Les ennemis ayant commencé par donner une fausse alarme, les bourgeois s'étaient retirés. Quelques jésuites seuls étaient restés sur le rempart : ils aperçurent

---

(1) *L'Estoile*, journal de Henri IV, 26 juin 1590.

dans l'obscurité que les assiégeants étaient revenus sous les murs et dressaient cinq ou six échelles pour les escalader; quelques uns même étaient déjà dans la ville. Ils accoururent et les combattirent vaillamment jusqu'à l'arrivée de troupes suffisantes pour repousser l'ennemi.

Lorsque Henri IV monta sur le trône, la réaction qui s'opéra contre la ligue frappa les jésuites; le parlement voulait les faire sortir du royaume, mais Henri IV suspendit l'arrêt de bannissement. Ce fut précisément au même moment (1594) qu'arriva la tentative de meurtre commise sur la personne du roi par un élève des jésuites, Jean Chastel (1). L'assassin subit le dernier supplice, et, par arrêt du 28 décembre 1594, « tous les prestres et escholiers du collége de Clermont et tous autres soy-disants de la Société de Jésus, » furent condamnés comme corrupteurs de la jeunesse, perturbateurs du repos public, ennemis du roi et de l'État, « à sortir dans trois jours de Paris, et dans quinze du royaume. »

Les jésuites plièrent devant l'orage, mais ils ne se découragèrent pas. Ils eurent, suivant leur habitude, recours à l'adresse et à ce genre d'habileté qui leur valut dès lors le surnom de *Pères de la ruse*. A force de persévérance, ils obtinrent de Henri IV, au bout de huit ans d'exil, la permission de rentrer en France. Ils revinrent le 25 septembre 1603; mais ce ne fut qu'après la mort du roi qu'ils reconquirent la faveur de tenir un collége et d'enseigner la jeunesse.

Ils en obtinrent la permission vers 1618. A peine eurent-ils rouvert leurs cours au collége de Clermont, que la Sorbonne et l'Université publièrent deux décrets portant que nul ne serait admis à professer la théologie, les sciences ni les lettres, dans l'Université, sans y avoir étudié au moins trois ans, sans avoir un certificat signé de deux professeurs et sans faire serment de n'avoir eu d'autres maîtres que ceux de l'Université. C'était une protestation contre le rétablissement du collége de Clermont; mais les deux décrets déférés par les jésuites au conseil d'État furent cassés le 26 avril 1618.

Sous le règne de Louis XIV les jésuites prirent un immense ascendant et parvinrent au plus haut degré d'influence et de prospérité. Ce prince leur fit plusieurs donations et les enrichit considérablement. Aussi augmentèrent-ils leur collége de Clermont qu'ils avaient déjà reconstruit en 1628. Ils firent l'acquisition de plusieurs maisons nouvelles, principalement des colléges de Marmoutier et du Mans, dont ils prirent possession en 1682, et pour le paiement desquels Louis XIV leur donna de ses propres deniers la somme de 53,156 livres. Enfin mettant le comble à ses bienfaits, le roi leur fit expédier des lettres qui déclaraient la maison de Clermont collége de fondation royale. Les jésuites

(1) Voyez plus loin l'histoire du règne de Henri IV.

témoignèrent leur reconnaissance par un trait de flatterie qui alla droit au cœur du monarque. Ils firent enlever l'inscription *Collegium Claromontanum societatis Jesu*, placée au-dessus de la porte principale, et la remplacèrent par celle-ci : *Collegium Ludovici Magni*, COLLÉGE DE LOUIS-LE-GRAND.

Les succès de la compagnie de Jésus continuèrent pendant le règne de Louis XV; mais ils étaient réprouvés par l'opinion publique. La Martinique ayant été prise dans la guerre de 1762, les jésuites, qui avaient voulu faire le commerce avec cette île, firent banqueroute. Le parlement les condamna d'une voix unanime; l'ordre des Jésuites fut déclaré dissous et ses biens furent vendus (6 août 1762). Depuis ce temps les jésuites ont toujours vécu, au moins légalement, hors de France, malgré leurs tentatives pour obtenir leur réintégration.

Le collége Louis-le-Grand, où les jésuites avaient fait construire une belle chapelle où l'on remarquait trois tableaux de Restout, continua de porter ce nom jusqu'à la révolution. En 1792 il fut appelé *collége de l'Egalité;* en 1800 *Prytanée français*, et en 1802 *Lycée impérial.* Il a repris son premier nom en 1814.

Collége des Grassins, rue des Amandiers-Sainte-Geneviève. — Ce collége doit son origine à Pierre Grassin, natif de Sens, conseiller au parlement. Ce magistrat laissa, par son testament du 16 octobre 1569, une somme de 30,000 livres, laquelle devait être employée, selon la disposition d'Antoine Thierry Grassin, son frère et son exécuteur testamentaire, et par le conseil de Le Cirier, évêque d'Avranches, à fonder un collége pour les enfants pauvres de la ville et du diocèse de Sens ou un hôpital pour les malades du même diocèse. Dans le cas où son fils viendrait à mourir sans enfants, la somme destinée à cette fondation devait être doublée. Celui-ci ne survécut pas long-temps à son père, et augmenta la fondation de 1,200 livres. L'exécuteur testamentaire, Thierry Grassin, s'étant décidé à faire bâtir un collége, acheta, le 26 avril 1571, de Jean-Jacques de Mesme, une partie de l'hôtel d'Albret, consistant en une grande maison et deux petites contiguës à la première. Les 1er et 15 mai suivants, il acheta encore quatre maisons voisines. A ces acquisitions, qui remplissaient les intentions des fondateurs, il ajouta ses propres bienfaits, et acheva de consolider cet établissement en lui léguant sa bibliothèque et environ 3,000 livres de rente.

Les bâtiments de ce collége ne furent achevés qu'en 1574; mais l'époque de la première acquisition peut en faire remonter l'origine jusqu'en 1571, date qu'a adoptée de préférence l'abbé Lebeuf. La chapelle fut dédiée en 1578, sous l'invocation de la Vierge.

En 1669 on transporta, comme nous l'avons déjà dit, dans ce collége, la fondation faite, quelques années auparavant, dans celui des Lombards,

CHARLES IX.

en faveur des pauvres étudiants irlandais. Ils y restèrent jusqu'en 1710, qu'un arrêt du parlement les fit retourner dans leur premier domicile.

La fondation primitive du collége des Grassins avait été faite pour un principal, un chapelain, six grands boursiers et douze petits; vers la fin du XVIIe siècle, le mauvais état du temporel de cette maison mit dans la nécessité de supprimer douze de ces bourses, jusqu'au moment où l'acquittement des dettes permettrait de les rétablir. Ce moment fut accéléré par les libéralités de M. Pierre Grassin, seigneur d'Arci, directeur-général des monnaies de France, libéralités qui furent assez grandes pour rendre à ce collége toute son ancienne splendeur. Les bourses, destinées de préférence aux pauvres écoliers de Sens et des environs, étaient à la collation de l'archevêque de cette ville.

Parmi les curiosités de la chapelle, on remarquait les tableaux suivants : sur le maître-autel, *Notre-Seigneur bénissant les petits enfants;* par Hallé. Sur la porte de la sacristie, la *Résurrection du fils de la veuve de Naïm*, par Simon Vouet. Vis-à-vis, le *Départ de Tobie*, par Lebrun.

Le collége des Grassins était de plein exercice, et s'était acquis un certain renom parmi les colléges de Paris. Ses bâtiments sont occupés aujourd'hui par des particuliers. Les murs de la chapelle existent encore.

Hôtel de Soissons, aujourd'hui la *Halle au Blé.* — Cet hôtel, célèbre dans les annales de Paris, était compris entre les rues du Four, des Deux-Écus et de Grenelle; il avait sa façade et son entrée principale dans la première; les cours et les jardins s'étendaient depuis la rue de Nesle (rue d'Orléans) jusqu'à la Croix-Neuve, près de Saint-Eustache, et ses dépendances se prolongeaient jusqu'à cette église et à la rue Coquillière.

L'histoire de cet hôtel pourrait, en quelque sorte, se diviser en quatre parties, puisqu'il fut successivement connu sous les noms d'*hôtel de Nesle, de Bohême, d'Orléans, de la Reine* et *de Soissons*.

Au commencement du XIIIe siècle, Jean II, seigneur de Nesle, fit construire une petite habitation seigneuriale sur un terrain en partie occupé par des prés et des vignes, et sur lequel s'élevaient une grange et deux maisons. Ce premier *hôtel de Nesle*, différent de celui qui s'éleva depuis sous le même nom, et devint si célèbre (1), consistait en un bâtiment carré, avec cour intérieure, flanqué d'une grosse tour à chacun de ses angles. En 1232, Jean en fit présent à saint Louis (2), qui y logea sa mère, Blanche de Castille. Cette princesse y mourut.

Cet hôtel appartint au roi jusqu'en 1296, que Philippe-le-Bel en fit

---
(1) Voy. ci-dessus *Hôtel de Nesle.*
(2) Le duc nomme cet hôtel, dans ses lettres de dotation, *sa maison de Paris.*

don à son frère, Charles comte de Valois, d'Anjou et d'Alençon, par ses lettres du 5 janvier. Il passa ensuite à Philippe de Valois, son fils, et ce fut au commencement de sa régence qu'il le donna à Jean de Luxembourg, roi de Bohême, fils de l'empereur Henri VII, par des lettres données au *Louvre-lez-Paris*, au mois de février 1328. Ces lettres sont curieuses en ce qu'on y voit un régent de France traiter un roi de Bohême comme s'il avait été son vassal : « Philippe cuens de Valois et d'Anjou, régens les royaumes de France et de Navarre, faisons sçavoir à tous présents et à venir, que nous, de notre propre libéralité, avons donné et donnons à noble prince notre très-chier et féal Jehan roi de Behaigne, et à ses hoirs nés et à nestre, descendant de droite ligne de son propre corps, héréditablement et perpétuellement, nostre meson qui est dicte Néelle, séant à Paris entre la porte Saint-Honoré et la porte de Montmartre, ensemble tous nos jardins et les appartenances tenants à ladicte maison, sans riens retenir à nous en possession ne en propriété, excepté la justice de la souveraineté, laquelle nous réservons et retenons par devers nous, etc. (1). »

Jean de Bohême, brave guerrier, dévoué à la France, et qui mourut pour elle à la bataille de Crécy, habita long-temps cette résidence (2). Sa fille, Bonne de Luxembourg, épousa Jean, duc de Normandie, et ce fut par ce mariage que l'hôtel de Bohême revint à la couronne. Cette habitation, qui était alors d'une assez mesquine apparence, fut donnée par le roi Jean à Amédée VI, duc de Savoie, par lettres-patentes du 5 janvier 1356. On ne sait pourquoi elle ne passa point à son successeur. Louis duc d'Anjou, fils du roi Jean, en était en possession lorsqu'il mourut en 1384. Sa veuve, Marie de Châtillon, la vendit au prix de 12,000 francs, à Charles VI, qui, en 1388, en fit présent à son frère, le duc d'Orléans. Le roi ordonna en même temps qu'on donnât 500 francs à l'évêque de Paris pour les lods et ventes de cet hôtel, qui était dans sa censive (3).

J'ai donné plus haut des détails circonstanciés sur l'hôtel de Bohême, qui prit alors le nom d'*hôtel d'Orléans*, et sur les embellissements qu'il reçut de son nouveau propriétaire (4).

Pendant l'invasion des Anglais, cet hôtel fut confisqué et donné en 1425, par le régent, au chevalier Willeri. Il revint ensuite à la maison d'Orléans. En 1493, Louis d'Orléans, qui fut roi sous le nom de

---

(1) *Description hist. et topogr. de l'hôtel de Soissons*, dans les Mémoires de l'Académie des inscriptions et belles-lettres, t. XXIII, p. 262 et suiv. On trouve annexés à ce mémoire deux plans fort exacts de cet hôtel, dont l'un a été tracé par Gomboust, en 1650.

(2) Une porte ouverte à cette époque dans l'enceinte de Philippe-Auguste, au bout de la rue Coquillière, fut nommée porte de *Behaigne* (Bohême). — (3) *Mémoire de l'Acad. des inscript.*, cité ci-dessus, p. 267. — (4) Voy. ci-dessus p. 237 et 238.

Louis XII, donna aux *Filles pénitentes* ou *repenties* la moitié de cette résidence. Comme je l'ai dit plus bas, les religieuses finirent par occuper tout l'hôtel (1); mais ce couvent ne subsista pas longtemps.

Suivant une tradition populaire, les astrologues ayant prédit à Catherine de Médicis qu'elle devait mourir auprès d'un lieu nommé Saint-Germain, cette princesse ne songea plus qu'à fuir tout lieu de ce nom, et quitta le Louvre et les Tuileries à cause de leur proximité de Saint-Germain-l'Auxerrois. Elle jeta alors les yeux sur l'hôtel d'Orléans, dont elle déposséda les Filles converties; elle acheta l'hôtel d'Albret, situé à peu de distance, les maisons et les jardins intermédiaires, et à la place des vieilles constructions s'éleva un hôtel magnifique, bâti sur les dessins de Jean Bullant et de Salomon de Bresse. Cette maison favorite de Catherine fut alors nommée *l'hôtel de la Reine*. « Le bâtiment qu'elle entreprit, dit Sauval, parut si magnifique, que dans tout le royaume, alors, il ne le cédait qu'au Louvre et à son palais des Tuileries; elle le rendit si commode qu'on y compte cinq appartements des plus grands, des plus clairs, des mieux dégagés, et tel qu'un seul même pourroit suffire au plus grand prince de la terre... On y entre par un portail aussi grand que superbe; quoiqu'imité de celui du palais Farnèse, à Caprarolle, il passe néanmoins pour un des chefs-d'œuvre de Salomon de Bresse, l'un des meilleurs architectes de notre temps; il est simple, rustique, fort haut, fort large et très bien proportionné à l'étendue aussi bien qu'à l'ordonnance du logis... La chapelle n'est pas moins considérable que les appartements; il ne s'en trouve point de si grande ni si bien parée dans les hôtels de nos grands seigneurs, non pas même au Louvre, ni au palais d'Orléans, ni au palais Cardinal. On y entre par un portail des plus élevés et des plus magnifiques; son ordonnance a quelque chose de grand et de royal; il est couronné de deux clochers suspendus en l'air sur deux trompes, et fut dessiné par Guérin. Les curieux y considèrent des festons qui pendent des deux côtés de la porte que firent, en concurrence, Colin et Huguenin; ceux qui s'y connoissent ne les trouvent pas moins galants que bien fouillés, bien tournés et recherchés, et enfin les font passer pour les chefs-d'œuvre de ces deux bons sculpteurs. L'autel est enrichi de deux figures de Pilon, le plus tendre et le plus ingénieux sculpteur de son temps. Elles représentent l'Annonciation, et ont paru si belles aux Feuillants de Paris, qu'ils les ont fait mouler pour servir d'ornement à leurs maître-autel. La tête de la Vierge exprime une partie de cette douceur et de cette pudeur virginale dont l'Écriture dit qu'elle étoit remplie (2). »

À l'angle de l'une des cours s'élevait cette fameuse colonne de Ca-

---

(1) Voy. ci-dessus p. 177. — (2) Sauval, t. II, p. 216.

therine de Médicis que l'on voit aujourd'hui adossée à la halle aux blés. Elle a quatre-vingt-quatorze pieds environ de hauteur, y compris son socle; elle est assise sur une base d'ordre dorique d'une grande simplicité, et son fût cannelé est surmonté d'un chapiteau toscan; ses cannelures étaient couvertes d'emblèmes sculptés, tels que lacs d'amour, couronnes et fleurs-de-lys, miroirs brisés, chiffres entrelacés (C et H), etc., qui n'existent plus aujourd'hui. Une sphère de fer d'un diamètre considérable surmontait la plate-forme, sur laquelle on parvenait par un escalier à vis pratiqué dans l'intérieur du fût (1). Ce monument, érigé sur les dessins de Bullant, servait, dit-on, d'observatoire à Catherine de Médicis. Il est aujourd'hui enchâssé en partie dans le mur extérieur de la halle aux blés, ce qui en garantit la solidité. Sa base sert maintenant de fontaine; un cadran solaire d'une forme nouvelle et ingénieuse (2) occupe la partie supérieure de son fût, et la sphère de fer qui surmontait la plate-forme du chapiteau a été remplacée par un ouvrage en fer aussi, retiré sans doute des ruines de l'hôtel, et dont la forme bizarre et symbolique conserve à cette colonne la pensée de sa destination première. L'escalier à vis de l'intérieur du fût existe toujours, excepté à la partie supérieure, où il est remplacé par une échelle d'environ six pieds.

En 1588, Henri III faillit mettre à exécution, dans le jardin de l'hôtel de Soissons, les sinistres projets qu'il méditait depuis longtemps contre le duc de Guise; il hésita, et remit sa vengeance à l'année suivante.

Pendant la Ligue, Charles de Lorraine, duc de Mayenne, *lieutenant-général de la couronne*, occupa cette résidence.

Catherine de Médicis légua dans son testament cet hôtel à sa petite-fille, Christine de Lorraine, femme de Ferdinand Ier, grand-duc de Toscane; mais la reine-mère laissait des dettes si considérables qu'on se trouva dans la nécessité de vendre cette belle habitation. Catherine de Bourbon, sœur de Henri IV et créancière de la reine défunte, l'acheta en 1601. Trois ans après, à sa mort, l'hôtel de la Reine fut revendu à Charles de Bourbon, comte de Soissons. Ce fut alors que, pour la cinquième fois, cette résidence, de nouveau réparée et agrandie, changea de nom et quitta celui d'*hôtel de la Reine* pour le nom d'*hôtel de Soissons*, qui lui est resté. La maison de Soissons en garda la possession jusqu'au commencement du XVIIIe siècle; il devint alors la propriété des princes de Carignan, qui, pendant la régence, en firent la succursale des opérations financières de Law. Victime de ce fameux système, le

---

(1) Sauval, t. II, p. 217 et suiv.

(2) Ce cadran, dû au savant astronome Pingré, marque l'heure précise du soleil à chaque moment de la journée et dans chaque saison de l'année. Voy. *Mémoire sur la colonne de la halle aux blés*, par Pingré.

prince de Carignan mourut, criblé de dettes, et l'hôtel de Soissons fut vendu à des particuliers qui en firent aussitôt la démolition. La colonne de Catherine de Médicis n'eût pas même été respectée par le vandalisme spéculateur, si un amateur des arts, M. Petit de Bachaumont, n'eût acheté et sauvé ainsi d'une destruction complète ce curieux débris de l'architecture et en même temps des croyances et des préjugés du XVI° siècle. Il en fit présent à la ville, mais la municipalité lui restitua les 1,500 livres, prix de son acquisition, et déclara que la colonne serait conservée (1).

La démolition de l'hôtel de Soissons date de 1750; on a élevé sur son emplacement la *halle aux blés* (3).

Juridiction des juges et consuls (1). Charles IX ayant vu renvoyer hors de cour et sans dépens deux marchands qui plaidaient depuis dix ans au parlement, résolut aussitôt d'affranchir le commerce des entraves qu'il rencontrait dans les justices royales, et d'établir un tribunal où les marchands seraient jugés par leurs confrères. Cette institution, qui prit le nom de *juridiction des juges et consuls*, fut fondée par édit royal au mois de novembre 1563. Le parlement, mécontent de cette innovation, n'enregistra d'abord l'édit que par provision et pour obéir aux lettres de jussion; ce ne fut qu'au mois de janvier de l'année suivante qu'il accepta complètement la nouvelle institution.

Ce tribunal connaissait de toutes les causes concernant le commerce et *le fait de marchandise, chacun plaidant pour soi, sans avocat ni procureur*; il pouvait juger sans appel au parlement, pourvu que la demande n'excédât pas 500 livres. Il était composé de cinq marchands, originaires du royaume, établis à Paris (4); le premier était appelé *juge* et les autres *consuls*. Ces magistrats étaient renouvelés tous les ans, le 28 janvier, et leur élection avait lieu dans l'ordre suivant. Après une messe solennelle dans l'église de Saint-Merry, les soixante principaux marchands convoqués par les consuls en fonctions choisissaient au

(1) On publia à ce sujet une gravure satirique où l'on voyait la colonne entourée de sauvages qui la défendaient contre des pionniers se disposant à la démolir. Ces pionniers étaient commandés par l'Ignorance, coiffée d'un bonnet à oreilles d'âne. Bignon, prévôt des marchands, se reconnut dans cette figure allégorique et fit supprimer la gravure; elle reparut au mois d'août 1763. On publia aussi en 1761 le portrait de Bachaumont; il était représenté assis dans un fauteuil, les yeux fixés sur la colonne. On lisait au bas : *Columna stante quiescit.* M. Dulaure, t. VI, p. 115.

(2) Voy. *Halle au Blé.*

(3) La première juridiction de ce genre qui ait été établie en France, est celle de Toulouse, qui date du règne de Henri II.

(4) Le juge et les consuls se prenaient parmi les drapiers, les épiciers, les apothicaires, les merciers, les joailliers, les quincailliers, les pelletiers, les bonnetiers et les orfévres. Les libraires, les marchands de vins, les marchands de bois et les marchands de laine jouissaient du même privilége. Voy. Hurtaut, t. II, p. 552.

scrutin trente d'entre eux, qui a leur tour élisaient les cinq nouveaux juges. Les membres de ce tribunal prêtaient serment au parlement. Voici comment se fit la première élection de ces magistrats populaires: « Elle eut lieu le 27 janvier 1564, à l'Hôtel-de-Ville, où le prévôt des marchands et les échevins avoient fait assembler cent principaux des six corps des marchands, auxquels on fit faire serment d'élire cinq d'entre eux, gens d'honneur et de probité, pour exercer l'un la charge de juge, et les quatre autres celles de consuls. Ensuite tous les cent procédèrent à l'élection par un scrutin que les quatre scrutateurs, choisis par l'assemblée, portèrent aussitôt au bureau des officiers de la ville. Il se trouva, par l'examen des billets, que Jean Aubry, ci-devant échevin, fut élu pour juge, et pour consuls furent nommés à la pluralité des voix: Nicolas Bourgeois, Henri Ladvocat, Pierre Delacour et Claude Heroy. Le 1er février suivant, ils furent conduits au parlement par deux échevins, Claude Marcel et Claude Le Prestre, et là, en présence de François de Montmorency, maréchal de France et gouverneur de Paris, ils prêtèrent serment entre les mains du premier président, Christophe de Thou, promettant d'exercer leur charge conformément à l'édit de leur création (1). »

Six jours après, ce tribunal s'établit dans l'hôtel abbatial de Saint-Magloire, rue Saint-Denis. Le 16 novembre 1570, les juges consulaires achetèrent, rue du Cloître-Saint-Merry, la maison du président Baillet, où ils s'installèrent peu de temps après. Ils y tenaient séance trois jours de la semaine, matin et soir, les lundi, mercredi et vendredi.

L'hôtel des consuls ou la *maison consulaire* n'avait rien de remarquable. Au-dessus de la porte cochère était une médiocre statue de Louis XIV, sculptée par Simon Guillain. Avant la révolution, on voyait encore dans la salle d'audience le portrait en pied de Charles IX, remettant aux juges-consuls l'édit de leur institution; en face était un autre portrait, également en pied, représentant Louis XV, et donné par ce prince en 1758; dans la salle du conseil on remarquait le buste de Louis XVI, par Lagrenée. Ce bâtiment a été démoli il y a peu de temps, et sur son emplacement on a ouvert une rue nouvelle, conduisant de la rue du Cloître-Saint-Merry à celle du Renard.

La *juridiction des juges et consuls* revit aujourd'hui dans l'institution du *tribunal de commerce*, qui, après avoir long-temps occupé l'hôtel du cloître Saint-Merry, siége actuellement au palais de la Bourse (2).

Séminaire de Saint-Magloire, anciennement hôpital de Saint-Jacques-du-Haut-Pas, rue Saint-Jacques, nos 254, 256 et 258. — L'hôpital Saint-Jacques-du-Haut-Pas fut fondé par des religieux qui lui

---

(1) Félibien, t. II, p. 1089. — (2) Voy. *Tribunal du Commerce*.

donnèrent leur nom. Cet ordre, qui paraît être le même que celui des religieux appelés *Pontifices* ou faiseurs de ponts, prit naissance en Italie vers le milieu du XIIe siècle, et ne fut d'abord qu'une société de laïques institués spécialement pour faciliter aux pèlerins le passage des rivières, en faisant eux-mêmes des bacs et des ponts pour cet usage. Aussi portaient-ils un marteau brodé sur la manche gauche de leur habit. Cet institut forma dans la suite une congrégation religieuse, dont le chef-lieu fut l'hôpital de Saint-Jacques-du-Haut-Pas, situé dans le diocèse de Lucques, en Italie. Ces religieux avaient pris leur nom d'un endroit appelé *Haut-Pas* ou *Maupas*, situé sur la rivière d'Arno, où se fit le premier établissement de leur ordre (1).

Jaillot fixe au XIIe siècle l'époque de leur établissement à Paris. « Il ne me paroît guère probable, dit-il, qu'on puisse appliquer à d'autres qu'à eux une donation faite en 1183, par Philippe-Auguste, aux *frères de l'ordre de la milice de Saint-Jacques*, de tout ce qui lui appartenoit sous Montfaucon (2). » Ces hospitaliers ne pouvant rendre en France les services auxquels ils étaient obligés par leur règle, n'y furent pas moins utiles, en recevant les pèlerins des deux sexes et en les nourrissant dans leur hôpital. Malgré la suppression de cet ordre par Pie II, en 1459, et la réunion de ses revenus à celui de Notre-Dame-de-Bethléem, il fut conservé en France; car en 1519, l'hôpital et une partie de l'église de Saint-Jacques-du-Haut-Pas (3) furent rebâtis par le commandeur Antoine Canu, et au mois de juillet de cette année, l'église fut dédiée, par François Poncher, évêque de Paris, sous l'invocation de la Vierge, de plusieurs saints et de tous les anges. Les habitants des faubourgs Saint-Jacques et Saint-Michel, éloignés des églises de Saint-Médard, Saint-Hippolyte et Saint-Benoît, leurs paroisses, sollicitaient depuis long-temps l'érection de la chapelle de l'hôpital de Saint-Jacques-du-Haut-Pas en succursale. L'official leur accorda leur demande en 1566. Sa sentence, du 2 février, ordonne « que les curés ou vicaires perpétuels desdites églises s'accorderont pour le choix d'un chapelain, qui résidera audit lieu du Haut-Pas, pour y dire la messe à voix basse et vêpres, les dimanches et fêtes, et administrer les sacrements, et permet auxdits habitants d'avoir d'autres chapelains qui chantent et célèbrent les offices divins. »

La chapelle devint donc une succursale; mais il paraît que l'hôpital était depuis quelques années *dans la main du roi*, sans qu'on en sache la raison. On trouve qu'en 1554 il fut destiné, par un arrêt du conseil, à recevoir les soldats blessés, et qu'en 1561 le roi en faisait acquitter les charges (4).

(1) Piganiol, t. VI, p. 140 et suiv. — (2) Jaillot, t. IV, *quartier Saint-Benoît*, p. 138. — (3) Cette église, ou plutôt cette chapelle avait été bénite en 1350. — (4) Jaillot p. 140.

L'ordre de Saint-Jacques-du-Haut-Pas était sur le point de s'éteindre en France, et il ne restait plus à Paris qu'un ou deux religieux, lorsqu'en 1572 un ordre de Catherine de Médicis fit transférer à Saint-Jacques-du-Haut-Pas les religieux de Saint-Magloire (1). Mais il arriva alors que l'office de ces religieux devant se dire à certaines heures, se rencontrait souvent avec celui de la succursale, ce qui des deux côtés devint également incommode, et détermina, en 1584, les paroissiens à faire bâtir une nouvelle chapelle à côté de l'ancienne. Telle fut l'origine de l'église Saint-Jacques-du-Haut-Pas, à laquelle je consacrerai plus loin un article spécial. L'hôpital et sa chapelle reçurent alors le nom de Saint-Magloire.

La translation des religieux de Saint-Magloire, qui ne s'opéra que difficilement et contre leur gré, fit naître parmi eux un esprit d'opposition et un relâchement si marqués, que Pierre de Gondi, évêque de Paris et abbé de ce monastère, se crut obligé de recourir à l'autorité du parlement; qui, par son arrêt du 13 février 1586, ordonna que cette abbaye serait réformée, et nomma des commissaires à cet effet. Cette réforme eut tout le succès qu'on pouvait désirer; mais le nombre des religieux diminua successivement, et à un tel point, que Henri de Gondi, cardinal de Retz et évêque de Paris, jugea qu'il ne pouvait trouver ni un lieu ni une circonstance plus favorables pour établir un séminaire qu'il avait depuis quelque temps résolu de former. Il obtint à cet effet des lettres-patentes du mois de juillet 1618, qui autorisèrent la fondation de ce séminaire. Douze bourses y furent établies, à la nomination de l'archevêque de Paris. Ce *séminaire de Saint-Magloire*, le premier fondé à Paris, fut habilement dirigé par les Pères de l'Oratoire. Ceux-ci, par une transaction passée le 7 mars 1620, convinrent que les religieux de Saint-Magloire pourraient rester dans la maison, qu'ils y jouiraient chacun d'une pension de 414 livres et de la prébende de l'église Notre-Dame, qu'on avait affectée à leur mense. Le dernier de ces religieux y mourut en 1669 (2).

Le cardinal François Barberini, envoyé légat *à latere* en 1625, par Urbain VIII, son oncle, au sujet des affaires de la Valteline, vint descendre d'abord aux Pères de l'Oratoire de Saint-Magloire, y reçut de la part de Louis XIII les compliments de Gaston, frère du roi, et se dirigea ensuite vers Notre-Dame (3).

Les bâtiments de l'ancien hôpital de Saint-Jacques-du-Haut-Pas avaient été reconstruits en partie par les oratoriens (4). L'église n'avait rien de remarquable. On y voyait quelques épitaphes des hospitaliers de Saint-Jacques-du-Haut-Pas, entre autres celles de Dimanche de Lucques,

(1) T. I, p. 363. — (2) Jaillot, p. 132. — (3) Piganiol, t. VI, p. 149. — (4) Les bâtiments de l'ancien hôpital étaient séparés de l'église actuelle de Saint-Jacques, par une ruelle nommée *rue des Deux-Églises*.

mort le 1er janvier 1403, et d'Antoine Canu (1), mort le 15 octobre 1526, l'un et l'aure qualifiés commandeurs-généraux de l'ordre au royaume de France. Dans le chœur, on voyait le tombeau de Philippe-Emmanuel de Gondi, général des galères qui, après la mort de Marguerite de Silli, sa femme, se retira chez les prêtres de l'Oratoire, où il reçut la prêtrise ; c'est le père du fameux cardinal de Retz. Deux oratoriens, célèbres à leur époque par leur science et leur piété, les PP. Louis Thomassin et Pierre Lebrun, étaient ensevelis dans la même église. — On remarquait sur le maître-autel un tableau représentant l'*Annonciation*, sans nom d'auteur; dans la nef étaient plusieurs tableaux médiocres ou copiés d'après de bons maîtres.

La bibliothèque du séminaire, composée de 18 à 20,000 volumes, renfermait les manuscrits de Saint-Marthe, sur les grandes maisons de France.

L'église, devenue propriété particulière, a subsisté jusqu'en 1823, époque de sa démolition. En 1792, le séminaire des oratoriens fut affecté à l'institution des Sourds-muets, qui n'ont jamais quitté cet emplacement. Mais en 1823 on commença à abattre les anciens bâtiments qui ont fait place à un vaste et commode édifice (2).

Église succursale de Saint-Jacques-du-Haut-Pas, rue Saint-Jacques entre les nos 252 et 254. Cette église doit son nom à la chapelle de l'hôpital Saint-Jacques-du-Haut-Pas, dont l'article précède. J'ai dit que dès le milieu du xve siècle, les habitants des faubourgs Saint-Jacques et Saint-Michel, trop éloignés des églises Saint-Médard, Saint-Hippolyte et Saint-Benoît, leurs paroisses, avaient sollicité l'érection de cette chapelle en succursale. Cette demande ne leur fut accordée qu'en 1566, et l'on a vu plus haut qu'après l'installation des Bénédictins de Saint-Magloire, en 1572, dans la maison des Hospitaliers de Saint-Jacques, l'impossibilité de dire en même temps, dans la même chapelle, l'office des religieux et celui des paroissiens, détermina ces derniers à faire bâtir une nouvelle église à côté de l'ancienne dont l'usage resta aux religieux. Le nouvel édifice fut commencé en 1584, et l'on en bénit le cimetière le 10 mai de la même année.

Le prêtre qui desservait cette église prit, dès l'origine, le nom de curé, et il paraît que cette cure était alors à la nomination du trésorier de la Sainte-Chapelle; cependant l'église de Saint-Jacques-du-Haut-Pas n'était pas encore paroisse. Elle ne dut ce titre qu'à l'augmentation rapide de la population de ce quartier. Cet accroissement devint tel, que, dès 1603, on forma le projet de faire bâtir une église plus vaste, ce qui toutefois ne fut exécuté qu'en 1630, parce que plusieurs obstacles en

(1) Piganiol, rapporte textuellement l'épitaphe de ce dernier.
(2) Voy. *Institution des Sourds-muets*.

traversèrent jusque là l'exécution. La première pierre en fut posée, le 2 septembre de cette année, par Monsieur, frère de Louis XIII; et ce fut alors seulement que les habitants obtinrent l'érection de leur église en paroisse. Cette faveur ne leur fut accordée toutefois qu'après de longues contestations, et sous la condition de certaines redevances aux curés des diverses églises dont la chapelle Saint-Jacques était auparavant dépendante. Il fut aussi ordonné que cette cure serait à l'avenir à la présentation alternative du chapitre Saint-Benoît et du curé de Saint-Hippolyte.

Toutefois les travaux de la nouvelle église, commencés avec beaucoup d'ardeur, restèrent suspendus, faute de secours, jusqu'en 1675, et à cette époque on n'avait encore construit que le chœur de l'église que nous voyons aujourd'hui. On en dut la continuation à madame Anne-Geneviève de Bourbon, princesse du sang, duchesse douairière de Longueville, qui s'était retirée aux Carmélites. Elle posa la première pierre de la tour et du portail le 19 juillet de cette année, et ses libéralités furent d'un grand secours à la fabrique pour en achever la construction; mais il est juste de dire que la plus grande partie de la dépense fut faite par les paroissiens. Il est peu d'exemples, dans cette histoire, d'un zèle de piété plus unanime et plus touchant. Les carrières, qui étaient en grand nombre dans le quartier, fournirent gratuitement toute la pierre dont cette église est pavée, et les ouvriers employés à sa construction voulurent donner chacun un jour de leur travail par semaine. Ces deux parties de l'église, le portail, décoré de quatre colonnes doriques, et la tour de forme carrée, furent construites sur les dessins de l'architecte Guittard, membre de l'Académie, et achevés en 1684. On commença en 1688 la chapelle de la Vierge.

Dans cette église et dans le cimetière avaient été inhumés :
Jean Duverger de Hauranne, abbé de Saint-Cyran, mort en 1643; *Jean Dominique Cassini*, célèbre astronome, mort en 1712; Philippe de La Hire, habile géomètre, et fils du peintre de ce nom, mort en 1718; *Jean Desmoulins*, curé de cette paroisse, et l'un des plus dignes pasteurs dont puisse s'honorer l'église de Paris, mort en 1732.

Parmi les objets d'art qui décoraient autrefois l'église Saint-Jacques-du-Haut-Pas, on remarquait, sur le dernier pilier de la nef, à droite, près de la croisée, le Martyre de Saint Barthélemy, par La Hire. Ce fut, dit-on, ce tableau qui commença la réputation de cet habile peintre. Vis-à-vis de la chaire, un Christ, par Lelu. Sur la porte de la sacristie, une Nativité et un Saint Pierre dans la prison, sans nom d'auteur. Sur l'autel de la Vierge, une Assomption, dans une chapelle à gauche, le Mariage de la Vierge; également sans nom d'auteur.

Depuis quelques années on a placé dans cette église un tableau de grande dimension, représentant l'Ensevelissement de Jésus-Christ, peint par De George, élève de David, et qui fut exposé au salon de 1819.

L'église de Saint-Jacques-du-Haut-Pas est aujourd'hui la seconde succursale de la paroisse Saint-Étienne-du-Mont.

Arsenal. — Situé entre la rue de Sully et le quai Morland. On ne connaît pas de traces de dépôt d'armes à Paris, avant la fin du XIIIe siècle. Le premier arsenal qui y fut établi paraît avoir été placé dans l'enceinte du château du Louvre. C'est du moins ce que l'on trouve dans les comptes des baillis de France, où il est question, en l'année 1295, « des arbalètes, nerfs et cuirs de bœufs, bois, charbon, et autres menues nécessités de l'artillerie du Louvre (1). » Dans les comptes du domaine des XIIIe, XIVe et XVe siècles, on trouve en très grand nombre les noms des personnes auxquelles était confiée la direction de l'Arsenal et qu'on appelait artilleurs ou canonniers, *maîtres des petits-engins*, ou gardes et maîtres de l'artillerie. Lorsque les Parisiens se saisirent du Louvre en 1358, ils y trouvèrent quantité de canons et de munitions de guerre de tout genre (2). La troisième salle de la tour du Louvre était remplie d'armes, lorsqu'en 1391 on enleva tout ce qui s'y trouvait pour y placer des livres; l'arsenal du Louvre était à cette époque dans la basse cour située du côté de Saint-Thomas. Le 22 février 1397, Charles VI créa Jean de Soisy maître de l'artillerie de ce château, et en 1415, Colin de Manteville reçut le titre de grand-maître garde et visiteur de l'artillerie du roi au Louvre. Les rois de France eurent encore dans Paris divers autres dépôts du même genre, tels que ceux de l'hôtel Saint-Paul, de la Bastille, de la tour du Temple, de la Tournelle et de la tour de Billy.

La tour de Billy, située sur le bord de la Seine, derrière le couvent des Célestins, fut ruinée par le feu du ciel qui la fit sauter le 19 juillet 1538, et la détruisit entièrement. La ville aussi avait son arsenal. Sous Charles V le prévôt des marchands, Hugues Aubriot, avait formé dans l'Hôtel-de-Ville un dépôt d'armes où se trouvaient la quantité des maillets de plomb qu'il avait fait fabriquer pour armer les bourgeois contre les ennemis du roi, et qui précisément servirent aux désordres de la sédition des *Maillotins*. La ville avait en outre plusieurs autres endroits où elle déposait ses munitions de guerre; mais son véritable arsenal était, sous François Ier, derrière les Célestins. Là, elle avait un bâtiment servant de logis au garde de l'artillerie, plusieurs dépendances et deux grands magasins qu'on appelait les *Granges de l'artillerie de la ville*.

En 1533, François Ier, voulant faire fondre des canons, chargea le contrôleur et un des commissaires de l'artillerie d'emprunter à la Ville une de ses granges. Puis, quand il l'eut obtenue, il demanda la seconde. Le prévôt des marchands et le conseil de la Ville accueillirent ces pro-

---

(1) Sauval, Hurtaut, etc. — (2) Continuateur de Nangis.

positions de très mauvaise grâce. Le roi fit écrire par ses officiers qu'il rendrait tout dès que la fonte de ses canons serait achevée; mais ces promesses ne calmaient nullement les alarmes de la ville, qui fit faire au roi des représentations pressantes et ne céda qu'à la condition expresse de rentrer en possession du local dès que la fonte serait achevée. La fonte s'acheva en 1547. Henri II fit dire aux bourgeois qu'il lui fallait l'une de ces granges et qu'ils eussent à voir ce qu'ils voulaient en dédommagement. On ignore ce que le corps de ville put demander, mais en tout cas Sauval rapporte qu'il ne reçut jamais rien (1). Loin de là, il acheta peu de temps après et paya au roi en deniers comptants trois cours de l'hôtel de la reine, qui faisait partie de l'hôtel Saint-Paul.

Ainsi devenu possesseur de l'arsenal de la ville, Henri II y fit construire des logements pour les officiers et les fondeurs de son artillerie, avec des fourneaux, des moulins à poudre, et deux grands hangars pour fondre et loger le canon. En 1563, le 20 janvier, le feu prit par accident à l'arsenal et fit sauter quinze ou vingt milliers de poudre qui s'y trouvaient. L'explosion fut si terrible qu'on l'entendit jusqu'à Melun (2). Plus de soixante personnes furent tuées ou blessées, les vitraux des Célestins et des autres églises furent brisés, plusieurs maisons voisines s'écroulèrent, et l'Arsenal fut complétement ruiné. On ne put découvrir la cause de ce malheur, et le peuple ne manqua pas de l'attribuer aux huguenots.

Ce fut Charles IX qui releva l'Arsenal de ses décombres. Il y ajouta un jardin qui était encore une des promenades publiques de Paris à la fin de la révolution. Louis XIII et Louis XIV augmentèrent les bâtiments qui, du reste, n'ont jamais rien offert de remarquable sous le rapport de l'architecture. On distinguait seulement le *salon du grand-maître*, décoré par Mignard, et une porte intérieure attribuée au ciseau de Jean Goujon. La grande porte, construite en 1584, était ornée de quatre canons en guise de colonnes. Au-dessus étaient gravés sur une table de marbre noir, ces deux vers de Nicolas Bourbon, si beaux que le poëte Santeuil s'écriait en les admirant : « Je voudrais en être l'auteur, dussé-je être pendu ! »

> Etna hæc Henrico vulcania tela ministrat
> Tela giganteos debellatura furores.

En 1715, une partie des anciens bâtiments fut détruite et remplacée en 1718, sous la direction de l'architecte Germain Boffrand.

Déjà du temps de Louis XIII, un poëte avait dit de l'Arsenal, en parlant à Richelieu :

> Quand sera-ce, grand cardinal,
> Que la paix fera des marmites
> De tout le fer de l'Arsenal !

(1) Sauval, t. II, p. 325. — (2) Félibien, t. II, p. 1806.

Sous Louis XIV on sentit l'urgence d'éloigner d'une population nombreuse un pareil foyer d'éléments destructeurs. On établit de nouveaux magasins à poudre et de nouvelles fonderies sur les frontières du royaume, à proximité des places fortes. Les fonderies de l'Arsenal de Paris ne servirent plus que pour couler les statues et les ornements en bronze destinés aux résidences royales et principalement au parc de Versailles.

L'Arsenal avait une juridiction spéciale qu'on appelait le bailliage de l'Arsenal. Le bailli était un juge auquel appartenait la connaissance des différends survenus entre les officiers et les ouvriers fondeurs, et qui prétendait, ce qui lui était contesté par le Châtelet, avoir aussi dans sa juridiction les crimes et délits commis dans l'enceinte de l'Arsenal. Il y avait aussi dans la maison, outre les grands-officiers, un détachement d'artillerie et une compagnie d'invalides.

L'Arsenal a été supprimé en 1788. D'après l'ordonnance de suppression, on devait l'abattre pour élever sur son emplacement un nouveau quartier; mais ce projet ne reçut point d'exécution. Seulement, en 1806, le boulevart *Bourdon* remplaça le jardin; on forma de l'esplanade (l'ancien Mail), qui suivait le bord de la rivière, le *quai du Mail*, aujourd'hui *quai Morland*; une grande partie de ce qu'on nommait le Petit-Arsenal servit à la construction de la *rue Neuve de la Cerisaie*. Enfin, en 1807, on éleva sur ce qui restait du jardin, et le long du boulevart, un vaste édifice connu sous le nom de *Grenier d'Abondance*, *Grenier de Réserve*.

Comme grand-maître de l'artillerie, Sully logeait à l'Arsenal. C'est en mémoire de ce grand homme que la rue où se trouve l'entrée du bâtiment principal a reçu le nom de rue de Sully.

Ce qui reste des anciens bâtiments est occupé aujourd'hui par la belle bibliothèque publique appelée *Bibliothèque de l'Arsenal*.

CHAPITRE CINQUIÈME.

HENRI III.

1574-1589.

I. Faits généraux.

Le 31 mai 1574, le parlement s'étant assemblé extraordinairement, députa des présidents et des conseillers vers la reine-mère, qui était au château de Vincennes, pour la prier d'accepter la régence; elle reçut pour le même motif le prévôt des marchands et les échevins, et elle n'eut garde de repousser leur proposition. Dès le lendemain, Catherine de Médicis vint coucher au Louvre, dont elle fit aussitôt murer toutes les entrées, à l'exception de la grande porte, qui donnait du côté de l'hôtel Bourbon, « de laquelle encore ne laissa-t-on que le guichet ouvert avec grande garde d'archers par dedans et un corps-de-garde de Suisses au-dehors; elle fit même clore de murs les deux bouts de la rue du Louvre, y laissant portes de chaque côté, pareillement gardée des Suisses (1). »

On attribua les craintes de la cour aux conspirations secrètes des protestants. Plusieurs individus de la nouvelle religion furent pendus et brûlés à Paris, tels que le capitaine de La Roche et Geoffroy Vallée, auteur d'un fort mauvais livre, intitulé : la *Béatitude des Chrestiens, ou le Fléau de la foy*. Le comte de Montgommery, le même qui avait tué Henri II par imprudence, et qui avait été pris les armes à la main en Normandie, fut exécuté à la même époque. « Le samedi 26 juin, le comte de Montgommery, par arrêt de la cour du parlement de Paris, fut tiré de la Conciergerie du palais, mis en un tombereau, les mains liées derrière le dos, avec un prêtre et le bourreau; et de là mené en place de Grève, où il fut décapité, et son corps mis en quatre quartiers. Par ledit arrêt, il fut condamné, comme atteint et convaincu du crime de lèze-majesté, à souffrir en son corps les peines susdittes, ainsi que l'exécution en suivit, et encores à avoir la question extraordinaire qu'il eut, déclaré dégradé de noblesse, ses enfants qu'il laissa onze en nombre, neuf fils et deux filles, vilains, intestables, incapables d'offices, ses biens acquis et confisqués au roi et autres auxquels la confiscation en pourroit appartenir. Quand son arrêt lui fut prononcé, et lorsqu'on le menait au supplice, il disoit à haute voix qu'il mouroit pour sa religion, qu'il n'avoit oncques fait trahison ne autre faute à son prince... Il ne voulut point se confesser à nostre maistre Vigor, archevêque de Narbonne, qui s'alla présenter à lui en la chapelle pour l'admonester, ni prendre ou baiser la croix qu'on a coustume de présenter à ceux qu'on mène au dernier supplice, ni aucunement écouter ou regarder le prêtre qu'on avoit mis au tombereau près de lui, même à ung cordelier, qui, le pensant divertir de son erreur, lui commença à parler et dire qu'il avoit été abusé. Le regardant fermement, il lui répondit : « Comment, abusé! Si je l'ay esté, ça esté par ceux de vostre ordre; car le premier qui me bailla jamais une Bible en françois et qui me la fist lire, ce fust ung cordelier comme vous, et là-dedans j'ay appris la religion que je tiens, qui seule est la vraye, et en

---

(1) *Registre-journal de Henri III*, par l'Estoile. — Je me suis servi de l'édition de MM. Champollion, qui fait partie de la *Collection des Mémoires pour servir à l'histoire de France*, publiée par MM. Michaud et Poujoulat.

laquelle aiant depuis vescu, je veux, par la grâce de Dieu, y mourir aujourd'hui. » Estant venu sur l'échaffaut, il pria le peuple de prier Dieu pour lui, récita tout haut le symbole, en la confession duquel il protesta de mourir ; puis aiant fait sa prière à Dieu à la mode de ceux de la religion, eut la tête tranchée, laquelle, le lundi ensuivant 28 juing, fut mise sur un poteau en place de Grève, et la nuit en fut ostée par le commandement de la reine-mère, qui assista à l'exécution, et fut à la fin vengée comme dès long-temps elle le désiroit, de la mort du feu roi Henri son mari. » Enfin François de Montmorency et Artus de Cossé, maréchaux de France, soupçonnés de trahison, furent arrêtés et enfermés à la Bastille.

Quoiqu'elle eût d'illustres otages entre les mains, Catherine comprit combien était précaire sa position de régente, et elle fit prévenir aussitôt de la mort de Charles IX, Henri de Valois, frère du monarque défunt, et roi de Pologne. Celui-ci, dans son désir de revoir la France, se déroba de son palais comme un fugitif, pendant une nuit obscure, et se rendit en moins de deux jours sur les frontières de l'empire. Ce départ si précipité pouvait s'excuser sur la nécessité de calmer la France en lui montrant son roi ; mais l'étonnement fut extrême lorsqu'on vit que, loin de hâter sa marche, le monarque s'arrêtait avec complaisance à Vienne, à Venise, à Turin, et dans toutes les villes qui lui offraient des plaisirs. Il arriva enfin à Lyon le 6 septembre, et le mardi 14 du même mois, il y eut à Paris messe solennelle à Notre-Dame, et des feux de joie devant l'Hôtel-de-Ville pour célébrer le retour de Henri III en France. Le nouveau roi n'entra cependant à Paris que le dimanche 27 février de l'année suivante, après s'être fait sacrer le 13 du même mois à Reims, où il épousa Louise de Lorraine, comtesse de Vaudemont. A son arrivée à Paris, il *alla descendre de son coche au Louvre*, y salua la reine Elisabeth d'Autriche, veuve de Charles IX, et de là vint loger chez Du Mortier, près des Filles repenties. Henri III passa le carême entier dans sa capitale, visitant les églises et s'occupant de futilités. « Ce qui ne l'empêchoit pas, dit Félibien, de chercher tous les jours de nouveaux moyens de faire de l'argent aux dépens du clergé et du peuple. » On l'accusa même d'avoir fait enlever la vraie croix de la Sainte-Chapelle pour la mettre en gage (1).

Une guerre était inévitable entre le parti catholique et les protestants, unis aux *politiques du tiers parti*. Le pouvoir royal était si méprisé, que Montbrun, chef des calvinistes du Dauphiné, ayant reçu l'ordre de déposer les armes, répondit avec audace : « Des ordres du roi ! cela serait bon en temps de paix ; mais quand on a l'arme au poing et le cul sur la selle, je veux bien qu'il sache que tout le monde

---

(1) T. II, p. 50, à la note.

est compagnon! » La conduite frivole et impolitique du roi, qui ne s'entourait que de jeunes gens, de *mignons*, comme on disait alors, lui aliéna de braves serviteurs et rendirent les circonstances plus critiques. Son frère, le duc d'Alençon, avec qui il vivait en mauvaise intelligence, trouva moyen de s'échapper de Paris, dans la soirée du 15 septembre, et se retira à Dreux, ville de son apanage, où il fut rejoint en peu de temps par un grand nombre de mécontents. Cette évasion fit grand bruit; le roi effrayé ordonna aussitôt à ses courtisans de monter à cheval et de lui ramener son frère, mort ou vif. Quelques uns obéirent, mais le plus grand nombre ne crut pas devoir céder; ils répondirent « qu'ils voudroient mettre leur vie en ce qui seroit du service du roi; mais d'aller contre Monsieur, son frère, ils savoient bien que le roi leur en sauroit un jour mauvais gré. —Il est dangereux, disoit le duc de Montpensier, de se mettre entre la chair et l'ongle. » En attendant on prit de nouvelles précautions pour mettre Paris et les environs à l'abri d'un coup de main. Dès le 20 septembre, le conseil de ville arrêta qu'on ferait une levée de deux mille hommes de pied et de deux cents cavaliers; deux jours après, les habitants de la banlieue reçurent l'ordre de faire transporter à Paris tous leurs blés et leurs vins, on fit dans chaque quartier le dénombrement des hommes et la visite des armes; enfin le roi, en sortant du parlement, le 24 du même mois, se rendit à l'Hôtel-de-Ville, et en félicitant les bourgeois de leur zèle et de leur loyauté, les engagea à persévérer. Il nomma ensuite Armand Gontaut, seigneur de Biron, gouverneur de Saint-Denis qu'on avait fortifié en grande hâte.

Les forces des mécontents s'augmentaient chaque jour. Un corps de reîtres, envoyé au duc d'Alençon par le prince de Condé, fut défait près de Château-Thierry par le duc de Guise, gouverneur de Champagne (1); mais cet échec des huguenots fut bientôt réparé. Le duc d'Alençon rassemble ceux du Midi, les conduit à Moulins, et après sa jonction avec le prince de Condé et le palatin Jean-Casimir, qui lui amènent une armée d'Allemands, les forces des confédérés s'élèvent à trente mille soldats, dont le duc d'Anjou est nommé généralissime. Que fait le roi dans ces graves circonstances? « Il va en coche avec la reine son épouse, par les rues et maisons de Paris, prendre les petits chiens damerets, qui à lui et à elle viennent à plaisir; il va semblablement par tous les monastères de femmes des environs de la ville faire pareille quête de petits chiens, au grand regret et déplaisir des dames auxquelles ils appartenoient. Il se fait lire la grammaire par Doron, qui fut depuis conseiller au grand-conseil, et apprend à décliner. » Aux mois d'octobre et de novembre, pendant que les rebelles se forti-

(1) Ce fut dans cette action qu'il reçut au visage la blessure qui lui valut le surnom de *Balafré*, déjà porté par le grand-duc François, son père.

fient à l'ombre de la trève, « il fait mettre sus (élever) par les églises de Paris des oratoires, autrement dit des *paradis*, où il va faire des aumônes et des prières en grande dévotion, laissant ses chemisses à grands goderons, dont il étoit auparavant si curieux, pour prendre le collet renversé à l'italienne. Il fait faire procession générale et solennelle, en laquelle on porte les reliques de la Sainte-Chapelle, et y assiste tout du long, disant très dévotement son chapelet. Par son ordre, la ville et la cour y assistoient, hormis les dames, qu'il ne vouloit y voir, disant qu'il n'y avoit dévotion où elles étoient (1). »

C'est encore un problème de savoir quelle pensée au fond dirigeait chez Henri III ce bizarre mélange de frivolité, de penchants vicieux et de ferveur religieuse. Il serait trop dur peut-être, comme le pense le sage Mézeray, de taxer d'hypocrisie un homme qui ne sut jamais prendre seulement le soin de cacher ses vices. Sa fidélité aux pratiques du culte n'était sans doute qu'une vaine ostentation, amour futile d'un spectacle auquel il apportait complaisamment un air de parade. Il était le premier à rire des bouffonneries dont ses jeunes favoris ne se faisaient pas faute sous le sac des pénitents; et lui-même cependant, non content de suivre scrupuleusement les prescriptions de l'Église, et de dire ses patenôtres le long des rues, emportait son chapelet de tête de mort jusque dans des parties de débauche, et jusques au bal marmottait ses prières.

Le déplorable effet des divisions intestines de la cour commençait à éclater. Le mécontentement gagnait partout, et en attendant de plus sévères manifestations, les épigrammes couraient la cour et la ville. Dans l'amour du roi pour la grammaire et les déclinaisons, on voyait, dit un bel esprit de l'époque, un présage de la *déclinaison* du royaume. Estienne Pasquier répandit à ce sujet une longue pièce de vers, « afin, dit-il (2), que, tombant entre les mains du roi, elle lui fût une leçon non pas de grammaire, mais de ce qu'il devait faire. » Nombre de gens se plaignaient de n'avoir guère vu de véritable paix dans le royaume depuis le temps du roi Louis XII. C'est le peuple, s'écriaient-ils, « qui porte toute la folle enchère, selon le proverbe, que les grands font la folie et le peuple la boit. » Sur quoi l'on fit ce huitain :

> Loïs douzième fut le père
> De ce peuple françois, mineur;

(1) *Registre-journal de Henri III.*
(2) Au livre 19 de ses lettres. Cette pièce commence ainsi :
> Gallia dùm passim civilibus occubat armis,
>   Et cinere obruitur semisepulta suo;
> Grammaticam exercet mediâ rex noster in aulâ,
>   Dicere jamque potest (vir generosus) Amo.
> Declinare cupit, verè declinat, et ille,
>   Bis qui rex fuerat, fit modò grammaticus.

> François premier s'en fit seigneur ;
> Quittant la charge titulaire,
> Henri second et son compère,
> La reine-mère et ses enfans,
> Et les Guisars sont les marchans
> Qui l'ont mis en leur gibessière.

On sema partout quantité de pièces du même genre dont les écrivains du temps ont recueilli quelques unes. Les mots *prenés les bons, laissés les mauvais*, inscrits en tête de ces épigrammes par l'Estoile, indiquent probablement que la beauté du sonnet n'a pas toujours été pour lui le motif du choix qu'il en a fait pour les insérer dans son journal. Sur le portail de l'hôtel-de-ville de Paris était peint sur toile un navire, blason de la ville, et un peu plus haut une couronne, symbole royal, le tout sur un ciel étoilé et comme embrasé de feu. Au-dessus se trouvait écrit en lettres d'or : VIVET UTERQUE IGNIS, et au-dessous ces vers latins avec leur traduction.

> Nostra sacris flagrare juvat sic pectora flammis,
> Regis amore sui, ut rex ardet amore suorum,
> Vivet uterque ignis medio inter sidera cœlo.
>
> Suivant la belle ardeur d'une juste puissance
> Nous bruslons du désir de rendre obéissance.

Un jour, sous ce beau tableau, on trouva affichée une insolente pièce de vers dont plusieurs personnes eurent le temps de prendre copie avant qu'elle pût être enlevée. La voici :

> Le prévost des marchands et les quatre eschevins
> De Paris la grand ville, ont fait une justice
> En la place de Grève où se vendent les vins ;
> Cruelle outre mesure et contre la police.
> Ils ont brûlé le monde après l'avoir pendu,
> Et chacun arboutant qui quelque appui lui donne,
> Étant ce nouveau feu si avant respandu
> Qu'il a tout embrasé la ville et la couronne ;
> Mais je ne sçais pas bien comme ils viendront à bout
> De ce flagrant désir qu'en pur or ils escrivent,
> S'ils ne brûlent la hotte et bretelles et tout :
> Car ils veulent encor que tous ces deux feus vivent,
> Faire d'une formi un escumant verrat,
> Et petis compagnons monter à la grand Gorre :
> Ce n'est rien de nouveau, aujourd'hui passe rat
> Là où par ci-devant on souloit chat enclorre.

Le plus puissant des favoris de Henri III était un gentilhomme dauphinois, le capitaine Louis Bérenger de Gast. Soldat résolu, audacieux et superbe, il avait pris un tel ascendant sur le roi qu'un jour il avait bravé le duc d'Alençon « jusque à être passé devant lui dans la rue Saint-Antoine, sans le saluer ni faire semblant de le connoître, et avoir dit plusieurs fois qu'il ne connoissoit que le roi et que quand il en auroit reçu l'ordre de tuer son propre frère, il le feroit. » Il avait cependant une rare qualité, celle de ne point flatter ce maître auquel il était si servilement dévoué. « Je l'ai vu, dit Brantôme, faire des remontrances au roi lorsqu'il lui voyoit faire quelque chose de travers ou qu'il l'entendoit rapporter de lui. Le roi le trouvoit bon et se corrigeoit. » Du Gast avait par son orgueil amassé contre lui des haines violentes qui lui coûtèrent la vie. Il avait répandu beaucoup de sang innocent à la Saint-Barthélemy; « et comme il en avoit pris quelques uns dans le lit, ce dont il se vantoit, ainsi y fut-il pris lui-même et tué; effets de cette divine providence admirable et adorable (1)! » Le lundi dernier jour d'octobre, il fut assassiné à Paris, dans sa maison, rue Saint-Honoré. Une troupe d'hommes masqués et armés envahirent sa demeure à dix heures du soir, le percèrent de coups de poignard et d'épée ainsi que son valet de chambre et son laquais, et s'enfuirent sans obstacle et sans avoir été reconnus. Les uns attribuèrent ce meurtre à la reine Marguerite de Navarre, les autres à un grand seigneur fort jaloux de sa femme. L'opinion la plus accréditée est que ce crime fut commis par Guillaume du Pract, baron de Vitteaux, gentilhomme de *Monsieur*, qui avait déjà tué, en 1571, le baron de Milhau, Antoine d'Allègre. Il fut arrêté après ce second assassinat et envoyé devant le tribunal du parlement; mais des amis puissants agirent en sa faveur, et il ne fut condamné, quoiqu'Henri III eût grand désir de venger son favori, qu'à payer une amende et des dommages-intérêts (2). Le roi fut obligé de s'en tenir à ordonner un magnifique service funéraire pour du Gast qu'il fit enterrer à côté du grand autel de Saint-Germain-l'Auxerrois, après s'être chargé de payer ses dettes qu'on disait monter à cent mille francs et plus.

Le 5 décembre 1574, la reine veuve, Elisabeth d'Autriche, quitta Paris pour retourner dans les États de son père. Elle était si fort aimée et honorée des Français, particulièrement du peuple de Paris, qu'on pleurait et gémissait de son départ, et chacun disait qu'elle emportait avec elle le bonheur de la France.

Le roi ordonna, quelques jours après, la convocation d'une assemblée de bourgeois en la grande salle de l'Hôtel-de-Ville de Paris. Dans cette réunion, qui eut lieu le 12 décembre, le prévôt des marchands, Charron, exposa aux assistants que le roi demandait qu'un emprunt par capitation lui fût accordé sur les bourgeois de la ville et de la prévôté de Paris, pour la solde des Suisses qu'il faisait venir pour la garde et défense du royaume; les Parisiens votèrent les deux tiers de l'argent demandé. « En même temps, un conseiller de Châtelet avec le commis-

---

(1) *Registre-journal de Henri III.* — (2) Ce baron de Vitteaux périt dans un duel en 1583.

saire du quartier furent par les maisons des bourgeois de Paris, leur faire commandement de par le roi, qu'ils eussent à fournir leurs *maistres* de blé, vin et lard pour un an, et de hoiaux, hottes et pelles pour trancher et remparer au besoin. Vers les fêtes de Noël, on commença à fortifier la ville de Saint-Denis, et relever les tranchées et boulevarts, où travaillent trois mille pionniers paiés des deniers des fortifications, qu'on contraint les bourgeois de Paris à bailler par avance ; et fut fait commandement aux villages circonvoisins dudit Saint-Denis d'y porter cent muids de blé de munition, chacun suivant sa quote. »

Le roi passait son temps à visiter aux environs de Paris les *monastères des nonnains et autres lieux de plaisir* (1), lorsqu'il apprit tout-à-coup que le roi de Navarre venait de s'enfuir. Le vendredi 3 février 1576, le jeune prince, après s'être promené à la foire Saint-Germain, sortit de Paris pour aller chasser un cerf en la forêt de Senlis. Mais il ne revint plus ; il se rendit dans son duché de Vendôme, où il abjura la réligion catholique, puis dans les provinces d'Outre-Loire. « Depuis son partement de Senlis jusques à ce qu'il eut passé la rivière de Loire, le roi de Navarre ne dit mot ; mais aussitôt qu'il fut passé, jetant un grand soupir et levant les yeux au ciel, dit ces mots : « Loué soit Dieu qui m'a délivré. On a fait mourir la reine, ma mère, à Paris ; on y a tué M. l'amiral et tous mes meilleurs serviteurs ; on n'avoit pas envie de me mieux faire, si Dieu ne m'eût gardé ; je n'y retourne plus si on ne m'y traîne. » Puis, gaussant à sa manière accoutumée, il disoit qu'il n'avoit regret à Paris que pour deux choses qu'il y avoit laissées, qui étoient la messe et sa femme. Toutefois, quant à la première, qu'il essaieroit de s'en passer ; mais de l'autre qu'il ne pouvoit et qu'il la vouloit ravoir. »

On dit que Catherine et Henri III ne furent pas très fâchés du départ du roi de Navarre, pensant que la multiplicité des chefs ne pouvait que jeter le désordre dans ce parti *mal-content*, composé d'éléments si hétérogènes. Mais les confédérés avaient à leur tête trois princes du sang, dont l'un était frère du roi. On ne pouvait prévoir où s'arrêteraient leurs succès et leurs prétentions ; la cour voulut les désarmer à tout prix, et subit le traité de Loches ou de Beaulieu, dont voici les principaux articles : les États-Généraux étaient convoqués à Blois, pour la réforme du royaume, au mois de décembre suivant. Le roi accordait au duc d'Alençon l'Anjou, le Berri, la Touraine ; au prince de Condé, le gouvernement de la Picardie ; au prince Casimir, la solde de ses troupes et une terre magnifique dans le royaume. La Saint-Barthélemy

(1) « Il en revenait la nuit, dit la chronique, souvent par les fanges et mauvais temps ; et même le samedi 7 janvier 1576, son coche étant rompu, il fit bien une lieue à pied par un dépiteux temps qu'il faisoit, et arriva au Louvre qu'il étoit plus de minuit. »

était désavouée, la mémoire de Coligny réhabilitée. Les réformés obtenaient le libre exercice de leur culte, des temples, des synodes, des chambres mi-parties de catholiques et de réformés dans les parlements du royaume. Outre la Rochelle et Montauban, six places de sûreté qui leur avaient été abandonnées (Niort, la Charité, Saumur, Cognac, Saint-Jean-d'Angély, Mézières), leur furent confirmées; c'était, en un mot, un véritable démembrement de la France au profit de quelques grands et du calvinisme (mai 1576). La nouvelle de ce traité excita l'indignation générale à Paris. Le 14 mai, le roi sortit pour aller assister à Notre-Dame à un *Te Deum*, mais il fut obligé de remettre au lendemain cette solennité et de faire chanter le *Te Deum* à cinq heures du soir par les musiciens de sa chapelle ; car aucuns des chanoines, des chantres et des chapelains de la cathédrale ne voulurent y assister. Il n'y eut qu'un seul feu de joie, celui de la place de Grève, et encore les spectateurs n'étaient-ils pas nombreux.

Henri III, ne trouvant rien dans les coffres du trésor royal, voulut « fouiller aux bourses des bourgeois de Paris; » mais le moment n'était pas favorable. L'année précédente, on lui avait répondu par des remontrances ; cette année on y ajouta des pasquinades, et les placards audacieux qui couvrirent les murs de Paris s'adressaient autant aux désordres du roi et de ses favoris qu'aux protestants. Caylus, Maugiron, Livarot, Saint Mégrin, Anne de Joyeuse, Nogaret de La Valette, René de Villequier, tous ces jeunes gens, insolents et efféminés, aux mœurs plus que suspectes, qui entouraient le roi, étaient odieux au peuple victime de leurs prodigalités. « Ces beaux mignons portaient leurs cheveux onguets, frisés et refrisés par artifices, remontants par-dessus leurs petits bonnets de velours, comme font les p...., et leurs fraises de chemises de toiles d'atour empesées et longues de demi-pied, de façon qu'à voir leur tête dessus leur fraise, il sembloit que ce fût le chef Saint-Jean dans un plat. Le reste de leurs habillements fait de même. Leurs exercices étaient de jouer, blasphémer, sauter, volter, quereller et paillarder, et suivre le roi partout et en toutes compagnies, ne faire, ne dire rien que pour lui plaire (1). » Henri III, de son côté, n'était pas épargné. Le peuple, *qui est un sot animal*, dit l'Estoile, *ingrat et têtu, et plus volage et inconstant que les girouettes des clochers*, se moquait librement d'un prince dont il avait salué l'avènement au trône de mille acclamations. Le roi avait recours à tous les moyens possibles pour se procurer de l'argent. « En ce temps, il alloit à pied par les rues de Paris gagner le pardon du jubilé, envoyé en France par le pape Grégoire XIII, accompagné de deux ou trois personnes seulement et tenant en sa main de grosses patenostres, les alloit disant et marmottant par les rues : on

(1) L'Estoile. Voyez dans les mêmes Mémoires *les vertus et propriétés des Mignons* (25 juillet 1576).

disoit que ce faisoit-il par le conseil de sa mère, afin de faire croire au peuple de Paris qu'il étoit fort dévotieux catholique, apostolique et romain, et lui donner courage de fouiller plus librement à la bourse. Mais le peuple de Paris (encores qu'il soit fort aisé de lui imposer, principalement en telles matières où il y va de la religion), n'en fit point de cas autrement, et furent les vers suivants, en forme de pasquil et quolibet, affichés et semés par les rues :

> Le roi, pour avoir de l'argent,
> A fait le pauvre et l'indigent
>   Et l'hypocrite.
> Le grand pardon il a gagné ;
> Au pain, à l'eau, il a jeûné
>   Comme un hermite.
> Mais Paris, qui le connoît bien,
> Ne lui voudra plus prêter rien
>   A sa requeste ;
> Car il en a jà tant presté
> Qu'il a de lui dire arresté :
>   « Allez en queste ! »

Enfin on trouva, un beau matin, aux coins de tous les carrefours le placard suivant, intitulé : *Les titres donnés par le peuple de Paris au roi Henri III*. « Henri, par la grâce de sa mère, inerte roi de France et de Pologne imaginaire, concierge du Louvre, marguillier de Saint-Germain-l'Auxerrois et de toutes les églises de Paris, gendre de Colas (1), gauderonneur des collets de sa femme et friseur de ses cheveux (2), mercier du palais (3), visiteur des étuves, gardien des quatre-mendiants (4), père conscript des blancs-battus, et protecteur des caputtiers (capucins) (5). »

La fermentation des esprits, le mépris dans lequel tombait Henri III, les querelles sans cesse renaissantes entre les catholiques et les huguenots (6), tout favorisait les projets ambitieux de la maison de Guise. Ce qui devait surtout lui donner les moyens d'augmenter son crédit et sa puissance, ce fut la formation de la *Ligue* ou *Sainte-Union*, associa-

(1) *Gendre de Colas*. Il avait épousé la fille de Nicolas de Vaudemont, cadet de Lorraine. — (2) Il se plaisait à arranger les collets de la reine et à friser lui-même ses cheveux. — (3) *Mercier du palais*. Une de ses occupations était d'examiner ses bijoux, de les changer et de leur faire donner une forme nouvelle. — (4) *Gardien des quatre-mendians*. Il visitait souvent les couvents de ces religieux. — (5) Il était prieur de la confrérie des pénitents blancs.

(6) « Les dimanches 23 et 30 de septembre 1576, aux huguenots de Paris, revenant en troupe du prêche qu'ils avoient commencé à faire à Noisi-le-Sec, suivant l'édit, furent faites tout plein de bravades et insolences par la populace, les allant par curiosité voir à leur retour ; et furent rués de part et d'autre quelques coups de pierre et d'épée, dont advint tumulte, et y en eut de tués et blessés, et en fut fait plainte au roi, lequel cependant courait la bague, vêtu en amazone, et faisoit tous les jours bals et festins nouveaux, comme si son état eût été le plus paisible du monde. » *Mémoires de l'Estoile.*

tion des catholiques contre les protestants. Comme on l'a dit avec raison, cette ligue fut le résultat nécessaire des passions de l'époque et de la situation des partis; les Guises, en habiles politiques, la prévirent, accélérèrent sa marche, se placèrent habilement à sa tête. Mais il est absurde de croire qu'ils l'aient créée ouvertement, comme s'il dépendait de quelques hommes d'ébranler les deux tiers d'une nation pour des intérêts particuliers, à moins que ces intérêts ne s'identifient avec des idées générales (1).

La Ligue se manifesta d'abord à Paris. Ses auteurs commencèrent par la proposer dans cette ville dans l'espoir que l'exemple de la capitale entraînerait le reste du royaume. Pierre Bruère et son fils Mathias, lieutenant du prévôt de Paris, furent les premiers à solliciter l'adhésion des bourgeois à la Sainte-Union. Quelques uns par zèle, d'autres par haine des huguenots, d'autres enfin par envie de s'enrichir au milieu du trouble, consentirent à s'engager; mais leur nombre ne fut pas grand et les ligueurs furent bientôt obligés de chercher des prosélytes ailleurs. Ils réussirent davantage en Picardie. Un acte d'union fut rédigé à Péronne et couvert en peu de temps de milliers de signatures. Voici les principales dispositions du plan qu'arrêta cette vaste et redoutable association. Tous les citoyens étaient tenus d'entrer et de demeurer dans la ligue sous peine d'être traités en ennemis; les ligueurs devaient sacrifier sans réserve au succès de la Sainte-Union leurs biens et leur vie. Un chef devait être élu au plus tôt auquel tous les ligueurs seraient tenus d'obéir, ou à leur refus punis suivant sa volonté. Toutes contestations survenues entre eux devaient être décidées par lui, et ils ne pouvaient recourir aux magistrats ordinaires sans sa permission. Ainsi pouvoir judiciaire, pouvoir exécutif, force armée, finances, obéissance et fidélité des citoyens, toutes les prérogatives de la royauté étaient transférées à ce chef qui n'était pas le roi puisque le roi n'était pas nommé dans l'acte, mais qui, selon toute apparence, devait être Henri de Guise. Selon ces instructions, les députés aux prochains États-Généraux, gagnés au duc de Guise, abolissaient l'édit de Loches et toutes les ordonnances favorables aux réformés; le peuple se soulevait à la voix du clergé; le duc prenait le commandement d'une armée de ligueurs; le duc d'Alençon était jugé et condamné comme criminel de lèse-majesté divine et humaine pour avoir extorqué à son frère l'édit de Loches; enfin Henri III était renfermé dans un monastère pour le reste de ses jours et la couronne de France était rendue aux Guises, descendants et seuls vrais héritiers de Charlemagne (2).

(1) M. H. Martin, t. XI, p. 333 et suiv.
(2) Il parut à cette époque divers écrits où l'on établissait que la maison de Guise était descendue en ligne directe des fils de Charlemagne, dépossédés par l'usurpation des Capétiens; notamment les mémoires de l'avocat Jean David, agent de l'Union à la cour de Rome.

Cependant la ligue s'étendait dans les campagnes et grossissait chaque jour. Le roi n'apprit son existence que lorsqu'elle était déjà compacte et forte. Néanmoins, les Etats-Généraux qu'il avait convoqués à Blois furent ouverts au commencement de décembre (1576). Les députés, tous catholiques, essayent d'abord de s'attribuer la puissance législative à la place du simple droit de remontrance, et demandent que tout ce qui aura été décidé à l'unanimité par les États ait force de loi. Repoussés sur ce point, ils réclament la révocation des édits favorables aux huguenots, la publication de la guerre contre eux, et, en dernier lieu, l'approbation royale pour la Sainte-Ligue. A défaut de vigueur, Henri III était rempli d'adresse et se défendait fort habilement contre les prétentions souvent menaçantes des États-Généraux. Ce qui l'embarrassait le plus c'était la Ligue. En l'ignorant, il lui donnait le moyen de se fortifier à l'ombre de son silence; en la frappant, il risquait de compromettre son autorité qui n'était peut-être pas assez forte pour l'abattre. Lui laisser choisir un chef, autant valait descendre du trône et abdiquer sa couronne. Enfin, Henri se détermina en faveur du parti le plus conforme à son caractère. Ce n'était peut-être pas le plus mauvais, et, à coup sûr, c'était le plus certain pour sortir des embarras du moment. Il jura la Ligue, la fit jurer par les députés, ordonna qu'elle fût signée à Paris et par toute la France, et en même temps il s'en déclara lui-même le chef.

La guerre se ralluma; les catholiques s'emparèrent de la ville de Saint-Esprit et celle de la Charité-sur-Loire fut surprise par les huguenots, qui étaient aussi peu touchés du Saint-Esprit, dit en plaisantant un chroniqueur du temps, que les autres de la Charité. Après quelques semaines d'hostilité fut conclu le traité de Poitiers, par lequel Henri III, tout en donnant la prééminence à la religion romaine, accordait aux huguenots une amnistie pleine et entière, la liberté de conscience, tous les droits civils et politiques, et le libre exercice de leur culte, excepté dans la capitale et dans un rayon de dix lieues autour d'elle. Enfin il abolissait toute union et confédération des réformés comme toute ligue des catholiques (octobre 1577.).

Henri III, enchanté de cette pacification qu'il appelait avec complaisance *mon édit*, revint à Paris, heureux d'avoir rétabli la paix et ne songeant plus qu'à ses plaisirs. « Le dimanche 20 octobre, il arriva à Olinville, dans sa maison de plaisance favorite, avec la troupe de ses jeunes mignons fraisés et frisés, portant les crêtes levées, les ratepennades sur la tête, fardés, peignés, diaprés et saupoudrés de poudres violettes et de senteurs odoriférantes dont ils aromatisoient les rues, places et maisons qu'ils fréquentoient. Ils furent tous enfilés en un vilain sonnet, montrant la corruption du siècle et de la cour, qui fut semé et divulgué partout sous le titre de : *Les Mignons de l'an* 1577. »

Le 10 décembre, le roi voulut assister aux noces du seigneur de Vicourt avec une des filles de Claude Marcel, qui de simple orfévre du Pont-au Change s'était élevé jusqu'à frayer avec les grands seigneurs de la cour. Il avait été échevin, prévôt des marchands, puis intendant des finances, et dans ces diverses places il s'était acquis une grande réputation de talent et de probité, et s'était insinué dans les bonnes grâces de Catherine de Médicis par son assiduité à l'informer des petites intrigues de la ville. Cette princesse l'avait tellement pris en affection qu'elle avait voulu tenir un de ses enfants sur les fonts de baptême et l'appelait son compère.

Claude Marcel s'était mis sur le pied d'une grande familiarité à la cour (1). Les noces du seigneur de Vicourt furent célébrées en l'hôtel de Guise, où se trouvaient avec le roi, les trois reines, les Guises et le duc d'Anjou. Après le souper, il y eut un bal qui fut ouvert par trente seigneurs masqués, Henri III en tête, conduisant autant de dames déguisées aussi et toutes vêtues de toiles d'argent et d'autres de soies blanches couvertes de perles et de pierreries. Mais bientôt les plus sages demoiselles se retirèrent et firent sagement, car les masques apportèrent dans la fête une grande licence.

La misère du peuple était extrême, et la cour cependant lui réclamait sans cesse de l'argent. La seule généralité de Paris (2) paya en quinze ans 36 millions, outre les dons, emprunts et subsides extraordinaires. Cette somme, relativement à la modique valeur des denrées à cette époque, était énorme. Toute l'année 1577 se passa en extorsions financières; tantôt le roi demande aux Parisiens 300,000 francs en don gratuit, tantôt il érige de nouveaux offices pour en tirer de l'argent; le plus souvent il veut faire des emprunts, mais le bourgeois est devenu méfiant, il refuse et se *gausse* du pauvre roi.

> Un compagnon qui devoit de l'argent
> Fut adjourné pour acquitter sa debte;
> Je suis ligué, ce dit-il au sergent,
> De rien paier de la ligue est le texte.
> Cela seroit une bonne recepte
> Pour nostre roy, répondit l'officier :
> Car, se mettant de la ligue ainsi faitte,
> Il seroit quitte aussi sans rien payer (1).

Cet argent, obtenu avec tant de peine, était dissipé dans de folles orgies, qui compromettaient la dignité royale. Que devait-on penser

---

(1) Voy. t. II, p. 502, à la note.
(2) On sait que la France était alors divisée en dix-sept généralités ou départements financiers. Les généralités étaient au nombre de trente-deux en 1789. Celle de Paris, subdivisée en vingt-deux *élections*, comprenait une partie de l'Ile de France, de la Picardie, de la Brie, de la Champagne, du Vexin, du Nivernais, de la Beauce et du Gâtinais. — (3) Ces vers, qui coururent tout Paris, sont attribués à Nic. Rapin.

d'un prince qui courait publiquement la bague, vêtu en amazone, portant des pendants d'oreilles, et qui chaque jour « faisoit joûtes, ballets et tournois, et force mascarades, où il se trouvoit ordinairement habillé en femme, ouvrant son pourpoint et découvrant sa gorge, y portant un collier de perles et trois collets de toile, deux à fraise et un renversé, ainsi que lors le portoient les dames de la cour? » Les bourgeois et manants murmuraient de pareilles profusions dans un temps de malheur et de disette, et ils en devenaient plus portés à s'attacher à la Ligue, dont les chefs ne négligeaient pas ces occasions d'aliéner du roi les bons catholiques. D'un autre côté, les protestants craignant toujours que l'édit ne fût point exécuté, ne paraissaient que faiblement disposés à se réconcilier. Enfin, comme si le roi eût craint de manquer d'embarras, il entretenait lui-même la division dans sa cour et dans sa propre famille.

« Le lundi 6 janvier 1578, jour des Rois, dit l'Estoile, la demoiselle de Pons de Bretagne, reine de la fève, fut menée du château du Louvre à la messe en la chapelle de Bourbon, par le roi *désespérément brave*, frisé et goudronné, suivi de ses jeunes mignons, autant ou plus *braves* que lui. Bussy d'Amboise, le mignon de Monsieur, frère du roi, s'y trouva à la suite du duc son maître, habillé tout simplement et modestement, mais suivi de six pages vêtus de drap d'or frisé, disant tout haut que la saison étoit venue que les plus bélîtres seroient les plus braves, de quoi suivirent les secrètes haines et les malcontentements et querelles qui parurent bientôt après. Le vendredi 10 janvier, Bussy, qui le soir du jeudi précédent, au bal qui depuis les Rois avoit lieu tous les soirs en la grande salle du Louvre, en grande pompe et magnificence, avoit pris querelle avec le seigneur de Grammont, sous la faveur de monsieur le duc son maître et de ceux qui suivoient son parti, envoya à la porte Saint-Antoine jusques à trois cents gentilshommes bien armés et bien montés, et le seigneur de Grammont autant de favoris et partisans du roi son maître, pour le combattre et y démêler leur querelle à toute outrance. L'occasion de laquelle avoit pris source de quelque légère bravade ou supercherie qu'au bal l'un d'eux disoit avoir soufferte de l'autre; mais ces animosités sourdoient de plus loin. Or furent-ils ce matin empêchés de combattre par le commandement du roi. Nonobstant lequel, Grammont, qui se disoit et sentoit outragé, l'après-dînée, bien accompagné, alla rechercher Bussy en son logis, qui étoit en la rue des Prouvelles (1), auquel il s'efforça d'entrer par force et y fut par quelque espace de temps combattu entre ceux de dedans et ceux du dehors, insolence criminelle et capitale dans une ville comme Paris, sa majesté même y étant.

(1) Rue des Prouvaires.

De quoi ayant été averti, y envoya le seigneur maréchal de Cossé et le capitaine Strozzi, colonel de l'infanterie française, avec ses gardes, qui emmenèrent Bussy au Louvre, où aussitôt après y fut amené aussi, par commandement du roi, le seigneur de Grammont, et furent là retenus chacun en une chambre à part, avec défenses de se méfaire ou médire sur peine de la vie, et jusques à ce que, le lendemain matin, ils furent mis d'accord et réconciliés ensemble par l'avis des maréchaux de Montmorency et de Cossé, auxquels le roi avoit donné charge de faire leur accord, au lieu du procès qu'il leur convenoit faire, s'il y eût eu bonne justice en France et à la cour. »

« Le samedi 1er février, le jeune seigneur de Quélus (1), se trouvant accompagné des jeunes seigneurs de Saint-Luc (2), d'O, d'Arques (3) et Saint-Mégrin (4), tous jeunes mignons chéris et favorisés du roi, près la porte Saint-Honoré, hors la ville, tira l'épée et chargea Bussy d'Amboise, le grand mignon de Monsieur, qui, monté sur une jument bragarde de l'écurie du roi, revenoit de donner carrière à quelque cheval *au corridor des Tuileries ;* et fut la fortune tant propice aux uns et aux autres, que de plusieurs coups d'épée tirés, pas un ne porta, fors sur un gentilhomme qui accompagnoit Bussy, lequel fut fort blessé et en danger de mort. » Le roi, fatigué de ces querelles incessantes, avait rendu une ordonnance *sur le fait des querelles qui pourroient avenir en son logis.* Cet édit portait règlement des peines dont seraient punis les transgresseurs. Pour le guet-apens de la porte Saint Honoré, le conseil privé s'assembla et « fut arrêté que Quélus, agresseur, seroit constitué prisonnier et son procès fait. » Mais on étouffa l'affaire, et le favori échappa à la condamnation qui l'attendait.

Le Jeudi-Gras, 6 février, le roi dîna avec toute la cour à l'Hôtel-de-Ville ; il fut servi pendant toute la durée du festin par le prévôt des marchands et les échevins.

Le duc d'Anjou, frère du roi, fut indigné des outrages auxquels était exposé son favori Bussy. Lui-même, depuis long-temps, était en butte aux railleries des mignons, qui lui faisaient subir mille humiliations. Le Dimanche-Gras eurent lieu, au Louvre, les noces du jeune Saint-Luc avec Jeanne de Cossé, noces remarquables par des profusions scandaleuses. Monsieur ne voulut pas assister à la cérémonie, et « il s'en alla dès le matin promener au bois de Vincennes et à Saint-Maur-des-Fossés. » Cependant, par complaisance pour la reine-mère, il se présenta le soir au bal et eut tout lieu de s'en repentir ; il fut insulté par les mignons, qui le tournèrent publiquement en ridicule. Le

(1) Jacques de Lévis, comte de Quélus. — (2) François d'Espinay de Saint-Luc, depuis maître de l'artillerie de France (1595) et chevalier du Saint-Esprit, tué au siége d'Amiens en 1597. — (3) Anne d'Arques, depuis duc de Joyeuse, pair et amiral de France, tué en 1587, à Coutras. — (4) Paul de Stuer de Caussade, comte de Saint-Mégrin.

duc sortit du bal, le cœur serré de dépit, et alla se plaindre à sa mère. De concert avec elle, il résolut de s'absenter quelques jours pour se calmer. Catherine fit approuver ce projet par Henri ; mais les favoris entourèrent le roi et lui persuadèrent que le duc ne quittait la cour que pour se joindre aux mécontents et recommencer la guerre. Plein de cette idée, le roi court chez sa mère, quoique la nuit fût déjà avancée. « Comment, lui dit-il, madame ? que pensez-vous m'avoir demandé de laisser aller mon frère ? Ne voyez-vous pas, s'il s'en va, le danger où vous mettez mon État ? Sans doute il y a là-dessous quelque dangereuse entreprise ; je m'en vais me saisir de tous ses gens et ferai chercher dans ses coffres. Je m'assure que nous découvrirons de grandes choses. » Malgré les prières de sa mère, Henri III entre brusquement chez son frère, lui ordonne de se lever, commande d'emporter les coffres et fouille lui-même le lit, pour voir s'il ne trouvera pas des papiers. Le duc d'Anjou, dans la première surprise, veut cacher une lettre ; le roi s'efforce de la prendre. Le duc supplie son frère à mains jointes de ne pas la voir. Plus Monsieur résiste, plus le roi s'obstine. Monsieur la montre enfin ; c'était un billet de sa maîtresse. Henri reste confus, mais il n'en ordonne pas moins les arrêts à son frère et on conduit à la Bastille Bussy avec d'autres favoris du duc d'Anjou qu'on trouva dans le Louvre. Le lendemain, le roi se repentit de sa ridicule méfiance et rendit à son frère ses bonnes grâces, à condition que Bussy se réconcilierait avec Quélus. Bussy reçut l'ordre d'oublier la querelle et d'embrasser son adversaire. « Sire, dit-il, s'il vous plaît que je le baise, j'y suis tout disposé ; et accommodant les gestes avec la parole, lui fit une embrassade à la pantalone ; de quoi toute la compagnie, quoique encore étonnée et saisie de ce qui s'étoit passé, ne put s'empêcher de rire. » Mais le duc d'Anjou n'oublia pas les affronts qu'il avait reçus et il songea à prendre la fuite. La reine de Navarre le fit descendre elle-même avec une corde dans le fossé du Louvre, par la fenêtre de sa chambre, et le prince se rendit aussitôt à l'abbaye de Sainte-Geneviève. C'était un vendredi soir, 14 février. Ses gens firent aussitôt un trou à la muraille qui donnait sur les fossés de la ville. Il y descendit avec cinq à six de ses amis, et montant sur les chevaux qui leur étaient préparés, ils s'enfuirent à Angers à bride abattue.

Cet événement n'interrompit point les fêtes de la cour. « Le roi, pendant le carême, alloit deux ou trois fois la semaine faire collation aux bonnes maisons de Paris, et il dansoit jusques à minuit avec ses mignons et avec les dames de la cour et de la ville, entre autres chez la présidente de Boulancourt, où il passoit le temps souvent avec la demoiselle d'Assi, sa belle-fille. » La reine de Navarre, sœur du roi, aimait les plaisirs avec la même ardeur, mais elle partageait en même temps la haine de la reine-mère contre les mignons, dont *l'outre-*

cuidance étoit désordonnée. On croit qu'elle excita à dessein une querelle qui s'éleva dans la cour du Louvre entre Quélus, favori du roi, et Balzac d'Entragues, attaché aux Guises. Ces deux gentilshommes se trouvèrent le lendemain, 27 avril, au marché aux chevaux, sur l'emplacement du jardin des Tournelles, et se battirent chacun avec deux seconds; Maugiron, autre mignon du roi, et Livarot du côté de Quélus; Schomberg et Riberac du côté d'Entragues. Ce dernier échappa seul sain et sauf. Maugiron et Schomberg restèrent sur la place; Riberac mourut le lendemain; Livarot, grièvement blessé, ne fut guéri qu'au bout de six semaines; et Quélus, percé de dix-neuf coups, languit pendant trente-trois jours. Le roi accourut aussitôt, tout éploré, à l'hôtel de Boissi, rue Saint-Antoine, où l'on avait transporté Quélus. Il y alla tous les jours, fit tendre des chaînes dans la rue, de peur que le blessé ne fût importuné du bruit des charrettes et des chevaux, et le pansa de ses propres mains. « Il avoit promis à ses chirurgiens 100,000 francs au cas qu'ils le pussent guérir, et à lui 100,000 écus pour lui donner bon courage. Nonobstant lesquelles promesses, la volonté du Roi des rois étant au contraire, Quélus fut forcé de passer, à son grand regret, et entre ses derniers soupirs jetoit ces mots avec grande force : « Ah! mon roi! mon roi! » sans prendre d'autre plaisir d'ouïr parler de Dieu ni de sa mère. Le roi, pour témoigner la grande amitié qu'il lui portoit, le baisa mort comme il avoit fait à Maugiron, fit tondre leurs têtes et emporta et serra leurs blonds cheveux, ôta à Quélus les pendants de ses oreilles, que lui-même lui avoit auparavant donnés et attachés de sa propre main, tant il avoit l'amour de ces beaux fils enraciné au cœur. » Plongé dans la plus vive douleur, Henri leur fit célébrer de magnifiques funérailles et leur éleva des tombeaux de marbre dans l'église Saint-Paul (1), que *l'Estoile* appelle le *Sérail des mignons.*

Auprès de Quélus et de Maugiron fut bientôt après enseveli le jeune et beau Caussade de Saint-Mégrin, mignon du roi et ennemi déclaré des Guises. Un jour, dans la chambre du roi, devant tous les seigneurs, « il tira son épée, et, bravant de paroles les Guises, il trancha son gand par le *mitan*, disant qu'ainsi il tailleroit ces petits princes. » Une pareille imprudence était seule capable de le perdre; mais on raconte que le duc de Guise découvrit que la duchesse sa femme, Catherine de Clèves, aimait le favori et en était aimée. Dès lors, la perte de Saint-Mégrin fut résolue. Un soir, le lundi 21 juillet, comme il sortait du Louvre, il fut assailli par vingt ou trente assassins, qui le laissèrent percé de trente-cinq coups de poignard (3). Le roi fit porter son ca-

(1) Voy. t. I, p. 274.
(2) Les assassinats se commettaient en plein jour dans les rues de Paris. « Le vendredi 25 juillet, dit l'Estoile, devant l'église de Saint-Paul, pendant qu'on y faisoit les obsèques de Saint-Mégrin, le seigneur de Grammont tua un jeune gentilhomme, pa-

davre à l'hôtel de Boissi, et lui fit élever à Saint-Paul une statue et un tombeau en marbre, « de sorte que, quand on en vouloit à un favori, le proverbe étoit : Je le ferai tailler en marbre, comme les autres. » Le peuple, accablé d'impôts, ne cessait pas de railler les goûts et les habitudes du roi, qui n'étaient peut-être que ridicules et qu'on réputait infâmes. Le 4 janvier 1579, Henri alla se promener à la foire Saint-Germain ; il y trouva des écoliers qui se promenaient avec de grandes fraises de papier, en dérision des collets plissés que portaient le prince et ses favoris ; ils criaient à tue-tête : *A la fraise on connoît le veau*. Le roi les fit mettre en prison.

Les esprits s'échauffaient, Henri était toujours obligé, pour avoir de l'argent, d'en venir à tous les expédients possibles. Il envoya au parlement jusqu'à vingt-deux édits bursaux que la cour refusa d'enregistrer : « Je vois bien, dit le roi, que madame ma cour veut me donner la peine d'y aller moi-même ; mais je leur dirai ce qu'ils ne seront, possible, guère contents d'entendre. » Le parlement, pour l'apaiser, vérifia quelques uns de ces édits. Pour surcroît de malheurs, une maladie contagieuse vint désoler Paris. D'abord ce ne fut que cette indisposition, nommée *coqueluche* sous Charles VI, et *grippe* dans les temps modernes. Mais ensuite survint une sorte de peste qui fit en peu de temps de grands ravages ; on nomma un magistrat avec le titre de *prévôt de la santé*, chargé de faire porter à l'Hôtel-Dieu les pauvres pestiférés. Bientôt l'hôpital ne fut pas assez spacieux ; on dressa des loges et des tentes dans les faubourgs Montmartre et Saint-Marceau, vers Montfaucon et Vaugirard, et dans la plaine de Grenelle, où l'on bâtit un nouvel hôpital. Malvedi, professeur de mathématiques au collége royal et l'un des meilleurs médecins de l'époque, se consacra tout entier au service des pestiférés. Malgré son habileté et ses soins, on calcula que la contagion fit périr à Paris environ quarante mille personnes, la plupart de la classe pauvre. Mais la peur du mal fut en quelque sorte plus grande que le mal même ; tous les habitants s'enfuirent et livrèrent la ville presque déserte aux voleurs, qui pillaient les maisons les armes à la main, sans que les magistrats pussent s'y opposer. Le premier président, Christophe de Thou, refusa d'abandonner son poste ; il se promena tous les jours en carrosse dans les rues, haranguant le peuple et veillant au bon ordre. Le commerce souffrit beaucoup, car personne, pas même les marchands forains, n'osa rentrer à Paris pendant six mois, et les ouvriers, sans ouvrage et sans pain, passaient le temps à jouer aux quilles dans les rues, sur les ponts et dans les salles du pa-

---

rent de M. de Chavigni, et lieutenant de sa compagnie ; leur querelle étoit venue pour une baguette ôtée à un page. » Le roi fut obligé de défendre de porter des pistolets dans la ville, et ordonna aux vagabonds d'en sortir sur-le-champ, sous peine de la hart.

lais, et mouraient ensuite de misère. La contagion fit encore plus de ravages, eu égard à la population, dans les petites villes qui avoisinent la capitale.

La même année (1580), la place de gouverneur de Paris, vacante par la mort du duc de Montmorency, fut donnée à René de Villequier, premier gentilhomme de la chambre du roi. Il fut reçu solennellement à l'Hôtel-de-Ville, le 19 janvier. Les trois compagnies d'archers furent rangées en haie depuis la porte de la maison commune jusqu'à la rue de la Vannerie. Le prévôt des marchands, les échevins et les autres officiers municipaux, revêtus de leurs costumes, reçurent le nouveau gouverneur à la première porte de l'Hôtel-de-Ville et le conduisirent par le grand escalier, décoré de guirlandes de lierre, jusqu'à la grande salle. Villequier s'assit sous un dais qui avait été disposé, fit une courte harangue et présenta au bureau de la ville les lettres royales qui le nommaient gouverneur de Paris et de l'Ile-de-France. Lecture en fut faite, puis cette cérémonie se termina par une collation magnifique (1).

La peste, qui désola Paris pendant la plus grande partie de cette année, venait de cesser, lorsqu'on apprit que la septième guerre civile était terminée. Le traité de Nérac, conclu en 1579, qui permettait aux huguenots de lever de l'argent et leur accordait quatorze places de sûreté, au lieu de neuf qui leur étaient concédées par le traité de Poitiers, n'avait pas mis un terme aux hostilités. Les deux partis étaient restés sous les armes, et les intrigues de Catherine de Médicis ne purent reprendre aux huguenots ce qu'ils venaient d'arracher à la faiblesse de la couronne. La guerre dite *des amoureux* ne tarda pas à éclater, mais, après une alternative de revers et de succès, elle fut terminée par le traité de Fleix en Périgord, qui mit le roi de Navarre en possession de la dot de sa femme, composée des deux pays de Quercy et d'Agénois.

La guerre était à peine terminée, la peste durait encore, des mercenaires de tous les partis désolaient plusieurs provinces de la France, les finances royales étaient toujours dans le même épuisement, et malgré tout cela, Henri III et ses jeunes courtisans ne vivaient que pour le plaisir et les fêtes. Le dimanche de la mi-carême (5 mars 1581), le roi termina un jeûne de dévotion qu'il avait été faire à Saint-Germain-en-Laye et vint souper à Paris. Après souper il se rendit chez son médecin, Marc Miron, dans la maison qu'il lui avait donnée rue Culture-Sainte-Catherine, pour s'y masquer avec d'Arques, La Valette, d'O, quelques autres mignons et plusieurs dames. Ainsi masqués, ils rôdèrent par toute la ville de Paris et passèrent la nuit à courir de maison en maison.

(1) Félibien, t. II, p. 1141.

Les historiens contemporains nous ont laissé une brillante description des noces du duc de Joyeuse, à qui le roi venait de faire épouser Marguerite de Lorraine, sœur de la reine. Henri III voulut que ces noces fussent célébrées avec une magnificence extraordinaire, et il y dépensa des sommes énormes. Il donna à chacun des poëtes, Ronsard et Baïf, 2,000 écus, en récompense des vers qu'ils composèrent en cette occasion « pour les mascarades, combats, tournois et autres réjouissances des noces, et pour la belle musique par eux ordonnée et chantée avec les instruments. » Le cardinal de Bourbon lui-même voulut prendre part aux somptuosités de la fête. Il donna un festin pour le mariage de Joyeuse, le 10 octobre, dans son abbaye de Saint-Germain-des-Prés. Il avait fait à grands frais établir sur la Seine, ce jour-là, une sorte de bac très vaste, construit et décoré en char triomphal, pour faire passer le roi, la famille royale et les nouveaux époux du Louvre au Pré-aux-Clercs. Ce char devait être remorqué par vingt-quatre petits bateaux ayant la forme de chevaux marins, de tritons, de baleines, saumons, dauphins, tortues *et autres monstres*, qui portaient dans leurs flancs des musiciens et des artificiers. Cinquante mille personnes se tenaient sur les deux rivages pour jouir de ce rare et beau spectacle. Par malheur ces apprêts furent en pure perte, la machine était trop compliquée, les tritons et les baleines ne purent venir à bout de naviguer de concert, si bien que le roi ayant attendu aux Tuileries depuis quatre heures du soir jusqu'à sept, « dépité et marri, dit qu'il voyoit bien que c'étoient des bêtes commandées par d'autres bêtes. » Il se décida donc à monter en coche avec les reines et toute sa suite pour se rendre à l'abbaye. Le festin qu'y avait fait préparer le cardinal fut jugé le plus magnifique de tous; on y remarqua surtout un jardin artificiel garni de fleurs et de fruits comme si l'on eût été au milieu de la belle saison. Le dimanche suivant, la reine à son tour donna au Louvre un splendide repas qui se termina par un ballet où figuraient Circé et ses nymphes, « qui fut le plus beau, le mieux ordonné et le plus dextrement exécuté » qu'on eût encore vu. Le lendemain et le surlendemain se passèrent en fêtes militaires; dans une belle et grande lice élevée au milieu des jardins du Louvre, le roi « exécuta son combat de quatorze blancs contre quatorze jaunes, à huit heures du soir, à la lumière des torches et flambeaux. » Pour la fin des ballets et des carrousels, fut fait le jeudi 19 octobre le *ballet des Chevaux*, pour lequel on avait, depuis cinq ou six mois, dressé des chevaux d'Espagne qui s'avançaient, se retiraient et se contournaient en cadence au son de la trompette et du clairon. Tout cela fut beau et plaisant, dit l'Estoile; mais la plus grande excellence de tout ce qui se vit fut la musique de voix et d'instruments, la plus harmonieuse et la plus déliée qu'homme y assistant eût jamais ouïe ni entendue; et aussi les feux d'artifice qui éclatèrent et brillèrent avec un incroyable épouvantement, et à la grande satisfaction de toutes les personnes qui les virent, sans toutefois qu'aucune fût blessée. »

Les ambassadeurs des treize cantons suisses qui vinrent à Paris vers cette époque réclamer cinq ou six cent mille écus qu'on leur devait, furent très étonnés d'entendre Henri III leur dire qu'il n'avait pas d'argent. On les apaisa avec de belles promesses ; une chaîne d'or et une bourse de 300 écus, qui furent remises à chacun d'eux, les rendirent beaucoup plus traitables ; mais ils ne purent s'empêcher d'exprimer leur incrédulité sur le peu de ressources pécuniaires du roi qui venait, en cinq mois de temps, et pour le mariage d'un simple gentilhomme, de dépenser plus de douze cent mille écus.

Un peu avant celle des Suisses, était venue à Paris une autre ambassade moins intéressée. Deux envoyés du Grand-Seigneur arrivèrent le 8 novembre à la cour de Henri III, qui les reçut fort bien et les traita magnifiquement. Le premier objet, ou, si l'on veut, le prétexte de leur mission, dut paraître un peu étrange. Ils venaient prier le roi de France d'*assister* à la cérémonie de la circoncision du fils aîné du Grand-Seigneur, qui devait se célébrer solennellement dans la ville de Constantinople au mois de mai suivant, et en même temps, ce qui était à la fois plus important et moins difficile, ils demandaient le renouvellement de l'ancienne alliance de la France avec la Porte. Ils furent logés pendant leur séjour à Paris, au Faubourg-Saint-Germain, dans la rue de Seine ; et le 10 décembre, ils reprirent, chargés de présents, le chemin de Constantinople.

Le roi lui-même avait paru effrayé de ses prodigalités ; il avait parlé de restreindre sa dépense et fait célébrer à petit bruit le mariage de deux autres de ses favoris, moins heureux que Joyeuse. Mais dès le mois de mai 1582, il avait accordé cent mille écus aux ducs de Joyeuse et d'Épernon pour les frais de leur voyage en Lorraine où ils allaient voir les parents de leurs femmes. Pour parfaire cette somme il fut obligé de violenter, en quelque sorte, François de Vigny, le receveur des rentes de l'Hôtel-de-Ville de Paris. Les Parisiens, au préjudice de qui ces exactions étaient commises, se montrèrent fort mécontents.

Une conspiration célèbre dans l'histoire, celle de l'Espagnol Salcède, révéla bientôt les sinistres projets de la Ligue. Ce misérable, qui avait été condamné à mort pour fausse monnaie, et à qui le duc de Guise avait obtenu sa grâce, devint l'instrument des vengeances de l'Espagne et du pape contre la France. On devait exciter dans tout le royaume une guerre générale, donner au duc de Guise le commandement des armées du roi, mettre Henri III en prison et exterminer la famille royale. Salcède fut arrêté à Anvers ; et le duc d'Anjou, proclamé dès le mois de février précédent duc de Brabant, fut envoyé à Paris. La déposition de Salcède, écrite tout entière et signée de sa main, rétractée ensuite, affirmée de nouveau et désavouée dans le dernier supplice, compromettait un grand nombre de hauts personnages. Le président de Thou conseillait de garder le criminel, afin de le faire parler à mesure qu'on découvrirait des traces du complot, mais trop de personnes étaient intéressées à son silence, et l'on engagea le roi à délivrer la terre d'un pareil monstre. Le parlement condamna Salcède à être écartelé. « Ce qui fut exécuté, dit un auteur contemporain, en la place de Grève à Paris, le 26 octobre 1582, où, par l'intercession de la dame de Martigues, duchesse de Mercœur, qui lui était parente ou alliée, il ne souffrit qu'une ou deux tirades, puis fut étranglé; sa tête coupée fut envoyée à Anvers, et les quatre quartiers de son corps pendus près des quatre principales portes de la ville de Paris. « Le roi et les reines assistèrent à l'exécution en une chambre de l'Hôtel-de-Ville, exprès accoustrée et parée pour eux, et y firent venir le président Brisson et les conseillers Chartier, Perrot, Michon et Angenoust, rapporteur du procès, pour en conférer avec eux. Et quand Tanchou, lieutenant de robe courte, présent à l'exécution avec ses archers, vint dire au roi que sur le bas échaffaut sur lequel étoit son corps quand il fut tiré, il s'étoit fait délier les deux mains pour signer sa dernière confession, qui étoit qu'il n'étoit rien de toutes les charges qu'il avoit mises sus aux plus grands de ce royaume, le roi s'écria : « O le méchant homme, voire le plus méchant dont j'aye oncques ouï parler ! » Ce disait le roi, pour ce qu'à la dernière question, qui lui avoit été baillée, où le roi avoit assisté caché derrière une tapisserie, il lui avoit ouï jurer et affirmer au milieu des tortures que tout ce qu'il avoit dit contre eux étoit vrai, comme beaucoup aussi l'ont cru et le croient encores aujourd'hui, vu les tragédies qui se sont jouées en France par les accusés. — On conte cette mine, ajoute l'Estoile, pour la première de la Ligue, qui ne put jouer. »

Le roi était si grand amateur de spectacles, même les plus lugubres, qu'il alla exprès à l'hôtel du prévôt de Paris, pour voir passer le convoi de Christophe de Thou, père du célèbre historien. Ce vénérable magistrat fut enseveli le 14 novembre (1), à Saint-André-des-Arcs; Jean Prévôt, curé de Saint-Severin, prononça son oraison funèbre.

Les exactions, qui se renouvelaient à chaque instant, irritaient le peuple, et personne ne respectait plus la personne royale. Henri ayant couru les rues de Paris avec ses *mignons*, tous masqués, dans la nuit du mardi-gras (1583), les prédicateurs blâmèrent, en pleine chaire, ces désordres. Guillaume Rose, l'un des prédicateurs ordinaires du roi et

---

(1) « Le dimanche 14 de novembre, mourut à Paris un bon vieil homme nommé Jacquet Mereau, qui gagnoit sa vie à enseigner (indiquer) des terres et faire louer des maisons, âgé de 108 ans; et étoit tenu pour le plus vieil homme de Paris. » *Journal de l'Estoile.*

docteur en théologie, qui devint ensuite l'un des plus furieux ligueurs, se montra le plus audacieux. Le roi le fit venir et le tança si vertement que Rose demanda humblement pardon. Quelques jours après, le roi lui fit présent de 400 écus, en lui disant : « C'est pour acheter du sucre et du miel pour aider à passer votre carême et adoucir vos trop âpres et aigres paroles. » Un autre prédicateur dont j'ai déjà parlé, Mathieu Poncet, curé de Saint-Pierre des-Arcis et docteur en Sorbonne, montrait une audace inouïe; il parla sans ménagements, dans la chaire de Notre-Dame, d'une nouvelle confrérie instituée par le roi et qui portait le nom de *Congrégation des pénitents de l'Annonciation Notre-Dame*. L'inauguration de cette confrérie fut faite le vendredi, 25 mars 1583, par une procession solennelle qui eut lieu depuis l'église des Augustins jusqu'à la cathédrale. Tous les confrères, couverts d'un grand sac de toile de Hollande, portant à leur ceinture une discipline pendante, marchaient deux à deux, le roi confondu avec les autres. Le cardinal de Guise portait la croix, et son frère, le duc de Mayenne, était maître des cérémonies. Edmond Auger, jésuite, *bateleur de son premier métier*, et un nommé du Peirat, chassé de Lyon pour ses crimes, conduisaient les autres confrères. Les chantres, revêtus du même costume et divisés en trois bandes, chantaient les litanies en faux-bourdon, et ils exécutèrent à Notre-Dame un *Salve Regina* en musique. La pluie, qui tombait par torrents, ne les empêcha point d'achever la cérémonie, quoiqu'ils fussent tout mouillés. C'est à [ce sujet qu'un *homme de qualité* composa le quatrain suivant :

> Après avoir pillé la France
> Et tout son peuple dépouillé,
> N'est-ce pas belle pénitence
> De se couvrir d'un sac mouillé ?

Le lendemain, Poncet monta en chaire et s'écria que cette congrégation était la *confrérie des hypocrites et athéistes*. « J'ai été averti de bon lieu, ajouta-t-il, qu'hier au soir (qui étoit le vendredi de leur procession), la broche tournoit pour le souper de ces bons pénitents, et, qu'après avoir mangé le gras chapon, ils eurent pour leur collation de nuit le petit tendron qu'on leur tenoit tout prêt. Ah! malheureux hypocrites! Vous vous moquez donc de Dieu, sous le masque, et portez par contenance, un fouet à votre ceinture? Ce n'est pas là, de par Dieu, où il vous faudroit le porter; c'est sur votre dos et sur vos épaules et vous en étriller très bien ; il n'y a pas un de vous qui ne l'ait bien gagné. » Le roi se contenta de reléguer ce prédicateur insolent dans une abbaye qu'il possédait. Un de ses mignons (les uns disent d'Épernon, d'autres Joyeuse), voulant se moquer de la disgrâce de Poncet, fut payé de sa raillerie par une réponse qui fut trouvée fort à propos. « Monsieur notre maître, lui dit le mauvais plaisant, on dit que vous faites rire les gens à votre sermon ; cela n'est guère bien. Un prédicateur comme vous doit prêcher pour édifier et non pas pour faire rire. — Monsieur, répondit Poncet sans s'étonner, je veux bien que vous sachiez que je ne prêche que la parole de Dieu, et qu'il ne vient point de gens à mon sermon pour rire, s'ils ne sont méchants et athéistes : et aussi n'en ai-je jamais tant fait rire en ma vie comme vous en avez fait pleurer. » Lorsque Henri III rappela Poncet de l'exil, il dit : « J'ai toujours reconnu en ce bon docteur un zèle de Dieu, mais non selon la science ; dont toutefois je l'excuse, pource que l'artifice de ceux qui le mettent en besogne passe la portée du bon-homme, qui a du savoir assez, mais du jugement peu. » Ce fameux prédicateur mourut à Paris, le 23 novembre 1586.

Il n'y avait pas jusqu'aux pages et aux laquais qui ne se moquassent de la nouvelle confrérie des pénitents comme d'une véritable momerie. Mais le roi, qui prenait la chose au sérieux, en fit fouetter plus d'une centaine pour s'être déguisés et avoir contrefait sa procession dans la salle basse du Louvre. Néanmoins ces cérémonies, qui duraient un jour entier et quelquefois toute la nuit, se multiplièrent à l'infini ; le peuple les nommait *processions blanches*. On rencontrait sur toutes les routes des confréries de pénitents, qui visitaient les lieux de dévotion pour que le ciel mît un terme à la peste, dont les ravages étaient effrayants à Paris et dans les environs. Ces processions donnaient lieu à de graves désordres ; Paris était chaque jour ensanglanté ; on volait et on assassinait en plein jour et dans les quartiers les plus fréquentés (1). En même temps, l'insolence des factieux augmentait. On appelait le roi *vilain Hérodes*, anagramme d'*Henri de Valois* ; on publiait des satires et des libelles contre la cour, et quelques mécontents plus audacieux écrivirent un jour avec du charbon dans la *chapelle des Battus*, à l'église des Augustins, le quatrain suivant :

> Les os des pauvres trépassés,
> Qu'on te peint en croix bourguignonne,
> Montrent que tes heurs sont passés
> Et que tu perdras la couronne.

Au milieu de ces désordres, que faisait Henri III ? Il ordonnait des processions et inventait de nouveaux plaisirs ; il ne quittait l'habit de pénitent et son gros chapelet à têtes de mort que pour prendre le masque et courir les rues de Paris avec ses mignons, « renversant les passants, battant les autres à coups de bâton et de perche, particulièrement ceux qu'ils rencontroient masqués comme eux, pour ce que le roi vouloit seul avoir privilége d'aller par les rues en masque. »

La mort du duc d'Anjou vint sur ces entrefaites porter le dernier coup à la chancelante autorité de Henri III. Après avoir langui pendant quatre

---

(1) A chaque page de ses Mémoires, l'Estoile raconte un guet-apens ou un sinistre. La police, mal organisée, était impuissante.

mois d'une maladie cruelle, le duc d'Anjou mourut à Château-Thierry, le 10 juin 1584. Son corps fut apporté à Paris et déposé dans l'église Saint-Jacques-du-Haut-Pas. Puis, le 25 et le 26 du même mois, ses funérailles furent célébrées en grande pompe à Notre-Dame et dans l'abbaye de Saint-Denis où il fut enseveli. Le roi, toujours avide de toutes sortes de spectacles ne manqua pas d'assister en curieux à ces solennités funéraires. Vêtu d'un grand manteau de serge violette de Florence de dix-huit aunes, dont la queue plus large que longue était portée par huit gentilshommes, il se rendit, le 24, au Faubourg-Saint-Jacques pour jeter l'eau bénite sur le corps de son frère. Devant lui s'avançait la cour, gentilshommes, seigneurs et princes, évêques et cardinaux, montés sur des chevaux blancs et en grand costume de deuil. Autour de lui étaient rangés les Suisses et les archers écossais et ceux de la garde française ; enfin derrière, venaient la reine dans son carrosse et huit coches pleins des dames de la cour toutes vêtues de noir. Le lendemain, jour où le service se fit à Notre-Dame, le roi se plaça à la fenêtre d'une maison qui faisait le coin du Parvis devant l'Hôtel-Dieu, et demeura là quatre ou cinq heures à voir passer le cortège. Le lendemain il fit de même dans une maison de la rue Saint-Denis. Il avait trouvé inconvenant le jour précédent que la dépouille mortuaire de son frère fût portée par les seigneurs de la Rochepot, de la Ferté-Imbaud et d'Aurilli, simples gentilshommes qui n'avaient point le collier de l'ordre du Saint-Esprit. Le quatrième, La Châtre était le seul qui en fût décoré. Aussi, le soir même, il les envoya chercher tous les trois et leur remit à chacun un collier dont ils se parèrent dans les cérémonies du lendemain.

La mort du duc d'Anjou était un événement fatal pour Henri III. Ce prince n'avait point d'enfants, en sorte que son frère était l'héritier présomptif de la couronne ; le duc d'Anjou étant mort, l'héritage royal se trouvait transporté au roi de Navarre qui venait de rentrer dans le parti protestant et dont les ligueurs ne voulaient pas. Ainsi l'ambitieuse maison de Guise avait le pied sur les marches du trône. Henri III dégradé comme incapable, Henri de Navarre exclu comme hérétique, quel autre que Henri de Guise pouvait aspirer à le remplacer ?

Désormais celui-ci travaille dans cet esprit. Il traite avec le roi d'Espagne Philippe II, qui lui envoie de l'argent, et obtient du pape Grégoire XIII la déclaration qu'il est permis de faire la guerre, même au roi, pour maintenir la religion catholique. Les prédicateurs dans la chaire, les prêtres au confessionnal agissent pour lui et excitent le peuple contre le roi de Navarre. Pour rassurer les consciences timorées qui balancent entre les intérêts du ciel et les droits de la légitimité, il oppose au roi de Navarre les prétentions de son oncle le cardinal Charles de Bourbon, vieillard infirme et tout-à-fait étranger aux intrigues. On fait faire au cardinal un manifeste, daté de Péronne, où il revendique la couronne de France, se déclare chef de la Ligue, s'appuie de l'alliance des étrangers, et déclame contre les abus du gouvernement de Henri III.

Derrière ce fantôme, le duc de Guise marche à son dessein de ruiner les espérances du roi de Navarre. Il lève une armée en Lorraine, s'empare de Toul, de Verdun, de Châlons, soulève la Champagne et la Picardie; Lyon, Bourges, Orléans et Angers se déclarent en sa faveur, à Paris la ligue souffle avec ardeur le feu de la sédition.

Le jeune Henri de Navarre répondit par quatre lettres adressées au clergé, à la noblesse, au tiers-état et à la ville de Paris. Dans cette dernière, il dit aux Parisiens, qu'il leur écrit à cause de l'estime qu'il a pour eux, à cause de leurs lumières, de leur générosité si connues, de leur fidélité aux intérêts du royaume, de leur dévouement à la famille royale pour laquelle ils ont sacrifié jusqu'aux bagues de leurs femmes au temps de la captivité des rois Jean et François 1er; et il espère, dit-il, qu'ils ne démentiront pas ces nobles sentiments. Le parlement de Paris, en effet, refusa d'enregistrer la bulle du Pape contre le roi de Navarre et le prince de Condé, comme injurieuse à la souveraineté des rois de France; de sorte que cette bulle ne put être distribuée dans Paris que sous main par les agents des ligueurs. Mais en même temps, le roi de Navarre se prépare à défendre ses droits l'épée à la main, et fait révolter le midi de la France. Un tiers du royaume est ainsi aux mains des réformés, tandis qu'un autre tiers est au pouvoir de la ligue. Henri III tremblant balance entre les deux partis, puis s'unit avec les ligueurs et leur accorde tout ce qu'ils osent demander (1585).

Au commencement de l'année suivante, le roi passa les fêtes du Carême à faire des pèlerinages et des processions, dans lesquelles il traînait après lui deux cents confréries de pénitents (1). Puis il avisa à de nouveaux expédients pour remplir son trésor et ordonna entre autres choses que les procureurs paieraient cent écus, à moins qu'ils n'aimassent mieux cesser leurs fonctions. Les plus anciens procureurs consentaient à obéir, mais leurs jeunes confrères les empêchèrent d'aller au palais; cette espèce de sédition eut pour résultat d'arrêter le cours de la justice pendant près de quinze jours (juillet 1586) dans toutes les juridictions du royaume. Enfin, d'après le conseil des plus sages d'entre eux, le corps des procureurs se rendit au Louvre pour demander pardon au roi; mais le surlendemain l'édit royal fut supprimé.

Comme le bruit courait à Paris parmi les ligueurs que le roi et la reine-mère favorisaient secrètement les huguenots, Henri III assembla au Louvre, le 10 janvier 1587, plusieurs présidents et conseillers du

(1) Félibien, t. II, p. 1156.

parlement; le prévôt des marchands, les échevins et les plus notables bourgeois de la ville. Là, en présence des cardinaux de Bourbon, de Vendôme, de Lenoncourt, et de plusieurs seigneurs, il déclara hautement qu'il avait résolu de faire aux huguenots une guerre d'extermination, qu'il conduirait en personne et pour laquelle il sacrifierait jusqu'à sa vie. Tous les assistants applaudirent vivement un semblable discours. Mais quand ce murmure flatteur se fut apaisé, le roi se tourna vers les bourgeois de Paris et leur dit : *Messieurs, il me faudra cent vingt mille livres pour cette entreprise.* Les Parisiens tout interdits ne trouvèrent pas une parole à répondre ; mais en sortant du Louvre, ils disaient entre eux : *On voit bien qu'à la queue gît le venin.* — Tout cela ne servait qu'à fomenter le mécontentement, et les ligueurs se fortifiaient de jour en jour.

Un bourgeois de Paris, nommé La Rocheblond, avait eu l'idée de former une association, dont le but était de s'assurer de la capitale et de placer une ville d'aussi grande importance sous l'entière influence des chefs du parti catholique. Les principaux ligueurs mirent aussitôt ce projet à exécution : c'étaient Jean Boucher, curé de Saint-Benoît ; Jean Prevôt, curé de Saint Severin ; Jean Pelletier, curé de Saint-Jacques-de-la-Boucherie ; Jean Wincestre, curé de Saint-Gervais ; Jean Hamilton, curé de Saint-Côme ; Jacques Ceuilly, curé de Saint-Germain-l'Auxerrois ; les présidents Lemaître et Neuilli ; les nommés Caumont, Ménager, Louis d'Orléans, avocats; Crucé, Bussy-Leclerc (1), Lachapelle, procureurs ; La Morlière, notaire ; La Chapelle-Marteau (2), gendre de Neuilli ; Gilbert Coeffier, sieur d'Effiat, etc. Ces factieux formèrent un conseil de dix membres, tant ecclésiastiques que laïques, qui se tint d'abord dans une chambre de la Sorbonne, ensuite au collège Fortet, le *berceau de la ligue*, puis au couvent des jésuites de la rue Saint-Antoine. Seize d'entre eux furent choisis, auxquels on partagea les seize quartiers dont se composait la ville de Paris. Leur mission était d'y faire des partisans, et d'y porter les ordres du conseil secret. De là le nom de faction des *Seize*, donnée à cette association qui, depuis, joua un si grand rôle, et se rendit si formidable.

Les *Seize* arrêtèrent le plan de leur conspiration. La Chapelle-Marteau se chargea d'entraîner dans le parti de la ligue tous les membres de la chambre des Comptes ; le président Lemaître, tous ceux du parlement ; Senaut, tous les clercs du greffe ; et un nommé Leleu, tous les huissiers de cette cour. Le président Neuilli promit de ranger sous les drapeaux de la ligue, tous les conseillers du parlement ; et le nommé Choulier, tous les clercs de cette cour. Rolland s'engagea, avec le secours de son frère, conseiller à la cour des monnaies, d'entraîner dans le parti les

(1) Il avait été maître d'armes avant d'être procureur au parlement.
(2) Michel Marteau, sieur de La Chapelle, maître des Comptes.

généraux et conseillers des monnaies. D'autres eurent la charge de faire des partisans à la ligue parmi les sergents à cheval et à verge, parmi leurs voisins et les habitants de leur quartier. Labruyère, lieutenant particulier, répondit de tous les conseillers du Châtelet; Crucé, des procureurs de cette cour, et de plus d'une grande partie des professeurs et écoliers de l'Université; Michelet promit d'entraîner tous les mariniers et gens de rivière, *tous mauvais garçons*, et dont le nombre s'élevait à plus de cinq cents. Toussaint Poccart, potier d'étain, et un nommé Gilbert, charcutier, entraînèrent les bouchers et les charcutiers de la ville et faubourgs, dont le nombre passait quinze cents; et Louchard, commissaire, tous les marchands et courtiers de chevaux, dont on comptait à Paris six cents et plus (1).

Les agents du duc de Guise organisèrent le complot dans les provinces, et les ligueurs eurent à leur disposition des forces redoutables. On saisit à Lagny un convoi d'armes très considérable, que le cardinal de Guise envoyait à Paris. Les Guises s'étaient emparés des villes de Châlons, Toul, Verdun, Soissons, Dijon, etc. Le duc d'Aumale, leur cousin-germain, tenta de prendre Boulogne, afin de faciliter l'entrée des troupes espagnoles qui devaient y débarquer; son projet, connu d'avance, fut déjoué. Alors il s'empara du faubourg d'Abbeville. A ces nouvelles, le roi s'écria : Si je laisse faire ces gens, je ne les aurai pas seulement pour compagnons, mais pour maîtres : il est temps d'y mettre ordre. » Mais il montra une telle insouciance, dit *l'Estoile*, qu'on entra en fort grand soupçon qu'il n'y eût entre lui et ceux de Guise quelque intelligence secrète. »

Les ligueurs, comme on peut le voir dans le Journal de *l'Estoile*, ne négligèrent pas la plus petite circonstance qui pût concourir à l'exécution de leurs projets. La modération ou plutôt la négligence de Henri III les encourageant, ils écrivirent au duc de Guise qu'ils l'attendaient à Paris pour donner le signal de l'insurrection. Le duc leur envoya le duc de Mayenne qui s'entendit secrètement avec les principaux chefs à l'hôtel Saint-Denis, où il logeait. Ils résolurent de s'emparer de la Bastille, de l'Arsenal, du Temple, du Châtelet, d'égorger les partisans de la cour et de marcher sur le Louvre. Le roi une fois prisonnier, les Guises étaient maîtres de la France. Ce hardi complot fut découvert par Nicolas Poulain, lieutenant du prévôt de Paris, zélé royaliste, qui avait eu l'adresse de gagner la confiance des conjurés, au point d'être chargé par eux du soin d'acheter des armes et de les cacher. Poulain donna avis au chancelier de le faire mettre en prison, comme soupçonné de mauvais desseins. Ce magistrat le fit ensuite paraître devant lui, et au lieu de subir l'interrogatoire, Poulain lui expliqua toute l'intrigue.

(1) M. Dulaure, t. IV, p. 101.

Les conjurés se voyant découverts, formèrent alors le projet d'enlever le roi à la foire Saint-Germain ou au retour de Vincennes. Les complots échouèrent encore, grâce aux révélations de Nicolas Poulain. Mais le roi ne prit aucune mesure décisive, et il laissa partir de Paris le duc de Mayenne. Il se contenta de lui dire, lorsque ce prince vint prendre congé de lui : « Mais quoi ! mon cousin, abandonnez-vous ainsi les bons ligueurs de Paris? — Je ne sais ce que veut dire Votre Majesté, » répondit Mayenne, qui monta aussitôt à cheval et partit sans que le roi lui demandât d'autres éclaircissements.

La famine et la peste désolaient Paris. On fut contraint d'envoyer deux mille pauvres à l'hôpital de Grenelle, pour y être nourris aux dépens du roi, qui leur faisait distribuer tous les jours 5 sous à chacun. Mais ces malheureux se dispersaient dans toute la ville ; alors les bourgeois se cotisèrent pour faire travailler les mendiants valides et nourrir les malades. Enfin on eut recours, dans ces tristes circonstances, aux prières publiques et aux processions. Le mardi 21 juillet 1587, le cardinal de Bourbon, abbé de Saint-Germain-des-Prés, ordonna une procession solennelle. A la tête du cortége étaient les enfants du faubourg, garçons et filles, la plupart vêtus de blanc et pieds nus, et portant un cierge à la main. Venaient ensuite les capucins, les augustins, les cordeliers, les pénitents blancs et le clergé de Saint-Sulpice, qui précédaient les religieux de l'abbaye. Plusieurs reliques, notamment la châsse de sainte Geneviève, étaient portées par des hommes *nuds en chemise et couronnez de fleurs*. Le roi, qui assistait à cette solennité dans les rangs des pénitents blancs, fut très content, et il en fit l'éloge pendant le dîner. « Le cardinal de Bourbon, mon cousin, dit-il, en a tout l'honneur. C'est un bon-homme. Je désirerais que tous les catholiques de mon royaume lui ressemblassent, nous ne serions pas en peine de monter à cheval pour combattre les reîtres. »

La faction des Seize devenait toute-puissante, et l'impunité redoublant son audace, elle recherchait toutes les occasions d'exciter du tumulte. Un prédicateur ayant déclamé à Saint-Severin contre le gouvernement et contre Henri III, qu'il appela *tyran et fauteur d'hérétiques*, on fit courir le bruit, vrai ou faux, que le roi avait donné l'ordre d'enlever cet insolent et de le jeter la nuit suivante dans la rivière. Crucé, Bussy, Senault, Choulier et d'autres ligueurs réunissent une bande d'hommes armés et se placent dans la maison de Haste, notaire, au carrefour Saint-Severin, bien résolus d'empêcher l'arrestation du prédicateur. La nouvelle de cette émeute fut aussitôt portée au roi, qui avait auprès de lui le chancelier de Chiverny et Villequier, gouverneur de Paris. Le premier proposa d'arrêter le désordre par les moyens les plus violents ; le gouverneur affirma que ces désordres ne valaient même pas la peine d'être réprimés, et il sortit pour dîner, en disant au roi « qu'il alloit boire ses quatre verres de vin tranquillement à son ordinaire. » Dans l'après-midi, le tumulte redoubla. Le roi se contenta d'envoyer auprès des factieux un gentilhomme de sa chambre, fort connu du notaire Haste ; cet envoyé fut retenu prisonnier. Pierre Lugoli, lieutenant du prévôt de l'hôtel, accourut alors à la tête des sergents à cheval et de quelques gardes du roi, et investit la maison du notaire. Mais les ligueurs se mirent en état de défense, tandis que quelques uns, sonnant le tocsin au clocher de Saint-Benoît, amassaient la populace, qui se réunit en armes, en criant qu'on égorgeait les catholiques. Comme la nuit arrivait, le roi ne voulant point qu'on répandît le sang de ces fous furieux, donna ordre aux troupes de se retirer. Cet événement, connu sous le nom de la *journée de Saint-Severin*, augmenta l'audace des ligueurs et l'insolence de certains prédicateurs.

Les ligueurs, dans le but d'exciter le fanatisme religieux de la multitude, firent exposer dans le cimetière de Saint-Severin un tableau représentant les persécutions dont les catholiques étaient alors l'objet en Angleterre. J'ai raconté ailleurs avec détails ce curieux incident (1).

L'effervescence du peuple était grande, lorsqu'au mois de septembre 1587, trente mille Allemands entrèrent en France par la Lorraine, et se réunirent au roi de Navarre, qui, après avoir employé tous les moyens de conciliation, avait appelé aux armes ses co-religionnaires. Henri III, qui comprenait mal sa situation, ne songea point à profiter des circonstances et à combattre les ligueurs en s'unissant au roi de Navarre, à l'héritier présomptif de la couronne. Craignant de s'aliéner les catholiques de son royaume, il forma le projet de tenir en respect Henri de Bourbon, avec une armée confiée à son favori Joyeuse ; de ne donner au duc de Guise qu'un corps de troupes insuffisant contre les Allemands, et de se mettre enfin lui-même à la tête d'une armée assez nombreuse pour écarter à la fois calvinistes et ligueurs. Il répétait sans cesse : « C'est de la main de mes ennemis mêmes que je punirai mes ennemis. » Ce plan manqua entièrement, et cette huitième guerre civile, connue sous le nom de *guerre des trois Henri* (2), devint funeste au pouvoir royal. Joyeuse, au lieu d'observer seulement les calvinistes, en vient aux mains avec eux près de Coutras en Guienne ; il est battu et trouve une mort glorieuse au milieu des bataillons ennemis. Henri III arrête sur les bords de la Loire, près de la Charité, une armée de Suisses et d'Allemands, qui se dirige vers le roi de Navarre ; mais il n'avait quitté Paris qu'au dernier moment, et sa petite victoire fut oubliée devant les grands succès du duc de Guise à Vimory, près de Montargis, et à Auneau en Beauce. On ne s'occupa que de Guise, dont la popularité s'augmentait chaque jour. « La

(1) Voy. t. I, p. 311 et 312.
(2) Henri III de Valois ; Henri de Bourbon, roi de Navarre ; Henri de Guise.

France étoit folle de cet homme-là, dit un écrivain du temps, car c'est trop peu dire amoureuse. »

Le roi entra à Paris le 24 décembre, revêtu de sa cotte d'armes et le casque en tête, comme s'il eût triomphé de tous ses ennemis. La municipalité et les bons royalistes lui firent une réception magnifique. On lisait l'inscription suivante à la porte Saint-Jacques et à l'Hôtel-de-Ville : « Au roy très chrestien et très victorieux Henry III, roy de France et de Pologne, père de son peuple, pour l'heureux succès de ses victoires contre les reistres, lansquenets et autres, la ville de Paris très fidelle et très obéissante, lui voue et donne perpétuelle fidélité. » Le roi entendit à Notre-Dame un *Te Deum* solennel, et le soir il y eut des feux de joie par toute la ville (1). Mais la multitude se moqua de ce triomphe. N'osant attaquer ouvertement Henri, les ligueurs tournèrent en ridicule son favori d'Épernon. Les colporteurs criaient dans les rues : « *Faits d'armes du duc d'Épernon contre les hérétiques.* » On ouvrait le livre, et à chaque page on lisait, en gros caractères, ce seul mot : *Rien*. Le roi consola son favori en lui donnant les biens et les titres de Joyeuse. Mais ces prodigalités indisposèrent les fidèles serviteurs du roi. « En ce faisant, dit Pasquier, sans coup férir, il a perdu plus de gentilshommes qu'il n'avoit fait à la bataille de Coutras. »

L'administration de Paris était alors entièrement confiée au corps municipal ; lui seul avait puissance sur le peuple, et les échevins gardaient les clefs des portes, qui se fermaient chaque soir. La bourgeoisie était enrégimentée ; elle choisissait ses capitaines, et se formait, par de fréquents exercices, au maniement des armes. Il y avait aux coins des rues de grosses chaînes scellées qu'on tendait à la première alarme, pour fermer tous les quartiers ; on faisait à toutes les maisons des saillies qui les fortifiaient ; enfin le peuple avait ses bannières, ses places de réunion, ses mots de ralliement, et il ne fallait qu'un coup de tambour pour faire descendre en foule dans la rue les bourgeois armés. C'est ce qui explique les terribles insurrections de cette époque. Les Parisiens, comme j'ai déjà eu occasion de le dire, outre l'esprit turbulent qu'ils ont toujours montré, étaient fermement attachés à la religion catholique ; on leur persuada que le roi trahissait cette cause, et ils se montrèrent acharnés contre ce prince. Le fameux *conseil des Seize* sut habilement exploiter les circonstances et la disposition des esprits.

Le duc de Guise, qui avait poursuivi jusqu'au-delà des frontières les débris de l'armée allemande, se rendit à Nancy au mois de février 1588, et, de concert avec les ligueurs, il présenta au roi un mémoire qui réclamait les mesures les plus rigoureuses contre les protestants,

---

(1) Félibien, p. 1164.

Henri, toujours indécis, fit une réponse favorable, et, suivant sa coutume, ne mit point ses promesses à exécution. Alors l'exaspération de la multitude fut portée à son comble, et les ligueurs résolurent d'enlever le roi au milieu des réjouissances du carnaval; le coup manqua parce que Henri, averti par Nicolas Poulain, ne sortit point du Louvre. Les principaux chefs des factieux se réunirent, dans les premiers jours d'avril, dans la maison de l'un d'eux, nommé Santeuil, située devant Saint-Gervais. Ils organisèrent leur plan d'attaque et trouvèrent qu'ils pouvaient mettre sur pied près de trente mille hommes. Le 15 avril, le duc de Guise écrivit au conseil de la Ligue qu'il leur envoyait plusieurs hommes dévoués, et que cinquante cavaliers, logés dans les environs de Paris, devaient y entrer, pendant la nuit qui précédait le dimanche de *Quasimodo*, par la porte Saint-Denis, dont les gardiens avaient été gagnés. Les conjurés devaient alors marcher sur le Louvre, se saisir du roi et passer au fil de l'épée les principaux serviteurs du prince. La conspiration fut encore révélée par Poulain; Henri fit aussitôt renforcer la garde du Louvre, ordonna à ses *quarante-cinq gentilshommes* de coucher au château, et fit venir de Lagny quatre mille Suisses, qui furent logés au faubourg Saint-Denis. A cette nouvelle, le duc de Guise, qui s'était avancé jusqu'à quatre lieues de Paris, retourne à Soissons, et les ligueurs attendent avec effroi la vengeance du roi. Mais Henri, satisfait d'avoir prévenu le danger, ne prit aucune mesure pour l'avenir, et l'impunité enhardit les ligueurs, qui sommèrent le duc de Guise de venir se mettre à leur tête.

Le 5 mai, la duchesse de Montpensier, sœur du duc de Guise, fit placer une douzaine d'hommes armés et quelques gentilshommes dans une maison située hors la porte Saint-Antoine, nommée *Bélesbat* ou *la Roquette* (1). On devait enlever le roi à son retour de Vincennes, l'emmener jusqu'à Soissons et donner le signal d'une sanglante insurrection. Ce nouveau complot fut encore déjoué par le fidèle Poulain, qui se rendit exprès à Vincennes pour en avertir Henri III. Ce prince fit venir de Paris une centaine de cavaliers pour lui servir d'escorte à son retour de Vincennes.

Le roi avait fait signifier au duc de Guise l'ordre de ne point mettre le pied à Paris; mais Bellièvre, chargé de cette mission, n'osa la remplir entièrement, car tous les esprits étaient indécis. Catherine de Médicis avait dit à Bellièvre : « Si le duc ne vient, le roi est si en colère qu'un monde de gens d'importance sont perdus. » Mais Henri III fit défendre de nouveau au duc de venir à Paris. En même temps il fit appeler les principaux d'entre les coalisés et leur fit de violentes menaces en termes qui ne leur laissaient point de doutes sur la découverte de

---

(1) C'était une maison de plaisance située dans le lieu même où furent établies, en 1636, les hospitalières de la Roquette, à l'extrémité de la rue qui porte ce nom.

leur complot. La Ligue sentit qu'il n'y avait de salut pour elle que dans l'audace.

Le 29 mai, vers l'heure de midi, le roi était au Louvre, causant avec le capitaine Alphonse Corsi, lorsqu'on vint lui dire que le duc de Guise traversait Paris aux acclamations du peuple. En effet, pressé par les sollicitations des Seize, qui lui avaient dépêché à Soissons l'avocat François Brigart, *le courrier de la Sainte-Union*, pour le supplier de se venir mettre à la tête de la Ligue en danger, le duc de Guise, après avoir un instant balancé, s'était décidé à ne tenir compte des ordres du roi. Il entra donc à Paris, accompagné seulement de sept personnes et de Brigart. « Mais, dit l'historien Davila, comme une pelote de neige s'augmente en roulant et devient bientôt aussi grosse que la montagne d'où elle s'est détachée, de même, au premier bruit de son arrivée, les Parisiens quittèrent leurs maisons pour le suivre; et en un moment la foule s'accrut de manière qu'avant d'être au milieu de la ville, il avoit déjà plus de trente mille personnes autour de lui. » Ce fut au milieu de cet imposant cortége qu'il parvint à l'hôtel de Soissons, demeure de la reine-mère. Catherine ne put dissimuler son déplaisir. Le duc répondit que l'envie de se justifier auprès du roi des imputations de ses ennemis ne lui avait pas permis de différer davantage, et qu'il comptait sur la bonté de la reine pour le présenter elle-même à Henri III. Catherine envoya au Louvre un de ses officiers qui rapporta que le roi consentait à recevoir cette visite.

La reine s'achemina donc vers le Louvre, portée dans une litière, et le duc la suivit à pied. Pour lui, ce fut une marche triomphale. La foule inondait les rues; les maisons étaient remplies de spectateurs; l'air retentissait d'acclamations et des cris : *Vive Guise! vive le pilier de l'Eglise!* Une jeune femme, quittant son masque, lui dit tout haut : *Bon prince, puisque tu es ici, nous sommes tous sauvés.* De toutes parts on le saluait, on voulait toucher ses habits, baiser ses mains; les dames, du haut des fenêtres, jetaient sur son passage des fleurs et des rameaux.

La première pensée de Henri III avait été de faire justice par le poignard de l'audace du duc; mais il en fut dissuadé par quelques uns de ses favoris. Guise, en passant dans la cour du Louvre, trouva les gardes doublées et rangées en haie sur son passage; Crillon, qui le haïssait, était à leur tête; les archers et une foule de gentilshommes remplissaient les salles qu'il fallait traverser; leur morne contenance le frappa. On dit que, se voyant engagé si avant, il perdit un instant sa fermeté et pâlit. Il fut introduit dans la chambre de la jeune reine, où le roi entra par une porte dont lui seul avait la clef. A sa vue, la colère du roi se ralluma, et il lui dit d'un air sévère qu'il trouvait fort étrange qu'il eût entrepris de venir à sa cour contre sa volonté et son commandement réitéré. Le duc, après une révérence de courtisan, répondit qu'il était venu pour se justifier et pour apporter sa tête si le roi jugeait qu'il fût coupable; que, pour la défense qui lui avait été faite de venir à la cour, elle n'avait été ni expresse, ni surtout réitérée. Il paraît en effet que les derniers ordres du roi n'étaient point parvenus à temps au duc, parce que n'ayant point trouvé dans le trésor de l'épargne 25 écus nécessaires pour envoyer un courrier, on avait mis le paquet à la poste (1). A ces explications, le roi parut hésiter, Catherine s'entremit, et le duc de Guise, profitant du moment favorable, renouvela ses protestations et termina à son honneur cet entretien difficile. Lorsqu'il sortit du Louvre, le peuple poussa des cris de joie et le reconduisit avec les mêmes transports jusqu'à son hôtel, dans la rue du Chaume.

Le reste du jour et toute la nuit, grande fut l'agitation de la ville entière. Les gardes furent doublées au Louvre. Le duc prit des précautions analogues dans son hôtel de Guise, où se rassemblèrent tous les gentilshommes attachés à sa cause. Les espions des deux partis parcouraient la ville, et les bourgeois se tenaient en armes dans leurs maisons. Une seconde conférence eut lieu dans le jardin de l'hôtel de Soissons entre le duc et le roi, mais elle ne produisit aucun résultat. Enfin Henri III se décida à prendre des mesures plus sérieuses. Il fit entrer à Paris quatre mille Suisses casernés depuis quelque temps dans le faubourg Saint-Denis. Ces troupes, suivies de deux mille hommes des troupes royales, arrivèrent le 12 mai de grand matin, et prirent position à la Grève, au Marché-Neuf et dans le cimetière des Innocents, où se trouvait un poste confié d'ordinaire à quatre compagnies bourgeoises qui l'avaient déserté pendant la nuit précédente. Les gardes-françaises se rangèrent en bataille sur le Petit-Pont, le pont Saint-Michel et le pont Notre-Dame. Crillon, qui commandait cette petite armée, voulait aussi s'emparer de la place Maubert, mais il avait reçu l'ordre exprès de ne point employer la violence, et cette place, centre du quartier des écoles, étant couverte d'une multitude en armes, il fut obligé, contrairement à son opinion, de se retirer. Le peuple, voyant qu'on n'osait l'attaquer, s'enhardit; chacun se rendit au poste qu'on lui avait assigné, et les officiers du duc se partagèrent le commandement. Ce fut dans le quartier de l'Université, et par le comte de Brissac, que fut faite la première *barricade*; son exemple fut imité partout, les sentinelles des troupes royales furent contraintes à se replier, les chaînes furent tendues dans les principales rues et les barricades les plus avancées n'étaient plus, avant midi, qu'à cinquante pas du Louvre. Cette journée fut appelée *Journée des barricades*.

Les soldats du roi étaient bloqués étroitement et réduits à l'impuis-

---

(1) Saint-Victor, t. III, 1re partie, p. 290.

sance, mais de part et d'autre on se tenait encore sur la défensive. La cour consternée tenta les négociations et Catherine de Médicis se rendit elle-même à l'hôtel de Guise, où le duc, bien instruit du succès de la sédition, la reçut convenablement, prétendit qu'il était étranger à tout ce qui se passait, et en définitive ne voulut faire aucune concession. Henri III tremblant envoya tour à tour par la ville le gouverneur de Paris, les maréchaux de Biron et d'Aumont, pour calmer le peuple et le rassurer sur ses intentions. Tout fut inutile ; enfin ne sachant plus quel parti prendre, il envoya l'ordre aux troupes de quitter leurs postes et de se replier vers le château. Mais il était trop tard ; un coup de fusil tiré du Marché-Neuf où étaient les Suisses, fut le signal d'une mousquetade dans laquelle une vingtaine de soldats furent tués et un plus grand nombre blessés. Ainsi enveloppés sans pouvoir se défendre, les troupes du roi ne tardèrent point à demander quartier, criant de toutes leurs forces : *Bons catholiques*, faisant signe du chapeau et montrant leurs chapelets. Le feu cessa, et au bout de quelques heures tous les soldats d'Henri III étaient rendus et désarmés. Aussitôt Guise sort de son hôtel, portant seulement une épée à la main ; au milieu des cris de joie de la foule, il court de barricade en barricade, apaise le peuple et l'empêche de maltraiter les vaincus. On peut penser combien la nuit fut tumultueuse ; au Louvre elle se passa en délibérations, et le lendemain matin la reine-mère alla de nouveau trouver le duc pour obtenir à tout prix que les Parisiens quittassent les armes. Elle se rendit donc auprès du vainqueur qui lui exposait avec assurance ses prétention exorbitantes, lorsqu'au milieu de ses discours un officier vint annoncer que le roi venait de quitter Paris. Catherine de Médicis feignit l'étonnement, et Guise furieux lui dit brusquement : « Vous m'amusez, madame, et vous me perdez. »

En effet, le roi avait pris ce parti extrême, décidé par les bruits effrayants qui circulaient sur les projets des ligueurs pour s'emparer de sa personne et par l'exaltation du peuple que les prédicateurs excitaient en criant : *Allons prendre frère Henri de Valois dans son Louvre*. Les Suisses et les gardes-françaises que Guise avait renvoyés au Louvre, l'arme basse et la tête découverte comme des vaincus, le précédèrent de quelques instants. Il alla aux Tuileries sous prétexte de s'y promener et y trouva des chevaux qu'il avait fait préparer. Du Halde, en lui chaussant ses éperons, le fit avec une telle précipitation, qu'il en mit un à l'envers ; c'est égal, dit le roi ; je ne vais pas voir ma maîtresse ; j'ai un plus long chemin à faire. Les bourgeois qui de l'autre côté de la rivièrent gardaient la porte de Nesle, étaient témoins de ce départ, et, dans la colère qu'il leur causa, ils tirèrent sur le prince et sur la petite troupe qui l'accompagnait. En fuyant, Henri III se retourna vers Paris et jura qu'il n'y rentrerait que par la brèche. — Il n'y devait plus rentrer.

— Il passa à Saint-Cloud et alla coucher dans un village de la Beauce, nommé Trappes; le lendemain il arriva à Chartres où il resta jusqu'à la fin du mois.

Le duc de Guise se croyait si assuré du succès, qu'il écrivit au gouverneur d'Orléans : « Avertissez nos amis de nous venir trouver en la plus grande diligence qu'ils pourront, avec chevaux et armes et sans bagage; ce qu'ils pourront faire aisément, car je crois que les chemins sont libres d'ici à vous. J'ai deffait les Suisses, taillé en pièces une partie des gardes du roy, et tiens le Louvre investi de si près que je tiendrai bon compte de ce qui est dedans. Cette victoire est si grande qu'il en sera fait mémoire à jamais. » Cette lettre, qui fut interceptée, était datée du 13, lendemain des barricades. En apprenant la fuite du roi, Guise ne songea plus qu'à se rendre maître de Paris, tout en protestant qu'il n'avait d'autre but que le bien public et le service du roi. Il fit enlever partout les barricades, apaisa le peuple et engagea les magistrats à revenir siéger au palais; mais en même temps il s'empara des deux Châtelets, du Temple, de l'Arsenal, de la Bastille et de Vincennes. Laurent Testu, chevalier du guet, qui commandait la Bastille, abandonna lâchement son poste; il fut remplacé par Bussy Leclerc, l'un des plus fougueux ligueurs. En même temps les ennemis de la maison de Guise étaient jetés en prison; parmi eux était Nicolas Hector, sieur de Pereuse, maître des requêtes et prévôt des marchands. Les échevins Louis Saint-Yon, Pierre Lugoli et Jean Lecomte furent destitués, et le conseil des Seize, établi à l'Hôtel-de-Ville, nomma le cardinal de Bourbon gouverneur de Paris (1) et procéda à l'élection d'une nouvelle municipalité. Pierre Clausse, seigneur de Miraumont, ayant refusé les fonctions de prévôt, comme *domestique* du duc de Guise, on nomma à sa place La Chapelle-Marteau, maître des Comptes, et pour échevins Nicolas Rolland, ancien conseiller, Jean de Compans, François de Cotte-Blanche et Robert Desprez. François Brigart, fut choisi pour procureur du roi et de la ville. Les nouveaux magistrats, quoique ligueurs pour la plupart, protestèrent, sans doute par politique, qu'ils n'acceptaient leurs fonctions que sous le bon plaisir du roi, et, depuis, firent confirmer leur élection par Henri III (2). Le duc de Guise changea tous les officiers de l'Hôtel-de-Ville, la plupart des chefs de la garde bourgeoise, et donna ordre aux gardiens des portes de ne laisser sortir personne sans un passeport du prévôt des marchands ou de l'un des échevins. Enfin la faction des Seize n'ayant pu attirer dans son parti Aubri Séguier, lieutenant civil, l'obligea de sortir de Paris, et le remplaça par l'un de ses partisans, Labruyère, lieutenant-particulier.

---

(1) Voy. t. II, p. 503. — (2) Félibien, p. 1170 et 1171.

Malgré le succès de la *journée des barricades*, le duc de Guise, déconcerté par la fuite du roi, parut reculer devant les dernières conséquences de la révolte et ne songea qu'à justifier sa conduite. Il montra une grande habileté dans son apologie, tandis que le roi avait un ton humble et soumis, « comme s'il avoit peur, dit un écrivain du temps, que M. de Guise fût offensé de ce qu'il ne s'étoit pas laissé prendre dans le Louvre, mais s'en étoit enfui. » Le duc entra en conférences avec la reine-mère, qui voulait le réconcilier avec son fils; et les ligueurs, pour rappeler le roi à Paris, décidèrent qu'on irait implorer son pardon. Guise autorisa une démarche qui replacerait le monarque entre ses mains. Aussitôt la fameuse confrérie des pénitents, autrefois si chère à Henri, partit à pied de la capitale et vint le trouver à Chartres. Voici la description que donne l'historien de Thou de cette singulière procession : « A la tête paroissoit un homme à grande barbe sale et crasseuse, couvert d'un cilice, et par-dessus un large baudrier d'où pendoit un sabre recourbé; d'une vieille trompette rouillée il tiroit par intervalles des sons aigres et discordants. Après lui marchoient fièrement trois autres hommes, aussi malpropres, ayant chacun en tête une marmite grasse au lieu de casque, portant sur leur cilice des cottes de mailles, avec des brassards et des gantelets; ils avoient pour armes de vieilles hallebardes rouillées; ces trois rodomonts rouloient des yeux hagards et furibonds, et se démenoient beaucoup pour écarter la foule accourue à ce spectacle. Après eux venoit frère Ange de Joyeuse, courtisan qui s'étoit fait capucin l'année précédente. On lui avoit persuadé, pour attendrir Henri, de représenter dans cette procession le Sauveur montant au Calvaire : il s'étoit laissé lier les mains et peindre sur le visage des gouttes de sang qui sembloient découler de sa tête couronnée d'épines; il paroissoit ne traîner qu'avec peine une longue croix de carton peint, et se laissoit tomber par intervalles, poussant des gémissements lamentables. A ses côtés marchoient deux jeunes capucins, revêtus d'aubes, représentant l'un la Vierge, l'autre la Madeleine. Ils tournoient dévotement les yeux vers le ciel, faisant couler quelques fausses larmes; et toutes les fois que frère Ange se laissoit tomber, ils se prosternoient devant lui en cadence. Quatre satellites fort ressemblants aux trois premiers, tenoient la corde dont frère Ange étoit garrotté, et le frappoient à coups de fouet, qui s'entendoient de très loin. Une longue suite de pénitents fermoit cette marche comique. »

La procession des confrères n'eut point le succès que les ligueurs pouvaient en espérer. Le roi fit une grave réprimande à Joyeuse, il lui remontra qu'on avait abusé de sa crédulité, en l'engageant, sous prétexte de religion, à se mettre à la tête des rebelles, « que je sais, ajouta Henri, être en grand nombre dans cette procession. » Cependant il ne les fit point arrêter. Il se retira à Rouen, où il reçut diverses députations de Paris, entre autres celle du parlement et des autres cours de justice, qui le supplièrent de revenir dans la capitale. Henri leur répondit : « Je me suis toujours promis de vous la fidélité et l'obéissance qu'avez portées par le passé à mes prédécesseurs. Je sçai bien que s'il eût été en votre puissance de donner ordre aux choses passées, vous l'eussiez fait. Je suis marri de ce qui est advenu dans la ville de Paris. Toutefois je ne suis pas le premier à qui de tels malheurs sont arrivés. Depuis treize ou quatorze ans que je suis roi, je l'ai toujours honorée de ma demeure, ayant usé de toute douceur et bonté envers les habitants. Il y en a de bons et de mauvais. Quand ils se soumettront, je serai toujours prêt à les recevoir comme un bon père ses enfants et un bon roi ses sujets; c'est à quoi vous devez travailler; continuez vos charges ainsi que vous avez accoutumé, et recevez de la bouche de la reine ma mère les commandements et intentions de ma volonté. » Les députés prirent congé du roi; mais dans l'après-midi du même jour, il les fit rappeler « pour leur dire de dissuader les Parisiens qu'il eût quelque envie de mettre garnison dans Paris; qu'il leur avoit donné assez des marques de son affection par le long séjour qu'il y avoit fait; que bien qu'ils l'eussent grièvement offensé, il oublieroit volontiers leur faute, sitôt qu'il verroit qu'elle seroit suivie d'un repentir sincère; qu'autrement il sauroit bien le moyen de les punir de la manière la plus sensible pour eux et leur postérité, par la soustraction de sa présence, la privation de leurs priviléges et la translation de sa cour de parlement, des autres tribunaux et des écoles, d'où la ville de Paris emprunte son plus beau lustre et sa principale richesse. » Puis il ajouta : « Il y en a qui se couvrent du manteau de la religion pour me décrier, mais ils eussent mieux fait de prendre une autre chemin, car mes actions le démentent assez. Il n'y a au monde prince plus catholique que moi, et voudrois bien qu'il m'en eût coûté un bras et que le dernier hérétique fût en peinture dans cette chambre. » Le président de Neuilly se mit à pleurer en prononçant sa harangue : « Eh! pauvre sot que vous êtes, lui dit le roi, pensez-vous que si j'eusse eu quelque mauvaise volonté contre vous et ceux de votre faction, je ne l'eusse bien pu exécuter? Non, j'aime les Parisiens en dépit d'eux, combien qu'ils m'en donnent fort peu d'occasion. »

La reine-mère négociait avec les factieux, au nom de son fils; elle conclut avec le duc de Guise un traité qui fut enregistré au parlement sous le nom d'*édit de réunion*. Le roi accordait pleine et entière amnistie pour ce qui s'était passé, et en particulier pour la journée des barricades; il statuait que, sa mort arrivant, on ne lui donnerait pour successeur aucun prince hérétique ni fauteur de l'hérésie; il nommait le duc de Guise généralissime des armées et promettait d'assembler les États-Généraux à Blois. En effet, l'ouverture des États eut lieu le dimanche 16 octobre 1588. Mais les concessions du roi n'avaient fait qu'augmenter l'audace du duc de Guise et des ligueurs. Ils montrèrent une telle insolence aux États-Généraux, ils abreuvèrent le roi de tant d'outrages, que cet homme timide prit enfin une résolution hardie. Le jeudi 22 décembre 1588, le duc de Guise se mettant à table pour dîner, trouva sous sa serviette un billet dans lequel était écrit : « Donnez-vous de garde, on est sur le point de vous jouer un mauvais tour. » L'ayant lu, il écrivit au bas : *On n'oseroit*, et il le rejeta sous la table. « Voilà, dit-il, le neuvième d'aujourd'hui. » Malgré ces avertissements, il se rendit au conseil le lendemain, et comme il traversait la chambre où se tenaient les *quarante-cinq gentilshommes ordinaires*, il fut égorgé. Le 24, le cardinal de Lorraine, frère du duc, fut massacré à coups de hallebarde par quatre soldats aux gardes. En même temps, le roi faisait arrêter les parents des Guises et leurs principaux partisans, députés aux États.

A la nouvelle de la mort du duc de Guise, qui fut apportée à Paris, le 24 décembre, les deux échevins, Rolland et Desprez, se réunirent en conseil secret avec le duc d'Aumale et les principaux chefs de la Ligue, et s'emparèrent des portes de la ville. La consternation était extrême. La municipalité s'assembla le lendemain au soir, et Jean Rolland, après avoir déclaré qu'il n'y avait plus de réconciliation possible avec *Henri de Valois*, proclama le duc d'Aumale gouverneur de Paris. En attendant le retour de La Chapelle Marteau, prévôt des marchands, et des deux échevins, Compan et Cotteblanche, prisonniers à Blois, on nomma à leur place Drouard, avocat, De Bordeaux, marchand, et le procureur Brucé. Lorsqu'on apprit la mort du cardinal de Guise, l'exaspération fut au comble. Les Seize armèrent les bourgeois et mirent garnison dans les maisons des *politiques* ou *royaux*, dont ils exigèrent de fortes rançons. La violence des prédicateurs fut inouïe. Le docteur Wincestre, prêchant à Saint-Barthélemy, le 1er janvier 1589, dit que tous les bons catholiques devaient s'unir pour tirer vengeance des crimes du roi, et y employer, s'il était nécessaire, « jusqu'au dernier denier de leur bourse, et jusqu'à la dernière goutte de leur sang. — Jurez-le tous, s'écria-t-il, jurez-le tous avec moi, et levez la main en signe de votre serment. » Comme il vit que le premier président, Achille de Harlay, restait immobile, il eut l'audace de l'interpeller : « Levez la main, monsieur le premier président, dit-il, levez-la bien haut, encore plus haut, afin que tout le monde le voie. » — « Et il fut obligé de le faire, dit un écrivain contemporain, pour ne pas s'exposer à la furie du peuple, prévenu qu'il étoit un de ceux qui avoient conseillé au roi de se défaire des princes de Guise. » Le même Wincestre, annonçant la mort de Catherine de Médicis, survenue le 5 janvier, déclara qu'elle avait dans les derniers temps favorisé les progrès de l'hérésie, et qu'il ne savait s'il fallait prier Dieu pour elle. « Je vous dirai pourtant, ajouta-t-il, que si vous voulez lui donner à l'aventure, par charité, un *Pater* et un *Ave*, il lui servira de ce qu'il pourra. Je laisse cela à votre liberté. » Les ligueurs étaient persuadés que la reine-mère avait été complice de l'assassinat des Guises, et les Seize dirent hautement que si l'on apportait son corps à Paris pour l'inhumer à Saint-Denis, ils le jetteraient dans la Seine ou à la voirie (1).

On célébra dans chaque église un service funèbre pour les Guises; des tableaux représentant leur mort étaient exposés à la porte, et sur l'autel on voyait des statues du roi en cire, piquées au cœur, suivant les règles mystérieuses de l'*envoûtement*; des processions d'enfants parcouraient les rues; on en fit une générale, composée de plus de cent mille jeunes garçons et jeunes filles (2), qui partirent du cimetière des Innocents et se rendirent à Sainte-Geneviève, portant chacun un cierge de cire jaune. En entrant dans l'église, ils l'éteignirent et le foulèrent aux pieds, en criant de toute leur force : « Dieu éteigne la race des Valois! » Aux enfants se joignirent bientôt des personnes plus âgées, « tant fils que filles, dit un chroniqueur, hommes que femmes, qui sont tous nus en chemise, tellement qu'on ne vit jamais une si belle chose. » Ces momeries ridicules étaient une occasion de scandale et de désordre. Le duc d'Aumale « jetoit dans les églises, à travers une sarbacane, des dragées musquées aux demoiselles qu'il connoissoit et leur donnoit des collations dans le cours de la marche. »

« O saint et glorieux martyr! s'écria dans son enthousiasme un religieux prêchant devant la mère du duc de Guise, ô saint et glorieux martyr! béni est le ventre qui t'a porté et les mamelles qui t'ont allaité! » Cela n'était que ridicule. Mais les furieux allèrent plus loin. Le curé de Saint-Nicolas-des-Champs, François Pigenat, prononçant l'oraison funèbre du duc, demanda s'il ne se trouvait point dans l'auditoire un assez bon catholique pour venger ce meurtre par celui du tyran. La plupart des prêtres refusèrent l'absolution à ceux qui reconnaissaient encore Henri III pour roi. La multitude, excitée par ces discours, effaça toutes les armoiries royales et envahit l'église Saint-Paul, où elle détruisit les tombeaux des *mignons*, Quélus, Maugiron et Saint-Mégrin (3).

Pour autoriser tous ces attentats, les Seize eurent recours à la Sorbonne, dont presque tous les docteurs étaient partisans de la Ligue, et décrétèrent que les Français étaient déliés du serment de fidélité prêté à Henri de Valois (4). Ce fut le signal de nouveaux excès. Bussy-Le-

---

(1) Le corps de Catherine de Médicis fut enseveli dans l'église de Saint-Sauveur, à Blois; il ne fut transporté à Saint-Denis qu'en 1609. — (2) Cette évaluation, donnée par quelques écrivains, me semble fort exagérée. — (3) Voy. t. 1, p. 274. — (4) Voy. t. II, p. 221.

clerc, gouverneur de la Bastille, somme le parlement de joindre son autorité à celle de la Sorbonne et de rendre une sentence de déchéance. Sur le noble refus du président de Harlay, la plus grande partie du parlement est conduite à la Bastille (1), et remplacée par des magistrats plus complaisants qui entérinèrent la requête de Bussy. On forma ensuite, pour assister le duc d'Aumale, gouverneur de Paris, un conseil composé de quarante personnes, tirées des trois ordres. Le *conseil des quarante* déclara aussitôt que les tailles et impositions étaient diminuées d'un quart et qu'elles seraient bientôt remises sur le même pied que du temps de Louis XII. En attendant, les ducs d'Aumale et de Mayenne s'emparaient du trésor royal, et ordonnaient aux villes de l'union de fournir des *étapes* aux troupes étrangères qui venaient au secours de Paris.

La multitude, qui n'était point gouvernée, se livrait à tous les excès. Elle pilla la riche chapelle du roi, dans le couvent des Minimes de Vincennes, et assiégea le château. Mais le gouverneur Saint-Martin fit bonne contenance et refusa de se rendre aux Parisiens. Ceux-ci s'en vengèrent sur les arbres du parc et tuèrent toutes les bêtes fauves qu'ils y trouvèrent. A Paris, ils saccagèrent tout ce qui pouvait rappeler la mémoire de Henri III. Le 30 janvier, on célébra un service solennel à Notre-Dame pour le repos des âmes du cardinal et du duc de Guise. Aimat Hennequin, évêque de Rennes, y officia, et François Pigenat, curé de Saint-Nicolas-des-Champs, prononça l'oraison funèbre. On recommença ces processions burlesques, dont les personnages étaient nu-pieds et en chemise. Le peuple y prit tellement goût qu'il ne se contentait pas de faire des processions pendant le jour, il se levait la nuit et obligeait les curés à se mettre à la tête du cortége; « et comme dans ces processions nocturnes, dit Félibien, tous marchoient pêle-mêle, hommes, femmes, filles et garçons, on en vit dans la suite des fruits semblables à ceux que produisent les dissolutions du carnaval. »

La duchesse de Guise s'était retirée à Paris, après le meurtre de son mari; elle y mit au monde un fils qui fut baptisé le 7 février, à l'église de Saint-Jean-en-Grève. Il fut tenu sur les fonts par la ville de Paris et par la duchesse d'Aumale, et reçut le nom de François-Alexandre-*Paris* (2). Cette cérémonie fut magnifique. « La plupart des capitaines des dixaines de Paris, dit un témoin oculaire, marchoient deux à deux, portans flambeaux de cire blanche ardente, et étoient suivis des archers, arquebusiers et arbalétriers de la ville, vêtus de leurs hocquetons, marchant en même ordre et portant semblables torches ou flam-

---

(1) J'ai raconté ailleurs avec détails ce dramatique épisode. Voy. t. II, p. 367 et 368.
(2) Ce jeune prince fut chevalier de Malte et gouverneur de Provence. Un éclat de canon, qui creva au moment où il y mettait le feu, le tua au château de Baux, près Tarascon, le 1er juin 1614.

beaux. Fut, après le baptême, donnée en l'Hôtel-de-Ville une belle collation aux ducs d'Aumale et de Nemours, chevalier d'Aumale, seigneurs et gentilshommes de leur suite, et à la duchesse d'Aumale la marraine et plusieurs dames qui l'accompagnoient; puis fut tirée l'artillerie de la ville en signe d'allégresse. Le peuple de Paris, en grande affluence, étoit espandu par les rues où passoit la pompe, bénissant l'enfant, et regrettant le père avec douleur et gémissements très grands. »

L'arrivée du duc de Mayenne diminua le crédit des Seize. Redoutant l'empire de cette faction, il augmenta le nombre des membres du conseil et y introduisit quatorze personnages éminents, choisis dans les premiers dignitaires de l'État, dont les opinions étaient plus modérées, et dont le dévouement lui était connu. Un des premiers actes de cette assemblée fut de déclarer le duc de Mayenne *lieutenant-général de l'état royal et couronne de France*, titre que le parlement fut obligé de confirmer. On décréta ensuite qu'il y aurait désormais deux sceaux nouveaux, de grandeur différente, aux armes de France, le grand pour le conseil et le petit pour les parlements et chancelleries, dont l'inscription serait : *le scel du royaume de France*. La garde des nouveaux sceaux fut donnée à Brézé, évêque de Meaux. Baptiste de Machault et Bertrand Soly, conseillers au parlement, furent en même temps chargés de se saisir de tout l'argent qu'ils pourraient trouver chez Pierre Molan, trésorier de l'épargne. Ils s'emparèrent des terres qu'il possédait en Touraine, et de 300,000 écus (1). « On disoit que c'estoient des larrons de l'union qui voloient d'autres larrons. » Le duc de Mayenne, investi du pouvoir suprême, accorda ou révoqua des grâces, fit mettre en prison ou imposa (2) des hommes qui lui étaient opposés, et convoqua pour cette année les États-Généraux.

Henri III, après avoir tenté inutilement des négociations auprès de Mayenne, imita Charles VII et *transféra* les cours de justice : une partie du parlement de Paris alla siéger à Tours, l'autre à Châlons-sur-Marne (3). Quelque temps après, il déclara Paris et les autres villes du parti de la Ligue criminelles de lèse-majesté, réunit à la couronne tous les biens *qui en mouvoient immédiatement* et révoqua les priviléges et les grâces accordés à ces villes par lui ou ses prédécesseurs. Mais ces mesures sévères étaient trop tardives. Alors Henri III n'eut plus qu'un parti à prendre; il se réconcilia avec le roi de Navarre au château de Plessis-les-Tours, et les deux princes s'unirent étroitement contre la Ligue. En peu de temps ils obtinrent d'importants avantages sur les rebelles. Mayenne est repoussé au siège de Tours. En Normandie,

---

(1) Voy. les *Mémoires* de l'Estoile. — (2) « La réputation d'être riche étoit un des plus dangereux témoins qu'on pût avoir alors contre soi. » Félibien, t. II, p. 1181. — (3) Voy. t. II, p. 368.

seize mille paysans, nommés les Gauthiers, sont détruits par Montpensier. En Picardie, l'un des chefs les plus intrépides des ligueurs est défait, après un sanglant combat, par Châtillon, fils de Coligny. A Senlis, deux mille ligueurs sont taillés en pièces par Lanoue; le duc d'Aumale, blessé dans cette expédition, est forcé de s'enfuir à Saint-Denis (1). Maineville, gouverneur de Paris, y fut tué et eut pour successeur Balagny, qui avait été blessé à l'attaque de Senlis. Bientôt les deux rois sont joints par un corps de quinze mille Suisses que leur amène Sancy, et s'avancent jusqu'à Saint-Cloud, pour assiéger Paris et frapper la Ligue au cœur. Mayenne, qui assiégeait Alençon, revint aussitôt à Paris, ranima le fanatisme du peuple et fortifia Paris autant qu'il était possible de le faire.

Le pape Sixte V venait d'excommunier Henri III, à cause de son alliance avec un prince hérétique. Le roi en fut consterné, mais *le Béarnais* ne perdit pas courage. « Soyons vainqueurs, lui dit-il, et nous aurons l'absolution ; mais si nous sommes battus, nous serons excommuniés, aggravés et réaggravés. » La Ligue était à la dernière extrémité, mais les prédicateurs excitaient sans cesse les passions populaires. « Ce teigneux, disait Boucher, est toujours coiffé à la turque d'un turban, lequel on ne lui a jamais vu ôter, même en commandant, pour faire honneur à Jésus-Christ ; et quand ce malheureux hypocrite faisoit semblant d'aller contre les reistres, il avoit un habit d'allemand fourré, et des crochets d'argent, qui signifioient la bonne intelligence et accord qui étoient entre lui et ces diables empistolés. Bref, c'est un Turc par la tête, un Allemand par le corps, une harpie par les mains, un Anglais par la jarretière, un Polonais par les pieds, et un vrai diable. » — « J'entends mettre en question, disoit le prédicateur Wincestre, s'il est permis de tuer Henri de Valois; pour moi, je serais prêt à le tuer à tous les moments, excepté quand je consacre le corps du Seigneur. » Malgré l'exaltation des principaux ligueurs, Henri III allait reconquérir son autorité. On dit que, transporté de joie à la vue du changement de sa fortune, regardant Paris des hauteurs de Saint-Cloud, où il était campé, il prononça ces paroles : « Paris, chef du royaume, mais chef trop gros et trop capricieux, tu as besoin d'une saignée pour te guérir, ainsi que toute la France, de la frénésie que tu lui communiques! Encore quelques jours, et l'on ne verra plus ni tes maisons, ni tes murailles, mais seulement le lieu où tu auras été. » Le malheureux prince n'avait plus que quelques jours à vivre.

Il y avait alors à Paris un jeune religieux dominicain, ignorant et superstitieux, nommé Jacques Clément. Ce misérable fanatique, excité par les prédications de Boucher et de ses collègues, résolut d'assassiner

(1) Voy. dans l'édition de l'Estoile donnée par MM. Champollion, des vers très spirituels, composés à cette époque sur la fuite du duc d'Aumale.

le roi. Il en parla à son prieur, Edme Bourgoin (1), qui l'encouragea par tous les moyens possibles, ainsi que la duchesse de Montpensier. Quelques uns des Seize eurent connaissance de cet infernal projet et en firent part aux ducs de Mayenne et d'Aumale, qui, dit-on, ne le désapprouvèrent pas (2). « Au pis aller, dit La Chastre, c'est un moine perdu qui se dévoue de lui-même pour le salut public. » On parvint à obtenir pour Clément une lettre de créance du premier président qui était toujours renfermé à la Bastille, en persuadant à ce magistrat que celui pour qui elle était demandée avait des choses de la plus grande importance à communiquer au roi. Trompé par les mêmes artifices, le comte de Brienne, comme lui prisonnier des ligueurs, lui délivra un passeport; le soir du 31 juillet 1589, Jacques Clément sortit de Paris. Il ne tarda pas à tomber dans les gardes avancées du roi de Navarre, mais on le relâcha à cause de sa qualité de religieux. Arrivé à Saint-Cloud, il dit qu'il avait des lettres pour le roi. Sur cette déclaration, il fut mené à La Guesle, procureur-général. Ce magistrat l'interrogea touchant ce qu'il avait à dire au roi; mais comme le dominicain assura qu'il ne pouvait parler qu'à Henri lui-même, et que d'ailleurs il avait des lettres de créance du premier président, de Guesle lui promit une audience pour le lendemain. Clément soupa tranquillement et s'endormit, sans laisser entrevoir les pensées sinistres qui l'agitaient.

Le lendemain 1er août, Henri III, à son lever, instruit qu'un religieux demandait à lui parler, le fait entrer aussitôt. « Laissez-le approcher, dit-il, on dirait que je chasse les moines et ne veux pas les voir. » Il s'avance vers Jacques Clément et prend ses lettres; mais tandis qu'il les lisait attentivement, l'assassin tire un couteau de sa manche et le lui plonge dans le ventre. Henri retire le couteau de la plaie et en frappe le scélérat au visage, en s'écriant : « Ah! le méchant moine! il m'a tué, qu'on le tue! » Les gardes accourent, percent de coups le moine et le jettent par les fenêtres, enlevant ainsi par sa mort le moyen de connaître ses complices (3).

Dès le soir même, la blessure du roi fut jugée mortelle. Henri se prépara à son dernier moment par des actes d'une piété réelle; puis il réunit les principaux seigneurs de son parti et les exhorta à reconnaître après lui Henri de Bourbon, roi de Navarre, pour souverain légitime. « Soyez cependant certain, dit-il à celui-ci, en le tenant tendrement

(1) Bourgoin fut depuis condamné au supplice des régicides.
(2) « Pour donner plus d'assurance à Clément, le duc d'Aumale, avant qu'il ne sortît de Paris, fit mettre en prison plus de cent des principaux bourgeois, dont la vie, en cas qu'il fût arrêté, devait, à ce qu'on lui fit entendre, répondre de la sienne. »
(3) On conserve aux manuscrits de la Bibliothèque royale l'original du procès-verbal d'information et déposition des témoins sur la mort de Henri III, rédigé et signé par Du Plessis, prévôt de France, ainsi qu'un autre procès-verbal de confrontation, tous deux en date de Saint-Cloud, 1er août 1589.

HENRI III.

embrassé, que jamais vous ne serez roi de France, si vous ne vous faites catholique. » Henri III, en qui finit la race des Valois, expira le lendemain vers les quatre heures du matin. Ce malheureux prince laissait un royaume affaibli par la guerre civile, sans puissance, sans ressources, et près d'être réduit en province espagnole. Henri IV seul pouvait sauver la France d'une ruine certaine.

II. Monuments. — Institutions.

Couvent des Capucins, rue Saint-Honoré. — Le cardinal de Lorraine, à son retour du concile de Trente, amena en France quatre religieux de l'ordre des Capucins et les établit dans son parc de Meudon. Après la mort du cardinal, ces capucins revinrent en Italie, mais un cordelier français, nommé Pierre Deschamps, qui avait embrassé cette réforme, établit, en 1574, un petit couvent de capucins au village de Picpus, avec la permission du roi Charles IX et du pape Grégoire XIII. Quelque temps après, le général de l'ordre envoya frère Pacifique, de Venise, commissaire-général, avec douze religieux et deux frères laïques, et ils allèrent descendre au couvent de Picpus. Catherine de Médicis réunit tous les capucins qui s'y trouvaient et les établit dans la rue Saint-Honoré. Henri III, par lettres patentes du mois de juillet 1576, les prit *sous sa protection et sauvegarde spéciale*, et ses successeurs confirmèrent tous leurs priviléges.

Ce couvent, situé près des Feuillants, fut reconstruit, ainsi que l'église, de 1603 à 1610. Les bâtiments étaient vastes et commodes, cet établissement fut encore augmenté, en 1722, d'un grand corps de logis. « Louis XIV, par sa déclaration du 5 septembre 1684, avait défendu aux religieux mendiants, sous peine de privation de leurs priviléges, d'entreprendre aucun bâtiment dont la dépense excédât la somme de quinze mille livres, à moins qu'ils n'en eussent obtenu la permission par lettres-patentes signées de sa main; et à l'égard des bâtiments dont la dépense serait au-dessus de trois mille livres et au-dessous de quinze mille, il leur fut défendu de les entreprendre sans en avoir auparavant le permission par un arrêt du parlement. Il est à présumer, ajoute Brice, que ces bons religieux eurent le crédit de s'exempter de cette loi rigoureuse (1). » En 1731, les capucins firent rebâtir le portail et le mur du cloître du côté de la rue Saint-Honoré, et en 1735 le chœur de l'église.

L'église des Capucins, consacrée le jour de la Toussaint de l'an 1610 par le cardinal de Joyeuse, méritait d'être visitée. On y voyait deux beaux tableaux de Lebrun, dont Sauval fait le plus grand éloge (2); ils représentaient l'*Assomption* et la *Présentation*. Dans la dernière

---

(1) Brice, t. I, p. 303 et suiv. — (2) *Antiquités de Paris*, t. I, p. 424. — L'auteur du *Voyage pittoresque de Paris* mentionne un *Christ mourant* du même auteur.

chapelle était le chef-d'œuvre de Paul-Ponce-Antoine Robert ; c'était le martyre de Fidèle de Simaringa, capucin, premier martyr de la mission apostolique établie chez les Grisons par la congrégation de la Propagande. On remarquait sur le maître-autel une *Assomption* de Laurent de la Hyre ; dans la sacristie, *Moïse serrant la manne dans l'arche*, par Collin de Vermont, etc.

Dans la nef était la tombe du père *Ange de Joyeuse*. Ce fameux et singulier personnage se nommait Henri de Joyeuse, et il porta, en entrant dans le monde, le nom de marquis d'Arques, qu'il quitta pour prendre celui de comte du Bouchage. En 1587, vingt-six jours après la mort de sa jeune épouse, il abandonna la cour où son crédit était grand, et il se fit capucin. Nous avons vu le rôle ridicule qu'on lui fit jouer dans la célèbre *procession de Chartres*. Quelque temps après, le P. Ange, ayant perdu successivement ses trois frères, quitta le froc sous prétexte des services qu'il pouvait rendre à la religion pendant les troubles de la ligue, et se mit à la tête des troubles de ce parti, dans le Languedoc. Il traita enfin avec Henri IV, qui le nomma maréchal de France, en 1596. Joyeuse était en même temps duc et pair, chevalier des ordres du roi, gouverneur et lieutenant-général du Languedoc, etc. Il ne pensait plus guère aux capucins, dont il était sorti, lorsqu'une raillerie assez amère du roi (1) le piqua si vivement qu'il rentra aussitôt dans son cloître : huit jours après, il montait en chaire dans l'église Saint-Eustache, au grand étonnement de la cour (mars 1599). Quelques années après, comme il revenait de Rome en vrai capucin, c'est-à-dire à pied et les pieds nus, il lui prit une fièvre violente dont il mourut à Rivoli, près de Turin, le 27 septembre 1608, à l'âge de quarante-un ans. Son corps fut apporté à Paris par la duchesse de Montpensier, sa fille, et inhumé avec pompe. C'est de Joyeuse que Voltaire a dit :

Il prit, quitta, reprit la cuirasse et la haire.

Auprès de ce tombeau était celui du célèbre *père Joseph*. Il était fils aîné de Jean Leclerc du Tremblay, ambassadeur à Venise, chancelier du duc d'Alençon, président aux requêtes du parlement de Paris. Il fit profession au couvent de la rue Saint-Honoré, le 3 février 1600, entre les mains d'Ange de Joyeuse. Ses talents et surtout son esprit d'intrigue, l'introduisirent auprès du cardinal de Richelieu et il s'y rendit nécessaire. On sait quel rôle il joua alors sur la scène politique. Le père Joseph venait d'être nommé par le roi au cardinalat, lorsqu'il mourut à Ruel, le 18 décembre 1638. Il était né à Paris, le 4 novembre 1577.

Le couvent de la rue Saint-Honoré, où les études étaient très fortes,

(1) Le duc de Joyeuse était avec Henri IV sur le balcon du Louvre, et il attirait les regards de quelques hommes du peuple : « Mon cousin, lui dit le roi, vous ignorez le motif de la surprise de ces bonnes gens, c'est de voir ensemble un renégat et un apostat. »

compte encore parmi ses illustrations : *Athanase Molé*, frère du président Mathieu Molé; *J.-B. Brulart*, frère du chancelier de ce nom et commissaire-général des capucins en France ; *Michel de Marillac*, fils du garde-des-sceaux ; *Bernard de La Tour*, prédicateur de Louis XIII, et le père *Séraphin de Paris*, l'un des plus célèbres orateurs chrétiens du siècle de Louis XIV. Suivant les expressions de Labruyère, c'était un prédicateur « qui, avec un style nourri des saintes Écritures, expliquoit la parole divine uniment et familièrement. »

Le couvent de la rue Saint-Honoré, qui renfermait cent ou cent vingt religieux, fut occupé en 1790, après la suppression des ordres monastiques, par les bureaux de l'assemblée nationale. Les bâtiments furent démolis en 1804, et sur leur emplacement on a percé les rues Castiglione, Rivoli et Mont-Thabor ; on y avait aussi bâti la salle du Cirque-Olympique.

Je consacrerai, à la date de leur fondation, des articles particuliers aux couvents des capucins de la rue Saint-Jacques et du Marais.

Maison professe et église des jésuites de la rue Saint-Antoine, aujourd'hui collége Charlemagne et église Saint-Louis et Saint-Paul. — Les jésuites après avoir consolidé leur établissement de la rue Saint-Jacques, le collége de Clermont (1), firent tous leurs efforts pour obtenir en outre une *maison professe*, un couvent. En 1580, le cardinal Charles de Bourbon leur céda l'hôtel de Damville qu'il avait acheté pour 16,000 livres, de Madeleine de Savoie, veuve du connétable Anne de Montmorency, et leur y fit construire une chapelle sous l'invocation de saint Louis, roi de France. Les jésuites qui y furent établis prirent le nom de *prêtres de la maison de Saint-Louis.*

Cette maison, située entre la rue Saint-Antoine et la rue Saint-Paul, était fort petite ; mais les jésuites lui donnèrent un prodigieux accroissement en faisant successivement l'acquisition d'un grand nombre de maisons voisines. Ainsi ils achetèrent, en 1582, la maison qui portait pour enseigne le *Pied de Biche* ; en 1618, trois maisons qui appartenaient à Hugues Legrand, seigneur de Saint-Germain-le-Grand ; en 1626, les hôtels de Chamforêt et de Villegagnon ; en 1629, l'hôtel de la Barre, auparavant appelé maison du *Porc-Epic*, et un petit bâtiment adjacent élevé sur les débris d'anciens murs et d'une tour d'enceinte de la ville ; enfin en 1619, en 1632, en 1697 et en 1708, l'achat de plusieurs autres maisons particulières agrandit encore la maison professe de Saint-Louis.

Le seul événement remarquable arrivé dans cette maison dont on ait conservé la mémoire, est la part que prirent les habitants aux agitations

---

(1) Voyez plus haut, page 413, l'article *Collége de Clermont.*

séditieuses de la ligue. Malgré la libéralité toute récente que le roi leur avait faite lorsqu'en 1584 il leur avait accordé une coupe de bois de dix à douze arpents dans la forêt de Montargis, les jésuites de la rue Saint-Antoine se mêlèrent avec ardeur des séditieuses menées qui se tramaient contre Henri III. Le procès-verbal de Nicolas Poulain atteste qu'ils prêtèrent leur maison aux réunions des Seize.

Le roi Louis XIII, en 1619, par ses bienfaits, éleva la maison professe des jésuites au comble de la prospérité. Il fit bâtir auprès de la petite chapelle de Saint-Louis la grande et belle église qui se voit encore aujourd'hui et dont lui-même il posa la première pierre. Parmi les inscriptions pompeuses composées à cette occasion (1), se trouvait celle-ci gravée sur une médaille au-dessous du portrait de Louis XIII : *Vicit ut David, ædificat ut Salomon* (il vainquit comme David, il bâtit comme Salomon). Les dessins de ce monument avaient été tracés par deux jésuites, François Derrand et Martel Ange. Ce dernier, habile architecte, dit-on, s'était proposé de construire l'édifice sur le plan de la belle église de *Jésus* de Rome; due au célèbre Vignole; le P. Derrand, au contraire, dont les plans furent suivis de préférence, ne les avait puisés que dans sa propre imagination ; et, il faut l'avouer, ses inspirations ne furent pas, sous tous les rapports, complétement heureuses. Richelieu contribua pour beaucoup à la construction de l'église des jésuites ; le portail fut élevé à ses frais en 1634.

L'église entière fut terminée en 1641 (2). Le 9 mai de cette année, Richelieu y célébra la première messe en présence du roi, de la reine et de Gaston d'Orléans, qui tous trois y reçurent la communion des mains du cardinal.

La sculpture de l'église des jésuites n'est guère remarquable que par la profusion des ornements. Sauval qui, partageant le goût de son siècle, admirait surtout dans les arts les monuments qui par la simplicité des lignes se rapportent au style grec, Sauval livre sans hésiter au mépris l'œuvre du sculpteur de *Saint-Louis*. « Le corps de l'église est beau, dit-il, mais il est si chargé d'ornements, que s'il étoit de menuiserie il ne le pourroit pas être davantage; il y a tant de feuillames, de refans, de fleurons et autres sortes de sculptures, que c'est pitié. Quelques tailleurs de pierre remédieroient en peu de temps à ce grand défaut. » — L'esprit des jésuites qui présidèrent à la décoration de ce monument, paraît avoir été un immense amour du luxe associé à une parfaite absence de goût. Piganiol de La Force rapporte des merveilles de cette splendide décoration. Selon lui, il y avait peu d'églises dans le monde chrétien

(1) Voyez les inscriptions minutieusement rapportées par Piganiol de La Force, t. V, p. 2. — (2) Ce fut l'un de nos premiers édifices religieux dans la construction desquels on n'observa point l'orientation, c'est-à-dire la coutume antique de tourner le portail vers l'occident et l'abside vers l'orient.

qui fussent aussi riches en argenterie et monuments. Le tabernacle était d'argent rehaussé de ciselures en vermeil. Toutes les chapelles, et les monuments funéraires qu'elles renfermaient, étaient ornés à profusion de sculptures de marbre et d'argent. De tous côtés l'on voyait briller une quantité prodigieuse de chandeliers, de candélabres, de girandoles, de vases, de lampes, de reliquaires en matières précieuses. Plusieurs pièces même étaient en or, parmi lesquelles on remarquait un vaste soleil enrichi de grosses perles et de diamants; enfin l'on était étonné de la magnificence de cette église où tout resplendissait d'or, d'argent et de pierreries.

Auprès du maître-autel était inhumé le cœur de Louis XIII dans un monument commandé par sa veuve Anne d'Autriche et pour lequel Sarrazin, l'habile sculpteur, mit en œuvre tout son génie. Vis-à-vis se trouvait de même le cœur de Louis XIV renfermé dans un monument plus riche encore, dû à Coustou jeune, et pour lequel le régent Philippe et le roi Louis XV dépensèrent six cent mille livres. Il entra dans sa composition quatre cent soixante-quinze marcs d'argent, et il ne fut achevé qu'en 1730.

C'est dans cette église, dans la chapelle de Saint-Ignace, que le président à la chambre des Comptes, Perrault, fit élever à la mémoire du grand Condé un mausolée superbe que le Bernin regardait comme une des plus belles œuvres d'art qui fussent à Paris. Ce monument assis sur des piédestaux de marbre noir se composait de quatre vertus de grandeur naturelle entourées de symboles allégoriques, le tout en bronze sculpté par Sarrazin et coulé par Perlan. Plus loin s'élevait un autre monument consacré par Louis Henri, duc de Bourbon, à la mémoire de ses ancêtres, et sculpté par Vanclève; c'était une urne cinéraire à côté de laquelle reposait un génie tenant un cœur d'une main et une palme de l'autre. Enfin l'on voyait aussi diverses urnes renfermant les cœurs de Louis-Auguste de Bourbon, duc du Maine, et de plusieurs membres de la famille de Turenne. Ceux de ces monuments qui appartenaient à la famille de Condé, transférés pendant la révolution au muséum, en furent tirés en 1815 et déposés à Chantilly.

Au milieu de l'église on avait ménagé un caveau souterrain où l'on enterrait les religieux de la maison et ceux de ses bienfaiteurs qui en exprimaient le vœu. C'est là que fut enterré le savant *Daniel Huet*, évêque d'Avranches, qui passa les vingt dernières années de sa vie dans la maison professe, où il mourut à l'âge de près de quatre-vingt-onze ans, en 1721. La chaire du prédicateur est un remarquable ouvrage de fer taillé à jour, dû au ciseau de François le Lorrain et à la munificence de Gaston d'Orléans, frère de Louis XIII. Enfin on voyait encore dans l'église quatre beaux tableaux de Simon Vouet et une petite peinture sur cuivre exécutée par Lebrun d'après Le Dominicain.

L'église n'était pas la seule partie digne d'attention dans la maison professe. Les diverses salles de cette maison renfermaient un choix de magnifiques ouvrages de peintres célèbres parmi lesquels on peut citer André del Sarto, Jacques de Beaune Semblançay, Dominique Passignano, Quintin Messis, Annibal Carrache, Sébastien del Piombo, Albert Dürer, le Titien, l'Albane, Lebrun, Vander Meulen.

Enfin, les jésuites avaient dans leur maison une salle d'assemblée, la *salle de la Congrégation*, si remarquable qu'ils l'appelaient « la plus belle chambre du monde. »

Leur cabinet de médailles, dont une partie se trouvait au collége de Clermont, était fort riche et devait beaucoup à la générosité et à l'érudition du fameux P. de Lachaise, confesseur de Louis XIV, et du P. Chamillart. Leur bibliothèque, qui fut à la fin du xviiie siècle transférée à l'Hôtel-de-Ville, était l'une des plus considérables et des mieux choisies qu'il y eût à Paris, et servait de bibliothèque publique de la ville.

Lorsqu'en 1767 les jésuites furent chassés de France, leur maison professe fut donnée aux chanoines réguliers de la culture Saint-Catherine, qui eux-mêmes furent supprimés en 1790. C'est là que fut établi depuis le *collége royal de Charlemagne*, dont je parlerai ailleurs.

Après la démolition de l'église Saint-Paul, le culte de ce saint fut transporté dans l'église Saint-Louis, qui prit alors le titre de *Saint-Louis et Saint-Paul* et devint la troisième succursale de Notre-Dame.

Couvent des Feuillants, rue Saint-Honoré, en face de la place Vendôme. — Les Feuillants formaient une congrégation particulière de religieux de l'ordre de Cîteaux, qui avait pris son nom de l'abbaye de Feuillants en Languedoc, diocèse de Rieux. L'auteur de cette réforme, Jean de La Barrière, abbé de Feuillants, s'était fait une si haute réputation de sainteté et d'éloquence, que Henri III l'appela près de lui, en 1583; mais le prédicateur refusa d'abord de rester à Paris. Enfin, en 1587, il se rendit aux désirs du roi, et le 9 juillet il fit une entrée solennelle dans la capitale, à la tête de soixante-deux religieux chantant l'office. Le roi les reçut à Vincennes, et comme le couvent qui leur était destiné n'était point encore terminé, ils demeurèrent pendant deux mois dans un prieuré de l'ordre de Grammont, au bois de Vincennes, occupé plus tard par les Minimes. Ce qui peut-être valut aux Feuillants la protection d'Henri III, c'était l'extrême rigueur de leur règle. Les premiers de ces religieux marchaient nu-pieds et tête nue; ils dormaient sur des planches et tout vêtus; ils mangeaient à genoux, buvaient dans des crânes humains. En une semaine il mourut quatorze de ces extravagants. Heureusement que dans la suite la règle fut adoucie.

Henri IV posa en 1601 la première pierre de l'église, qui fut achevée en 1608. Le portail du monastère fut construit en 1673; il faisait face à la place Vendôme et avait pour point de vue la statue équestre de Louis XIV. Il était décoré avec assez de goût, et on y remarquait un bas-relief qui représentait le roi Henri III recevant l'abbé de La Barrière et ses compagnons. Vis-à-vis ce portail était la porte des bâtiments intérieurs du couvent.

Ce fut avec les aumônes qu'ils recueillirent à l'occasion du jubilé qui fut célébré au commencement du XVIIe siècle, que les Feuillants firent les premiers frais de construction de leur église. Le bâtiment fut achevé, comme je l'ai dit, en 1608, et dédié la même année par le cardinal de Sourdis, archevêque de Bordeaux, sous l'invocation de saint Bernard. Henri IV accorda de suite à cette église les prérogatives des maisons religieuses et fondations royales; Marie de Médicis, peu de temps après, lui fit présent de riches ornements, et Louis XIII enfin fit la dépense du portail qui fut terminé en 1624. L'église des Feuillants fut un des premiers ouvrages du célèbre architecte François Mansard. Elle renfermait intérieurement un très grand nombre de tombeaux remarquables, quelques peintures de Simon Vouet, et une Assomption de la Vierge due au pinceau d'un calviniste, Jacques Bunel, qui, après avoir fait entrer avec un talent infini les figures des douze apôtres, de grandeur naturelle, sur une toile de quatre pieds de large, ne voulut jamais, par un singulier caprice, faire la tête de la Vierge, qu'on fut obligé de confier à un autre peintre.

Les sépultures étaient disposées dans les quatorze chapelles latérales. Là on voyait, sur un piédestal de marbre noir et blanc, la statue en marbre blanc, de grandeur naturelle, de *Raimond-Philippeaux d'Herbaut*, conseiller et secrétaire d'État de Louis XIII, mort le 2 mai 1629. Les sépultures de la famille *Le Pelletier;* celle de la famille *de Vendôme*, où se trouvait une statue de la Vierge, exécutée par Jacques Sarrazin. Le riche tombeau de *Guillaume de Montholon*, conseiller d'État, mort en 1722. Celui de *Louis de Marillac*, maréchal de France, décapité en Grève, le 10 mai 1631, victime de la haine de Richelieu. Les cénotaphes d'*Henri de Lorraine*, comte d'Harcourt, et d'*Alphonse de Lorraine*, son fils, si célèbres par leurs exploits guerriers, magnifique ouvrage dû au sculpteur Nicolas Renard de Nancy, 1693. L'urne funéraire que se fit élever de son vivant *Jeanne-Armande de Schomberg*, épouse de Charles de Rohan, morte en 1700, dans la soixante-quatorzième année de son âge. Cette urne, placée sur un piédestal de marbre jaspé, était simplement en marbre blanc, sans épitaphe et sans inscription; mais elle avait douze pieds de large et douze de haut. Enfin les nombreux tombeaux de la famille *de Rostaing* et de la famille *de Béringhem*, parmi lesquels se trouve celui du *maréchal d'Uxelles*, mort en 1730. Au rapport de Saint-Foix, la famille de Rostaing avait offert aux Feuillants de reconstruire magnifiquement le maître-autel de leur église s'ils consentaient à ce que les armoiries de Rostaing y fussent placées en soixante endroits (1). Les religieux ne purent se soumettre à ce caprice féodal.

Au milieu du chœur était une tombe de marbre noir en l'honneur de *D. Goulu*, général de l'ordre. Dans le chapitre se voyaient encore les tombeaux des généraux *D. Royer* et *D. Pradillon*, de *D. Eustache de Saint-Paul Asseline*, docteur en théologie de la Faculté de Paris; de *D. Jérôme* et de *D. Turquois*, célèbre prédicateur du xviii° siècle.

L'ordre des Feuillants compte en outre plusieurs autres prédicateurs assez célèbres. D'abord *Jean de La Barrière*, le fondateur de la congrégation, dont la parole éloquente avait charmé Henri III. *D. Bernard de Percin de Montgaillard*, gentilhomme gascon, que La Barrière avait amené avec lui à Paris, et dont la virulente énergie attirait autour de sa chaire la cour et la ville. D. Bernard s'attacha au parti de la Ligue, ce qui l'obligea plus tard à quitter la France. Le rôle qu'il joua dans les désordres de cette époque lui a fait donner une place dans la *Satyre Ménippée*, où il est appelé le *Petit-Feuillant*, à cause de ses emportements et de sa difformité, car il était boiteux. Enfin on peut citer aussi pour son éloquence *D. Côme Roger*, prédicateur ordinaire de Louis XIV, puis évêque de Lombez. Malgré cela, « comme c'étoit un jeune frère de vingt-un à vingt-deux ans, vivant (selon le bruit commun) très austèrement, et bien disant jusques à miracle, il fut très agréable aux dames de Paris, qui, l'allant voir souvent, lui changèrent son austérité en mignardise, lui envoyant si souvent de leurs confitures, qu'elles lui firent enfin venir, comme on disoit, l'appétit de la chair (2). »

La bibliothèque du monastère, sans être des plus considérables, était fort curieuse. Au-dessus des armoires on avait placé une suite des portraits de tous les généraux de la congrégation. Le petit nombre de livres hérétiques et en particulier de livres protestants qui était tombé en la possession des bons pères avait été soigneusement relégué par eux dans une sorte de grenier qu'on appelait l'*Enfer*. C'était aux Feuillants que venaient loger les nonces du Saint-Siége, quand ils arrivaient à Paris. Pendant la minorité de Louis XIV, on avait construit un pas-

(1) Le continuateur des essais de Saint-Foix raconte que le maréchal de Bassompierre avait fait graver sur la porte de l'église des Feuillants : *Quid retribuam domino pro omnibus quæ retribuit mihi?* Le matin du jour où il fut assassiné, Henri IV fut entendre la messe aux Feuillants. En revenant, il rencontra le duc de Guise et lui dit : « Je viens de voir l'inscription de Bassompierre, et moi j'ai répondu pour lui qu'il fallait ajouter : *Calicem salutaris accipiam.* » A quoi M. de Guise repartit en riant : Vous êtes un des plus agréables hommes du monde. — On connaît la célèbre aventure de Bassompierre, qui, étant ambassadeur en Suisse, remplit sa botte de vin, et, par manière de défi, la vida à la santé du roi de France. — (2) L'Estoile.

sage de communication entre les Tuileries et les Feuillants, pour faciliter au roi le moyen de venir entendre l'office au monastère. C'était dans ce passage que se trouvait *la Grotte*, chapelle construite en 1621 par Gaston de France.

La pharmacie des Feuillants, établie en 1637, passait pour l'une des plus belles du royaume. Elle n'avait que dix-huit pieds de long sur quatorze de large; mais tout s'y trouvait disposé de la manière la plus élégante. Des cariatides étaient sculptées entre chaque tablette; le sommet était couronné par un entablement, et sur les volets de chaque armoire, l'habile sculpteur Sarrazin le jeune avait représenté en bas-reliefs la suite des guérisons miraculeuses du Nouveau-Testament.

La maison des Feuillants, supprimée au commencement de la révolution comme maison religieuse, fut à cette époque un des théâtres des agitations populaires. Elle fut le lieu des séances du *club des Feuillants* (1).

L'enclos du couvent, contigu du côté de l'est à celui des Capucins, occupait l'espace compris entre la rue Saint-Honoré et la terrasse du jardin des Tuileries, qu'on nomme encore *terrasse des Feuillants*. Église et monastère, tous les bâtiments furent démolis en 1804, et firent place à la belle rue de Rivoli.

Ancien théâtre italien, depuis son origine jusqu'à sa suppression, en 1697. — Avant le XVIᵉ siècle, les comédiens italiens ne venaient à Paris que de loin en loin et n'y faisaient qu'un séjour d'un ou deux ans. En 1570, un nommé Albert Ganasse, directeur d'une troupe italienne, s'établit à Paris, et les historiens en mentionnent une seconde en 1576. Le parlement arrêta leurs représentations (2). En 1577, Henri III fit venir de Venise une troupe complète, connue sous le nom de *gli gelosi*, qui, après avoir joué dans la salle des États de Blois, s'établit à Paris et y donna des représentations à l'hôtel du Petit-Bourbon. J'ai parlé ailleurs des démêlés des *gelosi* avec le parlement et les confrères de la Passion (3). Ces comédiens, effrayés des troubles qui désolaient alors le royaume, retournèrent dans leur pays. En 1584, il y eut une cinquième troupe de comédiens italiens à Paris, et une sixième en 1588. Henri IV, dans une expédition qu'il fit en Savoie, ramena avec lui des acteurs italiens qui ne restèrent à Paris qu'un ou deux ans (4). Parmi les

---

(1) Voy. *Faits généraux* de la révolution. — (2) Voy. p. 83 et 84. — (3) *Ib.*, p. 84.

(4) Ils furent installés rue de la Poterie, au coin de celle de la Verrerie. Ils étaient à la solde du roi. On lit dans une satire du temps :

> Sire, défaites-vous de ces comédiens;
> Vous aurez, malgré eux, assez de comédies.
> J'en sais qui feront mieux que ces Italiens
> Sans que vous coûte un sol leurs fâcheuses folies.
>   Brazier, *Chroniq. des petits théâtres*, t. II, p. 2.

artistes qui composaient cette troupe, était l'excellente *Isabelle Andreini*, membre de l'académie des *Intenti* de Florence, et dont on a des ouvrages imprimés. Louis XIII, pendant l'enfance du dauphin (depuis Louis XIV), fit venir plusieurs fois des acteurs italiens, mais ils ne restèrent pas long-temps en France. Enfin, en 1645, le cardinal Mazarin appela d'autres artistes qui jouèrent au Petit-Bourbon, sous le nom de *la grande troupe royale des comédiens italiens*. Parmi eux était le célèbre Tiberio Fiurilli, plus connu sous le nom de *Scaramouche*, né à Naples, le 7 novembre 1608, mort à Paris le 7 décembre 1696, à l'âge de quatre-vingt-huit ans (1). Je ne raconterai point les singulières aventures de ce grand comédien, qui commença par être laquais, et j'arrive à ses débuts à Paris, sous le règne de Louis XIII; il y obtint un succès d'enthousiasme. La reine, qui l'aimait beaucoup, le faisait venir souvent à la cour. « Un jour qu'il étoit dans la chambre du dauphin, la reine présente, ce prince, qui avoit alors environ deux ans, étoit de très mauvaise humeur, et rien ne pouvoit calmer ses pleurs et ses cris. Scaramouche prit la liberté de dire que si sa majesté vouloit permettre qu'il mît M. le dauphin entre ses bras, il se flattoit de l'apaiser. La reine le permit, et Scaramouche fit alors au prince des grimaces et des figures si plaisantes, que cette inimitable pantomime fit non seulement cesser ses cris, mais qu'il lui excita l'envie de rire. Enfin, après une scène des plus comiques, et qui réjouit extrêmement la reine, le dauphin satisfit un besoin qu'il eut dans le moment sur les mains et l'habit de Scaramouche, ce qui redoubla les éclats de rire de la reine et de toutes les dames et des seigneurs, qui étoient alors dans l'appartement. Scaramouche pouvoit avoir dans ce temps trente-deux à trente-trois ans; tous les soirs qu'il venoit à la cour, il avoit ordre de se rendre chez le dauphin qu'il amusoit infiniment, et qui l'aimoit beaucoup; en sorte qu'il fut mandé, dans tous les temps, d'Italie, quand on faisoit venir une troupe de comédiens. Louis XIV prenoit plaisir à rappeler à Scaramouche la scène originale qu'on vient de rapporter, et rioit beaucoup aux figures que ce grand comédien faisoit en racontant cette aventure (2). » Scaramouche ne se retira du théâtre qu'à l'âge de quatre-vingt-trois ans.

Les annalistes dramatiques placent en 1653 le début d'une nouvelle troupe italienne, qui semble avoir été sédentaire à Paris. Voici ce que nous lisons dans la *Muse historique de Loret*, en date du 16 août :

> Une troupe de gens comiques,
> Venus des climats italiques,
> Dimanche dernier (3), tout de bon,

(1) Il fut enterré à Saint-Eustache, Voy. t. II, p. 86. — (2) *Histoire de l'ancien théâtre italien*, par les frères Parfaict, p. 14, in-12, 1753. — (3) Loret publiait ses lettres en vers tous les samedis ; ainsi, en rétrogradant du samedi au dimanche précédent, on trouvera que le 10 août 1653 fut le jour du début de cette troupe.

Firent dans le Petit-Bourbon
L'ouverture de leur théâtre,
Par un sujet assez folâtre,
Où l'archi-plaisant *Trivelin*,
Qui n'a pas le nez aquilin,
Fit et dit tout plein de folies,
Qui semblèrent assez jolies.
Au rapport de certains témoins,
Scaramouche n'en fit pas moins.
Mais pour enchanter les oreilles,
Pâmer, pleurer, faire merveilles,
Mademoiselle *Béatrix*
Emporta ce jour-là le prix.

En 1660, la troupe italienne fut fixée à Paris (1); de la salle du Petit-Bourbon, où elle avait joué jusqu'à ce temps, et que l'on démolissait par ordre du roi, elle passa, avec la troupe de Molière, au théâtre du Palais-Royal, où elle continua ses représentations avec un grand succès. Ces artistes étaient assez nombreux; ils venaient d'être augmentés par les soins du cardinal Mazarin. Parmi ces nouvelles recrues, on remarquait Joseph Biancolelli, si célèbre sous le nom de *Dominique*, dans l'emploi des arlequins. Ce grand comédien mourut à l'âge de quarante-huit ans, d'une fluxion de poitrine. Voici comment on rapporte la cause de cette mort imprévue: « Le sieur de Beauchamp, maître à danser de Louis XIV et compositeur de ses ballets, avoit dansé devant sa majesté une entrée fort singulière, qui avoit été goûtée de toute la cour; dans un divertissement que les comédiens italiens joignirent à une de leurs pièces représentée devant le roi, Dominique, qui dansoit fort bien, imita d'une façon extrêmement comique la danse de Beauchamp; le roi parut prendre tant de plaisir à cette entrée, que Dominique la fit durer le plus long-temps qu'il lui fut possible, et il s'y échauffa tellement, que, n'ayant pu changer de linge au sortir du théâtre, parce qu'il lui fallut exécuter son rôle tout de suite, il lui survint un gros rhume qui se tourna en fluxion de poitrine. La fièvre s'y étant jointe, il ne fut pas plus de huit jours malade, et après avoir renoncé au théâtre, il mourut le lundi 2 août 1688, à six heures du soir, et fut enterré à Saint-Eustache, derrière le chœur, vis-à-vis la chapelle de la Vierge. Il demeuroit rue Montmartre, près l'égout, à côté de l'ancien hôtel de Charost (2). »

La mort de Dominique affligea si vivement ses camarades, qu'ils restèrent un mois sans jouer. Ils annoncèrent ainsi la reprise de

---

(1) « Avant ce temps, la troupe des comédiens italiens n'étoit pas stable à Paris; on faisoit venir ces comédiens, on payoit leur voyage; ils restoient à Paris ou à la suite de la cour; et après quelques années, on leur donnoit une somme pour satisfaire aux frais de leur retour. » Parfaict, p. 7. — (2) Parfaict, p. 60.

leurs représentations : « Nous avons long-temps marqué notre déplaisir par notre silence, et nous le prolongerions encore, si l'appréhension de vous déplaire ne l'emportoit sur une douleur si légitime. Nous rouvrirons notre théâtre mercredi prochain, premier jour de septembre 1688. Dans l'impossibilité de réparer la perte que nous avons faite, nous vous offrirons tout ce que notre application et nos soins nous ont pu fournir de meilleur ; apportez un peu d'indulgence, et soyez persuadés que nous n'omettrons rien de tout ce qui peut contribuer à votre plaisir. »

En 1680, époque à laquelle les comédiens français de l'hôtel de Bourgogne se réunirent à ceux du théâtre de la rue Guénégaud, la troupe italienne loua la salle de la rue Mauconseil et s'y établit. Alors elle joua tous les jours, à l'exception du vendredi ; jusqu'à ce moment elle ne donnait ses représentations que trois fois par semaine. L'année qui précéda la mort de Dominique, les *comédiens italiens du roi* (comici italiani del Re) firent poser à la porte de leur théâtre et sur le rideau de scène l'inscription suivante qu'on attribue au célèbre Santeuil : *Castigat ridendo mores*. On raconte à ce sujet une curieuse anecdote. Dominique, qui était un homme d'esprit et de talent, fort estimé dans la vie privée, était intimement lié avec le poëte. Voulant obtenir de lui une de ces sentences latines qu'il composait avec tant de goût, mais redoutant en même temps son humeur fantasque, qui lui faisait refuser ce qu'on lui demandait, il s'avisa d'un stratagème ; il se rendit à l'abbaye de Saint-Victor, vêtu d'un habit de caractère et couvert d'un manteau. Il frappe à la porte de la chambre du poëte, jette son manteau, et prenant son chapeau et sa batte, il aborde son ami sans dire un mot, mais en gesticulant et en faisant mille lazzis. « Santeuil, étonné d'abord, dit l'auteur de l'*Arlequiniana*, ensuite réjoui de ce qu'il voyait, entra dans la plaisanterie, et courut lui-même dans tous les coins de sa chambre comme Arlequin, et puis ils se regardaient tous deux, faisant chacun des grimaces pour se payer de la même monnaie. La scène ayant duré un peu de temps, Arlequin leva son masque, et ils s'embrassèrent tous les deux avec les ah ! ah ! de deux amis qui se revoient après une longue absence. » Dominique exposa sa demande, et Santeuil promit aussitôt de composer une inscription latine.

Les comédiens français voulurent empêcher les comédiens italiens de parler français. Louis XIV désira entendre les raisons alléguées de part et d'autre, et fit venir devant lui Baron et Dominique. Baron parla le premier au nom des comédiens français. Quand vint le tour de Dominique : « Sire, dit-il, comment parlerai-je ? — Parle comme tu voudras, répondit le roi. — Il n'en faut pas davantage, répondit Dominique, j'ai gagné ma cause. » Baron voulut réclamer contre cette surprise ; mais le roi dit en riant qu'il avait prononcé et qu'il ne se dédirait pas.

Depuis ce temps les comédiens italiens jouèrent, sans plus être inquiétés, des pièces en français (1).

Le Répertoire de l'ancien théâtre italien, publié par le comédien Ghérardi, et les excellentes analyses qu'on trouve dans l'ouvrage des frères Parfaict nous donnent une faible idée de ce genre de pièces. C'étaient des *farces* fort gaies, mais en même temps fort grossières, des pièces à travestissements ou à machines, mêlées d'airs français et italiens. Les ouvrages qu'ils représentaient n'étaient que de mauvais canevas, des scènes détachées ou arrangées, sur lesquelles les artistes improvisaient (2). Ce genre exigeait un grand esprit d'à-propos et une remarquable habitude de la scène. Les *lazzis* d'un bon arlequin assuraient le succès d'une de ces pièces, que nous ne pouvons mieux comparer qu'aux féeries-pantomimes, représentées chaque soir au petit théâtre des Funambules. Chaque acteur avait un emploi spécial : Polichinelle, Arlequin, Pantalon, Scaramouche, Trivelin, Scapin, Pierrot, Pascariel, Mezetin, Colombine, Isabelle, Spinette, etc. Les divertissements et les intermèdes, exécutés avec soin, attiraient également la foule à la comédie italienne. Dans la *Folle supposée*, représentée en 1645, le premier acte était terminé par un ballet que dansaient « quatre ours et quatre singes, lesquels, au son de petits tambours, font une plaisante danse. » Au second acte était un ballet exécuté par des autruches *s'abaissant à une fontaine pour boire*. On voyait dans une autre pièce *un admirable ballet de fantômes et de songes extravagants*. Tel était le goût du temps.

La comédie italienne était en grande prospérité, lorsque, le mardi 4 mai 1697, M. d'Argenson, lieutenant-général de police, accompagné d'un grand nombre de commissaires et d'exempts et de toute la robe-courte, se transporta au théâtre de l'hôtel de Bourgogne et en fit sceller les portes. Les acteurs et actrices reçurent l'ordre du roi de ne plus continuer leur spectacle. Ils s'adressèrent à Louis XIV pour réclamer contre cet acte d'autorité. Il leur répondit : « Vous ne devez point vous plaindre de ce que le cardinal Mazarin vous a fait quitter votre pays ; vous êtes venus en France à pied, et maintenant vous y avez gagné assez de bien pour vous en retourner en carrosse. » On n'a jamais connu le motif de la clôture de l'ancien théâtre italien. « Ce fut, dit-on, parce qu'on n'y observait plus les règlements que sa majesté avait faits, que l'on y jouait encore des pièces trop licencieuses, et que l'on ne s'y était point corrigé des obscénités et des gestes indécents. » On a dit aussi, mais le fait n'a jamais été prouvé, que les Italiens ayant annoncé un ouvrage sous le titre de la *Fausse prude*, madame de Maintenon s'y crut

---

(1) *Biogr. universelle.*

(2) On attachait derrière les coulisses de simples canevas, sur lesquels les acteurs voyaient, au commencement de chaque scène, ce qu'ils avaient à dire.

désignée et fit fermer le théâtre. Il ne rouvrit qu'en 1716, comme nous le verrons plus tard.

Cependant le roi permit à l'un des acteurs de la troupe supprimée d'exploiter avec ses camarades les provinces du royaume, à condition néanmoins que ce serait toujours à trente lieues de la capitale. Cette nouvelle troupe se soutint pendant plusieurs années (1).

Confrérie des Pénitents-Blancs. — Dans ses accès de dévotion, Henri III se livrait avec passion au plaisir de conduire des processions de pénitents vêtus de toile blanche, avec lesquels il passait des nuits entières à errer dans les rues de Paris, courant d'église en église à la lumière des torches et au son de la musique. Malgré les clameurs des ennemis de la royauté qui criaient à l'hypocrite, le peuple prit tellement goût aux *processions blanches*, qu'aux jours de fête Paris et les environs étaient remplis de confrères de la pénitence. « Ces compagnies de pénitents étoient souvent de huit à neuf cents personnes de tout âge et de tout sexe, qui marchoient pieds nus, deux à deux, le corps couvert d'un linceul blanc, portant à la main, les uns des cierges, les autres de petites croix. Les habitants des villages se rassemblèrent aussi, conduits par leurs seigneurs à cheval, et, comme les autres, le corps couvert d'une toile blanche (2). » Le roi voyant ainsi cette innovation acceptée par le peuple, donna, pour l'établissement de la confrérie des Pénitents-Blancs (décembre 1583), des lettres-patentes qui furent enregistrées au Parlement le 9 mars suivant. Il en avait rédigé les règlements que le pape approuva, et le couvent des Augustins fut désigné pour le lieu des assemblées et des exercices de dévotion des confrères (3).

Le 15 septembre 1585, on trouve une nouvelle ordonnance dans laquelle Henri III accorde aux confrères des priviléges égaux à ceux dont jouissaient les musiciens de sa chapelle. La confrérie des Pénitents-Blancs se dissipa après la mort de Henri III. Ses meubles, joyaux, ornements, livres, tableaux et argenterie étaient restés entre les mains de quelques particuliers, et il y avait lieu de craindre qu'ils ne disparussent peu à peu. C'est pourquoi le 8 octobre 1599, la chambre des vacations ordonna que tout ce qui restait de ce mobilier et tout ce qu'on en pourrait retrouver serait donné à l'Hôtel-Dieu pour la nourriture des pauvres.

Confrérie ou congrégation du Chapelet. — Cette confrérie, établie dans la maison des jésuites de la rue Saint-Jacques, fut fondée par le

---

(1) Parfaict, p. 109. — (2) Félibien, t. II, p. 1148.
(3) Le cardinal de Birague, qui était mort au mois de novembre 1583, fut inhumé après une cérémonie pompeuse, à laquelle assistèrent tous les membres de la confrérie des Pénitents-Blancs, dont il faisait partie. Voy. t. II, p. 69.

curé Pigenat et quelques autres ligueurs fanatiques. Les membres devaient porter un chapelet autour du cou, et en réciter journellement les prières.

> Qui n'a de chapelet au cou
> Mérite d'avoir un licou,

dit un pamphlet de l'époque. La confrérie tenait ses séances tous les dimanches, dans une chapelle du couvent.

Conseil des Seize. — C'est à Charles Hotman, surnommé La Rocheblond, bourgeois de Paris, qu'on attribue la première idée de la fameuse faction des Seize. Ainsi que je l'ai déjà dit (1), il forma avec d'autres ligueurs un conciliabule secret, qui chargea Crucé, Bussy-Leclerc et d'autres hommes déterminés, de la surveillance des seize quartiers de Paris. Chaque quartier eut alors son chef; ces chefs formaient le *conseil des Seize*. Après la journée des barricades, le lieu de leurs séances fut fixé à l'Hôtel-de-Ville. Ce comité influença toutes les délibérations du corps municipal, et fut maître de Paris pendant quelque temps. Mais le crédit et la puissance des Seize effrayèrent le duc de Mayenne, qui, pour les contre-balancer, augmenta le conseil de l'Union ; puis, voyant qu'ils contrariaient ses projets ambitieux, il envoya quatre d'entre eux au supplice, en décembre 1591. Le conseil des Seize, réduit à douze, ne *battit plus que d'une aile*, comme on disait alors ; à l'entrée de Henri IV dans Paris, il était tout-à-fait impuissant (2). Félibien a publié, dans les *Preuves* de son *Histoire de Paris*, un curieux mémoire des Seize, publié en 1587, et contenant les projets de la Ligue.

Conseil-général de l'Union ou *des Quarante.* — Lorsque le duc d'Aumale eut été créé, en décembre 1588, gouverneur de Paris, on forma, pour lui servir de conseil, un comité composé de quarante personnes, tirées des trois ordres du royaume. On choisit dans le clergé de Brézé, évêque de Meaux, Rose, évêque de Senlis, de Villars, évêque d'Agen, Prevôt, curé de Saint-Severin, Boucher, curé de Saint-Benoît, Aubri, curé de Saint-André-des-Arcs, Pelletier, curé de Saint-Jacques, Pigenat, curé de Saint-Nicolas-des-Champs, et Launoy, chanoine de Soissons. Dans la noblesse, le marquis de Canillac, les sieurs de Meneville, de Saint-Paul, de Rosne, de Montberault, de Hautefort et de Sanzey. Dans le tiers-état, le président de Neuilly, Cocqueley, Midorge, de Machault, Baston, Marillac, Acarie, de Bray, Beauclerc, de la Bruyère, Anroux, Fontanon, Drouart, Crucé et quelques autres bourgeois (3). Senault, l'un des principaux commis au greffe du parle-

---

(1) Voy. les *faits généraux du règne de Henri III.* — (2) Voy. les *Faits généraux* du règne suivant. — (3) Félibien, t. II, p. 1178.

ment, fut nommé greffier et secrétaire du nouveau conseil, qui tint ses séances à l'Hôtel-de-Ville. La première eut lieu le 17 février 1589.

Nous avons vu le grand rôle que joua ce comité, qui avait dans ses attributions la correspondance avec les villes dévouées à la Ligue et la direction des affaires des provinces anti-royalistes. Mais cette puissance naissante fut anéantie par le duc de Mayenne, qui, voulant y accroître son influence, en augmenta les membres. Il y introduisit des gens dévoués à sa cause, tels que l'évêque de Rennes, l'abbé de Lenoncourt, Jeannin, président au parlement de Bourgogne, Vetus, président au parlement de Bretagne, le président Le Maistre, Sarmoise et Dampierre, maîtres des requêtes, d'Amours, conseiller, Villeroy père et fils, La Bourdaisière, du Fay, les présidents d'Ormesson et de Videville, Luillier, maître des comptes, et le procureur et les avocats du nouveau parlement. Il déclara en outre membres du conseil les députés des trois ordres des provinces, les évêques et les princes de la Ligue, lorsqu'ils se trouveraient à Paris (1). Enfin, au mois de novembre 1790, le duc de Mayenne ordonna la dissolution de ce conseil, qui contrariait ses projets.

CHAPITRE SIXIÈME.

HENRI IV.

1589-1610.

I. Faits généraux.

La nouvelle de l'assassinat de Henri III excita dans Paris des transports de joie inouïs. La duchesse de Montpensier, que le roi avait menacée de faire brûler vive, s'il rentrait dans la capitale, embrassa le courrier qui lui apporta la nouvelle de la mort de son ennemi. « Ah ! mon ami, s'écria-t-elle, soyez le bien-venu ! Mais est-il vrai, au moins ? ce méchant, ce perfide, ce tyran est-il mort ? Dieu ! que vous me faites aise ! Je ne suis marrie que d'une chose, c'est qu'il n'ait su, avant de mourir, que c'étoit moi qui l'avois fait faire. » Elle monta aussitôt en carrosse avec madame de Nemours, sa mère, distribuant au peuple des écharpes vertes, couleur de la maison de Lorraine, et criant : « Bonne nouvelle, mes amis! bonne nouvelle! le tyran est mort : il

---

(1) Félibien, p. 1180.

n'y a plus de Henri de Valois en France. » On alluma des feux de joie dans tous les quartiers. La duchesse de Nemours, du haut des degrés du maître-autel, dans l'église des Cordeliers, harangua le peuple avec mille injures contre la victime de Jacques Clément. Quant à celui-ci, les éloges ne lui manquèrent pas; on le compara à Judith, qui coupa la tête d'Holopherne, et une multitude de libelles et de portraits *en bosse et en plate peinture* se vendirent dans les rues avec privilége du conseil de l'Union et approbation des théologiens. Entre autres écrits, on remarqua : *le martyr de frère Jacques Clément, de l'ordre de Saint-Dominique.* La vieille mère du nouveau martyr, pauvre paysanne, fut appelée à Paris de son village de Sorbonne, près Sens. Le peuple alla au-devant d'elle en criant : « Heureux le sein qui vous a porté et les mamelles qui vous ont allaité. » Le conseil de l'Union lui fit une pension, et les prédicateurs engageaient les fidèles à aller *vénérer cette bienheureuse mère d'un saint martyr,* qui logeait chez la duchesse de Montpensier, rue du Petit-Bourbon-Saint-Sulpice, au coin de la rue de Tournon. Lorsque la mère de Clément partit, cent quarante religieux l'accompagnèrent à une lieue de Paris. Enfin une bande de ligueurs se rendit à Saint-Cloud pour recueillir les cendres de l'assassin, dont le corps avait été écartelé et brûlé. Mais au retour, le bateau fut submergé avec les reliques et ceux qui les portaient.

Au milieu de ces démonstrations burlesques, qui prouvent jusqu'à quel excès peut entraîner le fanatisme religieux et politique, le duc de Mayenne et les principaux chefs de la Ligue prenaient toutes les mesures réclamées par les cironstances. Ils envoyèrent au pape un exprès pour lui demander de l'argent et quelques troupes sous la conduite d'un légat ou d'un nonce; le duc n'osa point se faire nommer roi, mais il proclama, sous le nom de Charles X, le vieux cardinal de Bourbon, qui était alors prisonnier entre les mains de Henri IV, son neveu, et il prit lui-même toute l'autorité avec le titre de lieutenant-général du royaume. Sa position était fort critique cependant; mais il comptait sur les embarras dans lesquels se trouvait Henri IV. Ce prince, abandonné par un grand nombre de zélés catholiques et d'ambitieux qui voulaient se faire acheter, n'avait réussi à s'attacher les autres qu'en promettant par serment de maintenir dans le royaume la religion catholique, de rien invoquer à cet égard, de se faire instruire et de se soumettre aux décisions d'un concile général ou national avant six mois. Il ne put cependant continuer le siége de Paris, et battit en retraite sous le prétexte d'accompagner jusqu'à Compiègne le convoi de son prédécesseur. Puis, après avoir mis ordre aux affaires les plus pressantes, convoqué les États-Généraux à Tours pour le mois d'octobre, nommé ou confirmé les officiers civils et militaires des provinces qui reconnaissaient sa domination, il partagea ses troupes en trois corps, dont les deux premiers furent envoyés en Champagne, tandis qu'à la tête du troisième il se dirigea vers la Normandie pour y faire sa jonction avec l'armée auxiliaire que la reine d'Angleterre avait promis de lui envoyer.

Mayenne sortit de Paris le 27 août, en jurant qu'il ramènerait Henri IV pieds et poings liés; il emmenait en effet vingt-cinq mille hommes contre sept mille aventuriers sans vivres et sans ressources. Déjà on louait des fenêtres dans la rue Saint-Antoine pour voir mener *le Béarnais* à la Bastille. Mais Mayenne avait affaire à un adversaire qui ne dormait pas, et *qui usait*, comme disait le prince de Parme, *plus de bottes que de souliers*; il attendit les ligueurs près d'Arques, en Normandie, et les battit complétement (21 septembre). Les Parisiens croyaient le Béarnais vaincu et prisonnier, lorsqu'il parut tout-à-coup sous les murs de la capitale. Son armée s'était considérablement augmentée; cinq mille Anglais étaient arrivés aussitôt après la bataille d'Arques. L'armée royale campa le 31 octobre au village de Bagneux, à une lieue de Paris; Henri distribua son armée à Montrouge, Gentilly, Issy et Vaugirard, et résolut d'assiéger le lendemain les faubourgs de la ville du côté de l'Université. Il confia l'attaque des faubourgs Saint-Marcel et Saint-Victor au maréchal de Biron, assisté de Biron son fils, de Guitry et d'autres seigneurs, à la tête de quatre mille Anglais, de deux régiments français et d'un régiment suisse. Le maréchal d'Aumont, Bellegarde, grand-écuyer, et Des Rieux, maréchal-de-camp, furent chargés d'attaquer les faubourgs Saint-Jacques et Saint-Michel, avec quatre régiments français, deux régiments suisses, commandés par d'Anville, leur colonel-général, et quatre compagnies de volontaires. Une troisième brigade, composée de six régiments français, du régiment de Schomberg, d'un autre de Suisses, sous les ordres de Lanoue et de Châtillon, eut ordre de donner du côté des portes de Saint-Germain, de Bussy et de Nesle. Ces trois corps étaient soutenus d'un grand nombre de gentilshommes à pied et de trois forts détachements de cavalerie, commandés par le roi, le comte de Soissons et le duc de Longueville, et renforcés de douze pièces de canon.

Le lendemain, 1er novembre, après la prière qui se fit au Pré-aux-Clercs, les troupes royales s'approchèrent des retranchements à la faveur du brouillard, et attaquèrent sur tous les points avec une telle ardeur, qu'en moins d'une heure les assiégés battirent en retraite, laissant au pouvoir des vainqueurs quatorze enseignes, treize petits canons, et sur la place sept à huit cents hommes. Les royalistes perdirent fort peu de monde, et si leur artillerie était arrivée à temps, ils eussent aisément forcé les portes de la ville; il s'en fallut de peu qu'ils n'y entrassent pêle-mêle avec la garnison. Les vainqueurs se montrèrent cruels, malgré les ordres du roi, qui n'avait permis que le pillage, seul moyen qu'il eût de payer ses troupes. Les soldats de Châtillon passèrent au fil de l'épée tous ceux qu'ils rencontrèrent, en criant : *Saint-Barthélemy!* C'étaient des représailles du 24 août. Près de quatre cents Parisiens furent cernés et massacrés auprès de la foire Saint-Germain. « Je suis las de frapper, dit Sully, je ne saurais tuer gens qui ne se défendent point. » Sully eut pour sa part du pillage deux ou trois mille écus. Il se porta ensuite avec quelques autres seigneurs vers la porte de Nesle qui était restée ouverte, et ils pénétrèrent dans la ville *quasi jusques vis-à-vis du Pont-Neuf*, mais ils furent bientôt forcés de battre en retraite (1).

Le roi étant entré dans le faubourg Saint-Jacques entre sept et huit heures du matin, se logea au Petit-Bourbon (2), maison qui appartenait à Jérôme Chapelain, secrétaire-royal, et il y fit faire un lit de paille fraîche, sur lequel il reposa trois heures (3). L'abbaye de Saint-Germain-des-Prés avait été fortifiée et le conseil de l'Union y avait envoyé cent cinquante arquebusiers. Mais sur les sommations expresses du vainqueur, le capitaine et les soldats se retirèrent la vie sauve, et les royalistes s'emparèrent du couvent ; ils n'y firent aucun dégât, mais ils mangèrent, ou *plutôt dévorèrent* les provisions des religieux (4). « Le roi, dit *l'Estoile*, ayant envie de voir à descouvert sa ville de Paris, monta au haut du clocher de Saint-Germain-des-Prés, où un moine le conduisit, avec lequel il se trouva comme seul. En étant descendu, il dit au maréchal de Biron qu'une appréhension l'avoit saisi, étant avec ce moine, se souvenant du couteau de frère Clément, et que jamais il ne s'accompagneroit du moine, qu'il n'eût fait premièrement fouiller voir s'il auroit un couteau. » A la nouvelle de la prise de Paris, le duc de Mayenne arriva en grande hâte et rassura par sa présence les partisans de la Ligue. A mesure que ses soldats arrivaient, les ligueurs les plus forcenés les recevaient et leur présentaient à boire et à manger sur des tables dressées exprès dans les rues (5). Henri IV abandonna les faubourgs le vendredi de grand matin et se rangea en bataille sous les murs de la ville. Mais le duc de Mayenne ne bougea point. Le roi remettant à une autre époque le siége de Paris, se dirigea vers la Loire (6).

A peine fut-il parti que les factieux reprirent toute leur audace. Ils tuèrent ou mirent à contribution les huguenots et les royalistes. *Cha-*

(1) *Economies* royales de Sully. Collect. de Michaud, 2ᵉ série, t. II, p. 74.
(2) Cette maison du Petit-Bourbon était située sur l'emplacement actuel du Val-de-Grâce, comme on le verra à l'article de cet hôpital. Il y avait à Paris deux autres hôtels de ce nom, dont j'ai parlé ailleurs. — (3) T. I, p. 593. — (4) *Ibid.*, p. 196. — (5) Félibien, t. II, p. 1185.
(6) Parmi les prisonniers qu'il emmenait, était le fameux prieur des Jacobins, Edmond Bourgoin, qui fut quelque temps après écartelé à Tours par arrêt du parlement.

que honnête homme à Paris avoit son seize, dit *l'Estoile*, dans son langage pittoresque. Ils arrêtèrent les nommés Blanchet, Rafelin et deux autres qu'ils accusèrent de conspirer. Le roi fit dire aussitôt au conseil de l'Union que si ces braves bourgeois étaient condamnés, il ferait pendre Charpentier, l'un des *Quarante*, et quelques autres ligueurs ses prisonniers. On ne tint nul compte de ces menaces; Henri tint parole et exerça de sanglantes représailles. Le président Nicolas Potier de Blanc-Mesnil courut aussi grand risque de la vie; deux fois il avait été mis en prison et deux fois il en était sorti en payant rançon, mais pour la troisième, on lui fit son procès, et l'acharnement des ligueurs était tel qu'il se croyait perdu sans ressources, lorsqu'il parvint à s'enfuir à Châlons; le roi le nomma président de la chambre qu'il avait établie dans cette ville. En même temps, le duc de Mayenne, effrayé des excès de la Ligue et des prétentions du roi d'Espagne sur la couronne de France, faisait reconnaître par le parlement, pour seul roi légitime, le cardinal de Bourbon (1), se faisait confirmer dans ses fonctions de lieutenant-général et cassait le conseil de l'Union. Il ruinait ainsi la faction des Seize, toute dévouée à l'Espagne. Après avoir établi son autorité à Paris, Mayenne reçut la capitulation du château de Vincennes, bloqué depuis plus d'un an, s'empara de Pontoise et mit le siége devant Meulan.

Tandis qu'il consumait inutilement ses forces dans ces petites expéditions, le cardinal Cajetan, légat du pape, arriva à Paris, à la grande joie des ligueurs. La ville fit former seize bataillons de ses milices, qui devaient aller au-devant de lui; mais, de peur d'accident, on ordonna que les soldats ne tireraient des salves que lorsque le prélat serait éloigné à deux portées d'arquebuse. Toutes les autorités de la ville et les six corps des marchands, à l'exception des pelletiers, furent mandés pour cette réception, qui eut lieu le samedi 20 janvier 1590. Le légat descendit à Saint-Jacques-du-Haut-Pas; mais ne s'y trouvant pas en sûreté, il entra dans la ville et se retira secrètement à l'évêché. Le lendemain, avant le jour, il retourna à l'église Saint-Jacques, y célébra la messe, et après le dîner il fit son entrée solennelle. La municipalité, tous les corps de l'État, les seize colonels de la ville, chacun à la tête de sa compagnie, le reçurent avec respect; il eut à subir de longues harangues et tous les ennuis d'une pareille cérémonie. « Il fit, dit l'historien Legrain, une station au faubourg Saint-Jacques, attendant les Suisses, qui alloient le saluer d'une salve de huit ou dix mille tant mousquetaires qu'arquebusiers, ce pendant que l'on faisoit la décharge du canon et de l'artillerie pour le bienveigner (2). Mais lui, qui avoit ouï parler de la suffisance et adresse de telles gens au maniement *de ces bâtons-là*,

(1) On conserve à la bibliothèque Sainte-Geneviève des monnaies à l'effigie de Charles de Bourbon (Charles X). — (2) Pour sa bienvenue.

trembloit de peur que quelque lourdaut ou quelque politique s'étant glissé parmi eux, n'eût chargé à plomb, et il faisoit perpétuellement signe de la main que l'on cessât. Mais eux, pensant que ce fussent bénédictions qu'il leur donnât, rechargeoient toujours et le tinrent une bonne heure en cette alarme. » Le légat entendit le *Te Deum* à Notre-Dame, et il se rendit ensuite au palais épiscopal. Quelques jours après on le conduisit en grande pompe au parlement, où il se passa un incident assez curieux, rapporté par *l'Estoile*. « Le légat, dit-il, s'avança pour se placer dans le coin, où est un dais destiné uniquement pour le roi; mais le premier président le retint, et le prenant par la main, comme voulant lui faire honneur, le fit asseoir sur le banc au-dessous de lui. Le légat, qui s'étoit flatté tenir la place du souverain du royaume, dissimula, et fit une grande harangue en latin sur la puissance et la grandeur du pape, sur l'amour qu'il avoit pour le royaume de France, et sur le zèle qu'il espéroit des François pour conserver la religion catholique, apostolique et romaine. »

L'envoyé de la cour de Rome, qui n'avait d'autre mission que de soutenir la Ligue, mit tout en œuvre pour combattre le parti de Henri IV. Il fit déclarer, le 10 février, par la Sorbonne « que quiconque soutiendrait que Henri de Bourbon pouvait être honoré du titre de roi, devait être regardé comme pernicieux à l'Église de Dieu, parjure et désobéissant à sa mère (1). » Pour rendre ce décret plus imposant, les docteurs en jurèrent l'observation sur les saints évangiles. Le légat fit ensuite prêter serment au prévôt des marchands, aux échevins, aux officiers de la ville et aux capitaines des quartiers, qu'ils resteraient fidèles à la sainte union, qu'ils ne feraient jamais ni paix ni trêve avec *le Béarnais*, et qu'ils emploieraient leurs vies et leurs biens à la délivrance du roi Charles X. Cette cérémonie eut lieu, le dimanche 11 mars, dans l'église des Augustins. La même formule de serment fut présentée aux membres des cours souveraines et aux bourgeois de chaque quartier. Mais tous les efforts de la Ligue étaient impuissants contre les succès de Henri IV. La bataille d'Ivry-sur-Eure porta le dernier coup aux factieux (14 mars); Mayenne, complétement battu, s'enfuit en grande hâte jusqu'à Saint-Denis, où il tint conférence avec le légat, l'ambassadeur d'Espagne et ses autres principaux partisans. Ils résolurent d'amuser le roi, pour avoir le temps de fortifier Paris et de solliciter des secours en Flandre, en Espagne et à Rome. Une entrevue eut lieu à Noisy-le-Sec entre le maréchal de Biron et le légat; mais le premier découvrit toute l'intrigue et il en avertit Henri IV. L'armée royale s'empara aussitôt de Saint-Denis, de Corbeil, de Lagny, de Montereau, et bloqua étroitement Paris.

(1) Voy. t. II, p. 222.

Le duc de Nemours, gouverneur de la capitale, se prépara à faire une vigoureuse résistance ; il amassa des vivres et des munitions et fortifia les faubourgs. Il plaça les Suisses au Temple, confia aux lansquenets la garde des murailles depuis la porte Neuve jusqu'à l'Arsenal, et distribua les troupes de la ville aux portes et sur divers autres points. L'artillerie manquait, il fit fondre à la hâte plusieurs pièces et put disposer d'environ soixante-cinq canons, dont il garnit les boulevards, les portes et les remparts. La rivière fut fermée au-dessus et au-dessous des ponts par de grosses chaînes dont les extrémités étaient attachées à des corps-de-garde ; l'une barrait la Seine depuis la Tournelle jusqu'aux Célestins, et l'autre depuis la tour de Nesle jusqu'au Louvre. Enfin il n'oublia rien de ce qui était nécessaire pour la défense de la ville ; la garnison s'élevait à huit mille soldats étrangers et à plus de cinquante mille hommes de milice bourgeoise. Henri IV n'avait guère que douze mille hommes de pied et trois mille chevaux ; mais il comptait s'emparer de Paris plutôt par la famine et la surprise que par la force. Dans ce dessein il ordonna, le 9 mai 1590, l'attaque des ponts de Charenton et de Saint-Maur ; il s'en empara ainsi que des forts qui les défendaient, et fit pendre tous les soldats de la garnison. On jeta aussitôt un pont de bateaux vis-à-vis de Conflans pour battre la campagne du côté d'Issy et de Vaugirard, et Paris fut alors si sévèrement bloqué qu'on ne pouvait y faire entrer aucunes provisions, ni par terre, ni par eau. Le roi fit ensuite placer deux pièces de canon sur la butte Montmartre et quatre à Montfaucon, dont on salua la ville, car le bon Henri ne voulait qu'effrayer les Parisiens. Il y eut seulement un combat assez vif aux faubourgs Saint-Martin et Saint-Denis. Le brave Lanoue eut son cheval tué sous lui et fut blessé d'une arquebusade à la cuisse ; ses soldats l'emportèrent à son quartier-général qui était à Villepinte. Cet échec releva le courage des Ligueurs, qui voyaient avec effroi l'abattement des Parisiens. Mais le fameux décret, rendu contre Henri IV par la Sorbonne, le 7 mai (1), ranima tellement le fanatisme populaire, que la nouvelle de la mort du *bonhomme Bourbon*, le roi de la Ligue, ne produisit aucune agitation.

Le décret de la Sorbonne fut envoyé à toutes les villes associées à la Sainte-Union, et le danger qui menaçait Paris était présent et terrible ; les chefs des Ligueurs sentirent la nécessité d'entretenir cette aveugle exaltation du peuple. On a beaucoup parlé des cérémonies étranges, surtout des pompes religieuses qu'ils célébrèrent pour mieux fasciner la multitude ignorante. On a ri à satiété de la fameuse *procession de la Ligue* composée des moines de la ville, travestis en soldats, qui promenèrent dans les rues un air martial emprunté. Mais ce qu'on a trop ou-

---

(1) Voy. t. II, p. 222 et 223.

blié, c'est que le canon grondait en ce moment sous les murs de la Bastille et du faubourg Saint-Marcel, et que ces *frocards*, comme on les surnommait, prenaient activement leur part du danger, veillaient sur les remparts et se tenaient prêts au combat. D'ailleurs, ce n'était pas une innovation; de tout temps les congrégations religieuses s'étaient associées aux bourgeois de Paris pour la défense commune.

Le lendemain du décret, une procession générale fut ordonnée : elle se rendait aux Petits-Augustins, où, après une messe solennelle, le légat, revêtu de ses habits pontificaux et tenant ouvert le livre des Évangiles, reçut un nouveau serment de tous les princes, les prélats, les chefs civils et militaires, qui jurèrent de répandre jusqu'à la dernière goutte de leur sang pour le maintien de la Ligue, de défendre Paris et les autres villes de l'Union, et de ne jamais se soumettre à un roi hérétique. Et aussitôt après, le peuple répéta le même serment entre les mains de ses quarteniers.

Ce fut après cette solennité qu'eut lieu la Procession de la Ligue. Pour mieux témoigner de leur dévouement, les plus zélés seigneurs firent ordonner une revue générale des forces que pouvaient fournir les religieux de tous les ordres et les écoliers. Tous y vinrent, excepté les chanoines réguliers de Sainte-Geneviève et de Saint-Victor, les Bénédictins et les Célestins. Le 3 juin 1590, la procession parcourut la ville. « Roze, évêque de Senlis, marchoit à la tête en qualité de commandant et premier capitaine; derrière lui venoient les ecclésiastiques, marchant quatre par quatre; puis le prieur des Feuillants avec ses religieux; puis les quatre ordres mendiants; puis les Capucins, et les Minimes; les écoliers étoient disséminés dans les rangs. Les chefs des différents religieux portoient, d'une main un crucifix, et de l'autre une hallebarde; les autres étoient armés d'arquebuses, de pertuisanes, de dagues et de toutes les armes que leurs voisins avoient bien voulu leur prêter. » « C'étoit, dit la *satyre Ménippée*, une grande quantité de prestres et moines et novices, en forme de goujats; la *seizière* (les seize), accompagnée d'un grand nombre de pédants, le tout de divers ordres et nations armés à la légère sur le moule de l'antiquité catholique, se faisoient voir par les rues en ce folâtre et risible équipage. Après eux cheminoit un assez malotru personnage qu'on disoit être un avocat fou (l'avocat Louis d'Orléans), armé de même, à savoir d'un vieil corps de cuirasse de fer-blanc, une bourguignote d'Auvergne en tête, panachée et harnachée d'un superbe trophée de plumes de paon, une fourchefière sur son épaule gauche, le bec tirant contre-bas, un cornet de verre pendu à sa ceinture. »

Ces nouveaux soldats, portant pour étendards des bannières à l'image de la Vierge, étaient environ treize cents. L'Écossais Hamilton, curé de Saint-Côme, faisait l'office de sergent de bataille. Il commandait les marches et les haltes, et de temps en temps arrêtait sa troupe pour lui faire entonner des hymnes ou tirer des salves de mousqueterie. Tout le monde accourut à ce spectacle extraordinaire qui représentait, disait-on, l'Église militante. L'Église militante avait passé le pont Notre-Dame et s'acheminait vers le Petit-Pont, lorsqu'elle rencontra le légat, qui était venu aussi pour sanctionner de sa présence ces belliqueuses démonstrations du clergé. La troupe défila devant lui en chantant des hymnes qu'elle entremêlait d'arquebusades pour rendre au prélat les honneurs militaires. Par malheur il arriva qu'un des moines soldats ignorait que son arme était chargée à balle, et qu'il tua roide l'aumônier du légat. Celui-ci s'en retourna au plus vite pendant que le peuple s'écriait que *fortuné étoit cet aumônier d'être tué en si sainte action* (1).

L'heure était venue où, aveuglés par les artifices de la Ligue, les Parisiens devaient déployer pour sa cause une énergie, un courage, une constance admirables. Les troupes royales bloquaient la ville. Sans l'entourer complétement, elles s'étaient emparées de tous les postes environnants et empêchaient l'arrivée de tous les convois de vivres. Le jour même de la Procession, le chevalier d'Aumale, si renommé par sa bravoure farouche, fit une sortie du côté de Saint-Antoine; il força les ennemis à déloger de l'abbaye et les balaya jusque dans Charenton. Deux jours auparavant, le duc de Nemours avait obtenu un semblable succès; il avait jeté les assiégeants au-delà du faubourg Saint-Marceau, et les avait forcés à se retirer vers Juvisy. Puis le chevalier d'Aumale força à la retraite le roi Henri lui-même, qui était venu attaquer Vincennes. Mais le courage était inutile; la disette, plus terrible que les foudres royalistes, commençait à sévir. On fit des sorties brillantes, des processions de tous genres, des sermons dans lesquels les prédicateurs montraient au peuple de prétendues lettres du duc de Mayenne qui s'approchait pour faire lever le siége (2); mais la disette augmentait. Un autre danger presque aussi à craindre que la famine, c'était la dé-

---

(1) Une scène toute semblable s'était passée quelques semaines auparavant. L'Estoile la rapporte ainsi : « Le samedi 14 mai 1590, les pères Feuillants, Capucins et autres gens d'église firent en armes une belle revue dans laquelle ils avaient pour capitaines l'évêque de Senlis, le curé de Saint-Cosme, dom Bernard, le prieur des Chartreux, avec plusieurs autres moines et religieux de diverses livrées et façons, accompagnés de quelques bourgeois qu'on appelait catholiques zélés. Et en ce bel ordre et équipage, marchant par Paris et portant un crucifix et image de la Vierge Marie pour enseigne, ils allèrent demander la bénédiction à M. le légat qui les avait surnommés les vrais Machabées, auquel voulant faire une salve après avoir eu sa bénédiction, quelques uns d'entre eux tuèrent par mégarde un de ses gens et blessèrent un serviteur de l'ambassadeur d'Espagne. » — On voit par ce passage que la fameuse procession de la ligue ne fut ni la seule ni la première de ce genre.

(2) La duchesse de Montpensier était l'auteur de ces billets. Cela s'appelait *prêcher par billet*.

fection intérieure. On ferma la bouche par la terreur à ceux qui voulurent se plaindre. Le 13 juin, le peuple pressé par la faim ou poussé par les partisans du roi de Navarre, s'attroupa demandant à grands cris la paix ou du pain. Le surlendemain, un arrêt du Parlement défendit de parler de paix ou de trêve sous peine de mort; et il courut par la ville des billets par lesquels on menaçait de jeter dans la rivière les premiers qui se plaindraient. Quelques bourgeois furent en effet jetés à la Seine, et l'on fit plusieurs exécutions sanglantes de conspirateurs vrais ou supposés, entre autres celle de Regnart, procureur au Châtelet, qui fut jugé le mercredi 27 juin, n'ayant pris, disait le peuple, aucune nourriture depuis le vendredi précédent, jour de son arrestation, et fut pendu en Grève trois jours après.

Ces précautions ne mirent point un terme à la disette. On fit alors publier à son de trompe, par les carrefours de la ville, que tous ceux qui avaient provision de blé pour plus d'un mois, eussent à faire porter le surplus au marché. Cette mesure donna du pain chez les boulangers, mais il se vendait 5 sous la livre, prix excessif pour l'époque. Le peuple put se nourrir pendant quelque temps, grâce aux aumônes de la classe aisée; mais enfin l'argent lui-même manqua. Alors on prit toute l'argenterie des églises, à l'exception des vases sacrés nécessaires au service divin, un grand nombre de joyaux de la couronne et du trésor de Saint-Denis, qui se gardaient à Sainte-Croix-de-la-Bretonnerie; l'ambassadeur d'Espagne, le légat et les princes vendirent leur vaisselle d'or et d'argent et leurs meubles les plus précieux pour soulager la misère publique. Le blocus cependant se resserrait; sept à huit mille Parisiens moururent de faim en moins de douze jours. Les magistrats se déterminèrent à faire sortir de la ville une certaine quantité de pauvres et de malades, et ils entrèrent en pourparlers avec les assiégeants; mais le roi refusa, au grand désespoir de ces malheureux. Quelques jours après, l'ambassadeur d'Espagne passant avec l'archevêque de Lyon devant le palais, où étaient rassemblés un grand nombre de pauvres, il leur fit jeter quelques pièces de monnaie. Mais au lieu de les ramasser, ils lui crièrent : *Hélas! monsieur, faites-nous jeter du pain, car nous mourons de faim.* L'archevêque alla aussitôt trouver le duc de Nemours, et l'on ordonna la visite des communautés religieuses, pour régler ensuite les aumônes suivant la quantité de vivres qui s'y trouveraient. La visite commença par le collége des jésuites et fut très utile (1); puis on fit le dénombrement des pauvres familles, qui s'élevèrent à douze mille trois cents, dont plus de sept mille avaient de l'argent, mais ne trouvaient point de pain à acheter. A ceux-ci les religieux durent fournir, pendant quinze jours, la livre du pain commun à 6 sous, et quand

---

(1) Voy. ci-dessus p. 414.

ces provisions seraient épuisées, du biscuit à 8 sous la livre. Les moines firent cuire dans de grandes chaudières, avec des herbes et des racines, tous les chiens et les chats qu'ils purent trouver ; ils distribuèrent cette pitance aux indigents, qui reçurent chacun en outre une once de pain. Au bout de quinze jours, la disette fut plus grande, et l'on ne vit bientôt plus dans les rues que des morts ou des mourants; les fossoyeurs ne pouvaient suffire à la besogne. Plusieurs de ces malheureux assiégés se glissèrent le long des murailles et vinrent implorer l'humanité du roi. Henri IV, touché d'une si grande détresse, permit d'en laisser passer trois mille ; il en sortit quatre mille, qui saluèrent les assiégeants du cri de *vive le roi!* Mais on en repoussa près de huit cents dans la ville, parce que leur nombre excédait celui que le roi avait fixé (1).

Dans leur désespoir, les Parisiens faisaient des sorties et se précipitaient sur les moissons. Mais cette dernière ressource leur fut enlevée. Henri IV avait reçu de puissants renforts ; il s'empara de Saint-Denis, qu'il appelait la *citadelle de Paris*, et le 27 juillet, vers minuit, l'armée royale, divisée en dix brigades, attaqua en même temps les faubourgs. Le Béarnais, du haut de l'abbaye de Montmartre, contemplait le terrible spectacle de ce combat nocturne, qui dura deux heures, avec un tel acharnement *qu'il sembloit*, suivant les propres expressions de Sully, *que la ville et les faux-bourgs fussent tout en feu*. Cette entreprise réussit et la misère des assiégés redoubla. « C'étoit chose pitoyable, dit l'auteur du *Discours véritable et notable du siége de Paris*, de voir les pauvres défaillir et tomber de foiblesse, se mourant peu à peu de faim dans les hôpitaux, sur les fumiers et au milieu des rues ; et tous communément, tant à cause de la faim que de la mauvaise nourriture, devenoient gros et enflés par tout le corps comme hydropiques : spectacle qui à la vérité émouvoit un chacun d'une compassion qu'il est impossible d'exprimer. Bref, la nécessité étoit si extrême, qu'un chien ne paroissoit pas sitôt en rue, que l'on ne courût avec lacets et cordages pour le prendre, le faire cuire et le manger. Ce qui s'est fait en plusieurs endroits de la ville publiquement; et plusieurs ne se nourrissoient que de chats qu'ils mangeoient en leurs maisons. » On tua pour le même objet environ deux mille chevaux et huit cents ânes ou mulets. Mais toutes ces ressources étant épuisées, on eut recours à ce qu'on put trouver; on mangea *de l'oingt dont on fait la chandelle*, du cuir, des herbes, des rats, des souris. On fit du pain de son, mêlé de la poussière d'ardoise, de foin et de paille hachée ; on fit de la farine des os des bêtes qu'on tuait et même avec de vieux ossements volés dans les cimetières. Ce pain, qu'on appela le *pain de madame de Montpensier*, « pour ce qu'elle exaltoit partout l'invention, sans toutefois en vouloir

(1) Félibien.

taster, » fit périr la plupart de ceux qui en mangèrent. Le peu de denrées qui se trouvaient par hasard dans Paris se vendaient à un prix excessif, et les riches avaient à peine de quoi se nourrir eux et leurs gens. Une chambrière de la duchesse de Montpensier mourut de faim, et le prévôt des marchands, Lachapelle-Marteau, ne put trouver dans toute la ville *une cervelle de chien* pour faire un bouillon à l'un de ses parents malade; madame de Montpensier avait seule conservé un petit chien, mais elle refusa de le vendre au prévôt, et le garda, dit-elle, pour sustenter sa propre vie au besoin. Enfin on vit se renouveler les horreurs du siége de Jérusalem : une mère riche mangea son enfant mort et expira de douleur sur cette affreuse nourriture. Des lansquenets *commencèrent à chasser aux enfants comme aux chiens et en mangèrent trois, deux à l'hôtel Saint-Denis et un à l'hôtel de Palaiseau* (1).

Le parti royaliste était puissant à Paris, et Henri IV comptait sur son aide pour s'emparer de la ville; mais le duc de Nemours, *qui ne dormait ni jour ni nuit*, déjoua tous les complots. Une tentative de soulèvement eut lieu. On ameuta des hommes résolus autour du palais, qui servait de lieu de séances à l'assemblée générale des ligueurs; ils devaient bloquer le palais. Aussitôt les conjurés se répandaient dans les rues au nom du conseil de l'Union, faisaient mettre bas les armes et ouvraient les portes aux assiégeants. Ce complot, habilement tracé, eût sans doute réussi, mais on eut l'imprudence de crier trop tôt *paix ou pain*. Le chevalier d'Aumale accourut aussitôt avec des troupes, et un ligueur forcené, nommé Legoix, capitaine de son quartier, fut blessé mortellement d'un coup de couteau. Alors d'Aumale fit fermer les portes du palais, et l'on s'empara de tous ceux qui étaient armés. Quelques uns furent pendus pour effrayer la multitude. On voulut faire passer pour auteurs ou complices de cette sédition plusieurs membres du parlement. Le conseiller Alegrin fut obligé de payer 1,200 écus, l'avocat Talon en paya 700 et le président de Thou 200; encore ce dernier n'échappa-t-il à la mort que par la protection du duc de Nemours. Le chevalier d'Aumale le pressait vivement l'épée à la main : « Monsieur, lui dit le président, votre épée ne me fait pas plus de peur que mon bourrelet vous en fait. »

Cependant les chefs de la Ligue, vivement pressés par la bourgeoisie et les membres du parlement, furent enfin obligés d'entamer des négociations avec le *Béarnais*. Ils lui députèrent l'archevêque de Lyon et le cardinal de Gondi, qui obtinrent préalablement du légat une décharge de l'excommunication fulminée par Sixte V contre quiconque communiquerait avec Henri IV. Le dimanche 5 août, ils se rendirent près du prince, en l'abbaye Saint-Antoine, où ils furent reçus *bénignement*.

(1) *Registre-Journal de Henri IV*, par l'Estoile.

Les députés proposèrent au roi une pacification générale et demandèrent des passeports pour aller en conférer avec Mayenne, en ajoutant que si les Parisiens étaient réduits au désespoir, l'exemple des Gantois et de Sancerre pourrait régler leur conduite. « Sachez, leur répondit Henri, que je désire plus que tout autre de voir mon royaume en repos. J'aime la ville de Paris comme ma fille aînée, et lui veux faire plus de bien qu'elle n'en demande, pourvu qu'elle m'en sache gré, non point au duc de Mayenne ni au roi d'Espagne. Le bruit du secours espagnol ne m'étonne point ; Paris et le royaume sont un trop gros morceau pour la bouche du roi Philippe. Je donne huit jours aux Parisiens pour aviser à leur reddition et aux articles d'une paix pour tout le royaume. Au refus, je sçaurai fort bien user du droit de victorieux, à l'encontre des principaux moteurs et fauteurs de la rébellion. L'exemple de Sancerre et des Gantois est impertinent. Ceux de Sancerre s'étoient résolus à ces extrémités sur les violences par lesquelles on leur vouloit ôter leurs biens, la liberté, leur religion et la vie. Mais je veux rendre aux Parisiens la vie que Mendoce, ambassadeur d'Espagne, leur ravit par la famine, et ne veux nullement les contraindre dans leur religion ni autrement. Pour les Gantois, les Parisiens ont assez montré le cœur qu'ils ont, en laissant occuper leurs faubourgs. J'ai cinq mille gentilshommes avec moi qui ne se laisseront pas traiter à la gantoise. D'ailleurs j'ai Dieu pour moi et la justice de ma cause. Faites fidèle rapport de mes paroles à ceux qui vous ont envoyés. »

Quatre jours après, le roi apprenant l'entrée d'une armée espagnole en Picardie, envoya aux deux prélats les passeports qu'il leur avait d'abord refusés, et les négociations commencèrent avec Mayenne, qui était à Meaux avec un corps d'armée. Pendant cette trêve, la plus grande sécurité régna dans les environs de Paris ; chacun songeait au plaisir dans l'armée royale, *qui sembloit plutôt*, dit Mézeray, *le camp de Vénus que celui de Mars ;* Henri accordait des passeports aux dames, aux écoliers, aux ecclésiastiques, « voire à ceux qui s'étoient montrés ses plus cruels ennemis. » On lui disait de toutes parts qu'il perdait un temps précieux et que le duc de Mayenne le trompait ; mais le prince, dit *l'Estoile, ne pensoit qu'à se divertir avec les dames*, et son étonnement fut grand lorsqu'on lui apprit que le prince de Parme, quittant les Pays-Bas par ordre du roi d'Espagne, avait rejoint Mayenne avec quatorze ou quinze mille soldats, une magnifique artillerie et quinze cents chariots remplis de munitions de guerre et de bouche. Cette nouvelle pénétra jusque dans Paris ; les malheureux assiégés passèrent les derniers jours d'août dans une angoisse inexprimable. Enfin le 30, au point du jour, les cris de joie des sentinelles attirèrent le peuple en foule sur les remparts : on ne voyait plus un seul ennemi dans les faubourgs. Henri IV, craignant d'être enfermé entre la ville et l'armée des princes ligués, avait abandonné son camp durant la nuit et s'était porté sur les ennemis.

Ainsi finit le mémorable siége de Paris, qui avait duré quatre mois, et qui fit périr, seulement par la famine, plus de treize mille habitants.

Le prince de Parme se tint sur la défensive et refusa d'en venir aux mains avec Henri IV. « Dites à votre maître, répliqua-t-il au héraut, que je suis venu en France pour extirper les hérésies de ce royaume et secourir Paris; s'il faut donner bataille pour cela, je la donnerai et le contraindrai de la recevoir; sinon je ferai ce qui me conviendra le mieux. » Par un mouvement habile, il emporta d'assaut la ville de Lagny presque sous les yeux du roi, et la prise de cette place, en rendant la Seine libre, assura les approvisionnements de l'armée de l'Union. Henri résolut de faire une nouvelle tentative sur Paris, le dimanche 9 septembre; il ramena son armée entre Bondy et Paris, et envoya Châtillon avec un gros corps d'infanterie passer la Seine et tourner la capitale, tandis qu'il suivait lui-même ce détachement avec une partie de ses troupes. Châtillon pénétra vers minuit dans le faubourg Saint-Jacques, qui était désert, et se prépara à escalader les murs de la ville entre les portes Saint-Jacques et Saint-Marcel. Les sentinelles donnèrent l'alarme; le brouillard était si épais, que les assiégés ne voyant et n'entendant plus rien se retirèrent; il ne resta sur les murs que dix jésuites (1), qui reçurent à coups de hallebarde les soldats de Châtillon revenus à l'assaut. Un avocat anglais, Guillaume Balden, et le fameux libraire Nicolas Nivelle, vinrent au secours des révérends pères, renversèrent les échelles, et les assiégeants découverts furent forcés de battre en retraite.

Quelques jours après, le duc de Mayenne entra à Paris. « Les Parisiens, dit *l'Estoile*, ne témoignèrent pas grande joie à son arrivée et le regardoient d'un œil plus triste que joyeux, étant encore combattus de la faim et plus touchés des maux qu'ils avoient endurés que de bonne espérance pour l'avenir. » En effet, une grande mortalité dévasta Paris pendant quelque temps. Le duc de Parme s'étant emparé de Corbeil et évitant sans cesse une affaire décisive avec le roi, celui-ci résolut de lever le blocus de Paris; son armée manquait de tout et il n'avait pas même souvent à dîner. Ses lieutenants se dispersèrent dans les provinces et il se rendit à Senlis, où il ne conserva près de lui qu'une sorte de camp volant. On dit que si Henri IV n'assaillit point Paris de vive force, ce fut surtout dans la crainte de ne pouvoir sauver cette grande cité du sac et du pillage. Quoi qu'il en soit, on a dit aussi que si ce prince n'eût point été souvent détourné de ses affaires par les plaisirs, et que si surtout le blocus eût été exécuté rigoureusement, la

(1) Voy. ci-dessus p. 414.

capitale tombait en son pouvoir. « Si le roy eût été bien servi, disent les *Mémoires de Sully*, et que la plupart des capitaines et gens d'autorité n'eussent point permis l'entrée des vivres, pour en retirer des écharpes, plumes, étoffes, bas de soie, gants, ceintures, chapeaux de castor et autres telles galantises, il eût été impossible aux Parisiens d'attendre le secours du prince de Parme. » Tous les historiens, du reste, célèbrent l'humanité du bon Henri, qui laissa passer une grande partie des bouches inutiles. « Il ne faut point que Paris soit un cimetière, disait-il, je ne veux point régner sur des morts. » Et encore : « Je ressemble à la vraie mère de Salomon ; J'aimerais mieux n'avoir point de Paris que de l'avoir déchiré en lambeaux. »

L'année 1591 commença par une expédition du chevalier d'Aumale, qui, dans la nuit du 2 au 3 janvier, escalada les remparts de Saint-Denis, s'empara d'une porte, celle de Paris, et pénétra jusqu'au cœur de la ville. Mais quelques hommes d'élite, commandés par Dominique de Vic, repoussèrent les ligueurs qui s'enfuirent, saisis d'une terreur panique. Dans la bagarre le chevalier d'Aumale fut tué ; on retrouva, le lendemain, son cadavre, percé de coups, à l'entrée d'une hôtellerie de la grande rue de Saint-Denis. La mort du chevalier fut une perte très regrettable pour l'armée de l'Union. Le roi, qui était toujours à Senlis, méditait une semblable entreprise. Ayant mandé secrètement ses capitaines de Picardie, de Champagne, de Brie et de l'Ile-de-France, dans la nuit du 19 au 20 janvier, il se dirigea vers Paris. Soixante gentilshommes, déguisés en paysans et conduisant des chevaux et des charrettes chargées de farine, s'avancèrent les premiers, suivis par cinq cents cuirassiers et deux cents arquebusiers de Lavardin. Après eux venait le baron de Biron avec un corps de troupes de douze cents hommes, soutenus par les Suisses et deux pièces de canon. Les royalistes entrèrent sans bruit dans le faubourg Saint-Honoré et s'arrêtèrent près du couvent des Capucins. Il était trois heures du matin. Les gentilhommes déguisés, bien armés sous leurs sarreaux, devaient embarrasser la porte Saint-Honoré avec leurs voitures, tailler en pièces le corps de-garde et donner entrée aux gens d'armes qui les suivaient, tandis que le reste des troupes tenterait l'escalade sur d'autres points. Douze d'entre eux se présentèrent en effet à la porte ; mais sur la nouvelle de quelque mouvement des troupes royales, on avait pris la précaution de terrasser et de fermer, le soir précédent, la porte Saint-Honoré. L'avis leur en fut donné par le seigneur de Tremblecourt, qui les engagea à descendre au bord de la Seine, où un bateau recevrait leurs farines. Les officiers désappointés se retirèrent, et le roi, voyant d'après leur rapport que son dessein était découvert et que les Parisiens se tenaient sur leurs gardes, ordonna la retraite. Les Parisiens, qui ne connurent le danger qu'ils avaient couru que lorsqu'ils en furent délivrés, célébrèrent un

Te Deum et ordonnèrent qu'on en ferait la fête tous les ans, sous le nom de *la journée des farines*; on célébrait déjà celles de *la journée des barricades*, *du pain ou de la paix*, *de la levée du siége et de l'escalade*. Ces cinq fêtes nouvelles furent chômées dans Paris jusqu'à la réduction de cette ville à Henri IV.

La nouvelle du siége de Chartres par le roi ranima la fureur des Ligueurs, parce que les Parisiens tiraient de cette ville la plus grande partie de leurs blés. On ne fit pendant deux mois et demi que prières et processions publiques. Les prédicateurs ne parlaient dans leurs sermons que du siége de Chartres, et ils accompagnaient les fausses nouvelles, les *amuse-badauds* qu'ils débitaient à leurs auditeurs, d'invectives furieuses contre le Béarnais. « Mes amis, s'écria un jour le curé de Saint-André-des-Arcs, si jamais ce méchant relaps et excommunié entre dans Paris, il nous ôtera notre sainte messe, fera de nos églises des étables à ses chevaux, tuera nos prêtres et fera de nos ornements des chausses et livrées à ses pages et laquais. Et cela est aussi vrai, ajouta-t-il, comme est vrai le Dieu que je vais manger. » Le même curé conduisant ses paroissiens en procession à Saint-Jacques-de-la-Boucherie, les avertit de *bien prier monsieur saint Jacques de vouloir donner de son bourdon sur la tête du Béarnais*. Le seul curé de Saint-Sulpice, nommé Chavagnac, ne partagea point ces excès, et protesta, au nom des gens de bien, contre les brigands qui, sous le nom de catholiques zélés, pillaient les maisons des prétendus hérétiques ; puis il ajouta, en parlant du roi : « Celui-là n'est pas hérétique, qui demande d'être instruit ; mais ceux-là le sont qui refusent l'instruction. » A la nouvelle de la prise de Chartres, la violence des prédicateurs fut extrême : Boucher déclara qu'il fallait tuer tous les *politiques*; Rose, *qu'une saignée de Saint-Barthélemy* était nécessaire, et le curé de Saint-André offrait de se mettre à la tête des catholiques pour commencer le massacre. Quelques jours après, on pendit dans le clos des Jacobins sept soldats *maheutres;* c'est le nom qu'on donnait aux partisans du roi.

Cependant le parti de la ligue s'affaiblissait de jour en jour. Le lien de ce parti était la haine du roi : il avait préparé sa propre dissolution en assassinant Henri III (1). Plusieurs factions se disputaient le pouvoir : celle des Guises, appuyée surtout sur la noblesse; celle de l'Espagne, soutenue par les obscurs démagogues du conseil des Seize ; et enfin le *tiers-parti*, dont le chef était le cardinal de Vendôme, qui avait pris le titre de cardinal de Bourbon, depuis la mort du prétendu roi Charles X ; cet homme incapable aspirait à la couronne. Toutes ces factions se nuisaient les unes aux autres, et rendaient par leurs excès la

---

(1) M. Michelet, *Précis d'hist. de France*, p. 195.

route plus facile à l'héritier légitime du trône. Les Seize devenaient de jour en jour plus audacieux ; ils prenaient le nom de catholiques zélés, et s'unissaient plus étroitement avec l'habile ambassadeur d'Espagne, Mendoça, à mesure que grandissaient leurs griefs contre Mayenne, le chef de l'aristocratie des ligueurs. Dès le mois d'octobre 1590, pendant le siége de Corbeil, le curé Boucher, le procureur Cruzé, le *Petit-Feuillant* et quelques autres *zélés* lui avaient été députés par le conseil des Seize, pour le prier de rétablir le conseil général de l'Union, *le seul et unique corps souverain de tout le parti, de la défaillance duquel corps ne se devoit attendre que désunion et ruine;* ils demandèrent en outre que le duc renvoyât de son conseil privé quelques personnages suspects, ce qui voulait dire modérés ; qu'il lui plût de faire instituer une chambre indépendante du Parlement, *composée de personnes élues et choisies pour juger de tous ceux qui contreviendroient à l'union des catholiques, et guerroyer désormais, sans espérance d'accord ni paction aucune, avec l'ennemi commun.* Mayenne renvoya les députés et les avertit de ne point se liguer contre lui avec les partisans de Philippe II ; il menaça même le docteur Boucher de lui faire crever l'œil qui lui restait (1). En février 1591, les Seize adressèrent au duc une seconde requête semblable à la précédente, mais ils demandaient en outre la confiscation des biens *de tous ceux de Paris qui auroient suivi le parti du Béarnais ou aidé à icelui par intelligence, conférence, argent ou avis.* Ils échouèrent de nouveau. Alors ils prirent le parti d'écrire au pape Grégoire XIV, en s'intitulant *ceux du conseil des Seize quartiers de la ville de Paris, et contrefaisant*, dit l'historien Cayet, *le conseil de quelque république.* Le pape s'empressa de répondre à *ses fils bien-aimés*, les combla d'éloges, et assura qu'il ne les abandonnerait pas *dans leurs voies, après un commencement si beau et si louable.*

Peu de temps après, Grégoire XIV excommunia Henri IV et ses partisans, et prépara un secours de huit à neuf mille hommes pour envoyer aux ligueurs, sous le commandement de son neveu, Hercule Sfondrate. Les Seize, enorgueillis de la faveur du Saint-Siége, adressèrent à Mayenne de nouveaux articles, dans lesquels ils réclamaient un autre évêque que le cardinal de Gondi, absent de sa résidence et *politique* déclaré, et l'invitaient à *purger* le parlement et les autres cours souveraines. Mayenne repoussa une troisième fois les requêtes insolentes des Seize. Ceux-ci se jetèrent alors dans les bras de Philippe II à qui ils proposèrent la couronne (2), et ne reculèrent devant aucun excès. Dans une de leurs séances, le farouche curé de Saint-Jacques, Pelletier, dit qu'on ne pouvait plus espérer justice du parlement, — c'était après l'acquittement du procureur Brigard (3), — et qu'il fallait *jouer des cou-*

(1) Félibien, t. II, p. 1199. — (2) Voy. l'*Histoire de la réforme et de la ligue*, par M. Capefigue, t. VI. — (3) Voy. t. II, p. 369.

teaux. Quelques jours après, le 6 novembre, on forma, sur la proposition du chanoine de Launoy, un conseil secret de dix personnes. Dans ce comité figurèrent deux descendants de familles bien connues dans les révolutions de Paris, Saint-Yon et Legoix. Le premier acte de ces nouveaux *décemvirs* fut l'assassinat juridique de Brisson et de quelques autres membres du parlement (1).

Ce coup hardi rendit les Seize maîtres de la capitale. Mais le duc de Mayenne, effrayé de leur audace et encouragé par tous les gens de bien, marcha sur Paris à la tête de sept cents cavaliers et de quinze cents hommes à pied. Les Seize allèrent au-devant de lui, le 27 novembre, à la porte Saint-Antoine; Boucher voulut le haranguer, mais Mayenne les reçut froidement et résolut d'anéantir cette puissante faction. La saine partie du peuple l'encourageait par son silence. Le lendemain il somma Bussy-Leclerc, gouverneur de la Bastille, de rendre cette forteresse, et fit diriger contre elle les canons de l'Arsenal. Bussy se rendit sous la condition qu'il aurait la vie sauve et la permission de se retirer où il voudrait (2). Cinq jours se passent; le duc prenait des informations et ne laissait point deviner ses projets; il invita même à souper les chefs des factieux. Mais le lundi 2 décembre, comme il revenait du Palais, où il avait fait élire quatre présidents, il répondit au colonel d'Aubray qui l'entretenait des excès des Seize: « Mon père, je vous assure que dans vingt-quatre heures je vous en ferai raison. » Ses troupes s'emparèrent aussitôt de tous les carrefours, et le mercredi 4 décembre, à quatre heures du matin, Vitry alla par son ordre enlever de leurs maisons Nicolas Ameline, avocat au Châtelet, Jean Aymonot, procureur au parlement, et Barthélemi Anroux, tous forcenés ligueurs et membres du comité des Dix; ils furent pendus sur-le-champ dans la salle basse du Louvre par Jean Rozeau, le bourreau. Le commissaire Louchart, arrêté par le sieur de Congis, éprouva le même sort (3). C'étaient des gens féroces et cupides, mais d'une grande énergie. Ameline était un homme de tête, qui recherchait depuis long-temps la charge de procureur-général au parlement. Aussi Édouard Molé disait-il en riant: « Si Ameline n'eût été pendu, Molé l'eût été (4). » Mayenne avait voulu sauver Louchart, qui ne manquait point de talents, et lui avait offert la veille de sa mort la place de commissaire-général des vivres de son armée. Louchart répondit qu'il n'abandonnerait

(1) J'ai raconté cet événement célèbre dans le t. II de cette histoire, p. 369 et 370.
(2) Il se réfugia à Bruxelles, où il vécut misérablement; il avait été obligé de se faire prévôt de salle pour gagner sa vie.
(3) Les prêtres fanatiques prièrent pour ces *saints martyrs*; le peuple appela la salle basse *la chapelle Saint-Louchart*.
(4) Les Seize avaient en effet dressé la liste des *politiques* de Paris, dont chaque nom était précédé des lettres *P. D. C.*, ce qui signifiait prendre, *daguer* et chasser. Molé était marqué au *P*.

jamais son parti et qu'il ne sortirait de Paris que les pieds devant. « Il veut donc être pendu, dit Mayenne, il le sera. » Le duc fit défense, sous peine de la vie, de tenir désormais des assemblées particulières, et il déclara qu'il accordait amnistie aux complices de la mort du président Brisson, à l'exception de Cromé, de Cochery et de Choudier (1).

Ces mesures sévères augmentèrent l'exaspération des ligueurs ; mais les honnêtes gens se réjouirent de voir la fin de cette insolente domination des Seize, et le peuple chantait dans les rues :

> Que plus on ne brigue
> Estre de la ligue
> De sainte union.
> Car, ne leur déplaise,
> Puisqu'on pend les Seize,
> Il y a de l'ognon.

Cet acte de vigoureuse et bonne justice fut un coup mortel pour la faction des Seize et celle des Espagnols ; ce qui, du reste, était tout un. Dès ce moment les agents de Philippe II, et les anarchistes qui leur étaient vendus, virent leur influence déchoir insensiblement malgré leurs efforts désespérés. Le parti du roi de Navarre dont on désignait les adhérents sous le nom de *Politiques*, c'est-à-dire de gens préférant l'état à la religion, releva la tête à mesure que s'affaissaient celui de l'Espagne (2) et celui du duc de Mayenne.

La fin de l'année 1591 et toute l'année 1592 se passèrent, dans Paris, en discordes violentes, et au dehors en exploits militaires où Henri IV et ses généraux d'un côté, de l'autre le prince de Parme et le duc de Mayenne, déployèrent dans des campagnes brillantes tout ce que la tactique et le courage pouvaient inspirer de plus brillant au génie de ces trois capitaines, les plus habiles de leur temps. Les diverses alternatives de la guerre avaient leur écho dans Paris où chaque fois les partis s'agitaient. Les Seize ne perdaient aucune occasion d'allumer le désordre ; mais par bonheur pour les Parisiens, l'effrayant exemple du président Brisson et de ses infortunés collègues avait dessillé les yeux même à la populace ignorante. Les colonels de quartiers, les capitaines de compagnies, les officiers de la ville, les plus notables bourgeois, et les chefs

(1) Malgré l'amnistie de Mayenne, on condamna en 1594 à diverses peines comme complices de la mort de Brisson une quinzaine d'individus, prêtres, bourgeois et gens du peuple. Enfin le 11 mars 1595, le parlement condamna par effigie au supplice de la roue ou au gibet Bussy Leclerc, Nicolas Lenormant, François Morin dit Cromé, Oudin Crucé, Jean Mongeot, Louis Parset, procureur au Châtelet, Julien Lepelletier, curé de Saint-Jacques, Jean Amilton, curé de Saint-Côme, Adrien Cochery, avocat au Châtelet, Jacques Bazin, commissaire au Châtelet, Arnould Choullier, Michel Soly, dit *Jambe de Bois*, Thomas Godon, gantier, Jean Poteau, fripier, Jean Thomassin, sergent à verges, etc.

(2) Qui dira mal de monseigneur le prince de Parme, disoient tout haut les Espagnols, il médira de Jésous Christous. (L'Estoile.)

des meilleures familles s'assemblèrent, les uns chez d'Aubray, ancien prévôt des marchands, les autres chez l'abbé de Sainte-Geneviève. Ils s'entendirent aisément; ils résolurent avant toutes choses de reprendre l'autorité qu'ils avaient laissé usurper par la faction des Seize, et arrêtèrent, pour commencer, que les anciens colonels reprendraient leur droit de commander chacun dans son quartier. Cette seule décision fut un nouveau coup porté aux Espagnols. Sur seize colonels, treize se déclarèrent en faveur des politiques. On commença à attaquer la ligue par le ridicule; arme dangereuse qui en peu de temps pénétra profondément.

A Paris, comme dans plusieurs autres provinces du royaume, on commençait à se lasser de la guerre; le peuple qui avait déjà tant souffert, souffrait toujours. Les Parisiens n'avaient plus de pain parce que le roi, de retour dans les environs, après avoir forcé le duc de Parme à sortir de France, interceptait les arrivages en occupant les villes circonvoisines, en fermant les chemins, en barrant les rivières. Vers la fin de l'été (1592), il bâtit à quatre lieues de la ville, sur la Marne, à Gournay près de Chelles, un fort que les Politiques appelèrent *Pille-Badaud*. La garnison qu'on y plaça s'emparait de tous les convois, en sorte qu'une véritable disette se fit sentir à Paris. Le peuple affamé murmurait hautement. Enfin l'on se hasarda, dans une assemblée tenue chez l'abbé de Sainte-Geneviève, à parler de la nécessité d'entrer en accommodement avec l'hérétique Henri de Navarre. Malgré leur courroux à la nouvelle de ces ouvertures, force fut aux Seize de se contenir, car ils n'étaient pas les plus forts. Comme ils jetaient feu et flamme, le président d'Aubray les convoqua à une conférence où sous la présidence du comte de Belin, gouverneur de la ville, il mit en discussion leurs principes et leurs droits. En les pressant avec adresse, il les força de mettre à découvert leurs coupables intelligences avec l'Espagne, et leur rappela que le duc de Mayenne, le lieutenant-général du royaume, dans l'amnistie qu'il leur avait accordée, avait cassé leur association, et défendu leurs assemblées. Réduits au silence, les Seize firent agir la Sorbonne dont ils disposaient en maîtres. Les docteurs présentèrent au duc de Mayenne une requête par laquelle ils le suppliaient de faire exécuter ses décrets qui défendaient, sous peine de mort, de jamais parler d'accommodement avec le roi de Navarre. Les choses en restèrent là : par l'influence du parti opposé à la paix, ou par d'autres causes, ces mesures conciliatrices furent sans effet.

Le clergé cherchait toujours à exciter le peuple par des prédications furibondes. Maître Rose, dans ses sermons, invoquait la fièvre quartaine pour ceux qui demandaient la paix, et leur en souhaitait autant qu'à Judas (1). *Feu-Ardent*, le cordelier, prêchait de même et criait

(1) L'Estoile.

fort ; et ainsi faisaient, ce jour-là du moins (15 mars 1592), tous les prédicateurs (1). Quelques jours après, le 22 du même mois, la nouvelle étant venue à Paris, que le roi de Navarre avait été blessé au combat d'Aumale, « Boucher, en son prône, dit qu'à la vérité la chair du Béarnois ou plutôt sa charogne avoit esté entamée ; mais qu'elle n'avoit esté enfoncée à cause des caractères magiques qu'on avoit découvert qu'il portoit sur lui. » — Mais ces grossières invectives n'obtenaient plus le succès d'autrefois. L'empressement n'était pas éteint cependant, pour les manifestations fanatiques, pour les processions nombreuses que l'on faisait encore (2). Les premiers mois de l'année 1592 furent remplis de pieux pèlerinages à Sainte-Geneviève, à Saint-Denis, dans tous les lieux consacrés de la ville et des environs. On chanta solennellement le *Te Deum* à Notre-Dame lorsqu'on apprit qu'Henri IV avait levé le siège de Rouen ; on le chanta encore pour célébrer la victoire obtenue en Bretagne par le duc de Mercœur sur les troupes royales, et l'on pavoisa la cathédrale d'étendards pris aux vaincus. Le 3 juillet, nouveau *Te Deum* à Notre-Dame, pour la victoire qui venait d'être remportée près de Lautrec par le duc de Joyeuse sur les Huguenots ; « du moins, le croyoit-on, dit l'Estoile ; car c'étoit beaucoup pour Paris, sur deux nouvelles d'en trouver une vraie. »

C'est chose étonnante, en effet, que l'agitation dans laquelle on vivait à Paris au milieu de la misère, des séditions, des exécutions à mort, des terreurs de tout genre. On craignait le succès des armes de Henri IV ; et le prince de Parme sur lequel on comptait pour triompher du Béarnais et sauver les Parisiens, faillit ruiner une partie de la ville. Le 18 mai, toute son armée passa par Paris et acheva de détruire les faubourgs et les environs, sans parler des meurtres et des brigandages commis par ses soldats. Le parti des *politiques* s'augmentait de jour en jour, et l'on parlait hautement en faveur de Henri IV. « Le samedi 20 juin, dit un contemporain, je fus ouïr prescher un fol *à Cambrai*, qui se disoit ambassadeur de la paix ; auquel, pour ce qu'il parloit de paix, on fist accroire qu'il estoit sage, et l'envoya-t-on, au sortir de sa chaire, prisonnier. Il avoit plus de peuple à son sermon que n'avoient les trois meilleurs prédicateurs de Paris. A l'issue d'icelui, on trouva affiché le quatrain suivant, qui n'étoit trop mal rencontré :

> Fol est qui ne jouit du bien pendant qu'il a
> Et plus fol est celui qui soi-même s'oublie.
> Mais encore plus fols sont aujourd'hui ceux-là
> Auxquels il faut qu'un fol remontre leur folie.

La faction des Seize, réduite à l'impuissance, ne se signala plus que par des excès ridicules. Ceuilly, curé de Saint-Germain-l'Auxer-

---

(1) L'Estoile. — (2) Entre autres processions, il s'en fit une aux Augustins, le 12 mai 1592, en mémoire de la journée des barricades.

rois, osa dire en pleine chaire, qu'il livrait aux crocheteurs les maisons des *politiques* de Paris. Les crocheteurs, ou plutôt quelques plaisants, lui adressèrent aussitôt une lettre qu'ils affichèrent à toutes les portes de son église et en divers endroits de la ville : « M. de Ceuilly, nous trouvons fort étrange de ce que vous voulez vous aider de nous pour assassiner et voler tant de gens de bien et d'honneur. Encore que soyons pauvres gens et simples, si est-ce que nous savons fort bien que les commandemens de Dieu, dont vous ne parlez pas dans vos sermons, sont au contraire. Qui vous croiroit, ce seroit le chemin de prendre le le paradis par escalade, comme vos quatre martyrs du Louvre, qui font la cuisine en enfer, en vous attendant et vos confrères. Ne faites donc état de nous en vos assemblées et méchantes factions. Nous vous étrennerons au premier jour de l'an d'un chaperon vert. Vos bons amis, en faisant mieux, les *Crocheteurs*. »

Les railleries tuaient le parti de la Ligue mieux que n'eût pu le faire la violence. L'Estoile nous raconte à ce sujet toutes les anecdotes qui couraient dans Paris. En voici deux assez plaisantes : « Un commissaire du Châtelet, qui n'étoit des pensionnaires d'Espagne, disoit à ung autre commissaire de ses compagnons qui en estoit, et lequel croioit que celui qui lui parloit en fût comme lui : « J'ay à cette heure de l'argent, Dieu merci, en voilà ; » faisant sonner tout plein d'argent qu'il avoit dans les pochettes de ses chausses. Puis, lui dit à l'aureille : « C'est ma pension d'Espagne que j'ai touchée à la fin. » L'autre, n'appercevant point que ce compagnon se moquoit de lui, et croiant qu'il parlât à bon escient, lui va répondre : « Tu es bien heureux d'en être ainsi bien payé ! Il y a plus de trois mois que je ne bouge d'après Senault (l'un des Seize) pour recevoir la mienne ; mais je n'en puis venir à bout. » — Un autre bourgeois de Paris, qui étoit de la Ligue et zélé à la cause, disait à un sien compère Corporiau : « Mais, mordienne, mon compère, à quoi tient-il qu'on ne prend ce roy de Navarre, et qu'on ne me le meine en la Bastille, sans tant nous faire languir ? — O mon compère, ce dit l'autre, cela ne se fait pas ainsi. Il a pour le moins dix mille hommes. — Et mordienne, mon compère, aions-en vingt mille. — Voire ; mais, dit l'autre, il faut de l'argent. — Qu'il ne tienne point à de l'argent, dit-il, voilà mon quart d'écu ; que chacun en baille autant, et qu'on me le serre en la Bastille lui et tous ses guerrans. »

Ces plaisanteries, ces *bons contes*, recueillis avec tant de soin par L'Estoile, faisaient les délices de la multitude qui ne voyait plus qu'avec mépris le fanatisme des ligueurs. Sous ce point de vue, la *Satyre Menippée* et le *dialogue du Maheutre et du Manant* portèrent le dernier coup à leur crédit et à celui de Mayenne. D'un autre côté, le roi était heureux à la guerre ; il s'était emparé d'une partie de l'Ile-de-France, et il prolongeait le blocus de la capitale, de sorte que la disette augmentait à Paris, et avec elle les murmures. Les *politiques* profitaient, pour le triomphe de leur cause, de la situation des esprits, et se faisaient peu à peu de nombreux partisans. Mayenne, placé entre l'Espagne, Henri IV et le tiers-parti, négociait avec tous trois ; sa position était difficile.

Henri IV entamait, de son côté, des négociations ; car tous, nobles et peuple, étaient fatigués de la guerre. Il se décida enfin, après mille hésitations, et d'après les conseils de ceux qui l'entouraient, même des huguenots comme Odet de La Noue et Sully, à embrasser la religion catholique. Il en fit parler secrètement au pape. Le bruit de la conversion prochaine du roi fut exploité avec tant d'habileté par le parti politique, qu'on délibéra plusieurs fois à Paris, si l'on proposerait la couronne à Henri IV. Mayenne fut obligé de consentir à une députation de notables, qui vint demander au roi, campé à Saint-Denis, la liberté du commerce jusqu'aux états-généraux ; le prince refusa cette *surséance d'armes*, de peur que les Parisiens ne fussent ensuite plus difficiles à réduire (1) ; mais cette députation n'en était pas moins un symptôme fâcheux pour la ligue ; et la mort du prince de Parme, arrivée à Arras, le 4 décembre 1592, au moment où il se préparait à marcher sur Paris, vint renverser les dernières espérances des ennemis du Béarnais.

Telle était la situation des partis lorsque les États de la Ligue s'ouvrirent à Paris en exécution d'une bulle du pape, qui ordonnait de les assembler pour l'élection d'un roi catholique. Toutes les ambitions s'agitèrent. « Depuis l'arrivée de quelques membres des États, dit le journal de *l'Estoile*, on voit nuit et jour dans les rues de Paris les agents des prétendants à la couronne, qui les vont visiter et briguer leurs suffrages. » Le mardi 26 janvier 1593, le duc de Mayenne fit l'ouverture des États dans la grande salle du Louvre. Il y prit sa place, comme lieutenant-général de France, sous un dais de drap d'or ; des deux côtés de la salle étaient les députés des trois ordres, assis sur des chaises de velours cramoisi, garni de passements d'or. Le clergé et le tiers-état avaient envoyé à cette assemblée de nouveaux représentants ; mais il n'en était pas de même de la noblesse, et l'on n'y vit ni princes du sang, ni pairs de France, ni grands-officiers de la couronne. Il y eut quatre discours d'ouverture suivant l'usage. Mayenne, qui prononça le premier, parla si bas que les deux tiers de l'assemblée ne purent l'entendre, mais tous remarquèrent que son visage changea souvent de couleur. Du reste, son discours était assez insignifiant ; il exhorta l'assemblée à n'avoir d'autre but que le bien de la religion et de l'État. C'est ce que tous disaient hautement, mais peu de députés y songeaient. Le cardinal de Pellevé, archevêque de Reims, fut l'ora-

(1) M. H. Martin, l. XII, p. 262.

teur du clergé, le baron de Senecey, celui de la noblesse, et Honoré du Laurent, avocat-général au parlement de Provence, porta la parole au nom du tiers-état.

Deux jours après, un trompette apporta aux députés des lettres du parti royaliste. Mayenne, en convoquant les Etats, avait exhorté les catholiques royalistes à y envoyer des représentants. Henri publia d'abord à Chartres une déclaration qui frappait de nullité tout ce qui serait *dit* et *fait* aux États-Généraux. En même temps, les princes, prélats et seigneurs catholiques] qui étaient près du roi répondirent à l'invitation de se rendre aux États que leur avait expédiée Mayenne, par l'offre d'une conférence qui se tiendrait, non point dans Paris, *où il ne leur était loisible d'intervenir*, mais en lieu neutre, entre Paris et Saint-Denis. La dépêche était adressée à « monseigneur le duc de Mayenne et autres princes de sa maison, prélats, seigneurs et autres personnes envoyées par aucunes villes et communautés en la ville de Paris. » Ce moyen adroit, ce *mezzo-termine*, adopté par le roi et ses partisans, déconcerta leurs ennemis. Les prédicateurs redoublèrent d'insolence, les Seize tentèrent d'exciter encore une fois les passions populaires, et la Sorbonne déclara la lettre du roi « absurde, hérétique, schismatique, remplie d'impiété, et dictée par un esprit de révolte contre l'Église. » On persécuta autant qu'il fut possible les *politiques*, et l'on punit sévèrement ceux qui tournaient en plaisanterie la tenue des États. « En ce mois fut fouetté à la porte de Paris ung de ces porteurs de sablon qu'on appeloit vulgairement Catelinette, pour avoir chassé son âne aux États et s'en être moqué. Et en même temps eut le fouet en Châtelet, sous la custode, le serviteur de Baudouin le musnier (le meunier), qu'on appeloit le Grand-Jacques, pour s'être pareillement moqué desdits États et du duc de Mayenne; ayant dit tout haut, parlant à son âne et frappant dessus : « Allons, Gros-Jean, allons aux États. » Sur quoi fut rencontré à Paris le quatrain suivant :

> Hay, mon âne, qu'on te meine
> Aux États de Monsieur du Maine,
> Affin que tu sois d'un plain vol
> Fait de François un Espagnol. »

L'arrivée du duc de Feria, ambassadeur extraordinaire d'Espagne, rendit plus puissante la faction de Philippe II. Mais ses efforts et ceux du légat ne purent empêcher les États d'accepter les propositions des royalistes, et l'on décida que des conférences auraient lieu à Surène entre les deux partis. Elles s'ouvrirent le 29 avril. Lorsque les députés des États eurent passé la Porte-Neuve, ils trouvèrent une grande affluence de peuple rassemblé pour assister à leur départ, et qui leur criait : *La paix ! Bénis soient ceux qui la procurent, et maudits les au-*

tres qui l'empêchent! Les premiers fruits de cette conférence, qui s'acheva à la Roquette, dans le faubourg Saint-Antoine, furent une trêve de plusieurs jours. Mais rien ne put y être décidé, si ce n'est que Henri IV déclara solennellement qu'il voulait entrer dans le giron de l'église catholique et romaine.

Cette nouvelle produisit à Paris une grande impression sur le peuple, qui se déclara ouvertement contre les Seize. Les politiques s'assemblèrent en différentes occasions, et vinrent demander au duc de Mayenne la paix ou une trêve de trois mois, proposée par le roi. Les États, effrayés de l'agitation des esprits, défendirent les assemblées et les attroupements (1). Je trouve dans un auteur contemporain le tableau suivant de l'état des esprits à cette époque : « Le jour, bruits à Paris de sédition ; rumeurs d'Espagnols la nuit ; assemblée de capitaines. Aucuns disoient que nous aurions la trefve, d'autres non. Chacun empesché pour découvrir le personnage que joue le duc de Mayenne, auquel personne ne connoît rien. » Tous les esprits étaient alors en suspens au sujet de la délibération des États, qui voulaient procéder à l'élection d'un roi. L'ambassadeur d'Espagne proposa de proclamer reine de France l'infante, fille de Philippe II, laquelle épouserait un prince français et catholique. Les députés acceptèrent aussitôt et l'on ne discuta plus que la forme, les ministres espagnols voulant que l'élection se fît avant le mariage, les États demandant que le mariage se fît d'abord et qu'on ne procédât qu'ensuite à l'élection. La cause de Henri IV était perdue, lorsque le parlement, indigné des prétentions insolentes de la faction étrangère, s'assemble tout-à-coup, délibère, et donne, le 28 juin 1593, cet arrêt fameux par lequel « il enjoint à Jean Lemaître, président, accompagné d'un nombre suffisant de conseillers, de se retirer par devers le lieutenant-général de la couronne, et là, en présence des princes et seigneurs assemblés pour cet effet, de lui recommander qu'en vertu de l'autorité suprême dont il est revêtu, il ait à prendre les mesures les plus sûres, afin que, sous prétexte de religion, on ne mette pas une maison étrangère sur le trône de nos rois, et qu'il ne soit fait aucun traité, pacte ou convention tendant à transférer la couronne à quelque prince ou princesse d'une autre nation, déclarant au surplus lesdits traités, si aucuns ont été faits, nuls, contraires à la loi salique et aux autres lois fondamentales du royaume. »

A cette déclaration, grand fut l'étonnement des États. Mayenne commença par se plaindre de cette démarche comme d'une atteinte à son autorité ; mais comme, au fond de l'âme, il n'était peut-être pas fâché de voir s'élever un nouvel obstacle aux projets des Espagnols, il se radoucit promptement et parut même entrer dans les vues du ma-

---

(1) Félibien, t. II, p. 1215.

gistrat. Le parti espagnol employa sa dernière ressource : cédant un peu de ses prétentions hautaines, le duc de Feria remit enfin au légat un pouvoir par lequel Philippe recevait le duc de Guise pour époux de sa fille (14 juillet 1593). A l'instant, ce nom de Guise réveilla dans le peuple de Paris ces anciennes affections que rien n'avait pu effacer et ranima son enthousiasme pour la maison de Lorraine. Mais le duc de Mayenne ne se trouvait nullement disposé à sacrifier à son neveu le fruit de ses vastes entreprises et de ses longs travaux. Il affecta des transports de joie pour l'honneur que sa maison allait recevoir par l'alliance du roi catholique, et en même temps il fit agir tous ses amis, il usa de toute son influence afin d'empêcher les États de prendre une résolution décisive, et il réussit. Il eut même l'adresse de dégoûter son neveu de ces propositions qui l'avaient d'abord ébloui, en lui montrant tous les périls qui devaient entourer cette dangereuse couronne. Il brava la fureur des Seize qui se déchaînèrent contre lui. Quelques prédicateurs tentèrent dans leurs sermons de soulever la populace; il les fit taire en les menaçant de les faire jeter dans la Seine. Les Espagnols ayant tâché de le ramener à eux pour l'empêcher au moins d'accepter la trêve, il chercha à la conclure au plus tôt. Les députés, quoique généralement peu éloignés de porter le jeune duc de Guise sur le trône, sentaient le danger de créer un roi sous le feu de l'armée de Henri IV, sans avoir ni argent ni soldats à donner au nouvel élu ; aussi répondirent-ils au duc de Feria que leurs intentions n'avaient pas changé, mais qu'ils étaient obligés d'en ajourner l'exécution jusqu'à ce que sa majesté catholique eût fait avancer les forces dont elle prétendait les secourir (20 juillet). Malgré les efforts désespérés du légat et de l'ambassadeur d'Espagne, qui, après avoir été si près du but, voyaient ainsi crouler leurs machinations, le 31 juillet fut conclue une trêve générale de trois mois. Aussi impuissants que les Espagnols, les États de la Ligue succombèrent bientôt sous le poids de leur mission. Ils décrétèrent, le 6 août, l'acceptation des canons du concile de Trente, vivement sollicité par le légat; le 8, ils renouvelèrent le serment de la Sainte-Union, et le même jour les députés convinrent de retourner vers leurs provinces pour les informer des décisions prises jusqu'alors par les États. Ils devaient se rassembler de nouveau au mois d'octobre, afin de procéder à l'élection définitive d'un roi de France. Ainsi se séparèrent, mais pour ne plus se réunir, ces fameux États de la Ligue, si fort tournés en ridicule dans les satyres de l'époque, mais qu'il ne faut pourtant pas juger trop sévèrement sur la foi des pamphlets (1), car on leur doit d'avoir sauvé la France du joug de la maison d'Autriche.

(1) Le plus spirituel, le plus remarquable et le plus célèbre des écrits satiriques publiés contre la Ligue, est la *Satyre ménippée de la vertu du catholicon d'Espagne*. Cet

Pendant ce temps, Henri s'était décidé à un acte de politique qui sans doute avait hâté la dissolution des États de la Ligue et qui devait lui concilier tous les partis. Henri avait abjuré la religion protestante. Il voulut que sa réconciliation avec l'église romaine s'effectuât avec éclat, et en effet, la cérémonie fut célébrée avec la plus grande magnificence dans l'abbaye de Saint-Denis (le 25 juillet). Malgré la protestation et les menaces du légat, malgré les défenses de Mayenne, une foule de Parisiens échappant aux soldats qui gardaient les portes de la ville ou franchissant les remparts, coururent à Saint-Denis et mêlèrent leurs actions de grâce et leurs cris de joie aux transports des royalistes. Le doyen du chapitre de Notre-Dame et les curés de Saint-Eustache, de Saint-Sulpice et de Saint-Merry se trouvaient parmi les théologiens que le roi avait appelés à son instruction.

Mais le jour même et les jours suivants, dans la plupart des églises de Paris, les prédicateurs firent retentir leurs chaires de déclamations outrageantes. « Cet hypocrite de roi de Navarre, disaient-ils, a fait sa conversion au jour de l'Évangile qui dit que *les loups viendront en habit de brebis*. Aussi ce renard a pris exprès ce jour-là pour ouïr la messe, afin que, sous peau de brebis, il pust entrer dans la bergerie et la dévorer. Mais c'est un méchant relaps excommunié, un vieil loup gris, après lequel tout le monde doit huer, que tout le monde doit chasser au lieu de le recevoir. Sa conversion ne vaut rien; elle est feinte; la cérémonie qu'on y a observée est une farce et une bouffonnerie, et la messe qu'on y a chantée est puante et abominable (1). » — Les autres ennemis de Henri IV s'agitèrent aussi chacun de leur côté et firent tous leurs efforts pour empêcher le pape de lui accorder l'absolution, et pour rallumer la guerre. Mais le peuple désirait ardemment la paix et commençait à avoir en horreur le parti des étrangers. On trouve dans les mémoires du temps divers traits semblables à celui du bourgeois de Paris, qui ayant un jour compté ses poules et en trouvant seize, en tua une, disant qu'il ne voulait point de *Seize* chez lui. *L'Estoile* raconte que la femme d'un avocat qui demeurait dans la rue Saint-Antoine, ayant dit tout haut qu'elle reconnaissait le Béarnais pour son roi puisqu'il était allé à la messe, fut entendue par un soldat *walon* (2) qui passait par là et qui voulut mettre la main sur elle pour punir ces paroles téméraires. Mais son mari accourut et le peuple se rua sur le Walon en criant qu'Henri devenu catholique était devenu roi de France, et qu'il n'y avait plus besoin de Walons ni d'Espagnols. Des scènes analogues se renouvelaient presque tous les jours; la douceur d'Henri IV pour ceux qui se soumettaient à son autorité lui gagnait sans

ouvrage, qui parut en 1593, acheva la ruine de l'Union. Voy. l'histoire des lettres à Paris à la fin de la période.

(1) L'Estoile. — (2) De la Flandre française.

cessé des partisans, tandis que les excellents pamphlets des royalistes achevaient d'entraîner les esprits.

Les hostilités recommencèrent avec le premier jour de l'année 1594. Mais le peuple voulait la paix à tout prix. Le 14 janvier, un grand nombre de bourgeois de Paris se rendirent chez le premier échevin, Martin Langlois, auquel ils exposèrent la misère du peuple, réclamant avec instance qu'il y fût pourvu, et demandant pour cela qu'on leur permît de s'assembler dans la salle Saint-Louis du palais ou à l'Hôtel-de-Ville. Le lendemain, les quarteniers allèrent trouver le prévôt des marchands, Jean Lhuillier, et renouvelèrent leur requête. Le prévôt répondit qu'il savait bien que le peuple souffrait, mais que ces grandes assemblées ressemblaient à de petites mutineries et déplaisaient fort à M. de Mayenne; que cependant il leur permettait de s'assembler par dizaine. Sur quoi tous d'une voix s'écrièrent que c'était moquerie et qu'il leur fallait une assemblée générale; « que ce n'étoit à M. de Mayenne qu'ils se devoient adresser, mais à lui, prévôt des marchands, auquel, comme père et protecteur du peuple, ils demandoient justice contre tous ceux qui le voudroient opprimer, et que c'étoit proprement sa charge que celle-là. — Nous voyons bien ce que c'est, Monsieur, lui dit un quartenier nommé Parfait; vous trouveriez nos assemblées bonnes si M. de Mayenne les approuvoit; mais vous avez peur de le mécontenter. — A la vérité, n'étoit que cela, je les trouverois très bonnes, mais...—Or, Monsieur, il ne faut point de mais; nous vous attendions là, car c'est où est le mal. Vous n'êtes point prévôt des marchands, mais prévôt de M. de Mayenne. » Jean Lhuillier s'excusa de son mieux, protesta qu'il n'était point Espagnol, qu'il donnerait sa vie pour demeurer *bon Français*, qu'enfin il veillait si bien à l'intérêt général, qu'il travaillait, ainsi que M. de Mayenne, à une réconciliation des Seize avec les bourgeois et le peuple. Ce qui ne lui réussit nullement, car tous ceux qui se trouvaient là s'écrièrent qu'ils étaient gens d'honneur, non point notés d'infamie comme les Seize, et qu'ils ne voulaient point de réconciliation avec les méchants. — Le même jour défenses furent faites sous peine de la vie de s'assembler au palais ni dans aucun autre lieu public, plus de six à la fois.

Chaque jour la discorde faisait des progrès et envahissait le camp des derniers défenseurs du parti catholique. Le prévôt, qui venait, à cause de son dévouement à Mayenne, d'avoir avec les bourgeois une explication si orageuse, rencontra au Louvre, quatre jours après, le cardinal de Pellevé. Ce fut le cardinal qui l'accosta et lui dit d'un air irrité qu'il ne le voyait point à la messe des États, qu'il fallait qu'il y vînt. Lhuillier répondit qu'il allait à celle de sa paroisse. « Vous ne remplissez pas votre charge, répliqua le cardinal en colère. — Mais je la pense remplir aussi bien et mieux que vous la vôtre. — Vous ne me reconnaissez peut-être plus pour votre archevêque. — Si fait, lorsque vous aurez été élu à Sens ou à Reims. — C'est bien. Il faut vous déposer ; aussi bien vous connaît-on trop, et chacun sait le lieu d'où vous êtes venu. — On me connaît pour homme de bien, dit le prévôt ; pour le lieu d'où je suis venu, vous saurez que je suis d'aussi bonne maison et de meilleure que vous n'êtes. Quant à me déposer, ce n'est en votre puissance, ni d'homme qui vive : il n'y a que le peuple qui m'a baillé ma charge qui m'en puisse déposer. Au reste, je n'ai que faire de vous et ne vous connais ni ne respecte que pour la couronne que vous ayez sur la tête. » — Ils se séparèrent sur le même ton, et il fallut la médiation de l'évêque de Senlis pour que le différend n'allât pas plus loin.

Dans les premiers jours de janvier, les Espagnols n'avaient rien moins tenté que de *purger la ville* du parlement et des autres cours de justice dont la courageuse résistance avait été si funeste au parti étranger, et d'établir à leur place « une douzaine de juges, moitié laïcs, moitié ecclésiastiques, du corps de la ville, des plus catholiques et gens de bien qu'ils nommeroient, lesquels rendroient au peuple bonne et briève justice. » Mayenne déclara qu'il n'y consentirait jamais. Tout ce que le duc de Feria et les siens purent obtenir fut la destitution et l'exil du gouverneur de Paris, le comte de Belin, qu'on remplaça par le comte de Brissac.

Avant la fin du mois de janvier, Henri IV fit publier à Saint-Denis une nouvelle trêve générale pour toute l'Ile-de-France, excepté pour Paris, Soissons et Beauvais. Chaque jour arrivait dans la capitale la nouvelle de la défection de quelque ville importante ou même de provinces entières. A présent, disait madame de Montpensier, on nous sert à déjeuner une bicoque rendue, à dîner une ville, et le soir une province. Le légat et le duc de Feria, qui commençaient à trembler sérieusement, pressèrent le duc de Mayenne de chasser de la ville quatre cents politiques dont ils lui donnèrent la liste. Celui-ci, pour ne pas trop les mécontenter, consentit à faire sortir six bourgeois jadis ardents ligueurs. Le parlement voulait les retenir, mais le duc usa de son autorité et fut obéi.

Pendant ce mois (février), il fut grand bruit à Paris d'un esprit qui revenait au cimetière des Innocents. Le peuple allait en procession pour le voir. Depuis la tombée de la nuit jusqu'à onze heures du soir, « on l'entendoit se plaindre en forme d'un tonnerre grondant ; il appeloit son père, sa mère, sa tante, disoit qu'il falloit tuer les politiques et ne recevoir le Béarnais. » Enfin cet esprit redoutable fut saisi en chair et en os, et reconnu pour être le valet d'un coutelier qui s'enfermait chaque soir dans une tombe et faisait ce tapage à l'aide d'un chaudron. On se contenta de l'emprisonner à petit bruit de crainte du scandale.

Le 1er jour de mars, on apprit à Paris que « Henri IV venait d'être (le 27 février) sacré roi de France à Chartres. Cette nouvelle fit la plus vive impression sur les esprits et porta le trouble et l'agitation dans le parti des Seize, qui tinrent aussitôt diverses assemblées, tantôt aux Carmes, tantôt au jeu de paume de la Tournelle, au moulin près la Porte-Neuve et aux Jésuites. Le duc de Mayenne vint dire au parlement qu'il était nécessaire qu'il allât en Picardie joindre l'armée espagnole qu'il devait conduire à la défense de Paris, et le 6, dès cinq heures du matin, il sortit de la ville avec sa famille et se retira à Soissons. Cette retraite précipitée, dans un moment où la présence du chef était si nécessaire, jeta l'alarme parmi les Seize. Ils firent aussitôt des provisions d'armes dans diverses maisons, surtout à Saint-Côme et aux Cordeliers. Une troupe des plus zélés ayant à leur tête le curé de Saint-Côme, Hamilton, se mirent à parcourir les rues armés de pied en cap. Le même jour, Hamilton, tout armé qu'il était, baptisa un enfant dans son église; du reste, il avait, quelque temps auparavant, célébré la messe la cuirasse sur le dos. Le parlement, justement effrayé de ces démonstrations des Seize et de leurs rumeurs furieuses, en fit hautement ses plaintes au gouverneur de la ville, et obtint main-forte pour le renouvellement de l'édit par lequel le duc de Mayenne avait, en 1591, anéanti l'association des Seize. Les assemblées séditieuses furent sévèrement interdites.

Le dernier jour de la Ligue était proche. Brissac, devenu gouverneur de Paris et prévoyant l'impossibilité de résister long-temps à Henri IV, avait prudemment songé à utiliser sa position. Sous prétexte d'affaires de famille, il convint d'une entrevue avec François d'Épinay de Saint-Luc, son beau-frère, et l'un des officiers de l'armée royale. Le 14 mars, ils se trouvèrent tous deux à l'abbaye Saint-Antoine, et là, pendant que leurs avocats discutaient pour arranger leurs démêlés, Brissac et Saint-Luc traitèrent à l'aise des moyens de rendre Henri maître de la ville. Ils se séparèrent après une conférence de trois heures, feignant d'être fort mécontents l'un de l'autre; et pour mieux déguiser ses desseins, Brissac, à son retour, alla se prosterner aux pieds du légat, implorant son absolution pour avoir osé communiquer avec un hérétique. Le légat, charmé de cette soumission, donna les plus grands éloges au gouverneur sur son humilité chrétienne, et courut, dans sa joie, raconter le fait au duc de Feria. « Oui, c'est un bon homme que M. de Brissac, répondit le duc; je l'ai toujours connu pour tel. Il ne faut qu'employer les jésuites et on lui fait faire tout ce qu'on veut. Et même, ajouta-t-il, pour vous faire voir quel grand homme d'affaires c'est, une fois que nous tenions conseil ici, au lieu de songer à ce qu'on disoit, il s'amusoit à prendre des mouches (1). »

(1) Félibien, t. II. p. 1222.

Le jeudi suivant 17 mars, on fit à Paris une procession générale, où la châsse de sainte Geneviève fut portée avec toute la solennité ordinaire, en présence du parlement et du corps de ville. Le légat célébra la messe solennelle, et il y eut un si grand concours de peuple, qu'une femme mourut dans l'église, étouffée par la presse. « Sur quoi l'on a remarqué, dit Félibien, que sainte Geneviève ne fut point du tout favorable aux Parisiens dans les différentes descentes et processions de sa châsse qui se firent pendant tout le cours de la Ligue. »

« Le comte de Brissac étoit convenu d'introduire le roi dans Paris le 22 mars. Il fut occupé jusqu'à ce jour des moyens les plus sûrs d'exécuter son dessein, avec le président Le Maistre, les conseillers Molé, d'Amours et du Vair, Lhuillier, prévôt des marchands, les échevins Langlois et Néret, et quelques colonels et capitaines qui étoient d'intelligence avec lui. Le 21 au soir, bien tard, les Espagnols et les Seize, avertis de ce qui se pratiquoit dans la ville à leur ruine et devoit s'exécuter à minuit, vinrent trouver le gouverneur, pour le prier d'y donner ordre sur-le-champ. Il leur répondit froidement : « J'en ai eu l'avis comme vous, et j'ai donné ordre à tout. Laissez-moi seulement faire, et vous tenez cois, pour ne point réveiller ceux dont on veut se saisir. Demain matin vous verrez beau ménage, et les politiques bien surpris. » Il ne put pourtant se délivrer de quelques Espagnols que le duc de Féria lui donna pour l'accompagner dans ses rondes, avec ordre de se jeter sur le gouverneur, et de le tuer au premier mouvement. Mais après les avoir bien promenés de corps-de-garde en corps-de-garde, avec apparence de grandes inquiétudes, sans qu'ils eussent rien vu ni entendu, il les remena bien las et bien fatigués, à deux heures après minuit, chez leur duc, où il les laissa. Il s'étoit défait dès le soir du capitaine Jacques Ferrarois, qu'il avoit fait sortir par la porte Saint-Jacques, sous prétexte d'aller sur le chemin de Palaiseau se saisir d'un convoi d'argent que l'on amenoit au roi. Le capitaine battit la campagne toute la nuit, sans rien trouver, et l'on savoit assez que sa peine seroit inutile à cet égard. Les Seize coururent aussi en armes du côté de l'Université où les envoya le comte de Brissac, pour les fatiguer d'autant et les éloigner des lieux où ils auroient pu causer du trouble. Il étoit entré dans la ville, les jours précédents, des gens déguisés, du parti royal, que le prévôt des marchands et les échevins avoient distribués en plusieurs endroits, pour s'en servir quand il seroit temps. Les mêmes magistrats avoient aussi envoyé, le lundi à neuf heures du soir, des billets dans toutes les maisons des bons bourgeois qu'ils connoissoient affectionnés au parti du roi, pour les avertir eux et leurs amis, que le roi devoit entrer dans Paris le lendemain entre trois et quatre heures du matin, et qu'ils eussent à se tenir en armes avec l'écharpe blanche, chacun dans les postes qui leur étoient assignés. Un peu avant l'heure indiquée, le comte de

Brissac, avec le prévôt des marchands, se saisit de la porte Neuve qu'il avoit fait déboucher la veille, sous prétexte de la faire murer. Elle répondoit à celle de la rue Saint-Honoré qui étoit près de la rue de Saint-Nicaise. Néret, échevin, occupa de son côté la porte Saint-Honoré, et Langlois, autre échevin, celle de Saint-Denis, avec de bons corps-de-garde dont ils étoient assurés; pendant que Jean Grossier, capitaine du quartier de Saint-Paul, assisté de bourgeois et de bateliers à sa dévotion, baissa la chaîne qui traversoit la rivière à l'Arsenal, pour faciliter l'entrée aux soldats des garnisons de Melun et de Corbeil descendus par eau près des Célestins. Quatre heures étoient sonnées que le roi ne paroissoit pas encore, ni personne de son parti. Langlois, impatient, sortit et rentra plusieurs fois. Enfin il aperçut le sieur de Vitry qui venoit à petit bruit, accompagné de plusieurs seigneurs et gens d'armes, auxquels il livra d'abord la porte Saint-Denis. Il le mena de là, avec sa suite, occuper les remparts, où il y avoit à droite et à gauche plusieurs canons en batterie, qu'ils tournèrent contre la ville, pour s'en servir dans le besoin. Le roi arriva dans le même temps à la porte Neuve, dont le pont fut abaissé pour lui ouvrir le passage. Ses gens, sans attendre que la barrière fût ouverte, passèrent par-dessous à pieds, et se coulèrent à gauche le long des remparts vers la porte Saint-Honoré dont ils se saisirent. D'autres de ses troupes, conduites par le sieur d'O, gagnèrent le quai de l'École de Saint-Germain-l'Auxerrois, où il se trouva un corps-de-garde de vingt-cinq à trente lansquenets, qui, ayant fait résistance, furent aussitôt défaits, partie mis en pièces, et partie jetés à la rivière. Le sieur de Vitry ne trouva sur son chemin qu'une cinquantaine de mutins, dont deux seulement furent tués, et le reste mis en fuite. Les capitaines des quartiers, joints aux troupes du roi, occupoient déjà ou faisoient occuper par les bourgeois royalistes le Louvre, le Palais, les deux Châtelets, les principales places, les carrefours et les avenues des ponts. Le roi assuré de tous ces postes, entra à cheval par la porte Neuve, suivi d'une grande quantité de noblesse, et d'environ cinq à six cents hommes d'armes. Le comte de Brissac, gouverneur de la ville, au comble de la joie d'avoir si bien réussi dans son entreprise, alla au-devant du roi, à qui il fit présent d'une riche écharpe en broderie. Le roi, en l'embrassant, l'honora du titre de maréchal de France, et lui donna l'écharpe blanche qu'il portoit. Lhuillier, prévôt des marchands, étant venu ensuite offrir au roi les clefs de la ville, reçut de ce prince l'accueil le plus gracieux. Le roi tourna par la rue Saint-Honoré, alla de là au pont Notre-Dame, où voyant tout le peuple crier avec joie, *vive le roi*, dit à ceux qui l'accompagnoient : *Je vois bien que ce pauvre peuple a été tyrannisé*. Il continua ainsi sa marche jusqu'à l'église cathédrale, si pressé par la foule, que ses capitaines des gardes avoient peine à ouvrir le passage pour le faire avancer. Étant descendu devant l'église, au bruit des trompettes, des cloches et des acclamations redoublées du peuple, il fut reçu non par l'évêque, ni le doyen, ni le chantre qui s'étoient retirés dans les villes royales, mais par le sous-chantre Dreux et le reste du clergé. Le sous-chantre lui ayant donné la croix à baiser, lui fit le compliment suivant : « Sire, vous devez bien » louer et remercier Dieu de ce que vous ayant fait naître de la plus » excellente race des rois de la terre, vous ayant conservé votre hon- » neur, il vous rend enfin votre bien. Vous devez doncques en ces ac- » tions de grâces avoir soin de votre peuple, à l'imitation de Notre Sei- » gneur Jésus-Christ, duquel voyez ici l'image et pourtrait, comme il » a eu du sien, afin que par le soin que vous prendrez de lui en le dé- » fendant et soulageant, l'obligiez d'autant plus à prier pour votre pros- » périté et santé, et que vous rendant bon roi, vous puissiez avoir bon » peuple. » Le roi lui répondit : « Je rends grâces à Dieu et le loue infi- » niment des biens qu'il m'a faits, dont je me trouve indigne ; les re- » connoissant en si grande abondance, que je ne sais comment je l'en » pourrai assez remercier ; mais principalement depuis ma conversion » à la religion catholique, apostolique et romaine, en laquelle je pro- » teste, moyennant son aide, vivre et mourir. Pour la défense de mon » peuple, j'emploierai jusqu'à la dernière goutte de mon sang et le der- » nier soupir de ma vie. Quant à son soulagement, j'y ferai mon pouvoir » en toutes choses. J'en appelle à témoins Dieu et la Vierge sa mère. » Le roi entendit ensuite la messe et le *Te Deum* qui furent chantés en musique ; après quoi il remonta à cheval, et se rendit au Louvre, où il trouva son dîner préparé, comme s'il y avoit été attendu depuis plusieurs jours. Le sous-chantre Dreux mourut la nuit suivante d'une attaque de maladie qui ne dura que deux heures, ce que les factieux imputèrent à la punition divine.

» Pendant que le roi étoit encore à Notre-Dame, le nouveau maré- chal de Brissac, le prévôt des marchands, l'échevin Langlois, et un bon nombre d'autres, accompagnés de hérauts, de trompettes, et de gens à pied et à cheval, parcoururent les principales rues de la ville à grand bruit, pour annoncer la paix et l'amnistie générale, et semer partout des billets qui contenoient la même assurance de la part du roi, suivant son ordonnance datée du 20 du mois. Ces billets qu'on faisoit passer de main en main, furent portés incontinent jusque dans les quartiers les plus reculés. Un changement si subit causa une consolation extrême à tous les gens de bien. On n'entendoit de toutes parts que des cris de joie, comme en un jour de fête et de triomphe. Le peuple se mêlant avec les soldats, leur versoit à boire au milieu des rues, et jusque dans les maisons.

» Deux troupes de ligueurs, dont l'une étoit dirigée par le curé de Saint-Côme, qui marchait armé d'une pertuisane, par Senault, Crucé, et plusieurs partisans des Seize; et l'autre conduite par les minotiers, à la solde des Espagnols, tentèrent de soulever le quartier de l'Université. Mais le conseiller du Vair, accompagné de gens armés, ayant rencontré Crucé, capitaine du quartier Saint-Jacques, avec ses ligueurs, les arrêta tout court près de l'hôtel de Cluny, et les renvoya, le curé dans son église, et les autres dans leurs maisons, avec menace, s'ils faisoient résistance, de les livrer à Jean Roseau, l'exécuteur de la justice de Paris, qui jouissoit encore de l'amnistie accordée par le duc de Mayenne aux complices du meurtre de Barnabé Brisson. Malgré cette menace, ils allèrent joindre la bande des minotiers, pour se rendre maîtres de la porte Saint-Jacques. Sur ces entrefaites vint un héraut avec dix ou douze trompettes, suivi de gens d'armes et d'une immense multitude qui crioient de toutes leurs forces : *Vive le roi, vive la paix!* Après avoir traversé le pont Saint-Michel, et les rues de La Harpe, des Mathurins et de Saint-Jacques, ils joignirent heureusement le gouverneur, le prévôt des marchands et leur escorte qui descendoient de Sainte-Geneviève par la rue Saint-Étienne-des-Grés. Ce renfort dissipa bientôt les deux troupes de ligueurs. Chacun d'eux se retira chez soi, et le quartier de l'Université, où il y avoit eu plus de bruit qu'ailleurs, devint aussi tranquille que tous les autres. On vit le jour même les boutiques ouvertes, le marchand à son comptoir, l'artisan à son ouvrage; en un mot toute la ville jouissoit d'une tranquillité aussi complète que si elle n'eût jamais été agitée par aucun trouble (1). »

Le roi était déjà dans Notre-Dame, que la garnison étrangère ignorait encore qu'il fût entré dans la ville. Ces soldats wallons, espagnols et napolitains, casernés en partie à la porte de Bucy, en partie dans le quartier du Temple, n'avaient pas osé sortir de leurs corps-de-garde, et les gens qu'ils envoyaient de temps à autre étaient pris par les royalistes qui saisissaient de même ceux des ligueurs qu'ils voyaient sortir de leurs maisons. Le duc de Féria, et le capitaine napolitain Alexandre de Monte, avaient cependant fait armer leurs troupes, car ils n'espéraient pas sortir sans coup férir de leur dangereuse position. Mais le roi leur fit offrir une capitulation honorable. Il leur envoya dire qu'il consentait à ce qu'ils sortissent de Paris, le jour même, tambour battant, enseignes déployées, avec tout leur bagage, seulement la mèche éteinte. Il leur fit demander en même temps le capitaine Saint-Quentin, chef des Wallons, qu'ils avaient arrêté comme coupable d'intelligence avec les royalistes. Les Espagnols acceptèrent tout, et le capitaine des Wallons, relâché sur l'heure, vint se jeter aux pieds du roi, lui rendant grâce de l'avoir sauvé, car il devait être pendu dans la journée au milieu de la cour de l'hôtel de Longueville. Après son dîner, Henri IV quitta son corselet et

(1) Félibien, t. II, p. 1232, 1235.

ses armes, et se rendit vers les trois heures à la porte Saint-Denis, où il monta dans une chambre pour voir sortir la garnison étrangère. Tous les soldats, le chapeau à la main, s'inclinèrent en passant devant lui. Ils étaient au nombre de trois ou quatre mille. Le duc de Féria, don Diego d'Ybarra, Taxis et les autres chefs lui firent en sortant une profonde révérence. Le roi leur rendit leur salut et leur dit : « Allez en paix ; recommandez-moi bien à votre maître, mais n'y revenez plus. » De Saint-Luc et le baron de Solignac les accompagnèrent jusqu'au Bourget, où ils les laissèrent sous la conduite d'une escorte qui les mena jusqu'aux frontières de Flandre. A la suite des bagages, passèrent cinquante à soixante des plus furieux ligueurs, entre autres le docteur Boucher et le Petit-Feuillant, qui craignirent de se confier à la clémence royale et jugèrent plus sûr de s'exiler en Flandre. Boucher mourut long-temps après, doyen du chapitre de Tournai, et le Petit-Feuillant, abbé d'Orval; mais la plupart des autres périrent de misère. Dès que la ville fut *purgée* de ces Espagnols, la joie populaire se répandit et se manifesta partout. Le soir, des feux de joie furent allumés dans toutes les rues aux cris redoublés de *Vive le roi, vive la paix, vive la liberté!* Après de si longues haines, royalistes et ligueurs se réunissaient enfin.

Le lendemain, 23 mars, les principaux dignitaires du corps de ville, revêtus de leur grand costume : Jean Lhuillier, prévôt des marchands, les échevins, Guillaume Morin, greffier et procureur de la ville; Le Lièvre, La Place, Viole, d'Aubray, Le Comte, Le Prestre, Rochefort, Sanguin et Des Prez, conseillers municipaux; Guerrier, Bouvart, Canaye, Huot, De Cholly, Parfait, Bourlon, Du Tertre, Le Roux, Lambert, Nicolas et Carrel, quarteniers, avec leurs cinquanteniers et dizainiers, allèrent au Louvre trouver le roi pour le remercier de sa clémence, et lui offrir le présent ordinaire de confitures, dragées, hypocras et bougies, le priant d'excuser la pauvreté de sa ville de Paris, qui ne lui pouvait offrir que ce don si peu digne de lui. Le roi les écouta avec bonté, et leur dit qu'il les remerciait « de ce que la veille ils lui avaient offert leurs cœurs et maintenant lui offraient leurs biens; et qu'il les acceptait de bon cœur. » — Il est vrai que tous ceux qui se rangèrent à ce parti du roi ne montrèrent pas le même désintéressement. Henri IV dit tout haut un jour, en présence de Brissac et autres, que Paris lui avait été non pas *rendu* mais *vendu*.

Trois jours après, le 26 mars, le capitaine Du Bourg qui tenait la Bastille pour le duc de Mayenne, se rendit; et Beaulieu, capitaine du château de Vincennes, suivit son exemple. Le roi n'ayant plus rien à redouter au milieu des Parisiens qui s'étaient remis entre ses mains sans traité ni condition, licencia ses troupes qu'il fit sortir de la ville, et ne conserva qu'une simple garde pour son palais.

Le triomphe du successeur de Henri III ne fut signalé par aucun acte de vengeance. Le roi alla même, dès les premiers jours, visiter la mère et la sœur du duc de Mayenne, et causa fort gaiement avec elles. Les plus féroces partisans de la Ligue, au nombre d'environ cent vingt, furent seulement chassés de Paris. Tous les officiers qui voulurent prêter serment de fidélité, conservèrent leurs emplois. Le parlement, les différentes cours et corporations de la ville, l'université même vinrent faire leur soumission. La paix était enfin rétablie; le roi ne songeait plus qu'à la consolider. D'abord il n'omit rien de ce qui pouvait faire croire à son zèle pour sa nouvelle religion, et remplit scrupuleusement tous les devoirs de piété que les rois les plus religieux s'imposaient, avant lui, pendant la quinzaine de Pâques (1).

Pendant les mois suivants, le roi dispersa les débris de la Ligue, et reçut la soumission de la plupart des villes et des seigneurs qui ne s'étaient pas encore déclarés en sa faveur. Le 15 septembre, il revint à Paris après la prise de Laon, et jugea cette circonstance favorable pour faire son entrée solennelle dans la capitale. Il arriva le soir à la lueur des flambeaux. Les garnisons de Mantes et de Saint-Denis sortirent au-devant de lui avec le corps de ville. Il entra par la porte Saint-Jacques, environné d'une brillante noblesse et suivi d'une cavalerie nombreuse. Il était huit heures quand il passa sur le pont Notre-Dame, monté sur un cheval gris pommelé, vêtu d'un habit de velours brodé d'or, et portant un feutre gris orné de plumes blanches, qu'il avait presque toujours à la main pour saluer les dames qui se trouvaient aux fenêtres. Le roi et son cortége entrèrent dans la cathédrale, où le parlement, en robes rouges, les attendait pour chanter le *Te Deum*.

Le 24 octobre mourut le seigneur d'O, que Henri IV avait choisi pour remplacer Brissac dans le gouvernement de Paris. Aussitôt le roi envoya dire à l'Hôtel-de-Ville qu'il ne donnerait plus cette place à personne et « qu'il vouloit faire à sa bonne ville de Paris l'honneur d'en être lui-même le gouverneur. » Averti de cette déclaration flatteuse, le parlement envoya une députation de ses membres en rendre grâce à sa majesté. Le 12 novembre, Antoine d'Estrées fut nommé lieutenant-général du roi au gouvernement de Paris.

(1) « Le 3 avril, jour de Pasques fleurie, il rendit le pain bénit à Saint-Germain-l'Auxerrois, sa paroisse, et assista à la procession, un rameau à la main, comme les simples fidèles. Le mercredi suivant, il revint exprès de Saint-Germain-en-Laye pour se trouver à l'absoute qui fut faite à Notre-Dame par son grand aumônier. Le jeudi suivant, il fit la cérémonie accoutumée du lavement des pieds à douze pauvres. Il alla ensuite à l'Hôtel-Dieu visiter les malades, et leur donna à chacun l'aumône de sa propre main. Le lendemain il fut aux prisons de la Conciergerie où il se fit conduire avec un flambeau dans les cachots, et en tira un pauvre criminel condamné à mort; il donna en même temps la liberté aux prisonniers pour dettes et pour tailles. Il toucha aussi six à sept cents malades des écrouelles, et distribua en aumônes 80 écus aux Filles-Dieu, 50 aux Repenties, et autant aux religieuses de l'Ave-Maria. » Félibien, t. II, p, 1232.

La France commençait à jouir du calme après tant d'agitations, lorsqu'un misérable fanatique faillit mettre un terme à cette prospérité naissante. « Le mardi 27 décembre, comme le roi, revenant de son voyage de Picardie (1), fut entré tout botté dans la chambre de madame de Liancourt (Gabrielle d'Estrées), ayant autour de lui le comte de Soissons, le comte de Saint-Pol et autres seigneurs, se présentèrent à sa majesté pour lui baiser les mains, messieurs de Ragny et de Montigny. Ainsi qu'il les recevoit, un jeune garçon, nommé Jean Chastel, âgé de dix-neuf ans ou environ, fils d'un drapier de Paris, demeurant devant le palais, lequel avec la troupe s'étoit glissé dans la chambre et avancé jusques auprès du roi sans être aperçu, tâcha, avec un couteau qu'il tenoit, d'en donner dans la gorge de sa majesté. Mais pour ce que le roi s'inclina à l'heure pour relever ces seigneurs qui lui baisoient les genoux, le coup, conduit par une secrète et admirable providence de Dieu, porta, au lieu de la gorge, à la face, sur la lèvre haute du côté droit, et lui entama et coupa une dent. A l'instant, le roi, qui se sentit blessé, regardant ceux qui étoient autour de lui et ayant avisé Mathurine sa folle, commença à dire : « Au diable soit la folle ! elle m'a blessé. » Mais elle, le niant, courut aussitôt fermer la porte et fut cause que ce petit assassin n'échappa. Lequel ayant été saisi, puis fouillé, jeta à terre son couteau encore tout sanglant, dont il fut contraint de confesser le fait sans autre force. Alors le roi commanda qu'on le laissât aller et qu'il lui pardonnoit. Puis ayant entendu qu'il étoit disciple des jésuites, il dit ces mots : « Falloit-il donc que les jésuites fussent convaincus par ma bouche (2). » La consternation fut grande dans Paris, à la nouvelle de ce *prodigieux attentat*. Quelques magistrats, accompagnés d'une forte escorte, se transportèrent au collége de Clermont, et annonçant la tentative d'assassinat sur le roi, ajoutèrent que l'opinion publique accusait les jésuites de ce crime. Les religieux, à l'exception du recteur et de trois malades, furent conduits dans la maison du conseiller Brissac, au milieu des insultes et des menaces de la populace. On les enferma tous dans une même salle où ils furent gardés à vue. Le scellé fut mis en même temps à toutes les portes du collége de Clermont et des gardes furent placés à la grande porte de cet établissement. Les jésuites de la maison professe de Saint-Louis furent renfermés dans la même salle et retenus prisonniers jusqu'à nouvel ordre.

Jean Châtel avait été conduit dans la prison du For-L'Évêque ; il y fut interrogé aussitôt par le prévôt de l'hôtel. Son père, plusieurs mem-

(1) Il avait été s'emparer de plusieurs villes importantes, entre autres de Laon.
(2) *Journal de l'Estoile*. La plupart des historiens disent que ce crime fut commis dans l'hôtel que Gabrielle avait près du Louvre, rue du Coq. Sully seul, dans ses *Mémoires*, chap. LIX, place ce fait au Louvre même.

bres de sa famille, le curé de Saint-Pierre-des-Arcis, sa paroisse, furent arrêtés ensuite, ainsi que le père Jean Guéret, qui avait été son professeur de philosophie. Les autres jésuites n'ayant point été inculpés dans ce premier interrogatoire, furent mis en liberté, mais un conseiller du parlement, Louis Mazure, adjoint à l'avocat-général Servin, se rendit au collége de Clermont, et ces deux magistrats procédèrent à une visite minutieuse des papiers de la communauté. Ils trouvèrent dans la chambre du père Jean Guignard, professeur en théologie et bibliothécaire, plusieurs écrits contre la royauté et plusieurs libelles sur Henri III et son successeur; dans celle de Léonard Perrin, un sermon dont les opinions étaient empreintes d'un fanatisme extrême. Quelques heures après, ces deux jésuites, le recteur Ambroise George et quatre autres religieux furent conduits à la conciergerie. Châtel, qui répondit avec fermeté dans ses interrogatoires, ne compromit personnellement aucun jésuite, mais il déclara qu'il avait souvent entendu dire à ses maîtres que le meurtre du roi était *chose loisible*, parce que ce prince était un tyran et que le pape refusait de le reconnaître. Cette déclaration perdit les jésuites. Le 29 décembre 1594, un arrêt solennel du parlement condamna Jean Châtel, « après avoir subi la question ordinaire et extraordinaire, à faire amende honorable devant le portail de Notre-Dame, nud en chemise, tenant une torche ardente du poids de deux livres; là à genoux, déclarer que malheureusement et proditoirement il avoit attenté de tuer le roi et l'avoit blessé d'un couteau à la face, et par fausses et damnables instructions avoit dit qu'il étoit permis de tuer les rois, que le roi présentement régnant n'étoit pas dans l'église jusqu'à ce que le pape l'eût approuvé; après quoi, conduit à la Grève dans un tombereau, il serait tenaillé aux bras et aux cuisses, on lui couperoit la main droite où il tiendroit le couteau dont il s'étoit servi pour blesser le roi, et son corps tiré et démembré avec quatre chevaux, seroit ensuite brûlé et les cendres jetées au vent. Par le même arrêt, il est défendu à qui que ce soit, sous peine de crime de lèse-majesté, de proférer les propos tenus par le criminel, que la cour déclare scandaleux, séditieux, contraires à la parole de Dieu et condamnés comme hérétiques par les saints décrets. Ordonné de plus que les prêtres et écoliers du collége de Clermont et tous autres soi-disant de leur société, comme corrupteurs de la jeunesse, perturbateurs du repos public et ennemis du roi et de l'état, vuideroient dans trois jours, après la signification de l'arrêt, hors de Paris et des autres villes où ils avoient des colléges, et quinze jours après hors du royaume, sous peine, s'ils y étoient trouvés, ce temps expiré, d'être punis comme criminels de lèse-majesté, et tous leurs biens, meubles et immeubles, employés en œuvres pies, et distribution d'iceux faites ainsi que par la cour en seroit ordonné. En outre est fait défense à tous sujets du roi d'envoyer des écoliers aux colléges des jésuites hors du royaume, sur la même peine d'être réputés criminels de lèse-majesté. » Un second arrêt de la cour en date du 18 août 1598, contenait cette clause plus étendue : *en quelques lieux et endroits que soient lesdits colléges des jésuites.*

Le jeudi 29 décembre, Châtel fut exécuté sur la place de Grève. Quelques jours après, le père Jean Guignard, jésuite, subit le même sort. Le 31 décembre, Doron, premier huissier du parlement, à la tête d'un fort détachement de troupes, était venu signifier aux jésuites l'arrêt de la cour; le dimanche 8 janvier 1595, vers deux heures de l'après-midi, les religieux sortirent de Paris par la porte Saint-Antoine, au nombre de trente-sept. On leur donna à chacun huit écus et trois charrettes pour les vieillards et les malades. Le procureur était à cheval, le reste allait à pied, derrière un huissier du parlement. « Voilà, dit *l'Estoile*, comme un simple huissier, avec sa baguette, exécuta ce jour ce que quatre batailles n'eussent su faire. » Le peuple hua et insulta les jésuites et pilla leurs maisons. Deux religieux du même ordre, Alexandre Hay et Jean Gueret, furent bannis à perpétuité, après avoir été mis à la question. Dans la même procédure étaient compris le père de l'assassin, Pierre Châtel et Denise Hazard, sa femme, deux de leurs filles, plusieurs de leurs parents, Claude Lallemand, curé de Saint-Pierre-des-Arcis et deux prêtres de la paroisse. Mais on les renvoya tous absous, à l'exception de Pierre Châtel, qui fut exilé du royaume pour neuf ans et de Paris à perpétuité, et condamné à une amende de 2,000 écus, applicable à l'entretien des prisonniers de la Conciergerie. Sa maison fut démolie, et sur l'emplacement qu'elle avait occupée fut dressée une pyramide sur laquelle on grava l'arrêt de Jean Châtel et celui des jésuites (1). Mais toutes ces mesures sévères ne pouvaient mettre un frein aux passions mauvaises qui agitaient un grand nombre de prêtres et de fanatiques. Les catholiques voyaient avec horreur la protection accordée par Henri IV aux protestants; un grand nombre de ceux-ci ne pouvaient lui pardonner son abjuration. Les auteurs contemporains rapportent à chaque page les preuves de cette haine; chaque jour le parlement sévissait contre de misérables fanatiques; entre autres le vicaire de Saint-Nicolas-des-Champs fut pendu, « pour avoir dit, tenant un couteau, qu'il vouloit faire encore un coup de saint Clément. »

Le bon Henri fut vivement effecté de l'attentat de Châtel et des conspirations qu'on découvrait chaque jour. Dans une procession qui eut lieu à Notre-Dame, *il porta un visage fort triste et mélancolique.* La multitude l'ayant accueilli par de nombreuses acclamations, un courtisan lui dit : « Sire, voyez comme tout votre peuple se réjouit de vous

---

(1) Voy. plus bas *Pyramide de Jean Châtel.*

voir! » Le roi secouant la tête, lui répondit : « C'est un peuple : Si mon plus grand ennemi étoit là où je suis, et qu'il le vist passer, il lui en feroit autant qu'à moi, et crieroit encore plus haut qu'il ne fait (1). » — La guerre qu'il déclara à l'Espagne fit bientôt diversion à ces tristes pensées. Une armée formidable, envoyée par le roi d'Espagne au secours de Mayenne, venait d'envahir la Franche-Comté. Henri, à la tête d'une poignée de soldats, repoussa les ennemis (bataille de Fontaine-Française, 30 juin 1595). Cette victoire décida le pape et le duc de Mayenne à embrasser le parti du roi ; car le duc *ne battoit plus que d'une aile, non plus que la Ligue, qui ressembloit proprement à une corneille déplumée.* Le souverain pontife accorda à Henri IV une absolution solennelle, et Mayenne vint implorer son pardon. Le bon roi recouvrait peu à peu son royaume, mais le peuple était plongé dans une misère inouïe. Henri lui-même portait *des chemises toutes déchirées, ses pourpoints troués au coude ; et sa marmite étoit souvent renversée ;* son pouvoir n'était point reconnu partout. Il eut confiance dans son étoile, et, malgré la contagion qui désolait Paris, il passa tout un hiver dans sa capitale au milieu des fêtes et des plaisirs (2).

Tout-à-coup on apprend la conquête d'Amiens par les Espagnols (mars 1597). Cette nouvelle répandit un effroi général. Henri IV seul ne perdit point courage. « Allons, dit-il, c'est assez faire le roi de France, il est temps de faire le roi de Navarre. » Mais il n'avait pas d'argent et le parlement refusait d'enregistrer les édits bursaux. « Le premier besoin de l'État, répondit Henri, est de chasser les Espagnols de la France. Vous ressemblez à ces fous d'Amiens, ils m'ont refusé 2,000 écus et en ont perdu 100,000. Je vais à l'armée me faire donner quelques coups de pistolets par la tête, et vous verrez ce que c'est que d'avoir perdu votre roi. » Dès que Henri IV eut quitté Paris, le parlement et la municipalité s'assemblèrent ; on ne décida rien au sujet de l'argent demandé par le roi, mais on sévit contre quelques ligueurs qui conspiraient sourdement. « Il ne demeuroit plus rien de la Ligue à Paris, dit Félibien, qu'un navire d'argent que les ligueurs avaient voué à Notre-Dame-de-Lorette pendant les extrémités fâcheuses où le roi les avoit réduits. Le navire étoit encore imparfait entre les mains de l'orfévre Haye, à qui les ligueurs avoient avancé pour l'ouvrage une somme de 880 écus. Le prévôt des marchands et les échevins deman-

---

(1) « *Un peuple*, dit Henri IV dans une autre occasion, *est une bête qui se laisse mener par le nez, principalement le Parisien.* » — Sa gaieté cependant lui revint bientôt : « Il ne laissa toutefois, ajoute l'Estoile, étant arrivé à Notre-Dame, de gausser comme de coutume. Même ayant jeté l'œil sur ceux de son conseil et autres de son parlement qui avoient leurs robes rouges, voyant que Pontcarré n'en avoit point, il dit à M. de Longueville qui étoit près de lui : « Voilà Pontcarré qui a oublié d'apporter ici sa robe rouge ; mais son beau nez rouge, il ne l'a pas oublié. » — (2) Voy. l'Estoile.

dèrent au parlement que la somme fût rendue par Haye (ou La Haye) et employée au pain de l'armée. La cour, par son arrêt du 1er avril 1597, en disposa autrement et destina cette somme à la nourriture des pauvres de l'Hôtel-Dieu. » Sur ces entrefaites, le roi revint à Paris. La consternation était grande dans la capitale, le siège d'Amiens n'avançait guère ; le roi, malade et sans argent, ne pouvait tenir la campagne avec avantage. Il eut alors recours aux moyens ordinaires, c'est-à-dire à de nouveaux édits bursaux, que Henri fut obligé d'aller lui-même faire vérifier au parlement. Les Parisiens accordèrent 120,000 livres pour la solde de trois mille Suisses pendant six mois. « Mais en s'engageant à la levée de ces subsides, la ville fit une supplique au roi, en manière de remontrance, par laquelle elle se plaignit à lui que si ses troupes et les officiers de sa maison étoient si mal payés, le plat pays en proie au soldat, les rentes de l'Hôtel-de-Ville mal acquittées, ces désordres venoient de la malversation de ceux qui manioient les finances ; que tandis que le peuple languissoit et gémissoit dans une pauvreté honteuse, eux seuls, par leur magnificence en bâtiments et autres dépenses superflues, sembloient triompher de la misère publique, et qu'il étoit nécessaire d'établir incessamment une chambre royale de justice pour la *recherche* des officiers des finances. La chambre de justice fut établie au mois de mai. Mais, ajoute l'historien, il n'y eut que les plus petits voleurs de punis, comme c'est l'ordinaire ; les plus coupables se rachetèrent par argent et par amis ; et enfin la chambre fut supprimée au commencement du mois suivant, lorsqu'on l'avoit à peine ouverte (1). »

Le roi, ayant réalisé par divers moyens d'assez grandes ressources pécuniaires, poursuivit le siége d'Amiens avec tant d'ardeur, que cette ville importante tomba en son pouvoir, le 25 septembre. Le 29 octobre suivant, le vainqueur fit son entrée triomphale à Paris. La milice bourgeoise, au nombre de quatre mille hommes, accompagnée d'un grand nombre de gentilshommes, lui servit de cortége depuis la porte Saint-Honoré jusqu'à l'église Notre-Dame ; mais le roi refusa le dais que lui présentèrent, suivant l'usage, le prévôt des marchands et les échevins. Il ne resta point long-temps à Paris ; remontant à cheval, il marcha contre la Bretagne, dernier asile du parti *catholique*, et reçut la soumission du dernier chef des ligueurs, le duc de Mercœur. Le roi data de Nantes ce fameux édit en faveur des réformés, depuis si long-temps attendu, et dont la révocation, nous le verrons plus tard, attira sur la France tant de calamités (avril 1598). Un mois après, la paix avec l'Espagne fut conclue à Vervins, et Henri IV se vit enfin paisible possesseur de son royaume. Cette paix fut proclamée à Paris et jurée en

---

(1) Félibien, t. II, p. 1249.

grande pompe à Notre-Dame. Dans le chœur de la cathédrale furent disposés de riches échafauds pour recevoir la noblesse de France et les ambassadeurs du roi d'Espagne; l'église entière était décorée et tendue de tapisseries comme aux grands jours de fête. Le dimanche 21 juin, le roi se rendit à Notre-Dame, accompagné de sept ou huit cents gentilshommes de sa cour, et s'assit sous un dais placé près du maître-autel. A ses côtés étaient le cardinal-légat, les prélats italiens de sa suite et les grands dignitaires du clergé français; puis, sur le premier rang, les plénipotentiaires d'Espagne et les autres ambassadeurs étrangers. Après la messe, qui fut célébrée par le légat, le roi s'avança vers le milieu du chœur et le légat vint se mettre auprès de lui. Aussitôt s'avancèrent le chancelier et le secrétaire-d'État, Villeroy, qui lut à haute voix les articles de la paix. Lorsqu'il eut achevé, le roi, la main sur les Évangiles, jura d'observer le traité et de le faire observer dans tout son royaume avec une fidélité inviolable, puis il le signa de sa main et embrassa les ambassadeurs d'Espagne. La cérémonie fut terminée par les acclamations du peuple, qui fit retentir l'église des cris de vive le roi.

Sauf le supplice du maréchal de Biron, vieux compagnon de Henri IV, qui, malgré la douleur qu'il en eut, fut obligé de le sacrifier à la raison d'État (1), et le rappel des Jésuites, auxquels il accorda la permission de rentrer en France par crainte de leurs poignards (1603), le règne de Henri IV se termina sans qu'aucun grand événement agitât Paris. Malgré sa mauvaise intelligence avec son époux, la reine Marie de Médicis mit au monde, le 27 septembre 1601, un fils qui fut depuis Louis XIII. La marquise de Verneuil, maîtresse de Henri, accoucha le mois suivant d'un fils qui devint évêque. Le roi partagea ses attentions avec une égalité fort touchante entre les deux mères et les deux enfants (2). L'année suivante, les choses se passèrent aussi régulièrement; à deux mois de distance la reine et la marquise donnèrent le jour chacune à une fille. Mais les querelles du ménage royal s'envenimèrent à un tel point, qu'elles formèrent le germe d'une conspiration qui heureusement fut éventée assez à temps pour ne servir qu'à ruiner le crédit de la marquise de Verneuil. Ces tracasseries d'intérieur n'empêchaient pas Henri de veiller avec une haute sagesse aux intérêts de son royaume. Cependant la dernière partie de sa vie se passa presque tout entière dans sa maison. En 1605, il est vrai, il partit pour rétablir l'ordre dans quelques provinces toujours sourdement travaillées par un esprit de sédition; en 1606 il alla, suivi d'une armée, demander compte de sa conduite au duc de Bouillon, et s'assurer de sa fidélité dans sa ville souveraine de Sédan; il établit la même année une chambre de justice pour les vols commis en finances; puis il

(1) J'ai raconté la mort de Biron à l'*hist. de la Bastille*, t. II, p. 610.
(2) Notice sur Henri IV, par M. Bazin.

se présenta médiateur puissant entre le pape et Venise (1607), entre l'Espagne et les Provinces-Unies (1608), et s'acquit le nom d'arbitre de la chrétienté; mais tout cela tient moins de place dans les historiens que les bouderies, les pleurs et les colères conjugales de Marie de Médicis.

Les années 1607 et 1608 furent les plus heureuses du règne de Henri IV. J'emprunte à un illustre écrivain le tableau suivant de l'administration de ce bon roi : « Il mit tous ses soins à policer, à faire fleurir ce royaume qu'il avait conquis; les troupes inutiles sont licenciées; l'ordre dans les finances succède au plus odieux brigandage; il paie peu à peu toutes les dettes de la couronne sans fouler les peuples. Les paysans répètent encore aujourd'hui qu'il voulait *qu'ils eussent une poule au pot tous les dimanches*, expressions triviales, mais sentiment paternel. Ce fut une chose bien admirable que, malgré l'épuisement et le brigandage, il eût, en moins de quinze ans, diminué le fardeau des tailles de 4 millions de son temps; que tous les autres droits fussent réduits à la moitié; qu'il eût payé 100 millions de dettes. Il acheta pour plus de 50 millions de domaines; toutes les places furent réparées, les magasins, les arsenaux remplis, les grands chemins entretenus; c'est la gloire éternelle de Sully et celle du roi, qui osa choisir un homme de guerre pour rétablir les finances de l'État, et qui travailla avec son ministre. La justice est réformée, et, ce qui était beaucoup plus difficile, les deux religions vivent en paix, au moins en apparence. L'agriculture est encouragée; *le labourage et le pâturage* (disait Sully), *voilà les deux mamelles dont la France est alimentée, les vraies mines et trésors du Pérou*. Le commerce et les arts, moins protégés par Sully, furent cependant en honneur; les étoffes d'or et d'argent enrichissent Lyon et la France. Henri établit des manufactures de tapisseries de haute lice en laine et en soie rehaussée d'or; on commence à faire des glaces dans le goût de Venise. C'est à lui seul qu'on doit les vers à soie, les plantations de mûriers, malgré les oppositions de Sully. Henri fit creuser le canal de Briare, par lequel on a joint la Seine et la Loire. Paris est agrandi et embelli : il forme la Place-Royale, il restaure tous les ponts. Le faubourg Saint-Germain ne tenait point à la ville, il n'était point pavé, le roi se charge de tout. Il fit construire ce beau pont où les peuples regardent aujourd'hui sa statue avec tendresse. Saint-Germain, Mouceaux, Fontainebleau, et surtout le Louvre, sont augmentés et presque entièrement bâtis. Il donne des logements dans le Louvre, sous cette longue galerie qui est son ouvrage, à des artistes en tout genre, qu'il encourageait souvent de ses regards comme par des récompenses. Quand don Pèdre de Tolède fut envoyé par Philippe III en ambassade auprès de Henri, il ne reconnut plus cette ville qu'il avait vue autrefois si malheureuse et si languissante. *C'est qu'alors le père de famille n'y était pas*, lui dit Henri, *et aujourd'hui qu'il a soin de ses enfants, ils prospèrent.* (Voltaire.) »

La conduite de Henri IV à l'extérieur ne fut pas moins remarquable : il sut défendre sa couronne et la faire respecter. « Cependant, disait-il avec amertume à Sully, ceux que j'ai comblés des plus grands bienfaits, ceux à qui j'ai réparti plus d'honneurs, sont assez audacieux que de dire que cette paix dont je jouis me fait négliger mes affaires, mépriser les entreprises glorieuses et honorables ; que j'aime trop les plaisirs, auxquels j'emploie l'argent que je devrais leur donner en gratifications, comme ils méritent ; que j'aime trop les bâtiments et les riches ouvrages, la chasse, les chiens et les chevaux, les cartes, les dés et tous les jeux, les dames, les délices, l'amour, les festins, les assemblées, comédies, bals, courses de bagues, où on me voit encore paraître avec ma barbe grise et être aussi vain et content d'avoir reçu une bague de quelque belle dame que dans ma jeunesse. Je ne nierai pas, avoue-t-il, qu'il n'y ait quelque chose de vrai dans ces reproches ; mais on devrait me pardonner ces divertissements, qui n'apportent aucun dommage à mes peuples, par forme de compensation de tant d'amertumes que j'ai goûtées et des peines que j'ai eues jusqu'à cinquante ans. Est-il étonnant, d'ailleurs, qu'élevé dans la licence des camps, j'aie contracté des vices ? Les faiblesses sont l'apanage de l'humanité ; la religion n'ordonne pas de ne point avoir de défauts, mais de ne pas s'en laisser dominer, et c'est à quoi je me suis étudié, ne pouvant faire mieux. Vous savez que touchant mes maîtresses, qui sont la passion que tout le monde a crue la plus puissante sur moi, je les ai rabaissées dans l'occasion et que je vous ai hautement préféré à elles. Je le ferai toujours et je quitterai plutôt maîtresses, amour, chasse, bâtiments, festins, plaisirs, que de perdre la moindre occasion d'acquérir honneur et gloire, dont la principale, après mon devoir envers Dieu, ma femme et mes enfants, mes fidèles serviteurs et mes peuples, que j'aime comme mes enfants, est de me faire tenir pour prince loyal, de foi et de parole, et faire action sur la fin de mes jours, qui les couronne de gloire et d'honneur. »

Ces paroles, empreintes d'une noble franchise, excusent mieux les faiblesses de Henri IV que les déclamations un peu banales de M. Dulaure, qui, n'osant pas attaquer cette grande et belle renommée, s'est plu à dresser, pour ainsi dire, le catalogue des faiblesses du bon roi. Je dois cependant parler ici de sa coupable et malheureuse passion pour la jeune princesse de Condé (Henriette-Charlotte de Montmorency). Il avait dit à Condé, qui, voyant la passion du roi pour sa future, reculait devant le mariage : « Vous pouvez l'épouser sans aucun soupçon sur mon compte. » Mais le prince redoutant les assiduités de Henri, prit le parti de s'enfuir dans les Pays-Bas avec sa femme. Grande fut la colère du roi à cette nouvelle ; il tenta de faire enlever les fugitifs, et cette entreprise ayant échoué, il déclara la guerre à l'Espagne et à la maison d'Autriche. La situation respective des principales puissances de l'Europe à cette époque devait amener une conflagration générale. On a dit que l'amour et le dépit entraînèrent Henri IV dans cette immense levée d'armes. Cette imputation ne soutient pas un examen sérieux ; depuis long-temps le roi songeait à la guerre ; cependant, ainsi qu'on l'a fait observer, le caractère de ce prince offrait un si bizarre mélange de grandeur et de faiblesse, que cet incident ne contribua pas peu sans doute à précipiter la rupture.

Le roi avait hâte d'entrer en campagne, et n'aspirait qu'au moment d'aller se mettre à la tête de sa belle armée. Le 21 mars, il fit publier l'édit qui réglait l'administration du royaume pendant son absence. Le gouvernement était confié à un conseil de quinze membres dont la reine faisait partie avec le titre de régente. Mais cette part d'autorité n'était pas suffisante pour l'ambition de Marie, qui réclama instamment les honneurs du sacre comme une sorte de compensation. Depuis neuf ans et demi que son mariage était célébré, la cérémonie de son sacre n'avait pas encore eu lieu, sans doute à cause des grands frais qu'elle entraînait. Henri céda, mais avec un chagrin extrême. Pendant plusieurs semaines qu'il dut passer encore à Paris pour les apprêts du couronnement, de noirs pressentiments l'assiégeaient sans cesse. Tant de fois en butte à des tentatives d'assassinat, il connaissait trop bien ses ennemis pour ne pas se sentir entouré d'embûches. — « Ah ! maudit sacre, s'écriait-il, tu seras cause de ma mort ! Je mourrai dans cette ville : je n'en sortirai jamais ! Ils me tueront : je vois bien qu'ils mettent leur dernière ressource dans ma mort ! »

Enfin, Marie de Médicis fut sacrée à Saint-Denis (le 13 mai 1610), avec magnificence. Son entrée solennelle fut fixée au dimanche suivant 16 mai. Le roi devait partir pour l'armée le lundi, ou le mercredi au plus tard.

« Le vendredi 14, jour triste et fatal pour la France, le roy, sur les dix heures du matin, fut entendre la messe aux Feuillans : au retour, il se retira dans son cabinet, où le duc de Vendôme, son fils naturel, qu'il aimoit fort, vint lui dire qu'un nommé La Brosse, qui faisoit profession d'astrologie, lui avoit dit que la constellation sous laquelle Sa Majesté étoit née le menaçoit d'un grand danger ce jour-là : ainsi, qu'il l'avertissoit de se bien garder. A quoi le roy répondit en riant : « La » Brosse est un vieil matois qui a envie d'avoir de votre argent, et vous » un jeune fol de le croire. Nos jours sont comptés devant Dieu. » Et sur ce le duc de Vendôme fit avertir la reine, qui pria le roy de ne pas sortir du Louvre le reste du jour ; mais Henri lui fit la même réponse.

» Après dîner, le roy s'est mis au lit pour dormir, mais ne pouvant recevoir de sommeil, il s'est levé triste, inquiet et rêveur, et s'est promené dans sa chambre quelque temps, puis il s'est jeté derechef sur le lit. Mais ne pouvant dormir encore, il s'est levé, et a demandé à l'exempt des gardes quelle heure il étoit. L'exempt des gardes lui a répondu qu'il étoit quatre heures, et a dit : « Sire, je vois Votre Majesté triste et toute » pensive, il vaudroit mieux prendre un peu l'air, cela la réjouirait. — » C'est bien dit. Eh bien, faites apprêter mon carrosse ; j'irai à l'Arse- » nal (1) voir le duc de Sully, qui est indisposé, et qui se baigne au- « jourd'hui. »

« Le carrosse étant prêt, il est sorti du Louvre, accompagné du duc de Montbazon, du duc d'Épernon, du maréchal de Lavardin, de Roquelaure, La Force, Mirebeau et Liancourt, premier écuyer. En même temps il chargea le sieur de Vitry, capitaine de ses gardes, d'aller au palais faire diligenter les apprêts qui s'y faisoient pour l'entrée de la reine, et fit demeurer ses gardes au Louvre. De façon que le roy ne fut suivi que d'un petit nombre de gentilshommes à cheval, et quelques valets de pied. Le carrosse étoit malheureusement ouvert de chaque portière, parce qu'il faisoit beau temps, et que le roy vouloit voir en passant les préparatifs qu'on faisoit dans la ville. En entrant de la rue Saint-Honoré dans celle de la Ferronnerie, les gens du roy trouvèrent d'un côté un chariot chargé de vin, et de l'autre une voiture chargée de foin, lesquels obstruoient le passage. On fut contraint de s'arrêter, car la rue est fort étroite, à cause des boutiques qui sont bâties contre la muraille du cimetière des Saints-Innocents.

» Dans cet embarras, une grande partie des valets de pied passa dans le cimetière pour courir plus à l'aise, et devancer le carrosse du roy au bout de ladite rue. Des deux seuls valets de pied qui avoient suivi le carrosse, l'un s'avançoit pour détourner cet embarras, l'autre s'abaissoit pour renouer sa jarretière, lorsqu'un scélérat sorti des enfers, appelé François Ravaillac, natif d'Angoulême, qui avoit eu le temps de remarquer le côté où étoit le roy, monte sur la roue du carrosse, et d'un couteau tranchant des deux côtés, lui porta un coup entre la seconde et la troi-

(1) Henri IV allait souvent à l'Arsenal. Nous lisons dans les Mémoires de Sully, qui, comme on le sait, ont été rédigés par les secrétaires du ministre : « 12 février 1606 : Au sortir du palais, vous priâtes des plus qualifiés, environ soixante, de venir dîner à l'Arsenal, où vous aviez fait préparer un magnifique festin de chair et poisson. Mais vous y eûtes un grand surcroît d'honneur, car vous y trouvâtes le roi, qui vous cria de loin : « Monsieur le grand-maître, je suis venu au festin sans prier, serai-je mal dîné ? — Cela pourroit bien être, sire, lui répondîtes-vous, car je ne m'attendois pas à un honneur tant excessif. — Or, je vous assure bien que non, dit le roi ; car j'ai visité vos cuisines en vous attendant, où j'ai vu les plus beaux poissons qu'il est possible et force ragoûts à ma mode, et même, pour ce que vous tardiez trop à mon gré, j'ai mangé de vos petites huitres, les plus fraîches que l'on saurait manger, et bu de votre vin d'Arbois, le meilleur que j'aie jamais bu. » Et sur cela furent les tables servies, où toutes sortes de joyeux propos furent tenus. »

sième côte, un peu au-dessus du cœur. Aussitôt le roy s'est écrié : « Je suis blessé ! » Mais le scélérat, sans s'effrayer, a redoublé et l'a frappé d'un second coup dans le cœur, dont le roy est mort sans avoir pu jeter qu'un grand soupir. Ce second a été suivi d'un troisième, tant le parricide étoit animé contre son roy, mais qui n'a porté que dans la manche du duc de Montbazon.

» Chose surprenante ! nul des seigneurs qui étoient dans le carrosse n'a vu frapper le roy : et si ce monstre d'enfer eût jeté son couteau, on n'eût su à qui s'en prendre. Mais il s'est tenu là comme pour se faire voir, et pour se glorifier du plus grand des assassinats (1). »

On a accusé de cet horrible attentat l'empereur, le roi d'Espagne, Marie de Médicis, le duc d'Épernon, les jésuites, qui profitèrent tous du crime. Mais, comme le dit avec raison M. Michelet, il suffit, pour l'expliquer, du fanatisme qui poursuivit pendant tout son règne un prince que l'on soupçonnait d'être toujours protestant dans le cœur, et de vouloir faire triompher sa religion dans l'Europe. Le coup avait été tenté dix-sept fois avant Ravaillac. — Henri IV, le roi le plus populaire que nous ayons eu en France, n'avait que cinquante-sept ans. Quelles qu'aient été les faiblesses de ce prince, la postérité admirera toujours celui qui fut le véritable père de son peuple, et qui disait à ses courtisans : « Les rois mes prédécesseurs tenoient à déshonneur de savoir combien valoit un teston ; mais, quant à moi, je voudrois savoir ce que vaut une pite, et combien de peine ont les pauvres gens pour l'acquérir, afin qu'ils ne soient chargés que selon leur portée. »

II. Monuments. — Institutions.

Confrérie du Saint-Nom-de-Jésus. Nous avons vu que les ligueurs fondèrent, sous le règne de Henri III, les confréries des *Pénitents Blancs* et du *Chapelet*. Je dois mentionner ici la confrérie du *Saint-Nom-de-Jésus*, qui fut établie, en 1590, dans l'église de Saint-Gervais. Ces *dévots ligueurs* juraient de vivre dans la foi catholique, dans l'obéissance au cardinal de Bourbon, prétendu roi de France, sous le nom de Charles X, et à son lieutenant-général le duc de Mayenne ; de ne jamais reconnaître aucun prince hérétique, notamment le roi de Navarre, et de s'opposer à tout accommodement conclu avec lui. Les confrères versaient une certaine somme au trésorier de l'association : « A sçavoir, les riches et aisés, deux écus d'entrée et la huitième partie par chacun mois ; les médiocres donneront pareillement un écu et la huitième partie par chacun mois ; les simples bourgeois donneront demi-écu et la huitième partie aussi chacun mois ; les autres qui auront peu de moyens donneront quinze sols d'entrée, et douze deniers tournois aussi par

---

(1) *Journal de l'Estoile.* Voy. aussi dans les *Économies royales* les chap. CCIII (à la fin), CCIV et CCV, qui renferment des détails pleins d'intérêt.

chacun mois, ou autre somme selon leur pouvoir et volonté. Ceux qui seront du tout pauvres, et qui néanmoins seront catholiques et de bonne volonté, qui voudront exposer leur vie pour la défense de la cause de Dieu, seront reçus, enregistrés et admis en ladite confrérie, pourvu qu'ils soient approuvés et reconnus par les députés du quartier, où lesdits pauvres font leur actuelle demeure et résidence (1). »

Les confrères adressèrent au parlement un mandement rédigé en leur nom, et signé Petit, qui enjoignait aux quarteniers de lui envoyer la liste de tous les Parisiens soupçonnés d'être *politiques*. Le lieutenant-criminel reçut l'ordre de poursuivre ces audacieux fanatiques, mais on ne trouva point le nommé Petit, et cette affaire n'eut point de suite. Cette association disparut dans les derniers temps de la Ligue.

Couvent de Picpus, rue de Picpus, n° 15, à l'extrémité du faubourg Saint-Antoine. — Le véritable nom de ces religieux était celui de *Pénitents réformés du tiers-ordre de Saint-François*. Le tiers-ordre, ainsi nommé parce que ce fut le troisième que saint François d'Assise institua en 1221, avait été formé en faveur des personnes des deux sexes, qui, sans s'assujettir à aucun vœu, voulaient vivre dans la retraite. Vers l'an 1594, un Parisien, le père Vincent Mussart, introduisit dans cette congrégation une réforme, qui donna lieu en France à l'établissement de soixante monastères. Ces religieux portaient une robe gris foncé, un capuchon plus large de quatre doigts que les épaules et dont les extrémités étaient si longues que la ceinture pouvait les attacher; ils marchaient la jambe nue, et ne portaient que des sabots (2). Le premier couvent de cette réforme fut celui de Franconville près Bourmont, dans le diocèse de Beauvais, et non pas Franconville près Saint-Denis, comme l'ont dit Félibien et la plupart des historiens de Paris; le second fut celui de Picpus, considéré comme le chef de l'ordre.

Ce fut vers l'an 1600 ou 1601 que les religieux pénitents s'établirent à l'extrémité du faubourg Saint-Antoine dans un endroit que le peuple nommait village de Picpus (3), et qui donna son nom au couvent. Les Capucins de la rue Saint-Honoré, et après eux les jésuites y avaient fait leur première demeure, mais ils l'avaient bientôt abandonné. Il n'y avait en l'an 1600, à Picpus, qu'une petite chapelle, nommée Notre-Dame-de-Grâce, qui avait été construite en 1573, pour les Capucins, par

(1) Extraits des règlements de la confrérie du Saint-nom-de-Jésus. Voy. Félibien, t. III, p. 790 et suiv. — (2) Piganiol, t. V, p. 82.

(3) Ou Picpuce, Piquepuce, Piquepus, Picpusse; on le trouve désigné de ces diverses manières. — « Il est parlé dans Sauval (t. III, p. 431), à l'an 1478, d'une vigne située à Piquepusse. Un titre du prieuré de Saint Éloi, de l'an 1499, nous apprend de plus que ce prieuré avait alors des vignes *au terrouer de la grande chambrerie, lieu dit la Grant Piquepusse.* » Lebeuf, t. II, p. 538.

Émeri de Rochechouart, évêque de Sisteron (1). Les pénitents réformés du tiers-ordre, désirant former un établissement à Paris, Jeanne de Saulx, veuve de René de Rochechouart, comte de Mortemart, leur donna cette chapelle et ses dépendances. Cette concession fut approuvée par des lettres de l'évêque, en date du 27 février 1601, et des lettres-patentes de Henri IV, qui furent confirmées en 1621 et 1701 par Louis XIII et Louis XIV. En 1611, les religieux de Picpus firent construire une église plus vaste, dont Louis XIII posa la première pierre, le 13 mars; cette maison reçut alors le titre de fondation royale.

Plusieurs personnages célèbres étaient ensevelis dans l'église de ce couvent : le *maréchal de Choiseul*, premier maréchal de France, mort en 1711. — Guy Aldonce, dit le *chevalier Chabot*, frère de Henri Chabot, duc de Rohan, mort à Paris en 1646, des blessures qu'il avait reçues au siège de Dunkerque. — *Judith de Mesmes*, marquise de Soyecourt, morte en 1659, etc. Dans le chœur, on avait inhumé, sans épitaphe, les entrailles de l'illustre cardinal du Perron, grand aumônier de France, si connu par ses écrits et le rôle politique qu'il joua sous le règne de Henri IV; il mourut à Bagnolet, le 5 septembre 1618. La noble maison d'Aumont avait une chapelle destinée à la sépulture des membres de sa famille.

L'église du couvent de Picpus ne renfermait aucun tableau important. A côté de l'autel étaient deux anges de grandeur naturelle, attribués à Germain Pilon. On voyait dans la nef plusieurs confessionnaux surchargés de sculptures d'assez mauvais goût; ils servaient de piédestaux à des statues de grandeur naturelle, dont trois étaient remarquables : c'étaient un Jésus-Christ prêchant, un *Ecce Homo*, assis et garrotté, que l'on eût eu de la peine à croire de G. Pilon si cet habile sculpteur ne l'avait signé; et une Vierge, ouvrage d'un artiste de talent, le frère Blaise, membre de la communauté.

Les bâtiments du couvent étaient vastes et bien construits. Les curieux visitaient le réfectoire, dont le fond était occupé par une toile de grande dimension, représentant le *serpent d'airain dans le désert*. Ce chef-d'œuvre de Lebrun était presque entièrement dégradé du temps de Piganiol; heureusement il a été fort bien gravé par B. Audran. Les trois autres faces du réfectoire étaient ornées des statues des fondateurs des différents ordres religieux; au pied de celle de saint François étaient agenouillés saint Louis et sainte Elisabeth, reine de Por-

---

(1) « Cette chapelle, dit Jaillot, passa ensuite aux héritiers de M. l'évêque de Sisteron, qui, à la considération de Diane de France, duchesse d'Angoulême, consentirent que la maison et la chapelle fussent occupées par Robert Reche (*alias* Richer) hermite de l'ordre de Saint-Augustin, et Pierre Reche, son frère, qui s'y établirent, en vertu de la permission de Jean Prévot, vicaire-général de M. le cardinal de Gondi, évêque de Paris, du 29 août 1588. » T. III, *quartier Saint-Antoine*, p. 103.

tugal, tous deux membres du tiers-ordre. Ces figures, dont les contemporains nous font l'éloge, avaient été faites en terre cuite par deux frères convers de la maison.

La bibliothèque était fort belle; le cardinal du Perron l'avait enrichie d'une partie des livres de sa maison de Bagnolet, et le père Héliot, religieux de ce couvent, y avait apporté un nombre considérable de volumes. Ce dernier était l'oncle d'Héliot auteur d'une histoire assez estimée des ordres religieux.

L'enclos et le jardin étaient spacieux. Dans une grotte, ornée de rocailles et de coquillages, était une statue de *Notre-Dame-de-Pitié*, ouvrage du frère Blaise.

Autrefois tous les ambassadeurs étrangers faisaient leur entrée publique par la porte Saint-Antoine; mais les ambassadeurs des États protestants s'arrêtaient ordinairement, avant leur entrée, au *jardin de Reuilli*, sur l'emplacement duquel on a construit la rue Rambouillet. Les ambassadeurs des puissances catholiques logeaient tous au couvent de Picpus; ils y avaient un appartement où ils recevaient les compliments des hauts dignitaires et des princes du sang; ils y restaient jusqu'à ce qu'un prince de la maison de Lorraine ou un maréchal de France vinssent les chercher pour les conduire à leur hôtel, rue de Tournon, dans un des carrosses du roi.

Les religieux de Picpus, qui étaient au nombre de soixante, furent supprimés en 1790; leur maison est devenue une propriété particulière (1).

Couvent des Récollets, situé au coin de la rue des Récollets et de la rue du faubourg Saint-Martin. — En 1496, un cordelier avait fondé en Espagne, pour remettre en vigueur l'austérité primitive de la règle de saint François, un ordre dépendant du général des cordeliers, et dont les religieux furent appelés Récollets (*recollecti*, recueillis). Vers la fin du XVIe siècle, les Récollets s'introduisirent en France, et en 1600, plusieurs d'entre eux vinrent de Montargis et de Nevers chercher un établissement à Paris. Un marchand tapissier, Jacques Costar, bourgeois de Paris, et sa femme, Anne Gosselin, leur firent don, le 14 décembre 1603, d'une vaste maison du faubourg Saint-Martin, et dès le 6 janvier de l'année suivante, ils obtinrent pour leur établissement l'autorisation royale. Aussitôt ils bâtirent une petite chapelle qui fut consacrée par Léonor d'Estrappes, archevêque d'Auch, le 19 décembre 1604. En 1605, Henri IV lui-même leur fit plusieurs donations importantes, de sorte que bientôt les Récollets, devenus moins pauvres, trouvèrent leur chapelle trop petite. La libéralité de Marie de Médicis

(1) Voy., sous le règne de Louis XIII, le couvent des *Pères de Nazareth*, qui appartenait également au tiers-ordre de Saint-François.

leur fournit les moyens d'en élever une plus grande et plus belle dont elle posa la première pierre et qui fut dédiée sous le titre de l'Annonciation de la sainte Vierge, par Léonor d'Estrappes, le 30 août 1614.

Les bâtiments du monastère, d'abord petits et simples, furent également reconstruits dans la suite par la munificence de M. de Bullion, surintendant des finances, et du chancelier Séguier. La partie la plus remarquable de cette maison était la bibliothèque, qui était nombreuse et bien composée, grâce aux soins des savants bibliothécaires Jean Damascène Lebret et son successeur Fortuné Lantier. Deux prédicateurs distingués du temps de Louis XIV, *Olivier Juvernay* et *Candide Chalippe*, appartenaient à l'ordre des Récollets.

L'église des Récollets, quoique peu remarquable, renfermait plusieurs tombeaux intéressants et quelques peintures dues au frère *Luc*, récollet, « plus estimé par sa vertu, dit Hurtaut, que par son habileté dans la peinture. » Il s'était fait religieux en 1644, à l'âge de vingt-neuf ans, et il mourut en 1685.

Les principales sépultures de cette église étaient celles de : *Guichard Faure, baron de Thisy*, maître-d'hôtel des rois Charles IX, Henri III et Henri IV, mort en 1623, à l'âge de quatre-vingt-deux ans. — *Madeleine Brulart de Sillery*, son épouse, morte à cinquante-neuf ans, en 1635. — *Noël de Bullion*, président à mortier au parlement, mort en 1670. — *Françoise de Créquy*, femme du grand Sully, morte en 1657 et inhumée à côté de *Louise de Béthune*, sa fille (1679), dans une chapelle latérale où l'on vit pendant long-temps les armes de sa famille peintes sur les vitraux. — *François Cominge de Guitaut*, capitaine des gardes d'Anne d'Autriche et gouverneur de Saumur, mort le 12 mars 1663, à l'âge de quatre-vingt-trois ans. — *Marguerite Gallard*, femme du président Le Féron, inhumée en 1702 dans la chapelle de Sainte-Marguerite qu'elle avait fait construire en 1676. — *Gaston duc de Roquelaure*, pair de France, lieutenant-général et gouverneur de Guyenne, qui mourut en 1683, célèbre par son courage militaire et plus encore par son esprit et ses saillies bouffonnes. — *Ant. Gast. J.-B. de Roquelaure*, maréchal de France, mort en 1738, et *Marie-Louise de Laval*, son épouse, morte en 1735.

En 1790, les Récollets furent supprimés, et les bâtiments de leur maison furent convertis en *hospice des Incurables* (1).

Couvent des Petits-Augustins, rue des Petits-Augustins, n° 16. — Marguerite de Valois, première femme de Henri IV, étant revenue à Paris en 1605, après la dissolution de son mariage, voulut accomplir un vœu qu'elle avait fait dans un danger auquel elle échappa à Usson

---

(1) Voy. plus loin cet article.

en Auvergne; c'était la fondation d'un couvent (1). Elle adopta les Augustins déchaussés, dont la réforme commençait à s'établir en France, et par acte passé avec les pères Mathieu de Sainte-Françoise et François Amet, elle accorda aux religieux de cet ordre 6,000 livres de rente perpétuelle et une maison contiguë à son hôtel, rue de Seine, qui était alors occupée par les frères de la Charité (2). Ceux-ci allèrent s'établir rue des Saints-Pères, et le pape ayant approuvé la fondation de Marguerite de Valois, l'an 1607, vingt Augustins déchaussés, sous la direction du père Amet, confesseur de la reine, vinrent s'établir dans la maison des frères de la Charité.

Ce couvent prit le nom *d'autel de Jacob*, et la fondatrice y fit élever une chapelle qu'on appela *chapelle des Louanges*; quatorze religieux devaient y chanter jour et nuit, sans discontinuer, deux à deux, des hymnes et des cantiques, *sur les airs qui seraient faits par ordre de Marguerite*. Mais toujours inconstante dans ses affections, cette princesse fut bientôt mécontente des Augustins déchaussés et les renvoya sous le spécieux prétexte *qu'ils ne chantoient point le plain-chant et qu'ils ne pouvoient posséder des rentes sans violer les statuts de leur réforme* (3). Les religieux se retirèrent en protestant contre cette criante injustice, et ils furent remplacés par des Augustins de la réforme de Bourges (4). Marguerite passa avec ceux-ci un contrat le 12 avril 1613, et leur accorda tout ce qu'elle avait donné à leurs devanciers. Ce changement fut approuvé par un bref de Paul V, du 14 août 1613, et confirmé par lettres-patentes du mois de décembre de la même année; l'évêque de Paris et l'abbé de Saint-Germain y donnèrent aussi leur consentement (5). Les nouveaux religieux commencèrent aussitôt à faire bâtir leur église et leur monastère; la reine n'épargnait aucune dépense; elle avait déjà assigné des rentes sur le duché de Valois pour l'entretien de la communauté, lorsque la mort la surprit le 27 mars 1615.

Les dotations qu'elle avait accordées aux Petits-Augustins (on les nomma ainsi pour les distinguer des Grands-Augustins, quoiqu'ils fussent du même ordre), restaient sans effet, par la donation univer-

---

(1) Voy. la lettre de Marguerite de Valois au pape Paul V, dans Dubreuil, p, 369.
(2) Voy. plus bas *Hôpital de la Charité des hommes*.
(3) Piganiol prétend que la reine était mécontente de la liberté avec laquelle lui parlait son confesseur Amet. T. VIII, p. 237.
(4) « Cette réforme fut introduite par les pères Étienne Rabache et Roger Girard, le 30 août 1594. La maison de Bourges, *de la province de Saint-Guillaume* où ce projet fut formé, fut la première qui l'accepta; ce qui lui fit donner le nom *de la communauté ou de la réforme de Bourges*, sous lequel elle est plus connue que sous celui *de la province de Paris*. Cette réforme a été adoptée dans 31 couvents: elle consiste particulièrement dans une entière désappropriation, et dans la renonciation aux grades qu'on prend dans les universités. » Jaillot, t. V, quar. *Saint-Germain*, p. 7. — (5) Félibien, t. II, p. 1274.

selle qu'elle avait faite à Louis XIII. Elle se contenta de recommander les religieux au roi et à la reine-mère; celle-ci répondit : « Oui-dà, j'y satisferai, et je vendrois plutôt jusques à ma chemise (1). » Le père Dubreuil rapporte que Marguerite ne s'occupait que de l'exécution de son dessein. « Avant que de mourir, dit-il, et pressée même de la maladie dont elle mourut, voyant que son dessein n'étoit accompli comme elle l'avoit si passionnément désiré, bien que par impuissance, elle demanda très instamment qu'au moins auparavant qu'elle partît de ce monde, elle eût ce contentement que la première pierre de cette église tant souhaitée fût mise et posée; de quoi monseigneur le prince de Condé l'assura que cela se faisoit, et que de la fenêtre de la chambre en laquelle il étoit, il la voyoit poser. Ce qui la fit écrier : *Ah! grâces soient à Dieu, je mourrai dorénavant contente* (2). »

La pieuse libéralité des fidèles vint au secours des Petits-Augustins. La reine Anne d'Autriche posa, le 15 mai 1617, la première pierre de la nouvelle église, qui fut achevée en deux ans, et dédiée sous l'invocation de saint Nicolas de Tolentin. « On laissa passer la fête solennelle de la Pentecôte, et le lendemain, à trois heures après midi, la reine, accompagnée des sieurs évêques de Nevers et de Langres, et depuis du sieur évêque d'Aire, qui arriva trop tard pour faire l'office, accompagnée, de plus, de Mesdames, filles de France, de la plupart des princesses et de son train ordinaire, Sa Majesté se transporta en la chapelle, où elle entendit vêpres à genoux. Cependant étoit sur le milieu de l'autel une pierre carrée de marbre noir de largeur d'un pied carré, au milieu de laquelle étoit posée une lame ou plaque d'argent doré, portant gravées les armes d'Espagne mi-parties de celles de France, avec la couronne et deux palmes entrelacées, faisant le cordon, qui ceignoient lesdites armes. Plus étoient deux filets d'or gravés, entre lesquels régnoient ces paroles tout autour de ladite pierre de marbre : *Anne d'Autriche, reyne de France, m'a icy posée le* 15 *may* 1617. Les vêpres étant finies, sortirent du chœur les religieux, tenant chacun en main un flambeau de cire blanche. Suivoit après le supérieur, portant une grande tavayolle, sur laquelle on posa ladite pierre de marbre, laquelle fut ainsi présentée à la reine qui lut l'écriture; après quoi on la conduisit dans les fondements, où étant ledit sieur évêque de Nevers vêtu pontificalement, fit les cérémonies accoutumées. Comme on eut présenté à sa majesté la truelle pour y mettre du ciment, elle voulut encore lire l'inscription, ce qu'ayant fait, le maître maçon voulant rouler la pierre de dessus, elle dit : *Bon Dieu! quoi! cela ne se verra-t-il point?* On lui répondit que non. Elle répliqua : *C'est grand dommage; hé! que je la voye encore!* Puis y mettant dere-

---

(1) Dubreuil, p. 380. — (2) *Id., ibid.*

chef du ciment, elle sortit toute joyeuse avec la compagnie, et rentrant dans la chapelle, fit ses actions de grâces devant le Saint-Sacrement, et de là elle s'alla promener dans le jardin de la reine Marguerite, où le père Christin François, vicaire provincial, accompagné de quelques vénérables pères, l'alla trouver pour remercier Sa Majesté de l'honneur et faveur qu'elle avoit fait à tous les religieux, et aussitôt lui offrit un très excellent tableau d'une Vierge en cheveux, laquelle mignardoit son petit enfant Jésus, qui tenoit une pomme vermeille en sa main. Le susdit père Christin fit à Sa Majesté cette courte, mais très agréable harangue : « Madame, nous offrons la reine du ciel à la reine de la terre, la priant que pour récompense d'un si saint œuvre, auquel Votre Majesté vient de mettre la main, elle nous fasse voir entre vos bras un aussi beau petit dauphin qu'est ce petit poupon qui la caresse. » Les princesses qui l'écoutoient, voyant la reine sourire, s'écrièrent : *Madame, n'en voilà guères, mais il est bon*. La reine commanda qu'on portât ce tableau en son cabinet, et M. le duc de Monteleon en prit la charge (1). »

L'église des Petits-Augustins était grande, mais son architecture n'avait rien de remarquable. Le grand autel et la voûte du chœur furent richement décorés en 1726, aux frais de l'abbé de Pontas, sous-pénitencier de l'église de Paris. Au milieu du *retable*, au-dessus de l'autel, était une niche cintrée, dans laquelle était posé un groupe de terre cuite blanchie, qui faisait l'admiration des connaisseurs. C'était un agonisant, soutenu par un ange qui lui montre le ciel, et assisté par saint Nicolas de Tolentin. Sur les portes des sacristies étaient les statues de sainte Monique et de sainte Claire de Montefalco, religieuse de l'ordre des Hermites de saint Augustin. Toutes ces figures étaient dues à un sculpteur nommé Biardo, natif de Laval. On remarquait aussi les tableaux de la chapelle Sainte-Anne, qui appartenaient à Claude de Pecoil, maître des requêtes (2), et les ornements et les peintures de la chapelle de Notre-Dame-des-Louanges, bâtie par ordre de Marguerite de Valois et enclavée dans la nouvelle église. Cette vaste chapelle, recouverte par un dôme, fut la première de cette forme qu'on construisit à Paris. Dans les fondements était l'inscription suivante : « Le 21 mars 1608, la reine Marguerite, duchesse de Valois, petite-fille du grand-roi François, sœur de trois rois et seule restée de la race des Valois, ayant été visitée et secourue de Dieu, comme Job et Jacob, et lors lui ayant voué le vœu de Jacob, et Dieu l'ayant exaucée, elle a bâti et fondé ce monastère, pour tenir lieu de l'autel de Jacob, où elle veut que perpétuellement soient rendues actions de grâces en reconnaissance de celles qu'elle a reçues de sa divine bonté. Elle a nommé ce monas-

---

(1) Ce curieux récit est extrait de Dubreuil, qui a mis à profit les archives du couvent. — (2) Brice, t. IV, p. 69.

tère de la Sainte-Trinité et cette chapelle *des louanges*, où elle a logé les pères Augustins déchaussés. » Le cœur de cette princesse fut inhumé dans la chapelle; on lisait sur le monument une longue épitaphe latine, composée par l'avocat-général Servin.

Plusieurs hommes illustres étaient ensevelis dans l'église des Petits-Augustins. *François Porbus*, célèbre peintre, fils de Pierre Porbus, mort en 1622. — *Nicolas Mignard*, surnommé d'Avignon, recteur de l'Académie royale de peinture, et frère aîné de Pierre Mignard, mort en 1768. — *René de l'Age*, seigneur de *Puylaurent*, sous-gouverneur de Gaston d'Orléans, frère de Louis XIII, et son fils Antoine, qui fut duc et pair de France, favori de Gaston et allié du cardinal de Richelieu, dont il épousa une nièce, ce qui ne l'empêcha pas de mourir, en 1635, au château de Vincennes. — Plusieurs membres de la famille des *Le Boulanger*, etc.

La construction du cloître et des autres bâtiments commença le 27 juillet 1619; la première pierre fut posée par Henri d'Amboise, marquis de Bussy. Le cloître était fort beau; il était orné de tableaux et de sculptures dus à des artistes de talent (1).

La bibliothèque se composait d'environ huit mille volumes; elle avait été enrichie par Gilbert Manguin, président de la cour des monnaies. Outre les classes de philosophie et de théologie, il y avait dans ce couvent une chaire réservée à l'explication de l'Ecriture-Sainte, et dont le monastère était redevable à la munificence éclairée de Maximilien-Emmanuel, électeur de Bavière.

On cite parmi les religieux remarquables du couvent des Petits-Augustins, d'abord leur fondateur *Etienne Rabache* (1554-1616). — Puis: *André le Boulanger* (1582-1657), prédicateur estimé, connu sous le nom de *Petit père André*; de la famille du célèbre président de Montigny, surnommé le Boulanger parce qu'il nourrit le peuple à ses frais dans un temps de famine. — *Charles Moreau* de Paris (1595-1671), qui a publié une édition de Tertullien et des sermons en latin. — *Augustin Chesneau* (1615-1693), professeur de philosophie et de théologie au grand couvent des Augustins; on a de lui un ouvrage mystique intitulé *Orpheus Eucharisticus*. — *Augustin Lubin* de Paris (1624-1695), savant religieux qui a laissé un grand nombre de bons ouvrages d'histoire et de géographie. — *Ange le Proust* (1624-1697), prédicateur infatigable, qui travailla beaucoup à la conversion des calvinistes du Poitou et fonda la congrégation des hospitalières appelées Filles de Saint-Thomas de Villeneuve. — *Théophile Loir* de Paris (1637-1699), auteur de plusieurs livres de morale et de théologie. — *Jacques Hommey* (1643-1713), religieux très érudit, qui, sur la fin de sa vie, rédigea en

---

(1) Piganiol, t. VIII, p. 258.

latin un journal politique et littéraire qui lui fit beaucoup d'honneur, mais lui attira beaucoup d'ennemis et le fit exiler à Bar-le-Duc. — Enfin *Pierre de Bretagne* (1668-1727), augustin célèbre, confesseur et conseiller de Maximilien-Emmanuel, électeur de Bavière.

Les Petits-Augustins, loin de montrer aucune opposition à la révolution de 1789, avaient offert spontanément leur église pour servir d'hôpital militaire; ils n'en furent pas moins supprimés en 1790, et l'année suivante les bâtiments du couvent furent choisis pour y placer le *Musée des monuments français*, sous la direction de M. Alexandre Lenoir (1).

Hôpital de la Charité (anciennement maison des Frères de la Charité des hommes), rue des Saints-Pères, n° 45. — Un Portugais nommé Jean de Dieu, qui fut canonisé en 1690 par le pape Alexandre VIII, forma au XVIe siècle une association dans le but de secourir les pauvres malades. La *congrégation de Jean de Dieu* fit bientôt de rapides progrès. En 1601, Marie de Médicis appela de Florence cinq de ces religieux, et les établit, l'année suivante, au même lieu qu'occupèrent ensuite les Petits-Augustins. Henri IV leur accorda des lettres-patentes au mois de mars de la même année; elles furent confirmées en 1628 et en 1643 par Louis XIII et Louis XIV. Marguerite de Valois, comme nous l'avons vu dans l'article précédent, acheta des Frères de la Charité le terrain qu'ils occupaient pour y construire un hôtel et les fit transférer rue des Saints-Pères, près la chapelle Saint-Pierre, où ils célébrèrent l'office divin et dont ils devinrent plus tard propriétaires (2). En 1613, on construisit une nouvelle église, dont Marie de Médicis (3) posa la première pierre, et qui ne fut dédiée, sous l'invocation de saint Jean-Baptiste, qu'au mois de juillet 1621. Elle ne fut même entièrement terminée qu'en 1732, parce que les religieux prolongèrent les constructions jusqu'à la rue des Saints-Pères (4); alors on éleva un portail d'assez bon goût sur les dessins de Decotte, premier architecte du roi.

L'église des Frères de la Charité était ornée de plusieurs tableaux et statues; on remarquait le *martyre de saint Pierre et de saint Paul*, par Pierre Cazes; *saint Jean prêchant dans le désert*, par Claude Verdot; la *Résurrection de Lazare*, par Louis Galloche, dont toutes les figures étaient, dit-on, des portraits de la femme, des filles, de la domestique et du porteur d'eau de ce peintre; *la multiplication des pains*, par Claude Hallé; une Vierge de marbre sculptée par Le Pautre; *l'apothéose de saint Jean de Dieu*, belle toile de Jouvenet; des tableaux de Restout, de Pierre d'Ulin, etc.

(1) Voy. *Musée des monuments français*. — (2) Voy. t. I, p. 580. — (3) Et non pas Marguerite de Bourgogne, comme le disent Jaillot et M. Dulaure. Voy. Piganiol, t. VIII, p. 289 et 290. — (4) Brice, t. IV, p. 54.

Dans la salle de Saint-Louis on voyait le saint roi pansant un malade, production estimée de Louis Testelin, des tableaux de Restout, etc. Dans la salle Saint-Michel était *la Charité*, sous la figure d'une femme qui jette de l'eau sur un brasier; c'est un des premiers ouvrages de Le Brun (1). Toutes les salles étaient décorées de tableaux.

Au milieu d'une des chapelles était un tombeau qui servait de piédestal à la statue d'un prêtre en habit long et à genoux; on y lisait cette inscription : *Icy gît messire Claude Bernard, dit le pauvre prêtre, qui décéda le 23 mars* 1641. — Claude Bernard était un riche bourgeois de Dijon, qui distribua tous ses biens aux pauvres et ne cessa pas un instant de les secourir; il assistait aussi les condamnés à mort (2). La statue de ce saint homme, faite en terre cuite par Antoine Benoît, était, dit-on, fort ressemblante. On ignore ce qu'elle est devenue.

Les Frères de la Charité se multiplièrent peu à peu, et de cinq ils arrivèrent à soixante; ils se virent alors obligés d'accroître leur hôpital, et la libéralité de quelques riches particuliers vint à leur aide. Tous les hommes malades y étaient reçus, pourvu que leurs maladies ne fussent ni contagieuses ni vénériennes; ils étaient soignés avec un zèle et une charité admirables, par les religieux, qui administrèrent cet établissement jusqu'à la révolution (3).

Le porche à colonnes, qui sert d'entrée, date de 1784. L'hôpital de la Charité, pendant la révolution, porta le titre d'*Hospice de l'Unité*; il a repris, sous le consulat, sa première dénomination.

Du temps de Jaillot, en 1774, il y avait dans cet hôpital cent quatre-vingt-dix-neuf lits; on en compte aujourd'hui environ trois cent cinquante; deux cent cinquante pour les hommes et cent pour les femmes, qui autrefois n'y étaient point admises. Pendant la révolution, l'hôpital de la Charité a reçu des accroissements considérables; c'est l'un des plus beaux hospices de Paris.

L'entrée de l'hôpital de la Charité, du côté de la rue Jacob, est loin d'être digne de l'importance de cet établissement. On doit prochainement la remplacer par une façade monumentale.

Capucines. Couvent de religieuses situé d'abord rue Saint-Honoré, et en dernier lieu rue Neuve-des-Capucines, en face de la place Vendôme. — La reine Louise de Lorraine, veuve de Henri III, par son tes-

---

(1) *Voyage pitt. de Paris*, p. 380.

(2) Le cardinal de Richelieu, qui avait pour Claude Bernard une grande estime, l'ayant fait appeler, lui demanda s'il désirait obtenir quelque grâce : « Oui, monseigneur, répondit le bon prêtre, je pricrai votre éminence de vouloir bien donner des ordres pour faire raccommoder la charrette dans laquelle je conduis les criminels au supplice; elle est en si mauvais état, que j'ai failli deux ou trois fois me rompre le cou. »

(3) Voy. les règlements des *Frères de la Charité*, dans Dubreuil, p. 384 et suivantes.

tament fait à Moulins le 28 janvier 1601, institua son héritier universel le prince Philippe-Emmanuel de Lorraine, duc de Mercœur, son frère, et le chargea d'employer la somme de 60,000 livres à la fondation d'un couvent de Capucines dans la ville de Bourges. La reine Louise étant morte le lendemain 29 janvier, et le duc de Mercœur en 1602, Marie de Luxembourg, veuve de ce prince, se chargea de l'exécution du testament de sa belle-sœur, et suppléa à la somme de 60,000 livres, qui n'était pas suffisante pour la fondation de ce couvent. Mais les Capucines furent établies à Paris et non à Bourges. La duchesse de Mercœur acheta l'hôtel de Retz, appelé alors l'hôtel du Perron, situé dans le faubourg Saint-Honoré, vis-à-vis le couvent des Capucins, et qu'elle fit démolir. La première pierre de la nouvelle maison fut mise au nom de madame Élisabeth, fille aînée du roi, le 29 juin 1604, et les bâtiments furent achevés en 1606. Pendant qu'on les élevait, la duchesse de Mercœur s'était retirée à *la Roquette*, dans le faubourg Saint-Antoine, avec douze filles qui embrassèrent la règle des Capucines. Elles furent transférées à leur couvent en grande cérémonie, le 9 août 1606, et firent profession le 21 juillet de l'année suivante. La règle de cette communauté (dont il n'existait que trois couvents en France) était d'une rigueur inouïe. Les Capucines, appelées aussi les *Pauvres Dames* ou *Filles de la Passion*, ne vivaient que d'aumônes, marchaient toujours nu-pieds, excepté dans les cuisines et dans le jardin, ne mangeaient jamais de viande, etc. (1).

En 1686, Louis XIV, voulant faire construire la place Vendôme, ordonna la démolition du couvent des Capucines, et en fit élever un autre à l'endroit où finit la rue des Neuve-Petits-Champs et commence la rue Neuve-des-Capucines. Les religieuses y furent tranférées le 26 juillet de la même année (2). Les bâtiments, élevés sur les dessins de François d'Orbay, étaient fort beaux et fort commodes; ils coûtèrent au roi près d'un million (3). Le portail de l'église, qui servait de perspective à l'une des ouvertures de la place Vendôme (alors place Louis-le-Grand), était assez médiocre; mais les travaux furent si mal dirigés qu'on fut obligé de le recommencer jusqu'à trois fois. En 1756, il fallut reprendre non seulement le portail, mais encore toute l'église, et démolir entièrement les superbes mausolées des chapelles. Cette façade, dont la sculpture était d'Antoine Vassé, consistait en deux pilastres toscans, soutenant un entablement dont la corniche était cintrée et surmontée d'une croix, au pied de laquelle étaient deux anges en adoration. Au-dessous du cintre on remarquait un cartouche, entouré d'anges et de chérubins, sur lequel était l'inscription suivante en lettres d'or: *Pavete ad sanctuarium meum, ego Dominus*.

(1) Piganiol, t. III, p. 38. — (2) Jaillot, t. II, *quartier Montmartre*, p. 14. — (3) Piganiol, *ibid*.

L'église renfermait les sépultures de la reine *Louise de Lorraine*, du *duc et de la duchesse de Mercœur*, du célèbre *Louvois* et de plusieurs membres de sa famille. La statue de Louvois était en habit d'officier de l'ordre du Saint-Esprit, dont il était chancelier, appuyée sur le bras droit et couchée sur un grand sarcophage ; Anne de Souvré de Courtanvaux, sa femme, est à ses pieds (M. Lenoir y a vu l'Histoire, figurée par une femme). Ce groupe est de Girardon, de Martin Desjardins et de Vanclève. Au bas de ce monument, transporté au musée des Monuments français, sont deux statues en bronze, l'une représentant la Sagesse, par Girardon, et l'autre la Vigilance, par Desjardins. La chapelle qui renfermait ce tombeau avait été sculptée avec talent par le célèbre Girardon ; sur l'autel était une *Résurrection*, d'Antoine Coypel. On remarquait aussi la sépulture de la *marquise de Pompadour*, morte à Versailles le 15 avril 1764, et ensevelie à côté d'*Alexandrine Le Normand d'Étioles*, sa fille. La riche chapelle Saint-Ovide, décorée d'un beau tableau de Jouvenet représentant le martyre de ce saint, renfermait le tombeau en marbre du *duc de Créqui*, mort en 1687 ; il avait été sculpté par Pierre Mazeline et Simon Hurtelle. « Le duc est à demi-couché ; derrière est l'Espérance qui lui soutient la tête ; trois génies, tenant des flambeaux, présentent son épitaphe. L'Abondance et la Religion ornent les deux côtés du grand soubassement (1). » Le duc de Créqui fit don aux Capucines des reliques de *saint Ovide, martyr*, dont la fête se célébra tous les ans avec solennité ; c'est ce qui donna lieu à la foire Saint-Ovide, dont j'aurai occasion de parler.

L'église des Capucines possédait, entre autres objets d'arts, une belle *Descente de Croix*, par Jouvenet ; plus tard, on substitua à l'original, donné par le roi à l'Académie de peinture, une copie de Restout.

Ce couvent fut supprimé en 1790 ; ses bâtiments furent destinés dans la suite à la fabrique d'assignats. Les jardins devinrent une promenade publique où s'établirent successivement un théâtre d'enfants (2), le Cirque de Franconi et le premier Panorama. On démolit le couvent des Capucines en 1806, et sur une partie de son emplacement on ouvrit la rue de la Paix, qui prit d'abord le nom de rue de Napoléon.

Hôpital Saint-Louis, rue du Carême-Prenant, près du n° 22, et rue de l'Hôpital-Saint-Louis, n° 2. — La peste qui désola Paris en 1606 et en 1607, et qui encombra l'Hôtel-Dieu de malades, fit sentir la nécessité de bâtir un hôpital spécial pour les pestiférés. Celui du faubourg Saint-Marceau, qu'on avait proposé de destiner à cet objet, ayant été

(1) Voyage pittoresque de Paris, p. 159. — Piganiol a donné le dessin de ce monument.
(2) C'est sur ce théâtre, dirigé par M. Hurpy, que débuta, avant l'âge de cinq ans, une actrice qui devait devenir la bien-aimée du public, Mlle Déjazet.

trouvé trop petit, on choisit un lieu plus commode entre les faubourgs du Temple et Saint-Martin. Henri IV, par un édit du mois de mars 1607, attribua à l'Hôtel-Dieu dix sols à prendre sur chaque minot de sel qui se vendrait dans tous les greniers à sel de la généralité de Paris, pendant quinze ans, et cinq sols à perpétuité, après les quinze années expirées, à la charge et condition de faire bâtir un *hôpital de santé*, hors de la ville, entre la porte du Temple et celle de Saint-Martin, de payer les gages de tous les employés, et de fournir les meubles et ustensiles nécessaires, tant à ce nouvel hôpital qu'à celui du faubourg Saint-Marceau, que le roi unit à l'Hôtel-Dieu pour le même usage. En conséquence, les administrateurs de l'Hôtel-Dieu, par délibération du 20 juin 1607, conclurent un marché pour la construction de ce nouvel établissement, et les entrepreneurs commencèrent les bâtiments par la chapelle, dont la première pierre fut posée le 13 juillet de la même année. On employa quatre ans et demi à bâtir cet hôpital; et il en coûta, tant pour sa construction que pour mettre celui du faubourg Saint-Marceau en état, et pour les meubler l'un et l'autre, la somme de 795,000 livres. On nomma celui-ci *l'hôpital de Saint-Louis* (1), et le second, dont je m'occuperai plus bas, *l'hôpital de Sainte-Anne*. Ils furent l'un et l'autre d'un grand secours en 1619, lorsque la capitale fut de nouveau affligée de la peste (2).

La rigueur de l'hiver de 1709 et la misère qu'elle occasionna causèrent différentes maladies, et principalement le scorbut; l'hôpital Saint-Louis fut aussitôt destiné pour ceux qui en étaient attaqués. Le nombre des malades devenant plus considérable, l'autorité fit augmenter les bâtiments et réparer les anciens.

Cet établissement, élevé sur les dessins de Villefaux ou de Claude Châtillon, consiste en un grand bâtiment parfaitement situé; la buanderie attire le regard des visiteurs. L'église n'a rien de remarquable.

Dans le cours de la révolution, l'hôpital Saint-Louis fut nommé *hospice du Nord*.

Depuis 1619, il a toujours été en activité; comme il était uni à l'Hôtel-Dieu, on y envoyait les convalescents pour s'y rétablir. Il prit peu à peu une extension immense, et depuis le commencement de ce siècle, on y a fait d'importantes améliorations. En 1787, on n'y comptait que trois cents lits; aujourd'hui ce nombre est quadruplé. On soigne spécialement dans cet hôpital toutes les maladies chroniques cutanées, et la maladie vénérienne. Sept cents lits sont affectés aux galeux, quatre cents pour les hommes et trois cents pour les femmes; deux cents lits sont destinés aux blessés, aux malades affligés d'ulcères, de dartres

(1) Il reçut ce nom parce que Henri IV voulut qu'il fût mis sous l'invocation de saint Louis, mort à Tunis de la peste, et non pas, comme le dit Brice, t. II, p. 52, à cause de Louis XIII. — (2) Félibien, t. II, p. 1277. — Piganiol, t. IV, p. 75.

et de cancers; deux cents autres sont réservés aux scrofuleux, aux teigneux et aux fiévreux. L'hôpital Saint-Louis, habilement administré, est l'un des hospices les plus importants de la capitale.

Hôpital de la Santé ou *de Sainte-Anne*, situé au-delà de la barrière de la Santé. Rien de moins complet et de plus vague que les notions fournies sur cet hôpital par les historiens de Paris. M. Dulaure n'a point cherché à concilier les divers témoignages, et ne s'est point aperçu qu'il y avait eu sous le même nom deux hôpitaux que presque tous les compilateurs ont confondus. Je rétablis les faits, d'après les indications exactes de Jaillot. En 1595, la contagion qui désola Paris obligea l'autorité à louer, pour en faire des hôpitaux spéciaux, plusieurs maisons isolées dans le faubourg Saint-Marcel, notamment une dans la rue des Vignes, dont les dépendances s'étendaient alors jusqu'à la rue de l'Arbalète. Lorsque la contagion eut cessé, le parlement décida, le 27 novembre 1596, qu'il était convenable de garder encore quelque temps cet hôpital. En 1606 et en 1607, la peste se déclara de nouveau; nous avons vu qu'alors Henri IV ordonna la construction de l'hôpital Saint-Louis, et l'agrandissement de celui de la rue de l'Arbalète, connu sous le nom de *Maison de la Santé*. Ce dernier hôpital fut en même temps réuni à l'Hôtel-Dieu.

Le 7 juillet 1651, Anne d'Autriche ayant eu besoin d'une partie du terrain de cet établissement pour agrandir l'enclos du Val-de-Grâce, l'acheta en totalité aux administrateurs de l'Hôtel-Dieu, et donna le surplus aux Filles de la Providence (1); mais ne voulant point supprimer un asile dont une triste expérience avait démontré plus d'une fois la nécessité, la reine fit choisir au bout du *chemin de Gentilly* (aujourd'hui rue de la Santé), un emplacement sur lequel on éleva un nouvel hôpital de la Santé; il prit le nom de Sainte-Anne, en l'honneur de sa fondatrice, et servit d'abord pour certaines maladies contagieuses, plus tard pour les convalescents de l'Hôtel-Dieu (2). Aujourd'hui cet hôpital est abandonné; ses bâtiments et dépendances sont ceux d'une ferme appartenant à l'administration de l'Hôtel-Dieu.

Place-Royale. Elle commence rue Royale, près la rue Saint-Antoine, et finit rue de la Chaussée-des-Minimes. — J'ai dit que l'hôtel des Tournelles ayant été abandonné après la mort de Henri II, on en ordonna la démolition (3) et qu'une partie de son emplacement fut alors transformé en un marché aux chevaux qui servit de théâtre, en 1578, au terrible combat que se livrèrent les courtisans de Henri III et les favoris du duc de Guise (4). La démolition de l'hôtel des Tournelles n'était pas entièrement ache-

(1) Voy. couvent des *Filles de la Providence*. — (2) Jaillot, t. IV, *quartier Saint-Benoît*, p. 218 et suiv. — (3) Voy. ci-dessus, p. 101. — (4) Voy. ci-dessus, p. 445.

vée, lorsque Henri IV parvint au trône ; ayant résolu d'établir en France une manufacture d'étoffes de soie, d'or et d'argent, il y fit venir environ deux cents ouvriers et les logea dans les bâtiments encore debout de l'ancienne résidence royale. Les entrepreneurs de ces manufactures ne s'y trouvant pas assez commodément logés, firent élever, en 1604, un grand et magnifique pavillon, qui donna l'idée au roi de construire en ce lieu une place publique, qui serait nommée la Place-Royale, et qui aurait soixante-douze toises carrées. Il fit bâtir à ses dépens l'un des quatre côtés qu'il vendit à des particuliers ; il donna les places des trois autres côtés, chacune pour un écu d'or de cens, à la charge par les acquéreurs d'y élever des pavillons conformes aux dessins qui leur seraient donnés. Le pavillon qui fait face à la rue Royale et à la rue Saint-Antoine, fut nommé le *Pavillon du Roi*, et celui qui est vis-à-vis le *Pavillon de la Reine*. Pour empêcher que la symétrie ne fût dérangée, Henri IV ordonna qu'aucun des pavillons ne pourrait être partagé entre cohéritiers, mais qu'il serait mis dans un lot ou leur appartiendrait par indivis. En même temps, il fit percer quatre rues qui conduisent à cette place : la rue Royale, celle de la Chaussée-des-Minimes, celle du Pas-de-la-Mule et celle de l'Écharpe.

La Place-Royale présente un carré très régulier ; deux de ses faces sont décorées de neuf pavillons, et les deux autres de huit seulement, parce que le bout de la rue de l'Écharpe est à découvert, ainsi que le côté de la rue du Pas-de-la-Mule, qui lui est opposé. A l'extrémité de cette dernière rue se trouvait autrefois un pavillon, sur une arcade ouverte aux passants. On l'a démoli il y a quelques années pour la régularité de la place. Ces trente-quatre pavillons, bâtis de pierres et de briques et couverts d'ardoises, sont portés par une suite d'arcades larges de huit pieds et demi, hautes de douze environ, et ornées de pilastres doriques qui règnent au pourtour de la place et forment autant de corridors couverts d'une voûte surbaissée de pierres et de briques. La place est pavée le long de ces corridors de la largeur d'une rue ; le reste était autrefois fermé par une grille de fer qui entourait des tapis de gazon et des allées sablées ; quatre portes principales et deux petites donnaient entrée dans cette espèce de parterre (1). C'est le rendez-vous des bonnes d'enfants et la promenade habituelle des paisibles habitants du Marais.

Le 27 novembre 1659, le cardinal de Richelieu fit placer avec solen-

(1) Cette grille avait été faite sous le règne de Louis XIV, et l'on voyait le portrait en médaillon de ce prince sur deux de ses portes. Elle avait été faite aux dépens des propriétaires des pavillons, qui donnèrent chacun mille livres ; cette grille avait donc coûté 35,000 livres. Voy. Hurtaut, t. IV, p. 43. — La grille de la Place-Royale, qui vient d'être enlevée malgré les protestations de plusieurs artistes, sera, dit-on, prochainement remplacée par une autre, d'un goût plus simple.

nité, au milieu de la Place-Royale, une statue équestre de Louis XIII, en bronze, posée sur un grand piédestal de marbre blanc ; on admirait la beauté du cheval, ouvrage du célèbre Daniel Ricciarelli, de Volterre en Toscane, disciple de Michel-Ange. Il l'avait fait pour Henri II, mais la mort prématurée de cet habile artiste l'empêcha de terminer la figure de ce roi. Richelieu fit poser le cheval plusieurs années après et y plaça la statue de Louis XIII, par Biard fils; mais cette figure était peu remarquable. Sur les faces du piédestal étaient quatre inscriptions françaises et latines, dont voici les premières : Pour la glorieuse et immortelle mémoire du très grand et très invincible Louis-le-Juste, XIIIe du nom, roi de France et de Navarre. Armand, cardinal et duc de Richelieu, son principal ministre dans tous ses illustres et généreux desseins, comblé d'honneurs et de bienfaits par un si bon maître et un si généreux monarque, lui a fait élever cette statue, pour marque éternelle de son zèle, de sa fidélité, de sa reconnaissance. 1639. »

Sur la face à main droite :

> Que ne peut la vertu, que ne peut le courage?
> J'ai dompté pour jamais l'hérésie en son fort.
> Du Tage impérieux j'ai fait trembler le bord,
> Et du Rhin jusqu'à l'Ebre accru mon héritage.
> J'ai sauvé par mon bras l'Europe d'esclavage,
> Et si tant de travaux n'eussent hâté mon sort,
> J'eusse attaqué l'Asie, et d'un pieux effort,
> J'eusse du saint tombeau vengé le long servage.
> Armand, le grand Armand, l'âme de mes exploits,
> Porta de toutes parts mes armes et mes lois,
> Et donna tout l'éclat aux rayons de ma gloire.
> Enfin il m'éleva ce pompeux monument,
> Où, pour rendre à son nom mémoire pour mémoire,
> Je veux qu'avec le mien il vive incessamment.

Ces vers, qui ne furent gravés que long-temps après la mort du cardinal de Richelieu, avaient été composés par le fameux Jean Desmarets, membre de l'Académie française, connu par de médiocres ouvrages.

En 1792, la Place-Royale reçut le nom de *place de l'Indivisibilité*, qui était celui de la section où elle était située. Le 14 septembre 1800, ar arrêté du département de la Seine, elle prit le nom de place des Vosges, parce que le département des Voges fut le premier de tous qui acquitta la plus forte partie de ses contributions, au terme prescrit par un arrêté des consuls du 8 mars 1800.

En 1792, la statue de Louis XIII fut jetée à la fonte; on la remplaça par une fontaine, qui fut détruite à la rentrée des Bourbons. On rétablit alors le monument, qui fut entouré par quatre nouvelles fontaines.

La nouvelle statue de Louis XIII, exécutée en marbre blanc par MM. Dupaty et Cortot, a été posée en novembre 1829.

Le 5 avril 1612, Marie de Médicis donna à la Place-Royale le spectacle d'un magnifique carrousel, à l'occasion de la double alliance contractée entre la France et l'Espagne (1).

Pendant les troubles de la Fronde, M. de Beaufort, *le roi des halles*, effrayé de l'exaspération de la multitude contre le parlement, assembla un jour à la Place-Royale *quatre ou cinq mille gueux*; il leur fit *proprement* un sermon pour les exhorter à l'obéissance qu'ils devaient aux magistrats. Mais le soir même le président de Maisons faillit être assassiné rue de Tournon, par les factieux. M. de Beaufort ne savait pas, dit le cardinal de Retz, que *qui assemble un peuple l'émeut toujours*.

Des personnages célèbres ont habité Place-Royale; on y voyait de fort belles résidences. Germain Brice cite les hôtels de Guémenée, de Nicolaï (autrefois hôtel de Chaunes), et celui du baron de Breteuil, situé à main droite en entrant par la rue Saint-Antoine. On voyait dans ce dernier hôtel un superbe plafond, peint par Lebrun (2). Le cardinal de Richelieu occupait l'hôtel qui porte le n° 21, et d'où ses yeux pouvaient se reposer quelquefois sur la demeure de Marion de Lorme. L'emplacement de cette dernière maison, que nous aimerions aussi à retrouver, n'est signalé par aucune tradition (3).

Pyramide de Jean Châtel, rue de la Barillerie, vis-à-vis le palais de Justice. — J'ai dit que le parlement en prononçant son arrêt contre Jean Châtel et les jésuites, avait ordonné la démolition de la maison de Pierre Châtel. Au mois de janvier 1595, on éleva sur l'emplacement de cette maison une pyramide en forme d'un grand piédestal quadrangulaire, décoré à l'antique et couvert d'inscriptions. Au-dessus de l'attique de ce piédestal et aux angles s'élevaient quatre statues allégoriques représentant les quatre vertus cardinales. Un obélisque, terminé par une croix fleuronnée, surmontait ce monument, qui avait dans son ensemble vingt pieds d'élévation (4). Sur la face occidentale, vis-à-vis du palais, se lisait l'arrêt du parlement dont j'ai cité ailleurs les principales dispositions. Sur les autres faces de la pyramide étaient gravées des inscriptions latines dont voici la traduction :

Du côté du midi : « A LA GLOIRE IMMORTELLE, A LA MÉMOIRE IMPÉRISSABLE DE TRÈS GRAND, TRÈS VAILLANT, TRÈS CLÉMENT PRINCE HENRI IV, ROI TRÈS CHRÉTIEN DE FRANCE ET DE NAVARRE. Passant, étranger ou habitant de Paris, écoute-moi : Sur le lieu où tu me vois élevé en forme de pyramide fut la maison de Chastel, maison dont le parlement, vengeur du crime, a ordonné la démolition. Je dois mon existence au

(1) Voy. les *faits généraux* du règne de Louis XIII. — (2) Brice, t. II, p. 215. — (3) M. Nodier, *Paris hist.*, p. 216. — (4) Dict. hist. de Béraud, t. II, p. 51.

fils de son propriétaire, fils élevé à l'école impie de ces maîtres pervers qui, hélas! ont usurpé le nom de Jésus. Coupable d'inceste, il osa bientôt porter une main parricide sur un roi qui, naguère, avait préservé cette ville de sa ruine totale, et qui, grâce à la protection divine, souvent vainqueur dans les combats, échappa aux coups de cet assassin, dont le fer ne l'atteignit qu'à la bouche. Passant, retire-toi : je ne puis, pour l'honneur de notre ville, t'en apprendre davantage. »

« La pyramide, dont le nom signifie pur feu, décorait jadis les villes des nations antiques. Elle sert ici, non de décoration, mais d'autel expiatoire du crime. Tout se purifie par l'eau ou par le feu; mais le parlement a voulu élever cet insigne monument de sa piété en mémoire de la conservation de la vie du roi et du péril auquel il a heureusement échappé, afin que l'État et l'amour de ses sujets n'aient plus à redouter un semblable événement. »

Sur la face qui regardait l'orient :

« Lorsque Henri très chrétien, roi des François et des Navarrois, né pour le bonheur de la France, vainqueur de la tyrannie espagnole et de la Ligue, s'était rendu maître de cette ville et de presque toutes celles du royaume, ses victoires provoquèrent la fureur des habitants de la France ennemis du nom françois. Jean, fils de Pierre Chastel, un de leurs agents, osa, avec plus d'audace que de succès, attenter à la personne du roi, en le frappant d'un coup de couteau. C'est pour venger ce crime de lèse-majesté que la cour du parlement ordonna la démolition de la maison de Pierre Chastel, où son fils Jean avoit communiqué à son père l'attentat ineffaçable qu'il projetoit, et que sur le sol de cette maison rasée seroit érigé ce monument durable, en mémoire de ce jour où la prospérité publique fut compromise, où les habitants de cette ville furent partagés entre la crainte et l'espérance par l'horrible attentat que ce scélérat eut la témérité d'entreprendre contre le libérateur du royaume et le fondateur de la paix générale; en mémoire de ce jour où fut préservé ce que la France possédoit de plus cher, où cette cour purgea le royaume de cette race d'hommes nouveaux, connus par leurs superstitions et leurs perversités, et qui avaient inspiré à ce jeune homme un crime aussi horrible. »

Le sénat et le peuple parisien.

« *Très dévoués à sa majesté; à l'exterminateur de la faction pestiférée de l'Espagne; à l'heureuse conservation des jours du roi; à la punition du parricide.* »

« Le destin signale envers nous sa double puissance : il donne d'abord, puis il conserve à la France ce qui peut assurer sa prospérité. »

Sur la face septentrionale du côté du Pont-au-Change :

« *A Dieu très bon, très grand,*

En reconnoissance de la conservation des jours de Henri IV, roi très clément, très puissant, sur lequel un exécrable parricide, imbu des principes très pernicieux de cette secte dont l'hérésie contagieuse couvre ses crimes abominables du voile de la religion, et qui enseigne publiquement à tuer les oints du Seigneur, les images vivantes de sa majesté divine, osa porter une main sacrilége; mais le coup de couteau dont il tentoit de percer la personne sacrée du roi fut heureusement arrêté par la rencontre de ses dents, et ne le blessa qu'à la lèvre supérieure. La cour du parlement, voulant donner un exemple nécessaire par un supplice terrible et transmettre à la postérité la preuve de la protection divine pour un prince dont le salut fait le salut de la France, a ordonné que ce monstre seroit tiré à quatre chevaux; que ses membres détachés seroient consumés par les flammes vengeresses, et que sur la maison où il avoit pris naissance, maison démolie jusqu'à ses fondements, s'éleveroit ce monument du salut de tous et de la gloire nationale.

» Le 4 janvier, l'an du salut 1595. »

Au-dessus de la croix sur le dé de l'obélisque :

« Par arrêt de la cour du parlement,

» Sur la place où s'élève aujourd'hui cette croix, étoit jadis une maison habitée par un monstre exécrable. Le parlement a étendu sa punition jusque sur la demeure de ce misérable, afin que le public sache que rien n'est plus sacré que la personne des rois. »

Les jésuites étant rentrés en France en 1603, le père Cotton, confesseur et prédicateur de Henri IV, obtint de ce bon roi la démolition de la pyramide de Châtel, ce qui eut lieu malgré les protestations du parlement. L'emplacement fut donné par le roi à Perrai et Dupuis, exempts de ses gardes, Valois, commissaire des guerres, et de Mainville, capitaine des gardes, pour y faire construire des échoppes (1). Cette concession n'eut pas de suite, et François Miron, prévôt des marchands, éleva sur cette place une fontaine située actuellement dans la cour méridionale du palais de Justice (2).

La Savonnerie, manufacture royale de tapis, quai de Billy, n° 30. — Dans l'origine, il existait sur cet emplacement une fabrique de savon. En 1604, le roi Henri y établit une manufacture de tapis dans le genre oriental, et mit à la tête Pierre Dupont, qui lui en avait donné le plan. Simon Lourdet succéda à Dupont en 1626, et l'un et l'autre obtinrent de si beaux résultats, qu'ils reçurent du gouvernement des lettres de noblesse. Les tapis sortis de cette fabrique, la seule de ce genre qui existât en France, rivalisaient avec les productions des Gobelins; on cite entre autres un tapis de pied qui devait couvrir tout le parquet de

(1) Jaillot, t. I, *quartier de la Cité*, p. 19.
(2) Voy. à la topographie de cette période, l'art. *Fontaine du palais*.

la grande galerie du Louvre, et qui consistait en quatre-vingt-douze pièces (1).

La manufacture de la Savonnerie reçut en 1663, sous le ministère de Colbert, une organisation nouvelle. Abandonnée ensuite, elle reprit toute son activité en 1713, par les soins du duc d'Antin, surintendant, qui fit réparer les bâtiments. La chapelle avait été fondée en 1615, sous l'invocation de saint Nicolas, par Marie de Médicis. Ce bel établissement, qui était public tous les jours de dix heures à une heure, prospéra jusqu'en 1828, époque à laquelle il fut réuni à la manufacture des Gobelins. Une partie des anciens bâtiments fut remplacée par des constructions nouvelles, destinées aux magasins et à l'administration des *subsistances militaires*.

CHAPITRE SEPTIÈME.

TOPOGRAPHIE DE PARIS DE FRANÇOIS Ier A LOUIS XIII.

Travaux de l'enceinte. — Fortifications. — De grands travaux de fortifications furent exécutés à Paris, pendant la période que nous venons de parcourir. A la nouvelle de la captivité de François Ier, j'ai dit qu'on abattit les voiries et qu'on mit la ville à l'abri d'une surprise (2). Cinq cents hommes furent employés à cette besogne ; chacun d'eux recevait vingt deniers par jour (3). En 1523, François Ier avait fait élever de petits bastions pour l'artillerie ; on continua ces travaux, et l'on creusa du côté du nord un grand fossé qui remplaça le double fossé placé en quelques endroits de l'enceinte. L'invasion de la France par l'armée impériale jeta une si grande terreur dans Paris, que le gouverneur, cardinal du Bellay, « fit faire aussitôt, outre plusieurs tranchées, des fossés et des boulevards, depuis la porte Saint-Honoré jusqu'à celle de Saint-Antoine, et afin que ce travail allât vite, les officiers de la ville s'étant assemblés, le 29 juillet, défendirent à tous les artisans l'exercice de leur métier deux mois durant, avec ordre aux seize quarteniers de lever seize mille manœuvres, et de plus à ceux des faubourgs d'en fournir une fois autant, sinon que leurs maisons seroient rasées. Le 31, on se mit à travailler au bout des faubourgs de Saint-Honoré ; mais ce travail ne dura que quatre mois et demi : car le 16 décembre l'ou-

(1) Piganiol, t. II, p. 389 — Brice t. I, p. 197. — (2) Voy. ci-dessus, p. 298, 303 et 304. — (3) Félibien, t. II, p. 963.

vrage fut abandonné. Le capitaine Nicolas en était le gouverneur; Jacques Coriasse, maître des œuvres, faisait les fonctions de lieutenant, et pour ingénieurs et architectes avoient été choisis Nicole Siciliano et Dominique Bocalot ou Boccador, dit de Cortone, aux gages chacun de 250 livres par an (1). » Lorsque l'armée impériale, sous les ordres de Charles-Quint, s'avança jusqu'à Château-Thierry, en 1544, le duc de Guise ordonna la construction de remparts, « tant de côté des faubourgs du Temple, de Montmartre et de Saint-Antoine que de ceux de Saint-Michel et de Saint Jacques. »

La continuation de la guerre entre la France et l'empereur, sous Henri II, et l'invasion de la Picardie en 1551, obligèrent les Parisiens à fortifier leur ville, surtout du côté des portes Saint Denis et Saint-Martin; un bastion fut élevé près de la porte Saint-Antoine. La ville confia la direction de ces constructions à Baptiste, son architecte (2). L'année suivante, « Henri II ordonna une levée de douze cent mille livres par an sur les généralités et sur tout Paris, sans en excepter ni couvents, ni églises, ni communautés, ni privilégiés; jusqu'à vouloir y être compris lui-même le premier, et le tout pour être employé aux fortifications. En 1553, ajoute Sauval, il fit commencer cette longue courtine flanquée de bastions et bordée de fossés larges et à fond de cuve qui règne depuis la rivière jusqu'au-dessus de la Bastille. On y mit la première pierre le 11 août; toutes les maisons furent taxés depuis quatre livres tournois jusqu'à vingt-quatre (3). » Henri II eut aussi le projet d'entourer de fortifications tous les faubourgs de l'Université; mais cette grande entreprise ne fut pas mise à exécution.

Pendant le siége de Paris par le prince de Condé, en 1562, « le 4 mars, François de Montmorency, maréchal de France et gouverneur de Paris, accompagné de quelques chevaliers et officiers de la couronne, se transporta à la Ville-Neuve (*la rue Bourbon-Villeneuve et les environs*), hors la porte Saint-Denis, où se rendirent par son ordre le prévôt des marchands et les échevins avec Saint-Germe, ingénieur du roi; là, ayant remarqué plusieurs endroits qui avaient grand besoin d'être fortifiés et enfermés de murailles, Saint-Germe eut ordre de faire le dessin de cette nouvelle clôture. » Elle fut nommée les *Fossés Jaunes* à cause de la couleur des terres, et elle fut achevée sous le règne de Louis XIII.

En 1566, on commença à étendre l'enceinte de Paris du côté de l'ouest, et on y comprit le jardin des Tuileries. Cette partie d'enceinte, dont Charles IX posa la première pierre, fut nommée *boulevard des Tuileries*. On ferma l'extrémité occidentale du jardin par un large bastion (4); mais en même temps, l'ancienne enceinte, qui se trouvait entre Louvre et les Tuileries, fut conservée.

(1) Sauval, t. I, p. 43. — (2) Voy. ci-dessus p. 361. — (3) Sauval, *ibid*. — (4) Voy. ci-dessus l'article *Tuileries*.

Vers la fin du règne de Henri IV on entrait dans Paris par seize portes fortifiées, et munies de ponts en pierre et de pont-levis établis sur le fossé. Dans la partie du nord étaient sept portes : celles de *Saint-Antoine, du Temple*, de *Saint-Martin*, de *Saint-Denis*, de *Montmartre*, de *Saint-Honoré* et la *Porte-Neuve*.

Ancienne porte Saint-Antoine. Elle faisait partie des murs de clôture sous Charles V et Charles VI, entre les rues Jean-Beausire et des Tournelles. Ce fut près de cette porte, en 1358, que le prévôt Marcel fut tué par Maillart. Elle fut restaurée ou reconstruite au-delà des murs de la Bastille à une époque sur laquelle les historiens ne sont point d'accord (1). Sous le règne de Henri IV, elle était défendue d'un côté par la Bastille, et de l'autre par un large bastion. Sa forme était celle d'un arc de triomphe, surmonté de la statue de saint Antoine. On y remarquait divers ouvrages de sculpture de Jean Goujon, et surtout les deux fleuves qu'on a vus depuis à l'entrée du jardin Beaumarchais. Henri III fit son entrée par cette porte, comme roi de Pologne, le 14 septembre 1573. La porte Saint-Antoine, comme nous le verrons plus tard, fut restaurée sous Louis XIV par l'architecte Blondel.

Porte du Temple, anciennement de Sainte-Avoye, située à l'endroit où la rue du Temple aboutit sur le boulevard. Elle demeura fermée pendant les troubles de la Ligue, depuis l'an 1564 jusqu'en 1606; elle fut alors rebâtie (2), mais on la démolit en 1678.

Ancienne porte Saint-Martin. Nous avons vu que, sous la première race, la porte qui servait d'entrée à la ville de ce côté était située à peu près à la hauteur de la rue Neuve-Saint-Merry, à l'endroit que l'on nommait anciennement l'*Archet-Saint-Merri*; elle fut donnée par Dagobert à l'abbaye de Saint-Denis, et produisait en l'an 1147, 50 livres de droit d'entrée (3). Sous Philippe-Auguste, la porte Saint-Martin, nommée aussi *porte Saint-Merry* (4), fut reculée jusqu'à la rue Grenier-Saint-Lazare, et sous Charles V et Charles VI jusqu'à la rue Neuve-Saint-Denis; elle était fortifiée de cinq ou six tours, et l'on y arrivait par un pont de trois arches en maçonnerie, sans y comprendre le pont-levis. Sous Louis XIII, elle fut placée à l'endroit où nous voyons aujourd'hui l'arc de triomphe élevé, en 1674, à la gloire de Louis XIV.

Ancienne porte Saint-Denis. La première porte Saint-Denis était près de la rue de la Ferronnerie; sous le règne de Philippe-Auguste, elle était

---

(1) Voy. Jaillot, t. III, quartier Saint-Antoine, p. 30 et suiv. — (2) Dubreuil, p. 794. — (3) T. I, p. 92. — (4) T. I, p. 613.

située entre la rue Mauconseil et celle du Petit-Lion, et portait le nom de *porte aux Peintres* (1); sous Charles V et Charles VI, elle fut reculée et placée entre les rues Neuve-Saint-Denis et Sainte-Appolline. Cette porte, excessivement fortifiée, fut démolie en 1674, au moment où l'on éleva au bout de la rue Saint-Denis cet arc de triomphe connu sous le nom de *porte Saint-Denis*.

Porte Montmartre. La première porte Montmartre, que l'on nommait aussi *porte Saint-Eustache*, parce qu'elle était à une petite distance de l'église de ce nom, faisait partie de l'enceinte de Philippe-Auguste. Elle fut construite vers l'an 1200 et placée rue Montmartre, en face des n°s 15 et 32, entre les rues du Jour et Jean-Jacques Rousseau; elle fut démolie et reconstruite vers l'an 1380, rue Montmartre, presqu'en face des coins méridionaux des rues des Fossés-Montmartre et Neuve-Saint-Eustache. Cette seconde porte fut abattue en 1633, et l'on en construisit une autre, quelques années après, vers la fin du règne de Louis XIII, rue Montmartre, entre la fontaine et la rue des Jeuneurs, presqu'en face de la rue Neuve-Saint-Marc; elle fut détruite en 1700 et ne fut pas reconstruite. Pendant long-temps on la remplaça par une grille de fer (2).

Porte Saint-Honoré. Sous Philippe-Auguste, cette porte, placée rue Saint-Honoré, en face de l'Oratoire, était nommée *porte aux Aveugles*, à cause du voisinage de l'hôpital des Quinze-Vingts (3). Sous Charles V, elle se trouvait à l'endroit où la rue du Rempart aboutit à celle Saint-Honoré (4). Louis XIII, exécutant le projet commencé par Charles IX de renfermer les Tuileries dans la ville, et de fortifier cette partie de l'enceinte, fit démolir, en 1631, la porte Saint-Honoré et la fit reconstruire, la même année, à l'extrémité de la rue Saint-Honoré, en face du boulevard et de la rue de la Concorde. Les travaux furent discontinués, puis repris en 1633 et 1634. Cette porte formait une sorte de pavillon en pierre de taille, couvert d'ardoises. C'était la seule des anciennes portes de Paris qui fût restée debout sous les règnes de Louis XIV et de Louis XV. On commença à l'abattre le 15 juin 1733.

Porte-Neuve. Cette porte, qui était presque d'alignement avec la rue Saint-Nicaise, était située à l'endroit où cette rue venait aboutir à la galerie du Louvre; elle était contiguë à la *Tour de Bois* (5). Il ne faut point la confondre, comme l'ont fait quelques historiens, avec la *porte de la Conférence*, qui terminait l'enceinte de Paris commencée sous Charles IX et achevée sous Louis XIII. Ce fut par la Porte-Neuve

(1) Voy. Hurtaut, t. IV, p. 120. — (2) Hurtaut, t. IV, p. 127. — (3) T. I, p. 613. — (4) T. II, p. 534. — (5) T. II, p. 534.

qu'Henri III s'enfuit de Paris en 1588, et que son successeur y entra en 1594 (1).

Dans la partie méridionale de Paris, on entrait, avant Henri IV, par huit portes, et, vers la fin de ce règne, par neuf portes : la *porte de Nesle*, la *porte Dauphine*, celles de *Buci* ou *Bussy*, de *Saint-Germain*, de *Saint-Michel*, de *Saint-Jacques*, de *Bordelle*, de *Saint-Victor* et de la *Tournelle*.

Porte de Nesle. J'ai déjà eu occasion de parler plusieurs fois de cette célèbre porte, connue dans l'origine sous le nom de *porte et tour de Philippe-Hamelin* (2). Elle occupait l'emplacement où est actuellement le pavillon de la bibliothèque Mazarine. On arrivait à cette porte, flanquée de tours rondes, par un pont de quatre arches. Cette espèce de bastille fut restaurée sous le règne de Henri IV; elle existait encore au temps de Louis XIII.

Porte Dauphine. A l'extrémité de la rue Dauphine, construite par ordre de Henri IV vers 1607, on construisit une porte qui reçut le nom de la rue. Elle était située vis-à-vis la rue Contrescarpe, à l'endroit de la maison qui porte aujourd'hui le n° 50. On voit sur le rez-de-chaussée de la façade une table de marbre noir portant une inscription qui indique la situation précise de cette porte. La porte Dauphine fut démolie en 1673, sous le règne de Louis XIV; la rue Dauphine fut alors prolongée jusqu'au carrefour de Bussy.

Porte de Buci ou *de Bussy*, située près de la rue Contrescarpe. Elle séparait la rue Saint-André-des-Arts du faubourg Saint-Germain, et était une des portes de l'enceinte de Philippe-Auguste. En 1209, avant qu'elle fût achevée, elle fut vendue aux religieux de l'abbaye de Saint-Germain, et se nomma *Porte Saint-Germain* (3). En 1350, ces religieux la cédèrent à Simon de Buci ou de Bussy, premier président au parlement, dont elle prit le nom. Ensuite elle fut murée (4). François Ier la fit rouvrir en 1539. On l'abattit en 1672, en vertu d'un arrêt du 19 août de la même année.

Porte Saint-Germain. Cette porte, qui était située rue de l'École-de-Médecine, entre la rue du Paon et la cour du Commerce, au même endroit où l'on voit maintenant une fontaine, était une des portes de l'enceinte de Philippe-Auguste; elle s'appelait d'abord *porte des Cordèles* (des Cordeliers) ou des *Frères mineurs*, parce qu'elle était voisine du

---

(1) Voy. la dissertation de Jaillot, t. I. *quartier du Palais-Royal*, p. 12 et suiv. — (2) Voy. entre autres t. I, p. 616 et ci-dessus p. 132. — (3) J'en ai déjà parlé. Voy. entre autres passages, t. I, p. 615. — (4) Dubreuil, p. 215.

couvent de ces religieux. Elle reçut le nom de Saint-Germain en 1350, lorsque celle de la rue Saint-André-des-Arts prit le nom de Buci. C'est donc cette porte que l'on a souvent confondue avec la première, qui fut livrée en 1418 par Périnet Le Clerc aux partisans du duc de Bourgogne (1). Cette porte fut démolie en 1672, comme le prouve l'inscription suivante, qui fut placée dans la niche de la fontaine des Cordeliers :
« Du règne de Louis-le-Grand, la porte Saint-Germain qui étoit en ce lieu a été démolie en l'année 1672, par l'ordre de MM. le prévôt des marchands et échevins, en exécution de l'arrêt du conseil du 19 août audit an, et la présente inscription apposée, suivant l'arrêt du conseil du 29 septembre 1673, pour marquer l'endroit où étoit cette porte, et servir ce que de raison. »

Porte Saint-Michel. J'ai déjà mentionné dans les précédents articles topographiques, cette porte qui faisait partie de l'enceinte de Philippe-Auguste, et qui reçut successivement les noms de Gibar, et par altération Gibert ou Gilbert, et enfin celui de porte d'*Enfer* ou *de Fer* (2). A la fin du xive siècle, elle prit le nom de porte Saint-Michel, parce qu'elle fut réparée en 1394, époque de la naissance de Michelle, fille de Charles VI (3). Elle fut abattue en 1684. Cette porte était située à l'extrémité méridionale de la rue de La Harpe, où est maintenant une fontaine.

Porte Saint-Jacques. Elle était située à l'extrémité de la rue de ce nom, près du carrefour auquel aboutissent les rues du faubourg Saint-Jacques, Saint-Hyacinthe et des Fossés-Saint-Jacques; elle fut construite, comme je l'ai déjà dit, lors de l'enceinte de Philippe-Auguste, et abattue en 1684. Ce fut par cette porte que les troupes de Charles VII entrèrent, le vendredi 15 avril 1436, et réduisirent la ville sous son obéissance.

Porte Saint-Marcel, située à l'extrémité méridionale de la rue Descartes actuelle. C'était une des portes de l'enceinte de Philippe-Auguste (4); elle fut ainsi nommée parce qu'elle touchait au faubourg Saint-Marcel, situé alors hors de Paris. Elle a aussi reçu les noms de *Bordet* ou *Bordelle*, de la famille Bordelle, très connue au xiiie siècle. La porte Saint-Marcel fut démolie au mois de juillet 1686, en même temps que celle de Saint-Victor (5). « Par ce moyen, dit un auteur du siècle dernier, on rendit les chemins plus praticables aux voitures et

---

(1) Jaillot, t. V, *quartier Saint-André*, p. 5, 48 et 55. — (2) Jaillot, t. V, *quartier Saint-André*, p. 79 et suiv. — (3) Voy. ci-dessus, p. 27. — (4) T. I, p. 615.

(5) On voyait rue des Fossés-Saint-Marcel, au coin de celle Mouffetard, la *fausse porte Saint-Marcel*; c'était la porte du faubourg Saint-Marcel.

aux gens de pied ; les fossés, qui communiquoient d'une porte à l'autre étoient fort profonds, ils furent comblés, et la pente extraordinairement escarpée de ce chemin, coupée et adoucie. »

Porte Saint-Victor, rue du même nom, entre la rue d'Arras et la rue des Fossés-Saint-Victor. Elle était ainsi appelée parce qu'elle était voisine de l'abbaye Saint-Victor. Bâtie sous Philippe-Auguste (1), elle fut reconstruite en 1570, et abattue en 1686, par ordre de la municipalité.

Ancienne porte Saint-Bernard, sur le quai de la Tournelle, entre les n°s 1 et 3, suivant Jaillot, elle faisait partie de l'enceinte méridionale de Philippe-Auguste ; elle était défendue, comme nous l'avons déjà vu, par une forteresse appelée *la Tournelle*, bâtie sur le bord de la Seine (2), et qui lui fit donner quelquefois son nom. Cette porte fut rebâtie en 1606, par les ordres du prévôt Miron. On reconstruisit en même temps le pont qui traversait le fossé, et le pavillon qui était au-dessus de la porte. La porte Saint-Bernard fut démolie en partie en 1670, et l'on érigea en l'honneur de Louis XIV un arc de triomphe, auquel je consacrerai un article spécial.

Pont-Neuf. — Ce pont traverse les deux bras de la Seine, à la pointe de l'île du palais, des quais de la Mégisserie et de l'École, aux quais de la Monnaie et des Grands-Augustins.

Dès l'année 1556, les habitants du faubourg Saint-Germain et ceux du quartier de l'Université avaient présenté une requête à Henri II, pour démontrer la nécessité d'un moyen direct de communication entre le Louvre et les habitations de la rive opposée. Le roi accueillit avec plaisir ce projet ; il fit dire au prévôt des marchands qu'il désirait qu'un pont fût construit vers l'endroit indiqué, et que la ville de Paris en fît les frais. Le prévôt se récria sur la pauvreté de la ville pour une pareille entreprise, et ses vives représentations firent avorter le projet. Mais l'utilité d'un nouveau pont était si manifeste, qu'en 1577, le prévôt vint lui-même en présenter la demande au roi. Le 16 mars 1568, on nomma pour diriger l'entreprise une commission spéciale composée du premier président du parlement, du premier président de la chambre des comptes, du procureur-général, des avocats-généraux et d'un intendant des finances. Pour aider à subvenir aux frais, le roi Henri III accorda 1 sou pour livre à la ville de Paris sur les tailles de Bourgogne, de Normandie, de Picardie et de Champagne.

« Au mois de mai 1578, dit *l'Estoile*, les eaux de la Seine étant fort basses, fut commencé le Pont-Neuf, de pierre de taille, qui conduit de

---

(1) Voy. t. I, p. 561. — (2) Voy. t. I, p. 616.

Nesle à l'école de Saint-Germain-l'Auxerrois, sous l'ordonnance du jeune du Cerceau, architecte du roi; et furent, en ce même an, les quatre piles du bras de la Seine coulant entre le quai des Augustins et l'île du palais, levées environ une toise chacune par-dessus le rez-de-chaussée. Les deniers furent pris sur le peuple par une taxe extraordinaire, et l'on disoit que la toise de l'ouvrage coûtoit 85 livres (1). »

Le 31 mai, après avoir assisté à la pompe funéraire de ses mignons Quélus et Maugiron, Henri III vint poser solennellement la première pierre de la culée du pont du côté des Augustins : à peine avait-il essuyé les larmes de la triste cérémonie du matin; et ses ennemis, railleurs sans pitié, firent courir le bruit qu'il avait résolu de donner au nouveau pont le nom de *pont des Pleurs*.

L'ouvrage fut poursuivi avec ardeur pendant les trois mois qui suivirent; mais survinrent les perturbations de la Ligue, et les constructions furent suspendues. Vers l'an 1602, Henri IV les fit reprendre. « Le 20 juin de l'année suivante, dit *l'Estoile*, le roi passa du quai des Augustins au Louvre, par-dessus le Pont-Neuf, qui n'étoit pas encore trop assuré, et où il y avoit peu de personnes qui s'y hasardassent. Quelques uns, pour en faire l'essai, s'étoient rompu le cou et tombés dans la rivière; ce que l'on remontra à sa majesté, laquelle fit réponse, à ce qu'on dit, qu'il n'y avoit pas un de tous ceux-là qui fût roi comme lui. »

Le Pont-Neuf (2), construit par Guillaume Marchand et Petit, est établi sur douze arches en pierre, dont sept entre le *terre-plein* et le quai de l'École, et cinq dans l'autre partie. Sa largeur est environ de quatre-vingts pieds, et sa longueur, y compris le terre-plein, de mille vingt; ainsi c'est le pont le plus long de Paris. On remarque sur les deux faces une corniche très saillante, qui règne dans toute sa longueur et qui est supportée par des consoles en forme de masques, de sylvains et de dryades. Ces ouvrages, d'un excellent style, avaient été dirigés en partie par Germain Pilon (3). Le Pont-Neuf, qui resta long-temps inachevé, était et est encore aujourd'hui divisé en trois parties; celle du milieu est réservée aux voitures; les deux autres sont des *trottoirs*, qui s'élargissaient autrefois en demi-cercles sur chaque pile du pont. On y voyait autrefois de misérables tentes qui servaient de boutiques. En 1775, Louis XVI ordonna de grandes réparations à ce pont, on

---

(1) Du Cerceau, qui donna le plan du Pont-Neuf, reçut pour prix de ses dessins cinquante écus. Sauval, t. I, p. 232.

(2) Plusieurs ponts, dans leur nouveauté, ont porté le nom de Pont-Neuf, comme le pont Saint-Michel, qu'on a long-temps appelé ainsi. Celui dont nous nous occupons devrait ce nom, suivant une tradition assez puérile, aux *neuf* issues qui viennent y aboutir : la rue Dauphine, le quai Conti ou de la Monnaie, le quai des Augustins, la place Dauphine, le quai des Orfèvres, le quai de l'Horloge, le quai de la Mégisserie, le quai de l'École et la rue de la Monnaie. — (3) Sauval, t. I, p. 234.

reconstruisit en partie les trottoirs, et sur les demi-lunes on éleva des guérites ou boutiques en pierre de taille, couvertes de voûtes en demi-coupoles; ces boutiques existent encore aujourd'hui. Le prix de la location, qui était de 600 livres chacune, appartenait à l'Académie de Saint-Luc, pour être employé aux pensions en faveur des pauvres veuves de cette Académie (1). En 1820, M. Lamandé, ingénieur des ponts et chaussées, fit exécuter de grands travaux au Pont-Neuf; toute la surface fut refaite et abaissée; les trottoirs furent plus élevés et l'on y pratiqua des marches en granit pour en rendre l'abord plus facile. La petite foire qui se tenait sur ces trottoirs fut alors transférée sur le terre-plein, autour de la statue de Henri IV. Les réverbères qui éclairaient ce pont viennent d'être remplacés par des lanternes au gaz.

Le Pont-Neuf, l'un des endroits les plus fréquentés de Paris, se trouve dans une situation admirable. « De là, sur les deux bords de la Seine, dit Sauval dans son style diffus et précieux, se présentent d'une part à la vue une longue suite de maisons superbes et régulières, et cette galerie si magnifique du Louvre, qui n'a pas sa pareille au monde, ni en longueur ni en ordonnance. Les yeux, lassés de tant de belles choses, s'égarent après dans le mariage de la rivière et des arbres de ce cours incomparable, dressé par Marie de Médicis, et se vont enfin éblouir à trois lieues de Paris dans le tertre du Mont-Valérien et dans les nues. D'autre part, la vue s'embarrasse dans un grand chaos de ponts, de tours, de clochers, de maisons, de palais, d'églises, de rivière, et dans cette place Dauphine, qui ne cède ni en grandeur, ni en gentillesse, ni en régularité, qu'à la seule Place-Royale. Une autre beauté encore de ce pont, mais qu'il a perdue, est qu'autrefois, et cela pendant plusieurs années, les savants et les curieux y remuoient une bibliothèque publique et la plus nombreuse du monde, que des libraires y étaloient tous les jours. » Ces boutiques ambulantes, le théâtre de *Tabarin* et de mille autres charlatans et saltimbanques, attiraient à cet endroit une grande affluence; c'était, au XVIIe siècle, l'une des promenades les plus fréquentées de Paris. Aussi les filous et les chevaliers d'industrie s'y donnaient-ils rendez-vous. On lit dans la *Ville de Paris*, poëme burlesque de Berthaud, écrivain du règne de Louis XIII, le passage suivant :

> Sois-je pendu cent fois sans corde,
> Si plus jamais je vais chez vous,
> Maîtresse ville des filous,
> Et si je me mets plus en peine
> D'aller voir la Samaritaine,

---

(1) Hurtaut, t. IV, p. 100. Ces boutiques ambulantes étaient auparavant louées au profit des *grands valets de pied du roi*; c'était un don que leur avait fait Henri IV, et dont ils jouirent jusqu'à Louis XVI. Brice, t. IV, p. 164.

Le Pont-Neuf, et ce grand cheval
De bronze, qui ne fait nul mal,
Toujours bien net sans qu'on l'étrille.
. . . .
Vous, rendez-vous des charlatans,
Des filous, des passe-volans,
Pont-Neuf, ordinaire théâtre
Des vendeurs d'onguent et d'emplâtre;
Séjour des arracheurs de dents,
Des fripiers, libraires, pédans,
Des chanteurs de chansons nouvelles,
D'entremetteurs de demoiselles,
De *coupe-bourses*, d'argotiers,
De maîtres de sales métiers,
D'opérateurs et de chimiques,
De fins joueurs de gobelets,
De ceux qui vendent des poulets.
. . . .

Je ne puis mentionner ici tous les événements dont le Pont-Neuf a été le théâtre. Voici cependant une anecdote racontée par Saint-Foix dans ses *Essais historiques* à l'article *Pont-Neuf*: « L'évêque de Luçon, qui fut depuis cardinal de Richelieu, passoit sur le Pont-Neuf, précisément dans le moment que la populace effrénée y exerçoit mille indignités sur le cadavre du maréchal d'Ancre. Son carrosse ayant malheureusement pressé un de ces furieux, le prélat craignit que pendant la querelle qui s'éleva entre son cocher et cet homme, on ne le connût et que la haine qu'on avoit pour Concini, auquel on savoit qu'il devoit toute sa fortune, ne s'étendît jusque sur lui. Son péril lui fit naître l'idée de demander ce qu'on faisoit. On lui répondit qu'on brûloit le cadavre du maréchal. Aussitôt il loua le zèle des Parisiens, les appela bons serviteurs de sa majesté, et se mit à crier *vive le roi!* On lui donna sur-le-champ passage; et sa présence d'esprit le sauva du plus grand danger. »

Le terre-plein du Pont-Neuf est occupé par la statue équestre de Henri IV. Jean de Bologne, élève de Michel-Ange, venait de couler un cheval en bronze pour un monument en l'honneur de Ferdinand, grandduc de Toscane, lorsque la mort du prince et celle de l'artiste suspendirent les travaux. Le successeur de Ferdinand, Cosme II, offrit à Marie de Médicis, sa fille, régente de France, ce cheval de bronze, qui fut embarqué à Livourne. Mais le vaisseau vint échouer sur les côtes de la Normandie, et l'œuvre de Jean de Bologne ne fut retirée de la mer qu'à grands frais et au bout d'un an. Le 12 juin 1614, le roi posa la première pierre d'un piédestal en marbre sur le terrain du Pont-Neuf, et l'on y plaça le cheval. Mais le monument ne fut pas continué avec activité, et le peuple, accoutumé à voir ce cheval sans cavalier, prit l'habitude, même lorsque la statue de Henri IV fut posée, d'appeler l'ensemble du monument le *Cheval de bronze*. C'est ce qui fit dire à un poëte du temps :

> Superbes monuments, que votre vanité
> Est inutile pour la gloire
> Des grands héros dont la mémoire
> Mérite l'immortalité !
> Que sert-il que Paris au bord de son canal
> Expose de nos rois ce grand original,
> Qui sut si bien régner, qui sut si bien combattre?
> On ne parle point d'Henri quatre,
> On ne parle que du cheval.

Le monument de Henri IV, le premier de ce genre élevé à Paris, ne fut achevé qu'en 1635, sous le ministère de Richelieu. La figure était d'un sculpteur français nommé Dupré; elle n'était point sans mérite. Le bon roi était représenté la tête nue, revêtu d'une armure à la française, tenant d'une main la bride du cheval, et de l'autre le bâton de commandement (1). Le piédestal, exécuté d'après les dessins de Civoli, était orné aux quatre coins de figures en bronze, représentant des esclaves enchaînés, qui foulaient aux pieds des armes de différentes espèces ; ces statues assez médiocres étaient de Bourdon et de Francheville. Le piédestal était en outre décoré de bas-reliefs et d'inscriptions, qui représentaient ou expliquaient les principales actions de Henri IV (2); les dessins étaient de Boudin, de Bourdon et de Tremblay ; les inscriptions étaient de Gaulmin, mort conseiller d'Etat en 1665. Richelieu fit entourer ce monument d'une grille, qui fut enlevée en 1790.

Dans les commencements de la révolution, la statue de Henri IV, ornée de la cocarde nationale, fut respectée des démagogues; mais enfin elle subit le sort réservé aux monuments de l'antique monarchie, et on la détruisit le dimanche 12 août 1792 (3). En vertu d'un décret impérial du 15 août 1809, on travailla à un obélisque en granit de Cherbourg, qui devait avoir cent quatre-vingts pieds d'élévation, et être dédié aux armées françaises. Cette pyramide tronquée servit de piédestal à la nouvelle statue de Henri IV, qui fut exécutée à peu près sur les dessins de l'ancienne, par M. Lemot, sculpteur, et M. Piggiani, fondeur. Le 23 octobre 1817, Louis XVIII posa la première pierre du piédestal, dans l'intérieur de laquelle on plaça un magnifique exemplaire de la *Henriade*. Le piédestal est orné de deux bas-reliefs; le sujet de l'un est

---

(1) Piganiol, t. II, p. 53 et Dubreuil, p. 144, donnent le dessin de cette statue.

(2) « Je n'aurois mis, dit Saint-Foix, ni ces trophées d'armes, ni ces esclaves enchaînés aux quatre coins du piédestal, ni ces inscriptions qui sont aux quatre faces à la louange de ce prince : j'aurois mis simplement *Henri IV*. » T. I, p. 227.

(3) Le terre-plein du Pont-Neuf fut alors occupé par le *café Paris*, qui jouit d'une grande vogue pendant quelques années. Voy. le supplément de Saint-Foix, t. I, p. 148.

l'entrée de Henri IV dans sa capitale ; l'autre représente ce prince au moment où il donne l'ordre à ses soldats de laisser entrer des vivres dans Paris assiégé. Plusieurs inscriptions sont en outre gravées sur les faces. La statue actuelle de Henri IV a quatorze pieds de haut, pèse trente milliers, et a coûté seule 537,860 fr.

On voyait encore en 1813, à la seconde arche du Pont-Neuf, du côté du quai de l'École, une machine hydraulique, célèbre sous le nom de *Pompe et Fontaine de la Samaritaine*. Elle avait été construite sous le règne de Henri IV (1), par un Flamand, nommé Jean Lintlaër, pour fournir de l'eau au Louvre et aux Tuileries (2). En 1603, le prévôt des marchands voulut s'opposer à l'érection de cette machine, parce qu'elle gênait, disait-il, la navigation. Le roi écrivit aussitôt à Sully : « Sur ce que j'ai entendu dire que le prévôt des marchands et les échevins de ma bonne ville de Paris font quelque résistance à Lintlaër, Flamand, de poser le moulin servant à son artifice en la deuxième arche du côté du Louvre, sur ce qu'ils prétendent que cela empêcheroit la navigation, je vous prie les envoyer quérir et leur parler de ma part, leur remontrant en cela ce qui est de mes droits; car, à ce que j'entends, ils les veulent usurper, attendu que ledit pont est fait de mes deniers et non des leurs, etc. (3). » Cette pompe fut terminée en 1608. C'était un petit pavillon à trois étages, dont le second était au niveau du pont. « Les faces des côtés, dit Piganiol, sont percées de cinq fenêtres à chaque étage, et de deux sur le devant. Ces deux dernières sont séparées par un avant-corps en bossage rustique, *vermiculé* et cintré au-dessus du cadran, que l'on a placé dans un renfoncement. Le bas est rempli par un groupe, qui représente Jésus-Christ avec la *Samaritaine*, auprès du puits de Jacob, représenté par un bassin dans lequel tombe une nappe d'eau. La première de ces figures est de Bertrand, et la seconde de Fremin, sculpteurs habiles, de l'Académie royale de peinture et de sculpture. Sous le bassin est cette inscription :

Fons hortorum (4)
Puteus aquarum viventium.

Dans le milieu, au-dessus du cintre, on a élevé un campanille de charpente revêtu de plomb doré où sont les timbres de l'horloge et ceux qui composent le carillon, qui joue à toutes les heures. » Cette célèbre horloge n'existait plus sous Louis XIV. D'Assoucy a intitulé une pièce de vers : *Complainte de la Samaritaine sur la perte de son Jaquemart et sur le débris de la musique de ses cloches.*

---

(1) Et non sous le règne de Henri III, comme le disent la plupart des historiens. — (2) Cette pompe fournissait le château-d'Eau, vis-à-vis le Palais-Royal. — (3) Lettre du 23 août 1603. — *Economies royales* de Sully. — (4) *Fontaine des Jardins*; elle arrosait en effet le jardin des Tuileries.

La Samaritaine était, si je puis m'exprimer ainsi, le monument le plus populaire de Paris; il en est question dans une foule d'écrits des XVII⁰ et XVIII⁰ siècles. Je citerai, entre autres, deux couplets d'une chanson, composée à l'époque des querelles relatives à la *grâce* et à la bulle *Unigenitus* :

> Arrêtez-vous ici, passant,
> Regardez attentivement.
> Vous verrez la Samaritaine
> Assise au bord d'une fontaine;
> Vous n'en savez pas la raison?
> C'est pour laver son cotillon.
>
> Regardez de l'autre côté,
> Comme le Seigneur est planté,
> Qui l'entretient sur la grâce;
> Il lui parle sur l'efficace ;
> Mais il lui parle doucement,
> *De crainte d'emprisonnement.*

Cette machine fut réparée plusieurs fois, entre autres en 1712, sur les dessins de Robert de Cotte, architecte du roi, de Bertrand et de Fremin (1). Le gardien de cette machine avait le titre de *gouverneur*. Dégradée pendant la révolution, la Samaritaine n'était plus qu'un édifice inutile, en 1813, lorsqu'on ordonna sa destruction.

Château-Gaillard. On appelait ainsi un petit pavillon, fortifié d'une tourelle, situé sur le quai Conti, vis-à-vis la rue Guénégaud, à l'endroit où est aujourd'hui l'arcade de l'abreuvoir. Les historiens nous donnent fort peu de détails sur le Château-Gaillard, qui fut démoli sous le règne de Louis XIV, et qui n'est célèbre que par le nom de Brioché. Ce fut là en effet que cet ingénieux artiste établit son théâtre de marionnettes (2). L'auteur de *Paris ridicule*, l'un de ces détestables rimeurs qui pullulaient à Paris sous Louis XIV, s'exprime ainsi au sujet du Château-Gaillard :

> J'aperçois là-bas sur la rive
> Le beau petit château Gaillard.
> . . . .
> A quoi sers-tu dans ce bourbier?
> Est-ce d'abri, de colombier?
> Est-ce de phare ou de lanterne?
> De quai, de port ou de soutien?
> Ma foi, si bien je te discerne,
> Je crois que tu ne sers de rien.

Place Dauphine. Elle commence rue de Harlay et finit place du Pont-Neuf. Cette place a été construite sur le terrain qu'occupaient

---

(1) Brice, t. IV, p. 177, a donné un fort joli dessin représentant la Samaritaine. Voy. aussi un dessin fort exact dans Piganiol, t. II, p. 51. — (2) Voy. *Théâtre de Brioché.*

deux îles à l'extrémité de la cité; la plus grande se nommait l'île *aux Bureaux* (1), parce qu'elle appartenait, en 1462, à Hugues Bureau, et l'autre avait reçu le nom de *la Gourdaine* ou de *la Gourdine*, du nom d'un moulin, qui était situé plus haut; elle fut ensuite appelée l'*île du Patriarche* (2).

En 1607, Henri IV se transporta sur cet emplacement et ordonna qu'on y construirait une place, qui reçut le nom de *Dauphine*, en mémoire de la naissance de Louis XIII, alors dauphin. Il donna en même temps au premier président de Harlay une partie du terrain des anciens jardins du Palais, qui servit à construire la rue de Harlay et les dépendances. La place Dauphine présente, suivant l'expression de Sauval, un triangle isocèle, c'est-à-dire, qu'elle est faite en triangle dont les deux côtés sont plus longs que celui qui règne le long de la rue de Harlay. Les maisons sont construites avec symétrie; elles sont toutes élevées de quatre étages, bâties de briques, couvertes d'ardoises et liées de cordons de pierres de taille; elles ont été élevées sur les dessins de François Petit, architecte du roi. Cette place n'a que deux ouvertures: l'une dans le milieu de la base du triangle, et l'autre à l'angle opposé, du côté du Pont-Neuf.

En 1792, la place Dauphine fut appelée de *Thionville*, en l'honneur de l'intrépide défense que cette ville venait d'opposer aux armes de Cobourg. De 1801 à 1803, on éleva sur cette petite place une fontaine, ouvrage de MM. Percier et Fontaine, décorée du buste du brave général Desaix. Ce monument, qui donna son nom à la place, aurait besoin de réparations. Depuis 1814, la place Dauphine a repris son premier nom.

Quai de Gloriette, près du Petit-Pont, sur la rive gauche du petit bras de la Seine, entre ce bras et la rue de la Huchette. Ce quai, construit en 1558, n'était à vrai dire qu'une terrasse; on employa à ses travaux les prisonniers condamnés aux galères et détenus dans les prisons du Petit-Châtelet. Le quai de Gloriette a reçu son nom d'un ancien fief; sur cet emplacement était également situé le cul-de-sac Gloriette, qui existe encore aujourd'hui, et l'ancienne boucherie, dite de *Gloriette*, voisine de la ruelle des Étuves. On nommait encore, vers la fin du siècle dernier, place *Gloriette*, la place qui est devant le Petit-Pont.

Quai du Louvre. Il fut construit sous François Ier (3), et reçut son

---

(1) Les Templiers furent brûlés dans cette île, qui appartenait à l'abbaye de Saint-Germain. Voy. t. II, p. 313.
(2) Voy. la savante dissertation de Jaillot, t. I, *quartier de la Cité*, p. 182 et suiv.
(3) Sauval nous donne des détails sur la construction de ce quai. J'en extrais ce qui

nom parce qu'il commence au Louvre, et qu'il longe la galerie de ce palais jusqu'aux Tuileries. Pendant la révolution, il se nommait *quai du Muséum.*

Quai des Bons-Hommes (aujourd'hui de Billy); il commence à l'allée des Veuves et au Cours-la-Reine, et finit à la barrière de Passy. Il fut construit en 1572 (1). Il a successivement porté les noms de la *Conférence,* de *Chaillot,* parce qu'il est sur le territoire de Chaillot, et des *Bons-Hommes,* à cause de la proximité du couvent de ce nom. Par décret du 10 janvier 1807, il porte le nom du général *de Billy,* mort glorieusement à la bataille d'Iéna.

Quai de la Mégisserie. J'ai déjà parlé de ce quai, connu alors sous le nom *de la Saunerie* (2); il fut reconstruit en 1529, à l'époque où l'on exécuta de grands travaux sur toute cette ligne de quais. On lit en effet dans Sauval : « Des registres de l'Hôtel-de-Ville, dressés sous François Ier, on apprend qu'alors le prévôt des marchands fit faire et paver les quais, larges de vingt toises, qui sont entre le Pont-au-Change et le pont des Tuileries, avec deux abreuvoirs et quatre arches ou rampes pour descendre à la rivière; et c'est ce que nous appelons le quai de la Mégisserie, l'École, le Guichet ou le quai du Louvre (3). »

Quai de l'Horloge. Il s'étend du Pont-au-Change à la place du Pont-Neuf. On l'a appelé autrefois des *Morfondus,* parce qu'il est situé au nord; et on le nomme aussi des *Lunettes,* à cause du grand nombre d'opticiens qui y sont établis. Le nom de *quai de l'Horloge* vient de la tour où était placée la fameuse horloge du Palais (4). Ce quai fut commencé en 1580, comme celui des Orfévres; les travaux, ensuite interrompus et repris, furent achevés en 1611. Les boutiques qui sont sur ce quai étaient occupées autrefois par des perruquiers. Turgot, prévôt des marchands, fit élargir les deux extrémités, en 1738. On l'agrandit encore, en 1816, en abattant les échoppes qui étaient appuyées au Palais-de-Justice, près du Pont-au-Change.

suit : « En 1535, le roi écrivit par deux fois au prévôt et aux échevins, tant pour les remercier de ce qu'ils faisoient travailler au quai du Louvre que les prier et leur donner ordre tout ensemble de le continuer, le paver et le terminer d'une porte et d'un pont-levis, afin que toutes les fois qu'il voudroit aller prendre l'air à Boulogne, où il prétendoit souvent se retirer, il pût sortir de Paris par là plus commodément. Enfin, suivant les registres de l'Hôtel-de-Ville, en 1537, ce quai avoit déjà coûté 10,000 écus et ne pouvoit être achevé qu'on n'y dépensât encore autant. En 1538, le roi ordonna au prévôt des marchands de l'achever. » T. I, p. 243.

(1) Sauval dit cependant qu'il fut réparé en 1564. — Voy. t. I, p. 248. — (2) Voy. ci-dessus p. 216. — (3) Sauval, t. I, p. 247. — (4) Voy. t. I, p. 164.

Quai des Orfévres. Il commence rue de la Barillerie et pont Saint-Michel, et finit au Pont-Neuf. En 1621, les orfévres et les joailliers, qui avaient demandé à établir des échoppes sur le Pont-Neuf, obtinrent la permission de bâtir sur ce quai, et lui donnèrent leur nom (1); commencé en 1580, il ne fut entièrement achevé qu'en 1643. Sauval nous apprend qu'en 1603 deux maçons entreprirent les travaux de ce quai pour cinquante-quatre livres la toise (2). Au commencement de ce siècle, une partie du quai des Orfévres formait, de la rue de la Barillerie à celle de Jérusalem, une rue qui fut construite en 1623, et qui s'appela tour à tour *rue Neuve*, *rue Saint-Louis*, et en 1793, *rue Révolutionnaire*. On abattit toutes les maisons de cette rue qui bordaient la rivière, et ce quai devint alors l'un des plus beaux de Paris.

Quai des Célestins. Du pont de Grammont et de la rue du Petit-Musc au quai et à la rue Saint-Paul. — Nous avons vu que Charles V et Charles VI firent planter d'ormes le port ou quai des Barrés, qui reçut son nom actuel du couvent des Célestins (3). Ce quai, suivant quelques anciens historiens, aurait alors porté les noms de *les Ormes*, le *quai des Ormes*, *les Ormeteaux*. Henri IV y fit exécuter quelques travaux en 1601 et l'élargit, auprès de l'Arsenal, de trente-six toises qu'il acheta au couvent des Célestins (4). En 1705, ce quai fut refait et pavé.

Quai des Ormes; il commence rue de l'Etoile et quai Saint-Paul, et finit rue Geoffroy-l'Asnier et quai de la Grève. — Au XVIᵉ siècle, il se nommait *Mofils* et *Monfils*, par corruption du nom de la rue de l'Arche Beaufils, maintenant rue de l'Etoile, voisine de ce quai; plusieurs ormes qui subsistaient encore à la fin du XVIᵉ siècle ont motivé sa dénomination actuelle. « En 1551, dit Sauval, la ville fit refaire le *quai de l'arche Beaufils* jusqu'à la rue Geoffroi-l'Asnier; le tout revint à plus de 5,525 livres. » La municipalité décida, en 1586, que ce quai servirait au *débâclage* des bateaux; enfin la place aux Veaux y fut transférée en 1646, mais elle n'y resta que jusqu'en 1774 (5). Presque tous les ans la Seine, dans ses débordements, couvrait une grande partie du quai des Ormes; on y a exécuté depuis quelque temps d'importants travaux.

Quai de la Grève; il commence rue Geoffroy-l'Asnier et quai des Ormes, et finit place de l'Hôtel-de-Ville. En 1254, on appelait ce chemin *vicus merrenorum*, la *rue aux merrains* (bois de charpente). Sauval prétend que l'on commença ce quai en 1550; on y a fait depuis, à différentes époques, de grandes réparations.

---

(1) Jaillot, t. I, *quartier de la Cité*, p. 190. — (2) Sauval, t. I, p. 245. — (3) Voy. ci-dessus p. 217. — (4) Sauval, t. I, p. 246. — (5) Voy. ci-dessus, p. 227.

Fontaine Birague, située rue Saint-Antoine, en face la rue Culture-Sainte-Catherine et le collége Charlemagne. — Le terrain occupé par la place et la fontaine Birague était autrefois nommé *cimetière des Anglais*. Louis XIII donna aux jésuites, en 1629, pour rendre plus faciles les abords de leur église et de leur maison professe (1), cette place qui avait pris le nom de Birague depuis la construction d'une fontaine élévée au milieu par le cardinal René de Birague, chancelier de France. Cette fontaine, la dix-septième établie à Paris, fut terminée en 1579. On ne sait quel en fut l'architecte; mais elle est remarquable par sa structure lourde et sans caractère. Elle forme une sorte de tour pentagonale surmontée d'un dôme en pierre. Dans l'origine, se trouvaient sur ses cinq faces des tables de marbre chargées de pompeuses inscriptions (1) latines, dont une seule, un distique insignifiant, subsiste encore aujourd'hui.

En 1627, la fontaine de Birague ne fournissait plus d'eau, lorsqu'elle fut réparée par les soins de Nicolas Bailleul, prévôt des marchands. En 1707 elle fut réparée de nouveau, l'eau y fut amenée de la pompe nouvellement construite près du pont Notre-Dame, et elle servit depuis cette époque à alimenter une grande partie du faubourg Saint-Antoine.

Fontaine des Innocents. Il existait dès le treizième siècle, à l'angle de la rue Saint-Denis et de la rue aux Fers, une fontaine dont il est fait mention, en 1273, dans des lettres-patentes accordées par Philippe-le-Hardi. Malheureusement nous n'avons aucun détail sur l'état où fut trouvée cette première fontaine à l'époque de sa reconstruction. Il serait maintenant très curieux de pouvoir examiner comment, avant la renaissance des arts, on concevait des monuments de cette espèce.

C'est en 1550, qu'à l'ancienne fontaine on en substitua une nouvelle, dont la direction fut confiée à deux des grands artistes de cette belle époque. L'architecte Pierre Lescot et le sculpteur Jean Goujon, à qui

---

(1) Voy. ci-dessus *maison professe et église des jésuites*, p. 475.

(2) L'une de ces inscriptions contenait des détails très précis sur l'érection du monument En voici quelques lignes :

Henrico III,
Renatus Biragus,
Beneficio Claudii d'Aubray, præfecto
Mercator. Johan. Le Comte;
Renat. Baudert; Johan. Gedoyn;
Petr. Laisné, tribunis plebis
Curantibus
Anno redemptionis M D LXXIX

. . . .
Renat. Birag. Franc. Cancell.
Publ. comm.
M. D. LXXVII.

la ville de Paris vient d'élever des statues, déployèrent dans la composition et dans l'exécution de ce monument toute la grâce, toute l'exquise élégance de leur talent.

Cette fontaine n'avait point dans l'origine la forme qu'elle offre maintenant. Composée alors seulement de trois arcades, elle occupait l'emplacement de l'ancienne fontaine au coin de la rue Saint-Denis et de la rue aux Fers, développant en ligne droite deux de ses arcades sur cette dernière rue, et la troisième en retour sur la rue Saint-Denis.

Chacune de ces arcades, comprises dans la hauteur d'un ordre de pilastres composites, avec piédestal, entablement et attique, était couronnée d'un fronton, et le tout s'élevait sur un soubassement d'où l'eau s'échappait par de petits mascarons. Cinq figures de Naïades occupaient les intervalles des pilastres, et six bas-reliefs ornaient les frontons et les entablements.

Lorsque la démolition de l'église et des charniers des Innocents, dont je parle ailleurs, eut été achevée, et qu'on eut converti leur emplacement en un marché public, on sentit la nécessité de décorer d'un monument la nudité de cette place immense. La destination du lieu indiquait que ce devait être une fontaine. M. Six, architecte, eut l'heureuse idée de transporter au milieu de la place la belle fontaine de Jean Goujon. Sous la direction des architectes Poyet, Legrand et Molinos, le monument fut démonté, transporté et reconstruit sans que la sculpture eût éprouvé la moindre altération.

Pajou, chargé de l'exécution des bas-reliefs et de trois figures qui devaient décorer la nouvelle façade, sut très bien imiter le style de son modèle. L'Huillier, Mézières et Danjou se partagèrent les ornements du soubassement; le monument offrit alors dans son nouvel ensemble un quadrilatère surmonté d'une coupole recouverte en cuivre et formée en écaille de poisson; le tout posé sur un socle et des gradins de dix pieds de hauteur, présenta une élévation totale de quarante-deux pieds et demi.

Ce monument, chef-d'œuvre de la renaissance, et comparable peut-être aux plus belles productions de l'antiquité, n'a pas toujours été apprécié à sa juste valeur, même par les gens de l'art. Sa noble et pure simplicité le fit critiquer par les artistes du style grandiose et recherché de Louis XIV et par le faux goût de Louis XV, mais on reconnaît bien aujourd'hui que c'est là son principal mérite.

Santeul fit un distique latin que l'on grava sur le soubassement. Dans les petites tables placées au-dessous des impostes on lit ces mots: *Fontium nymphis, aux nymphes des fontaines.* Avant que la fontaine eût été déplacée, une inscription française, gravée sur le soubassement du côté de la rue Saint-Denis, apprenait que cette partie du monument avait été disposée en 1708 pour fournir une plus grande quantité d'eau.

Outre cette inscription de Santeul, on lit sur l'une des faces de la fontaine, les deux vers suivants du même poëte :

> Quos duro cernis simulatos marmore fluctus
> Hujus Nympha loci credidit esse suos.

Piganiol de La Force a donné de ces deux vers une traduction assez médiocre, que je reproduirai cependant :

> Quand d'un savant ciseau l'adresse singulière
> Sur ce marbre rebelle eut feint ces doux ruisseaux,
> La Nymphe de ce lieu s'y trompa la première
> Et les crut de ses propres eaux.

Fontaine de la Croix du Trahoir ou Tiroir (aujourd'hui de l'Arbre-Sec). Elle fut construite, par ordre de François 1er, en 1529, au milieu de la rue de l'Arbre-Sec ; comme elle embarrassait la circulation, elle fut transférée, en 1636, au pavillon situé à l'angle de la rue Saint-Honoré et de celle de l'Arbre-Sec, et qui avait été élevé, en 1606, par le prévôt des marchands, Miron, pour servir de réservoir aux eaux d'Arcueil. Ce bâtiment a été réédifié en 1775 et 1776 sur les dessins de Soufflot. Entre deux croisées du premier étage est une naïade en bas-relief, sculptée par Boizot; un soubassement simple forme le rez-de-chaussée du bâtiment, sur lequel est une inscription composée par l'architecte Soufflot. Le premier et le second étages sont compris dans la hauteur d'une ordonnance en pilastres, contenant un entablement dorique surmonté d'une balustrade terminant les deux façades de l'édifice.

Fontaine du Palais, de Sainte-Anne ou de Saint-Roch. J'ai dit ci-dessus que la pyramide de Châtel avait été remplacée en 1605 par une fontaine, nouvel embellissement du prévôt Miron. Cette fontaine était alimentée par les eaux de l'aqueduc du Pré-Saint-Gervais. On lisait sur ce monument le distique suivant :

> Hic, ubi restabant sacri monumenta furoris,
> Eluit infandum Mironis unda scelus.

Quelques années après, la fontaine du Palais, qui n'a rien de remarquable, fut transférée dans la cour de la Sainte-Chapelle, et reçut, ainsi que la rue qui l'avoisine, le nom de *Sainte-Anne*, en mémoire de la reine Anne d'Autriche. Elle est aujourd'hui alimentée par les eaux de la pompe du pont Notre-Dame.

Fontaine de Marle ou de Saint-Leu, rue Salle-au-Comte, entre les nos 16 et 18. Bâtie au XVe siècle, sur l'emplacement de l'hôtel Dammartin, elle fut ensuite réparée en 1606. Cette fontaine, enclavée dans une maison, est décorée très simplement. On y remarque deux dauphins, entre lesquels est une tête de fleuve; au-dessous est une co-

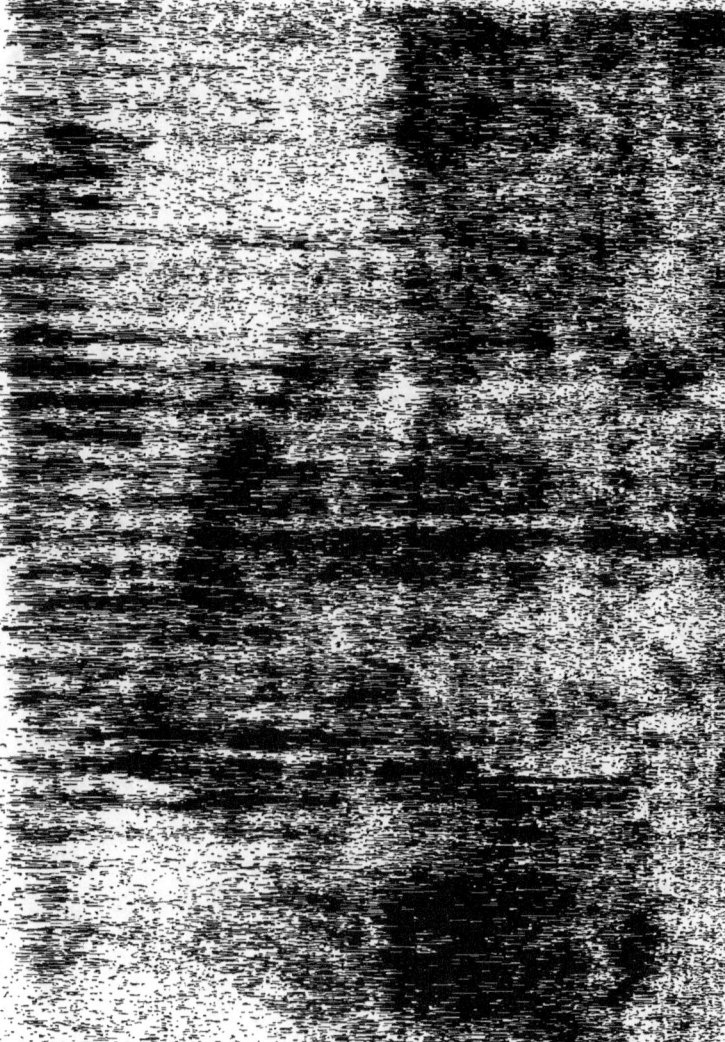

[illegible] inscription [illegible], on lit sur l'une des faces [illegible] les deux vers suivants du même poëte :

[illegible]

[illegible] de La Forge [illegible] traduction assez [illegible], que je reproduis [illegible] :

[illegible]

Fontaine de la Croix du Trahoir [illegible] construite par ordre de François Ier, en 1529, [illegible] de la rue de l'Arbre-Sec [illegible] en 1606 [illegible]

[illegible]

Fontaine des [illegible] *Saint-Roch* [illegible]

[illegible]

Quelques [illegible] Palais, qui n'a rien de remarquable [illegible] de la Sainte-Chapelle, et reçut, ainsi que la rue qui [illegible], le nom de *Sainte-Anne*, en mémoire de la reine Anne d'Autriche [illegible] sur les eaux de la pompe du pont Notre-Dame.

Fontaine de Marle ou de Saint-Leu, rue Salle-au-Comte, entre les nos 16 et 18. Bâtie au XVe siècle, sur l'emplacement de l'hôtel [illegible]; elle fut ensuite réparée en 1606. Cette fontaine, enlevée d'une [illegible], est [illegible]

[illegible]

LA SAINTE CHAPELLE.

quille. Après avoir reçu ses eaux de la pompe Notre-Dame, cette fontaine est aujourd'hui alimentée par la pompe à feu de Chaillot.

Fontaine du marché Carreau ou du Pilori, à la grande halle. Elle fut bâtie en 1601, sous la prévôté d'Antoine Guyot; mais les eaux n'y furent conduites que pendant l'administration de François Miron, ainsi que le marquait un distique placé au-dessus de la fontaine (1).

On s'occupa avec soin, sous le règne de Henri IV, de l'amélioration des fontaines et des conduites d'eau. On répara en 1605 la fontaine du Ponceau et celle de la *Reine* ou de la *Trinité*, rue Grenétat (2). Enfin la même année on reconstruisit la fontaine des Filles-Dieu, rue Saint-Denis.

Jeux de Paume. Le nombre de ces établissements et l'espèce d'importance qu'on attacha long-temps à ce divertissement, m'obligent d'en donner ici la liste. Nous lisons dans le *Journal d'un bourgeois de Paris*, à l'année 1427: « En cet an ou peu devant, vint à Paris une femme nommée Margot, assez jeune, comme de vingt-huit à trente ans, qui étoit du pays de Hainault, laquelle jouoit le mieux *à la palme* (paume) que oncques homme eût vu, et avec ce jouoit devant main, derrière main, très puissamment, très malicieusement, très habilement, comme pouvoit faire un homme, et peu venoit d'homme à qui elle ne gagnât, si ce n'estoit les plus puissants joueurs; et étoit le jeu de Paris où le mieux on jouoit en la rue Grenier-Saint-Ladre (Saint-Lazare), qui étoit nommé le *Petit Temple*. » On poussait d'abord la balle (*esteuf*) avec la *paume* de la main, d'où est venu le nom de Jeu de Paume; ensuite on enveloppa la main avec un gantelet de cuir ou bien l'on se servait de raquettes.

Les jeux de paume furent, comme tous les autres, défendus par Charles V en 1369. En 1452, le parlement prononça contre quelques joueurs plusieurs condamnations. Charles V, en faisant fermer les jeux dans la ville n'en avait pas moins fait construire un dans l'hôtel Saint-Paul; il était à l'est du cimetière de l'église Saint-Paul, auquel il était contigu (3). Il fut détruit lorsqu'on ouvrit la rue Beautreillis. Les défenses de Charles V furent réitérées à différentes époques. Le 24 mars 1550, le Parlement défendit de bâtir de nouveaux jeux de paume dans la ville et dans les faubourgs; l'année suivante, on menaça les contrevenants de la démolition de l'édifice.

Voici les lieux où, avant et depuis ces prohibitions, étaient situés les jeux de paume les plus fréquentés; ces établissements étaient tous fort anciens: Rue de la Poterie des Halles, qui avait porté le nom de *rue*

---

(1) Hurtaut, t. III, p. 91. — (2) Cette fontaine fut réparée de nouveau en 1671 et en 1733. — (3) Sauval, t. III, p. 471.

Neuve des Deux Jeux de Paume (1). — Rue Grenier-Saint-Lazare ; j'en ai parlé plus haut. Rue Neuve-Sainte-Geneviève ; dès l'année 1534, il y avait un jeu de paume nommé le *Tripot des onze mille diables*, et qui fut ensuite appelé le *Tripot de la Sphère* (2). — Impasse Berthault ; Jean Berthault, archer des gardes du corps du roi, y fit construire, en 1577, un jeu de paume qui eut une certaine réputation (3). — Rue de la Perle, au Marais ; le nom de cette rue vient de l'enseigne de la Perle, qui était celle du jeu de paume, célèbre au commencement du XVIIe siècle (4). — Rue Cassette, au coin de la rue Honoré-Chevalier. — Rue d'Orléans, au Marais ; on bâtit sur l'emplacement de ce jeu, en 1622, un couvent de capucins, remplacé aujourd'hui par l'église de Saint-François-d'Assise. — Rue Michel-le-Comte ; cet établissement qu'on appelait le jeu de paume *de la Fontaine*, fut occupé par le *théâtre d'Avenet*. — Rue Vieille-du-Temple ; il devint le *théâtre du Marais*. — Rue des Fossés-Saint-Germain ; ce jeu, appelé de l'*Etoile*, fut, en 1688, converti en salle de spectacle pour les comédiens français. — Rue de Seine ; il y en avait deux, et l'un avait son entrée au n° 13. — Rue Mazarine ; deux jeux de paume étaient également situés dans cette rue ; l'un, qui, en 1673, servit d'asile aux acteurs de Molière, est aujourd'hui remplacé par le passage du Pont-Neuf, qui a porté le nom de *passage du Jeu de Paume* ; le second existe encore au n° 24. — Rue de Vendôme ; cet établissement a été transformé, il y a quelques années, en bains publics (5). — Rue des Francs-Bourgeois-Saint-Michel ; c'était l'un des plus anciens jeux de Paris ; il se nommait sous le règne de Louis XVI, *jeu de paume de Monsieur* ; il a été remplacé par l'imprimerie de M. Rignoux. Citons aussi les jeux des rues Beaurepaire, Verdelet et ceux établis sous le règne de Charles IX auprès du Louvre.

Le divertissement de la paume, si oublié aujourd'hui, était tellement répandu à l'époque dont nous nous occupons, qu'on enregistra, en 1610, au Châtelet les statuts de la confrérie des *maîtres paumiers* ou *raquetiers*, qui seule avait le droit de fabriquer et de vendre les instruments nécessaires pour le jeu de paume (6).

(1) Sauval, T. I, p. 159. — L'un de ces deux jeux fut réparé en 1571. Charles IX, qui aimait beaucoup ce divertissement, fit construire une cheminée dans une chambre attenante à la salle principale. — (2) Sauval, t. I, p. 138.

(3) « Ce fut d'abord un tripot découvert ; Etienne Leroux, gendre de Jean Berthault, le fit couvrir en 1604. De plusieurs enfants qu'il eut en ce jeu de Paume, une de ses filles fut Marie Berthault, dite *la Constantin*, du nom de son mari, sage-femme fort fameuse qu'on pendit à la Croix du Tiroir en 1600, parce que pour satisfaire à une foule effrénée de filles et femmes dissolues, elle s'étoit rendue si savante à procurer les avortements qu'elle en avait fait une étude et une discipline. » *Ibid.*, p. 180. — (4) *Ib.*, p. 156. — (5) Le passage Vendôme a long-temps été appelé *passage du Jeu de Paume*.

(6) Ils avaient seuls, avant 1789, le droit de tenir des jeux de billard. Leur bureau était situé rue Mazarine, où nous voyons encore le dernier jeu de paume qui subsiste à Paris.

Prisons. J'ai déjà eu occasion de parler des prisons du *Louvre*, du *Châtelet* (1), de la *Conciergerie*, de la *Bastille* (2), du *For-l'Évêque* (3), du *Temple* (4), de *Saint-Martin-des-Champs* (5), du *Trésorier de la Sainte-Chapelle* (6), de *Saint-Magloire* (7), de *Saint-Germain-des-Prés*, de *Saint-Victor*, etc., etc. Il faut ajouter quelques noms à cette liste : — *la prison de Nesle*, dans l'hôtel de ce nom ; — *la prison du prévôt des marchands*. Je lis dans les *Comptes de la prévôté de Paris*, à l'an 1383 : « Une petite logette en la rue de l'Écorcherie (de la Tannerie), en laquelle le prévôt des marchands et échevins de Paris vouloient faire leurs prisons ; contenant icelle onze pieds de long, sept pieds et quatre pouces de lez et onze pieds de haut. » — *Prison du chapitre de Notre-Dame de Paris*, dans la Cité, peut-être au coin de l'impasse Sainte-Marine. — *Prison de l'Officialité*. C'était une tour enclavée entre le bâtiment de la grande sacristie de Notre-Dame et l'ancienne chapelle du palais archiépiscopal. Cette prison, destinée aux ecclésiastiques, fut démolie en 1795. — *Prison de Saint-Éloi*, située à côté de l'église Saint-Paul, dans un bâtiment appelé *Grange Saint-Éloi*. — *Prison de Saint-Benoît*. Sauval mentionne cette prison, qui était dans le cloître de l'église Saint-Benoît. — *Prison de l'abbesse de Montmartre*. Elle était située dans la rue de la Heaumerie et dans une impasse nommée du *Four ou du For aux Dames*. » Les religieuses de Montmartre, dit un ancien historien, y exerçoient autrefois leur juridiction temporelle et même y ont encore des prisons si anciennes, au dire du peuple, qu'il y montre encore au grand pavillon un cachot noir, où il prétend que saint Denys, apôtre de la France, fut enfermé, et de plus une grosse chaîne dont les païens l'avoient garrotté... (8). »

Je ne puis citer ici toutes les prisons qui existaient dans Paris à l'époque à laquelle nous sommes arrivés ; chaque seigneur, laïque ou ecclésiastique, chaque monastère d'hommes ou de femmes, chaque juridiction religieuse, civile ou militaire possédaient une prison. C'était une nouvelle voie pour l'injustice et l'arbitraire. Le parlement tenta plusieurs fois de porter remède à ces désordres. En 1564, on ordonna aux geôliers des prisons du Châtelet, de Saint-Victor, de Saint-Marcel et de Saint-Germain-des-Prés, de lui présenter quatre fois par an le rôle des prisonniers qui s'y trouvaient. Le désordre qui régnait dans l'administration des prisons ne cessa en partie que sous le règne de Louis XIV, qui réduisit de beaucoup le nombre des prisons de Paris.

Piloris, échelles et fourches patibulaires. J'ai déjà parlé des différents

---

(1) T. I, p. 537 et suiv. — *Ibid.*, p. 439 et 442. — (2) T. II, p. 417 et suiv. — *Ibid.*, p. 606 et suiv. — (3) T. I, p. 574 et suiv. — (4) T. I, p. 460. — En 1604, on y détenait les condamnés aux galères. — (5) T. I, p. 295. — (6) T. II, p. 53. — (7) T. I, p. 363. — (8) Sauval, t. I, p. 136.

lieux destinés aux exécutions (1); je vais compléter cette liste. Le *marché aux Pourceaux* était réservé pour les faux monnayeurs et autres criminels condamnés à être brûlés ou bouillis. On coupait les oreilles au carrefour Guilleri ou Guillori, qui se nommait jadis *Guigne-oreille*. La cour du Palais, celle de la Bastille, la Grève et mille autres endroits servaient aux exécutions; l'emplacement dépendait de la juridiction sous laquelle se trouvait le coupable. L'abbé de Saint-Germain-des-Prés avait une échelle et un pilori au carrefour Bussy; l'évêque de Paris en avait deux, l'une devant l'église Notre-Dame, l'autre au port Saint-Landri. — En 1301, une femme *qui juroit vilainement*, fut mise à l'échelle de Sainte-Geneviève. — Philippe-le-Long permit, en 1320, aux bourgeois d'ériger une croix à la porte Baudet, au lieu de l'échelle du prieuré de Saint-Eloi. — L'abbé de Saint-Magloire avait son échelle placée vis-à-vis l'église de Saint-Nicolas-des-Champs. — Le grand-prieur du Temple avait fait établir à l'extrémité de la rue des Vieilles-Haudriettes, une échelle qui n'a été détruite que vers l'an 1780. Elle avait environ cinquante pieds de hauteur. « Du temps la minorité de Louis XIV, elle fut brûlée de nuit par des jeunes éventés de la cour qu'on appeloit les *Petits-Maîtres*; mais bientôt après elle fut rétablie (2). » Cette échelle donna son nom à la rue de Vieilles-Haudriettes, qui s'appela long-temps rue de l'*Echelle du Temple*. La rue de l'*Echelle*, qui de celle Saint-Honoré conduit à la rue de Rivoli, doit aussi son nom à une échelle patibulaire qui y était établie, et qui appartenait vraisemblablement à l'évêque de Paris ou au chapitre de Notre-Dame. Ces échelles, dont il serait impossible de donner la liste complète, indiquaient droit de justice; on y attachait les condamnés qui faisaient amende honorable, on les y fustigeait, tandis que le peuple leur jetait de la boue et des pierres. « Enfin, dit Sauval, je trouve même que la Seine a servi de lieu patibulaire, s'il faut ainsi dire, dans les XVIe et XVe siècles, vis-à-vis la Grève, sous le Pont-au-Change, devant la tour de Billy, bâtie alors derrière les Célestins, où par arrêt de la cour on a noyé quantité de criminels. »

Je ne puis cependant me dispenser de parler ici des fameuses fourches patibulaires si célèbres sous le nom du *Gibet de Montfaucon*. C'est une éminence située au-delà du faubourg Saint-Martin et de celui du Temple en dehors et à quelque distance de la barrière de Pantin. Son premier nom était *gibet*, mot corrompu, dit-on, de celui de *gebel*, qui en arabe signifie une montagne et dont les Italiens et les Espagnols ont fait *gibel*. Les Français altérèrent entièrement la valeur de ce mot, et désignèrent par *gibet* un lieu patibulaire, parce qu'anciennement les exécutions se faisaient sur les lieux élevés. Cette petite montagne, selon toute apparence, a pris le nom qu'elle porte depuis long-temps,

(1) Voy. entre autres le *pilori des Halles*, t. I, p. 562 et suiv.
(2) Sauval, t. II, p. 603.

d'un seigneur nommé Fulco ou Faucon, qui en était propriétaire (1).

On ignore l'époque à laquelle remonte l'origine de cette *justice*, qui appartenait à la ville. Le fameux Pierre de La Brosse la fit, dit-on, bâtir et y fut pendu; les *Chroniques de Saint-Denis* ne disent rien de précis à cet égard (2). Suivant une tradition populaire, ce fut le malheureux Enguerrand de Marigny qui fit construire ce gibet; mais le supplice de Marigny n'eut lieu qu'en 1315, et le gibet de Montfaucon se trouve désigné dans le roman de *Berte aus grans piez*, composé avant l'an 1302 :

> Quant la vieille fu arse, Tybert font ateler,
> Tout parmi la grant rue la firent traîner
> A Montfaucon le firent sus auvent encrouer.

Sauval nous donne la description suivante du gibet de Montfaucon : « Sur le haut de l'éminence est une masse accompagnée de seize piliers, où conduit une rampe de pierre assez large, qui se fermoit autrefois avec une bonne porte. La masse est parallélogramme, haute de deux à trois toises, longue de six à sept, large de cinq ou six, terminée d'une plate-forme et composée de dix ou douze assises de gros quartiers de pierres bien liés et bien cimentés, rustiques ou refendues dans leurs joints. Les piliers gros, carrés, hauts chacun de trente-deux à trente-trois pieds et faits de trente-deux à trente-trois grosses pierres refendues ou rustiques, de même que les précédentes, et aussi bien liées et cimentées, y étoient rangées en deux files sur la largeur, et en une sur la longueur. Pour les joindre ensemble et pour y attacher les criminels, on avoit enclavé dans leurs chaperons deux gros liens de bois qui traversoient de l'un à l'autre, avec des chaînes de fer d'espace en espace. Au milieu étoit une cave où se jetoient apparemment les corps des criminels, quand il n'en restoit plus que les os ou que toutes les chaînes et les places étoient remplies. Présentement cette cave est comblée, la porte de la rampe rompue, ses marches brisées; des piliers, à peine en reste-t-il sur pied trois ou quatre, les autres sont ou entièrement ou à demi ruinés; la plupart de leurs pierres couvrent de ruines une partie de la plate-forme de la masse; en un mot, de ce lieu patibulaire, si solidement bâti, à peine la masse en est-elle encore debout. De l'éminence même sur laquelle il étoit élevé, il ne subsiste plus que la terre que cette masse remplit; les environs en ont été enlevés et sont convertis en plâtrières. » Pierre de Craon avait fait élever à Montfaucon ainsi que je l'ai dit (3), une croix de pierre, en réparation du meurtre de Clisson; elle fut détruite par le temps ou par les hommes. On la rétablit, et cette croix existait encore à l'époque où Sauval écrivait.

(1) Sauval, t. II, p. 685. — (2) Voy. t. I, p. 253. — (3) Voy. ci-dessus p. 27.

Parmi les grands coupables ou les malheureuses victimes dont les cadavres furent exposés aux fourches patibulaires de Montfaucon, il faut citer, après *Pierre de La Brosse, Enguerrand de Marigny* (1), **Henri Tapperel ou Capelet**, prévôt de Paris (2); *Girard Guette*, Auvergnat de basse naissance, employé aux finances sous le règne de Philippe-le-Long, et qui expia ses concussions en 1322 (3); *Pierre Remy*, accusé également de malversations, en 1328 (4); sous Charles VI, *Jean de Montagu* et le prévôt *Pierre des Essarts* (5). — En 1476, *Laurent Garnier*, de Provins, pendu par arrêt du parlement, pour avoir tué un collecteur des tailles, fut enlevé de Montfaucon un an et demi après, et sa mémoire fut réhabilitée. Son corps, mis dans un cercueil, fut porté avec tout l'appareil des pompes funèbres par la rue Saint-Denis jusqu'à la porte Saint-Antoine. Des deux côtés marchaient douze hommes vêtus de deuil et portant des torches. Devant étaient quatre *clocheteurs des trépassés*, dont les habits portaient les armoiries du défunt; leur chef criait à haute voix : « Bonnes gens, dites vos patenostres pour l'âme de feu Laurent Garnier, en son vivant demeurant à Provins, *qu'on a nouvellement trouvé mort sous un chêne*. Dites en vos patenostres, que Dieu bonne merci lui fasse. » — *Olivier le Dain* fut pendu à *Montfaucon*, après la mort de Louis XI; le seigneur de Semblançay, sous François Ier. Le corps de l'amiral Coligny y fut porté le lendemain de la Saint-Barthélemy (6), et nous verrons bientôt que les restes sanglants du maréchal d'Ancre subirent le même outrage.

La ville avait deux autres fourches patibulaires : « On voit dans les *œuvres royaux*, que sur une autre petite montagne, près de la grande et ancienne justice de Paris, par-delà Saint Laurent, l'on fit, en 1416, un autre lieu patibulaire tout en bois, haut de quatre toises et demie, qui coûta cinquante livres deux sols parisis. Et de plus que Pierre des Noyers, sergent des œuvres au roi, envoya quelques maçons et charpentiers avec Etienne Lèbre, exécuteur de la haute justice, pour trouver un endroit à le placer le plus honorablement que faire se pourrait (7). » Il fut réparé en 1457.

Un autre gibet, connu sous le nom de *gibet de Montigny*, fut construit près de Montfaucon, vers la fin du règne de Charles VIII (8). Il reçut ce nom, suivant la tradition, parce que Pierre Rémi, seigneur de Montigny, y fut pendu; mais il y a là une erreur évidente. Les dates détruisent entièrement cette tradition.

(1) T. II, p. 424. — (2) *Ibid.*, p. 432. — (3) *Ibid.*, p. 439. — (4) *Ibid.*, p. 441. — (5) Voy. ci-dessus p. 36 et 44. — (6) Voy. ci-dessus p. 385 et 390. — (7) Sauval, t. II, p. 613. — (8) « Un registre des œuvres royaux de l'an 1457 porte qu'en ce temps-là il se fit un gibet de bois nommé le *gibet de Montigny*, qui revint à 45 livres 4 sous parisis, et que devant et après on en éleva d'autres aux environs qui étaient de bois. » Sauval, t. II, p. 585.

A Montfaucon était depuis long-temps la *grande voirie de Paris*; elle vient d'être supprimée. J'aurai occasion d'en parler plus tard.

Hôtel Soubise, rue du Chaume, entre la rue du Paradis et celle des Quatre-Fils. J'ai dit qu'Olivier de Clisson avait fait élever un hôtel rue de Paradis, au Marais, sur l'emplacement d'une grande maison, appelée vulgairement *maison du grand chantier du Temple* (1). Le connétable posséda cet hôtel jusqu'à sa mort. Il passa ensuite au comte de Penthièvre; en 1423 les Anglais le confisquèrent, parce que ce seigneur suivait le parti de Charles VII, et le louèrent dix livres parisis (2).

En 1529, l'hôtel Clisson appartenait à Philibert Babou, sieur de La Bourdaisière, qui devint évêque d'Angoulême en 1533. Le 14 juin de cette année, Babou le vendit, au prix de seize mille livres, à Anne d'Est, femme de François de Lorraine, duc de Guise. Il passa ensuite à Charles, cardinal de Lorraine, frère de François, par donation du 7 octobre 1556. Celui-ci le céda à Henri de Lorraine, prince de Joinville, par acte du 14 novembre de la même année. Les Guises ne pouvaient se contenter du modeste hôtel de Clisson; ils achetèrent l'*hôtel de Laval* (3), situé à l'angle de la rue de Paradis et de la rue de Chaume. Il appartenait alors à Jean Brinon, conseiller au parlement de Paris, qui l'avait acquis de Guy, comte de Laval, moyennant huit mille livres. Il passa à Charles de Lorraine, par suite d'une donation que lui en fit Brinon. Le 11 juin 1536, le cardinal fit cession de ses droits à François, son frère, et à Anne d'Est son épouse (4).

En 1557, ce même cardinal acquit de Louis Doulcet, la moitié d'une maison aboutissant sur la rue des Quatre-Fils et attenant à l'hôtel jadis de Clisson, qui portait déjà le nom d'*hôtel de Guise*. Il fit l'acquisition de l'autre moitié en 1561.

De son côté, François de Lorraine acheta, le 15 janvier 1560, l'hôtel de la Roche-Guyon, qui appartenait alors à Louis de Rohan, comte de Montbason (5).

C'est de la réunion de ces trois hôtels et de la maison de Louis Doulcet que se composa le vaste hôtel de Guise, d'où le Balafré dictait ses

---

(1) Voy. ci-dessus p. 242. — (2) Sauval, t. II, p. 241. — Félibien t. II, p. 806.

(3) Cet hôtel avait appartenu primitivement aux rois de Navarre de la maison d'Evreux, et s'était appelé *hôtel de Navarre*; il devint ensuite la propriété du duc de Nemours, comte d'Armagnac, et prit le nom d'*hôtel d'Armagnac*; mais le duc de Nemours en ayant été dépossédé par suite de confiscation, il passa au comte de Laval. (Saint-Victor, *Tableau historique et pittoresque de Paris*, t. II, p. 557.)

(4) Probablement en échange de l'hôtel Clisson, que François avait donné au cardinal, le 7 octobre 1576, comme on l'a vu plus haut.

(5) Cet hôtel était situé rue du Temple, en face de la rue Barbette, et joignait par derrière l'hôtel de Guise; ils communiquaient l'un à l'autre par le cul-de-sac dont j'ai parlé.

volontés au roi de France et animait les Parisiens à la révolte. Il était là pendant les barricades.

Pour coordonner les diverses parties des bâtiments qui constituaient leur hôtel, les Guises entreprirent différents travaux. Ils firent élever la façade qui régnait le long du passage par lequel on allait à la rue Vieille-du-Temple (1).

C'est d'après leur ordre que la chapelle fut décorée, par Nicolo, des peintures à fresque qu'on y voyait avant la révolution. On leur doit encore la rampe en fer, l'escalier par lequel on montait dans les appartements donnant sur la rue du Chaume. Les croix de Lorraine, qui en forment un des ornements, ne laissent pas de doute à cet égard. Il est même permis de croire que la plus grande partie des bâtiments, surtout l'aile qui fait l'angle de la rue du Chaume et de la rue des Quatre-Fils, fut aussi construite de leur temps (2).

Ils possédèrent cet hôtel jusqu'en 1697, époque à laquelle François de Rohan, prince de Soubise, l'acheta des héritiers de la duchesse de Guise, la dernière de cette famille. Il prit dès lors le nom d'*hôtel Soubise*, qu'il a toujours porté depuis.

Dès son entrée en possession, le prince de Soubise s'occupa de l'embellissement, ou plutôt de la transformation de cette vaste demeure; mais comme il fallut beaucoup de temps pour dresser les plans et faire tous les préparatifs nécessaires pour les grands projets qu'il avait conçus, les travaux ne commencèrent qu'en 1706, sous la conduite de Lemaire, célèbre architecte du temps.

La principale porte, qui se présentait en pan coupé sur l'angle de la rue du Chaume et du passage, et qui était flanquée par deux tourelles qui subsistent encore, fut fermée; et l'on en ouvrit une nouvelle dans l'alignement de la rue du Chaume, faisant face à la rue de Braque et destinée à servir le passage (3).

L'emplacement occupé jadis par l'hôtel de Laval, fut déblayé et devint la cour d'honneur (4). Autour de cette cour fut pratiquée une galerie ornée de cinquante-six colonnes accouplées, d'ordre composite,

---

(1) C'est sur cette façade que furent plaqués les ornements qui la décorent aujourd'hui, comme on le verra plus bas.

(2) En effet, la forme extérieure de cette partie de l'hôtel diffère du reste d'une manière assez tranchée; et d'ailleurs il y a tout lieu de croire que la maison de Louis Doulcet occupait cet emplacement. La fenêtre du premier étage qui donne en face de la fontaine des Haudriettes est, d'après la tradition, celle par où fut jeté Saint-Mégrin, ce célèbre mignon de Henri III, qui sut, dit-on, s'attirer l'affection de la femme du Balafré. La balustrade et la forme de la fenêtre ont changé, mais l'ouverture n'a pas été déplacée.

(3) Cette porte, qui dès lors ne fut plus regardée que comme porte secondaire, subsiste encore aujourd'hui telle qu'elle fut construite alors.

(4) Cette cour est longue de trente-une toises et large de vingt.

d'un pareil nombre de pilastres correspondant aux colonnes, et couverto en terrasse avec balustrade au pourtour.

La porte principale s'ouvrit sur la rue de Paradis, dans un enfoncement circulaire qui en rend l'accès plus majestueux, et fut décorée de colonnes accouplées, d'ordre composite à l'intérieur et corinthien à l'extérieur, avec couronnement en ressaut, formant sur chaque face un avant-corps, dont l'attique était peint aux armes du prince. Les statues d'Hercule et de Pallas, sculptées par Coustou jeune et par Bourdy, figuraient sur l'avant-corps. Sur la balustrade des trophées, d'armes, placés de distance en distance, variaient le coup-d'œil.

Une grande façade plaquée contre l'ancien édifice, pour en cacher la difformité, termina cette cour. Les deux ordres d'architecture employés pour la galerie et la porte servirent à cette décoration. Au rez-de-chaussée s'élevèrent huit colonnes d'ordre composite accouplées, entre lesquelles on ouvrit trois grandes portes cintrées conduisant dans le vestibule qui précède le grand escalier peint par Brunetti. Le même nombre de colonnes, d'ordre corinthien surmontant l'ordre composite, servit à encadrer les trois fenêtres du premier étage correspondant aux portes du rez-de-chaussée. Un fronton triangulaire, dans le tympan duquel les armes de Rohan-Soubise furent sculptées par Lorrain, servit de couronnement à cette façade. Sur ce fronton on plaça deux statues allégoriques à demi couchées représentant la Force et la Sagesse, et aux extrémités des groupes de génies.

Pour donner de l'ensemble à ce grand corps d'architecture, on ajouta de chaque côté quatre colonnes accouplées, d'ordre composite, s'élevant à distances égales et sur l'entablement desquelles on posa les quatre Saisons avec leurs attributs. Les statues du génie des sciences et de celui des arts, placées aux deux extrémités de la balustrade qui règne le long du mur, servirent à compléter le tableau.

L'intérieur, disposé de la manière la plus commode, fut magnifiquement décoré. La chapelle et ses peintures à fresque furent conservées. Plusieurs artistes contribuèrent à la décoration et à l'embellissement des appartements. Natoire, Bouchet, Trémollière, Carle Vanloo, Bertout, etc., y employèrent leurs talents et en firent un des plus délicieux séjours de Paris. Les bas-reliefs les plus somptueux, des plafonds et des corniches dorés, des parquets richement variés, rien ne fut épargné.

Pendant que le prince de Soubise s'appliquait à donner à cette demeure une magnificence vraiment royale, Armand Gaston, évêque de Strasbourg, cardinal et grand-aumônier de France, entreprenait de faire bâtir un grand hôtel à côté de l'hôtel de Soubise, donnant sur la rue Vieille-du-Temple et attenant au bâtiment qui longeait le passage, et qui était destiné à loger les officiers du prince. Cet hôtel, qui s'appela d'abord l'*hôtel de Strasbourg* et dont la principale entrée était dans la rue Vieille-du-Temple, était assez simplement décoré. La façade qui donne sur le jardin est ce qu'il y a de mieux sous le rapport du goût. C'est dans cet hôtel que le cardinal fit déposer la bibliothèque du président de Thou qu'avait possédée après lui le président Ménars (1).

Lorsque l'hôtel de Strasbourg fut devenu l'habitation du cardinal prince de Soubise, il prit le nom de *Palais-Cardinal* qu'il conserva jusqu'en 1808. Le jardin de l'hôtel Soubise, qui séparait cet hôtel du Palais-Cardinal, était public avant la révolution, mais seulement pendant l'été.

Un décret du 6 mars 1808 ordonna l'achat de l'hôtel Soubise et du Palais-Cardinal. Ce dernier fut réservé à l'Imprimerie impériale, et les Archives de l'empire furent placées à l'hôtel Soubise (2). On exécuta pour cette nouvelle destination des travaux importants sous la conduite de M. Céléria. Les archives occupent actuellement quatre-vingt-une pièces, grandes ou petites, sans compter les bureaux. On voit dans les appartements du premier des restes des anciens décors. Le salon rond, qui sert de bibliothèque, est la pièce la mieux conservée ; elle est ornée de huit délicieux tableaux représentant les amours de Psyché, par Natoire (3).

(1) Voici ce qu'on lit à ce sujet dans les mémoires de l'Acad. des inscriptions et belles-lettres : « Cette bibliothèque était près de se disperser en 1701, et la France aurait vu passer dans des mains étrangères une partie de ce trésor amassé par un de ses plus grands hommes, si le goût de M. l'évêque de Strasbourg pour les lettres ne nous l'eût conservée. Il l'acheta dans le fort d'une guerre opiniâtre et ruineuse. Les sollicitations de M. l'abbé de Boissy... contribuèrent à le déterminer. Ce recueil était renommé pour les belles reliures, pour les excellentes éditions et surtout pour les livres en grand papier que M. de Thou possédait seul. Il avait su se les procurer par un moyen qui suppose la curiosité d'un amateur et le crédit d'un magistrat généralement estimé. Il envoyait aux ministres du roi, dans différentes cours, le plus beau papier qu'on eût alors, pour faire tirer un ou quelquefois deux exemplaires des meilleurs ouvrages qui s'imprimaient chez les étrangers. Souvent ne se bornant pas à cet objet, qui n'est après tout qu'une singularité plus remarquable qu'utile, il s'était proposé de faire une bibliothèque universelle. M. le cardinal de Rohan suivit principalement sur cet article le plan du fondateur... L'accroissement que cette collection a reçu par ses soins est si considérable, que l'ancien fonds en fait aujourd'hui la moindre portion. Peu de temps après son retour de Rome, en 1722, M. le cardinal de Rohan ouvrit sa bibliothèque à des conférences où régnaient sous ses auspices, la politesse, l'esprit et l'érudition. Dom Calmet, Dom B. de Montfaucon, le P. Tournemine et plusieurs autres de nos plus célèbres littérateurs, s'y trouvaient à des jours marqués pour s'entretenir sur des matières de critique et d'histoire. Il présidait quelquefois lui-même à ces savantes assemblées où chacun, obligé de remplir à son tour une séance entière, choisissait à son gré le sujet de la dissertation. L'accès de cette bibliothèque était facile à tous les savants. Les gens de lettres non seulement pouvaient emprunter les livres, mais s'ils en demandaient quelquefois qui ne s'y trouvassent pas, on les achetait sur-le-champ pour leur en procurer la lecture. » (*Mém. de l'Acad. des inscript.*, t. XIII, p. 315.)

(2) Voy. les articles *Imprimerie royale* et *Archives du royaume*. — (3) J'ai emprunté ces détails à un excellent travail de M. Dessalles, inséré dans le t. II de *Paris pittoresque*.

Hôtel de Verthamont, puis d'*Aligre*, rue d'Orléans, n° 13. — Bâti sous le règne de Henri II, pour André Blondel de Roquencourt, contrôleur-général des finances, qui le donna à la duchesse de Valentinois, il échut en partage à Françoise de Brézé, sa fille, épouse de Robert de La Marck, duc de Bouillon, maréchal de France, dont cet hôtel prit le nom. Ensuite on le retrouve sous celui de Puisieux, ayant été acquis par Pierre Brulart, marquis de Sillery, vicomte de Puisieux. Charlotte d'Etampes de Valençay, sa veuve, le vendit, le 20 mars 1641, à Achille de Harlay, maître des requêtes. Son fils ayant été nommé premier président en 1689, le vendit à M. de Verthamont, premier président du grand-conseil (1). Cet hôtel était fort vaste; il s'étendait jusques aux rues Saint-Honoré et de Grenelle. C'est aujourd'hui une maison de roulage.

Hôtel de Montmorenci, puis de *Mesmes*, rue Sainte-Avoie, n° 44. — Le connétable Anne de Montmorenci et Madeleine de Savoie, sa femme, donnèrent cet hôtel à François de Montmorenci, maréchal de France, leur fils aîné. Henri II y logea quelquefois, ce qui fit nommer cet hôtel *le logis du roi*. Le connétable Anne y rendit le dernier soupir, le 12 novembre 1567, trois jours après la célèbre bataille de Saint-Denis. Là aussi se firent les noces du duc d'Épernon et de Marguerite de Foix. Cet hôtel passa ensuite à la famille de Mesmes, qui lui donna son nom. Jean Antoine de Mesmes l'occupa jusqu'au mois de janvier 1712, époque à laquelle il occupa l'hôtel du bailliage, en qualité de premier président au parlement; l'hôtel de Mesmes fut rebâti et réparé sur les dessins de Bullet, et ensuite sur ceux de Boffrand. Law y établit provisoirement les bureaux de la *Banque générale;* il passa ensuite à la duchesse de Trémoille. « Cet hôtel, dit un écrivain du siècle dernier, consiste en plusieurs appartements; ceux du rez-de-chaussée de l'aile sont très spacieux et magnifiquement ornés; l'étendue que cet hôtel occupe est grande, ayant son entrée principale sur la rue Sainte-Avoie et une issue par la rue du Chaume. L'hôtel de Sourdis, qui a une face sur la rue de Paradis, en dépend, ainsi que le *petit hôtel de Mesmes*, sur la rue de Braque, avec plusieurs maisons de la rue Sainte-Avoie, qui font toutes partie de ce grand terrain. On voit encore dans son étendue quelques restes des anciens murs de la ville, que Philippe-Auguste fit construire (2). » L'ancien hôtel de Montmorency a été long-temps occupé par l'administration des contributions indirectes.

Hôtel de Mayenne, puis d'*Ormesson*, rue Saint-Antoine, n° 212, au coin de la rue du Petit-Musc. — Il fut bâti par Du Cerceau pour Charles

(1) Jaillot, t. II, *Quartier Saint-Eustache*, p. 38. — Piganiol, t. III, p. 247.
(2) Brice, t. II, p. 68. — Voy. aussi Piganiol, t. IV, p. 325 et suiv.

de Lorraine, duc de Mayenne, lieutenant-général de la Ligue (1). Divers membres de cette famille y logèrent. Au milieu du siècle dernier, cet hôtel, qui avait été réparé, en 1709, sur les dessins de Germain Boffrand, appartenait à M. d'Ormesson, contrôleur-général des finances et conseiller-d'Etat (2).

Hôtel de Châtillon, rue de Tournon, au coin de la rue du Petit-Bourbon. — Cette maison, qui était au siècle dernier un hôtel garni, avait appartenu aux ducs de Monpensier. Catherine de Lorraine, duchesse de Montpensier, y apprit la nouvelle du meurtre des deux Guises, ses frères, « et ce fut de là, dit Sauval, qu'elle sortit comme forcenée, et qu'avec les enfants orphelins du duc de Guise, courant par tout Paris, fondant en larmes et vomissant toutes sortes d'injures contre le roi, elle fit tant de compassion et émut si bien la populace, qu'elle fut en quelque façon le flambeau fatal de la Ligue. » La mère de Jacques Clément logea dans cet hôtel (3).

Sauval donne en même temps la liste des différents hôtels des ducs de Montpensier. « Ils ont logé à la rue de Seine, au lieu même où depuis a été bâti l'hôtel de Liancourt, que de leur temps on appeloit l'hôtel Dauphin, parce qu'ils étoient dauphins d'Auvergne. Ils ont aussi demeuré à la rue du Coq, dans la maison des prêtres de l'Oratoire, que Henri, dernier duc de Montpensier, vendit à François, duc et cardinal de Joyeuse. Ils ont encore logé sur le quai Saint-Bernard, dans une maison qui fait le coin de la rue des Bernardins, et que le duc de Montpensier donna à de Selve; et pareillement à la rue de Grenelle, à l'endroit où est à présent l'hôtel Séguier. Henri dernier duc de Montpensier l'acheta 50,000 livres en 1605, et étant venu à mourir en 1608, sa veuve le donna au duc de Bellegarde pour 24,000 écus (4). »

Hôtel de Carnavalet, rue Culture-Sainte-Catherine, n° 27. — Le président des Ligneris ayant pris à rente foncière cinq places en la culture Sainte-Catherine, y fit bâtir un très bel hôtel qui porta son nom jusqu'en 1578. Théodore des Ligneris, son fils, le vendit alors à Françoise de La Beaune, dame de Carnavalet. Cette maison est l'œuvre de trois illustres architectes, Jean Goujon, Jacques Androuet du Cerceau et François Mansard. La porte, exécutée, suivant Sauval, sur les dessins de Pierre Lescot (5), et ornée par Jean Goujon, est d'un style si pur et si délicat, que Mansard ayant entrepris d'élever d'un étage la façade de cet hôtel, respecta l'ouvrage de ses prédécesseurs. Les premiers travaux avaient été dirigés par l'architecte Jean Bullant.

(1) Cet hôtel fut construit sur l'emplacement de l'ancien hôtel du Petit-Musc, qui avait appartenu au commencement du xve siècle à Louis Ier, duc de Bourbon.
(2) Piganiol, t. V, p. 39. — (3) Voy. ci-dessus p. 489. — (4) Sauval, t. II, p. 120.
(5) Le même historien prétend que Paul Ponce a travaillé à cet hôtel.

Le bâtiment du côté de la cour est embelli entre les trumeaux de douze figures gigantesques et de demi-relief, représentant les signes du Zodiaque, qui ont été faites par Goujon, à l'exception des quatre de l'aile gauche, élevée par Mansard, pour rendre la cour plus régulière. A l'époque où Brice écrivait, l'hôtel Carnavalet appartenait au financier Brunet de Rancy, qui le fit achever et décorer avec goût (1). On sait qu'il a été long-temps la demeure de madame de Sévigné. Il y a quelques années, cet hôtel était occupé par l'École royale des ponts et chaussées.

Hôtel d'Hercule, sur le quai des Augustins, à l'angle oriental de la rue des Grands-Augustins. — Il avait reçu ce nom parce que des peintures à fresque, qui ornaient les appartements, représentaient les travaux d'Hercule. Louis XII le donna en 1514 à Antoine Duprat, chancelier de France, qui y logea jusqu'à sa mort, en 1536. François Ier se transporta aussitôt à l'hôtel et s'empara de 100,000 écus qui se trouvèrent dans des coffres-forts.

En 1573, Charles IX, le duc d'Anjou, depuis Henri III, et Henri de Bourbon, roi de Navarre, depuis Henri IV, faillirent être tués dans cet hôtel par Viteaux, petit-fils du chancelier Duprat et l'un des hommes les plus déterminés de son temps. Il s'était caché dans cet hôtel avec quelques autres personnes poursuivies comme lui pour une affaire particulière ; au bruit que firent les princes en arrivant, il s'arma, ainsi que ses compagnons, résolu de faire main-basse sur tous ceux qui se présenteraient, en cas qu'on enfonçât les portes de l'appartement où il s'était réfugié. Heureusement les princes s'arrêtèrent dans une autre partie de l'hôtel.

La même année, au mois de septembre, les mêmes princes signifièrent à Antoine Duprat, seigneur de Nantouillet, prévôt de Paris, qu'ils iraient souper chez lui, à l'hôtel d'Hercule. Nantouillet allégua mille prétextes pour se dispenser de cet honneur ; il ne put détourner les princes de leur projet. Après le souper on pilla la maison, et les courtisans volèrent ou saccagèrent pour plus de 50,000 livres. « Le lendemain, dit l'Estoile, le premier président vint trouver le roi et lui dit que tout Paris étoit ému pour le vol de la nuit passée, et que l'on disoit que sa majesté y étoit en personne et l'avoit fait pour rire. A quoi le roi ayant répondu que ceux qui le disoient avoient menti, le premier président répliqua : J'en ferai donc informer, Sire. — Non, non, répondit le roi ; ne vous en mettez en peine. Dites seulement à Nantouillet qu'il aura affaire à trop forte partie s'il en veut demander raison. »

Henri III venait souvent à l'hôtel d'Hercule. Il y tint la plupart des

---

(1) Sauval, t. III, p. 12. — Piganiol, t. IV, p. 421. — Brice, t. II, p. 202 et 203. — *Voyage pitt. de Paris*, p. 243 et 244.

chapitres de l'ordre du Saint-Esprit, et en 1585 il y reçut l'ordre de la Jarretière, que lui apporta le comte d'Erby, ambassadeur extraordinaire d'Elisabeth, reine d'Angleterre (1).

Hôtel d'O, puis de *Luynes*, au bout de la rue Gît-le-Cœur, du côté du quai des Augustins. — « On peut remarquer à l'entrée du quai des Augustins, dit Piganiol, du côté de la rue du Hurepoix, une maison à porte cochère, où demeure actuellement un libraire. Elle portoit au commencement du siècle dernier le nom de l'*Hôtel d'O*. » Elle appartenait à Pierre Séguier, maître des requêtes, qui, ayant quitté la robe pour l'épée, suivant le langage de l'époque, se faisait appeler le marquis d'O. Sa fille ayant épousé Charles, duc de Luynes, et lui ayant apporté cet hôtel en mariage, il fut alors nommé *hôtel de Luynes*. C'est dans cet hôtel que se réfugia le chancelier Séguier, le 27 août 1648, lors de l'émeute qui eut lieu à Paris, au sujet de l'arrestation de Blancmesnil et de Broussel.

Cette maison, démolie en partie en 1671, avait été bâtie par François Ier, qui en fit un de ses *palais d'amour*. Elle communiquait à un hôtel qu'avait la duchesse d'Étampes dans la rue de l'Hirondelle. « Les peintures à fresque, les tableaux, les tapisseries, les salamandres (2), accompagnées d'emblèmes et de tendres et ingénieuses devises, tout annonçoit dans ce petit palais et cet hôtel le dieu et les plaisirs auxquels ils étoient consacrés. *De toutes ces devises qu'on voyoit il n'y a pas encore long-temps*, dit Sauval, *je n'ai pu me ressouvenir que de celle-ci*: *c'étoit un cœur enflammé placé entre un alpha et un oméga*, pour dire apparemment: *il brûlera toujours*. Le cabinet des bains de la duchesse d'Étampes, ajoute Saint-Foix, sert à présent d'écurie à une auberge qui a retenu le nom de la *Salamandre;* un chapelier fait sa cuisine dans la chambre du *lever* de François Ier, et la femme d'un libraire étoit en couches dans son *petit salon des délices*, lorsque j'allai pour examiner les restes de ce palais (3). »

Hôtel Zamet, puis de *Lesdiguières*, rue Lesdiguières. Le célèbre Zamet, maltôtier italien, renommé par ses richesses et par ses rapports intimes avec Henri IV, dont il servait les plaisirs, fit construire un hôtel magnifique dans une impasse, qui est une rue depuis la fin du siècle dernier. Cette maison, la plus vaste qui fût à Paris, était, au dire des contemporains, fort agréable et fort commode. « Il s'y voit, dit Sauval, des bains et des étuves, que Zamet fit faire pour le plaisir de Henri IV et de ses maîtresses, et pour ce sujet on l'appelait aussi le *Palais-d'Amour* de ce grand roi (4). » En 1599, Gabrielle d'Estrées alla loger quel-

---

(1) Sauval, t. II, p. 149. — (2) C'était le corps de la devise de François Ier.
(3) Saint-Foix, t. I, p. 37. — (4) Sauval, t. II, p. 146.

que temps chez Zamet. Le Jeudi-Saint, ayant bien dîné, il lui prit quelques éblouissements dans l'église du Petit-Saint-Antoine, où elle étoit allée entendre les ténèbres. Revenue chez Zamet, et se promenant dans le jardin, après avoir mangé d'un citron (d'autres disent d'une salade), elle ressentit tout-à coup des douleurs si aiguës, qu'elle s'écria : *Qu'on m'ôte de cette maison! je suis empoisonnée.* Elle mourut deux jours après (1). On avait déjà parlé de marier Henri IV avec Marie de Médicis, et comme Zamet était né sujet du duc de Florence, ses ennemis le soupçonnèrent d'un crime dont il n'y eut aucune preuve (2).

Les héritiers de Zamet vendirent son hôtel à François de Bonne, duc de Lesdiguières et connétable de France. En 1716, il passa par succession dans la maison de Villeroi. C'est dans cet hôtel, qui fut vendu à des entrepreneurs et qui n'existe plus, que le czar Pierre-le-Grand logea en 1717.

Hôtel d'Angoulême, puis de *Lamoignon*, rue Pavée au Marais, n° 24. Il fut commencé par Diane, fille naturelle de Henri II, et de *Philippe des Ducs*, *damoiselle de Coni en Piémont*, morte en 1619. Le duc d'Angoulême, fils naturel de Charles IX et de Marie Touchet, fit achever cet hôtel, qui passa ensuite dans l'illustre famille de Lamoignon.

CHAPITRE HUITIÈME.

ETAT DES LETTRES, DES SCIENCES, DES ARTS, DU COMMERCE, DE L'INDUSTRIE A PARIS, DE FRANÇOIS Ier A LOUIS XIII.

§ I. Lettres. — Sciences.

Louis XII avait été proclamé le *père du peuple;* François Ier fut le *père des lettres.* Sans vouloir contester son titre glorieux au bon roi Louis XII, il est juste de dire qu'aucun de ces surnoms imposés par l'histoire à nos rois ne fut plus mérité peut-être que celui de François Ier. Jamais prince ne fut plus désireux, plus capable et plus digne de faire fleurir dans ses États la culture de la science et des arts. Homme élégant et de belles manières, instruit et bien disant, plein d'imagination et de noblesse d'âme, François Ier aimait et honorait les poëtes et les

(1) Gabrielle demeurait alors dans la maison nommée le *Doyenné*, près de Saint-Germain-l'Auxerrois. — (2) Saint-Foix, t. I, p. 126.

artistes, moins par égard pour le trône, comme ont fait si souvent ses prédécesseurs ou ses héritiers, que par un véritable amour de l'art et de la poésie.

Paris profita singulièrement de ce progrès de la royauté. D'abord il fut doté de palais superbes, de précieuses colonies d'hommes les plus savants et les plus habiles de l'Europe, de riches établissements scientifiques en tête desquels se place le Collége royal (1); puis l'influence d'une cour spirituelle et lettrée imprima pour toujours à la grande ville ce cachet d'intelligence et d'urbanité qui devait la porter plus tard à la tête de la civilisation.

Henri II, François II, mais surtout Charles IX et Henri III recueillirent avec l'héritage de François Ier, ses nobles penchants, ses goûts poétiques, et terminèrent l'œuvre de régénération qu'il avait commencée; ils consommèrent la révolution littéraire qu'on appelle la *renaissance*. Les désordres de la Ligue changèrent pendant quelques années la direction des esprits, puis Henri IV monta sur le trône, et de Henri IV au grand siècle de Louis XIV il n'y a qu'un pas.

Dans cette brillante période s'illustrèrent un grand nombre de Parisiens dont je vais passer en revue les noms et les travaux. Les poëtes les plus remarquables du XVIe siècle, Marot, Ronsard, Théophile, sont cependant étrangers à Paris, et ne lui appartiennent que par le séjour plus ou moins long qu'ils y firent. Les poëtes parisiens sont moins célèbres, il est vrai, mais beaucoup plus nombreux.

A leur tête, par rang d'ancienneté, se présente *Roger de Collerye*, né à Paris, probablement sous le règne de Louis XI. Sa vie est très peu connue, et ses ouvrages ne se trouvent qu'entre les mains des bibiophiles. Il était prêtre, et occupait en 1494 la place de secrétaire de l'évêque d'Auxerre, ce qui ne l'empêchait pas d'être extrêmement pauvre. Du reste, Roger de Collerye est un personnage des plus originaux ; malgré sa position précaire, il était d'une intarissable gaieté, et se donnait à lui-même le nom de *Bon-Temps*. On croit que c'est à lui que remonte l'origine de l'expression proverbiale : *un Roger Bon Temps*, pour dire, un homme sans souci. Voici comment il commence une de ses compositions poétiques :

> Vive le roy, vive le roy.
> Et tous bons compagnons, et moy.
> Je suis Bon-temps qui d'Angleterre
> Suis icy venu de grant erre,
> En ce pays de l'Auxerrois.

De son temps était à Auxerre une société joyeuse dont le président s'appelait l'*Abbé des Fous*. Roger de Collerye, en dépit de sa dignité clé-

---

(1) Voy. plus haut, p. 330.

ricale, était investi de cet honneur auquel il parut tenir beaucoup. Il dut mourir dans un âge avancé; il vivait encore en 1538 (1).

Viennent ensuite :

Pierre Gringore. Gringore aussi est né loin de la capitale; mais il y trouva le théâtre de sa gloire, et il y a été récemment popularisé par un illustre écrivain moderne, l'auteur de la *Notre-Dame de Paris.* Pierre Gringore ou Gringoire était de Lorraine. Doué d'une certaine facilité de versification et d'un esprit jovial et caustique, il parcourut une partie de la France à la manière des anciens trouvères, s'arrêtant dans les villes et les châteaux, et payant l'hospitalité qu'on lui donnait par des récits poétiques, ou plus souvent par des contes bouffons. Il arriva à Paris en 1510. Déjà sa réputation l'y avait précédé; Louis XII voulut le voir, et le chargea de composer un *mystère*, c'est-à-dire une pièce de théâtre, contre le pape avec lequel la France était alors en guerre. Tel fut le motif de la pièce intitulée ; *Le prince des Sots et la Mère-Sotte,* représentée à la grande Halle de Paris, le jour du mardi-gras de l'an 1511. Gringore y joua lui-même le rôle principal, celui de *Mère-Sotte,* et ce nom lui resta; mais sa gaie science fut largement récompensée (2). Il revint dans son pays où il fut nommé héraut d'armes du duc de Lorraine, et mourut vers le milieu du xvie siècle.

Antoine Forestier (en latin Sylviolus), Parisien, né vers la fin du xve siècle. Il était l'ami de Faust Andrelini et de Robert Gaguin, et l'on conjecture qu'il fit les campagnes du Milanais sous Louis XII. « Lacroix du Maine, dans sa Bibliothèque, en parle très vaguement comme d'un poëte ayant fleuri vers l'an 1540, et ayant composé quelques poésies françaises non imprimées, et plusieurs ouvrages latins presque aussi inconnus. Ces derniers, cependant, qui sont des poëmes sur divers sujets, entre autres sur les victoires de Louis XII, ne paraissent pas dénués d'intérêt ; mais ils sont devenus si rares, que pour faire la biographie de leur auteur (3), le savant bibliographe M. Weiss, qui les a cherchés, n'a pu les trouver même à la Bibliothèque royale.

Antoinette de Loynes, femme de Jean de Morel, gentilhomme dauphinois qui vint s'établir à Paris, se rendit célèbre à la cour de François Ier, par la composition de quelques poésies légères dont une partie fut imprimée avec le *tombeau de la reine de Navarre* (1551). Elle eut le rare bonheur de mettre au monde trois filles *Diane, Camille* et *Lucrèce de Morel,* qui toutes trois s'adonnèrent à la culture des lettres, et firent l'étonnement de leurs contemporains. Camille surtout se fit remarquer par des qualités au-dessus de son sexe, et Lacroix du Maine parle d'elle avec enthousiasme. « Cette savante demoiselle, dit-il, a été si bien in-

---

(1) Voy. une longue liste de ses écrits dans la *Biogr. univ.*
(2) J'ai déjà parlé de Pierre Gringore et j'ai donné la liste de ses ouvrages à l'article *Confrères de la Passion.* Voy. plus haut p. 79. — (3) Dans la *Biog. univ.*

struite par les plus savants hommes de France et autres lieux, qu'elle s'est rendue admirable à tout notre siècle, pour être des plus doctes demoiselles de France, soit en grec, latin, françois, italien, espagnol, et autres langues étrangères. » On a d'elle quelques poésies imprimées sur la mort de son père et celle de Henri II. — Les trois sœurs étaient nées à Paris, où elles moururent, Diane en 1581, et les deux autres en 1584.

Deux Pautres arisiennes, *Isabeau de Vauxmenil* et *Nicolle Estienne*, se firent connaître à Paris (vers l'an 1584), par la publication de quelques poésies. Nicolle Estienne est auteur d'un petit traité en vers intitulé : *Apologie pour les femmes.*

Charles Fontaine, fils d'un marchand du parvis Notre-Dame, naquit à Paris, le 13 juillet 1515. Il s'adonna fort jeune aux lettres, et fut l'élève et l'ami de Marot. On a de lui un grand nombre d'ouvrages, la plupart en vers, dont un seul mériterait d'être lu : c'est le *Quinti Horatien* (1551), critique d'un ouvrage de J. du Bellay sur la langue française. Ch. Fontaine ne paraît pas avoir été favorisé des dons de la fortune ; il alla pourtant la chercher au loin, et mourut assez avancé en âge, à Lyon, où il s'était marié.

Antoine Heroët, dit *La Maisonneuve*, né à Paris vers le commencement du XVIe siècle, embrassa la vie ecclésiastique et mourut évêque de Digne. Il publia un volume de poésies philosophiques sur l'amour.

Etienne Jodelle du Lymodin, né et mort à Paris, fut le premier qui imagina de composer des pièces françaises à l'imitation des poésies grecques, c'est-à-dire avec des prologues et des chœurs. La plus célèbre de ses tragédies, *Cléopâtre captive* et *Didon se sacrifiant*, ne sont plus supportables aujourd'hui ; mais elles élevèrent leur auteur au rang des premiers poètes de son temps. Cléopâtre fut jouée en 1552 à l'hôtel de Reims, puis au collège de Boncourt. Henri II récompensa largement l'auteur, et le jour où il assistait à la représentation, il le gratifia d'une somme de 500 écus ; « d'autant, dit Pasquier, que c'estoit chose nouvelle et très rare. » Personne n'était plus que Jodelle ami des plaisirs et prodigue de son argent : aussi, malgré ses triomphes littéraires et la faveur dont il jouissait à la cour, il mourut dans la misère à l'âge de quarante-et-un ans. La première édition de ses *OEuvres et Mélanges poétiques* fut imprimée à Paris dans l'année qui suivit sa mort, en 1574.

Jean Passerat, l'un des poètes les plus gracieux du XVIe siècle, né à Troyes, en 1534, appartient à Paris par ses travaux, par sa vie entière et par sa mort. Il s'enfuit du collège de Troyes, et après avoir mené quelque temps une vie vagabonde, il vint achever ses études à Paris, où ses succès lui firent obtenir une chaire d'humanité au collège du Plessis. En 1569, il se retira dans la maison de Henri de Mesmes, maître des requêtes, et protecteur des savants, dont il demeura pendant 29 ans le commensal et l'ami. Lorsque la mort tragique de Ramus laissa vacante une place de professeur d'éloquence au collége de France, on fit choix de Passerat pour la remplir, et ses leçons attirèrent l'élite de la capitale. Il les interrompit pendant la Ligue, et se réunit aux beaux esprits qui composèrent la satire *Ménippée*. Les vers en furent faits par lui et Nic. Rapin. Passerat reprit ses fonctions après l'entrée de Henri IV à Paris; mais l'excès du travail usa ses forces, et il mourut paralysé et aveugle, le 12 septembre 1602. Outre ses œuvres poétiques, Passerat a laissé un commentaire sur Catulle, Tibulle et Properce, et quelques traités oubliés sur la grammaire.

François d'Amboise, né à Paris en 1550, fils de Jean d'Amboise, chirurgien des rois François Ier, Henri II, François II, Charles IX et Henri III. Il fit de brillantes études sous la protection de Charles IX, et accompagna Henri III en Pologne. De retour en France, il occupa successivement plusieurs des premières dignités de la magistrature jusqu'à sa mort arrivée en 1620. Il cultiva les lettres par délassement, et composa plusieurs écrits poétiques. Son frère puîné, *Adrien d'Amboise*, né à Paris en 1551, et successivement recteur de l'Université, grand-maître du collége de Navarre, curé de Saint-André-des-Arcs, et évêque de Tréguier, avait écrit dans sa jeunesse une pièce intitulée *Holopherne, tragédie sainte*, extraite de l'histoire de Judith. Il mourut à Tréguier, en 1616.

François de Billon, né à Paris dans la première partie du xvie siècle, connu seulement comme secrétaire du cardinal Jean du Bellay, et comme auteur du *Fort inexpugnable de l'honneur du sexe féminin* (imprimé à Paris en 1555). Ce livre, dédié aux princesses de France, fit beaucoup de bruit lors de son apparition. « Billon y compare les pro-
» phètes, secrétaires de Dieu, dépendants de Jésus-Christ son chance-
» lier, aux secrétaires du roi établis sous la dépendance du chancelier
» de France. » L'auteur fut admiré par les uns, et par les autres attaqué comme blasphémateur.

Christophe du Pré, sieur de Passy, auteur d'un poëme sur le trépas de sa femme, imprimé à Paris en 1577. — *Claude Guignart*. — *Claude de Palliot*, 1584. — *Claude de Tisserant*, 1572. — *Ferrand de Bez*, principal du collége de Plessis, auteur de poésies latines et françaises, mort à Paris en 1581. — *Jérôme Hennequin*, « de la famille des Hennequin tant renommée à Paris, dit Lacroix du Maine, pour ses grandes alliances. » — *Jean Brinon*, conseiller du roi au parlement de Paris, auteur des *amours de Sydère*. — *Isaac Hubert* publia, n'ayant que vingt-deux ans, un volume d'*Œuvres poétiques* (1582), et trois livres des *Météores*, ouvrage curieux en vers héroïques, et qui prouve que son auteur avait une connaissance approfondie de la physique d'Aristote.

— *Nicolas Ellain*, auteur de quelques poésies (1561), et d'un *Discours panégyrique sur la réception et entrée de messire Pierre de Gondy, évêque de Paris*, 1570. — *Antoine de Cotel*, conseiller au parlement de Paris, auteur des *Mignardises et Gaies poésies*, 1578, et traducteur d'Homère, de Théocrite et d'Ovide. — *Roland Dujardin*, auteur de plusieurs poëmes français; 1584. — *Thomas Sibilet*, né en 1512, avocat et poëte; ses principaux ouvrages sont un *Art poétique français*, un *Traité du mépris de ce monde*, et diverses traductions. Il mourut en 1689. — *Claude Garnier*, gentilhomme parisien, mort vers 1615. « Il fit des vers à l'âge de seize ans, dit Lacroix du Maine, et en composa tant qu'il vécut. » — *Jean le Blanc*, auteur d'un livre d'*Odes Pindariques*, 1604. — *Nicolas*, secrétaire et poëte de Charles IX, secrétaire du duc de Mayenne et ensuite Henri IV. Homme d'esprit et bon compagnon, il mourut à l'âge de soixante-dix ans, et se fit lui même cette épitaphe :

> J'ai vécu sans souci, je suis mort sans regret;
> Je ne suis plaint d'aucun, n'ayant pleuré personne;
> De savoir où je vais, c'est un trop grand secret;
> J'en laisse le discours à messieurs de Sorbonne.

Le jour de son entrée à Paris, Henri IV manda Nicolas et le fit assister à son dîner. « Ce bon, corrompu et vieux pécheur, et qui ne croyoit en Dieu que par bénéfice d'inventaire, n'en étoit que mieux venu aux compagnies, selon l'humeur corrompue de ce siècle misérable. » (l'Estoile.) — Tous ces littérateurs, quoique peu connus, brillèrent à Paris pendant le cours du XVIe siècle. Après leurs noms obscurs, on peut citer quelques personnages illustres parmi les poëtes parisiens de cette époque. Les rois de France eux-mêmes aspiraient aux honneurs du Parnasse. *François Ier, Charles IX, Henri III*, composaient des vers. Charles IX surtout, l'élève et l'ami de Ronsard, rimait aussi bien que les meilleurs poëtes de son temps (1). Il est resté de lui quelques pièces parmi lesquelles on cite cet impromptu :

> François premier predit ce point,
> Que ceux de la maison de Guise
> Mettraient ses enfants en pourpoint
> Et son pauvre peuple en chemise.

On lui attribue aussi un *Traité sur la chasse*. *Marguerite d'Angoulême*, sœur de François Ier et femme de Henri d'Albret, roi de Navarre, *Marguerite de France* ou *de Valois*, fille de Henri II, et femme de Henri IV, furent deux des plus savantes personnes de leur temps. Marguerite de Valois, née en 1552, se fit remarquer sous le règne de Henri III par ses désordres; par une singulière bizarrerie, elle savait

---

(1) Charles IX fonda en 1570, sur la proposition d'*Antoine de Baïf* et de *Thibaud Cornille* ou *Corneille*, une académie de poésie. (Voy. plus haut p. 375.) Cette institution paraît s'être éteinte de bonne heure.

allier une dissipation extrême aux études les plus sérieuses. Elle composa des poésies très agréables et des *Mémoires* estimés qui embrassent les événements compris entre les années 1565 et 1586. Ces mémoires, écrits par Marguerite pendant son séjour en Auvergne, sont fort curieux et d'un style négligé, mais plein de charme. Sa demeure habituelle, l'hôtel d'Étampes, était le rendez-vous de tous les beaux esprits. On raconte que l'évêque de Cracovie étant venu à Paris, en 1572, annoncer au duc d'Anjou son élection au trône de Pologne, il adressa à Marguerite un discours en latin auquel elle répondit sur-le-champ dans la même langue, reprenant avec une admirable sagacité chacune des phrases du prélat. Il paraît qu'en cette occasion il n'en fut pas de même de la plupart des seigneurs de la cour de Charles IX. « François de Bourbon, les ducs de Guise et d'Aumale, les marquis de Mayenne et d'Elbeuf, accompagnés d'une suite nombreuse, allèrent au-devant des ambassadeurs polonois, ainsi que le corps de ville, et ils s'avancèrent jusques hors la porte Saint-Martin où se firent les premiers compliments. Mais les Polonois, qui pour la plupart parloient latin ou italien, furent fort surpris de ne trouver presque personne dans toute la noblesse françoise capable de leur répondre en aucune de ces langues, tant l'ignorance étoit grande alors parmi la noblesse du royaume. Le roi avoit fait venir exprès à la cour Antoine d'Alègre, baron de Millau, très versé dans la langue latine, pour lui servir d'interprète en cette occasion (1). »

Ce furent surtout les études graves, les méditations de l'érudition, de la philosophie et de la jurisprudence qui préoccupèrent les esprits supérieurs de cette époque. Paris en compte un grand nombre.

Jean-Baptiste du Mesnil, né à Paris en 1517; l'un des plus célèbres avocats de son temps par ses talents et son intégrité. Il se distingua aux grands jours de Poitiers en 1554, et prit, depuis cette époque, une part active aux affaires publiques. Il fut l'un des rédacteurs des édits de Roussillon et de Moulins, et dressa, d'après l'ordre du roi, un mémoire contre l'excommunication de la reine de Navarre, qui a été plusieurs fois imprimé, ainsi que son plaidoyer contre les jésuites. Des projets d'ambition déçus affligèrent ses derniers jours et avancèrent l'heure de sa mort qui arriva le 2 juillet 1569.

Achille de Harlay, né à Paris en 1536. Il était fils d'un président à mortier au parlement, et devint gendre du président Christophe de Thou. En 1582, il succéda à son père, et s'illustra par l'héroïsme de sa conduite pendant les désordres sanglants de la Ligue. Lors de la journée des Barricades (1588), il brava la puissance du duc de Guise et les dangers auxquels sa fermeté l'exposait. « Je n'ai ni tête ni vie, disait-

---

(1) Félibien, t. II, p. 1125.

il aux ligueurs qui le menaçaient de la mort, que je ne préfère à l'amour que je dois à Dieu, au service que je dois au roi et au bien que je dois à ma patrie. » Enfermé à la Bastille peu de temps après, par Bussy Le Clerc, avec cinquante autres conseillers, il sortit de prison après l'assassinat de Henri III, se rendit à Tours et y présida les débris du parlement de Paris. Ses vertus et sa constance furent enfin récompensées ; il vit triompher Henri IV, et mourut comblé de gloire, le 23 octobre 1616. Achille de Harlay a publié une *Coutume d'Orléans*, 1588.

Charles Dumoulin, né à Paris en 1500, et mort dans cette ville en 1566, fut l'un des plus grands jurisconsultes de son temps. Il a publié de nombreux écrits. — *Pierre Séguier*, magistrat illustre, né à Paris en 1504. Nommé avocat-général au parlement, il honora cette dignité par l'énergie avec laquelle il soutint les libertés du pays contre les prétentions de la cour de Rome et des Espagnols. Il composa, en latin, un petit traité *de la connaissance de Dieu et de soi-même*. Il mourut en 1580, laissant six fils et six filles. Ses fils, tous magistrats, furent : *François*, mort président aux enquêtes ; *Pierre*, président à mortier ; *Jérôme*, grand-maître des eaux et forêts, et chevalier de Saint-Jean de Jérusalem ; *Louis*, conseiller au parlement, et doyen de la cathédrale ; *Antoine*, le premier qui ait porté le titre d'avocat-général au parlement ; enfin *Jean Séguier*, lieutenant civil, qui prit la plus grande part à la reddition de Paris à Henri IV. Le traité secret conclu à ce sujet fut signé dans la maison qu'il habitait, rue Saint-Denis. Il mourut de la peste en 1596 (1).

Jacques Capel, avocat au parlement de Paris, célèbre aussi, et auteur de plusieurs ouvrages, 1561. — *Jean Bocquet*, avocat du roi, qui publia un livre plein d'érudition sur *le Domaine des rois de France*, 1577. — *Louis Servin*, avocat-général au parlement, mort à l'âge de 70 ans (1626), en réclamant du roi l'abolition d'impositions iniques ; il a laissé plusieurs savants ouvrages. — *Nicolas Savillon*, docte avocat, auteur de poésies diverses, et d'une traduction de *Théognide*, 1584. — *Louis le Caron*, né à Paris en 1536, passa la première partie de sa vie adonné à la poésie, et consacra la seconde à de profondes études de droit. Il publia des odes, des sonnets, des épigrammes, de longs poëmes sur le *Démon d'amour*, sur la *Clarté amoureuse*, etc. ; puis un *Grand coutumier de France* et une *Coutume de Paris* avec des commentaires ; il mourut à Clermont, en 1617.

Le barreau de Paris, au XVIe siècle, se distinguait par un savoir réel, mais fort gâté par le pédantisme. Les de Thou, les Harlay avaient mis la haute érudition en vogue au palais ; devant eux, on ne plaidait point sans citer force grec et latin, quelquefois même on parlait hébreu

(1) Nous verrons, dans les périodes suivantes, cette famille produire à Paris une longue suite d'hommes remarquables.

ou arabe. « Procureurs, disait Achille de Harlay, dans une mercuriale publique, Homère vous apprendra votre devoir dans son admirable Iliade, *libro decimo*, ainsi que Eustathias, scholiaste d'Homère, sur ces vers... » et il débitait une tirade de vers homériques. La science était devenue une manie qui dégénérait souvent en abus, mais qui produisit alors une foule d'hommes remarquables dont Paris s'honore.

Adrien Turnèbe était né aux Andelys en 1512; mais il fut amené à Paris dès l'âge de onze ans, et il y resta pour faire ses études. Turnèbe étudia les chefs-d'œuvre de l'antiquité avec tant d'ardeur et de succès qu'il devint l'un des plus illustres restaurateurs des lettres. Il était professeur d'humanités à Toulouse, lorsqu'en 1547 il fut appelé à Paris pour remplacer au collége royal Toussaint qui venait de mourir (1). Il occupa d'abord la chaire de grec, puis celle de philosophie grecque et latine, et forma dans ses leçons des élèves de mérite; il suffit de nommer Gilbert Génébrard et Henri Estienne. En 1552, il accepta encore la place d'imprimeur royal pour les livres grecs. On lui doit les premières éditions grecques de Philon, de Synesius, des Scholies de Démétrius sur Sophocle, etc., qu'il a enrichies de notes et de savantes dédicaces. En 1556 il abandonna la direction des presses royales à Guillaume Morel, qu'il avait pris pour associé, et il mourut, jeune encore, le 12 juin 1565. Ses ouvrages, qui sont encore estimés par leur élégance et leur érudition, ont été imprimés, mais en grande partie après sa mort et par les soins de ses enfants. — Il avait laissé trois fils, tous trois Parisiens; tous trois occupèrent honorablement diverses dignités publiques et soutinrent par leurs travaux littéraires la gloire du nom paternel. Le dernier mourut en 1598, après avoir publié la troisième partie des *Adversaria* de son père et quelques poésies latines et françaises.

Etienne Pasquier. Le célèbre auteur des *Recherches sur la France*, Etienne Pasquier, est né à Paris en 1529. Destiné à suivre la carrière du barreau, il débuta par de fortes études de droit, et fut reçu avocat en 1549. Mais c'était alors le temps des Loisel, des Montholon, des Pithou, des Brulard. Pasquier ne put réussir au palais, malgré tous ses efforts: « Croyez, dit-il, que c'étoit un crève-cœur admirable, tellement que, de dépit, il me prit opinion de m'en bannir tout-à-fait. » Il s'adonna alors plus que jamais à la littérature et se lia d'amitié avec deux savants hommes de l'Université de Paris, Béguin et Levasseur. « Nous nous voyions diversement, dit-il, et d'ordinaire nous allions nous promener aux faubourgs en quelques jardins; pendant lequel temps nos propos étoient ores de la sainte Écriture, ores de la philosophie et ores de l'histoire, que nous accompagnions, de fois à autre, de jeux de boules et de quilles. » La publication des pre-

---

(1) Voy. ci-dessus p. 331.

miers livres de ses *Recherches sur la France*, de son dialogue intitulé le *Pourparler du prince*, et de sa dissertation sur l'amour, sous le titre du *Monophile*, commença la réputation de Pasquier comme écrivain. Le fameux procès des jésuites contre l'Université, en 1564, décida de son avenir comme avocat; ses amis Béguin et Levasseur lui avaient fait obtenir cette cause. Son plaidoyer fut traduit dans presque toutes les langues, et dès-lors son nom fut célèbre au palais; Pasquier fut employé dans les procès les plus importants. En 1585, il fut pourvu par Henri III de la charge d'avocat-général à la chambre des comptes qu'il occupa jusqu'en 1603. Pasquier mourut à Paris dans un âge avancé, chéri de tous ceux qui l'entouraient, le 31 août 1615; il fut enseveli en l'église de Saint-Severin (1). Les *Recherches sur la France* forment le principal titre de Pasquier à la renommée littéraire; c'est un ouvrage sans plan, sans méthode, je dirai presque sans critique; mais cependant il renferme des documents si curieux qu'il trouvera toujours place dans la bibliothèque des gens de lettres. Le *Monophile* et les *Colloques d'amour* sont des productions futiles qui n'ont point survécu à leur auteur. Le *Pourparler du prince* est un exposé de principes et de théories politiques qui mérite d'être distingué. Enfin les écrits de Pasquier contre les jésuites et ses *Lettres* contiennent des détails intéressants sur l'histoire contemporaine. Par respect pour la mémoire de ce savant homme, je ne parle point de ses vers, dont il composa un grand nombre, et qui cependant furent très bien accueillis. On connaît l'immense succès du sonnet qu'il publia sur la *Puce de mademoiselle Desroches*.

Jacques-Auguste de Thou, l'un des meilleurs historiens de la France, naquit à Paris, le 8 octobre 1553, d'une famille déjà illustre; son père était le célèbre Christophe de Thou, premier président du parlement, *dont la vie*, suivant les expressions de Pasquier, *fut belle et honorable, et la fin comme la vie*. Il fit ses études au collége de Bourgogne et au collége de France, et les perfectionna par ses voyages. Pourvu d'une charge de conseiller-clerc au parlement de Paris, en 1576, il renonça à l'état ecclésiastique qu'il devait embrasser, et parvint aux plus hauts emplois; le nom de de Thou est mêlé à toutes les affaires importantes de l'époque. Mais ses vertus et ses talents ne furent point récompensés comme ils le méritaient, et il ne put obtenir la charge de premier président, lorsque son beau-frère, Achille de Harlay, prit sa retraite. Il était président à mortier, et depuis 1593 il remplissait les fonctions de grand-maître de la bibliothèque du roi, dont il avait été chargé après la mort de Jacques Amyot. De Thou mourut le 7 mai 1617, à l'âge de soixante-quatre ans, et fut enseveli dans l'église de Saint-

(1) T. I, p. 310 et 314.

André-des-Arcs (1). L'histoire de de Thou (*historia sui temporis*) est trop connue pour que j'en donne ici l'analyse. Il la commença en 1591 et voulut la conduire jusqu'à la mort de Henri IV. Il n'accomplit pas entièrement son dessein, et ce fut Nicolas Rigault, ami de de Thou, qui acheva cet ouvrage sur les mémoires du président. Malgré les fautes et les erreurs qui déparent cette vaste composition, elle n'en est pas moins l'un des plus beaux monuments historiques élevés par les modernes. Le succès de cet ouvrage consola son auteur des calomnies des factieux et des persécutions de la cour de Rome (2); il en existe une traduction en seize volumes in-4, Londres (Paris), 1734.

Pierre de l'Estoile. Le curieux annaliste des règnes de Henri III et de Henri IV naquit à Paris, en 1546, d'une honorable famille de l'Orléanais. Sa mère était sœur de François de Montholon, garde-des-sceaux sous Henri III. Il acheta en 1569 une charge de grand-audiencier en la chancellerie de France (3), qu'il conserva jusqu'en 1601. Il mourut à l'âge de soixante-cinq ans, dans les premiers jours d'octobre 1611, et fut enterré le 8 dans l'église de Saint-André-des-Arcs, sa paroisse. Il avait vécu sous sept rois, depuis François Ier jusqu'à Louis XIII. Le caractère de l'Estoile a été singulièrement méconnu; on a fait de lui un sage observateur et un homme de haute portée politique. C'était un original, grand amateur de livres rares, de pamphlets, etc., qu'il amassait par tous les moyens imaginables, mais dont il ne sentait point la valeur. « Car de moi, dit-il naïvement, je confesse que je n'y connois rien du tout; il n'y a que l'opinion en cela. » Chaque jour il notait tout ce qu'il avait lu ou entendu, et l'on croit qu'il faisait pour ainsi dire commerce des copies de ses journaux; ils portaient cependant pour épigraphe : *Mihi, non aliis*. D'un caractère morose et frondeur, curieux et sans critique, il passa sa vie à enregistrer des nouvelles. Il nourrissait un pauvre bonhomme « lequel, pour un morceau de pain, lui servoit à dire tout ce qui advenoit de nouveau et prodigieux dans la ville. » Il usait de ruse et d'adresse pour se procurer des pièces rares ou défendues. Un frère minime avait fait l'oraison funèbre d'une demoiselle Aurillot, appelée communément la *dévote*. « J'en tirai un, dit l'Estoile, de la pochette d'une bigotte de la Ligue, n'étant possible d'en recouvrer autrement. » Comme on l'a dit avec raison, l'Estoile est un écho qui répète tous les sons, mais « quelque jugement qu'on porte sur ses journaux, ils resteront toujours comme des documents très curieux, d'une lecture agréable, facile, souvent entraînante; et si l'on n'est pas d'accord sur le degré de confiance qu'ils méritent, on conviendra du moins qu'ils ne sont ni sans intérêt ni sans utilité (4). » La

(1) Voy. t. I, p. 523. — (2) L'histoire de de Thou fut mise à l'*index* par décret du 14 novembre 1609.—(3) Les audienciers avaient le titre de *notaires et secrétaires du roi*.
(4) *Notice sur l'Estoile*, par M. Moreau, dans l'édition de MM. Champollion.

meilleure édition des *Registres-Journaux* de l'Estoile est celle qui a été publié par MM. Champollion Figeac et Aimé Champollion, d'après les manuscrits autographes.

Legrain ou Legrin (J.-B.), né à Paris en 1565, d'une famille noble des Pays-Bas; son père était conseiller au Châtelet. Ses études terminées, il fréquenta la cour et fut nommé conseiller et maîtres des requêtes de la reine Marie de Médicis. Il se démit de ses emplois, lorsqu'il eut le projet d'écrire l'histoire de son temps; car c'était un homme loyal et d'une franchise souvent brutale, qui lui attira de nombreux ennemis. Ses *Décades*, contenant la vie de Henri IV et le règne de Louis XIII jusqu'en 1617, sont mal écrites; mais on y trouve des documents fort curieux. Legrain mourut dans sa maison de Montgeron, le 2 juillet 1642, à l'âge de soixante-dix-sept ans, et fut inhumé dans l'église de Villeneuve-Saint-Georges. L'abbé Goujet a donné un curieux article sur cet écrivain dans le dictionnaire de Moréri.

Charles Bernard, conseiller du roi, son lecteur ordinaire, historiographe de France, né à Paris le 25 décembre 1571, mort en 1640. Le principal ouvrage de cet écrivain, dont le nom est totalement oublié, est une *Histoire de Louis XIII*, médiocre par la forme et par le fond (1).

Claude Fauchet, l'un des savants qui ont le plus travaillé sur les antiquités nationales, naquit à Paris en 1529. Il s'attacha au cardinal de Tournon et parvint à obtenir la place de premier président de la chambre des monnaies. Ce savant homme publia alors plusieurs ouvrages qui eurent du succès, mais qui ne l'enrichirent point, puisqu'il se vit obligé, en 1599, de vendre sa charge pour payer ses dettes; il était alors âgé de soixante-dix ans. On rapporte que Fauchet étant allé, cette année-là, à Saint-Germain, pour présenter à Henri IV un exemplaire de la nouvelle édition de ses *Antiquités gauloises*, le roi le remercia froidement et lui dit par moquerie qu'il avait fait placer son buste en pierre dans une des niches du nouveau bâtiment. Fauchet, de retour à Paris, adressa à Henri IV un placet qui commence ainsi :

> J'ai trouvé dedans Saint-Germain
> De mes longs travaux le salaire ;
> Le roi de pierre m'a fait faire,
> Tant il est courtois et humain ;
> S'il pouvait aussi bien de faim
> Me garantir que mon image,
> Oh ! que j'aurais fait bon voyage !

Le roi rit beaucoup de cette plaisanterie, et accorda à Fauchet une pension de 600 écus, avec le titre d'historiographe de France. Il n'en jouit pas long-temps, étant mort à Paris vers la fin de l'année 1601 (2).

(1) Voy. les *Mémoires de Niceron*, t. XXVIII, p. 326. — (2) *Biog. univ.*, t. XIV.

Les ouvrages de Fauchet furent réunis, en 1610, en deux volumes in-4°. On y distingue le *Recueil de l'origine de la langue et poésie françaises*. Un style grossier dépare ces savantes recherches. On sait que Louis XIII fut tellement rebuté par les œuvres de Fauchet, que depuis ce temps-là il n'ouvrait plus de livre qu'avec une extrême répugnance (1).

Gilles Corrozet, imprimeur-libraire, né à Paris le 4 janvier 1510, mort le 4 juillet 1568 et enseveli dans le cloître des Carmes du grand couvent (2). Ce savant homme, qui était versé dans les littératures italienne et espagnole, historien et poëte tout à la fois, a composé près de quarante ouvrages, qui ne sont guère recherchés aujourd'hui que des curieux et des bibliomanes. Il faut cependant en excepter son travail sur Paris, le premier qui ait été fait; il a pour titre *Les antiquités, chroniques et singularités de Paris*.

Jacques Dubreuil, bénédictin, entra à Saint-Germain-des-Prés en 1549, après avoir fait ses études à l'Université de Paris. Nous avons peu de renseignements sur ce respectable ecclésiastique, qui passa sa vie dans les exercices de piété et les travaux de l'érudition (3). Dubreuil, mort à Paris en 1614 ou 1616, dans un âge avancé, a joint des notes à plusieurs écrivains religieux, dont il a fait paraître les ouvrages. Son *Théâtre des antiquités de Paris* sera toujours consulté avec fruit par ceux qui étudient les annales de notre capitale.

Lacroix du Maine cite encore parmi les historiens nés à Paris et qui vécurent pendant cette période : *André Jean*, avocat au parlement et au Châtelet, auteur d'un *Discours des derniers propos de Charles IX*, et traducteur de l'*Histoire de France* d'Arnould du Ferron, qui fait suite à Paul-Émile. — *Antoine Renault*, bourgeois de Paris, qui a écrit la relation d'un voyage fait en Terre-Sainte en 1548; cet ouvrage fut imprimé à Lyon en 1573. — *Anroux*, né à Paris en 1536, visita également la Terre-Sainte de 1566 à 1568, et rédigea *un curieux discours* de ce voyage.

Raoul Spifame, frère de Jacques Spifame, Parisien célèbre par sa singulière destinée et sa fin tragique, se fit remarquer parmi les écrivains de son temps par l'excentricité de ses conceptions. Il était avocat; mais l'égarement de son esprit l'avait fait interdire de ses fonctions. Il composa un livre d'économie politique (4), dans lequel on rencontre, au milieu d'un chaos d'idées incohérentes, des traits lumineux, des vues hardies, des pensées supérieures au siècle de leur auteur. Ainsi l'on y trouve l'abolition des justices seigneuriales, la fixation de l'année au premier janvier (5), et nombre de projets dont l'utilité a

---

(1) J'ai eu occasion de dire quelques mots de C. Fauchet, t. I, p. 239. — (2) T. II, p. 120. — (3) J'ai cité un fait assez curieux de la vie de Dubreuil, t. II, p. 187. — (4) *Dicœarchiæ Henrici regis christianissimi progymnosmata*; 1556, in-8°. — (5) Voy. plus loin p. 610.

été reconnue depuis pour la sûreté, la salubrité et la décoration de Paris. Raoul Spifame est mort en 1563, à Melun. La même famille produisit encore Martin Spifame auteur d'un recueil de poésies fort médiocres qui parurent en 1583.

Adam Fumée, premier médecin de Charles VII et de Louis XI, puis garde des sceaux de France, fut la souche d'une famille nombreuse dont presque tous les membres cultivèrent les lettres à Paris, durant le XVIe siècle. — *Adam Fumée*, son petit-fils, conseiller clerc au parlement, puis maître des requêtes, était, dit Lacroix du Maine, un homme docte ès-langues, poëte français, mathématicien, jurisconsulte, orateur, historien et philosophe. Il mourut en 1575. Son frère, *Martin Fumée*, publia divers ouvrages historiques : *Histoire générale des troubles de Hongrie et de Transylvanie. Histoire des guerres faites par l'empereur Justinien contre les Vandales et les Goths*, trad. de *Procope*; 1587. *Traité pour l'union et concorde entre ceux qui se disent chrétiens*; 1591. — *Martin Fumée*, neveu des précédents, est l'auteur d'une traduction de l'*Histoire générale des Indes occidentales et Terre-Neuve, par P. Lopez de Gomara*; 1578. — *Antoine Fumée*, conseiller au parlement de Paris, puis maître des requêtes, composa plusieurs traités de droit : *Un Panégyrique du roi de France et de Pologne*, 1574; et les *Histoires de la constitution du monde contenant les interprétations des docteurs ecclésiastiques sur les premiers chapitres du premier livre de Moïse*; 1574. — On connaît encore : *Le Miroir de loyauté, ou l'Histoire déplorable de Zerbin, prince d'Écosse, et d'Isabelle infante de Galice*, sujet tiré de l'Arioste et mis en vers français par *Gilles Fumée*, 1575. Enfin l'*Origine et progrès des chevaliers de Malte*; 1604. Et l'*Arsenal de la milice française*; 1607, par *Jacques Fumée*.

Louis Regnier de la Planche, gentilhomme parisien, confident du maréchal de Montmorency, et calviniste passionné; prit une part active aux affaires politiques de son temps, sur lesquelles il nous a laissé d'intéressants mémoires portant pour titre : *Histoire de l'état de France tant de la république que de la religion sous le règne de François II.*

Pierre Charron, fils d'un libraire qui avait vingt-cinq enfants, naquit à Paris en 1541. Après avoir exercé pendant plusieurs années la profession d'avocat, il embrassa l'état ecclésiastique vers lequel sa vocation l'entraînait. Il parcourut le midi de la France où ses prédications eurent un grand succès, et à Bordeaux se lia d'une étroite amitié avec Montaigne. Il était député de la province ecclésiastique de Cahors à l'assemblée du clergé de 1595, lorsqu'il fut frappé d'apoplexie à Paris, dans la rue, et mourut subitement le 16 novembre 1603. Le plus connu de ses ouvrages est le *Traité de la Sagesse*, où sont reproduites les doctrines philosophiques de Montaigne.

Pierre Danès, né à Paris en 1497, d'une bonne famille de cette ville. Il fit ses études au collége de Navarre, et s'acquit une assez grande réputation de savoir pour être, en 1530, élu le premier à la chaire de langue grecque du collége royal. C'est alors qu'il eut pour élèves les hommes les plus distingués, tels qu'*Amyot, de Billy, Brisson, Dorat, Cin-Arbres*. Il quitta sa chaire pour voir l'Italie, et de retour à Paris, il fut nommé ambassadeur de France au comité de Trente. Danès fut curé de Saint-Josse de Paris; il fut nommé par Henri II, précepteur du dauphin François; il devint même confesseur de ce prince, et obtint en 1557 l'évêché de Lavaur. Il mourut octogénaire le 23 avril 1577, et fut enterré à Saint-Germain-des-Prés. Ses ouvrages ont été publiés par un de ses descendants, en 1731. Pierre Danès, élève de Lascaris et de Budé, fut l'un des hommes les plus savants de son siècle.

Frédéric Morel, fils aîné du célèbre imprimeur du roi, Frédéric Morel, dit l'Ancien, naquit à Paris en 1558. Il succéda à son père en 1581, et employa à la publication d'éditions remarquables sa profonde science d'helléniste. Il avait épousé la fille de Léger Duchesne, professeur d'éloquence au collége royal; en 1585, par le crédit d'Amyot dont il était devenu l'ami, il obtint la survivance de son beau-père. Peu de temps après il abandonna la direction de son imprimerie à son frère Claude Morel, pour se livrer avec un zèle infatigable à l'étude des auteurs de l'antiquité. C'est de lui qu'on raconte cette anecdote: Comme il travaillait à la traduction des œuvres de Libanius, on vint lui dire que sa femme, dangereusement malade, demandait à le voir. « J'y vais, répondit-il; je n'ai plus que deux mots. » — Dans l'intervalle, sa femme expira, et on se hâta de l'en prévenir. « Hélas! dit-il, j'en suis bien marry, c'était une bonne femme. » Et il continua son travail. Frédéric Morel mourut le 27 juin 1630, doyen des imprimeurs et des professeurs royaux. — *Nicolas Morel*, l'un de ses fils, interprète du roi, a inséré plusieurs petites pièces de vers dans les éditions publiées par son père; il a de plus donné une traduction des *Sentences* de Ménandre et de Philistien, et un petit traité intitulé : *Encomium pulveris* (Éloge de la poussière); 1614. — *Claude Morel*, frère cadet de Frédéric, né en 1574, fut admis en 1599, dans la corporation des imprimeurs de Paris, et marcha sur les traces de son frère qui l'associa à son privilége d'imprimeur du roi en 1600, et le lui céda entièrement en 1617. Claude Morel, cependant, fut de beaucoup inférieur à son frère aîné. Il mourut le 16 novembre 1626, et fut enterré à Saint-Benoît dans le tombeau de sa famille. — Ses deux fils, *Charles* et *Gilles Morel*, illustrèrent aussi la typographie parisienne et furent tour à tour imprimeurs du roi.

François Hotman, né à Paris en 1524, fut l'un des plus savants jurisconsultes du XVIe siècle. Il fut professeur de droit dans plusieurs villes de France, et se distingua par son zèle pour la religion réformée qu'il avait embrassée dans l'indignation que lui causa le supplice d'Anne Dubourg. Obligé de quitter la France après le massacre de la Saint-Barthélemy, il se réfugia en Suisse, et mourut à Bâle le 15 février 1590. A ses profondes connaissances en droit, il joignait une grande érudition, et laissa de nombreux ouvrages de jurisprudence et d'histoire. Il dépensa des sommes considérables à la recherche de la pierre philosophale, et contraint plus d'une fois à recourir soit à la générosité de ses amis, soit au trafic des flatteries et des épîtres dédicatoires, il resta toute sa vie pauvre et malheureux. — Il eut un frère, *Antoine Hotman*, qui fut d'abord un ligueur zélé, puis un zélé partisan de Henri IV. Il fut nommé avocat-général au parlement de Paris en 1591, et mourut en 1596. On a de lui plusieurs ouvrages de droit.

Jacques Almaïn, de Sens, fleurit dans l'université de Paris dès le commencement du XVIe siècle et y enseigna la philosophie avec réputation. Il prit le bonnet de docteur en théologie en 1511 et professa ensuite la théologie au collége de Navarre. Le cardinal Cajetan ayant composé un traité de l'autorité du pape sur le concile, et cet ouvrage ayant été envoyé par le concile de Pise à la faculté de théologie de Paris afin qu'elle en fît la réfutation, Almaïn fut choisi pour y travailler et remplit cette mission avec honneur. Il fut enlevé en 1515 par une mort prématurée, laissant un assez grand nombre d'écrits sur la philosophie, la scolastique et la puissance ecclésiastique.

Noël Beda, docteur de la Faculté de théologie de Paris et principal du collége de Montaigu, se signala par son zèle fougueux contre l'hétérodoxie. Ses emportements déplurent à François Ier qui l'en fit avertir ; mais loin de se modérer, Béda prêcha publiquement contre le gouvernement. Il fut arrêté et condamné par le parlement à faire amende honorable devant l'église Notre-Dame, et à confesser qu'il avait parlé contre la vérité et contre le roi (1536). L'arrêt fut exécuté et le coupable fut ensuite enfermé à l'abbaye du Mont-Saint-Michel, où il mourut peu de temps après. Il a écrit plusieurs ouvrages de controverse religieuse.

Jérôme Hangest, mort en 1538, illustra pendant long-temps l'Université de Paris, où il enseigna la théologie.

Jean Major, Ecossais, enseigna avec un succès immense la philosophie et la théologie au collége de Montaigu. Il mourut à Paris en 1540, laissant plusieurs ouvrages de théologie, de philosophie et même d'histoire.

Jacques Merlin, de Limoges, reçut le titre de docteur en théologie de la Faculté de Paris en 1499, et fut successivement curé de Montmartre, chanoine de Notre-Dame et grand-pénitencier. Ses déclamations contre divers seigneurs de la cour qui passaient pour protestants, lui suscitèrent des ennemis puissants. Le 9 avril 1527, il fut emprisonné au Louvre et n'en sortit que deux ans après ; encore fut-ce pour aller en exil à Nantes. Il fut bientôt rappelé ; grâce aux prières du chapitre de l'église de Paris, et à son retour il fut honoré de la dignité de grand-vicaire, puis nommé curé et archiprêtre de la Madelaine. Il mourut le 26 septembre 1541, au collége de Navarre, et fut enterré à Notre-Dame. On a de lui quelques ouvrages et surtout des publications d'histoire ecclésiastique.

Jean Gagnée; Parisien, neveu de Jean Gagnée, premier président au parlement, puis chancelier de France, étudia les langues sous le célèbre Pierre Danès, et commença ses études théologiques en 1524, au collége de Navarre. Il devint recteur de l'Université en 1531 et reçut le grade de docteur en théologie la même année. Après avoir donné des leçons publiques sur l'explication des Saintes-Ecritures, il fut nommé lecteur et prédicateur du roi François Ier; puis son aumônier; en 1546, il accepta la dignité de chancelier de l'église de Paris, et mourut en 1549. Il a composé différents ouvrages de théologie.

Jean du Tillet, greffier en chef du parlement de Paris, fut en même temps l'un des personnages les plus érudits du XVIe siècle pour tout ce qui concernait les antiquités françaises. Son frère cadet, qui s'appelait aussi *Jean*, entra dans l'Église et se livra également aux travaux d'érudition ; il fut évêque de Saint-Brieux, puis évêque de Meaux. L'aîné publia un *Traité pour la majorité du roi François II contre le légitime Conseil malicieusement inventé par les rebelles*, 1650. Un *Sommaire de la guerre des Albigeois*, 1590. *L'Institution du prince chrétien*, 1563; et surtout un excellent ouvrage historique intitulé : *Recueil des rois de France*. L'autre, non moins fécond, composa, outre des livres d'histoire, des traités de polémique religieuse. Ses principaux ouvrages sont les suivants : *Traité de la religion chrétienne*, 1566. *Avis aux gentilshommes séduits*, 1567. *Traité de l'antiquité et de la solennité de la messe*, 1567. *Chronique* (latine) *des rois de France depuis Pharamond jusqu'en 1547*, traduite plus tard en français et continuée jusqu'en 1604. *Les Actions de quelques pontifes comparées avec celles des princes païens*, 1610. — Les deux frères qui portaient le même prénom, qui étaient d'âges peu différents, qui avaient suivi les mêmes études, moururent au même lieu, la même année et le même mois (en 1570).

Gilles Bourdin, né à Paris en 1517, magistrat intègre, savant et jurisconsulte habile. Il n'avait que vingt-huit ans lorsqu'il fit sur les *Thesmophories* d'Aristophane un commentaire qu'il dédia à François Ier, et qui lui fit le plus grand honneur. Il était versé dans la connaissance des langues latine, grecque, hébraïque et arabe. On a de lui un *Traité sur les libertés de l'église gallicane* et un *Commentaire latin sur l'édit royal de* 1539. Il fut successivement lieutenant-général au siège des eaux et forêts de France, avocat-général au parlement en 1555, et procureur-général en 1558. Ses biographes ont remarqué que Gilles

Bourdin avait toujours l'air de dormir à l'audience, ce qui ne l'empêchait pas de résumer parfaitement les plaidoiries lorsqu'il prenait la parole. Il mourut d'apoplexie le 23 janvier 1570.

Estienne, l'une des plus remarquables familles parisiennes du XVIe siècle par le nombre et la célébrité des savants qu'elle a produits. J'ai dit quelques mots des Estiennes à propos de l'introduction de l'imprimerie à Paris (1); mais cette docte famille tient une trop grande place dans l'histoire des lettres parisiennes, pour qu'il ne soit pas nécessaire d'en parler ici avec plus de détails. *Henri Estienne*, le premier des illustres imprimeurs qui portèrent ce nom, était né à Paris en 1470. Il commença à exercer l'imprimerie vers 1503. Il s'appliqua à ne livrer au public que des ouvrages parfaitement corrects. Il revoyait lui-même les épreuves, les soumettait aux savants avec lesquels il était lié; et quand, malgré ses soins, quelque faute se glissait dans un livre, il en avertissait le lecteur à la fin du volume; il introduisit ainsi l'usage de l'*errata* jusqu'alors inconnu de ses confrères. Ses ateliers étaient établis dans la rue Saint-Étienne-des-Grés. Henri Étienne mourut à Paris le 24 juillet 1520, laissant trois fils et une veuve qui épousa en secondes noces un autre célèbre imprimeur parisien, *Simon de Colines*. — Ses trois fils, *François*, *Robert* et *Charles Estienne*, marchèrent sur ses traces et furent tous trois imprimeurs. *Robert* fut celui des trois dont le mérite fut le plus éclatant. Il naquit à Paris en 1503, et très jeune encore il possédait à fond les littératures anciennes, le latin, le grec et l'hébreu. Il épousa Pétronille, fille de l'imprimeur Josse Badius, femme d'un rare savoir, qui enseignait elle-même le latin à ses enfants et à ses domestiques, de sorte que dans la maison d'Estienne tout le monde parlait latin. Depuis environ l'année 1526, Robert Estienne ne passa presque pas une année sans publier une de ces magnifiques éditions qui portèrent la typographie française au plus haut degré de perfection. On dit que pour s'assurer davantage de la correction des livres qu'il imprimait, il en affichait les épreuves en promettant une récompense à ceux qui y découvriraient des fautes. Les sorboniens, jaloux de la gloire d'Estienne dont ils suspectaient, non sans raison, les sentiments en matière de foi, le poursuivirent de vexations auxquelles il n'aurait pu résister sans la généreuse protection de François Ier. Mais à la mort de ce prince, Robert Estienne s'apercevant qu'il ne devait pas compter sur la faveur du nouveau roi, se retira à Genève (1552). Il continua ses travaux dans cette ville et y mourut le 7 septembre 1559. Il est l'auteur de plusieurs savants ouvrages, entre autres de l'excellent livre intitulé *Thesaurus linguæ latinæ*, 1532. — *Charles*, son frère cadet, composa aussi plusieurs ouvrages dont les

(1) Voy. ci-dessus p. 160.

principaux sont : *Les Paradoxes ou propos contre la commune opinion, pour exciter les jeunes esprits aux causes difficiles*, 1554. Un *Dictionnaire latin-grec*, 1554. Un *Dictionnaire latin-français*, 1570. *Thesaurus Ciceronis*, 1556. *Dictionnarium historico-geographico-poëticum*, 1566. Il eut le premier l'idée de publier un ouvrage qui a été si souvent imité ou reproduit depuis sous le titre de *Maison rustique*. Malgré son mérite, Charles Estienne, sur la fin de sa vie, fit de mauvaises affaires et se ruina. Il fut mis au Châtelet pour dettes en 1561 et y mourut en 1564. Il laissa une fille, *Nicole Estienne*, née à Paris vers 1545, qui fut douée de connaissances rares chez les personnes de son sexe, et s'acquit un rang parmi les poëtes de son époque. — *Henri*, deuxième fils de *Robert Estienne*, né à Paris en 1528, fut l'égal de son père pour la science et la célébrité. Étant encore enfant, comme il apprenait les éléments de la grammaire, il fut si frappé de la beauté de la langue grecque en entendant ses camarades réciter la Médée d'Euripide, qu'il voulut aussitôt l'apprendre; quelques jours lui suffirent pour acquérir l'intelligence des principes de la langue; on lui mit ensuite un Euripide entre les mains, et comme il ne se lassait pas de le lire, il le sut par cœur avant de le bien comprendre. Il continua ses études sous les meilleurs professeurs d'alors, Pierre Danès, Turnèbe, etc., et devint bientôt un helléniste des plus habiles. Il possédait assez le latin pour avoir, à vingt ans, publié d'excellentes notes sur Horace. Il étudia aussi les mathématiques et même l'astrologie judiciaire, science alors fort à la mode, mais dont il reconnut bientôt la futilité. Il passa environ dix années (1547-1557) presque toujours voyageant dans les Pays-Bas, en Espagne et surtout en Italie, et toujours ayant l'étude pour but de ses voyages. Il suivit son père à Genève, puis revint à Paris, où il obtint la permission d'établir une imprimerie. Après diverses publications, il entreprit celle d'un dictionnaire ou trésor de la langue grecque, dont son père s'était déjà occupé. Après douze années de soins et de recherches, il fit paraître ce *trésor* d'érudition et de critique dont les frais furent si coûteux, que quand il l'eut terminé Henri Estienne était ruiné. Le roi Henri III admirant son mérite, et touché de son dévouement à la science, chercha, mais vainement à le soutenir. Estienne se retira à l'étranger et mena dès-lors une vie errante et misérable, achevant d'épuiser ses dernières ressources. Il finit par perdre à peu près la raison. Étant tombé malade à Lyon dans un voyage qu'il y fit au mois de mars 1598, il fut transporté à l'hôpital et y mourut. Ainsi finit l'un des plus savants hommes qui aient existé. Robert Estienne avait eu deux autres fils, *Robert II* et *François*, qui tous deux exercèrent honorablement l'art de leur père, l'un à Paris l'autre à Genève. Le premier laissa trois fils, *Robert*, *François*, mort jeune, et *Henri*, et sa veuve épousa en secondes noces l'imprimeur *Mamert Patisson*. L'aîné, Robert III, fut élevé par le poète Desportes, fut aussi imprimeur, et mourut en 1629. Le plus jeune, *Henri III*, fut trésorier des bâtiments du roi; il laissa une fille et deux fils, dont l'aîné, *Henri IV*, composa plusieurs ouvrages, et le second, *Robert IV*, fut imprimeur et mourut vers 1640. *Henri II* eut un fils nommé *Paul*, né en 1566, qui imprima à Genève et laissa un fils, *Antoine Estienne*, né dans cette ville en 1594. Antoine vint à Paris et obtint, en 1614, le titre d'imprimeur du roi et du clergé. Il eut plusieurs enfants, entre autres *Henri*, qui devait lui succéder; mais ce jeune homme étant mort en 1661, Antoine devenu infirme et aveugle, se vit obligé de solliciter une place à l'Hôtel-Dieu, où il mourut en 1674, à l'âge de quatre-vingts ans. Telle fut la fin du dernier rejeton de l'illustre famille des Estienne. — Cependant il naquit à Paris, en 1723, un *Robert Estienne* qui prétendait descendre des précédents, et qui n'était point indigne de cette origine. Il composa quelques ouvrages peu importants et mourut à Paris en 1794.

Gilles Lemaître, premier président au parlement de Paris, petit-fils de Jean Lemaitre, premier avocat-général, naquit à Montlhéry, en 1499. Il se distingua pendant les règnes de François Ier et de Henri II comme un des magistrats les plus constamment opposés aux innovations religieuses. Il mourut le 5 décembre 1562 et fut inhumé aux Cordeliers de Paris. On a de lui plusieurs traités de jurisprudence. — Son neveu, *Jean Lemaître*, fut aussi président du parlement de Paris, mais dans des circonstances bien plus difficiles. Il fut porté à cette dignité en 1591 par les chefs de la Ligue, en remplacement de Barnabé Brisson, mis à mort par les Seize. Il fut l'un de ceux qui contribuèrent le plus à rendre au parlement l'indépendance politique que la terreur lui avait enlevée, et à ramener Henri IV sur le trône. Il mourut en 1596. — La famille *Lemaitre* produisit encore à Paris plusieurs magistrats distingués qui appartiennent au siècle suivant.

Denis Godefroy, né à Paris en 1549, fut l'un des plus savants jurisconsultes du xvie siècle. Après avoir terminé ses études et suivi les leçons des professeurs qui enseignaient dans les meilleures universités de l'Europe, à Louvain, à Cologne, à Heidelberg, il s'apprêtait à revenir en France, mais il fut arrêté par le spectacle des troubles sanglants qui désolaient ce pays. Il se retira à Genève, puis à Strasbourg et à Heidelberg, et s'acquit dans ces trois villes la plus haute réputation. Il résista aux instances de Louis XIII qui le pressait de revenir à Paris, et mourut à Strasbourg à l'âge de soixante-treize ans. Il a composé un grand nombre d'excellents ouvrages de droit et d'érudition. Ses deux fils *Théodore* et *Jacques Godefroy*, qui naquirent à Genève, y brillèrent après lui par des travaux du même genre. Leur postérité revint en France et suivit leur trace. *Denis Godefroy*, fils de Théodore, né à Paris en 1615, fut historiographe de Louis XIV, et publia un grand nombre de bons ouvrages historiques, ainsi que deux de ses fils *Denis* et *Jean*. Le premier, né à Paris en 1653, fut avocat au parlement, et mourut à Paris en 1719. Jean, né à Paris en 1660, devint procureur du roi au bureau des finances de Flandre, puis archiviste de la chambre des comptes de Lille, où il mourut en 1732.

Henri de Mesmes, né à Paris en 1532, se livra à l'étude du droit avec tant de succès, qu'à l'âge de seize ans il fut capable de remplir à Toulouse la chaire de droit que son père, Jean-Jacques de Mesmes, y avait occupée. Vers 1552, il fut nommé conseiller à la cour des aides de Paris, puis au grand-conseil, et chargé en 1557 de remplir la place de podestat de la république de Sienne, qui s'était mise sous la protection de la France. De retour en France, il devint successivement conseiller-d'État, chancelier de la reine de Navarre, garde du trésor des chartes et surintendant de la maison de Louise de Lorraine, épouse de Henri III. Il mourut le 1er août 1596. Il avait été le protecteur ou l'ami des plus savants contemporains, de Dufour de Pibrac, de Turnèbe, de Lambin. Ce dernier, qui lui dédia ses *Commentaires sur Cicéron*, affirme dans son épître dédicatoire, qu'il lui doit ce qu'il y a de meilleur dans ses observations. — Henri de Mesmes a écrit des *mémoires de sa vie* adressés à son fils, qui ont été imprimés en 1760.

Jacques Gohorri, né à Paris vers le commencement du XVIe siècle, mort dans cette ville le 13 mars 1576. Avocat au parlement et écrivain fécond, à la fois poëte, historien, alchimiste et traducteur, il était sans fortune, et il fut obligé pour vivre de donner des leçons de mathématiques, puis cette ressource ne suffisant pas, de se mettre aux gages des libraires. Il n'était pas très instruit, mais il possédait l'italien et l'espagnol, et maniait la plume avec quelque facilité. Pierre Ramus avait légué au collége royal une rente de 500 livres pour la fondation d'une chaire de mathématiques, à la nomination du prévôt des marchands et des échevins de Paris, du premier président du parlement et du premier avocat du roi. Le prévôt des marchands, après la mort de Ramus, représenta que cette fondation était inutile à cause du grand nombre des chaires de mathématiques qu'on avait déjà, et demanda au parlement « qu'elle fût employée à quelque autre chose de plus nécessaire, par exemple aux gages d'une personne capable de continuer en latin l'histoire de France de Paul Émile, depuis Charles VIII jusqu'au règne présent (1572). La cour, en attendant qu'une décision fût prise et qu'un professeur en mathématiques fût nommé s'il étoit trouvé que cela fût expédient pour le public, ordonna que la rente et les arrérages échus seroient donnés à *Jacques Gohorri*, advocat au parlement, pour continuer en langue latine l'histoire de France de Paul Émile (1). »

(1) Félibien, t. II, p. 1124.

Il paraît qu'en conséquence Gohorri écrivit les vies de Charles VIII et de Louis XII; elles n'ont pas été imprimées, mais on les conserve en manuscrit à la Bibliothèque Royale (1). Les principaux ouvrages de Gohorri sont les suivants : *Devis sur la vigne, vin et vendanges*, 1549, l'un de nos plus anciens livres d'économie rurale (2). *Instruction de la connaissance des vertus et propriétés de l'herbe nommée* PETUM (le tabac), *appelée en France l'herbe à la reine, ou Médicée*, 1572. — *Commentaire sur le livre de la Fontaine périlleuse, avec la Charte d'amours.* — *Discours responcif à celui d'Alexandre de la Tourette sur les secrets de l'art chimique, et confection de l'or potable fait en la défense de la philosophie et de la médecine antiques contre la nouvelle paracelsique*, 1575.

Mathieu Béroalde, né à Saint-Denis près Paris, fit ses études au collége du cardinal Lemoine, et jeune encore, devint profondément versé dans les langues anciennes, la théologie, les mathématiques, la philosophie et l'histoire. Vers 1559, il était professeur du Th. A. d'Aubigné. Il embrassa la religion réformée et souffrit dès lors une longue série de persécutions qui ne cessa qu'en 1574, lorsqu'il put se réfugier à Genève où il mourut deux ans après. On a de lui un traité de chronologie intitulé : *Chronicon sacræ scripturæ auctoritate constitutum;* 1575. — *François Béroalde de Verville*, son fils, naquit à Paris le 28 avril 1558, et mourut vers 1612. — Loin de suivre les principes de son père, François Béroalde rentra dans le sein de l'église romaine, et ayant embrassé l'état ecclésiastique, il obtint un canonicat à Tours. Il était fort savant, surtout dans les sciences. Toutefois à son mérite il joignait une vanité si grande que souvent elle faussait son jugement. Aussi, son style est diffus, obscur, et la lecture même de ses poésies est très pénible. Dans ses ouvrages, il ne craint pas, pour exalter le succès de ses travaux, de soutenir qu'il possède plusieurs secrets merveilleux, qu'il a découvert le mouvement perpétuel, la quadrature du cercle et la pierre philosophale Il a laissé un grand nombre d'écrits de tout genre dont la plupart ont été recueillis sous le titre de : *Appréhensions spirituelles*, 1583.

Claude Chaudière, de Paris, imprimeur du cardinal de Lorraine, auteur d'un traité philosophique intulé : *Dialogue du vrai amour*, 1555. — *Calvy de la Fontaine* (1553) a traduit, du latin en français, un traité de Béroalde *sur la Félicité humaine* et trois *déclamations contre l'ivrogne, le putier et le joueur de dez*, par le même. Il a aussi traduit un dialogue de Lucien. — *Claude du Bourg* (1562), conseiller du roi, secrétaire des finances, trésorier de France. ambassadeur de Charles IX en Turquie, a laissé quelques écrits politiques. — *Claude Gruget* (1558), auteur d'un grand nombre de traductions du grec et de l'italien, a composé un li-

---

(1) M. Weiss. Biog. universelle, t. XVIII, p. 603.
(2) Celui de Charles-Etienne, dont j'ai parlé plus haut, est seul antérieur.

vre sur *le Jeu des Eschez*, 1560. — *François Garraut*, général en la Cour des Monnaies, a écrit différents traités sur les monnaies, 1584. — *François de l'Ile*, procureur au parlement, a publié une controverse avec Joseph Scaliger, au sujet de son commentaire sur Manilius. — *François Perreau*, Parisien, précepteur des novices de Cormery en Touraine, auteur d'un *Discours sur l'exemplaire punition des rebelles en France, fait à Paris le 24 août 1572*. — *Jérôme de Bara*, a composé un livre du *Blason des armoiries*, 1579. — *Jérôme Chomedei*, traducteur de plusieurs livres latins, 1584. — *Jérôme de Gourmont*, imprimeur à Paris, a publié et imprimé lui-même la *Carte et description de l'Espagne*, 1548. — *Jacques Bourgoing* (1583), conseiller à la cour des aides, versé dans la littérature ancienne et plein d'érudition, a écrit un traité *De l'origine, usage et raison des mots et dictions usités en langues françoise, italienne et espagnole*. — *Jacques de la Hogue*, sergent à cheval du Châtelet de Paris, a traduit en prose la vie de Robert-le-Diable, et en vers français le *Doctrinæ Johannis Faceti ad Catonem*. — *Jacques Mangot*, maître des requêtes et procureur-général de la chambre des Comptes, a donné divers relations de procès remarquables, 1584. — *Jean Beaufils* (1541), avocat et doyen au Châtelet de Paris, auteur de plusieurs traductions d'ouvrages italiens. — *Jean de la Fosse*, a traduit du latin en français les *Vies et gestes des anciens patriarches*, par Joachim Périon, 1557. — *Jean Martin*, secrétaire de Maximilien Sforza, puis du cardinal de Lenoncourt, a traduit une quantité de livres italiens, 1546. — *Jean Nestor*, médecin, auteur d'une *Histoire des hommes illustres de la maison de Médicis*, 1564. — *Jean Olivier*, évêque d'Angers, mort le 12 avril 1540, a laissé un savant poëme latin imprimé sous le titre de *Pandore*. — *Jean Prévost* (1584), curé de Saint-Severin, a composé plusieurs oraisons funèbres, entre autres celle de Christophe de Thou. — *Julien de Saint-Germain*, savant et pieux docteur en théologie, 1584. — *Jean Richer*, habile rhétoricien, 1510. — *Guillaume Capel, Pierre Bellier, Jean-Pierre de Mesmes*, littérateurs et savants. — *Jean de Saint-André*, chanoine de Notre-Dame de Paris, possesseur, dit Lacroix du Maine, d'une des plus belles bibliothèques de classiques anciens, dont il a édité quelques uns, 1584. — *Marie de Costeblanche*, demoiselle parisienne, versée dans la connaissance de la philosophie et des mathématiques ; elle a traduit et publié : *Trois dialogues de Pierre Messie, espagnol, touchant la nature du soleil, de la terre et de toutes les choses qui se font et apparaissent en l'air*, etc., 1566. — *Maurice de la Porte*, auteur du *Docte, laborieux et très utile livre d'épithètes, œuvre non seulement nécessaire à ceux qui font profession de la poésie, mais encore pour toutes sortes d'histoires*, 1571. — *Philippe de Loutier*, général en la cour des Monnaies sous François Ier et Henri II, auteur d'un traité sur les monnaies. — *Philippe Ogier*, auteur d'une description de

Paris, imprimée vers 1530 (1). — *Pierre Pelletier*, avocat au parlement et lieutenant du bailli du Palais, a publié un ouvrage de procédure, 1565. — *Rémy Rousseau*, littérateur qui florissait à Paris en 1514, a publié et augmenté le *Recueil de ruses et finesses de guerre extraictes des OEuvres de Jules Frontin et autres auteurs*, par Émery de Saint-Rose. — *Claude de Morenne*, docteur en théologie et curé, vers 1577, composa différentes poésies et des discours, parmi lesquels on remarque un panégyrique de Henri IV; il est question de lui dans la satire Ménippée. — *Jean de Beauchesne*, Parisien, publia un ouvrage sur *l'art de l'écriture*, imprimé à Lyon en 1580. — *Louis d'Orléans*, pamphlétaire célèbre, avocat de la Ligue, mort en 1629 à l'âge de 87 ans. — *Martin Séguier*, conservateur des priviléges apostoliques en l'Université de Paris en 1575; il a composé plusieurs opuscules de morale. — *Emar Hennequin* (1584), de la famille Hennequin de Paris, a publié quelques ouvrages de piété et une traduction des Confessions de Saint-Augustin. Il devint évêque de Rennes. — *François Leclerc*, de Paris, principal du collége des Orphelins à Verdun, auteur de quelques traductions d'ouvrages de théologie. — *François le Picard*, docteur en théologie de la Faculté de Paris, prédicateur renommé; mort en 1556. — *Henri Godefroy* (1577), docteur en théologie et religieux de l'abbaye de Saint-Denis, auteur de plusieurs opuscules. — *Pierre Primet*, prédicateur habile, 1584. — *Pierre Duval*, savant théologien, auteur de quelques poésies morales, devint évêque de Séez, et mourut à Vincennes en 1564. — *Ravenne Gibon*, de Paris, abbé de Saint-Vincent près le Mans, savant théologien, auteur de diverses poésies morales; mort sous le règne de Charles IX, à l'âge de 60 ans. — *Jean Fermelhuys*, écrivain et maître d'école à Paris, vers la fin du XVIe siècle, auteur de quelques poésies pieuses. En 1606, sa maison ayant été atteinte par la peste qui ravageait Paris, il fit vœu d'écrire en vers l'éloge de saint Roch, le patron des pestiférés, s'il échappait au fléau. Le danger passé, il accomplit religieusement sa promesse, et publia l'*Histoire de la vie, mort et miracles de saint Roch*.

Les sciences firent aussi de grands progrès pendant cette période. Les études devinrent plus sérieuses et leur but plus utile. Une réforme importante eut lieu : ce fut celle du calendrier. D'abord Charles IX ordonna, en 1564, que l'année, qui ne commençait que le samedi saint après vêpres, commencerait dans la suite au 1er janvier. En même temps, le pape faisait exécuter par d'habiles astronomes les corrections nécessaires, et en 1582, Grégoire XIII arrêta et publia un nouveau calendrier. Dix jours furent retranchés de cette année, et le 10 décembre fut compté pour le 20 (2). L'une des sciences qui reçurent les plus

---

(1) Selon Lacroix du Maine. — (2) Félibien, t. II, p. 1145.

importantes améliorations, fut la chirurgie. J'ai dit ailleurs qu'un médecin de Paris, nommé *César de Ville*, était célèbre sous le règne de François Ier, pour la taille de la pierre. En 1555, sous le règne de Henri II, on vit pour la première fois un cours public d'anatomie. « Il y avoit alors à Paris un chirurgien, nommé *Richard Hubert*, lequel voulant procurer à ceux de sa profession une connoissance exacte et parfaite de l'anatomie, s'adressa au roi pour avoir la permission d'en faire des démonstrations publiques sur les corps humains, tant ceux qui seroient exécutés par autorité de justice, que ceux qu'il pourroit avoir de l'Hôtel-Dieu et des autres endroits de la ville. Le roi le lui accorda, par des lettres du 24 août 1555; Hubert les présenta au parlement le 4 septembre, et la cour y ayant égard, promit de lui faire donner, dans l'occasion, des corps de ceux qu'elle auroit condamnés à mort, et du reste le renvoya vers le prévôt de Paris et les lieutenants civil et criminel, pour se pourvoir comme il le jugeroit nécessaire (1). » Voici la liste des médecins ou chirurgiens qui naquirent à Paris pendant la période qui nous occupe, ou qui, par leur long séjour dans cette ville, appartiennent à son histoire.

Ambroise Paré, le père de la chirurgie française, est né à Laval, mais il compléta ses études à Paris sous la direction de *Jacques Goupil*, professeur au collége de France. En 1552, il fut nommé chirurgien ordinaire du roi Henri II, et servit en cette qualité François II, Charles IX et Henri III. Le mérite d'Ambroise, comme chirurgien, et ses vertus privées, lui donnèrent une haute considération. Lors de la Saint-Barthélemi, Charles IX, dit Brantôme, ne voulut sauver la vie qu'à maître Ambroise Paré, qui était protestant. « Il l'envoya querir et venir le soir dans sa chambre et garderobe, lui commandant de n'en bouger, et disoit qu'il n'étoit pas raisonnable qu'un qui pouvoit servir à tout un petit monde fût ainsi massacré. » Ambroise Paré, dont le nom est immortel dans les annales de la science, mourut à Paris le 20 décembre 1590. Il a laissé un assez grand nombre d'ouvrages.

Nicolas Houel, marchand apothicaire, et fondateur de la *Maison de la charité chrétienne* (2), composa un *Traité de la Peste*, imprimé chez Galiot-du-Pré, en 1573, un autre *Traité de la thériaque et mithridate*, en deux livres, imprimé la même année. Houel écrivit aussi quelques ouvrages littéraires. M. Paulin Pàris a donné la description d'un fort beau manuscrit de cet auteur, destiné à Catherine de Médicis, et ayant pour titre : « *Histoire de la royne Arthémise*. C'est un roman politique contenant beaucoup d'allusion aux affaires du temps. Cet ouvrage est suivi d'un autre opuscule intitulé : *Petit discours de l'excellence de la plate peinture*. Nicolas Houel fit aussi l'*Histoire des Français*, puis « l'*A-*

---

(1) Félibien, t. II, p. 1046. — (2) Voy. ci-dessus, p. 307.

brégé de cette histoire, contenant la vie de chacun roy de France avec leurs visages ou ressemblances, tirées après le naturel et avec les descriptions de batailles qu'ils ont données, le tout en taille-douce (1). » Nicolas Houel mourut à Paris en 1584, à l'âge de 60 ans.

Adrien Lallemant, médecin à Paris, fit imprimer, en 1553, la *Dialectique françoise pour les Chirurgiens et Barbiers*. — *Alexandre de La Tourette*, né à Paris, président des généraux et maîtres des monnoies de France, écrivit, en 1575, un *Traité des admirables vertus de l'or potable*, et une *Apologie de la science d'Alchimie*. Jacques Gohorri lui adressa à ce sujet un *Discours responsif*. — *André de Breil*, Angevin, docteur-régent de la faculté de médecine de Paris, a écrit, en 1580, *de la Police de l'Art et Science de médecine*. — *André Malesieu*, chirurgien à Paris, a traduit le *Sommaire de toute la chirurgie*, publié en latin par *Étienne Gourmelan*, en 1571. — *Balthazard du Huval*, maître-barbier et chirurgien-juré en la ville de Paris, a écrit un *Traité de la peste*, imprimé en 1583. — *Michel Dusseau*, garde-juré de l'*Apothicairie* à Paris, est l'auteur d'un *Manuel de l'apothicaire*, qui fut publié en 1561. — *Nicolas Legrand*, né à Paris, mort en 1583, l'un des hommes les plus distingués de l'époque ; il était médecin de Henri III. — *Thierry d'Hery*, également Parisien, lieutenant et premier barbier et chirurgien de Charles IX ; il avait été médecin des armées de Charles IX. Il mourut à Paris en 1569.

II. Beaux-Arts.

Cette brillante époque, si bien caractérisée par le nom de Renaissance, et qui eut tant d'influence sur l'avenir de la littérature, n'activa pas moins les progrès des beaux-arts. J'ai déjà eu occasion de faire remarquer que vers la fin de la période précédente les grands maîtres italiens avaient été les modèles de nos artistes ; ils exercèrent encore l'influence de leurs talents pendant tout le cours du xvie siècle ; mais désormais leurs élèves formèrent une école spéciale, l'*École française*. Paris fut le centre de cette grande réforme exécutée dans les arts, et de la merveilleuse activité intellectuelle qui distingue cette époque. Sans m'écarter du plan que j'ai suivi jusqu'ici, je vais donner la liste des artistes nés à Paris pendant cette période, et indiquer leurs principaux travaux.

Le chef de l'*École française*, le restaurateur de la sculpture, *Jean Goujon*, est né à Paris. Il reçut les premiers principes de son art d'un maître peut être Italien, et dont le nom est resté inconnu. Tout ce qui s'est conservé des œuvres de Goujon est admirable. Les bas-reliefs de la fontaine des Innocents, les cariatides du Louvre, quelques figures iso-

---

(1) Voy. *les manuscrits français de la bibliothèque du roi*, par M. P. Pàris, t. II, p. 369 et suivantes.

lées, etc., attestent qu'il a mérité le nom glorieux du Phidias français, dont ses émules l'ont honoré. Goujon, qui était protestant, fut atteint d'un coup d'arquebuse, le jour de la Saint-Barthélemi (1572), tandis que, placé sur un échafaudage, il travaillait aux sculptures du vieux Louvre. — La traduction de Vitruve, par J. Martin (Paris, 1547), est enrichie d'un opuscule de Jean Goujon, seul écrit connu de cet illustre sculpteur.

Jean Bullant, architecte et sculpteur, appartient à Paris, sinon par sa naissance (le lieu en est inconnu), du moins par ses travaux. Il fut chargé par Catherine de Médicis de bâtir le château des Tuileries, conjointement avec Philibert De Lorme, et de construire l'*hôtel de Soissons*, dont la colonne existe encore (1). Le principal titre de Bullant à la renommée, c'est l'érection de l'admirable château d'Écouen. Cet habile artiste, qui a publié un traité d'architecture et un travail sur les *horloges solaires*, vivait encore en 1573.

Pierre Lescot, célèbre architecte, dont j'ai eu plusieurs fois l'occasion de louer les ouvrages, naquit à Paris en 1510, et fut abbé commendataire de Clagny. C'est un des hommes qui ont donné à l'art la plus grande impulsion; ses principaux travaux sont la fontaine des Innocents, la *Façade de l'horloge*, et la *Salle des cariatides*, au Louvre. Lescot mourut à Paris en 1577 ou 1578.

Pierre Biard, sculpteur et architecte, né à Paris en 1559, y mourut le 17 septembre 1609. Après avoir été étudier à Rome, il revint dans sa ville natale, qu'il orna de bons ouvrages. Je citerai entre autres le bas-relief représentant *Henri IV à cheval*, placé autrefois sur la grande porte de l'Hôtel-de-ville (2).

Pierre Bontemps, de Paris, fut l'un des meilleurs sculpteurs de l'époque. Il fit les admirables bas-reliefs du tombeau de François Ier. Ces sculptures, au nombre de cinquante-quatre, représentent différentes circonstances de la bataille de Cerisoles, et sont d'une perfection rare (3).

Je citerai encore, parmi les architectes et les sculpteurs, le frère *Blaise*, du couvent de Picpus (4); *Guillaume Dupré*, qui fit la statue équestre de Henri IV; *Barthélemi Prieur*, célèbre sculpteur, qui vivait encore sous le règne de ce prince (5); *Dominique Bertin*, né à Paris; *Etienne du Pérac*, né à Paris en 1569, mort en 1601 à l'âge de trente-deux ans, peintre et architecte (6); il travailla au Louvre sous le règne de Henri IV.

Les conseils de Léonard de Vinci, mort entre les bras de François Ier,

(1) Voy. ci-dessus p. 419 et 420. — (2) Voy. t. II, p. 515. — (3) Voy. le *Musée impérial des monuments français*, p. 225 et suiv., et les *archives de Joursanvault*, n° 827. — (4) Voy. ci-dessus, p. 536. — (5) La *Biographie universelle*, si incomplète en ce qui concerne les artistes, ne fait pas mention de Prieur. — (6) *Voyage pitt. de Paris*, p. 58 et 466.

d'*il Rosso* (maître Roux), du Primatice, et des nombreux artistes qu'ils amenèrent d'Italie à leur suite, firent une révolution dans la peinture. *Jean Cousin, Jacob Bunel*, de Blois, *Janet*, dit *Clouet*, et bien d'autres peintres distingués, commencent l'école française. Nous n'avons par malheur que fort peu de renseignements sur les artistes français de la Renaissance. — *Martin Fréminet*, peintre de Henri IV, naquit à Paris en 1567, et reçut les premières leçons de son père, artiste médiocre. Il perfectionna son art en Italie, où il resta quinze ans. A son retour en France, Henri IV le nomma son premier peintre, et le chargea de décorer la chapelle de Fontainebleau, entreprise considérable qu'il n'acheva que sous Louis XIII. Cet excellent peintre mourut à Paris, en 1619, à l'âge de cinquante-deux ans. « La manière de Fréminet, dit M. Lenoir, est grande, belle; ses inventions un peu gigantesques et tout-à-fait dans le style florentin. Sa façon de peindre est suave, mais sa couleur est rembrunie. Les meilleurs ouvrages de Fréminet sont les plafonds de la chapelle de Fontainebleau, celui de la chambre du roi, les *Quatre évangélistes* qu'il a peints dans le château de Richelieu, un petit salon pour la reine Marguerite de Valois, à Colombes, et une copie de la Sainte-Famille de Raphaël, qui décore la chapelle de la Malmaison (1) »

Etienne du Pérac, dont j'ai parlé plus haut comme architecte, peignit à la salle des bains de Fontainebleau les *Dieux des eaux*, et les *amours de Jupiter et Calisto*.

Nous trouvons ensuite les noms de *Henri Lerambert, Pasquier Testelin, Jean de Brie, Gabriel Honnet, Ambroise Dubois, Guillaume Dumée, Toussaint Dubreuil*, élève de Freminet le père. Ces artistes travaillent aux frais du roi en différents endroits. *Honnet, Jacob Bunel, Dubois* et *Dumée* font pour le cabinet de la reine Catherine, au Louvre, une suite de dix tableaux représentant quelques sujets de la *Jérusalem délivrée*. Lacroix du Maine cite aussi parmi les peintres célèbres de cette époque *Marie de Caboche*, née en 1579, fille d'un secrétaire du roi de Navarre. Enfin les documents contemporains désignent un Estienne Dumonstier, « peintre et valet de chambre de la reine-mère, » qui jouissait d'une pension en 1577 (2).

La gravure fit de grands progrès pendant cette période; mais presque tous les artistes qui cultivèrent cet art n'appartiennent point à Paris. Nous ne trouvons qu'*Etienne Delaulne*, sous Henri II. Ce fut sous le règne de ce prince que *Brucher*, ou *Aubry Olivier*, inventa l'art de monnayer au balancier (jusqu'alors on fabriquait les monnaies au marteau). *Aubry*, qui fut nommé en 1553 *maître et conducteur des engins de la monnaie au moulin*, s'associa deux graveurs célèbres, *Rondel* et t

---

(1) Le buste de Fréminet exécuté par Francheville, avait été placé au musée des Monuments français. — (2) *Catal. des Archives de Jours.*, n° 828.

Et. Delaulne, qui firent les poinçons et les carrés. Deux illustres Parisiens, *Goujon* et *Guillaume Dupré*, gravèrent des médailles avec un grand succès. Celle de Catherine de Médicis, par le premier de ces artistes, est renommée. Quant à Dupré, dit M. Lenoir, nous avons de lui un nombre considérable de moyens bronzes et de grands médaillons que l'on considère comme autant de chefs-d'œuvre. Les portraits de ce graveur sont corrects, bien modelés et d'un travail soigné.

Pendant les troubles de la Ligue, on publia un grand nombre de ces caricatures ou de ces gravures historiques, si recherchées par l'Estoile (1). Voici deux caricatures prises au hasard; elles indiqueront le genre et l'esprit de ces compositions, vive et singulière expression du caractère français : un huguenot rencontre un meunier et lui dit *de demeurer*, qu'il *chevauche son frère*. — *Non*, répond le meunier, *vous êtes abusé; voicy Calvin*, en prenant son âne par l'oreille (sur laquelle est écrit Calvin), *et baise icy derrière* (en levant la queue). — Une autre représente le cardinal de Lorraine tenant dans un sac le petit François II, qui tâche de passer la tête pour respirer de temps en temps.

Les peintres de vitraux et d'émaux sont en grand nombre; aucun n'appartient à Paris, à l'exception peut-être de *Desangives*, de *Robert* et *Nicolas Pinaigrier*, dont j'ai déjà eu occasion de parler et dont les peintures sur verre sont célèbres.

Pendant près d'un siècle après l'invention de l'imprimerie, les princes et les grands seigneurs firent encore exécuter de beaux manuscrits ornés de miniatures. On cite parmi les calligraphes et peintres de miniatures parisiens de cette époque, *Godefroi*, qui vivait sous François I ; *Fumée, Jean de Beauchesne* et *Jean le Moine*.

Nous avons vu dans la période précédente que l'école musicale française fut dirigée par les Flamands. *Jean Mouton*, maître de la chapelle de François Ier, était élève de *Josquin des Prés*, compositeur flamand. Rien n'est spécial à Paris. Je ne puis cependant passer sous silence *Clément Jannequin*, qui publia, en 1544, les *Inventions musicales* à quatre ou cinq parties (2); et le célèbre *Eustache Du Caurroy*, maître de chapelle de Charles IX, Henri III et Henri IV, mort à Paris en 1609, et enterré dans le couvent des Grands-Augustins (3). On lit dans Piganiol : « C'est une tradition assez généralement répandue parmi ceux qui savent l'histoire de notre musique, que la plupart des noëls que l'on chante sont des gavottes et des menuets d'un ballet que Du Caurroy avoit composé pour le divertissement du roi Charles IX (4). » On prétend que ce grand musicien est l'auteur de *Vive Henri IV* et de *Charmante Gabrielle*. Un certain nombre de chansons populaires da-

---

(1) Voy. le t. V de Montfaucon. — (2) Lacroix du Maine nous apprend que pendant cette période, un nommé *Jean Legendre* composa une *briéve introduction en la musique*. — (3) T. II, p. 95. — (4) Piganiol, t. VII, p. 145.

tent de cette époque. Voyez dans Brantôme la *Chanson de Marignan* et celle du connétable de Bourbon.

François Ier fit venir des artistes italiens et forma une musique de *chambre* et de *chapelle*. Ses successeurs montrèrent le même goût pour cet art, et quelques Français qui appartiennent à Paris, sinon par leur naissance, du moins par leur position, se distinguèrent par leur zèle et leurs talents. *Roland de Lassus (Orlando Lassus)* mit en musique les chansons de Marot et de Ronsard. *Beaulieu*, maître de musique de la chambre de Henri III, composa celle de la fête que donna ce monarque aux noces de Joyeuse. Baïf, le fameux poëte, ayant été en Italie, revint de son voyage avec un tel amour de la musique, qu'il fonda aussitôt une académie de musique dans sa maison du faubourg Saint-Marcel. On y faisait des concerts qui y attiraient les personnes de la plus grande distinction; Charles IX et Henri III y assistèrent souvent. Mais la guerre civile et la mort de Baïf amenèrent la dissolution de cette société (1).

Les comédiens italiens qui vinrent successivement à Paris développèrent en peu de temps l'instinct musical. En 1581, Catherine de Médicis fit représenter au Louvre le premier drame lyrique joué en France, à l'occasion du mariage de la belle-sœur de Henri III, Marguerite de Lorraine. Ronsard et Baïf firent les paroles, *Beaulieu* et *Salmon* la musique. *Baltazarini*, violoniste piémontais, fut l'ordonnateur de cette fête, qui coûta 1,200,000 écus. C'était le prélude des divertissements grandioses de Louis XIII et de son successeur.

III. Industrie. — Commerce.

Au milieu des troubles et des guerres qui agitèrent la France au XVIe siècle, l'industrie et le commerce firent peu de progrès à Paris. Le luxe cependant fut excessif, et les bourgeois rivalisèrent de magnificence avec les plus grands seigneurs. Le gouvernement tenta plusieurs fois de faire exécuter les lois somptuaires. « Le dimanche 13 novembre 1583, le prévôt de l'Hôtel et ses archers prirent, à Paris, prisonnières cinquante ou soixante tant damoiselles que bourgeoises, contrevenans en habits et bagues à l'édit de la réformation des habits, sept ou huit mois auparavant publié, et les constituèrent prisonnières au For-Lévêque et autres prisons fermées, où elles couchèrent, quelques remontrances et offres de les cautionner et payer les amendes énormes que pussent faire les parents et amis; ce qui fut une rigueur extraordinaire et excessive, vû que par l'édit il n'y gisoit qu'une amende pécuniaire. Mais il y avoit en ce fait un tacite commandement et consentement du roi, qui ferma la bouche aux plaintes qu'on en vouloit faire. Les jours

---

(1) *Anecdotes dramatiques*, t. III, p. 23.

en suivant, les commissaires de Paris donnèrent assignation à plusieurs personnes contrevenans à cet édit, et ce par devant le lieutenant civil, qui en condamna plusieurs en amendes plus grandes ou moindres, selon la qualité des personnes et de la contravention (1). » Je n'ai pas besoin d'ajouter que toutes les mesures adoptées pour réprimer le luxe furent inutiles, comme il arrive toujours.

Le 6 novembre 1594, au baptême d'un fils de madame de Sourdis, Gabrielle d'Estrées parut vêtue d'une robe de satin noir, « tant chargée de perles et pierreries qu'elle ne se pouvoit soutenir. » — « Le samedi 12, ajoute L'Estoile, on me fit voir un mouchoir qu'un brodeur de Paris venoit d'achever pour madame de Liancourt (Gabrielle d'Estrées), laquelle le devoit porter, le lendemain, à un ballet, et en avoit arrêté le prix avec lui à dix-neuf cents écus qu'elle lui devoit payer comptant. »

L'Estoile rapporte d'autres exemples de ce luxe, qui faisait des progrès dans toutes les classes. En 1596, pendant que la peste décimait la population, « on dansoit à Paris, on s'y promenoit ; les festins et les banquets s'y faisoient à quarante-cinq écus le plat, avec les collations magnifiques à trois services, où les dragées, confitures sèches et mascepans (massepains) étoient si peu épargnés que les dames et damoiselles étoient contraintes d'en décharger sur les pages et les laquais, auxquels on les bailloit tous entiers. Quant aux habillements, bagues et pierreries, la superfluité y étoit telle qu'elle s'étendoit jusques au bout de leurs souliers et patins : ce qui fut occasion de faire dire tout haut à un seigneur de la cour, qui s'étoit trouvé en une de ces collations, que c'étoit à Paris qu'il falloit demander de l'argent et qu'il le diroit au roi ; et quand il contraindroit les Parisiens de lui en bailler, qu'il ne leur feroit point de tort, pour ce que s'ils en trouvoient bien pour fournir à leurs excès et superfluités, à plus forte raison et meilleure en devoient-ils trouver pour soulager la nécessité de leur prince. » Au mois d'avril de la même année, la femme d'un simple procureur eut une robe, *de laquelle la façon revenait à cent francs.*

En 1593, on vit trois religieuses se promener dans les rues de Paris, les cheveux frisés et *poudrés*. Tel est le commencement de cet usage qui fut plus tard généralement adopté. — L'usage des montres, qu'on appelait *montres-horloges*, s'établit à Paris sous le règne de Henri IV ; elles étaient volumineuses, et on les portait sur la poitrine, pendues au cou.

A la mort de Henri IV, les arts utiles, encouragés par ce grand prince et par son habile ministre, avaient repris quelque extension. On vit s'élever comme par enchantement des manufactures de soie, dont Saintot eut l'intendance, des manufactures de faïence, de verrerie, etc.

---

(1) L'Estoile, *Registre-journal de Henri III.*

En 1604, *la Savonnerie*, manufacture royale de tapis dans le genre oriental, fut établie à Paris (1). Des lunettes d'approche furent, pour la première fois, vendues sur le Pont-Marchand, en avril 1609. L'impulsion donnée par Henri IV devait amener de grands résultats sous les règnes suivants.

(1) Voy. ci-dessus p. 553.

NEUVIÈME ÉPOQUE.

Paris sous Louis XIII.

1610-1643.

CHAPITRE PREMIER.

I. Faits généraux.

Le bas âge du fils aîné de Henri IV, qui n'avait pas encore accompli sa neuvième année, donnait lieu à l'établissement d'une régence. Trois princes du sang pouvaient la disputer à la reine-mère, ou du moins lui en demander le partage. Mais le hasard voulait que, de ces trois princes, le premier par ordre de succession, Henri, prince de Condé, fût absent et presque rebelle; le second, François, prince de Conti, incapable et infirme; le troisième, Charles comte de Soissons, le plus actif de tous, éloigné depuis quelques jours pour une bouderie. Le prince de Condé ne pouvait de sitôt revenir, à supposer qu'on le laissât rentrer, ou que les Espagnols voulussent lui donner congé; le prince de Conti ne demandait rien; le comte de Soissons n'était pas à plus de vingt lieues; c'était contre lui surtout qu'il fallait se hâter. On peut dire que, dans le désordre causé par la mort du roi, le pouvoir de commander était à qui le saisirait. Le duc d'Epernon s'en empara au profit de la reine-mère. Dès que l'assassin eut frappé son coup, le duc se mit dans l'attitude d'un homme sur qui reposent toutes les mesures à prendre; ce fut lui qui fit fermer le carrosse, qui jeta dans la foule le bruit que la blessure était légère, et qui reconduisit le cadavre au Louvre. Cela fait, il disposa les troupes sur lesquelles il avait autorité comme colonel-général de l'infanterie; en plaça des postes partout où il y avait une violence à craindre ou une terreur à opérer, parcourut la ville à cheval, promettant secours aux sujets fidèles et châtiment à qui voudrait remuer.

Cependant les ministres du feu roi, savoir le chancelier Brulart de Sillery, le président Jeannin, et le secrétaire d'Etat de Villeroy, étaient accourus, d'une chambre du Louvre où ils tenaient conseil, auprès de la reine éplorée. Comme elle éclatait en sanglots, le chancelier l'arrêta par un de ces mots heureux qui imposent même aux plus sincères douleurs. A peine l'eut-il entendue s'écrier : « Hélas, le roi est mort ! » qu'il lui dit avec gravité : « Vous vous trompez, madame, le roi ne meurt pas en France. » On n'eut pas de peine à décider que la reine-mère devait être déclarée régente ; mais il fallait faire sanctionner cette déclaration par quelque autorité. Deux des conseillers, le secrétaire d'Etat de Villeroy et le président Jeannin, proposèrent, dit-on, de signer un acte constatant que le feu roi l'avait ainsi voulu, et de se porter comme témoins et garants de cette volonté. Le chancelier, soit par prudence personnelle, soit par déférence pour les formes de la justice, proposa et fit adopter l'intervention du Parlement. Il fut donc décidé qu'on s'adresserait à cette compagnie, mais sans lui laisser le loisir de discuter sur le droit et de marchander son zèle (1).

Le parlement siégeait alors au couvent des Augustins, le palais étant envahi par les préparatifs pour l'entrée de la reine. Des soldats se tenaient échelonnés depuis le Louvre jusqu'au lieu des séances. C'était un bon moment pour en obtenir ce qu'on voulait, à supposer qu'il lui prît envie d'hésiter. Ce jour-là l'audience de relevée se tenait pour le jugement d'une affaire civile, de sorte qu'une partie des magistrats s'y trouvait déjà rassemblée. On envoya chercher les autres. Le premier président de Harlay quitta son lit où il gisait malade, pour s'y faire porter. En peu d'instants les chambres furent réunies, et l'avocat-général Servin revenant du Louvre, où la compagnie l'avait député « pour voir ce qui étoit de ce bruit, » lui confirma la triste nouvelle dont on voulait douter encore. Puis, sans désemparer, il demanda au nom de la reine, que le parlement pourvût, « ainsi qu'il avoit accoutumé, » à la régence et au gouvernement du royaume. « La chose étoit, disoit-il, non seulement nécessaire, mais pressée, et il n'y avoit pas d'incertitude sur la personne qui devoit être revêtue de cette autorité. Les histoires et les registres du parlement prouvoient que l'usage étoit de la remettre aux reines-mères des rois mineurs. » Alors on commença une forme de délibération, qui fut interrompue par l'ouverture subite d'une porte intérieure, où parut le duc d'Épernon, en pourpoint et l'épée à la main. Le premier président l'invitant à prendre sa place de pair, il refusa de s'asseoir, et engagea seulement la compagnie à se hâter, parce que la reine était impatiente et que les circonstances ne permettaient pas de retard. Comme, après son départ, on s'était remis à prendre les voix, le duc de Guise entra par la même porte et dans le même appareil de commandement militaire. On lui fit aussi l'invitation de s'asseoir, à laquelle il se rendit plus civilement que le premier n'avait fait, prenant place sur le banc, et protestant de sa fidélité pour le service du roi et de l'État. Après quoi on acheva l'arrêt par lequel la cour déclarait « la reine-mère du roi régente en France, pour avoir l'administration des affaires pendant le bas âge du roi son fils, avec toute puissance et au-

(1) *Hist. du règne de Louis XIII*, par M. A. Bazin, 1838.

torité. » Il eût certes fallu vingt fois plus de temps pour juger le plus chétif procès. Le roi avait été frappé vers quatre heures de l'après-midi ; à six heures et demie on avait fait une régente. On avait procédé si vite, que le procureur-général Jacques de La Guesle, le même qui avait vu tuer Henri III, malade aussi et tardivement apporté dans sa chaise, trouva l'arrêt rendu et déjà parti pour le Louvre. Cependant le conseil de la reine s'était ravisé. Cette décision toute nue d'une cour de justice, enlevée si rapidement, lui avait paru ne pas avoir assez de solennité. On avait jugé convenable d'y ajouter un lit de justice, où le roi enfant, assisté des princes, seigneurs et prélats, viendrait renouveler publiquement, dans la forme la plus auguste qui fût connue, l'établissement de la régence. Le parlement, qu'on avait laissé attendre fort tard la réponse de la reine à l'envoi de son arrêt, fut averti de cette nouvelle disposition, qui devait être exécutée dès le lendemain. Le premier président déclara que « puisque la reine en avoit pris conseil et avoit volonté de ce faire, la cour s'y trouveroit. »

Ainsi s'étaient passées ces quelques heures de trouble où l'on pouvait croire que le danger et la trahison étaient partout, où les bruits les plus sinistres parcouraient la ville, où tous avaient peur de tous, et qui pourtant n'avait révélé aucun ennemi, aucun sujet de crainte légitime ; pas une querelle, pas une résistance. Quelque velléité d'émotion populaire s'étant manifestée contre l'ambassadeur d'Espagne, il ne fut besoin que de placer des gardes à la porte de son hôtel (1).

Le lit de justice se tint le 15 mai 1610, avec toute la solennité requise. Voici la description que l'Estoile nous a laissée de cette imposante cérémonie. « Vers les huit heures du matin, le parlement s'étoit assemblé derechef aux Augustins, les présidents avec leurs manteaux

---

(1) « Un seul homme, dit M. Bazin, persista tout le jour dans la défiance et dans l'épouvante ; c'étoit Maximilien de Béthune, duc de Sully. Il demeuroit dans l'Arsenal, à côté de la Bastille placée sous sa garde, qui contenoit alors mieux que des prisonniers, quoiqu'il y en eût, mais avec eux le trésor de l'épargne. Lorsqu'il apprit l'assassinat du roi, il s'empressa de monter à cheval, se fit suivre de quarante gentilshommes et s'avança par les rues pour aller à la découverte. Arrivé près du cimetière Saint-Jean, il rencontra une partie de la troupe du duc de Guise ayant à sa tête le comte de Bassompierre. Le duc, qui avoit pris dès long-temps l'habitude de parler le premier, adressa au comte quelques mots pour l'engager à la fidélité envers son souverain, mais celui-ci lui répondit avec fierté : « Qu'il avoit charge d'obliger les autres à en faire serment. » Sur cette seule parole, le duc rebroussa chemin, alla s'enfermer dans la Bastille, y fit porter tout le pain qu'il put ramasser chez les boulangers, et se mit en défense comme si on en vouloit soit à sa personne, soit à ses coffres bien garnis de deniers dont il réjouissait naguère la vue de son bon maître. Il se contenta d'envoyer un gentilhomme à la reine pour lui offrir ses excuses et l'assurer de son obéissance. Ce fut seulement après une nuit passée, « dans son fort, » et pressé par de nombreux messages qui réclamoient sa présence, qu'il se décida le lendemain matin à se hasarder jusqu'au Louvre. »

et mortiers, et les conseillers avec leurs robes et chaperons d'écarlate. Demi-heure après, est arrivé le sieur de Sillery, chancelier de France, accompagné de plusieurs maistres des requêtes : au-devant d'icelui sont allés les sieurs Jean Le Foix et Jean Courtin, qui l'ont reçu hors du parquet des huissiers. Ledit sieur chancelier, revêtu d'une robe de velours noir, s'est placé au-dessus de M. le président. Ensuite sont arrivés séparément le duc de Mayenne, le connétable, les cardinaux et prélats. En attendant l'arrivée de Sa Majesté, on a fait l'information de vie et mœurs de l'abbé de Saint-Denis, frère de M. de Guise, pourvu de l'archevêché de Reims, mais non sacré, afin qu'il pust prendre place audit parlement en ceste qualité et non comme abbé commendataire. L'information faite, il presta serment de pair de France, et puis prit séance. Sur les dix heures Sa Majesté arriva revestue d'un habit violet, montée sur une petite haquenée blanche, assistée des princes, ducs, seigneurs et principaux officiers de la couronne, tous à pied. La roine, en son carrosse, arriva aussi accompagnée des princesses et duchesses, habillée, non des beaux habits qu'on lui avoit préparés pour son entrée, mais couverte d'un grand crêpe noir. Leurs Majestés estant arrivées à la porte des Augustins, le capitaine des gardes fust s'emparer des huis du parlement, et les députés nommés pour aller au-devant de Leurs Majestés, sçavoir : MM. les présidents Potier et Forget, MM. Jean Levoix, Jean Courtin, Prosper Boivin, et Jean Scarron, conseillers, qui reçurent Leurs Majestés à la porte du cloistre sortant la rue, où le roy mit pied à terre et la roine sa mère ; et les conduisirent avec prou de peine (à cause de la multitude du peuple) jusques à la grand'chambre. Lesdits députés entrèrent devant le roy, suivis de la roine, des princes et seigneurs, qui prirent tous leurs places destinées par les maistres de cérémonies, sçavoir : le roy seul, séant en son lit de justice; la roine sa mère en son costé droit, une place vuide toutesfois entre deux. Plus bas, aux hauts siéges, le prince de Conty, le comte d'Anguien, fils du comte de Soissons, absent ; le duc de Guise, pair ; le duc de Montmorency, pair ; le duc d'Épernon, pair ; le duc de Sully, pair ; le mareschal de Brissac, le mareschal de Lavardin, le mareschal de Bois-Dauphin. Aux hauts siéges du côté senestre, le cardinal de Joieuse, le cardinal de Gondy, le cardinal de Sourdis, le cardinal Du Perron, l'archevêque de Reims, duc et pair ; l'évêque de Beauvais, comte et pair ; l'évêque de Paris, non pair, mais conseiller-né au parlement. Au côté du roy, en bas, sur la première marche de son trône, étoit le sieur de Souvi, son gouverneur, à genoux; sur la seconde marche à ses pieds, le duc d'Elbœuf pour le grand-chambellan ; aux pieds du chambellan, le baron de Chappe, prévôt de Paris. En la chaire qui étoit au-dessous, à part, étoit M. le chancelier ; aux bas siéges du greffier de la cour et des gens du roy, MM. les sept présidents à mortier : du Harlay, premier président; Potier, Forget, de Thou, Séguier, Molé, Camus. Aux bas siéges dans le parquet, l'évêque de Béziers, grand-aumônier de la roine; de l'Aubespine et Camus, conseillers d'État; et plusieurs maistres des requêtes. Aux bas siéges du parquet, et au barreau du côté senestre, les conseillers de la cour, au nombre de six vingt-quatre. Le silence fait, la roine fit l'ouverture de l'assemblée par une harangue courte et succincte, qu'elle eut assez de peine à faire, à raison des soupirs qui étouffoient ses paroles, et qui étoient précédés de grosses larmes, qui étoient autant de témoignages irréprochables du deuil qu'elle portoit dans l'intérieur, de la perte de son cher et bien-aimé époux. Après qu'elle eut tellement quellement fini son discours, elle rabaissa son voile et descendit pour se retirer; mais les princes et toute la compagnie la supplièrent de rester et d'honorer l'assemblée de sa présence. Ce que, après quelques refus, elle accorda, et reprit sa place. Puis le roy surmontant la *grandeur* de son âge, proféra quelques paroles sur le sujet de sa venue, avec une grâce et une gravité vraiment royales. Après se leva M. le chancelier; et ayant fait deux grandes révérences, représenta en peu de paroles la grande espérance que l'on devoit avoir de Sa Majesté; et ensuite déclara la sage conduite de la roine sa mère, la haute estime qu'avoit faite de sa royale personne le roy défunt avant son décès, l'ayant jugée très digne d'administrer et régir son royaume si tant étoit qu'il plût à Dieu l'appeler à soi avant que son fils eût atteint l'âge compétent d'être majeur, et de pouvoir conduire le timon d'un empire que ses soins laborieux, que ses travaux infatigables, et que la valeur de son bras victorieux lui laissaient paisible. En suite M. le premier président du Harlay commença sa harangue, et après lui M. Servin, avocat du roy en ladite cour, pour le procureur-général, qui conspiroient à une même fin et au même but, qui étoit que la roine fust élue régente en France, pour avoir soin de la personne royale de son fils, et la conduite et administration des affaires de ses royaumes, à l'imitation des roines Blanche, mère du roy saint Louis, et Marguerite sa chère épouse, toutes deux très sages, très vertueuses et très pieuses princesses : ainsi qu'il avoit été arrêté au parlement, les chambres assemblées, le jour d'auparavant. Après ces harangues, M. le chancelier alla au conseil du roi seul, de lui à la roine sa mère seule, lui faisant entendre l'avis et la volonté du roy; puis descendit, prit l'avis de MM. les présidents, et remonta pour prendre celui des princes, ducs, pairs : ensuite, de l'autre côté, celui des prélats. Enfin, redescendu, il prit l'avis de ceux qui étoient en bas et des conseillers, et ce fait, retourna en sa place et prononça l'arrêt qui s'ensuit :

» Le roy séant en son lit de justice, par l'avis des princes de son sang, autres princes, prélats, ducs, pairs et officiers de la couronne; ouï et requérant son procureur-général, a déclaré et déclare, conformément à l'arrêt donné en sa cour de parlement, le jour d'hier, la roine sa mère régente en France, pour avoir soin de l'éducation et nourriture de sa personne, et l'administration des affaires de son royaume pendant son bas âge : et sera le présent arrêt publié et registré en tous les bailliages, sénéchaussées et autres siéges royaux du ressort de ladite cour, et en toutes les autres cours de parlement de sondit royaume. Fait en parlement, le quinzième jour de may mil six cent dix. » Après la levée de la cour, la roine, très affligée, mais aussi très satisfaite de ce qui venoit d'être fait, se rendit au Louvre ; et le roi, accompagné des princes, seigneurs et gentilshommes, entouré de ses gardes, alla à Notre-Dame, où tout le peuple cria fort haut *vive le roy !* mais la plupart les larmes aux yeux. Sur le soir, les gardes posés en plusieurs places et carrefours furent levés ; les armes furent laissées ès mains des habitants qui, par leur douleur et leur tristesse, marquaient le vif ressentiment qu'ils avoient de la mort du roy et l'amour qu'ils portaient à son fils régnant (1). »

La régence fut ainsi constituée sans obstacle, et tous les parlements du royaume s'empressèrent de suivre l'exemple donné par celui de Paris.

Le premier soin du nouveau gouvernement fut d'instruire le procès de l'assassin de Henri IV, qui avait été enfermé à la Conciergerie dans la tour de Montgommery. François Ravaillac, né à Angoulême et âgé de trente-deux ans, était un homme de grande taille et de forte corpulence, portant barbe rouge et cheveux noirs, les yeux gros et fort enfoncés dans la tête, les narines très ouvertes, à tout prendre « extrêmement mal emminé. » On interrogea avec soin cet obscur fanatique pour savoir s'il avait des complices ; il résulta seulement de ses réponses que ce misérable, dont l'exaltation était extrême, avait déjà tenté une fois d'assassiner Henri IV, qu'il regardait comme l'ennemi déclaré de la religion catholique. On eut recours à tous les moyens imaginables pour gagner ou effrayer Ravaillac. Un boucher de Paris demanda qu'on lui livrât le coupable, promettant de l'écorcher avec tant d'industrie, si lentement et en ménageant tellement ses forces, que, même entièrement dépouillé de sa peau, il pourrait encore endurer le supplice (2). On mit une fois Ravaillac à la question, mais il fallut s'arrêter, parce qu'il n'avait aucunement varié dans ses réponses et qu'on craignait « de le trop affaiblir pour qu'il pût satisfaire au supplice. » Le procès terminé, le parlement déclara François Ravaillac atteint et convaincu du crime de lèse-majesté au premier chef, le condamna à faire amende honorable devant Notre-Dame, de là à être conduit en place de Grève pour y être tenaillé, avoir le poing coupé, et être ensuite écar-

(1) L'Estoile, *Registre-journal de Louis XIII.*
(2) *Hist. de France sous Louis XIII*, par M. Bazin, t. I, p. 53.

telé. L'arrêt fut exécuté le 27 mai. Le condamné, accueilli par les huées et les imprécations de la foule, supporta avec courage les plus horribles tourments, et persista à dire qu'il n'avait point de complices.

On a vu que le jour même de l'exécution de Ravaillac, la Sorbonne, sur l'invitation de la régence (1), condamna solennellement la doctrine du régicide, comme elle l'avait fait deux siècles auparavant à l'occasion du meurtre de Jean-sans-Peur. Jean Mariana, jésuite espagnol, avait publié en 1599 un livre latin dans lequel il disait : « Lorsqu'un roi renverse la religion et les lois publiques, s'il n'est pas possible d'assembler les États pour le déposer et lui déclarer la guerre, il est permis à chaque particulier de le tuer pour satisfaire au vœu général, après avoir toutefois consulté des hommes doctes et graves. » Cette doctrine révoltante n'était que la reproduction de celle de Jean Petit que la Sorbonne venait de condamner de nouveau. Le parlement, s'appuyant de la déclaration des docteurs, ordonna que le livre de Mariana serait brûlé par l'exécuteur de la haute justice devant l'église Notre-Dame, et fit défense à toute personne d'écrire ou faire imprimer aucuns livres et traités contrevenant au décret de la Sorbonne, dont il ordonna en même temps qu'il fût fait lecture aux prônes des paroisses de Paris.

Au milieu des circonstances difficiles dans lesquelles se trouvait la France, la conduite de la régente fut très remarquable. « La roine, à son dîner (17 juillet), dit tout haut qu'il y avoit à Paris des gens méchants et séditieux, auteurs de mauvais et faux bruits, même contre elle... Qu'elle connoissoit bien par là que ceux de Paris la tenoient pour femme de peu d'esprit et de jugement, ce qu'elle n'étoit point, grâce à Dieu, et le leur feroit paroître, faisant si bonne justice de tels discoureurs où elle pourroit les découvrir, qu'ils serviroient d'exemple aux autres (2). » Pour apaiser les craintes des protestants, elle confirma

---

(1) Voy. art. *Sorbonne*, t. II, p. 224.
(2) *Registre-journal de l'Estoile*. — Il paraît d'après l'Estoile que les premiers mois de la régence furent extrêmement difficiles, tant il y avait de désordre à Paris. « La nuit du 17, dit-il, fut crié aux armes près le Palais, par des gens mis à cette besogne, comme on le découvrit depuis par quelques grands qui vouloient sonder les cœurs du peuple et voir s'il y auroit pas moyen de le pousser à une révolte sédition ou massacre. Mais tout au contraire, les merciers et boutiquiers de là autour étant sortis avec leurs armes, se ruèrent dessus et les contraignirent de se retirer plus vite qu'au pas. Celui qui me le conta est un mercier rousseau nommé Saint-Germain, qui tient sa boutique en la place du Change, au Palais; bon bourgeois et homme de bien, qui sortit pour donner la chasse à cette canaille et alla le lendemain avec les autres trouver M. le premier président, pour lui demander justice de tels mutins et perturbateurs. — Le dimanche 18, le père Gontier, jésuite, qui prêchoit à Saint-Etienne-du-Mont, continuant ses sanglantes prédications, y fit un sermon fort séditieux et scandaleux au dire même des plus grands catholiques; M. d'Espernon y étoit. Il n'y manquoit point non plus qu'à toutes les autres dévotions populaires dont on a coutume, principalement à Paris, d'amuser l'ignorance du peuple. Maître Antoine Fuzil, curé de Saint-Barthé-

l'édit de Nantes et assura la tranquillité du royaume. Par l'avis de Villeroy, elle conserva les anciens ministres, et admit au conseil le comte de Soissons, le connétable, le cardinal de Joyeuse, les ducs de Guise, de Mayenne, de Nevers, de Bouillon, d'Épernon, ambitieux qui réclamaient le partage de la souveraineté, malgré la diversité de leurs opinions. D'habiles concessions les attachèrent au parti de la régence; ainsi on donna au comte de Soissons, membre du conseil, une pension de 50,000 écus, et le gouvernement de la Normandie. La plus importante question était de savoir si l'on suivrait la politique de Henri IV à l'égard des puissances étrangères. Le chancelier de Sillery voulait une alliance avec l'Espagne; Sully proposa de commencer vigoureusement la guerre. Ni l'un ni l'autre avis ne furent suivis. On prit une résolution mitoyenne et l'on envoya des troupes sur la frontière pour intimider les Espagnols, qui étaient déjà en hostilités avec le duc de Savoie. Celui-ci, abandonné par la France, fut obligé de demander la paix à Philippe II. La conduite du gouvernement à l'égard de l'Allemagne fut aussi timide; on n'osa prendre des mesures énergiques. D'ailleurs la régente et ses conseillers ne songeaient qu'à préserver le royaume de nouvelles révolutions. Ils promirent, dit-on, secrètement à l'ambassadeur d'Espagne de ne point *troubler* les princes autrichiens *dans leurs affaires d'Allemagne*, pourvu que *le roi catholique n'assistât pas les brouillons de ce royaume.*

On s'occupa ensuite de rendre les honneurs funèbres à Henri IV.

« Le corps du roy défunt étoit gardé au Louvre, où l'on faisoit des prières continuelles, tant de jour que de nuit, pour le repos de son âme. Son cœur avoit été donné aux Jésuites pour être porté dans l'église de leur collège de la Flèche, dont il étoit fondateur (1). En attendant

lemy, exhorta au contraire ses paroissiens à paix, union et concorde. — La nuit du 19 fut tumultueuse; les maisons et hôtels des grands, barricadés, remplis d'armes et de soldats, donnèrent l'épouvante au peuple qui ne savoit à qui on en vouloit. Les huguenots surtout, qui faisoient plus les assurés qu'ils n'étoient, firent aussi bon guet, de peur que le jeu ne tournât contre eux. — Ce qui plus allarmoit le peuple étoit une jeune noblesse qui couroit les rues de Paris toute la nuit, avec tel bruit et insolence et si grand cliquetis d'armes, qu'on les eût pris pour ces jeunes écoliers qui font les chevaux échappés et les fous. — Le jeudi 22, furent publiées des défenses criées par les carrefours de la ville à quatre trompettes, de tirer arquebuse ni mosquet passé 7 heures du soir et ce sur peine de vie. Car à Paris, depuis la mort du feu roi, l'usage de telles scopéteries étoit si commun, surtout la nuit, qu'il sembloit qu'on fût à la veille des barricades; ce qui étonnoit le peuple, qui commençoit fort à murmurer et menacer tout haut du couteau et du sac tous ces tireurs et coureurs de nuit par les rues, qui étoient pour la plupart jeunes mignons, courtisans fraisés, frisés et emmoustachés, « lesquels (comme dit le père Cotton prêchant un jour dans la salle du Louvre), quand ils retroussoient leurs moustaches pour regarder en haut, vous eussiez dit qu'ils alloient prendre les étoiles au ciel pour les manger en capirotade. »

(1) « Les Jésuites furent presque aussitôt nantis de leur dépôt. Enfermé dans une boîte d'argent de même forme, le cœur du roi fut remis (dès le 15 mai) par le prince

le grand service qui devoit estre fait à Notre-Dame, la ville en fit faire un le 6 juin à Saint-Jean-en-Grève, où l'archevêque d'Embrun officia, et le docteur Filesac fit l'éloge funèbre. Le 25 juin, le roi ayant été dîner à l'hôtel de Longueville, y prit son grand manteau de deuil violet, et, suivi des princes et des cardinaux, alla au Louvre donner de l'eau bénite, en cérémonie, au corps du roi son père. Le 29, commença la solennité des funérailles. Sur les deux heures après midi, le convoi se mit en marche pour aller à Notre-Dame. Toutes les rues par où il passa étoient tendues de drap noir chargé d'écussons aux armes du roi et de la ville, avec des torches allumées d'espace en espace, le long des maisons. Les pauvres, les mendiants, les paroisses, les religieux, les collégiales, les compagnies, les officiers, les prélats, les cardinaux y tinrent chacun le rang que l'on peut voir dans les relations qui ont été publiées de cette pompe funèbre. Les princes qui *faisoient* le deuil étoient le prince de Conti, le comte de Soissons, le duc de Guise et les princes de Joinville et d'Elbeuf. Quand le convoi fut arrivé à l'église Notre-Dame toute tendue de noir avec un lez de velours chargé d'écussons aux armes de France et de Navarre, l'effigie et le corps furent mis sous la chapelle ardente. L'on chanta incontinent les vêpres des morts, après lesquelles toutes les compagnies se retirèrent jusqu'au lendemain matin, qu'elles se rendirent à l'église pour assister à la continuation du service. La dernière grand'messe fut célébrée pontificalement par l'évêque de Paris. Il y eut offrande et ensuite oraison funèbre prononcée pas Cospeau, évêque d'Aire. L'après-dîner, ceux qui avoient assisté le jour précédent au convoi, s'étant rendus à Notre-Dame, accompagnèrent le corps jusqu'à Saint-Lazare. Le clergé ne passa pas outre et rentra dans Paris; mais tous les autres qui étoient à pied et devoient conduire le corps à Saint-Denis, montèrent à cheval ou en carrosse et se rendirent à la Croix-Penchée. Là, le grand-prieur et les religieux de Saint-Denis, en chapes, reçurent le corps des mains de Henri de Gondi, évêque de Paris. Le lendemain, qui étoit le 1ᵉʳ juillet, le cardinal de Joyeuse officia à la messe solennelle et fit l'inhumation avec toute la

de Conti au recteur de leur maison de Saint-Louis à Paris, qui le porta, dans le même carrosse où le roi avait été tué, jusqu'à l'église de ce collége, où on l'exposa plusieurs jours sur le grand autel. Quand les préparatifs de sa réception furent terminés, vingt pères jésuites, accompagnés du duc de Montbazon et du contrôleur-général des postes, de La Varenne, partirent le 31 mai, de la rue Saint-Antoine, dès la pointe du jour, non pas à pied, comme le vouloit la fondation, mais en de bons carrosses, avec toute l'escorte que put permettre cette heure si matinale, pour s'acheminer vers l'Anjou. Les Parisiens, qui n'étaient pas éveillés assez tôt pour voir passer le cortége à travers la ville, « encores bien, disent les relations, que les laquais des seigneurs qui s'y trouvaient prissent soin de racler de porte en porte pour avertir un chacun, » se plaignirent fort de ce qu'il s'étoit mis en route à une heure indue, et on pensa que la peur d'une sédition avoit fait hâter ce départ. » M. Bazin, t. I, p. 81.

solennité ordinaire. Henri IV est le dernier de nos rois dont le corps ait été porté à la cathédrale avant d'être conduit à Saint-Denis (1). » — Quelques jours auparavant, le corps de Henri III, resté à Compiègne depuis 1589, avait été conduit aussi à Saint-Denis, et inhumé, presque sans pompe, dans le caveau de la chapelle que sa mère Catherine de Médicis avait fait construire pour Henri II.

Le bruit de la prochaine arrivée du prince de Condé à Paris inspira des craintes sérieuses à la reine-mère. Ce fut à cette occasion qu'elle prit des mesures extraordinaires pour la sûreté de la ville. « A l'ouïe de quelques rumeurs et menées qui se faisoient dans Paris, la reine, de l'avis de quelques uns de ses fidèles serviteurs, voulut rétablir l'ordre qu'il y avoit eu autrefois dans ladite ville, et qui avoit été discontinué par une longue et profonde paix. Elle y étoit d'autant plus engagée, qu'on y voyoit une grande affluence de gentilshommes, de soldats et d'autres particuliers, qui s'y étoient rendus sous prétexte d'assister aux cérémonies qui s'y étaient faites, ou d'accompagner les princes et les grands seigneurs du royaume qui s'y trouvoient alors. Sa majesté ne doutoit pas que par ce moyen elle ne pût être informée de ce qui se trameroit et y remédier au plus tôt. Elle fit donc venir tous les colonels, capitaines et autres chefs, les dizainiers, les quarteniers et autres officiers de la ville, pour recevoir leur serment de fidélité. Elle remplit aussi les places vacantes, et nomma des officiers pour les quartiers nouvellement bâtis, comme vers la Place-Royale, la rue Dauphine, le Pont-Neuf et quelques faubourgs. Elle n'oublia pas de les exhorter à l'avertir de tout ce qui se passeroit, à veiller à la tranquillité publique, et à obliger tous les habitants d'avoir leurs armes prêtes pour s'en servir en cas de besoin. Tous ces officiers ne manquèrent pas de se bien acquitter de leur devoir, et tout s'exécuta d'une manière si retenue, qu'on ne s'aperçut presque d'aucun changement. Avec tout cela, il y eut quelques malintentionnés qui voulurent insinuer de la défiance à cette occasion, surtout à ceux de la religion prétendue réformée, sous ombre qu'on avoit dessein de les opprimer. Mais il leur étoit facile de voir le contraire, du moins à Paris, où on les appeloit aux charges et aux offices de la ville, aux conseils et assemblées qui s'y tenoient, et où on les avoit fait armer aussi bien que les autres (2) » Pour ceux qui connaissaient le prince de Condé, les craintes du gouvernement étaient chimériques. Ce jeune homme, qui ne sut pas même tirer parti de sa position de premier prince du sang, avait acquis pendant son exil volontaire une importance inexplicable. Lorsqu'il s'approcha de Paris, tous les courtisans vinrent au-devant de lui. Les bourgeois étaient sous les armes, et le comte de Soissons avait garni le Louvre de deux cents

(1) Félibien, t. II.
(2) *Mémoires de Pontchartrain.* Journal de ce qui se passa durant l'année 1610.

cavaliers dévoués. Condé était à la tête d'un nombreux cortége de princes, de seigneurs et de gentilshommes qui étaient allés au-devant de lui à l'envi les uns des autres. Si même la reine n'en eût gardé quelques uns pour demeurer auprès du roi, il ne s'en fût pas trouvé un seul qui n'eût fait cette démarche. Malgré les défiances qui agitaient les deux partis, le prince fut bien reçu de Marie de Médicis. Le lendemain on lui donna l'hôtel de Gondi, à Paris, trente mille écus de meubles pour le garnir, les gages de douze écuyers et de vingt gentilshommes avec ceux de leurs valets, le comté de Clermont et une pension de deux cent mille livres. On accorda en même temps au duc de Guise cent mille écus pour payer ses dettes. C'était une curée générale ; chaque courtisan mettait à l'enchère son crédit et son bon vouloir. *Le temps des rois est passé; celui des princes et des grands est revenu*, se disaient les seigneurs ; *il ne s'agit que de se faire valoir*. Croyant n'avoir plus rien à craindre des seigneurs, la régente voulut se rendre populaire. Une déclaration parut, portant révocation de cinquante-neuf édits bursaux publiés par le feu roi et enregistrés au parlement, et surséance de quatorze autres édits semblables ; enfin le nouveau bail de la ferme du sel obligea les fermiers à le délivrer pour un quart de moins qu'ils ne faisaient auparavant (1).

« Alors, dit le poëte Malherbe, qui nous a transmis des renseignements curieux sur cette époque, tout le monde fut content, et qui ne l'étoit fit semblant de l'être. » Mais on pouvait prévoir que ce calme ne serait pas de longue durée. Les différents partis qui divisaient la cour s'agitaient en secret pour se disputer le pouvoir, et les mécontents voyaient avec une haine toujours croissante la faveur dont jouissaient Concini et sa femme, Léonora Galigaï, fille de la nourrice de Marie de Médicis. Concini, petit-fils d'un notaire de Florence, était parvenu à obtenir l'affection de la reine, et, d'abord simple gentilhomme de sa maison, il parvint ensuite aux plus hauts emplois. En vain les courtisans murmuraient : « Je sais bien, dit un jour Marie, que toute la cour est contre Concini ; mais l'ayant soutenu contre le roi mon mari, je le soutiendrai bien contre les autres. » Après la mort de Henri IV, le parvenu, souverain maître des affaires, acheta le marquisat d'Ancre, et la reine permit qu'il en prît le titre ; il traita avec le duc de Bouillon de la charge de premier gentilhomme ; enfin cet étranger, qui n'avait jamais porté les armes, obtint successivement le bâton de maréchal de France, les gouvernements d'Amiens, de Péronne, de Bourg en Bresse, de Dieppe et du Pont-de-l'Arche. Son beau frère, Etienne Galigaï, qui n'avait pas rendu plus de services à l'Église que Concini à l'État, fut nommé archevêque de Tours et abbé de Marmoutier. L'in-

(1) M. Bazin, t. I, p. 95.

solence et l'avidité de ces Italiens étaient inouïes ; ils vendaient à l'enchère les places et les dignités ; chaque jour leur crédit occasionnait à la cour des rivalités et des querelles.

Le dimanche, 17 octobre 1610, le cardinal de Joyeuse sacra à Reims le jeune roi Louis XIII. La reine-régente ramena aussitôt le prince à Paris, et ne voulut permettre aucune cérémonie extraordinaire à son entrée, à cause du deuil que la cour portait encore. Cependant le gouverneur et le bureau de la ville allèrent au-devant du roi à la porte Saint-Antoine avec leurs archers, et Sully fit placer sur les remparts quatre-vingt-neuf pièces de canon, dont les salves se mêlèrent aux acclamations du peuple (30 octobre).

Vers la fin du même mois, il courut dans Paris un livre imprimé à Rome, où le cardinal Bellarmin, qui en était l'auteur, avait développé avec éloquence les prétentions du Saint-Siége à l'omnipotence universelle. Le parlement s'indigna et lança contre ce livre un rigoureux arrêt de proscription. Il fut défendu à toutes personnes de l'avoir, retenir, imprimer, vendre ou lire, sous peine d'être traité comme coupable de lèse-majesté. Le nonce qui résidait à Paris s'en offensa grandement et menaça de se retirer si l'on ne réparait cet affront fait au Saint-Siége. Le clergé de Paris et son archevêque joignirent leurs réclamations à ses menaces. Le parlement fut mandé au grand Conseil pour motiver son arrêt (30 octobre); mais il le motiva fort bien et refusa de le révoquer. De telle sorte que le nonce dut se contenter pour toute satisfaction d'un arrêt par lequel le grand Conseil sursit à l'exécution de l'arrêt du parlement.

Des maladies, *auxquelles la plupart des médecins ordinaires ne connaissaient rien*, désolèrent Paris à la fin de cette année ; ce fut le bon temps des empiriques. « Un crocheteur, ou espèce de charlatan, réussit sur le président de Jambeville, par le moyen de quelques herbes qu'il lui attacha au poignet. C'en fut assez pour lui donner la vogue ; on le voyoit tous les jours en carrosse par la ville, et l'on ne parloit partout que du crocheteur médecin, qui faisoit, disoit-on, des cures merveilleuses (1). »

Au mois de janvier 1611, Sully fut décidément disgracié. Cet homme, rigide et obstiné, n'était aimé de personne, et des idées d'ordre et d'économie ne pouvaient convenir à cette cour dissolue. Tous les courtisans se réunirent contre lui. Il fut obligé de résigner sa charge de surintendant des finances, et la reine lui redemanda aussi la capitainerie de la Bastille ; c'était dans cette forteresse qu'était enfermé, comme on l'a vu ailleurs, le trésor de Henri IV. Sully se retira dans son château (2),

---

(1) Félibien, t. II, p. 123. — (2) Il conserva cependant un logement à l'Arsenal. Un plaisant écrivit sur la porte : *Maison à louer pour le terme de Pâques; s'adresser au marquis d'Ancre, faubourg Saint-Germain.*

ne conservant de ses charges que la grande-maîtrise de l'artillerie et le gouvernement du Poitou qu'on n'osa lui enlever. Dès que l'ancien ministre de Henri IV eut quitté la cour, les partis montrèrent plus d'audace et se déclarèrent ouvertement la guerre. Les réformés, réunis à Saumur pour la nomination des *députés-généraux* qu'ils entretenaient près de la cour et qu'ils changeaient tous les trois ans (1), réclamaient de plus grandes libertés. On parvint à dissoudre l'assemblée et on se borna à donner aux protestants quelque augmentation de salaire pour leurs ministres et la continuation des places de sûreté pour cinq ans. Pendant ce temps, le gouvernement, qui avait lâchement abandonné le duc de Savoie, négociait avec l'Espagne. A la fin d'avril 1611, fut signée secrètement une alliance défensive entre les couronnes de France et d'Espagne, avec promesse réciproque d'un double mariage entre Louis XIII et l'infante Anne (la célèbre Anne d'Autriche), le prince Philippe d'Espagne et madame Elisabeth de France. Lorsque ce traité fut annoncé par la reine dans le conseil, le prince de Condé et son oncle, le comte de Soissons, s'y opposèrent; mais les princes de la maison de Lorraine et d'autres seigneurs influents étaient favorables à l'alliance espagnole. Ils l'emportèrent, et Condé, qui, suivant le juste reproche de son beau-père le connétable, ne sut *ni combattre avec courage, ni céder avec prudence*, après avoir protesté contre les actes de la régente, finit par céder. Le prince et le comte de Soissons reparurent à la cour et donnèrent leur aveu au double mariage, qui avait été déclaré publiquement le 25 mars 1612, et qui fut célébré avec splendeur au commencement du mois suivant.

« La reine avait commandé au duc de Guise, au duc de Nevers et au comte de Bassompierre d'être les tenants d'un divertissement en forme de carrousel ou tournoi, mais seulement pour courir la quintaine et la bague, sans combat d'homme à homme, dont la lice serait dans la Place-Royale, depuis peu bâtie par Henri IV, « s'en rapportant, disait-elle, à ces trois seigneurs pour surpasser tout ce que pourraient faire à Madrid les Espagnols. » Les tenants, auxquels se joignirent le prince de Joinville et le comte de la Châtaigneraie, dressèrent ainsi le plan de leur spectacle. Ils s'intitulaient chevaliers de la Gloire, gardant le temple de la Félicité, et prêts au combat contre quiconque se présenterait pour y pénétrer. Leur défi était signé « Almidor, Léontide, Alphée, Lysandre, Argant; » le lieu indiqué « à la Place-Royale de l'abrégé du monde; » et le jour « au 25 du mois portant le nom du dieu qui les inspirait. » Alors tout ce qu'il y avait à Paris de seigneurs alertes, galants, riches, ayant crédit chez les marchands, ou bonheur au jeu, se disposèrent à paraître dans cette joyeuse solennité. La place

(1) Ces députés veillaient aux intérêts du *corps des réformés* et au maintien de l'édit de Nantes.

où devait se tenir le camp fut aplanie; on y dressa des barrières, et on y bâtit le palais allégorique avec figures et devises de gentille invention. La mort du duc Vincent de Mantoue, survenue en ce temps, faillit tout arrêter; mais la reine, belle-sœur du défunt, et le duc de Nevers, son cousin issu de germain, firent violence à leur douleur, et la fête ne fut retardée que de quelques jours.

Au centre de la place, dans un enclos de barrières toutes bordées de soldats, étaient le camp et le palais. Autour, et à quelque distance des barrières, s'élevaient des échafauds qui montaient jusqu'au premier étage. Quatre échafauds, touchant à l'enceinte, avaient été réservés pour le roi et ses sœurs, pour la reine sa mère, pour la reine Marguerite, et pour les juges du camp, qui étaient le connétable et quatre maréchaux de France. Les fenêtres des maisons, les entablements des combles, et les échafauds des quatre faces, étaient garnis de spectateurs, sans compter le peuple entassé sur le pavé derrière les gardes. Il ne fallut pas moins de deux journées pour que tous ceux qui avaient à paraître pussent prendre leur tour et jouer leur rôle dans ce spectacle, que nous n'avons du reste nulle intention de décrire tout au long. La seule entrée des tenants présentait un équipage d'environ cinq cents hommes, archers, trompettes, hérauts, estafiers, musiciens, pages, esclaves, écuyers; de deux cents chevaux, avec un chariot d'armes monté de machines et personnages, un rocher roulant chargé de musique, et un char triomphal d'où plusieurs divinités débitaient des vers. Après eux s'avancèrent, comme le sort les avait rangés, d'abord les chevaliers du Soleil, conduits par le prince de Conti, sous le nom d'Aristée, et se faisant annoncer en langue espagnole; puis les chevaliers du Lys, enrôlés avec le duc de Vendôme; les deux Amadis, représentés par le comte d'Ayen et le baron d'Uxelles; Henri de Montmorency, fils du connétable, seul et s'appelant le Persée français; les chevaliers de la Fidélité, ayant à leur tête le duc de Retz; le duc de Longueville, seul aussi et s'annonçant chevalier du Phénix; les quatre vents réduits à trois, parce que l'un d'eux, le sieur de Balagny, venait d'être tué en duel; ensuite, sous le nom et l'habit des nymphes de Diane, quatre seigneurs qui furent depuis maréchaux de France et le marquis de Rosny; deux chevaliers de l'Univers, et enfin neuf illustres Romains. Toutes ces troupes, où l'on comptait les descendants des plus illustres familles, des chefs militaires, des hommes ayant charge et emploi dans l'Etat, revêtus de costumes richement bizarres, déployaient chacune à leur tour, comme la première, un cortége de travertissements analogues à leur caractère, et traînaient avec elles des théâtres mobiles, où se groupaient de nombreux acteurs. Chacune aussi avait sa provision de poésie, qu'elle écoulait par le chemin en diverses places où se faisaient les stations. L'ordre était à chaque entrée de parcourir tout le tour de l'enceinte, après quoi l'on se rangeait en travers, et chaque assaillant s'accouplait avec un des tenants, pour courir contre lui la quintaine et disputer un prix. On estimait à quatre-vingt mille le nombre de personnes réunies sur la Place-Royale, à deux mille celui des figurants dans les diverses troupes, à mille celui des chevaux. On avait vu passer plus de vingt grandes machines mouvantes tirées à roues, sans compter les géants, les éléphants, les rhinocéros, et un monstre marin. Quarante sept assaillants, chevaliers de toute espèce, vents, nymphes et romains, s'étaient mesurés avec les cinq tenants, à qui briseroit le mieux une lance sur le poteau placé au bout de la lice; et un pareil nombre de prix, dont quelques uns étoient évalués à quatre cents pistoles, avoient été remportés par les vainqueurs de chaque couse. Le soir du second jour, un grand feu d'artifice s'échappa du palais de la Félicité, et deux cents pièces de canon l'accompagnèrent. Le troisième jour étoit destiné à la course de la bague. Les cinquante deux chevaliers s'y trouvèrent en même appareil, sauf que deux de ceux qui avoient été confondus parmi les suivants du Lys, eurent ambition de faire cortége et dépense à part; c'étoient le marquis de La Valette, fils du duc d'Epernon, et le sieur Zamet, fils du riche Sébastien. Après trois épreuves, cinq chevaliers se trouvèrent égaux, et aucun d'eux ne pouvant l'emporter, la partie fut remise à une autre fois. Le soir, comme on avoit fait la veille, la cavalcade tout entière, avec son long attirail, parcourut la ville à la lueur de mille lanternes, sans qu'il en résultat d'autre accident que deux incendies (1). »

L'alliance avec l'Espagne ne ramena point le calme dans le royaume. Le peuple chantait tout haut dans les rues :

> Vivent le pape et le roi catholique,
> Vive Bourbon avec sa sainte Ligue,
> Vivent le roi, la reine et son conseil,
> Vivent les bons et vaillans huguenots,
> Vive Sully avec tous ses suppôts,
> Vive le Diable, pourvu qu'ayons repos.

---

(1) J'ai emprunté le récit de ce Carrousel célèbre dans les annales parisiennes, au livre de M. Bazin. Lui-même a puisé le détail de ces belles journées « qui n'eurent pas, à proprement parler, de nuits entre elles, » dans un volume in-4° publié par un contemporain, Honoré Laugier, sieur de Porchères. En tête du volume se voient gravés sur un double feuillet, vis-à-vis l'un de l'autre, le portrait du roi Louis XIII et celui d'Anne d'Autriche, sa future femme, de sorte qu'en le pliant, on faisait se toucher les deux figures; à raison de quoi le poëte disait ingénieusement au lecteur :

> « Ne trouble pas long-temps son aise !
> Ce roi, bien qu'il soit enflammé,
> Est si discret qu'il ne la baise
> Que lorsque le livre est fermé. »

Cependant des troubles éclataient chaque jour dans la capitale, et la régente avait été obligée, en 1611, d'empêcher l'ouverture de la foire Saint-Germain, qui attirait un grand concours de peuple, « parce qu'il vaut mieux, disoit-elle, que cinq cents marchands soient ruinés que si l'État étoit troublé. » Les courtisans se disputaient le pouvoir, et Condé s'était rapproché du maréchal d'Ancre qui voulait remplacer les ministres Sillery, Villeroy et Jeannin par ses créatures. Ces nouvelles intrigues échouèrent, un grand nombre de mécontents vinrent se ranger sous les drapeaux de Condé et de Bouillon, qui se retirèrent dans leurs gouvernements pour délibérer « touchant la confusion introduite au gouvernement de l'État depuis la mort du feu roi. » Ils adressèrent un manifeste à la régente et réclamèrent la convocation des États-Généraux. On leur fit une réponse intitulée : *Défense de la faveur contre l'envie*. Ce fut une guerre de plume. Cependant les mécontents étaient nombreux et puissants. Ils avaient pour eux la Guyenne entière, la Picardie, la Normandie, le Poitou, un grand nombre de places et de partisans dans la Champagne, la Bretagne, le Berry, la Sologne, la Beauce, la Touraine, l'Anjou, le Maine, et tous les protestants. La régente craignit une conflagration générale, et après des explications réciproques, un traité de paix fut signé à Sainte-Menehould (15 mai 1614). Le duc de Vendôme ne l'accepta point et renoua la conspiration avec les princes. Marie de Médicis partit aussitôt avec son fils, à la tête d'une armée, et les factieux, qui n'étaient point soutenus par les protestants, firent leur soumission.

Le jeune roi et sa mère firent une entrée solennelle à Paris, le 16 septembre suivant. Six mille hommes des milices bourgeoises et les autorités municipales et judiciaires le reçurent au milieu des acclamations de la multitude, à la porte Saint-Jacques. « Le prévôt des marchands, à genoux avec les autres officiers de la ville, fit sa harangue au roi, et quand il y eut répondu, ils lui baisèrent la main tous l'un après l'autre. Le roi quitta ensuite son carrosse et monta à cheval pour aller voir les compagnies de milice de la ville rangées en deux bataillons, dont il fut très content. De là il passa à la porte Saint-Jacques, où il s'arrêta à voir un grand tableau que la ville avoit fait faire à son honneur, et entendre chanter en musique une ode grecque et française, dont on lui présenta une copie écrite sur vélin, et d'autres copies furent distribuées aux seigneur de sa suite. Le roi continua son chemin et se rendit à Notre-Dame, où le parlement et les autres cours, invités dès le matin par la ville, assistèrent au *Te Deum*. Les princes et les seigneurs reconduisirent le roi au Louvre, mais les cours souveraines et la ville se retirèrent à la sortie de Notre-Dame (1). » Quelques jours après, le 2 oc-

---

(1) Félibien, t. II, p. 1300.

tobre, Louis XIII, qui venait d'entrer dans sa quatorzième année, fut déclaré majeur, et il tint, suivant l'usage, un lit de justice au parlement, en présence de sa mère, des princes et de tous les grands du royaume.

Son règne commençait sous de tristes auspices ; les députés des États-Généraux, convoqués d'après une des clauses du traité de Sainte-Menehould, arrivaient à Paris, et l'agitation des esprits faisait prévoir à la reine-mère et à son conseil de nouveaux intérêts à concilier, de nouveaux troubles à prévenir.

FIN DU TROISIÈME VOLUME.

TABLE DES MATIÈRES

CONTENUES DANS CE VOLUME.

SEPTIÈME ÉPOQUE.

PARIS DEPUIS CHARLES V JUSQU'A FRANÇOIS I.

(Suite.)

	Pages.
CHAP. II. *Charles VI* (1380-1422).	
I. Faits généraux.	1
II. Monuments. Institutions.	73
Les Confrères de la Passion.	ib.
Arbalétriers, archers et arquebusiers de Paris.	89
Hôpital du Roule.	92
Collége de Thou.	93
— de Fortet.	ib.
Chapelle et hôpital de Saint-Eloi ou des Orfévres.	94
Collége de Reims.	95
— Coquerel.	96
— de la Marche.	ib.
Hôtel des Tournelles.	97
CHAP. III. *Charles VII* (1422-1461).	
I. Faits généraux.	101
II. Monuments. Institutions.	130
Collége de Séez.	ib.
Hôpital de Veuves, rue Saint-Sauveur.	ib.
Hôtel de Nesle.	131
CHAP. IV. *Louis XI* (1461-1483).	
I. Faits généraux.	135
II. Monuments. Institutions.	155
L'imprimerie à Paris.	ib.
Poste aux lettres.	161
Ecoles de médecine, rue de la Bûcherie.	164
Cour des Aides.	167
Prévôté de l'hôtel.	169
CHAP. V. *Charles VIII* (1483-1498).	
I. Faits généraux.	171
II. Monuments. Institutions.	174
Grand-Conseil.	ib.

	Pages
Filles pénitentes ou repenties.	177
Hospice de Veuves, rue de Grenelle-Saint-Honoré.	178
Foire Saint-Germain.	179
Couvent des Bons-Hommes.	186
CHAP. VI. *Louis XII* (1498-1515).	
I. Faits généraux.	189
II. Monuments. Institutions.	198
Hôtel de Cluny.	ib.
CHAP. VII. *Topographie de Paris, de Charles V à François Ier*.	205
Travaux de l'enceinte. Fortifications.	ib.
Ponts de bois de l'île Notre-Dame et de Saint-Bernard-aux-Barrés.	206
Pont Saint-Michel.	ib.
Petit-Pont.	209
Pont-au-Change.	210
— Notre-Dame.	211
— aux-Colombes ou aux-Meuniers, ou Pont-Marchand.	212
Ports.	214
Quais.	216
Fontaines.	217
Canal et rivière de Biévre	218
Egouts.	221
Voiries.	225
Halles et marchés. Boucheries.	227
Principaux hôtels.	230
Hôtel Barbette.	ib.
— des ducs de Bourgogne.	231
— de la Trémoille.	232
— de Sens.	235

TABLE DES MATIÈRES.

	pages.		pages.
Hôtels ou séjours d'Orléans.	236	I. Lettres. Sciences.	249
Hôtel de Savoisy.	241	II. Beaux-Arts.	265
Séjour du roi.	242	III. Industrie. Commerce.	275
Hôtel du Petit-Bourbon.	244	Les six corps marchands.	ib.
— d'Alençon.	246	Drapiers.	278
Population.	248	Epiciers, apothicaires.	279
CHAP. VIII. État des lettres, des sciences, des arts, du commerce et de l'industrie à Paris, de Charles V à François Ier.	249	Merciers.	282
		Pelletiers.	285
		Bonnetiers.	286
		Orfévres. Changeurs.	287

HUITIÈME ÉPOQUE.

PARIS DEPUIS FRANÇOIS I JUSQU'A LOUIS XIII.

(1515-1610).

CHAP. I. *François Ier* (1515-1547).		Eglise de Saint-Jacques-du-Haut-Pas.	425
I. Faits généraux.	291	Arsenal.	427
II. Monuments. Institutions.	324	CHAP. V. *Henri III* (1574-1589).	
Bureau des pauvres.	ib.	I. Faits généraux.	429
Collége de Boissy.	327	II. Monuments. Institutions.	473
— de la Merci.	328	Couvent des Capucins.	ib.
Hôpital des Enfants rouges.	329	Maison professe et église des Jésuites, rue Saint-Antoine.	475
Collége royal de France	330	Couvent des Feuillants.	478
CHAP. II. *Henri II* (1547-1559).		Ancien Théâtre-Italien.	481
I. Faits généraux.	335	Confrérie des pénitents blancs.	486
II. Monuments. Institutions.	348	Conseil des Seize.	487
Notre-Dame-de-Bonne-Nouvelle.	ib.	Conseil général de l'Union ou des Quarante.	ib.
Collége Sainte-Barbe.	ib.	CHAP. VI. *Henri IV* (1589-1610).	
Hôpital des Petites-Maisons, aujourd'hui hospice des Ménages.	350	I. Faits généraux.	488
		II. Monuments Institutions.	534
Cour des Monnaies.	351	Confrérie du Saint-Nom-de-Jésus.	ib.
CHAP. III. *François II* (1559-1560).		Couvent de Picpus.	535
I. Faits généraux.	354	— des Récollets.	537
II. Monuments. Institutions.	357	— des Petits-Augustins.	538
Hôpital de Lourcine ou de la Charité chrétienne.	ib.	Hôpital de la Charité.	543
CHAP. IV. *Charles IX* (1560-1574).		Couvent des Capucines.	544
I. Faits généraux.	359	Hôpital Saint-Louis.	546
II. Monuments. Institutions.	396	— de la Santé ou de Sainte-Anne.	548
Palais et jardin des Tuileries.	ib.	Place Royale.	ib.
Collége de Clermont; depuis Louis-le-Grand.	413	Pyramide de Jean Châtel.	551
Collége des Grassins.	416	Manufacture de tapis de la Savonnerie.	552
Hôtel de Soissons.	417	CHAP. VII. *Topographie de Paris, de François Ier à Louis XIII.*	554
Juridiction des juges et consuls.	421		
Séminaire de Saint-Magloire, ou hôpital de Saint-Jacques-du-Haut-Pas.	422	Travaux de l'enceinte. Fortifications.	ib.

TABLE DES MATIÈRES.

	pages.		pages.
Ancienne porte Saint-Antoine.	556	Fontaine des Innocents.	570
Porte du Temple.	ib.	— de la Croix du Trahoir	572
Ancienne porte Saint-Martin.	ib.	— du Palais.	ib.
Ancienne porte Saint-Denis.	ib.	— de Marle ou de Saint-Leu.	ib.
Porte Montmartre.	557	— du Marché-Carreau ou du Pilori.	573
— Saint-Honoré.	ib.	Jeux de paume.	ib.
— Neuve.	ib.	Prisons.	575
— de Nesle.	558	Piloris, échelles et fourches patibulaires.	ib.
— Dauphine.	ib.	Principaux hôtels.	579
— de Buci ou de Bussy.	ib.	Hôtel Soubise.	ib.
— Saint-Germain.	ib.	— de Verthamont.	583
— Saint-Michel.	559	— de Montmorency.	ib.
— Saint-Jacques.	ib.	— de Mayenne.	ib.
— Saint-Marcel.	ib.	— de Châtillon	584
— Saint-Victor.	560	— de Carnavalet.	ib.
Ancienne porte St-Bernard.	ib.	— d'Hercule.	585
Pont-Neuf.	ib.	— d'O.	586
La Samaritaine.	565	— Zamet.	ib.
Château Gaillard.	566	— d'Angoulême.	587
Place Dauphine.	567	CHAP. VIII. *Etat des Lettres, des Sciences, des Arts, du Commerce et de l'Industrie à Paris, de François Ier à Louis XIII.*	
Quai de Gloriette.	ib.		
— du Louvre.	ib.		
— des Bonshommes.	568		
— de la Mégisserie.	ib.		
— de l'Horloge.	ib.		
Quai des Orfévres.	569		
— des Célestins.	ib.		
— des Ormes.	ib.	I. Lettres. Sciences.	587
— de la Grève.	ib.	II. Beaux-Arts.	612
Fontaine de Birague.	570	III. Industrie. Commerce.	616

NEUVIÈME ÉPOQUE.

PARIS SOUS LOUIS XIII.

(1610-1643.)

CHAP. Ier. Faits généraux.   619

FIN DE LA TABLE DU TROISIÈME VOLUME.

www.ingramcontent.com/pod-product-compliance
Lightning Source LLC
Chambersburg PA
CBHW050105230426
43664CB00010B/1448